oec.

Grundlagen der Ökonomie

Herausgeber
Prof. Dr. Dr. h. c. Hans Kaminski

Autoren
Karl-Josef Burkard
Claudia Derks
Katrin Eggert
Hans Kaminski
Michael Koch
Rudolf Schröder

westermann

Verwendete Symbole

Q Quellentexte

i ergänzende Zusatzinformationen zu den jeweiligen Themen

A Aufgaben zu den jeweiligen Themen

def. Definition im Text verwendeter Begriffe

Druck A1 / Jahr 2012

Alle Drucke der Serie A sind im Unterricht parallel verwendbar.

Redaktion: Annette Wiegmann, Cremlingen
Herstellung: Andreas Losse
Layout und Umschlaggestaltung:
Waidmann/Post Visuelle Kommunikation, Braunschweig
Satz: AndersARTig Werbung & Verlag GmbH, Braunschweig
Druck und Bindung: westermann druck GmbH, Braunschweig

ISBN 978-314-**116208**-0

IV

V

VI

Vorwort des Herausgebers

Seit dem ersten Erscheinen von oec. im Jahre 2005 haben sich in der nationalen, aber insbesondere auch in der internationalen Wirtschaft dramatische Veränderungen ergeben, die es erforderlich machten, das Werk grundlegend zu überarbeiten. Da die Grundkonzeption des Bandes bundesweit eine hohe Akzeptanz gefunden hatte, wurde sie beibehalten. Es zeigt sich mehr und mehr, dass die ökonomische Bildung sich nicht allein auf die Systematiken der VWL und BWL zentriert, sondern generell die klassischen ökonomisch geprägten Lebenssituationen der Jugendlichen als Verbraucher, Erwerbstätige, Wirtschaftsbürger einzubeziehen und die Beziehungen zwischen den zentralen Akteuren des Wirtschaftsgeschehens aufzuzeigen hat. Lehrplananalysen zeigen, dass diese Vorgehensweise – bei allen Unterschieden im Detail in den verschiedenen Bundesländern – geeignet ist, wichtige Lehrplaninhalte in allen Bundesländern abzudecken.
Erhebliche Veränderungen waren allerdings in einzelnen Kapiteln erforderlich, wie z. B. im Kapitel V „Funktionen des Staates in einer Marktwirtschaft" sowie im Kapitel VI „Internationale Wirtschaftsbeziehungen und Globalisierung". Hier war es aufgrund der großen Herausforderungen für alle nationalen Volkswirtschaften durch die weltweite Finanzkrise bzw. durch die Finanz- und Schuldenkrise in der EU in den letzten Jahren erforderlich, sich tiefer mit den Finanzmärkten und den Entwicklungen in der EU zu befassen als es in der Erstauflage noch erforderlich schien.
Da auch die ethische Dimension des Wirtschaftens in den letzten Jahren verstärkt in der Öffentlichkeit diskutiert wird, wurde in Kapitel II ein neues Unterkapitel 5 aufgenommen, das sich mit den theoretischen und praktischen Dimensionen dieser Problematik befasst und wesentliche Elemente für eine Vorgehensweise bei der Analyse des Problems aufzeigt.

Wir wünschen dem Leser Spaß und hohen Erkenntnisgewinn bei der Arbeit mit dem Band.

Prof. Dr. Dr. h. c. Hans Kaminski
Direktor des Instituts für Ökonomische Bildung Oldenburg

Wirtschaftliche Grundsachverhalte

Wirtschaft ist spannend. Sie werden schnell erkennen, dass es sich dabei um keine trockene, weltfremde Wissenschaft ohne Bezug zu unserem Lebensalltag handelt, sondern dass wir alle in vielfältiger Weise täglich mit dem wirtschaftlichen Geschehen in seinen unterschiedlichen Dimensionen befasst sind. Um dieses Geschehen auch so durchschauen zu können, dass wir mehr als „Stammtisch-Weisheiten" gewinnen, müssen wir uns allerdings zunächst mit dem „Kleinen Einmaleins" auseinandersetzen, um dann tiefer in die wirtschaftlichen Prozesse eintauchen zu können.

In diesem Kapitel erarbeiten wir also die Grundlagen für ein besseres Verständnis der nachfolgenden Kapitel. Es

— untersucht, in welchen Rollen die Bürgerinnen und Bürger am Wirtschaftsgeschehen teilnehmen,
— setzt sich mit dem zentralen Begriff der Knappheit auseinander,
— erarbeitet die wichtigsten Begriffe (z. B. Bedürfnisse, Nutzen, Arbeitsteilung, Opportunitätskosten), die für das Verständnis wirtschaftlicher Vorgänge notwendig sind,
— zeigt die besondere Bedeutung einer Rechtsordnung für das wirtschaftliche Geschehen auf,
— entwickelt an einem exemplarischen Beispiel (Autokauf) wesentliche Beziehungen zwischen den verschiedenen Akteuren im Wirtschaftsgeschehen und
— stellt wichtige Werkzeuge bzw. Denkinstrumente für die Auseinandersetzung mit wirtschaftlichen Sachverhalten (z. B. Denken in Modellen, Wirtschaftskreislauf) vor.

Inhalt Kapitel I

Ein Unternehmer:
„Ich benötige Mitarbeiterinnen und Mitarbeiter, die ökonomische Prozesse verstehen, damit sie beruflich vernünftige Entscheidungen treffen können. Meine Mitarbeiter müssen auf veränderte Bedingungen richtig reagieren können, sie sollten betriebliche Abläufe verstehen sowie politische Ereignisse beurteilen können. Dafür benötigen sie eine solide ökonomische Bildung."

Ein Wirtschaftswissenschaftler:
„Die heutige Welt ist ohne ökonomische Kenntnisse ein Buch mit sieben Siegeln, so etwas wie eine Geheimwissenschaft. Das darf nicht sein. Deshalb sollte jede Schülerin und jeder Schüler des allgemeinbildenden Schulwesens über ökonomische Grundkenntnisse verfügen und wissen, welche Auswirkungen wirtschaftliche Sachverhalte auf ihre bzw. seine Situation als Berufswählerin oder Berufswähler, als Konsumentin oder Konsument, als Wählerin oder Wähler usw. haben."

Ein Konsument:
„Für mich ist es manchmal sehr verwirrend, das Marktgeschehen zu beobachten ... Ich will mein Einkommen so ausgeben, dass ich möglichst meine Bedürfnisse befriedigen kann. Ökonomische Kenntnisse würden mir helfen, mich in der Fülle der wirtschaftlichen Erscheinungen besser orientieren zu können."

1 Warum ökonomische Bildung?

1.1 Wirtschaft überall

Täglich werden Menschen mit ökonomischen Fragen konfrontiert, ob es nun im beruflichen Alltag ist, als Unternehmerin oder Unternehmer, in der Politik, als Konsumentin oder Konsument, als Wählerin oder Wähler, als Steuerzahlerin oder Steuerzahler usw. Jeder kommt also mit ökonomischen Fragen in Berührung.

Sie sehen Politiker im Parlament um die Zukunft des Systems der sozialen Sicherung streiten, insbesondere um die Rente und das Gesundheitssystem. Da hierbei immer auch die sehr persönlichen Interessen der Bürgerinnen und Bürger eines Landes betroffen sind, verwundert es nicht, dass es sehr unterschiedliche Sichtweisen für die Lösung solcher Fragen gibt. Die einen rufen nach höheren Steuern für die Unternehmen eines Landes, die anderen behaupten hingegen, dass sich dadurch die ökonomischen Probleme eines Landes nur verschlimmern, anstatt Abhilfe zu schaffen.

Auf der einen Seite existiert eine hohe Zahl an Arbeitslosen, die nicht nur Probleme mit der materiellen Sicherung ihrer Existenz haben, sondern auch mit ihrer persönlichen Wertschätzung, wenn sie sich als Außenseiter der Gesellschaft fühlen.

Auf der anderen Seite gibt es Jugendliche, die nicht einmal einen Ausbildungsplatz finden und befürchten müssen, keine Chance zu erhalten, um zukünftig für sich und ihre Familie ein ausreichendes Einkommen erwerben zu können. Auch Unternehmen leiden unter einer Last administrativer Vorschriften und fühlen sich im internationalen Wettbewerb benachteiligt. Es gibt Gewerkschaften, die überzeugt sind, dass mit der Senkung der Arbeitszeit für alle mehr Beschäftigung erreicht werden könnte, und Wirtschaftswissenschaftler entgegnen, dass sie dies für einen groben ökonomischen Unfug halten. Wir sehen Aktionsgruppen, die sich gegen die Globalisierung stemmen, und es tagen internationale Konferenzen, die die Globalisierung als eine Möglichkeit sehen, die Probleme dieser Welt besser als bisher lösen zu können.

In den Talkshows des Fernsehens wird täglich um all diese Fragen gestritten. Und leider ist der Auffassung zuzustimmen, dass bei der Diskussion ökonomischer Probleme häufig wenig Sachkompetenz vorhanden ist, aber dennoch alle eine Meinung vertreten. Manchmal wird sogar von einem ökonomischen Analphabetismus in weiten Bevölkerungskreisen gesprochen, was angesichts der Ernsthaftigkeit der Probleme schon bedrohlich ist.

Deshalb:
- Ohne ökonomische Grundkenntnisse sind gesellschaftliche Strukturen und Prozesse nicht zu verstehen und zu beurteilen.
- Die Bürger sind häufig auf ihr Gefühl angewiesen, und das ist nicht immer eine sehr zuverlässige Richtschnur, also kein guter Ratgeber.
- Zahlreiche ökonomische Fragen sind nur auf den ersten Blick eindeutig zu beantworten. Vielmehr verlangen sie nach sehr differenzierten Betrachtungsweisen, für die man entsprechendes Handwerkszeug benötigt, das richtig einzusetzen ist.

Es gibt somit viele gute und bestechende Gründe, sich mit Wirtschaft auseinander zu setzen.

1.2 Ziele

Wirtschaftliches Geschehen ist „spannend". Sich mit Ökonomie auseinanderzusetzen bedeutet nicht, die Beschäftigung mit einer „blutleeren Schulbuchwissenschaft". Vielmehr wollen die Autoren mit diesem Band dazu beitragen, dass Sie den privaten und öffentlichen Diskussionen um wirtschaftliche Fragen sachverständig folgen können. Und auch für die eigenen ökonomischen Entscheidungen ist das erworbene ökonomische Wissen hilfreich.
Sie sollen dazu befähigt werden, die zentralen ökonomischen Fragen zu erkennen und unterschiedliche Sichtweisen zu erfassen, um dann begründet Stellung beziehen zu können.
Gleichzeitig werden Sie mit wichtigen Kerngedanken der ökonomischen Wissenschaft vertraut gemacht und lernen, wie sich Ökonomen zu unterschiedlichen Zeiten mit ökonomischen Fragen beschäftigt haben.

1.3 Wichtige Inhaltsbereiche

Die Auseinandersetzung mit wirtschaftlichen Sachverhalten findet in sechs Kapiteln statt.
Das I. Kapitel führt in **grundlegende wirtschaftliche Fragen** ein und stellt wesentliche Denkwerkzeuge für die Analyse von wirtschaftlichen Sachverhalten vor. An einem Alltagsbeispiel wird ein zunehmend ausdifferenziertes Gefüge von wirtschaftlichen Zusammenhängen entwickelt, das zum besseren Verständnis von ökonomischen Prozessen und Strukturen beitragen soll.
Im Mittelpunkt von Kapitel II steht die **Wirtschaftsordnung**. Die Spielregeln, die die Wirtschaftsordnung eines Landes charakterisieren, beeinflussen maßgeblich die Spielzüge der Akteure im Wirtschaftsgeschehen. Es gehört zum Grundverständnis der Wirtschaft, die Funktion und die wesentlichen Ordnungsformen und Ordnungselemente einer Wirtschaftsordnung zu kennen, um wirtschaftliche Sachverhalte angemessen beurteilen zu können.
Kapitel III beschäftigt sich mit den **Privaten Haushalten**. Ihre Mitglieder bieten ihre Arbeitskraft auf dem Arbeitsmarkt und ihr Kapital auf Kapitalmärkten an, um Einkommen zu erzielen. Mit diesem erwerben sie wiederum Sachgüter und Dienstleistungen auf anderen Märkten.
Kapitel IV widmet sich den **Unternehmen**. Diese dienen vor allem der Einkommenserzielung, aber sie sind gleichzeitig für die Privaten Haushalte wegen des Angebots von Sachgütern und Dienstleistungen von hohem Interesse. Unternehmen müssen sich in einer arbeitsteiligen Welt organisieren, sie sind Zentren des ökonomischen und sozialen Geschehens.
Kapitel V zeigt auf, welche Funktionen der Staat in einer marktwirtschaftlichen Ordnung hat bzw. haben sollte, welche Akteure bei wirtschaftspolitischen Entscheidungen eine Rolle spielen und welche historisch entstandenen Konzeptionen zu unterscheiden sind.
Der internationale Handel hat für das rohstoffarme Deutschland eine herausragende Rolle. Ob Produzent oder Konsument: Niemand bleibt von der zunehmenden Internationalisierung und Globalisierung von Wirtschaft und Gesellschaft unberührt. Kapitel VI beleuchtet daher abschließend die **internationalen Wirtschaftsbeziehungen** und setzt sich dabei mit der Struktur der Weltwirtschaft sowie mit der Rolle Deutschlands im Rahmen der globalen wirtschaftlichen Verflechtungen auseinander.

1.4 Bearbeitungshinweise

Die Autorentexte bilden den roten Faden, ergänzt durch historische und aktuelle Quellentexte, Grafiken und Statistiken. Ebenso finden Sie auch Porträts bedeutender Ökonomen aus unterschiedlichen historischen Epochen sowie Textauszüge als Leseproben. In **Exkursen** werden ausführliche Analysemethoden dargestellt.

A

1 Stellen Sie fünf aktuelle Zeitungsartikel zusammen, in denen die kurz skizzierten Kerngedanken der jeweiligen Kapitel vorrangig behandelt werden:
- Probleme des Privaten Haushaltes,
- Bedeutung von Unternehmen,
- Aussagen zur Sozialen Marktwirtschaft,
- Aufgaben staatlicher Wirtschaftspolitik,
- Bedeutung internationaler Wirtschaftsbeziehungen für die Bundesrepublik Deutschland.

2 Stellen Sie zwischen den einzelnen ökonomischen Bereichen (1–5) Zusammenhänge her.

2 Das ökonomische Grundproblem

2.1 Knappheit als technisches Grundproblem des Wirtschaftens

Weshalb müssen wir wirtschaften? Die Summe der Bedürfnisse, die Menschen täglich haben, ist stets größer als die Mittel zu ihrer Befriedigung. Anders ausgedrückt: Es herrscht universale Knappheit.

Im weiteren Verlauf unserer Überlegungen werden wir von Knappheit als einer Grundannahme des Wirtschaftens ausgehen. Begrenzte Ressourcen in einer endlichen Welt können zwar durch die Kooperation vieler Individuen optimal genutzt werden, es wird dennoch die Knappheit nicht beseitigt.

i

Daniel Defoe
* Anfang 1660 (Datum ist nicht genau bekannt) in London
† 26.04.1731 in London

Defoe hätte ursprünglich puritanischer Geistlicher werden sollen, entschied sich dann aber für die kaufmännische Laufbahn.
Er wollte die praktischen Lebensbedingungen seiner Landsleute verbessern; er gab mehrere Zeitschriften heraus und verfasste zahlreiche zum Teil satirische Artikel.
Ein heftiger Angriff gegen die religiöse Unduldsamkeit der anglikanischen Kirche brachte ihn in große Bedrängnis, das Volk war jedoch auf seiner Seite.
Nach einem Gefängnisaufenthalt änderte er seinen ursprünglichen Namen (Daniel Foe) in Defoe.

Q

Robinson Crusoe bei der Arbeit

Alle Tage füllten sich mit regelmäßigen Beschäftigungen, und mir blieb selten Zeit, müßig zu sein. Einige der angenehmsten Pflichten waren das Beten und das Lesen der Bibel. Kein Tag verging, wo ich nicht zwei- oder dreimal mich diesem widmete. Auch der tägliche Jagdgang mit der Flinte erforderte in der Regel drei Stunden. Hinzu kam das Zubereiten, Kochen, Herrichten und Aufbewahren dessen, was ich geschossen hatte. Dadurch war schon ein großer Teil des Tages ausgefüllt. Außerdem muss man berücksichtigen, dass die Mittagsstunden für Arbeiten jeglicher Art nicht geeignet waren, weil es während dieser Tageszeit viel zu heiß und drückend war. So kam es, dass meine tägliche Arbeitszeit für andere Dinge nur vier Stunden betrug. Manchmal machte ich es auch umgekehrt, ich arbeitete am Morgen und ging abends auf die Jagd.
Hinzu kommen die außergewöhnlichen Schwierigkeiten, mit denen alles verbunden war, was ich in Angriff nahm. Manche Stunde ging verloren, weil ich meist nicht die geeigneten Werkzeuge hatte, für manche Arbeiten einen Helfer gebraucht hätte und auch nicht immer die notwendige Geschicklichkeit vorhanden war. Beispielsweise benötigte ich nicht weniger als zweiundvierzig Tage, um ein Brett herzustellen, das ich in meiner Höhle anbringen wollte. Mit entsprechenden Werkzeugen versehen, würden normalerweise zwei Männer während eines halben Tages sechs Bretter aus einem einzigen Stamm geschnitten haben. […]

Quelle: Daniel Defoe: Robinson Crusoe, Diogenes Verlag AG, Zürich 1985

Robinsons Handlungsmöglichkeiten und Entscheidungstypen

Wir stellen bisher fest:

1. Wirtschaftliche Entscheidungen sind Auswahlentscheidungen. Sie hängen ab von den zur Verfügung stehenden Ressourcen. Ressourcen sind z. B. die zur Verfügung stehende Zeit, das Handwerkszeug und die eigene Arbeitskraft.

2. Robinson kann Entscheidungen auf drei verschiedenen Ebenen treffen:
   a) **Produktionsentscheidungen**
   Er trifft Entscheidungen über den Einsatz von Produktionsfaktoren nach dem Rationalprinzip.
   b) **Investitionsentscheidungen**
   Er teilt Güter auf jetzigen und künftigen Konsum auf, um den künftigen Konsum zu sichern. (Was esse ich im Winter?)
   c) **Entscheidungen unter Risiko**
   Er plant Güter für den künftigen Lebensunterhalt, ohne immer sicher zu wissen, ob diese auch tatsächlich benötigt werden.

A

1 Erstellen Sie aus dem Text „Robinson Crusoe bei der Arbeit" einen fiktiven Arbeitsplan für Robinson.

2 Nennen Sie die wesentlichen Gesichtspunkte, die Robinson Crusoe bei seiner Arbeit beeinflusst haben.

2.2 Aus einem technischen Grundproblem wird ein soziales Problem

Robinson Crusoe – Ankunft Freitags

Am nächsten Tag hatte ich vor, einen richtigen Ziegenbraten aufzutischen. Um das Fleisch fachgerecht zu braten, hing ich es über dem Feuer an einer Schnur auf, dann steckte ich an beiden Seiten der Glut einen Stock in die Erde und quer darüber legte ich einen dritten. An dem Letzteren befestigte ich die Schnur mit dem Fleisch so, dass sich dieses ständig drehte. Ich hatte diese Einrichtung in England häufig gesehen. Freitag war entzückt darüber. Nachdem er von dem Braten gekostet hatte, gab er mir durch sehr viele Gesten zu verstehen, dass ihm das Fleisch vortrefflich schmecke. [...]
An einem der nächsten Tage ließ ich ihn mit meinem Mörser Getreide zerstampfen. Diesem Naturburschen fiel die Arbeit nicht schwer und er hatte großen Spaß daran. Schon nach kurzer Zeit konnte er es fast besser als ich. Das steigerte sich noch, nachdem er das erste Mal gesehen hatte, wie ich aus dem Mehl Brot buk. Ich ließ ihn dann auch beim nächsten Mal den Teig kneten und diesen im Ofen backen. [...]
Der Zuwachs in meinem Hause erforderte künftig größere Ernten. Leider hatte ich die schon einmal vorbereiteten Felder nicht mehr in Ordnung und so musste ich gemeinsam mit Freitag ein größeres Stück Land für die Mehraussaat vorbereiten. [...] Durch die Anwesenheit von Freitag wurde dieses Jahr das angenehmste von allen während meines Aufenthaltes auf der Insel.

Quelle: Daniel Defoe: Robinson Crusoe, Diogenes Verlag AG, Zürich, 1985

Titelbild „Robinson Crusoe"

Robinson rettete einen „Wilden" auf der Insel davor, von Menschenfressern verspeist zu werden, und nannte ihn „Freitag".

Solange Robinson alleiniger Bewohner der Insel war, musste er zwar die gesamte Arbeit allein bewältigen, er konnte aber auch die Erträge seiner Arbeit allein verwerten.
Unabhängig davon, dass der Mensch als ein soziales Wesen geradezu auf das Zusammenleben mit anderen Menschen angewiesen ist und für jede menschenwürdige Existenz andere Menschen eine soziale Bedingung darstellen, so ändert sich durch die Ankunft von Freitag doch einiges mehr.
Wir stellten fest, dass das Phänomen **Knappheit** schon oder gerade erst recht bei Robinson Crusoe auftauchte. Individuen haben sich immer wieder neu zu entscheiden, wie ihre **Bedürfnisse** befriedigt werden könnten. Die vorhandenen Ressourcen müssen effizient eingesetzt werden, und jede Gesellschaft wird entsprechend mit der Frage konfrontiert, wie ein effizienter Einsatz der vorhandenen Mittel organisiert werden kann.
Das Robinson-Beispiel zeigt es in vereinfachter Weise: Robinson hatte täglich Entscheidungen über den Einsatz seiner Zeit, seiner materiellen Ressourcen usw. zu treffen. Und auch Robinsons Zeit addierte sich nicht zu mehr als 24 Stunden pro Tag, d. h., er musste seine Zeit auf die Präferenzen verteilen, die er hatte: Arbeit, Spaziergang, Ruhe und die tägliche Bibellektüre. Das heißt: „Entsprechend ist in jedem Zeitpunkt der Gesamteinsatz von Nahrungsmitteln beschränkt auf die verfügbaren Mengen. Denkbare Verwendungsentscheidungen sind der Verbrauch, das Horten (also die unveränderte Aufbewahrung von Gütern) und der Einsatz in der Produktion (also die Verwendung von Gütern, zumeist mit einer quantitativen oder qualitativen Verbesserung verbunden)."
Daher ist Robinsons Enttäuschung über den fehlgeschlagenen Versuch, ein Boot herzustellen, mit dem er die Insel verlassen könnte, nachzuvollziehen. Seine bittere Erkenntnis: Es ist eine Torheit, „ein Werk zu unternehmen, ehe man den Aufwand berechnet und sich geprüft hat, ob die eigenen Kräfte zur Vollendung desselben hinreichend sind."

Zitate aus Werner Neus: Einführung in die Betriebswirtschaftslehre aus institutionenökonomischer Sicht, Mohr Siebeck Verlag, Tübingen, 2001, S. 23 f.

i

John Rawls
Philosoph
* 21.02.1921 in Baltimore
† 24.11.2002 in Lexington

Werke u. a.:
„A Theory of Justice", „Political Liberalism", in denen er u. a. erklärt „dass die gesellschaftliche Zusammenarbeit allen ein besseres Leben ermöglicht, als wenn sie nur auf ihre eigenen Anstrengungen angewiesen wären."

Robinson ist bis zur Ankunft seines Gefährten Freitag nichts anderes als ein Ein-Personen-Betrieb. Aus ökonomischer Sicht wird die Robinson-Geschichte erst mit einem weiteren Akteur interessant: Durch die Ankunft Freitags auf Robinsons Insel erweitern wir das kleine, bescheidene Beispiel, welches modellhaft Probleme unserer realen Welt widerspiegelt: Die Menschen haben gemeinsame und miteinander in Konflikt stehende Interessen einerseits wie auch Kooperationsmöglichkeiten andererseits. Für uns steht damit die soziale Beziehung zwischen mindestens zwei Parteien im Mittelpunkt der Betrachtung.

Nicht die technische Knappheit stellt das Kernproblem dar, sondern der Konflikt um den Anspruch auf Güter zur Befriedigung von Bedürfnissen. Aus der Interaktion zwischen Akteuren um knappe Mittel entstehen gemeinsame und widerstreitende Interessen. Wir sprechen in diesem Zusammenhang nicht von technischer, sondern von sozialer Knappheit. Es geht um die Interaktion der Akteure Robinson und Freitag sowie um das Zusammenleben und Zusammenarbeiten in einer Gesellschaft, bestimmt durch **Arbeitsteilung** und die dadurch bedingte gegenseitige Abhängigkeit, d. h. Interdependenz. Und es wird im weiteren Verlauf um die Frage gehen, wie die Ordnung einer Gesellschaft gestaltet sein sollte, damit alle Beteiligten daraus für sich Vorteile erzielen können, ohne anderen zu schaden.

Durch die Zusammenarbeit zwischen Freitag und Robinson steigt zwar das „Sozialprodukt" auf der Insel, aber es steigen auch die Ansprüche an das „Sozialprodukt". Dies kann zu Verteilungsproblemen führen: Wer hat welchen Anspruch in welcher Höhe auf das Ergebnis, das Robinson und Freitag **zusammen** erwirtschaftet haben? In der überschaubaren „Robinson-Welt" mag dieses Problem nicht sonderlich groß sein, aber in einer Volkswirtschaft mit 80 Millionen Einwohnern wie in der Bundesrepublik Deutschland entstehen dadurch erhebliche Probleme für die Organisation des Wirtschaftsprozesses.

Auch mit begrenzten Ressourcen in einer endlichen Welt kann zwar durch die Kooperation vieler Individuen Knappheit reduziert werden, es kommt jedoch zu vielfältigen Macht- und Verteilungsproblemen in allen Gesellschaften. Diese Probleme beeinflussen das wirtschaftliche Handeln entscheidend, weil jedes Individuum am erstellten Kuchen „Sozialprodukt" sein Stück davon für sich beansprucht.

A

1 Erläutern Sie, welcher entscheidende Vorteil für die Sicherung der materiellen Existenz sich mit der Ankunft von Freitag auf Robinsons Insel ergibt.

2 Inwiefern könnte am Beispiel von Robinson und Freitag die Aussage von John Rawls, dass Gesellschaft eine Zusammenarbeit von gegenseitigem Vorteil ermöglichen muss, aufgezeigt werden?

3 Nennen Sie ökonomische und gesellschaftliche Sachverhalte, die mithilfe des Robinson-Beispiels verdeutlicht werden können.

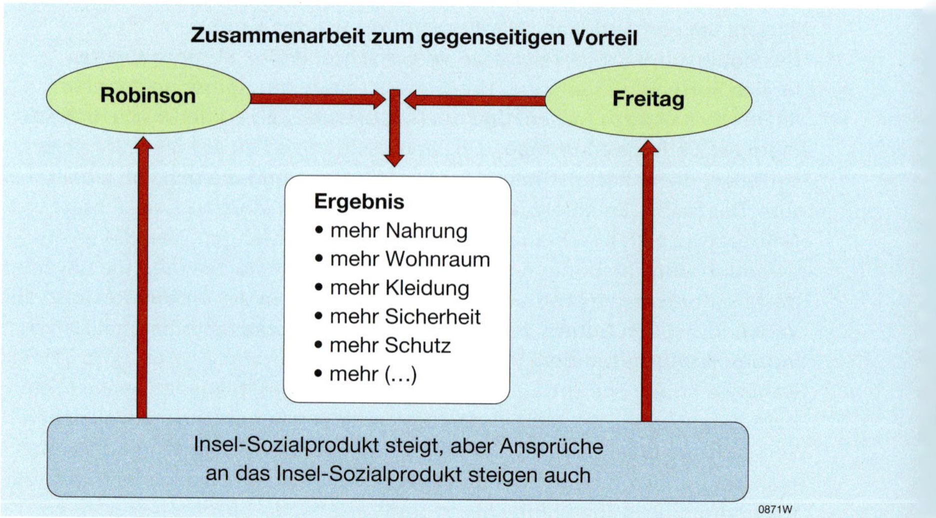

2.3 Knappheit überall

Die nachfolgende Karikatur ist der humorvolle Versuch zu zeigen, dass Knappheit wohl auch von Kindern schon deutlich gespürt wird und deshalb nach Lösungsmöglichkeiten gesucht wird, diese zu verringern. Zwar wird der Lösungsversuch des Steppkes in der Karikatur wohl kaum erfolgreich sein, aber Tatsache ist, dass das Knappheitsproblem auf allen wirtschaftlichen Ebenen vorhanden ist und zu Fragen führt, wie es verringert werden kann.

Walter Eucken (vgl. auch Kapitel II, 1.1) haben wir einen Text zu verdanken, der sehr anschaulich die wesentlichen Wirtschaftsfragen aus den Alltagserfahrungen der Menschen entwickelt:

Q

Ich stehe vor dem Ofen, der mein Zimmer heizt. Ein durchaus gewöhnlicher Ofen. Und doch genügt sein Anblick, um die wichtigsten Fragen zu entzünden. Heute habe ich Brot, Fleisch und Gemüse in bestimmten Mengen gegessen, habe den Ofen geheizt und habe einige Stunden elektrisches Licht in meinem Zimmer gebrannt. Einen Teil meiner heutigen Bedürfnisse habe ich damit befriedigt. Auf die Befriedigung von anderen Bedürfnissen musste ich verzichten, weil mir die Mittel dazu fehlten. Genau so ging es anderen Menschen.

Quelle: Walter Eucken: Die Grundlagen der Nationalökonomie, 9. unveränderte Auflage, Springer Verlag, Berlin, Heidelberg u. a., S. 1, 1989 (Ersterscheinung 1939)

Berücksichtigen wir, dass das Buch von Eucken im Kriegsjahr 1939 erstmals erschien, so wird deutlich, dass sich unabhängig von der historischen Situation das **Knappheitsproblem** immerwährend in allen Fragen des Wirtschaftens stellt.

Durch das Spannungsverhältnis zwischen unbegrenzten Bedürfnissen und begrenzten Mitteln entsteht das Knappheitsproblem. Es können eben nicht alle Bedürfnisse der Menschen erfüllt werden. Knappheit bedeutet in diesem Zusammenhang nichts anderes, als dass die Nachfrage nach Gütern von den **Preisen** und dem zur Verfügung stehenden Einkommen bestimmt wird. Nur derjenige kommt in den Besitz eines Gutes, der bereit und in der Lage ist, den geforderten Preis zu zahlen. Selbst dann, wenn die Supermärkte von Produkten geradezu überquellen, herrscht Knappheit, und zwar für diejenigen, die über das notwendige Einkommen nicht verfügen, um sich diese Produkte kaufen zu können. Es ist invariant, d. h. unveränderlich in seiner generellen Bedeutung, und seine Lösung wird von vielfältigen ökonomischen, politischen und kulturellen Bedingungen beeinflusst.

Gleichzeitig sind die menschlichen Bedürfnisse nicht einfach „da", sondern sie entwickeln sich und werden von einer Vielzahl von Faktoren beeinflusst. So muss der Mensch sich zwar ernähren, wenn er seine physische Existenz sichern will. Ob dies jedoch mit Graubrot oder feinsten Torten, mit Wurst vom Metzger an der nächsten Straßenecke oder aus einem Feinkostladen geschieht, wird von Situation zu Situation verschieden sein. Hier spielen die sozialen Beziehungen in der Familie, im Freundeskreis, die Essgewohnheiten, aber vor allem die Verfügbarkeit von Gütern und die Höhe des Einkommens eine wichtige Rolle. Wie sich leicht feststellen lässt, sind dabei die Bedürfnisse der Menschen grundsätzlich unbegrenzt: Ein Wunsch gebiert stets einen neuen.

Das Knappheitsproblem betrifft deshalb nicht alle Menschen in gleicher Weise. Eine Familie mit geringem Einkommen kämpft mit dem Problem, wie alle Familienmitglieder satt werden sollen, die Miete bezahlt oder die notwendige Kleidung beschafft werden soll. Eine andere Familie steht vor dem „Knappheitsproblem" zu entscheiden, welches Haus oder welches Auto angeschafft werden soll.

Die Lösung des Knappheitsproblems erfordert wirtschaftliches Handeln; es sind **Entscheidungen über die Verwendung knapper Ressourcen** zu treffen.

Die Nachfrager müssen jeweils entscheiden, ob ein Gut unter Berücksichtigung der ihnen zur Verfügung stehenden Mittel geeignet ist, ihre Bedürfnisse zu befriedigen. Gleichzeitig ergibt sich aus der Knappheit der Güter die Notwendigkeit, dass der wirtschaftende Mensch die vorhandenen Produktionsfaktoren Arbeit, Boden, Kapital nicht verschwenden darf, sondern ökonomisch für eine bestimmte Zielsetzung kombinieren (Allokation) und im Produktionsprozess einsetzen muss.

Die Betrachtung vieler wirtschaftlicher Situationen zeigt, dass keiner der Akteure, ob es sich um Konsumentinnen oder Konsumenten, Unternehmerin oder Unternehmer usw. handelt, auf Dauer **allein** in der Lage ist, ein gewünschtes Ergebnis zu erreichen. Dies ist nur dann möglich, wenn die Handlungen der Akteure koordiniert werden. Eine solche Koordinierung kann z. B. durch Regelsysteme oder – wie man in der Fachsprache sagt – durch **Institutionen** wesentlich beeinflusst und gesteuert werden.

A

1 Kennzeichnen Sie mit eigenen Worten präzise, was unter dem „Knappheitsproblem" zu verstehen ist.

2 Erklären Sie, warum „Knappheit" als ein generelles gesellschaftliches Problem für alle Menschen bezeichnet werden kann und es nicht nur ein Problem z. B. für Herrn Müller und Frau Meyer ist.

3 Grundbegriffe

In der Auseinandersetzung mit wirtschaftlichen Sachverhalten stoßen wir immer wieder auf Begriffe, die unsere ständigen „Begleiter" sind. Es handelt sich um Begriffe wie Bedürfnisse, Produktionsmöglichkeitenkurve, Opportunitätskosten, Minimal-, Maximalprinzip, Arbeitsteilung, Tauschwirtschaft, Geld und seine Funktionen.
Einige der Begriffe sind schon aus der Sekundarstufe 1 bekannt, sollen aber hier noch einmal zusammenfassend in aller Kürze erläutert werden.

A

Entwickeln Sie Beispiele zu den Begriffen Bedürfnisse, Opportunitätskosten, Produktionsmöglichkeitenkurve, Geldfunktionen, mit denen der Kern des Begriffs auch schon einem Grundschüler verdeutlicht werden könnte.

3.1 Bedürfnisse und Bedürfnispyramide

Menschen müssen nicht allein ihre physiologischen Bedürfnisse befriedigen. In einem Modell des Sozialwissenschaftlers Abraham H. Maslow werden verschiedene Ebenen von Bedürfnissen unterschieden, die in einer Bedürfnispyramide zusammengestellt werden (vgl. Abb. S. 18):

Q

Die physiologischen Bedürfnisse

Die Bedürfnisse, die man gewöhnlich als Ausgangspunkt für die Motivationstheorie benützt, sind die sogenannten physiologischen Triebe. […] Ohne Zweifel sind diese physiologischen Bedürfnisse die mächtigsten unter allen. Das bedeutet insbesondere, dass in einem menschlichen Wesen, dem es im Leben extrem an allem mangelt, am allerwahrscheinlichsten die physiologischen Bedürfnisse vor allen anderen die Hauptmotivation darstellen werden. Jemand, dem es an Nahrung, Sicherheit, Liebe und Wertschätzung mangelt, würde wahrscheinlich nach Nahrung mehr als nach etwas anderem hungern. […]

Die Bedürfnisse nach Sicherheit

Sobald die physiologischen Bedürfnisse relativ gut befriedigt sind, taucht ein neues Bedürfnisensemble auf, das wir grob als Sicherheitsbedürfnis katalogisieren können (Sicherheit, Stabilität, Geborgenheit, Schutz, Angstfreiheit, Bedürfnis nach Struktur, Ordnung, Gesetz, Grenzen, Schutzkraft, und so fort). […] Der Organismus kann genauso gut in seiner Gesamtheit von ihnen dominiert werden. Sie können das Verhalten ebenfalls fast ausschließlich organisieren und alle Fähigkeiten des Organismus in ihre Dienste stellen. Dann kann man den Organismus zu Recht als einen Sicherheit suchenden Mechanismus beschreiben. […]

Die Bedürfnisse nach Zugehörigkeit und Liebe

Wenn sowohl die physiologischen wie auch die Sicherheitsbedürfnisse zufriedengestellt sind, werden die Bedürfnisse nach Liebe, Zuneigung und Zugehörigkeit auftauchen, die auch als soziale Bedürfnisse bezeichnet werden. Man fühlt nunmehr, so stark wie nie zuvor, die Abwesenheit von Freunden, der Geliebten, der Ehefrau, der Kinder. Man wird nach liebevollen Beziehungen mit den Menschen im Allgemeinen hungern, also nach einem Platz in der Gruppe oder Familie […]. Man wird sich mehr als alles andere wünschen, einen solchen Platz zu erhalten, und wird sogar vergessen, dass man einst, als man hungrig war, sich über Liebe als unwirklich, unnotwendig oder unwichtig lustig gemacht hat. Jetzt hingegen wird man Einsamkeit, Ächtung, Zurückweisung, Isolierung, Entwurzelung besonders stark empfinden. […]
Jede gute Gesellschaft muss dieses Bedürfnis befriedigen, auf die eine oder die andere Art und Weise, wenn sie überleben und gesund bleiben will.

i

Abraham Harold Maslow
* 01.04.1908 in Brooklyn, New York
† 08.06.1970 in Menlo Park, Kalifornien

Sohn von aus Russland ausgewanderten jüdischen Immigranten. Maslow studierte Psychologie am City College of New York, an der Cornell University und an der University of Wisconsin.
Er unterrichtet für 14 Jahre am Brooklyn College.
1968 wurde Maslow zum Präsidenten der American Psychological Association gewählt.
Maslow ist vor allem durch die Entwicklung der „Bedürfnispyramide", die in fünf Stufen aufgeteilt ist, bekannt geworden.

Die Bedürfnisse nach Achtung

Alle Menschen in unserer Gesellschaft (mit einigen pathologischen Ausnahmen) haben das Bedürfnis oder den Wunsch nach einer festen, gewöhnlich recht hohen Wertschätzung ihrer Person, nach Selbstachtung und der Achtung seitens anderer. Solche Bedürfnisse kann man deshalb in zwei Untergruppen einteilen. Erstens gibt es das Bedürfnis nach Stärke, Leistung, Bewältigung und Kompetenz, Vertrauen angesichts der übrigen Welt und Unabhängigkeit und Freiheit. Zweitens gibt es, was man den Wunsch nach einem guten Ruf oder Prestige nennen könnte (definiert als Respekt oder Hochachtung seitens anderer Leute), nach Status, Berühmtheit oder Ruhm, nach Dominanz, Anerkennung, Aufmerksamkeit, Bedeutung, Würde oder Wertschätzung. […]

Die Bedürfnisse nach Selbstverwirklichung

Auch wenn alle diese Bedürfnisse befriedigt sind, wird man häufig (wenn auch nicht immer) erwarten können, dass neue Unzufriedenheit und Unruhe entsteht, wenn der Einzelne nicht das tut, wofür er, als Individuum, geeignet ist. Musiker müssen Musik machen, Künstler malen, Dichter schreiben, wenn sie sich letztlich im Frieden mit sich selbst befinden wollen. Was ein Mensch kann, muss er sein. Er muss seiner eigenen Natur treu bleiben. Dieses Bedürfnis bezeichnen wir als Selbstverwirklichung. […]
Das deutliche Auftreten solcher Bedürfnisse beruht gewöhnlich auf der vorherigen Befriedigung der physiologischen Bedürfnisse und jener nach Sicherheit, Liebe und Achtung.

Quelle: Abraham Harold Maslow: Motivation und Persönlichkeit, Rowohlt, Reinbek bei Hamburg, 1981, S. 62 f.

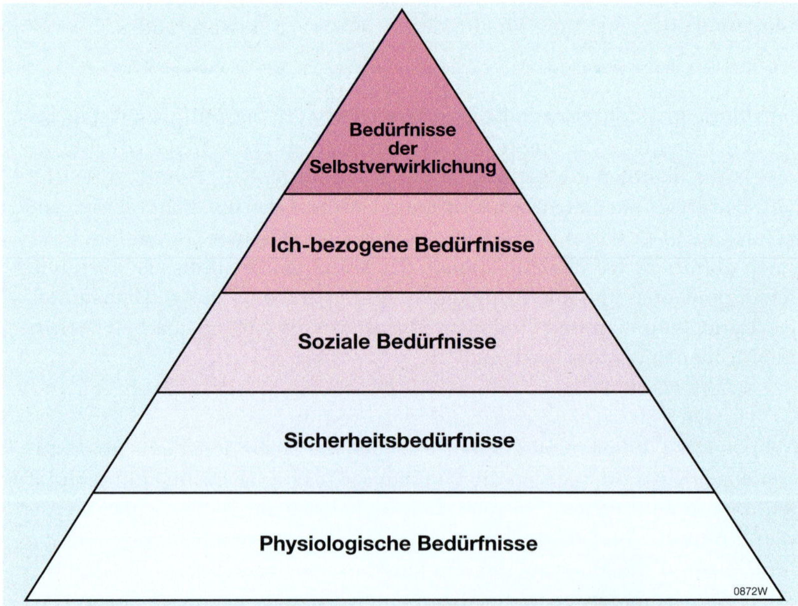

A

1 Diskutieren Sie die Eignung der „Bedürfnispyramide" zur Analyse unterschiedlicher Bedürfnisse.

2 Versuchen Sie, die Maslowsche Bedürfnispyramide auf die Möglichkeiten der Bedürfnisbefriedigung in einem Unternehmen zu übertragen.

Während als Bedürfnis der Wunsch der Menschen beschrieben wird, einen empfundenen Mangel zu befriedigen, bezeichnet man als Bedarf die tatsächlich am Markt auftretende Nachfrage. Ein Beispiel: Menschen haben Bedürfnisse nach unendlichen vielen Sachgütern und Dienstleistungen. Aber wegen ihres begrenzten Einkommens können sie ihre Bedürfnisse nur teilweise befriedigen. Die Nachfrage am Markt wird immer geringer sein als der ganze Korb der menschlichen Bedürfnisse.

3.2 Grenznutzen

Wir nehmen an, dass Güter, die wir erstellen oder kaufen, für die Befriedigung von Bedürfnissen einen Nutzen stiften. Über den Preis, den wir bereit sind zu zahlen, zeigen wir, was uns diese Güter für die Befriedigung von Bedürfnissen wert sind. Sie sind schließlich der Grund für ihre Erstellung. Welche Gründe sollte es sonst geben?

Wer hungrig ist, wird sich über das erste Schnitzel, das er isst, besonders freuen und seinen Wert für die Befriedigung seines Hungers hoch einschätzen. Ein Leistungssportler jedoch, der täglich eine hohe Kalorienzufuhr benötigt, könnte sich vermutlich auch noch über das zweite und dritte Schnitzel freuen. Mit jedem weiteren Schnitzel wird der Nutzen geringer sein als derjenige, den das erste Schnitzel gestiftet hat. Je mehr der Nachfrager von einem Gut besitzt, umso weniger ist er bereit, dafür zu zahlen. Man spricht hier von einem abnehmenden Grenznutzen. Diese Beobachtung verdanken wir einem Ökonomen des 19. Jahrhunderts, Heinrich Gossen. Er formulierte die berühmten Gossen'schen Gesetze.

1. **Gossen'sches Gesetz oder das Gesetz vom sinkenden Grenznutzen**
   Mit der zunehmenden Menge eines Gutes sinkt der Nutzen, den jede weitere Mengeneinheit stiftet.
   Als Grenznutzen wird der Nutzen bezeichnet, den eine zusätzliche Einheit eines Gutes stiftet, d. h., es ist der Nutzen aus der letzten konsumierten Einheit eines Gutes.

2. **Gossen'sches Gesetz oder das Gesetz vom Ausgleich der Grenznutzen**
   Ein Individuum maximiert seinen Gesamtnutzen, wenn der Nutzen der letzten ausgegebenen Geldeinheit für sämtliche Verwendungsarten gleich groß ist.

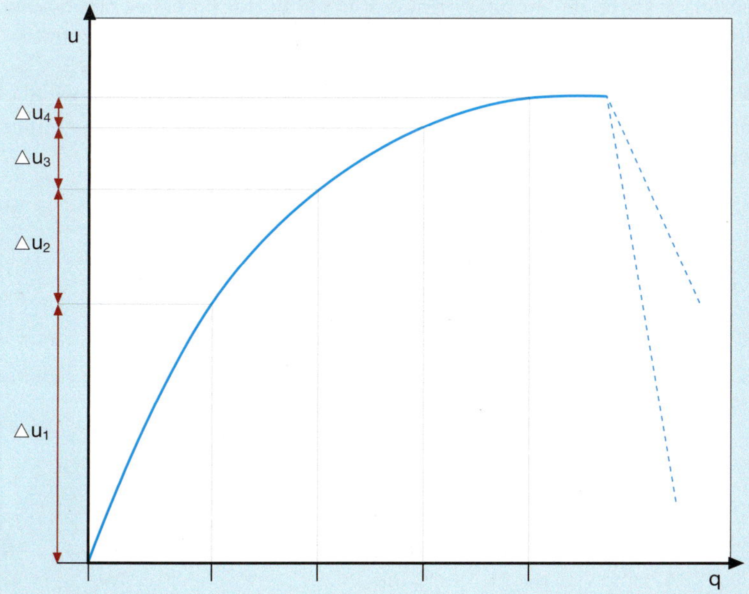

Abnehmender Grenznutzen (u = Nutzen, q = konsumierte Menge)

i

Hermann Heinrich Gossen
* 07.09.1810 in Düren
† 13.02.1858 in Köln

Bei den Entscheidungen zur Einkommensverwendung, die ein Privater Haushalt zu treffen hat, spielt die Einschätzung des Nutzens eines Gutes, also seine Eignung, ein subjektiv empfundenes Bedürfnis zu befriedigen, eine wesentliche Rolle.
Hermann Heinrich Gossen, preußischer Ökonom, entwickelte in der Mitte des 19. Jahrhunderts eine subjektive Wertlehre, deren wesentliche Aussage darin bestand, dass der Nutzen eines Gutes mit steigender Verbrauchsmenge abnimmt, bis der sogenannte Grenznutzen erreicht wird.
Der Private Haushalt erreicht nach Gossen dann die Maximierung der Bedürfnisbefriedigung, wenn der Nutzen aus der letzten konsumierten Einheit eines jeden Gutes identisch ist.

Ein anschauliches Beispiel zum Grenznutzen:

Q

Wir sehen den Vorgang in voller Deutlichkeit bei einem so trivialen Anlass wie dem des Kofferpackens für eine Reise. Da wir nicht die ganze Habe mitnehmen können, überlegen wir zunächst, welche Dinge wir am dringendsten brauchen […]; zugleich aber wägen wir ein Mehr an Büchern gegen ein Weniger an Anzügen so gegeneinander ab, dass alles in einem vernünftigen Verhältnis zueinander steht […]. Es klingt ein wenig komisch, aber es ist tatsächlich so, dass der Koffer dann ideal gepackt ist, wenn das Niveau des Grenznutzens für die Anzüge, Hemden, Socken, Taschentücher, Schuhe und Bücher gleich hoch und höher als der Nutzen der zurückgelassenen Gegenstände ist.

Quelle: Wilhelm Röpke: Die Lehre von der Wirtschaft, Erlenbach-Zürich/Stuttgart, 9. Aufl., 1961, S. 31

3.3 Produktionsmöglichkeitenkurve

In welchem Maße kann eine Bedürfnisbefriedigung erfolgen? Dies hängt wesentlich von den vorhandenen Produktionsfaktoren ab. Mithilfe eines kleinen Denkmodells lässt sich die Frage verdeutlichen. Dazu treffen wir folgende Annahmen:
Wir nehmen an, dass die Produktionsfaktoren eines Landes für die Erstellung von nur zwei Gütern eingesetzt werden, entweder für das Konsumgut Butter (100.000 Tonnen) oder für das Investitionsgut Webmaschine (1.000 Stück). Wir erhalten dann eine sogenannte Produktionsmöglichkeitenkurve. Diese gibt alle Güterkombinationen an, die in einer Volkwirtschaft mit den vorhandenen Produktionsfaktoren erstellt werden könnten. Werden zum Beispiel nur 80.000 Tonnen Butter, d. h. 20.000 Tonnen weniger produziert, wie viele Webmaschinen lassen sich dann mehr produzieren?

Die Abbildung unten zeigt uns, welche Möglichkeiten eine Volkswirtschaft theoretisch hätte, die Produktionsfaktoren auf Butter und Maschinen aufzuteilen. Diese Kurve wird als **Produktionsmöglichkeitenkurve** bezeichnet. Die Lesart der Kurve ist einfach.
Die Produktionsmöglichkeitenkurve gibt alle Güterkombinationen an, die in einer Volkswirtschaft mit den vorhandenen Produktionsfaktoren erstellt werden können.

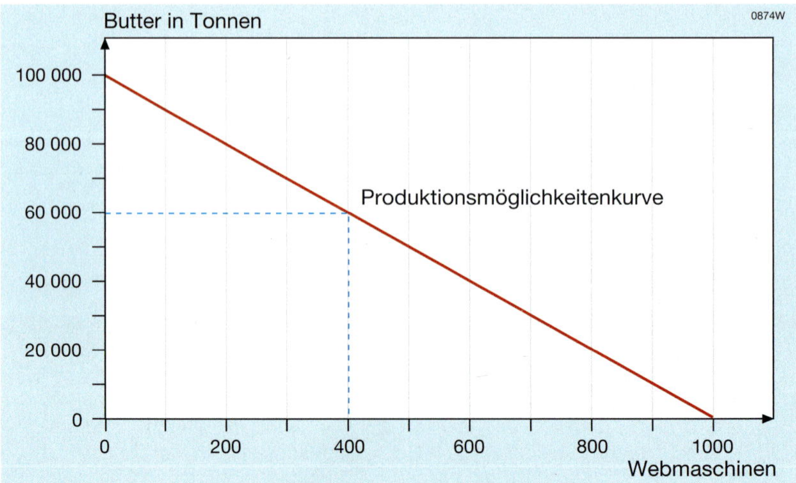

A

1 Erläutern Sie anhand von eigenen Beispielen die Gossen'schen Gesetze.

2 Stellen Sie anhand eines Beispiels aus Ihrem eigenen Lebensbereich eine potenzielle Produktionsmöglichkeitenkurve auf.

3 Beispielrechnung:
Wenn 60.000 t Butter produziert wurden, sind noch Produktionskapazitäten frei, die die Herstellung von 400 Webmaschinen erlauben.
Die Berechnungsformel lautet
$f(x) = 100.000 - 100x$
x stellt die Anzahl der Webmaschinen dar.
Spielen Sie verschiedene Kombinationsmöglichkeiten durch.

3.4 Opportunitätskosten

Die Produktionsmöglichkeitenkurve führt zu einem weiteren zentralen ökonomischen Begriff, zu dem der **Opportunitätskosten.**
Werfen wir noch einmal einen Blick auf die Produktionsmöglichkeitenkurve: Soll von einem bestimmten Produkt mehr erstellt werden, kann von einem anderen Produkt weniger produziert werden, d. h., die **Mehrproduktion** von Butter bedeutet gleichzeitig **Verzicht** auf die Produktion einer bestimmten Menge Maschinen.

Mit der generellen Knappheit der Güter besteht die Notwendigkeit, zu wirtschaften. Wirtschaften heißt, wie wir schon wissen, Entscheidungen über den Einsatz knapper Produktionsfaktoren zu treffen. Diese Entscheidungen erzeugen Kosten, besser: Opportunitätskosten. Sie sind die Kosten der zweitbesten Verwendung. Die Kosten eines Gutes bestehen in dem, was man dafür an anderen Gütern aufgibt. Oder anders ausgedrückt: Opportunitätskosten sind die Kosten, die durch den Verzicht auf die beste Alternative entstehen.
Wer sich für den Kauf einer CD in Höhe von 15 Euro entscheidet, kann dieses Geld nicht mehr für den Besuch eines neuen Kinofilmes verwenden, der ebenfalls 15 Euro kostet. Die vorhandenen Finanzmittel reichen eben nicht für beides aus, d. h., der entgangene Kinobesuch entspricht den Opportunitätskosten für den Erwerb einer CD. Und wer ein Brett im Kamin verheizt, kann dieses Brett nicht mehr für den Bau eines Bücherregals o. Ä. verwenden.
Da die menschlichen Bedürfnisse offensichtlich unbegrenzt und die Ressourcen begrenzt sind, werden ständig Auswahlentscheidungen erforderlich, was bedeutet, dass alle wirtschaftlichen Güter Opportunitätskosten haben. Auch die Zeit ist ein hochwertiges ökonomisches Gut, mit dem nur zu häufig unökonomisch umgegangen wird. Die zwei Stunden im Kino oder in der Eckkneipe können nicht für das Lesen eines Buches bzw. für den Spaziergang mit Sohn oder Tochter verwendet werden.

In den früheren zentralverwaltungswirtschaftlichen Systemen beispielsweise wurde Zeit buchstäblich verschwendet. Konsumenten verbrachten, auf die Lebenszeit berechnet, mehrere Jahre damit, in Schlangen anzustehen, um den Bedarf an Gütern des alltäglichen Bedarfs zu decken.

Kino oder CD?

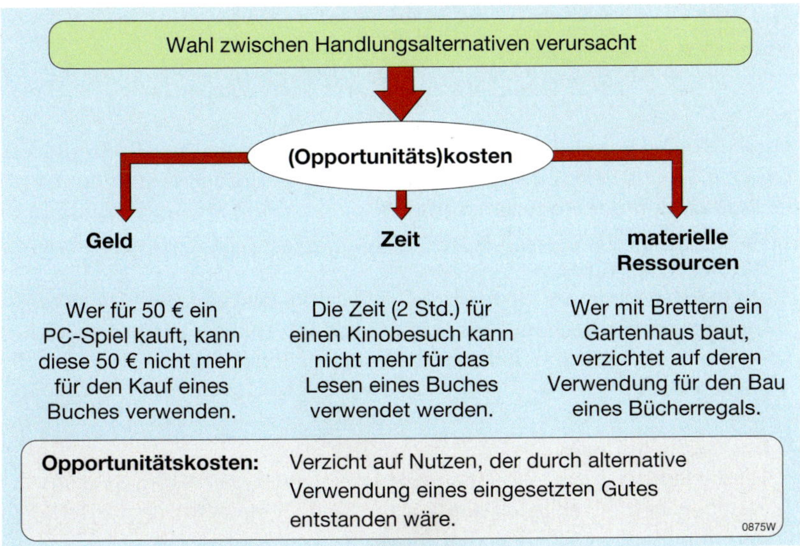

A

Wenn Wirtschaften Entscheiden heißt, treten bei allen Entscheidungen Opportunitätskosten auf. Wie lässt sich das erklären?

3.5 Wirtschaften heißt Entscheiden

Da wir nicht genug Mittel haben, um alle menschlichen Bedürfnisse zu erfüllen, müssen wir immer **Entscheidungen** für den Einsatz von Produktionsfaktoren treffen. Wir begegnen damit erneut dem Grundgesetz des Wirtschaftens, dem Gesetz der Knappheit.

Pieter Brueghel, der Ältere: „Das Schlaraffenland", 1567

Ein wesentliches Ziel des Wirtschaftens ist es, immer wieder nach Möglichkeiten zu suchen, durch eine entsprechende Kombination von Produktionsfaktoren, Koordination und Organisation der Wirtschaft, die Knappheit zu verringern. Es gibt eben kein Schlaraffenland, in dem gebratene Tauben in offene Münder von Menschen fliegen, wie es Pieter Bruegel auf seinem berühmten Gemälde darstellt.
Knappheit an Zeit, natürlichen Ressourcen, Arbeitskraft und Kapital zwingen uns zum Wirtschaften.

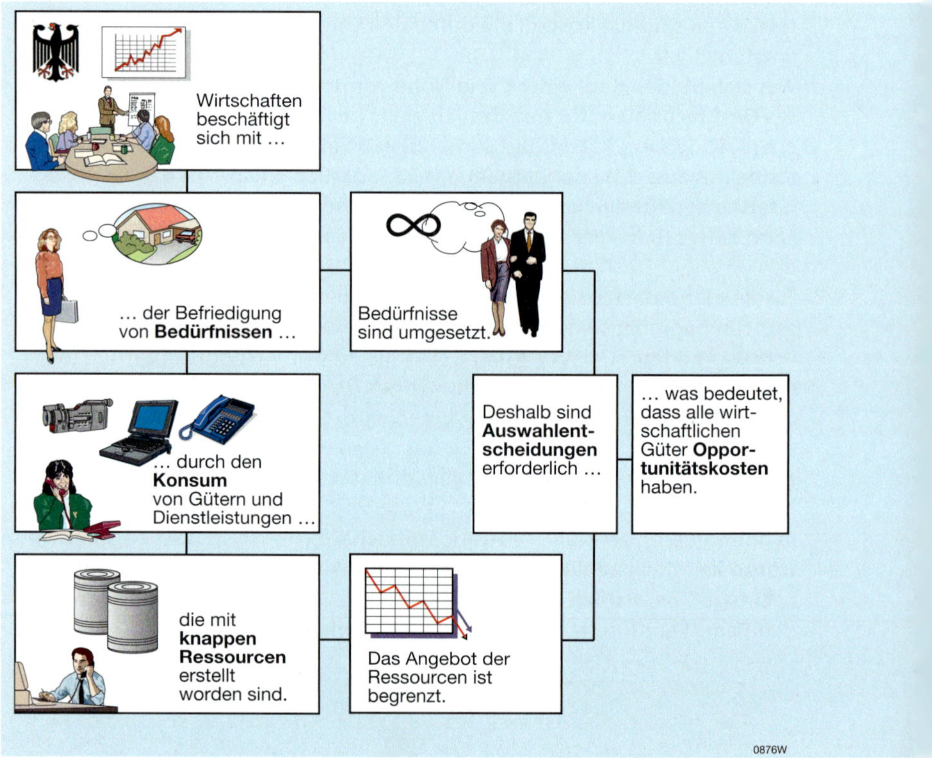

Wirtschaftliche Entscheidungen können theoretisch nach zwei Prinzipien erfolgen, die der jeweilige Akteur, d. h. die Konsumentin/der Konsument bzw. die Produzentin/der Produzent, trifft.

1. **Das Maximalprinzip**
   Mit einer bestimmten Menge Geld sollen möglichst viele Bedürfnisse befriedigt werden. Beispiel: Herr Martens hat 400 Euro zur Verfügung und will dafür einen Anzug und eventuell noch Schuhe, Krawatte, Hemd und Socken kaufen.

2. **Das Minimalprinzip**
   Für die Befriedigung eines Bedürfnisses soll möglichst wenig Geld ausgegeben werden. Beispiel: Herr Martens will für einen Anzug, für Schuhe und Hemd möglichst wenig bezahlen.

A

Erklären Sie am Beispiel des Minimal- und Maximalprinzips, welcher logische Fehler in der folgenden Aussage enthalten ist: Lieber reich und gesund als arm und krank.

Jetzt können wir uns zusammenfassend der Frage zuwenden:
Was ist typisch ökonomisch?

1. **Mein Nutzen ...**
Typisch ökonomisch ist es zunächst, dass wir nicht alles zur gleichen Zeit in gewünschtem Umfang haben können. Es müssen immer wieder Auswahlentscheidungen unter Beachtung von Zeit, Geld und materiellen Ressourcen getroffen werden. Man kann z. B. nicht zur gleichen Zeit Fußball spielen und mit Freunden essen gehen. Man kann nicht 30 Euro für ein Buch ausgeben und diese gleichzeitig sparen.
Zeit, Geld und Güter sind knapp. Beim Nachdenken über Knappheit benötigen wir eine Technik, die helfen soll, bessere Entscheidungen über den Umgang mit Knappheit zu treffen. Wir müssen uns regelmäßig für eine der Handlungsmöglichkeiten entscheiden und dafür auf eine andere verzichten. Dabei sollte der Verzicht möglichst gering sein. Jede Auswahlentscheidung bringt Kosten in Form von Zeit, Geld, Gütern mit sich und zwar deshalb, weil man eine andere Möglichkeit dann nicht mehr wählen kann.

2. **Unser Nutzen ...**
Auf der Suche nach dem typisch Ökonomischen ist es hilfreich, anzunehmen, dass Menschen ihren Nutzen mehren wollen. Wir können in vielen Situationen beobachten, dass sie das auch tatsächlich tun und sich selbst nicht schädigen wollen. In Gesellschaften, in denen Geld eine wesentliche Rolle spielt, werden Menschen offensichtlich eine größere Geldsumme einer kleineren vorziehen. Diese Annahme hilft uns sehr, wenn wir das ökonomische Handeln anderer Menschen voraussagen oder ihr Verhalten beeinflussen wollen. Dies gilt für Konsumenten ebenso wie für Erwerbstätige, Unternehmer, aber auch für Politiker. Selbstloses Handeln von Menschen ist aber damit keineswegs ausgeschlossen.

3. **... unter welchen Bedingungen?**
Ökonomisches Handeln erfolgt allerdings nicht im „luftleeren" Raum, sondern geschieht in einem konkreten Land mit vielen Aktivitäten und Tauschhandlungen. Es geschieht in konkreten politischen Systemen, in denen es Gesetze, Regelungen und bestimmte gesellschaftliche Wertvorstellungen darüber gibt, was als gut, als schlecht, was für die ganze Gesellschaft als erstrebenswert gilt.
Ökonomisches Denken sollte deshalb auch die jeweiligen Handlungsbedingungen der Akteure untersuchen und die Folgen für die Handlungen der Menschen aufspüren. Immer wird auch danach gefragt: Was kann ich tun, was soll ich tun, was soll der Staat mit Gesetzen und Verordnungen beeinflussen? Auch hierbei hilft stets wieder die Annahme, dass immer und überall persönliche Vorteile und Nachteile bei den jeweiligen Akteuren, d. h. bei Herrn Meyer, bei Frau Müller, in Rechnung zu stellen sind.

A
Entwickeln Sie ein Beispiel aus dem Wirtschaftsalltag, mit dem sich folgende Aussage veranschaulichen lässt: „Individuen handeln und verfolgen ihre Interessen in Interaktion mit anderen im Rahmen eines Regelsystems."

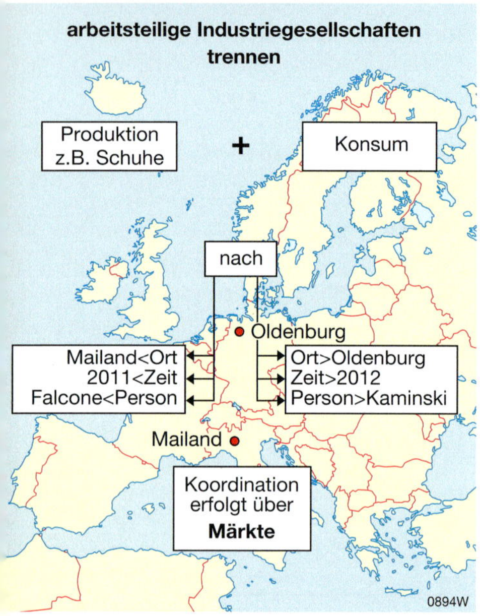

3.6 Arbeitsteilung reduziert Knappheit

In modernen Industriegesellschaften werden Güter in der Regel arbeitsteilig produziert. Dies ist eines ihrer herausragenden Kennzeichen. Adam Smith (1723–1790), ein Klassiker der Ökonomie, beschrieb in seinem berühmten Stecknadel-Beispiel die Vorteile der Arbeitsteilung. Er behauptete, dass ein (ungelernter) Arbeiter „täglich höchstens eine, sicherlich aber keine zwanzig Nadeln herstellen kann", und berichtete von einer Fabrik, in der zehn Männer, die sich auf wenige Handgriffe spezialisiert hatten, 48.000 Nadeln pro Tag anfertigten.

Unstrittig hat die Arbeitsteilung die Entwicklung der Industriegesellschaften sehr stark gefördert. Sie steigert die Produktivität, macht es möglich, die Arbeitskraft nach individuellen Fähigkeiten besser zu nutzen. Aber die Arbeitsteilung hat auch ihre Kehrseite. Wenn die Arbeitstätigkeit auf nur wenige Handgriffe reduziert wird, kann das zur Monotonie am Arbeitsplatz führen. Der arbeitende Mensch verliert die Beziehung zum Produkt, wenn er beispielsweise nur noch kleine Ausschnitte des Produktionsprozesses überschauen kann. Und monotone, stumpfsinnige Arbeit kann u. a. gesundheitliche Schäden verursachen und erhebliche psychische Belastungen hervorrufen.

Dennoch: Moderne Industriegesellschaften sind ohne die unterschiedlichen Formen der Arbeitsteilung, wie berufliche, inner- und zwischenbetriebliche oder internationale Arbeitsteilung, nicht mehr denkbar.

Die innerbetriebliche Arbeitsteilung wird häufig auch als **technische Arbeitsteilung** bezeichnet. Darunter versteht man die Aufteilung oder auch Zerlegung eines Arbeitsprozesses in mehrere Einzelschritte. Jeder Arbeiter führt nur einen Teil der für ein Produkt erforderlichen Gesamtarbeit aus, was bedeutet, dass er sich spezialisieren muss. Bei der Fließfertigung ist diese Form der Arbeitsteilung soweit gediehen, dass der einzelne Arbeiter nur noch wenige, sich stets wiederholende Handgriffe verrichtet.

Die zwischenbetriebliche Arbeitsteilung verdeutlicht jenen Sachverhalt, dass in komplexen Industriegesellschaften nicht jeder Betrieb alle Güter produziert, sondern sich die Betriebe auf bestimmte Güter spezialisieren. Die einen fördern Kohle oder Erdöl, andere stellen Kleidung oder Lebensmittel her, wieder andere produzieren Waschmaschinen oder Computer.

Die internationale Arbeitsteilung trägt der Tatsache Rechnung, dass die Verflechtungen zwischen den Volkswirtschaften über den internationalen Güteraustausch immer stärker werden. Die einzelnen Länder spezialisieren sich auf jene Produkte, die sie kostengünstig herstellen können und mit denen sie international wettbewerbsfähig sind (vgl. Kapitel VI).
Arbeitsteilige Volkswirtschaften haben die Möglichkeit, Produktion und Konsum räumlich und zeitlich voneinander zu trennen und über Märkte durch Angebot und Nachfrage zu koordinieren.

Arbeitsteilung allein löst aber noch nicht das Knappheitsproblem. Viel entscheidender ist es, wie die Ergebnisse arbeitsteiligen Wirtschaftens anderen Wirtschaftsakteuren zugänglich gemacht werden können. Die Arbeitsteilung macht den Tausch erforderlich. Nur wenn die Ergebnisse arbeitsteiliger Prozesse auch mit anderen getauscht werden können, wird die Arbeitsteilung für die Menschen nützlich.

A

Erstellen Sie eine Übersicht mit Beispielen aus dem regionalen Wirtschaftsraum zu den verschiedenen Formen der Arbeitsteilung.

Wer die Früchte der Arbeitsteilung ernten will, muss die Möglichkeit haben zu tauschen. „Du hast Milch produziert und ich Fleisch. Lass uns tauschen!" Arbeitsteilung wird damit zu einer zentralen Quelle des Wohlstands, das wusste schon Adam Smith.
Die durch die Arbeitsteilung erfolgte Spezialisierung macht nur Sinn, wenn ein Individuum die Möglichkeit hat, jene Produkte, die es selbst nicht produziert hat und die es dennoch für die Sicherung seiner Existenz benötigt, von anderen zu erwerben.

Arbeitsteilung ermöglicht zudem Lernkurveneffekte: Wenn man eine Tätigkeit zum ersten Mal durchführt, benötigt man in der Regel viel mehr Zeit, als wenn diese Tätigkeit eingeübt und hundertfach wiederholt worden ist. Für den Sachverhalt kann jeder von uns unzählige Beispiele anführen.

Mit einem kleinen Rechenbeispiel können die Vorteile der Arbeitsteilung deutlich gemacht werden. Dazu dient uns die Produktionsmöglichkeitenkurve von a) Robinson und b) Freitag, und wir wollen zeigen, wie sich c) die Versorgungslage der beiden durch Arbeitsteilung verbessern lässt.
Beginnen wir mit den „Produktionsmöglichkeiten" von Robinson. Nehmen wir an, dass Robinson seine Arbeitskraft auf das Backen von Brot und auf den Fang von Fischen verteilt, dann ergibt sich folgende Situation: Er kann an einem Tag entweder drei Brote backen oder sieben Fische fangen. Verteilt er seine zur Verfügung stehende Zeit sowohl auf das Backen wie auf das Fischen, dann ergibt sich die nachfolgende Produktionsmöglichkeitenkurve:

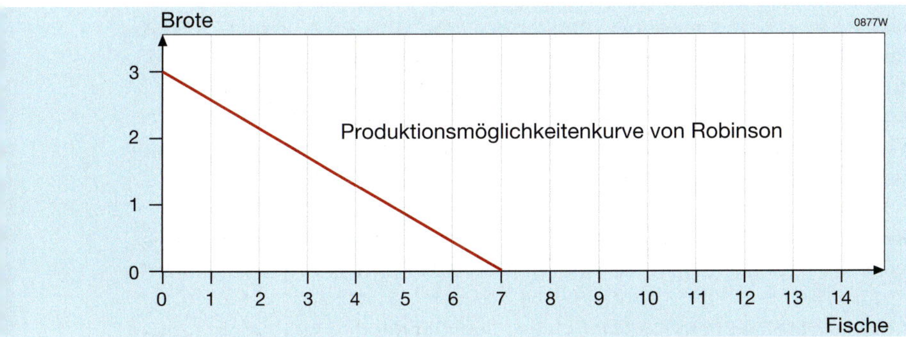

Verteilt hingegen Freitag seine Arbeitskraft auf das Backen von Brot und auf den Fang von Fischen, dann ergibt sich folgende Situation: Freitag kann an einem Tag entweder zwei Brote backen oder 14 Fische fangen. Verteilt er seine zur Verfügung stehende Zeit sowohl auf das Backen wie auf das Fischen, dann ergibt sich die nachfolgende Produktionsmöglichkeitenkurve:

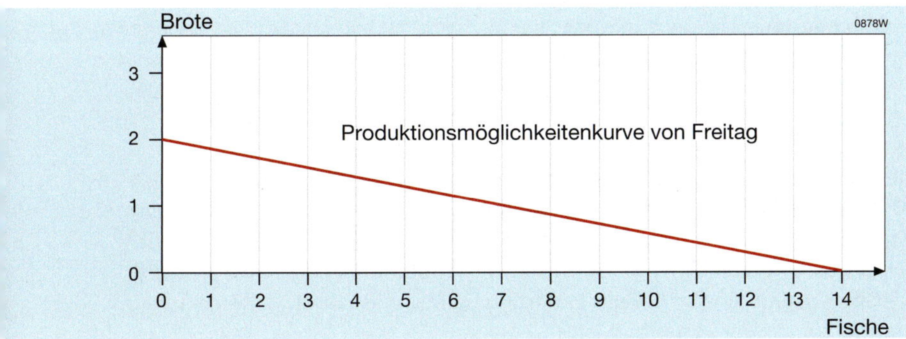

Q

Sobald nun der Mensch sicher sein kann, dass er alle Dinge, die er weit über den Eigenbedarf hinaus durch eigene Arbeit herzustellen vermag, wiederum gegen überschüssige Produkte anderer, die er gerade benötigt, eintauschen kann, fühlt er sich ermutigt, sich auf eine bestimmte Tätigkeit zu spezialisieren, sie zu pflegen und zu vervollkommnen, je nach Talent oder Begabung.

Quelle: Adam Smith: Wohlstand der Nationen, Deutscher Taschenbuchverlag, München, 1999, S. 29

Zählen wir das Ergebnis der beiden „Produzenten" zusammen, ergibt sich folgende Situation:

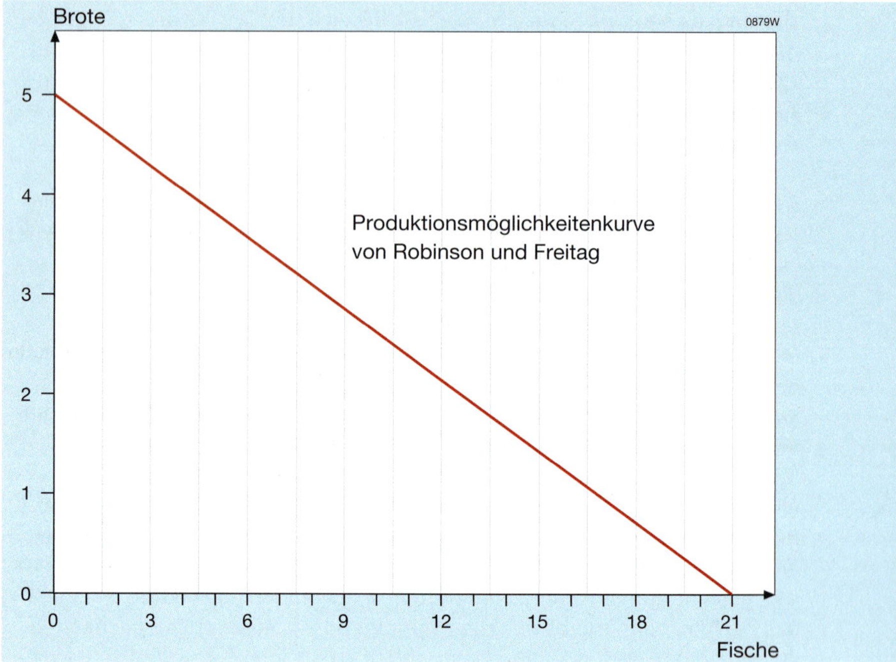

Welche Produktionsmöglichkeitenkurve würde entstehen, wenn sich Freitag und Robinson jeweils auf die Tätigkeit spezialisieren, die sie im Vergleich zum anderen effizienter leisten können?

Vergleichen wir Freitags „Produktionsmöglichkeiten" mit denen von Robinson, machen wir folgende Feststellung:

Robinsons Situation:

a) Wenn Robinson ein Brot weniger backt, dann kann er drei Fische mehr fangen.
b) Wenn Robinson ein Brot mehr backt, kann er drei Fische weniger fangen.
c) Das Verhältnis der Kosten für Brot und Fische beträgt 1 Brot = 3 Fische oder 1 Fisch = 1/3 Brot.

Freitags Situation

a) Wenn Freitag ein Brot weniger backt, dann kann er dafür sieben Fische mehr fangen.
b) Wenn Freitag ein Brot mehr backt, dann kann er dafür sieben Fische weniger fangen.
c) Das Verhältnis der Kosten für Brot und Fische beträgt bei Freitag 1 Brot = 7 Fische oder 1 Fisch = 1/7 Brot.

Konsequenz:
Robinson sollte sich auf das Backen von Brot und Freitag sollte sich auf das Fangen von Fischen konzentrieren, dann hätten beide eine verbesserte Situation auf der Insel und ein insgesamt höheres „Insel-Sozialprodukt" erzielt. Dieser Grundgedanke wird uns im Kapitel VI unter dem Begriff der „komparativen Kostenvorteile" bei der Erklärung helfen, weshalb der internationale Handel für Länder vorteilhaft ist.

A

Verdeutlichen Sie anhand von Beispielen aus dem Schulalltag den Nutzen von Arbeitsteilung.

3.7 Tausch und Tauschwirtschaft

Um die Vorteile von Arbeitsteilung und Spezialisierung zu sichern, muss es Tauschmöglichkeiten geben, und eine arbeitsteilige Wirtschaft lässt sich deshalb auch als eine Tauschwirtschaft bezeichnen. Der Tausch erfolgt über Märkte, d. h. über Orte, auf denen Angebot und Nachfrage zusammentreffen und so die Möglichkeit besteht, das zu finden oder anzubieten, was die Akteure dort präsentieren und nachfragen. Märkte sind eine grandiose Erfindung der Menschen, um einen Tauschpartner zu finden.

Der Tausch kann ein Naturaltausch sein, z. B. Milch gegen Fleisch, aber dies ist nur dann möglich, wenn der Produzent von Fleisch auch tatsächlich Milch benötigt und umgekehrt.

Das Prinzip des Naturaltausches stößt schnell an seine Grenzen, da die Suche nach Tauschpartnern aufwändig ist und viel Zeit kostet oder gar völlig misslingen kann. Eine geradezu geniale Erfindung der Menschheit ist die Erfindung des Geldes, weil es ein Mittel ist, Arbeitsteilung und die Koordination der arbeitsteiligen Prozesse sehr viel effizienter zu machen.

Unsere Gesellschaft lässt sich durch Tauschbeziehungen der unterschiedlichsten Art kennzeichnen, die sich täglich millionenfach in einem Land vollziehen.

Q

Individuen tauschen nicht nur ihre Arbeitskraft gegen Lohn und Güter, sondern sie tauschen generell ihre Zeit und ihr Geld gegen Dinge, die sie für vorteilhaft halten. So tauschen z. B. Studierende Zeit und Geld gegen eine Berufsausbildung. Der Wahlbürger tauscht seine Stimme gegen die Wahlversprechen der Politiker, und sogar persönliche Beziehungen wie z. B. die Ehe werden als Tauschbeziehungen interpretiert. Man bringt sich in diese Beziehung ein, wenn man dies für vorteilhaft hält.

Quelle: Ulrich Baßeler/Jürgen Heinrich/Burkhard Utrecht: Grundlagen und Probleme der Volkswirtschaft, Schäffer-Poeschel Verlag, Stuttgart, 2002, 17. Auflage, S. 23

i

Gary Becker
* 02.12.1930 in Pottsville, Pennsylvania

Nobelpreis für Wirtschaftswissenschaften 1992

Gerade die in dem Zitat formulierte These wurde intensiv von dem späteren Nobelpreisträger Gary Becker untersucht, der mit seiner Vorstellung von der Ehe als Tauschbeziehung auch viel Widerspruch erntete.

3.8 Geld und Geldfunktionen

In der Zeit nach dem Zweiten Weltkrieg, von 1945 bis 1948, hatte das Geld seinen Wert weitgehend verloren und man kam vielfach auf den alten Tauschhandel zurück: Ware gegen Ware. Die Menschen hatten kein Vertrauen mehr in das Geld. Sie akzeptierten es nicht mehr als ein Tauschmittel. Da erschienen ihnen Naturalien wie Zigaretten bedeutend sicherer, weil sie wussten, was sie dafür eintauschen konnten. Man sprach damals sogar von einer Zigarettenwährung.

In einer Tauschwirtschaft, in der Ware gegen Ware getauscht wird, gibt es Geld nicht als physische Erscheinung, sondern nur als eine Bezugsgröße für die Bemessung des Wertes. Man misst z. B. den Tauschwert von Getreide und Stoffen an der gemeinsamen Bezugsgröße Vieh, Rind. Güter, die sich früher besonders gut zum Tauschen eigneten, wurden zu einer Vorform des Geldes im Sinne einer abstrakten Größe.

A

1 Stellen Sie an zwei Beispielen dar, weshalb viele Bedürfnisse von Menschen sich nicht befriedigen ließen, wenn es keine Tauschmöglichkeiten gäbe.

2 Zeigen Sie Gründe auf, weshalb gerade Zigaretten in der Nachkriegszeit des Zweiten Weltkrieges als eine „Ersatz-Währung“ fungierten.

Q

Mit Geld als einem Tauschmittel kann man die Wünsche der Tauschpartner quasi synchronisieren. Von Wilhelm Röpke erzählt man folgendes Beispiel: Röpkes Vater war Landarzt und hatte einen Vertrag mit dem Frisör des Dorfes abgeschlossen: „Sie waren übereingekommen, sich gegenseitig keine Rechnungen auszustellen, sondern ihre Forderungen gegeneinander aufzurechnen. Nun führte aber nach einiger Zeit die Kränklichkeit des Frisörs dazu, dass aufseiten meines Vaters ein Überschuss entstand, der dadurch beseitigt wurde, dass wir Kinder uns weit häufiger die Haare schneiden lassen mussten, als uns lieb war."

Quelle: Wilhelm Röpke: Die Lehre von der Wirtschaft, 9. Aufl., zitiert nach: Homann/Suchanek: Ökonomie – Eine Einführung, Mohr & Siebeck, Tübingen, 2002, S. 316

A

Entwickeln Sie eine Grafik, mit der Sie folgende Begriffe in einen fachlichen Zusammenhang bringen.
- Bedürfnisse
- Grenzkosten und Grenznutzen
- Produktionsmöglichkeitenkurve
- Opportunitätskosten
- Wirtschaften = Entscheiden
- Arbeitsteilung reduziert Knappheit
- Tausch und Tauschwirtschaft
- Geld und Geldfunktion

Mit Geld wird es ermöglicht, Güter gleichnamig zu machen, d. h. Zahnpasta und ein Holzbrett, ein Auto und einen Smaragd zu vergleichen und die Werte zu addieren. Mit der zunehmenden Arbeitsteilung und folglich auch mit dem zunehmenden Tausch von Gütern wurde der direkte Tausch von Waren immer problematischer, weil es hohe Kosten, insbesondere auch Zeitkosten verursachte, den richtigen Tauschpartner zu finden.

Ein Arbeiter, der beispielsweise in der Autoproduktion arbeitet und beim Bäcker Brot gegen einen Kotflügel tauschen möchte, wird damit wenig Erfolg haben. Zum einen braucht der Bäcker zu diesem Zeitpunkt vermutlich keinen Kotflügel, zum anderen dürfte die Teilbarkeit des Kotflügels Schwierigkeiten verursachen, es sei denn, es ist eine Großfamilie mit Brot zu versorgen. In arbeitsteiligen Volkswirtschaften wird Geld also über seine Wertbemessungsfunktion als physisches Tauschmittel benötigt, das zwischen die Waren tritt. Das muss noch kein Münz- oder Notengeld sein (vgl. Zigarettenwährung).

Das Entscheidende ist, dass das verwendete Medium als Geld allgemein anerkannt und dass es gut teilbar ist. Indem das Geld zwischen die Waren tritt, fördert es den Güteraustausch, denn die wechselseitige Deckung der Bedürfnisse der Tauschpartner mithilfe von Waren ist dann keine zwingende Bedingung mehr für erfolgreichen Handel.

Schließlich kommt noch eine dritte, sehr wichtige Funktion des Geldes hinzu. Geld ermöglicht es, den Konsum in eine spätere Periode zu verschieben. Die Bedürfnisse müssen zwischen den Tauschpartnern nicht mehr deckungsgleich sein und sie können sich auch hinsichtlich des Zeitpunktes unterscheiden, d. h., die Einnahmen, die ein Wirtschaftsakteur momentan hat, müssen nicht sofort wieder ausgegeben werden. Geld kann gespart werden, wodurch zu einem späteren Zeitpunkt größere Anschaffungen erst möglich werden. Damit Arbeitsteilung und Spezialisierung für die Reduktion von Knappheit wirksam werden können, benötigt man für die Fülle der Tauschakte ein Medium: das Geld. Geld übernimmt im Wesentlichen drei Aufgaben:

1. **Geld als Zahlungsmittel**
   Es erleichtert den Tausch unzähliger Güter- und Dienstleistungen, die auf Märkten getauscht werden können.

2. **Geld als Recheneinheit**
   Die in einer Volkswirtschaft erwirtschafteten Güter werden in Geldeinheiten ausgedrückt, und damit kann man sie schließlich wertmäßig und auch miteinander vergleichen. Nur so ist es auch möglich, das erwirtschaftete Sozialprodukt in einem Lande zu ermitteln (vgl. Exkurs S. 59 ff.). Durch den Maßstab des Geldes als eine Recheneinheit werden die Kosten für notwendige Informationen für Tauschvorgänge erheblich gesenkt.

3. **Geld als Wertaufbewahrungsmittel**
   Zwischen der Einkommensentstehung und der Einkommensverwendung kann ein längerer Zeitraum liegen. Allerdings kann die Wertaufbewahrungsfunktion zu einem ökonomischen Problem für jede Volkswirtschaft werden (vgl. Kapitel V), wenn das Geld in einem bestimmten Zeitraum seinen Wert verliert und z. B. die 100 Euro aus dem Jahre 2010 im Jahre 2011 nur noch 90 Euro wert sind. Die Wertaufbewahrungsfunktion des Geldes ist dann erheblich eingeschränkt, und das wird das Verhalten aller Wirtschaftsakteure beeinflussen.

4 Eine alltägliche Geschichte in Fortsetzungen: der Autokauf

Bisher haben wir uns mit einigen ökonomischen Grundsachverhalten und grundlegenden Begriffen vertraut gemacht. Im Folgenden sollen sie ergänzt, differenziert und in Zusammenhänge eingeordnet werden. Dazu wählen wir das Beispiel eines Gebrauchtwagenkaufs, um den Charakter wirtschaftlicher Beziehungen präziser erfassen zu können, wie er sich aus den Interaktionen zwischen Personen im wirtschaftlichen Geschehen ergibt.
Wir werden feststellen, dass umfassende gesellschaftliche Regelsysteme die Handlungen der Akteure in der Wirtschaft begleiten und ihre Handlungen bei der Verfolgung des Ziels beeinflussen, ihren Nutzen zu erhöhen.

4.1 Ein Gebrauchtwagenkauf

Jens aus Leer/Ostfriesland beginnt ein Studium der Ökonomie an der Universität Oldenburg, 50 km von seiner Heimatstadt entfernt. Bei seiner Suche nach einer Wohnung findet er die Anzeige eines Studierenden, der seine Wohnung zwecks Auslandsstudiums für ein Jahr untervermieten will. Jens ruft umgehend bei dem potenziellen Vermieter an.

Da der künftige Austauschstudent schon in zwei Wochen abreisen muss, vereinbaren die beiden, sich noch am selben Tag zu treffen. Jens fährt mit dem Wagen seines Vaters nach Oldenburg. Er muss leider feststellen, dass sich die Wohnung in einem Stadtteil befindet, der acht Kilometer von der Universität entfernt liegt. Es gibt zwar eine Busverbindung, diese ist jedoch alles andere als ideal. Christoph, unser Austauschstudent, kommt mit einem überraschenden Angebot: „Du kannst auch meinen Wagen übernehmen, ich muss ihn sowieso noch schnell verkaufen, weil ich ihn hier kein Jahr stehen lassen kann. Er soll nur 2.400 Euro kosten, TÜV hat er noch für ein dreiviertel Jahr." Es ist ein Mini-Cooper. Jens mochte diesen Typ schon immer. Ein kleines, praktisches Studenten-Auto. Jens bietet Christoph eine Ratenzahlung an, 1.200 Euro sofort, den Rest in zwei Monaten.
Christoph willigt ein: „Okay, du kannst den Wagen haben, aber ich brauche das Geld sofort, weil ich eine Menge Ausgaben habe. Du kannst es dir ja bis morgen noch einmal überlegen." Er hofft allerdings darauf, dass Jens wenigstens diese 1.200 Euro bar hat.

Damit ist eine alltägliche Situation beschrieben. Hier könnte sich ein Tausch anbahnen, so wie es täglich in der Bundesrepublik tausendfach geschieht. Es liegt ein gemeinsames Interesse vor. Jens braucht eine Studentenbude und mit Studienbeginn steigt auch der Wunsch, ein Auto zu besitzen. Da die finanziellen Mittel nicht gleich für ein neues Auto reichen, wird ein Gebrauchtwagenkauf ins Auge gefasst. Und Christoph, im Studium schon fortgeschritten, strebt ein Auslandssemester an. Christoph muss also für ein Jahr seine Studentenbude aufgeben und seinen Mini kann er auch nicht gebrauchen. Was gilt es also zu tun? Der Mini muss verkauft werden, um das Geld für den Auslandsaufenthalt verplanen zu können.

Jens und Christoph sind zwei Tauschpartner, die beide mit dem Tausch jeweils ihre eigenen Interessen realisieren wollen. Aber es gibt hinsichtlich der Tauschbedingungen, wie wir sehen, auch unterschiedliche Interessen. Zunächst will Jens das Auto möglichst billig erwerben und am liebsten auch Ratenzahlungen in Anspruch nehmen, während Christoph möglichst viel Geld für sein Auto haben möchte, und dies sofort. Durch eine Ratenzahlung würde jedoch eine Wartezeit entstehen.

A

1 Entwickeln Sie eine Gegenüberstellung der Interessen von Jens und Christoph.

2 Wählen Sie aus der Tageszeitung zwei Kleinanzeigen aus, und zwar eine aus der Sicht eines Anbieters, eine aus der Sicht eines Nachfragers, und stellen Sie ebenfalls die erkennbaren Interessen zusammen.

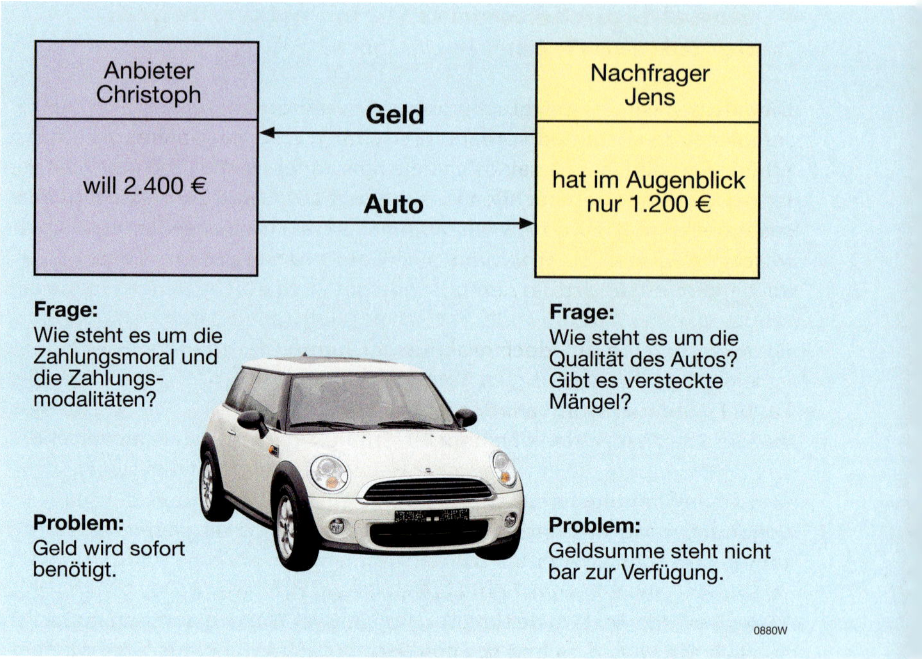

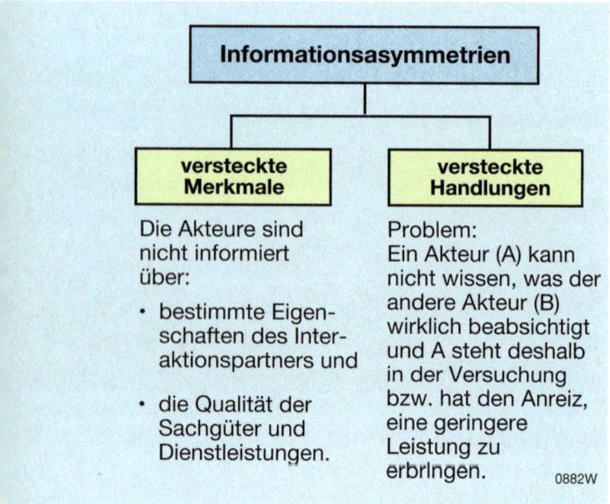

4.2 Informations- und Anreizprobleme beim Tausch

Das Ausgangsbeispiel (4.1) zeigt uns, dass es zwei Arten von Problemen bei einem Tausch gibt, durch die die Realisierung von gemeinsamen Interessen scheitern könnte: Anreiz- und Informationsprobleme.

Für das Verständnis wirtschaftlichen Handelns sind diese beiden Probleme von großer Bedeutung. Was ist damit gemeint?

Das **Anreizproblem**: Es ist immer dann gegeben, wenn die Kosten oder der Ertrag der eigenen Handlung nicht bei dem Handelnden selbst, sondern bei einem anderen anfallen: Ich handele und ein anderer hat den Nutzen aus meinen Handlungen. Jeder rational entscheidende Mensch würde solche Handlungen gar nicht erst vornehmen, um sich nicht selbst zu schädigen. Das Ergebnis ist, dass keiner der beteiligten Akteure so handelt, wie es für das gemeinsame Interesse sinnvoll und erforderlich wäre, und deshalb schaden sie sich auf diese Art und Weise selbst.

Das **Informationsproblem**: Es besteht darin, dass die Akteure unterschiedliche Informationen zur Verfügung haben. Auf unser Beispiel bezogen könnte das heißen: Christoph weiß, dass sein Mini anfällig für Rostbildung ist. Er wird darüber mit Jens nicht freiwillig reden. Aber er wird sich auch fragen, wie es um die Zahlungsmoral von Jens bestellt sein wird. Der Informationsstand ist bei beiden Akteuren nicht gleich bzw. nicht symmetrisch. Man spricht deshalb von Informationsasymmetrien.

Hierbei kann sich ein Akteur in zweierlei Hinsicht irren: Der Akteur weiß zu wenig oder nichts über das gewünschte Produkt oder über die gewünschte Dienstleistung, d. h. es fehlen genügende Informationen über Qualität, spezifische Eigenschaften usw. oder ein Akteur weiß zu wenig über den anderen Akteur. Er weiß noch nicht, wie seriös und glaubwürdig er ist, welche Absichten er verfolgt. Man bezeichnet dies auch als das Problem der „versteckten Handlungen."

A

1 Erklären Sie das Verhalten von Jens und Christoph mit dem Minimal- oder Maximalprinzip.

2 Verdeutlichen Sie mit Beispielen, was
   a) unter einem Anreizproblem und
   b) unter einer Informationsasymmetrie verstanden wird?

3 Wo könnten Anreizprobleme und Informationsasymmetrien bei dem Kauf einer Urlaubsreise bestehen?

4.3 Von privat an privat misslingt

Welche Vorteile hat die Einschaltung eines Autohauses?

Die Ausgangssituation (vgl. Abschnitt 4.1) verändert sich:
Jens überlegt, wie er Geld organisieren kann, denn der Mini interessiert ihn schon sehr. Meistens ist seine Oma die Lösung für solche Probleme, aber sie ist im Urlaub auf Mallorca. Sein Vater ist bereit, ihm 400 Euro dazuzugeben, sodass Jens 1.600 Euro zur Verfügung hätte. Da er sich am nächsten Tag ohnehin noch einmal die Wohnung in Oldenburg ansehen will, könnte er dann auch gleich mit Christoph reden.

Die Enttäuschung ist jedoch groß, als Christoph ihm verkündet: „Der Wagen ist leider weg. Ich habe ihn an Auto-Martens in der Ofenerdieker Straße verkauft. Da steht er jetzt. Fahr doch dort vorbei. Dort kannst du ihn sicherlich auch in Ratenzahlungen bekommen."

Christophs Überlegungen sahen so aus:
Die Situation wurde brenzlig. Eine Woche später ging schon sein Flug in die USA zu seiner Austausch-Universität, d. h., es verblieb ihm nur wenig Zeit, seinen Mini zu verkaufen. Er ging also zu Auto-Martens und bot dort seinen Wagen an. Herr Bartels, der bei Auto-Martens als Autoverkäufer tätig ist, sah sich den Wagen an und bot ihm einen Preis von 1.900 Euro. Das aber war Christoph zu wenig, und sie einigten sich schließlich, nachdem der Werkstattmeister den Wagen näher unter die Lupe genommen hatte, auf 2.100 Euro.

Die Verkaufsverhandlungen verliefen folgendermaßen:
„Also bei dem Baujahr des Wagens, den gefahrenen Kilometern und dem allgemeinen Zustand können wir auf keinen Fall mehr geben." Herr Bartels sagte allerdings nicht, dass sich am Vormittag eine junge Dame nach einem Mini erkundigt hatte.

„Wir können allerdings noch Folgendes anbieten: Wir übernehmen für Sie den Abmeldevorgang! Haben Sie Ihren Kraftfahrzeugschein und den Kraftfahrzeugbrief schon mit?" Herr Bartels legte einen vorbereiteten Vertrag vor, Christoph unterschrieb und die Zahlungsmodalitäten wurden besprochen. Christoph schilderte seine Situation und bat darum, das Geld sofort auszuzahlen.

„Normalerweise würden wir Ihnen das Geld zwar überweisen, aber ich will prüfen, ob wir in Ihnen in diesem Fall das Geld nicht gleich auszahlen können." Herr Bartels ging zum Geschäftsführer und kam mit der für Christoph guten Botschaft zurück: „Alles klar, wir zahlen Ihnen das Geld sofort aus."

Die Fortsetzung der Geschichte enthält mehrere Aspekte, die für Christoph von Bedeutung sind:

1. Christoph muss auf sein Geld nicht warten, und er kann sofort darüber verfügen. Zwar hat er nicht den Preis bekommen, den er sich vorgestellt hatte, aber die sofortige Verfügbarkeit des Geldes gleicht seiner Ansicht nach diesen Nachteil aus. Würde er allerdings nicht unter diesem Zeitdruck stehen, hätte er sicherlich noch weitere Angebote prüfen können und wäre vielleicht sogar günstiger gefahren. Zeit ist ein wertvolles ökonomisches Gut: Wer warten kann, ist ökonomisch oft im Vorteil.

Bei den Verkaufsverhandlungen hat Christoph zunächst verschwiegen, dass er das Geld sofort haben möchte. Das hätte natürlich dazu führen können, dass sich dies in einem niedrigeren Preisangebot von Auto-Martens niedergeschlagen hätte.

Der Verkäufer Bartels hat allerdings auch etwas verschwiegen, und zwar die Tatsache, dass er schon eine neue Interessentin für einen Mini hat. Er wird sie sicherlich gleich darüber informieren, dass er soeben einen Mini „hereinbekommen" hat.

2. Christoph hat gute Gründe anzunehmen, dass Auto-Martens ihn nicht übervorteilt hat. Der Ruf, den Auto-Martens in der Stadt genießt, ist gut. Auto-Martens gilt als seriös. Deshalb ist er auch sicher, dass der erzielte Preis in Ordnung ist. Auto-Martens wird den guten Ruf nicht ohne Weiteres aufs Spiel setzen. Das würde sich herumsprechen. Und die gesamte Abwicklung des Verkaufs hat wenig Zeit in Anspruch genommen.

Jens wiederum erfährt von Christoph, dass sein Mini schon weg ist, aber er kann ihn ja bei Auto-Martens besichtigen und ihn dort kaufen, sofern er immer noch davon überzeugt ist, dass dies für ihn das richtige Auto ist.

Keine Einigung über Tauschbedingungen
Die Tauschbedingungen für das private Geschäft zwischen Jens und Christoph können nicht in Übereinstimmung gebracht werden, da die Interessen von Jens und Christoph zu unterschiedlich sind. Die Tauschbedingungen werden ganz offensichtlich von beiden Akteuren nicht gleich günstig eingeschätzt. Dafür sind in diesem Fall sowohl zeitliche als auch finanzielle Gesichtspunkte verantwortlich. Christoph kommt nicht schnell genug an das Geld vor seiner Abfahrt nach Amerika und ist sich auch nicht sicher, ob ein Ratenkauf für ihn vorteilhaft ist. Dann ist es seiner Meinung nach eben vorteilhafter, etwas weniger Geld, dies aber rechtzeitig zu bekommen.
Das erhöhte Angebot (1.600 Euro) von Jens ist nicht ausreichend.
Fazit: Der Tausch von privat (Christoph) an privat (Jens) misslingt.

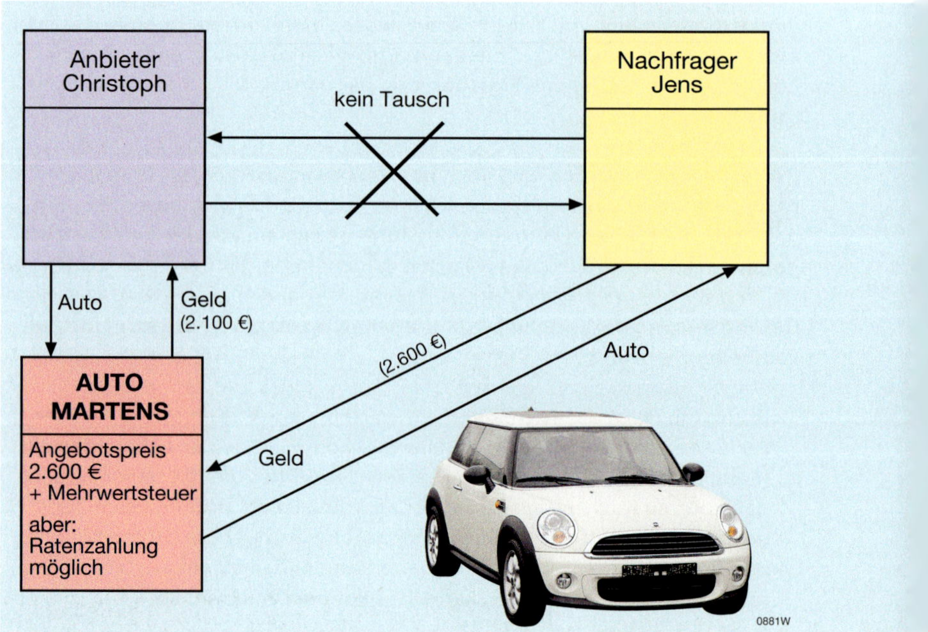

A

1 Stellen Sie die ökonomischen Probleme von Jens heraus, und geben Sie an, welche Lösungsmöglichkeiten er sieht.
2 Nennen Sie die ökonomischen Probleme von Christoph, und zeigen Sie Lösungsmöglichkeiten auf.
3 Begründen Sie, durch welchen Sachverhalt die misslungene private Tauschhandlung zu einem „normalen" ökonomischen Vorgang wird.
4 Stellen Sie die Vor- bzw. Nachteile des Einschaltens des Autohauses Martens für Jens und Christoph dar.

Unsere eher private Fortsetzungsgeschichte wird nun zu einem normalen ökonomischen Sachverhalt, so wie er im Wirtschaftsgeschehen eines Landes millionenfach täglich vorkommt. Auf einer der beiden Marktseiten, d. h. entweder bei den Anbietern oder bei den Nachfragern, gibt es mindestens zwei Akteure. Dadurch, dass zwei Anbieter vorhanden sind, kann es Wettbewerb zwischen diesen beiden um einen oder mehrere Nachfrager geben. Gibt es zumindest zwei Nachfrager, kann es zwischen diesen beiden auch zu einem Wettbewerb um ein Produkt bzw. eine Dienstleistung kommen, und zwar dann, wenn sie bereit sind, dafür unterschiedliche Preise zu zahlen. Solange das Autobeispiel sich nur zwischen Jens und Christoph abspielte, gab es eben nur einen Anbieter und einen Nachfrager. Dies stellt im realen Wirtschaftsgeschehen eine Ausnahmesituation dar.

Deshalb sprechen wir hier davon, dass durch die Einschaltung von Auto-Martens, neben Jens und Christoph der dritte Akteur, der Gebrauchtwagenkauf zu einem „normalen" ökonomischen Sachverhalt wird.

Wie verläuft unser Beispiel weiter?

Alternative Lösungsmöglichkeiten

1. Jens bei Auto-Martens: In der Tat, da steht sein Wunschobjekt! Jens staunt nicht schlecht, als er feststellen muss, dass aus den ursprünglich 2.400 Euro nun 2.600 Euro geworden sind. Und dann kommen auch noch 19 % Mehrwertsteuer hinzu. Wofür das auch noch? Allerdings kann Jens Ratenzahlung in Anspruch nehmen. In 14 Tagen kommt seine Oma aus dem Urlaub zurück, und er ist sicher, dass sie ihm unter die Arme greifen wird. Eigentlich könnte er sich den Wagen dann doch leisten. Der Händler gewährleistet eine halbjährige Garantie auf die volle Funktionstüchtigkeit des Fahrzeugs und verspricht, den Wagen noch durch die TÜV-Prüfung zu bringen. Jens bittet um eine kurze Bedenkzeit.

   Wie ist der höhere Preis zu erklären? Bekommt er dafür auch „mehr" Auto? Wohl eher mehr Sicherheit im Hinblick auf den Zustand des Autos und, was auch nicht zu verachten ist, er kann sogar Ratenzahlung in Anspruch nehmen. Dies würde sein ökonomisches Problem zumindest für die Gegenwart verringern. Doch kann er in Zukunft die Raten auch tatsächlich bezahlen?

2. Jens telefoniert mit seinem Vater und erfährt Folgendes: „Auf Oma kannst du zählen, da bin ich mir absolut sicher. Aber vielleicht kannst du noch etwas handeln, wenn du den Kaufvertrag unterschreibst. Die Händler sind doch auch froh, wenn sie nicht „totes Kapital" haben. Versuch es doch einmal mit einem anderen Händler! Wie sieht es in der Nähe deiner Wohnung mit einer Werkstatt aus? Wenn Auto-Martens sich auf dein Angebot nicht einlässt, dann warte noch. Du weißt, ich kenne Karl aus unserer Kartenrunde und er arbeitet bei VW-Meyer. Dort gibt es immer gute Angebote, und Karl wird uns sicher einen guten Preis machen. Bei VW hast du keine Probleme mit den Ersatzteilen. Du weißt, dass die Reparaturen beim Mini ganz schön teuer sind."

3. Doppelkopfabend im Ostfrieseneck: „Du Karl, mein Sohn Jens fängt im Wintersemester in Oldenburg mit dem Studium an. Er hat sich in den Kopf gesetzt, sich einen Mini zu kaufen. Ich halte das für keine gute Idee. Diese Kisten sehen hübsch aus, aber solide sind die doch nicht, ich meine, sie sind eher reparaturanfällig. Du kennst dich doch aus." „Hör auf, Werner,

A

1 Begründen Sie, welche Berechtigung es für Auto-Martens gibt, den Preis für den Mini zu erhöhen.

2 Diskutieren Sie, ob Jens für einen erhöhten Preis auch mehr Leistung erhält.

3 Welchen Einfluss können Freundeskreise auf wirtschaftliche Aktivitäten haben? Verwenden Sie für Ihre Aussagen auch die sogenannte Anreiz- und Informationsproblematik von S. 30.

4 Informieren Sie sich unter www.schwacke.de über die Benutzungsmodalitäten der sogenannten „Schwacke-Liste".

5 Überlegen Sie, welche Bedeutung Schwacke-Listen in Hinblick auf Informationsprobleme und die Nachfrage von Konsumenten bzw. auf das Angebot von z. B. Gebrauchtwagenhändlern haben.

6 Informelle Beziehungen haben einen nicht unerheblichen Einfluss auf wirtschaftliche Vorgänge. Stellen Sie Gründe für diese Behauptung zusammen und überlegen Sie, inwieweit damit auch Problemsituationen entstehen können.

du bist doch früher auch mit dem 2CV von Citroën durch die Gegend geschaukelt und dich hat doch auch keiner dazu bringen können, dir ein wirkliches Auto und keine Weltanschauung zu kaufen." „Ja, ja, ist schon lange her, Kerstin gefiel er aber." „Also nun zur Sache, es kommt darauf an, in welchem Zustand sich der Wagen befindet, wie viele Kilometer der Tacho anzeigt. Was soll er denn kosten?" „Um die 2.600 Euro." „Hast du einmal in die Schwacke-Liste geschaut?" „Was ist das?" „Da kannst du nachsehen, was ein Wagen noch wert ist. Wie alt ist er denn?" „Keine Ahnung!" „Die Liste findet man auch im Internet. Jens kann doch dort einmal nachschauen."

„Um es gleich zu sagen: An die Reparaturen geh' ich nicht heran. Es gibt bei Minis immer Probleme mit den Ersatzteilen. Und teuer sind sie auch. Aber Heinz kennst du auch, vom Fußball, der hat sich auf solche Liebhaber-Kisten spezialisiert. Der ist auch billiger als Vertragswerkstätten, denn er macht es ohne Mehrwertsteuer."

Christoph hat seinen Wagen an den Händler Martens verkauft.
Vorteile für Christoph also: Der Händler bezahlt sofort und übernimmt die Abmeldung des Wagens bei der Zulassungsstelle. Christoph gibt einen preislichen Nachlass, weil er zeitliche Vorteile erlangt, d. h., insgesamt sinken für Christoph die Kosten für das Tauschgeschäft.

4. Jens kauft das Auto bei Auto-Martens: Damit kommt es zu einem zweiten Tauschgeschäft.

Vorteil 1: bessere Informationen über den getauschten Wagen:
Der Mini wurde gründlich untersucht, und das bietet dem Käufer mehr Sicherheit. Der Händler wird vermutlich seine Reputation nicht in Gefahr bringen wollen, denn die Gefahr einer negativen Mund-zu-Mund-Propaganda innerhalb der Studentenschaft ist groß: „Geh bloß nicht zu Auto-Martens, da bin ich reingefallen, und Klaus hat mir erzählt …" usw.

Vorteil 2: besseres Risikomanagement ist möglich:
Wo liegt das Risiko für den Händler? Vor dem Kauf ist nicht immer sicher zu erkennen, ob die Qualität des Wagens richtig eingeschätzt worden ist. Der Händler muss das Risiko beim Preis berücksichtigen: Deshalb will er mit Risikoabschlag von Christoph kaufen und mit Risikoaufschlag an Jens verkaufen, um einen mittleren Wert zu erreichen, der das finanzielle Risiko für den Händler abfängt. Was heißt das? Auto-Martens verkauft und kauft im Jahr ca. 250 bis 300 Gebrauchtwagen. Bei diesen Wagen sind natürlich auch immer einige dabei, die von der Qualität falsch eingeschätzt wurden oder die sich zu den kalkulierten Preisen nicht verkaufen ließen. Diese Erfahrungen werden natürlich bei der Kalkulation berücksichtigt, d. h., das Risiko wird auf viele Produkte verteilt und Garantieleistungen so aus einem „Risikofonds" bezahlt.

Vorteil 3: Senkung der Durchführungskosten von Verträgen:
Der Händler macht solche Geschäfte täglich und hat Musterverträge. Diese sind nicht mehr jedes Mal neu auszuhandeln und zu formulieren, das spart Zeit und Kosten.

Diese Vorteile sind nicht kostenlos zu haben. Deshalb liegt der Preis für Jens über dem Preis, der von Christoph verlangt wurde und stellt somit den Nachteil für Jens dar.

A

1 Nehmen Sie Stellung zur Aussage: „Unternehmen, die nur auf kurzfristige Gewinnerzielung ausgerichtet sind, werden bald gar keine Gewinne mehr erzielen."

2 Beurteilen Sie die folgende Aussage: „Reputation ist doch ein altmodischer Wert, die Zahlen müssen stimmen."

3 Begründen Sie, warum Geschäftskosten durch „Musterverträge" gesenkt werden.

4 Rechtliche Bestimmungen beeinflussen im hohen Maße wirtschaftliche Tauschgeschäfte. Werden durch die Rechtsordnung Kosten für Sachgüter und Dienstleistungen nicht nur erhöht? Stellen Sie Pro- und Kontra-Argumente zusammen.

4.4 Dilemmastrukturen beim Tausch

Zwischen den Mitgliedern einer Gesellschaft gibt es zahlreiche Formen der Zusammenarbeit, die auf der Grundlage eigener Interessen erfolgt. Eine Situation, in der es Interessenkonflikte gibt, die eine Verwirklichung der gemeinsamen Interessen verhindern, wird als Dilemmastruktur bezeichnet. Die Beteiligten haben sehr häufig unterschiedliche Informationen, Anreize, Ziele, Interessen und Motive, die ihr Verhalten beeinflussen: einerseits Mitarbeiter, Geschäftspartner oder die Konsumenten, die Produkte und Dienstleistungen kaufen möchten, und andererseits das Verkaufspersonal und die Geschäftsleitung der Eigentümer des Unternehmens.

Die unterschiedlichen Interessen sind in diesen Beispielen offensichtlich. Ein besonders wichtiger Faktor für das eigene Verhalten sind die Erwartungen im Hinblick auf das Verhalten des anderen. Ist man sich nicht sicher, was der andere tun wird, und hat man den Verdacht, dass man „ausgebeutet" wird, führt das im Regelfall dazu, den eigenen Beitrag für die Erreichung eines gemeinsamen Interesses nicht zu leisten. Aber weil jeder Akteur vorrangig seine Interessen im Blick hat, kommt es in bestimmten Situationen dazu, dass alle Beteiligten schlechter gestellt sind.

„Dilemmastruktur" wird als ein Denkschema verstanden, mit dem die Interaktionen zwischen den Akteuren des Wirtschaftsgeschehens untersucht werden. Sie kennen sicherlich die Aussage: Man legt ein „Schema", ein Muster an, um einen Sachverhalt besser erkennen zu können. Ein Schema passt auf viele Situationen, so unterschiedlich sie auf dem ersten Blick erscheinen mögen. Solch ein Schema sind in der Ökonomie die Dilemmastrukturen, die uns helfen sollen, die relevanten Beziehungen in der Wirtschaft zu erkennen.

def. Der Brockhaus definiert als „**Dilemma**" die Schwierigkeit der Wahl zwischen zwei Dingen, wenn für beide gleichwertige Gründe sprechen.

Die wesentliche Frage ist hier: Welche Vorteile und/oder Nachteile können sich für die Anbieter und Nachfrager aus einer speziellen wirtschaftlichen Situation ergeben?

Drei Überlegungen sollen das **Problem der Dilemmastruktur** noch weiter verdeutlichen:

1. In den Interaktionen zwischen verschiedenen Akteuren gibt es zugleich gemeinsame, aber auch voneinander unterschiedliche, miteinander in Konflikt stehende Interessen. Christoph will ein Auto verkaufen, Jens will ein Auto kaufen. Jens will in Raten und auch weniger Geld zahlen und bietet diese Lösung Christoph an. Christoph will aber das Geld sofort haben. Der eine befürchtet, das Geld nicht rechtzeitig zu bekommen, der andere fragt sich, ob die Qualität des Autos für den Preis angemessen ist. Genau das ist die Struktur des Dilemmas, in dem sich Jens und Christoph befinden.

2. Das beschriebene ökonomische Problem hat immer zwei Seiten. Die Lösung hängt nicht allein von dem Verhalten **eines** Akteurs ab, sondern es gibt immer eine gegenseitige Abhängigkeit, eine Interdependenz, des Verhaltens.
   Zwischen Jens und Christoph allein ist das Problem nicht zu lösen, es sei denn, Jens kann die Summe sofort bezahlen. Die Lösung liegt in diesem Falle darin, dass ein Dritter, das Autohaus Martens, eingeschaltet wird, denn das bietet beiden durchaus Vorteile. Für Jens z. B. liegt dieser Vorteil nicht unbedingt im Preis, sondern in der Verhaltenssicherheit, die er bekommt, weil er jetzt davon ausgehen kann, dass das Autohaus Martens nicht freiwillig die eigene Reputation aufs Spiel setzen will.

Albert William Tucker
* 28.11.1905 in Ontario, Kanada
† 25.01.1995 in Highstown, New Jersey

Der amerikanische Mathematiker lehrte ab 1946 in Princeton. Dem in den 1950er Jahren formulierten Teil der Spieltheorie, der besagt, dass individuell rationale Entscheidungen zu kollektiv schlechteren Ergebnissen führen können, gab er den Namen „Gefangenen-Dilemma".

3. Die Anreize für die einzelnen Akteure in der beschriebenen Situation liegen darin, dass jeder versucht, seine Interessen zu realisieren, Christoph verkauft sein Auto an Auto-Martens und bekommt dafür weniger Geld, als er bei einem erfolgreichen Abschluss mit Jens hätte bekommen können. Die Unsicherheit über die Zahlung des Geldes war für ihn zu groß. Jens wiederum kann das Auto nicht erwerben, weil er zu dem gegebenen Zeitpunkt zu wenig Geld hat. Er muss aber nun, wenn er das Auto dennoch erwerben will, mehr zahlen, als es bei Barzahlung erforderlich wäre. Appelle an den jeweils anderen Akteur, doch zu vertrauen, sind keine Lösung des Problems. Solche Appelle können nicht fruchten. Vertrauen ist vor allem eine Erfahrung, die über mehrere erfolgreiche Aktionen zwischen den Tauschpartnern erst entstehen und wachsen muss.

4. Die Dilemmastruktur, die für Jens und für Christoph gegeben ist, verhindert, dass sie durch eine Kooperation die beste Lösung wählen. Würde Jens Christoph vertrauen und dennoch einen Weg suchen, das Geld zu bekommen, dann würde der Preis für das Auto geringer sein, und hinzu kommt auch noch, dass er die Mehrwertsteuer sparen würde. Würde Christoph Jens vertrauen, dann wäre die Endsumme für das Auto höher gewesen als sie bei Auto-Martens war. Ihm fehlte jedoch die Sicherheit, sofort das Geld für das Auto direkt nach Amerika mitzunehmen. Die Analyse solcher Dilemmastrukturen zeigt, wie z. B. institutionelle Regelungen in der Wirtschaft beschaffen sein müssen, damit die Tauschpartner zum gegenseitigen Vorteil kooperieren können.

Das **Gefangenen-Dilemma** von Albert W. Tucker:
Zwei Gefangene, die in zwei Zellen sitzen und keinen Kontakt miteinander haben, werden vom Staatsanwalt einzeln verhört. Es besteht die Kronzeugenregelung, d. h., derjenige, der gesteht und dabei seinen Mitgefangenen überführt, bekommt eine wesentlich geringere Strafe.

Der überführte Mitgefangene erhält jedoch eine höhere Strafe. Verhält sich jeder als eigener Nutzenmaximierer, dann verfehlt er die „Gewinne" (weniger Strafe), die durch Kooperation, d. h. durch gemeinsames Leugnen möglich gewesen wären. Die Grafik zeigt die unterschiedlichen Situationen: Packen Ede und Paule aus, erhalten sie jeweils sechs Jahre, packt nur Ede aus und nimmt die Kronzeugenregelung in Anspruch bekommt er ein Jahr, Paule erhält dagegen zwölf Jahre. Leugnen sowohl Ede wie Paule, dann gibt's nur zwei Jahre.

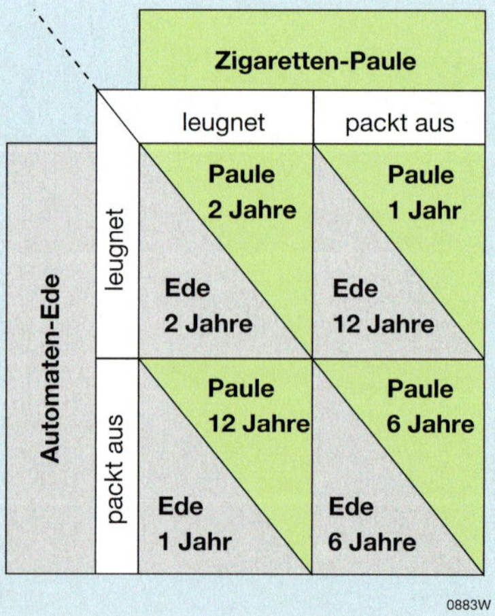

Dieses Beispiel lässt sich natürlich auch auf wirtschaftliche Situationen übertragen. Kooperieren z. B. zwei Unternehmen in einem Projekt, dann wäre es aus Sicht des einzelnen Unternehmens rational, eigene Forschungsergebnisse geheim zu halten und aus den Informationen des anderen Partners Nutzen zu ziehen. Will man jedoch Erfolg haben, müssen die Partner auf gewisse individuelle Vorteile verzichten, weil es sonst zu keiner Kooperation kommt. Und aus Erfahrung weiß man: Wer bei einer Klassenarbeit nur versucht, von anderen Mitschülern Ergebnisse zu nutzen, abzuschreiben, seine jedoch verschweigt oder „verhüllt", wird sicherlich bald von jedweder „Kooperation" ausgeschlossen. Fazit: Individuell rationales Verhalten führt für eine Gruppe zu einem insgesamt schlechteren Ergebnis.

4.5 Die Rechtsordnung

Wirtschaftliches Handeln der Menschen findet nicht in einem „luftleeren Raum" statt. Die Rechtsordnung liefert z. B. Regeln, die beachtet werden müssen, damit Konflikte vermieden werden.

Marktwirtschaft und Rechtsordnung – Freiheit und Ordnung?

Alle Marktakteure werden immer wieder mit rechtlichen Regelungen konfrontiert. Man könnte zwar zunächst meinen, dass damit die Freiheit der Akteure beschnitten wird, man könnte jedoch auch behaupten, dass die Freiheit auf den Märkten dadurch sogar erhöht wird. Warum? Gäbe es keine Regelungen z. B. für das wirtschaftliche Geschehen, herrschte bei allen Beteiligten große Unsicherheit, denn keiner wüsste, woran er ist.

Ein Beispiel: Nach dem Kauf eines Autos stellen Sie fest, dass es einen Schaden hat, den man vorher nicht bemerkt hat oder nur schwer erkennen konnte. Gäbe es keine Rechtsvorschriften für diesen Fall, hätten Sie eben Pech gehabt. So gibt es aber eine Gewährleistungspflicht des Verkäufers. Sie gilt zwei Jahre: Ein fehlerhaftes Produkt muss entweder zurückgenommen oder ausgebessert werden.

Ein anderes Beispiel: Eine Familie kauft einen Fernseher auf Kredit, d. h., sie kann die gesamte Kaufsumme erst innerhalb eines Jahres in Monatsraten bezahlen. Welche Sicherheit hat aber das Geschäft, dass es diese Summe auch tatsächlich bekommt? Auch hierfür gibt es Rechtsvorschriften. Gäbe es sie nicht, würde nur im Ausnahmefall auf Kredit verkauft werden.

Welche Bedeutung haben rechtliche Regelungen im Einzelnen?

Max Weber, ein berühmter deutscher Soziologe, hat als eines der hervorstechenden Merkmale des Kapitalismus die **Beherrschbarkeit durch Berechenbarkeit** bezeichnet. Damit meinte er insbesondere Institutionen wie Gesetze, Verträge, Normungen, Satzungen, Bilanzen, Richtlinien usw., die für Tauschpartner sehr wichtige Funktionen übernehmen können (vgl. Abschnitt 4.6).

Vor allen Dingen sind es zwei Funktionen, die rechtliche Regelungen bereitstellen:

— die **Informationsfunktion**: Durch Gesetze, Normungen, Satzungen oder Verträge werden auf eine kostengünstigere Weise Informationen bereitgestellt und helfen, die Kosten für die Beschaffung von Informationen zu verringern. Ein Unternehmer weiß, an welche gesetzlichen Regelungen er gebunden ist.

— Verträge haben eine **Anreizfunktion**: Für beide Tauschpartner wird das Risiko gesenkt, das sich aus dem Tausch von Produkten und Dienstleistungen ergeben kann. Jedem Vertragspartner muss klar sein, dass sich aus dem Abschluss eines Vertrages für ihn sowohl Rechte als auch Pflichten ergeben.

Die Anforderungen an eine Rechtsordnung sind dreifacher Art:

1. Das Recht muss **allgemein**, d. h. auf jedermann anwendbar sein. Es gilt also für reiche, arme, blonde, rothaarige, dumme, kluge Menschen. Es darf keine Unterschiede nach Personen, Ansehen, Geschlecht und Rasse machen.

2. Das Recht muss **offen** sein, d. h., alles ist erlaubt, solange es nicht verboten bzw. nicht gesetzwidrig ist. Es werden nicht alle denkbaren Fälle im Einzelnen vorab geregelt, was ohnehin nicht möglich wäre.

i

Max Weber
Soziologe
* 21.04.1864 in Erfurt
† 14.06.1920 in München

Weitere Informationen zu Max Weber finden Sie in Kapitel IV.

3. Das Recht muss **sicher**, d. h., die rechtlichen Regelungen müssen eindeutig und im Zweifelsfall durchsetzbar sein. Diese Forderung ist jedoch nur sehr schwer zu realisieren, weil die Zahl der rechtlichen Regelungen so angewachsen ist, dass sich nur hoch qualifizierte Experten darin zurechtfinden. Deshalb wird häufig eine Vereinfachung des Rechts gefordert, weil sonst zu befürchten ist, dass durch zu viele Vorschriften die Leistungsfähigkeit der Volkswirtschaft abnimmt und z. B. kaum noch Personen bereit sind, ein Unternehmen zu gründen.

Die Rechtsordnung
- erleichtert Interaktionsbeziehungen
- ermöglicht Rechtsgeschäfte, z. B. Ratenkauf
- sichert Gewährleistungsansprüche ab
- etabliert ein Geld- und Zahlungssystem
- sichert Eigentumsrechte, z. B. Umschreibung des Kraftfahrzeugbriefs auf Neuerwerber

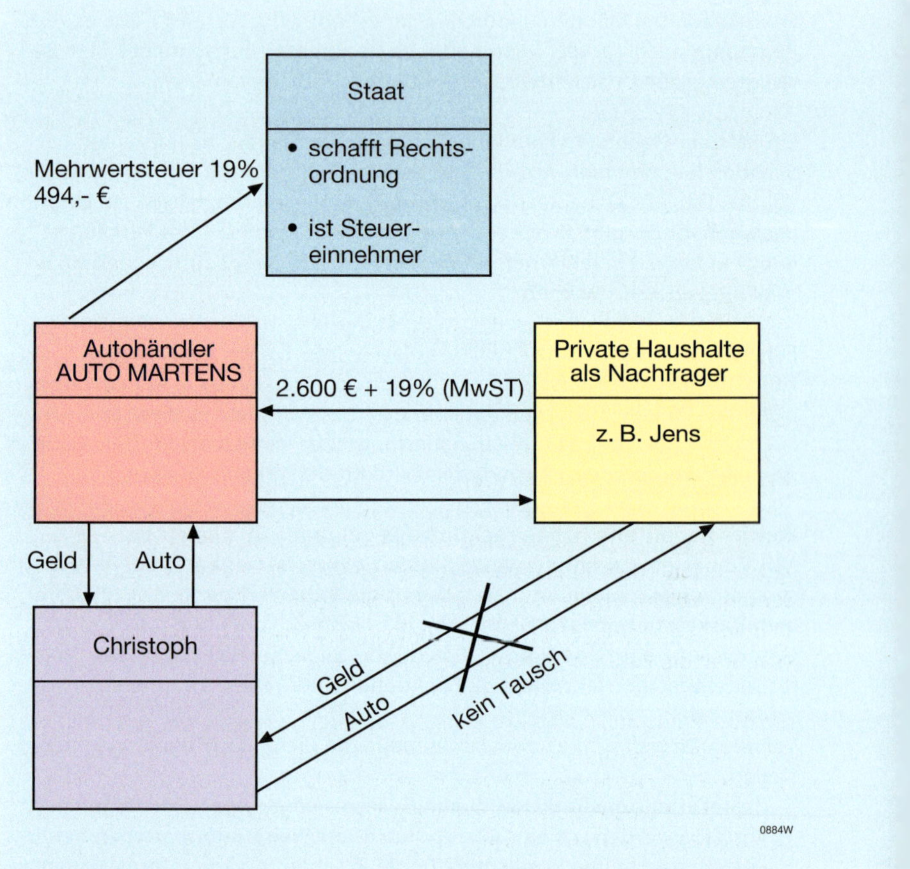

A

1 Wir haben festgestellt, dass Informations- und Anreizprobleme das wirtschaftliche Geschehen wesentlich beeinflussen. Begründen Sie, inwiefern Verträge Informations- und Anreizprobleme mindern können.

2 Zwei Behauptungen: „Eine sichere Rechtsordnung ist für Unternehmen ein wesentlicher Standortfaktor!“ „Mit einer unklaren, nicht eindeutigen Rechtsordnung stranguliert man jede Wirtschaft!“ Nehmen Sie dazu Stellung.

Betrachten wir die Auswirkungen der Rechtsordnung auf das Auto-Beispiel einmal näher: Für Jens ist es auf den ersten Blick nicht nachvollziehbar, dass er beim Mini-Kauf noch 19 % Mehrwertsteuer zahlen soll. Insgesamt beklagen sich Bürgerinnen und Bürger immer wieder über zu hohe Steuern. Dies mag subjektiv gesehen durchaus zutreffen, es gilt aber auch zu bedenken, dass mit den Steuereinnahmen staatliche Dienstleistungen sichergestellt werden müssen, z. B. die Finanzierung der Behörden und ihrer Bediensteten, die die Rechtsordnung zu wahren haben. Im Laufe der Zeit haben sich Gesetze entwickelt, die das wirtschaftliche Handeln begleiten und die Interaktionen zwischen den Tauschpartnern absichern.

Ein Beispiel: Wie kann der Käufer, in diesem Fall Jens, nachweisen, dass er der rechtmäßige Eigentümer des Fahrzeuges ist? In Deutschland kann er es nur durch den Kraftfahrzeugbrief belegen, d. h., im Kraftfahrzeugbrief muss zu erkennen sein, dass das Auto von Christoph auf Jens überschrieben worden ist.

Da Jens Ratenzahlung in Anspruch nimmt, behält Auto-Martens den Kraftfahrzeugbrief so lange, bis die letzte Rate bezahlt worden ist. Wenn Jens das Geld von einer Bank geliehen hat, dann behält die Bank zu ihrer eigenen Sicherheit den Kraftfahrzeugbrief so lange, bis alle Raten restlos von Jens bezahlt worden sind.

Damit Jens sich bei Verkehrskontrollen ausweisen kann, erhält er seinen Fahrzeugschein. Der Fahrzeugschein belegt nur, dass er momentan das Fahrzeug besitzt, aber noch nicht, dass er Eigentümer ist.

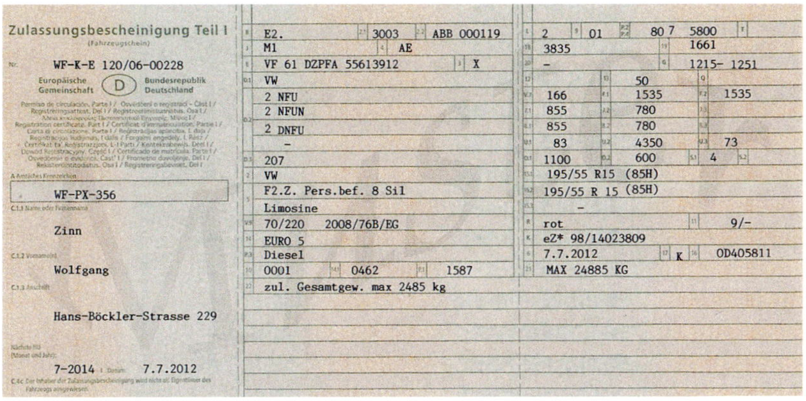
Zulassungsbescheinigung Teil I
(Fahrzeugschein)
Nr. WF-K-E 120/06-00228
Europäische Gemeinschaft (D) Bundesrepublik Deutschland
A Amtliches Kennzeichen: WF-PX-356
C.1.1 Name oder Firmenname: Zinn
C.1.2 Vorname(n): Wolfgang
C.1.3 Anschrift: Hans-Böckler-Strasse 229
Nächste HU (Monat und Jahr): 7-2014 Datum: 7.7.2012
C.4c Der Inhaber der Zulassungsbescheinigung wird nicht als Eigentümer des Fahrzeugs ausgewiesen.

E2. | 3003 | ABB 000119
M1 | AE
VF 61 DZPFA 55613912 | X
VW
2 NFU
2 NFUN
2 DNFU
-
207
VW
F2.Z. Pers.bef. 8 Sil
Limosine
70/220 2008/76B/EG
EURO 5
Diesel
0001 | 0462 | 1587
zul. Gesamtgew. max 2485 kg

2 | 01 | 80 7 5800
3835 | 1661
- | 1215- 1251
50
166 | 1535 | 1535
855 | 780
855 | 780
83 | 4350 | 73
1100 | 600 | 4
195/55 R15 (85H)
195/55 R 15 (85H)
-
rot | 9/-
eZ* 98/14023809
7.7.2012 | K | 0D405811
MAX 24885 KG

Rechtsordnung – auch ein Problem?
Wenn für die zehn Gebote 179 Worte ausreichen, jedoch für eine Friedhofsordnung – wie das Beispiel einer Stadt in Westdeutschland zeigt – 36.000 Worte erforderlich sind, dann wird schnell deutlich, welche negative Bedeutung rechtliche Regulierungen auch haben können. Spötter behaupten, dass in manchen Verwaltungen nur deshalb noch Entscheidungen getroffen werden, weil die Bediensteten gar nicht alle Vorschriften mehr kennen.

Ein besonders heikles Gebiet ist das Arbeitsrecht, weil insbesondere in der rechtlichen Überregulierung des Arbeitsmarktes ein wichtiger Faktor für die hohe Arbeitslosigkeit in Deutschland gesehen wird. Natürlich hat das Arbeitsrecht eine Schutzfunktion bezüglich der willkürlichen Ausnutzung von Beschäftigten, aber es zeigt sich auch, dass eine Überregulierung das Gegenteil erreicht und die Arbeitslosigkeit sogar erhöht, weil Unternehmen das Risiko einer Beschäftigung nicht eingehen wollen.

Über den Staat als Steuereinnehmer mag man unterschiedlich denken: Aber Steuern ermöglichen es dem Staat unter anderem auch, eine Rechtsordnung zu entwickeln und sicherzustellen. Diese Rechtsordnung stellt für die Wirtschaft eines Landes und für die wirtschaftlichen Handlungen der Bürgerinnen und Bürger einen hohen Sicherheitsfaktor dar.

Dennoch gibt es sicher viele Beispiele für rechtliche Regelungen, die vielleicht zu Recht den Zorn der Bevölkerung hervorrufen und das Wirtschaften z. B. mit der Regelungsdichte des Staates geradezu strangulieren können.

A

1 Erkunden Sie, welche Behördengänge ein Autokäufer erledigen muss und welche Formulare dazu erforderlich sind, ein Auto anzumelden. Wir nehmen dazu an: Der Autokäufer benötigt bei einem Kaufpreis von 16.000 Euro und einer Eigenleistung von 5.000 Euro noch einen Kredit über die Restsumme.

2 Klären Sie den rechtlichen Unterschied zwischen Besitz und Eigentum am Beispiel von Kraftfahrzeugschein und Kraftfahrzeugbrief.

Institutionen sind wie Hosenträger:

Sie machen die Hände frei für wichtigere Dinge als das Halten der Hose.

Ein einfaches Beispiel aus dem Wirtschaftsalltag:
Gibt es z. B. einen standardisierten Kaufvertrag, den man in jedem Schreibwarengeschäft als Formular kaufen kann und der den Bestimmungen des Bürgerlichen Gesetzbuches genügt, dann müssen die täglich millionenfach abgeschlossenen Kaufverträge nicht jedes Mal neu verhandelt werden. Es gibt eine Vielfalt von institutionellen Regelungen, Arrangements. Dazu gehören auch die geltenden Normen, Sitten, Gebräuche und Werte in einem Kulturkreis („Du sollst nicht stehlen!", „Du sollst nicht betrügen!")
In der Landwirtschaft mancher Regionen Deutschlands reicht der Handschlag zwischen zwei Geschäftspartnern aus, um einen Kauf zu besiegeln. Wer den mit dem Handschlag abgeschlossenen Kaufvertrag brechen würde, muss damit rechnen, dass sich dies bei den anderen Geschäftspartnern schnell herumspricht und er damit seine Glaubwürdigkeit verlieren würde.

4.6 Institutionen und Transaktionskosten

Bei unseren bisherigen Betrachtungen des wirtschaftlichen Handelns haben wir etwas außerhalb unserer Analyse gelassen, was allerdings im weiteren Verlauf zu einer sehr verkürzten und unzureichenden Sicht von Ökonomie führen würde.

Man spricht von sogenannten Institutionen, die alle Ebenen wirtschaftlichen Handelns beeinflussen. Was sind „Institutionen" und welche Aufgaben werden ihnen zugeschrieben? Diese Fragen werden uns nachfolgend beschäftigen.

Zu den Institutionen zählt man so verschiedene Dinge wie den Staat, die Verfassung, den Vertrag, das Unternehmen, die Schule, die Ehe, die Sprache, das Geld, die Marktwirtschaft, die Gewerbefreiheit, die Mitbestimmung, die Menschenrechte, das Schuldverhältnis, das Eigentum, die Justiz und noch vieles andere mehr, bis hin zu den Spielregeln beim Mannschaftssport. Wir leben in einer Welt der Institutionen. Zum Beispiel: Von der Institution „Unternehmung", welche ein Teil der Institution „Marktwirtschaft" ist, wird die Institution „Vertrag" genutzt, um die Institution „Schuldverhältnis" zu begründen, welches im Streitfall durch die Institution „Justiz" geklärt wird. Oder: Durch die Institution der Hochzeit wird die Institution der Ehe begründet, welche durch die Institution des Staates in besonderer Weise geschützt wird.

Quelle: Elisabeth Göbel: Neue Institutionenökonomik – Konzeption und betriebswirtschaftliche Anwendung, Lucius & Lucius, Stuttgart, 2002, S. 1

Institutionen haben Aufgaben

Aus wirtschaftlicher Sicht haben Institutionen zunächst die Aufgabe, beispielsweise die Unsicherheit der Akteure im Wirtschaftsgeschehen zu vermindern, ihnen Anreize zu geben, sich zu spezialisieren, die Vorteile der Arbeitsteilung zu sichern und die Handlungen von einzelnen gesellschaftlichen Akteuren in eine bestimmte Richtung zu steuern.

Institutionen verkörpern die Regeln des Spiels in einer Gesellschaft mit solchen Beschränkungen für menschliche Interaktionen, wie sie von Menschen in langen Prozessen erdacht worden sind.

Der Begriff Institution enthält zwei Komponenten: die **Regelkomponente** und die **Durchsetzungs-** bzw. **Sanktionskomponente**.

Die erste Komponente betont die Funktion der Institution als „Regel für etwas …", z. B. für wirtschaftliche Tauschhandlungen. Regeln lassen sich als Vorschriften verstehen, die den meisten Menschen bekannt sind. Sie werden von einer Gruppe von Teilnehmern genutzt, um wiederholt auftretende Interaktionen zu ordnen, d. h., Regeln helfen, stabile Erwartungen in Hinblick auf wiederkehrende Situationen zu erzeugen. Die Handlungen von einzelnen gesellschaftlichen Akteuren werden in eine bestimmte Richtung gesteuert.

Eine zweite Komponente des Begriffs Institution lässt sich als die Durchsetzungs- bzw. Sanktionskomponente bezeichnen. Regeln verfehlen ihre Wirkung, wenn es keine Möglichkeit gibt, sie durchzusetzen und die Regelverletzung nicht mit einer Strafandrohung versehen wird.

Nicht jede einzelne Regel wird sich als Institution bezeichnen lassen, sondern es erscheint sinnvoll, dann von einer Institution zu sprechen, wenn es sich um ein System von Regeln handelt, mit dem menschliches Verhalten beeinflusst werden soll. Nicht das einzelne Verkehrsschild am Straßenrand ist schon eine Institution, sondern die Verkehrsordnung mit all ihren Regelungen.

Q

Und nicht das einzelne elterliche Verbot ist eine Institution, sondern die Familie, zu deren Regelsystem es gehört, dass Eltern gegenüber Kindern Verbote aussprechen dürfen und teilweise sogar müssen.

Quelle: Elisabeth Göbel: Neue Institutionenökonomik – Konzeption und betriebswirtschaftliche Anwendung, Lucius & Lucius, Stuttgart, 2002, S. 2

Drei Arten von Institutionen sind zu unterscheiden:

1. **Entscheidungssysteme:** Märkte, Demokratie, Bürokratie, Hierarchie, Verhandlungssysteme
   Es handelt sich hier um solche Institutionen, mit denen sich Entscheidungen treffen lassen über Angebot und Nachfrage (Märkte), über Macht oder Machtverlust (Demokratie), über Prozeduren innerhalb der Exekutive und Judikative und über Verhandlungen von legitimierten Gruppen (vgl. Tarifverhandlungen durch legitimierte Vertreter der Gewerkschaft und der Arbeitgeberverbände).

2. **Gesetze, Normen, Traditionen** und sonstige gesellschaftliche Verhaltensregeln (z. B. kulturelle, religiöse Normen)

3. **Organisationen wie z. B. Unternehmen, Haushalte, Staat**
   Eine Organisation ist eine planvolle und künstlich geschaffene Institution, mit einer auf ein gemeinsames Ziel hin ausgerichteten Ordnung.

A

1 Erläutern Sie die folgende Aussage: „Institutionen haben die Aufgabe, Unsicherheiten zu reduzieren."

2 Erklären Sie die unterschiedlichen Arten von Institutionen.

Institutionen sind für die Entwicklung einer Volkswirtschaft von zentraler Bedeutung. Sie haben eine Schutzfunktion für die Marktteilnehmer und können die Kosten mindern, die mit dem Erwerb von Produkten und Dienstleistungen und der Sicherung von Eigentumsrechten verbunden sind. Institutionen können aber auch Kosten erhöhen. Zu viel Bürokratie, überbordende staatliche Regelungswut, unsinnige bürokratische Vorschriften sind wie ein Bremsklotz für die wirtschaftliche Entwicklung eines Landes. Deshalb haben Institutionen einerseits die Aufgabe, dafür zu sorgen, dass das wirtschaftliche Geschehen eines Landes nicht „aus dem Ruder" läuft. Andererseits gilt es zu beachten, dass das Regelsystem den Wirtschaftsprozess eines Landes in seiner Entwicklung nicht behindert bzw. lähmt.
In einer arbeitsteiligen Welt sind wirtschaftliche Strukturen und Prozesse dann effizient gestaltet, wenn die „Reibungen" bei den Transaktionen möglichst gering gehalten werden können, d. h., dass die Kosten für das Gewinnen von Informationen, die Durchführung von Verhandlungen, für die Koordination, Steuerung, Kontrolle soweit wie möglich zu minimieren sind.

Die andere Seite der Institutionen: die Transaktionskosten
Die zum Teil in Jahrhunderte langen historischen Prozessen entwickelten Regelsysteme sind letztendlich nicht kostenlos zu haben. Jeder Kaufakt, jede geschäftliche Interaktion erfordert Informationen, um die Sicherheit für die richtige Einschätzung eines Geschäfts vornehmen zu können. Dafür hat sich der Begriff der „Transaktionskosten" entwickelt.

Vereinfacht ausgedrückt: Transaktionskosten sind die Kosten für die Einrichtung, für die Inanspruchnahme, für die Erhaltung und für die Veränderung von Institutionen und Regelsystemen.

Am Beispiel des Marktes, der eine zentrale Funktion für unser Wirtschaftssystem hat (vgl. Kapitel III), lässt sich dies näher verdeutlichen.

Die Institution „Markt" und Transaktionskosten

Q

Um eine Markttransaktion durchzuführen, muss man herausfinden, mit wem man eine Übereinkunft erzielen will, muss man wissen lassen, dass man und unter welchen Bedingungen man einen Abschluss sucht, muss man Verhandlungen führen, die zu einer Übereinkunft führen, muss man einen Vertrag schließen, die notwendigen Vorkehrungen treffen, um die Einhaltung der Vertragsbedingungen zu überwachen [...]

Quelle: Ronald Coase: Das Problem der sozialen Kosten, in: H. D. Assmann/C. Kirchner/E. Schanze (Hrsg.): Ökonomische Analyse des Rechts, Tübingen, 1993, S. 148

Der Begriff der Transaktionskosten geht von der schlichten Tatsache aus, dass Informationen immer etwas kosten (z. B. Geld, Zeit). Man könnte Transaktionskosten als die „Betriebskosten eines Wirtschaftssystems" bezeichnen.

Die sehr ausdifferenzierte nationale und internationale Arbeitsteilung macht es erforderlich, für die Koordination von Produktion und Konsumtion einen wirksamen Mechanismus zu finden; dieser Mechanismus ist in einem marktwirtschaftlichen System die Koordination von Angebot und Nachfrage durch den Markt.

Herkömmlicherweise gilt der Markt als der ökonomische Ort für das Zusammentreffen von Angebot und Nachfrage und für die Preisbildung. Diese vereinfachte Definition berücksichtigt aber alle jene institutionellen Vorrichtungen nicht, die vorhanden sein müssen, damit die Käufer und Verkäufer auch tatsächlich auf Märkten zusammengeführt werden können (vgl. Kapitel III).

Bei näherer Betrachtung ist der Markt eine Institution, ein Organisationsmechanismus, der durch die Bekanntgabe einer Zeit, eines Ortes, eines Preises für Sachgüter und Dienstleistungen Verkäufer und Käufer zusammenführt.

Schon ein erster Blick zeigt, dass beim Kauf eines Produktes zwischen Käufer und Verkäufer zahlreiche Überlegungen im „Hintergrund" bestehen und die Tauschaktion „begleiten". Die eher triviale Vorstellung, Märkte seien Orte, auf denen Sachgüter und Dienstleistungen gegen Geld getauscht würden, lässt sich deshalb mit einfachen Beispielen schnell konterkarieren.

Deshalb unsere Frage: Was muss z. B. alles geregelt werden, damit überhaupt ein funktionsfähiger Markt entsteht? Was muss vorher an Regelungen, Gesetzen usw. schon entwickelt sein?

Q

Es ist wenig sinnvoll, dass Ökonomen den Tauschvorgang diskutieren, ohne den institutionellen Aufbau genauer zu beschreiben, in dessen Rahmen der Handel stattfindet. Auf jeden Fall sind die Zeiten vorbei, in denen Ökonomen bis in das kleinste Detail analysieren konnten, wie zwei Individuen am Rande eines Waldes Nüsse gegen Beeren tauschen und dass diese Wissenschaftler auch noch das Gefühl hatten, ihre Betrachtung des Tauschprozesses sei vollständig.

Quelle: Ronald Coase: Die institutionelle Struktur der Produktion – Nobel-Lesung vom 9. Dezember 1991, in: K. D. Grüske (Hrsg.): Die Nobelpreisträger der ökonomischen Wissenschaft, Bd. III, 1989 bis 1993 (unter Mitwirkung von A. W. Coats und L. Jörberg, Düsseldorf)

A

Erklären Sie, wie folgende Aussage zu verstehen ist: Institutionen haben die Aufgabe, Unsicherheit zu reduzieren.

Wochenmarkt und Transaktionskosten

Nehmen wir als Beispiel einen einfachen Wochenmarkt:

- Flächen oder Gebäude werden benötigt. Wer ist Eigentümer von Grund und Boden, auf dem der Markt eingerichtet, „institutionalisiert" wird?
- Gehört die Fläche oder das Gebäude der Stadt oder einer Privatperson?
- Es müssen die Marktzeiten geregelt werden.
- Die Marktstände müssen an Personen vermietet oder verpachtet werden, die Gemüse, Fleisch, Kleidung etc. anbieten wollen.
- Es muss über die Verkehrsanbindung nachgedacht werden usw.

Für die Errichtung eines Marktes sind also rechtliche offizielle Regelungen erforderlich, aber auch inoffizielle Regelungen werden sich entwickeln, wie z. B. Preisabsprachen zwischen den Anbietern, Sicherheits- und Schutzabsprachen usw.

Generell ist zu überlegen, welche Transaktionskosten dem Konsumenten beim Kauf eines Produktes entstehen:

- Er muss sich eine Übersicht verschaffen über Angebot und Nachfrage. Das kostet Zeit.
- Er liest Anzeigen in den Tageszeitungen, in Wochenmagazinen, er sieht Werbung im Fernsehen sowie Angebote auf großen Plakatwänden in der Stadt.
- Rechtsanwälte, die Verträge formulieren und bei Vertragsstörungen ihre Dienstleistungen anbieten, verlangen dafür Geld. Es gibt ein Rechtswesen, die Gerichtsbarkeit, die helfen soll, Ansprüche der Geschäftspartner durchzusetzen.
- Es gibt eine umfangreiche Versicherungswirtschaft, insbesondere Rechtsschutzversicherungen, die den Konsumenten schützen wollen.

Autokauf und Transaktionskosten

Mithilfe unseres Auto-Beispiels soll der Begriff der Transaktionskosten noch weiter ausdifferenziert werden. Unsere Ausgangsfrage ist: Was muss ein Anbieter oder Nachfrager tun, um auf dem Automarkt eine Entscheidung für oder gegen ein Produkt treffen zu können? Welche Kosten in Form von Zeit, Informationskosten usw. entstehen den Anbietern und den Nachfragern?

Die anfallenden Kosten lassen sich dreifach unterscheiden und auf einzelne Phasen eines Kaufprozesses beziehen:

1. **Such- und Informationskosten**
   Kosten, die für die Anbahnung eines Vertrages oder für die Überprüfung der Qualität eines Produktes, für die Überprüfung der Glaubwürdigkeit des Geschäftspartners aufgewendet müssen.
2. **Verhandlungs- und Entscheidungskosten**
   Kosten, die unmittelbar mit dem Abschluss eines Vertrages anfallen.
3. **Vertragsdurchsetzungs-, Kontroll- und Anpassungskosten**
   Kosten, die für die Kontrolle des Vertrages aufgewendet werden müssen.

Was man nie hofft, was aber doch immer wieder passiert: Der Konsument ist mit der Qualität eines Produktes nicht einverstanden oder das Unternehmen erhält nicht die vereinbarten Zahlungen. Um diese Kosten für die Anbahnung, für den Abschluss und für die Kontrolle von Verträgen zu senken, hat sich im Laufe der Zeit eine Fülle von Institutionen- und Regelsystemen gebildet, die vorteilhaft sowohl für den Anbieter als auch für den Nachfrager sein können.

i

Akteure auf den Märkten haben immer mit einem Problem zu kämpfen: Sind die Informationen, die ich über Produkte und Dienstleistungen benötige, ausreichend oder gibt es zwischen mir und z. B. dem Anbieter eine sogenannte Informationsasymmetrie, d. h. Informationsungleichheit. Für die Auseinandersetzung mit dieser Frage haben Akerlof, Stieglitz und Spence den Nobelpreis bekommen und damit eine ganz neue Richtung in der Wirtschaftswissenschaft begründet: die Informationsökonomik. Besondere Berühmtheit hat das sogenannte **Zitronen-Beispiel** oder **Market for Lemons-Beispiel** von Akerlof erlangt. Worin besteht es im Kern: Nehmen wir einen Gebrauchtwagenmarkt an. Der Verkäufer – was keine Überraschung sein dürfte – kennt die Qualität der angebotenen Gebrauchtwagen sicherlich besser als derjenige, der diesen Wagen kaufen möchte. Der Käufer wird wohl die durchschnittliche Qualität der Wagen kennen. Deshalb werden alle Gebrauchtwagen des Typs auch zu einem vergleichbaren Preis gehandelt, und auch die Zahlungsbereitschaft des Käufers wird sich daran ausrichten. Welche Folge hat das? Gute Autos werden gar nicht angeboten, sondern nur noch „Lemons". So wie die Qualitätserwartungen, wird natürlich auch die Zahlungsbereitschaft geringer werden. Damit werden die guten Autos aus dem Markt gedrängt, nur die „Lemons" bleiben. Man spricht deshalb von einer negativen Auslese oder von der sogenannten „adverse selection", was dazu führen kann, dass der Markt zusammenbricht.

Such- und Informationskosten

Verhandlungs- und Entscheidungskosten

Vertragsdurchsetzungs-, Kontroll- und Anpassungskosten

1. **Such- und Informationskosten**
   Wir haben festgestellt, dass die sogenannte „Schwacke-Liste“ beim Autokauf sowohl für den Anbieter als auch für den Nachfrager eine erste Hilfe ist, um den Wert eines Autos, in Abhängigkeit vom Alter, einzuschätzen. Auch die Anzeigenteile der Zeitungen oder entsprechende Internetportale erleichtern dem Konsumenten die Suche nach einem Produkt bzw. geben dem Anbieter die Möglichkeit, sein Produkt auf einem Markt anzubieten. Ein Konsument muss nicht alle Anbieter aufsuchen, um sich einen Marktüberblick zu verschaffen, er kann durchaus eine erste Auswahl mithilfe der genannten Mittel treffen und sich eine erste Übersicht verschaffen.

   Viele Konsumenten wissen in ihrer Stadt oder ihrem Dorf etwas über die Glaubwürdigkeit eines Geschäftpartners, weil ein Geschäft z. B. seit vielen Jahren besteht, sie die Personen kennen und man immer wieder von der Zuverlässigkeit gehört hat. Zu einem anderen Anbieter geht man erst gar nicht hin, weil es auch hier Erfahrungen gibt, z. B. dass der Service nicht gut ist, die Zuverlässigkeit fehlt usw. Dies bedeutet, dass mit der Gewinnung von Informationen für den Kauf von Produkten und Dienstleistungen Kosten in Form von Zeit und Geld entstehen, es aber Erfahrungs- und Lerneffekte gibt, mit denen Kosten gesenkt werden können.

2. **Verhandlungs- und Entscheidungskosten**
   Man stelle sich vor, es gäbe keine Rechtsordnung und bei jedem Kauf müssten Anbieter und Nachfrager erst einen Vertrag entwerfen, um sich gegenseitig abzusichern. Dies bedeutete einen enormen Zeitverlust und erzeugte hohe Verhandlungskosten, die für die Entwicklung eines Vertrages aufgebracht werden müssten, um sich gegenseitig Sicherheit bei der Abwicklung des Geschäftes zu verschaffen. Hinzu käme, dass viele Konsumenten vermutlich noch mehr als viele Anbieter kaum in der Lage sind, einen Vertrag so zu formulieren, dass er im Konfliktfall vor einem Gericht auch Bestand hätte.

   Hier hat sich über Jahrhunderte der Berufsstand der Juristen entwickelt, der u. a. versucht, auch den Akteuren im Wirtschaftsgeschehen die nötige Sicherheit zu geben. Es gibt Musterverträge, auch aus dem Internet kann man derartige Vertragsformulare herunterladen. Es gibt also eine Fülle von Institutionen (Rechtsordnung, Rechtsprechung, usw.), die die Verhandlungs- und Entscheidungskosten bei einem Tausch auf dem Markt erleichtern.

3. **Vertragsdurchsetzung-, Kontroll- und Anpassungskosten**
   Man stelle sich vor, wie aufwändig es wäre, seine erworbenen Ansprüche aus einem Vertrag abzusichern, wenn z. B. Anbieter oder Nachfrager nicht die ursprünglich vereinbarten Leistungen erbringen, z. B. nicht zahlen, das Produkt fehlerhaft ist usw.

Bei allen Tauschakten auf einem Markt kann offensichtlich eine Fülle von Kosten entstehen. Es gibt in einer Gesellschaft aber Einrichtungen, die diese Kosten senken, insbesondere die Rechtsordnung sollte eine Sicherheit geben. Es sind z. T. ganze Branchen und Berufsgruppen, z. B. Ordnungsämter, Anwälte, Gerichte, das Bürgerliche Gesetzbuch und selbst die Werbung, die Transaktionskosten sowohl für Anbieter als auch für Nachfrager senken. Solche Institutionen- und Regelsysteme geben den Akteuren höhere Sicherheit im Wirtschaftsgeschehen, um den Übergang von Eigentums- und Verfügungsrechten zu gestalten.

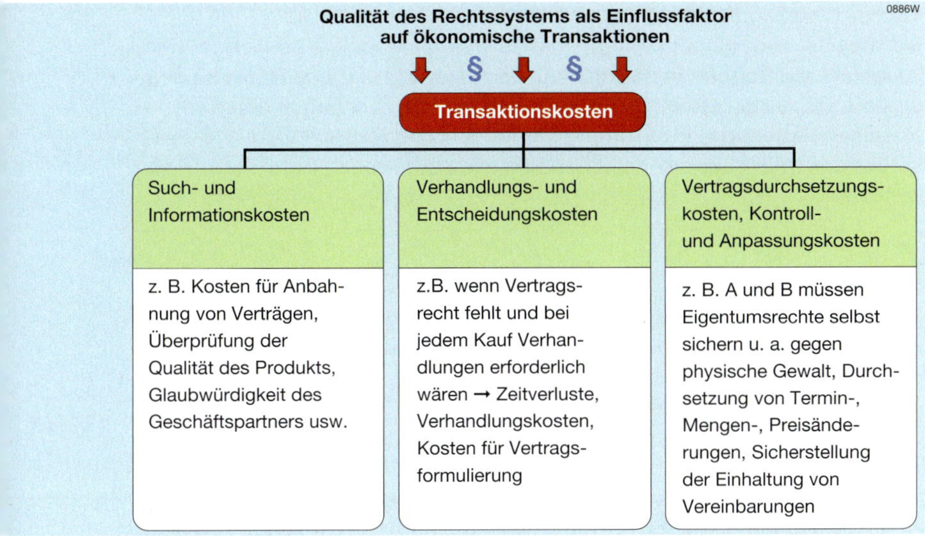

Die historische Entstehung von Institutionen
Versetzen wir uns ins Mittelalter. Alles, was uns gegenwärtig als selbstverständlich erscheint, sind Errungenschaften eines langen historischen Prozesses. Nehmen wir nur drei Beispiele von Innovationen, durch die sich die Transaktionskosten für die wirtschaftlichen Akteure verringert haben:

1. Der Transport von Münzgeld war mit vielen Risiken verbunden. Es wird berichtet von Papst Johannes XXII, der 1328 eine Summe von 60.000 Florin für seine Armee aufbringen musste und diesen Betrag in Münzen zu transportieren hatte. Der Begleitschutz bestand aus 150 Reitern, geriet jedoch in einen Hinterhalt. Ein Teil des Geldes wurde geraubt, Reiter gerieten in Gefangenschaft und mussten wieder ausgelöst werden, Schadenersatz für Rüstungen, Pferde usw. waren nötig. Durch die Einführung von Wechseln wurde die Mobilität des Kapitals entscheidend erhöht und der Handel belebt. Eine geniale Erfindung war auch die doppelte Buchführung durch den Franziskanermönch Luca Paciola (1445–1517), um u.a. Unterlagen für die Beweisführung beim Eintreiben von Schulden und bei der Durchsetzung von Verträgen zu besitzen. Nun könnte man fragen: Was ist das alles gegen jene Verluste, die auf elektronischem Wege in den letzten Jahren der Finanzkrise entstanden sind? Aber moderne Wirtschaften sind ohne elektronischen Zahlungsverkehr nicht möglich.

2. Die Erfindung des Buchdrucks führte zur Senkung der Informationskosten. Preislisten und Notizbücher, die Kaufleute über Maße, Gewichte, Postdienste, Sitten und Gebräuche anlegten, wurden gedruckt und vervielfältigt. Sie enthielten u.a. auch Messetermine oder gaben Auskunft über die regionale Gültigkeit von Geld.

3. Neben der Erhöhung der Mobilität von Kapital und der Senkung von Informationskosten ist noch die Einführung verschiedener Formen von Versicherungen von hoher Bedeutung, mit denen eine Aufteilung des unternehmerischen Risikos erfolgte. Als Beispiel sei hier die Seeversicherung genannt: Wenn sich sieben Kaufleute das Risiko für ein Schiff oder eine Schiffsladung teilten, dann verlor beim Untergang des Schiffes jeder Kaufmann eben nur ein Siebtel und nicht gleich das ganze Schiff nebst Schiffsladung. Versicherungen wandelten Unsicherheit in Risiko.

A

1 Erläutern Sie, was unter Transaktionskosten zu verstehen ist.

2 Stellen Sie die verschiedenen Transaktionskosten anhand eines Beispiels dar (z. B. bei der Buchung einer Urlaubsreise).

i

Bei **Unsicherheit** lässt sich die Wahrscheinlichkeit des Eintritts eines Ereignisses nicht ermitteln.
Beim **Risiko** lässt sich dagegen die (statistische) Eintrittswahrscheinlichkeit besser erfassen.

Frédéric Bastiat
französischer Ökonom und Satiriker
* 30.06.1801 in Bayonne, Frankreich
† 24.12.1850 in Rom

4.7 Von zwei zu drei Marktakteuren: der Marktwettbewerb

Wettbewerb wird immer dann geschätzt, wenn ihm andere ausgesetzt sind. Bei eigener Betroffenheit hält sich die Begeisterung in Grenzen. Ein bekanntes Beispiel aus der Literatur liefert Frédéric Bastiat, der gegen den französischen Protektionismus Anfang des 19. Jahrhunderts wetterte und den berühmten Brief der Kerzenmacher an die französische Deputiertenkammer verfasste:

Q

An die Deputiertenkammer oder Nieder mit der Sonne:
Wir sind dem unerträglichen Wettbewerb eines ausländischen Rivalen ausgesetzt, der über derart überlegene Lichterzeugungskapazitäten verfügt, dass er in der Lage ist, unseren nationalen Markt zu einem stark herabgesetzten Preis zu überschwemmen. Dieser Rivale ist kein anderer als die Sonne. Unser Antrag geht dahin, ein Gesetz zu erlassen, wonach alle Fenster, Öffnungen und Ritzen abzudichten sind, durch die das Sonnenlicht zum Nachteil der ertragreichen Industrie, die wir unserem Lande schenken konnten, in unsere Wohnungen einzudringen droht. Gezeichnet: Die Kerzenmacher

Quelle: Frédéric Bastiat: Œuvres Comoletes, Paris 1863, S. 57 ff., zitiert nach André Fourcans: Die Welt der Wirtschaft, Campus Verlag, Frankfurt, New York, S. 117

Bisher war das Autobeispiel im Kern immer noch kein klassischer ökonomischer Vorgang. Jens kaufte den Mini bei Auto-Martens, ohne weitere Anbieter von Minis zur Kenntnis zu nehmen. Er hat so getan, als sei Auto-Martens der einzige Anbieter auf dem Markt.

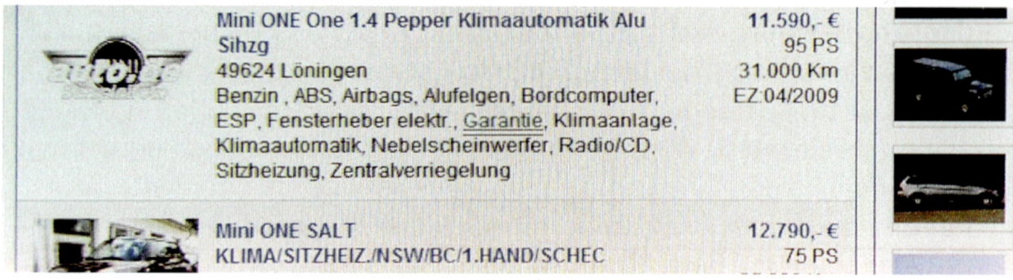

Jeder nur flüchtige Blick in die Kleinanzeigen macht aber deutlich, dass der Markt für Gebrauchtwagen in den meisten Städten sehr groß ist und es viele unterschiedliche Anbieter gibt. Es gibt also Wettbewerb zwischen den verschiedenen Anbietern. Dazu sind mindestens drei Akteure erforderlich, z. B. Jens und Auto-Martens und Auto-Meyer. Häufig sind es noch mehr Anbieter und auch Nachfrager.

Q

Wenn auf dem Markt für Gebrauchtwagen Wettbewerb – wohlgemerkt: Marktwettbewerb – herrscht, hat unser Student in der Tat die Freiheit, bei diesem oder einem anderen Händler ein Auto zu kaufen. Insofern verfügt er zweifellos über Handlungsfreiheit, weil er Alternativen hat – auf der Marktgegenseite. Unter den Händlern auf der Angebotsseite, also den Akteuren auf derselben Marktseite, jedoch herrscht keine Freiheit, sondern eher Druck und sogar Zwang, die Tauschbedingungen für den Studenten so günstig zu gestalten, dass man selbst vor den anderen die Chance zur Interaktion erhält.

Insofern den Händlern jedoch auf ihrer Marktgegenseite wiederum mehr Nachfrager als nur unser Student entgegentreten, haben auch sie Alternativen und damit die Freiheit, sich ihre Käufer auszusuchen […] Auf Märkten, im Marktwettbewerb herrschen also immer zugleich Druck und Freiheit: Der Druck unter den Konkurrenten auf derselben Marktseite und die Freiheit in bezug auf die Auswahl der Interaktionspartner auf der Marktgegenseite.

Quelle: Karl Homann/Andreas Suchanek: Ökonomik. Eine Einführung, Mohr & Siebeck, Tübingen, 9. Auflage, 2005, S. 17

Der Marktwettbewerb – für die meisten ist diese Aussage sicherlich sehr überraschend – ist ein Instrument der Kooperation. Die Anbieter versuchen, sich als beste Kooperationspartner im Kampf um die Kunden zu zeigen: „Kauf bei mir! Dann ist das für dich am vorteilhaftesten." Da im Regelfall alle Marktakteure dies tun müssen, ist damit dem Wohl aller Akteure im Wirtschaftsprozess Genüge getan. Alle profitieren: Die Anbieter erkennen, was sie tun müssen, um wettbewerbsfähig zu sein, die Nachfrager wählen zwischen den besten Alternativen aus. Es ist eine „Zusammenarbeit zum gegenseitigen Vorteil", wie der berühmter Sozialwissenschaftler John Rawls es einmal bezeichnet hat. Da alle Akteure versuchen, für sich das meiste herauszuholen, ist der Konkurrent der „beste Aufseher" seiner Mitkonkurrenten.

Märkte lassen sich deshalb als ein „Entdeckungsverfahren" (Friedrich August von Hayek) bezeichnen, die den Anbietern und Nachfragern Signale geben, welche Entscheidungen als Anbieter und Nachfrager für sie vorteilhaft sein könnten. Die Signale sind Preise. Preise sind ein Mechanismus zur Vermittlung von Informationen. Sie koordinieren die Entscheidungen von Produzenten und Konsumenten auf dem Markt und übernehmen die Aufgabe, zu zeigen, wie die Knappheit von Sachgütern und Dienstleistungen von den Marktteilnehmern eingeschätzt wird. Deshalb wird dem Marktwettbewerb in unserer Wirtschaftsordnung eine so hohe Bedeutung zugemessen (vgl. auch Kapitel II und III).

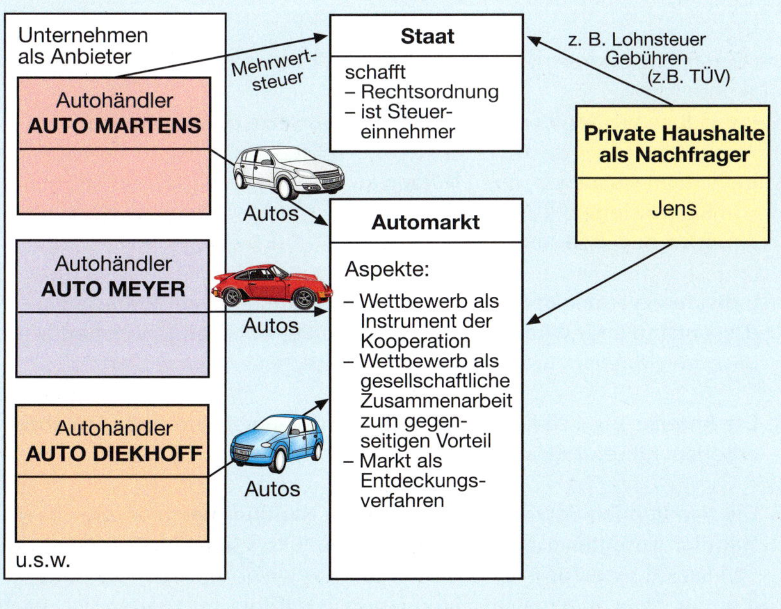

i

Friedrich August von Hayek
Nationalökonom, Gesellschaftswissenschaftler
* 08.05.1899 in Wien
† 23.03.1992 in Freiburg

— studierte Jura und Staatswissenschaften
— Werk u. a.: „Die Verfassung der Freiheit" (1971)

A

Wettbewerb kann als das Streben nach der besten Lösung bezeichnet werden. A will besser als B sein. Welche Argumente lassen sich aber dafür finden, Wettbewerb als eine Form der Kooperation zu bezeichnen?

4.8 Ein Zwischenresümee: das ökonomische Verhaltensmodell

Die vorhergehenden Ausführungen haben deutlich gemacht, wie Individuen wirtschaftliche Entscheidungen treffen, wie sie Pläne machen und sie durchführen, welche Faktoren ihre Entscheidungen beeinflussen.

Wir fassen zusammen:
Menschen haben unendlich viele Bedürfnisse, leider gibt es **Knappheit**. Wir leben eben nicht in einem Schlaraffenland und müssen deshalb bei allen Entscheidungen Abwägungen hinsichtlich des Nutzens treffen, den wir mit unserer Entscheidung erreichen wollen. Die Frage lautet: Wie setzt ein Individuum die verfügbaren Mittel im Hinblick auf seine Ziele ein?
Hierbei werden die Individuen und ihr Handeln von unterschiedlichen Faktoren beeinflusst. Man spricht von **Anreizen**, die menschliches Handeln beeinflussen.
Dabei gehen wir davon aus, dass die Menschen sich normalerweise nicht selbst schädigen, sondern vielmehr ihren Nutzen erhöhen wollen, d. h., Individuen sind auf ihren Vorteil bedacht. Man spricht von der **Eigennutzorientierung** der Individuen. Der Nutzen kann darin bestehen, ein bestimmtes Gut besonders preisgünstig zu bekommen, er kann aber auch darin bestehen, Zeit zu sparen, seinen persönlichen Ruf, seine Reputation zu verbessern.

Diese Nutzen-Überlegungen des Individuums werden jedoch mit den **Beschränkungen oder Restriktionen** für sein Handeln konfrontiert, wie der Ökonom sagt. Was ist damit gemeint? Zum einen sind es solche Faktoren, die den Individuen Grenzen für ihre Handlungen setzen, wie z. B. das verfügbare Einkommen einschließlich des Vermögens und der Kreditmöglichkeiten. Es können auch soziale Restriktionen sein, wie z. B. die Rechtsnormen einschließlich der Kosten, die durch die Verletzung von Rechtsnormen entstehen können, z. B. Geldbußen oder sogar Gefängnis.

Aus all diesen Restriktionen ergibt sich für ein Individuum eine bestimmte „**Situation**", der es ausgesetzt ist und die es zu berücksichtigen gilt: Das Individuum muss sich dabei an rechtliche Regen halten, ökonomische Überlegungen einbeziehen usw.

Die Gedankenkette des ökonomischen Handlungsmodells lässt sich wie folgt entwickeln:

1. Individuen werden beeinflusst durch die **Anreize** einer Situation.

2. Individuen versuchen, ihren **Nutzen** zu erhöhen unter Berücksichtigung von **Restriktionen**, d. h. von den Handlungsbeschränkungen, die in einer Situation gegeben sind.

3. Individuen vergleichen **Kosten und Nutzen** anhand ihrer **Präferenzen**, d. h. anhand ihrer Wünsche, Ziele und Motive, wobei angenommen wird, dass Individuen im Regelfall sich nicht selbst schädigen wollen.

4. Die **Anreize**, die sich für ein Individuum aus einer bestimmten Situation ergeben, führen zu **Handlungen**.

5. Die Handlungen der Individuen führen zu **Handlungsergebnissen bzw. Handlungsfolgen**, d. h., der Kauf eines Produktes führt zur Befriedigung von Bedürfnissen und die Erwartungen werden erfüllt; oder die Handlung hat nicht zum gewünschten Ergebnis geführt, es ergeben sich sogar Nachteile, was wiederum Einfluss auf zukünftige Entscheidungen hat.

A

Erläutern Sie: Welche Restriktionen beeinflussen das Handeln der Bürger im Hinblick auf die Nutzenüberlegungen? Belegen Sie Ihre Antworten mit je einem passenden Beispiel aus dem Alltagsgeschehen.

Grafisch lässt sich das wie folgt darstellen:

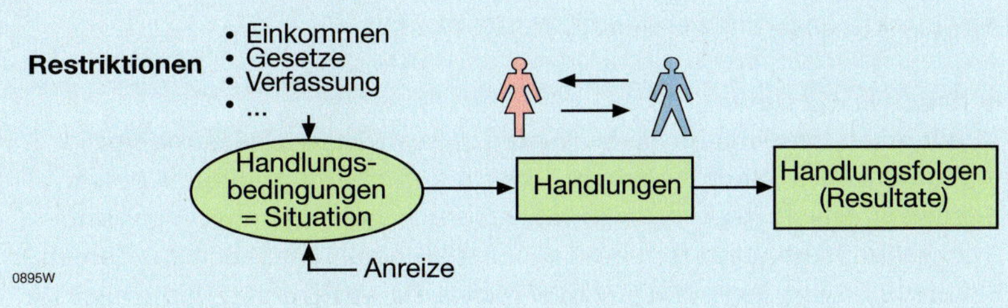

Der Homo oeconomicus – ein Schreckgespenst?
Das ökonomische Verhaltensmodell unterstellt, dass die Menschen mit ihrem Handeln ihren eigenen Nutzen erhöhen wollen. Zur Erklärung wird in diesem Zusammenhang häufig das Modell des „Homo oeconomicus" eingeführt, eine Arbeitsannahme für die Analyse wirtschaftlichen Handelns. Der „Homo oeconomicus" gilt als ein ausschließlich wirtschaftlich denkender Mensch, der über die Fähigkeit des uneingeschränkten rationalen Verhaltens verfügt und ausschließlich den eigenen Nutzen maximieren will. Dieses gedankliche Konstrukt soll ausschließlich dazu dienen, bestimmte wirtschaftliche Verhaltensweisen und Entscheidungssituationen (Kauf, Verkauf, Produktion, Konsum) zu erklären. Häufig wird es aber fälschlicherweise gleichgesetzt mit einem konkreten Menschenbild, manchmal sogar mit einem „Ideal" eines wirtschaftlich handelnden Menschen. Dabei ist ein Gedankenbild keinesfalls zu verwechseln mit dem im wertenden Sinne verwendeten Begriff des Ideals als etwas Vorbildhaftes, Wünschenswertes (s. Kap. III, Abschnitt 4.1).

Die Verwendung der Homo-oeconomicus-Annahme soll an einem Beispiel deutlich gemacht werden: Steigt z. B. der Preis für ein Produkt von 100 auf 120 Euro, dann wird angenommen, dass die Nachfrage aufgrund des erhöhten Preises sinkt, d. h. mit der Homo-oeconomicus-Annahme wird keine Aussage über das Verhalten eines Individuums, z. B. Herrn Schneiders oder Frau Schmidts, getroffen, sondern es wird das Verhalten einer großen Zahl von Individuen beschrieben, wie sich Menschen bei einer Preissteigerung nach den festgelegten „Modelleigenschaften" – nämlich Rationalität und Eigeninteresse – normalerweise verhalten werden. Dabei bleiben andere Faktoren, die sehr wohl ein anderes Kaufverhalten herbeiführen können, außen vorgelassen. Der Homo oeconomicus ist also ein „Konstrukt", das nicht das Entscheidungsverhalten von Herrn Schneider oder Frau Schmidt in der Realität beschreibt. Nicht jeder Konsument des Gutes A wird bei der Preissteigerung von 20 Euro das Gut weniger nachfragen, sondern es wird lediglich angenommen, dass vermutlich die meisten Konsumenten so handeln werden (vgl. Marktpreisbildungsmodell, Kap. III, Abschnitt 3.2).

Q

Es gibt keine Wesen, die mit dem Begriff „Homo oeconomicus" im Ganzen oder in ihrem Kern zutreffend beschrieben wären; jeder Mensch ist unendlich viel mehr, als dieses – oder jedes andere – Modell je begrifflich erfassen könnte.

Quelle: Karl Homann, Andreas Suchanek: Ökonomik – Eine Einführung, Mohr & Siebeck, Tübingen, 9. Auflage, 2005, S. 371

A

„Der ‚Homo oeconomicus' ist ein ‚Idealtyp' und kein idealer Typ!" – Erläutern Sie diese Aussage, indem Sie klären, was unter „Idealtypus" zu verstehen ist und inwieweit man damit modelltheoretisch arbeiten kann.

4.9 Handlungs-, Interaktions- und Institutionentheorie

Die bisherigen Überlegungen lassen sich in einen theoretischen Bezugsrahmen einfügen, der auch in den nachfolgenden Kapiteln immer wieder als eine Orientierungshilfe verwendet werden kann.

Wir haben festgestellt:

- Individuen handeln, um ihren Nutzen zu realisieren. Das Autobeispiel zeigt, dass die Handlungen von Jens und Christoph zu ihren je persönlichen Nutzenvorstellungen im Widerspruch stehen können. Jens und Christoph haben unterschiedliche Vorstellungen, aber auch das gemeinsame Interesse, ihren Nutzen zu erhöhen. Daraus ergibt sich die nächste zentrale Frage:
- Wie können Jens und Christoph interagieren, sodass sich ihre Interessen dennoch realisieren lassen?
- Und schließlich zeigt das Beispiel mit Jens, Christoph und Auto-Martens, dass es Institutionen und Regelsysteme gibt, die ganz wesentlich auf die Handlungen der Individuen einwirken und diese beeinflussen.

Handlungstheorie

All die Untersuchungen zur Frage, wie Menschen ihren Nutzen durch ihre Handlungen zu vermehren versuchen, können als Handlungstheorie bezeichnet werden.
D. h., die Ökonomie befasst sich mit den Plänen, den Zielen eines einzelnen Akteurs, z. B. von Jens und Christoph oder des Autohändlers Martens. Jeder einzelne Akteur versucht, seine Ziele zu realisieren: Entweder schnell das Auto zu kaufen oder das benötigte Geld für den Amerikaaufenthalt zusammenzubekommen, die Wohnung zu vermieten, das Auto zu verkaufen usw. Dabei hat jeder Akteur bestimmte Handlungsbedingungen zu beachten wie z. B. zeitliche, monetäre, soziale Gesichtspunkte.

Interaktionstheorie

Wir haben weiter festgestellt: Menschen handeln nicht im „luftleeren Raum“, sondern die Ziele eines einzelnen Akteurs werden von den Zielen und den Handlungen anderer Personen beeinflusst. Solange Robinson allein auf der Insel war, herrschte eine technische Knappheit. Robinsons Überlegungen, seine „Knappheit“ zu verringern, d. h. etwas zu essen, zu trinken, eine Wohnung zu haben, richteten sich aus an seinen technischen Möglichkeiten, z. B. Wild zu schießen, Fische zu fangen, ein Brett herzustellen, Beeren zu sammeln usw.

Aus dieser technischen Knappheit, über die Robinson allein Entscheidungen unter Beachtung seiner Produktionsmittel traf, wurde mit Ankunft von Freitag eine „soziale Knappheit“. Es kam eine weitere Person hinzu. Dadurch verbesserten sich zwar die Möglichkeiten, für Nahrungs- und Unterkunftssicherung zu sorgen, aber es mussten nun auch zwei Personen versorgt werden. Das gemeinsam erwirtschaftete „Inselsozialprodukt“ von Robinson und Freitag muss diese beiden Personen befriedigen, und es müssen Entscheidungen über seine Verteilung getroffen werden (Verteilungsproblem).
Es ist wichtig, die Interessen der anderen Akteure in einer Gesellschaft zu erkennen und einzuschätzen. Wie kann man ihnen trauen? Sind sie zuverlässig? Stimmen die Informationen? Versuchen sie, mich zu übervorteilen? Diese Fragen, die sich ein Akteur stellt, können auch die gleichen Fragen des anderen Akteurs sein. Es gibt eine wechselseitige Abhängigkeit zwischen den Akteuren.

Daraus ergibt sich wiederum eine zentrale Frage:
Wie finden wir eine Form für Interaktionen, für Handel, für Tauschbeziehungen, die jeden Einzelnen besser stellt, als wenn er auf sich allein gestellt bliebe, wie z. B. Robinson in der Anfangszeit auf seiner einsamen Insel?
Es gilt: Zusammen erreicht man mehr, als wenn man nur für sich allein handelt. Aber dafür muss es gelingen, solche Bedingungen zu schaffen.
Die Frage lautet:
Wie kann in einer Gesellschaft eine Zusammenarbeit zum gegenseitigen Vorteil erfolgen?

Die Institutionentheorie

Wir haben festgestellt, dass die Handlungen zwischen zwei oder mehreren Akteuren im Wirtschaftsgeschehen beeinflusst werden von der Summe aller Institutionen- und Regelsysteme einer Gesellschaft. Die Institutionen lassen sich als Spielregeln bezeichnen, die die Spielzüge der Akteure beeinflussen.

Handlungs-, Interaktions- und Institutionentheorie sind die drei Betrachtungsweisen des wirtschaftlichen Geschehens einer Wirtschaft. Sie zeigen uns, dass eine isolierte, nur aus einer Perspektive vorgenommene Betrachtung zu kurzschlüssigen Ergebnissen führen muss, wenn wir das Gesamtbild einer Wirtschaft erfassen wollen.

Im anschließenden Abschnitt 5 dieses Kapitels werden wir weitere Handwerkszeuge für die Analyse wirtschaftlicher Sachverhalte kennenlernen, mit deren Hilfe wir ein vertieftes Verständnis von Handlungs-, Interaktions- und Institutionentheorie erlangen können.

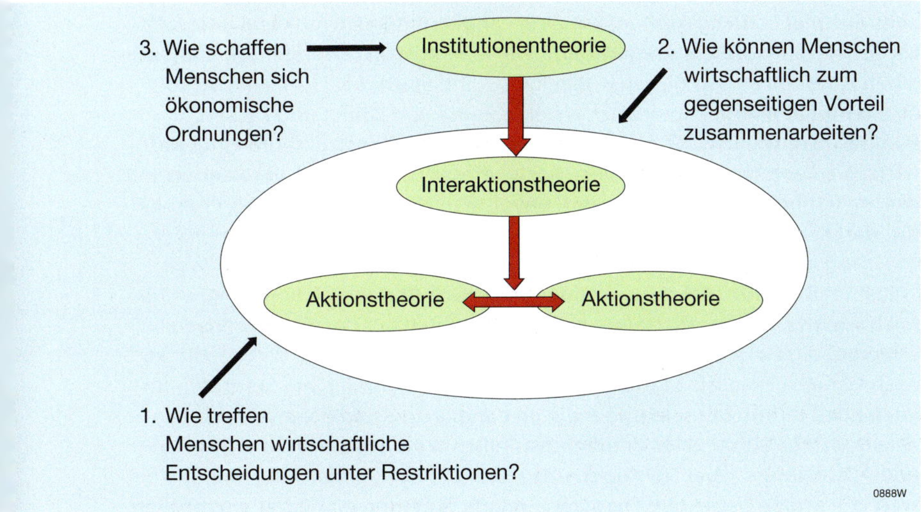

A

Erläutern Sie, was unter Handlungs-, Interaktions- und Institutionentheorie verstanden wird und welche Bedeutung diese Ansätze zur Erklärung gesellschaftlichen und wirtschaftlichen Geschehens haben.

5 Handwerkszeug für die Analyse wirtschaftlicher Sachverhalte

5.1 Denkmodelle und ihre Funktion

Auf die Frage, wie er Wissenschaft beschreiben würde, antwortete der österreichisch-britische Philosoph Karl Popper wie folgt: „Ich habe manchmal gesagt, dass das Vorgehen der Wissenschaft in der Forschung, also der Versuch, in das Gebiet vorzudringen, wo wir nichts wissen, verglichen werden kann mit dem Problem eines schwarzen Mannes, der in einem dunklen Keller einen schwarzen Hut sucht, der nicht dort ist. Was kann er machen? Er kann nach allen Richtungen hin tasten. Und auf diese Weise, mit dem Versuch nach allen Richtungen hin, kommt er schließlich zu einer Art Weltbild, also einer Idee, wie dieser Keller geformt ist, und er erkennt vielleicht sogar, dass der Hut nicht da ist. So ungefähr ist das Vorgehen der Wissenschaft."

Q

Eine indische Fabel

Es gab einmal eine Stadt nur mit blinden Einwohnern. Ein König kam mit seiner Armee und Gefolge in die Nähe und kampierte dort. Er besaß einen mächtigen Elefanten, den er für Angriffe benutzte, weil das Riesentier den Feinden große Angst einjagte.
Die Bürger waren neugierig, den Elefanten kennenzulernen, und einige Blinde machten sich auf den Weg, um Näheres über den Elefanten herauszufinden. Da sie die Gestalt eines Elefanten nicht kannten, befühlten sie seine Teile. Jeder, der einen Teil gefühlt hatte, dachte, dass er den Elefanten kennen würde.
Sie kehrten zu ihren Mitbürgern zurück, und es bildeten sich um sie neugierige Gruppen. Alle fragten nach der Form und nach der Beschaffenheit des Elefanten und lauschten andächtig. Der Mann, der das Ohr gefühlt hatte, sagte: „Der Elefant ist groß und rau, weit und breit wie ein Teppich." Ein anderer, der den Rüssel gefühlt hatte, sagte: „Ich weiß, wie es in Wahrheit ist. Der Elefant ist wie ein gerades und hohles Rohr, furchtbar und gefährlich." Wiederum ein anderer, der die Füße und Beine gefühlt hatte, sagte: „Nein, der Elefant ist mächtig und fest wie eine Säule."

Quelle: Hans Hielscher: Päda-Lotse, Heidelberg, 1979, S. 121

Die Funktion von Modellen

Jede wissenschaftliche Disziplin benötigt Instrumente für die fachspezifische Auseinandersetzung mit den je eigenen fachlichen Fragen. Dies gilt auch für die Auseinandersetzung mit ökonomischen Sachverhalten. Der Einsatz dieser Instrumente ist allerdings immer auch abhängig von den zu lösenden Aufgaben. In der Wirtschaftswissenschaft ist ein wichtiges Handwerkszeug zweifellos das „Denken in Modellen". Der richtige Einsatz kann sehr hilfreich sein für neue Erkenntnisse, allerdings kann die gedankenlose Verwendung auch zu erheblichen Problemen führen.

Die Landkarte als Modell

Um die Funktion des Denkens in Modellen zu erfassen, wird auf ein einfaches Beispiel zurückgegriffen, auf eine Landkarte: Eine Landkarte lässt sich als ein Modell bezeichnen und zeigt, wie eine abstrakte Vorstellung z. B. für einen Autofahrer sehr hilfreich sein kann. Eine Stadt, ein Dorf, eine Straße erscheint auf einem Papierstück als eine Reihe von Linien und Farben, Punkten, Kreisen usw. Aber vor allem ist es für die Konstrukteure einer Karte wichtig zu entscheiden, wer diese Karte, dieses Denkmodell, verwenden soll, welche Funktion es zu erfüllen hat, bevor man sich mit der Aufgabe beschäftigt die „Realität" zu reduzieren.

Will ich z. B. als Autofahrer von Oldenburg nach Osnabrück fahren, ist es für mich wichtig, die Hauptstraßen bzw. Autobahnen auf der Karte schnell zu erfassen, die zwischen Oldenburg und Osnabrück bestehen. Will ich direkt nach Osnabrück in die Stadtmitte fahren, wird vermutlich ein Stadtplan für mich noch hilfreicher sein. Die meisten Landkarten sind die zweidimensionale Repräsentation einer dreidimensionalen Welt. Sie zeigen uns Straßen und Autobahnen, aber sie zeigen uns z. B. nicht Berge oder Täler, die den Weg, die Straße begleiten. Dies wäre jedoch für einen Wanderer von großer Bedeutung, wenn er die Höhenunterschiede sehen könnte, da er mit einem 25 kg schweren Rucksack wandert. Für einen Autofahrer jedoch würde die Komplexität und damit wohl auch die Unübersichtlichkeit einer Karte erhöht und ihr Lesen erschwert. In gleicher Weise wie Landkarten sind auch ökonomische Modelle Vereinfachungen, Abstraktionen, die bestimmte Details außer Acht lassen, um nur diejenigen Aspekte, z. B. des ökonomischen Verhaltens von Individuen, zu untersuchen, die vom „Modell-Konstrukteur" als wichtig angesehen werden. Mit einem Navigationssystem ist alles wohl noch einfacher, aber die Interpretation der gezeigten Kartenausschnitte mit verschiedenen Größenmaßstäben ist die gleiche.

Das Prinzip, dass aus der Sicht eines Modell-Konstrukteurs unwichtige Einzelheiten vernachlässigt werden, in gewisser Weise „weggeschnitten“ werden müssen, wird nach dem Philosophen William of Ockham als **Ockhams Razor** bezeichnet.

i

William of Ockham
* um 1285 in Ockham in der Grafschaft Surrey, England
† 09.04.1347 in München

5.2 Denken in Modellen

Modelle (ital. modello, zu lat. „Maß“, „Maßstab“) sind in den Wirtschaftswissenschaften Hilfsmittel des wissenschaftlichen Erkenntnisprozesses, die mit dem Ziel konstruiert werden, auf der Grundlage von Funktions-, Struktur- oder Verhaltensähnlichkeiten analoge Aussagen über ökonomische Phänomene zu entwickeln.

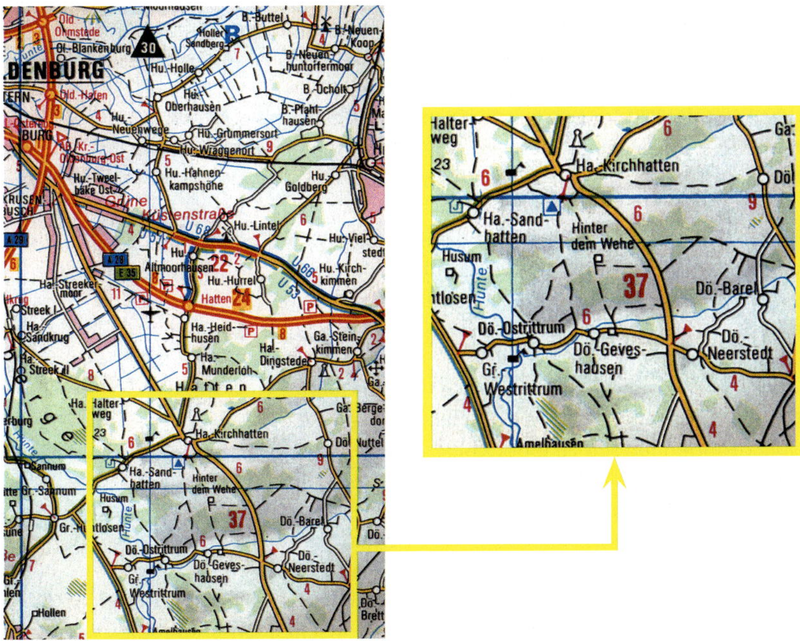

Modellmerkmale

Für die Einschätzung der Leistungsfähigkeit von Denkmodellen ist die Unterscheidung von drei wesentlichen Modellmerkmalen erforderlich:

1. **Das Abbildungsmerkmal**
   Modelle sind immer Modelle von einem Original. Die Abbildung ist eine gedankliche Konstruktion durch den Modell-Konstrukteur, weil dieser das Ziel hat, ein bestimmtes (hier: wirtschaftliches) Geschehen besser zu verstehen.

2. **Das Verkürzungsmerkmal**
   Wenn ein Modell-Konstrukteur für seine Zwecke etwas abbildet, dann ist er gezwungen, Verkürzungen vorzunehmen, da nicht alle Eigenschaften eines „Originals“ im Modell erfasst werden, sondern nur jene Merkmale, die der Modell-Konstrukteur als bedeutsam ansieht.

3. **Das Subjektivierungsmerkmal**
   Dieses Merkmal kennzeichnet die Tatsache, dass Modelle Aufgaben für bestimmte erkennende und/oder modellbenutzende Individuen erfüllen sollen, der Modell-Konstrukteur hat Absichten mit seinem Denkmodell.

A

Erläutern Sie die Funktionen der hier dargestellten Methodenmerkmale für die Analyse wirtschaftlicher Sachverhalte.

i

Weshalb Denkmodelle?
Die Wirtschaftswissenschaft ist weitgehend eine nicht experimentelle Wissenschaft. Sie kann ihre Aussagen nicht, wie das beispielsweise für bestimmte naturwissenschaftliche Bereiche möglich ist, im Labor überprüfen und nach den Ergebnissen des Laborexperimentes dann eine Entscheidung treffen.

Q

Wenn beispielsweise Naturwissenschaftler nicht genau wissen, ob ein Raumschiff funktioniert, werden sie den Flug absagen oder verschieben. Wenn hingegen Ökonomen nicht wissen, ob eine politische Maßnahme funktioniert, kann die wirtschaftliche „Reise" deswegen nicht verschoben werden; der Ablauf ist unaufhaltsam, und die möglichen Reparaturen müssen ebenfalls unterwegs vorgenommen werden. Darüber hinaus geht diese Reise jeden an, und nicht nur einige wenige, die freiwillig mitfahren. Da alle gleichermaßen betroffen sind, kommt auch niemand daran vorbei, angesichts der ökonomischen Alternativen Stellung zu beziehen [...]

Quelle: Lester C. Thurow: Gefährliche Strömungen, Wirtschaftspolitik in der Krise, Campus Verlag, Frankfurt a. M., 1984, S. 45, Übersetzung: Gerti von Rabenau

i

Max Planck
Physiker, Nobelpreisträger, Begründer der Quantentheorie
* 23.04.1858 in Kiel
† 04.10.1947 in Göttingen

5.3 Die Arbeit mit Denkmodellen in der Ökonomie

Die indische Fabel (vgl. S. 52) ist ein sehr anschauliches Beispiel für eine wissenschaftliche Vorgehensweise. Wer ein Problem besser verstehen will, sammelt alle bisherigen wissenschaftlichen Ergebnisse, um zu einer Aussage zu kommen. Man könnte den wissenschaftlichen Erkenntnisprozess fast als das Zusammenstellen eines Puzzles bezeichnen. Schritt für Schritt werden unterschiedliche Erkenntnisse gewonnen, die erst nach und nach zu einer zufriedenstellenden Einsicht führen. Dieser Prozess ist nie abgeschlossen.

Es gibt wissenschaftliche Schulen, die für bestimmte Erkenntnisse kämpfen, andere wiederum, die diese Erkenntnisse bestreiten und versuchen, sie durch andere zu ersetzen oder zu modifizieren. Die Personen forschen manchmal ein Leben lang zu einem bestimmten Bereich und es ist keine Frage, dass sie sich mit ihrem „Lebenswerk" identifizieren und deshalb auch die Gefahr bestehen kann, sich gegen andere Einsichten zu sperren. Dafür gibt es in der Wissenschaftsgeschichte viele Beispiele. Manche neuen Ergebnisse sind sogar so revolutionär, dass mit ihnen jahrzehnte- oder gar jahrhundertelange Forschungsergebnisse hinfällig geworden sind.

Ein besonders eindrucksvolles Beispiel ist die Wandlung der Vorstellung von der Erde als Scheibe. Bis ins Mittelalter hinein war das Weltbild des ägyptischen Astronomen Ptolemäus vorherrschend. Vereinfacht ausgedrückt, ging dieser davon aus, dass die Welt eine Scheibe sei und die Sonne sich um die Erde drehe.

Nicolai Kopernikus (1473–1543) kam mit seinen wissenschaftlichen Beobachtungen jedoch zu einer völlig anderen Erkenntnis: Die Erde ist eine Kugel, und die Erde dreht sich um die Sonne und nicht umgekehrt. Diese Auffassung war eine wissenschaftliche Revolution. Heute spricht man rückwärts betrachtet von der „kopernikanischen Wende" und bezeichnet damit solche Veränderungen, die das gesamte Weltbild verändert haben. Einige Wissenschaftler, die diese Theorie vertraten, kamen sogar in Konflikt mit der seinerzeit mächtigen Kirche, deren inquisitorische Richterkollegien häufig „Widerrufung" forderten und standfeste Wissenschaftler auf den Scheiterhaufen schickten, wie z. B. Giordano Bruno (1548–1600).

Max Planck (1858–1947) hat einmal sinngemäß gesagt: Neue Einsichten pflegen sich nicht dadurch durchzusetzen, dass sie einfach alte ersetzen, sondern nur dadurch, dass die Vertreter der alten Einsichten aussterben und die nachwachsende Generation gleich von Anfang mit der neuen Wahrheit vertraut gemacht wird.

Auch in der Ökonomie gibt es Denkmodelle, die durch neue Einsichten ihre ehemalige Aussagekraft völlig verloren haben. Wir werden dies am Beispiel des Denkmodells des Wirtschaftskreislaufs erkennen können.

Bei manchen Denkmodellen wird die Methodik immer mehr verfeinert, immer weitere Annahmen eingeführt, die das Denkmodell vor Widerlegungen schützen. Aber wenn der Grundansatz generell falsch ist, dann nützen auch weitere Detailannahmen nichts, d. h., das Modell lässt sich nicht mehr retten. Mit der immer detaillierteren Analyse eines Teilgebiets verhält es sich wie mit einer berühmten Maltechnik gegen Ende des 19. Jahrhunderts, der Maltechnik der Pointillisten.

Pointilisten setzten ihre Bilder durch viele kleine Punkte zusammen, um ihr Werk zu schaffen. Würde man sich jedoch in der Analyse eines einzelnen Punktes verlieren, dann gelänge es nie, eine Gesamtvorstellung von dem Gemälde zu erhalten (vgl. Abb. unten).

Q

Von der Nähe betrachtet, offenbaren sich ihre Bilder als eine Vielzahl farbiger Tupfer und Kleckse, von denen jeder einzelne – genau betrachtet und analysiert – über das Gesamtwerk gar nichts aussagt. Erst aus der richtigen Distanz, wenn man das System der Tupfer und Kleckse richtig erfassen kann, ergibt sich ein Bild – und damit eine Aussage. Das Ganze ist auch hier mehr als die Summe seiner Teile. Wir können noch so viele „Bildtupfer" oder „Quadrate" auswendig lernen, ordnen oder analysieren, über das System lernen wir nichts!

Quelle: Frederic Vester: Leitmotiv vernetztes Denken, München, 1988, S. 62

Ausschnitt aus „Zypressen in Cagnes" von Henri-Edmond Cross, 1908

Natürlich heißt dies nicht, dass es auf Einzelkenntnisse nicht ankäme und man über Details nichts zu wissen bräuchte, aber es muss deutlich werden, dass Informationen in den richtigen Zusammenhang gestellt werden müssen, um zu einer zutreffenden Gesamtbewertung zu kommen.

Das Modelldenken in der Ökonomie unterliegt dieser Gefahr. Es ist immer wieder erforderlich, die Teilergebnisse in einem Gesamtzusammenhang zu sehen, damit der Stellenwert einer einzelnen Aussage besser eingeordnet werden kann.
In Kapitel II wird dieser wirtschaftliche Gesamtzusammenhang unser besonderes Interesse verlangen, wenn wir die Wirtschaftsordnung eines Landes in ihren grundlegenden Ordnungsformen kennenlernen.

A

Begründen Sie, auf welche Gefahr der Hinweis auf die „Maltechnik des Pointillismus" im Zusammenhang mit der Arbeit mit Modellen aufmerksam machen will.

5.4 Was es sonst noch zu beachten gilt!

A193

Mikro- und Makroökonomie

Die Unterscheidung von Mikro- und Makroökonomie spielt für die Betrachtung wirtschaftlicher Vorgänge eine bedeutende Rolle.
Bildlich gesprochen könnte man Mikro- und Makroökonomie wie das Verhältnis von Baum und Wald unterscheiden. Wir können den einzelnen Baum betrachten, seine Gesundheit, warum er groß oder klein ist, ob er braune Blätter oder abgestorbene Äste hat usw. Oder wir sehen uns den Wald in der Gesamtheit an: Welche Baumstruktur hat der Wald, in welchem Zustand befindet er sich, hat er Schäden, was müsste getan werden, um den Wald zu schützen, ihn wirtschaftlich zu nutzen usw. Natürlich kann der einzelne Baum für sich betrachtet werden, aber schon beim zweiten Blick wird deutlich, dass die Position eines einzelnen Baumes und seine Qualität nur in Abhängigkeit zu den anderen Bäumen präzise bestimmt werden kann. Hat er braune Blätter, abgestorbene Äste, dann kann das zusammenhängen mit seinem Standort im Wald: Erhält er ausreichend Licht, steht er am Waldrand, führt eine Straße vorbei, ist der Baumbestand zu dicht, nehmen die Bäume sich gegenseitig das Licht weg, welche Qualität hat der Waldboden usw.?
D. h., es mag richtig und notwendig sein, einen einzelnen Baum zu betrachten, aber präzise Aussagen zur Situation des Baumes sind abhängig von seinem Standort im Wald.

A194

Mikro- und Makroökonomie sind ebenfalls nur zwei Betrachtungsweisen des einen wirtschaftlichen Geschehens, mit unterschiedlichen Erkenntnisinteressen und Zielen.
Übertragen wir unser Beispiel auf die Wirtschaft eines Landes: In der Mikroökonomie wird ein einzelnes Wirtschaftssubjekt (z. B. **ein** Unternehmen, ein privater Haushalt) analysiert. Welche Produkte stellt ein Betrieb wie her und wie wird er organisiert, welche Maschinenausstattung ist vorhanden, wie ist seine wirtschaftliche Situation, welche Personalführungskonzepte gibt es usw.?
Ob sich das Unternehmen jedoch in einer guten oder schlechten Verfassung befindet, diese Beurteilung kann nur im Vergleich mit anderen Unternehmen einer Volkswirtschaft vorgenommen werden: Welche Konkurrenten hat das Unternehmen, welche Marktposition besitzt es regional, national, international, in welchem Zustand befindet sich das Unternehmen insgesamt, wie ist seine internationale Wettbewerbsfähigkeit, welche erkennbaren Wirkungen hat die Steuerpolitik des Staates auf das Unternehmen usw.? Das einzelne sich in der Krise befindliche Unternehmen ist möglicherweise für die Gesamtbetrachtung völlig belanglos. Vielleicht ist es sogar gut, wenn es vom Markt verschwindet, weil es schlecht geführt ist, weil es veraltet ist, die Produkte keine Käufer finden, Subventionen verschlingt und das Unternehmen nur künstlich am Leben gehalten wird.

Aus **einzelwirtschaftlicher Sicht** könnten folgende Fragen gestellt werden:
- Wo liegen die Ursachen für die Krise des Unternehmens?
- Hat man zu spät die Veränderungen des Verbraucherverhaltens wahrgenommen?
- Ist falsch investiert worden?
- Lässt der gegenwärtige Standort keine Erweiterungsmöglichkeiten zu?
- Ist die Kostenstruktur schlecht?
- Hat die Kommune kein passendes Industriegelände zur Verfügung gestellt?
- Sind die Umweltgesetze nicht einzuhalten?

Wir sehen auch an diesem einfachen Beispiel: Mikro- und makroökonomische Betrachtungsweisen können aufgrund bestimmter Erkenntnisinteressen durchaus sinnvoll analytisch getrennt werden, aber für die Beurteilung des gesamten Wirtschaftsgeschehens sind beide Betrachtungsweisen eng miteinander verknüpft.

Man könnte das bildlich auch so verdeutlichen: Stellen Sie sich vor, Sie machen ein Foto von einer Person (Bild 1) und verwenden den Zoom Ihres Fotoapparates. Dann zeigen Sie die Person in ihrem Umfeld (Bild 2). Dies kann zu einer völlig anderen Interpretation führen. Zum Beispiel zeigt das erste Foto ein laufendes Mädchen (sicherlich kein ungewöhnliches Motiv), im zweiten Foto sehen Sie – wiederum das laufende Mädchen – aber darüber hinaus sehen sie einen heranstürmenden Hund. Die Analyse dieses zweiten Bildes kann zu völlig anderen Aussagen führen.

Trugschluss der Verallgemeinerung
Was für ein Individuum richtig zu sein scheint, muss für die Volkswirtschaft als Ganzes noch lange nicht vorteilhaft sein und umgekehrt. Es wird vom Trugschluss der **unzulässigen Verallgemeinerung** (engl.: the fallacy of composition) gesprochen.

Zur Verdeutlichung sei ein Beispiel angeführt:
Ein Landwirt weiß sehr wohl, dass er wirtschaftlich besser abschneiden kann, wenn er z. B. mehr Weizen produziert. Sein Einkommen ist das Ergebnis aus der Menge des Weizens in Zentner multipliziert mit dem Preis, den er für einen Zentner bekommt.

Ein Landwirt allein kann aber den Marktpreis für Weizen nicht beeinflussen, d. h., je mehr Weizen er produziert, desto höher ist sein Einkommen. Produzieren aber alle Landwirte mehr Weizen, wird der Preis des Weizens fallen, d. h., Erklärungen, die offensichtlich plausibel und logisch sind, wenn man sie auf ein Individuum, z. B. einen einzelnen Unternehmer, anwendet, können völlig falsch werden, wenn man sie auf das Verhalten aller Konsumenten oder Produzenten überträgt.

Weitere Beispiele:
- Wenn jemand beschließt zu sparen, und zwar aufgrund der schlechten Wirtschaftslage und seiner persönlichen Furcht vor Arbeitslosigkeit, kann das für ihn durchaus vorteilhaft sein. Sollten aber alle Bürger auf diesen Gedanken kommen, wird die Nachfrage nach Konsumgütern in einer Volkswirtschaft noch mehr zurückgehen und die Anzahl an Entlassungen zunehmen.
- Wenn ein privater Haushalt beschließt, mehr Gemüse zu kaufen, werden die Preise für Gemüse kaum steigen. Sollten jedoch alle privaten Haushalte zur gleichen Zeit beschließen, mehr Gemüse zu kaufen, wird es einen Preisanstieg für Gemüse geben.
- Wenn ein Arbeiter mehr Lohn erhält, dann ist das für ihn vorteilhaft. Sollten aber alle Arbeiter mehr Lohn empfangen, können Unternehmen dies als Begründung für eine Preiserhöhung ihrer Produkte anführen, die alle Einkommensempfänger wieder um die Einkommenserhöhung bringt.

A

Erklären Sie, was unter mikro- und makroökonomischer Betrachtungsweise zu verstehen ist und warum es leicht zum „Trugschluss der Verallgemeinerung“ kommen kann.

i

Der kirchlichen Trauung geht zumeist ein Orgelspiel voraus. Man wird aber schlecht sagen können, dass die nachfolgende Trauung eine Folge des Orgelspiels ist – und erst recht ist es nicht so, dass immer dann, wenn eine Orgel in der Kirche spielt, zwangsläufig eine Trauung folgt.

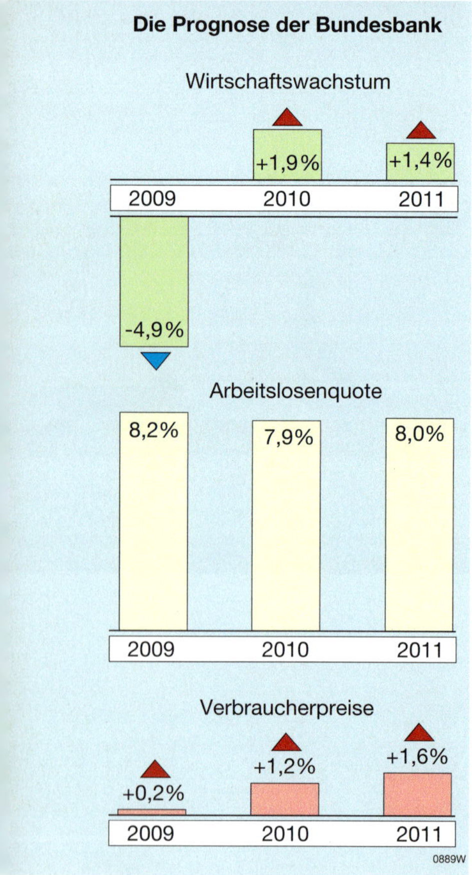

A

Zeigen Sie an Beispielen, inwieweit Prognosen wirtschaftswissenschaftlicher Institute von wirtschaftspolitischem Interesse sein können.

- Wenn ein Arbeiter aufgrund seiner Mobilität in der Lage ist, in einer anderen Region oder in einer anderen Stadt einen Arbeitsplatz zu finden, dann ist das für ihn sicher vorteilhaft. Versuchen jedoch alle Arbeitslosen, ihrer Arbeitslosigkeit auf gleiche Weise zu entkommen, kann dies aus naheliegenden Gründen nicht gelingen: Die Arbeitslosigkeit verschiebt sich höchstens auf andere Regionen des Landes.
- Ein Preisanstieg in einer Branche kann für die betreffenden Unternehmen sehr vorteilhaft sein. Ein Preisanstieg in allen Branchen bringt jedoch keiner Branche einen Nutzen.

Danach ... also deswegen ... (post hoc, ergo propter hoc)
Wenn ein Ereignis A vor einem Ereignis B passiert, muss dies nicht bedeuten, dass A auch B verursacht hat. Für diesen Sachverhalt gibt es in der Ökonomie viele Beispiele.

Prognosen
Sowohl Wirtschaftspolitiker als auch „normale" Bürger haben verständlicherweise den Wunsch zu wissen, wie eine wirtschaftliche Entwicklung in Zukunft verlaufen könnte: Um wie viel werden die Güterpreise steigen, welchen Verlauf könnte die Konjunktur in bestimmten Branchen (z. B. Bauindustrie, Metallindustrie) nehmen, wie werden sich Dollarpreis, Energiekosten und Arbeitslosenquote entwickeln?

Solche Voraussagen lassen sich nur machen, wenn von bestimmten Annahmen über erwartete Wirkungszusammenhänge ausgegangen wird, die z. B. auf Erfahrungen aus der Vergangenheit basieren. Liegen keine neuen Erkenntnisse vor, wird davon ausgegangen, dass die bisherigen Wirkungszusammenhänge auch zukünftig gelten.

Prognosen sind also nicht unabhängig von den ihnen zugrunde liegenden **Annahmen** über **Wirkungszusammenhänge**. Verändern sich diese Annahmen, wird sich das auf die Wahrscheinlichkeit auswirken, mit der eine gestellte Prognose eintrifft. In allen Industriestaaten gibt es wirtschaftswissenschaftliche Institute, die in regelmäßigen Abständen zur Entwicklung der Weltwirtschaft Prognosen erstellen.
Obwohl immer ausgefeiltere statistische Verfahren und immer differenziertere Daten zur Verfügung stehen, ist die Qualität von Prognosen nie ganz zufriedenstellend, weil die politischen, wirtschaftlichen und psychologischen Unwägbarkeiten zu groß sind.
Welche psychologischen Faktoren z. B. in einer wirtschaftlichen Situation Einfluss auf das Konsumentenverhalten haben, ist so wenig eindeutig vorhersehbar wie die Reaktion eines Unternehmens auf die Ankündigung einer Steuersenkung oder -erhöhung für seine Investitionsentscheidungen.

Erstellt beispielsweise ein Wirtschaftsministerium eine Prognose, dann wird es versuchen, die politischen Folgewirkungen seiner Prognose einzukalkulieren. Das gilt ebenso für Prognosen, die eine Oppositionspartei oder Reformgegner erstellen lassen, um sie für ihre Zielsetzungen in der politischen Auseinandersetzung zu verwenden. Prognosen werden somit auch zur Untermauerung bestimmter politischer Absichten benutzt, d. h., die ihnen zugrunde liegenden Annahmen sind sehr genau.

Exkurs: Das Sozialprodukt und die Volkswirtschaftliche Gesamtrechnung (Teil 1)

Für die Analyse von wirtschaftlichen Zusammenhängen ist der Wirtschaftskreislauf ein wichtiges Instrument, das immer wieder verwendet werden kann. Dieses Instrument wird in diesem Band in zwei aufeinander aufbauenden Teilen entwickelt. In einem ersten Schritt wird gezeigt, wie mit den Grundüberlegungen des Wirtschaftskreislaufs sich in vereinfachter Weise das Sozialprodukt berechnen lässt.
Den Wirtschaftskreislauf benötigen wir aber auch für andere Aufgaben, z. B. für die Analyse von ökologischen Problemen, von Hausfrauenarbeit, den Vergleich zwischen Ländern, den Vergleich von sozialen Indikatoren, für den Zusammenhang von Wachstum und Wohlstand und vieles mehr (vgl. Exkurs Teil II, Seite 286)

Was kann mithilfe des Wirtschaftskreislaufs gelernt werden?
Nach der Bearbeitung dieses Exkurses sollten Sie wissen, dass
- die Idee des Wirtschaftskreislauf eine längere historische Entwicklung hat,
- ein Wirtschaftssubjekt verschiedene wirtschaftliche Funktionen in einer Volkswirtschaft übernehmen kann,
- zwischen Geld- und realen Strömen zu unterscheiden ist,
- das Grundmodell des Wirtschaftskreislaufs aus den Sektoren Privater Haushalt, Unternehmen, Staat, Ausland und dem Vermögensänderungskonto besteht,
- die Idee des Wirtschaftskreislaufs genutzt werden kann für die Analyse gesamtwirtschaftlicher Zusammenhänge und
- die Idee des Wirtschaftskreislaufs auch eine der theoretischen Grundlagen der Volkswirtschaftlichen Gesamtrechnung darstellt, mit der insbesondere das erwirtschaftete Sozialprodukt eines Landes berechnet wird.

Im Verlauf dieses Kapitels haben wir bisher feststellen können, dass jedes Wirtschaftssubjekt mehrere ökonomische Aktivitäten ausüben kann. Stellen wir diese Tätigkeiten zusammen, dann lassen sich vier unterscheiden:

1. Sachgüter und Dienstleistungen werden produziert (Produktion).
2. Einkommen wird empfangen und verwendet (Einkommensentstehung und Einkommensverwendung).
3. Vermögen wird gebildet und anlegt (Vermögensänderung).
4. Kredite werden gewährt und aufgenommen (Finanzierung).

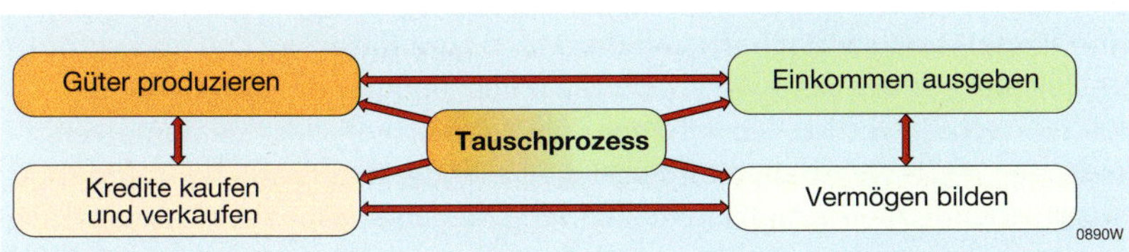

Aus diesen ökonomischen Tätigkeiten der vielen Millionen Menschen eines Landes entstehen zahlreiche Tauschprozesse, die sich für jeden Betrachter als ein verwirrendes und kompliziertes Gefüge von wirtschaftlichen Prozessen darstellen. Um für die Betrachtung dieser Prozesse eine bessere Überschaubarkeit herzustellen, hat sich im Laufe der letzten 250 Jahre ein Analyseinstrument entwickelt, das zu einem tieferen Verständnis der wirtschaftlichen Prozesse und ihrer Zusammenhänge führen soll.

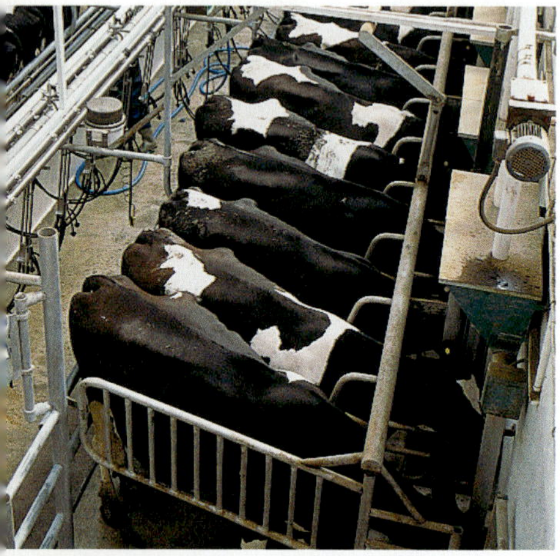

Elementare Grundgedanken der Sozialproduktsberechnung (ein Beispiel)

Wie wird das Sozialprodukt berechnet?
Eine wesentliche Aufgabe ist in diesem Zusammenhang sind die Berechnung des Sozialprodukts einer Volkswirtschaft und die Analyse der Komponenten des Sozialprodukts.

Deshalb wird in diesem Exkurs wie folgt vorgegangen:
a) Mithilfe eines einfachen Denkmodells wird der Grundgedanke der Sozialproduktsberechnung entwickelt und zwar zwischen lediglich drei Unternehmen (landwirtschaftlicher Betrieb, Molkerei, Einzelhandelsgeschäft) und den Privaten Haushalten.
b) Dieser Grundgedanke wird übertragen auf ein ausdifferenziertes Modell der Sozialproduktsberechnung, in dem auch der Staat mit seinen Aktivitäten und das Ausland berücksichtigt werden.

Das Sozialprodukt oder: Was haben wir in einem Jahr erwirtschaftet?
Für die Berechnung des Sozialprodukts einer Volkswirtschaft, z. B. das der Bundesrepublik Deutschland, benötigen wir einen Maßstab, mit dem man es messen kann. Die Industrieländer haben sich darauf geeinigt, den Wert des Sozialprodukts in Preisen zu messen, die für Sachgüter und Dienstleistungen zu zahlen sind.

Wodurch erhalten Sachgüter und Dienstleistungen ihren Wert? Wird der Wert des Sozialprodukts in Preisen, also in Geld, ausgedrückt, dann müssen wir wissen, wodurch Sachgüter oder Dienstleistungen ihren Wert erhalten.

Sachgüter und Dienstleistungen erhalten ihren Wert vor allem durch zwei Faktoren:
1. Güter werden mithilfe menschlicher Arbeitskraft hergestellt. Um Güter wie Autos, Brot, Medikamente oder Käse herzustellen, werden auch Maschinen und Werkzeuge benötigt. Entscheidend ist aber die menschliche Arbeitskraft, die Werte schafft, denn auch die Maschinen und Werkzeuge werden durch menschliche Arbeit hergestellt.

2. Die hergestellten Güter muss jemand haben wollen. Das heißt: Die Nachfrage der Konsumenten bestimmt wesentlich den Wert eines Produktes oder einer Dienstleistung. Ein Produkt, das niemand haben will, kann mit noch so viel menschlicher Arbeitskraft produziert worden sein, es wird sich nicht verkaufen lassen und beim Hersteller verbleiben.

Eine Modell-Volkswirtschaft: von der Milch zum Käse
Ein Beispiel aus der Landwirtschaft: Die Milch im Euter der Kuh ist für die Volkswirtschaft wertlos. Sie wird nur dadurch wertvoll, dass sie gemolken und/oder weiterverarbeitet wird und die Verbraucher die Milch und/oder entsprechende Molkereiprodukte wie verschiedene Käsesorten, Jogurts usw. nachfragen.

Unsere kleine Modell-Volkswirtschaft soll deshalb nur aus drei Unternehmen bestehen: einem landwirtschaftlichen Betrieb, einer Molkerei und einem Lebensmittelgeschäft. Dies reicht, um zu erfahren, wie das Sozialprodukt einer Volkswirtschaft errechnet wird. Es wird auch nicht die aktuelle Situation in der deutschen Landwirtschaft in der Europäischen Union untersucht, sondern es geht nur um die Erfassung des Grundgedankens, die Erfassung der wirtschaftlichen Tätigkeit durch den Begriff des Sozialproduktes.

Der Berechnungsvorgang des Sozialprodukts

Zunächst benötigen wir einen Maßstab, um das Sozialprodukt zu messen. Das ist der Preis, der für unser Produkt bezahlt werden muss.

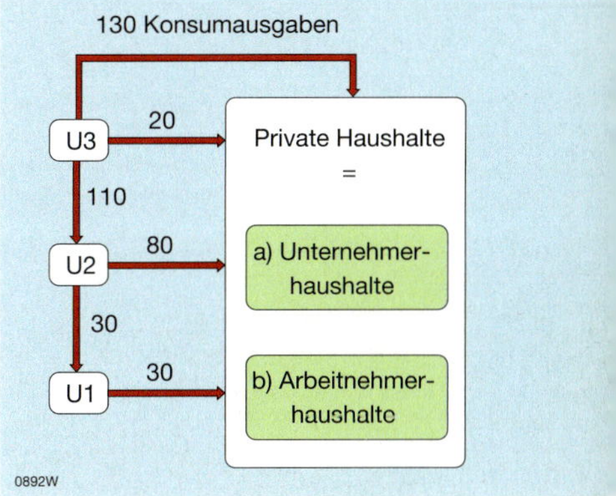

Die Rechnung könnte folgendermaßen aussehen: Der Landwirt (Unternehmen 1) benötigt für die Produktion einer bestimmten Menge Milch 30 Geldeinheiten (GE). Damit deckt er seine Kosten ab, bezahlt seine Beschäftigten und erzielt auch einen Gewinn. Der landwirtschaftliche Betrieb hat so eine Wertschöpfung von 30 GE erzielt. Die Löhne und Gewinne fließen in die Haushalte des Unternehmers und seiner Angestellten.

Die Molkerei Molko (Unternehmen 2) bekommt die Milch vom Landwirt (Unternehmen 1) als Vorleistung. Aus der Milch wird jetzt Käse produziert. Dafür sind wiederum Löhne zu zahlen. Außerdem will das Unternehmen für seine Leistung einen Gewinn erzielen. Deshalb verkauft es den Käse für 110 GE an das Lebensmittelgeschäft Maximum. In diesem Preis sind die 30 GE des landwirtschaftlichen Betriebes enthalten. Die eigene Wertschöpfung der Molkerei beträgt also nur 110 GE – 30 GE = 80 GE. Diese Löhne und Gewinne fließen wieder in die Privaten Haushalte.

Das Unternehmen 3, unser Lebensmittelgeschäft, kauft also den Käse für 110 GE. Die 110 GE sind eine Vorleistung der Firma Molko. Für die eigene Verkaufsleistung will das Lebensmittelgeschäft natürlich ebenfalls Einkommen erzielen. Das Personal muss bezahlt werden, Energiekosten usw. fallen an, und einen Gewinn will das Lebensmittelgeschäft auch erzielen. Deshalb wird der Käse an die Haushalte für 130 GE verkauft. Damit hat sich der Kreislauf unserer kleinen Modell-Volkswirtschaft geschlossen. Die Wertschöpfung des Lebensmittelgeschäftes beträgt somit 130 GE – 110 GE = 20 GE.

Nach diesem Prinzip wird das Sozialprodukt in der Bundesrepublik und in vielen anderen Ländern errechnet. Unter dem Begriff Sozialprodukt versteht man die Summe der Wertschöpfungen, die in einem Jahr in einer Volkswirtschaft erzielt wurde. Wir können auch sagen: Das Sozialprodukt ist die Summe der in einem Jahr entstandenen Löhne und Gewinne (vgl. Abb. unten). Berücksichtigen wir die Aktivitäten der gesamten Volkswirtschaft, dann sind es nicht nur die Aktivitäten von drei Unternehmen, wie in unserer Modell-Volkswirtschaft, sondern von Hunderttausenden von Unternehmen. Die Berechnung wird dadurch zwar schwieriger, der Grundgedanke bleibt der gleiche.

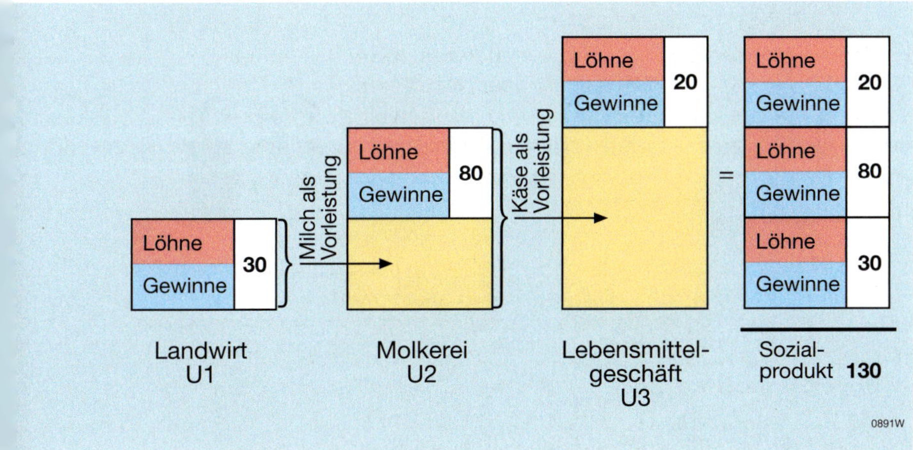

Wirtschaften im Wirtschaftskreislauf – nur ein Kreisverkehr?
Wir haben schon anhand des ökonomischen Grundproblems (vgl. Abschnitt 2) festgestellt, dass es innerhalb einer Volkswirtschaft unerlässlich ist, mit den vorhandenen Ressourcen zu wirtschaften, um die Bedürfnisse der Bevölkerung zu befriedigen. Hierauf aufbauend wollen wir uns nun zunächst einem vereinfachten Modell des Wirtschaftskreislaufs zuwenden, um es dann Schritt für Schritt zu erweitern.

Zu dem Modell des einfachen Wirtschaftskreislaufs gehören die Akteure Private Haushalte sowie die Unternehmen. Unter dem Begriff der Privaten Haushalte ist die Gesamtheit, die Summe der privaten Haushalte einer Volkswirtschaft gemeint, synonym der Begriff der Unternehmen.

Zwischen diesen beiden Akteuren kommt es sozusagen zu Tauschhandlungen. Die Privaten Haushalte erhalten von den Unternehmen Güter, die Unternehmen erhalten von den Privaten Haushalten Produktionsfaktoren wie menschliche Arbeitskraft, Boden und Kapital.
Die Gegenleistung erfolgt durch die Zahlung von Löhnen an die Arbeitnehmer bzw. durch die Bezahlung der Güter durch den erhaltenden Lohn.

Wir sehen also schon hier, dass es sich um zwei unterschiedliche Ströme handelt. Auf der einen Seite existieren Güterströme, zu denen Güter, Arbeitskraft, Boden und Kapital zählen, entgegengesetzt existieren immer Geldströme aus Lohnzahlungen bzw. Konsumausgaben.
Es ist nun schon erkennbar, dass es sich bei diesem Modell nur um einen kleinen und unvollständigen Ausschnitt der Wirklichkeit handeln kann, da in keiner Weise berücksichtigt wurde, dass Private Haushalte auch Teile ihres Einkommens sparen und Unternehmen Investitionen tätigen müssen. Auch haben wir Aktivitäten des Staates sowie des Auslandes noch unberücksichtigt gelassen.

Im zweiten Teil des Exkurses werden wir ausführlicher auf die Zusammenhänge aller Akteure eingehen, werden uns die Begriffe „Volkswirtschaftliche Gesamtrechnung“ (VGR) und „Bruttoinlandsprodukt“ (BIP) näher anschauen und des Weiteren zu einem Gesamtbild der wirtschaftlichen Beziehungen innerhalb einer Volkswirtschaft kommen.

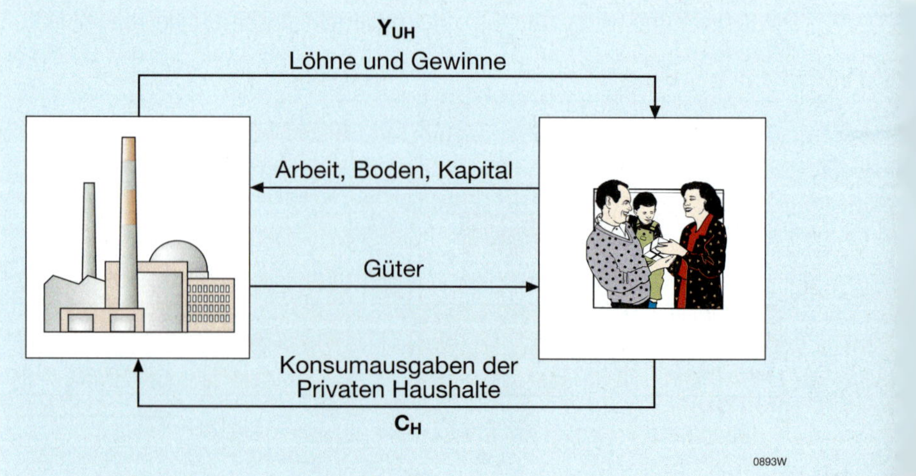

Abkürzungen
Y_{UH} = Löhne und Gewinne
C_H = Konsumausgaben der Privaten Haushalte

Teil 2 des Exkurses finden Sie auf den Seiten 286 ff.

Lernbilanz

Dieses Einstiegskapitel hatte drei wichtige Ziele:
Erstens ging es darum, wichtige Grundsachverhalte des wirtschaftlichen Handelns zusammenzustellen. Was lässt sich als wirtschaftliches Handeln bezeichnen, welche Ziele werden damit verknüpft, welche zentralen Einflussfaktoren lassen sich erkennen, welche Konfliktbereiche lassen sich identifizieren?

Zweitens sollte deutlich werden, dass wirtschaftliches Handeln sich nicht im „luftleeren Raum" vollzieht, sondern eingebettet ist in die Summe von Institutionen und Regelsystemen, die deutlich machen, dass die Ökonomie immer wieder darauf angewiesen ist, auch Blicke auf andere Gebiete zu werfen. Dazu gehört zweifellos die Rechtsordnung eines Landes, das politische System und natürlich auch soziologische und psychologische Erkenntnisse.

Drittens sollte erkannt werden, dass es ein wichtiges Ziel ist, sich den Werkzeugkasten der Ökonomen näher anzusehen und solche methodischen Vorgehensweisen zu erwerben, die zum unverzichtbaren Handwerkszeug in der Auseinandersetzung mit wirtschaftlichen Sachverhalten gehören, wie z. B. das Denken in Modellen. Hier galt es, nicht nur den Grundcharakter des Denkens in Modellen zu erfassen, sondern sich am Beispiel der Sozialproduktsberechnung auch mit dem charakteristischen Kreislaufdenken zu befassen.

A

1
Ein Bedürfnis, das vor 150 Jahren ein Luxusbedürfnis war, kann heute ein Grundbedürfnis sein. Stellen Sie Beispiele zusammen.

2
Nennen Sie Stärken und Schwächen der Maslow'schen Bedürfnispyramide.

3
Verdeutlichen Sie folgende Aussage mit einem Beispiel: Was für den Einzelnen richtig und vernünftig sein kann, kann für unsere Gesellschaft problematisch sein.

4
Setzen Sie sich auseinander mit der folgenden Aussage des berühmten amerikanischen Wirtschaftswissenschaftlers Lester C. Thurow:
„Wirtschaftliche Voraussagen sind oft unzutreffend, aber dasselbe gilt für alle wissenschaftlichen Hypothesen über Geschehnisse in der realen Welt. […] Wenn sich das Wetter nicht prognostizieren lässt, können die Ökonomen auch nicht die Entwicklung der Nahrungsmittelpreise oder die Nachfrage nach Heizöl vorhersagen […] und wenn die Politikwissenschaftler keine Revolutionen im Iran und keine Kriege im Mittleren Osten vorausbestimmen oder die Geologen nicht die künftigen Ölreserven benennen können, darf man von den Ökonomen nicht verlangen, Prognosen über Energiepreise abzugeben."
(Lester C. Thurow: Gefährliche Strömungen – Wirtschaftspolitik in der Krise. Frankfurt/M./New Vork, Campus Verlag 1984, S. 36)

II

Keine
Wendemöglichkeit
30
7,5t
STOP
City-Point
Packhof
Schützenstr.
ferner

Die Wirtschaftsordnung als Institutionen- und Regelsystem

Wie gelingt es, dass die unzähligen Aktivitäten in einer Gesellschaft so koordiniert werden, dass sie den Menschen von Nutzen sind und ihnen Wohlstand bringen? Das ist die zentrale Frage dieses Kapitels. Über welche Elemente muss eine Wirtschaftsordnung verfügen, damit die sich stellenden Aufgaben gelöst werden können? Diese grundlegenden Elemente werden dargestellt und beispielhaft erläutert.
Aber gesamtgesellschaftliche Systeme haben noch weitere Aufgaben zu lösen, als nur wirtschaftliche Fragestellungen zu beantworten, diese gehören nur zu einem Teil zum gesellschaftlichen Gesamtsystem. Welche anderen Aufgaben müssen noch angegangen werden und wer ist dafür zuständig? Welche anderen Teilsysteme sind dem Gesamtsystem noch zugehörig, welche Aufgaben stellen sich hier und in welchem Verhältnis stehen die Teilsysteme zueinander? Auf diese Fragen wird in einem weiteren Schritt eingegangen.
Es wird auch deutlich, dass einmal festgelegte Wirtschaftsordnungen nicht ein für allemal bestehen, sondern vielmehr einem permanenten Aus- und Umgestaltungsprozess unterliegen.
Als konkrete und aktuelle Wirtschaftsordnung der Bundesrepublik wird das Konzept der Sozialen Marktwirtschaft in seiner historischen Entwicklung und seinen ökonomischen Begründungszusammenhängen vorgestellt.
In einer kritischen Würdigung erfährt die aktuelle Diskussion über die Leistungsfähigkeit der Sozialen Marktwirtschaft in Deutschland Berücksichtigung.
Eine Wirtschaftsordnung muss ständig verändert und neu gestaltet werden, um den jeweils aktuellen Herausforderungen in Wirtschaft und Gesellschaft, national und international gerecht zu werden; aufgrund politischer Entwicklungen wird manchmal auch eine Wirtschaftsordnung durch eine andere ersetzt. Ein solcher Prozess wird aufgezeigt am Beispiel der deutschen Einheit. Es wird deutlich gemacht, an welchen zentralen Elementen angesetzt werden muss, um eine Wirtschaftsordnung (Planwirtschaft) in eine andere (Marktwirtschaft) zu transformieren, welche Abhängigkeiten dabei zwischen den Teilsystemen einer Gesellschaft bestehen, mit welchen neuen Anforderungen die Menschen in einem solchen Transformationsprozess konfrontiert werden und mit welchen Schwierigkeiten sie fertig werden müssen.
Abschließend soll der Blick für eine neue Form der Erfassung des Verhältnisses von „Moral und Wirtschaft" geöffnet werden.

Inhalt Kapitel II

1 Aufgaben und grundlegende Elemente einer Wirtschaftsordnung

1.1 Wozu ist eine Wirtschaftsordnung nötig?

„Hickhack um Steuersenkung"

„Weiter weniger Spielraum für Steuersenkung"

„Argumente gegen mehr Regulierung – Banken befürchten Kreditklemme"

„Betriebsräte fürchten gläserne Arbeitnehmer"

„Energiekonzerne wollen öffentliche Gelder für Energiewende"

„Verbraucherpreise: Höchste Inflationsrate seit drei Jahren"

Diese kurze Zusammenstellung ausgewählter Überschriften aus dem Wirtschaftsteil verschiedener Zeitungen verdeutlicht, wie vielfältig die Vorstellungen, Entscheidungen, Handlungen und die Beziehungen der jeweiligen Akteure zueinander in einer Gesellschaft sind. Sie zeigt aber auch, dass alle wirtschaftlichen Entscheidungen und Handlungen innerhalb eines bestimmten Bedingungsrahmens gesehen werden müssen, denn Forderungen, Erwartungen und Befürchtungen können immer nur auf der Grundlage von ganz bestimmten Zielvorstellungen und eingeräumten Handlungsmöglichkeiten formuliert werden.

Parlamente, Parteien und Interessengruppen ringen um Steuervergünstigungen für Familien, Unternehmen, Regionen und Branchen. Unternehmensleitungen und Betriebsräte streiten um die sozialverträgliche Gestaltung des Strukturwandels, um neue Arbeitsmarktinstrumente, um die Verbesserung nationaler und internationaler Wettbewerbsfähigkeit ihres Unternehmens, um tatsächliche und vermeintliche soziale Besitzstände.
Es wird gekämpft um die Ausstattung der sozialen Sicherungssysteme im Spannungsfeld von umfassender staatlicher Fürsorge einerseits und privater Selbstverantwortung andererseits. Es wird z. B. gerungen um die Förderung von Familien, das Verbot bestimmter Formen von Werbung, um die Grundprinzipien der Gesundheitspolitik, die Ausgestaltung des Schutzes geistigen Eigentums, um die Entwicklung und Durchsetzung angemessener Arbeitsmarktbedingungen mithilfe der Betriebs- und Unternehmensverfassung.

A

1 Welche Wirtschaftsakteure werden mit diesen Schlagzeilen angesprochen und wie sind sie hier im Wirtschaftskreislauf einzuordnen?

2 Benennen Sie die konkreten Handlungsrahmen, in die die jeweiligen Feststellungen, Forderungen oder Äußerungen einzuordnen sind.

3 Geben Sie eine erste Begründung für die Notwendigkeit einer Wirtschaftsordnung im Sinne Euckens (siehe S. 67) ab.

Dieses Ringen um Ergebnisse muss nach festgelegten Spielregeln verlaufen – wenn es nicht zum Chaos kommen soll.

In Deutschland leben rund 80 Millionen Menschen mit unterschiedlichen Interessen, Wünschen und Lebensvorstellungen. Sie wollen essen, trinken, benötigen Kleidung, der eine will Jeans, der andere einen Frack. Jenny kauft eine Jugendzeitschrift, Herr Wenger benötigt einen Schlagbohrer für seine Hobbyarbeiten am Wochenende, Unternehmerin Steildorf besucht eine Messe, um sich dort über die neueste technische Ausstattung für ihren Druckereibetrieb zu informieren. Diese Reihe ließe sich beliebig fortsetzen. Hunderttausende unterschiedlicher Produkte und Dienstleistungen werden von den 80 Millionen Menschen des Landes benötigt. Zählt man die vielen Rohstoffe und Betriebsstoffe hinzu, die Unternehmen für ihre Produktion benötigen, sind es noch wesentlich mehr. Diese werden von vielen Tausenden von Betrieben hergestellt und angeboten: Es herrscht **Arbeitsteilung**, wer etwas haben will, muss tauschen, z. B. Arbeitskraft gegen Einkommen, Werkzeugmaschinen oder Brötchen gegen Geld.

Woher aber weiß z. B. ein Bäcker, wie viele Menschen seine Brötchen kaufen wollen, woher weiß ein Müller, dass der Bäcker ihm Mehl von einer bestimmten Qualität abkaufen wird? Güter müssen produziert, verkauft, transportiert und immer zu richtigen Zeit am richtigen Ort zur Verfügung stehen.

Walter Eucken (1891–1950)
Der Name Walter Euckens ist neben denen von Hans Großmann-Doerth, Franz Böhm und Wilhelm Röpke eng verbunden mit der sogenannten „Freiburger Schule" und dem „Ordoliberalismus". Er ist eine der herausragendsten deutschen Wissenschaftspersönlichkeiten des 20. Jahrhunderts und er hat das wirtschaftspolitische Denken nach dem Krieg wesentlich geprägt. Die deutsche Volkswirtschaftslehre war bis dahin von der „Historischen Schule" geprägt. Eucken lehnte jedoch die Auffassung ab, Volkswirtschaftslehre könne den Wirtschaftsverlauf nur illustrierend beschreiben, aber nicht erklären, weil sie keine Theorien aufstellen könne und dürfe. Er forderte eine Wirtschaftswissenschaft, die auch empirisch arbeitet und sich nicht im Modelldenken erschöpft. Er wollte volkswirtschaftliche Konzepte entwickeln, die die Wirklichkeit untersuchen und Lösungsvorschläge für die Praxis liefern können. Dabei ist der zentrale Begriff die „Wirtschaftsordnung". Seine „Ordnungspolitik" basiert u. a. auf folgenden Grundgedanken:

Eine Volkswirtschaftslehre muss sich mit der Gestaltung der Wirtschaftsordnung befassen und wirtschaftspolitisch wirksam sein; beim Entwurf einer Theorie der Wirtschaftsordnung muss sie scharf vom Ablauf der Wirtschaft (Ablauftheorie) trennen. Ordnungspolitik tritt konsequent für die Marktordnung ein, fördert die Konkurrenz durch Wettbewerbspolitik und beschränkt somit den Einfluss wirtschaftlicher Machtgruppen. Der Staat gibt den Rahmen vor, innerhalb dessen die Individuen frei entscheiden. Immer wieder zentriert sich Euckens theoretisches Interesse auf die Frage nach der privaten Macht in einer freien Gesellschaft. Eucken war vehementer Vertreter der Marktwirtschaft, doch die Gefahren der Kartell- und Monopolbildung schätzte er besonders groß ein. Daher stellte er seinen „konstituierenden Prinzipien" (funktionsfähiges Preissystem; vollständige Konkurrenz; offene Märkte; Privateigentum; Vertragsfreiheit; währungspolitische Stabilität) eine Reihe von „regulierenden Prinzipien" (Monopolaufsicht; Umverteilung; Korrektur der Wirtschaftsrechnung; Auffangen anormaler Angebotsreaktionen) zur Seite.

i

Prof. Dr. Walter Eucken
* 17.01.1891 in Jena
† 20.03.1950 in London

Wie kann der modernen industrialisierten Wirtschaft eine funktionsfähige Ordnung gegeben werden? Diese Frage war erkenntnisleitend für Walter Eucken, von 1927–1950 Professor für Nationalökonomie an der Universität Freiburg.
Eucken trat als „Ordoliberaler" für eine „Ordnung der Wirtschaft" und für ein „Denken in Ordnungen" ein, um der Gefahr zu begegnen, dass mit vielen punktualistischen Eingriffen des Staates sich diese Wirtschaftsordnung selbst zerstört. Eucken, der sich einem christlichen Menschenbild verpflichtet fühlte, wurde, als 1933 der neue Rektor der Freiburger Universität Martin Heidegger nationalsozialistische Prinzipien (z. B. das Führerprinzip) an der Universität einführte, als Mitglied im Bonhoeffer-Kreis teilweise drangsaliert und von der Gestapo verhört.
1943 formulierte Eucken, u. a. gemeinsam mit Müller-Armack, die Denkschrift „Politische Gemeinschaftsordnung", in der bereits wichtige Prinzipien einer sozialen Marktwirtschaft angesprochen wurden. Nach dem Krieg beriet er u. a. Ludwig Erhard.

A

1 Erarbeiten Sie die Überlegungen Euckens zur Aufgabe des Staates in einer Marktwirtschaft.

2 Erläutern Sie die Forderung, eine Wirtschaftsordnung müsse wirtschaftspolitisch wirksam sein.

3 „Politische Freiheit ist ohne wirtschaftliche Freiheit nicht möglich!" Nehmen Sie dazu Stellung.

4 Stellen Sie die nach Eucken „großen Wirtschaftsfragen", auf die Wirtschaftsordnungen Antworten finden müssen, heraus. Erläutern Sie, warum gerade diese Fragen für die Gestaltung einer Wirtschaftsordnung von zentraler Bedeutung ist.

Eucken stellt die These auf, dass die Wirtschaftsordnung und die gesellschaftliche Gesamtordnung nicht unabhängig voneinander sind: Politische Freiheit ist ohne wirtschaftliche Freiheit nicht möglich, Zentralverwaltungswirtschaft und Demokratie schließen sich gegenseitig aus (Interdependenz der Ordnungen). Es geht ihm in seiner Ordnungsökonomik um eine menschenwürdige Ordnung, also eine Ordnung, die auch normativen Ansprüchen gerecht wird. Es gilt, eine Wirtschaftsordnung zu errichten, die die geistig-seelische Existenz des Menschen mit den sehr nüchternen Fragen der wirtschaftlichen Lenkung verbinden kann. Bei einer funktionsfähigen und menschenwürdigen Ordnung geht es nicht allein um die Sicherung der Güterversorgung der privaten Haushalte, sondern auch um die Ermöglichung eines eigenverantwortlichen Lebens in individueller Freiheit. Mit der individuellen Freiheit sind aber auch Mühen und Risiken verbunden. Wer aber die Eigenverantwortung ablehnt und die Vorsorge für das eigene Schicksal dem Staat zuweist, der gibt nach Eucken Schritt für Schritt seine persönliche Freiheit auf. Die Aufgabe des Staates besteht darin, die Rahmenbedingungen zu schaffen, in denen die Einzelnen eigenverantwortlich planen und wirtschaften können. Außer der Verteidigung der Wettbewerbsordnung – zum Beispiel gegen Kartelle – gehört dazu insbesondere die Stabilität des Geldwertes. Deshalb muss die Verfügungsgewalt der Politik über die Geldmenge möglichst eingeschränkt werden. Letztlich ging die Unabhängigkeit der Bundesbank ebenso auf Eucken zurück wie die Einrichtung des Bundeskartellamtes.

Q

Die Alltagserfahrung führt uns an die großen Wirtschaftsfragen

Ich stehe vor dem Ofen, der mein Zimmer heizt. Ein durchaus gewöhnlicher Ofen. Und doch genügt sein Anblick, um die wichtigsten Fragen zu entzünden [...] Heute habe ich Brot, Fleisch und Gemüse in bestimmten Mengen gegessen, habe den Ofen geheizt und habe einige Stunden elektrisches Licht in meinem Zimmer gebrannt. Einen Teil meiner heutigen Bedürfnisse habe ich damit befriedigt. Auf die Befriedigung von anderen Bedürfnissen mußte ich verzichten, weil mir die Mittel dazu fehlten. Genauso ging es den anderen Menschen. Warum wurde dieses große Ganze der gesellschaftlichen Produktion so gelenkt, daß die Menschen heute einen bestimmten Teil ihrer Bedürfnisse nach Brot, Fleisch oder anderen Konsumgütern befriedigten, einen anderen Teil nicht? [...] Warum die Verteilung der Flur, die wir mit dem Flugzeug überfliegen, auf bestimmte Pflanzen? Und zwar werden Böden gleicher Qualität mit verschiedenen Früchten bebaut. Warum? [...] Offenbar ist es eine wichtige Frage; denn von der Verwendungsrichtung ist wieder die Versorgung der Bevölkerung mit Brot, Tabak, Zucker und anderen Konsumgütern abhängig. Und wie werden die Arbeitskräfte in die einzelnen Verwendungen hineingelenkt? Warum wird das Eisen, an dem heute der Hüttenarbeiter A. arbeitet, später zu einem gewissen Teil zum Schiffsbau, zu einem anderen Teil zum Brückenbau, zu einem dritten Teil in der Kleineisenindustrie verwandt? Kurz: Warum und wie werden die vorhandenen Böden, die Arbeitskräfte und die vorhandenen halbfertigen und fertigen Produkte in bestimmte Verwendungsrichtungen gelenkt? Das ist die erste Frage.

Zweitens: Der Meister B., der in einer Werkzeugmaschinenfabrik tätig ist, erhält im Monat ein Gehalt von 400 Mark. [...] diese Summe benutzt er, um eine gewisse Menge von Konsumgütern zu kaufen. Warum erhalten der Mann und seine Familie einen bestimmten Teil des Stromes an Konsumgütern, der in diesem Jahre in Deutschland erzeugt wird? Warum nicht mehr und nicht weniger? Für viele Millionen ist die gleiche Frage zu stellen. [...] Wie erklärt es sich, daß sich der riesige Konsumgüterstrom eines Jahres in bestimmte Kanäle verteilt und schließlich in den einzelnen Haushaltungen in verschiedener Stärke und Zusammensetzung verschwindet? Man stößt auf diese zweite Frage – auf die Frage nach der Verteilung also – auch von einer ganz anderen Seite her. Ungezählte Menschen haben an der Herstellung des Ofens, von dem wir sprachen, mitgewirkt. Sicher taten sie es nicht umsonst. Der Einzelhändler erhielt für ihn 80 Mark. Bestand ein Zusammenhang zwischen diesen 80 Mark und dem Einkommen der vielen Mitwirkenden? Wenn ja, welcher? Welchen Anteil erhielt der einzelne, angefangen vom Ofenhändler und von den Arbeitern in der Ofenfabrik? Auch hier eröffnet sich eine weite Perspektive bis hin zum Einkommen der Bergwerksbesitzer und Hochofenarbeiter und noch weiter. Drittens: Die Produktion des Ofens erforderte Zeit, und viele Jahre verstreichen, während deren der fertige Ofen seine Nutzleistungen – die Heizung des Raumes – liefert. Und wenn auch die 80 Mark, die ich für ihn zahlte, mit dem Lohn der Bergarbeiter und Transportarbeiter und dem Einkommen aller übrigen Hersteller irgendwie zusammenhängen, so erhielten die meisten von ihnen ihr Einkommen schon lange, bevor ich den Ofen kaufte und ihn nun allmählich abnutze. Sehr viele Arbeiter, die unmittelbar und mittelbar an dem Ofen mitarbeiteten, verwandten ihr Einkommen zum Kauf von Brot, Fleisch und vielen anderen Konsumgütern schon längst, bevor der Ofen fertig wurde und in Benutzung gelangte; längst also, bevor er selbst dem Konsum diente. Wie wurde dafür gesorgt, daß die Konsumgüter für den Gebrauch der vielen Mitwirkenden Monate und Jahre früher zur Verfügung standen, als deren eigene Leistung ein menschliches Bedürfnis befriedigte? – Genau die gleiche Frage müssen wir gegenüber dem Einkommen des Meisters B. stellen. Vielleicht werden viele Jahre verstreichen, bis unter Mithilfe der Werkzeugmaschinen, an deren Herstellung er mitwirkte, Konsumgüter – z. B. Schuhe, Kleider, Holzwaren – fertig werden. Wie kam es, daß vor Monaten und Jahren die Produktion von Kleidern, Schuhen, Brot eingeleitet wurde, die B. in dieser Woche braucht, und wie wird heute die Produktion so in Gang gesetzt, daß für die Zukunft in der Konsumgüterversorgung keine Unterbrechungen eintreten? Wo wir auch hinsehen: Überall und stets drängt sich die Frage nach dem zeitlichen Aufbau der Produktion auf. Der Bauer A. in R. gewinnt heute 60 Liter Milch von seinen Kühen. Soweit er sie als Trinkmilch verkauft, dient sie der Milchversorgung von heute und morgen. Wird sie aber ganz oder teilweise an Kälber verfüttert, so dient sie der Milchversorgung der weiteren Zukunft. Das eine Mal wird die Produktion auf Befriedigung naheliegender Bedürfnisse, das andere Mal auf zeitlich fernerliegende, in weiterer Zukunft zu erwartende Bedürfnisse gerichtet. Wie erfolgt diese zeitliche Steuerung der Produktion? – Eine Tonne Schmiedeeisen, die heute fertig wird, kann zur Herstellung von Schuhmaschinen verbraucht werden. Die Schuhe sind Konsumgüter, und wenn eine Schuhmaschine in 15 Jahren verbraucht ist, sind alle Leistungen, die in dem Schmiedeeisen steckten, konsumreif oder annähernd konsumreif geworden. [...] Die Bedürfnisse in Gegenwart, in naher und ferner Zukunft kämpfen um Befriedigung. Wie wird der Kampf entschieden? – Alle Fragen, die mit Investieren und Sparen zusammenhängen, gehören hierher. Mit der dritten berührt sich eine weitere, in unserer Reihenfolge die vierte Frage: Welche Schuhmaschinen die Schuhfabrik benutzt, welches Betriebssystem der Bauer im Landbau anwendet, welche Produktionsmethoden bei der Herstellung des Ofens gebraucht werden – alles das liegt nicht fest. Sehr viele technische Möglichkeiten bestehen gerade in neuerer Zeit, und aus der Zahl dieser Möglichkeiten muß der Industrielle, der Handwerker, Landwirt, Spediteur, Verkehrsunternehmer und auch jede Haushaltung auswählen. Fortwährend treffen wir Entscheidungen über die anzuwendende Technik: Mag es sich auch nur darum handeln, ob man zu Fuß gehen oder das Fahrrad oder das Motorrad oder den Kraftwagen benutzen soll. Diese Frage, welches Verfahren aus den vielen technisch möglichen Verfahren jeweils auszuwählen und anzuwenden ist, ist eine wirtschaftliche Frage. Warum wird sie in bestimmter Weise gelöst? Daß die Entscheidung oft von größter Tragweite ist und das Schicksal vieler Menschen bestimmt, lehrt ein Blick in die Geschichte. Wie umwälzend war vielerorts die soziale Umstellung, die allein durch die Einführung des mechanischen Webstuhls bewirkt wurde.

Fünftens endlich: Wo wurde der Ofen gebaut? Wo wurde das Eisen gewonnen? Woher das Erz bezogen? Warum kaufte ihn der Händler in einer Fabrik am Niederrhein, warum ist dort die Ofenfabrik entstanden, warum wurde das Eisen in Essen produziert, und warum das Erz in Schweden gekauft? Warum sind die Produktionsstätten von Kohle und Zement und Weizen und Bier in bestimmter Weise in einer Landschaft oder in ganz Deutschland, die Einzelhandelsgeschäfte, die Gasthäuser und die Handwerksbetriebe in Berlin in bestimmter Weise räumlich verteilt? – Würde man die Erdkugel aus der Vogelperspektive betrachten, so würde man bemerken, daß große und kleine Güterströme verschiedener Zusammensetzung Tag für Tag auf dem Lande und zur See bestimmten Punkten zustreben. Von Land zu Land – etwa zwischen Deutschland und Schweden – gehen alltäglich Güter hin und her. Aber ebenso – und das sei nicht übersehen – findet fortwährend ein Austausch zwischen den einzelnen Landesteilen, zwischen Stadt und Land, zwischen den Dörfern und innerhalb der Städte statt. [...] Die Produktion aller Güter vollzieht sich in gewisser räumlicher Anordnung, und von den Produktionsstätten bewegen sich zahlreiche große und kleine Ströme und Gegenströme von Gütern von Ort zu Ort. Wie erfolgt diese räumliche Lenkung der Produktion?

Quelle: Walter Eucken: Die Grundlagen der Nationalökonomie, 9. Aufl. (Erstveröffentlichung 1940), Springer Verlag, Berlin, 1989, S. 1

1.2 Ordnungsformen und -elemente einer Wirtschaftsordnung

Wir wissen nun, welche Aufgabe eine Wirtschaftsordnung hat, was sie leisten muss. Gelingt ihr dies, trägt sie bei zur Sicherung der Funktionsfähigkeit der Volkswirtschaft, zur zielgerichteten Koordinierung wirtschaftlicher Tätigkeiten und zur Förderung gesellschaftspolitischer Grundziele wie Freiheit, Sicherheit, Gerechtigkeit und Wohlstand.

Aber nach welchen Prinzipien gelingt es, das Verhalten von Menschen so zu beeinflussen und somit Prozessabläufe zu initiieren und zu prägen, dass in einem Gesellschaftssystem die Ziele auch tatsächlich erreicht werden, die erreicht werden sollen? Und welche Organisationsprinzipien sind überhaupt möglich und miteinander vereinbar?

Wirtschaftsordnungen sind die Kombination einer ganz bestimmten, begrenzten Zahl von Ordnungsformen. Und als Klassifikationskriterien von Wirtschaftsordnungen werden z. B. die Formen der Planung und Lenkung, Eigentumsformen, Markt- und Preisbildungsformen, Formen der Betrieblichen Ergebnisrechnung (Unternehmensformen) sowie Formen der Geld- und Finanzwirtschaft angesehen.

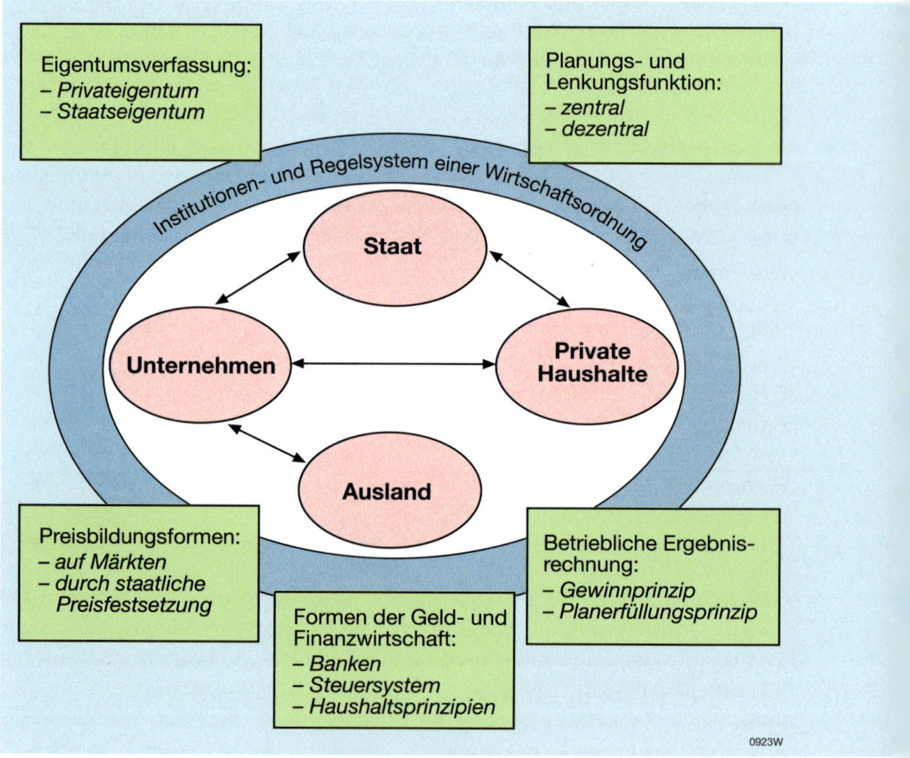

Ordnungsformen und -elemente einer Wirtschaftsordnung

Diese Ordnungsformen können unterschiedlich ausgeprägt sein – das Schaubild oben zeigt einige Möglichkeiten, die idealtypisch in marktwirtschaftlichen oder zentralverwaltungswirtschaftlichen Ordnungen wiederzufinden sind. Die Art und Weise, wie diese Elemente in einzelnen Gesellschaften konkret gefüllt werden, gibt Aufschluss über die jeweilige Wirtschaftsordnung. Die Vielfalt der konkret zu findenden Wirtschaftsordnungen gibt auch die Fülle der Kombinationsmöglichkeiten dieser Ausprägungsvarianten wieder.

Hier soll zunächst nur kurz mit beispielhaften Fragestellungen angedeutet werden, welche Ausgestaltungsmöglichkeiten in den jeweiligen Ordnungselementen zur Entscheidung anstehen. In den unterschiedlichen Kapiteln werden diese Ordnungselemente und die in Abhängigkeit von konkreten Wirtschaftsordnungsausprägungen festgelegten Ordnungsformen einen eigenen Stellenwert einnehmen.

Formen des Eigentums
Die Eigentumsformen legen fest, inwieweit es privates oder staatliches Eigentum geben soll und in welchem Umfang z. B. mit dem privaten Eigentum Rechte und Pflichten verbunden sind. Oder gehört alles dem Staat, und der entscheidet auch, was mit dem Eigentum geschieht?
Die Festlegung der Eigentumsform Privateigentum oder Staatseigentum ist die eigentliche „Wasserscheide" für eine Wirtschaftsordnung – damit wird nämlich eine Grundsatzentscheidung entweder für eine marktwirtschaftliche oder zentralverwaltungswirtschaftliche Gestaltung der Wirtschaftsordnung getroffen.

Beispiel: Privateigentum

Beispiel: Staatseigentum

Formen der Planung und Lenkung
Hier gilt es, ein Planungs- und Lenkungssystem festzulegen, mit dem es in einer arbeitsteiligen Wirtschaft gelingen soll, die Abstimmung der Produktion mit den Bedürfnissen der Konsumentinnen und Konsumenten unter Knappheit zu koordinieren. Soll diese Aufgabe z. B. eine zentrale Behörde oder ein Planungsinstitut übernehmen oder gibt es andere, dezentrale Mechanismen, die dafür sorgen können, z. B. der Marktmechanismus?

Formen der Preisbildung (vgl. Kapitel III „Privater Haushalt")
Hier geht es um Fragen wie z. B.:
Wie entstehen Preise?
Wovon ist die Höhe der Preise abhängig?
Welche Funktionen sollen Preise übernehmen?
Werden Preise kontrolliert?
Erfolgt die Preisbildung z. B. auf dem Markt durch das Zusammenspiel von Angebot und Nachfrage oder legt der Staat die Preise fest?

Formen der betrieblichen Ergebnisrechnung (vgl. Kapitel IV „Unternehmen")
Wie sollen die Unternehmensformen aussehen?
Wie werden die Ergebnisse des Wirtschaftsprozesses ermittelt und festgehalten?
Sind Gewinne für unternehmerische Aktivitäten ausschlaggebend oder ist es wichtig, aufgestellte Pläne zu erfüllen?
Arbeiten Unternehmen im Auftrag, nach einer Vorgabe, mit welcher Motivation? Unterliegen sie Planungs- und Kontrollinstanzen? Wer sorgt für die Produktionsmittel, in welcher Menge?
Wie wird die Arbeit entlohnt? Wie erfolgt der Absatz der Produktion?

Formen der Geld- und Finanzwirtschaft (vgl. Kapitel V „Funktion des Staates" und Kapitel VI „Internationale Wirtschaftsbeziehungen")
Wie soll nach welchen Zielen und mit welchen Methoden die Geldversorgung der Wirtschaft durchgeführt werden?
Gibt es z. B. ein differenziertes Bankensystem?
Nach welchem System erfolgt der Tausch der eigenen mit anderen Währungen? Und mit welchem System, insbesondere Steuersystem, werden dem Staat die nötigen Gelder zur Finanzierung seiner Aufgaben zur Verfügung gestellt?

A

1 Erläutern Sie die im Schaubild auf der vorhergehenden Seite dargestellten „Ordnungselemente" einer Wirtschaft.

2 Begründen Sie, warum die konkrete Ausformung dieser Elemente darüber entscheidet, welche Wirtschaftsordnung sich herausbildet.

3 Untersuchen Sie (ggf. arbeitsteilig) die Wirtschaftsordnungen Chinas, der Ukraine, der Türkei und Spaniens und verwenden Sie als Analyseraster das vorgegebene Schaubild.

1.3 Gesellschaftssystem – Wirtschaftssystem – Wirtschaftsordnung

Der Text von Walter Eucken zeigt deutlich auf, welche grundsätzlichen wirtschaftlichen Probleme in einer Gesellschaft zu lösen sind.

Die Bedürfnisse (Wünsche) der Menschen sind nahezu unendlich, die zur Befriedigung der Bedürfnisse zur Verfügung stehenden Güter aber sind knapp. Und nur einige Produkte der Natur sind dazu geeignet, diese Wünsche unmittelbar zu erfüllen, sie müssen also umgewandelt und dann verteilt werden. Dabei übernehmen Menschen ganz unterschiedliche Aufgaben, sie haben sich auf ganz bestimmte spezialisiert, eine Arbeitsteilung ist vorgenommen worden, was notwendigerweise eine Zusammenarbeit erfordert. Innerhalb einer Gesellschaft sind die Menschen also voneinander abhängig, und es muss innerhalb dieses gesellschaftlichen Systems ein Beziehungsnetz geschaffen werden, das es den Individuen ermöglicht, miteinander in Beziehung zu treten.

Arbeitsteilige Gesellschaften bestehen aus unterschiedlichen Systemen – aus Teil- oder Subsystemen, von denen jedes spezifischen gesellschaftlichen Aufgaben dient. Beispielsweise ließen sich drei gesellschaftliche Teilsysteme unterscheiden:
— das politische System,
— das soziale System und
— das ökonomische System.

Gesellschaftliches Gesamtsystem

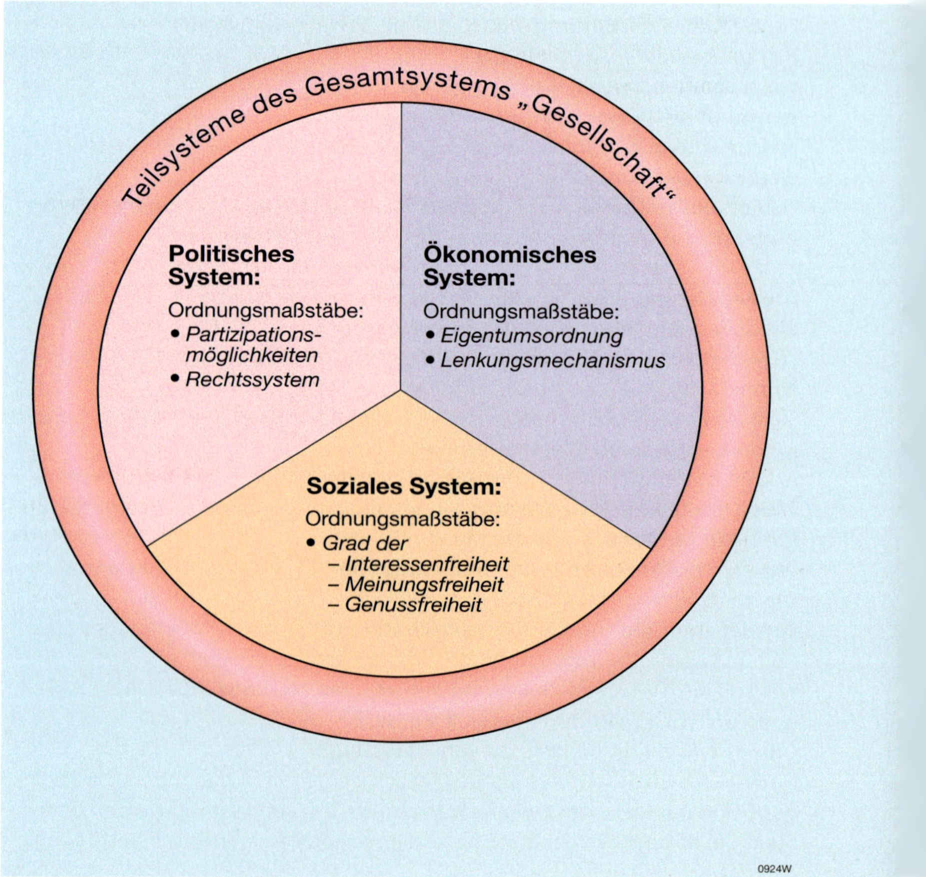

Wie die Bedürfnisbefriedigung erfolgt, bestimmen maßgeblich die Regelungen innerhalb dieser drei Systeme:

Als **politisches System/Regierungssystem** lässt sich die Gesamtheit aller politischen Institutionen und Verfahren bezeichnen, die regelmäßig mit Billigung der Verfassung oder der verfassungsgemäßen Organe an politischen Willensbildungs- und Entscheidungsvorgängen mitwirken, aus denen bestimmte Qualitäten der Verteilung von Gütern und Werten im Rahmen einer Regierungspolitik erwachsen.

Wie regelt das politische System die Inanspruchnahme von Gütern? Das wird in modernen Gesellschaften in der Rechtsordnung festgelegt. Wie ist staatliche Machtausübung legitimiert und geordnet? Werden den Individuen Persönlichkeitsrechte garantiert (z. B. Unverletzbarkeit der Person, freie Meinungsäußerung, Versammlungsfreiheit, Rechtssicherheit, Wahlfreiheit) und wie werden z. B. Kollektivgüter, von deren Konsum niemand ausgeschlossen wird, verteilt?

Als **soziales System** lässt sich die Gesamtheit aller Einrichtungen, Verfahren und zwischenmenschlichen Beziehungen bezeichnen, in denen sich wertgebundene Interessen und Bedürfnisse materieller oder ideeller Art entwickeln und in denen Güter und Werte zur Befriedigung dieser Interessen und Bedürfnisse genossen werden.

Die Handlungen der Menschen zur Befriedigung von Bedürfnissen hängen ganz maßgeblich vom kulturellen System als Teil des sozialen Systems ab, da sie z. B. durch Geschichtsbewusstsein, Tradition, Toleranz, nationalen Stolz, Religion oder Weltanschauungen bestimmt sind. Und das kulturelle System prägt somit in ganz erheblichem Maße auch die für erstrebenswert angesehenen individuellen und gesellschaftlichen Ziele.

A

Stellen Sie die jeweiligen Teilsysteme des „Gesellschaftlichen Systems" mit den entsprechenden Kennzeichen und Aufgaben im Einzelnen vor.

Dem **ökonomischen System** werden alle Handlungen zugeordnet, die dazu dienen, sowohl Güter als auch Dienstleistungen zu produzieren und bereitzustellen.
Es ist hier zu entscheiden, was, wo, wann, wie, womit, von wem und für wen produziert wird.
Diese Allokations- (Lenkungs-) und Verteilungsprobleme sind in sachlicher, zeitlicher, räumlicher und personeller Hinsicht zu lösen.
Und wie sie gelöst werden, darüber gibt die jeweilige Wirtschaftsordnung Auskunft.

- Welche Ordnungsmaßstäbe sollen gelten?
- Wie ist die Eigentumsfrage geklärt, wie erfolgt die Preisbildung usw.?

Da die jeweiligen Teilsysteme interdependent sind und sich gegenseitig beeinflussen, sehen die Lösungsansätze für gesellschaftlich zu regelnde Fragen auch unterschiedlich aus. Totalitäre Diktaturen z. B. müssen die politische Machtausübung ökonomisch absichern. Sie entscheiden selbst über das Produktionsprogramm und die Verfügungsrechte.

def.
interdependent (lat.): voneinander abhängend

Der Zusammenhang zwischen Wirtschaftsordnung, Wirtschaftsverfassung, Wirtschaftssystem und sozialökonomischer Umwelt

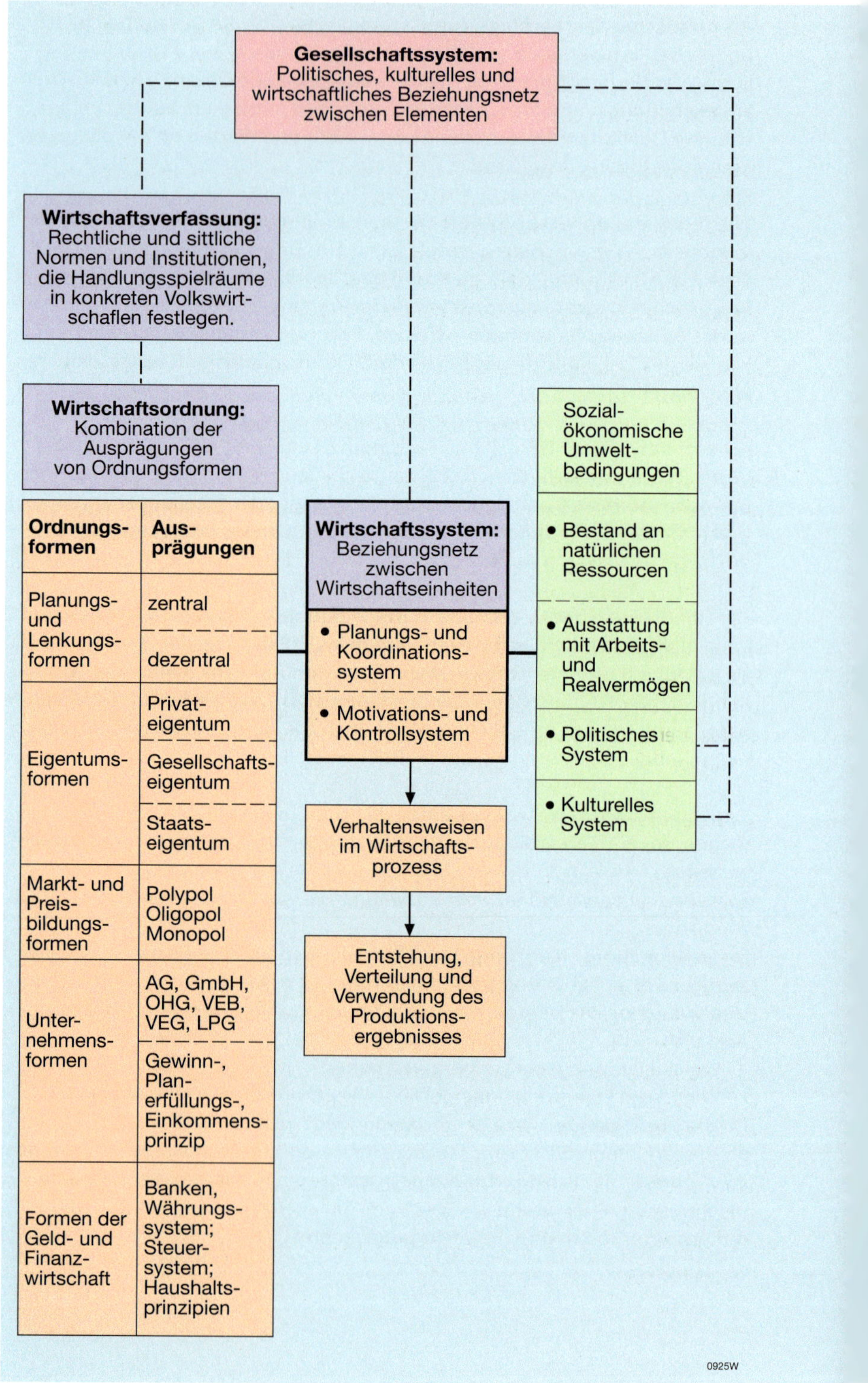

nach: Hans Jörg Thieme (2007): Wirtschaftssysteme, in: Vahlens Kompendium der Wirtschaftstheorie und Wirtschaftspolitik, Bd. 1, 9. Aufl., München, Verlag Vahlen, S. 12

def.

AG: Aktiengesellschaft
GmbH: Gesellschaft mit beschränkter Haftung
OHG: Offene Handelsgesellschaft
VEB: Volkseigener Betrieb
LPG: Landwirtschaftliche Produktionsgenossenschaft

1. Wirtschaftssystem (vgl. Abschnitt 1.3)
Unter einem Wirtschaftssystem lässt sich die theoretische, lediglich gedachte Gliederung einer Wirtschaft, also das theoretische Beziehungsnetz verstehen. Dies gilt für die vorhandenen natürlichen und sachlichen Ressourcen, den Menschen in seiner Rolle als Konsument bzw. Produzent und die Produktions-, Distributions- und Konsumprozesse zwischen den Wirtschaftseinheiten.

2. Wirtschaftsverfassung
Unter einer Wirtschaftsverfassung versteht man die Gesamtheit aller vom Gesetzgeber im historischen Verlauf geschaffenen Regeln in Form von Geboten und Verboten, sittlichen Normen und Institutionen, die nicht nur die wirtschaftlichen Aktivitäten der Individuen, sondern auch den Wirtschaftsprozess eines Landes insgesamt maßgeblich beeinflussen.

Die ökonomische und soziale Leistungsfähigkeit einer Gesellschaft wird weitgehend durch die Ausgestaltung der Teilverfassungen der Wirtschaftsverfassung (Eigentums-, Markt-, Geld- und Finanzverfassung) bestimmt.

3. Wirtschaftsordnung
Unter einer Wirtschaftsordnung wird die realisierte Ausprägung eines Wirtschaftssystems beschrieben. Entsprechend kann man die Wirtschaftsordnung der Bundesrepublik, Russlands, Frankreichs usw. unterscheiden. Der Begriff Wirtschaftsordnung beschreibt ein in einem zumeist langfristigen historischen Prozess entwickeltes Institutionen- und Regelsystem. Er ist umfassender als der der Wirtschaftsverfassung, weil er einerseits systemprägende und -steuernde Ordnungselemente des Wirtschaftsgeschehens umfasst, die in ihrer Gesamtheit das Wirtschaftssystem bilden. Andererseits umfasst er auch die Vielfalt ordnender und regulierender Praktiken der Wirtschaftspolitik.

4. Sozialökonomische Umweltbedingungen
Zu dem die wirtschaftlichen Entscheidungen und Handlungen bedingenden Rahmen gehört einerseits die Wirtschaftsordnung, andererseits die sozialökonomische Umwelt.

Diese zweite Säule des Bedingungsrahmens umschließt die bereits genannten Faktoren, zu denen auch das politische und kulturelle Teilsystem einer Gesellschaft zu zählen sind. Ändert sich die Umwelt (z. B. Ressourcenerschöpfung), erfolgen Reaktionen im Wirtschaftsprozess (z. B. Ressourcensubstitution), die wiederum Umweltänderungen (z. B. Veränderungen des politischen Systems, Anhebung des Wissenstandes durch technische Fortschritte) auslösen können (vgl. Hans Jörg Thieme, 2007, S. 10 f.).

Das innerhalb des geknüpften gesellschaftlichen Beziehungsnetzes einzuordnende Wirtschaftssystem weist charakteristische Strukturen auf, die die konkreten Abläufe wirtschaftlichen Geschehens und dessen Effektivität maßgeblich beeinflussen.

A

Erläutern Sie die in dem Schaubild (S. 74) dargestellten Zusammenhänge. Führen Sie zum besseren Verständnis konkrete Beispiele heran. Fertigen Sie mehrere Folien an, und bauen Sie die Abbildung in Ihrem Vortrag sukzessive auf.

Wirtschaftsordnungskonzepte – Systematisierungsversuche
Eine vertiefte Auseinandersetzung mit verschiedenen Wirtschaftordnungskonzepten soll durch eine Vorstellung von vier wesentlichen Ansätzen zur Systematisierung von Wirtschaftsordnungen und -systemen erfolgen.

Diese unterscheiden sich aufgrund der von ihnen gewählten Problemstellung, hinsichtlich ihres methodischen Vorgehens sowie in der Auswahl und Betonung der als systembestimmend angesehenen Elemente. Allen Ansätzen gemeinsam ist der Versuch, auf Basis der jeweiligen Setzungen und der Perspektiven zu widerspruchsfreien Erklärungsansätzen zu gelangen.

Morphologischer Ansatz
Euckens morphologischer Ansatz weist vor allem der Rechtsordnung eine besondere Bedeutung zu, um die Ordnung einer freien Gesellschaft so zu beschaffen, dass eine „menschenwürdige Ordnung" entstehen kann. Gefährdungen sah Eucken vor allem in einer unkontrollierten privaten Macht, mit der wenige Akteure die Freiheit vieler Akteure unzulässig einschränken können. Zur Sicherung des Wettbewerbs formulierte er verschiedene „konstituierende und regulierende" Prinzipien. Darüber hinaus versuchte Eucken, eine überschaubare Anzahl „elementarer, reiner Formen" von Wirtschaftsordnungen zu identifizieren, die in gewisser Weise den Baukasten für zwei idealtypische Wirtschaftssysteme lieferten: die zentralgeleitete Wirtschaft und die von Eucken noch als Verkehrswirtschaft bezeichnete Marktwirtschaft. Diese „Denkmuster" sollten eine Hilfe für die weitere Analyse realer Wirtschaftsordnungen darstellen. Eine wesentliche Einsicht Euckens besteht darin, dass gesellschaftliche Teilordnungen kein Eigenleben unabhängig von den anderen Teilordnungen führen, sondern eine Interdependenz der Teilordnungen besteht.

Property-Rights-Ansatz
Ein eher mikroökonomisch ausgerichteter Ansatz der Systematisierung ist der Property-Rights-Ansatz. Er setzt an der Institution „Eigentum" an und analysiert die darin existierenden Dispositions-, Übertragungs- und Aneignungsrechte an Gütern und Produktionsfaktoren (z. B. Arbeitskraft). Die Eigentums- und Verfügungsrechte beschreiben die Rechte und Pflichten von Individuen, die sich aus der Existenz knapper Ressourcen ergeben. Diese wirken aber nicht nur auf die Beziehung Produkt und Individuum, sondern auch auf die Beziehungen zwischen den Individuen. Die Ausgestaltung dieser Eigentums- und Verfügungsrechte beeinflusst die Allokation und Nutzung von wirtschaftlichen Gütern auf eine spezifische und vorhersehbare Art und Weise.

Eigentumsrechte sind in der wirtschaftlichen Realität aufgrund unterschiedlicher Restriktionen immer in irgendeiner Form eingeschränkt. Man spricht von einer sogenannten „Verdünnung von Eigentumsrechten", die durch rechtliche Regelungen entstehen kann und Transaktionskosten verursacht. Von daher ist es eine wesentliche Aufgabe des Property-Rights-Ansatzes, zu untersuchen, wie sich die Ausgestaltung der Eigentumsordnung auf das wirtschaftliche Verhalten von Individuen und die Leistungsfähigkeit einer Wirtschaftordnung auswirkt.
Fasst man die Empfehlungen aus dem Property-Rights-Ansatz zu einer ordnungspolitischen Schlussfolgerung zusammen, dann sollte die Institution des Privateigentums angesichts ihrer grundsätzlichen Vorzüge die dominierende Eigentumsform bilden. Der Staat hat aus Sicht des Property-Rights-Ansatzes die Aufgabe, die Spezifizierung und Zuordnung von Eigentums-

rechten durch geeignete Gesetze und eine angemessene Rechtsprechung zu unterstützen und das Privateigentum seiner Bürgerinnen und Bürger zu schützen.

Marxistischer Ansatz
Der Marxistische Ansatz stellt die Eigentumsverhältnisse in den Mittelpunkt einer zentralverwaltungswirtschaftlichen Ordnungskonstruktion. Er konzentriert sich auf den „antagonistischen Widerspruch" der jeweils realisierten privaten Eigentums- und Verfügungsrechte (Produktionsverhältnisse), angefangen von der Sklavenhaltergesellschaft über die Feudalgesellschaft bis hin zur privatkapitalistischen Produktionsweise.
Im Unterschied zum Privateigentum ist beim Kollektiveigentum den Individuen die private Verfügung und Nutzung insbesondere der Produktionsmittel entzogen. Lediglich bei Gegenständen des persönlichen Ge- und Verbrauchs besteht Privateigentum.

Marx glaubte, aus der gesellschaftlichen Entwicklung des Kapitalismus zu erkennen, dass dieser an seinen immanenten Widersprüchen zugrunde gehen würde. Dabei stellte er die Produktionsweise in das Zentrum seiner Betrachtung. Die Produktionsmittel befanden sich seiner Analyse zufolge in der Hand einer kleinen, privilegierten Schicht, und diejenigen, die über keine Produktionsmittel verfügten, mussten ihre Arbeitskraft verkaufen.

Die ökonomische Grundlage einer sozialistischen Zentralverwaltungswirtschaft hat das gesellschaftliche Eigentum an den Produktionsmitteln zu bilden, das in zwei Grundformen existiert:
- als gesamtgesellschaftliches Volkseigentum und
- als genossenschaftliches Eigentum werktätiger Kollektive.

Das Eigentum gehört also immer der gesamten Gesellschaft, die ihre Eigentümerfunktion durch den sozialistischen Staat wahrnimmt. So wird die sozialistische Wirtschaft als Planwirtschaft organisiert, um die „Anarchie der Warenproduktion" im Kapitalismus abzulösen.

Entscheidungs- und verhaltenstheoretischer Ansatz
Dieser Ansatz untersucht die Art und Weise, wie in Wirtschaftssystemen Entscheidungen über die Produktion, Konsumtion und Distribution von Gütern erfolgen. (vgl. Hans Jörg Thieme 1994: Soziale Marktwirtschaft, Ordnungskonzeption und wirtschaftspolitische Gestaltung)

Dabei wird unterschieden zwischen
- dem Entscheidungssystem (Wie wird entschieden?),
- dem Informationssystem (Wie werden ökonomische Informationen gesammelt, gespeichert, ausgewertet, weitergeleitet?) und
- dem Motivationssystem (Wie lassen sich Entscheidungen ideell und materiell durch Zwang beeinflussen?).

Die Summe aller wirtschaftlichen Beziehungen eines Wirtschaftssystems lässt sich wiederum durch zwei Subsysteme erfassen:
- Planungs- und Koordinationssystem
  Damit sind jene Beziehungen gemeint, die Menschen eingehen (müssen), um wirtschaftliches Geschehen gestalten, aufeinander abstimmen und damit Güterknappheit reduzieren zu können. Das Planungs- und Koordinationssystem zielt auf die Frage nach der Ordnung der Wirtschaft ab.
- Motivations- und Kontrollsystem

A

1 Stellen Sie in einer Grafik die wesentlichen Unterschiede der Wirtschaftsordnungskonzepte zusammen.

2 Diskutieren Sie folgende Aussage von Eucken: „Wir können nichts Sinnvolles über all das, was sich in der Wirtschaft abspielt, aussagen, wenn uns die Ordnung unbekannt bleibt." (Walter Eucken, 1940, Grundlagen der Nationalökonomie, S. 50).

Damit werden jene Beziehungen erfasst, mit denen Individuen und soziale Einheiten motiviert werden können, wirtschaftliche Leistungen zu erbringen. Das Motivations- und Kontrollsystem zielt ab auf die dynamische Komponente einer Wirtschaftsordnung, also auf ihre Anpassungsfähigkeit im Hinblick auf veränderte Herausforderungen.

Es existiert eine große Vielfalt von Literatur zur theoretischen Bestimmung der Funktionen sowie der Ordnungsformen und -elemente von Wirtschaftsordnungen. Diese unterschiedlichen Bestimmungsversuche unterscheiden sich nicht nur in den Fragestellungen, sondern auch in ihrem methodischen Vorgehen sowie der Auswahl und Akzentuierung entsprechender Ordnungsformen und -elemente. Die Ausführungen in diesem Unterkapitel können deshalb nur Orientierungscharakter haben.

1.4 Neue Institutionenökonomik

Die Rolle der Institutionen: Fragen und Antworten zur Institutionenökonomik und Institutionenethik – Auszug aus einem Interview mit Prof. Dr. Ingo Pies, Lehrstuhlinhaber Wirtschaftsethik, Martin-Luther-Universität Halle-Wittenberg:

Q

Frage: Institutionen werden auch oftmals als „Spielregeln" einer Gesellschaft bezeichnet. Was hat es mit dieser Analogie zum Sport auf sich?

Ingo Pies: Diese Analogie ist für die Wirtschaftsethik in mehrerlei Hinsicht besonders hilfreich. Lassen Sie mich zwei Punkte kurz nennen und dann einen dritten Aspekt etwas ausführlicher erläutern. Erstens erlaubt es die Analogie, die verhaltenskanalisierende Wirkung von institutionellen Arrangements (Spielregeln) auf die Handlungen (Spielzüge) eigeninteressierter Akteure anschaulich vor Augen zu führen. Handball ist etwas anderes als Fußball, sodass die gleichen Personen sich völlig anders verhalten, je nachdem, welches Spiel gerade gespielt wird – also je nachdem, welche Spielregeln gerade gelten. Zweitens kann man mithilfe dieser Analogie ein wichtiges Missverständnis ausräumen, das oft zu Denkblockaden führt, wenn es darum geht, den sozialen Sinn von Institutionen zu verstehen. Auf den ersten Blick engen Spielregeln die Handlungsfreiheit ein. Aber auf den zweiten Blick erkennt man schnell, dass Spielregeln eigentlich dazu da sind, die individuelle Handlungsfreiheit zu erweitern. Wer nicht Foul spielen darf, weil die Regeln es verbieten und mit Sanktionen belegen, mag dies zunächst als Opfer empfinden. Aber sobald man sich klarmacht, dass die gleichen Regeln auch für die anderen Spielteilnehmer gelten, rückt doch der Investitionsgedanke ins Blickfeld: Dass ich andere nicht foulen darf, ist eine Investition, deren Rendite darin besteht, dass umgekehrt auch die anderen mich nicht foulen dürfen, und das erweitert meine Handlungsfreiheit ganz beträchtlich. Als Wirtschaftsethiker liegt mir dieser Punkt ganz besonders am Herzen, weil ohne dieses Verständnis von Institutionen viele Menschen Schwierigkeiten haben, den für sie geltenden Spielregeln ihre freie Zustimmung geben zu können. So entstehen Entfremdungssymptome, die sich durch eine seriöse Aufklärung leicht vermeiden ließen. Damit komme ich nun zum dritten Aspekt: Die Analogie trägt dazu bei, das verschachtelte Wechselspiel von Konkurrenz und Kooperation zu verdeutlichen, das eben nicht nur den Sport, sondern auch die anderen Funktionssysteme der modernen Gesellschaft (Wirtschaft, Politik, Wissenschaft usw.) kennzeichnet.

Nehmen Sie den Profi-Fußball: Da stehen sich zwei Mannschaften als Gegner auf dem Platz gegenüber (Konkurrenz). Innerhalb einer Mannschaft arbeitet man gemeinsam für den Sieg (Kooperation). Aber innerhalb einer Mannschaft sind die Positionen mehrfach besetzt. Das setzt jeden einzelnen Spieler unter Leistungsdruck (Konkurrenz). Am wichtigsten jedoch ist, dass man den Wettkampf nicht als Selbstzweck missversteht, denn im Profi-Fußball kommt es letztlich darauf an (etwa durch Einführung der Drei-Punkte-Regel), die Anreize so zu stellen, dass für die Zuschauer attraktive Spiele zustande kommen. Die Analogien zur Wirtschaft sind offenkundig: Letztlich ist die Wirtschaft ein Kooperationsspiel, in dem es um wechselseitige Besserstellung durch Wertschöpfung geht. Für diese Wertschöpfung setzen wir Leistungsanreize, indem wir Unternehmer und Unternehmen unter Wettbewerbsdruck setzen. Im Klartext: Konkurrenz steht im Dienst der Kooperation! Und weiter: Innerhalb der Unternehmen wird prinzipiell kooperiert. Aber auch diese Kooperation kommt nicht ohne Leistungsanreize aus, die oft wettbewerbliche Elemente erhalten, weil nicht jeder befördert werden kann, und zwar ganz genau so, wie im Fußball nicht jeder Spieler der oft über 30 Mitglieder großen Teams auf dem Platz zum Einsatz kommen kann.

Ich will versuchen, noch etwas deutlicher zu markieren, warum mir dieser dritte Punkt so wichtig ist. Viele Menschen glauben, Marktwirtschaft sei etwas Ähnliches wie Kampf. In der Wirtschaftspresse ist es sehr beliebt, Kriegsmetaphern zu verwenden, wenn strategische Unternehmensentscheidungen beschrieben werden. Im Sport gibt es ähnliche Phänomene. Denken Sie an die Ansprachen der Trainer, die ihre Teams zum unbedingten Gewinnenwollen zu motivieren versuchen. Und doch wird beim Sport schnell klar, dass da nur ein Spiel gespielt wird und dass man letztlich nur dann ein guter Sportsmann ist, wenn man die Gegnerschaft im Spiel so kultiviert, dass man hinterher noch gemeinsam ein Bier trinken gehen kann. Die Gegnerschaft darf sich nur auf die Rolle, nicht aber – als Feindschaft – auf die Person beziehen, die diese Rolle eines Gegenspielers im Sport zeitweise übernimmt. In den Funktionssystemen der modernen Gesellschaft verhält es sich ebenso. Anders als manche Parteigänger halte ich es nicht für Verrat, wenn führende Politiker sich im Parlament konfrontativ verhalten und hinterher herauskommt, dass sie sich als Personen durchaus achten und vielleicht sogar duzen. Ich halte das für demokratische Kultur. Und auch die Marktwirtschaft wird völlig falsch verstanden, wenn man davon ausgeht, dort gehe es letztlich um Wettbewerb als Selbstzweck. Wer so denkt und argumentiert – insbesondere Managern fällt manchmal nichts Besseres ein –, landet geradewegs im Sozialdarwinismus und schießt im Hinblick auf die allgemeine Zustimmungsfähigkeit der Marktwirtschaft in der Bevölkerung allenfalls Eigentore. Als Wirtschaftsethiker bin ich also mit dem Problem konfrontiert, dass die Marktwirtschaft, von der wir alle leben, in der Öffentlichkeit oft weit unter Niveau verteidigt wird, und zwar gerade von den vermeintlichen „Experten". Deshalb ist mir die Botschaft so wichtig: Wirtschaftlicher Wettbewerb ist ein Instrument gesellschaftlicher Kooperation.

Quelle: Diskussionspapier Nr. 2011–15 des Lehrstuhls für Wirtschaftsethik an der Martin-Luther-Universität Halle-Wittenberg, hrsg. von Ingo Pies, Halle 2011, S. 1 ff.

A

1 Ingo Pies begründet in dem Text, dass wirtschaftlicher Wettbewerb als ein Instrument der gesellschaftlichen Kooperation aufgefasst werden sollte. Stellen Sie dar, welche Argumentationslinie er für diese Position entwickelt.

2 Begründen Sie, weshalb in öffentlichen Diskussionen der Begriff „Wettbewerb" nicht nur positiv gesehen wird.

Schwarzmarkt

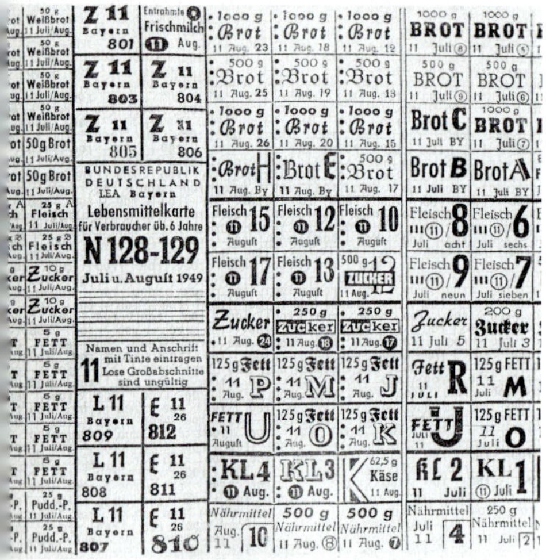

Lebensmittelkarte

A

Hier besteht die Möglichkeit, Kenntnisse aus dem Geschichtsunterricht einzubringen: Informieren Sie in Kurzvorträgen Ihre Kursteilnehmer über

- die Weimarer Republik,
- die Weltwirtschaftskrise von 1929,
- Politik und Wirtschaft in Deutschland nach dem Zweiten Weltkrieg.

2 Soziale Marktwirtschaft als ordnungspolitisches Leitbild

2.1 Entstehung der Sozialen Marktwirtschaft nach dem Zweiten Weltkrieg

In den vorherigen Unterkapiteln ist deutlich geworden, dass eine Analyse einer Wirtschaftsordnung ansetzen muss bei den sie bestimmenden Ordnungselementen Eigentumsverfassung, Planungs- und Lenkungsform, Preisbildungsform, Form der betrieblichen Ergebnisrechnung und Formen der Geld- und Finanzwirtschaft. Ebenso ist die Bedeutung des Ordnungselements „Eigentumsverfassung" für eine marktwirtschaftliche Ordnung aufgezeigt worden. Dabei ist auch deutlich geworden, dass die Ausgestaltung einer Wirtschaftsordnung ein permanenter Prozess ist, ein andauerndes Ringen einzelner Interessengruppen um für sie akzeptable Ergebnisse.

So ist auch die Wirtschaftsordnung in Deutschland entstanden, und im folgenden Teil sollen die Schritte nachgezeichnet werden, die zur konkreten Wirtschaftsordnung in der Bundesrepublik, der „Sozialen Marktwirtschaft", geführt haben. Außerdem sollen die Gründzüge dieser Wirtschaftsordnung kurz dargestellt werden.

Nach dem Ende des Zweiten Weltkriegs 1945 kam der Frage nach der zukünftigen Wirtschaftsordnung eine besondere Bedeutung zu und eine gewisse Zeit wurde auch nach 1945 die Kriegszwangswirtschaft (Regulierung der Gütermärkte, Bildung von „Schwarzmärkten" mit Tauschhandel, Lebensmittelkarten als Bezugsberechtigung) fortgesetzt. Natürlich konnte dies nur eine Übergangslösung sein. Vertreter, die eine „freie Marktwirtschaft" forderten, kamen kaum zu Wort, vielmehr wurden nun die Diskussionen um eine neue Wirtschaftsordnung wieder verstärkt von Kapitalismus-Kritikern beherrscht. Noch immer stand man unter dem Eindruck des politischen Misslingens der Weimarer Republik und der nach 1918 ausgebliebenen Sozialisierung, die eine Verbesserung der Lebensbedingungen großer Bevölkerungsteile mit sich bringen sollte. Der Schock der Weltwirtschaftskrise und der Hyperinflation der Zwanzigerjahre hatte sich fest im Gedächtnis der Bevölkerung eingenistet. Den vorhandenen Institutionen traute man nicht zu, solche Krisen zu verhindern oder zu bewältigen. Der Glaube, dass eher eine sozialistisch geprägte Wirtschaftsordnung solche Krisen mit ihren dramatischen ökonomischen, politischen und psychologischen Dimensionen erst gar nicht hätte entstehen lassen, machte sich breit. Auch wirtschaftswissenschaftliche Vertreter äußerten die Meinung, dass es eine gewisse Unvermeidlichkeit für einen Marsch in den Sozialismus gäbe, so z. B. Joseph Schumpeter in seiner 1942 erschienenen Monografie über „Capitalism, Socialism and Democracy".

Doch es sollte anders kommen. Als Beginn der Sozialen Marktwirtschaft in Deutschland kann der 20. Juni 1948, der Tag der **Währungsreform**, gelten, an dem allen Deutschen in der amerikanischen und der britischen Zone die Deutsche Mark ausgehändigt wurde. Jeder Bewohner der westlichen Besatzungszone erhielt 40 DM Startgeld. Es war Ludwig Erhard, der als damaliger Direktor der Verwaltung für Wirtschaft in den Zonen der Briten und Amerikaner eine Wirtschaftsreform verkündete, in deren Rahmen die **Freigabe der Preise** einen besonderen Stellenwert einnahm und die noch von der Kriegszeit stammende Planwirtschaft damit nahezu schlagartig auf eine Marktwirtschaft umstellte.

Ludwig Erhard – Vater des deutschen „Wirtschaftswunders"
Im März 1948 wurde Ludwig Erhard Wirtschaftsdirektor der Zweizonenverwaltung („Bizone") und stand damit vor der Aufgabe, die Neuordnung des Geldwesens durch eine Reform der allgemeinen Wirtschaftsordnung zu ergänzen. Erhard übernahm am 20. September 1949 für 14 Jahre das Wirtschaftsressort des ersten Bundeskanzlers, Konrad Adenauer. Grundlage für Erhards Wirtschaftspolitik war das Programm der Sozialen Marktwirtschaft, das Alfred Müller-Armack, Nationalökonom in Münster und seit den 1940er Jahren mit Erhard befreundet, entworfen hatte. Erhard verfolgte eine Politik mit dem Ziel „Wohlstand für alle", und der Wiederaufbau der Deutschen Wirtschaft geht maßgeblich auf sein Wirken zurück. Die Wirtschaft musste seiner Meinung nach aus den Fesseln der staatlichen Bevormundung gelöst werden. Schon während der Besatzungszeit hob er als Direktor des Wirtschaftsrates eigenmächtig Bewirtschaftsbeschränkungen und Preisbindungen auf und wurde deshalb sogar in das Büro des amerikanischen Militärgouverneurs zitiert. Erhards Programm war die Vermittlung eines festen Glaubens an die regulierende Kraft der freien Märkte.

Nach der Währungsreform ging die Schere zwischen Löhnen und Preisen erst einmal weit auf. In den ersten Tagen waren die Läden leer gekauft und die Preise kletterten in die Höhe. Der Abbruch des marktwirtschaftlichen Experimentes wurde verlangt, und der „unfähige Politiker" Erhard sollte entfernt werden. Im November 1948 riefen Gewerkschaften zum Generalstreik auf „gegen die Anarchie auf den Warenmärkten und gegen das weitere Auseinanderklaffen von Löhnen und Preisen". Etwa neun Millionen Arbeiter folgten dieser Aufforderung. Die Auseinandersetzungen um die Wirtschaftsordnung dauerten an, sie standen ein halbes Jahr später im Mittelpunkt des Wahlkampfes, in dem Ludwig Erhard aber schon die „Wahllokomotive" der CDU/CSU war, weil sich der Erfolg der Wirtschaftspolitik zeigte.

1957 ernannte Adenauer ihn zum Vizekanzler der Republik, doch die Zusammenarbeit zwischen diesen beiden Männern verlief nicht immer harmonisch. Erhard verfolgte konsequent seine von ihm für richtig gehaltene klassische neoliberale Linie. 1960 erreichte das Wachstum eine Traumhöhe von 8,6 %, die Löhne und Gehälter in der Metallindustrie stiegen um 8,5 % und „Arbeitslosigkeit" war allmählich ein selten gebrauchtes Wort.

2.2 Klassischer Liberalismus und Ordoliberalismus als ideengeschichtliche Quellen
Zur besseren Einordnung in ökonomische Begründungszusammenhänge sollen im Folgenden Grundzüge der Argumentation des Klassischen Liberalismus und des Ordoliberalismus angeführt werden, die bei der Etablierung der Sozialen Marktwirtschaft eine wichtige Rolle gespielt haben.

Mit dem Konzept der Sozialen Marktwirtschaft suchte Müller-Armack einen Weg zwischen einer sich völlig selbst überlassenen Wirtschaft nach den Vorstellungen des klassischen Liberalismus und einer völligen Wirtschaftslenkung. Müller-Armack verwendete diesen Begriff erstmals in seinem 1947 erschienenen Buch „Wirtschaftslenkung und Marktwirtschaft".
In den 1950er Jahren setzte sich Erhard für eine effiziente Wettbewerbspolitik ein, die 1957 zur Verabschiedung des Gesetzes gegen Wettbewerbsbeschränkung führte. Der im Laufe der Zeit entstandene Machtkampf zwischen Adenauer und Erhard, der in unterschiedlichen Auffassungen über die richtigen wirtschaftspolitischen Entscheidungen begründet war, endete letztendlich damit, dass Erhard am 16. Oktober 1963 zum Kanzler gewählt wurde.

i

Ludwig Erhard
* 04.02.1897 in Fürth
† 05.05.1977 in Bonn

1919–1925 Studium der Betriebswirtschaft, Nationalökonomie und Soziologie an der Universität Frankfurt/Main und Promotion,
1928–1942 Assistent und später stellvertretender Leiter des „Instituts für Wirtschaftsbeobachtung der deutschen Fertigware" in Nürnberg,
1945/46 bayerischer Wirtschaftsminister,
1948 Direktor der Verwaltung für Wirtschaft des Vereinigten Wirtschaftsgebiets,
1949–1963 Bundeswirtschaftsminister, Vizekanzler,
1963–1966 Bundeskanzler.

A

Erstellen Sie ein Porträt von Ludwig Erhard, und erläutern Sie seine grundsätzlichen Ansatzpunkte für die Neukonzeption einer Wirtschaftsordnung. Berücksichtigen Sie dabei auch den klassischen Liberalismus und den Ordoliberalismus.

Q

Auf der Grundlage der Wettbewerbswirtschaft erbringt die freie Entschlusskraft des Einzelnen in einem von ihm frei erwählten Betätigungsfeld eine marktwirtschaftliche Leistung; die dazu gehörende Rahmenordnung sichert diesen Wettbewerb und zugleich die Umsetzung dieser Einzelleistung in einen allen zugute kommenden gesellschaftlichen Fortschritt sowie ein vielgestaltiges System sozialen Schutzes für die wirtschaftlich schwachen Schichten.

Quelle: Ludwig Erhard/Alfred Müller-Armack: Soziale Marktwirtschaft – Ordnung der Zukunft, Manifest ´72, Berlin, S. 43

def. **pokulieren** (lat.-mlat., veraltet): zechen, stark trinken

Das Wesen der Marktwirtschaft

Q

Selbstverantwortliche Vorsorge für die sozialen Lebensrisiken

Das Wesen dieser Marktwirtschaft besteht hauptsächlich darin, dass der Wirtschaftsprozess, das heißt Produktion, Güter- und Einkommensverteilung nicht durch obrigkeitlichen Zwang gelenkt, sondern innerhalb eines wirtschaftspolitisch gesetzten Ordnungsrahmens durch die Funktion freier Preise und den Motor eines freien Leistungswettbewerbs selbstständig gesteuert wird.

Freiheit, Selbstverantwortung und persönliche Initiative bei der Berufswahl, Erwerbstätigkeit und dem Konsum, die jedem als Produzenten und Verbraucher die Wahrnehmung der wirtschaftlichen Chancen eröffnen, sowie eine leistungsbedingte Einkommensverteilung sind die Antriebskräfte, die in der Marktwirtschaft zu einem Höchstmaß an Produktion und einer Steigerung des Wohlstands der gesamten Bevölkerung führen. Die Marktwirtschaft ist damit diejenige Wirtschaftsordnung, die ein Maximum an Produktivität, Wohlstandsmehrung und persönlicher Freiheit verbindet.

Quelle: Ludwig Erhard: Deutsche Wirtschaftspolitik, ECON-Verlag, Düsseldorf 1962, S. 302

Der Politikwissenschaftler Theodor Eschenburg (1904–1999), der ab 1933 bis Kriegsende 1945 als Geschäftsführer von Industrieverbänden tätig war, kam in dieser Zeit auch mit Erhard zusammen. In seinen Erinnerungen beschrieb er folgende Begebenheit:

Q

„Lesen Sie das mal!“

Etwa zwei Monate später saßen wir wieder einmal im Hause Guths und pokulierten nach einem Luftangriff. Neben mir saß Erhard. […]

Man sah in der geöffneten Tasche eine große Anzahl vervielfältigter Texte, etwa dreißig. Ein Exemplar reichte er mir […] Die Arbeit wäre von ihm. „Hier, Herr Eschenburg, lesen Sie das mal! Aber lesen Sie es auch wirklich. Bei nächster Gelegenheit können wir darüber sprechen.“ Das Manuskript steckte ich in die Jackettasche, um es beim Ausziehen nicht zu übersehen. […] Als ich gegen zwei Uhr nachts mit leicht schwindelndem Kopf auf dem Bettrand saß, hatte ich eigentlich keine Lust mehr zum Lesen. Aber instinktiv misstraute ich Erhards Gabe. So begann ich unwillig mit der Lektüre.

Es handelte sich ungefähr um fünfzehn bis zwanzig Seiten. In den ersten Sätzen hieß es ungefähr: Nachdem einwandfrei feststeht, dass Deutschland den Krieg verloren hat, sei es die dringendste Aufgabe, die Reform seiner Währung vorzubereiten. Das hätte genügt, nicht nur den Autor und seine Familie, sondern jeden, der im Besitz des Papiers angetroffen wurde, an den Galgen zu bringen. Ich war sofort hellwach und las die Denkschrift von der ersten bis zur letzten Zeile. Die Selbstverständlichkeit, mit der sie von einem Nachkriegsdeutschland ohne Hitler ausging, und die Logik, mit der sie die Probleme einer Schuldenlast von Hunderten von Millionen erörterte, ließen mir den Atem stocken. Es war eine gespenstische, Angst und Bewunderung erregende Lektüre.

Quelle: Theodor Eschenburg: Letzten Endes meine ich doch. Erinnerungen 1933–1999, Siedler Verlag, Berlin, 2000, S. 74

Q

Es wäre ein aussichtsloses Unterfangen, wollte man in einer Zeit stärkster sozialer und gewandelter kultureller Überzeugungen die ökonomische Weltanschauung des Liberalismus erneut empfehlen. Wir haben heute zu konstatieren: Die beiden Alternativen, zwischen denen die Wirtschaftspolitik sich bisher bewegte, die rein liberale Marktwirtschaft und die Wirtschaftslenkung, sind innerlich verbraucht, und es kann sich für uns nur darum handeln, eine neue dritte Form zu entwickeln, die sich nicht als eine vage Mischung, als ein Parteikompromiss, sondern als eine aus den vollen Einsichtsmöglichkeiten unserer Gegenwart gewonnene Synthese darstellt. Wir sprechen von „Sozialer Marktwirtschaft", um diese dritte wirtschaftspolitische Form zu kennzeichnen. Es bedeutet dies, dass uns die Marktwirtschaft notwendig als das tragende Gerüst der künftigen Wirtschaftsordnung erscheint, nur dass dies eben keine sich selbst überlassene liberale Marktwirtschaft, sondern eine bewusst gesteuerte, und zwar sozial gesteuerte Marktwirtschaft sein soll.

Quelle: Alfred Müller-Armack: Wirtschaftslenkung und Marktwirtschaft, Hamburg, 1947, S. 88

i

Alfred Müller-Armack

* 28.06.1901 in Essen

† 16.03.1978 in Köln

2.3 Prinzipien der Sozialen Marktwirtschaft

Die ordoliberalen Gedanken hatten einen prägenden Einfluss auf die Ausgestaltung der Sozialen Marktwirtschaft.

Müller-Armack wollte eine Wirtschaftsordnung schaffen, die die Vorteile marktwirtschaftlicher Prozesse nutzt, die aber den negativen Begleiterscheinungen entgegenwirkt und ihre Ungerechtigkeiten vermeidet. Es ging ihm nicht um eine sich selbst überlassene liberale Marktwirtschaft, sondern um ein sozial gesteuerte Marktwirtschaft. Das Prinzip der Freiheit auf dem Markt sollte mit dem des sozialen Ausgleichs verbunden werden. Den Zusammenhang von Freiheit und sozialem Ausgleich sah er in der Sozialen Marktwirtschaft, weil diese auf der Basis der Wettbewerbswirtschaft die freie Initiative mit einem gerade durch die marktwirtschaftliche Leistung gesicherten sozialen Fortschritt verband. Damit sind zwei wesentliche Prinzipien der Sozialen Marktwirtschaft angesprochen: das **Wettbewerbsprinzip** und das **Sozialprinzip**. Es ist gerade der marktwirtschaftliche Wettbewerb, der dem menschlichen Grundbedürfnis nach individueller Freiheit (individuelles Gewinnstreben, freie Wahl des Arbeitsplatzes und des Konsums) entspricht. Der Wettbewerb kann besser als alle Systeme der zentralen Lenkung durch beispielsweise Planbehörden die wirtschaftliche Entwicklung und neues technisches Wissen fördern. Aufgabe des Staates ist es, Wettbewerbsregeln zu schaffen und deren Einhaltung zu kontrollieren. Konzentrationsprozesse (Fusionen, Kartelle, Monopolbildungen) müssen verhindert bzw. begrenzt werden. Das Festhalten an dem marktwirtschaftlichen Prinzip wird damit begründet, dass es bereits an sich schon sozial ist, denn die wirtschaftliche Leistungsfähigkeit fördert soziale Gerechtigkeit und Sicherheit, wenn die Ausübung wirtschaftlicher Macht verhindert wird.

Kommt es in einigen Bereichen zu marktwirtschaftlichen Verzerrungen, soll der Staat im Rahmen der Sozialpolitik ein System der sozialen Sicherung errichten. Es soll z. B. nicht zu Härten für Leistungsschwächere kommen. Sie müssen durch den Staat ausgeglichen werden, u. a. durch ein System der Korrektur der Einkommensverteilung (z. B. progressive Ausgestaltung der Einkommensbesteuerung). Da, wo die sich selbst überlassenen Marktkräfte die sozialen Fragen einer Volkswirtschaft nicht lösen können, greift er ordnend und steuernd ein. Staatliche Betriebe (Schulen, Krankenhäuser, Verkehrsbetriebe) decken den Bedarf an lebenswichtigen Gütern und Dienstleistungen, die von Privatunternehmen nicht oder nur in unzureichendem Umfang zur Verfügung gestellt werden können. Aber alle Eingriffe seinerseits sollen die eigentlichen Marktprozesse so wenig wie möglich stören **(Marktkonformitätsprinzip)**. Außerdem soll der Staat mit entsprechenden Maßnahmen zu große Schwankungen in der Wirtschaftsentwicklung vermeiden helfen **(konjunkturpolitisches Prinzip)**.

Q

Der Gesetzgeber ist frei, die Wirtschaftsordnung zu gestalten, doch dabei muss er natürlich die Verfassung, vor allem die Grundrechte, die Rechtsstaatlichkeit und Sozialstaatlichkeit beachten. Konkret heißt das: Da aus Art. 2,1 GG (freie Entfaltung der Persönlichkeit) in Verbindung mit Art. 9 (Vereinigungsfreiheit), 12 (Berufsfreiheit) und 14 (Eigentumsgarantie) auch das Recht der freien wirtschaftlichen Betätigung des Einzelnen folge, sei ein angemessener Spielraum zur Entfaltung der Unternehmerinitiative unverzichtbar (BVerfGE am 1.3.1979 zum Mitbestimmungsgesetz). Andererseits verlangten Gleichheitsgrundsatz und Sozialstaatsprinzip sowie die Sozialbindung des Eigentums, dass der Einzelne sich die Schranken seiner Handlungsfreiheit gefallen lassen müsse, „die der Gesetzgeber zur Pflege und Förderung des sozialen Zusammenlebens in den Grenzen des bei dem gegebenen Sachverhalt allgemein Zumutbaren zieht, vorausgesetzt, dass dabei die Eigenständigkeit der Person gewahrt bleibt" (BVerfGE 4, 7). In dieser Sicht ist eine Sozialisierung von Produktionsmitteln, gestützt auf Art. 15 GG, möglich, sofern die Enteignung zum „Wohle der Allgemeinheit" (Art. 14, 3 GG) und gegen Entschädigung (Art. 14, 3 GG) erfolgt.

Quelle: Dieter Grosser: Soziale Marktwirtschaft 1948–1980, Wandlungen und Probleme, in: Politische Bildung, 1981, Heft 1, S. 8

Q

Es war einmal. Da standen wir fröstelnd und todmüde um die Bäume, die von der Zettelpest befallen waren. „Tausche Sirup gegen Schuhe." Wir hungerten und standen Schlange nach Lebensmittelkarten, Textilpunkten, Bezugsscheinen, Zuteilungen [...]. Ist es wirklich nur ein paar Jahre her? Wie schnell der Mensch vergisst! ... Aber wir hatten Glück in jenem Jahr 1948. Ein Mann machte Schluss mit der Bezugsscheinwirtschaft ... Mutig zerriss er die „Behördlichen Vorschriften zur Bewirtschaftung gewerblicher Erzeugnisse". Anstelle der Kommando Wirtschaft setzte er die SOZIALE MARKTWIRTSCHAFT. Er sagte: „Von jetzt ab ist Geld der einzige Bezugsschein." So entfesselte im Jahre 1948 die Soziale Marktwirtschaft die Kraft unseres Volkes für den Wiederaufbau und kaum drei Jahre später lief die deutsche Wirtschaft wieder volle Kraft voraus. Niemals dürfen wir vergessen, was Arbeiter und Unternehmer seit jenen Tagen in einmütiger Zusammenarbeit geschaffen haben.

Quelle: „Haste was, biste was!" Werbung für die Soziale Marktwirtschaft, erschienen bei der wissenschaftlichen Buchgesellschaft Darmstadt 1999, http://dirk-schindelbeck.de/archives/4143, 18.04.2012

A

1 Erläutern Sie die vorgestellten Prinzipien der Sozialen Marktwirtschaft, und stellen Sie dar, unter welchen Umständen das Sozialprinzip „greifen" soll.

2 Beschreiben Sie die Hauptaufgabe, die dem Staat in der Sozialen Marktwirtschaft zugeschrieben wird.

3 Wirtschaftsordnungen verändern sich – Eigentumsverfassung und Wirtschaftsordnung

Die Transformation einer Wirtschaftsordnung ist kein technizistischer Vorgang, sondern greift in alle Lebensbereiche zentral ein. In den Augen vieler Experten hat die Ausgestaltung der Eigentumsverfassung die größte Bedeutung für die Leistungsfähigkeit einer Wirtschaftsordnung, denn sie hat maßgebliche Auswirkungen auf das wirtschaftliche Verhalten von Individuen. Wäre in einer Wirtschaftsordnung nicht geregelt, was Eigentum ist und was man mit seinem Eigentum machen darf, würde es – umgangssprachlich formuliert – „Mord und Totschlag geben". Es ergibt sich aber auch deshalb eine Notwendigkeit, diese Regelungen vorzunehmen, weil in Anbetracht der gegebenen Knappheit von Ressourcen ein rationeller Einsatz der Produktionsfaktoren erforderlich ist. Dafür soll z. B. in einer marktwirtschaftlichen Ordnung die Festlegung des **Privateigentums** als zentrale Säule der Eigentumsordnung sorgen.

Eine eindeutige Zuweisung von Eigentumsrechten führt generell dazu, dass andere von der Nutzung ausgeschlossen werden können. Und das ist eine wichtige Voraussetzung für den rationellen Einsatz von Produktionsfaktoren (vgl. Elisabeth Gutman 1993, S. 50).

Am Beispiel des Fischfangs soll dies verdeutlicht werden. Solange es nicht möglich ist, eindeutige Eigentumsrechte an Fischbeständen zu vergeben und alle Fischer in den gleichen Gebieten fischen, besteht für den einzelnen Fischer kaum ein Anreiz, bei seiner Fangquote beispielsweise auf die Sicherung der Reproduzierbarkeit zu achten, da er nicht mit Sicherheit davon ausgehen kann, von den langfristigen positiven Effekten zu profitieren. Es kommt zur Überfischung zum Nachteil aller, im Falle des Walfangs bis zur annähernden Ausrottung der Tiere. Bestünde die Möglichkeit der Zuweisung eindeutiger Eigentumsrechte, so würden die einzelnen Fischer ihre Fangquoten so einrichten, dass sie auf lange Sicht erfolgreich ihrer Tätigkeit nachgehen könnten. Anders ausgedrückt sind diese Eigentumsrechte die Voraussetzung für die rationelle Nutzung von Ressourcen.

In einer marktwirtschaftlichen Ordnung ist es die erste Aufgabe der Rechtsordnung das Privateigentum zu schützen. Damit sind weitere Prinzipien verknüpft, beispielsweise die **Vertragsfreiheit** und das **Haftungsprinzip**.

Eine Marktwirtschaft kann nur funktionieren, wenn die Teilnehmer am Wirtschaftsgeschehen Verträge frei aushandeln können. Natürlich dürfen die Teilnehmer dabei nicht gegen geltende Gesetze verstoßen. Mit einem Dreizehnjährigen z. B., der lieber in einer Fabrik arbeiten würde, als weiter zur Schule zu gehen, könnte ein Unternehmen keinen rechtlich gültigen Arbeitsvertrag abschließen. Es würde sich um Kinderarbeit handeln und diese ist in Deutschland verboten. Außerdem ist der Dreizehnjährige noch schulpflichtig. In anderen Gesellschaften gibt es diese Altersgrenze beispielsweise nicht und es gehört zum „normalen Alltag", dass dreizehnjährige und jüngere Kinder in Fabriken arbeiten, z. B. in Asien. Wir können daran erkennen, dass es in unterschiedlichen Kulturkreisen auch unterschiedliche rechtliche Regelungen gibt.

Wenn in der Marktwirtschaft Privateigentum und Vertragsfreiheit zu den Grundrechten gehören, dann sind diese beiden Rechte erst dann sinnvoll, wenn es auch Regelungen für die Haftung gibt: Wenn die Vertragsparteien Verträge aushandeln, dann müssen sie auch für die Folgen ihres Handelns geradestehen – das ist nur „recht und billig", wie man sagt. Die Rechtsordnung muss deshalb Strafen für Vertragsbruch, für das Nichteinhalten von Gesetzen, Auflagen und Richtlinien enthalten.

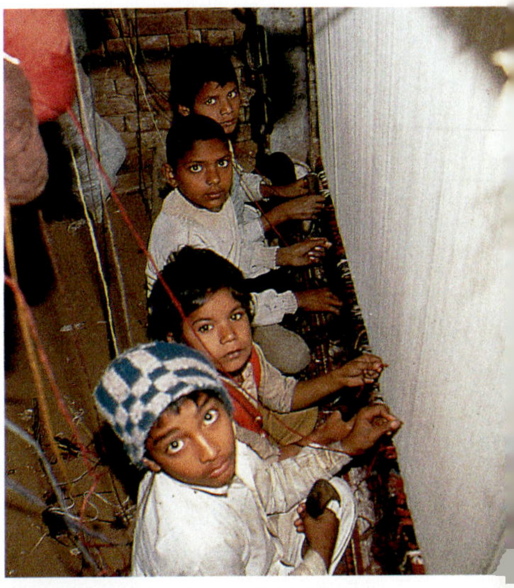

Kinderarbeit in einer asiatischen Teppichfabrik

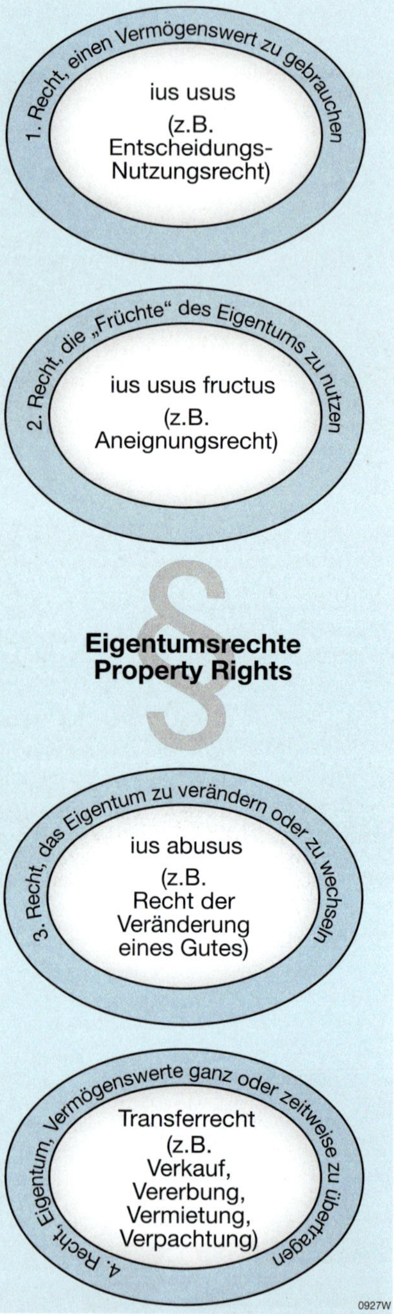

i Bei der Übertragung oder beim Erwerb von Eigentum werden nicht nur Güter gegen Geld getauscht, sondern mit jeder Transaktion findet auch ein Tausch von Rechten statt.

Erst damit ist für alle Beteiligten die nötige Rechtssicherheit gewährleistet. Wobei die wirtschaftsverfassungsrechtlichen Normen in marktwirtschaftlichen Ordnungen so zu gestalten sind, dass sie dem Einzelnen einen möglichst breiten Spielraum für die an eigenen Zielen ausgerichteten Verhaltensweisen gewähren.

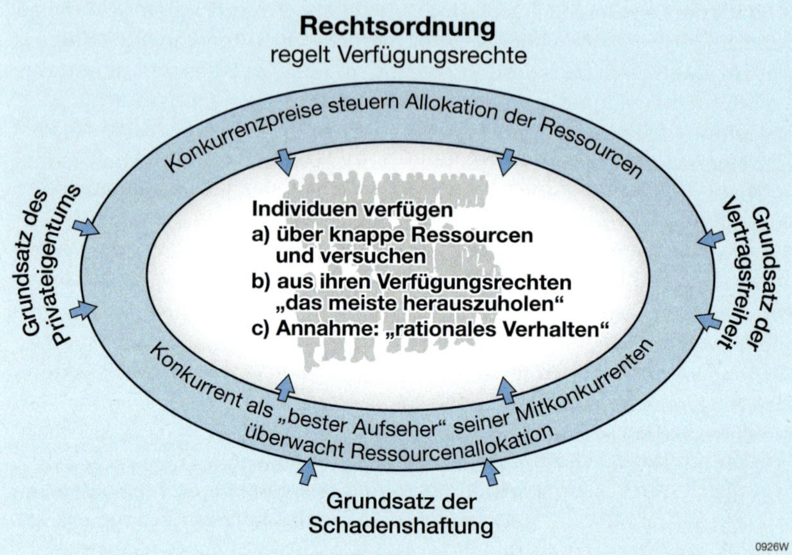

Privateigentum und Marktwirtschaft

In der Marktwirtschaft gilt Privateigentum. Wer etwas rechtmäßig erworben hat, darf mit seinem Eigentum so verfahren, wie er möchte, solange es rechtmäßig ist. Was heißt das im Einzelnen?

Wie oben schon erwähnt, beschreiben die Eigentumsrechte (Property Rights) Rechte und Pflichten von Individuen, die sich aus der Existenz knapper Ressourcen ergeben, und die Ausgestaltung der Eigentums- und Verfügungsrechte beeinflusst die Allokation und Nutzung von wirtschaftlichen Gütern.

Wenn jemandem etwas privat gehört, kann er folgende Rechte nutzen:

1. das Recht, einen Vermögenswert zu gebrauchen (ius usus), man bezeichnet es auch als das Entscheidungs- und Nutzungsrecht;
2. das Recht, die „Früchte" des Eigentums zu nutzen (ius usus fructus), z. B. darf sich ein Eigentümer eines Grundstücks die Produkte, die auf seinem Grund und Boden gewachsen sind (Getreide, Kartoffeln oder Obst), aneignen;
3. das Recht, das Eigentum zu verändern oder zu wechseln (ius abusus), z. B. Form und Farbe umzugestalten;
4. das Recht, Eigentum und Vermögenswerte ganz oder zeitweise auf andere zu übertragen (ius successiones), z. B. Verkauf, Vererben, Vermieten oder Verpachten von Eigentum.

Das Recht an einem Gut kann sowohl bei einer Person vollständig vorhanden oder aber auch auf mehrere Personen gemeinschaftlich verteilt sein. Nachfolgend sollen drei Schritte in der Analyse vorgenommen werden:

1. Darstellung der Grundlagen einer Planwirtschaft am Beispiel der DDR;
2. Wesentliche Elemente eines Transformationsprozesses (Abschnitt 4.5):
3. Konsequenzen, die aus der Transformation für die Bürgerinnen und Bürger resultieren (Abschnitt 4.6).

4 Transformation einer Wirtschaftsordnung

4.1 Die DDR – ein sozialistischer Staat

Warum waren so viele Bürgerinnen und Bürger der ehemaligen DDR so unzufrieden mit ihrem gesellschaftlichen System, dass sie sich in der Hoffnung auf grundlegende Veränderungen und Verbesserungen Demonstrationen anschlossen, zu kirchlichen Veranstaltungen und Friedensgebeten aufriefen oder – wenn sie keine Hoffnung auf Änderungen hatten – sich sogar zur Flucht entschlossen?

Staatszeremonie zum Beitritt der DDR

Flucht aus der DDR

Wie sah das politische System der DDR aus? 1946 wurde in der ehemaligen DDR, die nach dem Ende des Zweiten Weltkrieges der Sowjetischen Besatzungszone (SBZ) zugeordnet war, die Sozialistische Einheitspartei Deutschlands gegründet. Mit sowjetischer Hilfe wurde ihre Herrschaft als faktisch einzige bestimmende politische Kraft so weit gefestigt, dass sie den Aufbau einer sozialistischen Gesellschaft ohne massive Widerstände in Angriff nehmen konnte.

Am 07. Oktober 1949 wird die Deutsche Demokratische Republik als sozialistischer Staat auf dem Gebiet der Sowjetischen Besatzungszone (SBZ) in Deutschland ausgerufen. Er versteht sich – nach sowjetischem Vorbild – als Diktatur des Proletariats. Die politische Macht übt die Sozialistische Einheitspartei (SED) aus, unter deren Führung die anderen noch zugelassenen Parteien und sonstigen Organisationen zu einer Allparteienblockregierung zusammengeschlossen werden.

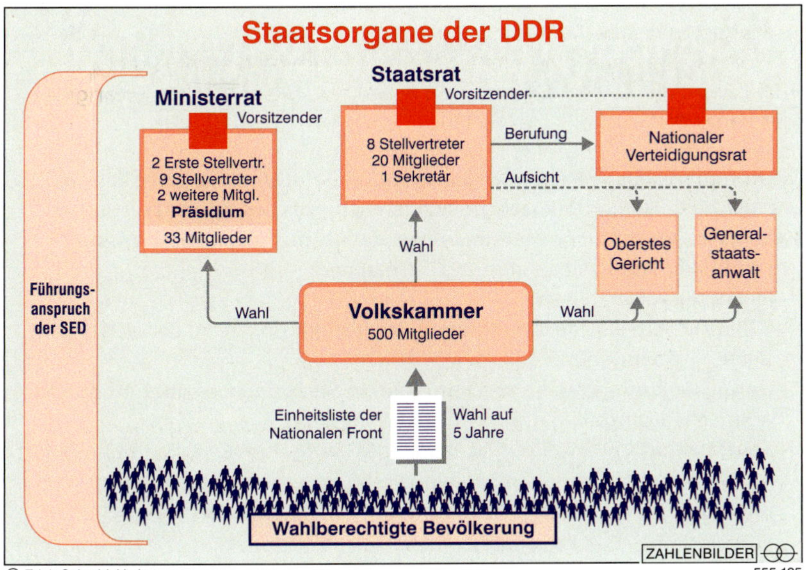

© Erich Schmidt Verlag 555 125

Die Organisationsprinzipien dieser Partei beruhten auf dem von Lenin entwickelten Grundsatz des „demokratischen Zentralismus", der auf das gesamte politische Leben übertragen wurde. Er beinhaltete formal zwar die Wählbarkeit der Funktionäre und Parteigremien durch die Mitglieder, bedeutete zugleich aber auch straffe Parteidisziplin und bedingungslose Unterordnung.

Die Schlüsselpositionen wurden faktisch von oben besetzt und nicht von unten gewählt. „Wer sich nicht der von Moskau vorgegebenen ‚Generallinie' fügte, hatte nicht nur keinen Platz mehr in den Reihen der Partei, sondern musste auch um sein Leben fürchten. Politische Verfolgung als Instrument der machtpolitischen Herrschaftssicherung gehört zur Gründungsgeschichte der DDR." (Bundeszentrale für politische Bildung, Informationen zur politischen Bildung, Heft 256, Deutschland in den 50er Jahren, S. 25). Die Partei war verpflichtet, alle anderen politischen und gesellschaftlichen Organisationen in der DDR „anzuleiten". Das bedeutete in der Praxis die konsequente Kontrolle des gesamten politischen Lebens.

i

Jossif W. Stalin
* 18.12.1878 in Gori (russisches Kaiserreich)
† 05.03.1953 in Kunzewo (bei Moskau, UdSSR)

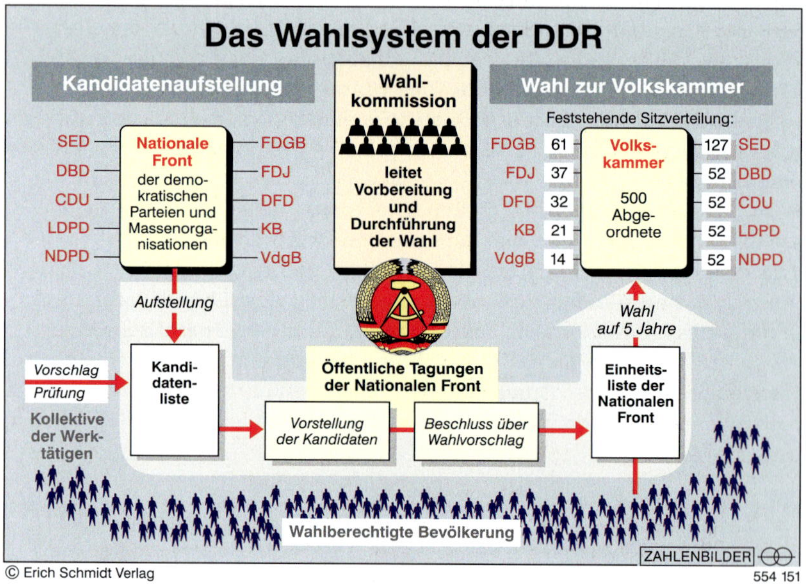

© Erich Schmidt Verlag 554 151

Die Kommunistische Partei der Sowjetunion (KPdSU) war Vorbild für die SED und erkannte damit die machtpolitischen Grundlagen des stalinistischen Systems an. Wesentliche Merkmale des Stalinismus (nach Jossif Wissarionowitsch Stalin) lassen sich eindeutig ausmachen:

- Einparteien-Herrschaft,
- Willkürliche Machtausübung von bürokratisch und zentralistisch organisierten Apparaten,
- Unterdrückung jeder freien Diskussion in Staat und Gesellschaft durch politische Kontrolle, Zensur und Geheimpolizei,
- Zentralistische Planung und Leitung der weitgehend verstaatlichten Wirtschaft, wobei Gewerkschaften eine völlig untergeordnete Rolle spielen und Mitbestimmung von Arbeitern und Angestellten ausgeschaltet ist.

Der „Aufbau des Sozialismus", der 1952 offiziell proklamiert wurde, fand unter politischen Bedingungen statt, die von einer extremen Furcht vor Agenten, Spionen und Saboteuren gekennzeichnet waren. Politische Prozesse waren an der Tagesordnung.
Die evangelische Kirche war als einzige Großorganisation nicht dem Führungsanspruch der SED unterworfen. Sie geriet aber zunehmend zur Zielscheibe politischer Angriffe. Schülerinnen und Schüler mussten wegen ihrer Zugehörigkeit zur evangelischen Gemeinde z. B. die Oberschule verlassen. Der Umgangsstil der politischen Führung gegenüber der Bevölkerung und wirtschaftliche Maßnahmen, die z. T. die Bevölkerung nicht akzeptierte, z. B. überzogene Forderungen bezüglich der Arbeitsnormen (Arbeitsleistung pro

A

Vergleichen Sie in diesem Zusammenhang auch die auf S. 98 dargestellten Merkmale gesellschaftlicher Subsysteme einer Zentralverwaltungswirtschaft.

Zeiteinheit) oder die einseitige Bevorzugung der Schwerindustrie gegenüber der Konsumgüterversorgung, sorgten für eine explosive Stimmung, die sich am 17. Juni 1953 in einem Aufstand auf den Straßen entlud. Aber bereits am Mittag des 17. Juni rollten sowjetische Panzer durch die Straßen Berlins und anderer Städte und sorgten für eine Beendigung des Aufstands. Die Rädelsführer wurden verfolgt und verhaftet. Insgesamt wurden 1526 Angeklagte verurteilt (davon zwei zum Tode).
Diese Erfahrung wirkte sich in künftigen Krisen auf das politische Verhalten der Bevölkerung nachhaltig aus.

Aufstand 17. Juni 1953

Systematisch wurde am Aufbau des Sozialismus weitergearbeitet; auch kleine Industrie- und Handwerksbetriebe wurden verstaatlicht, die Landwirtschaft kollektiviert, d. h., die privaten Bauern wurden zum Eintritt in die Landwirtschaftlichen Produktionsgenossenschaften (LPG) gezwungen. Wer sich weigerte, wurde verhaftet. Diese z. T. gewaltsamen Kollektivierungen führten zu einem dramatischen Anstieg der Flüchtlingszahlen, aber auch zu einer enormen Versorgungskrise, die wiederum die Fluchtbereitschaft der Bevölkerung erhöhte. Die festgelegten wirtschaftlichen Ziele wurden bei Weitem nicht erfüllt. Hinzu kamen außenpolitische Unsicherheiten im Hinblick auf den „Viermächte-Status" Berlins. Diese Faktoren führten schließlich dazu, dass die DDR-Führung – mit Rückendeckung der Sowjetunion – durch den Bau einer „Mauer" in der Nacht vom 12. auf den 13. August 1961 West-Berlin vollständig von der DDR abriegelten, um den Flüchtlingsstrom nach Westdeutschland zu stoppen. In dem Zeitraum von 1949 bis 1989 sind bei Fluchtversuchen aus der DDR 899 Menschen getötet worden, 255 starben an der Grenze um West-Berlin.

Nach anfänglicher großer Verbitterung setzte in der DDR ein Prozess der Gewöhnung ein, die Folge war u. a. auch ein verstärkter Rückzug in das Privatleben. Der Staat hatte zwar Grenzen gesetzt und die Freiheit radikal reduziert, sorgte aber bei politischer Anpassung für ein Höchstmaß an sozialer Sicherheit.
Unter der Führung Erich Honeckers, der Walter Ulbricht im Mai 1971 ablöste, orientierte sich die SED von den Fernzielen auf die allmähliche Verbesserung des täglichen Lebens der Bevölkerung. Trotz allmählicher Verbesserungen blieb aber der Lebensstandard hinter dem z. B. Westdeutschlands weit zurück. Dieser wurde aber häufig von der Bevölkerung als Vergleichsmaßstab herangezogen und war Quelle ständigen Ärgers, der sich gegen die politische Führung richtete.

Der Reformkurs des sowjetischen Präsidenten Michail Gorbatschow verstärkte Ende der 1980er Jahre den Druck auf die DDR-Führung, demokratische Reformen durchzuführen, zumal in anderen Ostblockstaaten solche Reformen vorgenommen wurden. Die demonstrative Ablehnung aber jeglicher Veränderungen in ökonomischer und politischer Hinsicht verschärfte die Krise in der DDR und führte im Spätsommer 1989 zu einer Massenflucht von Bürgern der DDR über die Tschechoslowakei und Ungarn in die Bundesrepublik. Die sich seit Mitte der Achtzigerjahre zunehmend formierten oppositionellen Gruppierungen versammelten sich in wöchentlichen Demonstrationen und wurden auf ihren Kundgebungen im Oktober/November 1989 von Hundertausenden unterstützt. Die Führung der DDR verzichtete auf den Einsatz militärischer Mittel und die Bewegung entwickelte eine derartige Dynamik, dass dies am 18. Oktober zur Ablösung Honeckers, am 9. November 1989 zur Maueröffnung und zum Abbau der Grenzbefestigungen zur Bundesrepublik führte.

A

Stellen Sie die Entwicklung der DDR nach dem Zweiten Weltkrieg dar und kennzeichnen Sie sozialistische Elemente.

4.2 Wirtschaftsordnung in der ehemaligen DDR: Zentralverwaltungswirtschaft

Zur Erinnerung: Im Abschnitt 1.3 haben wir auf die unterschiedlichen Teilsysteme einer Gesellschaft hingewiesen und grundlegende Elemente einer Wirtschaftsordnung aufgezeigt. Jede Wirtschaftsordnung gibt ihre eigene Antwort zur Art und Weise, wie die klassischen Grundprobleme des Wirtschaftens – Lenkungs-, Leistungs-, Interessen- und Verteilungsproblem – gelöst werden sollen.
In der ehemaligen DDR wurden die grundlegenden wirtschaftlichen Aufgaben anders angegangen als in Westdeutschland, das sich ja nach dem Ende des Zweiten Weltkrieges für eine marktwirtschaftliche Lösung entschieden hatte. In der Verfassung der DDR wird für die Wirtschaftsordnung Folgendes festgelegt:

Art. 9 (1) Die Volkswirtschaft der Deutschen Demokratischen Republik beruht auf dem sozialistischen Eigentum an den Produktionsmitteln. [...]
(3) In der Deutschen Demokratischen Republik gilt der Grundsatz der Leitung und Planung der Volkswirtschaft sowie aller anderen gesellschaftlichen Bereiche. Die Volkswirtschaft der Deutschen Demokratischen Republik ist die sozialistische Planwirtschaft. Die zentrale staatliche Leitung und Planung der Grundfragen der gesellschaftlichen Entwicklung ist mit der Eigenverantwortung der örtlichen Staatsorgane und Betriebe sowie der Initiative der Werktätigen verbunden.
Art. 14 (1) Privatwirtschaftliche Vereinigungen zur Begründung wirtschaftlicher Macht sind nicht gestattet.
Art. 15 (1) Der Boden der Deutschen Demokratischen Republik gehört zu ihren kostbarsten Naturreichtümern. Er muß geschützt und rationell genutzt werden. Land- und forstwirtschaftlich genutzter Boden darf nur mit Zustimmung der verantwortlichen Organe seiner Zweckbestimmung entzogen werden.

Damit wird das Ordnungselement „Planungs- und Lenkungsformen" ganz anders bestimmt als in der Marktwirtschaft. Nicht der Markt ist Koordinationsmechanismus, sondern der Staat soll zentral die Planung und Koordination aller wirtschaftlichen Aktivitäten vornehmen. Werden durch diese grundsätzliche Entscheidung auch die anderen Ordnungselemente in ihrer Festlegung bestimmt? Wie gestalten sich z. B. die Eigentumsformen, die Preisbildungsformen oder die betriebliche Ergebnisrechnung?

Arbeiterinnen einer LPG

Eine staatliche Planung der Produktion setzt gesellschaftliches Eigentum an den Produktionsmitteln voraus. Privatbesitz an Produktionsmitteln lässt keine zentrale Planung zu. Um die kommunistische Utopie sozialer Gerechtigkeit und Gleichheit verwirklichen zu können, musste eine Eigentumsordnung geschaffen werden, die die staatliche Verfügungsgewalt über die Produktionsmittel festschrieb. Die neuen Eigentumsformen in der DDR unterschieden staatliches (gesamtgesellschaftliches) und genossenschaftliches Eigentum werktätiger Kollektive. Enteignete Industriebetriebe wurden weitestgehend in „Volkseigene Betriebe" (VEB) umgewandelt. Volkseigene Betriebe einer Erzeugnisgruppe wurden zu Kombinaten zusammengefasst; damit konnte die wirtschaftliche Effizienz durch eine stärkere Zentralisierung der Leitungsstrukturen erhöht werden. Genossenschaftliche Formen fanden sich im Wesentlichen im Handwerk und vor allem in der Landwirtschaft (landwirtschaftliche Produktionsgenossenschaften/LPG).

Wirtschaftliche Planung in einer Zentralverwaltungswirtschaft
Die Koordination der Produktionseinheiten erfolgte über eine **zentrale Planungsbehörde**, die, ausgehend von gesellschaftlichen Zielsetzungen und Produktionsmöglichkeiten, wirtschaftliche Pläne entwickelte. Je nach zeitlicher Perspektive wurde unterschieden zwischen:
- Perspektivplänen als langfristige Pläne, die einen Zeitraum von 10–20 Jahren umfassen können.
- Mittelfristigen Plänen („Fünfjahrespläne"), die mittelfristige Entwicklungsziele enthielten, in der Regel unverbindliche Orientierungshilfen waren und bei Bedarf revidiert werden konnten. Die Fünfjahrespläne von 1976–1980 und 1981–1985 hatten allerdings Gesetzesrang.
- Kurzfristigen Plänen, die sich auf ein Jahr bezogen und für die Betriebe verbindlich waren. Sie hatten Gesetzesrang, d. h., ihre Nichteinhaltung war ein Straftatbestand.

Organisation der Leitungsinstanzen

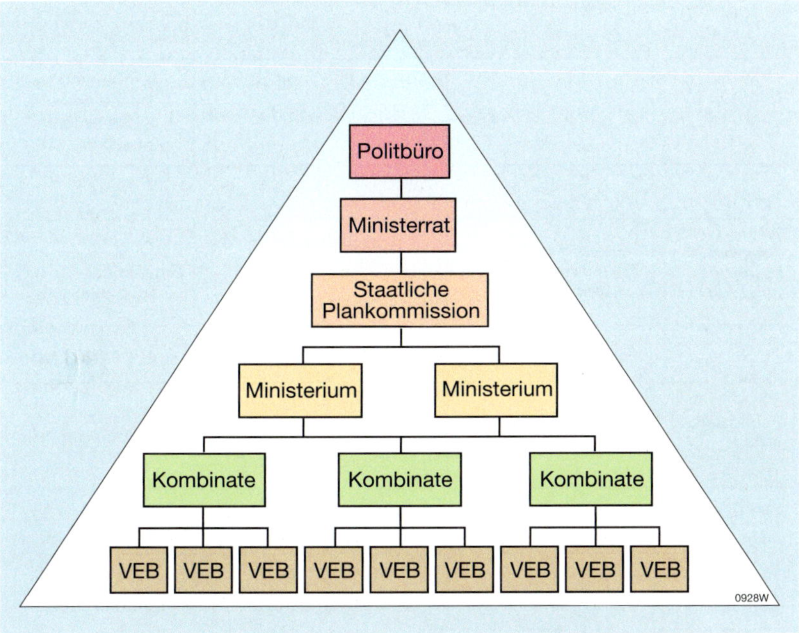

Das Kernstück der Planung bildeten die naturalen Güterbilanzen in Form von Bedarfs- und Produktionsbilanzen, die im Prinzip für jedes Gut aufgestellt wurden. In der Bedarfsbilanz wurden Aufkommen und Verwendung eines Gutes gegenübergestellt. Natürlich konnten nicht für alle Güter Bilanzen erstellt werden. Allein die dafür notwendige Erfassung und Verarbeitung von Detailinformationen über vergangene, gegenwärtige und erwartete ökonomische Größen überstieg die Kapazität des Planungsapparates, selbst unter Verwendung moderner Computertechniken. Deshalb gab es aggregierte Planungsbilanzen (für Gütergruppen). Das Bilanzsystem umfasste ca. 4.600 Einzelbilanzen. Die übrigen Güter flossen als monetäre Größen in die Wertplanung ein. Außerdem benötigten die Betriebe Vergleichs- und Entscheidungsmaßstäbe, wenn sie z. B. Wirtschaftlichkeitsrechnungen vornehmen oder Verträge mit Lieferanten und Abnehmern abschließen wollten. Diesen in Geld ausgedrückten Maßstäben lagen die Güterpreise zugrunde. In sozialistischen Planwirtschaften erfolgt auch eine staatliche Preisplanung, die Preise werden staatlich festgesetzt.

A

1 Was ist unter Zentralverwaltungswirtschaft zu verstehen? Erläutern Sie den Begriff und die Funktionsweise.

2 Stellen Sie die grundsätzlichen Unterschiede zur marktwirtschaftlichen Ordnung heraus.

3 Zeigen Sie generelle Zusammenhänge zwischen dem politischen System und dem wirtschaftlichen System einer Gesellschaft auf.

Das System der staatlichen Preisfestsetzung basierte auf der Marx'schen Arbeitswertlehre, was auf die Praxis bezogen kurz gesagt bedeutet: Der Preis setzt sich aus den Produktionskosten und einem Zuschlag für Investitionen und Abführungen an den Staatshaushalt zusammen. Geld hatte in der Planwirtschaft nicht die Funktion des „Leistungsanreizes" wie in marktwirtschaftlichen Systemen.
Ob ein Betrieb erfolgreich gearbeitet hat, war daran zu erkennen, in welchem Maß der Plan erfüllt wurde. Es galt das Planerfüllungsprinzip. Betriebe konnten grundsätzlich nicht in „Konkurs gehen"; Sie konnten aber aufgrund einer Entscheidung der zentralen Planungsbehörde geschlossen werden.

Planungsprozess in der Zentralverwaltungswirtschaft der DDR

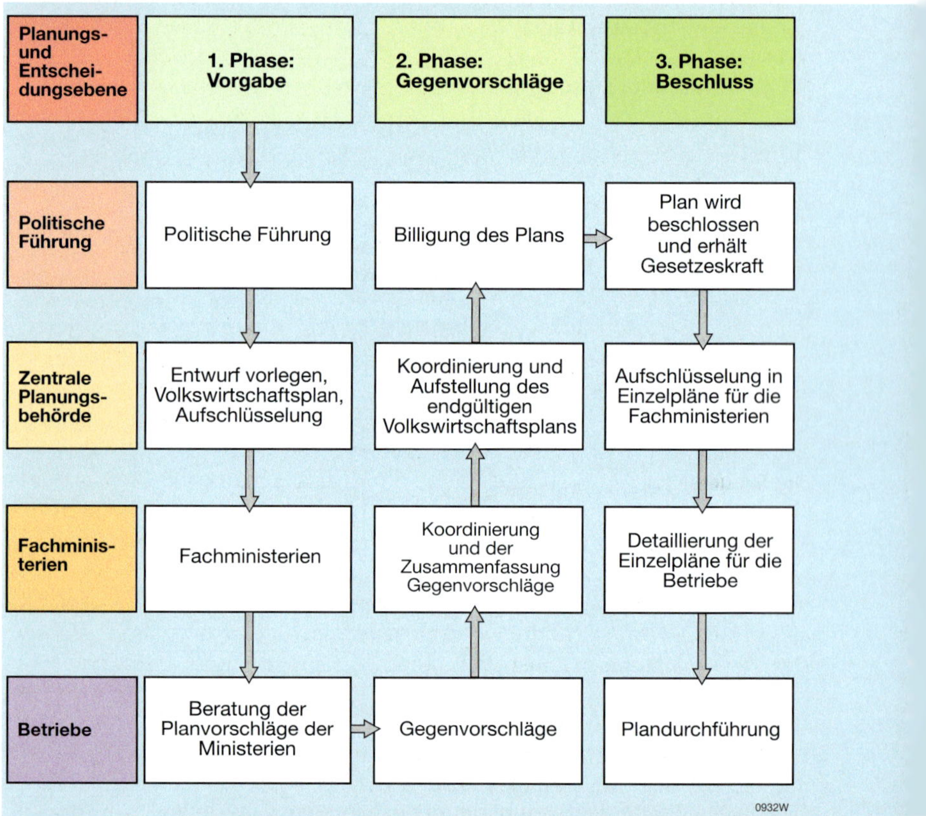

Planerfüllungsanzeige in einem volkseigenen Betrieb

Q Freibier und Sozialismus – Eine Ansprache von Kurt Biedenkopf, München, 1976

[…] Ich möchte erläutern, wie man durch Freibier zum Sozialismus kommen kann: Als ersten Schritt verspricht die Regierung allen Bürgern im Lande Freibier. Jeder soll im Interesse der Gleichheit Bier umsonst erhalten. Um sicherzugehen, dass nur noch Freibier angeboten wird, muss als nächstes der Verkauf von Bier verboten werden. Niemand soll sich durch den Kauf von Bier besondere Privilegien verschaffen können. Das Verbot ist somit eine notwendige Maßnahme sozialistischer Gerechtigkeit zum Abbau unerträglicher Privilegien. Da alle Gastwirte Bier nunmehr kostenlos ausschenken, verdienen sie nichts mehr. Sie müssen deshalb in den öffentlichen Dienst übernommen werden. Dabei spielt die Parteizugehörigkeit eine wesentliche Rolle. Zur Ordnung dieses wichtigen neuen Zweiges des öffentlichen Dienstes wird ein Beauftragter für Bierausschank berufen. Ihm wird zur Sicherung von mehr Demokratie ein drittelparitätisch besetztes Gremium zur Seite gestellt, in dem die Gastwirte, die Konsumenten und die Kellner vertreten sind.

Da die Regierung Freibier für alle versprochen hat, muss sie dafür Sorge tragen, dass ausreichend Freibier zur Verfügung steht. Sie muss deshalb die Produktion von Bier kontrollieren und Investitionen der Brauereien lenken. Da die Verantwortung des Staates für das Wohl der Bürger unteilbar ist und die Einhaltung des Freibierversprechens nicht am Profitstreben scheitern darf, ist die Verstaatlichung der Brauereien der nächste notwenige Schritt auf dem Weg zum Sozialismus.

Um die staatlichen Brauereiaufgaben wahrzunehmen, wird ein staatliches Bieramt errichtet und ein Präsident des Amtes berufen. […]

Die Brauereien wiederum sind vom Hopfenanbau abhängig. […] Die Regierung muss deshalb auch die Verantwortung für den Hopfenanbau übernehmen. Dazu muss das Bieramt durch die Hopfenbehörde erweitert werden.

Nach der Übernahme der Gastwirte in den öffentlichen Dienst, der Verstaatlichung der Brauereien und der Vergesellschaftung des Hopfenanbaus sind alle Voraussetzungen für die Einlösung des Freibierversprechens geschaffen. Der Verwirklichung sozialistischer Gleichheit im Bierkonsum steht nichts mehr im Wege.

Dann treten jedoch Lieferschwierigkeiten auf. Der Bierausstoß bleibt hinter den Erwartungen zurück, da die Brauer mit dem Ausfüllen von Formularen und der Arbeit in den demokratischen Gremien beschäftigt sind. Um diesem Übelstand abzuhelfen, wird die Regierung den Bierausstoß durch die Zugabe von Wasser inflationieren. Das Bierangebot wird dadurch erhöht. Aber die Qualität wird schlechter. Deshalb sind dieser Biervermehrung Grenzen gesetzt. Und daraus folgt der nächste und abschließende Schritt zum Sozialismus. Das Bier wird rationiert: Freibier auf Bierkarten!

Da die Gastwirte im öffentlichen Dienst mehr Dienststunden machen, die Brauereien weniger produzieren und die Qualität des Bieres immer schlechter wird, sinnen die Bürger auf Auswege. […] Zur Revolution langt es jedoch nicht. So entwickelt sich ein grauer Markt für Bier. Hopfen wird heimlich angebaut – trotz Strafandrohung. Bier wird heimlich gebraut. Und Gastwirte verkaufen das neue, gute Bier heimlich gegen Entgelt – vor allem an die, die gute Beziehungen haben, und an die Mitglieder der Regierung. Da wir von diesem Umweg zum guten Bier nichts halten: Deshalb sind wir gegen Sozialismus!

Quelle: http://archiv.preussische-allgemeine.de/1976/1976_07_10_28.pdf, 28.03.2012

i

Kurt Hans Biedenkopf
* 28.01.1930 in Ludwigshafen

CDU-Politiker, von 1990 bis 2002 Ministerpräsident von Sachsen

A

1 Die Rede ist eine Satire voller Ironie und Spott. Arbeiten Sie die Intention der Ausführungen heraus.

2 Versuchen Sie, die Argumentation in einem „Pfeilschema" darzustellen.

i

Karl Marx
* 05.05.1818 in Trier
† 14.03.1883 in London

4.3 Karl Marx und Lenin als geistige Väter

Karl Heinrich Marx wurde als Sohn eines jüdischen Rechtsanwalts geboren. Nach dem Besuch des Gymnasiums in Trier (1835 Abitur) studierte er Rechtswissenschaft, Medizin und später Philosophie in Bonn, Berlin und Jena. Aus der Beschäftigung mit der Philosophie Hegels entstand 1841 seine Dissertation. Nach seinem Studium wurde Marx Chefredakteur der linksliberalen „Rheinischen Zeitung für Politik, Handel und Gewerbe". Nach ihrem Verbot 1843 emigrierte er nach Frankreich. Dort beschäftigte er sich mit dem Studium der französischen Sozialisten und der politischen Ökonomie. 1844 begann die Freundschaft mit dem Barmer Fabrikanten Friedrich Engels. Am Anfang des Jahres 1848 verfassten sie das „Kommunistische Manifest". Dort formulierten sie Gedanken, die in der späteren wissenschaftlichen Arbeit vor allem mit dem theoretischen Instrumentarium der „Mehrwerttheorie" und der „Entwicklungsgesetze des Kapitalismus" weiterentwickelt worden sind. Die Schlussfolgerungen, die Karl Marx aus seiner Kapitalismuskritik zog, lassen sich im folgenden Heilsrhythmus zusammenfassen: Kapitalismus als These, Sozialismus als Antithese und Kommunismus als Synthese. Der folgende Textauszug aus einem Lehrbuch zur Geschichte des ökonomischen Denkens macht seinen grundsätzlichen Argumentationsansatz deutlich.

Q

Im Zuge der industriellen Entwicklung in England und anderen europäischen Ländern, die entgegen der Erwartungen ökonomische und soziale Not mit sich brachte, regt sich die erste fundamentale Kritik an der „neuen Ordnung". Die Bewegung des Sozialismus umfasst ein breites Spektrum von Kritikern: Die sogenannten Frühsozialisten, wie Charles Fourier (1772–1837) und Robert Owen (1771–1858), strebten mehr Gerechtigkeit und Gleichheit bei der Verteilung ökonomischer Güter an. P. J. Proudhon (1809–1865) verfolgte mit seiner Konzeption einer herrschaftslosen Gesellschaftsordnung eher anarchistische Vorstellungen. Berühmt ist die Aussage von Proudhon zum Charakter des Eigentums: „Eigentum ist Diebstahl" (La proprieté c'est le vol). An die Stelle des ohne eigene Arbeit erworbenen Eigentums wird ein „universelles Eigentum" der einzelnen Arbeiter gesetzt. Karl Marx (1881–1883), der alle seine sozialistischen Vorläufer als „utopische Sozialisten" bezeichnete, gilt als Begründer des wissenschaftlichen Sozialismus. Der Sozialismus ist danach keine Utopie, kein bloßes Denkmodell einer idealen Gesellschaft, sondern wird aufgrund historischer Gesetzmäßigkeiten zwangsläufig kommen. Das umfangreiche Werk von Karl Marx enthält nicht nur ökonomische Aspekte, sondern philosophische, wissenschaftsgeschichtliche, soziologische und politische Dimensionen.
Nach Marx sind die gesellschaftlichen Bewusstseinsformen und der ihnen entsprechende politische und rechtliche Überbau abhängig von den jeweiligen Produktionsverhältnissen („Das Sein bestimmt das Bewusstsein"). Wesentliche Kennzeichen dieses sozialen „Unterbaus", d. h. der ökonomischen Struktur der Gesellschaft und der Art des ökonomischen Zusammenwirkens der Menschen, sind die Eigentums- und Verteilungsverhältnisse (Produktionsverhältnisse). Mit den Produktionsverhältnissen stehen die Produktivkräfte in einem dialektischen Spannungsverhältnis. Zu den Produktivkräften zählen zunächst alle jene Kräfte, die an den Menschen selbst gebunden sind, wie beispielsweise Qualifikation, Motivation und wissenschaftliche Naturerkenntnis; ferner gehören angewandte Technologien, Materialien und Organisationsformen der gesellschaftlichen Arbeitsteilung hinzu. Kurzum: Die Produktivkräfte spiegeln den Grad der Naturbeherrschung wider.
Da die Produktivkräfte sich ständig weiter entwickeln, geraten sie immer

A

Verfassen Sie Kurzporträts von Marx und Lenin. Recherchieren Sie dazu weiteres Material.

wieder in Widerspruch zu den sich vergleichsweise träge bewegenden Produktions- und Eigentumsverhältnissen, die ökonomische Machtstrukturen abbilden. Diese Widersprüche werden aufgehoben durch revolutionäre Veränderungen, in deren Ergebnis ein neues System der Produktionsverhältnisse entsteht. Dieses gibt den Produktivkräften Raum für ihre weitere Entwicklung. Da einem bestimmten Grad der gesellschaftlichen Arbeitsteilung eine bestimmte Klassenteilung entspricht, begreift der historische Materialismus – das geschichtstheoretische Konstrukt des Marxschen Systems – die Geschichte als eine Geschichte von Klassenkämpfen und erkennt die Ursachen des sozialen Wandels in dem dialektischen Verhältnis von Produktivkräften und Produktionsverhältnissen. […] Die allgemeine Zielsetzung der Marxschen Theorie liegt darin, die ökonomischen Bewegungs- und Entwicklungsgesetze des Kapitalismus zu enthüllen. Die kapitalistische Wirtschaftsordnung ist bei Marx durch die Klassentrennung von Kapitalisten und Arbeitern gekennzeichnet. Für die Unterscheidung der beiden Klassen ist das Eigentum bzw. Nichteigentum an den Produktionsmitteln konstituierend. Die herrschende Klasse der Kapitalisten verfügt über das Eigentum an Produktionsmitteln, während die Arbeiter davon ausgeschlossen sind. Der Konflikt zwischen den beiden Klassen ist in erster Linie ein Verteilungskonflikt.

Quelle: Bernd Ziegler: Geschichte des ökonomischen Denkens: Paradigmenwechsel in der Volkswirtschaftslehre, Oldenbourg-Verlag, 1998, S. 128 ff.

Marx prophezeite den Niedergang des Kapitalismus, weil er sich selbst zerstöre: Die Arbeiter, die von den Kapitalisten ausgebeutet werden, weil sie nur einen Teil des von ihnen erwirtschafteten Wertes in Form ihres Lohns bekommen, werden eine „sozialistische Revolution" herbeiführen. Die Kapitalisten werden zwar versuchen, ihre Position zu sichern. Die vielen Arbeiter aber, die nicht am Profit der Kapitalisten beteiligt werden, bilden die revolutionäre Basis. Und jeder weitere eingestellte Arbeiter vergrößert diese revolutionäre Basis, d. h., der Kapitalismus ist zu seiner Selbstzerstörung unweigerlich verdammt und der Sieg des Sozialismus ist nur eine Frage der Zeit. Der Verlauf der Geschichte hat anderes gezeigt.

Wladimir Iljitsch Uljánov – genannt Lenin

Die Hinrichtung seines älteren Bruders Alexander 1887 wegen Beteiligung an der Vorbereitung eines Attentates auf Alexander III. bewegte Lenin dazu, sich revolutionären Strömungen anzuschließen. Er gründete 1895 den „Kampfbund zur Befreiung der Arbeiterklasse" und wurde u. a. dafür mehrere Jahre ins Gefängnis und in die Verbannung nach Sibirien geschickt. 1899 trat er der russischen Sozialdemokratischen Arbeiterpartei (SDPR) bei und wollte diese neu organisieren. Seiner Meinung nach kam einer disziplinierten und straff organisierten Kaderpartei als „Vorkämpfer" der Arbeiterklasse die Aufgabe zu, die sozialistische Gesellschaft, die Diktatur des Proletariats zu errichten. Zu Beginn des Ersten Weltkrieges ging Lenin in die Schweiz und agitierte unablässig gegen den Weltkrieg als höchstes und letztes Stadium des imperialistischen Kapitalismus. 1917 gelangt er auf Umwegen wieder nach Russland und übernahm – nach dem Sieg der Revolution – am 25.101917 die Regierung. Mit „revolutionärer Härte" und teilweise gewaltsamen Mitteln schaffte er ein diktatorisches Regime nach dem Ideal der „Diktatur des Proletariats". Als unangefochtene Autorität hielt er mit souveräner Beherrschung der marxistischen Theorie, deren Weiterentwicklung als Leninismus oder Marxismus-Leninismus bezeichnet wird, die widerstrebenden Kräfte der Partei zusammen und leitete den Aufbau des Partei-, Staats- und Wirtschaftsapparates. Sein Nachfolger war Stalin.

i

Wladimir Iljitsch Uljánov (Lenin)
* 22.04.1870 in Simbirsk
† 21.01.1924 in Gorki bei Moskau

4.4 Wie es zur Wiedervereinigung kam – historische Eckdaten der deutschen Vereinigung

Demonstration, Leipzig

In der Prager Botschaft

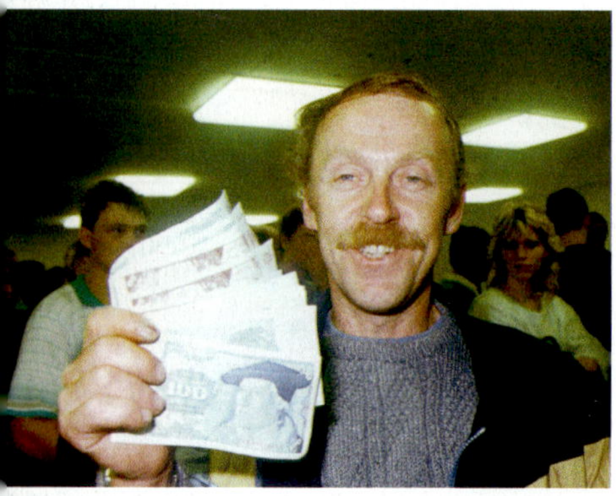

Währungsumtausch

Juli 1989: Tausende von DDR-Bürgern verlassen das Land über Ungarn nach Österreich oder flüchten sich in die Ständige Vertretung der Bundesrepublik Deutschland nach Ost-Berlin. Auch die bundesdeutschen Botschaften in Prag und Budapest werden belagert.

04.09.1989: Zum vierten Mal demonstrieren in Leipzig mehrere hundert Menschen für „Reisefreiheit statt Massenflucht".

07.10.1989: Zu den Feierlichkeiten zum 40. Jahrestag der DDR sind hochrangige Staatsgäste aus der ganzen Welt eingeladen. Erich Honecker (Staatschef der DDR) und Michail Gorbatschow (sowjetischer Staatspräsident) treffen zu einem Meinungsaustausch zusammen, bei dem Gorbatschow Honecker erklärt, der einzige Weg, Massenausreisen und Demonstrationen zu bewältigen, bestehe in einem deutschen Weg der Perestroika.

18.10.1989: Die Sensation: Das ZK der SED entbindet Erich Honecker „aus gesundheitlichen Gründen" von seinem Amt als Generalsekretär der SED und wählt Egon Krenz zu seinem Nachfolger.

09.11.1989: Eine neue Reiseregelung wird beschlossen; sie sieht eine kurzfristige Visaerteilung ohne Voraussetzungen vor. Noch am selben Abend reisen, begrüßt von zigtausend West-Berlinern, viele DDR-Bürger teilweise nur für fünf Stunden nach West-Berlin. Aufgrund des gewaltigen Massenandrangs verlieren die Grenzkräfte der NVA schnell den Überblick. Am Brandenburger Tor klettern Tausende von Menschen auf die Mauer und feiern deren Fall.

10.11.1989: In West-Berlin sprechen Willy Brandt (ehemaliger Bundeskanzler) und Helmut Kohl (damaliger Bundeskanzler) vor dem Schöneberger Rathaus. Brandt: „Wir sind jetzt in der Situation, wo zusammenwächst, was zusammengehört." Das DDR-Innenministerium bestätigt im Fernsehen, die neue Reiseregelung sei dauerhaft, bald würden neue Grenzübergänge geschaffen.

13.11.1989: Alle Sperrgebiete an der Mauer und der Grenze sind mit sofortiger Wirkung aufgehoben, es besteht freier Zugang zu allen Ortschaften.

18.03.1990: Volkskammerwahlen. Die ersten freien, demokratischen Wahlen in der DDR. Insgesamt 24 Parteien und politische Gruppierungen treten an. Die Wahlbeteiligung ist extrem hoch und liegt bei 93,39 Prozent.

01.07.1990: Der Staatsvertrag über die Wirtschafts-, Währungs- und Sozialunion tritt in Kraft. Die DDR-Mark verliert ihre Gültigkeit. DDR-Kleingeld wird von den Banken noch längere Zeit angenommen und über die noch existierende Staatsbank der DDR gewechselt. Die Umstellung des Geldes findet ausschließlich über Konten statt. Alle auf DDR-Mark lautenden Forderungen und Verbindlichkeiten werden zum Kurs 1:2 umgestellt.

22.07.1990: Die Volkskammer führt die 1952 abgeschafften Länder (Mecklenburg-Vorpommern, Brandenburg, Sachsen, Sachsen-Anhalt und Thüringen) wieder ein. Diese werden nach der offiziellen Vereinigung am 3. Oktober die „fünf neuen Bundesländer".

22.08.1990: Die Volkskammer berät über den endgültigen Beitrittstermin zur Bundesrepublik Deutschland. Der 3. Oktober erhält die Mehrheit.

31.08.1990: Im Palais unter den Linden in Ost-Berlin wird der „Vertrag über die Herstellung der Einheit Deutschlands" (Einigungsvertrag) unterzeichnet. Die DDR wird als „Beitrittsgebiet" bezeichnet.

03.10.1990: Um 0.00 Uhr ist die DDR mit der Bundesrepublik wiedervereinigt. Die offizielle Staatszeremonie findet in Berlin vor dem Reichstag statt.

4.5 Aus Planwirtschaft soll Marktwirtschaft werden – wie transformiert man eine Wirtschaftsordnung?

Wie wird nun aus einer planwirtschaftlichen Ordnung eine marktwirtschaftliche? Wie wird aus so starren, rigide festgelegten Strukturen ein System mit marktwirtschaftlichen Strukturen? Wo setzt man an und was muss alles verändert werden?

Sie erinnern sich sicherlich, zu Beginn des Kapitels (vgl. S. 72) ist darauf hingewiesen worden, dass das Gesamtsystem „Staat" aus unterschiedlichen Teilsystemen – dem Regierungs-, Wirtschafts- und Sozialsystem – besteht, und dass es zwischen ihnen Wechselwirkungen gibt: Die Ausgestaltung eines bestimmten Teilsystems hat Auswirkungen auf die Ausgestaltung eines anderen Teilsystems. So herrscht z. B. die Meinung, dass die Idee eines zentralen Plans in der Zentralverwaltungswirtschaft, dem sich alle unterzuordnen haben, dem Grundgedanken der Freiheit widerspricht, denn dieser umfasst ja auch die Freiheit in der wirtschaftlichen Betätigung. Wenn einer zentralen Behörde alle Kompetenzen im Hinblick auf die Steuerung einer Wirtschaft und die Verwendung der vorhandenen Ressourcen zugestanden wird und diese außerdem noch mit diktatorischen Befugnissen ausgestattet ist, hat diese eine außerordentliche Machtposition inne. In einem marktwirtschaftlichen System dagegen entscheiden alle Individuen über die Verwendung der volkswirtschaftlichen Ressourcen. Wer an der Verfügbarkeit eines Gutes kein Interesse hat, muss seinen Anteil an den volkswirtschaftlichen Ressourcen, z. B. seine Arbeitskraft oder sein Kapital, nicht für die Bereitstellung dieses Gutes zur Verfügung stellen.

Deshalb findet man in der Wirtschaftssystemdebatte überwiegend die Einschätzung, dass die Marktwirtschaft das natürliche Gegenstück zur Demokratie ist und dass demgegenüber die Diktatur die politische Seite des ökonomischen Systems der Zentralverwaltungswirtschaft darstellt.

Idealtyp „Marktwirtschaft"

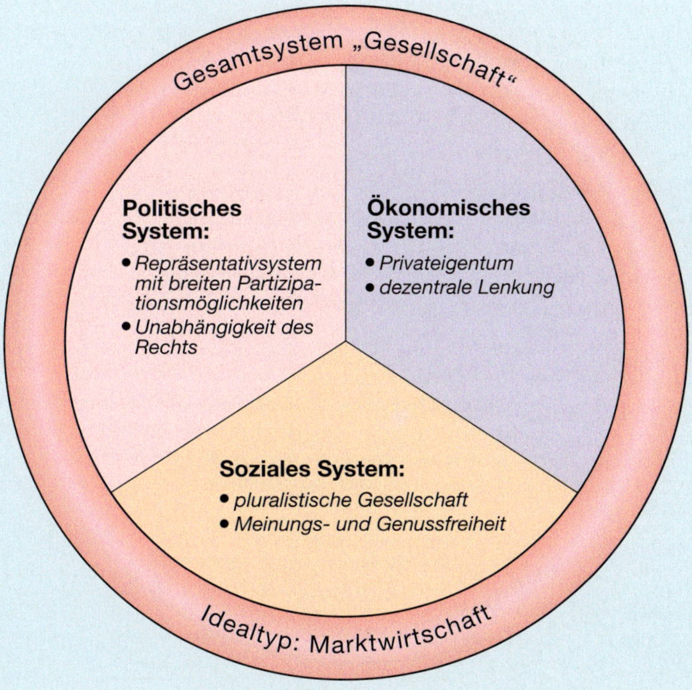

Was ist „Transformation"?

„Transformation" ist etwas anderes als eine „Reform". Reformen bedeuten Veränderungen im Rahmen des bestehenden Ordnungsgefüges. Eine Systemtransformation hat einen revolutionären Charakter, denn sie bezweckt eine grundlegende Umgestaltung der existierenden Ordnung. Diese grundlegende Umgestaltung kann auf unterschiedlichen Transformationswegen erfolgen, und zwar auf dem sogenannten **„asiatischen" Weg** (China und Vietnam) oder auf dem „europäischen" Weg.

Beim asiatischen Weg verläuft die Transformation vorwiegend, wenn nicht ausschließlich, auf der ökonomischen Ebene. Die marktwirtschaftlichen Umwandlungen gehen kaum einher mit Demokratisierungsprozessen. Die Macht der herrschenden kommunistischen Parteien und ihrer Führung bleibt unangetastet. Das asiatische Modell verknüpft also die Marktwirtschaft mit mehr oder weniger totalitärer Herrschaft der kommunistischen Parteiführungen.

Auf dem europäischen Weg erfassen die Umwandlungen zugleich die ökonomische und politische Ebene. Die Einführung der Marktwirtschaft wird durch Demokratisierung der Gesellschaft von rechtsstaatlichen Institutionen flankiert. Die europäische Version der Transformation wird demzufolge als „doppelte Transformation" bezeichnet. Soll also auf dem europäischen Weg eine sozialistische Planwirtschaft in eine kapitalistische Marktwirtschaft umgewandelt werden, muss ebenfalls bei allen Teilsystemen der Gesellschaft und den grundlegenden Ordnungselementen einer Wirtschaftsordnung angesetzt werden.

Die beiden Abbildungen machen deutlich, dass die „Inhalte“ aller Teilsysteme verändert werden müssen, wenn eine Wirtschaftsordnung in eine andere „transformiert“ werden soll. Wenn die wirtschaftlichen Aktivitäten nun nicht mehr zentral koordiniert und gelenkt werden sollen, sondern z. B. über den Markt durch Angebot und Nachfrage der einzelnen wirtschaftlichen Akteure, muss z. B. die Eigentumsfrage ganz anders beantwortet und eine entsprechende Eigentumsordnung festgelegt werden. Das heißt, das Regierungssystem muss in einer Verfassung den Handlungsrahmen entsprechend gestalten.

Wer soll auf welchem Wege und in welchem Maße woran partizipieren? Wie sollen Entscheidungen gefällt werden? Die politischen Einrichtungen und Verfahren müssen entsprechend der Verfassung festgelegt sein oder mit Billigung der verfassungsgemäßen Organe an politischen Willensbildungs- und Entscheidungsvorgängen mitwirken, aus denen bestimmte Qualitäten der Verteilung von Gütern und Werten im Rahmen einer Regierungspolitik erwachsen.

Diese grundsätzlichen Festlegungen wirken sich auch auf das Sozialsystem aus: die Gesamtheit aller Einrichtungen, Verfahren und zwischenmenschlichen Beziehungen, in denen sich wertgebundene Interessen und Bedürfnisse materieller oder ideeller Art entwickeln und in denen Güter und Werte zur Befriedigung dieser Interessen und Bedürfnisse genossen werden. Durch die Transformation in der DDR hatten die Menschen Schwierigkeiten, sich von liebgewordenen Dingen und Gewohnheiten zu trennen; die Ergebnisse langjähriger Sozialisationsprozesse haben sich manifestiert und können nicht von heute auf morgen vergessen oder abgelegt werden.

Idealtyp „Zentralverwaltungswirtschaft“

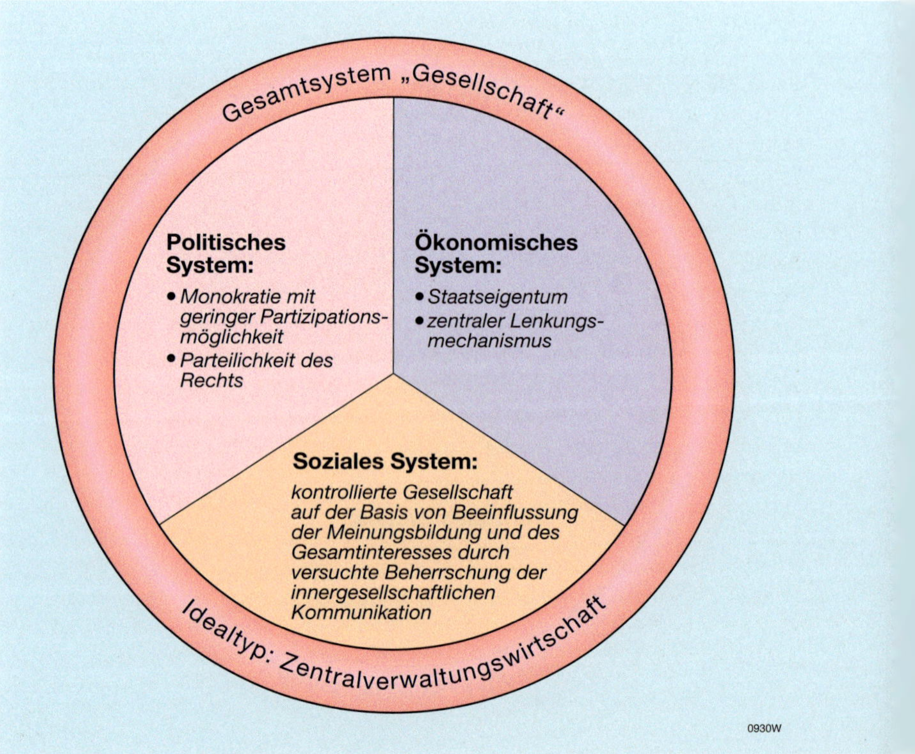

A

1 Erläutern Sie, was unter Transformation zu verstehen ist.

2 Beschreiben Sie den „asiatischen“ und den „europäischen“ Weg einer Transformation.

3 Nehmen Sie Stellung zu der These: „Die Marktwirtschaft ist das natürliche Gegenstück zur Demokratie.“

Fundamentalbedingungen für Transformationsprozesse
Die Transformation eines Wirtschaftssystems ist kein instrumenteller, rein technischer Prozess, bei dem die ökonomische Grundstruktur schlicht durch eine andere ersetzt und dann möglicherweise mit gleicher Effizienz oder Ineffizienz das Wirtschaften fortgesetzt wird. Transformationsprozesse sind zumeist das Ergebnis einer tiefen Unzufriedenheit mit den Bedingungen und Ergebnissen des alten Wirtschaftssystems, sie sind die Auseinandersetzung mit den ex- und impliziten Werten und Normen dieses Wirtschaftssystems, sie sind der Bruch mit der politischen Ordnung und vieles mehr.
Es gibt deshalb einige Fundamentalbedingungen, die auf den Transformationsprozess nachhaltig einwirken (vgl. auch Donges u. a. 1992, S. 3 ff., www.stiftung-marktwirtschaft.de/uploads/tx_ttproducts/datasheet/KK_24_WirtschaftsreformOsteuropa_1992.pdf, 18.04.2012).

Selbstverantwortung: In einem marktwirtschaftlichen System ist die Wurzel des Wohlstandes die Bereitschaft der Menschen, zu arbeiten, zu sparen, Risiken zu übernehmen und vor allem Verantwortung zu übernehmen. Zwar wird damit nicht für jeden Bürger in gleicher Weise der Wohlstand gesichtet, aber es werden damit Voraussetzungen geschaffen. Wenn diese individuelle Verantwortung durch den Staat systematisch untergraben und zerstört wird, kann eine Wirtschaftsgesinnung mit der Stärkung der Selbstverantwortung der Bürger nur in einem langen Prozess neu entwickelt werden. Die „kopernikanische Wende" im Kopf ist der schwierigste Schritt. Der Bürger muss die Einsicht entwickeln: Ich bin für mich verantwortlich, für meine Kinder, für meine Familie; der Staat hat lediglich die Rahmenbedingungen dafür zu schaffen, dass ich mit meiner Arbeitskraft eine menschenwürdige Existenz sichern kann, und er hat mir durch die Schaffung eines Rechtsstaates die Möglichkeit zu geben, Vertrauen zu entwickeln in überprüfbare rechtsstaatliche Verfahren. Der Staat hilft nur dort, wo ich aufgrund von Krankheit, von Arbeitslosigkeit, von sonstigen sozialen Notlagen in Schwierigkeiten geraten bin, die ich allein nicht lösen kann.

Verlässlichkeit: Im wirtschaftlichen Geschehen einer Volkswirtschaft fallen Leistung und Gegenleistung, Leistungsversprechen und Leistungserfüllung zeitlich auseinander, d. h., Wirtschaften in einem marktwirtschaftlichen System bedeutet auch, dass man Warten und Unsicherheiten ertragen muss. Eine funktionierende Rechtsordnung kann dieses Warten und die Einschätzung der Unsicherheit erleichtern und damit das unternehmerische Risiko verringern, wenn auch nie ganz ausschließen. Dieses begründete Vertrauen – es ließe sich auch als Kredit eines Wirtschaftssystems in die Verlässlichkeit und in die Berechenbarkeit z. B. meiner Geschäftspartner bezeichnen – ist unabdingbar, um mit dem Problem der Unsicherheit in einer arbeitsteiligen Wirtschaft fertigzuwerden, z. B. bekomme ich das Geld zurück, das ich verliehen habe; hält mein Geschäftspartner sich an den vereinbarten Liefertermin; kann ich für meine eigenen Entscheidungen im Betrieb davon ausgehen, dass die Leistungen, die ich von anderen Beschäftigten von anderen Betrieben, vom Staat benötige, mir zur vereinbarten Zeit und zu den vereinbarten Konditionen auch zur Verfügung stehen? Entscheidend ist also die Entwicklung von Verlässlichkeit für die wirtschaftlichen Beziehungen zwischen den in einer Marktwirtschaft dezentral, d. h. jeweils für sich entscheidenden Wirtschaftseinheiten: den privaten Haushalten und den Unternehmen.

Privatrechtsordnung: Die Verlässlichkeit wird auch – aber nicht allein – erzeugt und unterstützt durch eine Privatrechtsordnung, durch Konventionen, die für die am Wirtschaftsprozess Beteiligten einen Handlungsrahmen bilden. Sie sichert z. B. jene wirtschaftlichen Verhaltensweisen, mit denen ein gedeihliches Zusammenwirken zwischen den Akteuren des Wirtschaftsprozesses bewirkt werden kann. Dazu gehört beispielsweise:

- **Vertragssicherheit:** Wer Verträge abschließt, muss die Gewähr haben, dass sie eingehalten werden oder dass sonst rechtliche Sanktionen erfolgen.
- **Besitzsicherheit**, d. h. die Möglichkeit, mit meinem Besitz nach meinen Vorstellungen umgehen zu können, solange ich damit nicht in die Rechte eines anderen eingreife. Die Rechtsordnung muss mich vor Gewalt und Betrug schützen, sie muss mein Eigentum schützen und meine Vertragsfreiheit sichern.

In einem marktwirtschaftlichen System soll der Staat nur der Garant dafür sein, dass zwischen privaten Unternehmen geschlossene Verträge auch durch eine solide Rechtsordnung gesichert sind. Der Staat greift ein, wenn das Ergebnis dieses Vertrages u. a. gegen ein übergeordnetes zentrales Prinzip der Marktwirtschaft verstößt, z. B. wenn der Wettbewerb ausgeschaltet werden soll und Unternehmen keinen Marktzugang erhalten, Preise sich nicht nach Angebot und Nachfrage bilden können. Bei der Transformation eines Wirtschaftssystems ist die Dekretierung einer Privatrechtsordnung möglicherweise noch der einfachere Teil. Sie aber mit Leben zu erfüllen und Regelverletzungen zur Ausnahme zu machen und auch bei allen am Wirtschaftsprozess beteiligten Konsumenten, Unternehmen, Steuerzahlern, Arbeitnehmern eine entsprechende Gesinnung zu schaffen, dies ist zumeist ein Prozess von Jahrzehnten. Jede Rechtsordnung hat ihre natürlichen Feinde. Das sind diejenigen, die keine Steuern zahlen, die sich am Eigentum anderer bereichern wollen, die ihre eigene Machtposition unrechtmäßig ausbauen, die andere Menschen ausbeuten, die Rechte von Minderheiten erwerben und sich keiner demokratischen Kontrolle unterwerfen wollen.

Öffentliche Verwaltung: Wie kann diese Rechtsordnung neu abgesichert werden? In der Regel geschieht dies durch eine funktionierende öffentliche Verwaltung, d. h. durch Beschäftigte, die dem demokratischen Willen der Bürger Geltung verschaffen, die nicht korrupt sind, sich nicht bestechen lassen. Der Staat hat seine Beschäftigten deshalb auch angemessenen zu entlohnen, damit diese nicht tatsächlich oder vermeintlich gezwungen werden sollen, sich ihre Existenz durch Korruption, Lug und Betrug zu sichern, damit nicht auch jener in der ehemaligen Sowjetunion kursierende Witz Realität wird: Der Staat tut so, als ob er uns bezahlt; wir tun so, als ob wir arbeiten. Die öffentliche Verwaltung, die den staatlichen Willen repräsentiert, muss ihr Handeln an der Rechtsordnung ausrichten. Im Transformationsprozess hat eine neu zu etablierende Verwaltung eine zentrale Funktion. Sie muss nicht nur die von den Parlamenten verabschiedeten Gesetze etablieren, sondern auch anwenden. Die Beschäftigten müssen ausgebildet werden, mit dem Geist des neuen Rechts vertraut gemacht werden, sie müssen daran gehindert werden, diese Gesetze zu unterlaufen und das Vertrauen der Bevölkerung in die Rechtsstaatlichkeit verspielen. Gleiche Sachverhalte müssen gleich entschieden werden, es darf keine Bevorzugung von Personen geben, Recht muss ohne Ansehen der Person gesprochen werden. Die Verwaltung muss sich als Dienstleister für die Bürger verstehen, der Bürger hat einen Rechtsanspruch auf Dienstleistungen der Verwaltung, d. h., die Bürger sind nicht für die Verwaltung da, sondern die Verwaltung ist für die Bürger da.

A

Begründen Sie, warum die hier aufgeführten Bedingungen für den Transformationsprozess von planwirtschaftlich organisierten Wirtschaften zu einer marktwirtschaftlichen Ordnung fundamental sind.

Wie transformiert man eine Wirtschaftsordnung?
Beim Umbau einer sozialistischen Zentralplanwirtschaft in eine Marktwirtschaft, ob in Ostdeutschland oder in Osteuropa, stellen sich generell drei große Aufgaben:
— die Schaffung der institutionellen Infrastruktur,
— die monetäre Stabilisierung und
— die reale Anpassung der Volkswirtschaft.

Bei der **Schaffung der institutionellen Infrastruktur** geht es darum, die Anreizstruktur eines Wirtschaftssystems auszugestalten, also Regeln festzulegen, unter denen private Akteure handeln können. Dazu zählen das Rechtssystem einschließlich des Unternehmensrechts, eine deutliche Abgrenzung von privatem Sektor und Staat, die Bedingungen der staatlichen Finanzierung und der Ausgabentätigkeit und die institutionellen Rahmenbedingungen für die Märkte, auch für die Faktormärkte, also die Märkte für Kapital, Arbeit und Boden, für die Stellung der Notenbank und für das Bankensystem. Sie wissen, ein ganz zentrales Element der Wirtschaftsverfassung ist die Eigentumsordnung, und es besteht Einigkeit darüber, dass eine Volkswirtschaft ohne privates Eigentum nicht erfolgreich umgebaut werden kann. Es muss eine geeignete institutionelle Infrastruktur geschaffen werden, denn ohne die institutionelle Ordnung kann die Transformation nicht gelingen.

Unter **monetärer Stabilisierung** versteht man die Herstellung eines stabilen Geldes. Es ist eine neue institutionelle Ordnung des Geldwesens zu schaffen, der die Wirtschaftssubjekte vertrauen. Die monetäre Stabilisierung ist deshalb untrennbar mit der geeigneten institutionellen Infrastruktur verknüpft, also mit der Unabhängigkeit der Notenbank, dem Verbot der Alimentierung des Staates durch die Notenpresse, einem zweistufigen Bankensystem und einem funktionsfähigen Kapitalmarkt.

Die **reale Anpassung der Volkswirtschaft** gibt darüber Aufschluss, wie die Unternehmen ihre Aktivitäten auf die neuen Bedingungen umstellen. Im Vordergrund stehen dabei Produktion, Investition und Beschäftigung, also der Anpassungsprozess in den Unternehmen und seine Auswirkung für die Beschäftigung. Eine zentrale Frage ist, wie schnell und in welchem Ausmaß neue Unternehmen gegründet werden und wie der Umbau der alten Unternehmen gelingt. Die alten Unternehmen sind zu entflechten und neu abzugrenzen; es müssen neue Eigentumsverhältnisse hergestellt werden und schließlich müssen sich die Unternehmen an die neuen Marktbedingungen anpassen.
Doch womit beginnt man zuerst? Welches ist der richtige Zeitpunkt für den Einsatz der jeweiligen transformationspolitischen Maßnahmen (Timing-Problem). Wie schnell soll überhaupt vorgegangen werden? Eher zügig oder eher moderat und zeitlich gestreckt?
Darüber entstand auch bei der Vereinigung von Ost- und Westdeutschland eine heftige Diskussion zwischen Befürwortern einer zügigen Systemtransformation und den Anhängern einer moderaten Vorgehensweise. Der Austausch der Argumente wurde vorwiegend unter den Schlagwörtern **„Schocktherapie"** und **„Gradualismus"** geführt. Die Befürworter der Schocktherapie legten Wert darauf, die Vorbereitungsphase des ordnungspolitischen Umbaus so kurz wie möglich zu gestalten und die Hauptaufgaben annähernd simultan in Angriff zu nehmen. Die Gradualisten wollten eine deutlich längere Vorbereitungsphase in Anspruch nehmen und die jeweiligen Maßnahmenpakete stufenweise umsetzen.

A

Schocktherapie oder Gradualismus? – Formulieren Sie vor dem Hintergrund Ihres Wissens über Fundamentalbedingungen einer Transformation (S. 99 f.) selbst eine erste Stellungnahme zu dieser Frage.

Im Folgenden finden Sie eine Darstellung des deutschen Transformationsprozesses von Horst Siebert, dem bekannten Wirtschaftswissenschaftler, der viele Jahre Präsident des renommierten Instituts für Weltwirtschaft in Kiel gewesen ist, und hier auf die Fragen zum Zeithorizont, zur Währungsumstellung und zur Ordnung des Geldwesens näher eingeht und auch darstellt, warum die deutsche „Vereinigung" ein Sonderfall eines Transformationsprozesses darstellt.

Q

Das Wort veraltet im Munde

Die wirtschaftspolitischen Orientierungen für die Zeit nach dem Fall der Mauer veränderten sich schnell. In Leipzig hatte jemand die Situation treffend mit dem Spruch gekennzeichnet „Das Wort veraltet im Munde" – so rasch wechselten die wirtschaftspolitischen Vorstellungen, so hoch war die Abschreibungsrate für Konzeptionen darüber, wie es weitergehen sollte. Im November 1989 [...] herrschte allenthalben noch die Vorstellung, dass die beiden autonomen deutschen Staaten sich in einem langwierigen Prozess von zehn Jahren allmählich aneinander angleichen würden. Nach dem Zehn-Punkte-Plan Kohls vom 8. November 1989 war beabsichtigt, konföderative Strukturen zwischen beiden Staaten zu entwickeln. Beide Volkswirtschaften sah man zunächst parallel nebeneinander, und in einem langfristigen Prozess von einem Jahrzehnt hätten sich – so die Vorstellung – die institutionellen Regelungen in West und Ost allmählich angenähert, wären die Gütermärkte integriert und die Produktion in Ostdeutschland auf die weltwirtschaftlichen Knappheitsrelationen umgestellt worden.

Im Januar und Februar des Jahres 1990 war die Zeitperspektive für die deutsche Vereinigung schon merklich geschrumpft. Die meisten hatten noch einen Zeithorizont von zwei bis drei Jahren, in dem die wirtschaftliche Integration vonstatten gehen sollte. Es gab die Vorstellung, dass in Deutschland zwei Währungen existierten, eine „Mark Ost" und eine „Mark West", und es war vorgeschlagen worden, dass beide Währungen von Frankfurt aus gesteuert würden, um der „Mark Ost" Glaubwürdigkeit zu verleihen. Ein flexibler Wechselkurs zwischen beiden Währungen sollte dazu dienen, der ostdeutschen Wirtschaft die Anpassungslast beim Übergang in die Marktwirtschaft zu erleichtern. Die Politik war jedoch schon weiter. Am 6. Februar 1990 schlug Kohl die Währungsunion vor, also die Ausdehnung des Währungsgebietes der D-Mark auf die neuen Bundesländer.

Für die Wirtschaftswissenschaftler bedeutete dies, dass die natürliche Schrittfolge bei Integrationsprozessen aus politischen Gründen auf den Kopf gestellt wurde. Normalerweise wächst bei einer Verschmelzung von Volkswirtschaften zuerst die reale Wirtschaft zusammen, also der Warenverkehr, der Kapitalverkehr, die Arbeitsmärkte, und erst danach findet die monetäre Integration statt. Politisch waren die Währungsunion und der gewählte Umtauschkurs der Hebel, mit dem die Vereinigung vorangetrieben wurde, und das „gute Geld", das die Politiker beim Wahlkampf im März 1990 den Bürgerinnen und Bürgern der damaligen DDR versprochen hatten, ermöglichte es, die politischen Bedingungen für die deutsche Integration zu verändern. Da international das Zeitfenster für die deutsche Vereinigung klein war, sprach aus politischer Rationalität alles für die Währungsunion.

Quelle: Horst Siebert: Das Wagnis der Einheit, Deutsche Verlagsanstalt Stuttgart, 1998, S. 17 ff.

A

1 Zeichnen Sie den in Deutschland gewählten Weg der Transformation nach und erläutern Sie, warum die deutsche „Vereinigung" ein Sonderfall in einem Transformationsprozess war. Berücksichtigen Sie dabei auch folgende Gesichtspunkte:
- Wie wurde die ursprüngliche Idee, zunächst zwei Währungen nebeneinander gelten zu lassen, begründet und warum ist diese Idee nicht realisiert worden?
- Welche Probleme sahen Wirtschaftswissenschaftler bei einem Umstellungskurs von 1:1?

2 Diskutieren Sie die Frage: „Ist mittlerweile zusammengewachsen, was zusammengehört?" Begründen Sie Ihre Position unter Verwendung von Beispielen.

4.6 Bürger und Unternehmen im Transformationsprozess

Wesentliche Transformationsaufgabe in Ostdeutschland ist die reale Anpassung der Wirtschaft, insbesondere die Anpassung in den Unternehmen. Was bedeutete das eigentlich im Einzelnen für Bürger und Unternehmen?

Transformationsprozess aus der Sicht eines „Bürgers"

Bürgerinnen und Bürger sind Subjekte und Objekte des Transformationsprozesses und sie bewerten diesen Prozess vor allem dadurch, wie sich ihre eigene Lebenssituation verändert hat, positiv wie negativ.

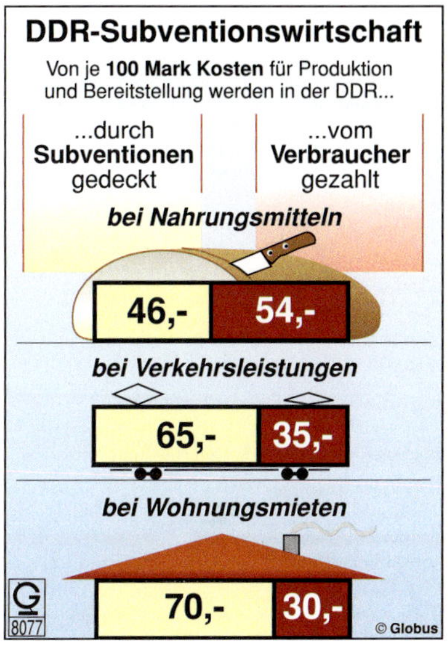

Es sind u. a. auch die ökonomischen Resultate, die die Akzeptanz des Transformationsprozesses beeinflussen. Wenn die alte Ordnung mit der neuen Situation im Transformationsprozess verglichen wird, müssen wohl mindestens folgende Aspekte genannt werden:

Alte Wirtschaftsordnung

1. Jeder Beschäftigte bekam in etwa den gleichen (niedrigen) Lohn.
2. Die Löhne wurden aufgebessert durch bestimmte Zuschläge, Pensionen, subventionierte Lebensmittel, insbesondere bei den Grundnahrungsmitteln (z. B. Brot), durch niedrige Wohnungs- und Energiepreise und auch durch weitere Zuwendungen der Unternehmen, wie z. B. Urlaubsreisen.
3. Arbeit wurde garantiert, d. h., der Arbeitsplatz war ein Arbeitsplatz fürs Leben.
4. Die Ressourcenallokation fand durch zentrale Planung statt.
5. Es gab ein totalitäres Regierungssystem.

Neue Wirtschaftsordnung

1. Die Einkommen und Vermögen entwickeln sich weit auseinander.
2. Vielfältige neue Staatsaufgaben müssen durch zusätzliche „Steueraufkommen" finanziert werden und führen zu erhöhten Abgaben.
3. Die Arbeitsplatzsicherheit sinkt:
   a) Ein starker Anstieg der Arbeitslosigkeit mit negativen materiellen, psychologischen und sozialen Auswirkungen für die Beschäftigten, aber auch mit Kostenwirkungen für den Staat.
   b) Ein Anstieg von Armut. Betroffen sind insbesondere ältere Bevölkerungsgruppen.

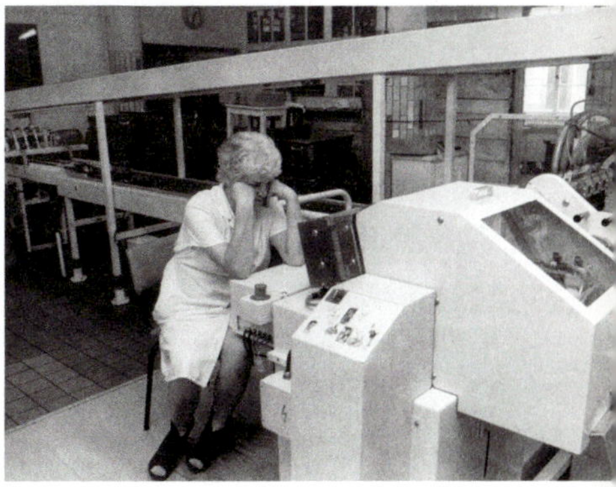

Die steigende Arbeitslosigkeit bewirkt einen weiteren Rückgang der Steuereinnahmen und Überforderung des Steuersystems. Ein Steuersystem hatte in einem planwirtschaftlichen System kaum eine Bedeutung, sein Fehlen wurde vielmehr als ein Sieg des Sozialismus interpretiert. Jetzt gibt es ein differenziertes Steuersystem, zusätzlich müssen viele Versicherungszahlungen (z. B. für die Kranken- und Rentenversicherung) geleistet werden. Die Suche nach Arbeit gestaltet sich oft mühselig und ergebnislos, weil die Etablierung eines Arbeitsmarktes langwierig ist und ein Arbeitsplatz-Informationssystem erst aufgebaut werden muss. Vorhandene Qualifikationen werden oft nicht mehr nachgefragt oder sind unzureichend. Qualifikationsmaßnahmen müssen in Anspruch genommen werden und trotzdem bleibt man arbeitslos, weil Arbeitsplätze fehlen.

Transformation aus der Sicht von Unternehmen

1. Unternehmen haben nun marktwirtschaftlich zu agieren, und zwar in einem Bedingungsfeld (gesamtwirtschaftlich, politisch, soziokulturell), das insbesondere durch **Unsicherheit hinsichtlich der politischen und rechtlichen Rahmenbedingungen** geprägt ist. Die bisherigen Informationsnetzwerke sind zerstört und der Betrieb ist mit Beschäftigten (Humankapital) zu führen, die in planwirtschaftlichen Systemen beruflich sozialisiert sind. Allein die benötigten Netzwerke sind in marktwirtschaftlichen Systemen ungleich größer, da mehr Lieferanten, Abnehmer, beteiligte Behörden und Dienstleister vorhanden sind als in planwirtschaftlichen Systemen, und diese Informationsnetzwerke müssen erst mühsam aufgebaut werden.

2. Auf den Umstrukturierungsprozess eines ehemaligen planwirtschaftlichen Unternehmens hat das wettbewerbliche Umfeld einen wichtigen Einfluss. In der Tabelle sind **Dispositionsrisiken** zusammengestellt, die bei der Verlagerung von betrieblichen Funktionsbereichen oder bei Betriebsverlagerungen insgesamt sehr deutlich zeigen, was aus unternehmerischer Sicht in Rechnung zu setzen ist, um zu einer angemessenen Entscheidung zu kommen.

Dispositionsrisiken für betriebliche Funktionsbereiche

Finanzbereich	Personalbereich	Beschaffungsbereich	Produktionsbereich	Absatzbereich
z. B.	z. B.	z. B.	z. B.	z. B.
Steuererhöhungen	Probleme bei der Zusammenarbeit mit Mitarbeitern (sprachliche, kulturelle Unterschiede)	Roh-, Hilfs- und Betriebsstoffe (schlechte Qualität, knapp, nicht vorhanden)	Infrastrukturelle Mängel z. B. bei der Stromversorgung	niedrige Kaufkraft der Bevölkerung (Inflation, hohe Arbeitslosigkeit)
Zinserhöhungen	unterschiedliche Entlohnung	Lieferverzögerungen	behördliche Reglementierung	mangelnde Vertriebskanäle
Streichung von Fördermaßnahmen	unterschiedliche Arbeitsmoral	starke Preisschwankungen	geringe Arbeitsproduktivität	hohes Transportrisiko
Mängel des Bankensystems	Arbeitsmarkt	Vorschriften über lokale Zulieferer	Vorbehalte gegenüber ausländischen Investoren	mangelnde Verfügbarkeit von Markt- und Wettbewerbsmaterial
Aufbau neuer Investitionshemmnisse		schlechte Infrastruktur		Missverständnisse bei Werbebotschaften

in Anlehnung an Jutta Müschen: Markterschließungsstrategien in Mittel- und Osteuropa, Deutscher Wissenschaftsverlag, Bergtheim bei Würzburg, 1998, S. 51

3. Was für den Einfluss der wettbewerblichen Situation für die Umstrukturierung von Unternehmen gilt, lässt sich am Beispiel der Qualität eines Faktormarktes, und zwar des Arbeitsmarktes, noch weiter differenzieren. Flexible Arbeitsmärkte sind durch die Privatisierung nicht auf einmal „da", sondern es ist mit hohen Entwicklungskosten zu rechnen. Und dabei zeigt sich immer wieder, dass die auftretenden Prozesse interdisziplinären Charakter haben und über rein ökonomische Denkansätze allein nicht erklärbar sind. Mit welchem Erfolg kann man beispielsweise mehr Mobilitätsbereitschaft von Beschäftigten fordern, wenn diese überwiegend in ehemals staatseigenen, d. h. damit auch unternehmenseigenen Wohnungen wohnen und ein neuer Wohnungsmarkt sich noch nicht hinreichend herausgebildet hat?

4.7 Transformation gelungen? – Ein Rollenspiel

Der Privatisierungsprozess von einem planwirtschaftlichen zu einem marktwirtschaftlichen Unternehmen stellte an die betroffenen Menschen außergewöhnlichen Anforderungen und brachte entsprechende Konflikte mit sich. Die jeweiligen Einstellungen zum Transformationsprozess waren sehr unterschiedlich und hingen wesentlich vom persönlichen Schicksal ab. Deshalb erfolgen auch heute noch unterschiedliche Bewertungen der gesellschaftlichen Verhältnisse von früher und heute.
Zur Verdeutlichung der in diesem Zusammenhang von unterschiedlichsten Standpunkten aus vorgebrachten Aspekte schlagen wir die Durchführung eines Rollenspiels vor, das verschiedene Sichtweisen deutlich machen soll (nach: R. Künstner, Betriebe in der Transformation, in: arbeiten + lernen/Wirtschaft, Nr. 35, 1999, S. 42 ff.). Außerdem werden im Folgenden weitere Zusatzinformationen zur konkreten Rollenspielsituation und zur Verwendung für die Durchführung des Rollenspiels angeboten.

Ausgangssituation

Ehemalige Kollegen aus einem großen Chemiekombinat treffen sich nach längerer Zeit wieder. Sie tauschen Erinnerungen aus ihrer früheren Tätigkeit im Kombinat aus und sprechen über die Auswirkungen, die die Privatisierung des Unternehmens für den eigenen Lebensweg hatte.

Rollenkarte: Herr Franz

Persönliche Daten: 42 Jahre, hat im Chemiekombinat Chemiefacharbeiter gelernt und sich in der Betriebsakademie zum Meister qualifiziert. Er verdiente zu DDR-Zeiten als Meister weniger als die Facharbeiter in seinem Meisterbereich und war oft der Prügelknabe, wenn der Plan nicht erfüllt wurde oder die Qualität nicht stimmte. Er wurde bei der Privatisierung übernommen, hat mehrere Fortbildungskurse im Stammwerk durchlaufen. Ihm wurde die Verantwortung für eine hochmoderne Chemieanlage übertragen. Sein Einkommen ist wesentlich höher als früher und die Arbeitsbedingungen haben sich grundsätzlich geändert. In seinem Arbeitsbereich gibt es keinen Staub und keine gesundheitsschädigenden Dämpfe mehr. Er hat inzwischen ein Haus gebaut und ist aus der Plattenbausiedlung ausgezogen.
Rollenbeschreibung: Herr Franz ist sehr zufrieden mit der Privatisierung des Unternehmens. Seine Stellung als Meister wird im Privatunternehmen höher bewertet als im VEB. Hinzu kommen noch ein wesentlich besserer Verdienst und günstigere Arbeitsbedingungen. So kann er sich Dinge leisten, von denen er früher nur geträumt hat.

Rollenkarte: Herr Küttner

Persönliche Daten: 48 Jahre, Chemiefacharbeiter; war in der Karbidproduktion tätig, bis sie geschlossen wurde. Nach seiner Entlassung erhielt er einen Arbeitsplatz in einer Sanierungsgesellschaft. Diese Tätigkeit ist zeitlich befristet.
Rollenbeschreibung: Herr Küttner hat als Facharbeiter aufgrund der schlechten Arbeitsbedingungen sehr gut verdient. Er hatte damit als Facharbeiter in der DDR einen verhältnismäßig guten Lebensstandard, auch der Urlaub war immer gesichert, da er bevorzugt billige Ferienplätze in den Betriebsferienheimen erhielt. Im Betrieb war er geachtet, weil er trotz der widrigen Arbeitsbedingungen seine Aufgaben zuverlässig erledigte.

A

Lesen Sie zunächst die Vorbemerkung und die Rollenkarten. Bilden Sie dann Gruppen und entwerfen Sie ein für das stattfindende Treffen mögliches Gesprächskonzept/Drehbuch.
In jeder Gruppe sollen alle vier Gesprächsteilnehmer mitarbeiten. So können innerhalb einer Arbeitsgruppe zahlreichere Faktoren Berücksichtigung finden, sodass eine Koordination der einzelnen Gesprächsabläufe eher möglich ist.
Bei dem Entwurf des Gesprächskonzepts sollen Sie Ihre Kenntnisse über
- die Strukturen des politischen Systems der ehemaligen DDR und der Stellung des Bürgers,
- die entsprechenden Strukturen im ökonomischen System – mit seinen möglichen Vor- und Nachteilen,
- die Zusammenhänge zwischen den einzelnen Teilsystemen des Gesamtsystems Staat,
- den Ablauf des Transformationsprozesses,
- die unterschiedliche Bedeutung des Transformationsprozesses von Bürgern und Unternehmen

einbringen.
Außerdem finden Sie noch zusätzliche Materialien, die sich mit der tatsächlichen sozialstrukturellen Entwicklung im Osten Deutschlands nach 1989 beschäftigen und die für Ihre Aufgabe interessante Aspekte beinhalten. Der Textauszug bietet Datenmaterial zur Fundierung Ihrer jeweiligen Positionen und Argumentationen. Vielleicht möchten Sie noch Rollenkarten für weitere Gesprächsteilnehmer schreiben (z. B. eine der Ehefrauen).

i

Wenn Sie über die wirtschaftliche Entwicklung in Ostdeutschand seit 1990 recherchieren wollen, können Sie zahlreiches Datenmaterial unter den angegebenen Internetadressen finden und dazu einen Vortrag in Ihrem Kurs halten.

www.wiedervereinigung.de
www.bpb.de

Nun ist er zwar froh, dass er noch einen Arbeitsplatz in der Sanierungsgesellschaft hat. Sein Arbeitsvertrag ist jedoch zeitlich begrenzt. Eine Chance, einen Arbeitsplatz auf dem unbefristeten Arbeitsmarkt zu finden, sieht er nicht, weil Chemiefacharbeiter nicht gebraucht werden. Er hat Angst vor der Arbeitslosigkeit. So sieht er sich als Verlierer im Transformationsprozess. Er fühlt sich gesellschaftlich nicht mehr anerkannt und hat Sorge, dass er seinen bescheidenen Lebensstandard nicht mehr halten kann, wenn er arbeitslos wird. Wohin das führen kann, beobachtet er bei vielen ehemaligen Arbeitskollegen.

Rollenkarte: Herr Patschke
Persönliche Daten: 32 Jahre; er hat im Chemiekombinat die Ausbildung zum Chemielaboranten durchlaufen und war danach in der Forschungsabteilung von Herrn Winkler tätig.
Als diese Abteilung im Zuge der Privatisierung geschlossen wurde, fand er eine neue Arbeitsstelle in einem Großunternehmen in Leverkusen.
Rollenbeschreibung: Herr Patschke ist mit seiner Arbeit zufrieden. Da er jedoch seinen Freundeskreis zu Hause hatte, ist er jedes Wochenende nach Hause gefahren (ca. 1.000 km hin und zurück). Er hatte Schwierigkeiten, einen neuen Freundeskreis vor Ort zu finden. Inzwischen hat er sich eingelebt, eine eigene Wohnung bezogen und will in nächster Zeit eine Familie gründen. Er möchte nicht wieder zurück und versteht seine früheren Kollegen nicht mehr, die ihrer alten Tätigkeit nachtrauern. Er meint, die nostalgische Verklärung der Vergangenheit verhinderte den optimistischen Blick in die Zukunft.

Rollenkarte: Herr Winkler
Persönliche Daten: 52 Jahre; hat in der Betriebsberufsschule des Chemiekombinates die Berufsausbildung mit Abitur erfolgreich als Chemielaborant abgeschlossen. Danach studierte er an der Technischen Hochschule Chemische Verfahrenstechnik und schloss das Studium als Diplom-Ingenieur ab. Er ging wieder zurück ins Chemiekombinat und war dort in der Forschungsabteilung tätig. Sie wurde im Zuge der Privatisierung aufgelöst. Seit dieser Zeit ist Herr Winkler arbeitslos.
Rollenbeschreibung: Herr Winkler hat eine für die technische Intelligenz in der DDR typische Karriere durchlaufen. Schule, Berufsausbildung und Studium reihten sich nahtlos aneinander, und danach war ein Arbeitsplatz entsprechend seiner Qualifikation gesichert. In der betrieblichen Tätigkeit gab es genügend Aufstiegschancen. Mit der Privatisierung des Chemiekombinates kam es zum schmerzlichen Bruch dieses Entwicklungsweges. Der weitere Aufstieg auf der Karriereleiter wurde durch den Absturz in die Arbeitslosigkeit abgebrochen. Anstelle verantwortungsvoller Forschungstätigkeit trat die Suche nach Arbeit. Er nahm bereits an verschiedenen Fortbildungskursen teil, aber alle seine Bewerbungen in Chemieunternehmen auch in den alten Bundesländern waren erfolglos. Immer wieder wurde ihm angedeutet, dass er zu alt sei. Seine Frau hatte mehr Glück. Sie ist ebenfalls Chemielaborantin und behielt ihren Arbeitsplatz. Herr Winkler ist frustriert. Früher eine geachtete Persönlichkeit mit guten Entwicklungschancen, fühlt er sich im Zuge des Transformationsprozesses ausgegrenzt. Es kränkt ihn auch, dass die Familie den bescheidenen Lebensstandard nur halten kann, weil seine Frau noch Arbeit hat. Er kann der Entwicklung der letzten zehn Jahre nichts Positives abgewinnen und macht die marktwirtschaftliche Ordnung für sein Schicksal verantwortlich.

4.8 Vergleich von Wirtschaftsordnungen: ein Resümee

Der „Wettkampf" zwischen den „marktwirtschaftlichen" und „zentralverwaltungswirtschaftlichen" Wirtschaftsordnungen scheint entschieden, nachdem nun auch in (fast) allen Ländern des sogenannten „Ostblocks" Bestrebungen zu verzeichnen sind, Bedingungen für marktwirtschaftliche Ordnungen herzustellen. Warum also sollte man marktwirtschaftliche und zentralverwaltungswirtschaftliche Ordnungen noch miteinander vergleichen?

Es geht nicht so sehr darum, durch den Vergleich zu beweisen, dass die eine oder andere Wirtschaftsordnung „besser" ist als die andere, sondern es ist zu fragen, ob sich nicht durch das Anstellen von Vergleichen die Möglichkeit bietet, grundsätzliche Erkenntnisse über die Auswirkungen institutioneller Regelsysteme auf wirtschaftliche Prozesse zu erlangen. Wenn bei der vergleichenden Untersuchung ganz bestimmte **Regeln** beachtet werden, bieten sie die Möglichkeit, komplexe Erscheinungen und vielfältige Zusammenhänge von Elementen auf ihre jeweilige **Prägungskomponente** und **Relevanz** zurückzuführen. Durch Reduktion komplexer Erscheinungen auf ein analytisch fassbares und zu bewältigendes Maß wird es oft erst möglich, den Kern einer Sache oder den wesentlichen Grund eines Problems freizulegen. Hierbei kann es geschehen, dass in dem scheinbaren Chaos von unübersehbar vielen Elementen und deren Zusammenhängen latent vorhandene Ordnungselemente auf Teilgebieten entdeckt werden.

Bei einem Vergleich ist es jedoch unabdingbar, die Vergleichsebenen oder -kategorien zu beschreiben, damit deutlich wird, welche Ordnungselemente z. B. einer zentralverwaltungswirtschaftlichen und einer marktwirtschaftlichen Ordnung miteinander verglichen werden. Vor allem hat man sogenannte „Überkreuzvergleiche" zu vermeiden, also beispielsweise den Vergleich eines Idealtypus mit einem Realtypus.

Idealtypische und realtypische Vergleichsebenen

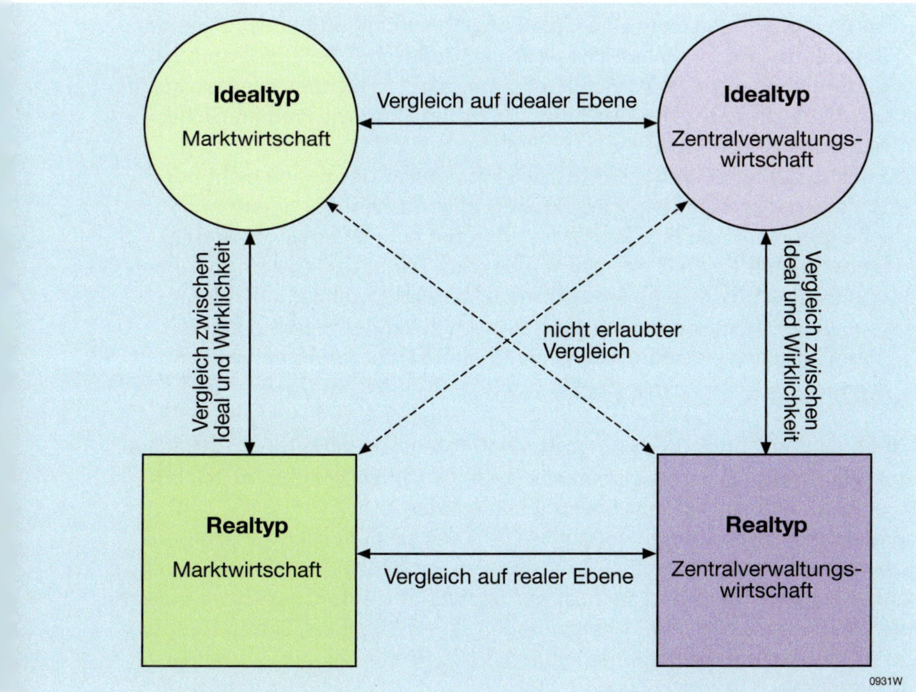

Diese Form des Vergleichs wird zumeist aufgrund ideologisch bedingter Erkenntnisziele vorgenommen: Eine Wirtschaftsordnung wird im Hinblick auf ihre idealtypische theoretische Ausprägung beschrieben, während die zu vergleichende Ordnung vor allem im Hinblick auf die in der Realität auftretenden Funktionsmängel untersucht wird.
Die idealtypischen Vorstellungen z. B. der Sozialen Marktwirtschaft eignen sich kaum für einen Vergleich mit realtypischen Ausprägungen einer gescheiterten Wirtschaftsordnung. Dieser Fehler spiegelt sich sogar in den westeuropäischen Reformempfehlungen zu den mittel- und osteuropäischen Transformationsprozessen wider. Dies veranlasste den ehemaligen polnischen Vizepremier Prof. Leszek Balcerowicz, der die wesentlichen Grundlagen für einen vergleichsweise konsequenten Reformprozess in Polen legte, in den 1990er Jahren zu der Bemerkung: „Die Glaubwürdigkeit der westeuropäischen Reformvorschläge an die osteuropäische Adresse würde steigen, wenn man uns nicht dauernd empfehlen würde, etwas zu tun, wozu man selbst nicht fähig ist. Uns die Vorteile des Freihandels zu predigen und die Vorteile des internationalen Wettbewerbs sind eine Sache, die Märkte der EU für polnische Agrarprodukte zu öffnen, ist offensichtlich eine andere."

Bei der Betrachtung von Transformationsprozessen ist immer auch auf folgende Aspekte zu achten:

1. Jeder radikale Systemwechsel ließe sich auch als extremste Form eines Strukturwandels bezeichnen, bei dem nicht nur die alten Ordnungselemente aufgehoben werden, sondern auch eine tiefe Sinnkrise bei den betroffenen Bürgerinnen und Bürgern stattfindet. Dabei zeigt sich, wie entscheidend die Arbeits- und Lebenssituationen aller Bürgerinnen und Bürger von der Struktur einer Wirtschaftsordnung geprägt werden und weshalb es erforderlich ist, die grundlegenden Ordnungsformen und -elemente mit ihren Auswirkungen auf das Leben der Menschen zu kennen.
2. Am Transformationsprozess lässt sich sehr gut deutlich machen, dass eine Wirtschaftsordnung nicht allein Knappheitsprobleme zu lösen hat, sondern eingebunden ist in eine Gesellschaftsordnung und entsprechende Beiträge zur Verwirklichung gesellschaftspolitischer Ziele zu leisten hat. Es geht eben nicht ausschließlich darum, „satt" zu werden, sondern auch um die Realisierung gesellschaftlicher Grundwerte wie Freiheit, Sicherheit und Gerechtigkeit.
3. Es kann gezeigt werden, dass es sich bei der Transformation nicht nur um einen rein technizistischen Prozess handelt. Darüber hinaus findet eine grundlegende Auseinandersetzung mit neuen Verhaltensweisen, Menschenbildern und Wertesystemen statt. Die betroffenen Bürgerinnen und Bürger müssen eine Entwertung bisheriger Qualifikationen erfahren, wobei sie sich in den postsozialistischen Ländern nicht selten mit unrealistischen westeuropäischen Verhaltensanforderungen konfrontiert sehen.

Häufig vergleicht man auch nur jeweils ein Teilsystem von gesellschaftlichen Systemen. Mit dem Vergleich eines Teilsystems kann allerdings noch lange kein Urteil über ein Gesamtsystem gefällt werden.
Vergleichskriterien müssen vorhanden sein, um zu sinnvollen Aussagen zu gelangen, aber diese Vergleichskriterien müssen ganz genau geklärt und beschrieben sein. Auf jeden Fall muss berücksichtigt werden, dass der Vergleichende immer von den Wertvorstellungen seines „eigenen" Systems geprägt ist, was tendenziell dazu führen kann, das eigene System stets vorteilhafter zu sehen als das Vergleichssystem.

A

1 Erläutern Sie den Ausspruch von Prof. Balcerowicz.

2 Beschreiben Sie die in diesem Text dargestellte Funktion von Wirtschaftsordnungsvergleichen.

3 Nehmen Sie zu den Vorteilen und Gefahren von Systemvergleichen Stellung.

5 Moral und Wirtschaftsordnung

Öffentliche Diskussionen zeigen: Es gibt eine zunehmende kritische Auseinandersetzung von Bürgern mit dem Wirtschaftsgeschehen und der Wirtschaftsordnung unseres Landes. Dies ist aus der Sicht vor allem solcher Bürger verständlich, die z. B. keinen Arbeitsplatz gefunden haben oder über ein aus ihrer Sicht zu niedriges Einkommen verfügen und dies als ungerecht und unsozial empfinden. Nicht selten wird stellvertretend das Verhalten von Unternehmen und Managern, aber auch ungerechte Regelungen kritisiert.

Unterscheidung von Moral und Ethik

Wie sozial ist die „Soziale Marktwirtschaft"? Welche Bedeutung haben Moral und Ethik? Muss man sich entscheiden für Unternehmensgewinne oder für Umweltschutz, für soziale Sicherung oder für „soziale Kälte", für Wachstum oder für Armutsbekämpfung? Gibt es einen Gegensatz zwischen Ökonomie und unseren herkömmlichen Wertvorstellungen? Schließen sie sich gegenseitig aus?

Im Folgenden wollen wir uns mit der Klärung dieser Fragen beschäftigen. Unterscheiden wir zunächst aber zwischen Moral und Ethik: Unter Moral versteht man die Summe von Regeln und Normen, die das Handeln der Menschen bestimmen bzw. bestimmen sollen und deren Übertretung zu Schuldvorwürfen gegen sich selbst bzw. gegen andere führen. Ethik ist die wissenschaftliche Auseinandersetzung mit der Moral, es ist die Theorie von der Moral.

Viele Akteure im Wirtschaftsgeschehen sehen sich häufig gleichzeitig ökonomischen und moralischen Forderungen gegenüber. Ein gutes Beispiel hierfür ist der Unternehmer, der zu entscheiden hat, ob er umweltfreundliche Technologien (zum Wohle aller) einsetzen soll, obwohl die dadurch verursachten Kosten seinen Gewinn (z. B. zu Lasten der Aktionäre) einschränken.

„Bürger protestieren gegen Bankenmacht und Manager-Boni"

„Neuregelung der Hartz-IV-Sätze sorgt für Streit"

„Gewerkschaften fordern flächendeckend Mindestlöhne in allen Branchen"

„Vor der Klimakonferenz: Nur ein Wunder kann helfen"

„Hungersnot in Afrika nimmt dramatische Ausmaße an"

A

1 Ermitteln Sie weitere Beispiele für vergleichbare Meldungen aus Zeitschriften und dem Internet.

2 Analysieren Sie Ihre Beispiele dahingehend, welche Konflikte konkret auftreten und welche Interessengruppen aktiv bzw. betroffen sind.

3 Zeigen Sie die „ethische Dimensionen" auf, die in Ihren Beispielen berührt werden. Begründen Sie Ihre Einschätzungen.

Definition Wirtschaftsethik

Zunächst ließe sich Ethik als eine Teildisziplin der Philosophie bezeichnen, die moralische Prinzipien, Werte und Begründungen für menschliches Handeln untersucht und begründet. Die Wirtschaftsethik beschäftigt sich somit mit der Entstehung und Anwendung ethischer Prinzipien im Wirtschaftsgeschehen. Es geht um die Analyse des Verhältnisses von Wirtschaft und Moral sowie die Frage, wie ein Zusammenhang zwischen beiden hergestellt werden kann, d. h. um die Verbindung zwischen der Ethik und der Ökonomik. Gablers Wirtschaftslexikon bietet folgende Definition an:

Q

Wirtschaftsethik befasst sich mit der Frage, wie moralische Normen und Ideale unter den Bedingungen der modernen Wirtschaft zur Geltung gebracht werden können (Implementationsproblematik). Neuere Ansätze erweitern den Begriff, indem sie entsprechend einem modernen Begriff von Ökonomik als allgemeiner Verhaltenstheorie Wirtschaftsethik als ökonomische Theorie der Moral bzw. ökonomische Ethik verstehen. Damit sind auch die Begründung von Normen, z. B. von Menschenrechten, und die ökonomischen Folgen moralischen Verhaltens Gegenstand von Wirtschaftsethik [gemeint].

Quelle: http://wirtschaftslexikon.gabler.de/Definition/wirtschaftsethik.html, 29.03.2012

Das Besondere dieser wirtschaftswissenschaftlichen Teildisziplin zeigt sich in der Beobachtung, dass die Ökonomik, trotz moralphilosophischer Wurzeln (vgl. Adam Smith 1776/1778), nicht selten als wertfreie Wissenschaft interpretiert wird. Festzuhalten ist: Die Beschäftigung mit wirtschaftsethischen Fragestellungen reicht bis in die Antike zurück. Ökonomie und Ethik stehen somit immer schon in einer grundlegenden Beziehung zueinander. Wichtig ist die Unterscheidung der Ebenen, auf denen Moral anzusiedeln ist:

Q

Eine für die Wirtschafts- und Unternehmensethik wesentliche Unterscheidung ist die nach Individual- und Institutionenethik. Unter Individualethik versteht man eine Ethik der Person. Man stellt z. B. die Frage: Unter welchen Bedingungen handeln Individuen moralisch? Das Gewissen und die Verantwortung des Einzelnen umfassen das moralische Subjekt. Systematischer Ort der Moral ist das Individuum. Die Institutionenethik hingegen fragt nach der Ethik der Institution: Unter welchen Bedingungen „handeln" Institutionen moralisch. Systematischer Ort der Moral ist hierbei die Rahmenordnung. Institutionenethik sucht nach den ethischen Rahmenbedingungen individuellen Handelns, die dem gerechten Zusammenleben dienen.

Quelle: www.ethik-in-der-praxis.de/organisationsethik/index.htm, 18.04.2012

A

1 Erläutern Sie den Unterschied der Begriffe „Moral" und „Ethik".

2 Erklären Sie in eigenen Worten den Begriff der „Wirtschaftsethik".

3 Nehmen Sie Stellung zu folgender Aussage: „Ökonomie und Ethik stehen immer schon in einer grundlegenden Beziehung zueinander." Begründen Sie Ihre Ausführung.

Gesellschaftliche Probleme als „Trittbrettfahrerprobleme"

Für das Verständnis von Moral und Ethik ist es wichtig, das sogenannte „Trittbrettfahrerproblem" zu verstehen. Nehmen wir Folgendes an: Es gibt keine gesetzlichen Regelungen zur Ausstattung von Pkw mit Katalysatoren, obwohl die Technik verfügbar ist. Wir wissen, dass der Einbau von Katalysatoren die Umwelt besser schützt. Wie wird sich der durchschnittliche Autofahrer Herr Müller verhalten?

Herr Müller, beispielsweise, ein typischer Autofahrer, hat drei Handlungsmöglichkeiten:

1. Am kostengünstigsten ist es für Herrn Müller, wenn er auf den Katalysator verzichtet, während alle anderen Autofahrer diesen einbauen lassen. Er hat geringere, die anderen höhere Kosten, und trotzdem wird in der Breite – auch zu seinen Gunsten - die Umwelt geschont.
2. Er befindet sich nur in der zweitbesten Situation, wenn er selbst und auch alle anderen Pkw-Fahrer umweltfreundliche Katalysatoren installieren. Alle wenden in gleicher Weise höhere Kosten auf.
3. Die schlechteste Situation ist für Herrn Müller gegeben, wenn er selbst einen Katalysator einbaut, während die anderen Autofahrer darauf verzichten. Er wendet selbst hohe Kosten auf, aber der Nutzen für die Umwelt wird durch sein Verhalten kaum erhöht.

Es stellt sich somit die Frage: Hilft ein moralischer Appell an Herrn Müller, in seinen Wagen einen Katalysator einbauen zu lassen? Wird Herr Müller in der Regel nicht solche Aufforderungen aller Wahrscheinlichkeit nach ablehnen, wenn er sich im Vergleich zu anderen vermutlich schlechter stellt? Für jeden Autofahrer besteht zumindest der Anreiz, die erste Möglichkeit zu wählen und die sogenannte Trittbrettfahrerposition einzunehmen. Also zu hoffen, dass andere sich umweltschonend verhalten und davon zu profitieren, ohne selbst Kosten zu übernehmen.

Ein weiteres Beispiel soll das Problem zusätzlich verdeutlichen: Flugreisen zählen zu den größten Auslösern des sogenannten Klimawandels. Doch ungeachtet dessen (und obwohl die Menschen dies wissen), steigt die Zahl der Flugreisenden von Jahr zu Jahr. Und jeder darf sich fragen: Ist er unter den derzeitigen Umständen bereit, auf Billigflugreisen zu verzichten?

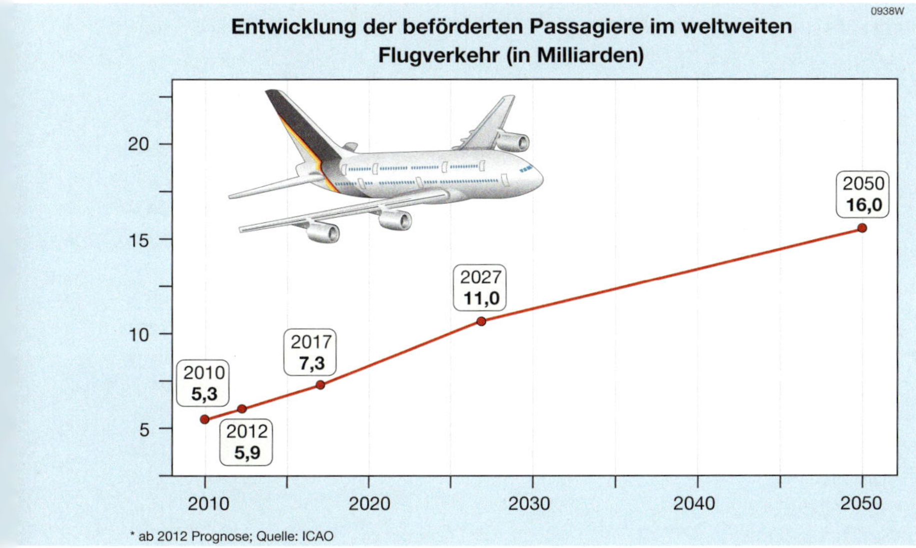

i

Aus alten Filmen kennt man Straßenbahnen, an deren Außenseite Trauben von Menschen auf dem Trittbrett hängen. Sie springen dann bei der nächsten Haltestelle schnell wieder ab, ohne vorher ein Ticket gekauft zu haben. Diese Trittbrettfahrer lassen sich somit auf Kosten der anderen befördern.

A

1 Fassen Sie die wesentlichen Aussagen der Grafik zusammen.

2 Erläutern Sie, weshalb sich der einzelne Reisende für einen Flug entscheidet, obwohl er um die Umweltschädigung weiß.

3 Untersuchen Sie, welche Wirkung Appelle an einzelne Touristen, auf ihre Flugreise zu verzichten, vermutlich hätten. Begründen Sie Ihre Einschätzung.

Q

Ein weiteres Beispiel, mit dem der Ökonom und Philosoph Koslowski das „Trittbrettfahren“ verdeutlicht:

Die Rechnung in einem Restaurant fällt regelmäßig höher aus, wenn eine Gruppe vor dem Essen beschlossen hat, die Rechnung gemeinsam zu gleichen Teilen zu bezahlen. Jeder bestellt dann ein teureres Menü, als er bestellt haben würde, wenn er allein zu bezahlen hätte.

Quelle: Peter Koslowski: Die Ordnung der Wirtschaft, Mohr Siebeck, Tübingen 1994, S. 306

Und abschließend das Beispiel „Arbeitslosigkeit“: In der Regel werden für Arbeitslosigkeit bestimmte Gruppen verantwortlich gemacht: die Arbeitslosen selbst, die Unternehmen oder die Gewerkschaften.

1. Vorwurf:
Arbeitslose sind Faulenzer und sie sind selbst an ihrem Schicksal schuld. Und – so ein weiterer Vorwurf – sie suchen gar nicht nach einem neuen Arbeitsplatz, weil das „soziale Netz“ in Deutschland so dicht ist und keiner durch das Netz fallen kann.

Dazu lassen sich mehrere Fragen stellen:
- Verdient ein Familienvater mit Arbeit weniger, als wenn er nicht arbeitet, dann wäre es gegenüber der eigenen Familie sogar verantwortungslos, wenn er arbeiten ginge. Liegt das Problem also in der Situation oder bei der Person?
- Dass es Faulenzer gibt, die sich ungerechtfertigt beklagen, lässt sich damit natürlich nicht entschuldigen. Aber könnte ein Fehler auch darin liegen, dass das System der sozialen Sicherung fehlerhaft konstruiert ist und solche Faulenzer begünstigt?

2. Vorwurf:
Die Gewerkschaften sind schuld mit zu hohen Lohnforderungen.

Auch hier lassen sich berechtigte Fragen stellen:
- Wer sitzt am Verhandlungstisch? Sind es die Gewerkschaften alleine, oder sitzen dort nicht auch die Vertreter der Arbeitgeberverbände?
- Die Gewerkschaften müssen die Interessen ihrer Mitglieder vertreten. Man könnte auch fragen: Wie sehen die gesetzlichen Regelungen beim Arbeitsrecht, beim Tarifrecht aus, und liefern diese Regelungen den Gewerkschaften nicht die Argumente, so zu handeln wie sie handeln?

Diese Fragen gelten auch für die Arbeitgeberverbände, die am Verhandlungstisch sitzen.

3. Vorwurf:
Die Unternehmen handeln gesellschaftlich verantwortungslos und sind an der Arbeitslosigkeit schuld, weil sie zugunsten der Gewinne die Beschäftigung abbauen und/oder Betriebe ins Ausland verlagern.

Die Fragen dazu lauten:
- Ist ein Manager verantwortungslos, wenn er für das ihm anvertraute Kapital der Eigentümer eines Unternehmens versucht, eine hohe Rendite zu erzielen?
- Kann es nicht so sein, dass durch die Investitionen in das Unternehmen in Polen z. B. die Arbeitsplätze im Mutterunternehmen u. a. in Niedersachsen sogar sicherer werden?
- Könnte die hohe Arbeitslosigkeit bei der Gruppe der Beschäftigten mit geringer Qualifikation auch daran liegen, dass die Rahmenbedingungen in Deutschland für Unternehmen nicht so attraktiv sind (sehr hohe Löhne, die Steuergesetzgebung, das Arbeitsrecht), um solche Personen zu beschäftigen, oder daran, dass diese Personen nicht über die erforderlichen Qualifikationen verfügen und wenig bereit sind, sich nachqualifizieren zu lassen?

Überlegungen zur Analyse
Man muss also vorsichtig sein, eine einzelne Gruppe bzw. eine Person alleine für die Arbeitslosigkeit oder einen anderen gesellschaftlichen Missstand verantwortlich zu machen. Auch die rechtlichen Rahmenbedingungen, die Strukturen des politischen Systems, die Bestimmungen im System der sozialen Sicherung könnten geprüft werden. Man könnte auch sagen: Es müssen die Regeln geändert werden, damit sich das Spiel ändert. Wir diskutieren deshalb zwei Lösungswege: Veränderung der Spielzüge oder der Spielregeln?

1. Überlegung: Spielzüge
Man setzt beim einzelnen Menschen an, z. B.: „Du, Karola, hast Folgendes zu tun: Schütze die Umwelt, hilf den Armen usw."
Da ja niemand ernsthaft die Ökonomie höher als die Moral einschätzt, kommt es zu einem Vorrang der Moral vor der Ökonomie. Und wenn sich alle Menschen danach richten würden, könnte die Wirtschaft gezügelt werden. Das heißt: Die Verantwortung für moralisches Handeln liegt beim einzelnen Menschen im Wirtschaftsprozess, also bei den Spielzügen.

2. Überlegung: Spielregeln
Es geht hier um die Ausgestaltung der Regeln einer Wirtschaftsordnung. Die zu beklagenden moralischen Zustände in vielen Teilen der Welt werden auf Fehler bei den Regeln, die für Wirtschaft und Politik gelten, auf das Fehlen einer richtigen Ordnung für die Wirtschaft zurückgeführt.

Man könnte auch sagen, dass der 1. Ansatz die Wahrung der Moral vor allem in die Hände der einzelnen Akteure legt, während der 2. Ansatz sich auf die Entwicklung von richtigen Regeln ausrichtet. Der eine Ansatz konzentriert sich auf die Handlungsgesinnungen der einzelnen Menschen, der andere Ansatz konzentriert sich auf die Handlungsbedingungen, die für die einzelnen Menschen gegeben sind.

Der 2. Ansatz sieht die Schuld für moralisch fehlerhaftes Verhalten nicht ausschließlich bei dem Individuum, sondern auch in den Rahmenbedingungen. Gibt es z. B. Ausnahmeregelungen im Steuerrecht für Unternehmen, dann darf man sich nicht wundern, wenn diese Ausnahmen von den Unternehmen auch in Anspruch genommen werden. Will die Gesellschaft dies nicht, dann müssen diese Ausnahmen abgeschafft werden.

3. Überlegung: Spielverständnis
In jeder Gesellschaft gibt es nicht nur Regeln, die die täglichen Spielzüge beeinflussen, sondern die Handlungen von Personen, Unternehmen basieren auch auf einem Mindestmaß an Vertrauen. Wer kein Vertrauen genießt, wird es außerordentlich schwer haben, Kunden, Investoren, Mitarbeiter, Lieferanten zu finden, weil der mögliche Kooperationspartner denkt: „Formal ist ja alles in Ordnung, aber irgendwie traue ich dem nicht. Wenn er kann, dann zieht er mich über den Tisch, dann mache ich meine Geschäfte doch lieber mit einem anderen, der so ähnlich denkt wie ich."
Spielregeln und Spielzüge sind richtig und wichtig. Aber hat der Kooperationspartner auch das gleiche „Spielverständnis", verfolgt er gleiche oder ähnliche Werte, kann ich ihm vertrauen? Ist er bereit, den Regeln zu folgen, oder wird er bei der ersten Gelegenheit davon abweichen und mich vielleicht reinlegen?
Vertrauen in das Spielverständnis der anderen Mitspieler ist also ein scheinbarer weicher Faktor, der jedoch harte Auswirkungen haben kann.

Aus den bisherigen Beispielen wird deutlich: Um moralisches Verhalten im Wirtschaftsgeschehen zu realisieren, ist die Ebene der handelnden Akteure von derjenigen der Handlungsbedingungen bzw. Regeln zu unterscheiden. Es stellt sich die Frage: Wie sind Problemlagen – wie die oben vorgestellten Dilemmasituationen – zu lösen? Um dies zu beantworten, sehen wir uns die möglichen Ansatzpunkte etwas genauer an:

Individualethische Ansätze

Die individualethischen Ansätze stellen das moralische Bewusstsein des Einzelnen in den Mittelpunkt der Betrachtung. Als wesentliches Instrument zur Durchsetzung moralischer Vorstellungen wird der Appell an das Individuum angesehen. Sinnbild hierfür ist – so könnte man meinen – das Prediger-Modell. Derartige Appelle erfolgen ungeachtet der Frage, ob der Einzelne hierdurch individuelle Vor- oder Nachteile erlangt. Der gesellschaftliche Idealzustand wäre demnach dann erreicht, wenn alle Bürger, ob in der Rolle als Verbraucher, Erwerbstätige oder Unternehmer einen hohen moralischen Selbstanspruch hätten und stets im Sinne des Kant'schen Kategorischen Imperativs agierten: „Handle stets so, dass die Maxime deines Handelns zum allgemeingültigen Gesetz erhoben wird."

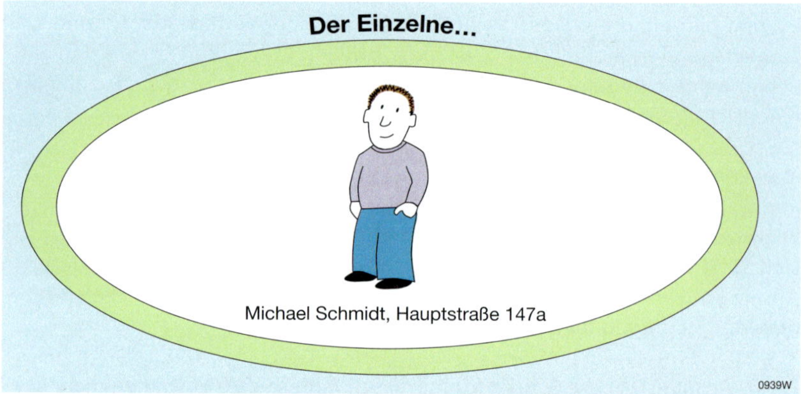

Es zeigt sich, dass, sofern es sich nicht um Kleingruppen-Moral (z. B. der Familie) handelt, Appelle an das moralische Bewusstsein des Einzelnen zumeist kaum Wirkungen zeigen, da in konkreten Entscheidungssituationen in aller Regel die individuelle der kollektiven Kosten-Nutzen-Kalkulation vorangestellt und das Eigeninteresse vorrangig gegenüber dem Gemeinwohl berücksichtigt wird. Hierbei ist Nutzen in vielfältiger Form zu verstehen: Er kann sowohl im Zugewinn von Geld, wie auch von Zeit, Bequemlichkeit o. Ä. bestehen.

Solange ein der allgemeinen Moral widersprechendes Verhalten in der Gesellschaft sanktionsfrei, d. h. ohne Bestrafung, möglich ist, werden die Individuen in der Regel zunächst ihr Eigeninteresse verfolgen und erst anschließend – wenn überhaupt – das Gemeinwohl in ihren Handlungen berücksichtigen.

Als einleuchtendes Beispiel lässt sich noch einmal die rasante Zunahme der Nachfrage nach (Billig-)Flugreisen seit Beginn des 21. Jahrhunderts anführen. Jeder möge sich selbst befragen, wann er das letzte Mal aufgrund der bekanntermaßen immensen CO_2-Emissionen auf eine Fernreise verzichtet hat. Die Durchsetzung moralisch-ethischer Vorstellungen in Wirtschaft und Gesellschaft allein auf Basis der individualethischen Betrachtungsebene ist als zu optimistisch zu bewerten. Dementsprechend bedarf es weitergreifender Ansätze, die an den Rahmenbedingungen und Restriktionen ansetzen.

A

1 Charakterisieren Sie die wesentlichen Merkmale individualethischer Ansätze. Ermitteln Sie Beispiele aus dem gesellschaftlichen Alltag für deren Anwendung.

2 Analysieren Sie, inwieweit individualethische Ansätze allein geeignet scheinen, die Berücksichtigung ethisch-moralischer Vorstellungen im modernen Wirtschaftsgeschehen sicherzustellen.

Institutionen – und ordnungsethische Ansätze

Die Vertreter der ordnungsethischen Ansätze gehen davon aus, dass die Moral nicht beim Individuum, sondern vor allem in den Institutionen- und Regelsystemen zu suchen ist. Nach diesem Ansatz sind die ethisch-moralischen Prinzipien in die Wirtschaftsordnung bzw. in die Rahmenordnung der Gesellschaft zu verankern. Gesellschaftlich unerwünschtes Verhalten wird somit nicht durch den Appell an das Individuum, sondern durch die Umgestaltung des Ordnungsrahmens aufgelöst, indem die Möglichkeiten, sich „unmoralisch" zu verhalten, begrenzt bzw. verhindert werden.

In diesem Ansatz spielen also staatlich gesetzte Anreize, aber auch gesetzliche Regelungen und Verbote eine große Rolle, die die Handelnden in die Schranken weisen und ihre Handlungsmöglichkeiten begrenzen mit dem Ziel, dass die Akteure zwar ihre Eigeninteressen vertreten können, das Gemeinwohl jedoch nicht geschädigt wird.

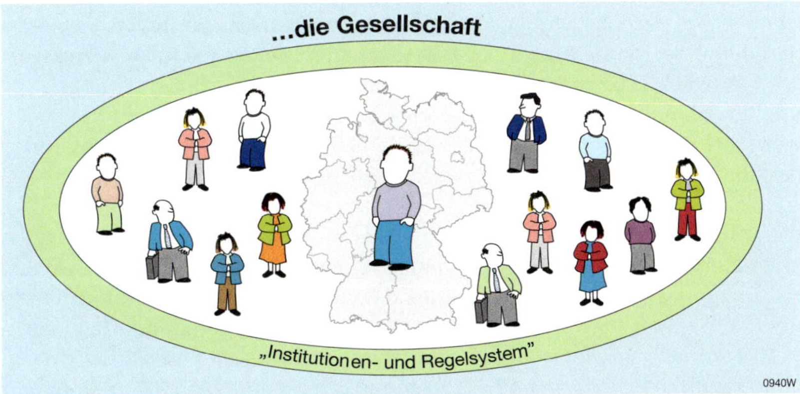

Wenn in diesen Bereichen dennoch weiterhin „unmoralisches" Verhalten auftritt, ist dementsprechend nach den Fehlern und Lücken im Restriktionsrahmen und nicht zuerst nach den „fehlerhaften" individuellen Motiven zu fragen. In der gesellschaftlichen und wirtschaftlichen Realität führt dies häufig dazu, dass auf unerwünschtes Verhalten mit weiteren Regeln reagiert wird. In vielen Lebensbereichen – insbesondere in allen wirtschaftlichen Bereichen – besteht heute bereits eine hohe Dichte an Regeln und Regulierungen. Die Gefahr einer Überregulierung, die ein „Abwürgen" gesamtgesellschaftlicher und wirtschaftlicher Aktivitäten nach sich ziehen kann, droht vielerorts.

A

1 Stellen Sie die Charakteristika individualethischer Ansätze denen ordnungsethischer Ansätze gegenüber. Beschreiben Sie auch hier Ihnen bekannte Beispiele aus unserem gesellschaftlichen Leben.

2 Setzen Sie sich anschließend mit den Wirkungen ordnungsethischer Ansätze auseinander. Vergleichen Sie deren Potenzial mit dem der individualethischen Ansätze.

3 Übertragen Sie das Beispiel der Geschwindigkeitsbegrenzung und -kontrolle auf der Autobahn auf institutionelle Restriktionen des gesellschaftlichen bzw. wirtschaftlichen Lebens. Erläutern Sie Ihre Ausführungen anhand eines weiteren Beispiels.

Verknüpfung von Ordnungs- und Individualethik

Die Lösung ist in einer Verknüpfung von Ordnungs- und Individualethik zu suchen. Die Moral muss, wo es geht, über sinnvolle Spielregeln in das System implementiert werden. Hierbei ist jedoch nicht nur die Etablierung von Regulierungen, sondern vor allem die Institutionalisierung sinnvoller Anreizstrukturen von Bedeutung. Gleichzeitig darf aber das Individuum bei der Entwicklung eines moralischen Bewusstseins nicht aus der Verantwortung genommen werden nach dem Motto: „Alles, was nicht verboten ist, ist erlaubt."

Die Institutionen und Regeln unserer Wirtschaftsordnung sind im Idealfall so auszugestalten, dass der Einzelne sein Eigeninteresse verfolgen kann – ein grundsätzliches Ziel unserer Gesellschaftsordnung - und damit gleichzeitig dem Gemeinwohl dient. Der Ökonom spricht von einer „Kooperation zum gegenseitigen Vorteil". Dies bedeutet nicht, dass es keine Notwendigkeit für Verbote und klare Beschränkungen der Handlungsmöglichkeiten gibt. Doch ist die Frage nach Art und Ausmaß der Einschränkungen zu stellen. Es muss darum gehen, für die Akteure im Wirtschaftsgeschehen solche Anreize zu schaffen, die die erwünschten gesellschaftlichen Ziele, z. B. Gerechtigkeit und Chancengleichheit, mitrealisieren können. Im besten Fall wird das erwünschte Verhalten des Einzelnen im Sinne des Gemeinwohls belohnt und das aus moralischer Sicht nicht zweckdienliche Verhalten bestraft.

Wer also auf der einen Seite die Möglichkeit der freien Entscheidung hat, muss auf der anderen Seite für „schädliche" Entscheidungen haften. Das Haftungsprinzip ist so auszugestalten, dass die Übernahme von Risiko überhaupt noch sinnvoll erscheint. Individuen agieren somit innerhalb der Rechtsordnung. In dieser müssen die ethischen Werte und Prinzipien, die eine Gesellschaft fördern und schützen möchte, in Form von Restriktionen einerseits und Anreizen andererseits institutionalisiert werden.

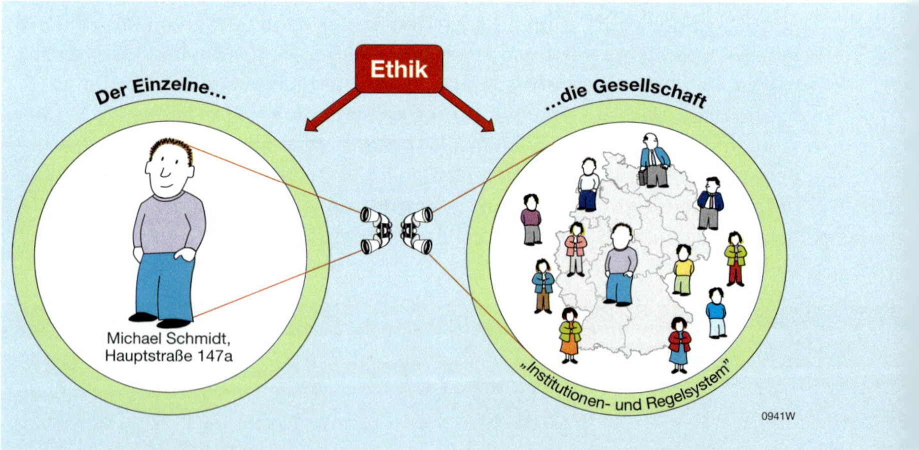

A

1 Diskutieren Sie, inwieweit es ein gesellschaftliches Ziel sein sollte, beide Ansätze zu kombinieren.

2 Setzen Sie sich in diesem Zusammenhang mit den möglichen Folgen einseitiger Ausrichtungen auseinander, und begründen Sie Ihre Einschätzungen anhand eigener Beispiele.

Selbst die besten Regelwerke enthalten Lücken, Grauzonen und Interpretationsmöglichkeiten. Individuen, die diese ausnutzen, z. B. bei der Steuererklärung, und sich somit unmoralisch im Sinne der Gesamtgesellschaft verhalten, sind jedoch keinesfalls entschuldigt, auch wenn sie in der Gesellschaft allzu häufig als besonders „clever" gelten und von den Mitbürgern so in ihrem Verhalten bestärkt werden. Es gilt nicht nur, die Regeln zu verbessern, sondern auch das moralische Bewusstsein des Einzelnen im Wirtschaftsprozess zu stärken. Das heißt, unsere wichtigen ethischen Prinzipien müssen auch in der moralischen Einstellung des Einzelnen zum Tragen kommen. Dies gilt ganz besonders für Menschen in verantwortungsvollen Positionen mit einer Vorbildfunktion für andere. Gleichwohl muss man bedenken, dass heroisches Verhalten kaum der Regelfall sein kann. Der Ökonom Krings hat diesen Sachverhalt so formuliert: „Die Moral des Einzelnen kann ein Versagen der Institutionen nicht kompensieren."

Q

Ein Resümee:

Zwar gibt es unter den Menschen durchaus auch Helden und Heilige. Aber sie sind doch eher die Ausnahme. Deshalb ist die Frage zu stellen, wie eine Gesellschaft organisiert sein muss, damit sie auch dann funktioniert, wenn man nicht auf moralischen Heroismus setzen mag: Wenn die Bürger einer Gesellschaft „Menschen wie du und ich" sind, wie können wir dann friedlich und produktiv zusammenleben und zusammenarbeiten, wie können wir uns wechselseitig nützlich sein, ohne uns moralisch zu überfordern?

Für die Beantwortung dieser Frage sind folgende Punkte hilfreich:
- In einer Gesellschaft weisen viele Probleme die Form sozialer Dilemmata auf. Sie werden als moralischer Missstand empfunden, gegen den man als einzelnes Individuum im Alleingang aber wenig ausrichten kann.
- Im sozialen Dilemma gibt es ein gemeinsames Interesse, den moralischen Missstand abzuwenden. Aber niemand möchte der einzige sein, der sich moralisch verhält. Die anderen müssen mitmachen. Dafür sind Regeln erforderlich.
- Soziale Dilemmata lassen sich durch geeignete Regeln überwinden. Sie beseitigen den Fehlanreiz, sich so zu verhalten, wie man es von den anderen befürchtet. Regeln schützen, stützen und ermöglichen moralisches Verhalten, das im gesellschaftlichen Normalbetrieb nicht zustande käme, sofern man befürchten muss, von den anderen ausgebeutet zu werden.
- Insbesondere für Wettbewerbssituationen haben Regeln daher eine fundamentale Bedeutung. Von ihnen hängt es ab, ob der Wettbewerb – als funktionaler Leistungswettbewerb – für die Gesellschaft nützlich oder ob er – als ruinöser, dysfunktionaler Wettbewerb – für die Gesellschaft schädlich ausgerichtet ist.

Ähnlich wie beim Menschenbild in den Einzelwissenschaften muss man auch die Moral – und vor allem: die Verwirklichungschancen der Moral – an der richtigen Stelle suchen, wenn man sie in der modernen Gesellschaft finden will. Hierzu kann Wirtschaftsethik beitragen, und zwar mit folgender Erkenntnis: Moral muss nicht gegen das Institutionensystem, sie kann vielmehr – überaus wirkungsvoll! – im System und durch das System zur Geltung gebracht werden, und zwar durch eine (Re-)Formierung institutioneller Anreize. Dabei gibt die Wirtschaftsethik keine konkreten Antworten vor. Aber sie hilft, die richtigen Fragen zu stellen."

Quelle: Diskussionspapier Nr. 2009-4 des Lehrstuhls für Wirtschaftsethik an der Martin-Luther-Universität Halle-Wittenberg, hrsg. von Ingo Pies, Halle 2009, S. 23

Beispiel: Finanz- und Wirtschaftskrise
Die weltweite Finanz- und Wirtschaftskrise gilt vielen als Paradebeispiel für die ethisch-moralischen Probleme in unserem Wirtschaftsgeschehen. Insbesondere das Verhalten einiger Bankmanager wird dabei immer wieder kritisiert und ist Gegenstand einer weltweiten Protestbewegung geworden (Occupy-Bewegung).

Doch die Analyse darf nicht bei dem – teilweise unbestritten zu kritiseren-den – Verhalten einzelner Akteure verharren, sondern muss – entsprechend unserer Herleitung auf den vorherigen Seiten – auch die Handlungsrestrik-tionen und ihre Lücken untersuchen.

A

1 Analysieren Sie die vorliegende Karikatur. Erläutern Sie den Sachverhalt, den der Zeichner hier darstellt.

2 Erörtern Sie, inwieweit die Finanzkrise insbesondere auf einer unzureichenden Realisierung des Haftungsprinzips basierte.

Auf der Basis einer nüchternen, wissenschaftlichen Betrachtung können sich z. B. folgende Einsichten ergeben:

So ist festzustellen, dass es „Egoismus“, neutral könnte man sagen: der Wunsch nach (materieller) Besserstellung sehr vieler Menschen war, der zur heutigen Situation geführt hat. Das „Spiel“ wurde nicht nur von den Vertretern der Banken und des Immobiliensektors gespielt, sondern auch von Politikern, Analysten, Rating-Agenturen, Aufsichtsbehörden, den Medien und – nicht zuletzt – zahlreichen Kleinanlegern, die dem Ruf attraktiver Renditen Folge leisteten. Dass auch Kleinanleger dieser Verführung erlagen, spiegelt sich etwa darin wider, dass mehrere zehntausend deutsche Kunden bei der mittlerweile zahlungsunfähigen isländischen Kaupthing Bank Einlagen zu überdurchschnittlich hohen Zinsen hatten. Es darf als fraglich gelten, ob allgemeine Appelle zu Bescheidenheit, Maßhalten usw. in diesem Zusammenhang irgendeine positive Wirkung zu entfalten imstande sein sollten. [...]
Nicht nur der Wunsch nach Besserstellung, sondern auch der Wunsch, eine (relative) Schlechterstellung zu vermeiden, prägte das Verhalten vieler Teilnehmer, v. a. jener, die auf den jeweiligen Märkten unter Wettbewerbsdruck agierten. Es gehört unseres Erachtens zu den Aufgaben der Ethik, Verständnis für diese sehr menschliche Verhalten zu entwickeln; nicht um es kritiklos zu akzeptieren, wohl aber, um zu fragen, wie damit sowohl individuell wie auch institutionell umzugehen ist.
Immerhin konnte es für den einzelnen Mitarbeiter in der Bank oder in anderen teilnehmenden Organisationen sehr „kostspielig“ werden, wenn er sich dem vorherrschenden „Spielverständnis“ widersetzte.

Quelle: Nick Lin-Hi/Andreas Suchanek: Eine wirtschaftsethische Kommentierung der Finanzkrise, Diskussionspapier Nr. 2009-2, Wittenberg-Zentrum für Globale Ethik e.V. (Hg.), S. 5 f.

Will man über Regelungsänderungen Verhaltensänderungen erreichen, so sind die vielfältigen Einflussfaktoren zu berücksichtigen.

1 Erläutern Sie mithilfe des ökonomischen Verhaltensmodells die Ursachen der globalen Finanzkrise. Analysieren Sie hierbei die Beziehung zwischen bestehenden Rahmenbedingungen und den Handlungen der Akteure.

2 Zeigen Sie auf, welche Nutzenkalkulationen jeweils den Handlungen der Zentralbanken, der Spekulanten und Bankhäuser, der Politiker und Kleinanleger zugrunde lagen und wie diese aufeinander einwirkten.

3 Setzen Sie sich mit der Frage auseinander, inwieweit es umfassender Änderungen der gesetzlichen Rahmenbedingungen und Sanktionsmechanismen bedarf, um vergleichbare Entwicklungen in der Zukunft zu verhindern.

Lernbilanz

Am Ende dieses Kapitels sollten Sie im Hinblick auf den Aufbau und die Funktion von Wirtschaftsordnungen wissen,
— warum das wirtschaftliche Geschehen überhaupt eine Ordnung braucht,
— welche wesentlichen Fragen eine Wirtschaftsordnung zu beantworten hat,
— was man unter Ordnungsformen und -elementen versteht,
— welche unterschiedlichen Typen von Wirtschaftsordnungen man unterscheidet und
— welche Form der Wirtschaftsordnung in Deutschland zu finden ist.

Darüber hinaus werden Sie sich im Rahmen der Bearbeitung mit der historischen Entwicklung der Sozialen Marktwirtschaft in Deutschland sowie den Charakteristika fundamentaler Transformationsprozesse, wie sie in Mittel- und Osteuropa zu beobachten waren und weiterhin sind, auseinandergesetzt haben.
Die folgenden Aufgaben sollen helfen zu überprüfen, ob Sie die wesentlichen Kompetenzen erworben haben.

A

1
Ordnen Sie die folgenden Begriffe in die Grafik ein. Verwenden Sie ein gesondertes Blatt, auf dem Sie die Grafik skizzieren: zentral, Gewinnprinzip, Staatseigentum, Banken, Planerfüllungsprinzip, Privateigentum, auf Märkten, dezentral, Steuersystem, durch staatliche Preisfestsetzung, Haushaltsprinzipien.

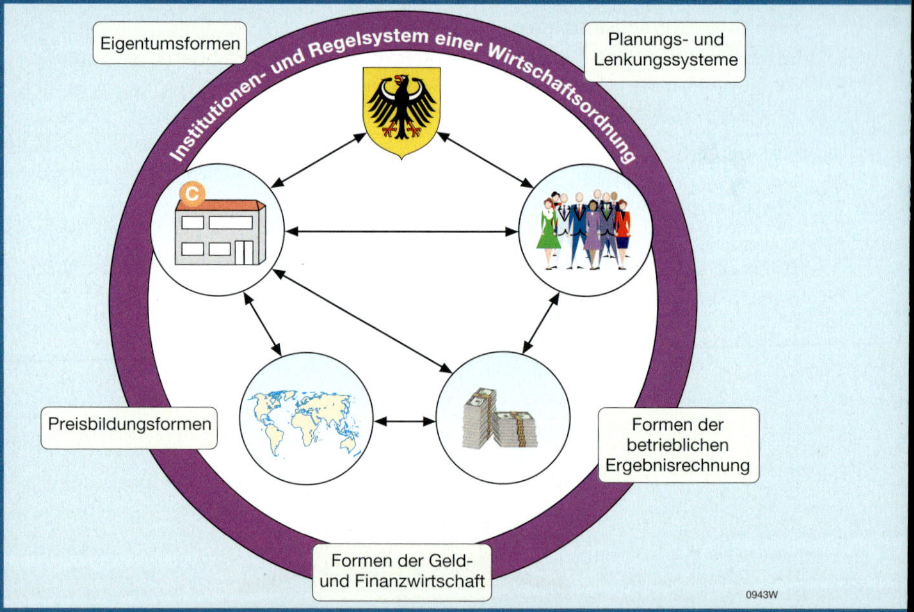

2
Welche der folgenden Aussagen sind richtig?
a) Man unterscheidet grundsätzlich zwischen sogenannten marktwirtschaftlichen und planwirtschaftlichen Ordnungen.
b) In einer Planwirtschaft folgen Betriebe dem Gewinnprinzip.
c) Die Ausgestaltung der Eigentumsverfassung bestimmt darüber, ob die Preise auf Märkten gebildet oder staatlich festgelegt werden.
d) Zentrale Planung meint, dass Märkte die zentralen Orte der wirtschaftlichen Planung und Lenkung darstellen.
e) In marktwirtschaftlichen Ordnungen gilt das Prinzip des Privateigentums.

3
Nehmen Sie Stellung zu folgender Aussage:
„Die Ordnungselemente betrieblicher Ergebnisrechnung nach dem Gewinnprinzip und staatliche Preisfestlegung lassen sich problemlos miteinander kombinieren".
Stimmen Sie dieser These zu oder nicht? Begründen Sie Ihre Meinung.

4
Was ist das „Soziale" an der Sozialen Marktwirtschaft? Fassen Sie in eigenen Worten die Grundgedanken der Gründungsväter der sozialen Marktwirtschaft in Deutschland zusammen.

5
Generell werden vier Arten von Eigentumsrechten in einer marktwirtschaftlichen Ordnung unterschieden. Stellen Sie sich vor, Sie kaufen sich ein Auto. Arbeiten Sie Ihre konkreten Eigentumsrechte heraus.

6
In der Diskussion um den zukünftigen Umgang mit Urheberrechten hat sich der Komponist und Musiker Sven Regener im Frühjahr 2012 in einem Interview mit dem Bayerischen Rundfunkt wie folgt geäußert:
„Es wird so getan, als ob wir Kunst machen als exzentrisches Hobby. Das Rumgetrampel darauf, dass wir uncool seien, wenn wir darauf beharren, dass wir diese Werke geschaffen haben, ist im Grunde nichts anderes, als dass man uns […] sagt: ‚Euer Kram ist nichts wert. Wir wollen das umsonst haben. Wir wollen damit machen können, was wir wollen […]'. Die Gesellschaft, die so mit ihren Künstlern umgeht, ist nichts wert."
Erörtern Sie, welche seiner bislang gültigen Eigentumsrechte Regener durch die Entwicklungen im Internet gefährdet sieht.

7
Es gibt einige Fundamentalbedingungen, die auf den Transformationsprozess von Wirtschaftsordnungen nachhaltig einwirken. Legen Sie zwei anhand von Beispielen dar.

8
Beim Umbau einer sozialistischen Zentralplanwirtschaft in eine Marktwirtschaft, ob in Ostdeutschland oder in Osteuropa, stellen sich generell drei große Aufgaben. Benennen Sie diese.

9
Erklären Sie den Unterschied zwischen individual- und ordnungsethischen Ansätzen. Arbeiten Sie die jeweils unterschiedlichen Ansatzpunkte zur Implementation ethischer Grundsätze in der Gesellschaft heraus.

10
Ordnen Sie die folgenden Maßnahmen den individual- bzw. den ordnungsethischen Ansätzen zu. Begründen Sie jeweils Ihre Auswahl.
a) Eine Organisation ruft zu Spenden in der Weihnachtszeit auf.
b) Der Bundestag beschließt die Ökosteuer.
c) Eine Bürgerinitiative plant zum Erhalt eines Naturschutzgebietes Protestaktionen.
d) Herr Meyer erhöht die Energieeffizienz seines Hauses und erhält staatliche Fördermittel.
e) London führt eine Maut für das Befahren der Innenstadt ein.

III

Stellung der Privaten Haushalte im Wirtschaftsgeschehen

In Deutschland leben ca. 80 Millionen Menschen, die tagtäglich auf verschiedenen Märkten als Nachfrager von Gütern und Dienstleistungen auftreten, unzählige ökonomische Transaktionen vollziehen und ganz unterschiedliche Funktionen in der Volkswirtschaft erfüllen. Die einen sind Unternehmer, die anderen Arbeiter und Angestellte, manche suchen Arbeit oder sind aufgrund besonderer Umstände von staatlicher Hilfe abhängig. Wieder andere leben im Alter von der Rente, die sie sich im Laufe der Jahre erarbeitet haben. Kinder und Jugendlichen nehmen nach und nach immer mehr am ökonomischen Leben teil und bereiten sich auf die zukünftigen Herausforderungen vor. All diese Menschen leben in Haushalten, sei es allein, oder mit anderen zusammen.

Und allen ist gemeinsam, dass sie ein Einkommen benötigen, um die eigenen Bedürfnisse befriedigen zu können – egal ob es darum geht, sich (über)lebensnotwendige Nahrung und Kleidung anzuschaffen oder die Freizeit so angenehm wie möglich zu gestalten.

Deutlich wird: Die Privaten Haushalte gehören zu den zentralen Akteuren einer Volkswirtschaft. Und ihre Handlungen unterliegen im Rahmen der Wirtschafts- und Rechtsordnung – wie diejenigen der anderen Akteure auch – verschiedenen Restriktionen.

Um die wesentlichen Aspekte der Privaten Haushalte zu vermitteln, beschäftigt sich das vorliegende Kapitel in fünf Unterkapiteln mit
- der Stellung der Privaten Haushalte im gesamtwirtschaftlichen System,
- ihren wesentlichen Strukturmerkmalen,
- ihren Einkommensquellen und den Formen der Einkommensverwendung,
- ersten Fragen der Einkommensverteilung,
- dem Zusammenspiel von Angebot und Nachfrage auf Märkten,
- den Faktoren, die das Verhalten der Konsumentinnen und Konsumenten beeinflussen sowie
- den rechtlichen und
- ökologischen Aspekten des Konsums.

Inhalt Kapitel III

1 Was versteht man unter einem Privaten Haushalt?

In Kapitel I haben wir gelernt, dass aufgrund von Knappheit die Bedürfnisse größer sind als die zur Verfügung stehenden Ressourcen und dass es das Ziel allen wirtschaftlichen Handelns jedes Einzelnen ist, vor diesem Hintergrund einen maximalen Grad der Bedürfnisbefriedigung zu erlangen. Die Zusammenhänge werden noch einmal deutlich, wenn wir uns im Folgenden mit einer klassischen Alltagssituation in einer Familie auseinandersetzen.

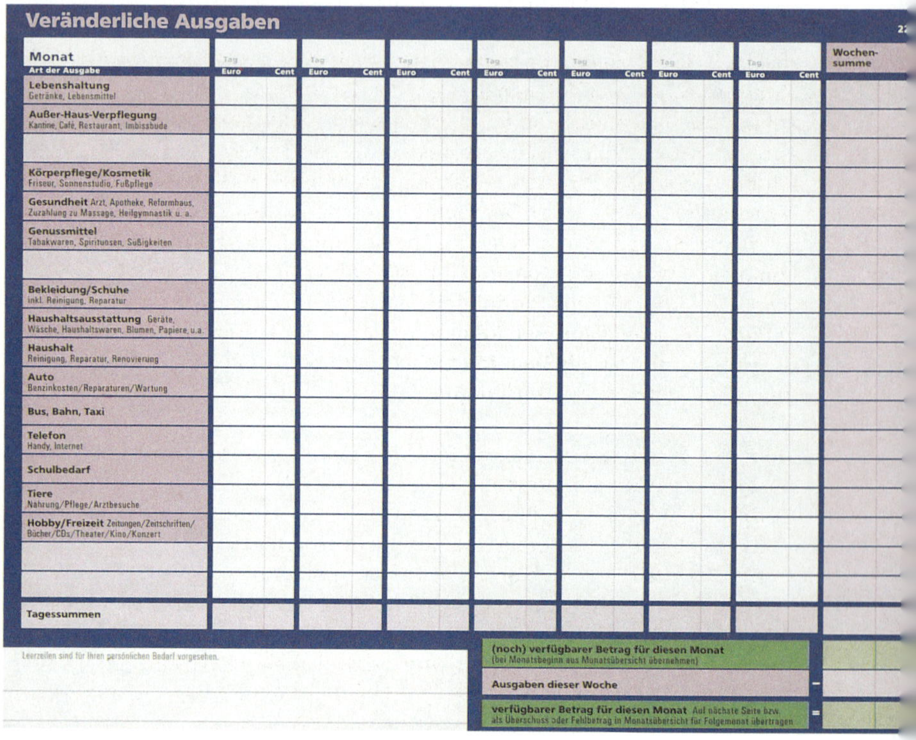

Veränderliche Ausgaben

Monat	Tag		Tag		Tag		Tag		Tag		Tag		Tag		Wochensumme
Art der Ausgabe	Euro	Cent	Euro	Cent	Euro	Cent	Euro	Cent	Euro	Cent	Euro	Cent	Euro	Cent	
Lebenshaltung Getränke, Lebensmittel															
Außer-Haus-Verpflegung Kantine, Café, Restaurant, Imbissbude															
Körperpflege/Kosmetik Friseur, Sonnenstudio, Fußpflege															
Gesundheit Arzt, Apotheke, Reformhaus, Zuzahlung zu Massage, Heilgymnastik u. a.															
Genussmittel Tabakwaren, Spirituosen, Süßigkeiten															
Bekleidung/Schuhe inkl. Reinigung, Reparatur															
Haushaltsausstattung Geräte, Wäsche, Haushaltswaren, Blumen, Papiere, u.a.															
Haushalt Reinigung, Reparatur, Renovierung															
Auto Benzinkosten/Reparaturen/Wartung															
Bus, Bahn, Taxi															
Telefon Handy, Internet															
Schulbedarf															
Tiere Nahrung/Pflege/Arztbesuche															
Hobby/Freizeit Zeitungen/Zeitschriften/Bücher/CDs/Theater/Kino/Konzert															
Tagessummen															

Leerzeilen sind für Ihren persönlichen Bedarf vorgesehen.

(noch) verfügbarer Betrag für diesen Monat (bei Monatsbeginn aus Monatsübersicht übernehmen)		
Ausgaben dieser Woche	–	
verfügbarer Betrag für diesen Monat Auf nächste Seite bzw. als Überschuss oder Fehlbetrag in Monatsübersicht für Folgemonat übertragen	=	

Der Konflikt der Familie Heistermann – Rollenspiel

Familie Heistermann ist ein Vier-Personen-Haushalt. Herr und Frau Heistermann haben ihrem 17-jährigen Sohn Fabian einen Computer versprochen. Jana, die 14 Jahre alt ist, wünscht sich schon seit längerer Zeit ein neues Mountainbike.

An dem Abend, an dem Herr Heistermann mit seinem Sohn den Computer kaufen will, kommt er verspätet mit dem Bus nach Hause. Sein Wagen ist auf dem Heimweg liegen geblieben und musste in die Werkstatt abgeschleppt werden. Der Motor des Wagens ist hin. Herr Heistermann würde am liebsten sofort einen neuen Wagen kaufen, wenngleich er ursprünglich den alten noch weiter fahren wollte. Einen neuen Wagen kann die Familie sich allenfalls leisten, wenn

- der Sohn auf seinen Computer verzichtet,
- die Tochter jetzt kein neues Fahrrad bekommt,
- auf die geplante Urlaubsreise nach Spanien verzichtet wird.

Die Mutter plädiert dafür einen preisgünstigen Gebrauchtwagen oder einen neuen Motor zu kaufen.

Das Problem der Familie Heistermann ist eines der ökonomischen Probleme, mit denen jede Familie fast täglich zu kämpfen hat: Wie soll man mit dem Einkommen auskommen?

i

Kriterien für die Analyse von Konflikten

Konfliktgegenstand: Worum geht es bei dem Konflikt? Wird der Konfliktgegenstand in der Spielszene benannt oder verschleiert?

Konfliktursache: Wo liegen die Ursachen für den Konflikt?

Status (Stellung) der Konfliktparteien: Wer argumentiert gegen wen? Wer verbündet sich mit wem?

Austragungsweise: Wie wird der Konflikt ausgetragen? Sind die Auseinandersetzungen sachlich oder emotional (gefühlsbetont)?

Argumentation: Wie und durch welche Hinweise begründen die Konfliktparteien ihre Meinungen?

A

Teilen Sie Ihre Klasse/Ihren Kurs in Spielgruppen auf. Mindestens zwei Schüler sind Beobachter des Spiels. Die Gruppen schreiben jeweils eine Rollenkarte für die vier Personen des Rollenspiels. Sie können das Rollenspiel auch erweitern, z. B. um einen Freund der Familie, eine Freundin der Tochter etc.

- Jede Gruppe wählt einen Spieler bzw. eine Spielerin für das Rollenspiel aus.
- Spielen Sie die Szene zweimal mit unterschiedlichen Personen durch. Die anderen Gruppenmitglieder notieren Gedanken zum Spiel „ihrer“ Person, die Beobachter konzentrieren sich auf die Interaktion der Personen.
- Werten Sie das Rollenspiel gemeinsam aus. Nutzen Sie dabei das Kriterienraster oben. Zuerst sollten Sie die beiden Beobachter zu Wort kommen lassen.

1.1 Wie kann man den Begriff „Privater Haushalt“ definieren?

Bereits die Herkunft des Wortes „Ökonomie“ weist darauf hin, dass Haushalte die „Keimzellen“ wirtschaftlichen Geschehens darstellen. Das lateinische „oeconomicus“ geht auf griechische Ursprünge zurück. „Oikos“ bedeutet Haus, Haushalt, Gehöft und „oikonomia“ kennzeichnet die Haushaltsführung, die Verwaltung; entsprechend ist mit „oiko-nomikos“ die Haushaltsführung gemeint, und der „oikonomos“ schließlich ist der Haushalter, Verwalter bzw. Wirtschafter.
Wir verwenden den Begriff Private Haushalte im Sinne der volkswirtschaftlichen Gesamtrechnung (vgl. Kreislaufanalyse Kap. I und Kap. V). Der Private Haushalt ist neben den Unternehmen und dem Staat der zentrale Akteur in einem marktwirtschaftlichen System, der Sachgüter und Dienstleistungen auf Märkten nachfragt und auf diese Weise die Nachfrage- und Angebotsstrukturen einer Volkswirtschaft wesentlich beeinflusst.
Wir definieren den Privaten Haushalt nach folgenden Dimensionen: „Privater Haushalt“ ist der Oberbegriff für eine aus einer Einzelperson oder einer Personenmehrheit (z. B. Ehepaar und Kinder) bestehende Einkommens-, Wohn- und Konsumeinheit. Funktional betrachtet sind Private Haushalte Anbieter von Produktionsfaktoren, um Einkommen in Form von Erwerbs- und Vermögenseinkommen zu erzielen. Außerdem verwenden sie das Einkommen für die Nachfrage nach Gütern, um Bedürfnisse zu befriedigen, und für die Vermögensbildung (Sparen).

Selbstverständlich lässt sich der Private Haushalt aus verschiedenen Analyseperspektiven betrachten:

- Der Haushalt als eine **ökonomische Einheit** umfasst jene Tätigkeiten, die mit der Einkommenserzielung und -verwendung zusammenhängen.
- Der Haushalt ließe sich aber auch als **organisatorische Einheit** sehen, die aus einer oder mehreren Personen besteht, mit dem Ziel, die Bedürfnisse der Mitglieder durch eine eigene Wirtschaftsführung zu befriedigen.
- Ferner ist es wichtig zu sehen, dass der Haushalt durch das Maß der sozialen Beziehungen der Haushaltsmitglieder untereinander geprägt ist, die auch Einfluss auf die ökonomischen Entscheidungen haben. Somit lässt sich ein Haushalt auch als eine **soziale Einheit** betrachten.

Zusammenfassend lässt sich festhalten, dass die Privaten Haushalte als sozioökonomische Einheiten zu begreifen sind. Entsprechend kann man die verschiedenen Analyseebenen bei der Betrachtung der Privaten Haushalte unterscheiden.

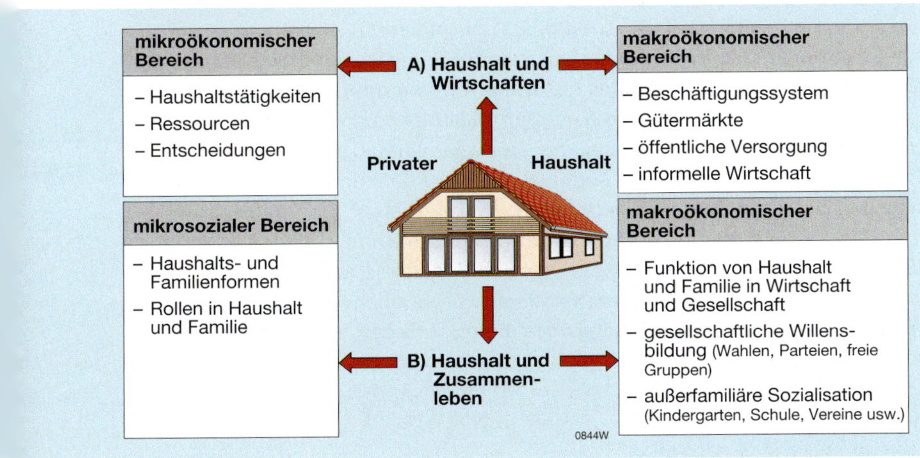

A

1 Erläutern Sie die genannten Dimensionen an Beispielen aus Ihrem Erfahrungsbereich.

2 Charakterisieren Sie unsere Beispielfamilie Heistermann als soziale Einheit. Arbeiten Sie dabei heraus, welche Wirkungen die sozialen Beziehungen auf die ökonomischen Entscheidungen der Familie haben.

i

Selbstverständlich lässt sich der Private Haushalt auch anders als aus der makroökonomischen Perspektive der VGR definieren. Wenn die Untersuchungsperspektive gewechselt wird, gibt es unterschiedliche Definitionen des Begriffes.

Andere Autoren (vgl. u. a. Piorkowsky/Weber 2011, S. 6 ff.) wählen einen Ansatz, der auf klassischen haushaltsökonomischen Grundlagen fußt, und definieren den Privaten Haushalt generell als Zentrum sowie treibende Kraft des wirtschaftlichen Geschehens. Sie kritisieren seit Jahrzehnten in bekannter Weise an dem Bezug zur VGR z. B., dass ein Großteil der geleisteten Arbeitsstunden, der im Haushalt anfällt, so betrachtet werde, als sei er unentgeltlich. Die anfallenden Stunden würden damit in der VGR nicht abgebildet.

Unberücksichtigt bleibt bei dieser berechtigten Kritik jedoch, dass die Verwendung dieser weltweit üblichen Vorgehensweise eine Vergleichbarkeit der Wirtschaftsleistungen unterschiedlicher Länder überhaupt erst ermöglicht. Es wird vergessen, dass die VGR ein statistisches Regelwerk mit vielen „Konventionen" ist, die weltweit beachtet werden, um sich auszutauschen, aber auch, um dieses Analyseinstrument Schritt für Schritt zu verbessern.

Das Modell des Wirtschaftskreislaufs erhebt keinen allumfassenden Erklärungsanspruch; es ist ein Denkmodell, das bewusst mit einer bestimmten Untersuchungsperspektive arbeitet. Die Grenzen dieses Denkmodells sind allerdings den Schülern aufzuzeigen.

Typisierung und Strukturierung von Haushalten

Bis zu diesem Punkt haben wir die Privaten Haushalte ganz funktional als homogene Einheiten und Wirtschaftsakteure betrachtet. Haushalte sind jedoch ganz unterschiedlich ausgestaltet.

Es haben sich deshalb im Laufe der Zeit verschiedene Erfassungsformen herausgebildet. Auch dabei geht es nicht um ein punktgenaues Abbild der Realität. Vielmehr wird – abhängig von der jeweiligen Fragestellung der Einkommensentstehung, -verwendung und -verteilung – eine bestimmte „Lupe" der Betrachtung gewählt. Das Erkenntnisinteresse bestimmt die Fragen.

(1) Erfassung nach Haushaltstypen

Lange Zeit fand in der Bundesrepublik Deutschland eine Erfassung nach Haushaltstypen statt. Haushalte wurden nach soziostrukturellen Merkmalen typisiert und deren gesamte, freiwillig offenbarte wirtschaftlichen Leistungen erfasst. Als typisch galt ein „Vier-Personen-Arbeiterhaushalt mit mittlerem Einkommen", konkret ein Ehepaar mit zwei Kindern, von denen eines unter 15 Jahre alt sein musste. 1954 und 1964 wurde diese Kategorie um den „Zwei-Personen-Haushalt von Rentnern und Sozialhilfsempfängern" sowie um den „Vier-Personen-Haushalt von Beamten und Angestellten mit höherem Einkommen" erweitert. Man verfolgte das Ziel, die gesamten wirtschaftlichen Aktivitäten und die soziale Wirklichkeit der Bundesrepublik zu erfassen, um insbesondere für den Bereich der Wohnungs- und Sozialpolitik benötigte Aussagen zu erhalten.

Der seit den 1960er Jahren zu verzeichnende soziale Wandel führte dazu, dass eine hohe Diversifikation von Lebensformen (z. B. Patchwork-Familien) entstand, die durch das bisherige Raster nicht mehr erfasst wurde. Die drei „klassischen" Haushaltstypen machen heute noch ca. 5 % aller Haushalte aus. Entsprechend stellte das Statistische Bundesamt seine Erfassungsmethode auf die der Haushaltsgrößen um.

(2) Darstellung nach der Höhe der Haushaltseinkommen

Seit 1964 wurden die Privaten Haushalte in der Bundesrepublik Deutschland nicht nur nach den o. g. Typisierungen erfasst, sondern auch nach der Hohe der Haushaltsnettoeinkommen. Die Begründung lag darin, dass mithilfe der Höhe der Einkommen bessere Aussagen hinsichtlich der Möglichkeiten der Einkommensverwendung geliefert und gleichzeitig Abweichungen genauer erfasst werden können.

Als Reaktion auf die Kritik an der Erfassung Privater Haushalte als homogene Einheiten wurde das Prinzip des Äquivalenzeinkommens eingeführt, welches die Haushaltseinkommen nach Zahl und Alter der in den Haushalten lebenden Personen gewichtet. Denn für wirtschaftspolitische Fragen ist es schon von wesentlicher Bedeutung, ob das Einkommen eines Haushalts zur Versorgung einer oder mehrer Personen dient. So wird in dieser Typisierung beispielsweise berücksichtigt, dass Bedarfe in Haushalten nicht linear mit der Zahl ihrer Mitglieder wachsen und der Bedarf von Kindern andere finanzielle Dimensionen hat als von Jugendlichen und Erwachsenen. In diesem Zusammenhang erlaubt das Instrument des „Haushaltsäquivalenzeinkommens" auch den Vergleich von Haushalten unterschiedlicher Größe.

(3) Erfassung nach sozialer Stellung des Haupteinkommensbeziehers
Hier wird das Konzept der Differenzierung nach soziostrukturellen Kriterien, welches sich bereits bei den Haushaltstypen fand, ausgedehnt. Es findet eine Unterscheidung nach Haushalten mit einem Haupteinkommen aus selbstständiger Arbeit, Arbeitnehmerhaushalten und Haushalten von Transferbeziehern (Rentner, Arbeitslose etc.) statt, wobei die jeweilige Größe keine Rolle spielt. So wird es u. a. möglich, einen Vergleich der Einkommen über unterschiedliche Haushaltsgrößen hinweg vorzunehmen. Die Aussagekraft dieses Ansatzes wird aber dadurch stark eingeschränkt, dass heutzutage kaum noch Haushalte ihr Einkommen aus einer einzigen Quelle beziehen. Gleichzeitig führt der soziale Wandel dazu, dass immer mehr „prekäre" bzw. unsichere Arbeitsverhältnisse entstehen und in der Folge häufige Wechsel von Arbeitsbeziehungen zu verzeichnen sind.

(4) Erfassung nach Haushaltsgröße
Liegt der Zweck der Kategorisierung vor allem in der Erfassung wirtschaftlicher und sozialer Realität, so ist die Haushaltsgröße ein handhabbares Fundament. In einer sich kontinuierlich verändernden Welt stellt die Haushaltsgröße quasi eine „neutrale" Größe dar, anders als der am „Normalfall" festhaltende Ansatz der Haushaltstypen. Die Veränderung der Haushaltsgrößen ist dabei sehr hilfreich bei der Erfassung des z. T. dramatischen Wandels in Gesellschaft und Wirtschaft, beispielsweise im Zuge umfassender demografischer Veränderungen im 21. Jahrhundert.

(5) Erfassung nach sozialer Lebensform
In den letzten Jahren kam zunehmend eine Systematisierung nach Art und Form des sozialen Verbundes der im Haushalt lebenden Personen hinzu. Als die zentralen Typen werden erfasst: allein lebende Personen, Paare mit bzw. ohne Kinder und Alleinerziehende. Die Ergebnisse werden z. B. für den Familienbericht der Bundesregierung und damit im Rahmen der Diskussion um die Entwicklung und Besserstellung der Familien in der Gesellschaft benötigt. Allerdings hat sich gezeigt, dass die Deutung der Ergebnisse – z. B. die Höhe des Einkommens von Familien mit Kindern – z. T. sehr schwierig ist. So ist in vielen Statistiken vor allem das verhältnismäßig hohe Einkommen von Familien mit Kindern erstaunlich. Doch bedeutet dies, dass die Theorie vom „Armutsrisiko Kind" widerlegt ist?
Hieran zeigt sich, wie eingeschränkt z. T. die Aussagekraft solcher Statistiken ist. Zudem wird deutlich, dass es nicht die eine „richtige" Erfassungsmöglichkeit gibt, sondern alle ihre Vor- und Nachteile haben – abhängig von der zu untersuchenden Fragestellung.

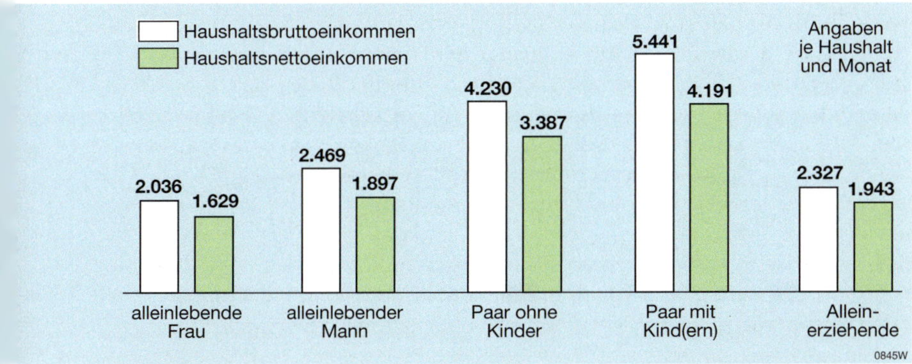

Quelle: Statistisches Bundesamt, Wiesbaden: Einkommens- und Verlaufsstichprobe 2008

def.

Äquivalenzeinkommen/Haushaltsäquivalenzeinkommen:
Das Konzept des Äquivalenzeinkommens versucht der Tatsache Rechnung zu tragen, dass das Haushaltseinkommen abhängig von der Zahl und dem Alter der Haushaltsmitglieder gewichtet werden muss, dass aber gleichzeitig die Bedarfe nicht linear mit der Zahl der Mitglieder steigen. So macht es einen großen Unterschied, ob das Haushaltseinkommen einer Person zur Verfügung steht oder auf vier Personen verteilt werden muss. Gleichzeitig ist festzuhalten, dass ein Haushalt mit zwei Personen im Vergleich zu einem Ein-Personen-Haushalt keine zwei Kühlschränke, Herde und Waschmaschinen benötigt.

A

1 Fassen Sie die Erfassungskriterien, die Ziele sowie die Vor- und Nachteile der jeweiligen Typisierung und Strukturierung Privater Haushalte zusammen.

2 Beschreiben Sie die Funktion der jeweiligen Erfassungstypen für Forschung und Politik.

3 Ermitteln Sie arbeitsteilig aktuelle Daten zu allen Haushaltsgrößen und den sozialen Lebensformen. Nutzen Sie die Websites des Statistischen Bundesamtes und des Statistischen Landesamtes.

1.2 Die Beziehungen der Privaten Haushalte zu ihrer Umwelt

Der einzelne Private Haushalt steht mit seiner Umwelt über
— Güterströme,
— Geldströme und
— Informationsströme
in Verbindung.

Q

Güterströme werden aus Sachgütern und aus Diensten (Dienstleistungen) gebildet. Im Falle der Erwerbsarbeit fließen Dienste an andere Einheiten und Einkommen in entgegengesetzter Richtung in den Verfügungsbereich zurück in die Haushalte. Käufe von Dienstleistungen, Ge- und Verbrauchsgütern führen zu einem Güterstrom in den Haushalt hinein und zu Geldströmen in umgekehrter Richtung. Da diese Ströme nicht automatisch, sondern aufgrund von Entscheidungen und Verfügungen ablaufen, benötigt der Haushalt Informationen, die ihm auf verschiedenen Wegen zufließen. Unterrichtet er die „Umwelt" über seine Bedürfnisse, Handlungsabsichten, Zufriedenheit usw., so resultiert daraus auch ein umgekehrter Informationsstrom.

Quelle: Eberhard Kuhlmann: Verbraucherpolitik, Vahlen, München, 1990, S. 1 f.

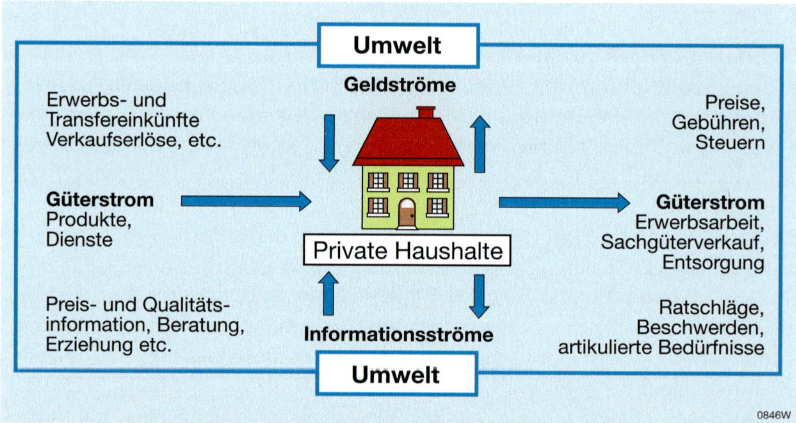

Die Beziehungen eines Privaten Haushalts zu seiner Umwelt

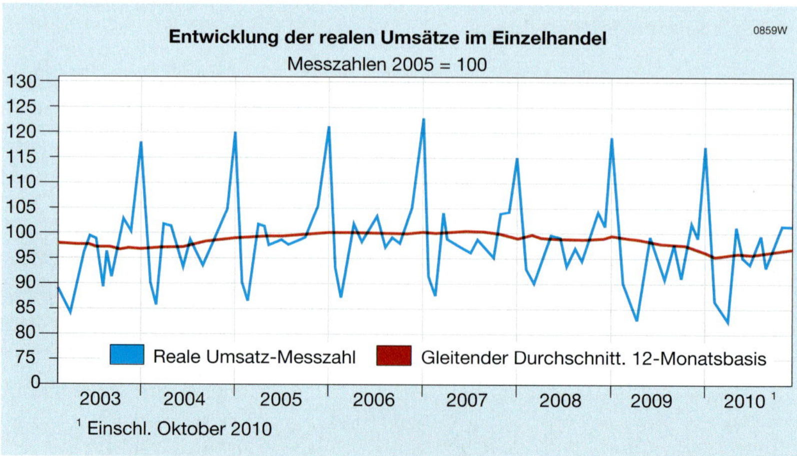

Quelle: Statistisches Bundesamt, Wiesbaden 2010

A

1 Erläutern Sie am vorliegenden Beispiel des Einzelhandels die Beziehungen zwischen den Privaten Haushalten und den Unternehmen im Wirtschaftsgeschehen.

2 Ermitteln Sie die Ströme, die hier eine Rolle spielen.

3 Erklären Sie die in den einzelnen Jahresabschnitten zu erkennenden Schwankungen, und erschließen Sie, wie die Unternehmen auf diese reagieren (müssen).

4 Ermitteln Sie aktuelle Zahlen zur Entwicklung des deutschen Einzelhandels sowie die wesentlichen Ursachen für die zu erkennenden Entwicklungen.

Entscheidungsfelder und Entscheidungsprobleme für Private Haushalte und Unternehmen

Knappheit als ein Grundgesetz des Wirtschaftens berührt den Konsumenten in gleicher Weise wie den Produzenten von Gütern. Jeder Verbraucher merkt diese Knappheit an der Begrenztheit seines zur Verfügung stehenden Einkommens. Man spricht von der sogenannten Budgetrestriktion und meint damit, dass die Ausgaben durch das Einkommen begrenzt sind.

Die Individuen der Privaten Haushalte haben grundsätzlich zwei Entscheidungen zu treffen:

- Welche Güter kann und will der Private Haushalt in welcher Menge konsumieren bzw. sparen (Konsum- und Sparentscheidung)?
- In welcher Form kann und muss sich der Private Haushalt an der Produktion, an der Bereitstellung von Sachgütern und Dienstleistungen beteiligen (Arbeitsangebotsentscheidung)?

Das heißt: Haushalte fragen Sachgüter und Dienstleistungen nach und bieten Arbeitskraft an. Umgekehrt erstellen Unternehmen Sachgüter und Dienstleistungen und bieten diese an, während sie Arbeitskraft sowie Boden und Kapital nachfragen.

In dem vereinfachten Modell des Wirtschaftskreislaufes lässt sich zeigen, dass Märkte in diesem Zusammenhang als Treffpunkte fungieren, auf denen Angebot und Nachfrage zusammentreffen und Preise die Indikatoren für Knappheit darstellen.

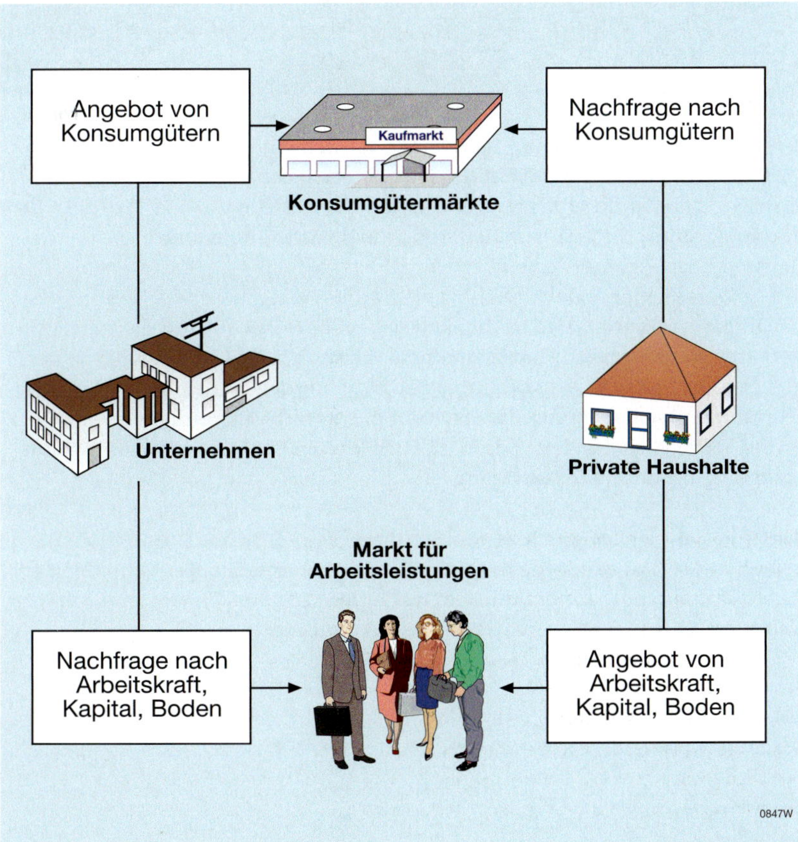

Angebots- und Nachfragepläne der Privaten Haushalte und der Unternehmen

A

1 Beschreiben Sie die dargestellten Beziehungen zwischen den Privaten Haushalten und Unternehmen mithilfe einer selbstentwickelten Beispielgeschichte.

2 Überprüfen Sie, welche Auswirkungen es auf die Beziehungen zwischen Privaten Haushalten und Unternehmen hätte, wenn die Haushalte auf den Konsumgütermärkten ihre Nachfrage deutlich reduzieren würden.

2 Einkommensquellen und -verwendung

2.1 Statistiken zum Einkommen

Um auf Gütermärkten aktiv werden zu können, benötigen Private Haushalte Geldmittel in Form von Einkommen und Vermögen. Um Einkommen zu erzielen, bieten sie auf den Märkten zumeist den Faktor Arbeit an. Dabei sind unterschiedliche Formen der Tätigkeit möglich – von der Voll- bis zur Teilzeit- und Nebenerwerbstätigkeit. In einem Haushalt lassen sich dabei oftmals verschiedene Formen gleichzeitig finden.

def.

Nominaleinkommen:
Einkommen in Geld bewertet, ohne Berücksichtigung der realen Kaufkraft

Realeinkommen:
Einkommen unter Einbeziehung von Preisindices (Indikator für reale Kaufkraft)

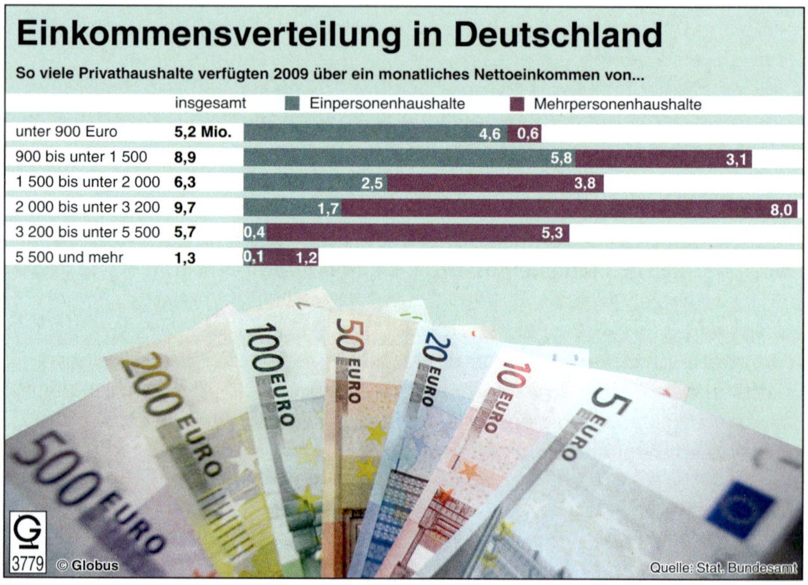

Im Verlauf der vergangenen Jahrzehnte hat sich das nominale Einkommen, also die reine Einkommenshöhe, der Privaten Haushalte erheblich vergrößert. So standen den Privaten Haushalten 1960 knapp 107 Mrd. Euro zur Verfügung, während es im Jahr 2010 rund 1.600 Mrd. Euro waren.

Diese Werte sagen jedoch noch nichts darüber aus, ob sich das Einkommen auch real erhöht hat, also tatsächlich z. B. mehr Güter gekauft werden konnten. Um diese Frage zu klären, muss die Erhöhung der Einkommen mit derjenigen der Preise in ein Verhältnis gebracht werden. Man spricht in diesem Zusammenhang auch von der Ermittlung des Nettorealverdienstes. Ein Blick in die Statistik zeigt allerdings, dass auch hier im Laufe der Jahrzehnte eine deutliche Erhöhung festzustellen ist.

Die über Jahrzehnte gestiegenen Reallöhne zeigen sich in Produktionszuwächsen, welche wiederum zu einem deutlichen Anstieg der Kaufkraft der Lohnminute führen, und darin, wie viel Arbeitszeit zum Erwerb von Alltagsgütern 1960 und 2010 aufgewandt werden musste.

A

1 Recherchieren Sie aktuelle Daten zur Einkommenssituation Privater Haushalte in Deutschland und Europa. Nutzten Sie dazu die Websites des Statistischen Bundesamtes und der Europäischen Kommission.

2 Arbeiten Sie jene Veränderungen heraus, die sich kurzfristig und langfristig feststellen lassen. Ermitteln Sie die jeweils einflussnehmenden Faktoren.

Veränderung des Arbeitsvolumens in der Bundesrepublik

Jahr	Gesamtwirtschaftliches Arbeitsvolumen	Arbeitsvolumen je Erwerbstätigem	
	Mrd. Stunden	Stunden	1960 = 100
1960	56,34	2.162	100
1965	55,27	2.066	95,6
1970	52,29	1.955	90,4
1975	47,41	1.794	83,0
1980	48,01	1.750	80,9
1985	46,12	1.695	78,4
1990	47,97	1.611	74,5
1995	57,67	1.534	71,0
2000	57,66	1.473	68,1
2005	55,80	1.437	66,5

2.2 Einkommensarten

Die Privaten Haushalte beziehen ihr Einkommen aus unterschiedlichen Quellen. Generell unterscheidet man vier Einkommensarten:

Einkommen aus nichtselbstständiger Arbeit: Darunter werden alle Entgelte für Arbeitsleistungen verstanden, die von den Arbeitnehmern in den Unternehmen oder beim Staat erzielt werden. Angestellte erhalten ihr Gehalt, Arbeiter ihren Lohn, Seeleute ihre Heuer, Politiker ihre Diäten etc. Auch die Ausbildungsvergütung zählt zu den Einkommen aus unselbstständiger Arbeit, ebenso wie der Sold der Soldaten. Hinzu kommen alle Entgelte aus dem Verkauf von Dienstleistungen an andere Private Haushalte (z. B. für Reinigungs- und Aufsichtsdienste).

Einkommen aus Vermögen: Das Vermögenseinkommen umfasst alle Einkünfte aus Zinsen, Dividenden, Beteiligungen und Ertrag bringenden Guthaben aus Banken, aus Mieteinnahmen aus Hausbesitz sowie Pachteinnahmen aus Grundstücksbesitz.

Einkommen aus selbstständiger Arbeit: Die Einkünfte aus der Unternehmertätigkeit Privater Haushalte werden in dieser Klasse zusammengefasst. Das können zum einen die Gewinne eines Unternehmens sein, die dem Unternehmerhaushalt zufallen, zum anderen kann es sich jedoch um die Erlöse aus freiberuflicher Tätigkeit (z. B. freie Journalisten) handeln. Die Volkswirtschaftliche Gesamtrechnung zählt außerdem alle Einkünfte aus Vermietung hierzu, da sie diese zu den unternehmerischen Tätigkeiten zählt.

Transfereinkommen: Hierunter fallen alle Leistungen, die der Staat den Privaten Haushalten ohne konkrete Gegenleistung zukommen lässt. Es handelt sich hierbei beispielsweise um Arbeitslosengeld, Kindergeld, Renten- und Pensionszahlungen sowie die Sozialhilfe.

Viele Haushalte beziehen dabei ihr Einkommen parallel aus unterschiedlichen Quellen, beispielsweise wenn neben der Erwerbstätigkeit in einem Unternehmen noch eine Wohnung vermietet wird. Entsprechend steigt das Einkommen eines solchen Haushalts. In der Bundesrepublik Deutschland haben sich, wie die Statistik zeigt, in den letzten 40 Jahren das Volkseinkommen und das verfügbare Einkommen deutlich erhöht. Es handelt sich dabei nicht nur um eine nominelle Steigerung, sondern die Erhöhung des Einkommens ist für die Privaten Haushalte auch real spürbar.

def.

Die **personelle Einkommensverteilung** fragt nach dem Einkommen von Personen und Personengruppen, unabhängig davon, wo dieses Einkommen herkommt.

Bei der **funktionellen Einkommensverteilung** geht es hingegen darum, welches Einkommen jemand aufgrund seiner Funktion im Produktionsprozess erhalten hat.

Anders ausgedrückt können wir sagen, dass im erstgenannten Ansatz die Verteilung der Einkommen einer Volkswirtschaft auf unterschiedliche Haushaltsgruppen und -typen, im zweiten seine Verteilung auf die Produktionsfaktoren Arbeit und Kapital untersucht wird.

Unter **verfügbarem privaten Einkommen** versteht man private Einkommen abzüglich der direkten Steuern und Sozialabgaben.

A

1 Führen Sie die Tabelle fort, indem Sie die aktuellen Zahlen zur Einkommenssituation der Privaten Haushalte in Deutschland ermitteln.

2 Erklären Sie, weshalb in der nebenstehenden Tabelle – abweichend vom sonst gewählten Intervall – auch das Jahr 1991 aufgeführt wird.

3 Erschließen Sie die wesentlichen Gründe für die kontinuierliche Zunahme des verfügbaren Einkommens der Privaten Haushalte.

4 Überprüfen Sie, ob sich folgende Aussage mithilfe der Grafik belegen lässt: „Im Vergleich zum Jahr 2000 hatten in 2009 sämtliche Haushalte in Deutschland mehr Einkommen zur Verfügung." Begründen Sie Ihre Einschätzung.

Erhöhung des Volkseinkommens und des verfügbaren Einkommens der Privaten Haushalte, Deutschland 1960 bis 2009*

Jahr	Volkseinkommen Mrd. € in jeweiligen Preisen	Volkseinkommen je Einwohner €	Verfügbares Einkommen der Privaten Haushalte Mrd. €
1960	122,8	2.215	107,6
1965	183,3	3.127	158,5
1970	282,1	4.625	228,1
1975	430,5	6.983	341,5
1980	609,3	9.882	512,9
1985	762,4	12.493	629,3
1990	1.017,9	15.973	821,8
1991	1.192,6	14.856	1.000,5
1995	1.397,2	17.077	1.188,0
2000	1.524,4	18.532	1.322,2
2005	1.696,7	20.514	1.464,0
2009	1.791,8	21.885	1.554,3

*bis 1990 alte Bundesländer; ab 1971 (Volkseinkommen) bzw. 1980 (verfügbares Einkommen) revidierte Ergebnisse der VGR

2.3 Kinder und Jugendliche als Wirtschaftsfaktor

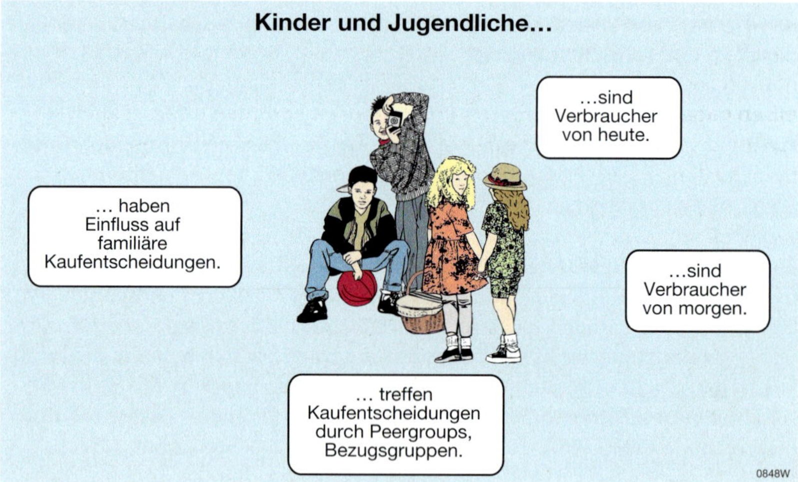

Nicht nur für die Privaten Haushalte generell, auch für die Gruppe der Kinder und Jugendlichen hat sich in den vergangenen Jahrzehnten die Einkommenssituation stark verändert. Sie stellen heute einen wichtigen Wirtschaftsfaktor dar. Im Jahr 2009 verfügten Kinder und Jugendlichen in Deutschland im Alter von 6–13 Jahren zusammen über ein Vermögen von fast 2,5 Mrd. Euro. Weitere 3,6 Mrd. Euro befanden sich auf ihren Sparbüchern.

Die Einnahmen der Kinder und Jugendlichen speisen sich dabei im Wesentlichen aus drei Quellen:
- Taschengeld,
- Geldgeschenke (v. a. zum Geburtstag und zum Weihnachtsfest),
- Einnahmen aus Jobs bzw. Berufstätigkeit.

Dabei unterliegen die Interessen und Wertvorstellungen der Kinder und Jugendlichen einem kontinuierlichen Wandel. Die folgende Grafik fasst dabei die wesentlichen Ausgabenbereiche älterer Jugendlicher und junger Erwachsener zusammen:

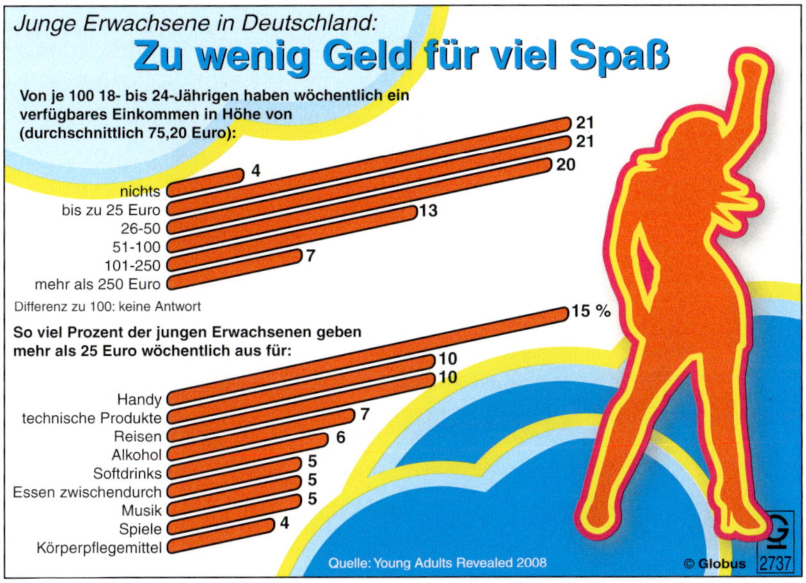

Obwohl die Kinder und vor allem die Jugendlichen im Elektronikbereich heute großzügig ausgestattet sind, liegen hier ihre zentralen Wünsche für zukünftige Anschaffungen. Neue Entwicklungen wie die Verbreitung des Internets, vor allem aber der Mobilfunk-Technologie (Handy, Smartphone) haben dabei neue Bedürfnisse geweckt und Märkte geschaffen. Das Markenbewusstsein spielt hier, ähnlich wie bei Bekleidungsartikeln, aber beispielsweise auch im Food-Bereich eine wesentliche Rolle.

A

1 Recherchieren Sie aktuelle Daten zum Freizeitverhalten sowie zu den Einnahmen und Ausgaben der Kinder und Jugendlichen. Vergleichen Sie diese mit den Angaben in der Grafik, und ermitteln Sie Gemeinsamkeiten sowie Unterschiede.

2 Ermitteln Sie in Ihrem Kurs die wesentlichen Einnahmequellen und Ausgabenfelder, und vergleichen Sie diese mit den Angaben in der Tabelle.

3 Überprüfen Sie, in welchen Bereichen Marken eine große, in welchen eine geringe Rolle spielen. Diskutieren Sie mögliche Ursachen für die zu erkennenden Unterschiede.

2.4 Ökonomische Entscheidungen über die Verwendung des Einkommens

Auf der ersten Ebene muss der Haushalt die grundsätzliche Frage klären, in welchem Verhältnis das vorhandene Einkommen für den Konsum verwendet bzw. gespart werden soll. Ist die grundlegende Entscheidung gefallen, so differenziert sich die jeweilige Entscheidung auf den folgenden Ebenen weiter aus, wie die nachstehende Grafik verdeutlicht:

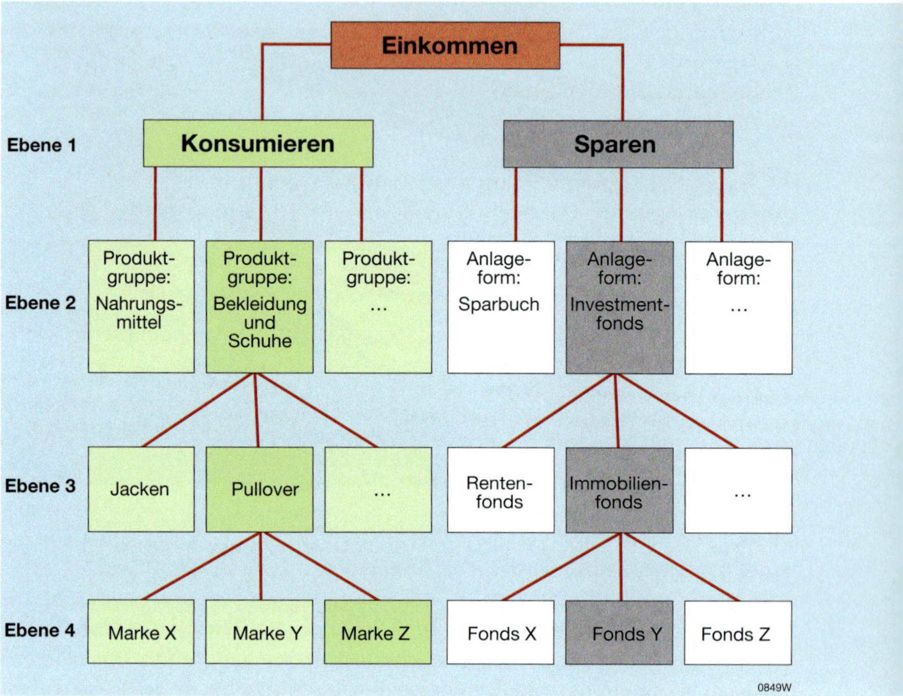

Entscheidungen über die Verwendung des Einkommens

Viele Haushalte benutzen – gerade wenn sie über knappe Mittel verfügen – Budgetpläne bzw. Haushaltsbücher, um sich einen Überblick über ihre Einnahmen und Ausgaben zu verschaffen. Sie skizzieren damit die fortwährende Abwägung zwischen alternativen Verwendungsentscheidungen. Budgetpläne bzw. Haushaltsbücher legen u. a. die Präferenzen des jeweiligen Haushalts, aber auch seine ökonomischen Restriktionen offen. Neben der Aufstellung aller Einnahmen, die bereits kategorisiert wurden, ist vor allem die Erfassung der Ausgaben von Bedeutung, um einer möglichen Verschuldung vorzubeugen. Hierbei sind die festen (fixen) von den veränderlichen (variablen) Ausgaben zu unterscheiden:

Haushaltsplan
Kategorien für feste Ausgaben (Beispiele):

- Miete einschließlich Nebenkosten oder Kosten für Wohneigentum einschließlich Nebenkosten
- Strom, Wasser, Heizenergiekosten
- Schadenversicherungen (private Haftpflichtversicherung, Hausratversicherung, sonstige Versicherungen)
- Personenversicherungen (Berufsunfähigkeitsversicherung, Risikolebensversicherung, private Krankenversicherung, private Unfallversicherung, private Rentenversicherung, private Pflegeversicherung usw.)
- Kfz-Versicherung(en)/-Steuer

A

Stellen Sie Opportunitätskosten am Beispiel eigener Entscheidungen über die Einkommensverwendung dar.

- Steuern/Beiträge/Gebühren (Grundsteuer, Beiträge für Vereine, Verbände, Parteien, Gewerkschaften, Rundfunk- und Fernsehgebühren)
- Haushalt und Familie (Taschengeld, Haushaltshilfe, Kinderbetreuungskosten, Kindergarten, Kinderhort, Schule/Aus- und Fortbildung, Zeitung, Zeitschriften, Bücher)
- Telefon, Fax, Internet
- weitere Zahlungsverpflichtungen (Kreditzinsen und Tilgungsraten, Unterhaltszahlungen)
- monatliche Sparbeträge (Spareinlage, Sparvertrag, Bausparen, sonstige Sparformen, Kapitallebensversicherung, Rücklagen für Neuanschaffungen, Urlaub, Reparaturen)
- sonstige feste Ausgaben

Kategorien für veränderliche Ausgaben (Beispiele):
- Ernährung, Getränke, Außerhausverpflegung (Nahrungsmittel, Kantine)
- Genussmittel
- Kleidung, Schuhe
- Wasch- und Putzmittel
- Körper und Gesundheit (Körperpflege, Kosmetik, Hygiene, Friseur, Solarium, Sauna, Arzt, Arzneimittel)
- Porto, Geschenke, Spenden
- Bildung, Freizeit, Unterhaltung (Bücher, Zeitungen, EDV, Schreibwaren, Reisen, Urlaub, Kurse, Sport, Hobby, Theater, Kino, Kultur)
- Verkehr (öffentliche Verkehrsmittel, Taxi, Mitfahrer)
- Auto(s): Monatsdurchschnitt aller Betriebsausgaben (Benzin, Ölwechsel, Inspektionen, Pflege, Reparaturen, ggf. Garage)
- Wohnen (Hausrat, Anschaffungen, Reparaturen, Renovierungen)
- Sonstiges (Familienfeiern, Haustierhaltung, Anwalt, Steuerberater, Garten)

Warenkorb und Wägungsschema

Q

Warenkorb

Bei der Berechnung des Verbraucherpreisindex geht man von einem „Warenkorb" aus, welcher sämtliche Waren und Dienstleistungen enthält, die für die Konsumwelt in Deutschland relevant sind. Der Warenkorb wird laufend aktualisiert, damit immer diejenigen Gütervarianten in die Preisbeobachtung eingehen, welche von den Konsumenten aktuell häufig gekauft werden. Die Auswahl von konkreten Produkten für die Preisbeobachtung erfolgt in Form von repräsentativen Stichproben. In der Regel werden zunächst repräsentative Städte, dort dann repräsentative Geschäfte und darin die am häufigsten verkauften Produkte ausgewählt.
Für die Messung der Preisentwicklung notieren rund 600 Preiserheber in 188 Gemeinden Monat für Monat die Preise der gleichen Produkte in denselben Geschäften. Zusätzlich erfolgt für viele Güterarten eine zentrale Preiserhebung, beispielsweise im Internet oder in Versandkatalogen. Insgesamt werden so monatlich 300.000 Einzelpreise erfasst. Ein einmal für die Preisbeobachtung ausgewählter Artikel wird dann gegen eine anderen ausgetauscht, wenn er nicht mehr oder nur wenig verkauft wird.

Quelle: www.destatis.de/jetspeed/portal/cms/Sites/destatis/Internet/DE/Content/Statistiken/Preise/Verbraucherpreise/WarenkorbWaegungsschema/WarenkorbWaegungsschema.psml, 03.11.2011

A

1 Erstellen Sie einen exemplarischen Haushaltsplan für eine dreiköpfige Familie mit 3.500 Euro Nettoeinkommen, die in Ihrer Stadt/Region zu den durchschnittlichen Kosten zur Miete wohnt. Ermitteln Sie das Verhältnis der fixen zu den variablen Ausgaben.

2 Benennen Sie jene Ausgabeposten, die für einen Privaten Haushalt unumgänglich sind, jedoch deutlichen Schwankungen ausgesetzt sein können.

3 Erklären Sie in eigenen Worten die Funktionsweise des statistischen Warenkorbes. Erläutern Sie, weshalb dieser permanent verändert werden muss.

Q

Wägungsschema

Im nächsten Schritt werden die Güter des Warenkorbs in rund 700 Güterarten eingeteilt. Für die Berechnung der gesamten Teuerungsrate wird die durchschnittliche Preisentwicklung für eine Güterart jeweils mit dem Ausgabenanteil gewichtet, welche die privaten Haushalte im Durchschnitt für diese Güterart ausgeben. Das Ergebnis ist ein gewichteter Mittelwert für die Preisentwicklung in Deutschland. Die Gewichtungsinformationen sind im sogenannten Wägungsschema enthalten. Im Gegensatz zum Warenkorb wird das Wägungsschema für den Verbraucherpreisindex nur alle fünf Jahre aktualisiert, um innerhalb des Fünfjahreszeitraumes die reine Preisentwicklung, unbeeinflusst von Änderungen der Ausgabengewichte, darstellen zu können.
Die wesentliche Basis für die Berechnung des Wägungsschemas ist die Einkommens- und Verbrauchsstichprobe. Die rund 60.000 teilnehmenden Haushalte zeichnen freiwillig einige Monate lang ihre Einnahmen und Ausgaben auf und übermitteln diese Informationen an die statistischen Landesämter. Die so gewonnenen Basisinformationen werden weiterhin anhand von kleineren Zusatzerhebungen verfeinert, welche Informationen über die genaue Aufteilung der Haushaltsausgaben auf einzelne Güterarten liefern. Schließlich werden die Ergebnisse der Haushaltsbudgeterhebungen im Statistischen Bundesamt zusammengefasst und anhand zusätzlicher Informationen korrigiert, zum Beispiel anhand von Daten aus den Verbrauchssteuerstatistiken.

Quelle: www.destatis.de/jetspeed/portal/cms/Sites/destatis/Internet/DE/Content/Statistiken/Preise/Verbraucherpreise/WarenkorbWaegungsschema/WarenkorbWaegungsschema.psml, 03.11.2011

Zusätzlich zu den Preisindizes für Deutschland berechnet das Statistische Bundesamt seit 1997 auch einen **Harmonisierten Verbraucherpreisindex (HVPI)** für Deutschland, um Vergleiche der Preisänderungsraten zwischen den einzelnen Mitgliedstaaten der Europäischen Union vornehmen zu können. Erforderlich ist diese gesonderte Berechnung, weil sich die nationalen Verbraucherpreisindizes in vielfältiger Weise unterscheiden. Sie stellen im nationalen Kontext unter Umständen die jeweils ideale Lösung dar, müssen jedoch für genauere Vergleiche angepasst werden.

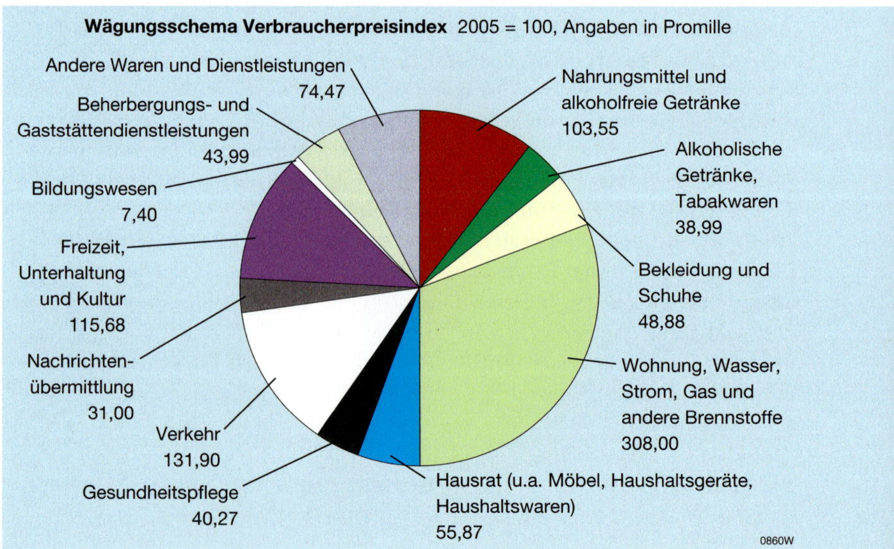

A

1 Recherchieren Sie den aktuellen Preisindex in der Bundesrepublik Deutschland.

2 Stellen Sie mit eigenen Worten dar, welche Absicht das Statistische Bundesamt damit verfolgt, den Preisindex für die Lebenshaltung mit einem konstanten Wägungsschema auf fester Basis (Basisjahr) zu berechnen.

3 Recherchieren Sie, z. B. auf der Website des Statistischen Bundesamtes, die Ausgestaltung des HVPI und führen Sie anhand von Beispielen seine Funktionen aus.

4 Nehmen Sie eine Gewichtung Ihrer regelmäßigen Ausgabeposten vor, um die Preissteigerung in den für Sie relevanten Bereichen erfassen und bewerten zu können.

2.5 Einkommens- und Verkaufsstichproben

Mithilfe der Typisierung Privater Haushalte (vgl. S. 126 f.) kann man die unterschiedlichen Formen Privater Haushalte empirisch erfassen. Dies lässt Vergleiche zu, die wiederum helfen, generelle Aussagen hinsichtlich der ökonomischen Entwicklung der Privaten Haushalte zu ermöglichen. Von Interesse sind dabei besonders die Einkommensentstehung, -verwendung und -verteilung. Der folgende Text benennt die in diesem Zusammenhang wesentlichen Untersuchungsinstrumente:

Q

Einkommens- und Verbrauchsstichproben

Im Zusammenhang mit dem System sozialer Indikatoren für die Bundesrepublik Deutschland sind die Einkommens- und Verbrauchsstichproben bzw. die Laufenden Wirtschaftsrechnungen für ausgewählte Haushaltstypen natürlich in erster Linie als empirische Quellen für die beiden Bereiche Einkommen und Einkommensverteilung sowie Einkommensverwendung und Versorgung relevant. Sie liefern darüber hinaus aber auch Informationen, die in den Lebens- oder Politikbereichen Verkehr, Wohnung, Bildung und Gesundheit zur Quantifizierung einkommensbezogener Indikatoren herangezogen werden. [...]

Es liegen in der Bundesrepublik Deutschland außer den Einkommens- und Verbrauchsstichproben [...] keine empirischen Quellen vor, die fein differenzierte Angaben [...] über die Höhe und die Zusammensetzung der Einkommensströme liefern, die einzelnen Personen oder privaten Haushalten aufgrund verschiedenartiger Leistungen und Ansprüche zufließen.
Auch für empirische Armutsanalysen stellen die Einkommens- und Verbrauchsstichproben eine unverzichtbare Datenquelle dar. Sie ermöglichen es zum einen, das gesamte Armutspotential einschließlich der „verdeckten" Armut, d. h. der amtlich nicht bekämpften, zu ermitteln und durch Kombination der Einkommensangaben mit den verschiedenen Haushaltsmerkmalen die Konzentration der Armut bei einzelnen Haushaltstypen zu lokalisieren. Zum anderen machen die Einkommens- und Verbrauchsstichproben die empirische Umsetzung eines umfassenderen Armutsbegriffs möglich. Durch die Verknüpfung der Angaben zur Einkommenserzielung mit den Daten zur Einkommensverwendung und zur technischen Haushaltsausstattung kann sichtbar gemacht werden, wie sich Armut in der Einkommenserzielung als Einschränkung der Versorgungsmöglichkeiten über verschiedene Lebensbereiche hinweg fortsetzt.
Durch die regelmäßige Durchführung der Einkommens- und Verbrauchsstichproben im Abstand von fünf Jahren werden über einmalige historische Momentaufnahmen hinaus auch komparativ-statistische Analysen möglich. Dieser Aspekt der zeitlichen Entwicklung von Lebensbedingungen rückt stärker noch in den Laufenden Wirtschaftsrechnungen für ausgewählte Haushaltstypen in den Vordergrund des Interesses. Auf dieser empirischen Grundlage werden Langzeituntersuchungen über den Einfluss des volkswirtschaftlichen Konjunkturverlaufs sowie politischer Ereignisse und Maßnahmen auf eine ganze Reihe einkommensvermittelter Lebensbedingungen möglich.

Quelle: Erich Wiegand: Die Bedeutung der Einkommens- und Verbrauchsstichproben sowie der Laufenden Wirtschaftsrechnungen als Datenbasis für die gesellschaftliche Dauerbeobachtung und Sozialberichterstattung, in: T. Pierenkemper: Zur Ökonomik des Privaten Haushalts, Campus, Frankfurt a. M., 1991, S. 80 f.

Q

Die Einkommens- und Verbrauchsstichprobe (kurz EVS) wird von den Statistischen Ämtern des Bundes und der Länder alle 5 Jahre erhoben, die letzte im Jahr 2008. Befragt werden ca. 0,2 % aller privaten Haushalte – das sind rund 60.000 oder etwa jeder fünfhundertste Haushalt.
Anhand der Ergebnisse wird ermittelt, aus welchen Quellen und in welcher Höhe private Haushalte ihr Einkommen beziehen und für welche Güter und Dienstleistungen es ausgegeben wird.
Diese Daten werden uns von privaten Haushalten zur Verfügung gestellt, die sich zu einer freiwilligen Teilnahme an der Einkommens- und Verbrauchsstichprobe entschlossen haben. Diese Haushalte führen ein Haushaltsbuch, in dem für ein Quartal alle Einnahmen und Ausgaben verzeichnet werden. Darüber hinaus werden allgemeine Angaben und die Ausstattung mit Geld- und Sachvermögen erfragt.

Quelle: www.lskn.niedersachsen.de/live/live.php?navigation_id=25711&article_id=87656&_psmand=40, 03.11.2011

A

1 Beschreiben Sie Funktion und Zielsetzung der Einkommens- und Verbrauchsstichproben.

2 Legen Sie dar, welche konkreten Aussagen bezüglich der ökonomischen Situation der Privaten Haushalte die Verbrauchsstichproben liefern.

3 Erläutern Sie die Verwendungsmöglichkeiten der ermittelten Daten.

2.6 Konsumausgaben im Wandel der Zeit

Seit den 1950er Jahren hat sich die Verteilung der Konsumausgaben deutlich verändert. Interessant ist auch ein Vergleich mit den Zahlen aus dem Jahr 1900. Nahrungsmittel machten hier beispielsweise 46,7 %, Wohnkosten 16,2 %, Bekleidung 13,0 % und Verkehr und Kommunikation 3,0 % der Gesamtausgaben aus. Für Freizeit und Bildung wurden 1,4 %, für die Pflege der Gesundheit 3 % des zur Verfügung stehenden Einkommens verwand.

Monatlicher privater Konsum eines Vier-Personen-Arbeitnehmer-Haushalts mit mittlerem Einkommen

	1950	1970	1980	1995*	2003	2009
Ausgaben für den privaten Verbrauch (Marktentnahme)	150	557	1.249	2.098	2.257	2.392
Anteile an den Ausgaben i. v. H.						
Nahrungsmittel, Getränke, Tabakwaren	50,7	35,3	28,1	21,8	13,7	14,0
Wohnungsmiete	10,2	15,5	16,4	23,9	25,8	
Güter/Dienstleistungen f. d. Haushalt	4,5	9,0	9,4	6,7	7,1	38,8
Elektrizität, Gas, Brennstoffe	5,3	4,7	6,5	5,0	4,8	
Kleidung, Schuhe	13,2	10,8	9,3	6,7	6,0	4,4
Körper- und Gesundheitspflege		3,6	3,0	3,4	4,0	3,7
Bildung, Unterhaltung, Erholung	7,0	7,3	8,6	11,3	12,9	11,7
Verkehr und Nachrichtenübermittlung	2,1	10,8	14,0	17,2	16,6	18,4
Sonstiges	0,7	3,0	4,8	4,0	9,8	9,0

*bis 1995 früheres Bundesgebiet
nach: Statistisches Bundesamt; Statistische Jahrbücher; Kott 2005

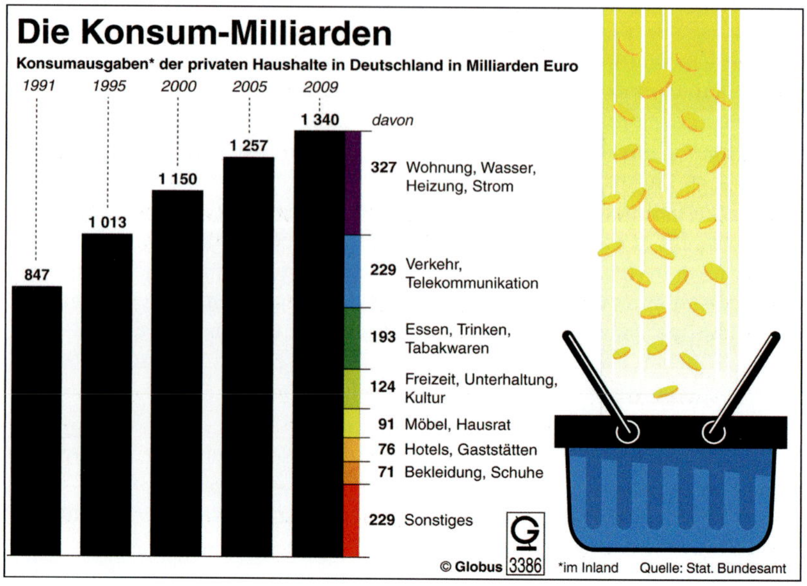

A

1 Ermitteln Sie z. B. auf der Website des Statistischen Bundesamtes aktuelle Daten zur Verteilung des privaten Konsums in der Bundesrepublik Deutschland.

2 Vergleichen Sie Ihre Recherchеergebnisse, die Daten der Tabelle und die des Jahres 1900:
- Welche grundsätzlichen Veränderungen sind zu verzeichnen?
- Wie können diese erklärt werden?

2.7 Sparen und Geldanlage

Die Privaten Haushalte verwenden nicht ihr gesamtes Einkommen für den Konsum, sondern sparen bzw. legen einen Teil ihres Einkommens an. Die Höhe dieses Anteils variiert dabei zwischen den Privaten Haushalten abhängig von der Höhe des Gesamteinkommens und den unterschiedlichen Bedürfnissen. Insgesamt hat sich im Verlauf der Jahre die Sparquote in Deutschland kontinuierlich verändert.

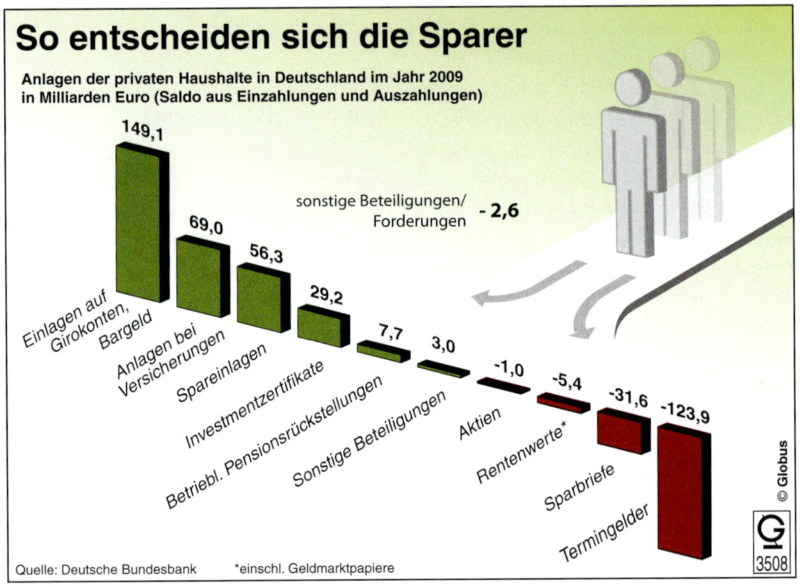

def. Die **Sparquote** beschreibt den Anteil der Ersparnisse am verfügbaren Einkommen der Privaten Haushalte.

Es gibt dabei unterschiedliche Motive, um zu sparen bzw. Geld anzulegen:

1. **Zwecksparen** – bezeichnet das zeitliche Auseinanderfallen von Einnahmen (Einkommen) und Ausgaben (Konsum), beispielsweise um in der Zukunft eine größere Ausgabe tätigen zu können.
2. **Vorsorgesparen** – in Erwartung eines niedrigeren Einkommens, um einen gleich starken Rückgang des Konsumbedarfs in der Zukunft zu vermeiden.
3. **Angstsparen** – aufgrund der Unkenntnis des künftigen Einkommens und des künftigen Konsumbedarfs.
4. **Sparen als Tugend** – für viele gilt es noch immer als eine Tugend, nicht das gesamte Einkommen zu konsumieren, sondern einen Teil davon zu sparen.
5. **Liquiditätssparen** – begründet durch das Bedürfnis nach Liquidität, um für alle (Konsum-)Fälle gerüstet zu sein.
6. **Spekulationssparen** – Spekulation auf bestimmte wirtschaftliche Entwicklungen, um das Geld „zum richtigen Zeitpunkt" effektiver einsetzen zu können.
7. **Zinsmotiv** – zur Schaffung einer zusätzlichen Einkommensquelle (Einkommen aus dem Produktionsfaktor Kapital).

Deutlich wird, dass die Einkommensausstattung der Privaten Haushalte maßgeblichen Einfluss auf die genannten Motive hat. Ein weniger umfangreich ausgestatteter Haushalt wird vor allem aufgrund der ersten vier genannten Motive Geld zurücklegen, während für einen Haushalt mit hohem finanziellem Einkommen besonders die beiden letzten der genannten Motive attraktiv sein können.

i

Spannungsfeld jeder Vermögensanlage:
— Liquidität: Verfügbarkeit der Geldanlage (z. B. täglich oder erst nach mehreren Jahren)
— Sicherheit: Risiko einer Anlage (z. B. Währungs-, Zins- und Kursrisiko)
— Rendite: erzielter Ertrag (z. B. Zins- und Dividendenzahlungen, Wertentwicklung)

Zur Veranschaulichung kann man das Bild eines Dreiecks heranziehen, zwischen dessen Eckpunkten jede Geldanlage zu verorten ist.

Entsprechend spielen auch bei der Beurteilung und der Auswahl verschiedener Anlageformen bestimmte Bedürfnisse eine Rolle, die sich insbesondere an die folgenden drei Fragen koppeln:

1. Frage: Wie schnell und zu welchen Kosten kann die Anlage auch „vorzeitig" veräußert werden?
   → Aspekt der Liquidität
2. Frage: Wie hoch ist die Wahrscheinlichkeit, das investierte Kapital und die erwartete Rendite tatsächlich fristgemäß (zurück) zu erhalten?
   → Aspekt der Sicherheit
3. Frage: Wie hoch ist die Rendite des investierten Kapitals?
   → Aspekt der Rentabilität

Im Rahmen einer Geldanlageentscheidung ist somit jeweils genau zu prüfen, in welcher finanziellen Situation man sich gerade befindet und welche Ziele man mit der Anlage verfolgt. Hat man das Geld „übrig", so liegt es näher spekulative Anlageformen zu wählen, als wenn es darum geht, sicher für das Alter vorzusorgen. Mithilfe des vorgestellten Rasters lassen sich nun die gängigsten Anlageformen zumindest in ihren wesentlichen Charakteristika miteinander vergleichen.

Anlageform	Sicherheit	Rentabilität	Liquidität
Girokonto	sehr hoch	i. d. R. keine oder nur sehr geringe Verzinsung; bei Überziehung hohe Belastung mit Kontokorrentzinsen	sehr hoch; Guthaben jederzeit verfügbar
börsennotierte Aktien	Risiko der Kursentwicklung und des Ausfalls der Dividende; Grundsatz: Die Sicherheit der Aktienanlage steigt mit zunehmender Streuung und längerem Anlagehorizont.	im langjährigen Durchschnitt deutlich höher als bei anderen Anlageformen; bestehend aus Dividende, Bezugsrechtserlösen und Kurssteigerungen	hoch, da jederzeit ein Verkauf an der Börse zum jeweils aktuellen Kurs möglich ist

Grundsätzlich müssen Vermögensbildung und private Altersvorsorge, welche zur Erhaltung des Lebensstandards nach Beendigung der Arbeitstätigkeiten notwendig sind, im Zusammenhang gedacht werden. Der Vermögensaufbau sollte, soweit möglich, langfristig gedacht und im Sinne des Terrassenmodells konstruiert werden. Die Idee des terrassenförmigen Vermögensaufbaus stellt die Sicherung der Liquidität in den Vordergrund. Dadurch, dass stets eine bestimmte Summe für unerwartete Ausgaben (beispielsweise die größeren Reparaturen des Autos) bereitgehalten wird, wird das Risiko minimiert, dass z. B. in einer solchen Situation ein Bausparvertrag oder eine Lebensversicherung gekündigt werden muss. Jeder Terrasse (T1–T4) sind bestimmte Anlageformen zugeordnet, in welcher das jeweilige Geld angelegt werden sollte, wie die folgende Grafik veranschaulicht:

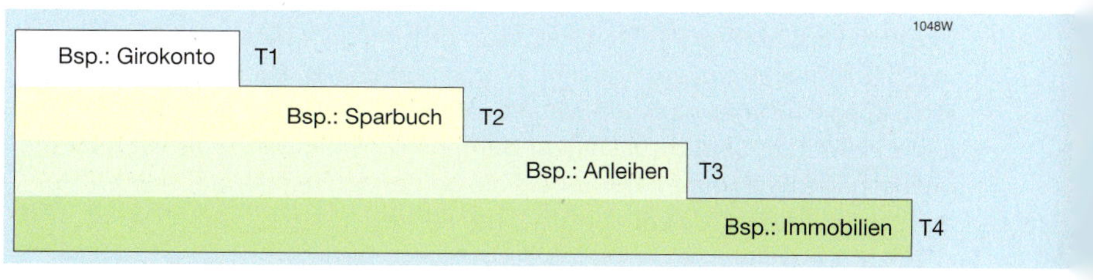

A

1 Ermitteln Sie – durch eigene Recherche oder im Rahmen einer Expertenbefragung – die Vor- und Nachteile der folgenden Anlageformen: Sparbuch, Bausparvertrag, Sparbrief/Sparkassenbrief, Termingeld/Festgeld, Investmentfonds, Antiquitäten und Lotterien.

2 Sie haben in Ihrer derzeitigen Situation 1.000 Euro zur Verfügung, um sie entsprechend Ihren Bedürfnissen anzulegen. Ermitteln Sie die geeignete Anlage.

2.8 Vermögen und Armut

Einkommen und Besitz verteilen sich in der Gesellschaft unterschiedlich. Teile der Bevölkerung gelten als vermögend oder reich, andere hingegen sind von Armut betroffen. Doch bevor man in eine Diskussion um das Verhältnis von Vermögen und Armut, beispielsweise in der Bundesrepublik Deutschland, einsteigt, bedarf es der Klärung der Begriffe.
Im Alltag spricht man zumeist dann von Vermögen oder einer „vermögenden Person", wenn diese über überdurchschnittlichen Besitz und umfangreiche Mittel verfügt. Im Sinne des bürgerlichen Rechts ist Vermögen die Summe der einer Person zustehenden geldwerten Güter, Rechte und Forderungen ohne Abzug der Schulden und Verpflichtungen. Um eine wissenschaftliche Definition vornehmen zu können, bedarf es jedoch weiterer Differenzierungen:

Bruttovermögen
(Summe aller zu Marktpreisen bewerteten Vermögensgegenstände)
Setzt sich v.a. zusammen aus…

- **Gebrauchsvermögen**
  (z. B. Wohnungseinrichtung, Kleidung, Auto, Schmuck)
- **Bruttovermögen**
  (z. B. Bargeld, Bankguthaben, Geldvermögen)
- **Grund- und Hausvermögen**
  (einschl. Eigentumswohnung)
- **Unternehmensbeteiligung**
  (z. B. Aktien, GmbH-Anteile)

Nettovermögen

- **Summe des Bruttovermögens**
  minus
  Summe der Schulden
  (Verbindlichkeiten gegenüber Banken und anderen Gläubigern)

Aus Sicht der Privaten Haushalte erfüllt Vermögen dabei fünf Funktionen:

- **Machtfunktion:** Vor allem das Produktivvermögen (z. B. Anteile oder Besitz von Unternehmen) verleiht wirtschaftliche und ggf. politische Macht.
- **Einkommenserzielungsfunktion:** Es entsteht Einkommen in Form von Zinsen, Dividenden, Mieten, Pachten etc.
- **Nutzungsfunktion:** Das Vermögen kann selbst genutzt werden.
- **Sicherungsfunktion:** Das Vermögen dient der individuellen Absicherung gegen Risiken.
- **Platzierungs- und Statuserhaltungsfunktion:** Vermögen fungiert als Starthilfe für die Kinder.

Die empirische Erfassung und Bewertung der gesamten Vermögensstände der Privaten Haushalte in Deutschland gestaltet sich dabei als äußerst schwierig, da sich beispielsweise Vermögenswerte wie Häuser, Grundstücke und Kunstwerke deutlich unterscheiden und selten auf den Markt kommen, wo eindeutige Preise festgelegt werden.

A

1 Erläutern Sie die unterschiedlichen Formen und Funktionen von Vermögen. Bewerten Sie die Bedeutung von Vermögen für die individuelle Lebensgestaltung.

2 Recherchieren Sie aktuelle Daten zur Vermögensverteilung in Deutschland.
Stellen Sie heraus, wie die Entwicklung der Anzahl der Haushalte beschrieben wird, die als reich eingestuft werden. Vergleichen Sie Ihre Rechercheergebnisse.

3 Diskutieren Sie die gesellschaftlichen Folgen einer extrem ungleichen Vermögensverteilung innerhalb einer Gesellschaft.

Das Deutsche Institut für Wirtschaftsforschung (DIW) in Berlin hat am Mittwoch seinen Armutsbericht für Deutschland vorgelegt. Das Ergebnis: Im Einkommensjahr 2008 waren 14 Prozent der Bevölkerung und damit 11,5 Millionen Menschen in Deutschland arm. Das ist ein leichter Anstieg im Vergleich zum vorigen Jahr und vor allem: mit Schwankungen ein deutlicher Trend in den vergangenen 15 Jahren. [...] Drei Gruppen sind in besonders prekärer Lage: Alleinerziehende, Familien mit vielen Kindern und junge Erwachsene. Fast ein Viertel der 19- bis 25-Jährigen fiel 2008 unter die Armutsgrenze. Für diesen Wert machten die Wissenschaftler wiederum drei Gründe aus: Junge Menschen befinden sich länger in der Ausbildung als früher und verdienen deswegen erst später Geld. Starten die jungen Menschen ins Berufsleben, müssen sie sich häufig mit Praktika oder schlecht bezahlten Jobs durchschlagen. Hinzu kommt, dass sie früher bei den Eltern ausziehen wollen – und einen teureren Ein-Personen-Haushalt führen.

Quelle: www.focus.de/finanzen/news/tid-17292/armutsbericht-forscher-loben-zielgerichtete-gaben_aid_481324.html, 17.02.2010

Stellt sich die Frage: Wann ist ein Mensch arm? Sie ist keineswegs so einfach zu beantworten, wie es im ersten Moment scheint. Aus wissenschaftlicher Sicht sind verschiedene Definitionen von Armut erkennbar. Grundsätzlich wird dabei zwischen der absoluten und der relativen Armut unterschieden.

Absolute Armut: Der Begriff der absoluten Armut bezeichnet dabei die Unfähigkeit zur längerfristigen Sicherung der physischen Selbsterhaltung. Damit kann sowohl eine unmittelbare (z. B. Gefahr des Todes durch Erfrieren oder Verhungern) wie auch eine mittelbare (z. B. durch fehlende körperliche Widerstandskraft) Gefährdung der körperlichen Existenz gemeint sein. Diese Form der Armut findet sich heute noch in weiten Teilen der Welt.

Relative Armut: In den Gesellschaften der Industrieländer kann im Gegensatz dazu Armut nur als relative Armut aufgefasst werden. Es geht nicht mehr um die physische Selbsterhaltung, sondern um die – relative – Schlechterstellung einiger Personen/Gruppen gegenüber der Mehrheit der Bevölkerung. Die Festlegung der relativen Armutsgrenze ist dabei ebenso schwierig wie ihre empirische Erfassung. Generell werden zwei Konzepte der relativen Armut unterschieden:

Ressourcendefinition: Sie geht davon aus, dass Armut immer dann vorliegt, wenn keine ausreichenden eigenen Geldmittel zum Handeln vorhanden sind. Diesem Konzept entsprechend ist also die Ausstattung mit Einkommen das einzige Definitionskriterium. Diese eindimensionale Definition von Armut wirft jedoch einige Probleme auf.

So liegt im Sinne einer Ressourcendefinition Armut dann nicht vor, wenn zwar ausreichende Geldmittel vorhanden sind, diese aber z. B. weitgehend in Alkohol umgesetzt oder verspielt werden und daher rundum miserable Lebensumstände bestehen. Andererseits muss eine Ressourcendefinition angesichts der finanziellen Ausstattung vieler Studierender zum Ergebnis der „Armut" kommen, obgleich sich deren Lage durch Bildung, Kontaktmöglichkeiten, Zukunftsaussichten, Wohnmöglichkeiten, Gesundheitsbedingungen, geringe Ausgabenzwänge, Nebenverdienstmöglichkeiten etc. von der vieler Armer durchaus vorteilhaft abhebt.

Quelle: Stefan Hradil: Soziale Ungerechtigkeit in Deutschland, Opladen: Leske+Budrich, 1999, S. 239 ff.

Lebensdefinition: Es ist Konsens, dass die Ressourcendefinition Armut nur in eingeschränktem Maße erfasst und es eines mehrdimensionalen Ansatzes bedarf. Im Lebenslagenansatz werden entsprechend neben der Ausstattung mit Einkommen weitere Indikatoren erfasst, z. B. Arbeitslosigkeit, Bildungsstand, Wohnen, Gesundheit, Ernährung, Kommunikation und Freizeitgestaltung. Ziel ist es, neben der reinen materiellen Mangelausstattung auch die immaterielle Unterversorgung von Armut betroffener Menschen zu erfassen. Im Vergleich zur Ressourcendefinition stellen sich hier jedoch Probleme in Bezug auf die empirische Erfassung.

Darüber hinaus bedarf es nicht nur einer jeweils landesspezifischen, sondern auch einer kontinuierlichen Anpassung an gesellschaftliche und kulturelle Veränderungen (z. B. Bedeutungszuwachs des Bereichs „Freizeit"). Diese Schwierigkeiten führen dazu, dass die Lebenslagendefinition – trotz ihrer höheren Aussagekraft – nur selten zur Anwendung kommt und bei der Erstellung von Statistiken zumeist lediglich auf die Erfassung der Einkommenswerte zurückgegriffen wird. Bei der Setzung der jeweiligen Armutsgrenzen kommen dabei wiederum verschiedene Verfahren zur Anwendung, von denen die zwei wichtigsten genannt werden sollen:
Sozialhilfestandard: Es werden die Einkommenshöhen als Armutsgrenzen angesehen, unterhalb derer Sozialhilfeleistungen gewährt werden. Es handelt sich in diesem Falle also um eine politische Operationalisierung, in der die Erfassung von Armut und die Einleitung sozialpolitischer Maßnahmen zusammenfallen. Probleme entstehen dadurch, dass die Gewährung von Sozialhilfe z. T. auf der Basis von Ermessensentscheidungen durch einzelne Personen erfolgt, Sozialhilfestatistiken in der Regel unvollständig sind und die erhebliche Dunkelziffer derer, die Sozialhilfe trotz Berechtigung nicht in Anspruch nehmen, nicht erfasst wird.
Relative Armutsgrenzen: Nach der von der Kommission der Europäischen Union Anfang der 1980er Jahre festgelegten Grenze gelten all jene als arm, die weniger als 40 % (strenge Armut), weniger als 50 % (Armut) bzw. weniger als 60 % des durchschnittlichen Pro-Kopf-Haushaltseinkommens (Niedrigeinkommen) zur Verfügung haben. Es handelt sich in diesem Falle also um eine wissenschaftliche Übereinkunft, die eigentlich eine relativ willkürliche Grenzziehung darstellt. Die Aussagekraft bleibt eingeschränkt. Allerdings ist dieser Ansatz im Rahmen statistischer Erhebungen gut einsetzbar und er erlaubt Vergleiche auf internationaler Ebene.

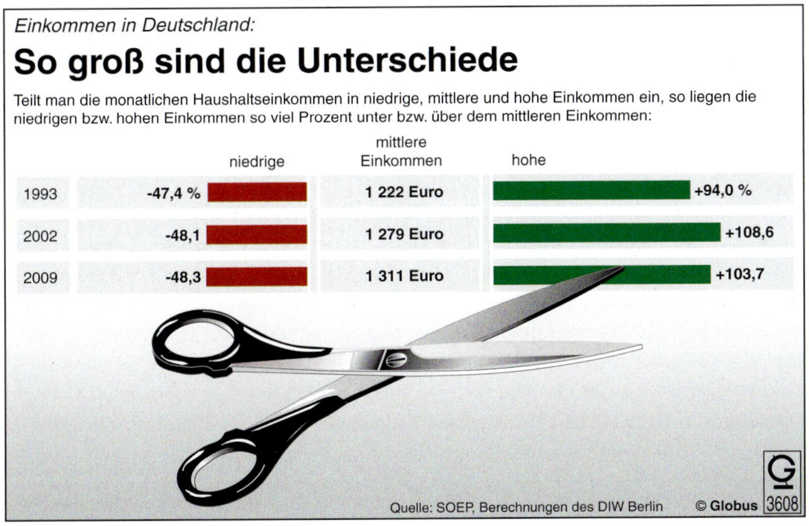

Q

Im Jahr 2008 waren laut Statistischem Amt der Europäischen Union (Eurostat) etwa 80 Millionen der rund 500 Millionen EU-Bürger von Armut bedroht, darunter 19 Millionen Kinder. Als arm gilt dabei, wem zum Leben weniger zur Verfügung steht als 60 Prozent des mittleren Einkommens. Doch Armut ist vielschichtiger: Armut bedeutet nicht nur Hunger oder Obdachlosigkeit, sondern auch den fehlenden Zugang zu Waren und Dienstleistungen. Und auch die soziale Ausgrenzung aufgrund fehlender Bildung – also die mangelnde Teilhabe an der Gesellschaft – ist eine Form von Armut. Diese „bedingte Armut" ist in Europa deutlich stärker verbreitet als der Mangel an Grundbedürfnissen wie Essen und medizinische Versorgung („extreme Armut"). Von bedingter Armut betroffen ist etwa ein Kind, das dem Schulunterricht nicht folgen kann, weil es die Sprache nicht beherrscht.

Quelle: www.bpb.de/themen/IYEU9V,0,0,Europ%E4isches_Jahr_gegen_Armut.html, 03.11.2011

A

1 Geben Sie in eigenen Worten die Charakteristika der vorgestellten Armutsdefinitionen wieder.

2 Analysieren Sie die Grafik. Legen Sie dar, welchen Aspekte der Einkommensverteilung sie thematisiert, und fassen Sie die vermittelten Informationen zusammen.

3 Recherchieren Sie die aktuellen Daten zur Armut in Deutschland und in Europa.

4 Ermitteln Sie die Definitionen bzw. Armutsgrenzen, die zugrunde gelegt wurden.

Gründe für Armut

Es mag erstaunen, dass in einer Gesellschaft wie der deutschen angesichts eines im internationalen Vergleich hohen Lebensstandards und einem umfassenden sozialen Versorgungsnetzes Armut ein durchaus – wenn auch im Sinne relativer Armut – verbreitetes Phänomen ist.
Noch überraschender mag es sein, dass sich dabei die wesentlichen Gründe für die Verarmung bestimmter Bevölkerungsgruppen in den letzten Jahrzehnten nicht großartig verändert zu haben scheinen.

Q

Risiko Arbeitslosigkeit

Arbeitslosigkeit ist die Hauptursache von Armut und sozialer Ausgrenzung. Denn: Ohne Arbeit bleiben Menschen nur Vermögenseinkommen oder aber staatliche oder private Transfers als Einkommensquelle. […] Viele Menschen können aber von ihrem erzielten Einkommen nicht mehr leben und sind auf zusätzliche staatliche Unterstützung angewiesen.

Risiko demografischer Wandel

Unser Rentensystem beruht auf dem Äquivalenzprinzip. Das heißt, die erwerbstätige, junge Bevölkerung kommt für die ältere Rentner-Bevölkerung auf. Eine steigende Lebenserwartung gepaart mit einer sinkenden Zahl von sozialversicherungspflichtigen Beschäftigten führt aber zu einem wachsenden Finanzierungsproblem. […] Wer da nicht zusätzlich privat fürs Alter vorsorgt, kann leicht unter die Armutsgrenze rutschen.

Risiko Überschuldung

Als überschuldet werden Haushalte bezeichnet, in denen Einkommen und Vermögen aller Haushaltsmitglieder über eine längere Zeitspanne trotz Verminderung des Lebensstandards nicht ausreichen, um fällige Forderungen zu begleichen. […] Auch bei Überschuldung ist die häufigste Ursache Arbeitslosigkeit. […] Risikofaktoren sind weiterhin gescheiterte Selbstständigkeit, Trennung oder Tod des Partners [ebenso wie] mangelnde wirtschaftliche Kenntnisse […]

Risiko Kinder

Immer mehr Kinder leben in Haushalten von Alleinerziehenden und nichtehelichen Gemeinschaften. Je mehr Haushaltsmitglieder im erwerbsfähigen Alter dabei arbeitslos sind, desto höher ist das Risiko, in die Armut abzurutschen – im Extremfall steigt es auf 48 Prozent. […]

Risiko Bildungsmangel

Bildung ist Voraussetzung für gute Ausbildungs- und Beschäftigungschancen. In Deutschland haben jedoch allein im Jahr 2006 7,9 Prozent der Jugendlichen die Schule ohne Hauptschulabschluss verlassen. Der Anteil der frühen Schulabgänger in Deutschland lag im selben Jahr bei 13,8 Prozent. Das sind Menschen ohne Fachhochschul- oder Hochschulreife und ohne beruflichen Bildungsabschluss. […] Die Bildungschancen des Kindes hängen in Deutschland zudem immer noch stark vom sozialen Hintergrund der Eltern ab. 83 Prozent der Kinder von Akademikern studieren, bei Nichtakademikern sind es nur 23 Prozent. Der soziale Aufstieg fällt so umso schwerer, hat doch der berufliche Bildungsabschluss einen entscheidenden Einfluss auf Beschäftigung und Einkommen.

Quelle: Lisa Louis, unter www.stern.de/panorama/armutsbericht-warum-viele-deutsche-arm-sind-620820.html, 19.05.2008

A

1. Legen Sie die Verbindung zwischen einzelnen Risikofaktoren dar, beispielsweise die Beziehung zwischen Bildungsstand und dem Risiko von Arbeitslosigkeit.
2. Setzen Sie sich mit der Frage auseinander, inwieweit die Bekämpfung der Armutsrisiken in der Verantwortung der Gesamtgesellschaft und nicht nur der betroffen Bevölkerungsgruppen liegt. Begründen Sie Ihre Einschätzung.
3. Erklären Sie, inwieweit staatliche Ausgaben in der Bildungspolitik auch als sozialpolitischer Beitrag bewertet werden können.

3 Märkte

3.1 Was sind Märkte?

Nachdem wir Private Haushalte aus verschiedenen Perspektiven betrachtet haben, interessiert uns insbesondere ihre Stellung im gesamtwirtschaftlichen Zusammenhang, aus welchen Quellen sie Einkommen beziehen bzw. wie sie es einsetzen. Es geht uns vorrangig um ihre ökonomische Funktion, nicht um ihre soziale. Und es geht darum, welche Funktion Märkte übernehmen.

Nehmen wir z. B. den Hamburger Fischmarkt: Der findet immer an den gleichen Wochentagen zu festgelegten Uhrzeiten am gleichen Ort statt. Ebenso wie jeder Wochen- oder Flohmarkt in jeder x-beliebigen Stadt. Und Gleiches gilt z. B. auch für die Börsenmärkte, egal ob sie in Franfurt am Main, New York oder Tokio lokalisiert sind. Stets gilt: Es treffen sich Anbieter und Nachfrager zu festen Zeiten an den immer gleichen Orten, um miteinander Handel zu treiben.

Diese Beispiele verdeutlichen, dass Märkte immer Orte sind, an denen Angebot und Nachfrage aufeinandertreffen. Dies gilt auch, wenn jemand auf dem Weg zur Arbeit an einem Zeitungsstand im Vorbeigehen eine Euromünze hinlegt und eine Zeitung mitnimmt oder wenn er im Supermarkt einen Liter Milch kauft. Grundsätzlich werden Märkte nach den Sachgütern bzw. Dienstleistungen unterschieden, die auf ihnen gehandelt werden. So gibt es beispielsweise Märkte für Verbrauchsgüter, Investitionen, Kapital, Immobilien oder Arbeit.

Unterhalb dieser Ebene gibt es dann wiederum unterschiedliche Ausprägungen von Märkten, beispielsweise Teilarbeitsmärkte, wie schon in Kapitel I gezeigt wurde. Über die Tatsache hinaus, dass sich in allen der genannten Märkte Anbieter und Nachfrager treffen, wird deutlich, dass unabhängig vom gehandelten Gut die beiden Seiten unterschiedliche Interessen verfolgen: Der Konsument auf dem Wochenmarkt hat das Interesse, möglichst günstig einzukaufen, der Betreiber eines Gemüsestandes will dagegen möglichst viel Geld einnehmen. Arbeitnehmer streben eine hohe Vergütung an, während das Ziel der Arbeitgeber darin liegt, die Arbeitskraft und das Know-how der Arbeitnehmer möglichst kostengünstig einzusetzen.
Das Ganze reduziert sich auf gegensätzliche Interessen bezüglich der Höhe der Preise – auf Anbieterseite werden stets hohe, auf Nachfragerseite stets niedrige Preise angestrebt.

A

Führen Sie weitere konkrete Beispiele für die verschiedenen Märkte an und skizzieren Sie die Angebots- und die Nachfrageseite auf diesen Märkten.

3.2 Märkte und Preisbildung

Bezogen auf den Markt ist es das entscheidende Untersuchungsziel, herauszufinden, wie Angebot und Nachfrage auf Märkten zusammenspielen. Es geht darum, das Verhalten der Anbieter und der Nachfrager auf Märkten in Beziehung zu setzen. Die erstgenannte Gruppe bestimmt das Angebot, die letztgenannte die Nachfrage. Was passiert nun mit der Nachfrage, wenn sich aus irgendeinem Grund das Angebot verringert oder vergrößert. Und wie reagiert die Angebotsseite auf eine Verringerung bzw. Ausweitung der Nachfrage?

Es gibt verschiedene Faktoren, die die Entwicklung der Nachfrage nach einem Gut beeinflussen: den Preis des Gutes, die Preise anderer Güter, das zur Verfügung stehende Einkommen sowie die Nutzenschätzungen der Nachfrager. Obwohl es in der Realität möglich ist, dass mehrere Einflussgrößen auf das Nachfrageverhalten wirken, sinkt im Normalfall des Nachfrageverhaltens die Nachfragemenge bei einem steigenden Preis. Eine Erhöhung der Gütermengennachfrage entsteht durch steigendes Einkommen und eine steigende Wertschätzung eines Produktes. Insgesamt steigt die Nachfrage nach einem Gut, wenn die Effekte aus Einkommen und Wertschätzung zusammengenommen in ihrer Wirkung stärker sind als die der Preiserhöhung.

In diesem Fall liegen also drei auslösende Faktoren (Preissteigerung, Einkommenssteigerung, steigende Wertschätzung) und eine Wirkung (steigende Nachfragemenge) vor. Näher betrachtet geht jedoch von jedem einzelnen Faktor eine Wirkung aus.
Wie verändert sich die Nachfrage nach einem Gut, wenn sich dessen Preis erhöht? Um diese Frage zu beantworten, muss der Einfluss des Preises auf die Nachfrage von den anderen Faktoren isoliert werden. Die umfassende Antwort wäre also, dass die Nachfragemenge sinkt, wenn der Preis eines Gutes steigt und im betreffenden Zeitraum die Preise anderer Güter, das Einkommen und die Nutzenschätzungen der Güter gleich bleiben.
Also: Die Nachfragemenge sinkt ceteris paribus (c. p.; „unter sonst gleichen Bedingungen"), wenn der Preis eines Gutes steigt.

Der Fokus wird im Marktmodell also auf die Frage gerichtet, wie Preise entstehen und wie ihre Veränderung Angebot und Nachfrage beeinflusst. Um eine derart isolierte Betrachtung zu ermöglichen und zu Ergebnissen zu kommen, müssen gewisse Annahmen im Modell vorausgesetzt werden:

- Die Individuen verhalten sich streng rational in dem Sinne, dass sie jederzeit versuchen, den für sich größten Nutzen zu erreichen.
- Es herrscht vollständige Konkurrenz, in der viele Anbieter auf viele Nachfrager treffen.
- Es herrscht vollständige Markttransparenz insofern, dass jeder Marktteilnehmer auf beiden Seiten über den vollkommenen Überblick bezüglich der Marktdaten wie Güterqualität, Preise und Standort des Marktes verfügt.
- Die gehandelten Güter sind homogen, d. h., sie sind absolut identisch.
- Räumliche (z. B. guter Standort), persönliche (z. B. Verwandtschaftsbeziehungen) und zeitliche Präferenzen (z. B. frühzeitige Information) spielen keine Rolle.

Wir wollen an dieser Stelle noch einmal ausdrücklich darauf hinweisen, dass es sich hierbei um ein Modell – mit all seinen Erklärungsmöglichkeiten, aber auch Einschränkungen – handelt. Beachten Sie in diesem Zusammenhang die Ausführungen zum „Denken in Modellen" in Kapitel I.

Es wird deutlich, dass reale Märkte selten überhaupt eine dieser Annahmen erfüllen, geschweige denn alle. Das bedeutet nicht, dass das Marktmodell deshalb die Fähigkeit verliert, wesentliche Erkenntnisse zu liefern. Es handelt sich um ein Denkmodell zur Erfassung der Grundidee der Preisbildung, nicht um die Beschreibung von realen Märkten. Die Ausgangsstruktur ist deshalb die folgende: **wenn** a, b, c, **dann** x, y, z.

Nachfragefunktion

Wir beginnen mit der Untersuchung des Nachfrageverhaltens, also mit der Frage, wodurch die nachgefragte Menge eines bestimmten Gutes bestimmt wird, welche Gütermenge die Nachfrager kaufen wollen und bezahlen können. Aus den vorherigen Ausführungen wird deutlich, dass sich die Nachfrage aufgrund vieler Faktoren ändern kann: Die Preise verändern sich, das Einkommen steigt oder sinkt, die Preise eines verwandten Gutes wandeln sich, Geschmäcker, Vorlieben oder die Erwartungen variieren. Entsprechend der Ceteris-paribus-Regel wollen wir jetzt jedoch alle Variablen außer dem Preis konstant halten. Dann stellen wir fest: Steigt der Preis, sinkt die Nachfrage und umgekehrt: sinkt der Preis, so steigt die Nachfrage. Ein beliebiges Beispiel kann dies verdeutlichen: Ist Orangensaft kostenlos zu bekommen, so wird der Orangensaftkonsum erheblich steigen. Mit steigendem Preis wird die Nachfrage sinken, bis ein Preis erreicht wird, für den niemand mehr Orangensaft kaufen wird.

Die Marktnachfragekurve zeigt die nachgefragte Gesamtmenge eines Gutes (= horizontale Achse) bei unterschiedlichen Preisen des Gutes (= vertikale Achse).

Gehen wir jetzt davon aus, dass sich die Nachfrage nach dem Gut aus einem Grund jenseits der Entwicklung des Preises verändert, so zeigt sich dies in der **Verschiebung** der Nachfragekurve nach rechts oder links. Nimmt die Nachfrage ab, so findet man eine Verschiebung nach links, nimmt sie zu, so findet man eine Verschiebung nach rechts.

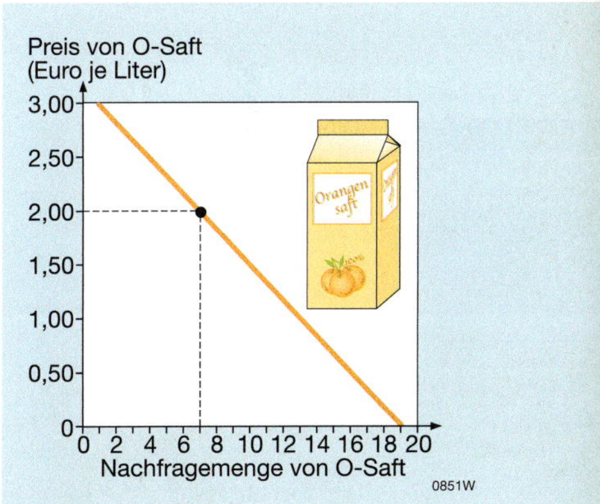

Nachfragekurve

Angebotsfunktion

Richten wir unseren Blick nun auf die Seite der Anbieter. Auch die Bestimmungsgründe, was und wie viel der Einzelne anbietet, können hier variieren. So spielt die Höhe des Preises eine wesentliche Rolle; es können aber auch die Inputpreise, technologische Faktoren (z. B. in Zusammenhang mit den Produktionskosten) oder wiederum Erwartungen in die Zukunft eine Rolle spielen. Doch auch hier beschränken wir den Blick dem Modell entsprechend auf den Einfluss der Preise.

Der Einfluss der Preise bei den Anbietern kann einen im Vergleich zur Nachfragerseite gegensätzlichen Verlauf nehmen. Wir stellen fest: Bei steigenden Preisen erhöht sich das Angebot, während es bei sinkenden Preisen zurückgeht. Auch dies kann an unserem Beispiel wieder verdeutlicht werden: Sind für Orangensaft nur sehr geringe Preise zu verlangen, so lohnt sich der Aufwand für den Anbieter nicht. Sind jedoch die Preise sehr hoch, so wird der Anbieter versuchen, so viel Orangensaft wie möglich anzubieten.

Die Marktangebotskurve zeigt die angebotene Gesamtmenge eines Gutes (= horizontale Achse) bei unterschiedlichen Preisen des Gutes (= vertikale Achse).

Vergleichbar mit der Nachfragekurve verschiebt sich auch die Angebotskurve nach links, wenn das Angebot aus einem Grund abseits der Veränderung des Preises abnimmt, und entsprechend nach rechts, wenn es zunimmt.

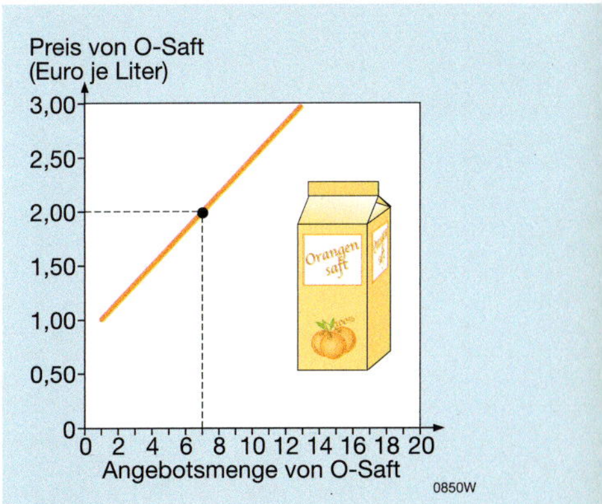

Angebotskurve

Gleichgewichtspreis

Im nächsten Schritt gilt es nun, Angebot und Nachfrage auf einem Markt in Beziehung zueinander zu setzen. Die grafische Darstellung verdeutlicht, dass sich die Angebots- und Nachfragekurven in einem Punkt treffen. Es handelt sich hierbei um das Marktgleichgewicht. Der Preis, an dem sich beide Kurven schneiden, heißt Gleichgewichtspreis, die Menge Gleichgewichtsmenge.

Der Gleichgewichtspreis zeigt, dass die Menge, die die Nachfrager zu einem bestimmten Preis erwerben wollen, exakt der Menge entspricht, die die Anbieter verkaufen wollen. Man spricht in diesem Zusammenhang auch vom Markträumungspreis, weil zu diesem Preis beide Seiten zufrieden und der Markt geräumt ist.

An einem Beispiel verdeutlicht: Bei einem Preis von 1,00 Euro für eine Flasche Orangensaft wird der Markt geräumt.

Was passiert, wenn der Preis ober- bzw. unterhalb dieses Gleichgewichts liegt? Gehen wir zuerst davon aus, dass der existierende Preis über dem Gleichgewichtspreis liegt. Bei einem Preis von 1,50 Euro pro Flasche entsteht ein Angebotsüberschuss. Die Anbieter sind nicht in der Lage, ihre Menge abzusetzen, da diese oberhalb der Nachfrage liegt. Die Reaktion der Anbieter wird die Senkung des Preises bis zur Erreichung des Gleichgewichts sein, um den Überschuss abzubauen.

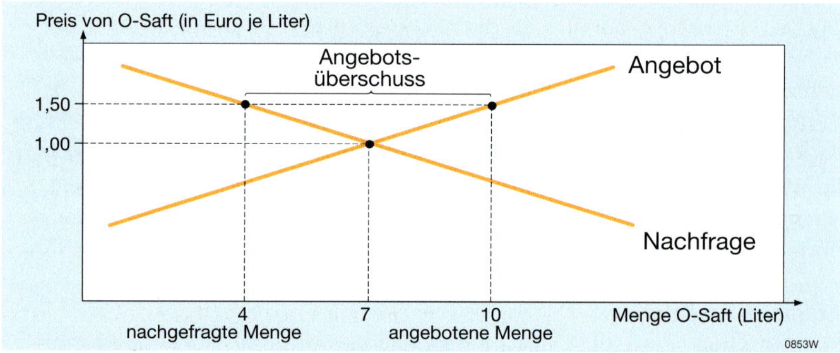

Gleichgewichtspreis mit Angebotsüberschuss

Angenommen, der Preis für eine Flasche Orangensaft liegt bei 0,50 Euro, so tritt der umgekehrte Fall ein: Es herrscht eine Güterknappheit, und die Nachfrager können nicht die Menge bekommen, die sie erwerben wollen. Es handelt sich um einen Nachfrageüberschuss. Die Anbieter können sich in dieser Situation eine Erhöhung des Preises bis zum Erreichen des Gleichgewichts erlauben, ohne Absatz zu verlieren.

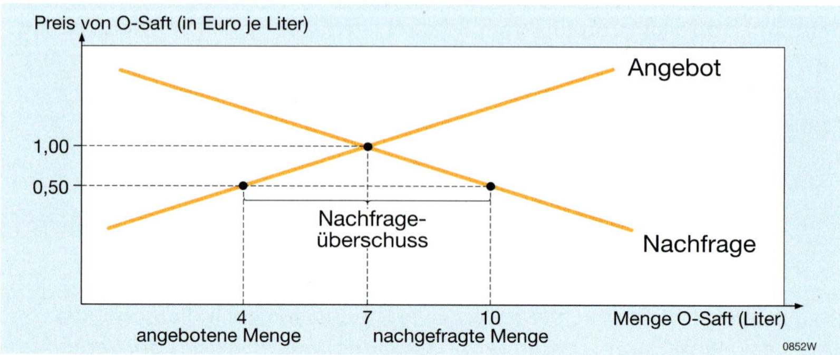

Gleichgewichtspreis mit Nachfrageüberschuss

Die Verhaltensweisen der Anbieter und Nachfrager laufen also in einem idealen Markt immer in Richtung des Gleichgewichts, welches beide Seiten zufriedenstellt. Dieses Phänomen der Preisanpassung bezeichnet man als das „Gesetz von Angebot und Nachfrage".

Der Preis eines beliebigen Gutes passt sich immer so an, dass dadurch Angebots- und Nachfragemengen in Übereinstimmung gebracht werden für jene Anbieter und Nachfrager, die zu diesem Preis verkaufen bzw. kaufen wollen.

Änderungen des Gleichgewichts
Mithilfe des Modells lässt sich ermitteln, welche Auswirkungen bestimmte Ereignisse auf die Entwicklung des Angebots bzw. der Nachfrage und damit auf den Gleichgewichtspreis haben. Dabei kann man in drei Schritten vorgehen:
Es muss geklärt werden,
1. ob das Ereignis zu einer Verschiebung der Angebotskurve, der Nachfragekurve oder beider geführt hat,
2. ob es im Falle einer Verschiebung zu einer Rechts- oder einer Linksverschiebung gekommen ist und schließlich
3. wie die jeweilige Verschiebung den Gleichgewichtspreis und die Gleichgewichtsmenge verändert hat.

Anhand unseres Beispiels wollen wir die Anwendung dieser drei Schritte verdeutlichen.

Beispiel 1: Änderung der Nachfrage
Nehmen wir an, zahlreiche Studien belegen, dass der Verzehr von Orangensaft die Gesundheit stark fördert. Wenden wir nun unsere drei Schritte an:
1. Es ist anzunehmen, dass durch diese Erkenntnisse die Nachfrage und nach Orangensaft gesteigert wird, während die Produktionsmenge gleich bleibt.
2. Dies bedeutet, dass sich die Nachfragekurve nach rechts verschiebt, also zu jedem denkbaren Preis die Nachfrage nach Orangensaft größer sein wird als bisher.
3. Als Resultat ist eine Steigerung des Gleichgewichtspreises bei Orangensaft auf 1,50 Euro bei gleichzeitiger Steigerung der Angebotsmenge zu verzeichnen.

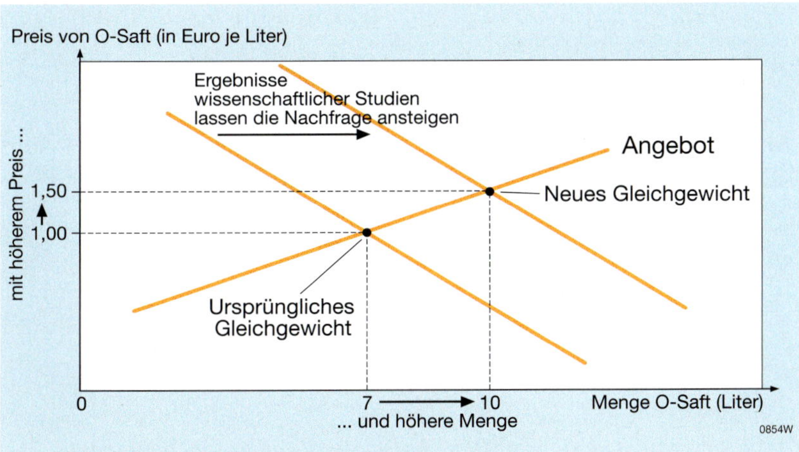

Gleichgewichtsentwicklung bei Erhöhung der Nachfrage

Beispiel 2: Änderung des Angebots

Nehmen wir nun an, aufgrund verheerender Unwetter fällt die Orangenernte in diesem Jahr sehr schlecht aus.

1. Als Folge kann nicht mehr so viel Orangensaft angeboten werden wie bisher, während sich an der Nachfrage jedoch nichts ändert.
2. Wir verzeichnen eine Verschiebung der Angebotskurve nach links, weil die Menge des Orangensafts, die die Anbieter zu bestimmten Preisen anbieten, niedriger ist als zuvor.
3. Daraus resultiert eine Steigerung des Gleichgewichtspreises von 1,00 Euro auf 1,50 Euro bei einer gleichzeitigen Verminderung der Gleichgewichtsmenge.

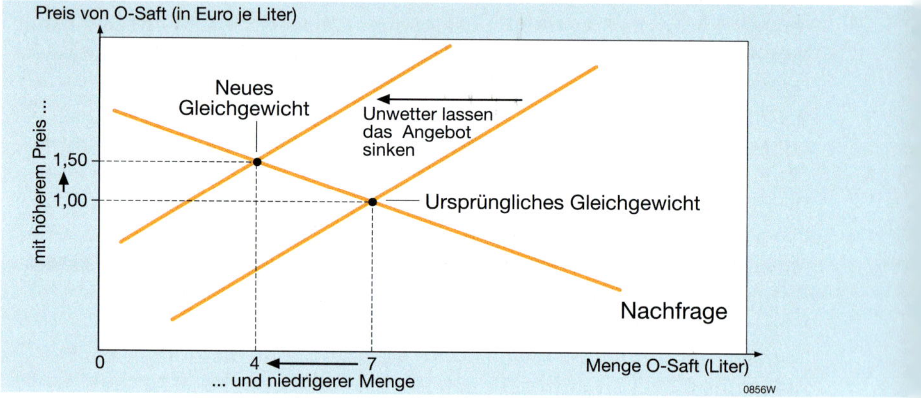

Gleichgewichtsentwicklung bei Verringerung des Angebots

Beispiel 3: Veränderung von Angebot und Nachfrage

Nehmen wir nun an, die Verbreitung der Erkenntnisse über die Gesundheitswirkungen von Orangensaft fallen mit der Missernte zeitlich zusammen. Dabei zeigt die erstgenannte Entwicklung leichte Veränderungen, während die Unwetter deutliche Ernteeinbußen bewirken.

1. Wir stellen fest, dass sich beide Kurven verändern. Die Studien zur hohen Qualität von Orangensaft bewirken eine Veränderung der Nachfragekurve, die Missernten eine Veränderung der Angebotskurve.
2. Die Nachfragekurve verschiebt sich leicht nach rechts, während die Angebotskurve eine deutliche Verschiebung nach links aufweist.
3. Wir stellen fest, dass der Gleichgewichtspreis steigt, die Gleichgewichtsmenge jedoch sinkt.

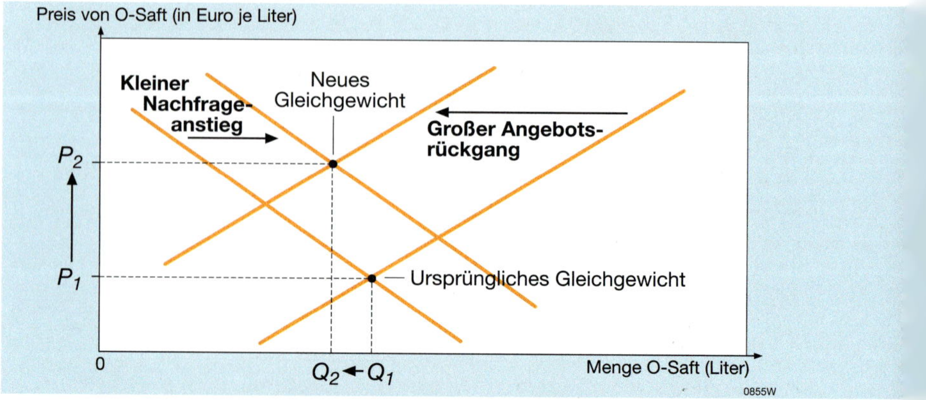

Gleichgewichtsentwicklung bei Nachfrageanstieg und Angebotsrückgang

A

Führen Sie die dreischrittige Analyse bei folgenden Ereignissen durch, und erarbeiten Sie die Entwicklung des Gleichgewichtspreises und der Gleichgewichtsmenge: Die Veröffentlichung der Studien bezüglich der Gesundheitswirkung von Orangensaft sorgt für Furore, während die Ernte der Orangen in diesem Jahr nur in geringem Maße eingeschränkt wird.

Die Elastizität von Angebot und Nachfrage

Bislang sind wir davon ausgegangen, dass die Nachfrage bei fallendem Preis steigt und das Angebot abnimmt, unabhängig von der Art des Gutes. Aber gilt dies wirklich? Bewirkt beispielsweise die Preisveränderung im Markt für Orangensaft die gleiche Reaktion wie auf dem Markt für Benzin? Um hier genauere Aussagen im Modell treffen zu können, führen wir an dieser Stelle einen weiteren wichtigen Begriff ein: die Elastizität. Unter der Elastizität versteht man das Maß der Reaktionsmöglichkeit von Anbietern und Nachfragern auf Veränderungen der Marktlage.

Elastizität der Nachfrage

Dem Gesetz der Nachfrage entsprechend, vergrößert ein Preisrückgang die Nachfragemenge eines Gutes. Die Preiselastizität der Nachfrage misst, wie die Nachfragemenge auf eine Preisänderung reagiert. Die Nachfrage gilt als elastisch, wenn Preisänderungen relativ große Veränderungen der Nachfragemenge verursachen. Findet man hingegen aufseiten der Nachfrage kaum oder keine Reaktionen auf die Veränderung des Preises, so spricht man von einer unelastischen Nachfrage.

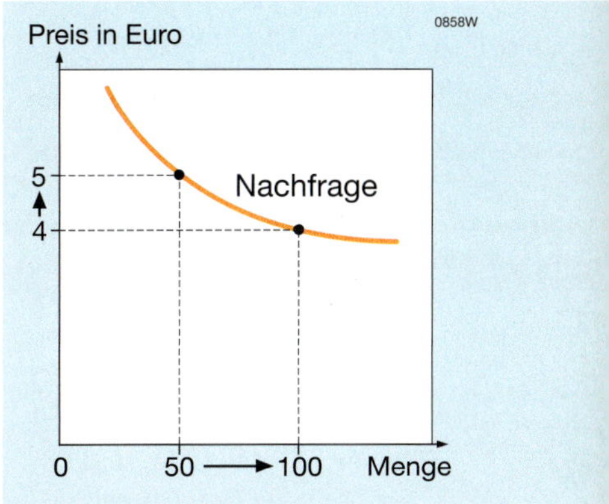

Elastizität der Nachfrage

Die Erklärungsansätze, warum ein Gut einen bestimmten Grad bezüglich der Elastizität aufweist, sind vielfältig. So weisen z. B. lebensnotwendige Güter im Vergleich zu Luxusgütern eine unelastische Nachfrage auf. Und auch die Abgrenzung der Märkte spielt eine Rolle: Breit abgegrenzte Märkte weisen eine weitgehend unelastische Nachfrage auf, eng begrenzte Märkte haben im Gegensatz dazu eine elastische Nachfrage, da sich zu eng definierten Gütern viele geeignete Substitute finden lassen. Orangensaft zeichnet sich beispielsweise durch eine hohe Elastizität der Nachfrage aus, weil der Verbraucher bei Preiserhöhungen auf viele andere Getränke ausweichen kann. Die weit gefasste Gruppe der flüssigen Nahrungsmittel verfügt jedoch über keine Substitutionsmöglichkeiten. Auch in einem anderen Zusammenhang spielt die Konstruktion eines Marktes eine Rolle: In einer Region, in der nur ein Bäcker existiert, werden die Nachfrager auf Preiserhöhungen bei Brot anders reagieren als die Bewohner einer Stadt, die auf kurze Distanz verschiedene Bäcker finden.

Die Formel für die Berechnung der Preiselastizität der Nachfrage lautet:

$$\textbf{Preiselastizität} = \frac{\textbf{prozentuale Änderung der Nachfragemenge}}{\textbf{prozentuale Preisänderung}}$$

Nehmen wir z. B. an, der Preis für eine Flasche Orangensaft steigt von 1,00 Euro auf 1,10 Euro, also um 10 %. Gleichzeitig sinkt die nachgefragte Menge von 10 auf 8 Flaschen, also um 20 %, so ergibt sich folgende Formel: 20 : 10 = 2.

Dies bedeutet, dass im Verhältnis die Mengenveränderung zweimal so hoch ausfällt wie die Preisveränderung. Positiv definiert gilt: Je höher der Wert der Preiselastizität, desto größer ist die Reagibilität bei der Nachfrage. Nachfragekurven werden nach ihrer Elastizität klassifiziert. Ist die Preiselastizität der Nachfrage größer als 1, so gilt sie als elastisch; liegt sie unterhalb von 1, so gilt sie als unelastisch. Eine Preiselastizität von 1 wird in diesem Zusammenhang als Einheitselastizität bezeichnet. In der Darstellung gilt folgende Regel: Je flacher die Nachfragekurve, desto größer ist die Preiselastizität der Nachfrage. Eine vollkommen unelastische Nachfrage wird entsprechend als senkrechte Gerade, die vollkommen elastische Nachfrage würde als horizontale Gerade dargestellt werden. Bei den beiden letztgenannten Möglichkeiten handelt es sich allerdings um theoretische Konstrukte, denen sich in der Realität nur angenähert wird.

A

Versetzen Sie sich in die Rolle des Direktors eines Kunstmuseums in Ihrer Stadt/Gemeinde, und klären Sie die Frage, ob zur Verbesserung der Finanzlage die Erhöhung der Eintrittspreise geeignet ist.
Die Preiselastizität der Nachfrage spielt in diesem Zusammenhang eine wesentliche Rolle. Beschreiben Sie in einem ersten Schritt die Auswirkungen einer elastischen und einer unelastischen Nachfrage auf die Entwicklung des Umsatzes bei einer Preiserhöhung.
Klären Sie anschließend, welche Form der Nachfrage für Ihr Angebot besteht, und begründen Sie Ihre Aussage.
Entscheiden Sie sich abschließend auf der Basis der gesammelten Erkenntnisse für oder gegen die Erhöhung der Eintrittspreise im Museum. Begründen Sie Ihre Entscheidung.

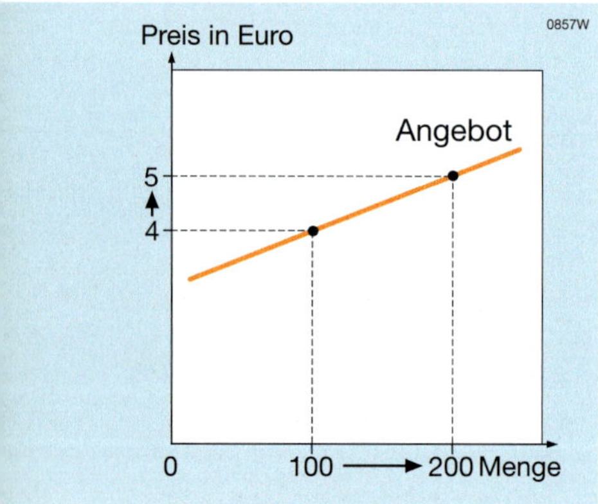

Elastizität des Angebots

Die Berechnung der Preiselastizität der Nachfrage kann beispielsweise dann zum Einsatz kommen, wenn berechnet werden soll, ob es bei einem bestimmten Gut durch die Erhöhung des Preises zu Umsatzgewinnen oder -verlusten kommen wird. Die Berechnung des Umsatzes geschieht durch die Multiplikation von Preis und Menge. Werden z. B. bei einem Preis von 1,00 Euro 100 Flaschen Orangensaft nachgefragt, so entspricht der Umsatz 100,00 Euro. Erhöht sich der Preis auf einen 1,20 Euro reduziert sich die Nachfragemenge auf 80 Flaschen, was einem Umsatz von 96,00 Euro (1,2 x 80) entspricht. Die Schlussfolgerung wäre, dass eine Preiserhöhung in diesem Falle auf Anbieterseite keinen Sinn machen würde.

Elastizität des Angebots

Dem Gesetz des Angebots zufolge führen Preiserhöhungen zur Erhöhung der Angebotsmenge, Senkungen im Gegensatz dazu zu Mengenverringerungen. Die Preiselastizität des Angebots gibt – analog zur Preiselastizität der Nachfrage – an, wie die Angebotsmenge auf Preisänderungen reagiert. Sie gilt als elastisch, wenn Änderungen des Preises große Mengenveränderungen nach sich ziehen, und als unelastisch, wenn dies in geringem Maße der Fall ist. Diese Reagibilität hängt in entscheidendem Maße von der Flexibilität eines Unternehmens zu Mengenänderungen des produzierten Gutes ab, beispielsweise durch die Variation von Betriebs- und Maschinenlaufzeiten. Auch der zeitliche Raum der Betrachtungsperiode kann bei der Beurteilung der Elastizität des Angebots von wesentlicher Bedeutung sein. Auf lange Sicht sind Unternehmen oftmals besser in der Lage, Produktionskapazitäten auf mehr oder weniger Güter auszurichten, z. B. durch die Errichtung neuer Produktionsstätten, als dies kurzfristig möglich ist. Die Formel zur Berechnung der Preiselastizität des Angebots eines Gutes lautet:

$$\textbf{Preiselastizität} = \frac{\textbf{prozentuale Änderung der Angebotsmenge}}{\textbf{prozentuale Preisänderung}}$$

Bleiben wir wieder bei unserem Beispiel: Der Preis für eine Flasche Orangensaft steigt um 10 % von 1,00 Euro auf 1,10 Euro. Die Produktion eines Anbieters wird deshalb von 1.000 auf 1.200 Flaschen am Tag, also um 20 % gesteigert. Daraus resultiert ein Faktor der Preiselastizität von 2. Die Veränderung der angebotenen Menge ist doppelt so groß wie die Preisveränderung. Auch hier gilt, dass ein Faktor < 1 für ein unelastisches, ein Faktor > 1 für ein elastisches Angebotsverhalten steht.

Bezüglich der grafischen Darstellung gilt auch hier: je flacher die Angebotskurve, desto elastischer die Preiselastizität. Entsprechend werden auch die vollkommene Elastizität des Angebots in Form einer horizontalen und ein vollkommen unelastisches Angebot in Form einer senkrechten Gerade dargestellt. Abhängig von der Struktur des Marktes kann die Preiselastizität eines Angebots nicht konstant verlaufen, sondern sich im Verlauf der Zeit verändern. Denkbar sind beispielsweise Unternehmen, die über die Möglichkeit verfügen, verschiedene Produktionsstätten einzusetzen bzw. abzuschalten. Hier kommt der bereits erwähnte Langzeiteffekt zum Tragen. Kapazitätsgrenzen können in diesem Zusammenhang eine wichtige Rolle spielen. Bewirkt die Veränderung des Preises z. B. in der ersten Phase eine deutliche Vergrößerung der angebotenen Menge (> 1), so verkleinert sich diese im zweiten Abschnitt deutlich (< 1), bis schließlich keine Mengenanpassung mehr möglich ist (= 0, vollkommen unelastisches Angebot).

3.3 Wirtschaftsordnung, nicht Chaos

Nachdem wir erfahren haben, wie Märkte im Modell funktionieren, wenden wir unseren Blick nun auf das reale Marktgeschehen. Es fallen zuerst die enormen Dimensionen des Netzes wirtschaftlicher Aktivitäten auf, die unser tägliches Leben – oftmals unbemerkt – beeinflussen:

Q

Die Leistungen des Marktes

Es ist natürlich einfach, es als gegeben hinzunehmen, dass die Wirtschaft wie selbstverständlich funktioniert. Wenn wir in den Supermarkt gehen, finden wir dort alles, was wir brauchen – Brot, Hähnchen oder Bananen – in den Regalen. Wir bezahlen dafür, nehmen den Einkauf mit nach Hause und essen uns satt. Die einfachste Sache der Welt! Oder doch nicht?

Erst bei näherer Betrachtung erkennen wir das dicht gewobene Netz wirtschaftlicher Aktivitäten, die erforderlich sind, um die Regale zu füllen. Die Lebensmittel, die wir kaufen, sind vielleicht schon durch fünf oder zehn „Hände" gegangen, bevor sie uns erreichen, sie sind tage- oder monatelang aus allen Staaten und Ecken dieser Erde zu uns unterwegs gewesen. […]

Das eigentliche Wunder aber besteht darin, dass dieses ganze System ohne Zwang oder zentrale Lenkung funktioniert. Man bedenke: Hier beteiligen sich buchstäblich Millionen von Unternehmen und Konsumenten an freiwilligen Geschäftsbeziehungen, und ihre Handlungen und Interessen werden unsichtbar von einem System von Preisen und Märkten koordiniert. Niemand entscheidet konkret darüber, wie viele Hähnchen produziert werden sollen, wohin all die Großtransporter zu fahren haben, wo neue Supermärkte eröffnet werden. Und dennoch finden wir schließlich unsere Nahrungsmittel im Geschäft genau dort, wo wir sie suchen.

Selbstverständlich geht es hier nicht nur um Lebensmittel. Die Märkte vollbringen ähnliche Wunder in allen Bereichen überall rund um uns. […] Tausende verschiedener Güter werden von Millionen Menschen produziert, freiwillig, ohne zentrale Lenkung oder umfassenden Plan. Tatsächlich funktioniert der Großteil unseres Wirtschaftslebens, von wenigen Ausnahmen wie Militär, Polizei oder Schulwesen abgesehen, ohne staatliche Intervention, und gerade das macht die Stärke der Marktwirtschaft aus.

Eine Marktwirtschaft ist ein überaus komplexer Mechanismus zur Koordinierung von Menschen, Handlungen und Geschäftsbeziehungen durch ein System der Preise und Märkte. Zugleich stellt der Marktmechanismus ein Kommunikationsmedium zur Sammlung des Wissens und der Aktivitäten von Milliarden unterschiedlicher Einzelpersonen dar. Ohne jede zentrale „Intelligenz" und ohne Vorausberechnung löst er die Probleme der Produktion und Verteilung mit ihren Milliarden unbekannter Variablen und Beziehungen, Probleme, die jeden der schnellsten Supercomputer unserer Tage bei weitem überfordern würden. […]

Man kann sich einen Markt allgemein als einen Mechanismus vorstellen, mit dessen Hilfe Käufer und Verkäufer Preise ermitteln und Waren und Dienstleistungen austauschen und es gibt für beinahe alles einen Markt, […].

[…] Ein Markt ist ein Mechanismus, mit dessen Hilfe Käufer und Verkäufer miteinander in Beziehung treten, um Preis und Menge einer Ware oder Dienstleistung zu ermitteln. In einem Marktsystem hat alles seinen Preis, nämlich den Wert der Ware ausgedrückt in Geld. […] Die Preise stellen dabei jene Bedingungen dar, zu welchen die Haushalte und Unternehmen bereit sind, bestimmte Waren auszutauschen. […]

Quelle: Paul A. Samuelson, William D. Nordhaus: Volkswirtschaftslehre, 15., deutsche Ausgabe, Ueberreuter, Wien/Frankfurt, 1998, S. 50 f.

A

1. Beschreiben Sie mit eigenen Worten die gemeinsamen Charakteristika aller Märkte. Legen Sie dar, was einen Markt überhaupt zu einem solchen macht.
2. Analysieren Sie unterschiedliche Märkte mithilfe der in Aufgabe 1 herausgearbeiteten Charakteristika. Ermitteln Sie dabei auch zu erkennende Unterschiede und begründen Sie diese.
3. Erläutern Sie, worin die eigentliche Leistung einer marktwirtschaftlichen Ordnung besteht.
4. Arbeiten Sie die Funktion und Bedeutung von Preisen auf Märkten heraus.

Funktionen des Wettbewerbs
Wer sich mit dem Preismechanismus auseinandersetzt, muss sich auch zwingend mit der Funktion des Wettbewerbs als einem konstitutiven Merkmal funktionierender marktwirtschaftlicher Systeme befassen, weil sonst wesentliche Antriebskräfte des wirtschaftlichen Handelns unverständlich bleiben. Diese Thematik wird später eingehend behandelt, weshalb hier nur die wesentlichen Aspekte skizziert werden.
Der Wettbewerb hat nicht nur eine ökonomische, sondern auch eine bedeutsame gesellschaftspolitische Dimension. Zuallererst hat der Wettbewerb die Entfaltungsmöglichkeiten der persönlichen Freiheit zu gewährleisten. Er soll verhindern, dass die individuellen Tauschprozesse in einer Volkswirtschaft beschränkt werden. Dies bedeutet aber auch die Freiheit unternehmerischer Tätigkeit (Vertragsfreiheit, Gewerbefreiheit, Investitionsfreiheit), die Freiheit der Auswahl von Konsumgütern durch die Konsumenten und die Freiheit in der Wahl des Arbeitsplatzes durch die Arbeitnehmer.
Wir sprechen von wirtschaftlichem Wettbewerb deshalb dann, wenn Unternehmen miteinander wetteifern und danach trachten, sich mit ihren Leistungen für die Kunden, die Konsumenten, gegenseitig zu übertreffen. Es geht um die Erfüllung sehr konkreter Bedürfnisse von Konsumenten nach Sachgütern und Dienstleistungen.
Im Hinblick auf die Marktversorgung erfüllt der Wettbewerb vor allem die folgenden fünf Funktionen:

Funktionen des Wettbewerbs

- **Steuerfunktion**
  Das Angebot an Sachgütern und Dienstleistungen wird so gesteuert, dass es den Wünschen der Konsumenten entspricht.
- **Allokationsfunktion**
  Produktionsfaktoren Arbeit, Boden, Kapital „wandern" immer zu dem Ort, an dem ihre höchste Entlohnung erfolgt.
- **Innovations-/ Anpassungsfunktion**
  Anbieter sind gezwungen, die größtmögliche Produktivität zu erreichen und zugleich ihre Produktpalette den sich immer wieder verändernden Verbraucherwünschen anzupassen.
- **Verteilungsfunktion**
  Erfolgreiche Unternehmenspolitik führt zu Gewinnen und hat positive Konsequenzen für die Arbeitnehmer.
- **Kontrollfunktion**
  Wirtschaftliche Macht wird begrenzt und kontrolliert.

0861W

A

Erläutern Sie die Aussage, beim Wettbewerb handele es sich um das „genialste Entmachtungsinstrument, das wir kennen". Verdeutlichen Sie Ihre Ausführungen an einem Beispiel.

Märkte aus institutionentheoretischer Sicht

Der Wirtschaftswissenschaftler und Nobelpreisträger Douglass C. North hat in einem berühmt gewordenen Text verdeutlicht, dass bereits einfache Transaktionen – wie der Kauf einer bestimmten Menge Orangen auf einem Wochenmarkt – bei den Beteiligten Kosten (die Transaktionskosten vgl. Kapitel I) verursachen und in ein umfassendes Geflecht von Institutionen eingebunden sind, das einen reibungslosen Tausch erst ermöglicht.

Im Folgenden einige Auszüge aus Norths Analyse am Beispiel eines Orangenkaufs:

Q

Der Orangenkauf

— [...] Käufe [werden] nach Anzahl, Gewicht, Größe, Länge usw. vorgenommen; und es werden Produktivmittel darauf verwendet, sicherzustellen, dass diesen objektiv messbaren Merkmalen entsprochen wird.

— [...] Der Wettbewerb einer großen Anzahl von Verkäufern beschränkt die Verhaltensmöglichkeiten des einzelnen Händlers. Schwindelt er mir ein paar der verdorbenen Orangen unten in meine Tüte, sodass ich sie nicht bemerke, bevor ich zu Hause bin? Das könnte er tun, wenn er nicht erwartet, mich jemals wiederzusehen, denn nur so kann er diese Orangen, die ihm andernfalls einen Verlust bringen, loswerden. Aber ebendeshalb gehe ich jede Woche zum selben Händler, Morris. Er weiß, dass ich nicht wiederkommen werde, wenn er mir verdorbene Orangen in meine Tüte packt. Ich bin als Kunde, der wiederkommt, wertvoll; die Gewinnsucht wird also durch die Erwartung von Wiederholungskäufen beschränkt.

— Morris hingegen nimmt seinerseits meinen Scheck über einen Dollar, ohne nachzuforschen, ob dieser auch gedeckt sei, oder ob der Dollar, den er bekommt, wenn er meinen Scheck einlöst, fraglos von seinem Großhändler oder irgendjemandem anderen, von dem er Güter oder Dienstleistungen kaufen will, angenommen wird.

— [...] Der Transaktion liegen eine komplizierte Rechtsordnung und deren Durchsetzung zugrunde; sie wird durch diese überhaupt erst möglich. Sowohl Morris wie ich gehen davon aus, dass wir Eigentumsrechte an den Orangen bzw. am Dollar haben und dass diese Rechte in einem Gerichtshof durchgesetzt werden können. Morris nimmt ein Stück Papier als rechtmäßiges Surrogat für die Verfügungsgewalt über eine bestimmte Menge anderer Produktivmittel und weiß, dass er dieses Papier für solchen Zweck verwenden kann. Kurz gesagt: Die Unsicherheit wird durch eine anerkannte Struktur von Eigentumsrechten und deren Durchsetzung vermindert oder vollständig beseitigt.

— [...] Informationskosten werden durch das Vorhandensein einer großen Zahl von Käufern und von Verkäufern gesenkt. Unter diesen Umständen verkörpern Preise dieselbe Information, für deren Beschaffung bei Fehlen eines organisierten Marktes die einzelnen Käufer und Verkäufer erhebliche Suchkosten aufwenden müssten.

— [...] Die Übertragung von Eigentumsrechten unter einzelnen Eigentümern durch Verträge auf dem Markt setzt die Ausschließlichkeit ihres jeweiligen Eigentumsrechts voraus. Nicht nur müssen die Rechte messbar sein, sie müssen auch durchsetzbar sein. [...]

Quelle: Douglass C. North: Theorie des institutionellen Wandels, Mohr, Tübingen, 1988, S. 35 ff., Übersetzung: Dr. Monika Streissler

i

Douglass C. North

* 05.11.1920 in Cambridge, USA

Nobelpreis für Wirtschaftswissenschaften 1993

A

1 Erläutern Sie anhand der Beispiele aus dem Text von D. C. North, welche Voraussetzungen gegeben sein müssen, damit Händler und Kunden auf Märkten miteinander Handel treiben können.

2 Ermitteln Sie jene Institutionen, die für die Nachfrager zu einer Senkung der Transaktionskosten führen.

3 Analysieren Sie das Geschehen auf internetgestützten Märkten. Arbeiten Sie heraus, welche zusätzlichen Institutionen hier benötigt werden bzw. hilfreich sind, um Handel möglich zu machen.

Die Einrichtung von Institutionen verursacht Kosten; gleichzeitig helfen sie, Transaktionskosten zu senken (Kapitel I). Man stelle sich vor, für jede einzelne Transaktion müsste immer wieder ein entsprechender Rahmen durch Aushandeln entwickelt werden, die Kosten wären selbst für einfachste Tauschhandlungen extrem hoch. Gleichzeitig beeinflussen weitere Faktoren das Verhalten der Akteure: persönliche Präferenzen, aber auch gesellschaftlich akzeptierte Verhaltensweisen, die z. B. Diebstahl oder Betrug in einem gewissen Rahmen verhindern. Verhaltenssicherheit entsteht durch das Vorhandensein der verschiedenen Institutionen; diese erst ermöglichen Transaktionen der beschriebenen Art.
Um also eine über das idealtypische Modell hinausgehende Betrachtung von Märkten zu erreichen, müssen wir zunächst feststellen, dass die langfristige Leistungsfähigkeit einer Wirtschaft von der Qualität der Institutionen einer Volkswirtschaft abhängt. Institutionen bezeichnen in diesem Zusammenhang alle Spielregeln einer Gesellschaft, die die Unsicherheit für alle Beteiligten am Wirtschaftsprozess mindern und somit Regeln für menschliche Interaktionen kreieren.

Verfügungsrechte über konkrete Güter
In einer arbeitsteiligen, komplexen Welt sind wirtschaftliche Strukturen und Prozesse dann effizient gestaltet, wenn die „Reibungen" bei den Transaktionen möglichst gering gehalten werden können, d. h. die Kosten für das Gewinnen von Informationen, die Durchführung von Verhandlungen, für die Koordination, Steuerung, Kontrolle so weit wie möglich zu minimieren sind. Besonders die hochgradige nationale und internationale Arbeitsteilung macht es erforderlich, für die Koordination von Produktion und Konsumtion einen wirksamen Mechanismus zu suchen. Diese Leistung soll in einem marktwirtschaftlichen System der Markt erbringen. Er ist der zentrale Lenkungsmechanismus für die wirtschaftlichen Aktivitäten der Wirtschaftssubjekte. Die hohen Aufwendungen für den Warentausch (Informationskosten, Transportkosten) werden durch die „Institution" Geld als Tauschmittel, Recheneinheit, Zahlungsmittel sowie als Wertaufbewahrungsmittel entscheidend erleichtert.

Sehen wir uns den Markt genauer an, dann ist er eine Institution, ein Organisationsmechanismus, der durch die Bekanntgabe einer Zeit, eines Ortes, eines Preises sowie der Art und Qualität eines Gutes (Sachgut, Dienstleistung) Verkäufer und Käufer zusammenführt. Auf dem Markt werden deshalb nicht einfach Güter gegen Geld getauscht, tatsächlich werden „Verfügungsrechte über konkrete Güter" gehandelt.
Die alleinige physische Übergabe konkreter Güter oder des Geldes ist noch keine Markttransaktion, sondern erst mit der Übergabe eines Produktes, eines Sacks Kartoffeln, eines Kilogramms Fleisch, eines Autos, werden Verfügungsrechte getauscht. Der Käufer erwirbt das Recht, ein konkretes Gut auf eine bestimmte Art zu nutzen, und der Verkäufer bekommt mit dem Geld des Käufers das Verfügungsrecht, damit wieder andere Güter zu kaufen. Schon ein erster Blick zeigt, dass beim Kauf eines Produktes zwischen Käufer und Verkäufer eine Fülle von Fragen im „Hintergrund" bestehen und die Tauschaktion „begleiten". Die eher triviale Vorstellung, Märkte seien Orte, an denen Sachgüter und Dienstleistungen gegen Geld getauscht würden, lässt sich deshalb mit einfachen Beispielen schnell konterkarieren. Märkte sind aber nur – um häufigen Missverständnissen vorzubeugen – eines von mehreren Entscheidungsverfahren in einem marktwirtschaftlichen System. Verhandlungen, Wahlen, die Bürokratie sind weitere Verfahren, um zu Entscheidungen zu kommen.

A

Verdeutlichen Sie in einem Schaubild die zahlreichen Aspekte, die bei einer einfachen alltäglichen Kaufhandlung ins Spiel kommen.

4 Einflussfaktoren auf das Verbraucherverhalten

Nun haben wir bisher gezeigt, wie sich auf Märkten durch Angebot und Nachfrage idealtypisch Preise bilden. Wenn wir uns aber z. B. das Verhalten der Konsumentinnen und Konsumenten ansehen, dann wird sehr schnell deutlich, dass es noch viele andere Faktoren gibt, die diese bei ihren Kaufentscheidungen beeinflussen. Um diese zu ermitteln, muss man sich mit der Konsumentenforschung beschäftigen, die sich in den letzten 50 Jahren stürmisch entwickelt und zu vielen Einsichten bzgl. des Verhaltens der Nachfrager geführt hat. Dabei kann an dieser Stelle natürlich keine umfassende Einführung in die zugrunde liegenden Theorien erfolgen, aber es lassen sich wesentliche Bereiche und Fragestellungen identifizieren.

Nach dem ökonomischen Erklärungsansatz folgen Individuen bei ihren Handlungen stets dem Prinzip der Nutzenmaximierung. Gleichzeitig sind ihre Handlungen vielfältigen Einschränkungen unterworfen, beispielsweise dem eigenen Einkommen und der Höhe der Preise der gewünschten Güter. Zusammenfassend lässt sich also festhalten, dass wir es mit einer „Nutzenmaximierung unter Restriktionen" zu tun haben.

Den Handlungen liegen also **Handlungsbedingungen** zugrunde. Gleichzeitig kann festgestellt werden, dass Handlungen auch Folgen nach sich ziehen können, die wiederum Bedingungen für zukünftige Handlungen darstellen können. Dies wird besonders deutlich, wenn wir uns mit den Einflussfaktoren auf das Konsumentenverhalten auseinandersetzen.

Um zu klären, warum sich die Konsumentinnen und Konsumenten für ein Gut und gegen ein anderes entscheiden, reicht die reine ökonomische Analyse nicht aus. Darüber hinaus sind zwingend u. a. auch psychologische und soziologische Einflüsse zu untersuchen.

Wir stellen im Folgenden drei Erklärungsansätze in aller Kürze dar. Danach werden wir der Frage nachgehen, wie die Erkenntnisse dieser Forschungsrichtungen in die Strategien der anbietenden Wirtschaft einfließen.

Es gibt mehrere wissenschaftliche Disziplinen neben der Ökonomik, die sich mit dem menschlichen Verhalten auseinandersetzen. Es sind dies v. a.
- die Psychologie,
- die Soziologie,
- die vergleichende Verhaltensforschung (Verhaltensbiologie),
- die physiologischen Verhaltenswissenschaften sowie in jüngerer Zeit
- die Hirnforschung (Neurologie).

4.1 Ökonomische Erklärungsansätze des Konsumentenverhaltens

Die Mitglieder der Privaten Haushalte haben eine Vielzahl von Bedürfnissen. Jedes Mitglied hat seine eigenen Wünsche und Ansprüche und ist bestrebt, seine individuellen Bedürfnisse zu erfüllen. Dies ist jedoch nur möglich, wenn dem Privaten Haushalt genügend finanzielle Mittel zur Verfügung stehen. Und dies wiederum hängt unmittelbar von den Preisen der gewünschten Güter ab.

Die drei wichtigsten Faktoren, die den Konsumplan eines Haushalts bestimmen, sind also die Bedürfnisse der Konsumenten, die Güterpreise und das zur Verfügung stehende Einkommen.

A

Denken Sie an die letzte Anschaffung eines größeren Konsumgutes. Ermitteln Sie jene Einflüsse, die maßgeblich zur Entscheidung für dieses spezielle Produkt geführt haben.

Rein ökonomische Erklärungsansätze des Konsumentenverhaltens untersuchen vorrangig die Wechselbeziehung zwischen Güterpreisen und Gütermengen. Dabei werden die Annahmen des „Homo oeconomicus“ zugrunde gelegt, die bereits in Kapitel I vorgestellt wurden.

- Der „Homo oeconomicus“ besitzt eine vollständige Marktübersicht, d. h., er kennt alle Produkte, alle Dienstleistungen mit ihren Preisen – also alle entscheidungsbedeutsamen Alternativen.
- Der „Homo oeconomicus“ versucht seinen persönlichen Nutzen zu maximieren und verhält sich auch immer nach dieser Maxime.
- Der „Homo oeconomicus“ hat eine unbegrenzte Kapazität zur Informationsverarbeitung.
- Der „Homo oeconomicus“ trifft seine Entscheidungen, ohne sich durch andere Personen und/oder durch Erfahrungen bei früheren Kaufentscheidungen beeinflussen zu lassen.

Es wird in diesem Zusammenhang also mit der Annahme operiert, dass das Entscheidungsverhalten des Individuums rein zweckrational ausgerichtet ist und sich nach dem „ökonomischen Prinzip“ vollzieht. Diese Arbeitsannahme verwendet das ökonomische Prinzip als einen reinen Durchführungsgrundsatz, der beschreibt, auf welche Weise der Handelnde ein Ziel zu erreichen versucht. Es geht dennoch nicht um den Inhalt des Handelns, sondern um die Art und Weise, wie das Ziel erreicht wird.

Wir vergleichen Einsparmöglichkeiten

	Größte Preisunterschiede				Durchschnittliche Ersparnis			
Produkte	(a) bei gleichen Marken in verschiedenen Geschäften		(b) bei verschiedenen, austauschbaren Produkten im jeweiligen Geschäft		(a) bei Markentreue und flexibler Bezugsquelle		(b) bei Markenflexibilität und Bezugsquellenbindung	
	von €	bis €	von €	bis €	von €	bis €	von €	bis €
(1) Vollwaschmittel (1,5 kg)								
(2) Spülmittel (500 ml)								
(3) Margarine (500 g)								
(4) Nuss-Nougat-Creme (400 g)								
(5) a) Erbsen (Konserve, 400 g)								
b) Spinat (Tiefkühl, 450 g)								
c) Apfelmus (720) g								
(6) a) Papiertaschentücher 12 Päckchen								
b) Toilettenpapier (10 Rollen, 2-lagig)								
(7) Kaffeefilter Gr. 4 (100) St.)								
(8) Kaffee (500 g)								
(9) Mineralwasser (0,7 l)								
(10) a) Shampoo (250 ml)								
b) Zahnpasta (75 ml)								

Das Denkmodell des „Homo oeconomicus“ führt immer wieder zu Missverständnissen. Deshalb müssen wir uns damit noch näher auseinandersetzen, um zu Beginn deutlich festzuhalten: Kein Ökonom glaubt, dass sich

A

1 Führen Sie eine Markterkundung zu den Einsparmöglichkeiten bei Markenbindung/Bezugsquellenflexibilität und Markenflexibilität/Bezugsquellenbindung durch. Zu welchen Ergebnissen kommen Sie?

2 Überprüfen Sie, inwieweit im Alltag Ihre Kaufentscheidungen auf der Grundlage rein ökonomischer Aspekte erfolgen.

Nachfrager und Anbieter auf Märkten ausschließlich dem Modell des Homo oeconomicus folgend verhalten. Aber die Annahme, dass Menschen in Entscheidungssituationen i. d. R. versuchen werden, ihren Nutzen zu verbessern, ist schon sehr hilfreich für die Erstellung von Verhaltensprognosen. Deshalb wird empfohlen, den nachfolgenden Quellentext des ehemaligen Wirtschaftsweisen Rüdiger Pohl sorgfältig durchzuarbeiten:

Q

Die Kritiker des Homo oeconomicus neigen mitunter dazu, dieses Konzept überzubewerten. Es ist kein Modell zur umfassenden Erklärung allgemeinen menschlichen Verhaltens. Es will lediglich Grundzüge wirtschaftlicher Entscheidungen nachvollziehbar machen. Insoweit ist der Homo oeconomicus weder Gespenst noch Wirklichkeit. Neben den genannten Eigenschaften des Homo oeconomicus sind andere Merkmale kennzeichnend für wirtschaftliches Verhalten. Fünf Aspekte seien hervorgehoben.

1. Anreize: Die Menschen reagieren bei ihren Entscheidungen auf Anreize. Niemand würfelt, um Entscheidungen zu treffen. Vielmehr nehmen die Menschen Signale des Marktes auf (Preise, Löhne, Zinsen), und sie reagieren auf Vorgaben durch den Staat (Besteuerung, Subventionen, Transfers). Steigt der Preis eines Gutes, ist das ein Anreiz, dieses Gut weniger nachzufragen. Werden Subventionen für ein Gut gezahlt, ist dies ein Anreiz, das Gut vermehrt zu produzieren. Um ökonomisches Verhalten zu verstehen, muss man die Frage stellen, welche Anreize Menschen haben, etwas zu tun oder zu unterlassen. Staatliche Akteure müssen sich bei ihren Eingriffen in den Wirtschaftsprozess bewusst sein, dass sie damit positive oder negative Anreize setzen. Beispiel: Lohnabstandsgebot. Darunter ist zu verstehen, dass Lohnersatzeinkommen (Arbeitslosengeld, Sozialhilfe) deutlich niedriger sein sollen als Markteinkommen. Nur dann, so die Begründung, bestehe für den Bezieher von Lohnersatzeinkommen der Anreiz, sich ernsthaft um eine Erwerbsarbeit, also um Markteinkommen, zu bemühen. Ist der Abstand gering, besteht hingegen der Anreiz, auf die mit Mühen verbundene Erwerbsarbeit zu verzichten und sich mit dem Ersatzeinkommen zu begnügen.

2. Abwägung: Ökonomisches Handeln basiert auf Abwägungen. Das eine zu tun bedeutet, das andere zu unterlassen. Die wichtigste Abwägung betrifft die Zeit. Es gilt abzuwägen zwischen Arbeitszeit und Freizeit. Abzuwägen ist die Aufteilung der Lebenszeit auf Ausbildung, Erwerbstätigkeit, Ruhestand. Im Bereich des Konsums ist abzuwägen, welche Güter konsumiert werden und auf welche verzichtet wird. Bei Investitionen und Vermögensanlagen ist zwischen alternativen Projekten abzuwägen. Dass die Wahl des einen eine Entscheidung gegen das andere ist, drücken Ökonomen mit dem Begriff Opportunitätskosten aus. Diese erfassen, was aufzugeben ist, um etwas anderes zu erlangen. Beispiel: Ein Schüler wägt ab, ob er sich auf ein längeres Studium einlassen soll. Die Opportunitätskosten des Studiums bestehen in entgangenem Einkommen. Statt zu studieren, hätte er ja nach der Schule gleich eine Erwerbsarbeit aufnehmen können. Folglich gilt es abzuwägen: den Nutzen aus dem Studium, ein erwartetes höheres Einkommen in der Zukunft, gegen die Kosten, das entgangene Einkommen während des Studiums.

3. Marginalprinzip (Grenzprinzip): Abwägen bedeutet „handeln in kleinen Schritten“. Typische Entscheidungen sind nicht „null – eins“, sondern „etwas mehr – etwas weniger“. Der Konsument wählt nicht zwischen hungern und prassen bis zur Sättigung, sondern zwischen etwas mehr oder etwas weniger zu essen. Der Arbeitnehmer wählt nicht zwischen null Stunden oder 24 Stunden Arbeitszeit, sondern zwischen etwas mehr zu arbeiten oder etwas weniger. Unternehmen entscheiden nicht zwischen „alle entlassen" oder „beliebig einstellen", sondern zwischen „einige neu einstellen" oder „einige entlassen". Das Entscheidungskriterium ist die Abwägung des zusätzlichen Vorteils (Grenznutzen, Grenzertrag) mit den zusätzlichen Kosten (Grenzkosten). Beispiel: Ein Arbeitnehmer wägt ab, ob er eine Überstunde leisten soll. Der Grenznutzen besteht darin, dass mit dem zusätzlich verdienten Einkommen zusätzlicher Konsum von Gütern möglich wird, wodurch der Nutzen steigt. Die Grenzkosten bestehen in dem Verzicht auf Freizeit, was als Nutzeneinbuße empfunden wird. Beispiel: Ein Unternehmer entscheidet über die Einstellung eines weiteren Mitarbeiters. Der Grenzertrag besteht darin, dass mit der zusätzlichen Arbeitskraft zusätzlich Güter produziert und am Markt veräußert werden können. Die zusätzlichen Kosten bestehen in der Entlohnung. Allgemein gilt: Ist der Grenznutzen beziehungsweise Grenzertrag größer als die Grenzkosten, entscheidet man sich für „etwas mehr", sonst für „etwas weniger".

4. Budgetbeschränkung: Die individuellen Wahlmöglichkeiten werden durch die Budgetbeschränkungen begrenzt. Es gibt in der Regel nichts umsonst. Die Budgetbeschränkung bedeutet „Ausgaben = Einnahmen". Ausgaben für den Erwerb von Gütern oder von Vermögenstiteln müssen durch Einnahmen aus dem Verkauf von Leistungen oder von Vermögenstiteln gedeckt sein. Wer Ausgaben erhöhen will, muss gleichzeitig nach Wegen für zusätzliche Einnahmen suchen. Dies hat gegebenenfalls eine intertemporale Dimension. So kann man mit Kreditaufnahme heute zwar Einnahmen und Ausgaben erhöhen. Doch implizieren die Zahlung der Zinsen und die Rückzahlung des Kredits morgen mehr Ausgaben.

5. Risikoaversion: Viele ökonomische Entscheidungen unterliegen einem Risiko. Das trifft insbesondere auf Investitionsentscheidungen und auf Anlageentscheidungen an den Finanzmärkten zu. Niemand kann sicher sein, dass sich die Investition rentieren wird, dass die Wertpapieranlage den erwarteten Kursgewinn bringen wird, dass der gewährte Kredit wirklich zurückgezahlt wird. Die meisten Menschen unterliegen vermutlich einer Risikoaversion. Das heißt nicht, dass sie keinerlei Risiko eingehen würden. Aber es bedeutet, dass sie bei Alternativen mit gleichen Chancen die mit dem geringsten Risiko wählen. Und umgekehrt: Sie gehen nur ein höheres Risiko ein, wenn sie dafür eine entsprechende Vergütung (an Finanzmärkten: eine höhere Rendite, einen höheren Zins) erwarten dürfen. Hiermit ist ebenfalls ein Abwägungsfall beschrieben: der zwischen Risiko und Rendite.

Wie die genannten Aspekte zusammenspielen, mag ein Beispiel verdeutlichen. Was tut der Homo oeconomicus, wenn der Lohn steigt? Er arbeitet einige Stunden im Monat mehr (→ Anreize, Abwägung, Marginalprinzip). Er erzielt zusätzliche Einnahmen und tätigt daher zusätzliche Ausgaben, das heißt, er konsumiert und spart mehr (→ Budgetbeschränkung). Die zusätzlichen Ersparnisse legt er an den Finanzmärkten an, wobei er bei Anlagen mit gleicher Verzinsung die mit dem geringeren Risiko oder bei Anlagen mit gleichem Risiko die mit der höchsten Verzinsung wählt (→ Risikoaversion).

Quelle: Zeit Akademie, Ökonomie – Einführung in die Volkswirtschaftslehre (Begleitbuch) Zeitverlag Gerd Buccerius, Hamburg, S. 105 ff.

A

1 Erläutern Sie die fünf vorgestellten Aspekte mithilfe eigener Beispiele.

2 Nehmen Sie begründet Stellung zu folgender Aussage: „Ökonomische Analyseansätze helfen, Konsumentenverhalten besser zu verstehen, auch wenn sie keine allumfassenden Erklärungen liefern."

Der ökonomische Erklärungsansatz liefert wichtige Informationen, um das Verhalten von Konsumentinnen und Konsumenten zu erklären. Seine Grenzen zeigen sich jedoch sehr schnell, wenn bereits eine einfache Kaufhandlung analysiert wird.

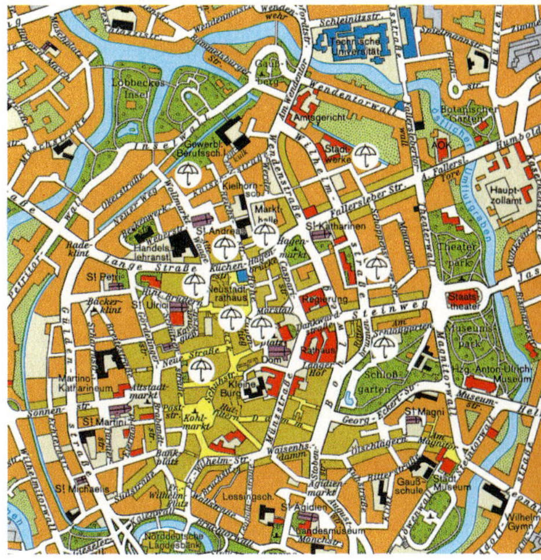

Q

Kauf eines Regenschirms

Ich brauchte seinerzeit einen neuen Regenschirm. Es war zu überlegen, wie ich in meiner Rolle als Arbeitnehmer die in der freien Marktwirtschaft mir obliegende Pflicht der Auswahl am besten treffen könnte. In Köln gibt es, so nahm ich an, etwa 50 Läden, in denen man einen Regenschirm kaufen kann. Diese müsste ich pflichtgemäß alle aufsuchen […]
Dann gibt es schätzungsweise 200 Sorten Regenschirme für Herren. Da es ein schwarzer Regenschirm mit gebogener Krücke sein sollte, mag sich die Sortenzahl auf 100 ermäßigen. Nun aber geht es mir um einen möglichst dauerhaften Regenschirm, dessen Stoff, Stock und Mechanik lange halten und auch bei starkem Wind lange brauchbar bleiben sollen.
Ich fand bald heraus, dass, allein um die Güte der Regenschirmstoffe auf Haltbarkeit und Wasserdurchlässigkeit zu prüfen, ein Kursus nötig sei, den ein Freund auf Wochen Dauer schätzte. Auch die Mechanik sei, so meinte er, in ihrer Qualität verschieden, und man müsse schon etwas davon verstehen, wenn man eine sachkundige Auswahl treffen wolle. Diese Überlegungen führten dahin, dass ich, um mich und meine Familie mit dem nötigen Hausrat und der nötigen Bekleidung zu versehen, meinen Beruf aufgeben und dazu noch einen Assistenten anstellen müsste. Dieses bedenkend, verzichtete ich auf jede Konkurrenzprüfung, ging in den nächsten Laden und kaufte unter den 10 vorgelegten Schirmen einen ohne lange Prüfung und zahlte dafür, was gefordert wurde.

Quelle: Eugen Schmalenbach: Der freien Wirtschaft zum Gedächtnis, Schmalenbach-Gesellschaft, Köln, S. 58, zit. nach: Franz-Josef Kaiser/Hans Kaminski: Telekolleg II, Volkswirtschaftslehre, 8. Auflage, TR-Verlagsunion, München, 1999, S. 36 f.

A

1 Legen Sie dar, welche Schwierigkeiten beim Kauf des Regenschirms auftreten (können).

2 Erläutern Sie, inwieweit das Regenschirmbeispiel die Grenzen des ökonomischen Erklärungsansatzes verdeutlicht.

3 Nehmen Sie Stellung zu folgender Aussage: „Der ökonomische Ansatz ist gänzlich untauglich, das Verhalten der Konsumenten zu erklären, und somit kann auf ihn verzichtet werden.“ Begründen Sie Ihre Einschätzung.

Bei der einfachen Betrachtung des eigenen alltäglichen Handelns wird ebenfalls offensichtlich, dass auch andere Faktoren als die Ausstattung mit Ressourcen und die Preise von Gütern Kaufentscheidungen beeinflussen.
Um dies zu verdeutlichen, werden wir uns im Folgenden eine weitere klassische Alltagssituation ansehen. Interessant wird es v. a. zu beobachten sein,

- wie sich die Bedürfnisse der Hauptpersonen im Verlauf der Episode verändern,
- wodurch diese Veränderungen jeweils verursacht werden und
- welche Übertragungsmöglichkeiten auf andere – gleichfalls alltägliche Situationen denkbar sind.

„Schnell noch mal zum Metzger ..."
Frau Kelter fehlen noch einige Lebensmittel für das Mittagessen. Die Zeit drängt. Ihre Tochter Anna freut sich schon auf das Einkaufen. Als Erstes muss Frau Kelter schnell zum Metzger: „Ein Pfund Gehacktes, 2 Kasslerkoteletts und 200 Gramm feine Leberwurst:" – „Darf es dieses Stück sein? Es wiegt 300 Gramm." – „Ja, ist gut, packen sie's ein."
„Und, möchten Sie vielleicht mal etwas von unserer luftgetrockneten italienischen Salami probieren? Sie ist gerade im Angebot." „Ja, warum nicht. Oh, die ist wirklich lecker! Dann geben Sie mir doch noch einmal 200 Gramm davon". „Gerne, darf es sonst noch etwas sein ...?"
Vor dem Metzgerladen: Frau Kelter trifft ihre Nachbarin: „Übrigens, Frau Kelter, wenn Sie heute Salat machen wollen, bei Komet ist er heute am billigsten." „Oh, ja, schönen Dank für den Tipp, da muss ich sowieso noch hin!" Ein Blick zur Uhr. Frau Kelter beeilt sich. Anna stürzt – sie weint. „Pass doch auf!" Hinein in den Supermarkt. Salat kauft Frau Kelter auch und das neue Dressing, das gestern in der Werbung war. Mal sehen, ob es hält, was es verspricht. Lange Schlange vor der Kasse. Anna hat die Schokoladenriegel in der Gondel an der Kasse gesehen. „Mama, kaufst du mir einen Riegel?" „Nein, wir haben noch welche zu Hause." – „Ich möchte aber jetzt einen." Anna fängt laut an zu weinen, die Kunden schauen vorwurfsvoll. Frau Kelter legt einen Riegel neben den Salat und noch andere Kleinigkeiten auf das Band. „17,30 Euro bitte!"
Weiter geht's. Ein Blick ins Schaufenster von „Christine". Ist dort nicht die hübsche Bluse, die ich schon immer für meinen Rock haben wollte? Und sogar herabgesetzt für nur 35 Euro! Also hinein! Zumal nächste Woche die Nachbarschaft eingeladen hat, da kann man ruhig mal was Neues zeigen. „Aber Frau Kelter, die macht Sie doch alt und passt ganz und gar nicht zu Ihrem Typ. Sehen sie dort – würde diese nicht viel besser passen? Allerdings ein paar Euro teurer ..." „Hm, ein stolzer Preis!" „Aber fühlen Sie doch mal, Frau Kelter, diese Qualität ist doch ihren Preis wert!" Frau Kelter kann sich nicht entschließen. Anna krabbelt unter den Kleiderständer, sie reißt eine Bluse herunter. „Anna ...!" „Aber, das macht doch nichts, wir waren doch alle mal klein. Finden Sie diese Bluse denn nicht chic? Machen Sie sich doch nicht älter, als Sie sind!" Ein Blick zur Uhr – allerhöchste Zeit! Anna weint – sie hat sich am Kassentisch gestoßen.
„Ich nehme sie." – „49,90 Euro bitte."
Herr Kelter wartet schon ungeduldig als seine Frau nach Hause kommt: „Was hast du denn da für eine Bluse gekauft? Mein Gott, du bist doch kein Twen mehr ..." „Du hast doch keine Ahnung! Die passt genau zu meinem Rock." „Pass mal auf, was Karin dazu sagen wird." „Karin, Karin, was geht mich Karin an? Ich weiß selbst, was mir steht!" „Und was kostet der Fummel?"

A

1 Ermitteln Sie die unterschiedlichen Faktoren und Überlegungen, die die Kaufentscheidungen von Frau Kelter beeinflussen.

2 Legen Sie dar, inwieweit sich die Bedürfnisse von Frau Kelter, beeinflusst durch äußere Einflüsse, auch kurzfristig verändern.

4.2 Soziologische Erklärungsansätze des Konsumentenverhaltens

Man unterscheidet bei der Betrachtung von Konsumentinnen und Konsumenten zwischen der näheren und der weiteren Umwelt. Während unter der erstgenannten alle Personen und Gruppen gefasst werden, zu denen das Individuum in regelmäßigem Kontakt steht (z. B. Familie, Freundinnen und Freunde, Arbeitskolleginnen und -kollegen), versteht man unter dem Begriff der weiteren Umwelt alle Personen und Gruppierungen, zu denen keine regelmäßigen persönlichen Beziehungen bestehen. Hierzu zählen soziale Hintergrundsysteme wie Kultur und Subkultur, große soziale Organisationen (von Gewerkschaften bis zur Großstadt) und einzelne Personen wie Politiker und Berühmtheiten des kulturellen Lebens. Menschen sind also in ihrem alltäglichen Leben in eine Vielzahl von Gruppen eingebunden, die sich dadurch auszeichnen, dass zwischen ihren Mitgliedern wiederholte und nicht nur zufällige wechselseitige Beziehungen bestehen.

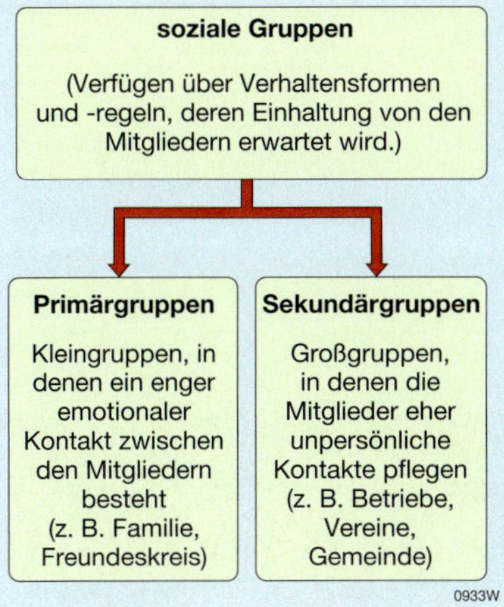

Familie

Die zentrale Primärgruppe stellt die Familie dar. Im Gegensatz zu anderen Gruppen dieser Kategorisierung ist sie – in Abhängigkeit von der jeweiligen Kultur – durch eine in weiten Teilen festgelegte Rollenstruktur, vor allem jedoch durch die besondere Qualität der emotionalen Beziehungen zwischen den einzelnen Mitgliedern gekennzeichnet. Die gefühlsmäßigen Bindungen sind dabei überdurchschnittlich stabil, was sich u. a. in einem besonders starken Zusammengehörigkeitsgefühl äußert. Studien haben dabei deutlich gemacht, dass bereits Kinder und Jugendliche einen erheblichen Einfluss auf die familiären Kaufentscheidungen haben.
Generell ist jedoch festzuhalten, dass mit zunehmendem Alter der Einfluss von Bezugsgruppen außerhalb der Familie steigt. Freundesbeziehungen werden wichtiger, die Bedeutung der Familie für gemeinsame und individuelle Kaufentscheidungen sinkt dagegen.

Bezugsgruppen/Peergroups

Unter Bezugsgruppen werden solche Gruppen verstanden, nach denen sich ein Individuum richtet, unabhängig davon, ob es dieser Gruppe angehört oder nicht. Diese Bezugsgruppen bestimmen weitgehend die Art und Weise, wie das Individuum seine Umwelt und sich selbst wahrnimmt, sie beurteilt und daraus die Normen für sein Verhalten ableitet. In der Regel werden Bezugsgruppen in zweifacher Weise wirksam:

- Einmal haben sie eine komparative (vergleichende) Funktion, d. h., sie liefern Maßstäbe, an denen sich das Individuum mit seinen Wahrnehmungen, Einstellungen, Meinungen, Urteilen messen kann.
- Zum anderen haben Bezugsgruppen auch eine normative Funktion, d. h., sie liefern Verhaltensregeln, die von den meisten Mitgliedern einer Bezugsgruppe akzeptiert werden.

Für Jugendliche stellen Peergroups wesentliche Bezugsgruppen im Rahmen der täglich zu fällenden Konsumentscheidungen dar. Es handelt sich dabei um Gruppen von Gleichaltrigen, die von einem bestimmten Alter an einen stärkeren Einfluss auf das Verhalten der Jugendlichen haben als die Familie. Die Gruppenmitglieder weisen neben dem Alter eine Reihe von Gemeinsamkeiten auf, wie z. B. Geschlecht oder soziale Rolle (Schüler, Lehrling usw.). In „seiner" Peergroup fühlt sich der Jugendliche geborgen, weil er mit Gleichgesinnten zusammen sein kann. Mit ihr kann er sich identifizieren, sie gibt ihm Verhaltenssicherheit. Die Gruppe wird die höchste Instanz in Bezug auf Fragen des Geschmacks (z. B. Kleidung, Musik) oder im Hinblick auf bestimmte Verhaltensweisen (z. B. Freizeitverhalten).

A

1 Zählen Sie weitere Primär- und Sekundärgruppen auf.

2 Arbeiten Sie heraus, welche Verhaltensnormen und -regeln von diesen gesetzt werden.

3 Kehren Sie zum Anfang des Kapitels III zurück. Erschließen Sie jene Primär- und Sekundärgruppen, die die Entscheidungen der Mitglieder der Beispielfamilie Heistermann beeinflussen (können).

4 Finden Sie Beispiele für typische Peergroups bei Jugendlichen Ihres Alters. Analysieren Sie, welche Gemeinsamkeiten deren Mitglieder unabdingbar aufweisen.

5 Diskutierten Sie, inwieweit die Zugehörigkeit zu einer Peergroup einerseits großen Halt gibt, andererseits aber auch Druck ausüben kann. Erläutern Sie Ihre Ausführungen anhand von Beispielen.

Will man in seiner Gruppe „in" sein, muss man sich oftmals danach richten, was von ihr akzeptiert wird. Man muss über bestimmte Produkte (Musikgruppen, Kleidung, technische Geräte usw.) Bescheid wissen bzw. sie besitzen, will man dazugehören.

Meinungsführermodell

Innerhalb von Bezugsgruppen bzw. Peergroups beeinflussen Individuen das Kaufverhalten und die Konsumentscheidungen der Mitglieder auf unterschiedliche Weise. Dieser Tatsache trägt das Meinungsführermodell Rechnung.

Unter dem Begriff „Meinungsführer" werden Personen verstanden, die in ihrer Gruppe eine Schlüsselstellung in Bezug auf einen bestimmten Meinungsgegenstand innehaben. Dies kann Musik, Mode, aber auch Fernsehen oder Autos sein. In einer Gruppe können dabei verschiedene Meinungsführer eine Rolle spielen, differenziert nach den unterschiedlichen Meinungsgegenständen.

Meinungsführer werden um Rat gefragt, geben Ratschläge und vermitteln Informationen. Kurzum: Sie gelten für einen bestimmten Meinungsgegenstand als besonders sachverständig und kompetent, ihre Ansichten und Urteile werden von vielen Gruppenmitgliedern anerkannt und/oder übernommen. Selbst Institutionen – wie z. B. die Stiftung Warentest – können Meinungsführer sein, z. B. für Preis- und Qualitätsvergleiche. Und die Werbung schafft z. T. „künstliche" Meinungsführer.

A

Meinungsführer spielen in Peergroups eine besondere Rolle. Überprüfen Sie, inwiefern diese von der werbenden Wirtschaft in besonderem Maße fokussiert werden. Ermitteln Sie Beispiele hierfür.

4.3 Psychologische Erklärungsansätze des Konsumentenverhaltens

Grundlegend für das Verständnis der Konsumentenforschung ist die Unterscheidung von aktivierenden und kognitiven Prozessen, ohne ein ständiges Wechselspiel zwischen den verschiedenen psychischen Prozessen zu leugnen. Die aktivierenden Prozesse können dabei als menschliche Antriebskräfte definiert werden. Sie versorgen das Individuum mit psychischer Energie, treiben das Verhalten an und sind dafür verantwortlich, dass solches überhaupt zustande kommt.

Es handelt sich somit um Vorgänge, die mit inneren Erregungen und Spannungen verbunden sind, und insbesondere
- Emotion,
- Motivation und
- Einstellung

umfassen.

Kognitiv sind hingegen jene Vorgänge, durch die das Individuum Informationen aufnimmt, verarbeitet und speichert. Hinsichtlich der Erklärung des Konsumentenverhaltens gilt es dabei zu klären,
- wie die Aufnahme von Informationen konkret erfolgt,
- wie Informationen wahrgenommen und bewertet werden und
- welche Rolle das Gedächtnis sowie Lernprozesse in diesem Zusammenhang spielen.

Betrachtet man das Zusammenspiel von externen Einflussfaktoren, inneren Vorgängen und den hieraus resultierenden Reaktionen bzw. Verhaltensweisen, so ergibt sich folgendes Bild:

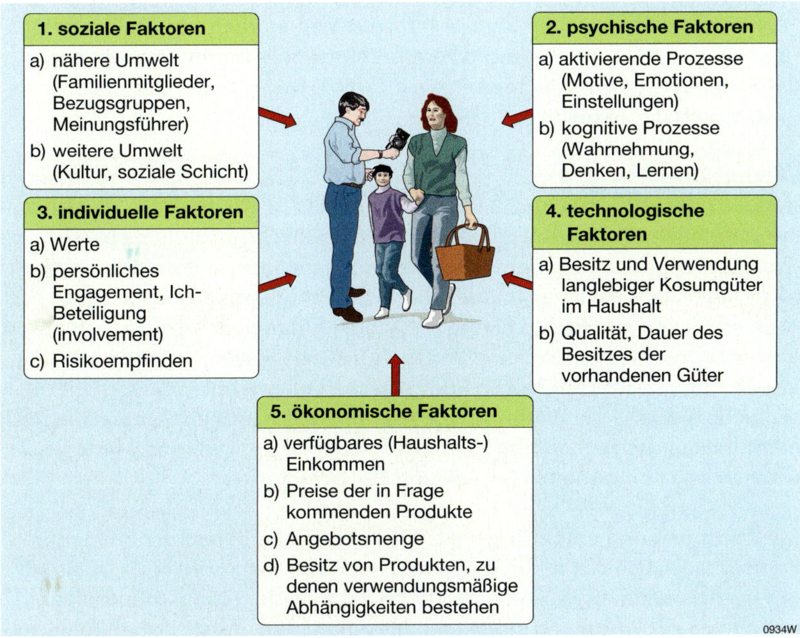

Im Folgenden beschäftigen wir uns etwas detaillierter mit den aktivierenden und kognitiven Prozessen:

Aktivierende Prozesse

Man unterscheidet bei den aktivierenden Prozessen zwischen Emotion, Motivation und Einstellung.

Unter **Emotionen** versteht man innere Erregungsvorgänge, die als angenehm oder unangenehm empfunden und mehr oder weniger bewusst erlebt werden. Sprachliche Muster sind z. B. „Es ist angenehm" oder „Ich fühle mich wohl". Emotionen gelten als die grundlegenden menschlichen Antriebskräfte und werden zumeist bewusst erlebt, sind also bereits mit einer kognitiven Komponente verknüpft. In Abgrenzung zur Motivation fehlt ihnen jedoch die konkrete Zielrichtung.

Entsprechend definiert man **Motivation** als Emotionen, die mit einer Zielrichtung in Bezug auf das Verhalten verbunden sind. Sprachlich drückt sich das z. B. in den Formulierungen „Ich will xy erreichen" oder „Ich möchte xy tun" aus. Der Motivationsprozess baut also auf Emotionen auf, wenn beispielsweise das zielgerichtete Streben nach Prestige zum Kauf eines bestimmten Produkts führt.

In Erweiterung versteht man unter dem Begriff **Einstellung** die Verknüpfung von Motivation mit einer kognitiven Gegenstandsbeurteilung. Formulierungen wie „Ich halte xy für gut" oder „Ich ziehe xy vor" drücken dies aus. Die Einstellung lässt sich also verstehen als Haltung gegenüber einem Gegenstand.

Kognitive Prozesse

Unter dem Begriff der kognitiven Prozesse versteht man alle gedanklichen bzw. rationalen Vorgänge, mit deren Hilfe Individuen Kenntnisse von sich und ihrer Umwelt erhalten. Es geht dabei v. a. auch darum, das Verhalten gedanklich zu kontrollieren und willentlich zu steuern. Im Rahmen der Erklärung des Konsumentenverhaltens unterscheidet man drei Formen kognitiver Prozesse: Informationsaufnahme – Informationsverarbeitung – Informationsspeicherung. Die Aufnahme und Verarbeitung von Informationen ist durch drei Merkmale gekennzeichnet:
- den Grad der Aktivität,
- Selektivität und
- Subjektivität.

Informationen können sowohl aktiv (Informationssuche) als auch passiv (zufällig) gesammelt werden. Dabei nehmen Individuen Informationen selektiv auf; d. h., sie wählen in ihrer subjektiv wahrgenommenen Welt aus der riesigen Menge von Reizen einige aus, wobei bislang gemachte Erfahrungen und gehegte Erwartungen eine bedeutende Rolle spielen. Nur so ist eine Bewältigung der massenhaften Informationen überhaupt möglich. Eine wesentliche Aufgabe der Werbung ist es darum, überhaupt erst einmal die Aufmerksamkeit des Betrachters auf sich zu ziehen. Hierzu werden wiederum aktivierende Komponenten visuell und verbal eingesetzt.

Die Wahrnehmung enthält über die Entschlüsselung der aufgenommenen Reize hinaus auch die gedankliche Weiterverarbeitung und die Beurteilung des wahrgenommenen Gegenstands. Im Rahmen der Produktbeurteilung spielen die zur Verfügung stehenden Informationen und die Programme zur Verarbeitung der Informationen als Einflussgrößen eine wesentliche Rolle. In Untersuchungen wurde dabei festgestellt, dass Konsumenten zur Entscheidungsvereinfachung neigen, d. h., dass sie in der Regel bei der Produktauswahl aus einem großen Angebot nur einen relativ kleinen Teil der angebotenen (direkten und indirekten) Informationen nutzen, die sogenannten Schlüsselinformationen. Hieran wird die Bedeutung eines positiven Images eines Produkts besonders deutlich.
Hinsichtlich der Speicherung von Informationen spielt das „Lernen" eine wichtige Rolle, also die Veränderung des Verhaltens aufgrund von gemachten Erfahrungen. Verschiedene Lerntheorien setzen sich mit dieser Materie auseinander. Festzuhalten ist, dass Konsumenten Informationen, die an sie herangetragen werden, mit ihrem vorhandenen Wissen in Beziehung setzen.

Zusammenfassend ergibt sich hieraus ein Bild der nichtökonomischen Kaufeinflüsse, wie es die nachfolgende Grafik darstellt:

A

1 Nehmen wir an, jemand hat eine starke Vorliebe für schnelle Reisen (schnelles Autofahren, Fliegen usw.). Formulieren Sie jeweils knapp, wie sich dies auf seine Emotionen, Motivationen und im Hinblick auf seine Einstellung äußern würde.

2 Entwickeln Sie ein eigenes, weiteres Beispiel, an dem Sie das Zusammenspiel der drei Faktoren verdeutlichen können.

3 Erklären Sie die Begriffe Aktivität, Selektivität und Subjektivität anhand eines Beispiels aus Ihrem Alltag.

4 Verdeutlichen Sie was darunter verstanden wird, dass man als Konsument „lernt". Ermitteln Sie ein Beispiel für einen „Lernprozess", den Sie selbst durchlaufen haben.

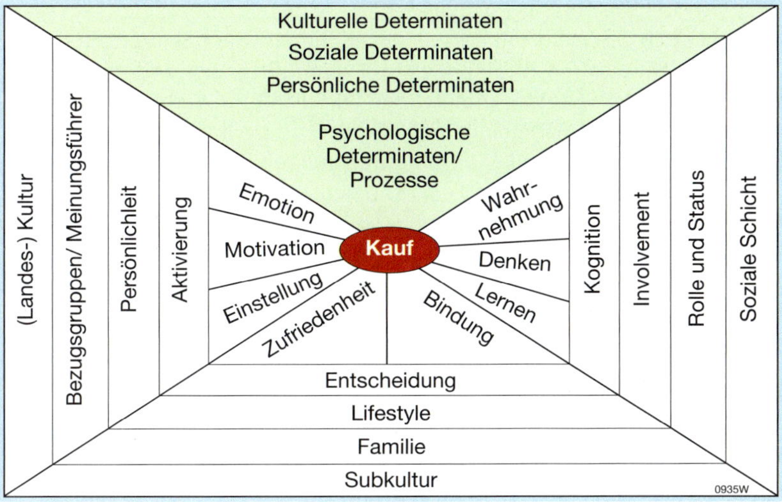

4.4 Charakteristika der Kaufentscheidungen

Betrachtet man unterschiedliche alltägliche Kaufentscheidungen, so wird man schnell feststellen, dass abhängig von der Art des Gutes und der zur Verfügung stehenden Informationen gänzlich unterschiedliche **Entscheidungsanforderungen und -prozesse** zutage treten. So setzt man z. B. beim Kauf eines neuen Autos oder Fernsehers gänzlich andere Strategien ein, als z. B. bei einer Schachtel Streichhölzer.
Modellhaft unterscheidet man vier Arten von individuellen Kaufentscheidungen:
- extensive,
- limitierte,
- habitualisierte und
- impulsive.

Unter dem Begriff Kaufentscheidung wird hier der gesamte Kaufentscheidungsprozess von der Produktwahrnehmung bis zum Kauf verstanden. Im Wesentlichen unterscheiden sie sich folgerndermaßen:

1. Extensive Kaufentscheidungen	2. Limitierte Kaufentscheidungen
– hohe kognitive Beteiligung der Konsumenten – Fehlen von kognitiven Ankern – hohes Involvement bei komplexen, innovativen Entscheidungen	– Vorhandensein von Kauferfahrungen – noch keine eindeutige Markenpräferenz – Auswahl anhand bewährter Entscheidungskriterien – limitierter kognitiver Problemlösungsaufwand – kaum Einfluss von affektiven und reaktiven Prozessen

3. Habitualisierte Kaufentscheidungen	4. Impulsive Kaufentscheidungen
– quasi automatisch ablaufender Entscheidungsprozess – geringe kognitive Steuerung von Gewohnheitskäufen – meist wiederholter Kauf der gleichen Marke/ des gleichen Produkts	– rasches Handeln – ungeplante Käufe – gedanklich kaum kontrolliert – starke Reizsituation verbunden mit einer emotionalen Aufladung

i

Beispiele für die vier Kaufentscheidungstypen:
- extensive Kaufentscheidung: Anschaffung des ersten Tablet-PCs
- limitierte Kaufentscheidung: wiederholter Kauf einer neuen Krawatte
- habitualisierte Kaufentscheidung: Lebensmitteleinkauf im Supermarkt nach Feierabend
- impulsive Kaufentscheidung: Spontankauf einer DVD im Kaufhaus

A

1 Ermitteln Sie Beispiele aus Ihrem eigenen Alltag für die vier Arten von Kaufentscheidungen.

2 Legen Sie dar, bei welchen Arten kognitive, bei welchen aktivierende Faktoren eine besondere Rolle spielen.

4.5 Leitbild Konsumentensouveränität

Setzt man sich einerseits mit den verschiedenen Einflussfaktoren auf das Konsumentenverhalten auseinander, und verdeutlicht sich andererseits, dass diese auf der Seite der anbietenden Wirtschaft für Werbe- und andere absatzpolitische Maßnahmen genutzt werden, so stellt sich die Frage: Wie souverän sind eigentlich die Konsumenten in ihren Entscheidungen? Entscheiden sie frei über das, was sie konsumieren, oder werden sie zugunsten von Unternehmen beeinflusst, deren legitimes Ziel in einem marktwirtschaftlichen System es ist, Gewinne zu erzielen, um auf Dauer existieren zu können. Zur Beantwortung dieser Frage ist es notwendig, idealtypische von realistischen Einschätzungen zu trennen.

Q

In der politologischen Forschung wird die Souveränität der Bürger im Wesentlichen als eine Fiktion angesehen. Es hat sich herausgestellt, dass der Bürger an der Gestaltung seiner politischen Umwelt nur wenig mitwirkt. Er ist passiv und reagiert mehr oder weniger stark auf Reize aus seiner Umwelt. Demzufolge kann er auch von politischen Instanzen stark beeinflusst werden.

In der Wirtschaftswissenschaft und in der Wirtschaftspraxis hält sich dagegen das Leitbild vom souveränen Bürger. Die Ansicht, dass der Konsument souverän ist, wird ebenso ernsthaft verteidigt wie die normative Forderung, dass der Konsument souverän sein soll. Möglicherweise ist der Bürger im Bereich des ökonomischen Verhaltens einschließlich des Konsumentenverhaltens tatsächlich souveräner als im Bereich der Politik. Die Zielsetzungen im Bereich des ökonomischen Verhaltens sind konkreter und es liegen mehr persönliche Erfahrungen vor, wie man Ziele in geeigneter Weise verwirklichen kann. Letztlich stimmen aber das faktische und das normative Leitbild dennoch nicht überein: Das Konsumentenverhalten ist nur bedingt rational; Wirklichkeit und Leitbild klaffen also auch hier auseinander.

Der Grund, warum das Leitbild vom souveränen Konsumenten ungeachtet der Realität aufrechterhalten wird, ist ideologischer Art. Die Souveränität des Konsumenten dient hierbei als Rechtfertigungsschema: Wenn der Konsument souverän ist, so entscheidet er letztendlich selbst, ob er ein Angebot akzeptiert oder ablehnt. [...] Er trägt deswegen auch die Verantwortung für sein Verhalten. Die Unternehmer richten sich nach den Konsumenten und erfüllen lediglich ihre Bedürfnisse. Sie brauchen deswegen nicht für die Folgen des Marketings einzustehen.

Das Verhalten des Menschen (und somit auch sein Konsumverhalten) wird oft durch Reiz-Reaktionsmechanismen gesteuert. Die Werbung beeinflusst gerade solche reizgesteuerten Verhaltensweisen und beeinflusst damit die Verbraucher. Daran ändert auch der Hinweis nichts, dass das reizgesteuerte Verhalten beim Menschen mit kognitiven Vorgängen verbunden ist (die aber oftmals nicht bewusst sind und nicht mit einer kognitiven Kontrolle des Verhaltens gleichzusetzen sind).

Beschränkungen der Konsumentensouveränität und „Manipulation" des Konsumenten werden oft in einen engen Zusammenhang gebracht oder sogar gleichgesetzt. Da der Begriff „Manipulation" starke Wertungen enthält und bevorzugt zu ideologischen Zwecken benutzt wird, ist es angebracht, den Manipulationsbegriff durch den wertneutralen Begriff der Verhaltenssteuerung zu ersetzen.

Unter einer Verhaltenssteuerung versteht man eine von außen kommende Beeinflussung des Verhaltens, die vom Betroffenen gedanklich (willentlich) nicht kontrolliert wird. Das ist dann der Fall, wenn

- der Konsument die Wirkungen der Werbung nicht durchschaut, wenn er gar nicht bemerkt, was mit ihm geschieht.
- der Konsument die Werbewirkung zwar durchschaut, sich gegen die Beeinflussung aber nicht wehrt, weil sie ihm gefällt.
- die Werbung zwanghaft wirkt. Die Wirkung tritt dann automatisch ein. Der Konsument kann sich dem Einfluss der Werbung nicht oder nur schwer entziehen.

[...] Für die Verbraucherpolitik ergeben sich daraus entscheidende Folgerungen: Wenn verbraucherpolitische Maßnahmen wirksam sein sollen, müssen sie von den vorhandenen Verhaltensweisen der Konsumenten ausgehen und auf ihre angeborenen und erlernten Verhaltensmuster abgestimmt sein.

Quelle: Prof. Dr. Andrea Gröppel-Klein, Friederike Kamm (2010): Theorien des Konsumverhaltens, ÖBO-Baustein, H03, 3. Aufl., Institut für Ökonomische Bildung, Oldenburg, S. 134 f. (unveröffentlicht)

Wenn also aus den genannten Gründen eine umfassende Souveränität der Konsumentinnen und Konsumenten in allen Handlungssituationen utopisch erscheint, so ist nach einem modifizierten Leitbild zu fragen.

Q

Der mündige Konsument

Die Konsumgesellschaft steigert Lebensqualität, aber sie beeinträchtigt zugleich auch Lebensqualität. Mit anderen Worten: Konsum in der Marktwirtschaft ist sowohl Chance als auch Risiko. [...] Mündigkeit des Konsumenten kann die Gefährdungen des Konsumenten in der Marktwirtschaft vermindern und zur stärkeren Wahrnehmung seiner Chancen verhelfen. Denn Mündigkeit heißt:

- Fähigkeit zur eigenständigen, vernünftigen Entscheidung (Kant: „sich seines Verstandes ohne Leitung eines anderen zu bedienen");
- „zufriedenstellende" Informiertheit;
- Fähigkeit und Bereitschaft zu Kritik und Widerspruch;
- Fähigkeit zur kritischen Selbstreflexion hinsichtlich eigener Bedürfnisse und Bedarfe;
- Fähigkeit und Bereitschaft, Nein zu sagen.

Eine so definierte Mündigkeit – nicht hingegen die „Konsumenten-Souveränität"! – ist ein sinnvolles und zweckmäßiges Leitbild der Verbraucherpolitik.

Mit dem Konzept des mündigen Verbrauchers ist Beeinflussung durch unternehmerisches Marketing (Produktgestaltung, Werbung, persönlicher Verkauf etc.) durchaus vereinbar. Der mündige Verbraucher ist bereit sich solchen Einflüssen zu stellen. [...]

Quelle: Hans Raffée: Konsum in der Marktwirtschaft, in: arbeiten + lernen/Wirtschaft, Friedrich-Verlag, Velber, H. 2, 1991, S. 6

Der mündige Verbraucher kennt somit auch die wesentlichen Techniken, die eingesetzt werden. Verbraucherpolitische Institutionen und kritische Massenmedien stärken dabei seine Position. Andererseits verändern sich auch die Möglichkeiten von Werbung, z. B. durch indirekte Formen im Internet. Immer wieder hat man sich mit neuen Formen der Ansprache auseinanderzusetzen, die vielfach auch auf den ersten Blick nicht als Werbung zu erkennen sind. In diesem Kontext, der von den Konsumenten nur eingeschränkt zu kontrollieren ist, spielen rechtlich Schutzmechanismen eine besonders wichtige Rolle.

A

1 Legen Sie dar, was Raffée 1991 unter der „Mündigkeit des Konsumenten" versteht. Überprüfen Sie, inwieweit es sich hierbei um ein weiter gültiges Leitbild handelt und begründen Sie Ihre Einschätzung.

2 Arbeiten Sie in diesem Zusammenhang heraus, inwieweit sich dieses Leitbild von dem des „souveränen Konsumenten" unterscheidet.

3 Ermitteln Sie Faktoren, durch die heute die „Mündigkeit der Konsumenten" gefährdet bzw. gestärkt wird.

4 Benennen Sie die zentralen Aufgaben, die in diesem Zusammenhang eine angemessene staatliche Verbraucherpolitik zu erfüllen hat.

4.6 Strategien der Wirtschaft

Die Kenntnis über diese Beeinflussungsfaktoren hilft den Konsumenten, das eigene Verhalten in gewissem Maße zu überprüfen und damit einen Grad an Souveränität im Rahmen von Kaufentscheidungen zu erhalten.

Klar ist jedoch auch, dass die Anbieter von Produkten und Dienstleistungen bei der Gestaltung ihrer Marketingaktivitäten ebenfalls auf die beschriebenen Erkenntnisse zurückgreifen. Vielmehr ist es sogar so, dass die meisten Forschungsanstrengungen im Bereich der Konsumforschung absatzpolitischen Zielen dienen.
Der Wirtschaft stellt sich die Frage, wie sie ihre Angebote in den unübersichtlichen Märkten der heutigen Zeit so positionieren kann, dass die Konsumenten Interesse entwickeln und sie am Ende kaufen. Bevor auf den Bereich des „Marketings“ im Kapitel IV genau eingegangen wird, soll an dieser Stelle ein erster Blick auf die Nutzung der genannten Erkenntnisse im Bereich der Marktforschung und der Entwicklung von Verkaufs- und Werbestrategien gerichtet werden.

Q

Marktforschung ist die systematisch betriebene Erforschung eines konkreten Teilmarktes (Zusammentreffen von Angebot und Nachfrage) einschließlich der Erfassung der Bedürfnisse aller Beteiligten unter Heranziehung v. a. externer Informationsquellen. Im Gegensatz dazu ist die Markterkundung nur eine gelegentliche und unsystematische Untersuchung des Marktes.

Quelle: www.wirtschaftslexikon.gabler.de/Definition/marktforschung.htm, 20.01.2011

Im Gegensatz zur Markterkundung stellt die Marktforschung eine systematische und regelmäßige Untersuchung des Marktes dar. Das Ziel der Marktforschung kann dabei in der Bereitstellung von objektiven Informationen und Analysen als Entscheidungsgrundlage für die Marketingmaßnahmen des Unternehmens gesehen werden. Notwendig ist Marktforschung aufgrund der dreifachen Ungewissheit:

Entwicklung der allgemeinen Umwelt: Das rechtliche, gesellschaftliche, technologische und politische Umfeld des Unternehmens und seiner Absatzmärkte ist durch raschen Wandel und zunehmende Unberechenbarkeit gekennzeichnet. Die Marktforschung soll ein gewisses Maß an Transparenz für marktbezogene Entscheidungen schaffen.

Verhalten der Marktteilnehmer: Das Konsumentenverhalten hat sich in der Vergangenheit grundlegend gewandelt. Eine verhaltensbezogene Segmentierung des Marktes wird durch einen sich beschleunigenden Wertewandel zunehmend erschwert.

Wirkung des Einsatzes der Marketingmaßnahmen: Die Wirkung des Einsatzes von Marketingmaßnahmen kann z. B. je nach Regionalmarkt variieren. Der Messung des Wirkungserfolges von Marketingmaßnahmen kommt also eine wichtige Bedeutung zu.

Im Hinblick auf die angewendeten Methoden ist grundsätzlich die Primärforschung von der Sekundärforschung abzugrenzen. Die Sekundärforschung nutzt vorhandene inner- wie außerbetriebliche Informationsquellen. Betriebsinterne Quellen sind beispielsweise Angebots-, Umsatz- oder Reklamationsstatistiken. Außerbetriebliche Quellen können z. B. Publikationen staatlicher Stellen, Fachbücher und Fachzeitschriften sein.

A

Führen Sie eine Erkundung bzw. ein Expertengespräch mit einem Marktforscher bzw. einem Marktforschungsinstitut durch. Nutzen Sie zur Vorbereitung dabei das Internet. Recherchieren Sie Methoden, Ziele und Erfolgsquoten der Marktforscher.

Im Rahmen der Primärforschung sind in methodischer Hinsicht die Befragung (schriftlich, (fern-)mündlich), der Test (Produkt-Markttest, Instrument-Markttest) und die Beobachtung (Feld-, Laborbeobachtung) zu unterscheiden. Im Zuge der Entwicklung des E-Commerce im Internet entwickeln sich neue Möglichkeiten der umfassenden – und im Hinblick auf Persönlichkeitsschutz und Datensicherheit kritisch zu beobachtenden – Kundenerfassung.

Ein Ort, an dem der Einsatz verkaufsfördernder Maßnahmen besonders gut untersucht werden kann, ist der Supermarkt. Die Erkenntnisse der Erforschung des Verbraucherverhaltens in Supermärkten, z. B. mithilfe von Kundenlaufstudien, hat u. a. Folgendes ergeben:

- Es lässt sich ein eindeutiger Zusammenhang zwischen der Einkaufsdauer und der Höhe des durchschnittlichen Einkaufsbetrags feststellen: Je länger ein Käufer in einem Selbstbedienungsgeschäft bleibt, desto wahrscheinlicher wird ein Anstieg der Einkaufshöhe.
- Verbraucher unterliegen überwiegend einem „Rechtsdrall"; sie schauen und greifen bewusst nach rechts. Dabei werden besonders solche Produktgruppen gekauft, die in Griff- und Sichthöhe platziert sind.
- Die Waren im Supermarkt werden so platziert, dass der Konsument regelmäßig benötigte Produkte (Fleischwaren, Molkereiprodukte, Obst und Gemüse, Brot und Backwaren) verstreut im ganzen Supermarkt suchen muss. Auf diese Weise muss der gesamte Markt durchlaufen werden, wodurch die Verweildauer und damit die Wahrscheinlichkeit von Impulskäufen erhöht wird.
- Gewinnträchtige Produkte befinden sich überwiegend in Sicht- und Griffhöhe, während „Muss-Artikel" (z. B. Mehl, Zucker, Salz usw.) auf unteren Regelböden präsentiert werden. In der Kassenzone (sogenannte „Quengelzone") werden Artikel präsentiert, die zu Impulskäufen führen sollen.
- Eine Steigerung der Kaufbereitschaft wird durch Sonderangebote in verkaufsschwachen Regalzonen, die Positionierung von Werbebotschaften, spezielle Verkaufsförderungsaktionen u. v. m. zu erreichen versucht.

Ein besonders gutes Beispiel für den Einsatz verkaufsfördernder Maßnahmen im Einzelhandel liefern die Ergebnisse von Untersuchungen zur Bedeutung von Hintergrundmusik in Warenhäusern:

Q

- Eine langsame Hintergrundmusik führt zu einer Verlangsamung der Einkaufsgeschwindigkeit und damit zu einer Verlängerung der Aufenthaltszeit am Point-of-Sale sowie zu einer signifikanten Steigerung des Umsatzes.
- Atmosphärische Hintergrundmusik kann eine Stimmungsverschlechterung (im Vergleich zu der Alternative „Musik aus") signifikant bremsen.
- Musik wird von Konsumenten oft nicht bewusst registriert und kann den Kunden eher unbewusst in eine angenehme Stimmung versetzen, welche dazu führt, dass verstärkt positive Aspekte des Angebots oder der Einkaufsstätte wahrgenommen werden.
- Eine bewusst als unangenehm erlebte Musik wirkt sich negativer auf die Beurteilung der Einkaufsstätte aus als die Alternative „keine Musik". Viele Kunden werten die Musik dann als Beeinflussungsversuch des Handelsunternehmens und reagieren mit typischem psychologischem Reaktanzverhalten.

Für die Akzeptanz des Besuchers spielt nicht nur das Tempo, sondern auch die Art der gewählten Musik eine wesentliche Rolle. Broekemeyer, Marquardt und Gentry (2008) machen in ihrer Studie deutlich, dass die Musik „fröhlich" sein muss, damit die Konsumenten weiterhin in dem Geschäft einkaufen. Nach einer Studie von Areni und Kim (1993) sollte dagegen die in einem Geschäft abgespielte Musik von den Konsumenten als „passend" zu der Einkaufssituation empfunden werden. Beispielsweise konnten in einem amerikanischen Weinkeller signifikant höhere Umsätze

A

Zu Beginn der 1960er Jahre verkörperte der Supermarkt wie kein anderer Ladentyp den Fortschritt im Lebensmitteleinzelhandel. Parallel zum Supermarkt entstanden Discounter, die ebenfalls schnell zum festen Bestandteil des Lebensmittelbranche wurden. Bis heute hat zum einen eine rasante Discount-Entwicklung über Filialsysteme stattgefunden, zum anderen ist eine zunehmende Konzentrationswelle in der Branche zu verzeichnen, was eine enorme Wettbewerbsverschärfung zur Folge hat.

Führen Sie eine Erkundung in einem oder in mehreren Supermärkten Ihres Heimatorts durch.

- Erstellen Sie einen Lageplan eines Supermarkts.
- Erarbeiten Sie zentrale Aussagen bezüglich des Aufbaus des Supermarktes.
- Ermitteln Sie die unterschiedlichen Mittel, mit deren Hilfe versucht wird, die Konsumentinnen und Konsumenten zu beeinflussen.
- Wählen Sie ein Einzelhandelsgeschäft, in dem Sie regelmäßig einkaufen. Formulieren Sie für dieses Empfehlungen hinsichtlich der Auswahl und des Einsatzes von Hintergrundmusik. Überprüfen Sie anschließend, ob Ihre Empfehlungen der realen Umsetzung entsprechen.

erzielt werden, wenn klassische Musik (Mozart, Chopin, Vivaldi) statt der aktuellen Top-Forty als Hintergrundmusik gewählt wurde. Sharma und Stafford (2000) konnten zudem feststellen, dass eine Ladenatmosphäre, die sich durch gehobene Ausstattung, gedeckte Farben und dazu passender, klassischer Hintergrundmusik auszeichnet, die subjektiv wahrgenommene Glaubwürdigkeit des Verkaufspersonals erhöht. Hier zeigen sich somit Ausstrahlungseffekte von der Ladengestaltung auf die Wahrnehmung der persönlichen Kommunikation.

Quelle: Prof. Dr. Andrea Gröppel-Klein (2007): Ladengestaltung, in: Handbuch Kommunikation. Grundlagen – Innovative Ansätze – Praktische Umsetzungen, in: Manfred Bruhn, Franz-Rudolf Esch und Tobias Langner, Wiesbaden: Gabler, S. 327

Das Konsumverhalten von Jugendlichen und Kindern

Dass die Wirkungen von absatzpolitischen Strategien auch schon auf die junge Konsumentenschaft zu erkennen sind, zeigen wiederum Studien zum Konsumverhalten von Kindern und Jugendlichen. Einige Forschungsergebnisse fasst der folgende Textauszug zusammen:

Q

Konsumenten können schon im Kindesalter sowohl ein Markenbewusstsein als auch ein Markenimage aufbauen. Zu unterscheiden ist hier zunächst eine eher als „wahrnehmende Phase“ zu bezeichnende Periode zwischen drei und sieben Jahren von einer sich anschließenden „analytischen Phase“ bis 11 Jahre.

Bereits im Alter von drei Jahren können Kinder Markenlogos wahrnehmen und auch wiedererkennen (Lindstrom 2004, S. 176). Auch sind Kinder – schon in der wahrnehmenden Phase – in der Lage, eine Art Markenimage aufzubauen und unterschiedliche Marken nach Gefallen und Missfallen zu differenzieren.

Junge Konsumenten sind durch ihre nicht zu unterschätzende Kaufkraft, die sie durch ihr Taschengeld besitzen, eine attraktive Zielgruppe für das Marketing. Jedoch sind Kinder in der Wahrnehmungsphase und zu Beginn der analytischen Phase eher unkritisch und stark beeinflussbar. Dies versucht sich die Industrie zu Nutze zu machen. […]

Kinder beeinflussen die Familienentscheidungen direkt, indem sie aktiv als Interaktionspartner am Entscheidungsprozess teilnehmen. Nach der „Social-Power“-Theorie üben Kinder einen enormen Druck auf Kaufentscheidungen ihrer Eltern aus, vor allem dann, wenn das zu kaufende Produkt bzw. die zu kaufende Marke die Kinder selbst betrifft, wie beispielsweise Spiele oder Süßigkeiten (Flurry/Burns 2005, 595).

Ältere Kinder (Jugendliche) fällen bereits in erheblichem Ausmaß unabhängige und selbstständige Kaufentscheidungen für Produkte ihres persönlichen Bedarfs. Sie kaufen das, was sie selbst nutzen, weitgehend allein. Auch familiäre Entscheidungen werden von ihnen stark beeinflusst, so z. B. der Kauf eines Autos (34 %), eines Fernsehers (52 %), einer Stereoanlage (60 %) oder eines Computers (54 %).

Wenn man aufgrund der vorliegenden Untersuchungen den Einfluss der Jugendlichen auf die einzelnen Phasen des Entscheidungsprozesses bezieht, so scheint es, dass Jugendliche vor allem in frühen Entscheidungsphasen von Familienentscheidungen mitwirken. […] Auch Frauen sind in den ersten Entscheidungsphasen relativ stark beteiligt: Kinder und Frauen sind oft die „Anreger“ in der Familie. Von ihnen stammen die ersten Initiativen und Wünsche, die eine Familienentscheidung auslösen und zu einem Kauf führen.

Für das Marketing liegt es daher nahe, Frauen und Kinder als Kommunikationsagenten in den Dienst des Marketing zu stellen. [...] Wird eine Kaufidee erst einmal in der Familie diskutiert, so ist der erste Schritt zur Kaufentscheidung getan.

Quelle: Prof. Dr. Andrea Gröppel-Klein/Friederike Kamm, Peter Weinberg, Sandra Diehl und Ralf Terlutter: Theorien des Konsumverhaltens, ÖBO-Baustein H03, 3. A., IÖB, Oldenburg, S. 110 f. (unveröffentlicht)

A

1 Ermitteln Sie eigene Beispiele für das Markenbewusstsein bei Kindern.

2 Überprüfen Sie, in welchen Konsumbereichen dies besonders ausgeprägt zu sein scheint, und begründen Sie dies.

3 Analysieren Sie Kaufentscheidungen in Ihrer Familie. Erörtern Sie, in welchen Fällen Sie bzw. Ihre Geschwister diese stark beeinflusst haben bzw. beeinflussen.

Hilfen für Verbraucher

Schon bei einer oberflächlichen Beschäftigung mit den Erkenntnissen der Konsumentenforschung stellt sich die Frage, welche Strategien angemessen erscheinen, die Konsumentinnen und Konsumenten besser zu befähigen, ihre Interessen wahrzunehmen bzw. sich vor bestimmten Problembereichen zu schützen, ohne sie zu bevormunden. Im Folgenden werden einige denkbare Strategien knapp vorgestellt, die direkt bei den Konsumentinnen und Konsumenten ansetzen. Sie sind zu unterscheiden von jenen, die sich auf die Marketingaktivitäten der Unternehmen beziehen:

Q

Sollen vereinfachte Kaufentscheidungen gefördert werden, so kann man dem Konsumenten Schlüsselinformationen über das Angebot zur Verfügung stellen, die er in einfacher Weise verarbeiten kann und die es ihm ermöglichen, ohne weitere Produktvergleiche und mit geringem Entscheidungsaufwand zu Kaufentscheidungen zu kommen. Eine Möglichkeit dazu sind die Urteile der Stiftung Warentest.

Für die Rationalisierung von extensiveren Kaufentscheidungen können die klassischen Strategien der Verbraucherbildung und Verbraucherinformation benutzt werden, vorausgesetzt, sie werden in einer wirksamen sozialtechnischen Form umgesetzt.

Die Verbraucherbildung hat vor allem „Denkprogramme“ zu vermitteln. Sie soll die Verbraucher in die Lage versetzen, ihre Marketingumwelt kritisch wahrzunehmen und zu beurteilen und vernünftige Kaufentscheidungen zu fällen.

Verbraucherinformationen sollen dafür sorgen, dass die Verbraucher die für extensive Kaufentscheidungen benötigten Informationen auch wirklich erhalten. Die vom Marketing angebotenen Informationen reichen einerseits in Umfang und Qualität oft nicht dazu aus, was zu Unzufriedenheit und Verbraucherbeschwerden führen kann. Die verbraucherpolitisch vermittelten Denkprogramme und Informationen dürfen andererseits den Verbraucher nicht überfordern. [...]

Soll der Konsument vor dem Marketing geschützt werden, so ist in erster Linie – bezüglich der Strategien, die beim Konsumenten ansetzen – an die Immunisierung der Konsumenten gegenüber den Beeinflussungen durch das Marketing zu denken: Es handelt sich darum, seine Empfänglichkeit für Apelle des Marketing zu verringern. Derartige Strategien [...] laufen darauf hinaus, bei den Konsumenten eine Art Trotzreaktion durch verhaltenswirksame Beeinflussung gegen Marketingaktivitäten zu erzeugen. Dieser Weg, die Sensibilität der Käufer gegen Marketingeinflüsse zu schärfen, wird in der Verbraucherpolitik nicht fundiert genug diskutiert, wahrscheinlich deswegen, weil er gegen das Leitbild des souveränen Konsumenten verstößt. Immunisierung heißt ja nicht nur aufklären und informieren, sondern vor allem gefühlsmäßig abschirmen.

Quelle: Werner Kroeber-Riel, Peter Weinberg, Andrea Groeppel-Klein (2009): Konsumentenverhalten, 9. Auflage, München, S. 701

i

An dieser Stelle soll ein kleiner Hinweis zum Umgang mit diesem Abschnitt erfolgen: Wenn wir uns mit dem Zusammenhang von Recht und Ökonomie auseinandersetzen, so kann es nicht die Intention sein, im juristischen Sinne in allen verbraucherpolitischen Fragen Rechtssicherheit herzustellen. Vielmehr geht es – anknüpfend an die Ausführungen zur Rechtsordnung in den Kapiteln I und II – noch einmal darum, die enorme Relevanz der rechtlichen Faktoren für das ökonomische Verhalten der Privaten Haushalte, aber auch aller anderen Akteure im Wirtschaftsgeschehen zu verdeutlichen.

5 Recht und Konsum

Nach dem Marktmodell verdrängen gute Qualitäten stets die schlechten und zu jeder Zeit bestehen auf der Anbieterseite Anreize zur Qualitätsverbesserung, um die Abwanderung von Nachfragern zu anderen Anbietern zu vermeiden. Idealtypisch gesehen bestimmen also die Kundenpräferenzen die Produktion. Doch Märkte weichen in der Realität vom Ideal ab.
Dies gilt insbesondere für den Aspekt der Marktübersicht. Im Modell verfügen alle Anbieter und alle Nachfrager über den gleichen Informationsstand bezüglich des Marktgeschehens, der Qualität der angebotenen Güter, der Höhe des Preises etc. In der Realität stellen wir deutliche Asymmetrien zwischen den Informationen beider Seiten, ein Informationsgefälle, fest.

Q

Häufig besteht ein Informationsgefälle zu Lasten der Privaten Haushalte. So hat der Nahrungsmittelproduzent Informationen über die Herkunft der Vorprodukte, die verwendeten Zusatzstoffe, die Verfahren der Haltbarmachung usw. Der Verbraucher hingegen kann nicht alle Qualitätseigenschaften der Güter unmittelbar beobachten. Für ihn fällt nur ein (geringer) Teil der Informationen als Nebenprodukt des Ge- bzw. Verbrauchs der Güter an. Im Übrigen ist die Gewinnung und Verarbeitung relevanter Produktinformationen für ihn mit hohen finanziellen, zeitlichen, physischen Kosten verbunden, wobei der Nutzen solcher Informationen zunächst ungewiss bleibt. Man denke beispielsweise an nicht deklarierte Zusatzstoffe bei Lebensmitteln.
Aber es gibt auch den umgekehrten Fall, Informationsasymmetrien zu Lasten des Unternehmens. Banken sind über das Risiko des Kreditausfalls in der Regel schlechter informiert als der Kreditnehmer. Der Anbieter einer Versicherung weiß nicht, ob der Versicherungsnehmer beim Vertragsabschluss bestimmte Risiken verschweigt oder gar sein Sorgfaltsniveau nach Abschluss einer Versicherung reduziert. Auf Arbeitsmärkten werden Löhne und Arbeitszeiten fixiert, nicht aber die Arbeitsleistung, die der Arbeitgeber bekommt.

Quelle: Gerd-Jan Krol, Jan Karpe, Andreas Zoerner: ÖBO-Baustein H01, Institut für Ökonomische Bildung, Oldenburg, S. 94

Um dieses Informationsgefälle zumindest ein wenig zu begradigen, gibt es verschiedene Möglichkeiten. An erster Stelle steht hierbei die Einschränkung der Handlungsmöglichkeiten der Marktteilnehmer durch rechtliche Regelungen. Durch den rechtlichen Rahmen – wie ihn die Wirtschaftsordnung vorgibt – sollen die Grundlagen für Markttransaktionen geschaffen und die Handlungen der einzelnen Akteure in eine gesamtgesellschaftlich gewünschte Richtung gelenkt werden. Im Folgenden werden deshalb zuerst die wesentlichen in der Bundesrepublik Deutschland geltenden rechtlichen Bestimmungen erläutert, die zum Abschluss selbst einfachster Verträge unabdingbar sind. Darüber hinaus wird noch einmal auf die Problematik der Verschuldung Privater Haushalte unter dem Gesichtspunkt eingegangen, mit welchen rechtlichen Mitteln den hiervon Betroffenen Hilfestellung geleistet werden kann.

Den Verbraucherinnen und Verbrauchern stehen jedoch auch eigene Mittel der Reaktion auf die Marktverhältnisse zur Verfügung. Diese werden ebenfalls genauer vorgestellt, im Blickpunkt stehen dabei Organisation und Artikulation von Verbraucherinteressen im modernen Marktgeschehen.

5.1 Zustandekommen eines Vertrages

Jeder schließt täglich dutzende Male Verträge ab, ohne dass er es zumeist überhaupt bemerkt. Täglich werden Verträge in irgendeiner Form abgeschlossen, ohne dass man sich als Konsument dessen bewusst ist. Dabei bedürfen Kaufverträge nicht zwingend der schriftlichen Form, sondern sie können auch mündlich, per Handschlag, mit Mimik und Gestik und in bestimmten Fällen sogar stillschweigend abgeschlossen werden.
Zentral für das Zustandekommen eines Vertrags ist die Willenserklärung, welche eben ausdrücklich durch schlüssiges Handeln erfolgen kann. Am Beispiel verdeutlicht: So stellt die Platzierung einer Packung Kaugummi auf der Ladentheke eine Willenserklärung dar, diese käuflich erwerben zu wollen. Der Anbieter nimmt diesen Vertrag an und erhält vom Kunden den Geldbetrag entsprechend der Preisauszeichnung. Grundsätzlich führen zwei übereinstimmende, auf Vertragsschluss gerichtete Willenserklärungen (Angebot und Annahme) zu einem Vertrag. Hiervon wird nur in Ausnahmefällen abgewichen, beispielsweise wenn einer der Vertragspartner aus bestimmten Gründen nicht geschäftsfähig ist. Probleme können jedoch entstehen, wenn Angebot und Annahme zeitlich auseinanderliegen.

Ein Fall: Der 20-jährige Peter S. erhält ein Angebot von seinem Handyanbieter, sein altes Handy gegen eine Zuzahlung von 25,00 Euro gegen ein aktuelles Modell einzutauschen. Das Angebot ist gültig bis zum 31.10. Am 20.10. schreibt Peter S. einen Brief, in dem er das Angebot annimmt, und schickt diesen, ausreichend frankiert, am gleichen Tag los. Als er am 15.11. noch keine Antwort hat, fragt er beim Anbieter nach. Dort erhält er die Information, dass das Antwortschreiben erst am 2.11. eingegangen und der Vertrag deshalb nicht zustande gekommen sei.

Hat Peter S. ein Anrecht darauf, das neue Handy zum angebotenen Preis zu bekommen? Eine Antwort auf diese Frage finden Sie mithilfe der nebenstehenden Paragrafen des Bürgerlichen Gesetzbuches (BGB).

Vertragsschluss und Abstraktionsprinzip

Mit dem Abschluss eines wirksamen Vertrags wird geregelt, welche Verpflichtungen die Vertragspartner eingehen. In den meisten Fällen handelt es sich um die Übereignung von Geld und Ware. Ohne dass es auf den ersten Blick zu erkennen wäre, ist der Abschluss eines Vertrags dabei in zwei Phasen eingeteilt: das Verpflichtungsgeschäft und das Erfüllungsgeschäft: die Übereignung des Kaufgegenstandes und des Geldes. Man spricht in diesem Zusammenhang vom Abstraktionsprinzip. Diese auf den ersten Blick künstliche Trennung ist grundlegend und gilt selbst bei den alltäglichen Transaktionen.

Käufer: „Ich hätte gerne ein Brötchen." Verkäufer packt das Brötchen ein.
Bewertung: Angebot durch K. und Annahme durch schlüssiges Handeln des V. führt zum Abschluss des Kaufvertrags (Verpflichtungsgeschäft).
Verkäufer übergibt das Brötchen in einer Tüte.
Bewertung: Erfüllung seiner Verpflichtung aus dem Verpflichtungsgeschäft durch Übereignung des Kaufgegenstands.
Käufer übergibt geforderten Geldbetrag.
Bewertung: Erfüllung seiner Verpflichtung aus dem Kaufvertrag durch Übereignung des Geldes.

Q

Bürgerliches Gesetzbuch

§ 146 Erlöschen des Antrags
Der Antrag erlischt, wenn er dem Antragenden gegenüber abgelehnt oder wenn er nicht diesem gegenüber nach den §§ 147–149 rechtzeitig angenommen wird.

§ 147 Annahmefrist
(1) Der einem Anwesenden gemachte Antrag kann nur sofort angenommen werden. Dies gilt auch von einem mittels Fernsprecher von Person zu Person gemachten Antrag.
(2) Der einem Abwesenden gemachte Antrag kann nur bis zu dem Zeitpunkt angenommen werden, in welchem der Antragende den Eingang der Antwort unter regelmäßigen Umständen erwarten darf.

§ 148 Bestimmung einer Annahmefrist
Hat der Antragende für die Annahme des Antrages eine Frist bestimmt, so kann die Annahme nur innerhalb der Frist erfolgen.

§ 149 Verspätet zugegangene Annahmeerklärung
Ist eine dem Antragenden verspätet zugegangene Annahmeerklärung dergestalt abgesendet worden, dass sie bei regelmäßiger Beförderung ihm rechtzeitig zugegangen sein würde, und musste der Antragende dies erkennen, so hat er die Verspätung dem Annehmenden unverzüglich nach dem Empfange der Erklärung anzuzeigen, sofern es nicht schon vorher geschehen ist. Verzögert er die Absendung der Anzeige, so gilt die Annahme als nicht verspätet.

Q

Bürgerliches Gesetzbuch

§ 433 Vertragliche Hauptpflichten

(1) Durch den Kaufvertrag wird der Verkäufer einer Sache verpflichtet, dem Käufer die Sache zu übergeben und das Eigentum an der Sache zu verschaffen. Der Verkäufer eines Rechtes ist verpflichtet, dem Käufer das Recht zu verschaffen und, wenn das Recht zum Besitz einer Sache berechtigt, die Sache zu übergeben.
(2) Der Käufer ist verpflichtet, dem Verkäufer den vereinbarten Kaufpreis zu zahlen und die gekaufte Sache abzunehmen.

§ 929 Einigung und Übergabe

Zur Übertragung des Eigentums an einer beweglichen Sache ist erforderlich, dass der Eigentümer die Sache dem Erwerber übergibt und beide darüber einig sind, dass das Eigentum übergehen soll. Ist der Erwerber im Besitz der Sache, so genügt die Einigung über den Übergang des Eigentums.

§ 105 Nichtigkeit der Willenserklärung

(1) Die Willenserklärung eines Geschäftsunfähigen ist nichtig.
(2) Nichtig ist auch eine Willenserklärung, die im Zustande der Bewusstlosigkeit oder der vorübergehenden Störung der Geistestätigkeit abgegeben wird.

A

Klären Sie mithilfe der angegebenen BGB-Paragrafen die jeweilige Rechtslage:

- Zeigen Sie, wer zu welchem Zeitpunkt Eigentümer des Fernsehers (Fall 1) ist.
- Ermitteln Sie, ob Herr K. Anspruch auf Lieferung bzw. Herausgabe durch Herrn S. hat.
- Benennen Sie den Eigentümer des Fahrrads (Fall 2). Begründen Sie Ihre Meinung.

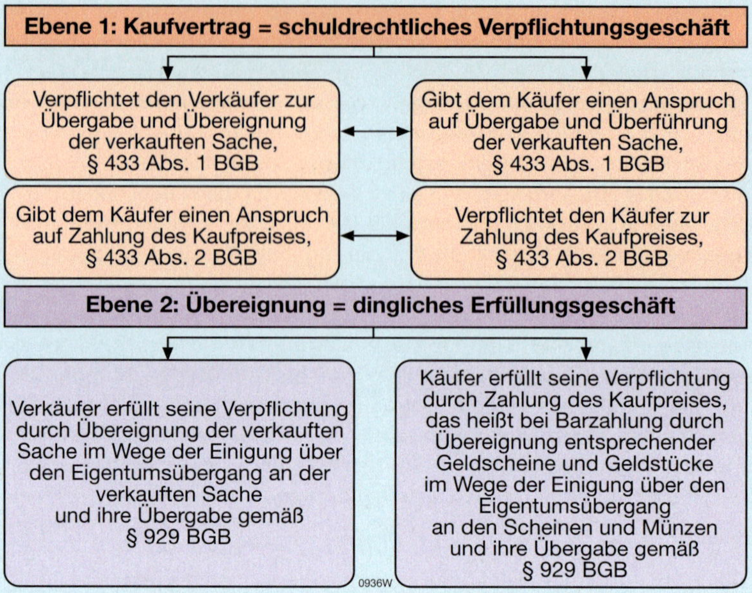

Es ist für unser Wirtschaftssystem unabdingbar, dass es klar und eindeutig ist, wem das Eigentum an einer Sache zuzuordnen ist. Deshalb werden die Wirksamkeit der Verpflichtungsgeschäfte und der Erfüllungsgeschäfte jeweils gesondert (abstrakt voneinander) betrachtet.
Ist das Verpflichtungsgeschäft aus irgendwelchen Gründen unwirksam oder angreifbar, so hat dies auf das Erfüllungsgeschäft durch Übertragung des Eigentums grundsätzlich keine Auswirkung. Ist das Erfüllungsgeschäft in Ordnung, kauft ein weiterer Käufer vom berechtigten Eigentümer – auch wenn das Verpflichtungsgeschäft, das dessen Eigentumserwerb zugrunde liegt, oder das Erfüllungsgeschäft, mit dem der Eigentümer seine Verpflichtung erfüllt, nicht in Ordnung ist.
Die Bedeutung des Abstraktionsprinzips wird immer dann deutlich, wenn im Rahmen eines Vertragsgeschäfts Probleme auftreten. Dies verdeutlichen die beiden folgenden Beispiele.

Fallbeispiel 1:
Am 10.11. kauft Herr K. mit schriftlichem Vertrag von Frau P. ein Fernsehgerät für 800,00 Euro. Beide vereinbaren, dass Auslieferung und Zahlung am 15.11. erfolgen sollen. Am 12.11. bietet Herr S. 1.000,00 Euro für das Gerät und Frau P. willigt mündlich ein. Einen Tag später bezahlt Herr S. das Gerät und holt es ab. Als Herr K. am 15.11. zu Frau P. kommt, erfährt er, was passiert ist.

Fallbeispiel 2:
Peter und Mark sind sich einig, dass Mark das alte Fahrrad von Peter haben kann. Mark freut sich, da er am nächsten Tag Geburtstag hat. Peter übergibt ihm das Fahrrad. Am darauf folgenden Tag fordert Peter die Rückgabe des Rades. Mark betont, dass er davon ausgegangen sei, dass er das Fahrrad geschenkt bekommen habe. Peter wiederum merkt an, dass er es ihm nur geliehen habe.

5.2 Minderjährigen-Recht

Eine wesentliche Grundvoraussetzung für den Abschluss von Verträgen ist das Alter der Transaktionspartner. Im Zivilrecht beginnt die Rechtsfähigkeit mit der Vollendung der Geburt. So kann ein Neugeborenes bereits etwas besitzen oder erben. Die Fähigkeit, über die Rechte zu verfügen, setzt darüber hinaus jedoch die **Geschäftsfähigkeit** voraus. Hierbei gilt:

- Alle Personen, die das 7. Lebensjahr noch nicht vollendet haben, gelten als geschäftsunfähig.
- Alle Personen im Alter von 7 bis 18 Lebensjahren gelten als eingeschränkt geschäftsfähig.
- Volljährige Personen gelten als geschäftsfähig, sofern keine anderen Einschränkungen vorliegen.

Im Falle der eingeschränkten Geschäftsfähigkeit kommt eine Vielzahl von Regelungen zum Tragen, die das BGB in den §§ 107–113 regelt. Aufgrund der Komplexität der Einschränkungen und Ausnahmen ist es im Alltag oft nicht einfach zu klären, ob eine von einem Jugendlichen durchgeführte Transaktion, wenn Probleme auftreten, rechtmäßig ist oder nicht.
§§ 110 BGB, der sogenannte Taschengeldparagraf, räumt jedoch ohne Nennung von Summen Kindern und Jugendlichen zwischen 7 und 18 Jahren das Recht ein, rechtmäßig Güter und Dienstleistungen erwerben zu können, wenn sie dies aus eigenen, zu diesen Zwecken bestimmten Mitteln (z. B. Taschengeld) finanzieren. Ratenzahlungen, Kreditgeschäfte, Clubmitgliedschaften u. Ä. sind in diesem Zusammenhang jedoch untersagt.

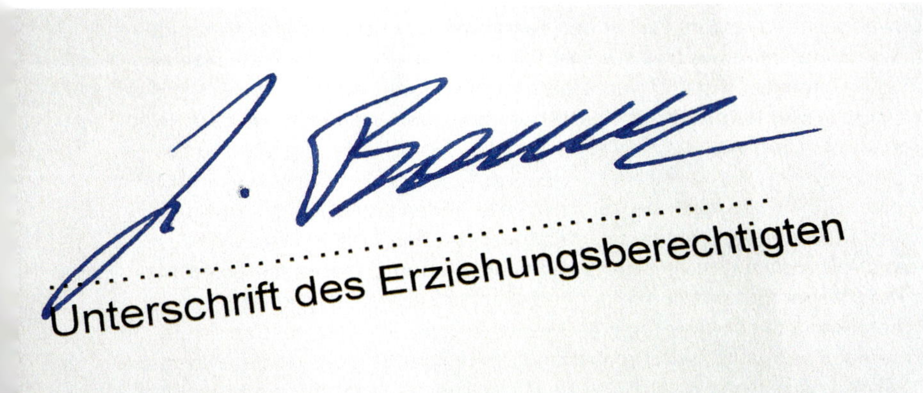

Fallbeispiel:
Der 17-jährige Karsten trägt Zeitungen aus und darf das verdiente Geld nach dem Willen seiner Eltern beliebig verwenden. Um schneller mit der Arbeit fertig zu werden, kauft Karsten von seinem volljährigen Klassenkameraden Volker ein Fahrrad zum Preis von 200,00 Euro.
100,00 Euro zahlt Karsten sofort, den Rest will er in zwei Raten von seinem Verdienst bezahlen. Das Fahrrad wird sofort übergeben.
Nach Zahlung der ersten Rate erfahren die Eltern von dem Geschäft und genehmigen den Vertrag gegenüber Volker – drei Tage nach dem 18. Geburtstag von Karsten.

Da Karsten gemerkt hat, dass das Fahrrad doch nicht zur Beschleunigung des Zeitungsaustragens beiträgt, möchte er jetzt lieber auf einen Führerschein sparen. Obwohl er die letzte Rate zur Verfügung hat, sagt er Volker zwei weitere Tage später, dass er den Vertrag nicht gelten lassen will.

Q

Bürgerliches Gesetzbuch

§ 1 Rechtsfähigkeit, Beginn bei Geburt
Die Rechtsfähigkeit des Menschen beginnt mit der Vollendung der Geburt.

§ 2 Eintritt der Volljährigkeit
Die Volljährigkeit tritt mit der Vollendung des achtzehnten Lebensjahres ein.

§ 104 Geschäftsunfähigkeit
Geschäftsunfähig ist:
(1) wer nicht das siebente Lebensjahr vollendet hat;
(2) wer sich in einem die freie Willensbestimmung ausschließenden Zustande krankhafter Störung der Geistestätigkeit befindet, sofern nicht der Zustand seiner Natur nach ein vorübergehender ist.

§ 106 Beschränkte Geschäftsfähigkeit Minderjähriger
Ein Minderjähriger, der das siebente Lebensjahr vollendet hat, ist nach Maßgabe der §§ 107 bis 113 in der Geschäftsfähigkeit beschränkt.

A

1 Überprüfen Sie, ob der Kaufvertrag wirksam zustande gekommen ist.

2 Arbeiten Sie (unter Beachtung des Abstraktionsprinzips) heraus, wer Eigentümer des Fahrrads und des gezahlten Geldes ist. Recherchieren Sie dazu die Paragrafen 107–113 des BGB.

5.3 Garantie und Gewährleistung

Jeder kennt die Situation: Man hat etwas gekauft, beispielsweise ein Fahrrad oder eine Stereoanlage, und nach wenigen Wochen tritt ein Mangel – beispielsweise in Form einer Funktionsstörung – auf. Die Nutzung ist eingeschränkt bzw. unmöglich. Gut, dass es die Garantie gibt, und der Händler für die Kosten der Instandsetzung aufkommt. Schon beim Kauf einer Ware ist die Einräumung von Garantiefristen ein wichtiger Impuls für die Kundinnen und Kunden, denn längere Garantiegewährung zeugt von materieller Qualität und schafft Sicherheit – beispielsweise wenn ein Autohersteller mit einer lebenslangen Garantie gegen Durchrostung wirbt. Doch obwohl allen der Nutzen von Garantieregelungen bekannt ist und sie diese in Anspruch nehmen, ist das Wissen um die konkreten Rechte im Einzelfall bei vielen eher rudimentär. Oder kennen Sie den Unterschied zwischen Garantie und Gewährleistung?

Die Garantie ist das vom Verkäufer oder Hersteller dem Verbraucher gegenüber gewährte Recht, innerhalb einer festgelegten zeitlichen Frist Mängel am Kaufgegenstand kostenfrei zu beheben. Es handelt sich also um ein freiwilliges Versprechen aufseiten des Anbieters. Deshalb finden sich auch im Konkurrenzmarkt oftmals für vergleichbare Güter unterschiedliche Garantiegewährungen. Doch kann jetzt jeder Händler bzw. Hersteller selbst entscheiden, ob überhaupt und wenn ja, wie lange er Garantie gewährt? Nein! Die gesetzlich festgelegte Gewährleistung setzt hier den Rahmen, der in der Garantiegewährung nicht unterschritten werden darf. Die Regelungen der Gewährleistung sind im BGB in den Paragrafen 437 und folgende festgehalten. Im Zuge der europaweiten Rechtsanpassung wurden dabei die Rechte der Konsumenten deutlich verbessert: Heute beträgt die Frist, in der Händler bzw. Hersteller für die Mangelhaftigkeit ihrer Produkte haftbar gemacht werden können, mindestens zwei Jahre.

Gleichzeitig wurde die Beweispflicht in den ersten sechs Monaten umgekehrt. Die Beweispflicht, dass der Mangel nicht bereits zum Zeitpunkt des Kaufs vorgelegen hat, liegt nun auf der Seite der Anbieter. Im anschließenden Zeitraum muss weiterhin der Verbraucher belegen, dass der Mangel schon beim Kauf vorgelegen hat. Darüber hinaus gilt, dass Aussagen zum Produkt, also auch klassische Werbung, als Teil des Vertrags gelten. Das bedeutet, dass eine Abweichung als Mangel verstanden wird: Verbraucht das angepriesene „3-Liter-Auto" im Durchschnitt erheblich mehr als diese Menge, hat der Händler dafür einzustehen, wenn der Kauf gerade wegen des günstigen Verbrauchs zustande gekommen ist.

Insgesamt unterscheidet man vier Mängelrechte: Verbesserung, Austausch, Preisminderung und Wandlung. In diesem Zusammenhang gilt, dass die letzten beiden Varianten nur in Betracht kommen, wenn Verbesserung und Austausch z. B.

- unmöglich sind,
- nur mit unverhältnismäßig hohem Aufwand oder erheblichen Unannehmlichkeiten auf Verbraucherseite durchführbar sind,
- der Anbieter die Verbesserung bzw. den Austausch verweigert oder
- diese nicht in angemessener Frist vornimmt.

Die Wandlung, also die Rücknahme der Ware gegen Auszahlung des gezahlten Geldbetrags, ist bei geringfügigen Mängeln immer ausgeschlossen.

Q

Bürgerliches Gesetzbuch

§ 434 Sachmangel

(1) Die Sache ist frei von Sachmängeln, wenn sie bei Gefahrübergaben die vereinbarte Beschaffenheit hat. Soweit die Beschaffenheit nicht vereinbart ist, ist die Sache frei von Sachmängeln,
1. wenn sie sich für die nach dem Vertrag vorausgesetzte Verwendung eignet, sonst
2. wenn sie sich für die gewöhnliche Verwendung eignet und eine Beschaffenheit aufweist, die bei Sachen der gleichen Art üblich ist und die der Käufer nach der Art der Sache erwarten kann. [...]

§ 437 Rechte des Käufers bei Mängeln

Ist die Sache mangelhaft, kann der Käufer, wenn die Voraussetzungen der folgenden Vorschriften vorliegen und soweit nicht ein anderes bestimmt ist,
1. nach § 439 Nacherfüllung verlangen,
2. nach den §§ 440, 280, 281, 283, und 311a Schadensersatz oder nach § 284 Ersatz vergeblicher Aufwendungen verlangen.

A

Stellen Sie mithilfe der genannten Paragrafen und anhand konkreter Beispiele heraus:
- Wo treten die größten Probleme in Konfliktfällen auf?
- Welche Funktion haben in diesem Zusammenhang z. B. Sachverständige?

5.4 Allgemeine Geschäftsbedingungen

Bei vielen Verträgen spielen die Allgemeinen Geschäftbedingungen, kurz AGB, eine wichtige Rolle. Der Volksmund spricht oft vom „Kleingedruckten" und davon, dass, wer die Mühen scheut, diese richtig zu lesen, oftmals ein „böses Erwachen" erlebt. Wenn das Bürgerliche Gesetzbuch (BGB) im Allgemeinen alle wesentlichen Rechtsprobleme ausreichend regelt, so scheinen die AGB einzig die Funktion zu haben, die Rechte der Konsumentinnen und Konsumenten einzuschränken. Oder?

§ 305 des BGB definiert sie als „alle für eine Vielzahl von Verträgen vorformulierten Vertragsbedingungen, die eine Vertragspartei (Verwender) der anderen Vertragspartei bei Abschluss eines Vertrages stellt. Gleichgültig ist, ob die Bestimmungen einen äußerlich gesonderten Bestandteil des Vertrages bilden oder in die Vertragsurkunde selbst aufgenommen werden, welchen Umfang sie haben, in welcher Schriftart sie verfasst sind und welche Form der Vertrag hat. Auch gehen Zweifeln bezüglich der Auslegung der Bestimmungen immer zulasten des Anbieters. Es ist festzuhalten, dass es auch Vertragstypen gibt, die gesetzlich nicht eindeutig geregelt sind (z. B. Leasing-Verträge, Time-Sharing-Verträge), in denen die AGB die grundlegenden Rechte und Pflichten der Vertragspartner regeln.

AGB sind dann gültig, wenn der Käufer bei Vertragsabschluss
- ausdrücklich auf sie hingewiesen wird,
- die Möglichkeit hat, in zumutbarer Weise von ihrem Inhalt Kenntnis zu nehmen und
- mit ihnen einverstanden ist. Äußert sich der Kunde nicht zu den AGB, so gilt dies jedoch ebenfalls als Einverständnis.

Gerade der letzte Punkt macht deutlich, dass AGB keine uneingeschränkt geltenden Gesetze darstellen, sondern als Vereinbarungen zwischen den Vertragspartnern gelten. Käufer müssen sie nicht akzeptieren und andere Vereinbarungen zwischen Käufer und Anbieter sind ihnen jederzeit übergeordnet. Sicher gilt, dass AGB häufig Anwendung finden, um die Rechte der Käuferinnen und Käufer einzuschränken. Allerdings sind ihnen, über die bislang dargestellten Grenzen hinaus, im BGB enge Grenzen gesetzt. Grundsätzlich gilt, dass
- AGB nicht gegen die Grundgedanken des BGB verstoßen dürfen und
- die Käufer durch sie nicht unangemessen benachteiligt werden dürfen.

Im BGB findet sich eine Vielzahl von Klauseln, die AGB unwirksam werden lassen. Dadurch werden die Möglichkeiten aufseiten des Anbieters
- vereinbarte Leistungen hinauszuzögern,
- sich von der Leistungspflicht zu lösen,
- die Rechte des Kunden bei Leistungsverzögerung einzuschränken,
- Gewährleistungsrechte einzuschränken oder aufzuheben und
- sich zukünftige Preiserhöhungen vorzubehalten

sehr stark bzw. vollständig eingeschränkt.

In Zeiten zunehmender Geschäfte via Internet kommt diesen Bestimmungen noch einmal eine besondere Bedeutung zu. Hier muss gewährleistet sein, dass die Verbraucherinnen und Verbraucher jederzeit Zugriff auf die zum Zeitpunkt des Vertragsabschlusses gültigen AGB haben und diese mühelos lesbar, übersichtlich und einfach abrufbar sein müssen. Vielfach bestehen hier noch Mängel, die im Zweifelsfall zur Ungültigkeit abgeschlossener Kaufverträge führen können.

Q

Bürgerliches Gesetzbuch

§ 305c Überraschende und mehrdeutige Klausel

(1) Bestimmungen in Allgemeinen Geschäftsbedingungen, die nach den Umständen, insbesondere nach dem äußeren Erscheinungsbild des Vertrages, so ungewöhnlich sind, dass der Vertragspartaner des Verwenders mit ihnen nicht zu rechnen braucht, werden nicht Vertragsbestandteil.
(2) Zweifel bei der Auslegung Allgemeiner Geschäftsbedingungen gehen zu Lasten des Verwenders.

§ 306 Rechtsfolgen bei Nichteinbeziehung und Unwirksamkeit

(1) Sind Allgemeine Geschäftsbedingungen ganz oder teilweise nicht Vertragsbestandteil geworden oder unwirksam, so bleibt der Vertrag im übrigen wirksam.
(2) Soweit die Bestimmungen nicht Vertragsbestandteil geworden oder unwirksam sind, richtet sich der Inhalt des Vertrages nach den gesetzlichen Vorschriften.
(3) Der Vertrag ist unwirksam, wenn das Festhalten an ihm auch unter Berücksichtigung der nach Absatz 2 vorgesehenen Änderung eine unzumutbare Härte für eine Vertragspartei darstellen würde.

A

1 Recherchieren Sie im Internet die AGB verschiedener Anbieter. Ermitteln Sie die Aspekte, die in den AGB vor allem geregelt werden.

2 Überprüfen Sie, inwieweit diese AGB den gesetzlichen Vorgaben entsprechen. Begründen Sie Ihre Einschätzung.

3 Erklären Sie, inwiefern AGB auch zum Schutz der Verbraucherinteressen beitragen (können). Ermitteln Sie Beispiele zwecks Verdeutlichung.

Q

Von der Ver- in die Überschuldung

[…] Jeder Kredit ist ein Vorgriff auf künftige (unsichere) Einnahmen. Schulden sind aber nicht per se schlecht, manchmal sogar unumgänglich (z. B. Baufinanzierung). Eine Wohnung ist anders als ein Auto i. d. R. jedoch eine dauerhafte Vermögensposition. […]

Überschuldung und Volkswirtschaft

Kredite (lat. credere: glauben) spielen in einem marktwirtschaftlichen System eine wichtige Rolle. Kritisch wird es, nicht nur für den Schuldner, wenn aus einer Verschuldung eine Überschuldung wird. Die Forderungsausfälle verursachen bei den Gläubigern Schäden in Milliardenhöhe. Nicht immer ist der Schuldner verantwortlich für seine missliche Lage. In zahlreichen Fällen „schlittert“ der Schuldner durch äußere Ursachen in die Überschuldung (z. B. Arbeitsplatzabbau infolge der Finanz- und Wirtschaftskrise, Tod des Ehepartners). […]

Quelle: Mark O. Meßmer: Von der Verschuldung in die Überschuldung, in: Unterricht Wirtschaft, Heft 43 (3/2010), S. 19

A

1 Recherchieren Sie aktuelle Daten zur Verschuldung und Überschuldung deutscher bzw. europäischer Haushalte. Vergleichen Sie die Daten mit der Tabelle oben.

2 Analysieren Sie die Ursachen für die zu erkennenden Entwicklungen.
Diskutieren Sie mögliche Folgerungen, die die Privaten Haushalte, die Unternehmen und der Staat aus diesen Zahlen ableiten können. Berücksichtigen Sie dabei auch die aktuelle Werbung der Kreditinstitute.

5.5 Verschuldung und Überschuldung

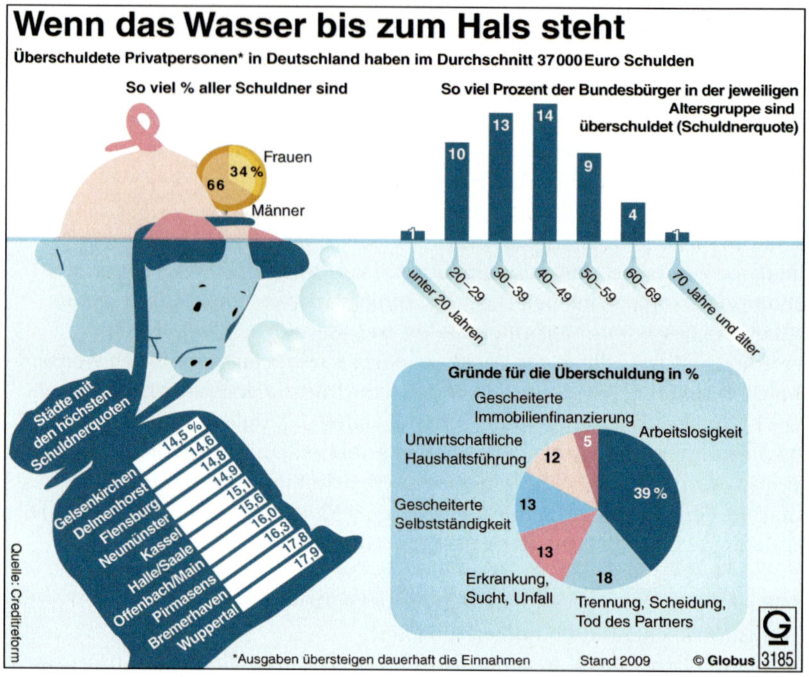

Ein wichtiger Bereich der Verbraucherpolitik ist der Umgang mit der Verschuldung bzw. Überschuldung Privater Haushalte. Die Definition der Begriffe bereitet dabei einige Schwierigkeiten. Allgemein geht man davon aus, dass Verschuldung immer dann vorliegt, wenn ein Mensch Schulden hat, unabhängig davon, wie groß die mit diesen Schulden verbundene objektive und subjektive Belastung ist. Im Gegensatz dazu spricht man von der Überschuldung eines Haushalts, wenn dieser trotz Einschränkung seiner Lebenshaltung seinen Zahlungsverpflichtungen aus dem laufenden Einkommen nicht vollständig nachkommen kann. Als Indikatoren für Überschuldung gelten in diesem Zusammenhang z. B. Mietrückstände, Energiesperrung, Telefonsperrung, Stundung von Kreditraten, Kündigung von Kreditverträgen und Einkommens-, Sach- und Kontenpfändungen. Der Zustand der Überschuldung stellt sich dabei stets unterschiedlich dar, z. B. hinsichtlich des Umfangs und der Struktur der Schulden, der Rückzahlungsbedingungen, der persönlichen und ökonomischen Gegebenheiten des Haushalts sowie externer Faktoren der Wirtschaftslage. Aus diesem Grund fällt es schwer, einzelne Faktoren als generelle Erklärungsmuster für Überschuldung zu verwenden. Insgesamt ergibt sich, dass das Vorhandensein von Schulden allein keinen objektiv negativen Tatbestand darstellt.

Viele Anschaffungen, wie z. B. der Erwerb eines Autos, teurer Haushaltsgeräte oder eines Hauses, sind für den Großteil der Privaten Haushalte ohne die Aufnahme von Krediten überhaupt nicht denkbar. Problematisch wird es dann, wenn die Schulden eine untragbare Höhe erreichen und der Haushalt in seiner Existenz gefährdet ist. Und die Zahl der Haushalte, in denen dies passiert, wächst stetig. Insbesondere im Zeitraum von 1994 bis 2000 war ein sprunghafter Anstieg von knapp zwei Millionen auf insgesamt 2,7 Millionen überschuldeter Haushalte zu verzeichnen. Davon waren allein im Osten 870.000 Haushalte überschuldet, was einem Anteil von 12,5 % der ostdeutschen Bevölkerung entspricht.

Nicht nur die Zahl der ver- und überschuldeten Haushalte hat in den letzten Jahren zugenommen, auch der Anteil der Jugendlichen, die sich mit diesen Problemen auseinanderzusetzen haben, erhöhte sich in den vergangenen Jahren deutlich.

Q

Junge Menschen unter 20 Jahren verschulden sich sehr viel stärker als noch vor fünf Jahren. Mittlerweile können 128.000 Personen dieser Altersgruppe ihren Zahlungsverpflichtungen nicht mehr nachkommen. Das sind fast doppelt so viel wie 2004. Immer mehr Schulden drücken zudem die 20- bis 29-Jährigen. In dieser Altersgruppe ist der Anstieg der Überschuldung zwischen 2004 und 2008 am größten.
Fast jeder Siebte der 14- bis 21-Jährigen hat heute bereits Schulden, meist bei Freunden, Verwandten oder den Eltern. Bei den volljährigen Jugendlichen steigt die Verschuldung, da sie auch Kredite aufnehmen können. Durchschnittlich lasten etwa 1.950 Euro an Verbindlichkeiten auf den überschuldeten Jugendlichen in Deutschland.

Quelle: Schuldneratlas Deutschland, S. 16/17, Creditreform Wirtschaftsforschung, Neuss, 2010

Schuld an der zunehmenden Verschuldung scheint der Trend zu sein, dass Jugendliche heutzutage wesentlich häufiger bereit sind, auf Pump zu konsumieren, als zeitweise oder ganz darauf zu verzichten, möglicherweise auf Kosten des eigenen Renommees. Handy und Markenkult im Bekleidungsmarkt sind in diesem Zusammenhang nur Stichworte. Dies bestätigt auch eine an der Universität Oldenburg durchgeführte Studie, in der nur 24 von 1.000 befragten Jugendlichen der Jahrgangsstufe 5 bis 10 bereit waren, auf etwas zu verzichten, weil sie kein Geld dafür hatten. 2/3 der Befragten würden sich das Geld leihen. Die Forscher fassen ihre Ergebnisse u. a. in den folgenden Thesen zusammen:

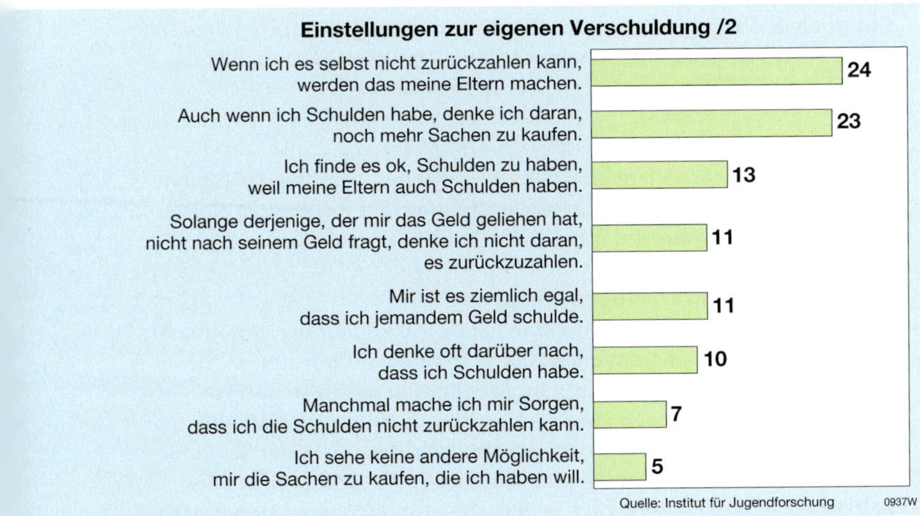

Die Folgen sind absehbar und die Politik versucht stets, durch neue Regelungen Jugendliche vor der Gefahr der Ver- und Überschuldung zu schützen. Ein Beispiel hierfür war die Reglementierung der Möglichkeiten der Eröffnung von Girokonten durch Minderjährige. Nichtsdestotrotz kommen immer mehr Jugendliche in die Schuldnerberatungen.

Q

Stabiler Trend: Überschuldung wird jünger

Die Analyse der Überschuldungsentwicklung nach Alter bestätigt den Negativtrend der Vorjahre: Überschuldung wird jünger. […] Besonders besorgniserregend bleibt weiterhin die deutlich zunehmende Schuldnerquote der jüngsten Personengruppe unter 20 Jahre. Alleine im letzten Jahr (2010) nahm ihre Zahl um rund 54.000 Überschuldungsfälle zu (+ 38 Prozent). Und im Vergleich 2004/2010 hat sich die Anzahl von Schuldnern unter 20 Jahren um rund 144.000 Fälle auf 197.000 Betroffene erhöht (+ 272 Prozent).

Quelle: www.creditreform.de/website/Bochum/Advanced/Downloads/EigeneDownloads/Regionale_Analyse/Schuldenatlas Skript2010.pdf, 13.12.2011

A

1 Recherchieren Sie in einem arbeitsteiligen Verfahren den Weg der Kreditgewährung, die Werbung für Kredite und die Modalitäten der Kontoführung bei unterschiedlichen Kreditinstituten. Vergleichen Sie die Ergebnisse Ihrer Recherchen.

2 Diskutieren Sie, welche Rolle Schulden im heutigen Alltag der Jugendlichen spielen.

3 Erstellen Sie einen Fragebogen zum Thema „Verschuldung Jugendlicher“ und führen Sie in Ihrer Schule eine Umfrage durch. Fassen Sie die Ergebnisse zusammen, und vergleichen Sie diese mit den Daten, Fakten und Thesen in diesem Buch.

TV-Schuldner-Berater Peter Zwegat

5.6 Verbraucherinsolvenzverfahren

Bis zum Jahr 1999 hat sich die Situation für verschuldete Privatpersonen anders dargestellt. Konkurs und Offenbarungseid stellten keine Lösungen dar, weil hierdurch die Forderungen der Gläubiger nicht erloschen. De facto bestand so im Falle einer hohen Verschuldung keine Chance, in finanzieller Hinsicht wieder ein neues Leben führen zu können. Und das wiederum führte dazu, dass es für jemanden in dieser Situation keinerlei Anreize gab, eine neue Tätigkeit aufzunehmen, da anfallende Einkommen bzw. Erlöse komplett der Schuldentilgung zu dienen hatten. Der aus gesamtgesellschaftlicher und volkswirtschaftlicher Sicht negativ zu bewertende Gang in die Sozialhilfe war vorgezeichnet.
Die Insolvenzordnung von 1999, die erstmals für das gesamte Bundesgebiet geltende Regelungen einführte, entschärft diese Problematik. Im Zentrum steht das neue Insolvenzverfahren. Es gibt verschuldeten natürlichen Personen die Möglichkeit einer bislang unbekannten Restschuldbefreiung und stellt somit eine deutliche Verbesserung der Stellung der Verbraucherinnen und Verbraucher in diesem Problemfeld dar.

Ablauf des Insolvenzverfahrens

1. **Außergerichtliche Schuldenbereinigung**
   Bevor der Schuldner das gerichtliche Insolvenzverfahren einleiten kann, hat er sich zunächst um eine außergerichtliche Schuldenregulierung zu kümmern. Dies tut er, indem er einen Einigungsplan erstellt, der den Gläubigern seine Einkommens- und Vermögensverhältnisse offenlegt und ihnen einen konkreten Vorschlag zur Schuldenbereinigung unterbreitet. Widersetzt sich (mindestens) einer der Gläubiger den Vorschlägen, ist die außergerichtliche Schuldenregulierung gescheitert. Dann lässt sich allerdings bei Gericht die Durchführung des Insolvenzverfahrens sowie eine Restschuldbefreiung beantragen.

2. **Gerichtlicher Schuldenbereinigungsplan**
   Zusammen mit dem Antrag auf Durchführung des gerichtlichen Insolvenzverfahrens reicht der Schuldner einen Schuldenbereinigungsplan ein.

3. **Vereinfachtes Verbraucherinsolvenzverfahren**
   Wenn der gerichtliche Einigungsversuch scheitert, eröffnet das Gericht das Insolvenzverfahren. Mit dessen Eröffnung stellt das Gericht das Vermögen des Schuldners unter treuhänderische Verwaltung.

4. **Sechsjährige Wohlverhaltensperiode**
   Während der Wohlverhaltensperiode hat der Schuldner den pfändbaren Teil seines Arbeitseinkommens an einen Treuhänder abzuführen. Dabei wird der entsprechende Betrag vom Arbeitgeber gleich an den Treuhänder überwiesen, welcher diesen Betrag gleichmäßig an alle Gläubiger verteilt. Solange die Wohlverhaltensperiode andauert, ist der Schuldner verpflichtet, eine angemessene Erwerbstätigkeit auszuüben. Bei Arbeitslosigkeit ist er verpflichtet, sich nachweisbar um eine angemessene Erwerbstätigkeit zu bemühen und jede zumutbare Tätigkeit anzunehmen. Arbeitet er noch nebenbei, so ist auch der Nebenverdienst anmeldepflichtig und an den Treuhänder abzutreten. Verstößt der Schuldner gegen diese Verpflichtungen (indem er z. B. einen Verdienst aus einem Nebenjob nicht meldet), kann ihm das Gericht sofort die Restschuldbefreiung versagen.

A

1 Stellen Sie den Ablauf des Insolvenzverfahrens grafisch dar.

2 Beschreiben Sie mit eigenen Worten die Anreize für die Schuldner, die die Insolvenzordnung setzt.

5. **Restschuldbefreiung**
Hat der Schuldner während der gesamten Wohlverhaltensperiode sein pfändbares Einkommen an den Treuhänder abgetreten, wird er von seinen restlichen Verbindlichkeiten befreit.

Nach Ablauf des Verfahrens besteht wieder eine langfristige Perspektive, sich eine neue Existenz aufbauen zu können. Allerdings gibt es Gründe, bei denen ein Gericht die Restschuldbefreiung auf Gläubigerantrag verweigern kann. Dies ist der Fall, wenn die Schuldnerin bzw. der Schuldner
- bereits wegen einer Konkurs- bzw. Insolvenzstraftat rechtskräftig verurteilt wurde,
- drei Jahre vor und im gesamten Zeitraum nach dem Antrag falsche Angaben über ihre/seine wirtschaftlichen Verhältnisse gemacht hat, um beispielsweise Kredite oder staatliche Transferzahlungen zu erhalten,
- in den zehn Jahren vor der Antragseröffnung bereits eine Restschuldbefreiung erlangt hat oder ihr/ihm diese versagt wurde,
- im letzten Jahr vor Antragseröffnung schuldhaft unangemessene Schulden gemacht bzw. vorhandenes Vermögen verschwendet hat oder
- in den für den Insolvenzeröffnungsantrag notwendigen Unterlagen schuldhaft falsche Angaben gemacht hat.

In den geschilderten Fällen wird das Insolvenzverfahren vom Gericht eingestellt und den Gläubigern steht wieder das uneingeschränkte Recht zu, die restlichen Forderungen geltend zu machen.

Die Restschuldbefreiung stellt den Anreiz für die Schuldnerinnen und Schuldner dar, ein entsprechendes Insolvenzverfahren zu eröffnen. Die institutionelle Ausgestaltung des Rahmens (Regeln des Insolvenzverfahrens, Einschränkungen, Sanktionen) erfüllt den Zweck, das Handeln der Individuen entsprechend den Interessen aller Beteiligten zu lenken.

Insolvenzen in Deutschland

Gegenstand der Nachweisung	Januar 2009 [1]	Veränderung gegenüber Januar 2008 in % [2]
insgesamt	12.668	– 9,8
Unternehmen	2.444	– 0,1
übrige Schuldner	10.224	– 11,5
davon		
— Verbraucher	7.901	– 12,8
— natürliche Personen als Gesellschafter	133	– 20,7
— ehemals selbstständig Tätige	1.992	– 5,6
— Nachlässe	198	– 19,5

[1] einschließlich Nordrhein-Westfalen
[2] ohne Nordrhein-Westfalen

Q

Bürgerliches Gesetzbuch

§ 305 Insolvenzordnung

Eröffnungsantrag des Schuldners

(1) Mit dem schriftlich einzureichenden Antrag auf Eröffnung des Insolvenzverfahrens (§ 311) oder unverzüglich nach diesem Antrag hat der Schuldner vorzulegen:
1. eine Bescheinigung, die von einer geeigneten Person oder Stelle ausgestellt ist und aus der sich ergibt, dass eine außergerichtliche Einigung mit den Gläubigern über die Schuldenbereinigung auf der Grundlage eines Plans innerhalb der letzten sechs Monate vor dem Eröffnungsantrag erfolglos versucht worden ist; der Plan ist beizufügen und die wesentlichen Gründe für sein Scheitern sind darzulegen [...]
2. den Antrag auf Erteilung von Restschuldbefreiung (§ 287) oder die Erklärung, dass Restschuldbefreiung nicht beantragt werden soll;
3. ein Verzeichnis des vorhandenen Vermögens und des Einkommens (Vermögensverzeichnis), eine [...] Vermögensübersicht, ein Verzeichnis der Gläubiger und ein Verzeichnis der gegen ihn gerichteten Forderungen; den Verzeichnissen und der Vermögensübersicht ist die Erklärung beizufügen, dass die enthaltenen Angaben richtig und vollständig sind;
4. einen Schuldenbereinigungsplan; dieser kann alle Regelungen enthalten, die unter Berücksichtigung der Gläubigerinteressen sowie der Vermögens-, Einkommens- und Familienverhältnisse des Schuldners geeignet sind, zu einer angemessenen Schuldenbereinigung zu führen; in den Plan ist aufzunehmen, ob und inwieweit Bürgschaften, Pfandrechte und andere Sicherheiten der Gläubiger vom Plan berührt werden sollen.
[...]

5.7 Organisierter Verbraucherschutz

Der Erwerb von Gütern und Dienstleistungen ist offensichtlich mit zahlreichen Risiken verbunden, und die Regelungen des Verbraucherrechts versuchen, diese für die Konsumentinnen und Konsumenten zu reduzieren. Generell kann man Kaufrisiken wie folgt unterscheiden:

Qualitative Risiken	
Objektivierbare	Subjektive
– Funktionalität – Handhabung – Sicherheit – Service – Garantie- und Kulanzregelungen	– sensorische Risiken – ästhetische Risiken – prestige-, Statusrisiken – moralische Risiken

Finanzielle Risiken	Ökologische Risiken
– Preise – Finanzierungskosten – finanzielle Folgebelastungen (Betriebskosten etc.)	Umweltbelastungen (Ressourcenbeanspruchung, Emmissionsintensität) – der Produktion – des Verbrauchs – der Entsorgung

Q

Nicht alle diese Risiken sind für alle Kaufentscheidungen gleichermaßen relevant. Ihre jeweilige Bedeutung hängt von der Art des Produkts, aber auch von der Bedeutungszumessung durch Konsumenten ab. Eine hohe subjektive Bedeutsamkeit wenigstens eines dieser Risiken wird als notwendige (aber nicht hinreichende) Bedingung für Informationssuchprozesse der Konsumenten unterstellt. So führen Konsumenten häufiger und intensiver Preisvergleiche bei Produkten mit – gemessen am Einkommen – hohen Preisen durch, während bei geringwertigen Gütern Preis- (und Qualitäts-) vergleiche in der Regel unterbleiben, es sei denn, diesen käme aus anderen Gründen eine hohe subjektive Bedeutung zu. Das Informationsproblem stellt sich nun für die Anbieter auf der einen und die Konsumenten auf der anderen Seite höchst unterschiedlich dar.

Quelle: Gerd-Jan Krol, Jan Karpe, Andreas Zoerner: Die Stellung der Privaten Haushalte im Wirtschaftsgeschehen, ÖBO-Modul H02, 2. Auflage, Institut für Ökonomische Bildung, Oldenburg, S. 77

Wir haben gesehen, wie mithilfe verschiedener Regelungen versucht wird, einzelne Risikobereiche soweit möglich einzugrenzen. Die Organisation der Verbraucherinteressen war dabei stets mit grundsätzlichen Problemen verbunden, die vor allem im fehlenden Verbraucherbewusstsein, der geringen Konfliktfähigkeit und der Heterogenität der Verbraucherinteressen zu finden sind. Zudem verbreiterte sich der Fokus des organisierten Verbraucherschutzes im Laufe der Zeit kontinuierlich im Zuge der wirtschaftlichen und gesellschaftlichen Entwicklung. Dies lässt sich am Beispiel der Entwicklung der Verbraucherberatungszentralen in Deutschland verdeutlichen: Die ersten Verbraucherzentralen in Deutschland, in den 1950er Jahren zumeist von Frauen gegründet, die zuvor im Hausfrauenbund und ähnlichen Institutionen aktiv waren, hatten vor allem die Aufgabe, Verbrauchern vor Ort Auskünfte über Preise, Märkte und Warenqualitäten zu liefern.

A

1 Recherchieren Sie das Beratungsangebot der nächstgelegenen Verbraucherberatungsstelle. Informieren Sie sich dort auch über aktuelle Probleme der Verbraucherschützer in der alltäglichen Arbeit.

2 Verbraucherschutz im Internet: Erstellen Sie eine Präsentation über Serviceangebote der Stiftung Warentest und anderer Anbieter (z. B. Sozialministerien des Bundes und der Länder). Ordnen Sie dieses in das verbraucherpolitische Zielsystem ein (Grafik).

1961 kam es zur Gründung der Arbeitsgemeinschaft der Verbraucherverbände (AgV), die im gleichen Jahr den ersten umfassenden Warentest in der Bundesrepublik Deutschland durchführte – einen Vergleich der 17 bekanntesten Waschmittel. Der 1966 von der AgV gegründete Verbraucherschutzverein machte es sich darüber hinaus zur Aufgabe, stellvertretend für die Allgemeinheit gegen unlauteren Wettbewerb zu klagen. In Zeiten des stetigen Wirtschaftswachstums reicht die Palette der Fragen dabei von dem Wunsch nach geeigneten Rezepten bis zur Stornierung von an der Tür abgeschlossenen Kaufverträgen.

Beratung in einer Verbraucherzentrale

„Verbraucherpolitisches Zielsystem“

- **Verbesserung der Wettbewerbsordnung**
  - Verbesserung der Markttransparenz
    - Verbraucherinformation und -beratung
    - Verbraucherbildung und -erziehung
  - Machtausgleich zwischen Produzenten und Konsumenten
    - (rechtlicher) Verbraucherschutz
    - Organisation von Verbraucherinteressen

Quelle: Gerhard Hemberle, Wolfgang von Keitz: Verhaltenswissenschaftliche Verbraucherpolitik, in: Arbeitnehmer 5 (1978), zitiert nach: Werner Kroeber-Riel und Peter Weinberg: Konsumentenverhalten, 7. Auflage, Vahlen, München, 1999, S. 657 f.

Zur Verbraucherpolitik im weiteren Sinne zählt man die Wettbewerbspolitik, also die Aufrechterhaltung und Förderung des Wettbewerbs, eine Politik gegen Wettbewerbsbeschränkungen sowie die Unterstützung der „Selbstheilungskräfte“ des Marktmechanismus. Es ist ihr Ziel, durch die Aufrechterhaltung des Wettbewerbs Wahlmöglichkeiten zu schaffen und zu erhalten (1. und 2. Ebene). Dies entspricht den Interessen der Verbraucherinnen und Verbraucher. Wo Wettbewerbspolitik und Selbstheilungskräfte des Marktes nicht ausreichen, kommen die eigentlichen verbraucherpolitischen Instrumente des Staates zum Zuge (Ebene 3). Man spricht von der Verbraucherpolitik im engeren Sinne. Der Einsatz der Instrumente erfolgt entsprechend der Güterklassifikation und der Art des Kaufentscheidungsprozesses.

Lernbilanz

Im dritten Kapitel dieses Bandes richten wir den Fokus auf die Privaten Haushalte als Akteure im Wirtschaftsgeschehen. Es gilt im Wesentlichen, ihre Funktionen in der Volkswirtschaft, die wesentlichen Beziehungen zu den anderen Akteuren sowie die bestehenden Handlungsrestriktionen herauszuarbeiten.

Das Kapitel setzt sich dabei systematisch mit den folgenden Aspekten auseinander:

— Zu Beginn gilt es, die Stellung der Privaten Haushalte im gesamtwirtschaftlichen System sowie ihre wesentlichen Strukturmerkmale und Beziehungen zu ermitteln.
— Dazu ist es notwendig, ein Grundverständnis der Funktionsweise moderner Märkte in marktwirtschaftlichen Ordnungen zu vermitteln. Sie stellen zentrale Institutionen dar, auf denen die Privaten Haushalte tagtäglich als Anbieter und Nachfrager agieren und in aller Regel ihre wirtschaftlichen Transaktionen abwickeln.
— Damit einhergehend werden die zentralen Einkommensquellen sowie Formen der Einkommensverwendung erschlossen, wobei auch erste Fragen der Einkommensverteilung behandelt werden.
— Im Zuge der Auseinandersetzung mit dem Konsum Privater Haushalte werden – über die rein ökonomische Analyse hinaus – alle relevanten Faktoren, die das Verhalten der Konsumentinnen und Konsumenten beeinflussen, identifiziert.
— Hieran schließt sich abschließend die Behandlung der rechtlichen Dimensionen privater Konsumentscheidungen an.

A

1

Definieren Sie in eigenen Worten, was in unserer Volkswirtschaft unter einem „Privaten Haushalt" verstanden wird.

2

Benennen Sie die zwei wesentlichen Entscheidungsfelder Privater Haushalte.

3

Die Einkommensquellen Privater Haushalte werden in vier Arten unterteilt. Nennen Sie diese und ordnen Sie die folgenden Einkommensformen zu:

a) Frau Meier arbeitet im Supermarkt.
b) Herr Fritz vermietet die Einliegerwohnung seines Hauses an einen Studenten.
c) Frau Gerdes legt einen Teil ihres Ersparten festverzinslich an.
d) Rolf E. hat seine Arbeitsstelle verloren und bezieht Arbeitslosengeld I.
e) Maren S. arbeitet neben ihrer normalen Tätigkeit im Büro noch als freie Autorin und schreibt regelmäßig Beiträge für Zeitungen.

4

Hendrik P. hat sein Studium abgeschlossen und seine erste Arbeitsstelle angetreten. Er freut sich über das regelmäßige Gehalt, ist sich aber auch bewusst, dass er einen Teil seines Geldes sparen sollte. Zum einen, um in Zukunft längere Reisen unternehmen zu können, zum anderen aber auch, um für das Alter vorzusorgen:

a) Benennen Sie die Sparmotive von Hendrik P.
b) Hendrik P. überlegt, sein bislang erspartes Geld in Aktien anzulegen. Überprüfen Sie, inwieweit dies sinnvoll ist. Nehmen Sie zur Bewertung das „Anlagedreieck" zur Hilfe.

5

Unterscheiden Sie „absolute" von „relativer" Armut. Ermitteln Sie jeweils ein konkretes Beispiel.

6

Auf dem globalen Markt für Erdöl sind folgende Ereignisse zu beobachten:

a) Die Nachfrage nach Erdöl in den boomenden Schwellenländern steigt stark an.

b) Ein Hurrikane im Golf von Mexiko zerstört zahlreiche Bohrinseln und Raffinerien.

Stellen Sie die Entwicklungen jeweils in einem Angebot-Nachfrage-Diagramm dar (vgl. S. 148 ff.), und ermitteln Sie die ausgelösten Veränderungen des Gleichgewichtspreises.

7

Nehmen Sie Stellung zu folgender Aussage: Bei Erdgas handelt es sich um eine Gut mit hoher Nachfrageelastizität auf der Seite der Privaten Haushalte.

8

Erklären Sie anhand eines Beispiels, was unter Meinungsführern verstanden wird und wie sie Konsumentscheidungen beeinflussen. Ordnen Sie dabei das Meinungsführermodell begründet den ökonomischen, soziologischen oder psychologischen Erklärungsansätzen zu.

9

a) Stellen Sie die zwei Phasen eines Kaufvertrages anhand des Erwerbs eines Computerspiels dar.

b) Nehmen Sie weiterhin an, das Spiel hat eine Freigabe ab 16 Jahren. Beschreiben Sie einen Fall, in dem die zweite Vertragsphase aufgrund rechtlicher Vorgaben nicht zustande kommen könnte.

10

Erläutern Sie den Unterschied zwischen einer „Verschuldung" und einer „Überschuldung" eines Privaten Haushaltes. Legen Sie dar, in welchem Fall ein „Insolvenzverfahren" zum Tragen kommen könnte.

IV

Unternehmen

Unternehmen sind zentrale Akteure einer jeden Volkswirtschaft. Primär sind sie Orte der Einkommenserzielung für Beschäftigte und Einkommensquellen für Unternehmerinnen und Unternehmer sowie Kapitaleigner. Aber vor allem werden in ihnen Produkte erstellt und Dienstleistungen bereitgestellt, um die vielfältigen Bedürfnisse der Bürgerinnen und Bürger eines Landes zu befriedigen.
Für Menschen, die einen wesentlichen Teil ihrer Lebenszeit in Unternehmen verbringen, bilden sich in Unternehmen zahlreiche soziale Beziehungen mit all den positiven und zuweilen auch negativen Auswirkungen auf die Entwicklung der Persönlichkeit aus. Gerade die Qualität dieser sozialen Beziehungen hat eine hohe Bedeutung für die Leistungsfähigkeit aller Beschäftigten.

Das Kapitel stellt den Versuch eines Gesamtüberblicks dar, ohne den Anspruch auf Vollständigkeit zu erheben. In ihm wird bzw. werden
— die Funktionen von Unternehmen im Wirtschaftsgeschehen erfasst,
— die immer wiederkehrenden Aufgaben von Unternehmen (Beschaffung, Produktion, Absatz) untersucht,
— die wesentlichen Ziele unternehmerischer Tätigkeit (Zielsysteme eines Unternehmens) dargestellt,
— die Unternehmensverfassung (Beispiel: Rechtsformen) als wesentliche Grundlage des unternehmerischen Handels erkannt,
— die zentralen Aufgaben einer Unternehmensführung behandelt,
— die Funktionsbereiche Organisation, Personal, Marketing und Finanzierung veranschaulicht,
— die Stellung von Unternehmen im Rahmen der internationalen Wirtschaft betrachtet und
— aufgezeigt, welche Grundgedanken mit dem Rechnungswesen verfolgt werden, und die Grundlagen der Buchführung erläutert.

Inhalt Kapitel IV

1 Das Unternehmen im Wirtschaftskreislauf

1.1 Bestimmungsfaktoren von Unternehmen

Unternehmen gibt es sowohl in marktwirtschaftlichen als auch in zentralverwaltungswirtschaftlichen Ländern (z. B. Nordkorea, Kuba, Teile von China). Die Unterscheidung von Unternehmen aus markt- und planwirtschaftlicher Sicht weist auf fundamentale Unterschiede hin, die idealtypisch in Kapitel II beschrieben worden sind. Fest steht: In allen Wirtschaftssystemen muss es Wirtschaftseinheiten (= Unternehmen) geben, die den Bedarf der Bürger nach Sachgütern und Dienstleistungen befriedigen.

Sie müssen
1. eine Kombination von Produktionsfaktoren (Arbeit, Betriebsmittel und Werkstoffe)
2. nach dem Prinzip der Wirtschaftlichkeit erstellen, wobei
3. das Prinzip des finanziellen Gleichgewichts zu beachten ist.

Diese drei Merkmale sind systemunabhängig, d. h. unabhängig von der geltenden Wirtschaftsordnung. Für ein Unternehmen in einem marktwirtschaftlichen System gelten darüber hinaus aber noch besondere Merkmale:
1. Autonomieprinzip,
2. erwerbswirtschaftliches Prinzip,
3. Prinzip des Privateigentums (und des daraus abgeleiteten Anspruchs auf Alleinbestimmung).

Das erwerbswirtschaftliche Prinzip und das Prinzip des Privateigentums gehören nicht zu den konstitutiven Merkmalen einer Unternehmung, wenn auch solche Unternehmen dazu gezählt werden, die nicht nach Gewinnmaximierung streben und die nicht in Privateigentum stehen. Hierbei handelt es sich um öffentliche Unternehmen und Verwaltungen, die als Organe der Gesamtwirtschaft vom Staat getragen werden und den Bedarf nach bestimmten Gütern (z. B. Straßen) und nach Dienstleistungen (z. B. Aufrechterhaltung der öffentlichen Ordnung) kollektiv oder über den Markt befriedigen. Öffentliche Betriebe und Verwaltungen existieren als besondere Wirtschaftseinheiten deshalb auch in marktwirtschaftlichen Systemen. Aber gegenüber den Unternehmungen, die gewinnorientiert arbeiten müssen, haben sie eine vergleichsweise untergeordnete Bedeutung.

a) In der Marktwirtschaft muss jedes einzelne Unternehmen das Produktionsprogramm planen und entwickeln, d. h., das Unternehmen muss entscheiden
   - welche Produkte,
   - in welcher Vielfalt,
   - in welchem Umfang,
   - in welcher Qualität,
   - mit welcher Technologie,
   - innerhalb welcher Arbeitsabläufe und welchen Aufbaus des Unternehmens,
   - mit welchen Zielen

   produziert werden sollen.

   Ob es erfolgreich ist oder nicht, zeigt sich für das Unternehmen spätestens dann, wenn sich die Produkte zu einem entsprechenden Preis auf dem Markt verkaufen lassen.

i

Es werden die volkswirtschaftlichen von den betriebswirtschaftlichen Produktionsfaktoren unterschieden:
- Volkswirtschafltliche Produktionsfaktoren sind Boden, Arbeit, Kapital.
- Betriebswirtschaftliche Produktionsfaktoren sind Arbeitskraft, Betriebsmittel, Werkstoffe.

A

1 Grenzen Sie die Bestimmungsfaktoren eines Unternehmens in der Marktwirtschaft von denen eines Betriebes in der Planwirtschaft bzw. von öffentlichen Unternehmen und Verwaltungen ab. Worin liegen die wesentlichen Ursachen für diese Unterschiede begründet?

2 Begründen Sie, warum es Bestimmungsfaktoren gibt, die vom Wirtschaftssystem unabhängig sind.

Hinweis: Greifen Sie für die Lösung der Aufgaben auf das Kapitel II zur Wirtschaftsordnung und ihren zentralen Ordnungsformen und Ordnungselementen zurück.

b) Für ein marktwirtschaftliches Unternehmen gilt, dass sich die Produktionsmittel in Privateigentum befinden (z. B. Eigentümer, Gesellschafter, Aktionäre). Diese Tatsache beeinflusst auch die Frage, wer die Leitung des Unternehmens wahrnimmt: die Eigentümer selbst oder ein eingesetztes Management (vgl. Abschnitt 7).

Die gewählte Regierung entscheidet in demokratischen Gesellschaften mit politischen Entscheidungsprozessen darüber, welcher Handlungsrahmen für die Unternehmen gelten soll. Die gesetzlichen Regelungen betreffen beispielsweise die Arbeitsbedingungen (Arbeits- und Sozialverordnung) und die Arbeitssicherheit (Arbeitsschutzgesetz) innerhalb des Unternehmens, die Produktionsverfahren (Umweltschutzgesetz), die Handlungsmöglichkeiten auf dem Markt (Wettbewerbsgesetz) oder die zu zahlenden Steuern (Abgabenordnung). Zugleich versuchen die Unternehmen, wie auch andere gesellschaftliche Interessengruppen, durch Lobbyarbeit Einfluss auf die gesetzlichen Regelungen der Regierung zu nehmen.

Ganz anders sieht dies in einer zentral geleiteten Planwirtschaft aus. Hier müssen Unternehmen zusätzliche Funktionen übernehmen, die denen marktwirtschaftlicher Unternehmen entgegenstehen. So gelten

1. das Organprinzip,
2. das Prinzip der zentralen Planerfüllung (Ziel der Unternehmen ist es, Planvorgaben zu erfüllen und nicht Gewinne zu erzielen) sowie
3. das Prinzip des Gemeineigentums, nicht das des Privateigentums (vgl. auch Kapitel II).

Fassen wir den Einfluss einer marktwirtschaftlichen Ordnung auf Unternehmen zusammen:

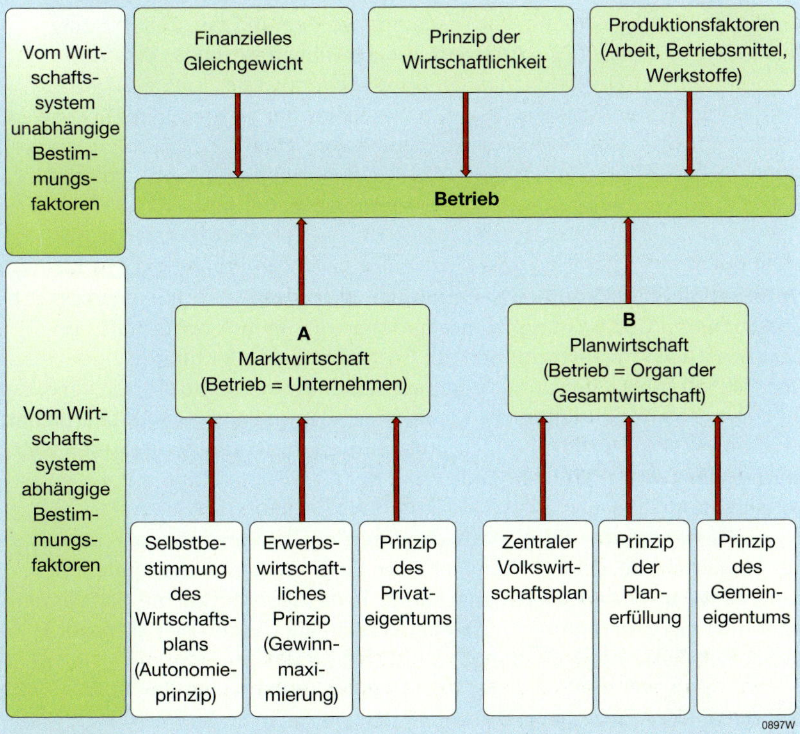

A

Begründen Sie, weshalb das Organprinzip, das Prinzip dezentraler Planerfüllung und das Prinzip des Gemeineigentums für ein zentralverwaltungswirtschaftliches System zwingend und nicht durch andere Prinzipien austauschbar sind.

1.2 Die Stellung der Unternehmen in der nationalen und internationalen Wirtschaft

Mithilfe des Wirtschaftskreislaufs lässt sich eine Einordnung des Unternehmens in die Volkswirtschaft vornehmen und der Begriff des Unternehmens näher bestimmen.

Was sind Unternehmen?

Unternehmen sind alle Institutionen, die vorwiegend Waren produzieren und Dienstleistungen bereitstellen und damit Einkommen erzielen wollen. Aus rechtlicher Perspektive unterscheidet man grundsätzlich Personengesellschaften (z. B. GmbH, KG) von Kapitalgesellschaften (z. B. Aktiengesellschaften) und Genossenschaften. Der Abschnitt 7.1 liefert hierzu umfangreiche Informationen.

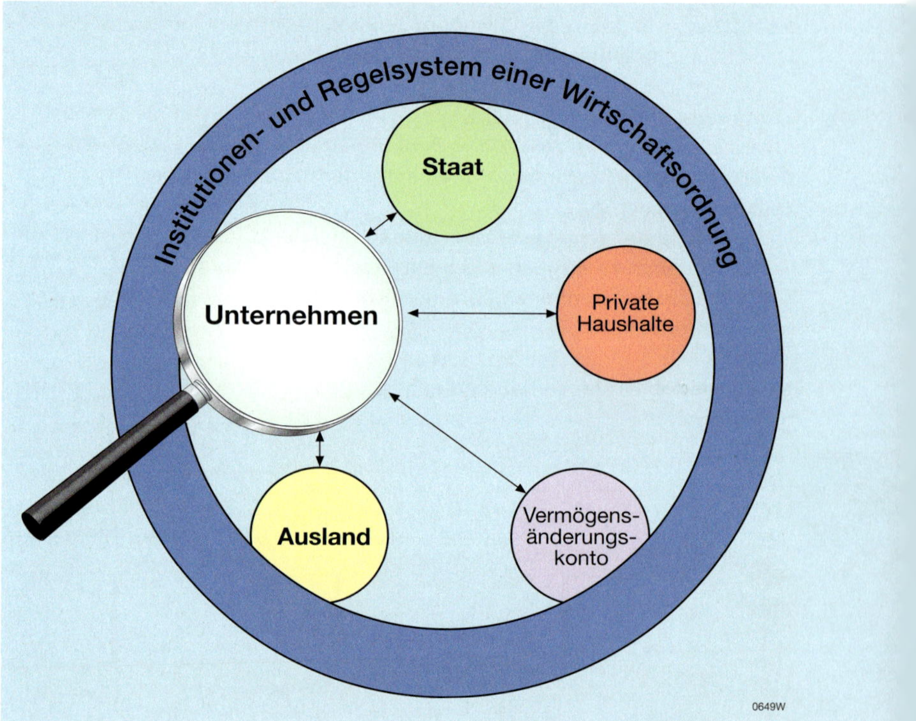

Unternehmen als Akteure der nationalen Wirtschaft

Unternehmen sind nicht nur zentrale Akteure in der Volkswirtschaft, sondern auch wichtige Institutionen der Gesellschaft. Die Mitglieder einer Gesellschaft fühlen sich zumeist gemeinsamen Normen und Werten verpflichtet. Sie erfüllen zahlreiche Funktionen, z. B. im Rahmen wirtschaftlicher Tätigkeiten. Wenn wir die Betrachtung auf diese beschränken, befassen wir uns mit dem wirtschaftlichen Teilsystem der Gesellschaft bzw. mit der Volkswirtschaft.

Wenn wir uns mit den Tätigkeiten, den internen Zusammenhängen und der Gestaltung der produktiven Einheiten einer Volkswirtschaft befassen, wenden wir uns der Betriebswirtschaft, d. h. der Disziplin zu, die sich wissenschaftlich mit Unternehmen auseinandersetzt. Sie werden hier als produktive soziale Systeme betrachtet.

Sie stellen Güter und Dienstleistungen her, die sie an andere Wirtschaftseinheiten abgeben. Dabei geht es nicht nur um die Herstellung von Gütern, wie

A

Erläutern Sie die Einordnung von Unternehmen aus volkswirtschaftlicher, betriebswirtschaftlicher und gesellschaftlicher Perspektive, und verdeutlichen Sie diese mit Beispielen.

Schuhen, Haushaltsgeräten und Computern, sondern auch um die Bereitstellung von Dienstleistungen durch Handelsbetriebe, Banken, Versicherungen oder Transportunternehmen. Zentral für Unternehmen ist jedoch, dass ihre Aufgabe nicht allein in der Bereitstellung von Sachgütern und Dienstleistungen liegt. Vielmehr ist es von entscheidender Bedeutung, dass ein Unternehmen seine Existenz nur dann sichert, wenn seine Leistungen von anderen Wirtschaftseinheiten – von anderen Unternehmen und Haushalten – gegen ein zumindest kostendeckendes Entgelt abgenommen werden.
nach: Wolfgang Weber: Telekolleg II, Betriebswirtschaftslehre, 9. überarbeitete Auflage, TR-Verlagsunion, München, 1999, S. 6.

Unternehmen als Akteure der internationalen Wirtschaft
Unternehmen schließen sich mit anderen Unternehmen sowohl im Inland wie im Ausland zusammen, Produkte werden weltweit vermarktet und höhere Führungspositionen sind heute fast nur noch mit Auslandserfahrungen zu erreichen. Produkte wie z. B. der Airbus in der Flugzeugindustrie oder ein neuer Gigabyte-Chip in der Mikroelektronik, aber auch Nutzfahrzeuge wie die Van-Generation werden in internationalen Verbundprojekten erstellt. Diese Entwicklung ist Ausdruck einer sich verstärkenden internationalen Arbeitsteilung. Talente sowie spezifische Fähigkeiten von Menschen und Spezialisierungen in den einzelnen Länder und Regionen werden genutzt, um in internationalen Allianzen effizienter zu wirtschaften. Die 100 größten Unternehmen weltweit sind internationale Konzerne.
In Kapitel VI wird die internationale Tätigkeit von Unternehmen ausführlich behandelt.

Unterscheidung Betrieb – Unternehmen

Die 10 größten Unternehmen weltweit (2010)

Rang	Unternehmen	Umsatz in Mrd. US-$
1	Wal-Mart Stores	408,214
2	Royal Dutch Shell	285,129
3	Exxon Mobil	284,650
4	BP	246,138
5	Toyota Motor	204,106
6	Japan Post Holdings	202,196
7	Sinopec	187,518
8	State Grid	184,496
9	AXA	175,257
10	China National Petroleum	165,496

In der fachwissenschaftlichen Literatur wird oft eine Unterscheidung zwischen den Begriffen „Unternehmen" und „Betrieb" vorgenommen. Obwohl beide Begriffe in der Umgangssprache i. d. R. synonym verwendet werden, gelten Betriebe – streng ausgelegt – als technisch-wirtschaftliche Einheiten, die Sachgüter produzieren und Dienstleistungen bereitstellen, während der Begriff „Unternehmen" die juristischen und finanziellen Einheiten beschreibt.

Für unseren Zusammenhang spielt diese Unterscheidung nur eine untergeordnete Rolle. Wir werden weitestgehend auf den Begriff des Unternehmens zurückgreifen und nur dort von Betrieben sprechen, wo es der inhaltliche Zusammenhang unbedingt notwendig macht.

A

1 Stellen Sie eine Liste größerer Unternehmen Ihrer Region zusammen und ermitteln Sie, über welche regionalen, nationalen und internationalen Geschäftsbeziehungen sie verfügen.

2 Vergleichen Sie die hier ausgewiesenen Umsatzzahlen mit dem Bruttoinlandsprodukt (BIP) einzelner Länder. Welchen Rang würden die Unternehmen aus Aufgabe 1 dabei in der Welt einnehmen?

1.3 Gliederung von Unternehmen

Eine wesentliche Unterscheidung von Unternehmen erfolgt nach der Art der erbrachten Leistung. Hier lassen sich Produktions- und Dienstleistungsunternehmen bzw. -betriebe unterscheiden.

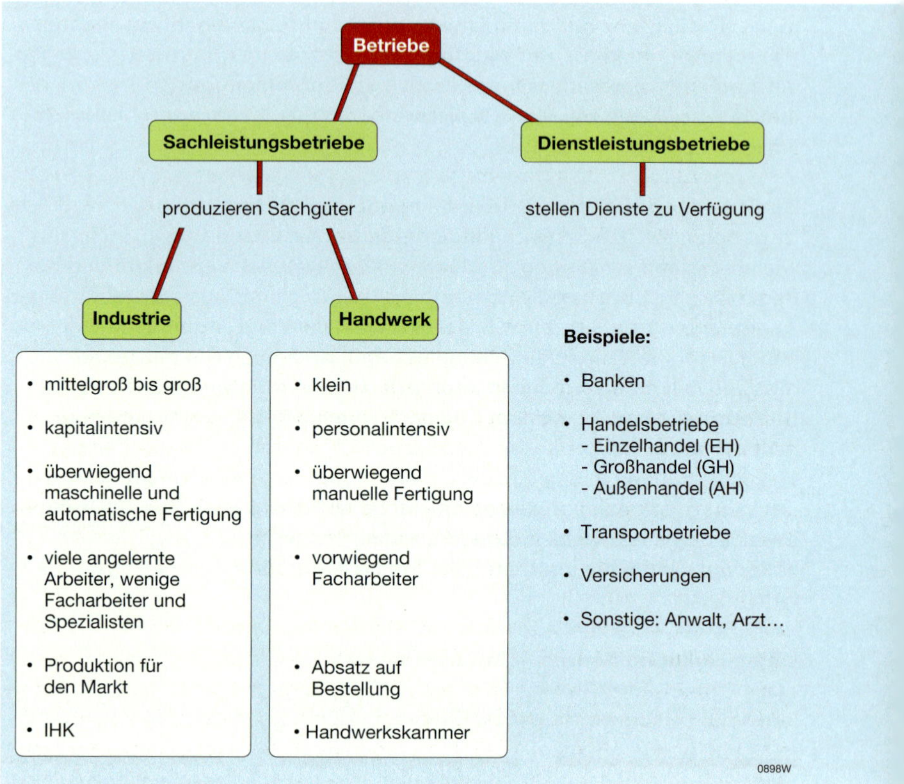

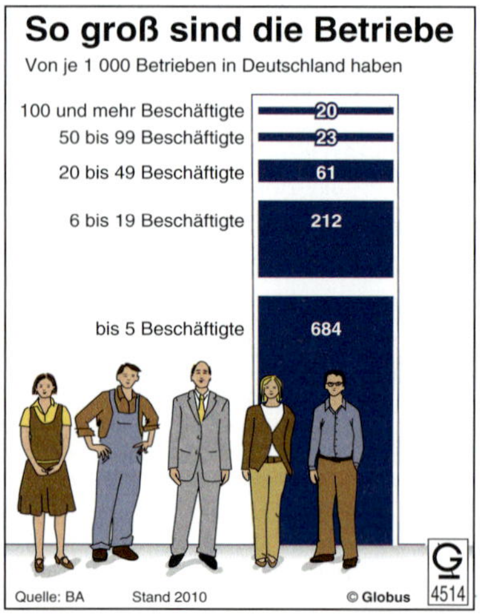

Neben einer Gliederung von Unternehmen nach der Art der erbrachten Leistung kann man sie auch nach dem Verwendungszweck der Leistungen, der Zielsetzung und nach dem Wirtschaftszweig unterscheiden.

1. nach dem **Verwendungszweck** der Leistungen
   — Konsumgüterunternehmen,
   — Produktivgüterunternehmen (Investitionsgüterunternehmen);

2. nach der **Zielsetzung**
   — erwerbswirtschaftliche Unternehmen,
   — gemeinwirtschaftliche Unternehmen;

3. nach dem **Wirtschaftszweig**
   — Urerzeuger (z. B. Agrarbetrieb),
   — Industrie,
   — produzierendes Handwerk (z. B. Schreinerei),
   — Dienstleistung (a) (Einzel- und Großhandel),
   — Dienstleistung (b) (Verkehr, Versicherung, Kreditwesen, reparierendes Handwerk, Medizin usw.).

Die Grafik in der Marginalspalte zeigt darüber hinaus, dass auch die Zahl der Mitarbeiter eine Gliederungsmöglichkeit darstellt.

A

Versuchen Sie, einige für Ihre Region bedeutsame Unternehmen entsprechend zu klassifizieren.

1.4 Warum es Unternehmen und Unternehmer gibt – zwei Erklärungsansätze

Die Person des Unternehmers wurde in der ökonomischen Literatur des 20. Jahrhunderts weitestgehend ausgeblendet. Eine bekannte Ausnahme stellt das Werk des Österreichers Joseph Alois Schumpeter dar, der mit seiner „Theorie der wirtschaftlichen Entwicklung" zu Beginn des 20. Jahrhunderts eine Analyse und Beschreibung des Unternehmers gegeben hat. Der Unternehmer ist nach Schumpeter nicht der Erfinder, sondern der Innovator, der neue Ideen aufgreift und durchsetzt und damit aktuelle Strukturen zerstört, um neue zu schaffen. Diesen Prozess nennt er entsprechend die „schöpferische Zerstörung". Unternehmensgründungen werden seit der These der schöpferischen Zerstörung überkommener Wirtschaftsstrukturen als Motor des volkswirtschaftlichen Strukturwandels angesehen.

Joseph Alois Schumpeter

Schumpeter gilt als einer der bedeutendsten Nationalökonomen des 20. Jahrhunderts. Der Österreicher hat sich in seinem wissenschaftlichen Werk vor allem mit den Bestimmungsgründen für die wirtschaftliche Entwicklung auseinandergesetzt und damit auch mit der Funktion des Unternehmertums.

Schumpeter schuf eine Theorie der wirtschaftlichen Entwicklung des kapitalistischen Wirtschaftssystems, die Konjunkturtheorie. Er erklärte sie durch innerwirtschaftliche diskontinuierliche Veränderungen.

Noch heute werden Unternehmer, die mit der Einführung von Innovationen neue Märkte erschließen, d. h. neue Produkte und Verfahren entwickeln oder neue Organisationsformen schaffen, als sogenannte Pionier- bzw. „Schumpeter-Unternehmer" bezeichnet. Sie fördern den Konjunkturaufschwung und erzielen für eine befristete Zeit „Pioniergewinne", bis wieder andere „schöpferische" Unternehmer durch innovatorische Akte das „Alte" zerstören und „Neues" schaffen.

Der Wettbewerb zwischen Unternehmen ist somit ein permanenter Prozess „schöpferischer Zerstörung":

Q

Immer handelt es sich um die Durchsetzung einer anderen als der bisherigen Verwendung nationaler Produktivkräfte, darum, dass dieselben ihren bisherigen Verwendungen entzogen und neuen Kombinationen dienstbar gemacht werden.

Quelle: Joseph Alois Schumpeter: Beiträge zur Sozialökonomik, hrsg. von Stephan Böhm, Böhlau, Graz, Wien, 1957

Wesentliche Werke:

- Schumpeter, J. A. (1912): Theorie der wirtschaftlichen Entwicklung, Leipzig: Duncker & Humblot
- Schumpeter, J. A. (1939): Business Cycles. A Theoretical, Historical and Statistical Analysis of the Capitalist Process, 2. Vol.; New York and London: McGraw-Hill
- Schumpeter, J. A. (1942): Capitalism, Socialism and Democracy, New York: Harper & Brothers Publishers

i

Joseph Alois Schumpeter

* 08.02.1883 in Triesch (heute Tschechien)
† 08.01.1950 in Tarconic, Conneticut

- Jurastudium und Studium der ökonomischen Staatswissenschaften in Wien
- Professor der Wirtschaftwissenschaften an der Universität in Czernowitz (heute Ukraine)
- 1911 Professur an der Universität Graz
- ab 1932 Professur an der Harvard University
- 1949 Präsident der International Economic Association

A

Erläutern Sie, worin der Autor die Funktion des Unternehmers sieht und wie sich „wirtschaftliche Entwicklung" vollzieht.

Q

Die Unternehmerfunktion

Die Unternehmerfunktion ist nichts anderes als diese Führerfunktion auf dem Gebiet der Wirtschaft. In jedem Zeitpunkt arbeitet die Wirtschaft mit einem Fond gegebener Erfahrungen und aufgrund gegebener und routinemäßig vertrauter Daten. Jede Wirtschaftsperiode gleicht in den Grundzügen wie in der Masse der Einzelheiten der vorhergehenden […]. Das liegt nicht nur daran, dass der stetige Kreislauf von Produktion und Konsumtion immer wieder dieselbe objektive Situation schafft, die wesentlich immer dieselben Möglichkeiten darbietet und andere ausschließt, sondern auch daran, dass die Wirtschaftssubjekte mit wesentlich immer der gleichen, fest gewordenen und sich nur langsam ändernden Mentalität, denselben Kenntnissen und Erfahrungen, derselben Weite des Gesichtskreises, denselben Produktionsmethoden, Geschäftsgewohnheiten, Geschmacksrichtungen und im Besitz derselben Beziehungen zu Kunden, Lieferanten, Konkurrenten an sie herantreten […] müssen. Diese Tatsache, dass sich die Masse wirtschaftlichen Tuns jeweils in ausgefahrenen und vertrauten Bahnen bewegt, erklärt einerseits die relative Promptheit, die das Handeln auf wirtschaftlichem Gebiet auszeichnet und die sonst einen viel höheren Grad von Rationalismus, Aufgewecktheit und Energie erfordern würde, als dem Durchschnittsmenschen eigen ist, andererseits das Versagen des durchschnittlichen Wirtschaftssubjekts überall dort, wo es sich neuen Situationen gegenübersieht, wie z. B. in Krisen. Sie erklärt ferner den glatten, fast automatischen Ablauf der normalen Wirtschaftsperiode: Wie von selbst bietet sich das Produktionsmittel dem Produzenten, der gewünschte Konsumartikel dem Konsumenten dar, wie von selbst, […] geht jedes Element von Produktivkraft jahraus, jahrein den prinzipiell gleichen Weg, werden die der großen Masse nach von Wirtschaftsperiode zu Wirtschaftsperiode immer gleichen technischen Handgriffe und kommerziellen Überlegungen auf die Produzentenseite und die ebenfalls der großen Masse nach von Wirtschaftsperiode zu Wirtschaftsperiode immer gleichen Bedarfs- und Wertschätzungen und Nachfrageakte auf der Konsumentenseite vorgenommen.

Auf drei Arten erfolgt nun der Übergang von einem solchen gegebenen Zustand der Volkswirtschaft zu einem anderen, verändern sich die „Daten des Gleichgewichtszustandes", vollzieht sich „wirtschaftliche Entwicklung": Erstens durch stetiges Wachstum, besonders der Bevölkerung und des Apparats an produzierten Produktionsmitteln. Zweitens durch außerwirtschaftliche Ereignisse, die in die Wirtschaft hereinwirken, wie Naturereignisse, soziale Umwälzungen, politische Eingriffe. Drittens dadurch, dass manche Individuen über die wirtschaftliche Erfahrung und die erprobte und gewohnte Routine hinausgreifend in den jeweils gegebenen Verhältnissen des Wirtschaftslebens neue Möglichkeiten erkennen und durchsetzen. Diese dritte Art von Entwicklung ist die weitaus wichtigste, auch die beiden ersten wirken zum Teil – indem sie Anlässe zum Entstehen neuer Möglichkeiten bieten – durch sie hindurch. Im Erkennen und Durchsetzen neuer Möglichkeiten auf wirtschaftlichem Gebiet liegt das Wesen der Unternehmerfunktion. Diese wirtschaftliche Führerschaft betätigt sich also an Aufgaben, die sich in die folgenden Typen fassen lassen:

— die Erzeugung und Durchsetzung neuer Produkte […],
— die Einführung neuer Produktionsmethoden,
— die Schaffung neuer Organisationen der Industrie (Vertrustung z. B.),
— die Erschließung neuer Absatzmärkte,
— die Erschließung neuer Bezugsquellen.

Quelle: Joseph A. Schumpeter: Die Unternehmerfunktion, in: Kurt R. Leube: The Essence of J. A. Schumpeter, Die wesentlichen Texte, Manz, Wien, 1996, S. 167 ff.

A

1 Durch welche Merkmale sieht Schumpeter den Ablauf normaler Wirtschaftsperioden gekennzeichnet?

2 Schumpeter beschreibt verschiedene Typen „wirtschaftlicher Führerschaft". Stellen Sie aktuelle Beispiele zusammen, die sich den fünf von Schumpeter benannten Typen zuordnen lassen.

3 Schumpeter beschreibt Arten der Bewältigung von Umordnungsprozessen. Stellen Sie diese zusammen, und übertragen Sie sie auf die gegenwärtige wirtschaftliche Situation.

Ronald Coase und „The Nature of the Firm"

Warum gibt es in marktwirtschaftlichen Ordnungen eigentlich Unternehmen, wenn der Preismechanismus eine so hohe Leistungsfähigkeit bei der Koordination von Angebot und Nachfrage hat (vgl. Kapitel II)? Diese Frage stellte sich der berühmte Wirtschaftswissenschaftler Ronald Coase bereits in den 30er Jahren des 20. Jahrhunderts. Für seine Arbeiten erhielt er schließlich 1991 den Nobelpreis.

An dieser Stelle wollen wir seinen Ansatz kurz vorstellen:
In einem der meistzitierten wissenschaftlichen Aufsätze in der Geschichte der Ökonomie „The Nature of the Firm" (1937) setzt sich Coase mit folgendem Problem auseinander: Er stellt fest, dass die Allokation der Produktionsfaktoren nicht allein über Angebot und Nachfrage – über den Preismechanismus – auf Märkten erfolgt, sondern dass es innerhalb eines Unternehmens auch permanent zu einer Allokation von Produktionsfaktoren kommt, nämlich durch Anweisungen z. B. der Geschäftsführung. Coase kommt zu dem Ergebnis, dass auch die Nutzung des Preismechanismus auf Märkten nicht kostenfrei erfolgt. Er spricht von „Costs-of-Using-the-Prize-Mechanism". Diese Kosten entstehen erstens für die Beschaffung von benötigten Informationen über Preise der zu erstellenden Güter und der einzusetzenden Produktionsfaktoren. Zweitens entstehen sie dadurch, dass mit den Abnehmern von produzierten Gütern und den Lieferanten von Produktionsfaktoren Verträge ausgehandelt werden müssen und abzuschließen sind. Deshalb kann es vorteilhaft sein, dass ein Teil der sonst über Märkte abzuwickelnden Aktivitäten in ein Unternehmen hineinverlegt wird und sich auf diese Weise die Kosten für die Benutzung des Preismechanismus auf Märkten senken lassen würden.

Die Frage von Coase ist auch gleichzeitig eine Frage nach der Existenz von Unternehmen: Warum gibt es in Marktwirtschaften eigentlich Unternehmen, wenn der Preismechanismus eine so hohe Leistungsfähigkeit bei der Koordination von Angebot und Nachfrage hat?

In seiner Nobelpreis-Vorlesung beschreibt er, wie er sich der Frage nähert, weshalb es Unternehmen gibt:

Q

Im Sommer 1932 fand ich die Lösung. Sie bestand in der Erkenntnis, dass das Wirken des Preismechanismus mit Kosten verbunden ist. Die Preise müssen erst einmal ermittelt werden. Dazu muss man verhandeln, Verträge ausarbeiten, Kontrollen durchführen, Vorkehrungen zum Beilegen von Streitigkeiten treffen usw. Diese Kosten werden mittlerweile als Transaktionskosten bezeichnet. Ihre Existenz bewirkt, dass andere Koordinationsmechanismen als der Markt den Preismechanismus möglicherweise vorzuziehen sind, obwohl auch sie Kosten verursachen und verschiedenste Unvollkommenheiten aufweisen. Dennoch ist der Preismechanismus das einzige Koordinationsinstrument, das normalerweise von Ökonomen untersucht wird. Die Existenz von Unternehmen, in denen die Allokation von Produktionsfaktoren durch administrative Entscheidungen erfolgt, konnte damit geklärt werden, dass damit Kosten vermieden werden, die beim Ausführen dieser Transaktionen über den Markt entstehen.

Quelle: Ronald Coase, in Karl-Dieter Grüske (Hrsg.): Die Nobelpreisträger der ökonomischen Wissenschaft, Band III, Verlag Wirtschaft und Finanzen, Düsseldorf, 1994, S. 185

i

Ronald Coase
* 29.12.1910 in Willesden (London)

- Studium der Betriebswirtschaftslehre an der London School of Economics, Abschluss 1931
- 1932–1934 Lehrauftrag an der Dundee School of Economics and Commerce
- 1934–1935 Lehrauftrag an der Universität Liverpool
- ab 1935 Lehrauftrag an der London School of Economics
- 1964–1982 Lehrauftrag an der Universität Chicago
- 1991 Nobelpreis für Ökonomie

Coase hat in einer knappen, im Buch nur 22 Seiten umfassenden Studie den Anstoß für eine neue Forschungsrichtung gegeben: die Transaktionskosten-Ökonomie.

A

1 Erarbeiten Sie zunächst den im Text deutlich vorhandenen Argumentationsstrang zur Funktion von Unternehmen.

2 Begründen Sie die Auffassung von Coase, indem Sie die folgenden Aussagen in Ihre Argumentation erläuternd aufnehmen:
- In Unternehmen kommt es permanent zu einer Allokation von Produktionsfaktoren.
- Die Nutzung des Preismechanismus auf Märkten ist nicht kostenfrei.
- Durch die Existenz von Unternehmen lassen sich die Kosten für die Nutzung des Preismechanismus senken.

3 Vergleichen Sie die Blickwinkel von Schumpeter und Coase bei der Beurteilung der Funktion von Unternehmen und Unternehmern.

i

Zu Beginn dieses und der folgenden Unterabschnitte finden Sie jeweils die Beschreibung alltäglicher Arbeitsabläufe in der (fiktiven) Meier-Papier-AG. Diese sollen Ihnen helfen, in einem ersten Schritt die wesentlichen Fragestellungen des jeweiligen thematischen Schwerpunkts zu erfassen. Gleichzeitig werden Sie immer wieder die Zusammenhänge zwischen den einzelnen Abteilungen und Aufgabenbereichen kennenlernen.
Wir haben zum Zweck der Veranschaulichung ein Großunternehmen mit der Rechtsform der Aktiengesellschaft gewählt, da an diesem Beispiel die unterschiedlichen Aspekte betrieblicher Funktionen und Vorgehensweisen umfassender als an einem kleinen bzw. mittelständischen Unternehmen dargestellt werden können.

Die Meier-Papier-AG weist dabei folgendes Profil auf:
- Gründung: 1970
- Umgründung in AG: 1995
- Stammsitz: Stadt mit 120.000 Einwohnern in Nordrhein-Westfalen
- Tätigkeitsbereich: Herstellung von Papier aller Verwertungsarten
- Produktionsumfang: 500 Tonnen-/ Jahr
- Mitarbeiter: ca. 800

A

1 Stellen Sie die hier angesprochenen Aufgaben im vorgestellten Unternehmensbereich zusammen.

2 Zeigen Sie Verknüpfungen zu anderen Abteilungen des Unternehmens auf.

2 Betrieblicher Leistungsprozess

Es hatte sich angedeutet, an diesem Vormittag – an dem der Ernstfall eingetreten ist – herrscht Panik. Der Hauptkunde benötigt kurzfristig eine große Menge Papier, doch die momentan gelagerten Holzreserven reichen nicht aus. Ursache für diese missliche Lage sind die fehlenden Lagerkapazitäten und die weltweit kurzfristig rasant gestiegenen Preise für den Rohstoff Holz, weshalb die angestammten Großhändler momentan keine ausreichenden Mengen an Holz zur Verfügung stellen können.
Der Vorstandsvorsitzende, Herr Rüter, ist besorgt über diese Situation und bestellt die entsprechenden Abteilungsleiter bzw. Stellvertreter in sein Büro: Herrn Wegener, zuständig für den Einkauf, Frau Rahner, verantwortlich für den Bereich Produktion und Herrn Siegert aus dem Vertrieb.

Herr Rüter: Ich brauche umgehend einen Situationsbericht. Und ich muss wissen, wodurch die Probleme verursacht werden.
Herr Wegener: Es haben sich zwar schon seit Längerem Tendenzen abgezeichnet, aber dass sich das Angebot auf dem Weltmarkt derart reduzieren würde, konnte niemand erwarten – unsere Großhändler waren jedenfalls äußerst überrascht. Von unseren beschränkten Lagerkapazitäten brauche ich ja gar nicht erst anzufangen. Da bleiben uns kurzfristig wohl nur die einschlägigen Holzbörsen. Ich werde mich gleich im Internet in die entsprechenden Auktionen einloggen. Wir müssen aber damit rechnen, dass wir im Vergleich zu dem uns gewohnten Preis deutlich mehr zahlen müssen.
Herr Siegert: Der Auftrag kam in diesem Umfang auch wirklich sehr überraschend. Die Konkurrenz scheint schon Wind davon bekommen zu haben, jedenfalls wurde so etwas angedeutet.
Herr Rüter: Keine Frage, der Auftrag wird ausgeführt, selbst wenn er sich in der Bilanz wegen der hohen Beschaffungskosten negativ auswirken sollte. Das Schlimmste wäre, einen solchen Kunden an einen anderen Anbieter zu verlieren. Ist die Produktion denn in der Lage, das zu bewältigen?
Frau Rahner: Das wird eng. Wenn wir das Werk in Polen schon hätten, dann könnten wir gegebenenfalls ausweichen. So müssen wir aber Sonderschichten fahren und alles, was zeitlich nicht so stark gebunden ist, nach hinten stellen. Und eigentlich wollten wir ja nächste Woche anfangen, die Anlagen im laufenden Betrieb Schritt für Schritt technisch aufzurüsten – was das zeitweise Herunterfahren einzelner Produktionsstufen bedeutet hätte. Das wird sich natürlich jetzt verzögern. Aber wenn uns dann nicht noch etwas ausfällt, sollten wir es eigentlich schaffen – sofern das Holz da ist.
Herr Rüter: Dafür wird Herr Wegener schon sorgen. Also gut, in zwei Stunden erwarte ich einen neuen Statusbericht.

2.1 Der betriebliche Leistungsprozess im Gesamtzusammenhang

Sie wissen, dass der im Wirtschaftskreislauf dargestellte Akteur Unternehmen – so wie die anderen Akteure auch – als Summe aller Unternehmen einer Volkswirtschaft zu verstehen ist (vgl. Exkurs VGR, Kapitel V). Wir betrachten im Folgenden aber ein einzelnes Unternehmen und fragen, worin die wiederkehrenden Aufgaben bestehen.

Die Abbildung zeigt, dass Beschaffung, Produktion und Absatz wesentliche, immer wiederkehrende Grundaufgaben des Unternehmens darstellen. Hinzu kommt die Aufgabe, die personellen, finanziellen und die investiven Prozesse zu steuern. Zusammen genommen bestimmen diese sechs Funktionen den betrieblichen Leistungsprozess.

Wir werden uns in diesem Abschnitt auf die Grundfunktionen Beschaffung, Produktion und Absatz konzentrieren. Auf die weiteren in der Grafik genannten betrieblichen Grundfunktionen werden wir in anderen Abschnitten näher eingehen.

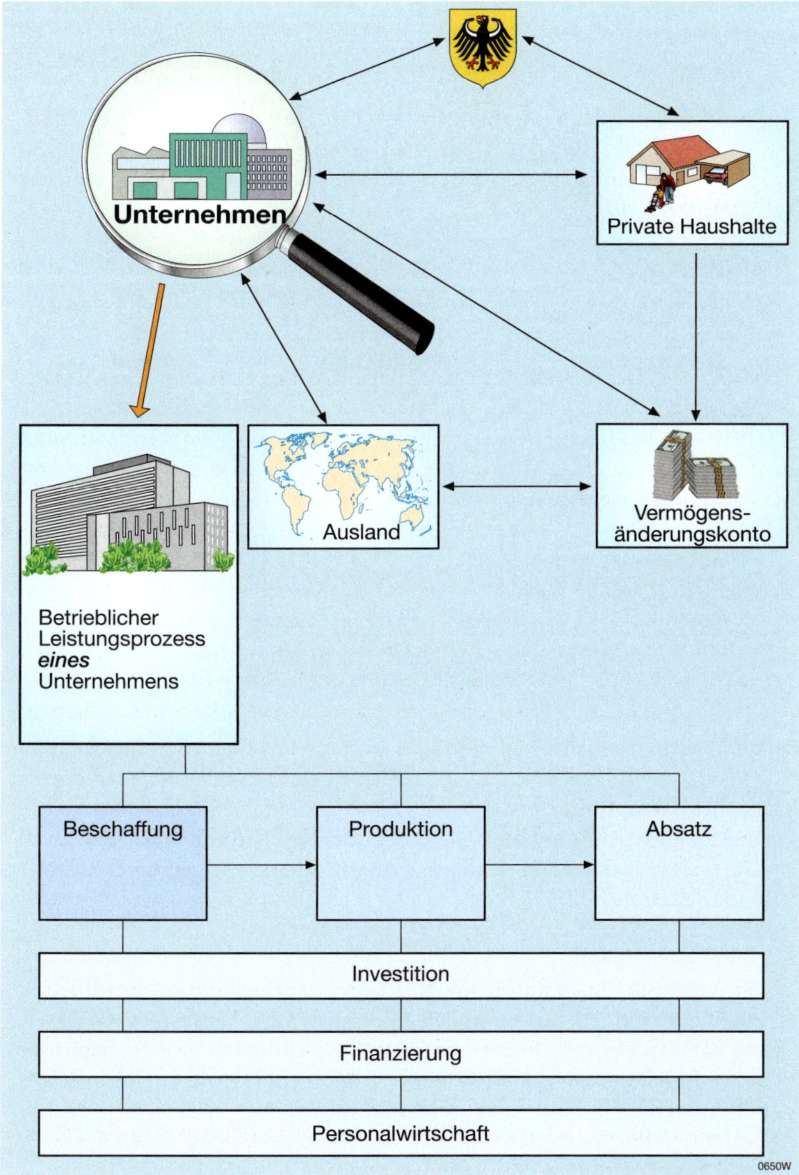

def.

Investition:
Die Investition ist die Beschaffung von Einsatzgütern, für die Kapital benötigt wird, um z. B. neue Produktionsanlagen zu erstellen, die wiederum zu einer langfristigen, über mehrere Perioden führenden Leistungserstellung benötigt werden (vgl. Abschnitt 8).

Finanzierung:
Beschaffung, Produktion, Absatz und die Vornahme von Investitionen müssen finanziert werden. Mit der Sicherung der Finanzierungsvorgänge im Unternehmen befasst sich dieser Bereich (vgl. Abschnitt 8).

Personalwirtschaft:
Der gesamte Leistungsprozess des Unternehmens wird von Menschen gestaltet, die aufgrund ihrer Qualifikationen sicherstellen, dass die betrieblichen Zielsetzungen erreicht werden können. Die Führung, Auswahl und die Bereitstellung sind hier die zu erledigenden Aufgaben (vgl. Abschnitt 6).

2.2 Beschaffung

Beschaffungsmaßnahmen stehen am Beginn des betrieblichen Wertschöpfungsprozesses. Die grundlegende Aufgabe eines Unternehmens im Rahmen der Beschaffung besteht darin, die Arbeitskräfte, Arbeitsmittel, Werkstoffe und Finanzmittel bereitzustellen, d. h. zu beschaffen, die zur Herstellung des anzubietenden Produktes notwendig sind.
Betriebsintern ist dieser Bereich dafür verantwortlich, dass die Produktionsfaktoren in der richtigen Menge, aus den günstigsten Quellen und zum richtigen Zeitpunkt zur Verfügung stehen. Das Unternehmen ist dazu in vielfältiger Weise auf unterschiedlichen Beschaffungsmärkten aktiv.

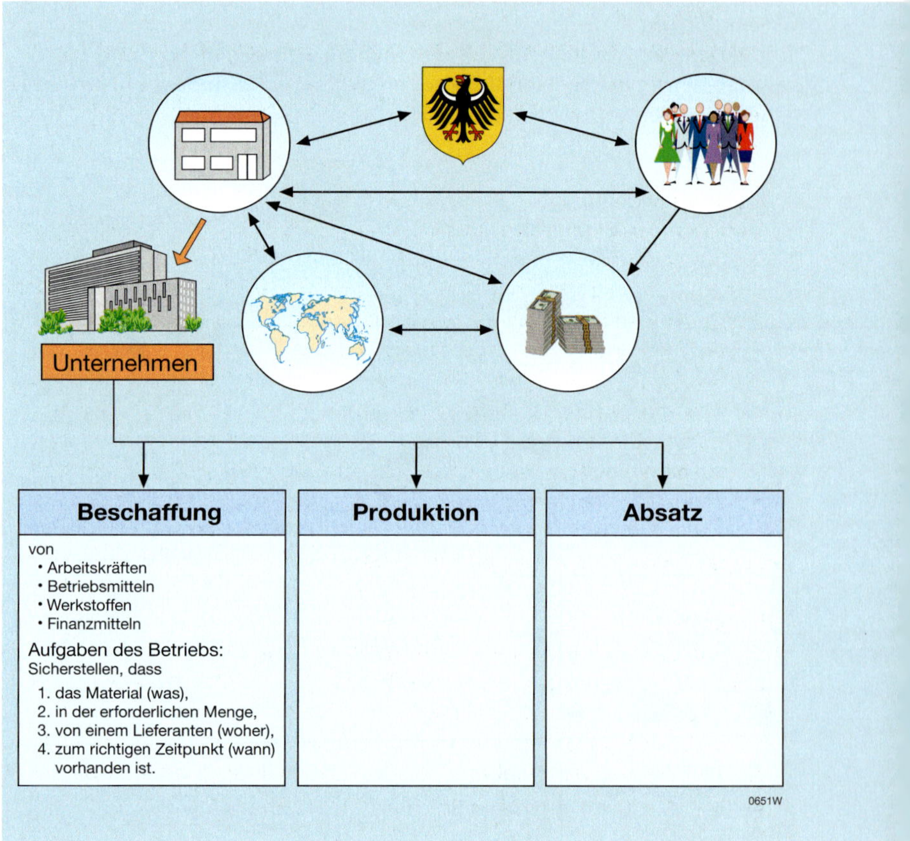

Bei den Beschaffungsmaßnahmen sind mehrere Kriterien zu berücksichtigen:

1. **Qualitätssicherung**
   Die Qualitätssicherung muss schon bei der Beschaffung einsetzen. Deshalb werden bestimmte qualitative Anforderungen an die bereitzustellenden Materialien gerichtet.

2. **Kostengünstigkeit**
   Der Aspekt der Kostengünstigkeit ist von hoher Bedeutung. Natürlich sollen die Produkte auch möglichst kostengünstig hergestellt werden. Das kann zweierlei bedeuten: niedrige Beschaffungspreise einerseits und kostengünstiges Wirtschaften im Materialbereich selbst. Lagerbestände bedeuten die Bindung von Kapital und verursachen andererseits Kosten. Deshalb gehört es zu den wesentlichen Zielen, dass das Material z. B. dann angeliefert wird, wenn man es benötigt („Just in Time").

Allerdings ist in diesem Fall auch die Gefahr gegeben, dass bei nicht rechtzeitiger oder qualitätsmäßig schlechter Anlieferung Ausfallzeiten in der Fertigung auftreten, die wiederum die termingerechte Erledigung der Aufträge und die Einhaltung des Qualitätsstandards erschweren können.

3. **Sicherung der Lieferfähigkeit**
Dieses wichtige Ziel klang schon mit den letztgenannten Überlegungen an. Die erforderlichen Materialien müssen rechtzeitig für die Produktion bereitgestellt werden. Das Risiko einer Produktionsunterbrechung wegen Materialmangels soll möglichst gering gehalten werden.

4. **Liquiditätsziel**
Materialbeschaffung bindet finanzielle Mittel und belastet damit die Liquidität. Dies hat zunächst die oben angesprochenen Kostenwirkungen. Außerdem kann auch die Liquidität des Unternehmens direkt berührt werden.

5. **Zielkonflikte**
Zwischen den Zielen „Qualitätssicherung", „Sicherung der Lieferfähigkeit", „Kostengünstigkeit" und „Liquidität" können konfliktreiche Beziehungen bestehen. Der Konflikt zwischen Kosten und Qualität ist offenkundig. Das Streben nach Kostengünstigkeit durch die Bereitstellung der Materialien genau zum „richtigen" Zeitpunkt birgt Risiken in sich und kann das Ziel „Sicherung der Lieferfähigkeit" gefährden. Ein ausgeprägtes Sicherheitsstreben und dadurch bedingte hohe Materialbestände wirken sich zunächst ungünstig auf die Kosten aus. Außerdem führen zu hohe Lagerbestände häufig zu Umdispositionen im Produktionsbereich, d. h., es kann zur Verwendung von Materialien kommen, deren Qualität durch zu lange Lagerung bereits beeinträchtigt wurde oder die nicht komplett für den betreffenden Produktionsprozess geeignet sind.

6. **Logistik**
Die Logistik in einem großen Unternehmen nimmt eine entscheidende Rolle ein. Aufgrund der unterschiedlich langen Lieferzeiten müssen oft Teile bestellt werden, die nicht an einem Tag geliefert werden, sondern z. T. über Monate verteilt im Unternehmen ankommen. Daher wird z. B. für das folgende halbe Jahr bestellt und die Lieferung wird entsprechend eingeteilt, damit die Lagerkapazität nicht gesprengt wird.

Da die Lagerhaltung mit Kosten verbunden ist, sind viele Unternehmen zum Just-in-Time-Prinzip übergegangen, d. h., die Teile des Zulieferunternehmens werden nicht eingelagert, sondern direkt in der Produktion verbaut.

Eine Steigerung stellt das „Just-in-Sequence-Prinzip" dar, das zahlreiche Pkw-Hersteller anwenden. Wenn beispielsweise beim ersten Auto auf dem Fließband schwarze Ledersitze, beim zweiten Auto grau karierte Stoffsitze und beim dritten rote Ledersitze eingebaut werden sollen, werden die Sitze vom Zulieferer passend sortiert angeliefert. Um dieses logistische Herausforderung zu meistern, ist eine enge Abstimmung zwischen den beteiligten Unternehmen unverzichtbar. Die Grundlagen hierfür wurden in den letzten Jahrzehnten durch die Einführung computerbasierter Warenwirtschaftssysteme gelegt.

A

1 Erläutern Sie mithilfe des Textes die Elemente des betrieblichen Leistungsprozesses am Beispiel der Herstellung von Küchentischen.

2 Erstellen Sie im Rahmen einer Gruppenarbeit einen Fragenkatalog zum betrieblichen Leistungsprozess, und erkunden Sie mithilfe dieses Fragebogens ein Unternehmen in Ihrer Region. Präsentieren Sie das Ergebnis mit Texten, Fotos, Grafiken als Internetseite, Broschüre usw.

3 Analysieren Sie den betrieblichen Leistungsprozess aus der Sicht von Arbeitnehmer-Interessen, und arbeiten Sie mögliche Problem- bzw. Konfliktpunkte heraus.

def.
Liquidität (lat.): „Flüssigkeit"; meint die Fähigkeit und Bereitschaft eines Unternehmens, seine bestehenden Zahlungsverpflichtungen entsprechend den getroffenen Vereinbarungen zu erfüllen.

Just-in-Time-Lieferung von Stahlcoils für die Autoindustrie

2.3 Produktion

Für die Betrachtung von Produktionsprozessen ist die Analyse des Verhältnisses von eingesetzten Produktionsfaktoren und erzielten Leistungen charakteristisch.
Als Produktion wird die Erstellung betrieblicher Leistungen bezeichnet. Damit ist aber nicht nur die Produktion von Autos, Fahrrädern, Butter und Käse gemeint, sondern auch alle Arten von Dienstleistungen – von der Rechtsberatung bis zur Taxifahrt.

In allen Fällen werden betriebliche Produktionsfaktoren eingesetzt. Dazu zählen z. B. die Werkstoffe, Betriebsmittel und die menschliche Arbeitskraft. Klassische Schritte bei einer Produktion werden wir uns am Beispiel der Fahrradproduktion ansehen.

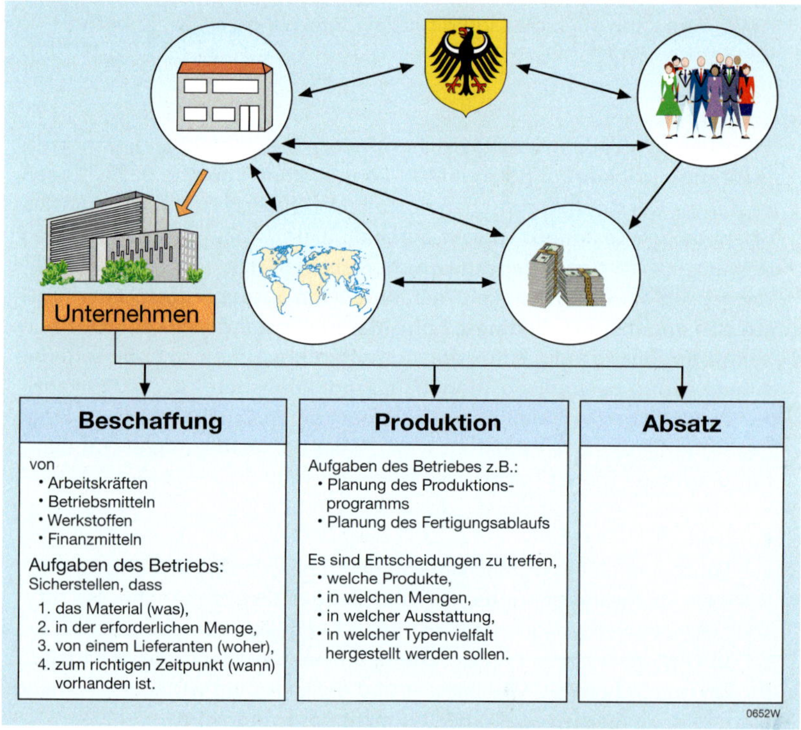

Wird die betriebliche Wertschöpfung ermittelt, beschränken wir die Betrachtung zunächst auf die Vorleistungen anderer Unternehmen, also insbesondere auf Werkstoffe und Betriebsmittel. Wenn wir jedoch die gesamte wirtschaftliche Leistungserstellung untersuchen, müssen wir die menschlichen Arbeitsleistungen in die Analyse einbeziehen.

Der Input wird Faktoreinsatz, der Output – also die erstellte Leistung – Faktorertrag genannt. Die Kombination der Produktionsfaktoren ist das Ergebnis betrieblicher Entscheidungen. Grundlage der Entscheidungen bildet dabei das ökonomische Prinzip: Ein bestimmter Faktorertrag soll mit möglichst geringem Faktoreinsatz erzielt werden, oder mit einem gegebenen Faktoreinsatz soll ein möglichst großer Faktorertrag erwirtschaftet werden. Die Unternehmen versuchen, die Produktionsfaktoren nach dem ökonomischen Prinzip, also möglichst effizient einzusetzen. In Kapitel I haben wir das Minimal- und Maximalprinzip schon kennengelernt (zu den betrieblichen Kennziffern vgl. auch S. 279 f.).

Wie sieht beispielsweise der Produktionsprozess eines Fahrrades von der Anlieferung bis zur Auslieferung aus? Vereinfacht sind es folgende Schritte:

1. Anlieferung der Einzelteile,
2. Vormontage in Baugruppe (In unserem Beispiel erfolgt keine Fertigung von Komponenten mehr, diese werden eingekauft.),
3. Lackierung,
4. Montage,
5. Qualitätskontrolle,
6. Verpackung,
7. Distribution.

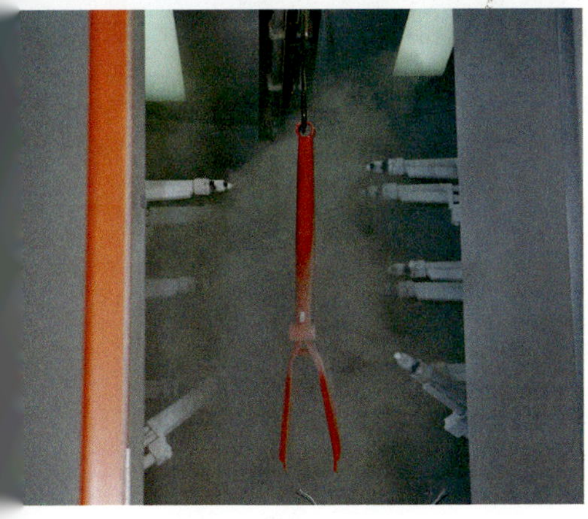

A

1 Beschreiben Sie – beispielsweise im Rahmen einer oder mehrerer Erkundungen – den Produktionsprozess für ein Produkt eines Unternehmens Ihrer Region.

2 Arbeiten Sie Unterschiede und Übereinstimmungen am vorliegenden Beispiel heraus.

Die Arbeitsgänge sind weitgehend automatisiert, wie z. B. die Einfarbenlackierung bzw. Pulverbeschichtung. Die Montage der Räder erfolgt am Band mit je acht Personen. In einem konkreten Werk in Niedersachsen gibt es z. B. insgesamt zwölf Fertigungsbänder, mit denen ca. 240 Räder pro Schicht gefertigt werden. In der Fertigung gibt es sogenannte Baugruppen, die am Stück bzw. in Gruppen gefertigt werden: Lenker mit Bremsen, alle Kabel, Gummigriffe und Schalteinheiten. Auch die Schutzbleche mit Streben, Gepäckträger mit Streben und Rahmen mit allen Lagern werden als Gruppe zusammengebaut. Diese Baugruppen werden am Band als Fließfertigung weiterverarbeitet und kommen komplett vormontiert auf das Band. Diese Verfahrensweise bietet sich z. B. bei Gepäckträgern an, da die Montage der einzelnen Streben am Band den zeitlichen Fluss stören würde.

Es lassen sich verschiedene **Fertigungsarten** unterscheiden:

Reihenfertigung
Bei einer Reihenfertigung werden die Betriebsmittel und Arbeitsplätze in der Reihenfolge der Arbeitsgänge angeordnet. Sie sehen rechts das Beispiel einer Druckerei mit Setzerei. Eine besondere Art der Reihenfertigung gibt es im Automobilbau zu sehen: die Band- oder Fließfertigung. Das Besondere dabei ist, dass ein Zeittakt vorgegeben ist. Das Werkstück läuft auf einem Band an den Arbeitenden in einem bestimmten Zeittakt vorbei. Dabei wird es Teil für Teil vervollständigt oder kontrolliert.

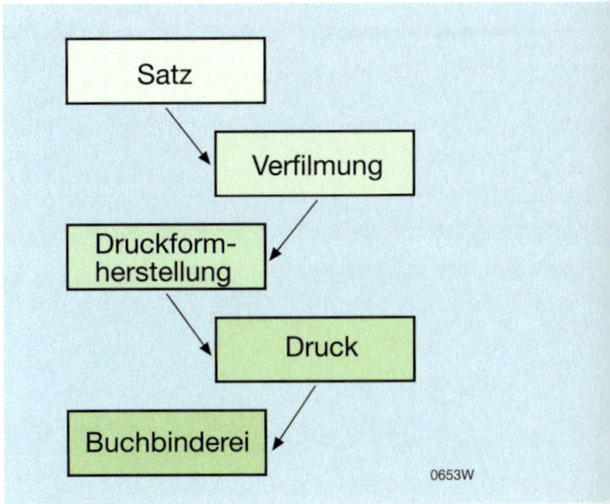

Reihenfertigung

Werkstattfertigung
Neben der Reihenfertigung gibt es die „Werkstattfertigung". Auch dieses Prinzip kann man an einem Beispiel erklären:
Ein Zahnrad ist Teil einer Flechtmaschine, mit der Drahtseile hergestellt werden. Um aus dem Rohling aus Stahl dieses Zahnrad herzustellen, sind folgende Bearbeitungsvorgänge notwendig:
— Drehen, um einen maßgenauen oberflächenglatten Zylinder herzustellen.
— Verzahnen (Fräsen), um die Zähne des Zahnrads herauszuarbeiten.
— Bohren, um die mittlere Bohrung anzubringen.
— Fräsen, um die Nut zu ziehen.

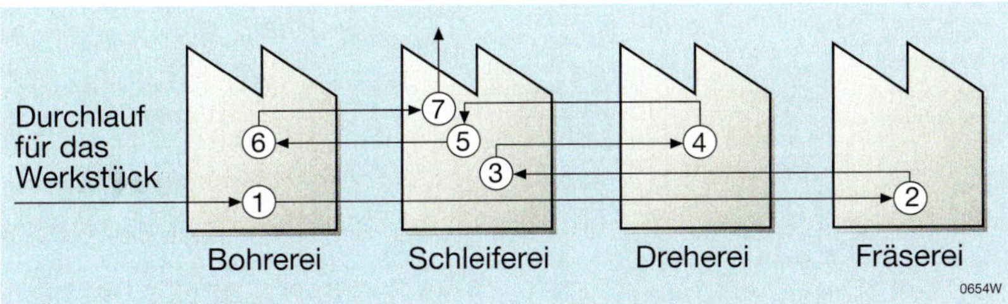

Werkstattfertigung

Die Maschinen, die dazu benötigt werden, sind Bohrmaschinen, Schleifmaschinen, Drehmaschinen und Fräsmaschinen. An den Maschinen sind entsprechend qualifizierte Arbeitskräfte beschäftigt. Bohr-, Dreh- und Fräsmaschinen sind in bestimmten Bereichen der Fabrikationshalle zu einzelnen Werkstätten zusammengefasst. Die Werkstücke werden zwischen diesen Werkstätten transportiert. Die Reihenfolge der Arbeitsgänge ist nicht exakt festgelegt. Eine andere Form des Werkstattprinzips ist die Baustellenfertigung. Charakteristisch für diese Organisationsform ist die Anordnung der Produktionsstellen um das Produktionsobjekt herum, wobei zwischen innerbetrieblicher (z. B. Schiffsbau) und außerbetrieblicher (z. B. Brückenbau) Baustellenfertigung unterschieden werden kann.

Inselfertigung
Die modernen computergestützten Werkzeugmaschinen (CNC-Maschinen = Computer numerical control), mit denen man bei automatischem Werkzeugwechsel bohren, schleifen, fräsen und polieren kann, ermöglichen neue Formen der Fertigung. Dabei spricht man von Fertigungsinseln oder Fertigungsbereichen. In ihnen steht eine solche Maschine oder es werden mehrere zusammengefasst. Die Werkstücke, z. B. Zahnräder oder Kettenräder, müssen nicht mehr von einer Werksabteilung zur anderen transportiert werden wie bei der Werkstattfertigung, sondern werden an einem Ort, eben der Fertigungsinsel „Zahnrad" oder „Kettenrad" bearbeitet. Dies erspart Zwischenlager in einzelnen Werkstätten und kostspielige Transportwege.

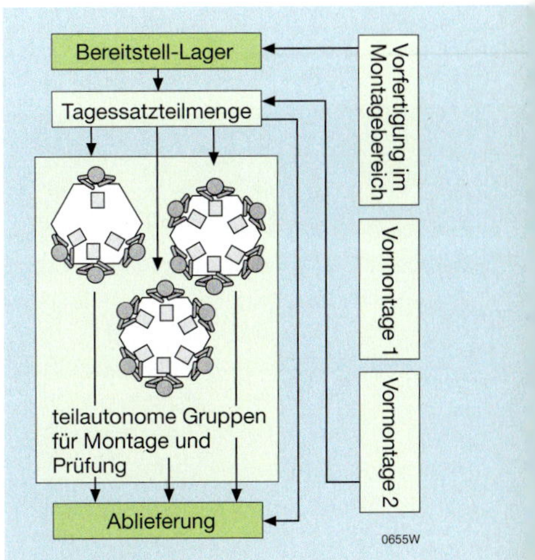

Inselfertigung

2.4 Absatz

Mit „Absatz" wird die zeitlich letzte Phase des betrieblichen Wertschöpfungsprozesses bezeichnet. Der Absatz schließt den betrieblichen Wertkreislauf, indem durch die Verwertung der Betriebsleistungen, also durch den Verkauf von Sachgütern und Dienstleistungen, der Rückfluss der im Unternehmen eingesetzten Geldmittel eingeleitet und damit auch die Fortsetzung der Produktion ermöglicht wird. Im täglichen Sprachgebrauch werden die Begriffe „Umsatz", „Verkauf" und „Vertrieb" oft mit „Absatz" gleichgesetzt. In der betriebswirtschaftlichen Fachsprache ist dies jedoch nicht der Fall. Die wichtigsten Unterschiede sind im Folgenden skizziert.

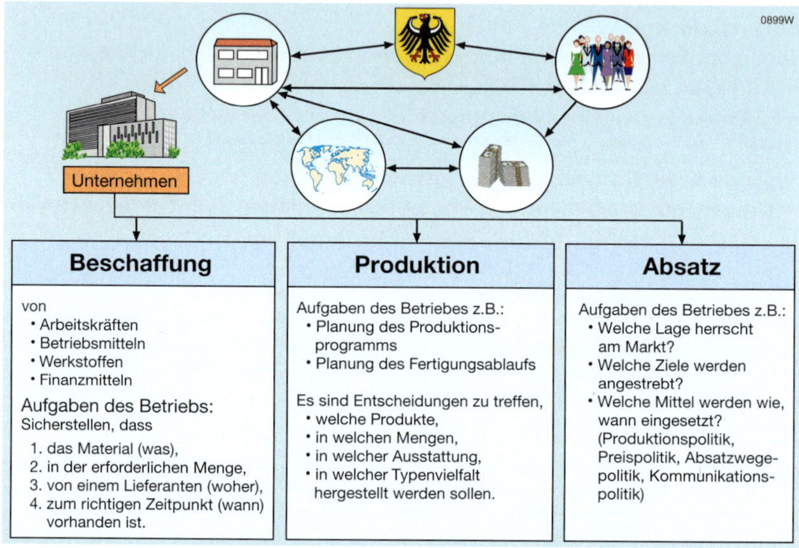

Wir machen hier zwischen Absatz und Vertrieb keinen besonderen Unterschied. Unter beiden Begriffen werden alle Tätigkeiten eines Unternehmens zusammengefasst, die dem Verkauf der hergestellten Güter und Dienstleistungen auf dem Markt dienen. Dazu gehören z. B. die Werbung oder die Festlegung des Sortiments. Der Verkauf hingegen ist nur ein Teil hiervon, nämlich die Abgabe der Güter oder Dienstleistungen gegen Entgelt. Wie der Absatz erfolgt, wie er organisiert ist, welchen Umfang er annimmt, hängt von einer Reihe von Faktoren ab, z. B. von den Regelungen einer Wirtschaftsordnung, von der Stellung der Unternehmung am Markt, von der Zielgruppe, von der Art der hergestellten Produkte sowie von den gesetzlichen Vorschriften. Absatzprobleme stellen sich bei verschiedenen Wirtschaftsordnungen und Marktbedingungen auf unterschiedliche Art und Weise dar. In einer funktionsfähigen Marktwirtschaft müssen sich die Unternehmungen selbst um die Abnehmer bemühen. Das Ergebnis der wirtschaftlichen Tätigkeit wird vom Erfolg der Vertriebsmaßnahmen entscheidend beeinflusst. Es gibt jedoch Bedingungen, unter denen die Abnahme der Produkte mehr oder weniger gesichert ist. Dies hat Einfluss auf die aktiven Absatzmaßnahmen. Solche Bedingungen sind z. B. gegeben, wenn die Wirtschaft zentral gelenkt wird bzw. für die Verbraucher Bezugsscheinpflicht besteht oder wenn Hochkonjunktur herrscht. Aber auch die Marktverhältnisse sind ein wichtiger Faktor: Unter den Idealbedingungen der Marktwirtschaft sind andere Absatzmaßnahmen zweckmäßig als unter Wettbewerbsbedingungen mit nur wenigen Anbietern.

nach: Wolfgang Weber: Telekolleg II, Betriebswirtschaftslehre, TR-Verlagsunion, München, 1999, S. 75 ff.

def.
Marketing:
wird oft mit Absatz gleichgesetzt. Das ist jedoch nicht ganz richtig. Wie wir in Abschnitt 5 sehen werden, handelt es sich vielmehr um eine Art Unternehmensphilosophie, die darauf abzielt, den Nachfrager in das Zentrum aller unternehmerischen Aktivitäten zu stellen.

Weiterhin wollen wir untersuchen, wie sich der absatzwirtschaftliche Prozess eines Unternehmens im Einzelnen darstellt. Hierzu lassen sich vier Fragen formulieren:

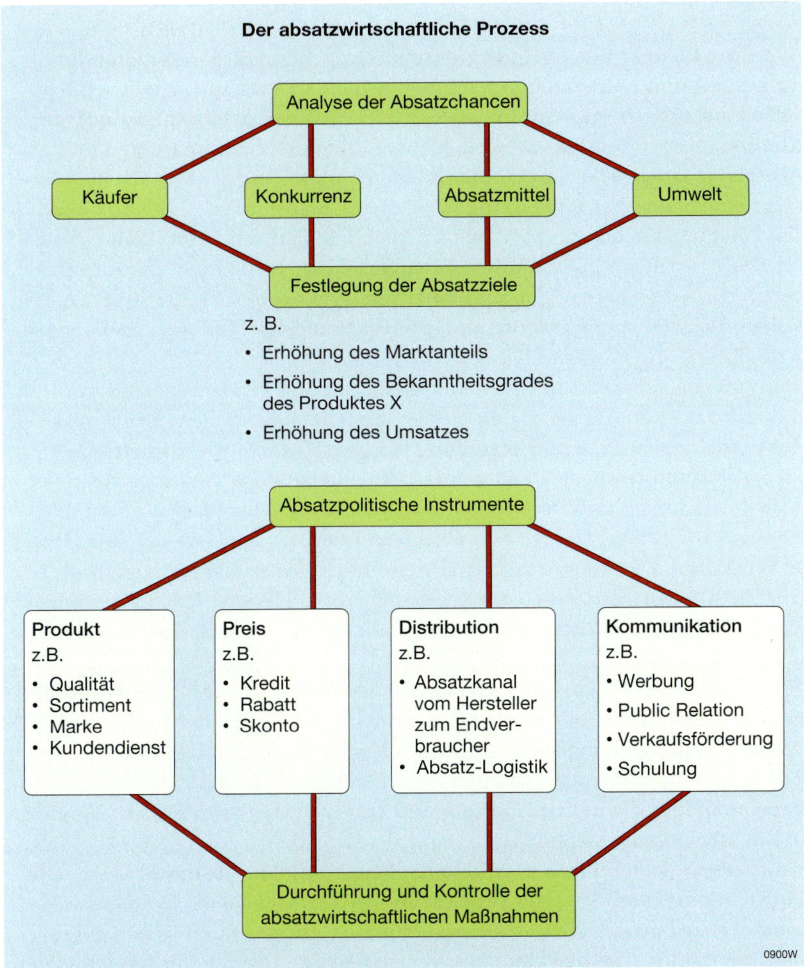

1. Welche Situation stellt sich dem Unternehmen gegenwärtig und zukünftig?

2. Welche Ziele können und sollen in welchem Zeitraum erreicht werden?

3. Welche Instrumente stehen zur Verfügung?

4. Welche Ergebnisse wurden erzielt?

Auf der einzelwirtschaftlichen Ebene muss jedes Unternehmen versuchen, mit seinen Produkten und Dienstleistungen in Konkurrenz zu anderen Anbietern Käufer zu gewinnen, die bereit sind, für Produkte und Dienstleistungen Geld auszugeben. Alle Maßnahmen eines Unternehmens müssen deshalb darauf ausgerichtet werden, mit einem Angebot am Markt erfolgreich zu sein. Das heißt, die betrieblichen Grundfunktionen Beschaffung, Produktion, Absatz sind auf dieses generelle Ziel auszurichten, weil nur dann sichergestellt werden kann, dass das Unternehmen zu einem Ort der Einkommenserzielung sowohl für die Unternehmer wie auch für die Beschäftigten wird. Nur über den Erfolg am Markt lässt sich auf Dauer die Existenz eines Unternehmens in einer marktwirtschaftlichen Ordnung gewährleisten. Das Marketing eines Unternehmens hat deshalb die Aufgabe, zu dieser Zielsetzung einen Beitrag zu leisten.

An dieser Stelle soll es lediglich darum gehen, eine Gesamtstruktur des absatzwirtschaftlichen Prozesses zu erkennen. Darüber hinaus wird insbesondere in Abschnitt 5 vertiefend auf weitere absatzpolitische Aspekte eingegangen.

A

Erläutern Sie die vier Fragen und die in der Grafik dargestellten Zusammenhänge.

2.5 Ein Klassiker der Betriebswirtschaftslehre: Prof. Gutenberg zur betrieblichen Leistungserstellung

i

Prof. Erich Gutenberg
Betriebswissenschaftler
* 13.12.1897 in Herford
† 22.05.1984 in Köln

- Studium der Volkswirtschaftslehre in Würzburg
- 1921: Abschluss und Promotion in Halle/Saale
- 1925: Studium der Betriebswirtschaftslehre an der Universität Frankfurt/Main
- Professuren an den Universitäten Frankfurt/Main und Köln

Gutenberg lieferte grundlegende Beiträge zur betrieblichen Produktionstheorie und begründete eine neue Betriebswirtschaftslehre, in der der Betrieb als Gesamtheit der Teilfunktionen Produktion, Absatz, Finanzen begriffen und von der Unternehmensführung gesteuert wird.

Q

Offenbar können Sachgüter nur dann gewonnen, veredelt oder hergestellt und Dienstleistungen bereitgestellt werden, wenn menschliche Arbeitsleistungen mit Arbeits- oder Betriebsmitteln zu einer produktiven Kombination verbunden werden. Danach stellen Arbeitsleistungen und Arbeits- und Betriebsmittel, unter denen hier die gesamte technische Apparatur eines Betriebes verstanden wird, zwei Faktoren dar, ohne die betriebliche Leistungserstellung praktisch nicht vollziehbar erscheint. Wenn es sich um Sachleistungs-, insbesondere Fertigungsbetriebe handelt, dann treten neben die Arbeitsleistungen und Betriebsmittel noch Sachgüter in Form von Rohstoffen, selbst hergestellten oder fertig bezogenen Teilen (zum Beispiel Armaturen), die Werkstoffe genannt seien.
Menschliche Arbeitsleistungen, Betriebsmittel und Werkstoffe sind produktive Faktoren. Da sie die Elemente darstellen, aus denen der Prozess der betrieblichen Leistungserstellung besteht, so sollen sie als betriebliche Elementarfaktoren bezeichnet werden. Eine Leistungserstellung, die außer Arbeitsleistungen und Betriebsmitteln auch den Faktor Werkstoff enthält, ist eine Produktion. Das System der Elementarfaktoren lässt sich zunächst so skizzieren: Der Elementarfaktor menschliche Arbeitsleistungen im Betrieb ist in zwei grundsätzlich voneinander verschiedene Arbeitsleistungen aufzugliedern, und zwar einmal in die objektbezogenen und zum anderen in die dispositiven Arbeitsleistungen. Unter objektbezogenen Arbeitsleistungen werden alle diejenigen Tätigkeiten verstanden, die unmittelbar mit der Leistungserstellung, der Leistungsverwertung und mit finanziellen Aufgaben in Zusammenhang stehen, ohne dispositiv-anordnender Natur zu sein. [...] Dispositive Arbeitsleistungen liegen dagegen vor, wenn es sich um Arbeiten handelt, die mit der Leitung und Lenkung der betrieblichen Vorgänge in Zusammenhang stehen. [...]
Unter dem zweiten Elementarfaktor Arbeits- und Betriebsmittel sollen alle Einrichtungen und Anlagen verstanden werden, welche die technische Voraussetzung betrieblicher Leistungserstellung, insbesondere also der Produktion, bilden. Dieser Faktor findet sich auch im Bereich der betrieblichen Leistungsverwertung und des Finanzwesens. Hier interessiert er jedoch nur im Zusammenhang mit der betrieblichen Leistungserstellung, insbesondere also der Produktion. [...] Betriebsmittel sind also produzierte Produktionsmittel, sofern sie nicht zu den Werkstoffen gehören.
Unter dem dritten Elementarfaktor Werkstoff werden hier alle Rohstoffe, Halb- und Fertigerzeugnisse verstanden, die als Ausgangs- und Grundstoffe für die Herstellung von Erzeugnissen zu dienen bestimmt sind. Nach der Vornahme von Form- und Substanzänderungen oder nach dem Einbau in das Fertigerzeugnis werden sie Bestandteil des neuen Produktes. Speziell von Rohstoffen wird dann gesprochen, wenn es sich um Werkstoffe handelt, die entweder in völlig unbearbeitetem Zustande oder nach der Vornahme gewisser, die Grundeigenschaften des Materials nicht wesentlich verändernder Veredelungen der Fabrikation dienen. Werkstoffe können aber auch halbfertige oder fertige Erzeugnisse sein (Armaturen, Zubehörteile u. a.). Als solche werden sie entweder im eigenen Betrieb hergestellt (selbst erstellte Teile) oder von anderen Betrieben bezogen (fremdbezogene Teile), sofern sie als Bestandteil neuer Erzeugnisse Verwendung finden. [...]

Quelle: Erich Gutenberg: Grundlagen der Betriebswirtschaft, 1. Bd. Die Produktion, 24. Aufl., Springer, Berlin/Heidelberg/New York, 1983, S. 2 ff.

3 Unternehmensführung

Im vorhergehenden Abschnitt haben Sie bereits die (fiktive) Firma Meier-Papier-AG kennengelernt. Der Vorstandsvorsitzende Dr. Rüter bereitet sich auf die Sitzung des Wirtschaftsausschusses vor und informiert die Kollegen und Kolleginnen des Vorstandes über die anstehenden Tagesordnungspunkte.

An die Kolleginnen und Kollegen des Vorstandes,

in Vorbereitung auf die Sitzung des Wirtschaftsausschusses in der nächsten Woche, auf der die vielfältigen organisatorischen Aufgaben, die in der nächsten Zukunft auf uns zukommen, besprochen werden sollen, habe ich noch einmal die Tagesordnungspunkte zusammengefasst:

TOP 1 Vorlage und Erläuterung des Jahresabschlussberichtes
TOP 2 Auslagerung von Teilen der Produktion nach Polen
TOP 3 geplante Ausweitung der Kapazitäten vor Ort durch den Aufbau zusätzlicher Produktions- und Lagerhallen
TOP 4 Personalentwicklung

Erlauben Sie mir noch einige kurze Anmerkungen zu den einzelnen Punkten.
In Vorbereitung unserer Expansion nach Polen wird die gebildete Task Force dem Vorstand ebenfalls in der kommenden Woche (Termin wird noch bekannt gegeben) einen ersten Bericht zu möglichen Problemen der Erweiterung und Vorschläge zu Umsetzungsmöglichkeiten liefern. Wir müssen in diesem Zusammenhang v. a. weitere Überzeugungsarbeit beim bislang skeptischen Betriebsrat leisten.
Dies gilt insbesondere auch für die im Rahmen der Expansion erforderliche Umstrukturierung der Ablauf- und Aufbauorganisation. In diesem Rahmen sind zahlreiche Qualifizierungsmaßnahmen für das Personal in verschiedenen Abteilungen einzuleiten. Darüber hinaus aktualisiert die Personalabteilung derzeit den Personalbedarfsplan und entwickelt die Anforderungsprofile für zukünftige Stellenausschreibungen. Trotz unserer Expansionsvorhaben werden wir nicht umhin kommen, in einigen Abteilungen – insbesondere in der Produktion – unseren hiesigen Personalbestand spürbar zu reduzieren. Genaue Zahlen gibt es zum derzeitigen Zeitpunkt noch nicht.
Noch ein Wort zum Marketing: Zwei Punkte sind hier von besonderer Bedeutung. Wie in unserer letzten Sitzung besprochen, kümmert sich die Marketingabteilung um eine Verbesserung der Distribution unserer High-Quality-Produktpalette. Des Weiteren sind meiner Ansicht nach in naher Zukunft Entscheidungen hinsichtlich einer besseren Außendarstellung unseres Unternehmens zu treffen. Gerade unsere Anstrengungen im Umweltschutz sind hier besser zu kommunizieren.

Mit freundlichen Grüßen

Dr. H. Rüter
(Vorstandsvorsitzender)

A121

i

Der Wirtschaftsausschuss ist eine Einrichtung in Unternehmen mit mehr als 100 ständigen Arbeitnehmern zum Zwecke der Zusammenarbeit zwischen Betriebsrat und Unternehmer sowie der gegenseitigen Unterrichtung in wirtschaftlichen Angelegenheiten.

Diesem Gremium gehören drei bis sieben Angehörige des Unternehmens (mindestens ein Betriebsratsmitglied) an, die vom Betriebsrat für die Dauer seiner Amtszeit bestimmt werden und die mindestens einmal im Monat zusammentreten. Dem Ausschuss ist dabei unter Hinzuziehung des Betriebsrats der Jahresabschluss vorzulegen und zu erläutern.

A

1 Stellen Sie die hier angesprochenen Aufgaben im vorgestellten Unternehmensbereich zusammen.

2 Zeigen Sie Verknüpfungen zu anderen Abteilungen des Unternehmens auf.

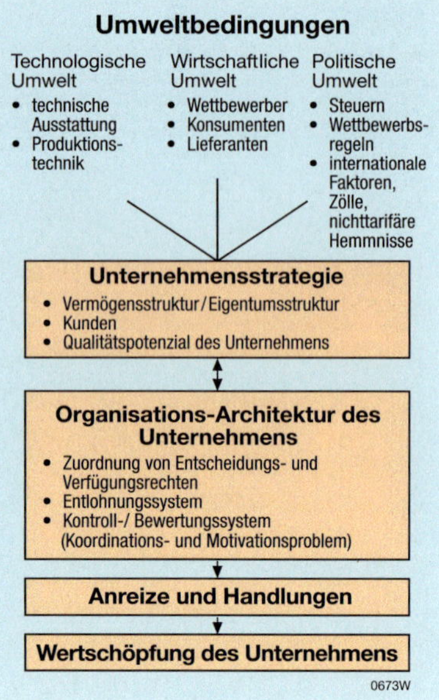

3.1 Funktionen der Unternehmensführung (Management)

Unternehmen können ihre Zielsetzungen nur realisieren, wenn ihre vielfältigen Tätigkeiten im Wirtschaftsprozess zielgerichtet umgesetzt werden und koordiniert ablaufen können. Dies ist im Kern die Aufgabe der Unternehmensführung oder des Managements.

Die Hauptfunktion des Managements ist die Steuerung aller für eine Unternehmung notwendigen Aufgaben. Dazu gehört insbesondere, die Kombination der menschlichen Arbeitskraft mit den Betriebsmitteln und den Werkstoffen zu planen, zu organisieren und zu kontrollieren.

Der Begriff des Managements kann auf zweifache Art und Weise verwendet werden, und zwar als eine Institution und eine Funktion:

1. Wenn das Management als Institution betrachtet wird, gilt dies für alle leitenden Instanzen, d. h. für diejenigen Personen, die Entscheidungs- und Anordnungskompetenzen haben.
2. Bei der Betrachtung des Managements als Funktion kommen die Teilaufgaben, die im Zusammenhang mit der Steuerung, Lenkung und der Kontrolle von Unternehmen stehen, in den Blickpunkt.

Bei einer arbeitsteiligen Aufgabenerfüllung ist Management auch immer mit Führung gleichzusetzen. Daher geht es darum, dass die Belegschaft eines Unternehmens sich der Bewältigung bestimmter betrieblicher Aufgaben gemeinsam widmet und nicht gegeneinander arbeitet.

A

Zeigen Sie auf, inwieweit sich jeweils aus der Perspektive eines Managerunternehmens und eines Eigentümerunternehmens konkrete Entscheidungen innerhalb der drei unten angeführten Entscheidungsbereiche darstellen können.

Manager- und Eigentümerunternehmen

Für das weitere Verständnis des Managements ist die Unterscheidung zwischen Manager- und Eigentümerunternehmen wichtig. Unternehmen können entweder direkt vom Eigentümer geführt oder geleitet werden, oder ihm stehen Manager vor, die die Unternehmensentscheidungen treffen. Die Eigentümer haben in der Regel einen persönlichen Bezug zum Unternehmen und haften mit ihrem persönlichen Vermögen für Verbindlichkeiten des Unternehmens. Sie sind also aus eigenem Interesse bestrebt, dass das Unternehmen langfristig besteht und Gewinne für sie und die Mitarbeiter abwirft.

Auch Manager sind bei ihren Führungsaufgaben an der Erzielung von Gewinnen interessiert, doch kann sich der persönliche Bezug aufgrund der fehlenden eigenen Haftung anders gestalten. Wenn das Unternehmen in einer Krise steckt, reagiert ein Gesellschafter eventuell anders als ein Manager, der lediglich durch einen Arbeitsvertrag an das Unternehmen gebunden ist, der wiederum jederzeit aufgekündigt werden kann. Man spricht dem Eigentümerunternehmer zu Recht einen gewissenhafteren und risikoloseren Führungsstil zu als dem Managerunternehmer. Entsprechend sind solche institutionellen Regelungen zu finden, die das Streben der Manager nach der Maximierung des eigenen Nutzens (vgl. Kap. I) berücksichtigen. Die Kopplung der Gehaltsentwicklung an die Entwicklung der Unternehmensgewinne stellt hier eine Möglichkeit dar (vgl. insgesamt Abschnitt 7).

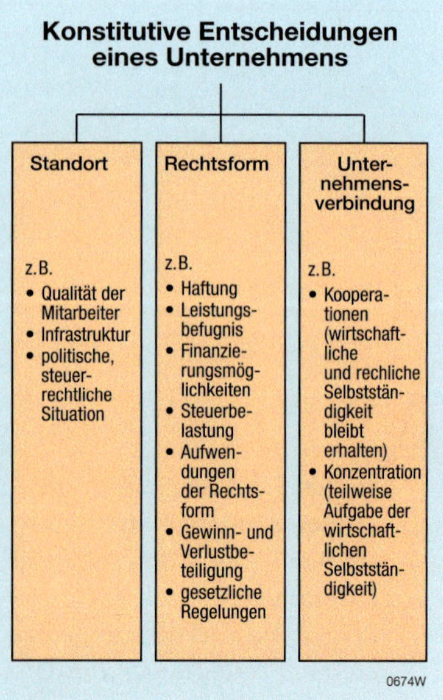

Konstitutive Unternehmensentscheidungen

Unabhängig davon, wer das Unternehmen leitet, ist zwischen drei konstitutiven Entscheidungen zu differenzieren, mit denen sich alle Unternehmensführungen zu beschäftigen haben:

1. Standortentscheidung,
2. Wahl der Rechtsform,
3. Entscheidung für oder gegen Unternehmensverbindungen.

3.2 Aufgaben einer Unternehmensführung

Fast alle Unternehmen stehen im Wettbewerb mit anderen Unternehmen, viele sogar auf internationaler Ebene (vgl. auch Abschnitt 6), und müssen deshalb immer wieder über neue Produkte, neue Organisationsformen, über neue Marketingstrategien nachdenken. Dies kann nicht von einer einzelnen Person geleistet werden. Drei Aufgabenbereiche lassen sich unterscheiden, die allerdings eng miteinander verknüpft sind:

1. **Unternehmungsgestaltung**
   Eine funktionsfähige, geregelte Aufbau- und Ablauforganisation sorgt dafür, dass das Unternehmen als handlungsfähige Einheit agiert.

2. **Lenkung**
   Kein Unternehmen handelt in einem luftleeren Raum, vielmehr werden die Unternehmensaktivitäten von Umweltbedingungen (z. B. politische, rechtliche, nationale, internationale) beeinflusst, die sich stetig verändern. Dies macht es erforderlich, laufend Informationen zu sammeln, auszuwerten und neue Entscheidungen zu treffen und umzusetzen.

3. **Unternehmensentwicklung**
   Eine dauerhafte Aufgabe ist es, die Position des Unternehmens im Markt immer wieder zu bestimmen und neue Ziele und Verhaltensweisen zu entwickeln, um so seine Überlebensfähigkeit zu sichern. Besonders wichtig ist es, die Innovationsfähigkeit des Unternehmens zu fördern.

Grundsätzlich stellt sich die Frage: Wie ist eine Weiterentwicklung des Unternehmens unter Berücksichtigung der nationalen und internationalen wirtschaftlichen Situation möglich? Insbesondere ist es für ein Unternehmen entscheidend, eine eigene, unverwechselbare Unternehmenskultur zu entwickeln.
Mit dieser Unternehmenskultur werden die erwünschten Normen, Wertvorstellungen und Denkweisen im täglichen unternehmerischen Handeln verankert. Die gemeinsam geteilten Werte und Normen haben auf das unternehmensinterne Beziehungsgefüge sowie auf das Verhalten der Beschäftigen eines Unternehmens erheblichen Einfluss. Für die Entwicklung einer Unternehmenskultur wird deshalb eine „Vision" benötigt. Sie wird als unverzichtbarer Bestandteil der Führung angesehen, da das Potenzial in den Köpfen der Mitarbeiter, ihre Kreativität und Flexibilität, ein wichtiger Erfolgsfaktor ist.

Im Management muss darüber nachgedacht werden, wie Aufgaben sinnvoll dezentralisiert werden können, damit ein Delegieren von Verantwortungen möglich wird. Soll die Initiative in einem Unternehmen von vielen Menschen getragen werden, gelingt dies nur, wenn sich diese Menschen mit ihren Aufgaben identifizieren und dafür durch eine leistungsstarke Unternehmensführung motiviert werden. Für eine motivierende Unternehmensführung gelten die folgenden Kriterien als besonders wichtig:

1. Es muss Klarheit über Unternehmenszielsetzung und Organisation für alle herrschen.
2. Ein spezifisches Unternehmensklima muss gepflegt werden.
3. Ein kooperativer Führungsstil ist zu realisieren.
4. Es ist eine möglichst große Übereinstimmung zwischen Unternehmenszielen und denen der Mitarbeiter zu erzielen.
5. Es ist Selbstständigkeit und operativer Freiraum für den Einzelnen zu gewährleisten und ein gerechtes Entlohnungssystem zu praktizieren.

Aussagen zur Unternehmenskultur

„Dieser Quatsch mit der Unternehmenskultur. Wir müssen Gewinne machen. Wenn wir keine Gewinne machen, dann haben wir am wenigsten eine Unternehmenskultur!"

„Das kann man doch überhaupt nicht fassen. Das ist doch was für Psychologen und Sozialtherapeuten."

„Wenn das Klima nicht stimmt, stimmt die Leistung nicht. Wenn die Leistung nicht stimmt, gibt es keinen Unternehmenserfolg!"

„Unternehmenskultur muss hart erarbeitet werden. Das gehört zu den wichtigsten Führungsaufgaben. Menschen, die 40 Stunden und mehr wöchentlich im Unternehmen verbringen, investieren damit auch 40 Stunden ihrer Lebenszeit. Diese möchten sie unter sinnvollen, humanen Arbeitsbedingungen verbringen und nicht als betriebliche Funktion."

A

Bewerten Sie die Aussagen oben zur Funktion von Unternehmenskulturen.

Prof. Fredmund Malik
* 01.09.1944

Titularprofessor für Betriebswirtschaft an der Universität St. Gallen

Fünf Führungsaufgaben (nach Malik)

Fredmund Malik gilt als anerkannter Experte für Unternehmensführung. Er unterscheidet fünf Aufgaben wirksamer Führung:

1. Für Ziele sorgen

Das Führen mit Zielen ist eine der am frühesten erkannten und auch beschriebenen Managementaufgaben. Das Grundprinzip des „Führens mit Zielen" ist im Großen und Ganzen unbestritten. In zahlreichen Unternehmen, insbesondere in den stark dezentralisierten, ist es die einzige Art zu führen.

2. Organisieren

Die zweite Aufgabe wirksamen Managements ist das Organisieren. Effektive Menschen warten nicht darauf, bis sie organisiert werden, sie tun es selbst, für sich und ihre unmittelbar persönliche Aufgabe und für ihre Verantwortungsbereiche.

3. Entscheiden

Eine der wesentlichen Aufgaben von Führungskräften ist das Entscheiden. [...] Nur Führungskräfte entscheiden. Wer entscheidet, ist eine Führungskraft, unabhängig von Rang, Titel und Stellung. Und umgekehrt – gleichgültig, welche Position jemand hat, welcher Status, welche Privilegien und welche Kompetenzen damit verbunden sein mögen: Wer nicht entscheidet, ist keine Führungskraft.
In neun von zehn Fällen kommt man durch Einhaltung einer einfachen Vorgehensweise, einer Abfolge von Schritten, zu guten Entscheidungen.

Die Schritte sind:
a) die präzise Bestimmung des Problems,
b) die Spezifikation der Anforderungen, die die Entscheidung erfüllen muss,
c) das Herausarbeiten aller Alternativen,
d) die Analyse der Risiken und Folgen für jede Alternative und die Festlegung der Grenzbedingungen,
e) der Entschluss selbst,
f) der Einbau der Realisierung in die Entscheidung,
g) die Etablierung von Feedback.

4. Kontrollieren

Die vierte Aufgabe ist die unbeliebteste und in gewissem Sinne auch die umstrittenste. Die meisten Führungskräfte kontrollieren nicht gerne – im Gegensatz zu einem weitverbreiteten Meinungsklischee. Daher sind Leute, die von Kontrolle abraten, unabhängig von der Qualität ihrer Begründungen, in der Regel recht willkommen.

5. Menschen entwickeln und fördern

Kaum eine Führungskraft würde bestreiten, dass Menschen das wichtigste in einer Organisation sind. Zumindest wird niemand das öffentlich tun. [...] Es gehört daher zu den erstrangigen Managementaufgaben, Menschen zu fördern und zu entwickeln. Das ist Aufgabe jedes Managers, nicht etwa nur der Personalfachleute.

Zusammengestellt aus: Fredmund Malik: Führen Leisten Leben – wirksames Management für eine neue Zeit, Deutsche-Verlags-Anstalt, Stuttgart/München, 2000, S. 174 ff.

3.3 Ziele von Unternehmen

Bekannt ist die Aussage: „Wer nicht weiß, wo er hin will, muss sich nicht wundern, wenn er ganz woanders ankommt!"

Jedes Handeln – nicht nur in einem Unternehmen – ist zielgerichtet. Nur wenn die Zielperspektive klar ist, kann man den Weg zum Ziel finden. In einer marktwirtschaftlichen Ordnung gilt als wesentliches Ziel die Beachtung des erwerbswirtschaftlichen Prinzips, d. h., eine Volkswirtschaft kann dann am besten mit Sachgütern und Diensten versorgt werden, wenn jeder einzelne Unternehmer versucht, auf Dauer einen möglichst großen Gewinn mit den eingesetzten Produktionsfaktoren zu erzielen.

In diesem Sinne könnte das erwerbswirtschaftliche Prinzip auch als eine Leitmaxime für unternehmerisches Handeln bezeichnet werden.

Die Zielkonzeption einer Unternehmung setzt sich aus einer Vielzahl von Einzelzielen bzw. Zielelementen zusammen, die gleichzeitig angestrebt werden. Die Aussage, in einem privatwirtschaftlichen Unternehmen sei die langfristige Gewinnmaximierung das oberste Ziel, ist zwar nicht falsch, aber es müssen Differenzierungen vorgenommen werden.

Bei näherer Betrachtung der Ziele lassen sich folgende Unterscheidungen machen:

1. Sachziele sind jene Ziele, die sich durch die wirtschaftlichen Aktivitäten einer Unternehmung verwirklichen lassen, z. B.:
   - Leistungsziele (Höhe des Umsatzvolumens, Marktanteile, Art der Produkte),
   - Führungs- und Organisationsziele (Aufgabenteilung, Führungsstile),
   - Finanzielle Ziele (Liquidität, optimale Kapitalstruktur),
   - Soziale und ökologische Ziele (z. B. Arbeitsklima, Lohngerechtigkeit, Mitbestimmung, Umwelt- und Gesundheitsschutz).
2. Formalziele, die man auch Erfolgsziele nennt, haben im Vergleich zu den Sachzielen eine übergeordnete Stellung.
   Als klassische Erfolgsziele gelten:
   - Produktivität
   - Wirtschaftlichkeit
   - Rentabilität.

Vergleichen Sie hierzu auch Abschnitt 9 „Grundlagen der Buchführung".

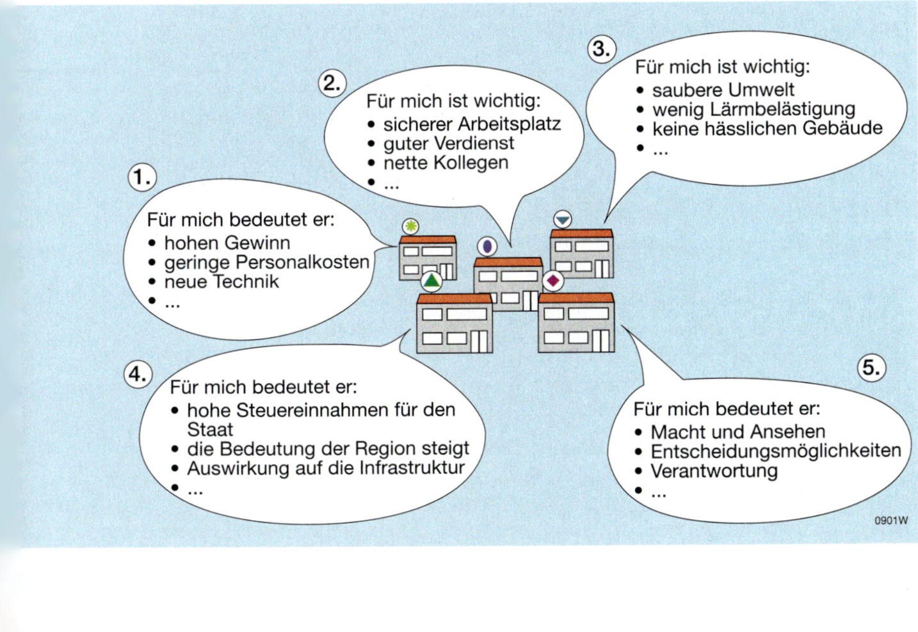

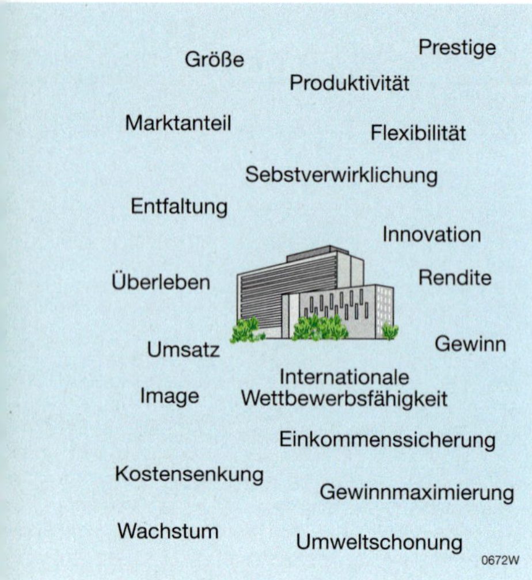

Einflussfaktoren auf das Zielsystem eines Unternehmens

Einflussfaktoren auf das Zielsystem

Ganz unterschiedliche Faktoren können Einfluss auf die Ziele eines Unternehmens nehmen. Mindestens drei Gruppen von Einflussfaktoren sind zu unterscheiden:

1. Ansprüche der unmittelbar Beteiligten, das sind z. B. die Anteilseigner, das Management, die Belegschaft, die Kapitalgeber, die Lieferanten, die Kunden, die Kreditinstitute.
2. Die Unternehmensphilosophie bzw. die Unternehmenskultur, welche das Zielsystem der Unternehmung beeinflusst, d. h., die Werterhaltungen und die Orientierung an spezifischen Werten bestimmen die unternehmenstypischen Denk- und Handlungsmuster der für das Unternehmen Verantwortlichen.
3. Gesellschaftliche Ansprüche auf das Zielsystem der Unternehmung, z. B. das Image des Unternehmens im Hinblick auf die ökologische und die soziale Verantwortung und die Zuweisung gesellschaftspolitischer Aufgaben an eine Unternehmung.

Das Zielsystem der Unternehmung setzt sich demnach zusammen aus einer Vielzahl von Einzelzielen, die teilweise gleichzeitig verfolgt werden sollen, wie z. B.:

— wirtschaftliche Ziele,
— soziale Ziele,
— ökologische Ziele.

Selbstverständlich können zwischen diesen Zielen Konflikte bestehen, d. h., sie können zueinander in Konkurrenz stehen.

Ein Beispiel: Wer Kostenminimierung zu einem absoluten Ziel macht, könnte in Konflikt mit der Zielsetzung geraten, den Kundendienst zu verbessern. Die Ziele können sich aber auch gegenseitig ergänzen, z. B. kann eine Kostensenkung im Produktionsbereich zu einer Steigerung des Gewinns führen.

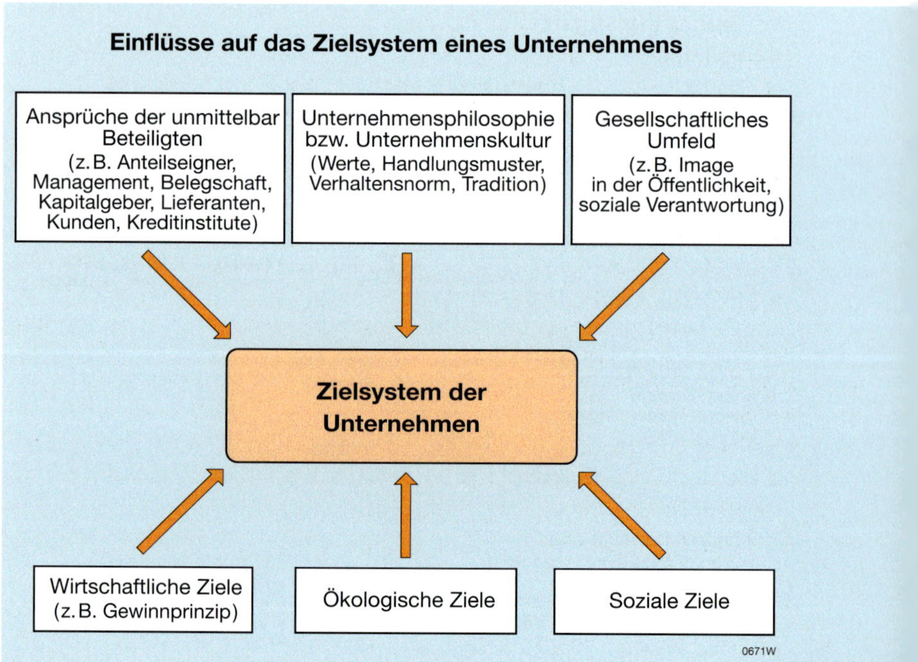

A Untersuchen Sie Selbstdarstellungsbroschüren ausgewählter Unternehmen hinsichtlich der Formulierung unterschiedlicher Unternehmensziele.

3.4 Ein Blick in die Geschichte der Unternehmensführung

Der Beginn der wissenschaftlichen Beschäftigung mit der Aufgabe der „Unternehmensführung" wird im Allgemeinen mit Frederick Winslow Taylor und seinem Werk „The Principles of Scientific Management" verknüpft. Zum Verständnis der Überlegungen von Taylor ist es wichtig, sich des zeitgeschichtlichen Hintergrundes zu vergewissern.

Viele seiner Aussagen scheinen heute überholt zu sein und aus einer „vergangenen Zeit" zu stammen. Das ist zwar richtig, doch unabhängig davon markieren Taylors Arbeiten den Beginn der wissenschaftlichen Auseinandersetzung mit Fragen der Unternehmensführung auf empirischer Basis.

Wir befinden uns an der Zeitwende vom 19. zum 20. Jahrhundert. Mit neuen Produktionsmethoden entwickelten sich die industriellen Gesellschaften in den USA, in Großbritannien, aber v. a. auch in Deutschland in einem bis dahin nicht gekannten Maße. Und damit entstanden neue Fragen nach Verbesserung von Führungsmethoden, zum richtigen Einsatz menschlicher Arbeitskraft usw.

„In the past man has been first, in the future the system must be first."
Frederick Winslow Taylor geht es nicht so sehr um die Gesamtorganisation als vielmehr um die Analyse und Gestaltung konkreter Arbeitsabläufe, wobei er die am Handwerk orientierte Einheit von Planung und Ausführung der Arbeit auflöst. Die Arbeit wird zur Erzielung möglichst hoher Spezialisierungsgewinne in kleinste Teilverrichtungen zerlegt. Die Kontrollierbarkeit der Arbeiter, denen Taylor systematische Drückebergerei unterstellt, wird erhöht.

Über die Kernprinzipien Taylors gibt die folgende Auflistung Auskunft:
- Trennung von Hand- und Kopfarbeit: Die Arbeitsplanung (Arbeitsvorbereitung) wird Aufgabe speziell vorgebildeter Ingenieure; die Arbeiter konzentrieren sich ganz auf die Ausführung der für sie geplanten Arbeitsverrichtungen. In hoch spezialisierten Kontrollen werden die Arbeitsergebnisse geprüft und überwacht.
- Zeit- und Bewegungsstudien stellen ein Instrument der Analyse der Arbeitsvorgänge dar. Alle Arbeitsbewegungen werden in Elementarbewegungen unterteilt. Die zweckmäßigsten Bewegungen werden ermittelt und alle überflüssigen ausgeschaltet. Jeder optimierten Bewegung wird eine Standardzeit zugeordnet, die zusammen mit Zuschlägen für Pausen, betriebsbedingte Störungen usw. die Normalzeit für die Ausführung einer Aufgabeneinheit ergibt.
- Es wird ein Leistungs- bzw. Akkordlohn auf der Basis der Normalzeit oder stückbezogen gezahlt.
- Die Personalauswahl erfolgt systematisch auf der Basis von exakt spezifizierten Anforderungsprofilen.
- Die wissenschaftliche Betriebsführung führt zu einer erheblichen Ausdifferenzierung der Organisationsstruktur: Aufgaben, die vorher von Arbeitern oder Vorarbeitern erledigt wurden, liegen jetzt bei Spezialisten, beispielsweise in den Bereichen Arbeitsvorbereitung, Qualitätskontrolle, Personalwesen usw.

i

Frederick Winslow Taylor
Ingenieur und Betriebswissenschaftler
* 20.03.1865 in Philadelphia
† 21.03.1915 in Philadelphia

- College-Abschluss im Ingenieurswesen am Stevens Institute of Technology in New Jersey
- Arbeit als Modell- und Maschinenbauer bei „Hydraulic Works" und später in einem Stahlunternehmen, in dem er sich bis zur Position des Chefingenieurs hocharbeitete
- Sein besonderes Interesse galt dem Zusammenspiel von Arbeitsbedingungen und Leistung und wie eine höhere Produktivität durch persönliche Anreize erreicht werden könnte. Taylorismus: Methode zur Produktivitätserhöhung der physischen Arbeit in der industriellen Fertigung
- Arbeitete später als Berater für Unternehmen
- Veröffentlichungen u. a.: „The Principles of Scientific Management" (1911)

4 Die Organisation eines Unternehmens

Vorstandssitzung der Meier-Papier-AG, 13.02.2010
Frau Gehlen, Leiterin der technischen Abteilung im Bereich Produktion, referiert die bevorstehenden organisatorischen Veränderungen.

Frau Gehlen: ... Ich fasse zum Abschluss meiner Ausführungen noch einmal zusammen:
Die notwendige technische Aufrüstung unserer Produktionsanlage in dem Bereich der Sieb- und Trockenpartie, die wir aufgrund des überraschenden Großauftrages zurückstellen mussten, wird zu Einschränkungen unserer Produktionskapazitäten in den Kalenderwochen 8 bis 12 führen. Die betroffenen Abteilungen sind informiert. Im Zusammenhang mit der Integration dieser neuen technischen Komponenten wird eine Mitarbeiterschulung in der 10. Kalenderwoche stattfinden.

Sehr viel umfangreicher wird jedoch die durch den Gang nach Polen notwendige Umstellung unseres Informations- und Kommunikationsnetzes. Diese betrifft alle Abteilungen und damit annähernd alle Mitarbeiter. Wie ich bereits dargestellt habe, werden wir in Zukunft die gesamte unternehmensinterne Kommunikation und Information mithilfe der neuen Kommunikationssoftware abwickeln – von der regelmäßigen Versendung von E-Mails bis zur Ausrichtung von Videokonferenzen. Zudem wird die unternehmensinterne Kommunikation in Zukunft in Teilen der mittleren Ebene und auf der Leitungsebene auf die englische Sprache umgestellt.

Die schrittweise technische Umstellung beginnt in der 13. Kalenderwoche. Ich weise noch einmal darauf hin, dass es unser Ziel ist, die Umstellung ohne größere Verzögerungen des Tagesgeschäftes zu bewerkstelligen. Allerdings werden geringe Störungen zwischenzeitlich nicht zu vermeiden sein. Wir werden jeweils rechtzeitig informieren. Bleibt der Punkt der Mitarbeiterschulung. Hier werden umfangreiche Maßnahmen zu treffen sein – unsere Abteilung wird in der nächsten Woche einen detaillierten Vorschlag unterbreiten. Dieser wird auch unsere Vorschläge für die Ausschreibung der im Bereich der Netzadministration benötigten Stellen enthalten.

Herr Rüter: Vielen Dank für Ihre Ausführungen, Frau Gehlen.
Na, da steht uns ja in nächster Zeit einiges ins Haus. Zumal sich im Bereich der Aufbauorganisation natürlich auch etwas ändern wird. Die grundsätzlichen Verhandlungen mit unseren polnischen Gesprächspartnern dürften in nächster Zeit abgeschlossen sein, sodass wir dann sehr schnell die Reorganisation angehen müssen. Wichtig ist in diesem Zusammenhang natürlich, dass wir bei der „Neuschneidung" der Aufgaben in den einzelnen Abteilungen und bei möglichen Zusammenlegungen sozialverträgliche Lösungen finden. Zum Teil arbeiten Mitarbeiter seit mehr als 20 Jahren zusammen, da ist es schwierig, einfach jemanden von einem Tag auf den anderen dazuzusetzen. Hier müssen wir auch schnellstens handeln, weil mittlerweile schon die wildesten Gerüchte kursieren, man kennt das ja.

Zentral ist natürlich die Frage der Neuorganisation der Führungsebene. Bislang ist noch nicht entschieden, wie die Leitung des polnischen Werkes organisiert werden soll bzw. wie das Mischungsverhältnis von Führungskräften vor Ort und von uns delegierten Kräften auszugestalten ist.

A

1 Stellen Sie die hier angesprochenen Aufgaben im vorgestellten Unternehmensbereich zusammen.

2 Zeigen Sie Verknüpfungen zu anderen Abteilungen des Unternehmens auf.

4.1 Das Organisationsproblem als Koordinations- und Motivationsproblem

Wir erinnern uns: Das Problem der Knappheit ist der Ausgangspunkt allen Wirtschaftens. Spezialisierung und Arbeitsteilung tragen in erheblichem Ausmaß dazu bei, das Knappheitsproblem zu reduzieren.

Mit der Arbeitsteilung entsteht jedoch ein neues Problem: das der Abstimmung. Bei der Lösung geht es darum, Institutionen und Regelsysteme zu entwickeln, mit denen Arbeitsteilung, Spezialisierung und die erforderliche Abstimmung einen möglichst großen Beitrag zur Knappheitsbewältigung leisten können.

Einerseits wird ein Produktivitätsanstieg durch Arbeitsteilung und Spezialisierung erzielt, andererseits ist jedoch der Ressourcenverbrauch (Zeit, Kapital, Material usw.) für die Abstimmung zwischen Produzenten und Konsumenten in Rechnung zu stellen.

Eine möglichst produktive Arbeitsteilung bzw. Spezialisierung und reibungslose Abstimmungsprozesse sind deshalb für die wirtschaftliche Entwicklung ausschlaggebend. Dabei sind nach Picot zwei Probleme zu lösen: das Koordinationsproblem und das Motivationsproblem (vgl. Abb. unten rechts).

Das Koordinationsproblem

Für die Planung und den reibungslosen Ablauf innerhalb eines Unternehmens muss gewährleistet sein, dass sich jeder Mitarbeiter seiner Funktion im Unternehmen bewusst ist. Das effiziente Funktionieren eines Unternehmens setzt voraus, dass die Mitarbeiter wissen, was sie tun müssen, um zur Erreichung der Unternehmensziele etwas beitragen zu können.
Das bedeutet: Die Mitarbeiter müssen über alle Aspekte, die mit der Zielerreichung im Zusammenhang stehen, informiert sein. Davon kann man jedoch nicht immer ausgehen. Aus diesem (Koordinations-)Problem müssen vor- und nachgelagerte Arbeitsprozesse von der Unternehmensleitung geplant und abgestimmt werden, um einen reibungslosen Produktionsprozess zu gewährleisten, d. h., es geht hier um das Problem der Überwindung des Nichtwissens.

Das Motivationsproblem

Die Handelnden müssen außerdem sich und andere dazu bewegen, bestimmte Verhaltenserwartungen auch tatsächlich zu erfüllen. Eine Motivation im Sinne von Bereitschaft zur Erbringung erwarteter Leistungen und zur Einhaltung vereinbarter Spielregeln wird umso mehr von Bedeutung sein, je mehr ein Handelnder durch die Erfüllung der gestellten Aufgabe auch seine eigenen Interessen (Einkommen, interessante Arbeit, Anerkennung usw.) fördert.
Man spricht in diesem Fall von einer anreizkompatiblen Organisationslösung, d. h., die Anreize, die sich aus einer Organisationslösung für die Beschäftigen ergeben, stehen zu den eigenen Interessen nicht im Widerspruch. Je weniger der Beschäftigte die Möglichkeit sieht, seine persönlichen Nutzenvorstellungen zu realisieren, desto größer können die Motivationsprobleme werden. Motivationsprobleme entstehen auch dadurch, dass Wirtschaftssubjekte bei ihren Entscheidungen eigene Ziele auf Kosten und zum Schaden anderer sowie ggf. unter Verletzung geltender Regeln verfolgen. Man spricht in diesem Zusammenhang von einem opportunistischen, auf den eigenen Vorteil bedachten Verhalten. Das Motivationsproblem beschreibt also das Problem der Überwindung des Nichtwollens.

i

Prof. Dr. Arnold Picot
* 28.12.1944

- 1976 – 1984 Lehrstuhl für BWL an der Universität Hannover
- 1984 – 1987 Lehrstuhl der ABWL an der Technischen Universität München
- seit 1988 Fakultät für Betriebswirtschaft, Institut für Information, Organisation und Management der Ludwig-Maximilian-Universität München

Veröffentlichungen:
„E-Conomics – Strategies for the Digital Marketplace" (2000), „Die Grenzenlose Unternehmung – Information, Organisation und Management: Lehrbuch zur Unternehmensführung im Informationszeitalter" (2003)

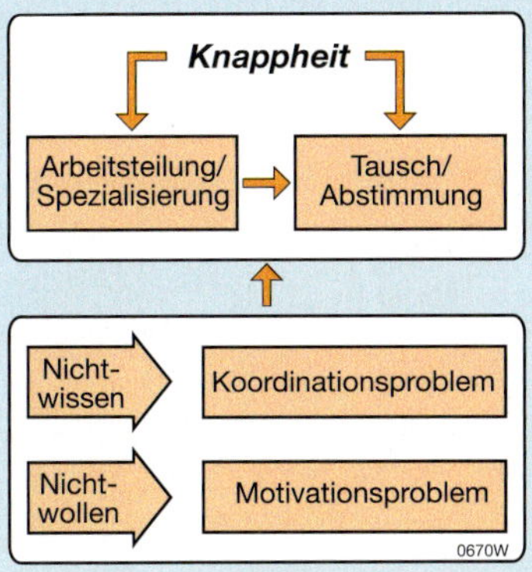

Das Organisationsproblem

4.2 Aufbau- und Ablauforganisation

Die Organisation eines Unternehmens hat also die Aufgabe, das Motivations- und das Koordinationsproblem im Sinne der Zielsetzungen der Beteiligten möglichst effektiv zu lösen. Dabei werden zwei Aufgaben unterschieden: die Aufbau- und die Ablauforganisation.

Die Aufbauorganisation kann mit der Anlage eines Straßennetzes verglichen werden. Die Ablauforganisation entspricht der Regelung des Verkehrs in diesem Straßennetz. So, wie nur das Vorhandensein des Straßennetzes und die genauen Regelungen des Verkehrsflusses einen reibungslosen Ablauf des Straßenverkehrs sicherstellen, so können die vielfältigen betrieblichen Aufgaben nur dann zufriedenstellend erledigt werden, wenn eine gut durchdachte Aufbau- und Ablauforganisation die Tätigkeiten in einem Unternehmen regelt und miteinander abstimmt.
Auf das Unternehmen übertragen können Aufbau- und Ablauforganisation wie folgt unterschieden werden:

Aufbauorganisation

Mit der Aufbauorganisation wird geregelt, wer, wo, mit welchen Mitteln etwas tun soll. Sie regelt so die Zuordnung von Aufgaben zu den Mitarbeitern. Aufgabenbereiche werden abgegrenzt und mit entsprechenden Mitarbeitern besetzt. Es wird festgelegt, wer für bestimmte Aufgaben die Verantwortung trägt und Weisungen erteilen darf.
Spezialisierung, Delegation und Arbeitsteilung sind somit die zentralen Bestimmungsfaktoren der Aufbauorganisation und stellen die Voraussetzung für einen reibungslosen Ablauf der Unternehmensprozesse dar.

Ablauforganisation

Die Ablauforganisation regelt den Ablauf der betrieblichen Arbeitsprozesse und beantwortet die Frage, wie, wann und warum bestimmte Aufgaben erledigt werden müssen.

Aufbau- und Ablauforganisation bilden die formale Organisation eines Unternehmens.

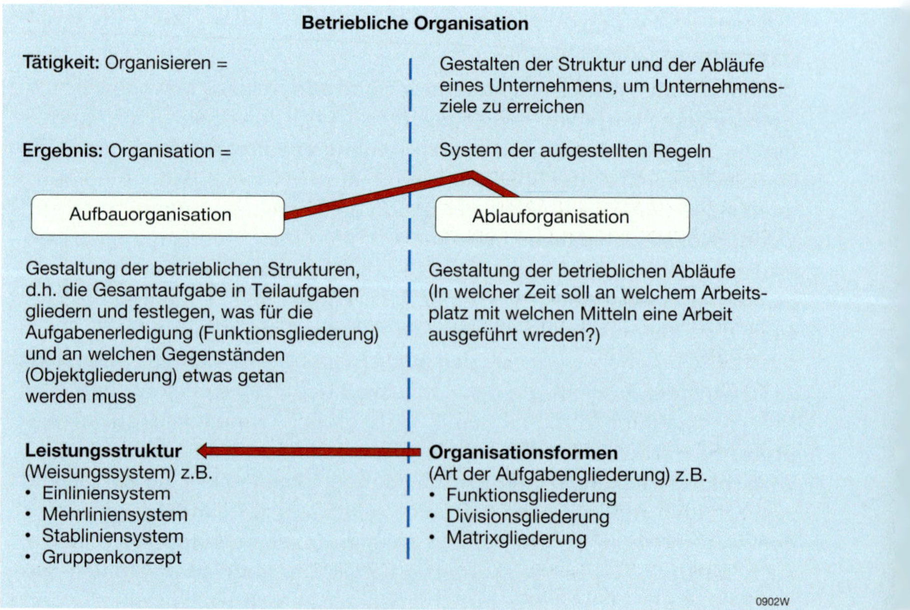

Fallbeispiel: Aufbau- und Ablauforganisation

Wie wichtig eine genaue Unterscheidung zwischen aufbau- und ablauforganisatorischen Maßnahmen für einen reibungslosen Geschäftsablauf ist, zeigen die in den nachfolgenden Fallsituationen geschilderten Probleme. Klar definierte Zuständigkeiten und die Abstimmung unter den Mitarbeiterinnen und Mitarbeitern sind unumgänglich.

Fallschilderung

Frau Wieland hat durch ein Erbe von ihrer Lieblingstante Frieda 60.000,00 Euro zur Verfügung, um sich ihren lang ersehnten Wunsch zu erfüllen, eine kleine Boutique für Damenoberbekleidung zu eröffnen. Diesen Wunsch hegt sie schon seit Jahren, konnte ihn aber bisher aufgrund des fehlenden Eigenkapitals nicht realisieren. In der Zwischenzeit sind ihre Kinder im Studium, und sie selbst hat eine nach ihrer Schulzeit abgeschlossene Berufsausbildung als Einzelhandelskauffrau (Fachrichtung Textil), sodass sie glaubt, auch die fachlichen Voraussetzungen zu erfüllen. In ihrem Bekanntenkreis hatte sie schon oft verlauten lassen, dass sie nicht länger auf dem Sofa sitzen und warten wolle, bis ihr Mann abends von der Arbeit käme.
Sie hat in einer günstigen Geschäftslage einen kleinen Laden mit Nebenräumen als Lagermöglichkeiten mieten können. Möbel sowie die Erstausstattung Damenoberbekleidung (vorwiegend modische Kleider, Mäntel, Röcke, Blusen und Pullover) sind bereits eingekauft, zwei Verkäuferinnen wurden eingestellt.

Situation:

In den ersten Wochen nach der Geschäftseröffnung ereignen sich u. a. folgende Vorfälle:

1. Die Verkäuferin Frau Siegel muss mehrmals kaufwillige Kunden wegschicken, da von einem gefragten Pullovermodell nur die Größen 34 und 36, nicht aber die häufig nachgefragte Größen 38 bis 42 vorhanden sind. Da Frau Siegel diesen Mangel schnell beheben will, ruft sie in Abwesenheit von Frau Barning, ihrer Kollegin, den ihr bekannten Lieferanten (am Ort) an und bestellt 30 Pullover der fehlenden Größe.
   Über diese nicht mit ihr abgestimmte Aktion ist Frau Barning ziemlich verärgert. Sie findet in ihrem Schreibtisch einen Lieferschein, aus dem hervorgeht, dass die fehlenden Pullovergrößen eigentlich vorhanden sein müssten. Sie sucht deshalb im Lagerraum und entdeckt einen größeren Karton mit den fehlenden Pullovern.

2. Frau Siegel hat Streit mit ihrer Kollegin Frau Barning und behauptet, nur sie habe Zugang zur Kasse. Frau Barning weiß davon nichts. Eine anwesende Kundin ist peinlich berührt.

3. Frau Barning bemängelt, dass sich Frau Siegel beim Verkauf teurer Kleider einmische. Frau Siegel wendet ein, dass sie sich aufgrund ihrer früheren Tätigkeit gerade für das Verkaufsgelingen kostspieligerer Objekte verantwortlich fühle.

4. Während der Mittagszeit bedient Frau Barning allein. Eine Kundin reklamiert eine gekaufte Bluse. Diese weist tatsächlich auf den ersten Blick Fehler im Gewebe auf. Die Kundin ist bereit, den Fehler gegen Minderung des Preises von 50,00 Euro auf 40,00 Euro in Kauf zu nehmen. Frau Barning weiß nicht, ob sie darauf eingehen darf. Die Kundin verlässt daraufhin verärgert den Laden.

A

1 Benennen Sie die in diesen Beispielen offenkundig werdenden Probleme in der konkret vorzufindenden Aufbau- und Ablauforganisation.

2 Entwerfen Sie schriftlich die erforderlichen Regelungen, mit denen diese Probleme jeweils verhindert werden können.

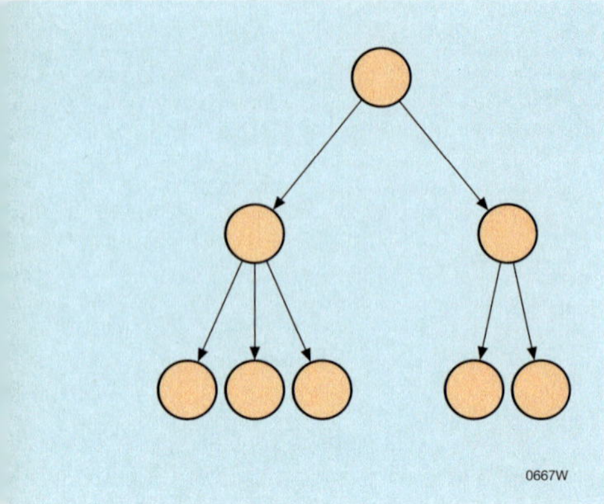

Einliniensystem

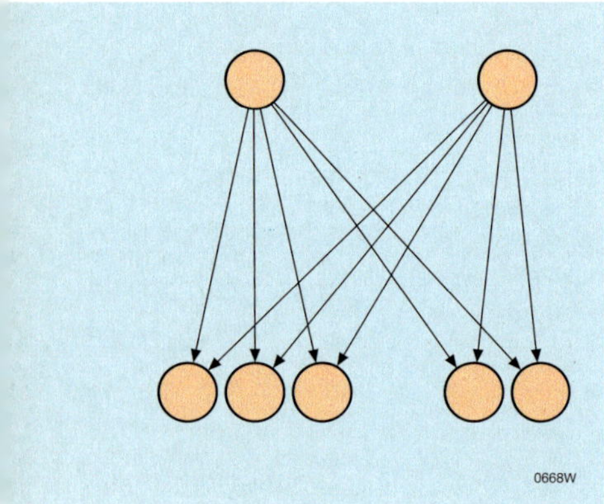

Mehrliniensystem

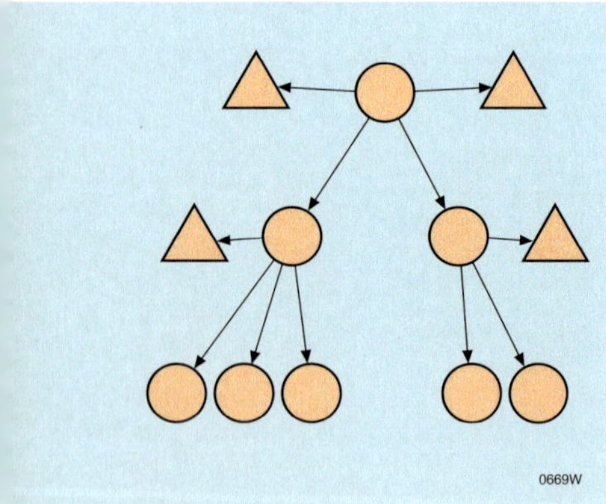

Stabliniensystem

A

Stellen Sie Vor- und Nachteile der verschiedenen Systeme der Leitungsstruktur zusammen.

4.3 Leitungsstruktur und Organisationsformen

Neben der grundsätzlichen Unterscheidung zwischen Aufbau- und Ablauforganisation gibt es eine Vielzahl von Organisationsmodellen, mit denen man der jeweils besonderen Situation eines Unternehmens gerecht werden will. Sehr häufig gibt es zwischen den idealtypisch unterschiedenen Modellen auch Mischformen. Entscheidend ist die Funktionsfähigkeit eines Organisationsmodells, damit ein Unternehmen effizient, zielgerichtet und wirtschaftlich arbeiten kann und die grundsätzliche Zielsetzung des Unternehmens, Gewinne und Einkommen zu erzielen, auch möglich wird.

Im Nachfolgenden unterscheiden wir Organisationsmodelle in Hinblick auf ihre Leitungsstruktur und auf ihre Organisationsformen:

Leitungsstruktur

In der Leitungsstruktur wird die Kommunikation im Unternehmen geregelt, d. h., es werden die Weisungsbefugnisse zwischen den einzelnen Stellen festgelegt.

— Das Einliniensystem folgt dem Grundsatz, dass ein Mitarbeiter immer nur von einer ganz bestimmten Person Weisungen erhält. Im Rahmen dieser „Einheitlichkeit der Auftragserteilung" untersteht jede Stelle einer einzigen Instanz. Es bestehen also klare und eindeutige Regelungen und Zuständigkeiten.

— Im Mehrliniensystem spezialisieren sich einige Instanzen auf Teilschritte der Produktion. Ein Mitarbeiter kann nun Anweisungen von mehreren Personen erhalten. Weil die verschiedenen Zuständigkeitsbereiche nicht immer exakt voneinander getrennt werden können, kann es zu Überschneidungen von Anweisungen kommen.

— Das Stabliniensystem folgt im Grundsatz dem Einliniensystem. Es werden jedoch „Stabsstellen" gebildet, die einzelne Instanzen beraten und unterstützen. Es bleibt eine klare Zuständigkeitsregelung erhalten. Da die Stäbe jedoch oft über ausgiebigere Informationen verfügen als die Inhaber der Linienpositionen, können die Stäbe die Entscheidungen und Anweisungen der Linie möglicherweise steuern.

Bei den Gruppenkonzepten bzw. Teambildungen, die in jüngerer Zeit an Bedeutung gewinnen, sind die Mitglieder einer Gruppe insgesamt für die Bewältigung einer Aufgabe bzw. eines Arbeitsschrittes zuständig und verantwortlich. Innerhalb der Gruppe erfolgt die Verteilung der Aufgabengebiete und Zuständigkeiten. Die Gruppenleitung kann von den Mitgliedern abwechselnd übernommen werden. Man erhofft sich eine größere Arbeitszufriedenheit, da die Mitarbeiter nun mehr Einfluss auf die Gestaltung der Arbeit haben. Allerdings gibt es auch immer Gruppenmitglieder, die wenig Einfluss ausüben und dem Druck der anderen Mitglieder unterliegen.

Organisationsformen

Hinsichtlich der prinzipiellen Regelung der Unterstellungsverhältnisse wurde zwischen Einlinien- und Mehrliniensystemen unterschieden. Darüber hinaus kann man auch auf Abteilungsebene verschiedene Spezialisierungsformen unterscheiden, und zwar

— nach Verrichtungen, sodass in der Konsequenz eine funktionale Organisation entsteht;

— nach Objekten, sodass eine divisionale Struktur entsteht.

Funktionalorganisation
Bei der Funktionalorganisation werden die Zuständigkeitsbereiche nach dem Verrichtungsprinzip gebildet. Es entstehen Teilbereiche wie Beschaffung, Produktion, Absatz und Finanzierung. Dem Vorteil der Spezialisierung der Beschäftigten kann der Nachteil gegenüberstehen, dass sich ein Ressortegoismus herausbildet. Das bedeutet, alle Probleme werden jeweils nur unter den für eine Abteilung wichtigen Gesichtspunkten gesehen und der „Blick über den Tellerrand" geht verloren.

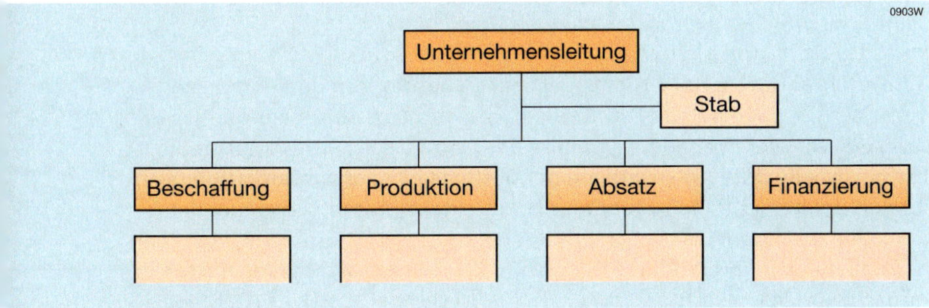

Funktionalorganisation

Divisionalisierung
Hierbei werden relativ autonome Bereiche, Divisionen, unterhalb der Unternehmensleitung nach Produktgruppen oder anderen Merkmalen gebildet. Diese Geschäftsbereiche, auch Sparten genannt, können nach Produkten, Produktgruppen, Märkten, Problembereichen oder geografischen Bereichen eingerichtet werden. Sie sind dann für alle Teilbereiche (Beschaffung, Produktion, Absatz, Finanzierung usw.) zuständig. Es handelt sich um „Unternehmungen in der Unternehmung". Weil der Erfolg der Division, der Sparte, oft an ihrem Gewinn gemessen wird, spricht man auch von Gewinnzentren.
Divisionsmanager können Änderungsprozesse normalerweise besser einschätzen als Mitglieder der Unternehmensleitung. Sie können schneller reagieren, da sie besser mit dem Produkt und somit mit eventuell auftretenden Problemen vertraut sind. Die Entscheidungsaufgaben sind dezentralisiert, sodass die Unternehmensleitung sich auf die strategische Planung und die Kontrolle der Gewinnzentren konzentrieren kann. Unter dem Aspekt der Anpassungsfähigkeit, der sich aus wirtschaftlichen, technischen sowie rechtlichen Veränderungen für Unternehmen ergibt, ist die Divisionalisierung eine geeignete Organisationsform.

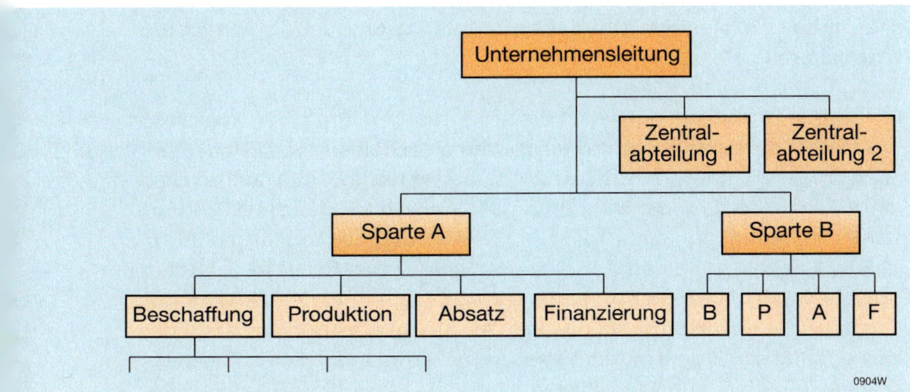

Divisionalisierung

Matrix- oder Tensororganisation

Bei der Matrixorganisation wird die traditionelle, nach Funktionen gegliederte Organisation (horizontal) von einer projekt- oder produktorientierten Struktur (vertikal) überlagert. Es kommt zu Kompetenzüberschneidungen, die allerdings auch gewollt sind. Probleme werden aus unterschiedlichen Sichtweisen angegangen, verschiedene Interessen finden Berücksichtigung, und es werden eher innovative Lösungen für Probleme gefunden. Man will die Vorteile der Spezialisierung mit den Vorteilen der Koordination und Anpassung kombinieren. Eine Gefahr dieser Organisationsform sind allerdings „Reibungsverluste" zwischen einzelnen Bereichen.

Zur Durchführung eines einmaligen, zeitlich begrenzten und komplexen Vorhabens, z. B. dem Bau einer Großanlage, wird eine Gruppe unter der Leitung eines Projektmanagers gebildet, der dann für das Projekt zuständig ist. Die personelle Zusammensetzung des Systems ist häufig interdisziplinär. Infolge der besseren Koordination der Projektaktivitäten, der ständigen Kontrolle des Projektvorgangs und des gesteuerten Zusammenwirkens von Spezialisten können Produkte in kürzerer Zeit entwickelt und die Kosten verringert werden.

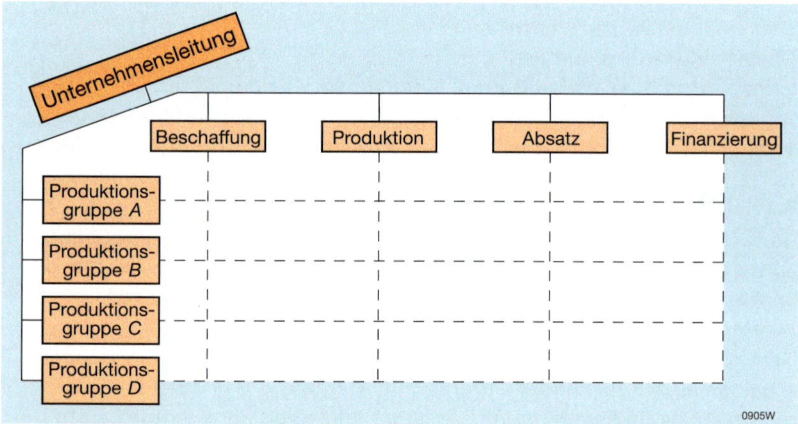

Beispiel zur Betriebsorganisation

Frau Meier bringt ihr Auto zu „Auto Güttler" in die Werkstatt, eine Inspektion ist fällig. Herr Maurer, der Kundendienstmeister, spricht mit ihr und nimmt den Auftrag für die Inspektion entgegen. Während Frau Meier noch ihre Tasche aus dem Auto holt, schreibt Herr Maurer den Auftrag, den Frau Meier unterschreibt. Sie übergibt Herrn Maurer die Schlüssel und die Wagenpapiere, und sie verabreden, dass das Auto am nächsten Tag zum Feierabend fertig sein soll.

Herr Maurer bringt den Auftrag in die Arbeitsvorbereitung. Hier koordiniert Frau Marcks die einzelnen Aufträge. Es wird entschieden, wer welchen Auftrag wann bearbeiten soll. Am Nachmittag bekommt der Mechaniker Herr Schlosser von der Arbeitsvorbereitung den Auftrag für die Inspektion von Frau Meiers Auto. Herr Schlosser trägt seinem Auszubildenden Fred auf, die Schlüssel zu holen und den Wagen in die Werkstatthalle zu fahren. Nachdem Fred das Kundenfahrzeug dort abgestellt hat, beginnt er mit der Durchführung der Arbeiten laut Inspektionsplan. Als Auszubildender darf er schon den Reifenluftdruck prüfen, die Türscharniere schmieren, die Flüssigkeitsstände kontrollieren und auffüllen. Auch für die Überprüfung der Beleuchtungsanlage ist er zuständig.

Herr Schlosser ist in der Zwischenzeit im Lager beim Lagermeister Herrn Brauer gewesen. Hier hat er sich Ersatzteile und Verbrauchsmittel wie Motoröl, Zündkerzen, Keilriemen und Luftfilter geben lassen, die für den Auftrag benötigt werden. Herr Brauer vermerkt die entnommenen Ersatzteile auf dem Auftrag.
Kurz vor Feierabend ist das Auto von Frau Meier fertig und Herr Schlosser trägt die von ihm und Fred benötigte Zeit auf dem Auftrag ein. Fred bringt den Auftrag zu Frau Marcks in die Arbeitsvorbereitung. Diese überprüft die Eintragungen von Lager und Werkstatt und legt den Auftrag dann in das Fach von Herrn Maurer. Herr Maurer stellt auf der Abschlussprobefahrt keine Mängel fest und legt den Auftrag mit seinem „OK" versehen in das Fach von Frau Grund aus der Kundenbuchhaltung, die eine Rechnung für Frau Meier erstellen muss.

Am nächsten Abend holt Frau Meier ihr Auto ab und verspricht, den Rechnungsbetrag kurzfristig zu überweisen. Nach einigen Tagen holt Frau Grund die Kontoauszüge von der Bank und überprüft die Kundenzahlungen. Herr Güttler, der Inhaber der Firma, fragt nach, ob alle Kunden ihre Rechnungen bezahlt haben, da er den Jahresabschluss beim Finanzamt einreichen will.

Dieses kleine Beispiel macht deutlich, dass selbst scheinbar einfache Prozesse in klein- und mittelständischen Unternehmen einen funktionierende Aufbau- und Ablauforganisation voraussetzen. Das Unternehmen muss festlegen, welche Personen wann in die Arbeitsprozesse einbezogen werden und wer die Entscheidungen trifft, was konkret zu tun ist.

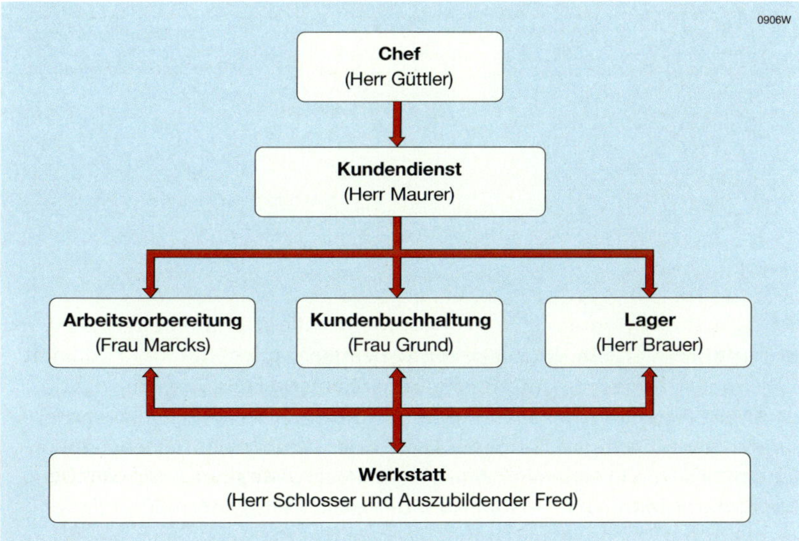

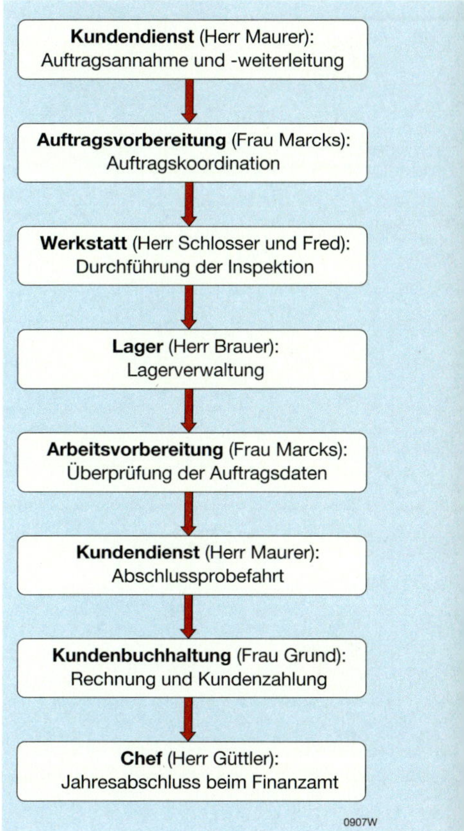

4.4 Formale und informale Organisation

Neben den bisher beschriebenen formalen Organisationsaspekten finden sich auch informale Informationsstrukturen, die in einem Unternehmen für den reibungslosen Ablauf von Arbeitsprozessen von großer Bedeutung sein können. Dazu trägt z. B. die Qualität der zwischenmenschlichen Beziehungen der Beschäftigten in einem Unternehmen bei, die sich im Betriebsklima widerspiegelt. Das Betriebsklima wiederum bleibt nicht ohne Einfluss auf die Arbeitszufriedenheit, Leistungsbereitschaft, auf das Wohlbefinden und Verhalten der Mitarbeiter. Andererseits wirken sich auch familiäre Verhältnisse und besondere Umstände auf das Arbeitsverhalten im Unternehmen aus.

Menschen in einem Unternehmen sind nicht nur zu organisieren, zu verplanen, zu Stellenträgern zu machen, um die Unternehmensziele zu erreichen. Mitarbeiterinnen und Mitarbeiter haben Gefühle, werden von Stimmungen beeinflusst, haben Wünsche. Den einen Kollegen mag man, den anderen nicht. Krankheit und Ärger in der Familie, Streit zwischen den Ehepartnern, den Kindern haben auch Einfluss auf die Arbeit. Oder: Eine alleinstehende Mutter mit der Dreifachbelastung von Familie, Haushalt und Beruf steht unter einem ganz anderen Arbeitsstress als ein Mann, der sich weitgehend auf seinen Beruf konzentrieren kann.

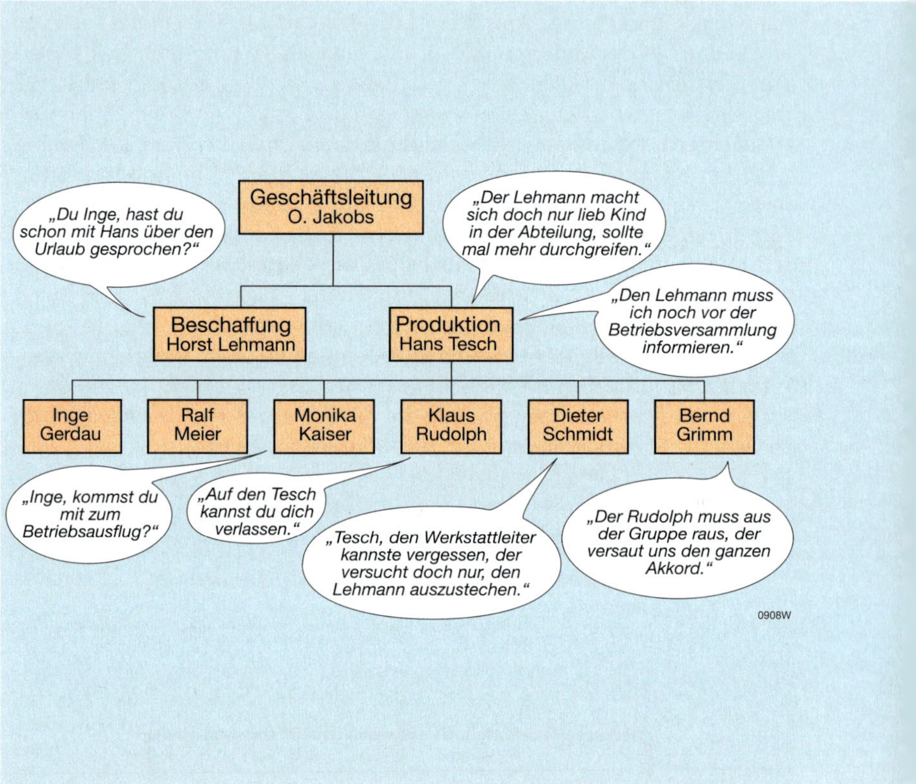

Unternehmen als ein Netzwerk von Verträgen

Die Organisation eines Unternehmens hat in erster Linie zum Ziel, dass damit die Erstellung von Sachgütern und die Bereitstellung von Dienstleistungen gewinnbringend erfolgen kann. Aber alle organisatorischen Regelungen besitzen in vielfacher Weise einen Rechtscharakter. Durch die Über- und Unterordnung von Personen werden gleichzeitig Kontrollfunktionen etabliert und Zuständigkeiten beschrieben: Wer darf was, wann, bei welchen Angelegenheiten? Wer haftet bei welchen Sachverhalten? Diese Tatsache hat Einfluss auf die Gestaltung von Arbeitsverträgen. Man könnte in diesem Sinne sagen, dass das ganze Unternehmen mit rechtlichen Regeln überzogen ist, mit denen die Eigentümer ihre Eigentumsansprüche sicherstellen wollen. Unternehmen stellen ein Netzwerk von Verträgen dar. Bei den nachfolgenden unterschiedlichen Organisationskonzepten (vgl. Abschnitt 4.5) lässt sich auch erkennen, wie sich die rechtlichen Beziehungen für Beschäftigte, Eigentümer, Manager nach und nach verändert haben, ohne dass sich das generelle Ziel eines Unternehmens, Gewinne zu erzielen, berührt wird. Die Sichtweisen von Organisationen werden durch die jeweilige historische Situation geprägt.

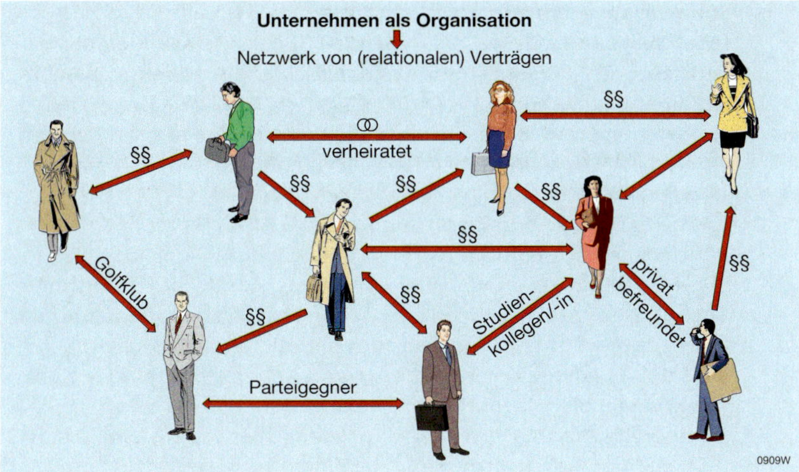

4.5 Unterschiedliche organisationstheoretische Ansätze

Seit es Unternehmen gibt, machen sich die Wissenschaftler Gedanken darüber, wie menschliche Arbeit organisiert werden sollte und welche sonstigen Zielsetzungen neben den ökonomischen verfolgt werden können.

Unterschiedliche organisationstheoretische Ansätze lassen sich einer historischen Zeitleiste zuordnen, d. h., in ihnen spiegeln sich auch gesellschaftstheoretische Positionen und Haltungen der jeweiligen historischen Situation wider. Wir unterscheiden klassische von neoklassischen und sogenannten modernen Ansätzen.

1. **Klassische Ansätze**

a) **Bürokratieansatz**
Max Weber hat mit dem von ihm entwickelten Ansatz gezeigt, dass und wie es in Großorganisationen gelingt, die Handlungen der Individuen zweckmäßig aufeinander zu beziehen, regelhaft zu erfassen und reibungslos zu einem Ganzen zu verbinden. Mit der bürokratischen Organisation ist seiner Meinung nach das effizienteste Instrument gefunden, um komplexe Handlungssituationen zu steuern und den Gehorsam der vielen Mitglieder sicherzustellen. Der Kernpunkt der Bürokratie ist die Existenz einer durch generelle Regeln geschaffenen Ordnung (Organisationsstruktur) und die Anerkennung dieser Ordnung durch die Organisationsmitglieder. Durch die Regelbefolgung stabilisieren die Organisationsmitglieder die Verhaltenserwartungen nach innen und nach außen; die Großorganisation wird dadurch trotz ihrer Größe zu einer berechenbaren und beherrschbaren Einheit. Die Organisation ist in erster Linie ein System, das nach Befehl und Gehorsam funktioniert. Dabei spielt der Begriff der Herrschaft eine zentrale Rolle. Herrschaft muss legitimiert werden, d. h., es muss eine Rechtsgrundlage existieren, die alle Mitglieder annehmen und akzeptieren. Beim Bürokratieansatz erfolgt diese Legitimation kraft Satzung. Bei der Bürokratie handelt es sich also um eine Form der legalen Herrschaft, gekennzeichnet durch legal geschaffene, verstehbare Regeln. An diese halten sich nicht nur die Gehorchenden, sondern auch die Anordnenden. Die abstrakte Regelbindung und der Glaube an die Legitimität dieser Regeln ist das Besondere der legalen Herrschaft, und die bürokratische Organisation ist ihre reinste Verkörperung.

i

Max Weber
Soziologe
* 21.04.1864 in Erfurt
† 14.06.1920 in München

— studierte Jura, Nationalökonomie, Philosophie und Geschichte
— 1894: Professor für Nationalökonomie an der Universität Freiburg/Breisgau
— 1897: Wechsel an die Universität Heidelberg
— 1990 Mitbegründer der „Deutschen Gesellschaft für Soziologie"
— Veröffentlichungen u. a.: „Wirtschaft und Gesellschaft", „Wissenschaft als Beruf"

Henri Fayol
* 29.07.1841 Istanbul
† 19.11.1925 Paris

- Französischer Bauingenieur und Verwaltungsfachmann
- Vertreter des Scientific Managements
- Fayol interessierte vor allem die wissenschaftliche Fundierung seiner eigenen Arbeit, der Unternehmensführung.
- Seine Aufgabenbereiche der Unternehmensführung erinnern stark an den Strukturtyp der Bürokratie.
- Eine nach Fayols gestaltete, bürokratische Verwaltung wird teilweise als ideale Ergänzung einer tayloristischen Arbeitsorganisation gesehen.
- Veröffentlichungen u. a.: „Administration industrielle et générale" (1915); deutsch: 1929: „Allgemeine und industrielle Verwaltung"

George Elton Mayo
Psychologe
* 26.12.1880 in Adelaide, Australien
† 01.09.1949 in Guildford, Surrey

- Studium der Philosophie, Psychologie, Politik- und Sozialwissenschaften
- Führte das berühmte „Hawthorne Experiment" in den Hawthorne-Werken der Western Electric Company (1924–1927) durch. Untersucht wurde der Zusammenhang zwischen Arbeitsbedingungen (Licht, Räume usw.) und Arbeitsleistung.
- 1926: Berufung an die Harvard Business School

b) Administrativer Ansatz

Henri Fayol unterscheidet die folgenden fünf Basiselemente guter Betriebsführung (= Administration): Vorausschau, Organisation, Befehl, Koordination und Kontrolle. Organisieren ist Mittel zum Zweck. In diesem Rahmen entwickelte Fayol Managementprinzipien.
Soweit diese Prinzipien die Organisation betreffen, sind sie nachfolgend zusammengestellt:

- Arbeitsteilung: Mehr Einsatz und bessere Arbeitsergebnisse bei gleicher Anstrengung sind durch Spezialisierung erzielbar.
- Autorität und Verantwortung: Autorität ist das Recht, Anweisungen zu erteilen, und die Macht, sich Gehorsam zu verschaffen. Autorität verlangt Verantwortung, sie ist das natürliche Gegenstück.
- Disziplin bedeutet in erster Linie Gehorsam gegenüber allen Konventionen, die in dem Unternehmen gelten.
- Einheit der Auftragserteilung: Für jeden Arbeitsauftrag sollte jeder Beschäftige Anweisungen nur von einem Vorgesetzten erhalten.
- Einheit der Leitung: Alle Anstrengungen, Koordinierungen, Anweisungen müssen auf ein Ziel und eine Direktion hin ausgerichtet sein.
- Zentralisierung: Sie ist natürlicher Bestandteil jeder Organisation, alle Entscheidungen müssen an einem Ort gebündelt werden.
- Hierarchie: Sie bezeichnet den Instanzenzug, beginnend bei der höchsten Autorität bis zur untersten Führungsebene. Das ist der Weg, den jede Kommunikation berücksichtigen muss.
- Ordnung: Jeder Mitarbeiter und jedes Ding braucht seinen Platz und alles hat auf seinem Platz zu sein.

2. Neoklassische Ansätze

a) Human-Relations-Ansatz

Dieser Ansatz hat seinen Ursprung in den berühmten Hawthorne-Experimenten in den 20er Jahren des letzten Jahrhunderts. Es ging zunächst um die Untersuchung von Zusammenhängen zwischen bestimmten äußeren Arbeitsbedingungen (Beleuchtung, Pausen, Arbeitszeit, Entlohnungssystem) und der Entwicklung der Arbeitsproduktivität. Man registrierte Produktivitätsveränderungen, die durch die Veränderung der äußeren Rahmenbedingungen nicht erklärbar waren. Am Ende weiterer Experimente unter Leitung von Elton Mayo stand die Erkenntnis, dass die Produktivitätsveränderungen ihre Ursache in den mit den Experimenten einhergehenden Veränderungen der sozialen Beziehungen, den „human relations", hatten. Dazu gehören etwa die freundliche Aufmerksamkeit der Vorgesetzten während des Zeitraums der Experimente und die Möglichkeit, über die eigenen Arbeitsbedingungen mitbestimmen zu können. Die Emotionalität, jahrzehntelang als unberechenbare Störgröße angesehen, avancierte zu einem Produktivitätsfaktor. Der Blick wandelte sich von einer rein technischen Sicht zu einer, die den Faktor Mensch mehr in den Mittelpunkt rückte.

b) Anreiz-Beitrags-Theorie

Cester I. Barnard sieht die Unternehmung als System von Handlungen, dessen Bestand jederzeit durch Unsicherheit gefährdet ist. Ein Gleichgewicht zwischen Anreizen und Beiträgen ist anzustreben. Als Beiträge werden die Handlungen bezeichnet, die die Organisation benötigt, um ihre Ziele zu erreichen.

Als Anreize werden die Gegenleistungen der Organisation bezeichnet. Diese können materieller und immaterieller Art (z. B. Stolz auf die eigene Arbeit, Einfluss auf die Arbeitsumgebung) sein.
Die Balance von Anreizen und Beiträgen, die Balance zwischen Geben und Nehmen, beschränkt sich keineswegs auf die Arbeitnehmer, sondern gilt für alle Individuen und Gruppen (Kapitaleigner, Fremdkapitalgeber, Lieferanten, Abnehmer usw.), deren Kooperation für die Erreichung der Organisationsziele erforderlich ist. Da sich die Organisationsteilnehmer nur solchen Anordnungen fügen, die ihnen aufgrund ihrer Kooperationsvereinbarungen akzeptabel erscheinen, ist die (freiwillige) Anerkennung der Autorität jederzeit schwierig und verändert sich fortlaufend.

3. **Moderne Ansätze**

a) **Human-Resources-Ansatz**
Ausgangspunkt hier ist die Überzeugung, dass Abhängigkeit und unreflektierter Regelgehorsam in Organisationen zu einer Verschwendung von Human-Resourcen führen und die Menschen daran hindern, Initiative und Verantwortungsbewusstsein zu entwickeln. Neue Organisationsmodelle sind erforderlich, die den menschlichen Bedürfnissen besser angepasst sind und so eine wirtschaftlichere Nutzung der Human-Resource erlauben. Dahinter steht das Leitbild eines nach persönlicher Reife strebenden Menschen. Chris Argyris, ein bekannter Organisationstheoretiker, geht davon aus, dass jeder Mensch nach einem Reifungsprozess strebe, der von starker Abhängigkeit hin zur „reifen Persönlichkeit" führe, die durch vielfältige Interessen, differenzierte Verhaltensweisen und ein ausgeprägtes Selbstbewusstsein gekennzeichnet sei. Die Konsequenz für die Organisationstruktur ist, sie so zu gestalten, dass sie den Mitarbeitern mehr Entfaltungsmöglichkeiten bietet, die Teilhabe an Entscheidungen ermöglicht, Vertrauen in zwischenmenschliche Beziehungen schafft, vielseitige Informationswege eröffnet, Fremdkontrolle durch weitgehende Selbstkontrolle ersetzt usw.

b) **Systemtheoretischer Ansatz**
Dieser Ansatz geht davon aus, dass das System Unternehmen aus Elementen besteht, die in Wechselbeziehungen zueinander stehen und eine Gesamtheit bilden.
Die Organisationsstruktur hilft der Unternehmung die Umweltkomplexität im Unternehmen zu analysieren und zu reduzieren. Systeme werden als Handlungseinheiten begriffen, die die Probleme einer komplexen und veränderlichen Umwelt in einem kollektiven arbeitsteiligen Leistungsprozess bewältigen. Eine komplexe Umwelt erfordert die Schaffung einer überschaubaren und begreifbaren inneren Struktur, um die vielseitigen Umweltbezüge erfassen und aufarbeiten zu können. Das bekannteste Muster der Verarbeitung komplexer Umwelten ist die Schaffung von Subsystemen, die eine Spezialisierung auf bestimmte Systemfunktionen ermöglichen, z. B. stabilisierende, innovierende, außenbezogene oder integrierende Subsysteme. Jedes Subsystem nimmt also lediglich eine ihm zugewiesene Funktion ein. Veränderungen in der Umwelt stellen das System vor neue Probleme, auf die das System „Unternehmen" reagieren muss, um langfristig existieren zu können.

i

Chester I. Barnard
* 07.11.1886 in Malden, Massachusetts, USA
† 07.06.1961 in New York City

— Barnard besuchte nie eine Akademie.
— Vertreter und Mitbegründer der verhaltenswissenschaftlichen Entscheidungstheorie und des Selbstverwirklichungsansatzes. Er thematisierte die Mitarbeiterbeteiligung, die Demokratisierung und die soziale Verantwortung des Managements.
— Bei der Klassifizierung der Arbeitsmotivatoren spielt die Bedürfnispyramide von Abraham Maslow (1954) eine wesentliche Rolle.
— Veröffentlichungen u. a.: „The Functions of the Executive" (1938), „Organization and Management" (1948)

A

1 Prüfen Sie, ob in der Schule vergleichbare organisationstheoretische Ansätze identifizierbar sind.

2 Welchen Ansatz würden Sie als Unternehmensgründer bevorzugen? Begründen Sie Ihre Auswahl.

5 Marketing

Die letzten Marktanalysen der Meier-Papier-AG haben es bestätigt: Im Segment der Hochqualitäts-Papierprodukte gibt es Probleme. Die Absatzzahlen sind im vergangenen Jahr deutlich gesunken, woraufhin große Teile des Handels dazu übergegangen sind, die Bestände im Rahmen von Sonderaktionen billig anzubieten.

Dies bedeutet für einen Anbieter wie die Meier-Papier-AG nicht nur die Gefahr, dass in der Zukunft für Qualitätsprodukte nur noch schwer Abnehmer zu finden sein werden; darüber hinaus ist mit derartigen „Verramschungsaktionen" auch ein Imageverlust des Unternehmens verbunden. Entscheidungen sind also erforderlich.

Der Vorstand hat Frau Lange und Herrn Kraft, beide in leitender Position in der Marketingabteilung, zum Gespräch gebeten.

Herr Rüter: Die letzte Marktanalyse ist ja hinsichtlich des Absatzes unserer High-Quality-Produktreihe nicht gerade positiv ausgefallen. Die Absatzzahlen sinken, vor allem leidet aber das Image des gesamten Unternehmens. Wir haben ja in den vergangenen Jahren ein hohes Renommée gerade in diesem Bereich erlangen können. Was können wir diesbezüglich machen?
Frau Lange: Das ist eine problematische Situation, zumal im Bereich der Produktgestaltung weitgehend alles ausgereizt zu sein scheint. Wir haben im Moment kaum eine Steuerungsmöglichkeit den Handel betreffend, sodass die Kommunikation der Qualität unserer Produkte über den Preis nicht funktioniert – im Gegenteil. Wir denken aber, dass es Möglichkeiten gibt, dieses Problem auf dem Vertriebsweg anzugehen.
Herr Rüter: Und die wären?
Herr Kraft: Zum einen sollten wir unsere bisherige Vertragspraxis zumindest mit unseren wichtigsten Abnehmern insofern ändern, als dass wir das Angebot machen, die Pflege der Regale zu übernehmen. Dies würde zwar für uns einen Mehraufwand bedeuten, uns gleichzeitig aber die Möglichkeit einräumen, Warenplatzierung und Preisgestaltung zumindest in hohem Maße zu kontrollieren. Daneben sehen wir gute Möglichkeiten im Bereich des Co-Branding.
Herr Rüter: Also im Zusammengehen mit anderen Marken. Was schwebt Ihnen da vor?
Frau Lange: Nun, es könnte beispielsweise eine Kooperation mit einem Hersteller hochwertiger Schreibutensilien, beispielsweise der Schreibschön GmbH geben. Dies eröffnet uns neue Möglichkeiten, die Qualität unserer Produkte besser zu kommunizieren.
Herr Kraft: Da könnte man sich vieles vorstellen, von der gemeinsamen Werbeaktion bis zur kooperativen Warenplatzierung.
Herr Rüter: Das klingt ganz plausibel. Aber zunächst arbeiten Sie bitte möglichst zügig eine detaillierte Strategie aus, sodass wir schnell entsprechende Kontakte knüpfen können.
Noch etwas! Wir hatten uns ja vor vier Wochen über eine Verbesserung unserer Außenwirkung unterhalten. Gerade unser Profil als ökologisch orientiertes Unternehmen – mit unseren Aktivitäten in diesem Bereich in den letzten Monaten – muss noch besser kommuniziert werden. Wie ist der Stand in dieser Frage?
Herr Kraft: Ein Entwurf für eine entsprechende Imagekampagne ist weitgehend fertiggestellt. Sie bekommen ihn innerhalb der nächsten zwei Tage.

A

1 Stellen Sie die hier angesprochenen Aufgaben im vorgestellten Unternehmensbereich zusammen.

2 Zeigen Sie Verknüpfungen zu anderen Abteilungen des Unternehmens auf.

5.1 Die Einordnung des Marketings in den Unternehmensprozess

„Marketing is the process of planning and executing the conception, pricing, promotion and distribution of ideas, goods and services to create exchanges that satisfy individual and organizational objectives."
(Marketing-Definition der American Marketing Association)

Marketing ist nicht nur eine nach außen gerichtete Aktivität, sondern kann auch eine unternehmensinterne Aktivität sein. Marketing wird als Sozialtechnik verstanden, d. h., man fragt danach, wie menschliches Verhalten beeinflusst wird. Wie kann innen (im Unternehmen) und außen (auf Märkten) jemand beeinflusst werden, etwas im Sinne der Unternehmenszielsetzungen zu tun? Wie können z. B. die Außendienstmitarbeiter im Vertrieb eines Unternehmens (internes Marketing) darauf vorbereitet werden, sich intensiv um neue Kunden zu bemühen bzw. die alten Kunden zu halten? Mit welchen Marketinginstrumenten werden die Märkte bearbeitet, damit die Produkte und Dienstleistungen des Unternehmens gekauft werden?

Das Marketing denkt alle Prozesse vom Kunden her: Was will der Kunde? Wie können wir an seine Kaufkraft kommen? Welche Überzeugungsarbeit müssen wir im Unternehmen leisten? Wie ist das Personal auf allen Ebenen für diese Marketingphilosophie zu gewinnen? Welche Konsequenzen ergeben sich für das Verhalten des Unternehmens auf den Märkten?

Der wohl bekannteste Marketingwissenschaftler Deutschlands, Prof. Heribert Meffert, bezeichnet das Marketing als jegliche Form eines Austausches, bei dem beide Parteien, Anbieter und Abnehmer von Wirtschaftsgütern, durch einen Austauschprozess ihre Bedürfnisse befriedigen möchten. Neben den Transaktionen, die sich über Märkte vollziehen, kann die Bedürfnisbefriedigung theoretisch auch durch Betteln, Zwang und Eigenproduktion erfolgen. Neben der Vermarktung von Ideen und Diensten auf Märkten werden ebenfalls die Austauschprozesse zwischen den nichtkommerziellen Organisationen (Kirchen, Gewerkschaften usw.) und Individuen betrachtet.

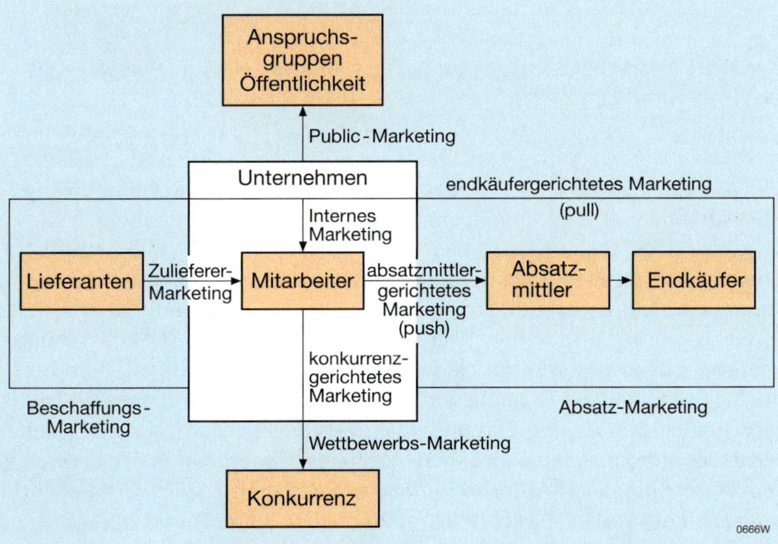

nach: H. Meffert: Marketing, 9. Aufl., Gabler, Wiesbaden, 2000, S. 27

Prof. Dr. Dr. h. c. mult. Heribert Meffert
* 11.05.1937 in Oberlahnstein

Meffert ist emeritierter Professor der Betriebswirtschaftslehre an der Westfälischen Wilhelms-Universität Münster. Von 1968 bis 2002 war er Direktor des Instituts für Marketing an der Universität Münster. Dieses Marketing-Institut war das erste seiner Art in Deutschland.
Von 2002 bis 2005 war er Vorsitzender des Vorstands der Bertelsmann Stiftung, Gütersloh.

5.2 Die Situationsanalyse

Wer Produkte und Dienstleistungen verkaufen will, benötigt eine Fülle von Informationen.
Die Analyse der eigenen Unternehmenssituation bildet daher den Ausgangspunkt jeder realistischen Positionsbestimmung. Wer nicht weiß, wo er steht, weiß auch nicht, was es zu tun gilt, um Ziele zu erreichen.
Von Interesse sind die weiteren Marktteilnehmer. Wie werden die Konsumenten eingeschätzt, wie sieht deren Bedürfnislage aus, über welche Kaufkraft verfügen die angesprochenen Zielgruppen, wie ist die Einstellung zu den Produkten und Dienstleistungen des Unternehmens?
Von besonderer Bedeutung sind vor allem die Mitbewerber. Wo liegen deren Stärken (beim Produkt, beim Service, beim Preis)? Auf welche Strategien der Konkurrenten muss man sich im Unternehmen einstellen?
Drittens spielen die Umweltbedingungen eine wesentliche Rolle. Damit sind die rechtlichen, die politischen und die gesellschaftlichen Rahmenbedingungen gemeint.

1. **Was** wird auf dem Markt gekauft? (Kaufobjekt)
2. **Warum** wird auf dem Markt gekauft? (Kaufmotiv)
3. **Wer** kauft? (Kaufakteure, Träger der Kaufentscheidung)
4. **Wie viel** wird gekauft? (Kaufabhängigkeit, Kaufmenge)
5. **Wie** wird gekauft? (Kaufentscheidungsprozesse, Kaufpraktiken)
6. **Wo** wird gekauft? (Einkaufsstättenwahl)

0910W

Situationsanalyse

Eine wichtige Quelle für die benötigten Informationen stellt die Marktforschung dar, deren wesentliche Charakteristika wir in Kapitel III, Abschnitt 4.6 bereits kennengelernt haben. Wichtig ist zu erkennen: Die Marktforschung erfolgt mit einer bestimmten Zielsetzung. Es geht darum, herauszufinden, wie die Produkte bzw. Dienstleistungen besser an den Mann oder die Frau gebracht werden können. Das bedeutet, dass die Forschungsergebnisse der Verbesserung der absatzpolitischen Instrumente und nicht in erster Linie dem Wahrnehmen von Verbraucherinteressen dienen. Dies kann auch nur eingeschränkt verlangt werden. Es ist für die Konsumentinnen und Konsumenten jedoch von großer Bedeutung, diesen Interessenkonflikt zu kennen, um eine bessere Einschätzung kommunikationspolitischer Maßnahmen vornehmen zu können.

Q

Marketing-Kurzsichtigkeit

Jeder wichtige Industriezweig befand sich irgendwann einmal in der Phase des Wachstums. Aber einige sitzen heute noch auf dem hohen Ross der Wachstumsbegeisterung und befinden sich bereits am Rande des Abgrunds. Andere, die als gereifte Wachstumsindustrien angesehen werden, haben ihr Wachstum tatsächlich bereits eingestellt. In jedem Fall liegt die Ursache für bedrohtes, gebremstes oder bereits zum Erliegen gekommenes Wachstum nicht in der Marktsättigung. Vielmehr ist Managementversagen die Ursache. Dieses Managementversagen hat seinen Ursprung ganz oben. Das Topmanagement ist nämlich letztlich für die breit angelegten strategischen Ziele und politischen Leitlinien eines Unternehmens verantwortlich und hat sich in seinen Positionen damit zu befassen. […]

Es ist einfach ein Ding der Unmöglichkeit, auch nur eine einzige Branche von einiger Bedeutung herauszugreifen, für die die magische Bezeichnung „Wachstumsindustrie" nicht irgendwann einmal gepasst hätte. […] Es hatte den Anschein, als ob es für das branchentypische Produkt keinen effektiven Ersatz gäbe und geben würde. Aber war es nicht selbst zu einem nicht mehr zu bremsenden Ersatz für jenes Produkt geworden, über das es selbst triumphiert hatte? Und so fiel auf all diese Branchen, eine nach der anderen, letztlich wieder Schatten. Betrachten wir uns ein paar weitere Beispiele: […]

Gemischtwarengeschäfte. Viele Leute können sich nur schwer ins Gedächtnis zurückrufen, dass es jemals eine blühende Handelsform gegeben hat, die man als „Laden an der Ecke" bezeichnen könnte. Mit Macht und Effektivität ist der Supermarkt an die Stelle der kleinen Gemischtwarenläden getreten. Die großen Lebensmittelketten der Dreißigerjahre entgingen nur knapp der totalen Vernichtung durch die aggressive Expansion der unabhängigen Supermärkte. Der erste wirkliche Supermarkt wurde 1930 eröffnet, in Jamaica (Long Island) im Großbezirk New York. 1933 gab es bereits florierende Supermärkte in Kalifornien, Ohio, Pennsylvanien und an anderen Stellen der Vereinigten Staaten. Dennoch ignorierten die etablierten Ketten diese Neuentwicklung mit unglaublicher Großspurigkeit. Und als sie sich anschickten, davon Notiz zu nehmen, dann mit lächerlichen Etikettierungen wie „billig", „vorsintflutlich", „Kramladen" und „unmoralischer Opportunismus".

Aus der Unternehmensspitze einer der großen Ketten kam damals folgende Verlautbarung:

„Man kann sich nur schwerlich vorstellen, dass die Leute meilenweit fahren, um Lebensmittel einzukaufen und dabei noch auf den Service, persönlich bedient zu werden, verzichten, den die Ketten perfektioniert haben und an den sich die Frau Kundin gewöhnt hat."

Und noch 1936 vertrat man auf der Jahrestagung der National Wholesale Grocers beim Kongress der New Jersey Retail Grocers Association die Ansicht, dass es nichts zu fürchten gäbe. Damals hieß es, dass die Supermärkte nur für den extrem preisbewussten Käufer interessant seien und ihren Markt dadurch selbst einengten. Die Supermärkte, so glaubte man, müssten sich ihre Käuferschichten aus einem Umkreis von vielen Meilen heranziehen. Und wenn Imitatoren das Feld mit ähnlichen Geschäftsformen betreten würden, wären mit unausweichlich sinkendem Geschäftsvolumen Konkursanmeldungen en gros die logische Konsequenz. Die damals hohen Umsätze der Supermärkte wurden zum Teil dem Reiz der Neuheit zugeschrieben. Grundsätzlich aber, und dessen war man sich sicher, wollten die Leute den bequemen Einkauf im Laden an der Ecke. Wenn die Ladeninhaber mit ihrer Kundschaft in unmittelbarer Nachbarschaft nur „mit ihrem Lieferanten kooperieren, ihre Kosten im Auge behalten und ihren Kundendienst weiter verbessern", dann würden sie in der Lage sein, der Konkurrenz standzuhalten, bis diese hinweggefegt sein würde.

Sie wurde niemals hinweggefegt. Vielmehr entdeckten die Ketten, dass ihr Überleben vom eigenen Einstieg ins Supermarktgeschäft abhängig war. Und damit wurde in großem Stil die Zerstörung ihrer riesigen Investitionen in die Gemischtwarenläden und in etablierte Vertriebswege und Verkaufsmethoden eingeläutet. Die Unternehmen, die „Mut zur Überzeugung" bewiesen, hielten resolut an der Gemischtwaren-Philosophie fest. Sie behielten ihren Stolz, verloren aber Kopf und Kragen. […]

In Wahrheit gibt es nach meiner festen Überzeugung so etwas wie eine Wachstumsindustrie überhaupt nicht. Es gibt nur Unternehmen, die so organisiert sind und so betrieben werden, dass sie Wachstumsmöglichkeiten schaffen und daraus Kapital schlagen. Industrien, die sich auf einer Rolltreppe des Wachstums wähnen, werden erleben, dass sie diese unweigerlich in die Stagnation hinabführt. Aus der Geschichte jeder heute toten oder im Sterben liegenden „Wachstums"-Industrie wird der Teufelskreis der Selbsttäuschung sichtbar, der durch starke Expansion und unerkannte Verfallserscheinungen gekennzeichnet ist. Es gibt vier Bedingungen, die ein Eintreten in diesen Teufelskreis im Allgemeinen garantieren:

Der Glaube, dass Wachstum durch eine expandierende und wohlhabender werdende Bevölkerung bereits sichergestellt ist.

Der Glaube, dass es für das Hauptprodukt des eigenen Industriezweigs keinen konkurrierenden Ersatz geben kann.

Das zu große Vertrauen in die Massenproduktion und in die Vorteilhaftigkeit rapide sinkender Stückkosten bei steigendem Output.

Die ausschließliche Beschäftigung mit einem Produkt, das sich für sorgfältig kontrollierte wissenschaftliche Experimente, Verbesserungen und Kostensenkungen im Herstellungsprozess anbietet. […]

So ändern sich die Zeiten […]

Quelle: Theodore Levitt: Marketing-Kurzsichtigkeit, Harvard Business Manager, Original: „Marketing Myopia", Harvard Business Review, 9/1/75

A

1 Erarbeiten Sie die hier von Levitt formulierte Aufgabe, die er dem Management eines Unternehmens zur Sicherung des Wachstums zuschreibt.

2 Erläutern Sie den von Levitt beschriebenen „Teufelskreis der Selbsttäuschung" und gehen Sie dabei auch auf die Bedingungen dieses Teufelskreises ein.

3 Nennen Sie ein aktuelles Beispiel für die hier angesprochenen Managementfehler.

Erster Neckermann-Katalog vom 1. April 1950

5.3 Marketing-Instrumente Produkt und Preis

Alles, was auf dem Markt als Objekt angeboten wird, gilt als Produkt: Gegenstände wie Gartenzwerge, Autos und Zahnbürsten, Dienstleistungen wie Reisen und auch der Haarschnitt beim Friseur. Aber auch Ideen und Organisationen können als Produkte gehandelt werden.

Internetseite von Neckermann vom 18. November 2011

Hauptziel der Produktpolitik eines Unternehmens ist es, dass die Käufer seine Produkte möglichst positiv beurteilen und kaufen. Um diese Zielsetzung zu unterstützen, gibt es verschiedene Möglichkeiten: Es fängt an bei der Gestaltung eines Produktes (z. B. Formen- und Farbgebung) und seiner Qualität. Zur Produktpolitik gehört aber auch die Überlegung, mit welchem Namen es auf den Markt kommen soll (Namenspolitik, Markierung).

Die Verpackung eines Produktes spielt so eine wichtige Rolle wie die Service- und Garantieleistungen, die ein Unternehmen anbietet, und selbst die Rückgabemöglichkeiten können für einen Kunden eine Entscheidungshilfe beim Kauf sein. Besonders wichtig ist es für die Produktpolitik eines Unternehmens, zum einen neue Produkte zu finden und die Qualität der auf dem Markt befindlichen Produkte zu verbessern und zum anderen für bestimmte Kundengruppen die Produkte zu differenzieren und schließlich den richtigen Zeitpunkt zu treffen, veraltete Produkte aus dem Markt zu nehmen, um keine Markteinbußen zu erleiden.
Für Produkte eines Unternehmens wird ein sogenannter Produkt-Lebenszyklus unterstellt, der folgenden idealtypischen Verlauf hat:
- Entwicklung,
- Einführung,
- Wachstum,
- Reife,
- Rückgang.

Lassen wir hier die Entwicklungsphase außer Betracht, dann gilt es in der Einführungsphase, das Produkt auf dem Markt bekannt zu machen. Das Produkt bringt zumeist noch Verluste.
In der Wachstumsphase steigen die Umsätze beträchtlich, das Produkt erzielt einen Marktdurchbruch, d. h., es wird der Punkt erreicht, wo Gewinne erzielt werden (Break-even-Point).
In der Reife- oder Sättigungsphase hält das Umsatzwachstum zwar noch an, es tauchen aber schon Konkurrenten mit Produktinnovationen auf, es beginnen Preiskämpfe. Die Marketing-Ausgaben zur Verteidigung der Marktposition eines Produktes steigen, die Gewinne beginnen abzubröckeln.
In der Phase des Rückgangs gehen Erträge und Umsätze rasch zurück, weil der Vergleich mit Konkurrenzprodukten am Markt negativ ausfällt. Es wird überlegt, ob ein „Relaunch" gemacht wird, d. h., ob das Produkt überarbeitet und verbessert werden soll, wie die Preisgestaltung zu verändern ist, ob das Design noch zeitgemäß ist und neue Werbekampagnen nötig werden.

def. **Break-even-Point:**
Ermittlung des Punktes, bei dem ein Unterschreiten zu Verlusten und das Überschreiten zu Gewinnen führt.

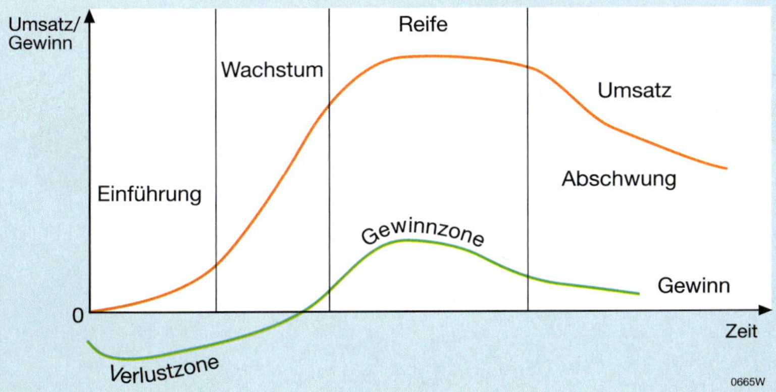

Produktlebenszyklus

Der Produktlebenszyklus ist insbesondere in technologiegetriebenen Branchen von hoher Bedeutung für die Gestaltung der Produktpalette eines Unternehmens. Entscheidend ist, dass nur Produkten in der Reifephase einen nennenswerten Gewinn erwirtschaften, um die Entwicklung und Einführung von nachfolgenden Produkten finanzieren zu können. Hinsichtlich der Einführung neuer Produkte ist außerdem relevant, dass oftmals Marktsegmente bedient werden sollen, die sehr schnell wachsen; man denke beispielsweise an den derzeitigen Konkurrenzkampf bei den Smartphones. Ein hoher Marktanteil ist für den Hersteller in mehrfacher Hinsicht von Vorteil: Die Investitionen zur Entwicklung und Markteinführung können auf eine größere Anzahl der produzierten Smartphones umgelegt werden. Außerdem wächst mit einem hohen Marktanteil auch die Marktmacht, um beispielsweise eigene technische Standards etablieren zu können.

i

BCG
= Boston Consulting Group, eine renommierte Unternehmensberatung

Ein Klassiker hinsichtlich der Gestaltung des Produktportfolios ist die BCG-Matrix. In Abhängigkeit von dem Marktanteil und dem Marktwachstum werden vier Felder unterschieden:

- Neu eingeführte Produkte werden als „Fragezeichen“ bezeichnet, weil die Erfolgsaussichten ungewiss sind.
- Die „Sterne“ stellen erfolgreiche eingeführte Produkte dar. Da sie sich aber in einem schnell wachsenden Marktsegment bewegen, sind weitere Investitionen notwendig, um den Marktanteil zu behaupten oder zu erweitern.
- Die sogenannten „Melkkühe“ ernähren das Unternehmen. Sie haben sich am Markt etabliert, und weil das Marktwachstum erlahmt, sind keine Folgeinvestitionen erforderlich.
- Die „armen Hunde“ werden noch so lange produziert, bis sie in die Verlustzone rutschen.

A

Untersuchen Sie, welche wichtigen Veränderungen in der Unternehmensstrategie es seit der „Geburtsstunde“ von Coca-Cola gegeben hat.

Der Marktanteil ist gering, das Marktwachstum zum Erliegen gekommen. In der BCG-Matrix werden die Produkte als Kreis eingetragen; die Größe des Kreises gibt Auskunft über den jeweiligen Gewinn.

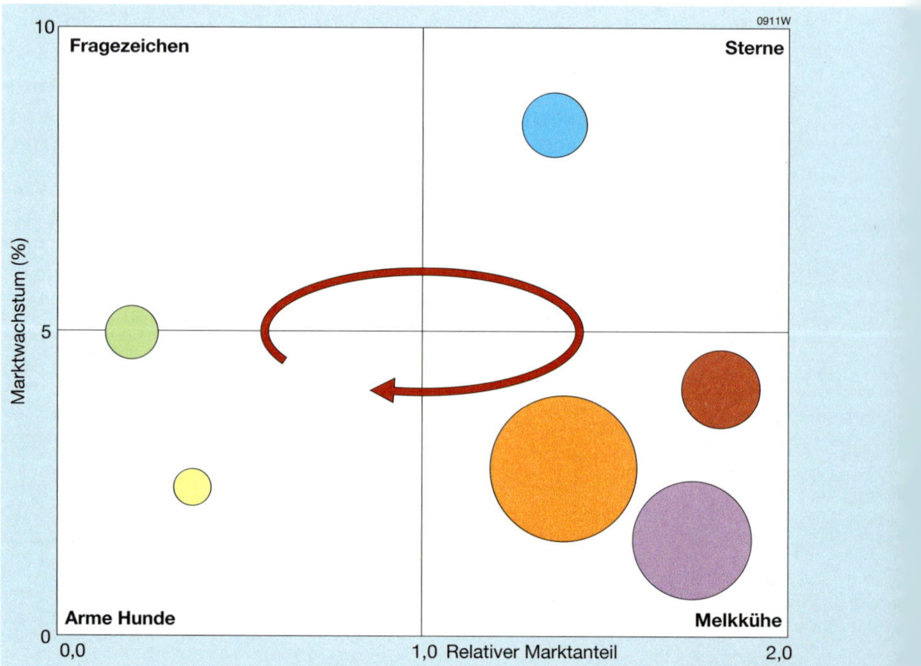

5.4 Marketing-Instrumente: Distribution und Kommunikation

Distribution
Produkte werden in der Regel nicht direkt vom Werk an die Konsumenten verkauft, sondern gelangen über sehr unterschiedliche Absatzkanäle an die Verbraucher (z. B. Handelsvertreter, Einzelhandelsunternehmen, Outlet-Stores, Internet).

def. **Outlet-Stores:**
Verkaufsstellen eines Unternehmens, in denen der Verkauf von Waren zumeist zu günstigeren Preisen erfolgt.

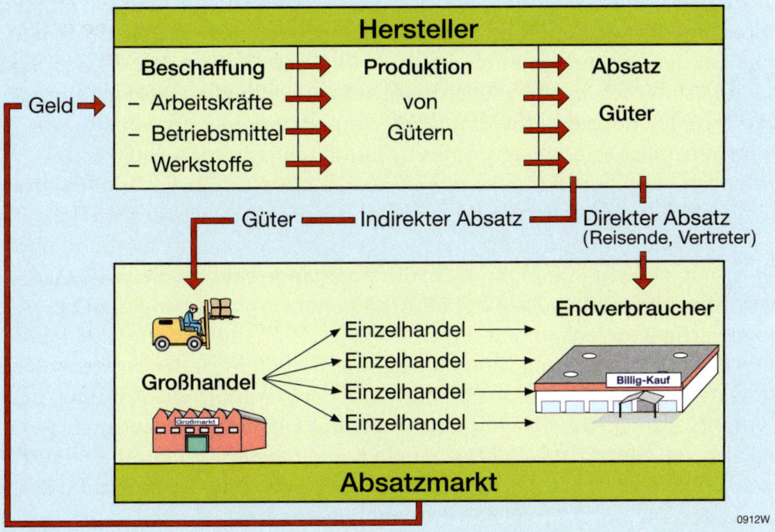

Distribution

Strategische Kommunikation – die Aufgabenfelder von PR-Agenturen
In der globalen Wirtschaft müssen sich Unternehmen, Marken, Produkte, Personen und Dienstleistungen gegen eine große Konkurrenz behaupten. Um aus der Fülle der Anbieter von Produkten und Dienstleistungen herauszustechen, ist es mittlerweile entscheidend, dass gleichzeitig mit dem Nutzwert eines Produktes oder einer Dienstleistung auch ein bestimmtes Image vermittelt wird. Der potenzielle Käufer/Nutzer soll so eine emotionale Bindung zum Produkt und letztendlich auch zum Unternehmen herstellen. Diese Entwicklung lässt sich auf nahezu alle Bereiche unserer Gesellschaft übertragen und gilt nicht nur für Unternehmen, sondern auch für Behörden, Parteien oder soziale Organisationen. Hier spielt die Werbung eine wichtige Rolle zur Vermittlung von Information und Image. Damit aber auch das Unternehmen in seiner Gesamtheit positiv wahrgenommen wird, reichen Marketingstrategien und Werbung allein nicht aus. Hier ist eine andere Art der Kommunikation gefragt: die gezielte PR-Kommunikation.

def. **Kommunikationspolitik:**
alle Maßnahmen eines Unternehmens mit dem Ziel, Informationen über das Angebot und über das Unternehmen zu vermitteln.

Die größten PR-Agenturen in Deutschland 2009

Rang 2009 (2008)	Agentur	Sitz	Honorar 2009 in Mio. Euro	Honorar 2008 in Mio. Euro
1 (1)	Ketchum Pleon	Düsseldorf	50,20	55,80
2 (2)	Media Consulta	Berlin	37,03	34,02
3 (4)	Hering Schuppener	Düsseldorf	26,95	25,65
4 (3)	Scholz & Friends PR Group	Berlin	26,03	24,84
5 (4)	fischerAppelt AG	Hamburg	25,75	26,80

In PR-Agenturen werden die Arbeitszeiten oft sehr flexibel gehandhabt …

Was sind Public Relations (PR)?
Der Begriff Public Relations bedeutet wörtlich „öffentliche Beziehungen". Dabei sind die öffentlichen Beziehungen von Unternehmen zu ihren Handelspartnern, zu ihren Kunden, zur allgemeinen Öffentlichkeit oder auch zu politischen Meinungsbildnern gemeint. Kommunikation ist im wirtschaftlichen Umfeld deshalb zu einem ganz eigenen Produktionsfaktor geworden und wird strategisch geplant und zielorientiert betrieben. Fast jedes größere Unternehmen hat mittlerweile eine Kommunikations- oder PR-Abteilung.
Da es aber immer wichtiger wird, auf den verschiedensten Ebenen mit ganz unterschiedlichen Zielgruppen zu kommunizieren, greifen viele Unternehmen auf das gebündelte Know-how von PR-Agenturen zurück. PR-Agenturen beraten Unternehmen bezüglich ihrer Außenwirkung, entwickeln Strategien und erstellen Konzepte für Maßnahmen, um das gewünschte Image, die ganz persönliche Personality eines Unternehmens an die jeweilige Zielgruppe zu transportieren und positiv zu beeinflussen. Ein wichtiger Begriff in diesem Zusammenhang ist die Corporate Identity, die Unternehmensphilosophie. Eine eindeutige Abgrenzung zwischen Marketing, Werbung und PR-Arbeit ist nicht immer möglich, die Übergänge sind oft fließend. Man kann aber sagen, dass Ziele der PR-Arbeit eher langfristig und qualitativ hochwertig angelegt sind und Werbung meist auf einen kurzfristigen und eher quantitativen Erfolg zielt. PR-Agenturen greifen bei der Umsetzung von Projekten auch auf klassische Instrumente der Werbung, wie Anzeigen oder TV-Spots, zurück. Der Schwerpunkt liegt aber auf anderen Instrumenten, z. B. in Form von Geschäftsberichten, Vorträgen mit Experten, Unternehmensfilmen, Charity-Veranstaltungen, Pressemitteilungen und -konferenzen, der Kontaktpflege mit Journalisten und Ähnliches mehr.

Wie sieht die tägliche Arbeit einer PR-Agentur aus?
Es gibt PR-Agenturen, die nur auf bestimmte Bereiche spezialisiert sind, wie den Finanzbereich (Financial Communication und Investor Relations) oder den IT/Technologie-Sektor. In der Regel bieten Agenturen aber die ganze Bandbreite von PR-Arbeitsfeldern an: Unternehmenskommunikation (Corporate PR), Marken- und Produkt PR (Brand & Consumer), Public Affairs/ Governmental Relations, Issues Management, PR für den Gesundheitssektor (Healthcare) oder auch für die Unterhaltungsbranche (Entertainment/Broadcast). Wie sieht ein typischer Arbeitsablauf in einer PR-Agentur aus? Dazu eine Fallstudie bzw. Projektdokumentation:

Case Study Trusted Shops: Gefragtes Produkt und gute PR machen Kölner Gütesiegelaussteller zur unbestrittenen Nummer eins in Europa

Die Trusted Shops GmbH bietet ein Gütesiegel für Onlineshops, das sich vor denen der Wettbewerber unter anderem durch einen umfassenden Käuferschutz in Problemfällen auszeichnet. Dieser tritt beispielsweise dann ein, wenn ein Onlinehändler den Kaufpreis einer zurückgegebenen Ware nicht erstattet oder auf Vorkasse keine Lieferung erfolgt.
Durch kontinuierliche PR-Arbeit etabliert sich das Trusted Shops Gütesiegel bei Verbrauchern als Vertrauenskatalysator und wird somit auch für Onlinehändler obligat.

Die Aufgabenstellung:
Das Unternehmen ist im Jahr 2004 bereits Marktführer in Europa mit damals über 900 zertifizierten Mitgliedsshops. Der Vorteil des Siegels, sicheres On-

lineshopping mit Käuferschutz, ist zu diesem Zeitpunkt im allgemeinen Bewusstsein jedoch noch nicht tief verankert – und auch von den Medien werden Gütesiegel eher als „Beiwerk“ wahrgenommen. Vor diesem Hintergrund beschließt das Unternehmen, prdienst.de mit der Erstellung eines Konzeptes für die Durchführung kontinuierlicher PR-Maßnahmen zu beauftragen.

Schwerpunktmäßig soll die Bekanntheit des Gütesiegels von Trusted Shops bei den Verbrauchern gesteigert und ihnen die Besonderheit und der Nutzen verdeutlicht werden. Die Medien sollen ihren Lesern empfehlen, bei der Wahl eines Shops auf das Gütesiegel zu achten. Durch eine positive Berichterstattung in der Publikumspresse soll implizit auch die Zielgruppe der Händler angesprochen werden.

Eine weitere Aufgabe besteht darin, den Marktführer Trusted Shops auch als Meinungsführer für Internet-Gütesiegel und das sichere Onlineshopping zu etablieren. Aus diesem Grund ist es wichtig, dass die Aktivitäten ebenfalls einen Widerhall in wichtigen Fachmedien finden.

Quelle: www.prdienst.de/case-studies/casestudy_prdienst_trustedshops.pdf, 20.01.2011

A

Erläutern Sie, warum von der PR-Kampagne die Trusted Shops GmbH und die zertifizierten Online-Shops profitieren.

Marketing-Mix

Sie haben verschiedene Instrumente des Marketing kennengelernt. Die Aufgabe der Unternehmensführung besteht darin, diese Marketing-Instrumente zu koordinieren und mit den anderen betrieblichen Funktionsbereichen zu verknüpfen. Die Bezeichnung „Marketing-Mix“ bedeutet, dass es darauf ankommt, Instrumente so aufeinander abzustimmen, dass die unternehmerischen Ziele erreicht werden.

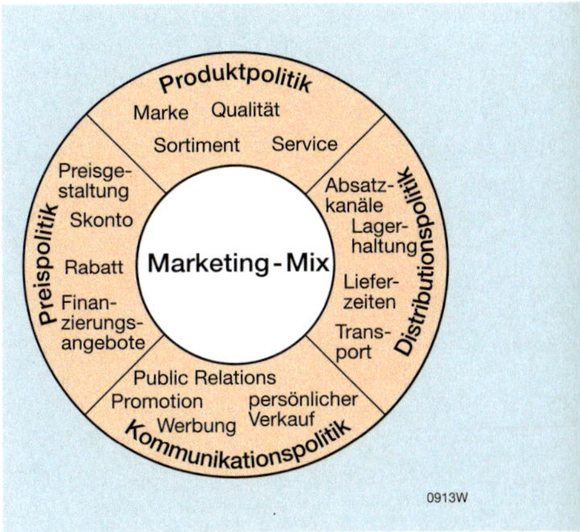

Aus der Sicht der Unternehmensleitung ist dies ein komplexer Entscheidungsprozess mit einem schwer vorhersagbaren Ergebnis. Es spielen auch intuitive Aspekte eine Rolle: Unternehmen versuchen, sich in den Markt „hineinzufühlen“ und Informationen aus den unterschiedlichsten Bereichen zu verbinden, und dennoch gibt es keine Erfolgsgarantie. Erfolgreiche Unternehmen unterscheiden sich von anderen auch dadurch, dass sie zuweilen bereit sind, Risiken einzugehen, obwohl die Ergebnisse herkömmlicher Planung dagegensprechen.

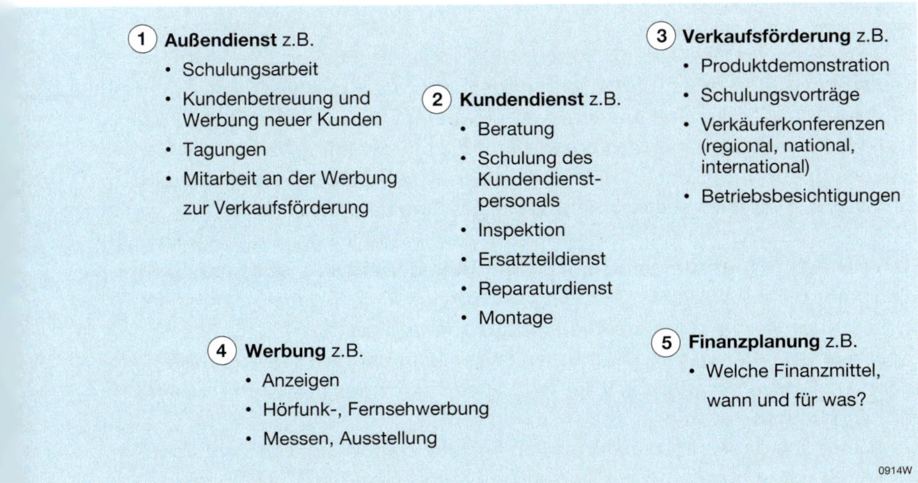

Marketing-Maßnahmenplan eines Unternehmens

6 Personal

6.1 Die Aufgaben des Personalwesens

Mittwoch 17.04.2010, Dienstbesprechung in der Personalabteilung der Meier-Papier-AG.
Der Abteilungsleiter, Herr Lahn, bespricht mit seinen Kollegen die aktuellen Aufgaben.

Herr Lahn: Wir müssen wieder neue Ausbildungsplätze ausschreiben. Im Vergleich zum letzten Jahr haben sich die Zahlen leicht verändert: Wir benötigen eine Ausbildungsstelle zum technischen Zeichner, zwei Industriemechaniker, einen Prozessleitelektroniker, drei Ausbildungsplätze zum Industriekaufmann sowie einen Industrieelektroniker. Es wird keine Ausbildungsplätze zum Papiermacher in diesem Jahr geben. Die Qualifikationsanforderungen bleiben die gleichen wie im letzten Jahr.
Frau Menke, bitte veranlassen Sie die notwendigen Schritte. Darüber hinaus werden wir erstmals zwei Ausbildungsplätze zum Fachinformatiker im Bereich Netzwerk- und Systembetreuung anbieten. Die technische Abteilung hat uns das Anforderungsprofil zukommen lassen. Bitte erstellen Sie eine entsprechende Anzeige.

Frau Menke: Wird gemacht. Gehen wir mit den letztgenannten Stellen auch in die überregionale Presse?

Herr Lahn: Auf alle Fälle! In diesem Zusammenhang: Sind die Stellenausschreibungen für die Netzadministratoren am kommenden Wochenende platziert?

Frau Menke: Selbstverständlich, wie besprochen in den großen überregionalen Tageszeitungen. Wir haben die Bewerbungsgespräche auf den 18.06. terminiert. So werden wir noch genug Zeit zur Auswertung der Bewerbungsunterlagen haben.

Herr Lahn: Gut. Und denken Sie daran, die Stellen auch intern auszuschreiben! Ein weiterer wichtiger Punkt, über den wir sprechen müssen, sind die notwendigen Qualifizierungsmaßnahmen im Rahmen der Reorganisation unseres Unternehmens. Herr Fitz, wie weit sind wir in den Planungen?

Herr Fitz: Nun, was die technischen Umstellungen in unserem Werk angeht: Hier stehen die Termine für die Schulungen, und die Mitarbeiter sind bereits informiert. Ansonsten haben wir für den IT-Bereich einen ersten Schulungsbedarfsplan aufgestellt, allerdings wird eine konkrete Planung erst möglich sein, wenn endgültig über das zu verwendende technische System entschieden wurde. Dies wird aber wohl bis Ende des Monats der Fall sein.

Herr Lahn: Und nun zum unerfreulichsten Thema: Der neue Personalbedarfsplan steht fest, und er weist aus, dass wir trotz unserer Expansionspläne im kommenden Jahr in den Bereichen Produktion und Vertrieb insgesamt 70 Stellen einsparen müssen. Wir müssen in den kommenden zwei Wochen einen Sozialplan ausarbeiten. Dies wird auch Thema des nächsten Treffens mit dem Betriebsrat sein.
Noch eins: Ich danke allen ausdrücklich auch im Namen der Geschäftsleitung dafür, dass die Umsetzung der letzten Tarifvereinbarungen so reibungslos vonstatten gegangen ist.

A

1 Stellen Sie die hier angesprochenen Aufgaben im vorgestellten Unternehmensbereich zusammen.

2 Zeigen Sie Verknüpfungen zu anderen Abteilungen des Unternehmens auf.

Die Aufgaben des Personalswesen sind so umfangreich wie vielfältig. Denkt man in erster Linie an die bloße Einstellung von Arbeitnehmern, so ist damit noch eine Fülle von Arbeiten verbunden, die es im Voraus wie im Nachhinein zu bewältigen gilt.

Das personalwirtschaftliche Problem, welches sich einem Unternehmen stellt, liegt v. a. in der bedarfsgerechten Planung von menschlicher Arbeit. Es müssen jederzeit ausreichend Arbeitnehmerinnen und Arbeitnehmer zur Verfügung stehen, um den reibungslosen Produktionsprozess und die Erbringung der Dienstleistungen im Unternehmen zu gewährleisten.

Die Personalplanung zählt entsprechend zu den wichtigsten Aufgaben im Personalwesen. Damit einher geht die Entwicklung von Prognosen über den langfristigen Personalbedarf des Unternehmens und die Einleitung entsprechender Maßnahmen, um Mitarbeiterinnen und Mitarbeiter mit den erforderlichen Qualifikationen zu gewinnen.

In diesem Zusammenhang muss sich das Personalwesen selbstverständlich auch mit der Förderung und Qualifizierung der vorhandenen Mitarbeiterinnen und Mitarbeiter befassen, damit ihre Fähigkeiten den sich verändernden Anforderungen entsprechen.

Und auch der Abbau von Personal im Falle von Überkapazitäten zählt zu den zumeist unerfreulichen Aufgaben des Personalwesens. Dieser sollte sozial gerecht und – soweit möglich – unter Vermeindung von sozialen Härten erfolgen, was nicht immer zu realisieren ist.

Die Kontrolle von Personalkosten und die Steuerung dieser Kosten stellt ein weiteres Aufgabenfeld des Personalwesens dar.

Darüber hinaus erfolgt eine Beurteilung beim Ausscheiden eines Unternehmensmitgliedes.

Ziele des Personalwesens:

1. **Wirtschaftliche Ziele**
   Hierzu zählen z. B.
   - die effiziente Beschaffung, Bereitstellung und Erhaltung der benötigten Arbeitskraft sowie
   - die Freisetzung von Personal bei fehlendem Bedarf.

2. **Soziale Ziele**
   Diese beziehen sich auf die Dimension der Unternehmung als ein soziales System. Erwartungen, Bedürfnisse, Interessen und Forderungen der Mitarbeiterschaft bezüglich der materiellen wie auch immateriellen Verbesserungen am Arbeitsplatz formen diese Ziele.

   Zu den sozialen Zielen zählen z. B.
   - eine gute und leistungsgerechte Bezahlung,
   - die Sicherheit des Arbeitsplatzes,
   - eine angemessene Altersvorsorge,
   - die Verbesserung der sozialen Kontaktmöglichkeiten sowie
   - die Bereitstellung von Möglichkeiten zur persönlichen Weiterqualifizierung.

A

Erläutern Sie die hier formulierten wirtschaftlichen und sozialen Ziele des Personalwesens an konkreten Beispielen.

6.2 Personalbeschaffung

Unternehmen benötigen für den Produktionsprozess oder die Erbringung von Dienstleistungen Personal. Dieses im ausreichenden Umfang bereitzustellen, ist die Aufgabe des Personalwesens. Die Personalbeschaffung hat zwei Möglichkeiten, dies zu realisieren:

1. **innerbetriebliche Personalbeschaffung**
   Diese setzt einen betriebsinternen Arbeitsmarkt voraus. Im Rahmen der innerbetrieblichen Personalbeschaffung kann kurzfristig der Personalbedarf durch Mehrarbeit gedeckt werden. Langfristig bietet sich die Möglichkeit durch Versetzungen im Unternehmen.
2. **externe Personalbeschaffung**
   Zu den externen Maßnahmen zählen das Personalleasing sowie Neueinstellungen. Das Personalleasing wird oftmals über Zeitarbeitsfirmen abgewickelt (vgl. Abschnitt 6.5). Vorteile sind in der schnellen Beschaffung, dem geringen Risiko einer Fehleinstellung und der Vermeidung einer Auseinandersetzung nach Ablauf der Beschäftigungszeit zu sehen. Ein Hauptkritikpunkt (v. a. der Gewerkschaften) ist die Gefahr einer stetigen Reduzierung der Stammbelegschaften von Unternehmen.

Es existieren unterschiedliche Wege für ein Unternehmen, auf seinen Personalbedarf aufmerksam zu machen. Hierzu zählt primär die Stellenausschreibung (intern wie extern). Diese kann herkömmlich in regionalen wie auch überregionalen Zeitungen erfolgen, vermehrt stellt allerdings das Internet eine interessante Plattform für die Rekrutierung von Personal dar. Auf diesem Weg kann das Unternehmen zudem schon im ersten Bewerbungsschritt die Fähigkeit und Bereitschaft des Bewerbers testen, sich mit den heute auch in vielen Arbeitsprozessen so bedeutenden Informations- und Kommunikationstechnologien auseinanderzusetzen.

Die Vorteile, die eine interne Rekrutierung von Mitarbeitern oder eine Übernahme von eigenen Auszubildenden mit sich bringen, sind in den geringen Beschaffungskosten und der schnellen Stellenbesetzung zu sehen, jedoch ist das Angebot geringer als auf dem externen Arbeitsmarkt. Externe Einstellungen bieten zudem den Vorteil von neuen Impulsen für das Unternehmen.

An dieser Stelle muss deutlich erkannt werden: Arbeitgeber und Arbeitnehmer verfolgen verschiedene Interessen und verfügen über unterschiedliche Informationen. Mit den daraus resultierenden Problemen befasst sich der Prinzipal-Agent-Ansatz in der Betriebwirtschaftslehre.

def.

Prinzipal:
Arbeitgeber, Eigentümer

Agent:
der abhängig Beschäftigte, der auf Anweisung des Prinzipals zu handeln hat

Ein kurzes Beispiel: Ein Arbeitgeber hat i. d. R. nicht die Möglichkeit, im Rahmen eines Vorstellungsgespräches die zukünftige Arbeitsbereitschaft des Bewerbers zu ermitteln. Er ist hier auf die ihm gelieferten Informationen angewiesen. Der Bewerber wiederum wird versuchen, sich „im besten Licht" darzustellen, um die Anstellung zu bekommen. Gleichzeitig kann er jedoch nicht sicher sein, ob die im Gespräch angekündigten Fortbildungsmöglichkeiten o. Ä. später tatsächlich ergriffen werden können oder nur dazu dienen, möglichst viele Bewerber zu erreichen.

Der sogenannte Prinzipal-Agent-Ansatz untersucht nun, mithilfe welcher Institutionen in Form von Verträgen, Normen u. Ä. entsprechende Dilemmastrukturen abgemildert werden können. So stellt z. B. die gesetzliche Vorschrift einer Probezeit mit der Möglichkeit für beide Seiten, das Arbeitsverhältnis kurzfristig zu beenden, eine solche Institution dar.

Beispiel für eine Methode der Personalbeschaffung: das Assessment Center

Auf eine Jobanzeige in einer der großen überregionalen Zeitungen bewerben sich schon mal bis zu 500 Menschen. Dies zeigt, mit welcher Menge unterschiedlicher Bewerber die Personalchefs einzelner Unternehmen konfrontiert werden können. Da bleibt nicht viel Zeit, um sich jedem Kandidaten und jeder Kandidatin einzeln in Ruhe zu widmen.
Die Methode des Assessment Centers bietet hier eine Reihe von Vorteilen: Durch die Vielseitigkeit der Übungen wird ein gewisses Maß an Arbeitsrealität simuliert. Die Bewerber können aktiv von ihren Fähigkeiten überzeugen und berichten nicht nur darüber. Durch die gleichzeitige Beobachtung mehrerer Kandidaten kann eine objektivere Wahl für eine Person gefällt werden. Auch für die Bewerber ergeben sich Vorteile: Sie können überprüfen, ob die Anforderungen, die an sie gestellt werden, mit ihren Neigungen und Interessen übereinstimmen. Zudem bekommen sie durch ein Feedback-Gespräch am Ende eine externe Beurteilung ihrer Stärken und Schwächen.

Ein Assessment Center kann zwischen ein bis drei Tagen dauern und wird mit bis zu zwölf Bewerbern durchgeführt. Hinzu kommen ein bis zwei Moderatoren, die durch die Veranstaltung führen, die Aufgaben erklären sowie vier bis sechs „Beobachter", die die einzelnen Kandidaten bei der Bearbeitung der Aufgaben begutachten.
Bei den gestellten Aufgaben kann es sich um Interviews, Tests, Gruppendiskussionen, Rollenspiele oder Fallstudien handeln. In relativ kurzer Zeit wird so eine große Bandbreite von Fähigkeiten abgefragt, z. B.: Welche analytischen Fähigkeiten bringt ein Bewerber mit? Wie ist sein kommunikatives Verhalten? Präsentiert er sich als Teamplayer oder als Einzelgänger? Wie geht er mit Stresssituationen um?
Auf ein Assessment Center kann man sich mit speziellen Büchern gezielt vorbereiten und trainieren. Je öfter man bestimmte Aufgaben durchspielt, umso besser wird man mit der Zeit. Darüber hinaus sollte man sich ausführlich mit dem jeweiligen Unternehmen und dem Profil der ausgeschriebenen Stelle beschäftigen.
Am besten notiert man sich relevante Verhaltenskriterien, auf die man während des Assessment Centers besonders achten muss.

Mögliche Bestandteile eines Assessment Centers

— **Postkorb-Übung**
  Aufgabe: Eine Reihe von Dokumenten/Schriftstücken sichten und sortieren. Sortiert werden muss nach Wichtigkeit, Dringlichkeit oder danach, ob es weitergegeben werden kann. Um realistisch nah am Arbeitsalltag zu sein, ist die Aufgabe in der Regel so entworfen, dass die Menge der Dokumente in der vorgegebenen Zeit gar nicht vollständig zu erledigen ist.
  Ziel: Der Bewerber soll demonstrieren, dass er Prioritäten richtig setzen und unter Zeitdruck wichtige Entscheidungen treffen kann.

— **Fallstudien**
  Aufgabe: schriftliche Lösung eines bestimmten Problems aus dem konkreten Arbeitsumfeld. Dabei könnte es z. B. darum gehen, dass sich Kunden des Unternehmens über die schlechte Qualität eines Produkts beschwert haben. Der Bewerber muss nun entscheiden, was zu tun ist.
  Ziel: Hier werden Fachwissen und Belastbarkeit, analytisches Denkvermögen und Auffassungsgabe überprüft.

def.
assessment (engl.): Beurteilung, Einschätzung, Bewertung, Beurteilung von Bewerbungskandidaten eines Unternehmens.

i
Das Assessment Center ist ein spezielles Auswahlverfahren für neue Mitarbeiterinnen und Mitarbeiter. Nach Vorauswahlverfahren werden in mehrtägigen Veranstaltungen unterschiedliche Fertigkeiten und Fähigkeiten mithilfe spezifischer Aufgabenstellungen getestet.
Das Assessement Center dient als eignungsdiagnostisches Verfahren, um insbesondere Verhaltensweisen und Verhaltensdefizite gleichzeitig von mehreren Beobachtern einschätzen zu lassen.
Die Organisation solcher Assessment Center hat viele Vorteile, ist jedoch gleichzeitig mit einem hohen Organisations- und Kostenaufwand verbunden.

Q

Der „gute“ Chef?

Die wichtigste Aufgabe eines Chefs besteht in der Motivierung seiner Mitarbeiter. Er muss sie aufbauen, wenn sie niedergeschlagen sind, und sie aufrütteln, wenn sie sich auf ihren Lorbeeren ausruhen.“ „Motivation ist Chefsache! Sie müssen Menschen führen, und das heißt in erster Linie, sie zu Bestleistungen zu motivieren. Ihre Instrumente dafür sind Lob und Kritik. Zu viel Lob aber verfehlt die Wirkung, weil der Gelobte es sich auf seinen Lorbeeren bequem macht. Zu harte Kritik lähmt nur; jegliche Motivation geht verloren.

Quelle: Gablers Magazin, 06.07.1993, „Was gute Chefs auszeichnet“, S. 58 ff.

6.3 Personalführung und -beurteilung

Führungsstile und -techniken

Durch die Personalführung muss es gelingen, Engagement, Leistung und Zufriedenheit der Mitarbeiterinnen und Mitarbeiter bei der Arbeit zu fördern. Eine gute Führungsarbeit zeichnet sich dadurch aus, dass die Führungskraft jeweils die entscheidende Verantwortung trägt, eine eigenverantwortliche und unternehmerische Grundhaltung von Vorgesetzten und Mitarbeitern existiert, Mitarbeitergespräche geführt werden, die Kommunikation partnerschaftlich geprägt ist und Verantwortung auch delegiert wird.

Der Stil einer Führungskraft ist dabei entweder patriarchalisch („väterlich“, familiär, sozial u. Ä.), kooperativ (z. B. hält man viel von seinen Mitarbeitern und vertraut ihnen, ist teambezogen), autoritär (streng, anordnend, befehlend u. Ä.) oder bürokratisch (z. B. handelt nach Vorschriften, hält sogenannte Dienstwege ein).
Einige Beispiele:

- Der Betriebsinhaber genehmigt einem langjährigen Angestellten einen halben Tag Sonderurlaub, um private Dinge erledigen zu können; einem jungen Angestellten wird der Sonderurlaub bei gleichem Anliegen verwehrt, da sich der Firmeninhaber nicht sicher ist, ob ihm ein solches Entgegenkommen gebührend gedankt wird.
- Es ist die Einführung eines neuen Produktionsverfahrens beabsichtigt. Sämtliche Meister werden um Rat gebeten.
- Der Geschäftsführer verfügt die sofortige Erledigung einer von ihm für dringlich gehaltenen Aufgabe.
- Der Bürovorsteher verweist aufgrund der Bedenken eines Sachbearbeiters auf die Anordnung des Abteilungsleiters.

nach: Rudolf Hambusch, Ralf Schmalohr: Wirtschaftsinformatik – Organisationslehre für Schule und Beruf, 6. Auflage, Darmstadt, 1995

Führungsprinzipien

Es gibt unzählige Management-Prinzipien, wobei im Kern die folgenden grundsätzlichen Techniken unterschieden werden können:

1. **Führen nach dem Ausnahmeprinzip (Management by Exception)**
   Die Mitarbeiter erhalten für abgegrenzte Aufgabenfelder Entscheidungsfreiheit und Vorgesetzte greifen nur in Ausnahmefällen ein.

2. **Führen durch Delegation von Verantwortung (Management by Delegation)**
   Die Mitarbeiter erhalten für bestimmte Bereiche Entscheidungsfreiheit und übernehmen die Verantwortung.

3. **Führen durch Zielvereinbarung (Management by Objectives)**
   Die Führungskraft gibt Ziele vor oder entwickelt sie zusammen mit den Mitarbeitern. Die Mitarbeiter bestimmen die Mittel zur Zielerreichung selbst und tragen dafür auch die Verantwortung.

Die mögliche Realisierung der Führungsprinzipien ist von zahlreichen Faktoren abhängig. Dies betrifft beispielsweise das Geschäftsmodell des Unternehmens und die Hierarchieebene, auf die das Führungsprinzip angewendet werden soll.

A

1 Erörtern Sie mögliche Vor- und Nachteile der angeführten Führungsprinzipien.

2 Ist der respektvolle Umgang mit Mitarbeitern nur ein ethisches Gebot? Begründen Sie Ihre Antwort.

Das Arbeitszeugnis
Spätestens wenn ein Mitarbeiter das Unternehmen verlässt, besteht ein Anrecht auf ein Arbeitszeugnis. Oftmals werden aber auch Zwischenzeugnisse geschrieben, wenn z. B. unternehmensintern in eine andere Abteilung mit einer anders besetzten Abteilungsleitung gewechselt wird. Das Arbeitszeugnis ist damit der Ausdruck der Personalbeurteilung.

Ein gutes Arbeitszeugnis sollte wahrheitsgemäß und von Wohlwollen geprägt sein. Der Arbeitgeber darf einem aus dem Unternehmen scheidenden Angestellten keine Steine in den Weg legen. Daher gibt es keine direkten negativen Formulierungen in Arbeitszeugnissen. Die Personalverantwortlichen haben aber ihre ganz eigene „Geheimsprache" entwickelt, um auch negative Beurteilungen positiv zu verpacken.

Wenn man also ein Zeugnis erhält, sollte man es auf bestimmte Kriterien überprüfen: Sind alle erforderlichen Bausteine enthalten? Auch eine fehlende Aussage lässt gewisse Rückschlüsse zu. Wie ausführlich sind die jeweiligen Bausteine oder enthalten sie nur oberflächliche Informationen? Das Ausstellungsdatum des Zeugnisses muss mit dem Kündigungsdatum übereinstimmen, und in einem gutem Zeugnis muss dem Arbeitnehmer für seine Leistungen gedankt und ihm „weiterhin" viel Erfolg gewünscht werden. Sonst sieht es danach aus, als wären bislang keine Erfolge zu verzeichnen gewesen.

Jedes Arbeitszeugnis hat also ein einheitliches Format, in dem die folgenden Bausteine enthalten sein sollten:

1. **Einleitung**
   Hier wird beschrieben, wer, wann und wo gearbeitet hat.

2. **Beschreibung der Position und der Aufgaben**
   Hier geht es um die spezielle Position, den Status im Unternehmen, die betreuten Projekte und die Verantwortungsbefugnisse des Arbeitnehmers. Dabei wird die wichtigste Aufgabe zuerst genannt.

3. **Beurteilung der erbrachten Leistung und eventuelle besondere Erfolge**
   Hier werden u. a. die persönliche Motivation, die Arbeitsbereitschaft, die Belastbarkeit, das Denkvermögen, Fachwissen, die persönliche Arbeitsweise und die erreichten Erfolge des Arbeitnehmers beurteilt.

4. **Führungsleistungen**
   Bei Führungspositionen werden hier die Mitarbeiterzufriedenheit, die Zahl der Mitarbeiter, die Leistungen der Abteilung usw. aufgeführt.

5. **Beurteilung des Sozialverhaltens**
   Hier geht es um soziale Kompetenzen, wie Vertrauenswürdigkeit, Durchsetzungsfähigkeit, den Umgang mit Vorgesetzen und Kollegen, das Verhalten zu Externen, wie Kunden und Dienstleistern.

6. **Schlusssatz**
   Hier wird der Grund aufgeführt, aus dem das Arbeitsverhältnis beendet wird, z. B. aus betriebsbedingten Gründen oder auf eigenen Wunsch. Eine Dankes- und Bedauernsformel sowie Zukunfts- und Erfolgswünsche dürfen genauso wenig fehlen wie Ausstellungsdatum und Unterschrift.

i

Formulierungen in Arbeitszeugnissen

Frau/Herr XY hat die ihr/ihm übertragenen Aufgaben
„… stets zur vollsten Zufriedenheit erledigt." = sehr gute Leistung

„… stets zur vollen Zufriedenheit erledigt." = gute Leistung

„… zu unserer vollen Zufriedenheit erledigt." = befriedigende Leistung

„… im Großen und Ganzen zu unserer Zufriedenheit erfüllt." = mangelnde Leistung

„… ordnungsgemäß erledigt." = mangelhafte Leistung

„… hat sich bemüht, die ihr/ihm übertragenen Aufgaben zu unserer Zufriedenheit zu erledigen." = unzureichende Leistung

1. Einleitung
Sie enthält Namen, Geburtsdatum, Beschäftigungszeitraum und Position des Beschäftigten.

2. Kurzbeschreibung des Unternehmens
Das Unternehmen stellt sich kurz vor und beschreibt Branche und Produkte.

3. Beschreibung des Verantwortungs-/Aufgabenbereichs
Die Aufgabenbeschreibung im Zeugnis sollte derjenigen im Lebenslauf entsprechen.

4. Leistungsbeurteilung
Beurteilung: sehr gut („stets zu unserer vollsten Zufriedenheit", „stets schnell selbstständig einarbeiten", „vereinbarte Ziele … noch übertroffen")

5. Sozialverhalten
Beurteilung: sehr gut („freundliches Wesen", „gleichermaßen beliebt und geschätzt")

6. Schlussformulierung
Die Schlussformulierung enthält Bedauern, Dank und Wünsche für die Zukunft.
Beurteilung: gut („bedauern", „erfolgreiche Arbeit", „jederzeit gute Zusammenarbeit")

7. Ort, Datum, Unterschrift

Arbeitszeugnis

Herr Dominik Schröder, geboren am 3. Juli 1984, war vom 1. Dezember 2005 bis zum 30. Juni 2010 als Programmierer in unserem Unternehmen beschäftigt.

Die Software-Muster AG gehört zu den weltweit führenden Anbietern von Softwarelösungen und Dienstleistungen. Das Unternehmen unterstützt seine Kunden von der Entwicklungsphase bis zur Marketing- und Vertriebsphase der Produkte im Internet, auf Messen oder am Point of Sale. Gegenwärtig beschäftigt die Software-Muster AG rund 2.850 Mitarbeiter. Der Sitz des Unternehmens ist Basel.

Die Tätigkeit von Herrn Schröder umfasste vor allem die Programmierung einer PC-Host-Schnittstelle mit C++. Zu seinem Aufgabenbereich gehörte insbesondere:
- die Evaluation und Analyse des bestehenden Workflows und das Erstellen und Umsetzen von Verbesserungsvorschlägen
- die eigenverantwortliche Planung der PC-Host-Schnittstelle
- die Programmierung der PC-Host-Schnittstelle mit C++
- die Dokumentation der PC-Host-Schnittstelle
- die Betreuung der Anwendertests
- der Support der neuen Schnittstelle

Herr Schröder erledigte die ihm übertragenen Aufgaben stets zu unserer vollsten Zufriedenheit. Auch in komplizierte Problemstellungen konnte er sich stets schnell selbstständig einarbeiten. Die vereinbarten Ziele hat Herr Schröder auch unter schwierigsten Bedingungen zumeist noch übertroffen.

Herr Schröder war wegen seines freundlichen Wesens und seiner kollegialen Haltung bei Vorgesetzten und Mitarbeitern gleichermaßen beliebt und geschätzt.

Das Ausscheiden von Herrn Schröder bedauern wir sehr und danken ihm für die geleistete, erfolgreiche Arbeit und jederzeit gute Zusammenarbeit. Für die Zukunft wünschen wir Herrn Schröder beruflich und persönlich alles Gute.

Oldenburg, 30.09.2010

6.4 Ein wachsendes Problem: Mobbing

Anke arbeitet in einem mittelständischen Unternehmen in der Marketingabteilung. Sie hat zwei Kolleginnen und zwei Kollegen, mit denen sie eng zusammenarbeitet. Ihr Chef ist viel unterwegs und hat so wenig Einblick in die tagtägliche Arbeit seines Teams.

Anke kommt mit ihren Aufgaben gut zurecht, sie hat zu den meisten Kollegen ein gutes Verhältnis und auch ihr Chef ist sehr zufrieden mit ihrer Arbeit. Aber eine Kollegin aus ihrem Team hat es richtig auf sie abgesehen. Sie enthält ihr oft wichtige Informationen vor, leitet Telefonanrufe nicht weiter und verhält sich auch sonst sehr unkollegial – allerdings meistens, wenn sonst niemand anwesend ist.

Der Weg ins Büro am Morgen fällt Anke immer schwerer. Diese konsequente Sabotage wirkt sich sogar auf ihre Arbeit aus. Anke entschließt sich, einen Termin für ein Gespräch mit ihrem Chef auszumachen. Sie erzählt ihm ihr Problem. Ihr Chef reagiert etwas distanziert. Er fragt sie detailliert nach dem „Sabotage"-Verhalten der Kollegin aus. Anke kommt es im Gespräch langsam selbst so vor, als würde sie überreagieren. Die Gemeinheiten ihrer Kollegin hören sich auf einmal wie Lapalien an, und sie kann nicht mehr jede kleine Begebenheit detailliert wiedergeben. Ihr Chef verspricht ihr, ein Auge auf die Kollegin zu werfen und verhält sich erst einmal passiv. Es ändert sich nichts.

Solche Begebenheiten ereignen sich im tagtäglichen Büroalltag nur allzu häufig und sie werden heute als „Mobbing" bezeichnet. Mobbing gibt es schon so lange, wie Menschen miteinander arbeiten. Den Namen Mobbing erhielt das Phänomen durch den schwedischen Arbeitspsychologen Heinz Leymann, der in einer Studie den gezielten Psychoterror am Arbeitsplatz untersucht hat.

def.
to mob (engl.):
bedrängen, belagern

Welches Ausmaß das Mobbing-Problem mittlerweile hat, wird daran deutlich, dass die Bundesanstalt für Arbeitsschutz und Arbeitsmedizin einen eigenen Mobbing-Report herausgebracht hat. Demnach werden mehr als 800.000 Arbeitnehmer in Deutschland konsequent schikaniert. Das aggressive Verhalten unter Kollegen ist auch für den Arbeitgeber ein großes Problem. Durch Leistungsabfall, Krankheiten und Jobwechsel entstehen hohe Kosten. Dabei kann es jeden treffen, die Opfer sind nicht immer Außenseiter, sondern auch Führungspersonen und erfolgreiche Mitarbeiter.

Die Opfer sollten Tagebuch führen, um genau schildern zu können, wann es zu welchen Schikanen gekommen ist. Oft scheitert eine Beschwerde oder sogar eine Anzeige daran, dass die Opfer nicht detailliert schildern können, was alles passiert ist. Hierzu gehören auch gegebenenfalls vorliegende Bescheinigungen vom Arzt oder Therapeuten.

Vor der Klage steht die Beschwerde, am besten zuerst beim Betriebsrat oder beim direkten Vorgesetzten. Einen Ausweg kann auch ein Aufhebungsvertrag bieten, bei dem idealerweise eine Abfindung vereinbart wird. Manchmal ist es besser, nicht bis aufs Äußerste an einem Arbeitsvertrag festzuhalten. Denn Psychostress – und nichts anderes ist Mobbing – macht krank. Da ist auch der beste Vertrag nichts wert.

6.5 Arbeitsformen im Wandel: das Beispiel Zeitarbeit

Die globale Vernetzung, der wachsende Einfluss neuer Informations- und Kommunikationstechnologien, die sich stetig verändernden Wünsche der Konsumenten u. v. m. erfordern für Unternehmen ein hohes Maß an organisatorischer Flexibilität. Gleiches gilt für Arbeitnehmer hinsichtlich wachsender Qualifikationsanforderungen, notwendiger Mobilität und hoher Anpassungsfähigkeit. Der Wandel der Arbeits- und Beschäftigungsformen erfasst dabei annähernd alle Bereiche unternehmerischer Tätigkeiten.

In diesem Zusammenhang ist nicht nur eine Veränderung im Rahmen der generellen Aus-, Fort- und Weiterbildung von Arbeitnehmern zu konstatieren, sondern auch die Arbeitsformen, wie z. B. Zeitarbeit, entwickeln sich zu einem festen Bestandteil des Arbeitsmarkts.
Der „Boom" der Zeitarbeit steht exemplarisch für den grundsätzlichen Wandel von Arbeits- und Beschäftigungsverhältnissen in unserer Zeit, mit dem gerade die Jugendlichen zu Beginn der beruflichen Ausbildung konfrontiert werden. Im Gegensatz zu früher, als eine jahrzehntelange Betriebszugehörigkeit die Regel war und als Nachweis von Zuverlässigkeit und Qualität galt, sind die Anforderungen der Unternehmen an Mitarbeiterinnen und Mitarbeiter heute v. a. durch einen hohen Grad an Flexibilität und Mobilität gekennzeichnet.

Die folgende Gegenüberstellung gibt einen kurzen Überblick über Chancen und Risiken dieser Arbeitsform:

Pro

Zeitarbeit ...
- bietet Chancen für Arbeitslose,
- erhöht Einstiegschancen für Hochschulabsolventen und bietet generell Chancen für den Berufseinstieg bzw. Wiedereinstieg (z. B. nach Mutterschaft),
- bietet Chancen der Übernahme in feste (sichere, unbefristete, tariflich angemessen vergütete) Beschäftigungsverhältnisse bei Entleiherfirmen,
- bietet Jobs zur Überbrückung, z. B. zwischen Beendigung und Neubeginn von Beschäftigung,
- bietet Orientierungshilfen und die Möglichkeit des Sammelns von Berufs- und Betriebserfahrung,
- kann helfen, „Löcher" im beruflichen Lebenslauf zu vermeiden und signalisiert zukünftigen („festen") Arbeitgebern den hohen Grad des eigenen Engagements.

Kontra
- Sozialleistungen, Gehaltszahlungen und Urlaub liegen i. d. R. unterhalb der tariflichen Bestimmungen,
- Zeitarbeit forciert den Zuwachs ungeschützter Arbeitsverhältnisse mit Niedriglöhnen, weitgehender Flexibilisierung, geringer oder fehlender sozialer Absicherung (Lohndumping und Tarifautonomie der Zeitarbeitsfirmen),
- Arbeitnehmer werden reduziert zum Produkt einer Dienstleistung/zur „Ware Mensch",
- „schwarze Schafe" unter den Zeitarbeitsfirmen vermitteln Mitarbeiterinnen und Mitarbeitern Einsätze, deren Anforderungen und Entlohnung nicht ihren Qualifikationen entsprechen,
- schlechtes Image von Zeitarbeit erschwert zu einem späteren Zeitpunkt Zugang in direkte/feste Beschäftigungsverhältnisse.

i

Was bedeutet Zeitarbeit?

Von Zeitarbeit oder auch Arbeitnehmerüberlassung wird immer dann gesprochen, wenn ein Zeitarbeitsunternehmen einem anderen Unternehmen zeitlich befristet einen Mitarbeiter zur Erbringung einer Arbeitsleistung überlässt. Dieses Geschäft basiert demzufolge auf einem Vertrag zwischen dem Verleiher (Zeitarbeitsfirma) und dem Entleiher (Kundenunternehmen) einer Zeitarbeitskraft. Diese Person steht in einem Arbeitsverhältnis mit der Zeitarbeitsfirma; die Vertragskonditionen werden per Arbeitnehmerüberlassungsvertrag vereinbart.
Die zeitlich begrenzte Überlassung von Arbeitnehmerinnen und Arbeitnehmern fungiert in Unternehmen sowohl als kostensparendes Flexibilisierungsinstrument wie auch als Möglichkeit zur (Vor-) Auswahl von Mitarbeiterinnen und Mitarbeitern. Derzeit werden in der Regel ca. 30 % aller Zeitarbeitskräfte vom Entleihbetrieb in ein eigenes Anstellungsverhältnis übernommen.

A

1 Ermitteln Sie die aktuelle Verbreitung der Zeitarbeit in Deutschland und in anderen Industrieländern.

2 Welche Prognosen werden bezüglich ihrer zukünftigen Verbreitung gestellt? Wie werden diese begründet?

3 Setzen Sie sich mit den angeführten Pro- und Kontra-Argumenten auseinander, und nehmen Sie Stellung dazu.

6.6 Die eigene Berufs- und Studienwahl

Nach dem Abitur stehen Ihnen zahlreiche Möglichkeiten offen; da wird die Wahl nicht selten zur Qual.

- An deutschen Hochschulen werden rund 9.000 Bachelor- und Masterstudiengänge angeboten. Das Angebot wird noch deutlich größer, wenn man ein Studium im Ausland anstrebt.
- Rund ein Viertel der Abiturientinnen und Abiturienten absolviert eine berufliche Ausbildung. Es gibt ca. 350 duale Ausbildungsberufe in den unterschiedlichsten Berufsfeldern, die in Kooperation zwischen Ausbildungsbetrieben und Berufsschulen angeboten werden. Hinzu kommen rein schulische Ausbildungen z. B. in sozialpädagogischen Berufen.
- Im Rahmen des dualen Studiums kann die Berufsausbildung mit einem Bachelorstudium kombiniert werden. Bundesweit gibt es etwa 600 Angebote insbesondere für technische und kaufmännische Berufe.
- Das Überbrückungsjahr mit Wehrpflicht oder Zivildienst war für junge Männer früher obligatorisch. Heute ist es freiwillig, auch für Frauen. Es gibt darüber hinaus zahlreiche weitere Möglichkeiten, wie z. B. das freiwillige soziale oder kulturelle Jahr, der Bundesfreiwilligendienst, Au-Pair oder „Work and Travel".

Der Prozess der Berufswahl sollte deshalb sorgfältig geplant werden. Je nachdem wie die Entscheidung später aussieht, gelten unterschiedliche Bewerbungsfristen. Daher sollte mit der Berufswahl möglichst früh begonnen werden. Ein klarer Zeitplan kann in diesem Zusammenhang besonders hilfreich sein.

- Innere Klärung: eigene Ziele festlegen; Potenziale und Lebenswünsche erkennen: Die Verwendung eines Berufs- und Studienwahltest wie z. B. geva kann sehr hilfreich sein. Denn wer nicht weiß, wo er hin will, darf sich nicht wundern wenn er woanders rauskommt!
- Informationsphase: Informationsbeschaffung zu Berufsfeldern, Ausbildungs- und Studienmöglichkeiten, Möglichkeiten im Ausland, Kosten und Finanzierung, Fristen und Bewerbungsverfahren (Informationsveranstaltungen; Schnupperstudium; Jobmessen; Praktika; Berufserkundungen).
- Entscheidungsphase: Die Entscheidungsphase steht ganz im Zeichen der Konkretisierung der Ausbildungs-/Studiemswahl.
- Bewerbungsphase: In der Bewerbungsphase geht es darum, eigene Vorstellungen zu realisieren. Hier ist auf die Bewerbungsfristen zu achten. Diese können je nach Entscheidung sehr unterschiedlich sein.

Durch eine noch gezieltere Informationsbeschaffung (z. B. im Praktikum, in Berufserkundungen usw.) sind die eigenen Vorstellungen mit der Realität abzugleichen. Weiterhin sollte eine Rangfolge der Alternativen erstellt werden. Hier bieten Beratungsangebote, insbesondere von den akademischen Beratern der Arbeitsagentur und die Studienberater der Universitäten Hilfestellungen an.

Wie entwickelt sich der Arbeitsmarkt?

Die Berufs- und Studienwahl soll selbstverständlich den eigenen Wünschen und Interessen entsprechen. Zugleich sind diese Wünsche und Interessen mit dem Arbeitsmarkt abzugleichen. Der Arbeitsmarkt ist dynamisch und verändert sich im Zeitverlauf. Kurzfristige Schwankungen stehen zumeist in einem engen Zusammenhang mit der konjunkturellen Entwicklung. Langfristige Entwicklungen – und die sind für die Berufs- und Studienwahl entscheidend – hängen damit zusammen, welche Branchen und Regionen sich positiv oder negativ entwickeln.

i

Informationsquellen zur Berufs- und Studienwahl sind z. B.:
www.studienwahl.de
www.hochschulkompass.de
www.wege-ins-studium.de
www.abi.de
www.berufenet.de
www.bibb.de
www.ausbildung-plus.de
www.bundeswehr.de
www.zivildienst.de
www.guetegemeinschaft-aupair.de

Wie bewerbe ich mich?
Die Bewerbung ist ein Werbeprospekt für die eigene Person. Sie beinhaltet zumeist folgende Teile:

Das Anschreiben
Ein gutes Anschreiben ist mit entscheidend für den Erfolg der Bewerbung. Wenn bereits in den ersten Zeilen die Neugier des Personalverantwortlichen geweckt wird, ist schon die erste Hürde genommen. Das Anschreiben geht rechtlich gesehen in den Besitz des Unternehmens über und wird daher auf die Bewerbungsmappe lose aufgelegt. Ziel des Anschreibens ist es, auf maximal einer DIN-A4-Seite zu erläutern, wer man ist und warum man für die ausgeschriebene Stelle die richtige Person ist. Dazu ist die genaue Analyse des Anforderungsprofils notwendig. Eine selbstbewusste Darstellung der Fähigkeiten ist durchaus gewünscht, Phrasen, eine überzogene Selbstdarstellung und biografische Daten haben dagegen im Anschreiben nichts zu suchen. Formal gehören in das Anschreiben der Absender mit der vollständigen Postanschrift und Telefonnummer, die genaue Anschrift des Unternehmens mit Ansprechpartner – wenn vorhanden –, das Datum der Bewerbung und eine Betreffzeile in der der Grund für die Bewerbung steht, z. B. „Ihre Anzeige vom …".

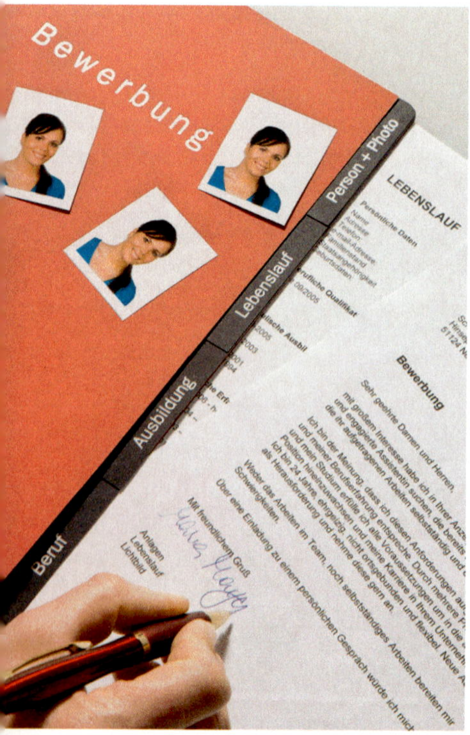

Deckblatt und Lichtbild
Auf dem Deckblatt wird aufgeführt, für welche Position man sich bewirbt und wo die Stelle ausgeschrieben wurde. Im unteren Drittel sollten der vollständige Name, die Adresse, Telefonnummern und E-Mail-Adresse stehen. So erhält der Personalverantwortliche alle wichtigen Daten auf einen Blick. Die Bedeutung eines qualitativ hochwertigen Fotos ist nicht zu unterschätzen. Das Foto fällt direkt ins Auge, und es wird hier schon die erste Entscheidung getroffen, ob einem jemand sympathisch ist oder nicht. Daher sind professionelle Fotos wichtig. Die Wahl der Kleidung hängt von der Stelle ab, auf die man sich bewirbt, aber in der Regel ist ein wenig „overdressed" immer besser als zu locker. Mit einer dezenten Aufmachung bezüglich Kleidung, Frisur, Schmuck, Make-up kann man nichts falsch machen.

Lebenslauf
Über den Lebenslauf gehört auch die Überschrift „Lebenslauf" oder „Tabellarischer Lebenslauf". Er soll übersichtlich in drei große Teile gegliedert sein: Ausbildung, Berufliches und Privates. Nach dem „Kopf" mit den persönlichen Daten folgt bei Berufseinsteigern der Punkt „Ausbildung", bei Berufserfahrenen der Bereich „Berufspraxis". Generell gilt, dass bei Berufseinsteigern die Ausbildung 80 % und Privates 20 % einnehmen sollte. Bei Berufserfahrenen teilt es sich in 60 % Beruf, 30 % Ausbildung und 10 % Persönliches. Mittlerweile hat sich in Deutschland die amerikanische Weise durchgesetzt, d. h., man beginnt mit den aktuellen Daten und geht dann rückwärts.

Zeugnisse
Hinter den Lebenslauf werden die Zeugnisse in guten Kopien beigefügt, die alle Angaben im Lebenslauf belegen müssen. Wichtig ist die gleiche Reihenfolge wie im Lebenslauf, von Schulzeugnissen über Praktikumszeugnisse, Belege von Sprachkursen und Weiterbildungen usw. Für jede Bewerbungsmappe wendet ein Personalverantwortlicher in Großunternehmennur ca. 30 bis 40 Sekunden auf. Wenn die Bewerbung also die erste Runde überstehen soll, muss sie einen tadellosen Eindruck machen: keine Eselsohren haben, in einer ordentlichen Mappe „verpackt" sein und vollständige Dokumente enthalten.

A

Fertigen Sie nach diesen Vorgaben eine eigene Bewerbungsmappe an.

7 Unternehmensverfassung und Arbeitsbeziehungen

Frau Retz, Mitglied des Betriebsrates in der Meier-Papier-AG, kommt nach einem anstrengenden Tag nach Hause. Ihr Mann, der in einer kleinen, aus vier Mitarbeitern bestehenden Möbeltischlerei arbeitet, hat bereits für das Abendessen gesorgt. Am Tisch erzählt sie ihm von der heutigen Sitzung des Wirtschaftsausschusses.

Frau Retz: Puh, das war eine anstrengende Sitzung!
Herr Retz: Da bin ich echt froh, dass ich nur in so einem kleinen Unternehmen arbeite. Da fällt die Koordination wesentlich leichter.
Frau Retz: Na klar, aber es nützt ja nichts. Ich glaube, da kommt in nächster Zeit noch richtig was auf uns als Betriebsrat zu. Zum Beispiel die Produktionsverlagerung nach Polen: Klar, dass wir expandieren müssen, aber wir müssen auch höllisch aufpassen, dass nicht plötzlich die Mehrzahl der Stellen hier weg ist. Zumal im Rahmen der gesamten Reorganisation einige Abteilungen zusammengelegt werden und im Zuge dessen sowieso schon Personal abgebaut wird. Der Vorstand stellt das natürlich ganz anders dar.
Herr Retz: Klar, dass eure Interessenlagen da nicht übereinstimmen.
Frau Retz: Wir wissen auch, dass die Ausweitung der Unternehmenstätigkeit ins Ausland unumgänglich ist, schon allein um die Existenz und Beschäftigung langfristig zu sichern. Das wäre ja total fahrlässig, wenn wir das aus Prinzip blockieren würden. Aber wir werden natürlich mit Argusaugen darauf achten, dass im Zuge der Entwicklung nicht klammheimlich die Rechte unserer Mitarbeiter beschnitten werden. Gerade jetzt, wo unsere Gewerkschaft einen vernünftigen Tarifabschluss mit den Arbeitgebern ausgehandelt hat.
Herr Retz: Aber könnt ihr denn da konkret überhaupt was machen?
Frau Retz: So hilflos sind wir ja auch nicht! Wir werden z. B. bei den anstehenden Entlassungen sehr genau sehen, dass sozialverträgliche Regelungen gefunden werden. Die Wahrung des Shareholder-Value für die Aktionäre darf ja wohl nicht das alleinig ausschlaggebende Kriterium sein. Das wird noch Diskussionen geben, aber zum Glück gibt es ja klare rechtliche Regelungen, an denen niemand vorbeikommt.
Herr Retz: Nur gut, dass ich mit so was nichts zu tun habe. Obwohl ich nächste Woche auch mal mit meinem Chef sprechen muss. Mit den Überstunden geht das so nicht weiter.
Frau Retz: Das stimmt, da musst du unbedingt was tun.
Herr Retz: Klar, im Moment liegt viel an, das ist ja auch gut so. Aber wenn das noch länger so geht, muss halt noch jemand eingestellt werden, oder es muss zumindest mehr Geld geben. Wir werden sehen.
Frau Retz: Das ist bei euch natürlich einfacher. Die Entlohnung ist bei uns auch noch so ein Thema. Der Vorstand hält, wie er sagt, die „Effizienz" im Bereich der Produktion für nicht hoch genug und möchte ein neues Prämiensystem einführen, um die „Leistungsanreize" zu erhöhen. Und von der generellen Diskussion um die Ausweitung der Arbeitszeiten in Deutschland zur Senkung der Lohnnebenkosten werden wir auch nicht mehr lange verschont bleiben, befürchte ich. Klingt toll, oder? Die haben jetzt einen Vorschlag gemacht, den mein Kollege gerade überprüft. Ist aber auch eine komplizierte Angelegenheit. Aber da geht ohne unsere Beteiligung ja glücklicherweise auch nichts.

A

1 Stellen Sie die in diesem Gespräch deutlich werdenden Möglichkeiten der Interessenartikulation und -durchsetzung aufseiten der Arbeitnehmer heraus.

2 Benennen Sie die Konflikte zwischen Arbeitgebern und Arbeitnehmern.

7.1 Unternehmensverfassung

Aufgaben der Unternehmensverfassung

Die Unternehmensverfassung ist vergleichbar mit der Verfassung auf staatlicher Ebene bzw. mit der Wirtschaftsordnung eines Landes (vgl. Kapitel II). Die staatliche Verfassung regelt die grundlegenden staatlichen Ziele, legt fest, in welchem Rahmen der Staat Entscheidungen trifft und schreibt vor, wie Entscheidungen bzw. Gesetze zustande kommen. Ähnliches gilt für die Unternehmensverfassung: Sie legt die Grundstruktur der inneren Ordnung des Unternehmens fest und sorgt auf diese Weise für langfristig gültige Regelungen. Sie regelt die Zwecksetzung und das Kompetenzsystem des Unternehmens und sieht Regelungen für Konflikt- bzw. Krisensituationen vor. Die Unternehmensverfassung wird zwischen den Beteiligten (z. B. den Gesellschaftern) frei vereinbart und nur wichtige Gründe können dazu führen, dass sie modifiziert wird.
Allerdings nimmt auch der Staat durch gesetzliche Regelungen Einfluss auf die Unternehmensverfassung. Im Gesellschaftsrecht sind wichtige Bestimmungen bezüglich des Kompetenzsystems und der Haftung eines Unternehmens enthalten. Andere Gesetze – z. B. die Gesetze zur Mitbestimmung (vgl. Abschnitt 7.2) regeln die Beziehungen zwischen Arbeitgebern und Arbeitsnehmern.

Die allgemeine Zwecksetzung eines Unternehmens lässt erkennen, in welcher Branche bzw. in welcher Domäne das Unternehmen tätig ist. Eine Bank ist z. B. im Kreditgewerbe tätig und vertreibt Finanzdienstleistungen an ihre Kunden.
Das Kompetenzsystem eines Unternehmens umfasst die Organe und deren Entscheidungsbefugnisse. Die Unternehmensverfassung bestimmt in diesem Zusammenhang Zuständigkeiten und Verantwortlichkeiten. Auch hier kann der Staat durch gesetzliche Regelungen Vorgaben machen, z. B. bei den Organen einer Aktiengesellschaft (AG). Hier werden die Zuständigkeiten des Vorstandes, des Aufsichtsrates und der Hauptversammlung vom Staat weitestgehend vorgegeben.

Krisensituationen stellen Unternehmen immer vor besondere Aufgaben. Gerade in solchen Situationen ist es wichtig, Regelungen und Mechanismen festgelegt zu haben, die schnelle Entscheidungen möglich machen. Auch dieses muss eine Unternehmensverfassung erfüllen bzw. leisten.
Darüber hinaus legt sie fest, wer der Träger eines Unternehmens ist, also wer das Recht hat, Organe des Unternehmens einzusetzen bzw. daran mitzuwirken. Dieses sind z. B. bei der Aktiengesellschaft die Aktionäre.
Allgemeine Grundrechte bzw. -pflichten müssen sich in der Unternehmensverfassung ebenso finden wie Regelungen zur Sicherung der vertrauensvollen Zusammenarbeit.

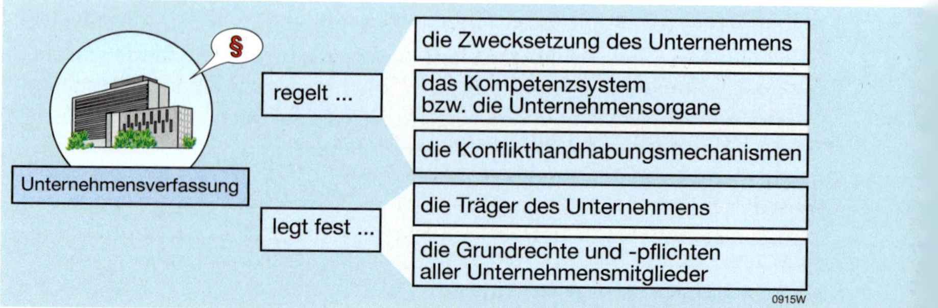

A

1 Erläutern Sie den Vergleich zwischen Unternehmensverfassung und Wirtschaftsordnung.

2 Kennzeichnen Sie das Verhältnis zwischen Unternehmen und dem Staat.

Rechtsformen
Auf Seite 193 wurde bereits zwischen Betrieb und Unternehmen unterschieden. Der Betrieb ist die Produktionsstätte, die als solche nicht rechtsfähig ist. Die Rechtsfähigkeit kommt durch die sogenannte Firmierung zustande. Die Firmierung umfasst den Namen und die Rechtsform, mit der das Unternehmen im Handelsregister eingetragen wird. Auf eine Formel gebracht: Betrieb + Firmierung (Name + Rechtsform) = Unternehmen.
Durch die Wahl der Rechtsform werden wesentliche Rahmenbedingungen für die Ausgestaltung des Unternehmens festgelegt. Dabei spielen insbesondere die Enge der Bindung der Inhaber, deren Haftung und Leitungsbefugnisse sowie die Abstimmung dieser Regelungen eine zentrale Rolle. Es steht eine Vielzahl von Rechtsformen zur Auswahl, die in Einzel-/Personen- und Kapitalgesellschaften unterteilt werden können; die zentralen rechtlichen Grundlagen sind im Handelsgesetzbuch festgelegt. Nachfolgend sollen einige Rechtsformen vorgestellt werden.

Einzelunternehmung/Personengesellschaft
Die **Einzelunternehmung** wird von einer einzelnen Person (Kaufmann) betrieben. Sie haftet mit dem gesamten geschäftlichen und persönlichen Vermögen für mögliche Verbindlichkeiten bzw. Schulden des Unternehmens. Als Rechtsformzusatz hat der Kaufmann seiner Firma „eingetragener Kaufmann" bzw. „e. K." anzuhängen. Die Einzelunternehmung wird vor allem gewählt, wenn kein hoher Kapitalbedarf vorliegt und eine einfache Leitungsstruktur zweckmäßig ist.
Personengesellschaften sind ähnlich konzipiert wie Einzelunternehmen; sie werden aber von mehreren Personen – den Gesellschaftern – getragen.
In der **Offenen Handelsgesellschaft** (OHG) sind alle Eigenkapitalgeber (auch Gesellschafter genannt) zur Wahrnehmung der Geschäftsführung berechtigt. Allerdings haften die Gesellschafter mit ihrem Privatvermögen (unbeschränkte Haftung) sowie für die Fehler anderer Gesellschafter (solidarische Haftung). Es gibt keine Vorschriften zur Mindesthöhe des Eigenkapitals.

i

Bei Einzelunternehmen und Personengesellschaften haften die Eigentümer grundsätzlich persönlich.

Kapitalgesellschaften
Während bei den Personengesellschaften Eigenkapitalgeber und Unternehmer vielfach identisch sind, befinden sich bei den Kapitalgesellschaften Kapitaleigentum und Unternehmensführung i. d. R. in verschiedenen Händen. Die Kapitalgesellschaft basiert auf der Trennung von Personen und Kapital. Bei der **Aktiengesellschaft** (AG) wird das Eigenkapital in Aktien aufgeteilt und an die Eigenkapitalgeber – die Aktionäre – verkauft. Die Aktien werden an den Wertpapierbörsen gehandelt. Die Aktionäre wählen im Rahmen der jährlichen Hauptversammlung den Vorstand und den Aufsichtsrat, der den Vorstand kontrolliert. Pro Aktie hat der Aktionär eine Stimme. Die Haftung der Aktionäre ist auf den Kaufpreis der Aktien beschränkt. Das Grundkapital, d. h. die Mindesthöhe des Eigenkapitals, beträgt 50.000,00 Euro.

i

Bei Kapitalgesellschaften ist das Unternehmen als juristische Person rechtsfähig, d. h., rechtliche Ansprüche können nicht direkt gegenüber den Eigentümern geltend gemacht werden.

Bei der **Gesellschaft mit beschränkter Haftung** (GmbH) ist die Haftung der Eigenkapitalgeber ebenfalls auf die Höhe der Kapitaleinlage beschränkt. Allerdings können die Geschäftsanteile nicht so einfach wie bei Aktiengesellschaften gekauft und verkauft werden. Ähnlich wie bei der Aktiengesellschaft wählen die Gesellschafter die Geschäftsführung; ein Aufsichtsrat kann, muss aber nicht gewählt werden. Das Mitbestimmungsrecht der Gesellschafter bemisst sich an deren Anteil an der gesamten Eigenkapitaleinlage. Die Kapitaleinlage beträgt mindestens 25.000,00 Euro. Die Rechtsform ist dem Firmennamen stets anzuhängen, also z. B. Deutsche Bank AG oder Meier & Müller OHG.

e.K.?

GmbH?

AG?

OHG?

Welche Rechtsform ist die richtige?

Die Wahl der Rechtsform ist für jedes Unternehmen eine wichtige Entscheidung, der große Aufmerksamkeit gelten muss. Die folgenden Kriterien sind von besonderer Bedeutung:

— **Haftung:** Im Vordergrund steht die Frage, ob sich die Haftung der Eigentümer auf das in das Unternehmen eingebrachte Gesellschaftsvermögen beschränkt (beschränkte Haftung) oder auch das Privatvermögen der Eigentümer einbezieht (unbeschränkte Haftung). Einzelunternehmung und Personengesellschaften sind durch unbeschränkte Haftung, Kapitalgesellschaften durch beschränkte Haftung gekennzeichnet.

— **Leitung:** Die Leitung des Unternehmens umfasst die nach innen wirksame Geschäftsführungsbefugnis und die nach außen gerichtete Vertretung, die Dritten gegenüber wirkt. Die gesetzlichen Regelungen sehen einen engen Zusammenhang zwischen Aufbringen der Kapitalanteile und Haftung einerseits sowie Leitungsbefugnis andererseits vor.

— **Gewinn- und Verlustbeteiligung:** Die Regelungen der Gewinn- bzw. der Verlustbeteiligung richten sich im Wesentlichen nach dem Ausmaß der persönlichen Mitarbeit der Gesellschafter im Unternehmen, dem Gewicht des Kapitalanteils und der Haftung.

— **Kapitalbeschaffungsmöglichkeiten:** Die Kapitalbeschaffungsmöglichkeiten werden nur begrenzt von der Rechtsform beeinflusst. Die Bereitschaft zur Überlassung von Kapital hängt im Wesentlichen von den wirtschaftlichen Zukunftsaussichten des Unternehmens und der Haftungsmasse, allerdings auch von den Haftungsbedingungen ab. Der Kapitalmarktzugang ist den Kapitalgesellschaften vorbehalten.

— **Publizitätspflicht:** Zwischen den verschiedenen Rechtsformen bestehen erhebliche Unterschiede hinsichtlich der Informationspflichten gegenüber Eigentümern und Öffentlichkeit. Zu diesen „Pflichten" zählen z. B. die Bilanz, die Gewinn- und Verlustrechnung oder ein Lagebericht. Am weitesten gehen die Publizitätsanforderungen bei einer Aktiengesellschaft. Hierauf wird in Abschnitt 9 eingegangen.

— **Aufwendungen für die Rechtsform:** Die unterschiedlichen Publizitätsanforderungen schlagen sich in unterschiedlich hohen finanziellen Aufwendungen für die Rechtsform nieder. Unterschiedlich hohe Aufwendungen ergeben sich außerdem in der Gründungsphase des Unternehmens, z. B. Kosten für den Eintrag ins Handelsregister oder für den Notar.

— **Steuerbelastung:** Die unterschiedliche steuerliche Belastung von Unternehmungen mit verschiedenen Rechtsformen übt einen erheblichen Einfluss auf die Wahl der Rechtsform aus. Durch die Anwendung unterschiedlicher Steuerarten, durch unterschiedliche Bemessungsgrundlagen und unterschiedliche Tarifgestaltung ergeben sich hinsichtlich der Besteuerung des Gewinns und des Gewerbeertrags sowie des eingesetzten Vermögens und Gewerbekapitals verschiedene Belastungen. Gegenüber den Unterschieden in der laufenden Besteuerung, die durch Steuerbelastungsvergleiche ermittelt werden, treten die Unterschiede in der Besteuerung bei Gründung, Umwandlung und Kapitalerhöhung an Bedeutung zurück.

7.2 Arbeitsbeziehungen

Mit dem Begriff Arbeitsbeziehungen sind die Beziehungen zwischen Arbeitgebern und Arbeitnehmern gemeint. In Unternehmen, in denen Menschen miteinander arbeiten, sind Regelungen erforderlich, um mögliche Konflikte lösen zu können. Viele dieser Regelungen sind im Arbeitsrecht enthalten (Arbeitsschutz, Tarifrecht, Mitbestimmungs- und Betriebsverfassungsrecht). Grundlage der Arbeitsbeziehungen ist der Arbeitsvertrag (AV), den Arbeitgeber und Arbeitnehmer miteinander schließen.

Die weitgehende Freiheit der Vertragspartner bei der konkreten Ausgestaltung des Arbeitsvertrages wird allerdings dreifach eingeschränkt durch

1. zwingendes Gesetzesrecht (z. B. Arbeitsschutzbestimmungen, wie Verbot der Nachtarbeit für Jugendliche),
2. Tarifverträge (tarifliches Gesetzesrecht, z. B. hinsichtlich der Arbeitszeitregelungen),
3. die Vertragspartner selbst oder durch Betriebsvereinbarungen zwischen Arbeitgebern und Betriebsrat (nachgiebiges Gesetzesrecht, z. B. Urlaubsregelungen).

Alle Normen bzw. Regelungen dieser drei Gesetzesbereiche können nur in wenigen Fällen zulasten der Arbeitnehmer (z. B. weniger Lohn als im Tarifvertrag vorgesehen) verändert werden. Veränderungen zugunsten der Arbeitnehmer sind immer möglich. Arbeitsverträge können für unbefristete und für befristete Zeit abgeschlossen werden, wobei für die befristeten Arbeitsverträge umfangreiche gesetzliche Regelungen gelten.

Das deutsche System der Arbeitgeber-Arbeitnehmer-Beziehungen ist auf verschiedenen Ebenen geregelt: Regelungen auf der internationalen Ebene bestimmen diese Beziehungen ebenso wie ganz individualrechtliche Regelungen, die für die Gestaltung eines speziellen Arbeitsplatzes herangezogen werden können oder müssen. Die nachfolgende Grafik macht diese unterschiedlichen Regelungsebenen deutlich.

Wir werden uns im Weiteren einigen ausgewählten Themenbereichen besonders widmen:

— Betriebsverfassung – Rechte des Arbeitnehmers
— Mitbestimmung
— Kündigungsschutz
— Tarifpolitik

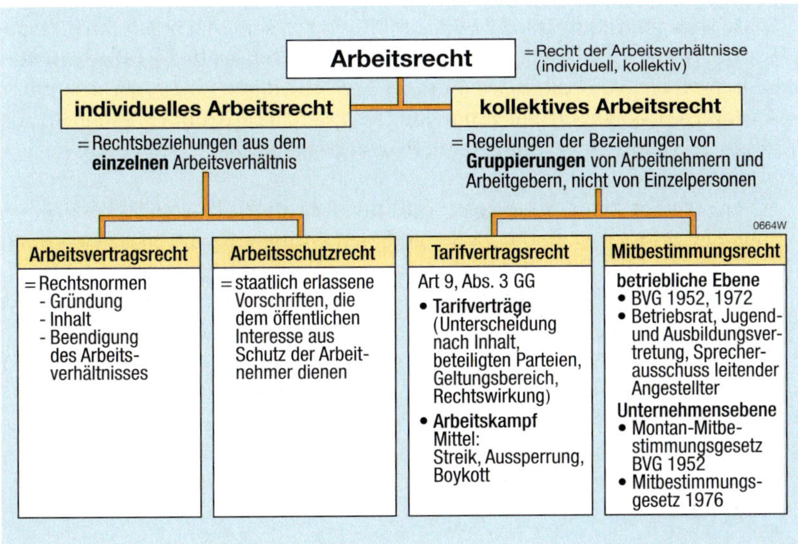

i

Ebenen der Arbeitsbeziehungen

internationale Ebene:
— Konventionen
— Statuten/Richtlinien

nationale Ebene:
— Arbeitsschutzgesetze

Tarifebene:
— Tarifvertrag
— kollektive Vereinbarungen zwischen Arbeitgeberverbänden und Gewerkschaften

Unternehmensebene:
— Mitbestimmung in Leitungs- und Kontrollorganen von Kapitalgesellschaften

Betriebsebene:
— Betriebsverfassungsgesetz
— Partizipationsrechte der Arbeitnehmer/des Betriebsrates

Arbeitsplatzebene:
— Individualrechte der Arbeitnehmer
— arbeitsvertragliche Regelungen

A

1 Versuchen Sie eine Einordnung der ausgewählten vier Themenbereiche in die Übersicht.

2 Klären Sie die Unterscheidung „individuelles“ und „kollektives“ Arbeitsrecht und verdeutlichen Sie den Unterschied anhand konkreter Fälle.

Q

Betriebsverfassung – Rechte des Arbeitnehmers

Arbeitnehmer haben viele fest umrissene Rechte. Beispielsweise in Fragen, die sich unmittelbar auf den persönlichen Arbeitsplatz beziehen, bestehen Informations- und Anhörungsrechte. So kann verlangt werden,

— dass darüber unterrichtet wird, wie sich neue Techniken auf den Arbeitsplatz auswirken,
— die Personalakte einzusehen,
— die Leistungsbeurteilung erläutert zu bekommen oder
— zu erklären, wie sich das Arbeitsentgelt zusammensetzt.

[...] Wenn in einem Betrieb der privaten Wirtschaft wenigstens fünf Arbeitnehmer über 18 Jahre beschäftigt sind, können sie einen Betriebsrat wählen. Allerdings müssen drei der Arbeitnehmer mindestens ein halbes Jahr zum Betrieb gehören (nur dann sind sie wählbar). Arbeitnehmer unter 18 Jahren sowie Auszubildende unter 25 Jahren können eine Jugend- und Auszubildendenvertretung wählen. Auf Unternehmensebene wird ein Gesamtbetriebsrat gebildet, auf Konzernebene kann ein Konzernbetriebsrat errichtet werden. Keinen Betriebsrat gibt es in Verwaltungen und Betrieben des Bundes, der Länder und der Gemeinden sowie in sonstigen Institutionen des öffentlichen Rechts. Für sie gelten statt des Betriebsverfassungsgesetzes das Personalvertretungsgesetz des Bundes bzw. – für den Bereich der Länder – die verschiedenen Landespersonalvertretungsgesetze. Leitende Angestellte [...] werden nicht vom Betriebsrat vertreten. Gibt es mindestens zehn leitende Angestellte im Betrieb, können sie einen Sprecherausschuss nach dem Sprecherausschussgesetz wählen. Auf Unternehmensebene kann ein Unternehmenssprecherausschuss gewählt werden. Daneben ist die Errichtung eines Konzernsprecherausschusses möglich.

Besonderheit: Die leitenden Angestellten können nur einen Sprecherausschuss wählen, wenn sich bei der ersten Wahl die Mehrheit von ihnen dafür ausspricht.

Wer ist für den Betriebsrat wahlberechtigt?

Alle Arbeitnehmer, die das 18. Lebensjahr vollendet haben, dürfen den Betriebsrat wählen. Betriebsratsmitglied können allerdings nur diejenigen werden, die seit mindestens sechs Monaten im Betrieb beschäftigt sind. Dazu zählen jedoch auch die Zeiten, die sie in einem anderen Betrieb desselben Unternehmens oder Konzerns gearbeitet haben.

Aufgaben des Betriebsrats

Der Betriebsrat soll u. a. darauf achten, dass die für die Arbeitnehmer geltenden Gesetze, Verordnungen und Unfallverhütungsvorschriften sowie die abgeschlossenen Tarifverträge und Betriebsvereinbarungen eingehalten werden. In einer Reihe von sozialen Angelegenheiten hat der Betriebsrat mitzubestimmen:

— wenn es um Fragen der Betriebsordnung und des Verhaltens der Arbeitnehmer geht;
— wenn betriebliche Arbeitszeitfragen geregelt oder Kurzarbeit oder Mehrarbeit eingeführt werden sollen;
— wenn allgemeine Urlaubsgrundsätze und der Urlaubsplan aufgestellt werden sowie festgelegt wird, wann der einzelne Arbeitnehmer seinen Urlaub nimmt, sofern sich Arbeitnehmer und Arbeitgeber im Einzelfall nicht einigen können;
— bei der Form, Ausgestaltung und Verwaltung von Sozialeinrichtungen, deren Wirkungsbereich auf den Betrieb, das Unternehmen oder den Konzern beschränkt ist;

- wenn technische Einrichtungen eingeführt oder angewendet werden sollen, die das Verhalten oder die Leistung der Arbeitnehmer überwachen;
- im Rahmen der gesetzlichen Vorschriften bei Regelungen, die Arbeitsunfälle und Berufskrankheiten verhüten sollen oder Fragen des Gesundheitsschutzes betreffen;
- wenn es um Fragen der Lohngestaltung geht, Grundsätze für die Entlohnung aufgestellt oder Akkord- und Prämiensätze sowie vergleichbare Leistungsentgelte festgelegt werden.

Darüber hinaus wirkt und bestimmt der Betriebsrat weitgehend mit
- bei der Gestaltung von Arbeitsplätzen, -abläufen und -umgebung,
- bei der Personalplanung sowie
- in Fragen der Berufsbildung.

Bei Betriebsänderungen oder anderen wirtschaftlichen Maßnahmen (z. B. Einschränkung, Stilllegung oder Verlegung des Betriebs) kann der Betriebsrat unter bestimmten Voraussetzungen einen Sozialplan durchsetzen, der die wirtschaftlichen Nachteile der betroffenen Arbeitnehmer ausgleicht oder mildert. Die wirtschaftlichen Maßnahmen selbst kann der Betriebsrat aber nicht verhindern.

In Betrieben mit mehr als 20 wahlberechtigten Beschäftigten muss der Arbeitgeber bei allen personellen Einzelmaßnahmen den Betriebsrat informieren und seine Zustimmung einholen. Dazu gehören
- Einstellungen,
- Eingruppierungen,
- Umgruppierungen,
- Versetzungen.

Quelle: www.bma.de/de/sicherheit/kap06.pdf, 08.06.2001

Jugend- und Auszubildendenvertretung

Jugendliche und Auszubildende haben oft Probleme in Unternehmen, die von denen älterer und schon länger beschäftigter Kollegen und Kolleginnen abweichen (z. B. Einhaltung des Jugendarbeitsschutzgesetzes oder die Frage der Übernahme nach der Ausbildungszeit in ein festes Arbeitsverhältnis). Für die Interessenswahrnehmung dieser speziellen Gruppe ist die Jugend- und Auszubildendenvertretung verantwortlich. Voraussetzung für die Einrichtung einer solchen Vertretung ist, dass in dem Unternehmen ein Betriebsrat besteht. Die Jugend- und Auszubildendenvertretung nimmt an der Arbeit des Betriebsrats teil und muss für eigene Initiativen stets den Weg über den Betriebsrat nehmen. Die Wahlen für diese Vertretung finden alle zwei Jahre statt. Wählbar sind alle Arbeitnehmer unter 25 Jahren.

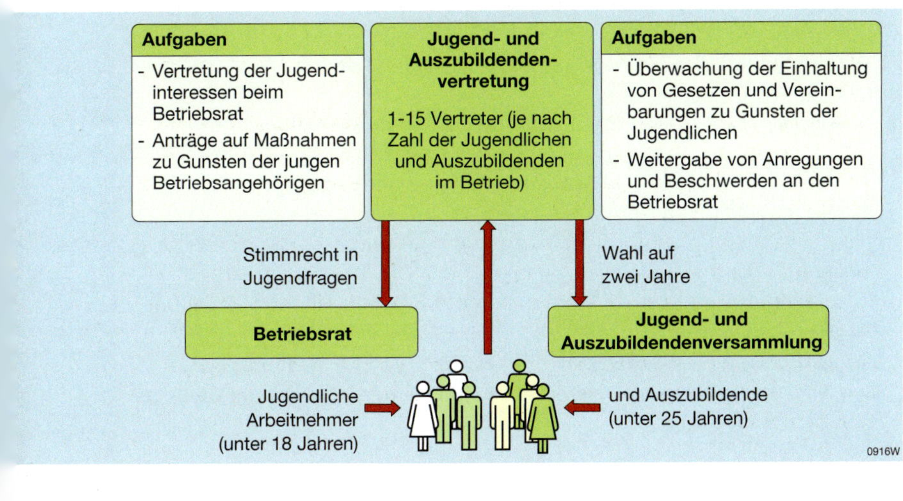

Ein Fallbeispiel zum Thema Kündigung

Frau Trude Schnederpelz, (43 Jahre, seit 14 Jahren im Unternehmen tätig, verheiratet, drei Kinder – 17, 18 und 21 Jahre – in der Ausbildung, Ehemann ist arbeitslos) ist bei der K. Stadt AG, Göttingen, als Kundenberaterin tätig. Aufgrund der Umgestaltung der Verkaufsräume wurde der Mitarbeiterstand in der Kundenberatung abgebaut.

Frau Schnederpelz wurde daraufhin unter Einhaltung der vorgeschriebenen Frist am 19. September 2010 die Kündigung ausgesprochen. Sie ist der Meinung, dass die Kündigung sozial ungerechtfertigt ist und bei der Sozialauswahl ein Fehler unterlaufen sei.

Die gleiche Tätigkeit üben folgende Mitarbeiter aus, die weiterbeschäftigt werden:

- Martina Schneider, 39 Jahre, seit acht Jahren im Unternehmen tätig, ledig, ein Kind (12 Jahre),
- Christian Müller, 36 Jahre, seit zwei Jahren im Unternehmen tätig, ledig, keine Kinder,
- Sebastian König, 29 Jahre, seit einem Jahr im Unternehmen tätig, verheiratet, keine Kinder, Ehefrau ist berufstätig.

Frau Trude Schnederpelz
– im Hause –
Göttingen, 19. September 2010

Kündigung

Sehr geehrte Frau Schnederpelz,

leider sehen wir uns aus betrieblichen Gründen gezwungen, das zwischen Ihnen und der K. Stadt AG bestehende Beschäftigungsverhältnis zum 11. März 2011 zu kündigen.

Die inzwischen vorgenommene Umgestaltung der Verkaufsräume ermöglicht es, die Kundenberatungsvorgänge rationeller abzuwickeln. Aufgrund der starken Konkurrenz blieb außerdem die erwartete Umsatzsteigerung aus. Dadurch entstand ein Mitarbeiterüberhang in der Kundenberatung, den wir aus Kostengründen abbauen müssen.

Wir bedauern sehr, uns nach so vielen Jahren von Ihnen trennen zu müssen, und wünschen Ihnen für Ihren künftigen Berufsweg alles Gute.

Mit freundlichen Grüßen

K. Stadt AG

Schulz

Anlagen
Information zum Kündigungsschutz

A

Analysieren Sie den vorliegenden Fall mithilfe der Informationen auf den nachfolgenden Seiten. Wie bewerten Sie die Kündigung von Frau Schnederpelz? Begründen Sie Ihre Meinung.

Informationen zum Kündigungsschutz
Die Kündigung ist eine einseitige und schriftliche Willenserklärung, die ohne die Annahme der anderen Partei rechtswirksam ist. Der Zugang dieser Erklärung reicht aus. Es wird generell zwischen der ordentlichen und der außerordentlichen (fristlosen) bzw. zwischen der verhaltensbedingten, personenbedingten und betriebsbedingten Kündigung unterschieden. Bei der außerordentlichen Kündigung muss ein wichtiger Grund vorliegen, sodass die weitere Beschäftigung des Arbeitnehmers für den Arbeitgeber nicht zumutbar ist. Die außerordentliche Kündigung ist daher eine unausweichlich letzte Maßnahme. Die ordentliche Kündigung, die grundsätzlich nur bei unbefristeten Arbeitsverhältnissen zulässig ist, muss soziale Aspekte und geltende Kündigungsfristen berücksichtigen.

Während der Probezeit, die nicht länger als sechs Monate sein darf, beträgt die Kündigungsfrist zwei Wochen. Bei einer Betriebszugehörigkeit von bis zu zwei Jahren beträgt die Kündigungsfrist vier Wochen, jeweils zum 15. des Monats oder zum Monatsende. Danach gelten Bestimmungen, die von der Dauer der Betriebszugehörigkeit abhängig sind. Bei der Sozialauswahl müssen Kriterien wie Familienstand, Status des Ehepartners, Anzahl der Kinder, Betriebszugehörigkeit usw. beachtet werden. Der Zwang zur Angabe von Gründen, die zur Auflösung des Arbeitsverhältnisses führen, wird entweder durch Tarifgesetze bzw. Betriebsvereinbarungen vorgeschrieben, oder sie müssen bei einer außerordentlichen Kündigung auf Verlangen des Empfängers erfolgen.

Nachfolgend sollen die Merkmale der verschiedenen Kündigungsformen kurz erörtert werden:

- **Verhaltensbedingte Kündigung:** Sie ist in dem Verhalten (Vertrauensmissbrauch, betrieblicher Bereich) der Person begründet, wobei einer Kündigung, wenn sie den Leistungsbereich betrifft, eine Abmahnung vorausgehen muss.

- **Personenbedingte Kündigung:** Gründe hierfür sind das Nachlassen der Leistungsfähigkeit, Qualifikationsmängel, Krankheit oder nicht vorhandene Anpassungsfähigkeit. Die Kündigung im Krankheitsfall ist an strenge Bedingungen geknüpft und nur zulässig, wenn dies für den Arbeitgeber unzumutbare Folgen hat.

- **Betriebsbedingte Kündigung:** Dabei werden innerbetriebliche Umstände (Rationalisierung) und außerbetriebliche Umstände (Auftragsmangel, Umsatzrückgang) getrennt. Um die Wirksamkeit der Kündigung zu gewährleisten, müssen bei der Auswahl soziale Aspekte berücksichtigt werden.

Ohne die Unterrichtung des Betriebsrates ist eine Kündigung unwirksam. Bei der außerordentlichen kann der Betriebsrat innerhalb von drei Tagen schriftlich widersprechen. Bei der ordentlichen Kündigung beträgt die Frist hingegen eine Woche, wenn

- soziale Auswahlkriterien nach der subjektiven Wahrnehmung nicht ausreichend berücksichtigt worden sind,
- gegen gemeinsam vereinbarte Regelungen verstoßen wird,
- der Arbeitnehmer an einem anderen Arbeitsplatz weiterbeschäftigt werden kann,
- Weiterbeschäftigung nach Schulungsmaßnahmen oder geänderten Vertragsbedingungen möglich ist.

i
Arbeitsrechtliche Regelungen unterliegen ständigen gesetzlichen Veränderungen. In konkreten Fällen wird deshalb immer juristischer Sachverstand erforderlich sein. Auch bei den Juristen gibt es für das Arbeitsrecht Spezialisten, weil die Fülle der Vorschriften fast unüberschaubar geworden ist.

Betriebliche Mitbestimmung
Die betriebliche Mitbestimmung ermögliche den Arbeitnehmerinnen und Arbeitnehmern die Einflussnahme auf unternehmerische Entscheidungen. Dies betrifft beispielsweise die Arbeitsbedingungen, den Umgang mit Personen und die Schaffung bzw. den Abbau von Arbeitsplätzen. Die Mitbestimmung erfolgt insbesondere über den Betriebsrat, in den die Beschäftigten Vertreterinnen und Vertreter aus ihren Reihen wählen.
Die betriebliche Mitbestimmung soll sicherstellen, dass die Belange der Arbeitnehmerinnen und Arbeitnehmer in den Entscheidungen der Unternehmensleitung angemessen berücksichtigt werden. Aus gewerkschaftlicher Sicht wird dies als Mittel zur Kontrolle der wirtschaftlichen Macht der Arbeitgeber begründet. Aber auch aus der Sicht der Arbeitgeber bietet die Mitbestimmung Vorteile, weil Konflikte mit der Belegschaft verhindert oder abgemildert werden können. Hinzu kommt, dass gemeinsam getroffene Entscheidungen motivierter umgesetzt werden.

Mitbestimmung in Großunternehmen
Kapitalgesellschaften außerhalb der Montanwirtschaft (Bergbau und Stahlindustrie), die selbst oder zusammen mit abhängigen Tochterunternehmen mehr als 2.000 Arbeitnehmer beschäftigen, fallen unter das Mitbestimmungsgesetz von 1976. Dem Aufsichtsrat gehören nach diesem Gesetz zu gleichen Teilen Vertreter der Anteilseigner und der Arbeitnehmer an. Dennoch haben die Anteilseigner ein leichtes Übergewicht – denn: Falls sich bei Entscheidungen im Aufsichtsrat wiederholt eine Stimmengleichheit ergibt, kann der Aufsichtsrat, der in der Praxis immer die Anteilseigner vertritt, eine zweite Stimme abgeben und so eine Mehrheitsentscheidung herbeiführen. Außerdem ist ein Sitz auf der Arbeitnehmerbank für einen leitenden Angestellten vorgesehen. Bei der Bestellung des Arbeitsdirektors haben die Vertreter der Arbeitnehmer – anders als in der Montanindustrie – kein Vetorecht.

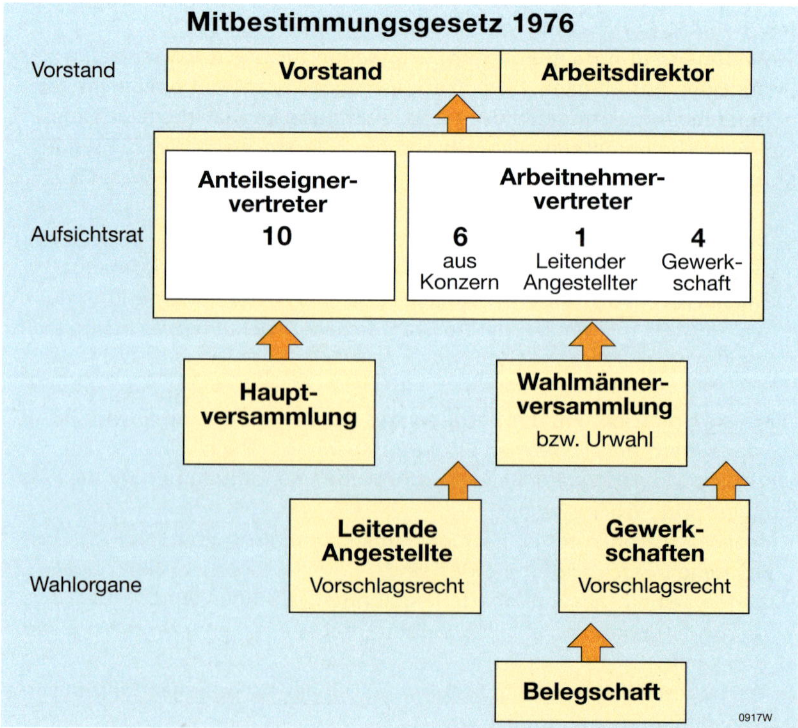

Mitbestimmung in der Montanindustrie
Die Montan-Mitbestimmung ist die älteste Form der Mitbestimmung im Unternehmen. Sie gilt für Kapitalgesellschaften des Bergbaus und der eisen- und stahlerzeugenden Industrie mit mehr als 1.000 Arbeitnehmern.

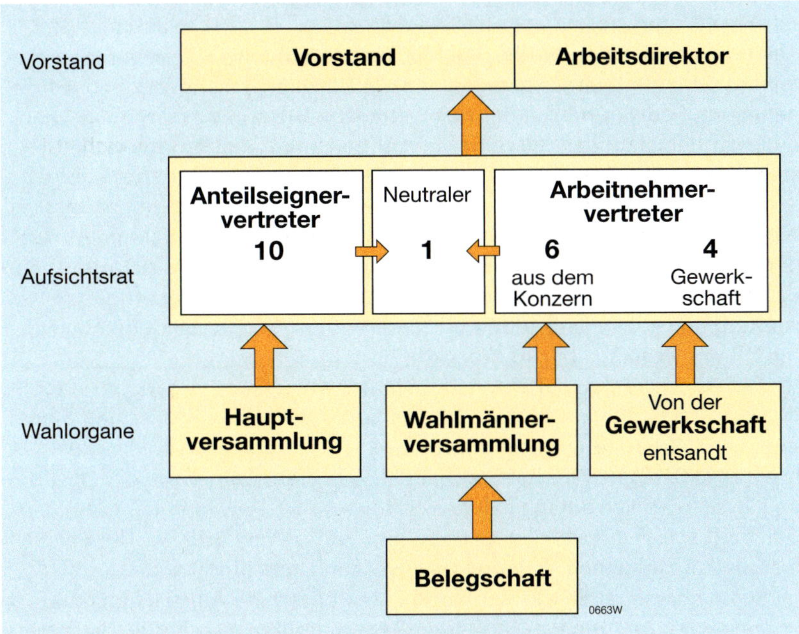

Mitbestimmung in kleineren Unternehmen
Bei Kapitalgesellschaften mit 500 bis 2.000 Arbeitnehmern muss der Aufsichtsrat zu einem Drittel mit Vertretern der Arbeitnehmer besetzt sein. Keine Mindestzahlen für Arbeitnehmer gelten dagegen bei Aktiengesellschaften und Kommanditgesellschaften auf Aktien, die vor dem 10. August 1994 gegründet wurden und keine Familiengesellschaften sind. Das bedeutet: Der Aufsichtsrat muss dann zu einem Drittel mit Vertretern der Arbeitnehmer besetzt sein, wenn die Gesellschaft weniger als 500 Beschäftigte hat. Zwar haben die Arbeitnehmer bei dieser Drittelbeteiligung kaum die Möglichkeit mitzuentscheiden. Sie erhalten jedoch wichtige Informationen.

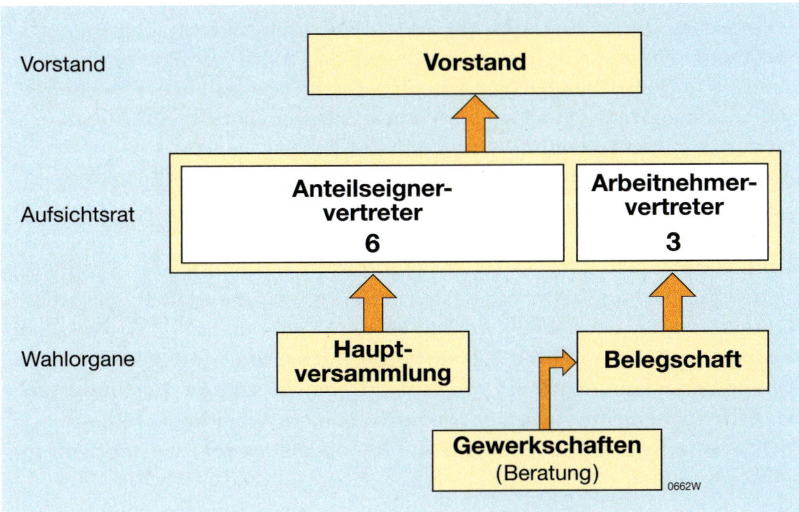

A
Stellen Sie die wesentlichen Unterschiede der Mitbestimmungsmodelle heraus.

Tarifpolitik

Die Tarifpolitik ist einer der herausragenden Bereiche zur Kennzeichnung der Beziehungen zwischen Arbeitgebern und Arbeitnehmern. Das gegenwärtige Tarifsystem und vor allem die Regelungsgewohnheiten sind das Ergebnis eines jahrzehntelangen Entwicklungsprozesses.

Alljährlich wird in der Bundesrepublik der Konflikt um die Einkommensverteilung durch Tarifverhandlungen neu gelöst, wenn Arbeitgeber und Arbeitnehmer auf der Grundlage des Tarifvertragsgesetzes in den tarifpolitischen Auseinandersetzungen die Höhe von Löhnen und Gehältern sowie die Gestaltung der Arbeitsverhältnisse aushandeln.

Während in der Nachkriegszeit vor allem Lohnerhöhungen im Mittelpunkt der tariflichen Auseinandersetzungen standen, traten Ende des 20. und zu Beginn des 21. Jahrhunderts z. B. Fragen zur Alters- und Beschäftigungssicherung und zur Qualifikation und Weiterbildung von Beschäftigten hinzu.

Q

Tarifeinigung für Stahlarbeiter

Die 85 000 Beschäftigten der Stahlindustrie in Nordrhein-Westfalen, Bremen und Niedersachsen erhalten ab dem 1. Oktober 3,6 Prozent mehr Lohn und Gehalt. Darauf einigten sich Arbeitgeber und Gewerkschaft am Donnerstagmorgen bei der dritten Verhandlungsrunde in Düsseldorf.
Im September erhalten die Stahlkocher eine Pauschale von 150 Euro. Die Ausbildungsvergütungen werden um 40 Euro erhöht. Der Vertrag hat eine Laufzeit von 14 Monaten. Die Gewerkschaft hatte eine Lohnerhöhung von sechs Prozent gefordert. Leiharbeiter werden nach Gewerkschaftsangaben ab dem 1. Januar 2011 nach dem Grundsatz „Gleiche Arbeit – Gleiches Geld" bezahlt.
„Das Volumen der Entgeltanhebung belastet unsere Mitgliedsunternehmen erheblich", sagte der Vorsitzende des Arbeitgeberverbandes Stahl, Helmut F. Koch. Wegen der Rahmenbedingungen der diesjährigen Tarifrunde sei jedoch keine moderatere Einigung möglich gewesen. Positiv zu bewerten sei, dass der vereinbarte Prozentsatz mit einer verlängerten Laufzeit habe verknüpft werden können.
Das Ergebnis sorge dafür, dass die Beschäftigten fair und dauerhaft am Aufschwung beteiligt würden, sagte der nordrhein-westfälische IG Metall-Bezirksleiter Oliver Burkhard. Die Auszubildenden bekämen überproportional mehr, und erstmals gebe es in einem Flächentarifvertrag eine Fairness-Garantie für Leiharbeiter. Nachdem die Arbeitgeber auch in der zweiten Verhandlungsrunde kein Angebot vorgelegt hatten, hatte die IG Metall in der vergangenen Woche zu Warnstreiks aufgerufen.

Quelle: www.finanzen.net/nachrichten/aktien/ROUNDUP-Tarifeinigung-fuer-Stahlarbeiter-89821, 12.04.2012

Tarifpartner

An den Tarifverträgen sind mindestens zwei Vertragsparteien beteiligt. Die Interessen der Arbeitnehmer werden von einer oder mehreren Gewerkschaften (vgl. Kapitel V, Abschnitt 5.2) vertreten, nur sie sind als Vertreter der Arbeitnehmer zum Abschluss von Tarifverträgen berechtigt. Die Interessen der Arbeitgeberseite werden entweder von einem Arbeitgeberverband (Verbandstarifvertrag) oder einem einzelnen Arbeitgeber (Haustarifvertrag) selbst vertreten.

A

1. Stellen Sie die in den kurzen Zeitungsartikelausschnitten genannten Verhandlungsergebnisse und deren Bewertung heraus.
2. Ermitteln Sie aktuelle Tarifverhandlungsrunden mit ihren entsprechenden Ergebnissen.
3. Kennzeichnen Sie den grundlegenden Konflikt zwischen den Verhandlungspartnern.

Q

Gemäß Artikel 9, Absatz 3 des Grundgesetzes, in dem die Koalitionsfreiheit als demokratisches Grundrecht festgeschrieben ist, und dem Tarifvertragsgesetz herrscht in der Wirtschaft der Bundesrepublik Deutschland das Prinzip der Tarifautonomie. Das heißt, Arbeitgeber und Arbeitnehmer legen in freier Vereinbarung die Arbeitsbedingungen in den Unternehmen ohne regelndes Eingreifen des Staates fest. Die Tarifpartner, also die Verbände für die Arbeitgeberseite und die Gewerkschaften für die Arbeitnehmerseite, sind zuständig für Löhne, Gehälter und Ausbildungsvergütungen, für Pausenregelungen, Wochenarbeitszeit und den Urlaub. Diese Regelungen werden in entsprechenden Tarifverträgen vereinbart. Nur für eng begrenzte Vertragsinhalte, beispielsweise bezogen auf den Mindesturlaub oder die Lohnfortzahlung im Krankheitsfall, hat der Staat aus sozialpolitischen Erwägungen Untergrenzen vorgegeben, die von den Tarifpartnern respektiert werden müssen. Ebenso gibt es Obergrenzen, beispielsweise bei der täglichen Arbeitszeit.

Quelle: www.arbeitgeberverbaende.de/index.php?option=com_content&view=article&id=21:grundzuege-der-trarifpolitik&catid=M:agu&Itemid=44, 07.02.2011

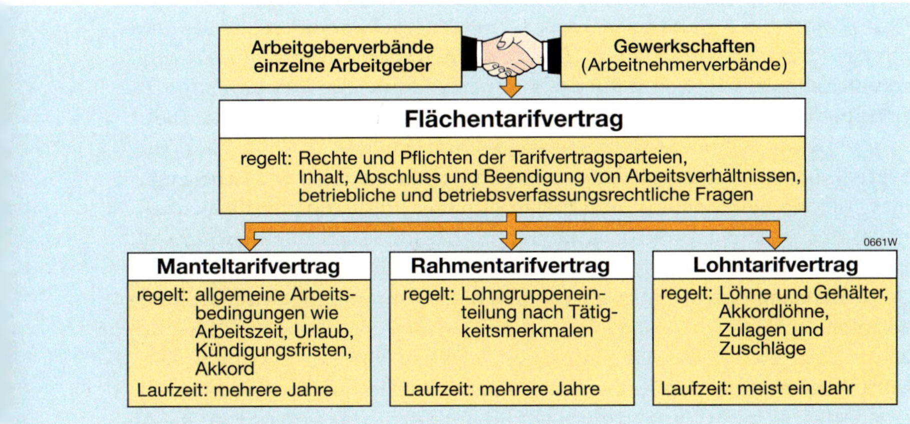

Wenn auch die Tarifautonomie Verhandlungen ohne die Mitwirkung des Staates gewährleistet, so haben staatliche Institutionen dennoch in gewisser Weise Einfluss auf die Tarifpolitik, wie das Schaubild verdeutlicht:

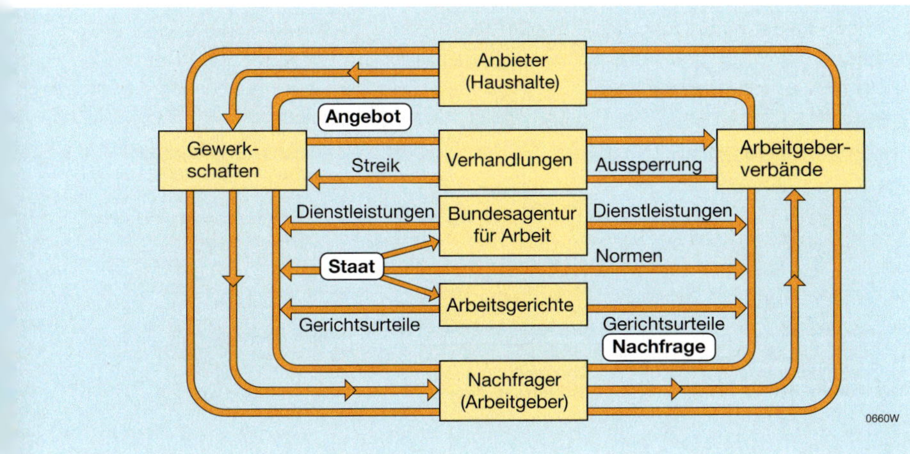

i

Bei der tarifpolitischen Willensbildung spielen die Tarifkommissionen eine wesentliche Rolle. Sie sind besetzt mit Funktionären und Mitgliedern der Gewerkschaften (z. B. Mitglieder von Betriebsräten oder Vertrauensleute aus den wichtigsten Betrieben des Geltungsbereichs des Tarifvertrags). Dieses Gremium bereitet die Tarifverhandlungen vor und stellt beispielsweise die Tarifforderungen, die Empfehlungscharakter haben, auf. Letztendlich entscheidet der Gewerkschaftsvorstand über die Ablehnung oder Akzeptanz eines Tarifergebnissen. Auch die Arbeitgeberseite bildet Tarifkommissionen, die sich aus den Repräsentanten der Unternehmen und Verbandsfunktionären zusammensetzen.

Ablauf von Tarifverhandlungen

Stufe 1: Die Tarifverhandlungen werden durch die Kündigung des aktuellen Tarifvertrages eröffnet. Die Kündigung kann von beiden Tarifparteien ausgehen.

Stufe 2: Nach der Kündigung treffen sich die Tarifkommissionen beider Parteien. Die Arbeitgeber unterbreiten ihr Angebot, die Gewerkschaften ihre Forderungen, die zumeist noch stark voneinander abweichen.

Stufe 3: Wenn die Verhandlung nicht vorankommt, setzt das „Allgemeine Schlichtungsverfahren" ein. Die hierfür einzuberufende Schlichtungsstelle ist mit einem neutralen Vorsitzenden und Beisitzern der Arbeitgeber- und Arbeitnehmerseite besetzt. Sollte die Schlichtung scheitern, erlischt die Friedenspflicht im Arbeitskampf.

Stufe 4: Die Gewerkschaften führen eine Urabstimmung durch. Hierbei müssen die Gewerkschaftsmitglieder in dem betroffenen Tarifbezirk in einer schriftlichen, geheimen Abstimmung ihre Zustimmung für einen Arbeitskampf geben. Notwendig ist eine Zustimmung von mindestens 75 %.

Stufe 5: Zum Streikaufruf ist allein die Gewerkschaft berechtigt; deren wichtigstes Mittel im Arbeitskampf ist der Streik. Hierauf können die Arbeitgeber mit der Aussperrung reagieren, d. h., den Arbeitnehmern wird der Zugang zum Arbeitsplatz verwehrt. Bei der Aussperrung ruht der Arbeitsvertrag. Die Arbeitnehmer erhalten keinen Lohn und erbringen keine Arbeitsleistung.

Stufe 6: Der Arbeitskampf kostet beiden Parteien viel Geld. Die Arbeitnehmer erleiden Einkommens- und die Arbeitgeber Produktionsausfälle. Deshalb setzt im Arbeitskampf die sogenannte „Besondere Schlichtung" ein, um die Verhandlungen wieder in Gang zu bringen. Mit zunehmender Dauer des Arbeitskampfes steigt zugleich auch die Kompromissbereitschaft beider Parteien.

Stufe 7: Kommt bei den Tarifverhandlungen eine Einigung zustande, so ist eine erneute Urabstimmung zur Beendigung des Streiks notwendig. Die Annahme des neuen Tarifvertrags setzt eine Zustimmung von mindestens 25 % der gewerkschaftlich organisierten Arbeitnehmer voraus.

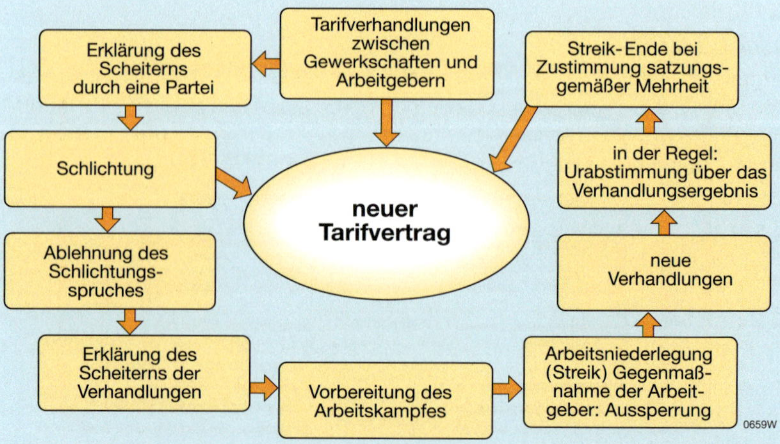

Exkurs: Das Jugendarbeitsschutzgesetz

Das Jugendarbeitsschutzgesetz wurde 1976 verabschiedet. Es dient dazu, die Jugendlichen beim Einstieg in den Beruf an die Arbeitsbedingungen zu gewöhnen, die sich in erster Linie an der höheren Belastbarkeit Erwachsener ausrichten.

Reglungen für die Beschäftigung von Kindern

Die Beschäftigung von Kindern ist grundsätzlich verboten; Ausnahmen gelten aber z. B. beim Betriebspraktikum. Kinder über 13 Jahre dürfen mit Zustimmung des Erziehungsberechtigten leichte Arbeiten übernehmen, z. B. Botengänge, Betreuung von Hilfsbedürftigen und Haustieren oder die Erteilung von Nachhilfeunterricht.

Der Umfang darf zwei Stunden pro Tag nicht übersteigen (in landwirtschaftlichen Familienbetrieben drei Stunden). Gearbeitet werden darf zwischen 8:00 und 18:00 Uhr. In den Ferien dürfen Jugendliche über 15 Jahre, die noch der Vollzeitschulpflicht unterliegen, bis zu acht Stunden täglich und 40 Stunden pro Woche arbeiten.

i

Als Kind gilt, wer das 15. Lebensjahr noch nicht vollendet hat. Allerdings finden bei Jugendlichen, die noch der Vollzeitschulpflicht unterliegen (je nach Bundesland neun oder zehn Jahre) die für Kinder geltenden Vorschriften Anwendung.

Regelung für die Beschäftigung von Jugendlichen

Jugendliche dürfen bis zu acht Stunden am Tag und 40 Stunden pro Woche arbeiten. Berufsschulzeiten (bei Jugendlichen, die eine berufliche Ausbildung absolvieren) sind auf die Arbeitszeit anzurechnen. In Ausnahmefällen ist eine Verlängerung auf 8,5 Stunden zulässig, sofern an anderen Tagen die Arbeitszeit entsprechend verkürzt wird.

i

Als Jugendlicher gilt im Sinne des Gesetzes, wer das 18. Lebensjahr noch nicht vollendet hat.

5-Tage Woche

Jugendliche dürfen nur an fünf Tagen pro Wochen beschäftigt werden. An Samstagen, Sonn- und Feiertagen ist die Beschäftigung z. B. in Krankenhäusern und Pflegeheimen, Landwirtschaft und Gaststättengewerbe zulässig. Samstagsarbeit ist weiterhin erlaubt z. B. in Bäckereien, Einzelhandel und Friseurhandwerk.

Nachtruhe

Grundsätzlich dürfen Jugendliche nur in der Zeit von 6:00 bis 20:00 Uhr beschäftigt werden. Auch hier gibt es diverse Ausnahmen. Beispielsweise darf im Gaststätten- und Schaustellergewerbe bis 22:00 Uhr und bei Schichtarbeit bis 23:00 Uhr gearbeitet werden. Jugendliche über 17 Jahre dürfen in Bäckereien ab 4:00 Uhr arbeiten.

Pausen und Freizeit

Jugendliche dürfen nicht länger als 4,5 Stunden am Stück arbeiten; als Pausen gelten Arbeitsunterbrechungen von mindestens 15 Minuten. Die Länge der Ruhepausen muss bei mehr als 4,5 Stunden Arbeitsdauer mindestens 30 Minuten betragen. Bei mehr als sechs Stunden Arbeitsdauer ist der Mindestumfang der Ruhepausen auf 60 Minuten zu verlängern.
Zwischen dem Arbeitsende und dem Arbeitsbeginn ist eine ununterbrochene Freizeit von mindestens zwölf Stunden zu gewährleisten.

Gefährliche Arbeiten

Grundsätzlich dürfen Jugendliche keine gefährlichen Arbeiten durchführen. Ausnahmen sind aber grundsätzlich zulässig, wenn die Arbeit zur Erreichung des Ausbildungsziels erforderlich ist und unter Aufsicht eines Fachkundigen durchgeführt wird.

8 Finanzierung und Investition

Die Produktionsverlagerung nach Polen ist für die Meier-Papier-AG mit hohen Investitionskosten verbunden, die sie allein nicht aufbringen kann. Das heißt, ohne Kreditaufnahme lässt sich das Vorhaben nicht realisieren. Die Finanzabteilung des Unternehmens hat den Auftrag erhalten, für entsprechende Gespräche zwischen dem Vorstand des Unternehmens und den Vorständen der Hausbanken die notwendigen Unterlagen zusammenzustellen. Die Abteilungsleiterin Frau Krug bespricht mit ihrem Stellvertreter, Herrn Leske, die anfallenden Aufgaben.

A

1 Stellen Sie die hier angesprochenen Aufgaben im vorgestellten Unternehmensbereich zusammen.

2 Zeigen Sie Verknüpfungen zu anderen Abteilungen des Unternehmens auf.

Frau Krug: Wie Sie wissen, wird es in Kürze verschiedene Treffen unseres Vorstandes mit den Vorständen unserer Hausbanken geben. Ich wiederhole noch einmal die Zahlen: Für das gesamte Vorhaben sind Investitionen von ca. 2,5 Mio. Euro notwendig, davon müssen 1,2 Mio. Euro durch Kreditaufnahme gedeckt werden. Den derzeitigen Zinssatz für Unternehmenskredite von 8,5 % vorausgesetzt, müssen wir angesichts der aktuellen Kalkulation und der maximal möglichen jährlichen Tilgungsbeträge von einer Laufzeit von ca. acht Jahren ausgehen, wenn wir unsere Liquidität nicht gefährden wollen. Lassen Sie uns jetzt die anstehenden Aufgaben besprechen.
Herr Leske: Ich habe die gesamten zu erwartenden Finanzströme unseres Unternehmens für das nächste Jahr bereits in einem Liquiditätsplan zusammengestellt. Sie erhalten diesen morgen zusammen mit der letztjährigen Bilanz und der Gewinn- und Verlustrechnung.
Frau Krug: Und liegt mittlerweile die genaue Investitionsplanung vor?
Herr Leske: Die ist morgen früh fertig. Es fehlen noch die letzten Angaben aus der technischen Abteilung zu den exakten Umrüstungskosten. Und die Personalabteilung will innerhalb der nächsten zwei Stunden eine Aufstellung der Schulungskosten schicken. Die Präsentationsmappe zum Gesamtvorhaben aus der Marketingabteilung müssten Sie schon erhalten haben.
Frau Krug: Ja, danke. Das sieht ja schon gut aus. Hinein gehört noch die Rentabilitätsprognose. Fehlt nur noch die Übersicht über die laufenden Verbindlichkeiten.
Herr Leske: Die habe ich hier, können Sie gleich mitnehmen.
Frau Krug: Hervorragend, dann haben wir bis spätestens morgen Mittag ja alles zusammen, und die Herren und Damen im Vorstand haben noch genügend Zeit, sich noch mal einzulesen. Danke für Ihre schnelle und gute Arbeit.

8.1 Aufgabe der Finanzwirtschaft: Aufrechterhaltung der Zahlungsfähigkeit

Warum werden Unternehmen betrieben? Die Antwort ist einfach: Nicht um Sachgüter zu erstellen und Dienstleistungen zu erbringen, wie es häufig heißt. Das Hauptmotiv liegt darin, für die Eigentümer Einkommen zu erwirtschaften. Und auch die Beschäftigten, die Lieferanten und die Kreditgeber arbeiten mit und in einem Unternehmen, weil sie Einkommen erzielen wollen: Löhne, Gehälter, Zinsen, Dividenden usw.

Die Aufgabe der Finanzwirtschaft eines Unternehmens besteht darin, für einen Ausgleich der Finanzströme zu sorgen, d. h. für die Gelder, die in ein Unternehmen hinein- und die herausfließen.

Das wesentliche Ziel ist, die jederzeitige Zahlungsfähigkeit eines Unternehmens sicherzustellen, also „zu jedem Zeitpunkt liquide" zu sein. Illiquidität führt in letzter Konsequenz zur Insolvenz und damit zum Ende eines Unternehmens.

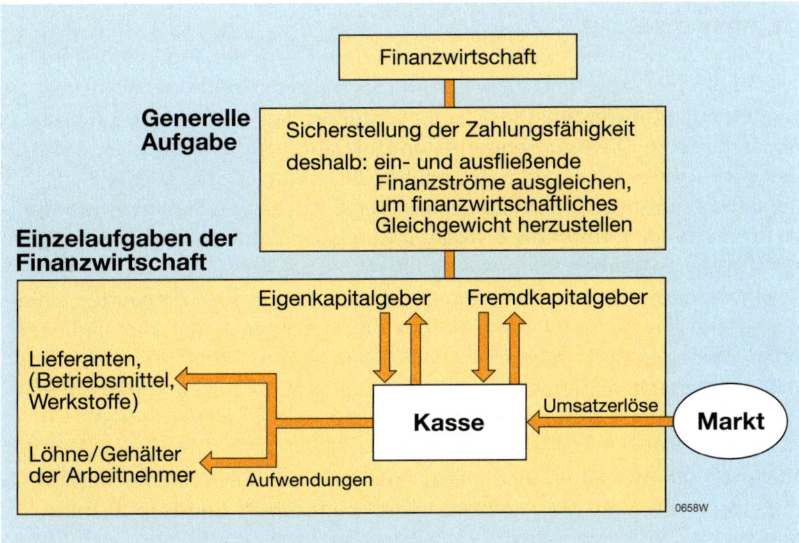

Man spricht von dem finanziellen Gleichgewicht eines Unternehmens, das dann gegeben ist, wenn das Unternehmen zu jeder Zeit seinen fälligen Zahlungsverpflichtungen nachkommen kann und wenn die laufenden Einnahmen höher sind als die laufenden Ausgaben. Wenn eine Zahlungslücke entsteht, muss das Unternehmen die Chance haben, diese Lücke durch andere Zahlungsmittel zu schließen, z. B. durch Kredite von Banken.

Damit lassen sich die Entscheidungen eines Unternehmens in zweifacher Weise unterscheiden:

— Entscheidungen mit Bezug zur **Leistungssphäre**
  Das Unternehmen wählt Produkte/Dienstleistungen und Märkte aus, entscheidet sich für bestimmte Produktionsverfahren (vgl. Abschnitt 2), organisiert die Verwaltung, entscheidet sich für spezielle Marketingstrategien usw.

— Entscheidungen zur Steuerung der **Zahlungsströme**
  Hier geht es um die Einnahme und Ausgabe liquider Mittel.

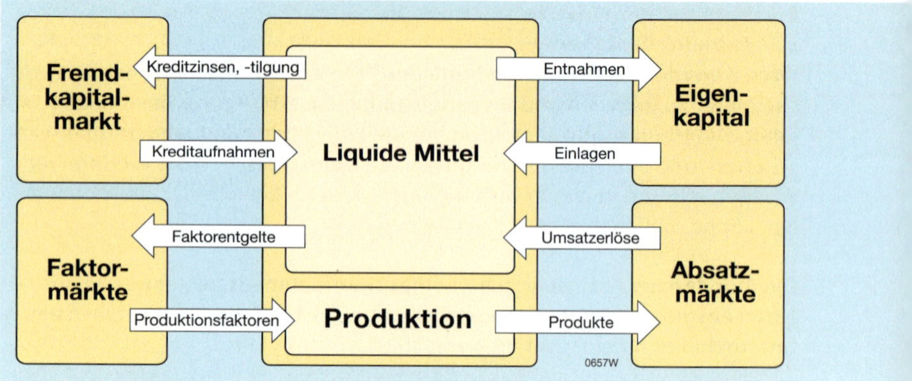

nach: Franz Eisenführ: Finanzwirtschaft des Unternehmens, ÖBO-Baustein C08, Institut für Ökonomische Bildung, Oldenburg, 2003, S. 8

i

In Abschnitt 9 „Grundlagen der Buchführung" lernen Sie ein Instrument kennen, das für Unternehmen im Zusammenhang mit der Thematik Finanzierung und Investitionen eine zentrale Bedeutung hat und Ihnen helfen wird, Finanzierungsströme eines Unternehmens noch besser zu erfassen. Die Buchführung gehört zwar nicht zu den besonders beliebten Inhalten des Wirtschaftsunterrichts, jedoch hilft es dabei, betriebswirtschaftliche Denkweisen leichter nachzuvollziehen.

Im Folgenden konzentrieren wir uns auf die Steuerung der Finanzströme in einem Unternehmen. In einem ersten Schritt werden die dargestellten Finanzströme erläutert.
Die Faktormärkte stellen die Produktionsfaktoren für den Produktionsprozess bereit (vgl. Abschnitt 2), mit denen Sachgüter erstellt oder Dienstleistungen erbracht werden. Diese Güter veräußert das Unternehmen auf den Absatzmärkten. Die Faktorentgelte (an Lieferanten, Beschäftigte usw.) fließen vom Unternehmen ab, während ihm die Umsatzerlöse zufließen.
Bei den Faktorentgelten sind die laufenden Entgelte von den Investitionen zu unterscheiden. Unter die erstgenannten fallen Lohnzahlungen an die Beschäftigten, Ausgaben für Materialien usw.
Die Investitionen bezeichnen dagegen Ausgaben für neue Aktivitäten eines Unternehmens, die entweder der Sicherung der jetzigen Einnahmen dienen oder von denen sich Unternehmen zukünftig höhere Einnahmen, d. h. Rückflüsse versprechen. Hierzu zählen z. B. Ausgaben für Forschung und Entwicklung, Maschinen, Gebäude, Lizenzen und Software (vgl. Abschnitt 3).

Die Unternehmen sind über die Gütermärkte hinaus auch mit den Kapitalmärkten verbunden. Diese unterscheiden wir in Eigen- und Fremdkapitalmärkte:

- **Eigenkapitalmärkte**
  Hier agieren Personen und Unternehmen, die Einlagen in ein Unternehmen einzahlen und darüber Gewinnbeteiligungen und Mitspracherechte erhalten.
  Das Eigenkapital lässt sich als haftendes Kapital bezeichnen, das am Erfolg eines Unternehmens beteiligt ist, z. B. am Gewinn aus der Unternehmertätigkeit. Selbstverständlich gibt es auch ein Verlustrisiko, wenn die Kosten die Erträge übersteigen.

- **Fremdkapitalmärkte**
  Auf diesen Märkten werden Kredite zu fest vereinbarten Konditionen (z. B. Zinssatz, Rückzahlungszeitraum) angeboten und nachgefragt. Die Kreditgeber gewähren Kredite und erhalten dafür im Rahmen der Tilgung Zinszahlungen.

Ferner können Unternehmen auf Kapitalmärkten auch als Investoren auftreten, um mit aktuell nicht benötigten Finanzmitteln Finanzerträge zu erwirtschaften.

8.2 Innen- und Außenfinanzierung

Neben der Unterscheidung von Fremd- und Eigenkapital ist die Unterscheidung zwischen Innen- und Außenfinanzierung von Bedeutung, d. h., es wird danach unterschieden, ob das benötigte Kapital selbst erwirtschaftet oder ob das benötigte Kapital der Unternehmung von außen zugeführt worden ist.

Q

40 Prozent Eigenkapital sind das Ziel

Der Bundesverband der Deutschen Volks- und Raiffeisenbanken hat 840.000 Jahresabschlüsse der letzten zehn Jahre ausgewertet. Er kam zu dem Ergebnis, dass die Eigenkapitalquote in diesem Zeitraum von 6 (im Jahr 1997) auf 22 Prozent (2010) gestiegen ist. Darin enthalten ist eine Steigerung seit 2009 von 3,1 Prozentpunkten. Nach Angaben von Creditreform haben 27 Prozent aller Unternehmen in Deutschland eine Eigenkapitalquote von mehr als 30 Prozent.

Quelle: http://m.faz.net/frankfurter-allgemeine-zeitung/unternehmen-40-prozent-eigenkapital-sind-das-ziel-11525596.html, 11.06.2012

Die Kapitaleinlage, die Herr Meier seiner Firma zur Verfügung stellen würde oder die von Gesellschaftern einer GmbH (vgl. Abschnitt 7) eingezahlt werden, sind Beispiele für eine Außenfinanzierung. Man spricht in diesem Fall auch von einer Beteiligungsfinanzierung (vgl. Abbildung unten). Damit wiederum liegt gleichzeitig eine sogenannte Eigenfinanzierung vor, weil das Kapital von den Eigentümern des Unternehmens zur Verfügung gestellt wird. Wird jedoch eine Kreditaufnahme erforderlich, dann handelt es sich um eine Außenfinanzierung in der Form einer Fremdfinanzierung.

Die Innenfinanzierung soll an zwei Beispielen verdeutlicht werden: Erstens kann die Innenfinanzierung dadurch erfolgen, dass nicht alle erwirtschafteten Gewinne ausgeschüttet werden und damit die Unternehmung sich durch die eigene Geschäftstätigkeit finanziert. Oder es werden neue Investitionen aus den Abschreibungen der vorhergehenden Jahre finanziert.

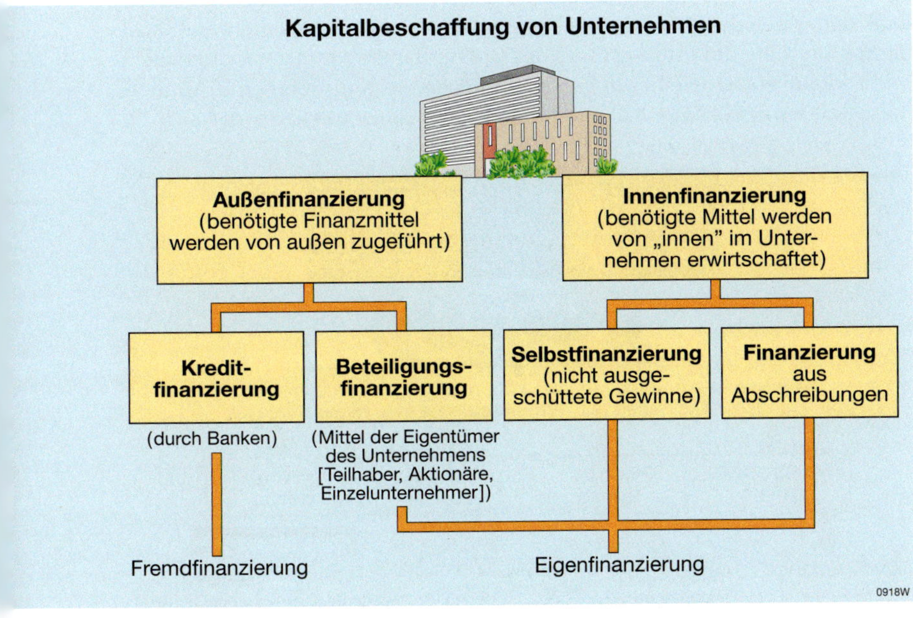

Q

Basel III

ist ein neues internationales Regelwerk, das die Finanzwelt stabiler machen soll. Das Regelwerk fordert von den Banken größere Kapitalpuffer zum Schutz vor Notsituationen. Die neuen Regeln wurden vom Baseler Ausschuss für Bankenaufsicht beschlossen – einem Zusammenschluss von Notenbanken und Finanzaufsichtsbehörden. […] Der Baseler Ausschuss beschloss, dass Banken ihr sogenanntes Kernkapital deutlich erhöhen müssen. Die Kernkapitalquote beschreibt das Verhältnis vom Kapital einer Bank zu ihren riskobehafteten Geschäften, also zu den vergebenen Krediten und den getätigten Geldanlagen. Das Kernkapital kann in Finanzkrisen die Verluste abfangen, die es durch Kreditausfälle und Kursabstürze gibt. Basel III schreibt künftig eine Kernkapitalquote von sechs Prozent statt bisher vier vor. Auch die Anforderungen für andere wichtige Stabilitäts-Kennzahlen wurden erhöht.

Quelle:www.faz.net/aktuell/wirtschaft/wirtschaftspolitik/basel-iii-bankenaufseher-verschaerfen-die-regeln-1656542.html, 11.06.2012

A

1 Stellen Sie die Folgen zusammen, die sich durch Basel III für ein Unternehmen ergeben.

2 Welche wesentlichen Unterschiede ergeben sich zwischen Basel II und Basel III?

8.3 Finanzinstitutionen am Beispiel der Börse

Wenn ein Unternehmen Kapital beschaffen muss bzw. anbieten will, kann es sich der Finanzinstitutionen bedienen, die es in einer Volkswirtschaft gibt. Sie treten sich als Kapitalanbieter und Kapitalnachfrager auf Märkten gegenüber. Unterscheiden lassen sich Kapitalmärkte von Geldmärkten: Kapitalmärkte sind Märkte für langfristige Finanzierungen, während der Geldmarkt ein Markt für kurzfristige Finanzierungen darstellt.

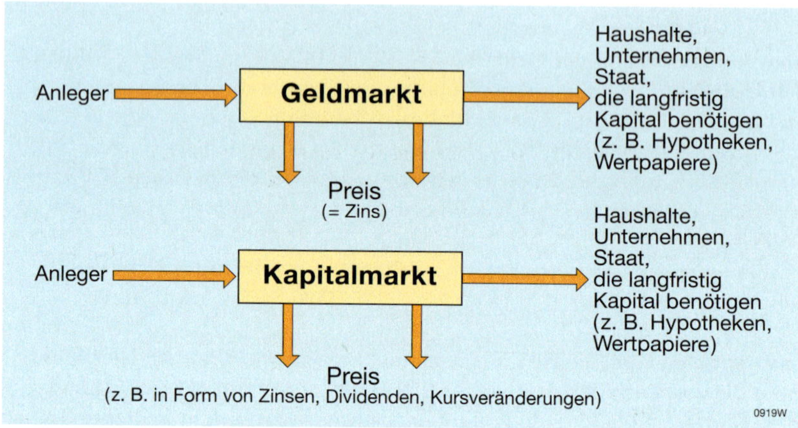

Die wichtigsten Kapitalmärkte sind die Börsen. Sie sind die Märkte für den Kauf und Verkauf von Wertpapieren, Devisen und Waren. Wie die Händler auf dem Wochenmarkt bearbeiten Kurs- oder Börsenmakler an den Börsen täglich Kauf- und Verkaufsaufträge. Die vereidigten Kursmakler werden von der jeweiligen Landesregierung bestellt und sind ermächtigt, jederzeit Kurse festzustellen. Die Kurse orientieren sich daran, wie viele Kauf- oder Verkaufsaufträge vorliegen.

Börsenplätze gibt es in fast allen Ländern der Welt. In Deutschland sind dies Frankfurt, Düsseldorf, München, Hamburg, Stuttgart und Hannover. Der bekannteste Börsenplatz der Welt ist die Wall Street in New York.

Für den Erwerb von Aktien gibt es zwei Möglichkeiten. Entweder wird die Bank damit beauftragt, Aktien zu kaufen bzw. zu verkaufen, oder der Aktionär gibt mithilfe des Internets und des Online-Banking selbstständig Kauf- und Verkaufsaufträge ein. Um beide Möglichkeiten wahrnehmen zu können, muss ein Depot bei einer Bank vorhanden sein. Ein Depot kann man sich

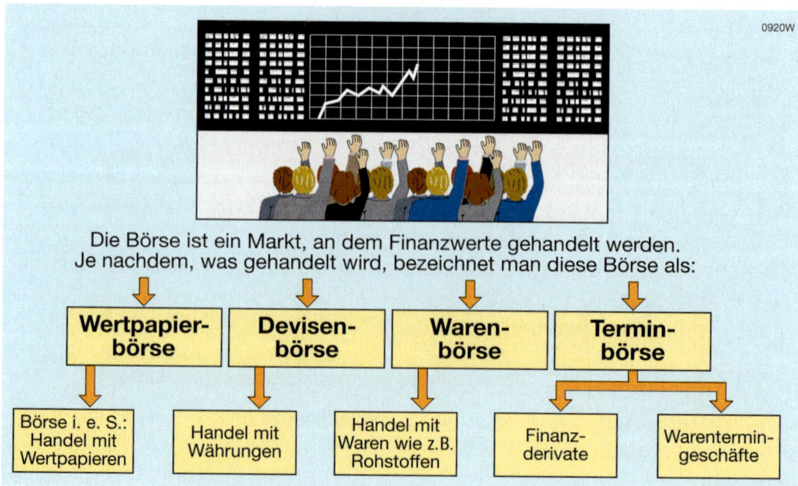

problemlos bei seiner Hausbank einrichten lassen. Bei der Abwicklung einer Order fallen immer Gebühren an. Daher sollte man vor Einrichtung eines Depots einen Preisvergleich zwischen den Gebühren der einzelnen Banken vornehmen.
Die Aktiengesellschaften werden in verschiedenen Indizes gelistet. Für die Aufnahme müssen bestimmte Kriterien wie Marktkapitalisierung oder der Börsenumsatz erfüllt werden. Die beiden bekanntesten Indizes in Deutschland sind der DAX-30 und der TEC-DAX. In den USA sind dies der DOW-JONES und die NASDAQ. Weitere Indizes in Deutschland sind der M-DAX, S-DAX oder der Technology-All-Share Index. Im DAX 30 sind die größten deutschen Unternehmen gelistet.

A

Recherchieren Sie, welche Branchen, Länder und Unternehmen in den genannten Indizes gelistet sind.

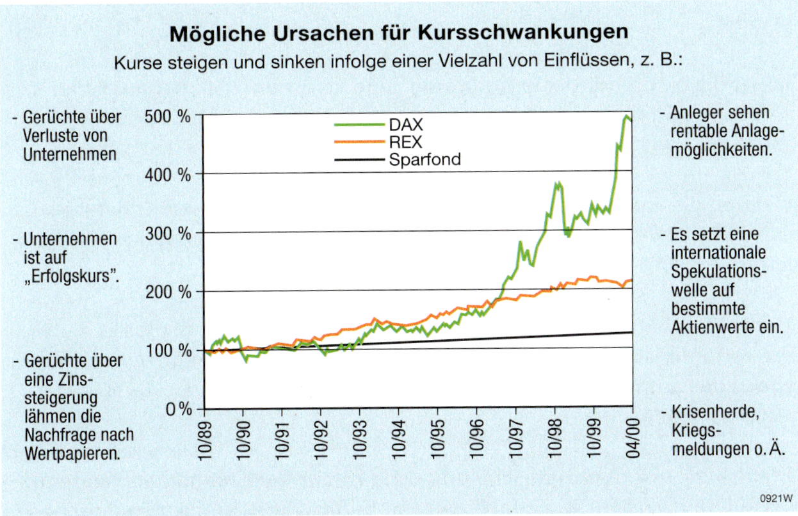

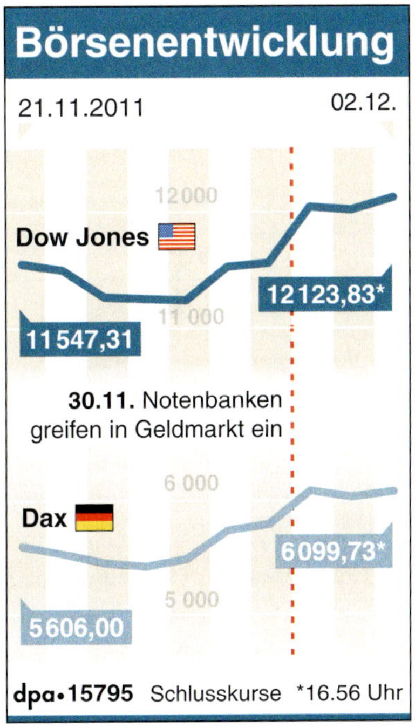

Nirgendwo kann man den Einfluss von Angebot und Nachfrage auf den Preis so deutlich erleben wie an der Börse. Die Preise von Aktien und anderen börsennotierten Gütern ändern sich nahezu sekündlich. Doch welche Faktoren beeinflussen Angebot und Nachfrage z. B. einer Aktie? Dies hängt zunächst einmal von der aktuellen wirtschaftlichen Situation des Unternehmens ab. Außerdem schauen Anleger stets, ob das Unternehmen für die Zukunft gerüstet ist. Wenn ein wichtiges ausländisches Absatzland in eine Rezession rutscht, wird sich dies negativ auf den Aktienkurs eines Unternehmens auswirken. Hinzu kommt die generelle Stimmungslage an den Börsen, die sich oftmals weltweit überträgt. Wenn beispielsweise die New York Stock Exchange einen schlechten Tag hatte, wirkt sich dies oftmals auch negativ auf die europäischen Börsenplätze aus. Von wesentlicher Bedeutung ist die Massenpsychologie, die positive und negative Trends verstärkt. Steigen generell die Kurse, wollen alle dabei sein; die gesteigerte Nachfrage verstärkt die positive Entwicklung. Umgekehrt wollen die Anleger ihre Anlagen schnell verkaufen, wenn es bergab geht. Die Auswirkungen konnte man beispielsweise während der Finanzkrise 2008 erleben. Wie ein Turbo wirken oftmals Softwareprodukte, die Kauf- und Verkaufsentscheidungen auf der Basis mathematischer Formeln automatisch vornehmen, wenn die Kurse z. B. bestimmte Werte über- oder unterschreiten.

Kurzum: An der Börse kann man viel Geld verdienen, aber auch verlieren. Deshalb sollte man nur das Geld an der Börse anlegen, was man langfristig entbehren kann, damit man nicht gezwungen ist, bei schlechten Kursen zu verkaufen.

i

Isaac Newton sagte einmal: „Ich kann die Bahn der Himmelskörper auf Zentimeter und Sekunden genau berechnen, aber nicht, wohin die verrückte Menge einen Börsenkurs treiben kann."

8.4 Investitionen

Investitionsbegriff

Ein charakteristisches Merkmal unternehmerischer Tätigkeit besteht darin, dass Mittel z. B. heute eingesetzt werden müssen, damit morgen oder im nächsten Jahr ein Rückfluss von Mitteln erfolgt, der möglichst höher als die eingesetzten Mittel ist.

Mit dem Einsatz der Mittel haben Unternehmen also Erwartungen an die Zukunft. Unternehmen tätigen Investitionen, um ihre Existenz nicht nur auf dem jetzigen Stand zu sichern, sondern auch, um die wirtschaftliche Situation für die weitere Zukunft zu verbessern, eine bessere Marktstellung zu erlangen.

Das ist die eine Seite der Betrachtung. Eine Investition ist aber auch die langfristige Bindung finanzieller Mittel im Anlagevermögen, mit der die Umwandlung von Kapital in Vermögen erfolgt.

Während die Finanzierung sich mit der Frage der Mittelherkunft befasst, beziehen sich Investitionsentscheidungen auf die Mittelverwendung und betreffen damit die Aktivseite der Bilanz (vgl. Abschnitt 9).

Bilanz	0656W
Aktivseite	**Passivseite**
Vermögen - Anlage-vermögen - Umlauf-vermögen	**Kapital** - Eigen-kapital - Fremd-kapital
Verwendung der Mittel **Investition**	Herkunft der Mittel **Finanzierung**

Für die Einschätzung, ob eine Investition lohnend sein kann, gibt es mehrere Verfahren. Sie können hier nicht im Einzelnen dargestellt werden. Um jedoch die Grundidee solcher Verfahren zu verstehen, soll ein Beispiel dargestellt werden.

Grundsätzlich können statische und dynamische Verfahren voneinander unterschieden werden. Vereinfacht gesagt, berücksichtigen die dynamischen Verfahren im Gegensatz zu den statischen Verfahren die Tatsache, dass Ein- und Auszahlungen zu unterschiedlichen Zeitpunkten stattfinden und durch Auf- bzw. Abzinsung (Diskontierung) vergleichbar gemacht werden müssen. Hier werden beispielhaft die Rentabilitäts- und die Amortisationsmethode vorgestellt.

Beispiel: Rentabilitätsrechnung

Investitionsvorhaben können anhand ihrer Rentabilität bewertet werden. Die Rendite eines Investitionsvorhabens wird ermittelt, indem der jährliche Gewinn/Cash-flow durch die Investitionskosten geteilt wird.

Beispiel: Investitionskosten = 10.000,00 Euro
Jährlicher Gewinn = 2.500,00 Euro

Rendite = Jährlicher Gewinn : Investitionskosten · 100
= 2.500 Euro : (10.000 Euro · 100)
= 25 %

Die Entscheidungsregel lautet:
„Wähle die Investition mit der höchsten Rendite."

Beispiel: Amortisationsrechnung
Investitionsvorhaben können anhand ihrer Amortisationsdauer bewertet werden. Die Amortisationsdauer ist die Zeit, die vergeht, bis die Anfangsauszahlung eines Investitionsvorhabens durch die Einzahlungsüberschüsse der Investition amortisiert werden.

Beispiel:	Investitionskosten	= 10.000,00 Euro
	Durchschnittlicher Rückfluss pro Jahr	= 2.500,00 Euro

Amortisationszeit = Investitionskosten : Durchschnittlicher Rückfluss p. a.

= 10.000 Euro : 2.500 Euro p. a. = 4 Jahre

Die Entscheidungsregel lautet: „Wähle das Investitionsvorhaben mit der kürzesten Amortisationsdauer."

Abschreibungen
(vgl. dazu auch Abschnitt 9)

Notwendigkeit der Abschreibungen
Investitionsgegenstände (d. h. Gegenstände des Anlagevermögens) sollen dem Unternehmen dauerhaft dienen. Da die meisten Anlagegüter (z. B. Gebäude, Maschinen, Fahrzeuge, Werkzeuge) aber einem ständigen Werteverfall unterliegen, ist ihre Nutzung zeitlich begrenzt, und sie müssen folglich im Laufe der Zeit durch neue Anlagegüter ersetzt werden.

Abschreibungen sorgen für eine Verteilung der Ausgaben für Investitionsgüter über mehrere Perioden. Das bedeutet, dass die Anschaffungs- bzw. Herstellungskosten des abnutzbaren Anlagevermögens buchmäßig nach und nach als Aufwand auf die Jahre der Nutzung verteilt werden, d. h. planmäßig abgeschrieben werden.

Ursachen der Abschreibung
1. Technische Ursachen: technischer Verschleiß durch Gebrauch, ruhender Verschleiß (Verwitterung, Verrostung, Zersetzung), außergewöhnlicher Verschleiß (Katastrophenverschleiß)

2. Wirtschaftliche Ursachen: Nachfrageverschiebungen, Fehlinvestitionen, Ineffizienz (durch technischen Fortschritt, gesunkene Wiederbeschaffungskosten, Umsatzrückgang durch Modeveränderungen)

3. Rechtliche Ursachen: Entwertung durch gesetzgeberische Maßnahmen, zeitlicher Ablauf von Verträgen (Pacht-, Miet-, Leasing-, Franchiseverträge) oder Schutzrechten (Konzessionen, Patente, Lizenzen, Gebrauchsmuster)

9 Grundlagen der Buchführung

Die Meier-Papier-AG hat vor drei Wochen den Jahresabschluss veröffentlicht. Aufgrund des unerwartet hohen Gewinns ist der Kurs der Unternehmensaktien gestiegen. Herr Bartsch, Leiter der Buchhaltung ist allerdings vorsichtiger in seiner Einschätzung und hat ein Gespräch mit dem Vorstandsvorsitzenden Herrn Rüter vereinbart.

Herr Rüter: Herr Bartsch, nochmals vielen Dank, dass Sie den Jahresabschluss trotz personeller Ausfälle in Ihrer Abteilung termingerecht erstellt haben.

Herr Bartsch: Ja, in der Tat, das war nicht einfach. Unsere Aktionäre hätten wir vielleicht noch etwas vertrösten können, aber für das Finanzamt benötigen wir die Zahlen ebenfalls.

Herr Rüter: In der Tat. Ich war positiv überrascht, dass der Jahresabschluss so gut ausgefallen ist. Zum Jahresende haben wir den Umsatz erheblich steigern können; zugleich sind die Energiepreise gefallen.

Herr Bartsch: Ja, der Gewinn stimmt. Gleichwohl bin ich besorgt, da einige Kunden die offenen Rechnungen noch nicht bezahlt haben. Jetzt haben wir zwar hohe Forderungen, aber unser Bankkonto schaut nicht gut aus. Unsere Hausbank vertraut uns zum Glück.

Herr Rüter: Ja, ich habe mit deren Geschäftsführer gesprochen und ihm die Situation der Kunden erklärt. Er wird unseren Kreditrahmen ausweiten, so dass wir bis zur Bezahlung der Forderungen liquide bleiben.

Herr Bartsch: Sicherlich ist unsere hohe Eigenkapitalquote vertrauensfördernd. Unsere Bank muss sich keine Sorgen machen, dass ihr Geld im Fall der Fälle verloren ist. Aber ich glaube, Sie hatten noch ein Anliegen …

Herr Rüter: Ja, es sind sogar zwei. Sie erinnern sich sicherlich an die Papiermaschine, die wir vor zwei Jahren gekauft haben. Mich würde interessieren, ob diese Investition rentabel war.

Herr Bartsch: Das habe ich erwartet und bereits gerechnet. Die jährliche Rendite der Maschine liegt bei 15 %; so hohe Zinsen hätten wir kaum erzielt, wenn wir das Geld am Finanzmarkt angelegt hätten.

Herr Rüter: Ah, das ist gut, denn ich überlege eine weitere Maschine anzuschaffen. Außerdem hat mich die Firma Office Papier angerufen …

Herr Bartsch: … ein großer Kunde, der erfreulicherweise immer pünktlich zahlt …

Herr Rüter: … und für den nächsten Auftrag einen Preisnachlass von 10 % fordert. Bitte kalkulieren Sie, ob wir die Preise soweit senken können.

Herr Bartsch: Gut, das werde ich zeitnah in Angriff nehmen.

A

1 Für welche Zielgruppen führen Unternehmen Buch?

2 Für welche Zwecke benötigen die Zielgruppen die Ergebnisse der Buchführung?

In den Exkursen „Sozialprodukt" und „Einführung in die Volkswirtschaftliche Gesamtrechnung" (vgl. Kapitel I und V) haben wir an einfachen Beispielen kennengelernt, wie für eine Volkswirtschaft der Wert der in einem Jahr erstellten Produkte und erbrachten Dienstleistungen errechnet werden kann.

Wir wechseln jetzt zur betriebswirtschaftlichen Perspektive und wollen ebenfalls an einfachen Beispielen erarbeiten, wie in einem Unternehmen die finanziellen Beziehungen erfasst und ausgewertet werden können, damit ein Unternehmen Informationen hat, um das betriebliche Geschehen zu planen, zu steuern und zu kontrollieren. Nicht nur der Unternehmer bzw. die Unternehmerin benötigt die Buchführung zur Steuerung des Unternehmens. Wie in dem Beispiel der Meier-AG dargestellt wurde, gibt es auch andere Gruppen, die ein berechtigtes Interesse an der Buchführung haben.

Die Dokumentation ökonomischer Aktivitäten lässt sich bereits in den frühen Hochkulturen nachweisen. Schon die Schatzmeister des Altertums fertigten Aufzeichnungen der zu verwaltenden Schätze an. So berichten sumerische Tontafeln schon ca. 3000 v. Chr. über den Eingang von Schweinen und Edelmetallen. Darüber hinaus wurde bereits ein wichtiges Merkmal der modernen Buchführung eingeführt: die Bewertung des Gegenstandes mit einem übergeordneten Vergleichsmaßstab – seinerzeit das Gewicht von Edelmetall, heutzutage Geld.

Das heutige System der sogenannten doppelten Buchführung – welches noch im weiteren Verlauf ausführlich dargestellt wird – wurde bereits Ende des 15. Jahrhunderts in Genua und Venedig praktiziert. Als Gründervater gilt der Franziskanermönch und Mathematiker Luca Pacioli, der zugleich ein enger Freund von Leonardo da Vinci war.

1673 führte Ludwig XIV. im französischen Handelsgesetzbuch die Buchführungspflicht ein, die 1861 im ersten deutschen Handelsgesetzbuch übernommen wurde. Gesetzlich ist seitdem jeder Kaufmann verpflichtet, Bücher über die Geschäftsvorfälle in seinem Unternehmen zu führen.

Das Ziel der Buchführung ist eine systematische, transparente und verständliche Offenlegung der geschäftlichen Aktivitäten. Insbesondere schreiben Steuer- und Handelsrecht für buchführungspflichtige Unternehmen genau vor, wie die Buchführung zu erfolgen hat.

Das Handelsgesetzbuch (HGB) für Kaufleute enthält in seinem 3. Buch „Handelsbücher" Vorschriften zur Buchführung, die in einem engen Zusammenhang zu den steuerrechtlichen Vorgaben der Abgabenordnung (AO) stehen. Wir können in diesem Abschnitt nur einen kurzen Einblick in den Charakter des Rechungswesens geben. Zur Verdeutlichung wählen wir die „Buchführung" am Beispiel des Unternehmens Smart Bike. Vorab machen wir Sie mit der notwendigen Begrifflichkeit vertraut.

i

Lucca Paciola

Lucca Paciola gilt als „Erfinder" der doppelten Buchführung, mit der wirtschaftliche Vorgänge besser erfasst und beurteilt werden können.

Inventur:
Bestands**aufnahme** der Vermögensteile und Schulden und ihre Bewertung

Inventar:
Bestand**verzeichnis** der Vermögensteile und Schulden an einem bestimmten Zeitpunkt

Bilanz:
kurzgefasste Übersicht über Vermögen, Eigen- und Fremdkapital

Bilanz

Aktiva	Passiva
Anlagevermögen	Eigenkapital
Umlaufvermögen	Fremdkapital
Bilanzsumme	Bilanzsumme

Das Inventar und die Bilanz als Instrumente der Buchführung

Das Herzstück und somit die Hauptaufgabe der Buchführung ist die Dokumentation aller Geschäftsvorfälle und die Ermittlung des Gewinns am Ende eines Geschäftsjahres. Das Geschäftsjahr eines Unternehmens muss zwölf Monate umfassen und ist fast immer identisch mit dem Kalenderjahr. Das Ziel der Buchführung ist eine systematische, transparente und verständliche Offenlegung der geschäftlichen Aktivitäten.

Inventur/Inventar

Zum Ende eines jeden Geschäftsjahres sind die Vermögensgegenstände wertmäßig zu erfassen. Das Verzeichnis, in dem man dies alles in Staffelform – dies ist eine tabellarische Auflistung – zusammenstellt, heißt Inventar. Es dient als Grundlage für die Aufstellung der Bilanz und dazu, das betriebliche Vermögen nachzuweisen. So soll unter anderem verhindert werden, dass Vermögensgegenstände unkontrolliert verschwinden können.

Bilanz

Die Bilanz ist eine Kurzfassung des Inventars in Kontenform und stellt das Verhältnis von Vermögen und Schulden dar. Auf der linken Seite der Bilanz werden die Vermögensteile, auf der rechten Seite die Schulden bzw. Verbindlichkeiten (Fremdkapital) und das Eigenkapital als Ausgleich aufgeführt. Der Saldo zwischen Vermögen und Schulden ist das Eigenkapital eines Unternehmens. Die Bilanz eines Unternehmens muss immer ausgeglichen sein, d. h., sowohl die Vermögensseite (Aktiva) als auch die Kapitalseite (Passiva) müssen gleiche Summen aufweisen. Die Seite der Aktiva zeigt also, in welcher Form das Kapital verwendet wurde (Kapitalverwendung), die Seite der Passiva zeigt, woher das Kapital stammt (Kapitalherkunft).

Aktiva/Passiva

Die Bilanz in der Marginalspalte zeigt, dass sich Aktiva und Passiva unterteilen lassen. Auf der Seite der Aktiva sehen wir eine Aufteilung in Anlage- und Umlaufvermögen, auf der Seite der Passiva eine in Eigen- und Fremdkapital. Auf beiden Seiten existiert eine Ordnung, die angibt, nach welchem System sie gegliedert werden. Die Seite der Aktiva ordnet sich nach der Liquidität, d. h., wie schnell die Vermögensgegenstände theoretisch veräußert werden können, oben angefangen mit Grundstücken, die sich oft nur schwer liquidieren lassen, bis zum Posten Kassenbestand bzw. Bankguthaben. Die Seite der Passiva wird nach ihrer Fälligkeit geordnet, angefangen mit dem Eigenkapital, welches am engsten mit dem Unternehmen verbunden ist, bis hin zu Verbindlichkeiten aus Lieferungen und Leistungen (kurz: Verb. a. LL).

Eigenkapital

Das vom Unternehmer selbst in die Unternehmung eingebrachte Kapital nennt man auch das Eigenkapital. Das Eigenkapital dient der Eigenfinanzierung des Unternehmens und der Haftung gegenüber den Gläubigern, also gegenüber den Fremdkapitalgebern. Das Eigenkapital kann grundsätzlich in zwei Positionen aufgeteilt werden, in
- die Kapitaleinlage des Unternehmers,
- den Gewinn bzw. Verlust, der das Eigenkapital erhöht bzw. vermindert.

Fremdkapital

Das Fremdkapital eines Unternehmens stellt sozusagen die Schulden bzw. Verbindlichkeiten des Unternehmens dar. Zu ihnen zählen Hypotheken, Darlehen, andere Kredite und Verbindlichkeiten aus Lieferung und Leistung (d. h. die noch nicht bezahlten Rechnungen der Lieferanten).

Anlagevermögen
Die Aktiva enthalten als einen Hauptgliederungspunkt das Anlagevermögen. Hier werden Vermögensgegenstände aufgeführt, die langfristig an das Unternehmen gebunden sind.
Beispiele:
— Grund und Boden,
— Gebäude/Betriebs- und Geschäftsausstattung,
— Maschinen,
— Fahrzeuge,
— Finanzanlagen/Beteiligungen,
— immaterielle Vermögensgegenstände (Rechte, Patente, Firmenwerte).

i
Das Anlagevermögen wird vom Unternehmen langfristig genutzt.

Umlaufvermögen
Dagegen beinhaltet das Umlaufvermögen diejenigen Vermögensgegenstände, die unmittelbar am Umsatz des Unternehmens beteiligt sind. Dies sind in einem produzierenden Gewerbe die Materialien zur Herstellung.
Beispiele:
— Lagerbestände (Rohstoffe, fertige Erzeugnisse u. a. m.),
— flüssige Mittel (Bankguthaben, Kassenbestand),
— Forderungen aus Lieferungen und Leistungen (d. h. die Rechnungen, die von den Kunden noch nicht bezahlt worden sind).

Die Buchführung am Beispiel der Smart Bike
Fritz Müller gründet das Unternehmen Smart Bike. Sein Geschäftsmodell sieht vor, aus Einzelkomponenten günstige Fahrräder zu bauen und diese dann zu verkaufen. Für die Unternehmensgründung kann er auf eigenes Kapital in Höhe von 10.000,00 € zurückgreifen.
1. Im Rahmen der Unternehmensgründung zahlt Herr Müller 10.000.00 € auf das Firmenkonto ein. 5.000,00 € hat er selbst gespart, 5.000,00 € hat ihm seine Großmutter geschenkt. Außerdem nimmt er ein Bankdarlehen über 20.000,00 € auf, das ebenfalls auf das Bankkonto überwiesen wird.
2. Es werden gekauft und sofort per Banküberweisung gezahlt: Montagegeräte für 12.000.00 € und die Ausstattung für das Büro in Höhe von 6.000,00 €. Hierdurch sinkt das Bankguthaben von 30.000.00 € auf 12.000.00 €.

In der folgenden Bilanz sind die aktuellen Salden der Konten (ohne die „Tausender-Nullen“) dargestellt. Anhand der ersten zwei Geschäftsfälle wird deutlich: Jeder Geschäftsfall berührt mindestens zwei Konten, sodass die Bilanz stets im Gleichgewicht bleibt. Man spricht daher auch von der doppelten Buchführung.

Die Eröffnungsbilanz der Smart Bike

A	Bilanz		P
Anlagevermögen		Eigenkapital	
Maschinen	2) 12	Einlage	1) 10
Geschäftsausstattung	2) 6	Gewinn	
Umlaufvermögen		Fremdkapital	
Lager		Darlehen	1) 20
Forderungen		Verbindlichkeiten	
Bank	2) 12 ~~1) 30~~		
	30		30

Die Gewinn- und Verlustrechnung
Beim zweiten Geschäftsfall wurde lediglich die Vermögensverwendung geändert. Wenn man unterstellt, dass bei dem Kauf keine Kosten angefallen sind, wurden also keine Werte geschaffen oder vernichtet.

Fritz Müller möchte aber – und das ist ein zentrales Ziel marktwirtschaftlicher Unternehmen – mit seinem Unternehmen Gewinn erwirtschaften, damit sich der Einsatz von Arbeit und Kapital lohnt. Er wird also die Zweiradkomponenten einkaufen und – zusammengebaut zu Fahrrädern – zu einem höheren Preis verkaufen, sodass die Kosten, z. B. für die Energie und Löhne, gedeckt werden und darüber hinaus noch ein Gewinn übrig bleibt. Es stellt sich somit die Frage, wie Kapitalzuflüsse, z. B. Umsatzerlöse aus dem Verkauf der Fahrräder oder Aufwendungen für Energie und Löhne, bilanztechnisch erfasst werden. Zunächst einmal ist festzustellen, dass die Erlöse zu einem Zufluss und die Aufwendungen zu einem Abfluss an Eigenkapital führen. Aus Gründen der Übersichtlichkeit wird als Unterkonto des Eigenkapitals die Gewinn- und Verlustrechnung (GuV) geführt. Auf der linken Seite (genannt „Soll") werden die Aufwendungen verbucht, auf der rechten Seite (genannt „Haben") die Erträge.

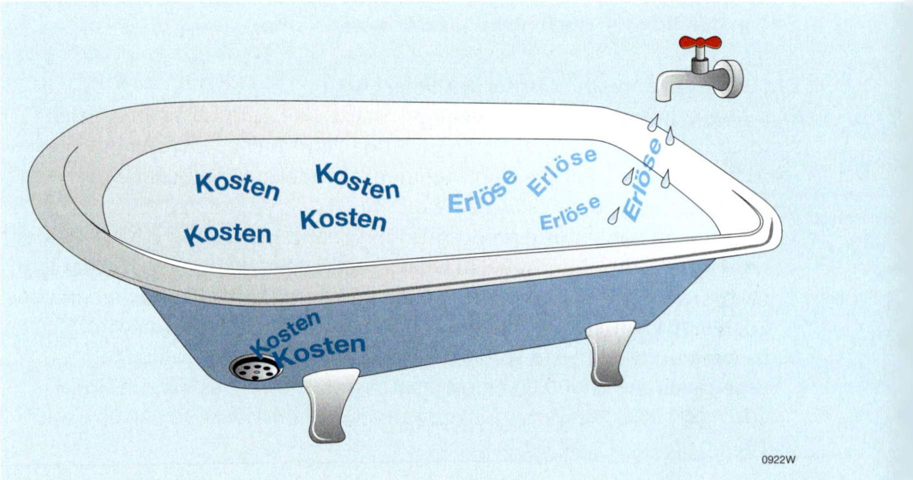

Die Funktionsweise soll anhand von einigen Geschäftsfällen des Unternehmens Smart Bike erläutert werden:

3. Herr Müller kauft Komponenten (Rahmen, Schaltungen, Bremsen usw.) für 10.000,00 € ein und bezahlt diese per Banküberweisung.
   Der Lagerbestand in der Bilanz steigt auf 10.000,00 € und das Bankguthaben sinkt auf 2.000,00 €.
   Die GuV ist nicht betroffen, weil wiederum nur ein Tausch zwischen Vermögenswerten vorliegt.
4. Aus den Komponenten werden die Fahrräder zusammengebaut; diese werden sämtlich für 17.0000,00 € auf Ziel verkauft, d. h. der Kunde zahlt später.
   a) Die Forderungen gegenüber den Kunden erhöhen sich von 0,00 € auf 17.000,00 €; das Gleiche gilt für die Umsatzerlöse in der GuV (vgl. Abb. nächste Seite).
   b) Zugleich ist die Minderung des Lagerbestandes buchhalterisch zu erfassen. Einerseits sinkt der Lagerbestand von 10.000,00 € auf 0,00 €; außerdem ist in der GuV der Warenaufwand in Höhe von 10.000,00 € zu verbuchen.

GuV und Bilanz nach Einkauf der Komponenten und Verkauf der aus den Komponenten montierten Fahrräder

S	Gewinn- und Verlustrechnung		H
Aufwand an Waren	4.b) 10	Umsatzerlöse	4.a) 17
Abschreibungen			
Energie			
Zinsen			
Gewinn			

A	Bilanz		P
Anlagevermögen		Eigenkapital	
Maschinen	2) 12	Einlage	1) 10
Geschäftsausstattung	2) 6	Gewinn	
Umlaufvermögen		Fremdkapital	
Lager	4.b) 0 ~~3) 10~~	Darlehen	1) 20
Forderungen	4.a) 17	Verbindlichkeiten	
Bank	3) 2 ~~2) 12~~ ~~1) 30~~		

5. Es werden jeweils 1.000,00 € für den Energieverbrauch und die Fremdkapitalzinsen (5 % auf das Darlehen in Höhe von 20.000,00 €) überwiesen.
6. Zum Ende des Jahres muss die Wertminderung des Anlagevermögens durch Alterung, Abnutzung, technischen Fortschritt u. Ä. gebucht werden; man spricht in diesem Zusammenhang auch von der Abschreibung. Die Abschreibung vermindert den Gewinn und vermeidet Gewinnausschüttungen an die Gesellschafter, die sonst später bei dem Kauf neuer Maschinen fehlen würden. Für die Höhe der Abschreibung gibt das Steuerrecht konkrete Vorgaben, die in der sogenannten Abschreibungstabelle hinterlegt sind. In unserem Beispiel sind beim Maschinenpark 2.000,00 € und bei der Geschäftsausstattung 1.000,00 € abzuschreiben.
   In der Bilanz sind die Werte des Fuhrparks und der Betriebs- und Geschäftsausstattung um die genannten Beträge vermindert; in der GuV sind 3.000,00 € für die Abschreibung zu verbuchen.

def. **Abschreibung:**
Der kalkulatorische Wertverlust des Anlagevermögens wird als Abschreibung bezeichnet.

GuV und Bilanz nach Überweisung der Energiekosten und Abschreibungen

S	Gewinn- und Verlustrechnung		H
Aufwand an Waren	4.b) 10	Umsatzerlöse	4.a) 17
Abschreibungen	6) 3		
Energie	5) 1		
Zinsen	5) 1		
Gewinn			

A	Bilanz		P
Anlagevermögen		Eigenkapital	
Maschinen	6) 10 ~~2) 12~~	Einlage	1) 10
Geschäftsausstattung	6) 5 ~~2) 6~~	Gewinn	
Umlaufvermögen		Fremdkapital	
Lager	4.b) 0 ~~3) 10~~	Darlehen	1) 20
Forderungen	4.a) 17	Verbindlichkeiten	
Bank	5) 0 ~~3) 2~~ ~~2) 12~~ ~~1) 30~~		
			30

7. Zum Jahresende wird die GuV abgeschlossen und der Gewinn bzw. Verlust ermittelt. Hierfür wird zunächst die Summe auf der GuV-Seite mit dem höheren Wert gebildet (Haben: 17.000,00 €); anschließend wird diese Summe auch auf die andere Seite der GuV übertragen. Dort kann dann der Gewinn ermittelt werden. In unserem Fall beträgt der Gewinn 2.000,00 €; d. h., die Erträge übersteigen die Aufwendungen um den genannten Betrag. Der Gewinn vermehrt in der Bilanz entsprechend das Eigenkapital. Nach der Aufsummierung der Aktiv- und Passivseite ist festzustellen, dass die Bilanz mit einer Bilanzsumme von jeweils 32.000,00 € ausgeglichen ist.

Abschluss der Gewinn- und Verlustrechnung

S		Gewinn- und Verlustrechnung	H
Aufwand an Waren	4.b) 10	Umsatzerlöse	4.a) 17
Abschreibungen	6) 3		
Energie	5) 1		
Zinsen	5) 1		
Gewinn	7) 2		
	17		17

Übertragung des Gewinns aus der GuV in die Bilanz und Abschluss der Bilanz

A		Bilanz	P
Anlagevermögen		Eigenkapital	
Maschinen	6) 10 ~~2) 12~~	Einlage	1) 10
Geschäftsausstattung	6) 5 ~~2) 6~~	Gewinn	7) 2
Umlaufvermögen		Fremdkapital	
Lager	4.b) 0 ~~3) 10~~	Darlehen	1) 20
Forderungen	4.a) 17	Verbindlichkeiten	
Bank	5) 0 ~~3) 2~~ ~~2) 12~~ ~~1) 30~~		
	32		32

Bilanz: **Zeitpunkt**betrachtung der Vermögensbestände

Gewinn- und Verlustrechnung: **Zeitraum**betrachtung der Zu- und Abflüsse

Die Grundlagen von Bilanz und GuV sollen noch einmal kurz zusammengefasst werden:
- Die Bilanz stellt eine Zeitpunktbetrachtung der Kapitalherkunft und -verwendung zum Ende des Geschäftsjahres dar.
- Demgegenüber stellt die GuV eine Flussrechnung dar, in der die Zu- und Abflüsse des Kapitals über das Geschäftsjahr erfasst werden.
- Zum Jahresende wird zunächst die GuV abgeschlossen und der Gewinn bzw. Verlust in die Bilanzposition Eigenkapital überführt.

Die Bilanz beantwortet also die Frage: „Wie reich bin ich am Ende des Geschäftsjahres?“ Die GuV gibt Auskunft über die Frage: „Bin ich im Geschäftsjahr reicher oder ärmer geworden?“

Der Jahresabschluss

Zu jedem Geschäftsjahr erstellen Unternehmen den Jahresabschluss. Zentrale Elemente sind die Bilanz und die Gewinn- und Verlustrechnung. Hinzu kommt ein Anhang mit buchhalterischen Erläuterungen, z. B. nach welchem Verfahren abgeschrieben wurde. Außerdem kommentiert in großen Unternehmen die Geschäftsführung das Geschäftsergebnis im Lagebericht.

Betriebliche Kennziffern und Kennzahlen

Kennzahlen sind Messgrößen, die die Funktion haben, in verdichteter Form (z. B. als Indexzahl bzw. als relative oder absolute Zahl) schnell und auf einfache Weise über einen betrieblichen Tatbestand zu informieren. Herr Müller hat mit seinem Unternehmen Smart Bike einen Gewinn von 2.000,00 € erzielt. Was bei einem solchen Unternehmen möglicherweise ein erfreuliches Ergebnis darstellt, ist bei einem internationalen Konzern bestensfalls eine „schwarze Null".

Wer einen schnellen Überblick über die wirtschaftliche Lage eines Unternehmens erhalten will, sollte einige Kennzahlen ermitteln, die aus dem Jahresabschluss zu berechnen sind. Sie dienen dazu,

- Sachverhalte sichtbar zu machen, die aus den absoluten Zahlen des Jahresabschlusses nicht ohne weitere Berechnung zu erkennen sind,
- Sachverhalte durch Verdichtung auf eine einzige Zahl komprimiert zu charakterisieren,
- Die Transparenz zu erhöhen und die wirtschaftliche Situation eines Unternehmens – auch im Vergleich zu anderen Unternehmen der Branche – zu beurteilen.

Einige wichtige Kennzahlen werden hier kurz vorgestellt. Darüber hinaus gibt es eine Vielzahl von Kennzahlen, die eine detailliertere Analyse des Unternehmens ermöglichen.

Eigenkapital- und Fremdkapitalquote

Die Eigenkapitalquote drückt das Verhältnis von Eigenkapital zum Gesamtkapital aus, beschreibt also, welchen prozentualen Anteil das Eigenkapital am Gesamtkapital ausmacht. Die Eigenkapitalquote ist ein wichtiges Instrument bei der Kreditverhandlung. Derzeit liegt die Eigenkapitalquote in Deutschland i. d. R. bei 25–35 %, schwankt aber erheblich von Branche zu Branche. Die Fremdkapitalquote drückt umgekehrt das Verhältnis von Fremdkapital zu Gesamtkapital aus, beschreibt demnach, welchen prozentualen Anteil das Fremdkapital am Gesamtkapital ausmacht. Eine hohe Fremdkapitalquote zeigt eine starke Abhängigkeit des Unternehmens von Banken und anderen Geldgebern.
Vor diesem Hintergrund stellt sich für Herrn Müller die Frage, ob er den Gewinn in Höhe von 2.000,00 € für seinen Urlaub verwendet oder im Unternehmen belässt. Im letzteren Fall könnte er seine Eigenkapitalquote um vier Prozentpunkte steigern.

Eigenkapitalquote zu Beginn des Geschäftsjahres

$$\text{Eigenkapital} = \frac{\text{Eigenkapital}}{\text{Eigen- und Fremdkapital}} \cdot 100 = \frac{10.000\text{ €}}{30.000\text{ €}} \cdot 100 = 33\,\%$$

Eigenkapitalquote zum Ende des Geschäftsjahres

$$\text{Eigenkapital} = \frac{\text{Eigenkapital}}{\text{Eigen- und Fremdkapital}} \cdot 100 = \frac{12.000\text{ €}}{32.000\text{ €}} \cdot 100 = 37\,\%$$

„Goldene Bilanzregel"

Die „goldene Bilanzregel" besagt, dass Anlagevermögen möglichst durch Eigenkapital und langfristiges Fremdkapital finanziert werden soll. Es wird damit begründet, dass das Anlagevermögen wegen seiner langen Zugehörigkeit zum Unternehmen auch langfristig finanziert werden sollte. Der Term, an dem die „goldene Bilanzregel" festgemacht wird, nennt sich Deckungsgrad. Er drückt das Verhältnis von Eigenkapital und langfristigem Fremdkapital zum Anlagevermögen aus, besagt also, wie viel Prozent des Anlagevermögens durch langfristiges Kapital finanziert wurde. Die „goldene Bilanzregel" wird insbesondere bei der Beurteilung der Kreditwürdigkeit eines Unternehmens durch die Kreditinstitute angewendet.
Diesbezüglich steht die Smart Bike sehr gut dar. Zum Ende des Geschäftsjahres steht dem Anlagevermögen in Höhe von 15.000,00 € ein Eigen- und Fremdkapital in Höhe von 32.000,00 € gegenüber.

$$\text{Deckungsgrad} = \frac{12.000 + 20.000}{15.000} \cdot 100 = 213\,\%$$

def. **Leverage** (engl.): Hebel

Eigenkapitalrentabilität und Leverage-Effekt

Die Eigenkapitalrentabilität stellt den Gewinn in Beziehung zum Eigenkapital. Diese auch Unternehmerrendite genannte Kennzahl drückt die Verzinsung des eingesetzten Eigenkapitals aus. Die Eigenkapitalrentabilität wird berechnet, um die Geldanlage im Unternehmen mit einer Anlage auf dem langfristigen Kapitalmarkt zu vergleichen.
Das Ziel einer hohen Eigenkapitalquote kann mit der Eigenkapitalrendite in Konflikt geraten. Die Eigenkapitalrendite setzt den Gewinn in Relation zum Eigenkapital, d. h. weist die Verzinsung des eingesetzten Eigenkapitals aus. In dem Beispielunternehmen liegt die Eigenkapitalquote, ausgehend von einem Eigenkapital in Höhe von 10.000,00 €, bei 33 %.

Wir erinnern uns: Die Großmutter hatte Herrn Müller 5.000,00 € geschenkt. Ohne diese „Eigenkapitalspritze" hätte Herr Müller mit 5.000,00 € Eigenkapital arbeiten und ein höheres Darlehen aufnehmen müssen (25.000,00 € statt 20.000,00 €). Als Folge müssten bei einem Zinssatz von 5 % nicht 1.000,00 €, sondern 1.250,00 € Zinsen gezahlt werden (vgl. unten), d. h. der Gewinn würde von 2.000,00 € auf 1.750,00 € sinken.

Gleichwohl würde die Eigenkapitalrendite des Unternehmens von 20 % auf 35 % steigen. Man spricht in diesem Zusammenhang auch vom Leverage-Effekt, weil durch eine anteilige Verminderung des Eigenkapitals dessen Verzinsung gesteigert werden kann.

Eigenkapitalrentabilität bei 10.000,00 € EK

$$\text{Eigenkapitalrentabilität (bei EK 10.000 €)} = \frac{\text{Gewinn}}{\text{Eigenkapital}} = \frac{2.000}{10.000} = 20\,\%$$

Leverage-Effekt

$$\text{Eigenkapitalrentabilität (bei EK 5.000 €; Gewinn verringert sich wg. Zinszahlungen um 250 €)} = \frac{\text{Gewinn}}{\text{Eigenkapital}} = \frac{1.750}{5.000} = 35\,\%$$

Der Gewinn verringert sich wegen der Zinszahlungen um 25,00 €.

A

Zeigen Sie die Risiken auf, die mit dem Leverage-Effekt verbunden sind.

Kalkulatorischer Unternehmerlohn
Auf den ersten Blick könnte Herr Müller zufrieden sein, denn sein eingesetztes Kapitel wurde mit 20 % verzinst. Allerdings ist zu berücksichtigen, dass er und seine Freundin die gesamte Arbeit erledigt haben. Viele Unternehmer entnehmen ihrem Unternehmen deutlich weniger Geld, als es ihnen hinsichtlich ihres Arbeitseinsatzes, ihrer Qualifikation und ihrer Verantwortung eigentlich zustehen würde, wenn man z. B. einen leitenden Angestellten zum Vergleich nimmt. Für eine realistische Beurteilung des Unternehmenserfolgs ist deshalb der sogenannte kalkulatorische Unternehmerlohn zu berücksichtigen.

Gewinne als notwendiges Ziel von marktwirtschaftlichen Unternehmen
An dieser Stelle soll noch einmal zusammengefasst werden, warum Gewinne ein immanentes Ziel marktwirtschaftlicher Unternehmen sind:
- Die Unternehmer investieren Kapital und Arbeit in das Unternehmen und tragen das unternehmerische Risiko; Gewinne sind die Grundlage für die Entlohnung der Arbeit und des unternehmerischen Risikos sowie die Verzinsung des Kapitals.
- Die nicht ausgeschütteten Gewinne erhöhen das Eigenkapital und damit die wirtschaftliche Stabilität eines Unternehmens.
- Die nicht ausgeschütteten Gewinne können in neue Aktivitäten und in die Schaffung neuer Arbeitsplätze investiert werden.
- Die Unternehmensgewinne werden besteuert und leisten somit einen Beitrag zur Finanzierung öffentlicher Aufgaben.

Die Erwirtschaftung von Gewinn setzt eine Wertschöpfung des Unternehmens voraus. Die Produkte und Dienstleistungen müssen mit einem Preisaufschlag (bei Handelsunternehmen als „Handelsspanne" bezeichnet) verkauft werden, um die die notwendigen Aufwendungen z. B. für Energie, Verwaltung, Vertrieb, Forschung und Entwicklung und nicht zuletzt auch für die Löhne der Arbeitnehmerinnen und Arbeitnehmer abzudecken. Voraussetzung für die Wertschöpfung ist, dass das Unternehmen konkurrenzfähige Produkte anbieten kann.

Die Liquidität
Herr Müller ist unzufrieden: Er hat Arbeit und Kapital investiert und mit dem Darlehen auch ein persönliches Risiko aufgenommen. Was ihm aber schlaflose Nächte bereitet, ist dies: Da die verkaufte Ware noch nicht bezahlt wurde, steht das Bankkonto bei 0,00 €.

Sicherung als wichtigstes wirtschaftliches Unternehmensziel
Acht von zehn Insolvenzanträgen erfolgen derzeit aufgrund von Zahlungsunfähigkeit. Ein klassisches Beispiel sind Handwerker, deren Rechnungen von Bauherren nicht bezahlt werden. Für das wirtschaftliche Überleben eines Unternehmens hat also nicht – wie gemeinhin gesagt wird – die Erwirtschaftung von Gewinn die allerhöchste Priorität, sondern die Sicherstellung der Liquidität, um stets zahlungsfähig sein zu können. Unter Liquidität versteht man zunächst das Ausmaß der Fähigkeit eines Unternehmens, jederzeit seinen Zahlungsverpflichtungen nachkommen zu können. Kann ein Unternehmen dies nicht mehr leisten – also im Falle der Zahlungsunfähigkeit bzw. Illiquidität – ist es gesetzlich nach § 130a HGB dazu verpflichtet, die Eröffnung des Insolvenzverfahren zu beantragen. In der Praxis wird deshalb parallel zum Gewinn stets der „Cash Flow", d. h. der Überschuss an liquiden Mitteln, betrachtet.

Lernbilanz

Mit diesem Kapitel wurden mehrere Ziele verfolgt:

Erstens ging es darum, die Stellung von Unternehmen im Wirtschaftsgeschehen zu verdeutlichen. Es wurden die Stellung des Unternehmens im volkswirtschaftlichen Kontext und theoretische Erklärungsansätze für die Existenz von Unternehmen erläutert. In diesem Zusammenhang wurde auch die Bedeutung der Wirtschaftsordnung bei der Ausgestaltung von Unternehmen thematisiert.

Zweitens wurden die Elemente und Gestaltungsmöglichkeiten des betrieblichen Leistungsprozesses aufgezeigt. Der Schwerpunkt lag auf der Gestaltung von Beschaffungs-, Produktions- und Logistikprozessen, die sich in Abhängigkeit von dem Geschäftsmodell und der Größe von Unternehmen sehr unterschiedlich darstellen können.

Drittens wurde deutlich, dass Unternehmen ihre Unternehmensstrategie und ihre Organisationsstruktur auf die sich wandelnden Umweltbedingungen abstimmen müssen. Es wurde dargestellt, welches wichtige Unternehmensziele sind, welche Interessengruppen Einfluss auf die Ziele nehmen und welche Zielkonflikte auftreten können.

Viertens wurde herausgearbeitet, dass eine effiziente Unternehmensorganisation für den Unternehmenserfolg unverzichtbar ist. Neben der formalen Gestaltung der Aufbau- und Ablauforganisation und Weisungsbefugnissen wurde auch die Bedeutung der informellen Organisation behandelt. Die Bedeutung der Ausgestaltung wurde anhand wichtiger organisationstheoretischer Ansätze beleuchtet.

Fünftens wurde dargestellt, dass das Marketing deutlich über die Werbung hinausgeht. Neben der Vorstellung der Instrumente des Marketing-Mix wurde auch die Bedeutung der Public Relations herausgearbeitet.

Sechstens wurde die strategische Bedeutung der Personalwirtschaft herausgearbeitet. Was sind wichtige Arbeitsbereiche der Personalwirtschaft? Welche zwischenmenschlichen Probleme können bei der Zusammenarbeit auftreten? Wie sollte eine Bewerbung zum Beispiel für einen Ausbildungsplatz gestaltet werden?

Siebtens wurde fokussiert, welcher Zusammenhang zwischen der Unternehmensverfassung und den Arbeitsbeziehungen besteht. Welche Rechte und Pflichten haben Arbeitnehmer und Arbeitgeber? Welche Regelungen gelten für Auszubildende? Wie ist die betriebliche Mitbestimmung geregelt? Wie verlaufen die Tarifverhandlungen?

Achtens sollte deutlich werden, dass sich Investitionen für Unternehmen finanziell lohnen und zugleich finanzierbar sein müssen. Eigen- und Fremdkapitalfinanzierungen sind mit speziellen Vor- und Nachteilen verbunden.

Neuntens wurde herausgearbeitet, welchen Stellwert die Buchführung für unterschiedliche Zielgruppen hat. Die Funktionsweisen der Bilanz sowie der Gewinn- und Verlustrechnung als Herzstück eines Jahresabschlusses wurden dargestellt. Außerdem wurde exemplarisch verdeutlicht, wie mit der Hilfe von Bilanzkennziffern der wirtschaftliche Erfolg beurteilt werden kann.

A

1
In planwirtschaftlichen Wirtschaftssystemen spricht man von Betrieben, in marktwirtschaftlichen Wirtschaftsordnungen differenziert man zwischen Betrieben und Unternehmen. Begründen Sie, warum diese begriffliche Unterscheidung notwendig ist.

2
Verdeutlichen Sie anhand von erfolgreichen Unternehmern (z. B. Apple, Steve Jobs) die Bedeutung des sogenannten „Schumpeter'schen Unternehmers" für die Entwicklung der Volkswirtschaft und der Gesellschaft.

3
Asiatische Pkws sind oftmals von vornherein komplett ausgestattet, beim Kauf eines neuen deutschen Pkws muss man aus langen Aufpreislisten auswählen. Zeigen Sie die Konsequenzen auf, die hieraus für die Gestaltung des betrieblichen Leistungsprozesses entstehen. Wie kann der scheinbare Nachteil der Aufpreisliste in einen Marketing-Vorteil umgewandelt werden?

4
Deutschland ist vom demografischen Wandel stark betroffen. Machen Sie deutlich, welche Folgen diese Entwicklung für die Personalwirtschaft von Unternehmen hat.

5
Es gibt eine intensive Diskussion, ob gesetzliche Quoten für Frauen in Führungspositionen von Unternehmen eingeführt werden sollen. Welche Vor- und Nachteile sind aus Ihrer Sicht mit einer gesetzlichen Quote verbunden.

6
Nehmen Sie Stellung zu der folgenden Aussage: „Bilanzen sind eigentlich überflüssig: Das Ergebnis ist immer bekannt, die Passiva sind so groß wie die Aktiva."

V

Funktionen des Staates

In diesem Kapitel gehen wir zunächst der Frage nach, warum der Staat in einem marktwirtschaftlichen Wirtschaftssystem eingreifen und Wirtschaftspolitik betreiben muss. Es ist doch der Markt als Koordinationsmechanismus zwischen Angebot und Nachfrage, der alles bestens regelt! Am Beispiel der Ökologie wird verdeutlicht, warum in diesem Fall der Marktmechanismus nicht ausreichend greifen kann (Abschnitt 1).
Wenn also der Ruf nach Korrektur erschallt, stellt sich auch die Frage, wer denn überhaupt mit „dem Staat" gemeint ist und auf welche Weise wirtschaftliches Geschehen eigentlich beeinflusst werden kann. Sie werden in einem zweiten Abschnitt erfahren, dass staatliche Eingriffe nahezu „allgegenwärtig" sind und von vielerlei Institutionen wirtschaftspolitische Impulse ausgehen. Mit welchen Zielsetzungen erfolgen Einflussnahmen auf den unterschiedlichsten Ebenen? Es werden aber auch Grenzen staatlicher Eingriffe aufgezeigt, es wird von „Staatsversagen" die Rede sein müssen. Die Aufgabe von Entscheidungsträgern in politischer Verantwortung wird in verschiedenen demokratietheoretischen Ansätzen betrachtet.
Staatliche Maßnahmen können unterschiedlichen wirtschaftspolitischen Handlungsfeldern zugeordnet werden. Es wird zwischen Ordnungspolitik, Prozesspolitik und Strukturpolitik unterschieden. Was darunter zu verstehen ist und welche Maßnahmen jeweils diesen Handlungsfeldern zugeordnet werden können, erfahren Sie in Abschnitt 3.
Anhand von Beispielen wird in Abschnitt 4 die Staatstätigkeit in wirtschaftspolitischen Handlungsfeldern konkretisiert. Ausgewählt wurden die Aufgabenbereiche Wettbewerbspolitik, Stabilitäts- und Wachstumspolitik, Beschäftigungs- und Arbeitsmarktpolitik, Geldpolitik und Sozialpolitik.
Die demokratietheoretische Grundlage unseres Gesellschafts- und Wirtschaftssystems beruht auf der Akzeptanz unterschiedlicher Interessen, die legitimerweise artikuliert und vertreten werden. Welche Auswirkungen hat diese Tatsache auf die Gestaltung der Wirtschaftspolitik? Wir untersuchen organisierte Interessen im Hinblick auf Einflussmöglichkeiten auf die Wirtschaftspolitik in Abschnitt 5. Dabei wird u. a. auch die Argumentation der Vertreter der „Neuen politischen Ökonomie" vorgestellt.
Abschließend beschäftigen wir uns mit unterschiedlichen wirtschaftspolitischen Konzeptionen, und zwar in der Reihenfolge ihrer historischen Entstehung. Damit soll der zeitgeschichtlichen Bedingtheit ihrer Entwicklung Rechnung getragen werden. Es geht nicht darum, zu klären, welche denn wohl die „bessere" oder gar „richtige" Konzeption ist. Die Beschäftigung mit ihnen dient der Orientierung im Streit der Positionen, der Klärung der den jeweiligen Auffassungen zugrunde liegenden Annahmen und relativiert somit den Geltungsanspruch ihrer Vertreter und Anhänger.

Inhalt Kapitel V

Dieses fünfte Kapitel beginnt ausnahmsweise mit einem Exkurs. Wir befinden uns nun an einer „Nahtstelle" zwischen betriebswirtschaftlicher und volkswirtschaftlicher Betrachtungsweise. Haben wir uns in den beiden vorausgegangenen Kapiteln mit den „Privaten Haushalten" und „Unternehmen" beschäftigt, so tritt nun ein dritter Akteur, der „Staat" hinzu. Wir erweitern den einfachen Wirtschaftskreislauf um die Sektoren Staat, Ausland und das Vermögensänderungskonto und entwickeln so die Grundzüge der Volkswirtschaftlichen Gesamtrechnung (VGR), welche das Wirtschaftsgeschehen einer Volkswirtschaft quantitativ erfasst und damit wichtige Grundlagen für wirtschaftspolitische Entscheidungen bereitstellt.

Exkurs: Das Sozialprodukt und die Volkswirtschaftliche Gesamtrechnung (Teil 2)

Grundgedanken der Volkswirtschaftlichen Gesamtrechnung

Den Grundgedanken der Sozialproduktsberechnung aus unserem vereinfachten Milch-Käse-Beispiel werden wir auf die Berechnung des sogenannten BIP (Bruttoinlandsprodukts) in unserer Volkswirtschaft übertragen. Dabei lernen wir in Grundzügen die Volkswirtschaftliche Gesamtrechnung (VGR) kennen. Die VGR lässt sich als eine gesamtwirtschaftliche Buchhaltung bezeichnen, mit der eine Fülle von Informationen aufbereitet wird, die für die Analyse des Zustandes einer Volkswirtschaft von großer Bedeutung sind. Zunächst müssen wir untersuchen, welches die zentralen Akteure der Volkswirtschaft sind. Wir werden sie dann als **Sektoren** bezeichnen.
Bisher haben wir nur mit einem vereinfachten Kreislaufmodell zwischen Unternehmen und den Privaten Haushalten operiert. Dieses Grundmodell werden wir Schritt für Schritt erweitern.

Die Sektoren der Volkswirtschaft

Um angesichts der großen Zahl von Wirtschaftseinheiten und der Vielfalt der wirtschaftlichen Vorgänge die Übersicht zu behalten, werden gleichartige Wirtschaftseinheiten (z. B. Private Haushalte und Unternehmen) zu **Sektoren** und gleichartige ökonomische Aktivitäten (z. B. konsumieren, sparen und investieren) zu **Strömen** zusammengefasst (aggregiert). Auf diese Weise kommen wir auf zunächst vier Sektoren:

1. Private Haushalte (households)
2. Unternehmen (nichtfinanzielle Kapitalgesellschaften (non-financial corporations) und finanzielle Kapitalgesellschaften (financial corporations)
3. Staat (general government)
4. Ausland, auch „Übrige Welt" (rest of the world)

Es ist stets zu beachten, dass es sich hierbei nicht um die Betrachtung von einzelnen Personen oder Personengruppen, sondern von Funktionen handelt, die im Wirtschaftsprozess eines Landes ausgeübt werden. Nachfolgend werden die einzelnen Sektoren und ihre jeweiligen Tätigkeiten erläutert:

Als **Private Haushalte** (households) werden sowohl die in Haushalten wohnenden Personen bezeichnet, die im Hinblick auf die Einkommensverwendung gemeinsam wirtschaften (Mehrpersonenhaushalte), als auch allein wohnende und wirtschaftende Personen (Einpersonenhaushalte). Alle Einzelunternehmer, -kaufleute, -gewerbetreibende, selbstständige Landwirte, Händler, Gastwirte, Angehörige freier Berufe, selbstständige Heimarbeiter und sonstige selbstständig tätige Personen sind diesem Sektor zugeordnet. Der Sektor umfasst Selbstständigenhaushalte (mit und ohne Arbeitnehmer), Arbeitnehmerhaushalte, Haushalte von Vermögenseinkommensempfängern, Haushalte von Renten- und Pensionsempfängern, Nichterwerbstätigenhaushalte und sonstige Private Haushalte (Anstaltshaushalte).

In der Regel mit den Privaten Haushalten zusammengefasst wird aus statistischen Gründen der Sektor Private Organisationen ohne Erwerbszweck (non-profit institutions serving households), zu dem Kirchen, Parteien, Gewerkschaften, Religionsgemeinschaften, kulturelle und soziale Vereinigungen, Sport- und Freizeitvereine, Hilfswerke, karitative Einrichtungen usw. gehören.

Unternehmen sind alle Institutionen, die vorwiegend Waren und Dienstleistungen produzieren bzw. erbringen, und jene, die finanzielle Mittlerfunktion erbringen (Banken) und diese gegen Geld verkaufen. Die unternehmerischen Tätigkeiten werden in nichtfinanzielle Kapitalgesellschaften und finanzielle Kapitalgesellschaften aufgespalten. Zu den nichtfinanziellen Kapitalgesellschaften (non-financial corporations) zählen Kapitalgesellschaften wie AG und GmbH sowie Personengesellschaften wie OHG und KG, die rechtlich unselbstständigen Eigenbetriebe des Staates und der privaten Organisationen ohne Erwerbszweck, wie Krankenhäuser und Pflegeheime sowie die Wirtschaftsverbände. Die finanziellen Kapitalgesellschaften (financial corporations) umfassen jene Unternehmen, deren Hauptfunktion in der finanziellen Mittlertätigkeit liegt und/oder die hauptsächlich im Kredit- und Versicherungsgewerbe tätig sind, wie z. B. Banken, Versicherungen, Finanz-, Anlageberater, Börsen u. a.

Zum Sektor **Staat** (general government) zählen der Bund, die Länder und Kommunen, d. h. die Gebietskörperschaften sowie die Sozialversicherungshaushalte (Rentenversicherungen der Angestellten und Arbeiter, Unfallversicherung, Arbeitslosenversicherung, Krankenversicherung, Pflegeversicherung). Ein Kennzeichen dieses Sektors ist es, dass er vor allem Güter für die Allgemeinheit ohne eine direkte entgeltliche Gegenleistung bereitstellt und sich dabei hauptsächlich aus Zwangsabgaben (z. B. Steuern) finanziert.

Im Sektor **Ausland**, auch „Übrige Welt" (rest of the world) genannt, werden alle Wirtschaftseinheiten zusammengefasst, die ihren Sitz **außerhalb** der Bundesrepublik Deutschland haben und mit denen die Inländer über Im- und Exportbeziehungen in ökonomischer Interaktion stehen.
Eine weitere Untergliederung wird in der VGR für diesen Sektor in die „Europäische Union" sowie „Drittländer und internationale Organisationen" vorgenommen.

Vom Grundmodell des Wirtschaftskreislaufes zum erweiterten Wirtschaftskreislauf
In gleicher Weise wie beim Milch-Käse-Beispiel entwickeln wir das Grundmodell des Wirtschaftskreislaufs Schritt für Schritt.

Unternehmen und Private Haushalte
Wie wir schon in einem kurzen Exkurs in Kapitel I angesprochen haben, gehören zum Grundgedanken des Wirtschaftskreislaufs die Akteure Unternehmen und Private Haushalte.
Die Privaten Haushalte stellen den Unternehmen Produktionsfaktoren zur Verfügung. Zu diesen Produktionsfaktoren gehören die menschliche Arbeitskraft, aber auch Kapital (Sach- und Geldkapital) und Boden.

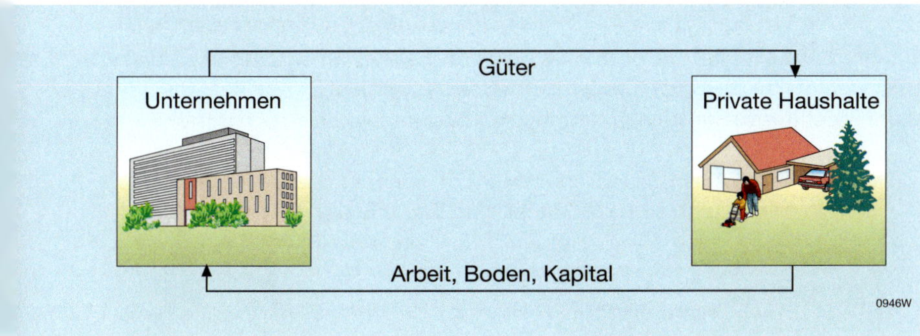

Für die Überlassung dieser Produktionsfaktoren haben die Unternehmen an die Privaten Haushalte Entgelte in Form von Löhnen, Zinsen, Gewinnen und Pachten zu zahlen. Dafür verwenden wir künftig immer die gleichen Abkürzungen ($Y_{U,H}$). Mit den erhaltenen Faktoreinkommen können die Privaten Haushalte Konsumausgaben (C_H) tätigen. Dafür fließen von den Unternehmen Sachgüter und Dienstleistungen an die Privaten Haushalte.

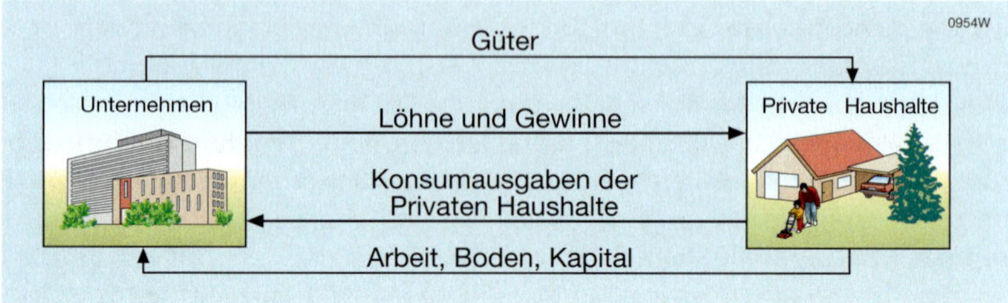

Einfacher Wirtschaftskreislauf mit realen und monetären Strömen

Werden alle Unternehmen einer Volkswirtschaft zusammengefasst oder aggregiert, wie es in der Fachsprache heißt, spricht man vom Sektor Unternehmen. Werden alle Privaten Haushalte einer Volkswirtschaft zusammengefasst, dann spricht man vom Sektor Private Haushalte.

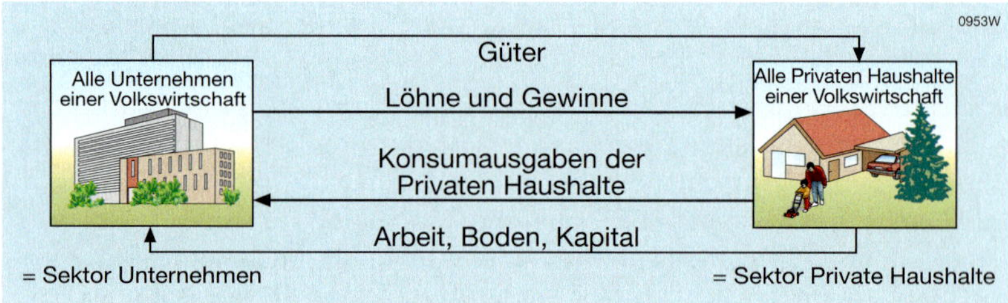

Aggregation von Unternehmen und Privaten Haushalten zu Sektoren

Da die Geldströme nichts anderes sind als das monetäre Spiegelbild der Güterströme, können die Güterströme (reale Ströme) im weiteren Verlauf unserer Überlegungen weggelassen werden.

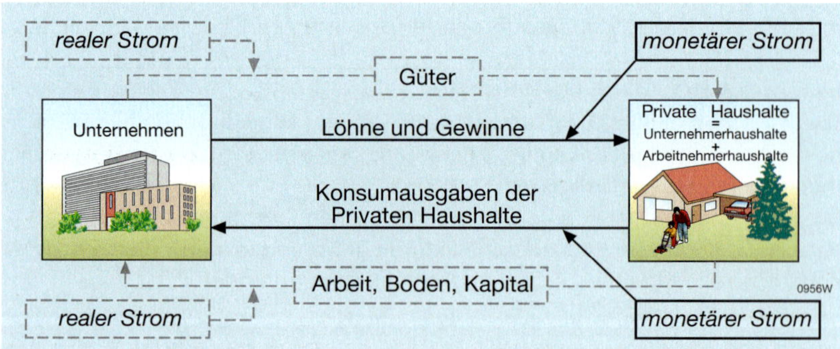

Einfacher Wirtschaftskreislauf mit Kennzeichnung der realen und monetären Ströme

Dies vereinfacht die Darstellung des Wirtschaftskreislaufs, ohne dass dadurch der Informationsgehalt geringer wird.

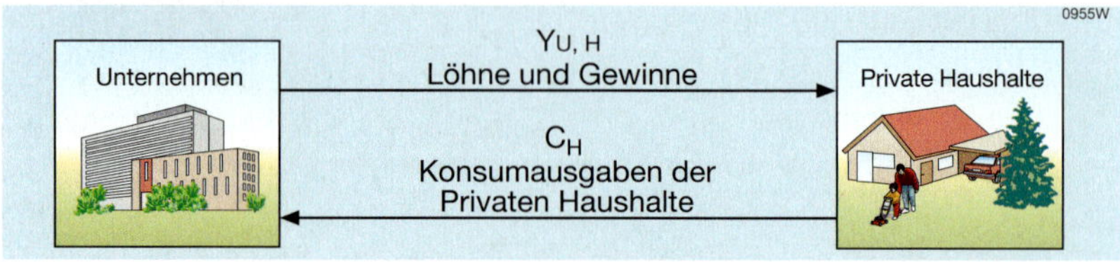

Einfacher Wirtschaftskreislauf mit monetären Strömen

Wir haben bisher gesehen, dass zu den Einkommensquellen der Privaten Haushalte nicht nur das Einkommen aus unselbstständiger Arbeit (Arbeitnehmerentgelt) $Y_{U,H}$ zählt – so der korrekte statistische Begriff für Lohn und Gehalt –, sondern auch das Einkommen aus Unternehmertätigkeit, also das Einkommen, welches der Unternehmer für sich persönlich erzielt, und das Einkommen aus Vermögen (G). Der im Kreislaufschema mit $Y_{U,H}$ bezeichnete Geldstrom umfasst die Arbeitnehmerentgelte, den Unternehmerlohn sowie die Verzinsung des eingesetzten Kapitals und den Gewinn im engeren Sinne.

Warum ist das so?
Private Haushalte können, wie wir schon bei dem Milch-Käse-Beispiel gesehen haben, gedanklich in Arbeitnehmer-Haushalte und in Unternehmer-Haushalte unterschieden werden (vgl. Seite 60 f.).

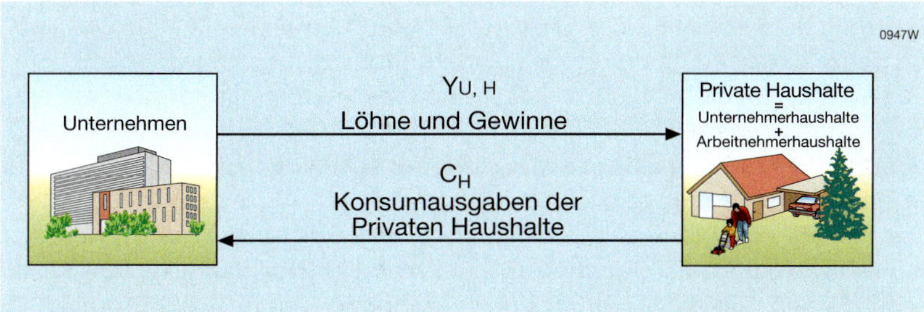

Einfacher Wirtschaftskreislauf mit Arbeitnehmer- und Unternehmerhaushalten

Dies bedeutet, dass eine Person in einem Wirtschaftskreislauf sowohl ein Unternehmer-Haushalt sein kann, indem sie z. B. eine Garage für monatlich 25 Euro vermietet, aber auch ein Arbeitnehmer-Haushalt, der aus seiner Tätigkeit in einem Betrieb Einkommen aus unselbstständiger Arbeit in Form von Löhnen erhält. Damit wird deutlich, dass ein Wirtschaftssubjekt Einkommen aus verschiedenen Quellen beziehen kann und das Gesamteinkommen der Privaten Haushalte sich zunächst einmal aus den Löhnen und ausgeschütteten Gewinnen der Unternehmen zusammensetzt. Die durch den Staat erfolgenden Einkommenszahlungen an seine Bediensteten werden hier zunächst nicht berücksichtigt. Welche Einkommensquellen der Private Haushalt also hat, entscheidet sich durch die Funktion, die das Wirtschaftssubjekt im Wirtschaftsprozess ausübt.
Die Unterscheidung von Einkommen aus unselbstständiger Arbeit und Einkommen aus Unternehmertätigkeit und Vermögen ist von erheblicher Bedeutung, wenn es um die Einkommensverteilung in einer Volkswirtschaft geht und die Aussagefähigkeit der Lohn- und Gewinnquote untersucht wird.

Das Vermögensänderungskonto
Wir wissen schon, dass Private Haushalte ihr zur Verfügung stehendes Einkommen nicht zu 100 Prozent konsumieren, sondern auch sparen wollen. In gleicher Weise wollen Unternehmen Investitionen tätigen, um eventuell veraltete Produktionsanlagen zu erneuern oder neue Technologien für das Unternehmen anzuschaffen. Aus diesem Grund ist das uns bisher bekannte Wirtschaftskreislaufmodell zu erweitern, sodass auch diese wirtschaftlichen Aktivitäten abgebildet werden können. Dafür ist das bisherige Kreislaufmodell um das sogenannte Vermögensänderungskonto zu ergänzen.

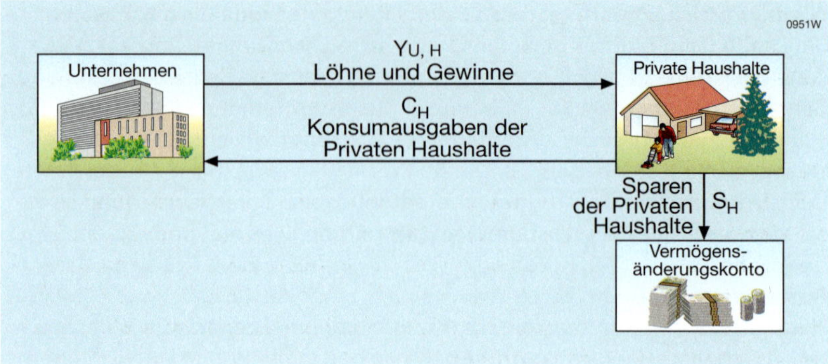

Wirtschaftskreislauf mit Vermögensänderungskonto

Während die Sektoren Private Haushalte und Unternehmen institutionell abgegrenzt sind, wird das Vermögensänderungskonto von seiner Funktion her in diesem Denkmodell definiert. Es stellt keinen Akteur dar, sondern nur ein in der Modellvorstellung vorhandenes Konto, eine Art Hilfskonstruktion, mit der die Höhe des Konsumverzichts aufgezeigt wird, den eine Volkswirtschaft in einem Betrachtungszeitraum geleistet hat.
Das Vermögensänderungskonto nimmt die Ersparnisse der Privaten Haushalte sowie die Abschreibungen der Unternehmen (vgl. Kapitel IV, Abschnitt 9) auf und zeigt, wie hoch die Investitionen aus gesamtwirtschaftlicher Sicht sind. In manchen Kreislaufdarstellungen wird auch von Banken- oder Kapitalpool gesprochen, was allerdings nicht korrekt ist. Banken und Sparkassen gehören zum Sektor Unternehmen (finanzielle Kapitalgesellschaften).

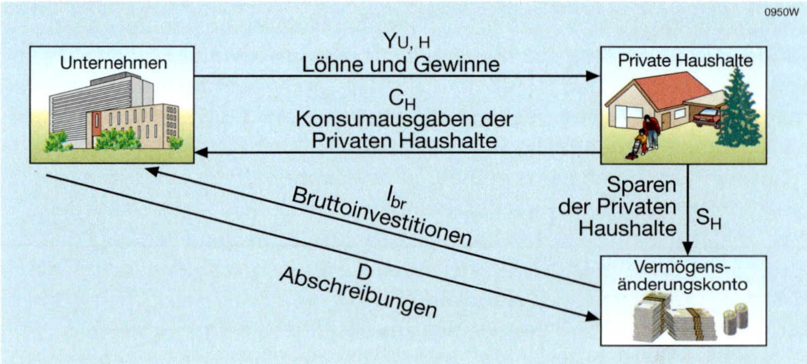

Beziehungen zwischen Unternehmen und Vermögensänderungskonto

Die dem Vermögensänderungskonto **zufließenden** Ströme zeigen die Quellen der Vermögens**bildung** (z. B. Sparen, Abschreibungen, noch nicht ausgeschüttete Gewinne der Unternehmen, die **abfließenden** Ströme zeigen die Vermögens**verwendung** in einer Volkswirtschaft (z. B. für Investitionen). Der Begriff „Investitionen" muss in diesem Zusammenhang noch weiter differenziert werden. Alle in einer bestimmten Periode hergestellten, jedoch nicht verbrauchten Güter werden als Bruttoinvestitionen (I_{br}) bezeichnet. Sie setzen sich aus den Vorratsinvestitionen (z. B. Vorratsänderungen beim Warenlager eines Unternehmens) und den Anlageinvestitionen (Käufe neuer Anlagen wie z. B. Maschinen) zusammen.
Weiterhin wird unterschieden zwischen den Ersatzinvestitionen und den sogenannten Erweiterungsinvestitionen, mit denen neue Anlagen und damit auch neue Produktionskapazitäten aufgebaut werden können.

Ersatzinvestitionen sind „Ersatz" für den durch die Produktion von Sachgütern eingetretenen Verschleiß an Maschinen sowie für die Abnutzung von Gebäuden. Bruttoinvestitionen (I_{br}) abzüglich Abschreibungen (D) ergeben die Nettoinvestitionen.

Der Staat

Der Staat (insbesondere Kommunen, Länder und Bund) ist in der Volkswirtschaft ein wichtiger wirtschaftlicher Akteur. Er erhebt nicht nur Steuern oder zahlt Subventionen, sondern konsumiert auch, zahlt Löhne an seine Bediensteten sowie Renten, Pensionen und Sozialleistungen an die Privaten Haushalte. Er beeinflusst auch die Rahmenbedingungen für das Wirtschaften, er schafft eine Rechtsordnung.
Hier geht es aber vor allem um die Stellung des Staats im Wirtschaftskreislauf. Wir erweitern deshalb im nächsten Schritt das Modell des Wirtschaftskreislaufs um den Sektor Staat.

Wie sind die Beziehungen zwischen dem Staat und den anderen Sektoren? Die Privaten Haushalte haben Steuern (z. B. Lohnsteuer) und Sozialversicherungsbeiträge (z. B. Beiträge zur gesetzlichen Krankenversicherung) zu zahlen, die in unserer stark vereinfachten Darstellung zu einem einzigen Strom (T_H) zusammengefasst worden sind. Vom Sektor Staat wiederum fließen an die Privaten Haushalte die Transferzahlungen (T_r) wie Arbeitslosengeld, Renten, Kindergeld und die Entgelte für seine Bediensteten ($Y_{St,H}$). Auch von den Unternehmen sind unterschiedliche Steuern zu zahlen bzw. abzuführen (T_U).

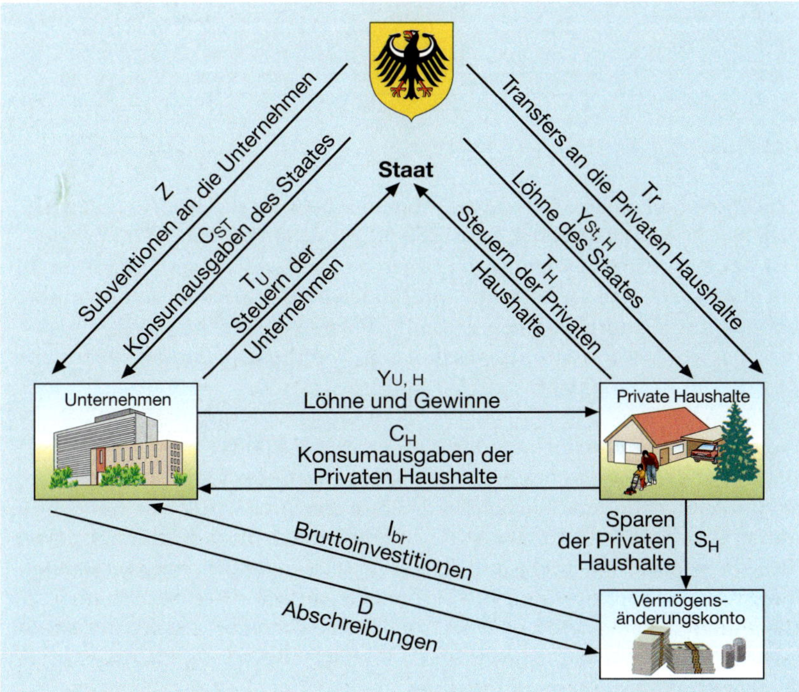

Die Stellung des Staates im Wirtschaftskreislauf

An die Unternehmen fließen im Wesentlichen die Ausgaben für staatlichen Konsum (C_{ST} = Summe des Eigenverbrauchs aller öffentlichen Haushalte) und für staatliche Transfers, die an die Unternehmen fließen (Z) (z. B. Subventionen an die Landwirtschaft). Damit ist die Stellung des Staates im Wirtschaftskreislauf mit den wichtigsten Geldströmen erfasst.

Das Ausland

Die Volkswirtschaft eines Landes ist keine isolierte Wirtschaftseinheit, sondern in vielfältiger Weise mit den Wirtschaften anderer Länder verbunden. Sie will ihre Produkte anderen Ländern verkaufen und andere Länder wollen auf dem inländischen Markt ihre Produkte absetzen, d. h., es wird exportiert und importiert.

Exporte (X) führen zu einem Einnahmenstrom vom Ausland an den Sektor Unternehmen, Importe (M) führen zu einem Ausgabenstrom von den Unternehmen an das Ausland.

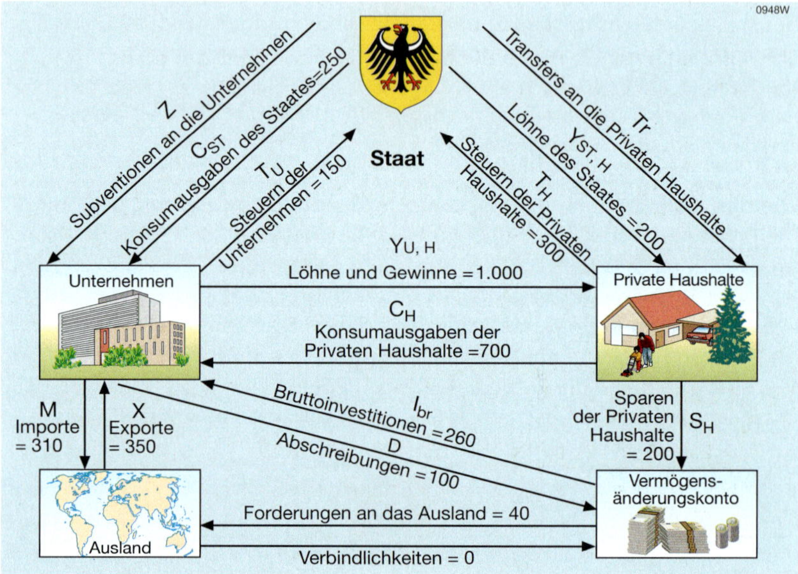

Das Ausland im Wirtschaftskreislauf

Exportieren die inländischen Unternehmen mehr als sie importieren, wie dies bei der Bundesrepublik Deutschland in den letzten Jahren immer der Fall war, so entstehen in Höhe der Differenz von Exporten und Importen für die inländische Volkswirtschaft Forderungen an das Ausland. Ist der Import höher als der Export, wird von Verbindlichkeiten gesprochen. Dies wird durch einen Zahlungsstrom zwischen dem Vermögensänderungskonto und dem Sektor Ausland dargestellt.

Weitere Darstellungsformen des Wirtschaftskreislaufs

Die bisher verwendete grafische Darstellungsform des Wirtschaftskreislaufs zeigt in einfacher und übersichtlicher Form die wirtschaftlichen Verflechtungen in Form von Geldströmen in einer Volkswirtschaft. Je ausdifferenzierter diese Beziehungen jedoch sind, desto schneller gerät die grafische Darstellungsweise an ihre Grenzen. An ihre Stelle treten dann Konten, Tabellen und Gleichungssysteme.

Die kontenmäßige Darstellungsform

Worin besteht der Grundgedanke?

Jedem Pool (Sektor) wird ein Konto zugeordnet. Die Haben-Seite (H) des Kontos nimmt alle zufließenden Ströme, d. h. alle Einnahmen auf, und die Soll-Seite (S) des Kontos enthält alle abfließenden Geldströme, also alle Ausgaben eines Sektors. Da sich die Summen aller Zu- und Abflüsse entsprechen müssen, sind alle Konten ausgeglichen.

i

Abkürzungen

- Y = Einkommen
- $Y_{U,H}$ = Einkommen aus unselbstständiger Arbeit (Löhne L) und Einkommen aus Unternehmertätigkeit und Vermögen (Gewinne G)
- $Y_{St,H}$ = Löhne des Staates (Einkommen aus unselbstständiger Arbeit der Staatsbediensteten)
- C = Konsum
- C_H = Konsumausgaben der Privaten Haushalte
- C_{ST} = Konsumausgaben des Staates
- S_H = Sparen der Privaten Haushalte
- I_{br} = Bruttoinvestitionen
- D = Abschreibungen
- T_H = Steuern (und Sozialversicherungsbeiträge) der Privaten Haushalte (die Abkürzung „T" leitet sich ab vom englischen Wort „taxes".)
- T_U = Steuern der Unternehmen
- T_r = Transferzahlungen des Staates an die Privaten Haushalte
- Z = Transferzahlungen des Staates an die Unternehmen
- X = Exporte von Sachgütern, Dienstleistungen und Faktorleistungen
- M = Importe von Sachgütern, Dienstleistungen und Faktorleistungen

Was heißt das? Alle Transaktionen sind nach dem Prinzip der sogenannten „doppelten Buchführung" verbucht worden: Jeder Verbuchung einer Einnahme auf einem Konto steht die Verbuchung einer Ausgabe auf einem anderen Konto gegenüber. Die Zahlen sind schon aus der grafischen Darstellung bekannt. Zwar geht bei dieser Darstellung – so könnte man zunächst bedauern – der bildliche Eindruck des Kreislaufs verloren, aber es können beliebig viele wirtschaftliche Aktivitäten zwischen den Sektoren erfasst werden und jeder Geldstrom lässt sich in beliebig viele Einzelströme zerlegen. Damit wird es auch möglich, die Verflechtungen eines Sektors mit anderen Sektoren genauer zu untersuchen.

Die Abbildung zeigt an einem konkreten Zahlenbeispiel des obigen Kreislaufbildes die Vorgehensweise.

Unternehmen	
$Y_{U,H}$ = 1.000	C_H = 700
T_U = 150	C_{ST} = 250
M = 310	I_{br} = 260
D = 100	X = 350
1.560	1.560

Private Haushalte	
C_H = 700	$Y_{U,H}$ = 1.000
T_H = 300	$Y_{St,H}$ = 200
S_H = 200	1.200
1.200	

Staat	
C_{ST} = 2.500	T_H = 300
$Y_{St,H}$ = 200	T_U = 150
450	450

Vermögensänderungskonto	
I_{br} = 260	S_H = 200
Forder. = 40	D = 100
300	300

Ausland	
X = 350	M = 310
	Forder. = 40
350	350

0957W

Darstellung in Kontenform

Die Darstellung in Matrixform

Die Matrixform ist eine weitere Darstellungsweise. Das Grundprinzip bleibt bestehen. Die waagerechten Zeilen zeigen die Abflüsse und die senkrechten Spalten die Zuflüsse bei den Sektoren. Das Zahlenbeispiel ist mit der grafischen und der Kontendarstellung identisch.

von \ an	Unternehmen	Private Haushalte	Staat	Ausland	Vermögensänderungskonto
Unternehmen		$Y_{U,H}$ = 1.000	T_U = 150	M = 310	D = 100
Private Haushalte	C_H = 700		T_H = 300		S_H = 200
Staat	C_{ST} = 250	$Y_{St,H}$ = 200			
Ausland	X = 350				
Vermögensänderungskonto	I_{br} = 260			Forderungen ans Ausland = 40	

0958W

Darstellung in Matrixform

A

Übung zum Wirtschaftskreislauf:

In einer offenen Volkswirtschaft mit staatlicher Aktivität waren in einem Jahr folgende Stromgrößen gegeben (alle Angaben in Mrd. €):

T_U 445
$Y_{U,H}$ 2.910 (G = 880 und L = 2.030)
M 735
I_{br} 604
Z 67
C_{ST} 463
C_H 2.496
X 850
$Y_{St,H}$ 300
T_H 975

Ermitteln Sie mithilfe der grafischen Kreislaufdarstellung, des Kontensystems und der Matrixform die zur Schließung des Kreislaufs fehlenden Stromgrößen.

Entstehungs-, Verwendungs- und Verteilungsrechnung
Nachdem wir die wesentlichen monetären Beziehungen einer Volkswirtschaft grafisch, kontenmäßig und in Matrixform erfasst haben, soll für das verwendete Zahlenbeispiel das Bruttoinlandsprodukt errechnet werden. Das **Bruttoinlandsprodukt (BIP)** als Maß für die wirtschaftliche Leistung einer Volkswirtschaft bezeichnet den Geldwert aller im Inland produzierten Güter (Waren und Dienstleistungen). Nicht berücksichtigt werden somit Güter, die als Vorleistungen in die Produktion anderer Waren oder Dienstleistungen eingehen.
Die Berechnung des BIP kann nach verschiedenen Verfahren erfolgen, je nachdem, ob Entstehung, Verwendung oder Verteilung betrachtet wird:

I. Entstehungsrechnung	**II. Verwendungsrechnung**
Produktionswert	Private Konsumausgaben
– Vorleistungen	+ Konsumausgaben des Staates
= Bruttowertschöpfung (unbereinigt)	+ Ausrüstungsinvestition
– unterstellte Bankgebühr	+ Bauinvestition
= Bruttowertschöpfung (bereinigt)	+ Sonstige Anlagen
+ Gütersteuern	+ Vorratsveränderungen und Nettozugang an Wertsachen
– Gütersubventionen	+ Exporte von Waren und Dienstleistungen
	– Importe von Waren und Dienstleistungen

= **Bruttoinlandsprodukt**
\+ Saldo der Primäreinkommen mit der übrigen Welt
= **Bruttonationaleinkommen**
– Abschreibungen

III. Verteilungsrechnung

= **Nettonationaleinkommen** (Primäreinkommen)
– Produktions- und Importabgaben an den Staat
\+ Subventionen vom Staat

= **Volkseinkommen**
– Arbeitnehmerentgelt
= Unternehmens- und Vermögenseinkommen

0959W

Drei Verfahren zur Berechnung des Sozialprodukts

Alle drei Berechnungsverfahren führen im selben Zeitraum zu identischen Ergebnissen. Das gewählte Verfahren hängt von dem jeweiligen Erkenntnisinteresse ab:

1. **Entstehungsrechnung**: Wie ist das BIP entstanden, d. h., was ist wo von wem erzeugt worden? Bei dieser Methode wird die Bruttowertschöpfung der einzelnen Wirtschaftsbereiche addiert (Land-, Forstwirtschaft, Fischerei, Industrie, Dienstleistungsbereich). Wir erfahren also, in welchen Wirtschaftsbereichen das BIP entstanden ist.
2. **Verwendungsrechnung**: Wofür sind die produzierten Sachgüter und Dienstleistungen verwendet worden? Hierbei handelt es sich vor allem um die Konsumausgaben der Privaten Haushalte und des Staates sowie um die Bruttoinvestitionen und den sogenannten Außenbeitrag, d. h. den Saldo zwischen Export und Import.
3. **Verteilungsrechnung**: Wie sind die Erwerbs- und Vermögenseinkommen verteilt? Diese Rechnung gibt Auskunft, wie die Arbeitnehmerentgelte und die Unternehmenseinkommen und Vermögenseinkommen in einer Volkswirtschaft verteilt sind.

def.
Bruttoinlandsprodukt (BIP) und Bruttonationaleinkommen (BNE):
Das Bruttoinlandsprodukt unterscheidet sich vom Bruttonationaleinkommen durch den Saldo der Erwerbs- und Vermögenseinkommen zwischen Inländern und der übrigen Welt.

Berechnungsverfahren BNE:
BIP abzüglich der Primäreinkommen, die an die übrige Welt geflossen sind, und zuzüglich der Primäreinkommen, die von inländischen Wirtschaftseinheiten aus der übrigen Welt bezogen worden sind.

i
Mithilfe der Verwendungsrechnung lässt sich das Bruttoinlandsprodukt (BIP) unserer Modellvolkswirtschaft berechnen:

$BIP = C_H + C_{ST} + Y_{St,H} + I_{br} + X - M$
$= 700 + 250 + 200 + 260 + 350 - 310 = 1.450$

Hierzu ist anzumerken, dass in der Verwendungsrechnung die staatlichen Lohnzahlungen ($Y_{St,H}$), wie alle sonstigen laufenden Kosten des Staates, zum Staatskonsum gezählt werden.

Das Volkseinkommen (Y) beträgt:
$Y_{U,H} + Y_{St,H} = 1.000 + 200 = 1.200$

Internetadressen zur VGR
Statistisches Bundesamt:
www.destatis.de
Deutsche Bundesbank:
www.deutschebundesbank.de
Bundesfinanzministerium:
www.bundesfinanzministerium.de

Wozu dient die Betrachtung gesamtwirtschaftlicher Kreislaufzusammenhänge?
Die praktische Nutzanwendung der Grundgedanken des Wirtschaftskreislaufs zeigt sich in der Volkswirtschaftlichen Gesamtrechnung (VGR). Mit diesem Rechenwerk versucht eine Volkswirtschaft, im Nachhinein (ex-post), d. h. für einen abgelaufenen Zeitraum, Rechenschaft darüber abzulegen, welche zahlenmäßigen Ergebnisse sich aus dem Wirtschaftsprozess einer Volkswirtschaft, z. B. für ein Jahr, ergeben haben.

Wichtige Aufgaben der VGR
Die statistische Erfassung des Wirtschaftsgeschehens, die Berechnung des BIPs einer Volkswirtschaft und die Aufzeichnung der quantitativen monetären Beziehungen zwischen den Sektoren Private Haushalte, Unternehmen, Staat und Ausland sind die Hauptaufgaben der VGR.
Wir erhalten damit eine Auskunft über das Jahresergebnis einer Volkswirtschaft – vergleichbar mit der Rechnungslegung eines Unternehmens am Jahresende.

Die VGR ist eine Grundlage für gesamtwirtschaftliche Analysen. So sind die Ergebnisse der VGR für unterschiedliche wirtschaftspolitische Akteure (z. B. Ministerien, Tarifpartner, Wirtschaftsforschungsinstitute) von erheblicher Bedeutung. Die VGR dient dabei als Informationsquelle für die Beurteilung des Wirtschaftsgeschehens auf regionaler, nationaler und internationaler Ebene.

Die Ergebnisse der VGR werden auch für internationale Vergleiche oder für die Analyse der wirtschaftlichen Probleme z. B. einer Region oder eines Wirtschaftszweiges herangezogen. Das heißt, die VGR erschließt dem Interessierten die Wirtschaftsstruktur eines Landes durch zeitliche und internationale Vergleiche und dient als Informationsquelle für die Beurteilung des Wirtschaftsgeschehens auf regionaler, nationaler und internationaler Ebene.

Das BIP als Wohlstandsindikator?
Häufig wird diskutiert, inwieweit das BIP auch Aussagen über den Wohlstand eines Landes zulässt nach der Formel: „steigendes BIP = steigender Wohlstand".

Zur Frage, ob der gewählte Maßstab für die Berechnung des BIPs angemessen sei, hat es im Verlauf der letzten Jahrzehnte immer wieder heftige Diskussionen gegeben, zumal dann, wenn zwischen dem BIP und dem Wohlstand eines Landes manchmal allzu simple Rückschlüsse gezogen worden sind. „Mit dem Zentimetermaß kann man die Länge, nicht die Luftfeuchtigkeit messen" (Brümmerhof). Die Aussagekraft des Maßstabs BIP wird dann falsch eingeschätzt, wenn die Messtechnik nicht bekannt ist. Wer etwas anderes messen will, muss nach einem anderen Maßstab suchen. Mit dem Begriff „BIP" werden nur quantitative wirtschaftliche Beziehungen erfasst, die zudem noch eine Vielzahl von Ermittlungs- und Bewertungsproblemen aufwerfen.

Weshalb beispielsweise die Formel „steigendes BIP = steigender Wohlstand" nur mit Vorsicht zu verwenden ist, sollen die folgenden Beispiele verdeutlichen:
Bei der Produktion von Gütern, d. h. also bei der Schaffung von Güterwerten, werden andere wichtige Werte in Mitleidenschaft gezogen, wie z. B. die Umweltqualität. Viele Menschen in industriellen Ballungszentren beklagen die schlechte Luft und verschmutzte Flüsse. Waldschäden mehren

Q

Ein weiterer in der öffentlichen Diskussion umstrittener Bereich ist die Frage der Einbeziehung der Untergrundwirtschaft in die Berechnung des BIP. Hierbei handelt es sich einmal um Sachgüter und Dienstleistungen, die illegal gehandelt werden, obwohl ihre Produktion grundsätzlich legal ist. Beispiele sind Schwarzarbeit, Beschäftigung illegaler Einwanderer, Schmuggel und Drogenhandel. Hinzu kommen Aktivitäten, die überhaupt [...] verboten sind. In den Volkswirtschaftlichen Gesamtrechnungen wird grundsätzlich die Untergrundwirtschaft einbezogen. Das Problem ist die Vollständigkeit der Ausgangsstatistiken, auf denen die VGR beruhen.

Quelle: Dieter Brümmerhoff: Volkswirtschaftliche Gesamtrechnung, München 2002, S. 59 f.

Q

Glücksindex

Wann geht es einem Land wirklich gut? Wenn die Menschen viel lachen? Viel Freizeit haben? Oder doch, wenn ihr Einkommen steigt? Bhutan stellt sich diese Fragen schon lange; andere Länder haben sie gerade erst entdeckt. [...] In Bhutan fragte sich [der König] K 4, wie er die Zufriedenheit seines Volkes erhöhen könne. [...] Er formulierte vier Leitlinien: Bewahren und Fördern der Kultur; Leben im Einklang mit der Natur; gerechte Wirtschaftsentwicklung; gutes Regieren. So entstand das Konzept, das er später »Gross National Happiness« nannte, Bruttoinlandsglück. [...] Jedes Gesetz, jedes Programm, jeder Bau einer Straße muss [...] durch ein [...] „Screening Tool", eine Art Röntgenmaschine in Amtsform. Sie untersucht, wie viel Glück für die Gesellschaft in einem neuen Projekt steckt. [...]

Quelle: www.zeit.de/2011/49/Kapitalismuskritik-Bhutan, 22.02.2012 sich, Millionen Tonnen von Müll und Schrott müssen jährlich auf Deponien entsorgt werden. So verursacht die Güterproduktion Kosten, die die Allgemeinheit belasten und von ihr getragen werden müssen. In der VGR erhöhen die Aufwendungen für die Beseitigung solcher Schäden jedoch das Sozialprodukt. So vergrößern die Reparaturkosten nach einem Autounfall das Sozialprodukt, aber kaum jemand wird ernsthaft behaupten können, dass sich damit gleichzeitig der Wohlstand eines Volkes erhöht. Der Autounfall, der aus gesamtwirtschaftlicher Sicht als Wertminderung zu verbuchen wäre, stellt sich in der Sozialproduktberechnung als Wertschöpfung dar.

Die Sozialproduktberechnung erfasst auch nur solche Werte, für die es Marktpreise gibt. Die Haushaltstätigkeit hat jedoch keinen „offiziellen" Marktpreis. Sie fällt deshalb bei der Sozialproduktberechnung heraus. Unbestreitbar ist, dass die vielfältigen Tätigkeiten der Hausfrau oder des Hausmannes unentbehrliche und wichtige Werte schaffen, die sich zwar nicht angemessen in Marktpreisen ausdrücken lassen, sicherlich aber in einem erheblichen Maße den immateriellen Wohlstand eines Volkes beeinflussen. Auch die Do-it-yourself-Handwerksleistungen werden nicht berücksichtigt und zunehmend bereitet die „Schattenwirtschaft" – gemeint ist die Schwarzarbeit – dem Staat Probleme, da durch sie hohe Verluste bei den Steuereinnahmen entstehen. Die Werte, die durch Schwarzarbeit geschaffen werden, lassen sich statistisch nicht erfassen, sondern bestenfalls schätzen und erscheinen somit nicht im Sozialprodukt, da sie „schwarz", „unter der Hand", abgerechnet werden.

Der Wohlstand der Bürger hängt aber nicht nur von der Höhe des Sozialprodukts einer Volkswirtschaft ab, sondern auch von seiner Verteilung auf die einzelnen Bürger. So dürfen, wie das folgende Beispiel deutlich macht, keine Rückschlüsse von der Höhe des Volkseinkommens auf das Individualeinkommen gezogen werden: Angenommen zehn Personen erwirtschaften ein Sozialprodukt in Höhe von 100.000 Geldeinheiten (GE). Bei einer Gleichverteilung würde jede dieser Personen 10.000 GE erhalten. Erhält bei der Verteilung jedoch eine Person schon 55.000 GE, dann stehen den restlichen neun Personen bei einer Gleichverteilung jeweils nur noch 5.000 GE zur Verfügung. Insbesondere gerät bei der Kritik des BIP die fehlende Berücksichtigung der Haushaltsproduktion ins Blickfeld der Kritik.

Die Haushaltsproduktion und Illegales

Die Höhe des BIP hängt natürlich davon ab, was als Produktion angesehen wird. Man spricht hier von der Produktionsgrenze. Es ist eine wichtige Konvention der VGR, die Haushaltsproduktion nicht in der Produktionsgrenze zu berücksichtigen. Die Statistiken unterschätzen daher das wahre Niveau der Produktion einer Volkswirtschaft, wenn sie diese Leistungen nicht als Produktion ansehen.

Was im Haushalt an Essenszubereitung, Erziehung, Reinigung u. a. geleistet wird, wird also nicht im BIP gemessen. Würden sich jedoch zwei Hausfrauen „gegenseitig" auf einer monatlichen Vergütungsbasis von 1.000 Euro „anstellen", würde das BIP um 2.000 Euro wachsen. Die Entwicklung des gemessenen BIP wird auch dadurch beeinflusst, dass im Zeitablauf Marktleistungen durch Haushaltsproduktion ersetzt werden und umgekehrt (eigene Essenszubereitung oder Restaurant, Handwerker oder Heimwerker, Hausangestellte oder eigene Kindererziehung usw.). So ist das BIP längerfristig (auch) gestiegen, weil durch die zunehmende Erwerbstätigkeit der Frauen die Marktproduktion zugenommen hat.

Q

Arbeit am Herd – ist Geldes wert

Das Familienbild verändert sich: Mehr als 60 Prozent der befragten Deutschen im Alter von 18 bis 55 Jahren lehnen inzwischen das traditionelle Hausfrauenmodell ab – so steht es im „Familienbericht 2006" der Bundesregierung. Die große Mehrheit der deutschen Hausfrauen wiederum findet, dass ihre Arbeit von der Gesellschaft nicht genügend gewürdigt wird, wie aus einer Umfrage des Allensbach-Instituts für die „Vorwerk-Familienstudie 2006" hervorgeht.

Hinter der gesamten familienpolitischen Debatte steht auch die Frage, welchen Wert die Arbeit hat, die Frauen zu Hause leisten. Eine Frage, mit der sich der Bundesgerichtshof im Jahr 2001 befasst hat. Das Ergebnis: Hausarbeit ist als wohlstandsschaffende Erwerbsarbeit zu sehen. Im Jahr darauf bestätigte das Bundesverfassungsgericht, dass die meist von Frauen geleistete Kindererziehung und Hausarbeit „gleichwertig" neben dem oft von Männern erbrachten Einkommen stehe. [...] In Deutschlands Privathaushalten werden jährlich im Schnitt 97 Milliarden Stunden unbezahlter Arbeit geleistet – kochen, putzen, waschen sowie die Betreuung von Kindern und hilfsbedürftigen Angehörigen. Eine Hausfrau und Mutter mit zwei kleinen Kindern arbeitet zwölf Stunden pro Tag, heißt es im „Vorwerk-Familienreport 2006". Wenn der Beruf der „Familienmanagerin" entlohnt würde, wären 1.580 Euro monatlich angemessen, sagten die für den Report befragten Frauen. [...]

Quelle: www.tagesspiegel.de/zeitung/arbeit-am-herd-ist-geldwert/824466.html, 24.04.2012

Der Wirtschaftskreislauf als Analyseinstrument

Ob Steuern, Sozialbeiträge oder Zinsen erhöht oder gesenkt werden sollen, ob sich der Staat in der Arbeitsbeschaffung oder der Konjunkturbelebung engagieren soll oder nicht, es sind stets auch gesamtwirtschaftliche Fragestellungen, die sich den Bürgerinnen und Bürgern über die eingesetzten Instrumente der Wirtschaftspolitik vermitteln. Die Auswirkungen solcher Maßnahmen können die Wirtschaftssubjekte positiv oder negativ treffen. Das Verständnis gesamtwirtschaftlicher Abläufe und Zusammenhänge ist daher nicht nur für die Beurteilung wirtschaftspolitischer Konzepte, sondern auch für die Entwicklung und Begründung eigener Interessen von Bedeutung. Solche gesamtwirtschaftlichen Prozesse lassen sich anhand des Wirtschaftskreislaufs analysieren, wie das folgende Beispiel zeigt.

Analysieren Sie mithilfe des Kreislaufmodells mögliche gesamtwirtschaftliche Folgen eines starken Anstiegs der Kreditzinsen.

1. Der Ausgangspunkt der Untersuchung erschließt sich über die Frage: Wen trifft der Anstieg der Kreditzinsen? Eine erste noch sehr allgemeine Antwort könnte lauten: alle Kreditnehmer und Schuldner, also die Haushalte, die Unternehmen und den Staat.
2. Mögliche unmittelbare Auswirkungen auf die volkswirtschaftlichen Akteure:
   a) Die **Haushalte** fragen (insofern ein Teil des Konsums, z. B. der Kauf von Autos, durch Kredite finanziert wird) weniger Waren und Dienstleistungen bei den Konsumgüterbetrieben nach, die dann auch weniger produzieren und möglicherweise Arbeitskräfte entlassen müssen.
   b) Für die **Unternehmen** wird es (soweit sie ihre Investitionen durch Kredite finanzieren) teurer, neue Anlagen und Maschinen zu erwerben; sie investieren folglich weniger. Darunter leiden die Anlagen- und Maschinenbaufirmen, die weniger produzieren und möglicherweise Arbeitskräfte entlassen müssen.
   c) Der **Staat** muss einen größeren Teil seiner Steuereinnahmen für Zinsen aufwenden und folglich entweder seine Ausgaben einschränken oder sich (noch) höher verschulden.
3. Mögliche Folgen dieser Auswirkungen:
   Sinkende Produktion und Beschäftigung bedeuten für die **Privaten Haushalte** sinkende Einnahmen, sowohl sinkende Arbeitseinkommen (Löhne) als auch sinkende Einkommen aus Unternehmertätigkeit und Vermögen. Darauf können sie auf unterschiedliche Weise reagieren: Entweder sie lösen Sparguthaben auf, dann bliebe die Nachfrage nach Konsumgütern gleich oder würde nur unwesentlich geringer werden, oder sie konsumieren weniger, dann würde die Konsumgüternachfrage noch weiter sinken und in der Folge natürlich auch Umsätze, Produktion und Beschäftigung der **Unternehmen**. Dem **Staat** würden weniger Steuern der Privaten Haushalte (Einkommensteuer) und Steuern der Unternehmen (insbesondere Mehrwertsteuer) zufließen. Außerdem würden sich durch die steigende Arbeitslosigkeit die Transferzahlungen an die privaten Haushalte erhöhen. Das Staatsdefizit würde größer. Der Staat müsste entweder seine Ausgaben für Personal und für seinen Verbrauch (Staatskonsum) stark einschränken oder aber noch mehr Kredite und Anleihen aufnehmen (z. B. für Subventionen und zusätzlichen Staatskonsum), um die Wirtschaft „anzukurbeln“. Der Schuldenberg und folglich auch die Zinslast würden aber weiter wachsen. Vom Rückgang der inländischen Nachfrage wäre wahrscheinlich auch der Sektor **Ausland** betroffen; es würden weniger Güter importiert.

A

1 Analysieren Sie mithilfe des Kreislaufmodells mögliche Auswirkungen eines schweren Einbruchs der Auslandsnachfrage auf eine stark exportorientierte Volkswirtschaft.

2 a) „Wer Wachstum will, muss Kaufkraft geben“, lautet die Parole einer Gewerkschaft, die für bevorstehende Tarifverhandlungen eine Lohnerhöhung von 6 % fordert. Arbeiten Sie die dieser Parole zugrunde liegende Kreislaufargumentation heraus.

b) Der Arbeitgeberverband lehnt die Tarifforderung der Gewerkschaft ab; er sieht in der geforderten Lohnerhöhung eine Gefährdung des Konjunkturaufschwungs. Arbeiten Sie die dieser Sichtweise zugrunde liegende Kreislaufargumentation heraus.

3 Nehmen Sie zu folgender Aussage Stellung: „Das Bruttosozialprodukt ist eine zwar unvollkommene, aber unverzichtbare Größe.“

4 Stellen Sie unter Rückgriff auf das Unterkapitel „Handwerkszeug für die Analyse wirtschaftlicher Sachverhalte“ (Kapitel I, Abschnitt 5) den Wirtschaftskreislauf als typisches Beispiel eines ökonomischen Modells heraus.

1 Warum der Staat eingreifen muss

1.1 Warum der Markt versagt – Marktwirtschaft und Ökologie

In Kapitel II ist dargelegt worden, dass ein marktwirtschaftliches System in einem entsprechenden ordnungspolitischen Rahmen ein Höchstmaß an Effizienz erreichen kann. Über die Preisbildung auf den Märkten erfolgt bei vollkommenem Wettbewerb die Koordination der wirtschaftlichen Aktivitäten wie von „unsichtbarerer Hand" (Adam Smith) zu aller Wohl, weil jeder nach individueller Nutzenmaximierung strebt und damit zur Steigerung des Gesamtwohls beiträgt.

Warum also muss der Staat überhaupt Wirtschaftspolitik betreiben – soll er sich doch heraushalten!
Doch man muss nur die Zeitungen aufschlagen und Nachrichtensendungen in Rundfunk und Fernsehen verfolgen, dann bekommt man eine ganze Palette von wirtschaftlichen Problemen präsentiert, und zwar nicht nur hier und jetzt, sondern auf der ganzen Welt und immerwährend.

Von zu geringem Wachstum ist z. B. die Rede, die Konjunktur stagniere und deshalb sei die Arbeitslosigkeit so hoch; Unternehmen wanderten ab, weil die Löhne zu hoch seien und die Umweltschutzauflagen die Investitionsbereitschaft lähmten; die Preise seien zu hoch, was besonders auch die sozial Schwächeren benachteilige; Unternehmen schlössen sich zusammen und bestimmten, was auf den jeweiligen Märkten passiere; der Leistungswettbewerb sei zu rigoros, zu viele fielen durch die Maschen des sozialen Netzes usw.

Es gibt anscheinend Situationen, in denen der Markt an seine Grenzen stößt und es ihm nicht gelingt, Allokation und Verteilung der Ressourcen optimal zu gestalten – wie es in der Theorie behauptet wird. Unter welchen Bedingungen es dazu kommen kann, soll an dem Problemfeld „Ökologie" verdeutlicht werden.

Waldschäden

Wie „preiswert" ist eine intakte Umwelt?
In einer Marktwirtschaft signalisieren Preise die Wertschätzung von Nachfragern für Sachgüter und Dienstleistungen: Ein hoher Marktpreis signalisiert einen hohen Wert, und eine starke Nachfrage danach macht die Zahlungsbereitschaft der Nachfrager deutlich. Der Preis ist ein für alle sichtbarer Maßstab des Wertes. Steigen die Wertschätzung und damit die Nachfrage, steigt der Preis, der nun gleichzeitig Anreize für einen wirtschaftlichen Umgang mit dem knapper gewordenen Gut freisetzt. Die Preissteigerung sorgt dafür, dass das nun knapper gewordene Gut denjenigen zukommt, denen es diesen Preis „wert" ist, und diejenigen, deren „Wertschätzung" unterhalb des nun gestiegenen Preises liegt, scheiden als Nachfrager aus. Gleichzeitig ergeben sich für Anbieter und Nachfrager Anreize, nach kostengünstigeren Alternativen zu suchen. Dieser Zusammenhang macht die besondere Leistungsfähigkeit der Marktwirtschaft aus.
Aber wie viel z. B. ist eine intakte Umwelt wert? Wie lassen sich die Werte von Umweltleistungen festlegen?

Der Wert von Umweltleistungen wird besonders dann deutlich, wenn Beeinträchtigungen in Form von Umweltschäden auftreten. Doch die eigentlichen Kosten des Schadens sind oft nicht messbar und man muss auf Größen wie Ausweich-, Beseitigungs- oder Vermeidungskosten zurückgreifen. Es lassen sich aber nicht alle Umweltschäden direkt in Geldeinheiten ausdrücken, indem man auf die Marktpreise entsprechender Aktivitäten zurückgreift. Sogenannte Zahlungsbereitschaftsanalysen („Willingness-to-pay"-Analysen) fragen danach, wie viel man für eine intakte Umwelt zu zahlen bereit ist oder welchen Betrag Umweltnutzer zahlen müssen, damit man eine Beeinträchtigung der Umweltqualität hinzunehmen bereit ist.

Wie sieht es mit der Bewertung der Umwelt selbst aus? Was ist ein Regenwurm oder ein Vogel wert (Existenzwert)? Wie hinterlassen wir die Umwelt der nächsten Generation (Vermächtniswert)? Welchen Wert messen wir der natürlichen Umwelt für unsere eigene Zukunft zu (Optionswert)? Oder wie bewerten wir die Umweltleistungen, die wir heute in Anspruch nehmen (Nutzwert)? – Fragen, auf die so ohne Weiteres keine Antworten gegeben werden können! – Warum nicht?

Öffentliche Güter

Die Umwelt ist ein öffentliches Gut, das jeder nutzen kann. Diese Tatsache ist für die Frage, warum die Marktwirtschaft die Umweltproblematik nicht hat verhindern können, ebenfalls von zentraler Bedeutung.

Öffentliche Güter sind ganz wesentlich durch zwei Kriterien gekennzeichnet, und zwar durch
- Nichtrivalität im Konsum und
- Nichtausschließbarkeit vom Konsum.

Normalerweise können Waren und Dienstleistungen nur einmal konsumiert werden. Wenn ein Individuum ein bestimmtes Gut konsumiert – z. B. eine Pizza –, ist dieses anderen Menschen nicht mehr zugänglich. Für einen weiteren Konsumenten müsste eine neue hergestellt werden. Es besteht Rivalität im Konsum. Nun gibt es aber Fälle, in denen der Konsum eines Individuums die Möglichkeiten anderer Individuen, dieselbe Ware oder Dienstleistung zu konsumieren, nicht einschränkt, z. B. die Nutzung eines bestimmten Rundfunkangebotes. Es ist nicht auf einen bestimmten Konsumenten begrenzt und damit nicht rivalisierend.

Bei privaten Gütern kommen nur die Nachfrager in den Genuss eines Gutes, die den geforderten Preis dafür zahlen. Der Preis dient als Ausschlussmechanismus. Und deshalb finden sich im Markt Anbieter, die solche Güter herstellen. Bei öffentlichen Gütern ist das aber nicht so. Es gibt Situationen, in denen niemand vom Konsum eines Gutes oder einer Dienstleistung ausgeschlossen werden kann, obwohl er keine finanziellen Aufwendungen leistet, z. B. bei Maßnahmen zur Luftreinhaltung. Der Nutzen, den öffentliche Güter stiften, wie beispielsweise saubere Luft, kann nicht auf einzelne Konsumenten beschränkt werden. Ist ein öffentliches Gut erst einmal bereitgestellt, kann jeder es nutzen und er kann nicht von der Nutzung ausgeschlossen werden.

Wenn Nachfrager aber etwas nutzen können, dem sie Wert beimessen, ohne dass sie sich über einen Preis an den Kosten für die Bereitstellung beteiligen müssen, werden sie es auch nicht tun, sie werden eine „Trittbrettfahrerposition" (Free-Rider-Problem) einnehmen, vor allem dann, wenn sie in der großen Gruppe der Trittbrettfahrer anonym bleiben können.
Das führt letztendlich dazu, dass im Markt kein Angebot an solchen Gütern und Leistungen zustande kommt, deren Nutzen breit gestreut ist und bei denen kein Ausschlussprinzip zur Anwendung kommen kann. Das soll das Beispiel auf der folgenden Seite verdeutlichen.

A

Erläutern Sie, warum die Ökologie in marktwirtschaftlichen Systemen als „Problemfeld" gilt.

Smog

A

Erklären Sie mithilfe des Ihnen aus Kapitel I bekannten Modells der Dilemmastrukturen, warum Umwelt ein öffentliches Gut ist, welches nicht auf Märkten zu handeln ist.

Q

Eine Straßenbeleuchtung soll errichtet werden, die 5.000 Euro kostet. Es würden genau 1.000 Personen dadurch einen positiven Nutzen erfahren. Theoretisch beträgt die Zahlungsbereitschaft des Einzelnen 10 Euro. [...] Wenn alle freiwillig zahlen würden, müsste jeder 5 Euro zahlen und hätte dadurch einen Nettogewinn von 5 Euro. Die Präferenzen werden allerdings nicht offenbart, und die Begünstigten werden nicht zahlen. Eine einfache spieltheoretische Analyse zeigt die Logik auf: Zahlt z. B. nur eine Person, aber alle anderen nicht, so wird der gezahlte Betrag zu gering sein, um zur Bereitstellung des öffentlichen Gutes zu führen. Zahlt die einzelne Person nicht, jedoch alle anderen, kann sie – unter der Annahme, dass das Gut dennoch bereitgestellt wird – einen Gewinn von 10 Euro erzielen, während alle anderen jeweils etwas mehr als 5 Euro – nämlich genau 5,005 Euro – zahlen müssten, d. h. nur etwas weniger als 5 Euro Nutzen haben. Für den Einzelnen ist dies die dominante Strategie, denn der Einzelne erreicht unabhängig von der Entscheidung der anderen immer einen höheren Nutzen, wenn er nicht zahlt. Folglich wird jeder Einzelne sich entsprechend verhalten und alle werden die Zahlung verweigern. [...] Die dominante Strategie für alle ist die Defektion (Anm.: von engl. defection: Davonlaufen, Verrat). Denn jeder muss damit rechnen, dass er der einzige Zahlungswillige ist. Er zahlt 5 Euro, ohne dass die Straßenbeleuchtung errichtet wird. Sein Nettonutzen ist dann – 5 Euro, sofern er die geleistete Zahlung nicht zurück erhält. Wenn alle kooperieren, haben alle den höchsten Nutzen, nämlich 5 Euro, weil die Straßenbeleuchtung gebaut wird. Somit liegt ein typisches Gefangenendilemma vor.

Quelle: Jürgen Donges/Andreas Freytag: Allgemeine Wirtschaftspolitik, 2. Aufl., Stuttgart 2004, S. 163

Hohe Umweltqualität hat ebenfalls Eigenschaftsmerkmale eines öffentlichen Gutes, und in den Genuss einer intakten Umwelt kommt in aller Regel auch derjenige, der keinen Beitrag zu deren Erhaltung oder Erstellung leistet. Wenn die Verhaltenserwartungen, die wir üblicherweise an Produzenten und Konsumenten richten, in der Wahrnehmung jeweils kostengünstiger (Produktions- und Konsum-)Alternativen bestehen, ist voraussehbar, dass Umweltleistungen „übernutzt" werden.

A

Verwenden Sie diese Begriffe in einem Vortrag über „Marktversagen":

- Öffentliche Güter
- Ausschließbarkeit
- Trittbrettfahrer
- Nichtrivalität
- Konkurrenz im Verbrauch
- Fehlallokation
- Positive und negative externe Effekte
- Nutzen-Kalkül
- Externe Kosten
- Marktpreis
- Gefangenendilemma

Externe Kosten

Märkte können ihre Funktion nur dann zufriedenstellend erfüllen, wenn die am Wirtschaftsprozess beteiligten Akteure auch mit den gesamten Folgen ihres wirtschaftlichen Handelns konfrontiert werden, wenn ihnen die Kosten und Nutzen, die sie verursachen, auch zugeschrieben werden.

Wenn wirtschaftliche Akteure bei der Verfolgung ihrer Interessen die Bedürfnisbefriedigung anderer beeinflussen, ohne dass sich diese einer solchen Beeinflussung entziehen können, sie also von Entscheidungskonsequenzen berührt werden, ohne dass sie die Entscheidungen selbst getroffen oder beeinflusst haben, spricht man von „externen Effekten". Diese müssen durchaus nicht immer negativ sein, aber sie liefern falsche Signale für die Koordination individueller wirtschaftlicher Handlungen. Sowohl bei den externen Nutzen (positiv) als auch den externen Kosten (negativ) gehen nämlich die Effekte nicht in das Kosten-Nutzen-Kalkül des Entscheiders ein.

Wenn Teile der durch Konsum oder Produktion verursachten Kosten auf andere (Unbeteiligte oder nachwachsende Generationen) abgewälzt werden, spricht man von einer Nichtberücksichtigung externer Kosten oder sozialer Zusatzkosten. Diese negativen externen Effekte sind für Umweltprobleme geradezu typisch. Beispielsweise ist es für ein Unternehmen unter Kostenaspekten vorteilhaft, Abwässer nicht oder nur unzureichend geklärt in Fließgewässer einzuleiten, da es so die Kosten der Abwasserreinigung spart. Dadurch werden aber nun an anderer Stelle am Unterlauf des Flusses Kosten verursacht, die andere tragen müssen, z. B. für die Trinkwasserreinigung. Der Schadstoffemittent verrechnet also in seiner Wirtschaftsrechnung geringere Kosten, als er tatsächlich volkswirtschaftlich verursacht hat. Je stärker nun das Ausmaß der Umweltbelastungen ist, desto größer ist die Differenz zwischen den einzelwirtschaftlich kalkulierten und volkswirtschaftlich entstehenden Kosten, und umso weniger funktioniert die Lenkungswirkung der gegebenen Preissignale.

Unter den oben beschriebenen Bedingungen versagen die Märkte, und da sie sich nicht selbst die Rahmenbedingungen setzen, sondern der Staat die Rahmenbedingungen für wirtschaftliches Handeln schafft, muss auch er durch geeignete Maßnahmen für einen wirtschaftlichen Umgang mit knapp gewordenen Umweltleistungen sorgen.

Q

Die wahren Kosten der Stromerzeugung

Mit ihrer Stromrechnung bezahlen die Kunden der Elektrizitätswerke heute nur einen Teil der tatsächlichen Kosten. Alle Energieformen, die fossilen genauso wie die erneuerbaren und die Kernenergie, haben Umweltfolgen, die im Strompreis nicht enthalten sind. Diese sogenannten externen Kosten müssen allerdings in Rechnung gestellt werden, wenn sich die Gesellschaft in Zukunft für eine nachhaltige Stromversorgung entscheiden will. [...] Als Ergebnis von langjährigen EU-Forschungsaktivitäten [...] stehen heute verlässliche Schätzungen für die externen Kosten der Stromversorgung zur Verfügung. Bei der Berechnung dieser Kosten werden mithilfe von Ökobilanzen alle relevanten Umweltauswirkungen der Stromerzeugung erfasst: Nicht nur die Kraftwerke und ihre Emissionen, sondern auch die Gewinnung und Verarbeitung der Rohstoffe, der Transport sowie die Abfallbehandlung fließen in die Rechnungen ein. Die Auswirkungen der Emissionen auf Gesundheit und Umwelt werden mithilfe sogenannter Dosis-Wirkungs-Funktionen gemessen. Dabei wird auch berücksichtigt, wo die Schadstoffe freigesetzt werden und wo sie ihre Wirkung entfalten. Der letzte Schritt [der] Analyse ist schließlich die Umrechnung der Gesundheits- und Umweltschäden in Kosten für die Gesellschaft, die sogenannte Monetarisierung. [...] Obwohl wir generell sehr moderne Stromerzeugungstechnologien mit hohen Umweltstandards bewertet haben, weist Strom aus Kohlekraftwerken die höchsten externen Kosten auf, dann folgen Erdgaskraftwerke. Abhängig von den Werten für den Klimawandel können diese externen Kosten gleich hoch oder sogar viel größer sein als die Stromproduktionskosten. Heutige Biogas- und Photovoltaikanlagen verursachen geringere, aber nicht vernachlässigbare externe Kosten, die aber in Zukunft dank besseren Technologien stark sinken werden. Strom aus Wasserkraftwerken weist die geringsten externen Kosten auf, dann folgen Wind- und Kernenergie.

Quelle: www.nzz.ch/nachrichten/hintergrund/wissenschaft/die_wahren_kosten_der_stromerzeugung_1.10658958.html, 05.03.2012

A

Verdeutlichen Sie am Beispiel „Strom“ das Phänomen der externen Kosten.

1.2 Der Staat greift ein – Strategien, Prinzipien und Instrumente der Umweltpolitik

Wenn der Markt „versagt", weil seine Mechanismen aufgrund bestimmter Bedingungen nicht greifen können, muss der Staat eingreifen und nach geeigneten politischen Maßnahmen suchen. Aber zunächst muss ja geklärt werden, wozu die jeweiligen politischen Maßnahmen führen sollen und inwieweit diese Maßnahmen dazu geeignet sind (vgl. S. 320).

Allgemein und bei fast allen beteiligten Gruppen erfährt das umweltpolitische Leitbild der nachhaltigen Entwicklung („Sustainable Development") heute breite Zustimmung, aber die Vorstellungen über die Wege und Strategien zur Umsetzung sind sehr unterschiedlich.

Strategien

Um ökologische Nachhaltigkeit zu erreichen, ist die Erhöhung der Ressourcenproduktivität eine ganz wesentliche Zielsetzung. Wie kann der Vergeudung und Verschwendung von Ressourcen Einhalt geboten werden bzw. wie können diese besser genutzt werden? Es bieten sich im Wesentlichen zwei Strategien an. Die Effizienzstrategie ist darauf aus, Stoff- und Energieströme und den Umweltverbrauch zu verringern, indem der Produktkreislauf eines einzelnen Gutes verlängert wird. Anbieter sollen Produkte erstellen, die langlebig, materialoptimiert und reparaturgerecht aufzuarbeiten sind, um den gleichen Nutzen mit weniger Stoff- und Energieeinsatz zu erreichen. Bei Verbrauchsgütern sollen regionale und saisonale Produkte aus biologisch-organischem Anbau bevorzugt werden.

i

„Im Ganzen liegt der Reichtum viel mehr im Gebrauch als im Eigentum."
(Aristoteles)

Wenn aber Haushaltsgeräte oder Autos z. B. immer sparsamer im Verbrauch werden, werden sie häufiger gekauft, d. h., die Effizienzsteigerung kann zu vermehrtem Konsum führen, was die Effizienzgewinne kompensiert. Suffizienzstrategien wollen diesen Effekten entgegentreten und den absoluten Güterverbrauch senken.

Das kann erreicht werden, indem Käufe ganz vermieden werden und z. B. eigentumslos konsumiert wird (Dienstleistung statt Produkt) oder z. B. über zeitlich längeres oder gemeinschaftliches Nutzen von Gütern wie beim Teilen, Tauschen, Mieten und Leihen u. a. m. Während die Effizienzstrategie eher auf technischen Innovationen beruht, beruht die Suffizienzstrategie eher auf sozialen Innovationen. Verhaltensveränderungen sind gefragt, die häufig zu marktergänzenden oder -ersetzenden Institutionen führen oder vergessene neu beleben. Als solche sind z. B. die innovativen Tausch- und Nutzungsformen wie Tauschringe, Barter-Systeme und Car-Sharing-Initiativen oder kollektive Formen wie Energiegemeinschaften, Selbsthilfeaktivitäten oder Wohnkooperativen anzusehen.

Prinzipien der Umweltpolitik

Die Umweltpolitik in Deutschland z. B. beruht auf drei Prinzipien:

1. Verursacherprinzip

Bei der Berücksichtigung des Verursacherprinzips wird nach der Verantwortlichkeit für entstandene Schäden gefragt und darauf geachtet, dass die bisher auf Dritte abgewälzten externen Kosten internalisiert werden, d. h., sie müssen bei der Preisgestaltung eine Rolle spielen und diejenigen, die Schäden verursachen, sollen auch die Kosten dafür tragen.

A

Erläutern Sie, was unter „Effizienz-" und „Suffizienzstrategie" zu verstehen ist.

Doch die Durchsetzung dieses Verursacherprinzips stößt auch auf Widerstände bzw. Schwierigkeiten. Ist denn immer eindeutig festzustellen, wer tatsächlich die Schäden verursacht hat, z. B. bei Altlasten (Identifizierungsproblem)? Oder wer hat denn in welchem Maße welchen Schaden angerichtet, z. B. an Waldschäden? Wie stark ist z. B. der Verkehr, und innerhalb des Verkehrssektors der motorisierte Individualverkehr, am Waldsterben beteiligt (Zurechnungsproblem)? Und wie soll nun bewertet werden, wie hoch z. B. die umweltbedingte Beeinträchtigung von Gesundheit und Wohlbefinden durch das Waldsterben anzusetzen ist (Bewertungsproblem)? Wie lange dauert eine solche Bewertung? Wie lange sollen gesundheitliche Beeinträchtigungen der Allgemeinheit in Kauf genommen werden? In Fällen, wo es darum geht, so schnell wie möglich Gefahr abzuwehren, ist unverzügliches staatliches Eingreifen erforderlich, und dabei kommt das Gemeinlastprinzip zur Anwendung. Hierbei werden die Kosten der Vermeidung bzw. der Beseitigung von Umweltschäden von der öffentlichen Hand aus Steuermitteln getragen. Dieses Prinzip muss aber als Notbehelf dienen, denn es verhindert ja nicht, dass umweltbelastende Aktivitäten einen Wettbewerbsvorteil behalten, weil die Anbieter davon ausgehen, dass die individuell verursachten Schäden von der Allgemeinheit getragen werden.

2. Vorsorgeprinzip
Am besten ist es wohl, wenn Umweltschäden von vornherein vermieden werden, also ein Vorsorgeprinzip zur Geltung kommt. Dieses Prinzip muss mit Anreizen verbunden werden, Umweltrisiken zu vermeiden.
Das kann beispielsweise auch durch eine konsequente Anwendung des Verursacherprinzips geschehen, denn die jeweilige Haftung für verursachte Schäden führt zu einer erhöhten Sorgfalt im Umgang mit Umweltrisiken.
Je weniger das Vorsorgeprinzip zur Geltung kommt, umso mehr Nachsorge muss betrieben werden.

3. Kooperationsprinzip
Bei der Anwendung des Kooperationsprinzips sollen Geschädigte wie Schädiger an der Festlegung und Umsetzung umweltpolitischer Ziele beteiligt werden.
Die Bedeutung dieses Prinzips wird damit begründet, dass einerseits die politischen Instanzen auf Informationen der Betroffenen angewiesen sind, andererseits glaubt man, die Wirkungsbedingungen umweltpolitischer Maßnahmen bei gegebenen Handlungsspielräumen der Akteure kooperativ günstiger gestalten zu können als bei einer Umweltpolitik, die auf Konfrontation angelegt ist.

Instrumente der Umweltpolitik
Den jeweiligen umweltpolitischen Prinzipien entsprechend stehen den Verantwortlichen Instrumente der Einflussnahme zur Verfügung. Zur Systematisierung sollen im Folgenden drei konzeptionell unterscheidbaren Lösungsansätzen ausgewählte Instrumente zugeordnet werden:

1. Informations- und Aufklärungsstrategien (Moral Suasion)
Information und Aufklärungsmaßnahmen setzen auf freiwillige Verhaltensänderungen. Umweltinformation, -beratung und -bildung sollen dazu beitragen, dass über ein geschärftes Umweltbewusstsein umweltverträgliches Verhalten erzeugt wird. Doch sowohl der Alltag als auch empirische Untersuchungen zeigen, dass zwischen Bewusstsein und tatsächlichem Verhalten häufig eine große Kluft besteht, selbst dann, wenn ein hohes Umweltbewusstsein signalisiert wird. Das liegt u. a. auch daran, dass der Aufwand

A

Führen Sie Beispiele für umweltpolitische Problembereiche an, in denen die unterschiedlichen Prinzipien Beachtung finden.

(Kosten) für umweltverträgliches Verhalten als zu hoch eingeschätzt wird. Man ist nicht bereit, die Zeit, die Mühe oder sogar das Geld, z. B. bei der Abfalltrennung, aufzubringen. Je geringer der Aufwand, desto höher die Bereitschaft zu umweltverträglichem Verhalten (Low-cost-Hypothese).

Viele sind zwar bereit, zum Einkaufen eine Einkaufstasche mitzunehmen, auf Getränke in Dosen zu verzichten oder Recycling-Toilettenpapier zu benutzen. Aber in sogenannten „High-cost-Situationen" treten Belange und Normen des Umweltschutzes in den Hintergrund und werden als eher unwesentlich für Entscheidungssituationen betrachtet: Nur wenige ziehen ernsthaft in Erwägung, aus Umweltschutzgründen kein Auto zu besitzen oder nicht mit ihm zur Arbeit zu fahren, seltener zu baden oder zu duschen, die Raumtemperatur abzusenken und anderes mehr.

Außerdem fällt ein umweltschädigendes Verhalten nicht so ohne Weiteres auf, erst wenn in kleinen, überschaubaren Gruppen umweltbelastendes Verhalten sozial sanktioniert werden kann, ist eher eine erwünschte Verhaltensänderung zu erwarten. Und wenn gar in sogenannten „Face-to-face-Kontakten" oder bei häufig wiederholten Interaktionen eine wechselseitige Stabilisierung umweltbewussteren Verhaltens („Wie du mir, so ich dir") erfolgen kann, sind die Chancen auf Verhaltensänderung am größten.

Aber jeder weiß, dass das gute Beispiel der ökologisch Engagierten durch Trittbrettfahrer ausgebeutet wird („Gefangenendilemma"), und je höher die Kosten der Verhaltensänderung, umso höher ist diese Gefahr. Das Umweltbewusstsein der Bevölkerung kann zwar als sehr hoch angesetzt werden, doch hat dies nur wenig Einfluss auf das konkrete Verhalten.

Dennoch muss es eine Aufgabe in einer Demokratie sein, über ein gestiegenes Umweltbewusstsein für eine weiterreichende Umweltpolitik zu sorgen, denn staatliches Handeln hängt auch von der Zustimmung der Wähler ab. Außerdem bestehen in Low-cost-Entscheidungssituationen gute Aussichten auf umweltverträglicheres Verhalten und diese können ja auch bei Unternehmen zu Wirkungen führen, indem sie zu einer stärkeren Beachtung ökologischer Aspekte zwingen.

2. Ordnungsrechtliche Auflagenpolitik

Der Grad der Abhängigkeit vom freiwilligen umweltverträglichen Verhalten der Bürger wird durch umweltbezogene Verhaltensvorschriften für Produzenten und Konsumenten verringert. Umweltauflagen, die mit hoheitlichem Zwang durchgesetzt werden können, sind treffsichere Instrumente, deren Einhaltung kontrolliert werden kann. Eine solche Umweltpolitik, die auf einem ordnungsrechtlichen Ansatz basiert, hat Deutschland in der Vergangenheit hauptsächlich betrieben. Die Umweltauflagen, die sich auf Produkte, Technologien oder Emissionen beziehen können, passen in das bestehende Rechts- und Verwaltungssystem. Besonders wenn schnelles Handeln geboten ist, um unmittelbare Gefahren abzuwehren, sind Umweltauflagen unverzichtbar.

Sie sind ökologisch treffsicher und auch politisch durchsetzbar, genügen aber oft nicht dem Kriterium der ökonomischen Effizienz; denn Umweltauflagen ändern nichts an den fehlerhaften Marktsignalen, und Marktkräfte wirken somit weiterhin gegen intendierte ökologische Verbesserungen.

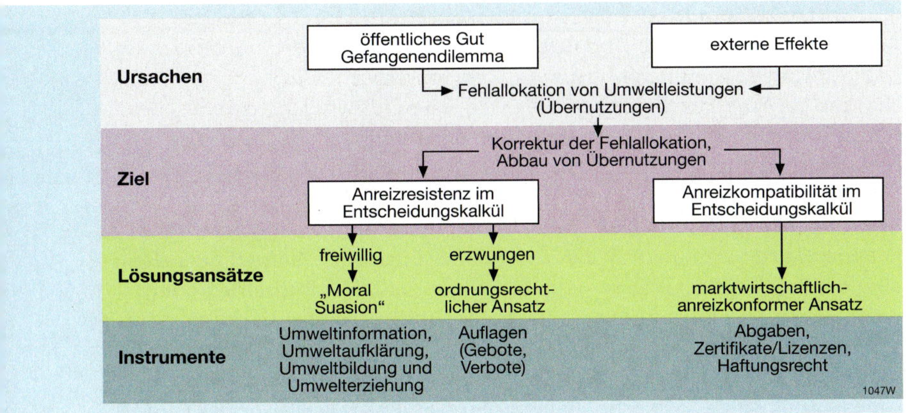

nach: Gerd-Jan Krol, Alfons Schmidt, Volkswirtschaftslehre, 21. Aufl., 2002, S. 454

Umweltauflagen schreiben Produzenten und Konsumenten Aktivitäten zur Reduzierung der Umweltnutzungen vor, verhindern z. B. aber nicht, dass im Rahmen der Auflagen zulässige Restumweltnutzungen (z. B. Restemissionen) zum Nulltarif erfolgen. Und die Unternehmungen, die über die vorgeschriebenen Auflagen hinausgehende Umweltschutzmaßnahmen durchführen, haben im Vergleich zu ihren Konkurrenten höhere Kosten. Aus ökonomischen Gründen werden sie folglich weitergehende Umweltverbesserungen unterlassen.

3. Marktwirtschaftlich-anreizkonformer Ansatz
Die bislang angeführten Kritikpunkte im Hinblick auf die Effektivität der umweltpolitischen Instrumente lassen nach anderen Instrumenten fragen. Als ökonomische bzw. marktwirtschaftliche Instrumente für die Umweltpolitik stehen Preislösungen (z. B. Umweltabgaben oder Ökosteuern) und Mengenlösungen (Emissionslizenzen) zur Verfügung. Über Steuern oder Umweltabgaben wird die Nutzung der Umwelt zu einem Kostenfaktor, an den sich sowohl Produzenten als auch Konsumenten mit ihrer Nachfrage anpassen.

Wenn bei Umweltnutzung Abgaben zu zahlen sind, dann wird die Nutzung so lange vermieden, solange die Kosten der Vermeidung geringer sind als die sonst zu zahlenden Abgaben. Bei niedrigen „Vermeidungskosten" werden hohe Emissionen vermieden, bei hohen entsprechend weniger.
Wird die Umweltnutzung zu einem Kostenfaktor, lohnen sich Anstrengungen zur Verringerung von Umweltnutzungen auch ökonomisch. Von zentralem Stellenwert ist allerdings die Höhe der Abgaben: Werden sie zu hoch festgesetzt, ist die Wettbewerbsfähigkeit gefährdet, sind sie zu niedrig, können die ökologischen Wirkungen zu gering ausfallen.

Mengenlösungen, z. B. in Form von handelbaren Emissionslizenzen, richten sich nach den für jeweilige Belastungsregionen festgelegten Umweltqualitätszielen. Die wirtschaftlichen Akteure müssen Emissionslizenzen kaufen und ihr Preis richtet sich nach Angebot und Nachfrage. Es gibt einen staatlich festgelegten Bestand an Lizenzen für eine Region, und z. B. emittierende Unternehmen müssen so viele Lizenzen kaufen, wie sie benötigen. Der Preis bestimmt sich durch die Konkurrenz aller Unternehmen, die Lizenzen brauchen. Bei starker Nachfrage nach Umweltnutzungen nimmt der Preis zu, der Anreiz, in Vermeidungstechnologien zu investieren, wird größer und diese können bei hohen Lizenzkosten ökonomisch interessant werden.

A

1. Recherchieren Sie den aktuellen Stand des Emissionshandels in Deutschland und Europa.
2. Erläutern Sie, inwieweit es sich hier um einen anreizkonformen Ansatz handelt.
3. Nennen und erklären Sie Probleme bei der Umsetzung anreizkonformer Ansätze.
4. Diskutieren Sie die Effektivität der dargestellten umweltpolitischen Instrumente.

1.3 Wirtschaftspolitische Ziele und gesellschaftliche Grundwerte

Am Beispiel der Ökologie wird deutlich, dass der Staat u. U. eingreifen muss und seine Maßnahmen „zielbestimmt" sein müssen.
Nun soll der Frage nachgegangen werden, ob es für wirtschaftspolitisches Handeln des Staates allgemein Vorgaben oder Leitlinien gibt, die es zu berücksichtigen gilt. So, wie das Phänomen der Knappheit Ausgangspunkt für jegliches wirtschaftliches Handeln ist (vgl. Kapitel I), ist auch in der Theorie der Wirtschaftspolitik Knappheit Ausgangspunkt aller Überlegungen: Die knappen Mittel reichen nicht aus, um alle Bedürfnisse zu befriedigen. Wenn aber die Produktionsfaktoren und Ressourcen zur Bedürfnisbefriedigung nicht ausreichen, muss ausgewählt werden; und auswählen heißt, nach bestimmten Gesichtspunkten zu bewerten. Das bedeutet, dass der Staat sich bei der Entscheidung festlegen muss, welchen Aufgaben er sich in erster Linie widmet sowie in welcher Reihenfolge und Intensität, also: Was wird als wichtig erachtet, was nicht?
Soll z. B. ein zur Verfügung stehender Geldbetrag im Stadthaushalt für den Ausbau einer Schule oder für die Anschaffung eines neuen Feuerwehrautos verwendet werden? Soll eine freie Fläche als Gewerbegebiet ausgewiesen oder zum Spielplatz für Kinder werden?

Entscheidet man sich für das eine, muss auf anderes verzichtet werden. Wenn das Geld nicht für beides reicht, muss z. B. die Gemeinde bei einem Kauf eines neuen Feuerwehrautos auf die Verbesserung der Bildungsmöglichkeiten in der Stadt verzichten; in diesem Fall ist die angestrebte Erhöhung der Sicherheit wichtiger als die Verbesserung der Bildungsmöglichkeiten. Das sind eben die Opportunitätskosten (vgl. Kapitel I) für die erreichte Sicherheit.

Aber natürlich wird auch von der Politik Effizienz verlangt: Die verfügbaren Mittel sollen nicht nur effektiv, also wirksam, eingesetzt werden, sondern mit den verfügbaren Mitteln soll die höchstmögliche Zielerreichung bewirkt werden, das besagt das ökonomische Prinzip. Zwar wird ein neues Feuerwehrauto die Sicherheit einer Kommune erhöhen können, aber könnten z. B. nicht eine Fortbildung der Feuerwehrleute oder ein erhöhter Brandschutz an Gebäuden noch wirksamer sein?
Welche Hilfestellung können Ökonomen den Politikern in Entscheidungssituationen geben? Welchen Stellenwert nehmen in einer Wissenschaft von der Wirtschaftspolitik Werturteile ein?
Werturteile drücken aus, was sein soll. Es handelt sich um normative Aussagen mit Aufforderungscharakter. Sie beinhalten eine Stellungnahme, sind subjektiv. **Sachurteile** dagegen dienen der Formulierung von Aussagen über Erkenntnisse. Es sind theoretische Aussagen, die Anspruch auf Allgemeingültigkeit erheben. Sie müssen verallgemeinerungsfähig sein und dürfen sich nicht auf ein bestimmtes Land oder eine bestimmte Zeit beziehen. Sie müssen überprüfbar und ggf. widerlegbar sein. Theoretische Aussagen können Fragen beantworten wie „Was ist, und warum?", aber nicht (politische/normative) Aussagen wie „Was sollte sein?"

Allerdings können Wissenschaftler überprüfen, ob das (subjektiv) gesetzte Ziel logisch und objektiv richtig angegangen worden ist, ob das (wirtschaftspolitische) Handeln theoretisch widerspruchsfrei gewesen ist. Das Ziel selbst kann nicht extern auf Richtigkeit überprüft werden; wenn das möglich wäre, gäbe es keine wirtschaftspolitischen Debatten und Streitigkeiten, Wirtschaftspolitik wäre „entpolitisiert" und man könnte sie einem Computer überlassen.

A

Beschreiben Sie das Verhältnis zwischen Wissenschaft und Politik.

Vor allem auf den Soziologen Max Weber (1864–1920) ist die Forderung zurückzuführen, in der Wissenschaft Sachaussagen und Werturteile auseinanderzuhalten.

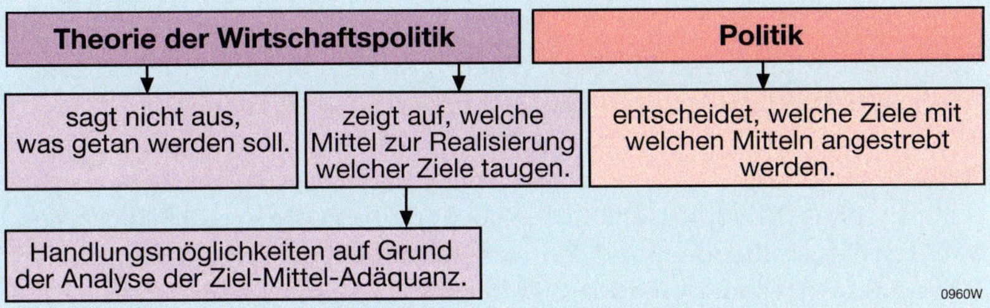

nach: Hans-Jürgen Schlösser: Die Funktionen des Staates in einer marktwirtschaftlichen Ordnung, Reihe ökonomische Bildung kompakt, Bd. 4, Westermann Verlag Braunschweig 2004, S. 14

Eine werturteilsfreie Wissenschaft zu betreiben bedeutet aber nicht, dass sich ein Wissenschaftler nicht auch einer besonderen Zielsetzung verpflichtet fühlen kann: So können beispielsweise bei der Auswahl des Forschungsgebietes normative Beweggründe durchaus eine wichtige Rolle spielen. Weil ein Wissenschaftler Armut und Hunger auf der Welt bekämpfen will, hat er sich als Forschungsgebiet z. B. die Entwicklungspolitik ausgewählt, ein Naturwissenschaftler vielleicht die Gentechnologie. Aber die Anforderungen an die Wissenschaftlichkeit der Arbeit werden davon nicht berührt. Die Aussagen müssen objektive Qualität besitzen, d. h., es muss entscheidbar sein, ob etwas wahr oder falsch ist. Die relevanten Prüfebenen sind dabei **logische Widerspruchsfreiheit** (Konsistenz) und **faktische Widerspruchsfreiheit** (Bewährung an den Fakten). Werturteilsfreiheit der Wissenschaft schließt aber auch nicht aus, dass über Werturteile geforscht wird. Sie können beschrieben, auf ihre Beziehungen untereinander geprüft und verglichen werden. Eine besondere Aufgabe der Wissenschaft ist die **Ideologiekritik**: die Aufdeckung von versteckten Werturteilen. Selbst Ziele können wissenschaftlich hinterfragt werden, denn sie können zugleich Mittel für andere Ziele sein. Und die Mittel selbst können Zielcharakter haben und sind auf „Nebenwirkungen" hin zu überprüfen. Es gilt als „Spielregel", dass normative Wertungen auch als solche kenntlich gemacht oder offen gelegt werden sollen.

Wirtschaftspolitische Ziele als Modalziele

In Kapitel II haben Sie bereits erfahren, dass ein gesellschaftliches System aus unterschiedlichen Teilsystemen besteht und dass Zusammenhänge zwischen ihnen bestehen. Danach hat das wirtschaftliche Subsystem einen funktionalen Stellenwert im Hinblick auf die Ausgestaltung des gesamtgesellschaftlichen Systems. Wirtschaftspolitik kann sich deshalb die Ziele letztlich nicht autonom setzen, sondern diese sind den jeweiligen gesellschaftlichen Grundwerten verpflichtet und damit eingebunden in die **Finalziele** der Gesellschaftspolitik. Keine Gesellschaft kann ohne jeglichen Konsens über Werte existieren. In freiheitlichen Staaten werden z. B. in der Verfassung Grundwerte formuliert, auf die in Reden von Parlamentariern, Regierungsvertretern und anderen Persönlichkeiten des öffentlichen Lebens Bezug genommen wird. Solche Grundwerte sind im Zeitablauf einem Wandel unterworfen und unterscheiden sich auch von Staat zu Staat, wobei aber auch zu Recht von internationalen Wertegemeinschaften gesprochen werden kann.

A

1 Untersuchen Sie einen umfangreichen Artikel im Wirtschaftsteil einer Tageszeitung zu einem aktuellen Thema und trennen Sie
— Sachaussagen,
— Vorhersagen,
— Vorurteile und
— Werturteile
voneinander.

2 Erläutern Sie, was unter einer „werturteilsfreien Wissenschaft" verstanden wird.

In marktwirtschaftlich und demokratisch geprägten Ländern sind durchaus gemeinsame Grundwerte zu entdecken, denen man sich verpflichtet fühlt. Wirtschaftspolitische Ziele werden in den Dienst allgemeiner gesellschaftspolitischer Ziele gestellt und haben eher Mittelcharakter, sind also **Modalziele** zur Erreichung der allgemeineren gesellschaftlichen Grundwerte.

Allgemeiner Konsens besteht über folgende gesellschaftliche Grundwerte, denen wirtschaftliches Handeln untergeordnet ist und dienen soll:

Freiheit
Freiheit schafft die Voraussetzung für die Entfaltung der Persönlichkeit. Für die Wirtschaftspolitik bedeutet das, sicherzustellen, dass die persönliche Freiheit des Einzelnen durch wirtschaftliches Handeln und wirtschaftliche Macht nicht eingeschränkt wird.

Gerechtigkeit
Alle Bürger eines Staates haben die gleichen Rechte. Niemand darf aufgrund seiner Herkunft, Religion usw. bevorzugt oder benachteiligt werden.
Die Forderung nach Gerechtigkeit zielt wirtschaftspolitisch insbesondere auf „Verteilungsgerechtigkeit", d. h., Einkommen und Vermögen sollen möglichst gerecht verteilt sein.

Sicherheit
In einer Gesellschaft dürfen Krankheit, Behinderung, Alter oder andere Umstände, die die Leistungsfähigkeit mindern, nicht zu sozialer Verelendung führen. Die Gesellschaft muss deshalb die soziale Sicherheit als solidarische Aufgabe aller Bürger begreifen.

Fortschritt oder Förderung des Wohlstandes
Fortschritt ist kein Wert an sich, sondern ist als immer neue Annäherung an vorgegebene gesellschaftspolitische Ziele zu interpretieren. Wirtschaftliches Wachstum kann nur dann (erstrebenswerten) Fortschritt bringen, wenn das Wachstum nicht nur ökonomischen, sondern auch umweltpolitischen und humanen Aspekten gerecht wird und sozial fortschrittlich ist, also das Gemeinwohl vermehrt und die Lebensqualität verbessert werden.

Von der Vereinbarkeit von Zielen
Wir haben in den vorherigen Abschnitten gesehen, dass wirtschaftspolitische Ziele im Hinblick auf die Durchsetzung der gesellschaftlichen Grundsätze Mittelcharakter haben.

Beispiele für bekannte wirtschaftspolitische Ziele (vgl. auch Abschnitt 4) sind
- die Sicherstellung wirtschaftlichen Wachstums,
- das Erreichen von Vollbeschäftigung oder
- die Wahrung der Preisniveaustabilität.

Wichtig ist in diesem Zusammenhang, dass wirtschaftspolitische Ziele operationalisiert werden können, denn nur über die „Messbarkeit" von Zielen kann eine notwendige Erfolgskontrolle und eine notwendige Hierarchisierung von Zielen sichergestellt werden.

Das Schaubild auf der folgenden Seite verdeutlicht die Zusammenhänge.

A

1 Suchen Sie auf den aktuellen Wirtschaftsseiten einer Tageszeitung Formulierungen von wirtschaftspolitischen Zielen seitens politischer Entscheidungsträger und überprüfen Sie diese hinsichtlich ihrer Operationalisierbarkeit.

2 Nennen Sie Gründe für den Umstand, dass oftmals nicht-operationalisierte Ziele formuliert werden.

3 Karl Schiller formulierte einmal: „So viel Markt wie möglich, so viel Staat wie nötig." – Wie steht es um die „Operationalisierbarkeit"?

def.

Operationalisierbarkeit:
Möglichkeit, einen Begriff, bei dem der gemeinte Sachverhalt nicht direkt wahrnehmbar und messbar ist, so weit zu konkretisieren, dass man entscheiden kann, ob und inwieweit das mit dem Begriff Gemeinte vorhanden ist.

Grundwerte in Verfassung und im Grundgesetz verankert	**Wirtschaftspolitische Ziele** haben hinsichtlich der Grundwerte Mittelcharakter.	**Operationalität** Ziele müssen operationalisierbar sein, d.h. sie müssen folgenden Kriterien genügen.
– Freiheit – Gerechtigkeit – Sicherheit – Fortschritt	– Wirtschaftswachstum – Vollbeschäftigung – Preisstabilität – außenwirtschaftliches Gleichgewicht – gerechte Einkommen- und Vermögensverteilung	**Konkretisierbarkeit:** Reale ökonomische Gegebenheiten müssen beschrieben werden. **Messbarkeit:** Effizienzkontrolle **Aggregierbarkeit:** Mehrdimensionale Ziele müssen gewichtet werden können.

0961W

nach: Hans-Jürgen Schlösser: Funktionen des Staats in einer marktwirtschaftlichen Ordnung, Baustein im Projekt „Ökonomische Bildung online", Institut für Ökonomische Bildung Oldenburg, 2003, S. 46

Die Beziehungen zwischen den gesellschaftlichen Grundwerten und den wirtschaftspolitischen Zielen werden als vertikale Zielbeziehungen bezeichnet, während man hinsichtlich der Verknüpfungen von wirtschaftspolitischen Zielen untereinander von horizontalen Beziehungen spricht. Man unterscheidet in diesem Zusammenhang zwischen logischen und technologischen Zielbeziehungen.

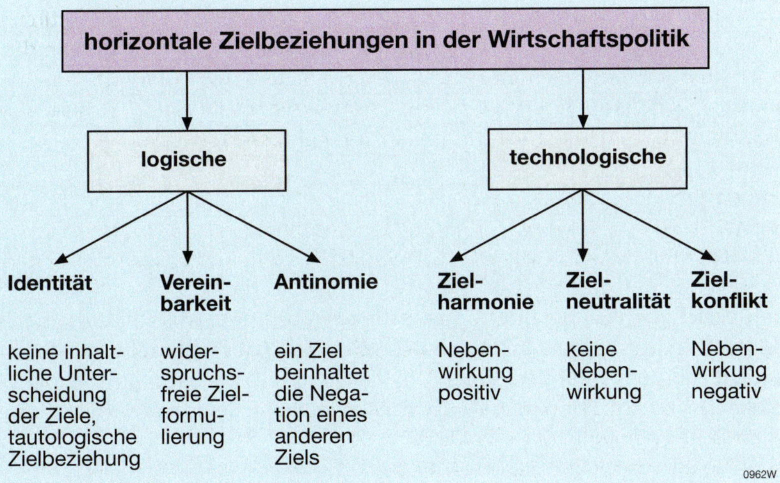

nach: Hans-Jürgen Schlösser: Funktionen des Staats in einer marktwirtschaftlichen Ordnung, Baustein im Projekt „Ökonomische Bildung online", Institut für Ökonomische Bildung, Oldenburg, 2003, S. 48

Bei Antagonien bzw. Zielkonflikten sind Kompromisse zu suchen bzw. die jeweils auftretenden Opportunitätskosten zu ermitteln. Dies kann sich in der wirtschaftspolitischen Realität als schwierig herausstellen und zu heftigen wirtschaftspolitischen Debatten führen.

i

Technologische Zielbeziehungen:

— Zielharmonie: Die Verfolgung eines Ziels begünstigt die Erreichung anderer Ziele. Die Nebenwirkungen auf andere Ziele sind positiv.
— Zielneutralität: Es gibt keine Nebenwirkungen auf andere Ziele.
— Zielkonflikt: Die Verfolgung eines Ziels beeinträchtigt andere Ziele. Die Nebenwirkungen auf andere Ziele sind negativ.

A

Ermitteln Sie – ggf. im Rahmen der Bearbeitung des Abschnitts 4 – konkrete logische und technologische Zielkonflikte in der Wirtschaftspolitik.

2 Der Staat im Wirtschaftsgeschehen

2.1 Träger der Wirtschaftspolitik

Im öffentlichen (aber auch im wissenschaftlichen) Sprachgebrauch besteht eine Tendenz, den „Staat" zu personifizieren: Der Staat soll handeln, eingreifen, unterlassen, regeln, vorschreiben etc. Aber nicht „der Staat" agiert und reagiert in der Wirtschaftspolitik, sondern eine Vielzahl von Entscheidungsträgern auf Bundes-, Landes- und Gemeinde- und europäischer Ebene. Wie die Auseinandersetzungen um die Verteilung der Steuereinnahmen zwischen Bund, Ländern und Kommunen, aber auch zwischen den Ländern untereinander oder zwischen der deutschen Bundesregierung und den übrigen Mitgliedstaaten der Europäischen Union zeigen, sind die Interessen der verschiedenen staatlichen Instanzen durchaus verschieden.
Zu der **vertikalen Gewaltenteilung** zwischen den politischen **Ebenen** kommt die **horizontale Gewaltenteilung**, welche die politischen **Funktionen** der gesetzgebenden Gewalt (Legislative), der ausführenden Gewalt (Exekutive) und der rechtsprechenden Gewalt (Judikative) unabhängigen Staatsorganen (Parlamenten, Regierungen, Gerichten) zuweist. Auf die formellen wirtschaftspolitischen **Entscheidungsträger** in den Parlamenten, Regierungen und öffentlichen Verwaltungen wirken als weitere Akteure der Wirtschaftspolitik zahlreiche **Beeinflussungskräfte** ein: politische Parteien, Massenmedien, Wissenschaftler, große Unternehmen, Verbände (z. B. Gewerkschaften und Arbeitgeberverbände) und andere Interessengruppen.

Sie können – eventuell in arbeitsteiliger Gruppenarbeit – sich selbst eine erste Vorstellung von der Vielzahl der wirtschaftspolitischen Themen und Akteure verschaffen, indem Sie eine Woche lang so gründlich wie möglich die **wirtschaftspolitische Berichterstattung** einer regionalen oder überregionalen Tageszeitung untersuchen und in einer Tabelle nach folgendem Muster festhalten:

	Themen	Entscheidungsträger	Beeinflussungskräfte
Montag			
Dienstag			
Mittwoch			
Donnerstag			
Freitag			
Samstag			

Berücksichtigen Sie bei Ihrer Untersuchung neben dem Wirtschaftsteil auch den politischen sowie den Regional- und Lokalteil der Tageszeitung. Vermerken Sie mit den folgenden Kürzeln, in welchem Teil der Zeitung die Artikel platziert sind: P = Politikteil, W = Wirtschaftsteil, R = Regionalteil (nicht in allen Zeitungen üblich), L = Lokalteil

Bei der Auswertung Ihrer Untersuchungsergebnisse könnten Sie z. B. folgende Aspekte beachten:

- Gibt es eine Häufung bestimmter Themen bzw. eine bestimmte Schwerpunktsetzung der Berichterstattung?
- Welche Entscheidungsträger und welche Beeinflussungskräfte werden wie oft genannt?
- Welche Interessen- und Zielkonflikte werden angesprochen?
- Welche Zusammenhänge bzw. Beziehungen zwischen Wirtschaft und Politik sind erkennbar?

Der Wirtschaftswissenschaftler Hans-Rudolf Peters hat die wirtschaftspolitischen Entscheidungsträger noch weiter ausdifferenziert; so unterscheidet er im Bereich der Exekutive des Bundes **primäre Entscheidungsträger** wie die Bundesminister für Finanzen und Wirtschaft und Technologie mit der ihnen direkt unterstellten Bürokratie und **sekundäre exekutive Instanzen** wie beispielsweise das Bundeskartellamt, die im Rahmen bestimmter gesetzlicher oder vertraglicher Vorgaben mehr oder minder eigenständig agieren.

Träger der Wirtschaftspolitik im Mehrebenensystem der Politik

Träger-ebene	Legislative Instanzen	Primäre exekutive Instanzen	Sekundäre exekutive Instanzen
Europäische Union	Rat der EU	Kommission der EU	Nachgeordnete Instanzen, z. B. Verwaltung der Strukturfonds
Bundes-ebene	Bundestag — Ausschüsse — Plenum Bundesrat Vermittlungs-Ausschuss von Bundestag und Bundesrat	Bundesregierung — Bundeskanzler — Bundesminister, insbesondere für Finanzen und Wirtschaft und Technologie ferner einige Organisationseinheiten in den Bundesministerien für — Verkehr, Bau und Stadtentwicklung — Ernährung, Landwirtschaft und Verbraucherschutz — Arbeit und Soziales — Wirtschaftliche Zusammenarbeit und Entwicklung	Selbstständig agierende Bundesoberbehörden oder Körperschaften, z. B. — Bundeskartellamt — Bundesanstalt für Finanzdienstleistungsaufsicht (BaFin) — Bundesagentur für Arbeit (BA) — Bundesamt für Verbraucherschutz und Lebensmittelsicherheit — Bundesnetzagentur
Länder-ebene	Landtage der 16 Bundesländer (darunter die Stadtstaaten Berlin, Bremen und Hamburg)	Landesregierungen — Ministerpräsidenten bzw. Regierende Bürgermeister — Landesminister bzw. Senatoren, insbesondere für Wirtschaft u. Finanzen	Landesverwaltungen mit Entscheidungsbefugnis in Einzelfällen, u. a. — Regierungspräsidenten und Bezirksämter — Landeskartellbehörden
Kommunal-ebene	— Gemeinderäte — Stadträte — Kreistage	Gemeinde-, Stadt- und Kreisverwaltungen — (Ober-) Bürgermeister, Landrat, Gemeinde-, Stadt-, Kreisdirektor — Dezernenten und/oder Leiter von Ämtern, insbesondere für Finanzen, Wirtschaftsförderung, Bauplanung etc.	Zweckverbände der Gemeinden, Städte, Kreise für bestimmte Versorgungsleistungen, z. B. Wasserversorgung

in Anlehnung an: Hans-Rudolf Peters (2000): Wirtschaftspolitik, 3. Auflage, München/Wien, S. 62

2.2 „Marktversagen" und die Aufgaben des Staates

In der wirtschaftspolitischen Konzeption des klassischen Liberalismus (vgl. Abschnitt 6) sorgt die „unsichtbare Hand des Marktes unter der Voraussetzung vollkommener Konkurrenz und größtmöglicher wirtschaftlicher Freiheit für die effiziente Allokation der Ressourcen entsprechend den Bedürfnissen der Konsumenten, für die leistungsgerechte Distribution der Einkommen und für Stabilität im Sinne eines gesamtwirtschaftlichen Gleichgewichts. Tatsächlich aber kommt es zu sogenanntem „Marktversagen" in Gestalt von Ineffizienzen, Ungerechtigkeiten und Instabilitäten, welche die sichtbare Hand des Staates auf den Plan rufen. Der US-amerikanische Wirtschaftswissenschaftler und Nobelpreisträger Paul A. Samuelson hat in seiner berühmten Einführung in die Volkswirtschaftslehre aus den von ihm beschriebenen Erscheinungsformen des Marktversagens allokative, distributive und stabilisierende Aufgaben der Wirtschaftspolitik abgeleitet.

i

Paul Anthony Samuelson
* 15.05.1915 in Gary, Indiana
† 13.12.2009 in Belmont, Massachusetts

Q

Marktversagen und die Aufgaben des Staates

Wenn wir uns mit der Rolle des Staates beschäftigen, halten wir es im Allgemeinen für selbstverständlich, dass die Regierung die allgemeinen Spielregeln der Wirtschaft festlegt. Aber welchen speziellen Zielen sollen sie dienen? Drei Dinge sollen gewährleistet werden: Effizienz, Gerechtigkeit und Stabilität. […] Wir wollen kurz jede dieser Funktionen untersuchen.

Wie wir bereits gesehen haben, versagt in unserer Volkswirtschaft der Markt gelegentlich. […] In all diesen Fällen führt das Versagen des Marktes zur Ineffizienz in Produktion wie auch Konsum, und dem Staat kann die Rolle zufallen, Abhilfe zu schaffen. […]

Eine folgenschwere Abweichung vom vollkommenen Wettbewerb stellen unvollkommener Wettbewerb beziehungsweise monopolistische Verhaltensweisen dar. […] Wenn Monopolmacht – die Fähigkeit großer Unternehmen, auf einem gegebenen Markt den Preis zu beeinflussen – in der Wirtschaft eine Rolle spielt, stellen wir fest, dass Preise das Effizienzniveau übersteigen, verzerrte Nachfrage- und Produktionsstrukturen auftreten und ungewöhnlich hohe Gewinne erzielt werden. […] Der Staat nimmt nicht jede Monopolmacht als unabwendbares Schicksal hin. Seit den 90er Jahren des 19. Jahrhunderts hat die U.S.-Regierung im Interesse einer Erhöhung der Funktionstüchtigkeit unseres unvollkommenen Wettbewerbssystems Monopolgesetze und Verordnungen erlassen. […]

i

Zu „externen Effekten" und „öffentlichen Gütern" vgl. Abschnitt 1.

Ein zweites Beispiel für Ineffizienz sind die externen Effekte oder Spillovers, die als Folge ungesteuerter Marktkräfte auftreten können. […] Externe Effekte treten auf, wenn Maßnahmen von Unternehmen oder Einzelpersonen anderen Wirtschaftssubjekten Kosten verursachen oder einen Nutzen bringen, ohne dass letztere ein entsprechendes Entgelt zahlen beziehungsweise für die entstehenden Kosten aufkommen. […] Deshalb ist die Regierung zu einer Regelung des Wirtschaftsverhaltens übergegangen, um die externen Nachteile durch Luft- und Wasserverschmutzung, Raubbau an Ressourcen, Umgang mit gefährlichen Abfällen, bedenklichen Arzneien und Nahrungsmitteln sowie radioaktiven Materialien zu reduzieren.

Während es durchaus möglich ist, durch entsprechende Bestimmungen Unternehmen davon abzuhalten, ihren Abfall irgendwo nach eigenem Ermessen abzuladen, ist es sehr viel schwieriger, zur Produktion öffentlicher Güter anzuregen. Dabei handelt es sich um wirtschaftliche Tätigkeiten, durch die der Gesellschaft große oder kleinere Vorteile entstehen, die man aber nicht gut der Privatwirtschaft überlassen kann. Bedeutsame Beispiele sind die nationale Verteidigung, die Justiz und die innere Sicherheit, der Bau von Straßen, die Förderung der Wissenschaften sowie die Unterhaltung des Gesundheitswesens. […] Da das private Angebot in der Regel unzureichend sein wird, ist die Bereitstellung öffentlicher Güter Sache des Staates. […]

Bisher haben wir uns auf Mängel in der Steuerung durch die „Unsichtbare Hand" konzentriert – auf Unvollkommenheiten, die vielleicht durch umsichtiges Eingreifen behoben werden könnten. […] Aber nehmen wir einmal für einen Augenblick an, dass in einer Volkswirtschaft vollständige Effizienz gewährleistet sei. […] Selbst wenn der Marktmechanismus in dieser vollkommenen Weise funktionierte, würden viele ihn nicht als ideal betrachten. Warum nicht? Zunächst einmal folgen Güter den Dollarstimmen, nicht den größten Bedürfnissen. Die Katze eines reichen Mannes erhält vielleicht die Milch, die ein armes Kind braucht, um gesund zu bleiben. Liegt das daran, dass das System von Angebot und Nachfrage nicht funktioniert? Keineswegs, denn der Markt tut genau das, was er tun soll – er lässt Güter in die Hände derjenigen gelangen, die am meisten bezahlen, d. h. über die meisten Dollarstimmen verfügen. Verteidiger und Kritiker des Marktmechanismus sollten erkennen, dass ein effizientes Marktsystem zu großen Ungerechtigkeiten führen kann. […]
Eine solche Situation ist jedoch politisch oder ethisch möglicherweise nicht vertretbar. […] Und wenn eine demokratische Gesellschaft mit der Verteilung der Dollarstimmen im Rahmen eines Laissez-faire-Systems nicht zufrieden ist, dann kann sie die Situation durch Umverteilungsmaßnahmen korrigieren. […] Nehmen wir einmal an, die Wähler könnten auf dem Wege über Kongressentscheidungen herbeiführen, die Einkommensungleichheit zu verringern. Welche Werkzeuge könnte der Kongress einsetzen? Erstens könnte er progressive Steuern einführen und die Einkommen der Reichen vergleichsweise stärker besteuern. […] Zweitens haben Regierungen angesichts der Tatsache, dass niedrige Steuern denen nicht helfen können, die keinerlei Einkommen beziehen, in den vergangenen Jahrzehnten ein System der Einkommenssicherung eingeführt: Unterstützungszahlungen für ältere Menschen, für Blinde, Behinderte, für Leute mit unterhaltsberechtigten Kindern sowie Leistungen aus der Arbeitslosenversicherung. […]

Abgesehen vom Beitrag der Regierung zur Steigerung der Effizienz und Förderung der Gerechtigkeit, sorgt sie im makroökonomischen Bereich auch für die Stabilität der Wirtschaft. Seit ihrer Entstehung ist die kapitalistische Gesellschaft immer wieder von Perioden der Inflation […] und der Depression […] heimgesucht worden. Diese Episoden sind manchmal von einer solchen Heftigkeit gewesen, wie beispielsweise während der Hyperinflation in Deutschland in den 20er Jahren, dass sie in ihrem Gefolge soziale Unruhen, Revolutionen und Krieg mit sich gebracht haben. […] Dank des intellektuellen Beitrages von John Maynard Keynes, seiner Anhänger wie auch seiner Kritiker, wissen wir heute sehr viel besser, wie wir die konjunkturellen Schwankungen in den Griff bekommen können. Wir wissen, dass wir durch einen umsichtigen Einsatz der Geld- und Fiskalpolitik der Regierung auf die Höhe der Produktion, der Beschäftigung und der Inflation Einfluss nehmen können. […]

Quelle: Paul A. Samuelson, William D. Nordhaus (1987): Volkswirtschaftslehre. Grundlagen der Makro- und Mikroökonomie, 8. grundlegend überarb. Aufl., Bd. 1, Köln, S. 94–101

A

1 Arbeiten Sie anhand der Auszüge aus Samuelsons „Volkswirtschaftslehre" Grenzen und Probleme des Marktmechanismus heraus.

2 Vergleichen Sie diese Darstellung des Marktversagens aus Samuelsons Beschreibung mit den „Leistungen des Marktes" in Kapitel III, Abschnitt 3.3.

3 Nennen und erläutern Sie die Funktionen des Staates in einer marktwirtschaftlichen Ordnung, die Samuelson aus den Erscheinungsformen des Marktversagens ableitet.

4 Setzen Sie Ihre Erkenntnisse in Beziehung zu der Systematisierung der „Handlungsfelder der Wirtschaftspolitik" (S. 318 ff.).

2.3 Der Staat in der Volkswirtschaftlichen Gesamtrechnung

Zum Sektor Staat zählen in der Volkswirtschaftlichen Gesamtrechnung die Gebietskörperschaften (Bund, Länder und Kommunen) sowie die Sozialversicherungshaushalte (Rentenversicherung, Unfallversicherung, Arbeitslosenversicherung, Krankenversicherung, Pflegeversicherung). Ein Kennzeichen dieses Sektors ist es, dass er vor allem Güter für die Allgemeinheit ohne eine direkte entgeltliche Gegenleistung bereitstellt und sich dabei hauptsächlich aus Steuern finanziert.

Die Gebietskörperschaften treten als Nachfrager von Gütern und Dienstleistungen auf, beschäftigen Arbeiter und Angestellte und bieten unterschiedliche Dienste, vom Schulunterricht über die Bereitstellung von Straßen bis zur Aufrechterhaltung von Verwaltungsstrukturen, zumeist gebührenfrei an. Zur Finanzierung greifen sie auf Steuereinnahmen und Kredite zurück. Die Sozialversicherungshaushalte erheben auf gesetzlicher Grundlage Sozialbeiträge von Unternehmen und Lohnempfängern und leisten im Falle des Eintretens entsprechender sozialer Notlagen Transferzahlungen (z. B. Rentenzahlungen, Arbeitslosengeld usw.).

Einnahmenüberschüsse sind als Ersparnisse des Staates zu verbuchen, während ein Finanzierungsdefizit eine entsprechende staatliche Kreditaufnahme zur Folge hat.

In der wirtschaftspolitischen Diskussion über „mehr Markt" oder „mehr Staat" spielen die Staats-, die Steuer- und die Abgabenquote eine große Rolle. Sie dienen als Messgrößen für den Einfluss des Staates auf die Volkswirtschaft und für das Ausmaß der staatlichen Umverteilungstätigkeit.

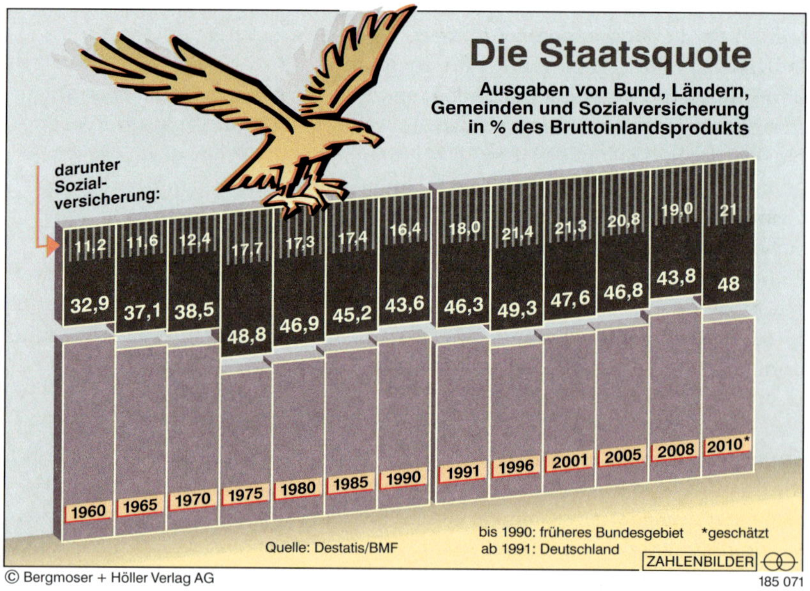

© Bergmoser + Höller Verlag AG
185 071

A

1 Analysieren und interpretieren Sie die Grafik zur Staatsquote.

2 Nehmen Sie zu der folgenden Aussage des Ökonomen Milton Friedman (1912–2006) in einem „SPIEGEL"-Interview vom 9. Oktober 2000 Stellung: „Wie hoch sind die staatlichen Ausgaben in den USA? Vielleicht 40 Prozent der nationalen Wirtschaftsleistung. Nimmt man Regulierungen und Gesetzeseingriffe hinzu, beeinflusst der Staat gut und gern 50 Prozent der Wirtschaft. In den USA haben wir also 50 Prozent Sozialismus, in Europa sind es vielleicht 60 Prozent Sozialismus … Falls Ihre Regierung nur noch 15 Prozent der Volkswirtschaft steuern würde, ginge es Deutschland mit Sicherheit besser – das Land wäre freier und produktiver."

Staatsquote

Die Bedeutung des staatlichen Sektors in einer Volkswirtschaft erkennt man an der Staatsquote, die als prozentualer Anteil der jährlichen Ausgaben der „öffentlichen Hand" am Bruttoinlandsprodukt definiert wird. Diese Quote ist in den 1960er und 1970er Jahren im Zuge der Ausweitung des Wohlfahrtsstaates und der nachfrageorientierten Konjunkturpolitik in allen westlichen Industrienationen erheblich gestiegen. In den 1980er Jahren wurde im Rahmen der „Angebotsorientierung" der Wirtschaftspolitik (vgl. Abschnitt 6) versucht, diese zurückzufahren. Die enormen Transferzahlungen für den ökonomischen Transformationsprozess und die soziale Sicherung in den

neuen Bundesländern ließen die Staatsquote der Bundesrepublik allerdings auf den Rekordwert von rund 50 % Mitte der 1990er Jahre ansteigen.
Bis zur Wirtschafts- und Finanzkrise 2008 ging sie merklich zurück, um dann in kurzer Zeit erneut auf knapp die Hälfte des BIP anzusteigen. Dies bedeutet jedoch nicht, dass der Staat rund 50 % des BIP für sich in Anspruch nimmt, da in den Staatsausgaben neben den Ausgaben für Investitionen, Personal und Verwaltung auch Zinszahlungen und vor allem Ausgaben für Transfers und Subventionen (z. B. Subventionen von Agrarwirtschaft, Bergbau) enthalten sind. Letztere sind jedoch gleichzeitig Teile des privaten Konsums bzw. der Unternehmensinvestitionen und werden, um Doppelzählungen zu vermeiden, im Bruttoinlandsprodukt nicht mitgezählt. Insofern ist die Staatsquote eine „unechte" Quote – nicht alle Teilmengen des Zählers sind auch im Nenner enthalten.

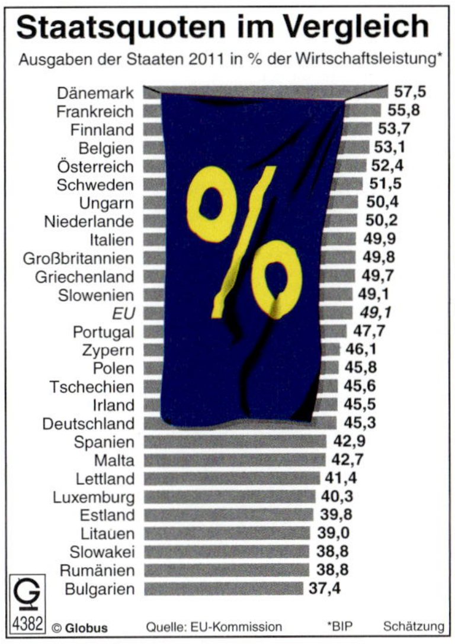

Steuer- und Abgabenquote

Neben der Staatsquote ist die volkswirtschaftliche **Steuerquote** von wesentlicher Bedeutung, welche den Anteil der gezahlten Steuern am BIP ausdrückt. Im Jahr 2009 betrug sie in der Abgrenzung der Finanzstatistik ca. 21 % des BIP. Zählt man zu den Steuern noch die Sozialbeiträge hinzu, so erhält man die volkswirtschaftliche **Abgabenquote**. Diese betrug im Jahr 2009 ca. 38 % des BIP. Im internationalen Vergleich hatte Deutschland 2008 eine unterdurchschnittliche Steuerquote. Die deutsche Steuerquote liegt insbesondere deshalb international vergleichsweise niedriger, weil die Sozialsysteme in Deutschland vornehmlich über Beiträge und nicht über Steuern finanziert werden. Weitere strukturelle Unterschiede (Kindergeld, steuerliche Behandlung von Transferleistungen) erschweren zusätzlich die internationale Vergleichbarkeit der Steuerquote. Mit der addierten Steuer- und Abgabenquote (oder kurz auch nur „Abgabenquote" genannt) ergibt sich ein realistischeres Bild. Hier lag Deutschland 2008 international weiterhin auf einem mittleren Niveau.

Einnahmequelle Steuern

Unter Steuern versteht man – im Gegensatz zu Gebühren bzw. Beiträgen – Zwangsabgaben ohne spezielle Gegenleistungen. Auf Bundesebene dominieren die Steuereinnahmen mit Abstand, während auf den nachgelagerten Landes- und Gemeindeebenen auch Zuweisungen und Zuschüsse vom Bund und aus anderen Ländern eine bedeutende Rolle spielen. Die Einnahmen der öffentlichen Unternehmen fallen hingegen kaum ins Gewicht.

Steuern können unterschieden werden nach der **Bemessungsgrundlage** für ihre Erhebung in **Verkehrssteuern**, die auf die Teilnahme am Rechts- und Wirtschaftsverkehr erhoben werden (z. B. Umsatzsteuer, Grunderwerbsteuer, Versicherungssteuer), **Verbrauchsteuern**, die auf den Verbrauch bestimmter Güter erhoben werden (z. B. Mineralölsteuer, Stromsteuer, Kaffeesteuer), **Besitzsteuern**, die zum einen auf einen Vermögenszuwachs (z. B. Einkommensteuer, Körperschaftsteuer, Gewerbesteuer), zum anderen auf den Besitz von Vermögensgegenständen (z. B. Grundsteuer, Vermögensteuer) erhoben werden.
Hinsichtlich der **wirtschaftlichen Belastung** wird zwischen direkten und indirekten Steuern unterschieden. Während bei **direkten Steuern** (wie der Einkommensteuer) Steuerschuldner und Steuerträger identisch sind, wird die wirtschaftliche Steuerlast bei **indirekten Steuern** (wie beispielsweise der Umsatzsteuer) vom Steuerschuldner (Unternehmen) über die Güterpreise auf den Steuerträger (Konsumenten) übergewälzt.

Wichtig ist auch die Unterscheidung der Steuern nach der **Verwaltungs- und Ertragshoheit**, also nach dem Recht bzw. der Pflicht zur Steuereintreibung (Verwaltungshoheit) und dem Recht der Steuerverwendung (Ertragshoheit): Die **Bundessteuern** (z. B. Branntwein-, Kaffee-, Mineralöl- und Tabaksteuer) sowie die Zölle werden von den Hauptzollämtern erhoben. Der Ertrag dieser Steuern steht ausschließlich dem Bund zu. Die **Gemeinschaftssteuern** (Einkommensteuer, Körperschaftsteuer, Umsatzsteuer) werden im Bundesauftrag von den Finanzämtern verwaltet. Sie fließen Bund und Ländern gemeinsam zu. Die reinen **Ländersteuern** (z. B. Erbschaftsteuer, Grunderwerbsteuer) werden auch von den Ländern verwaltet. Die Grundlagen für die Festsetzung der **Gemeindesteuern** (Gewerbesteuer und Grundsteuer) werden durch die Finanzämter ermittelt, während die Kommunen unter Anwendung des Hebesatzes die Steuern dann festsetzen und erheben.

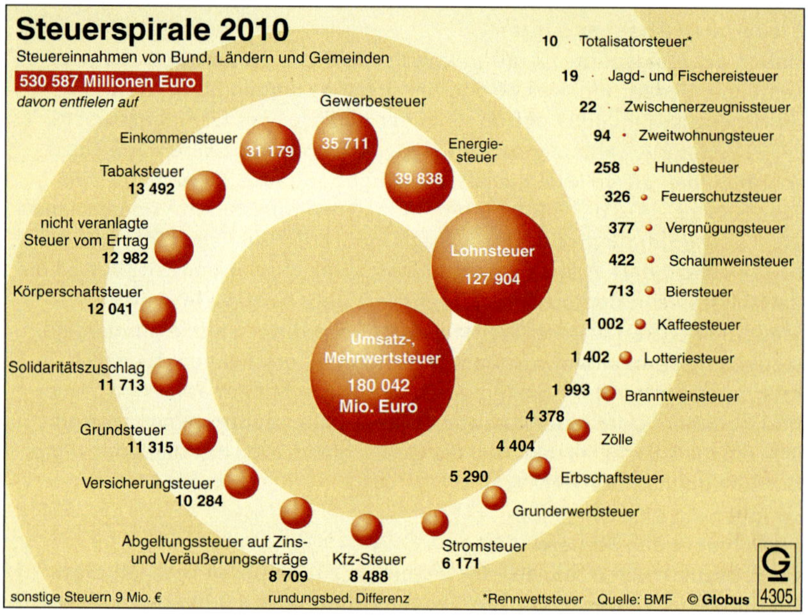

Der Finanzausgleich zwischen den Gebietskörperschaften

Um die ungleichmäßige Aufkommensverteilung auf die einzelnen Gebietskörperschaften auszugleichen, wurde ein dreistufiger Finanzausgleich sowohl zwischen den Ländern als auch zwischen Bund und Ländern gesetzlich festgelegt. Ziel ist es, die im Grundgesetz (Art. 106, Abs. 3) festgeschriebene Einheitlichkeit der Lebensverhältnisse im Land sicherzustellen. Der Ausgleich zwischen den Ländern folgt nach einem komplizierten Schlüssel nach dem Prinzip, dass die finanzstarken Länder (Finanzkraft höher als Finanzbedarf) Ausgleichszahlungen an finanzschwache Länder (Finanzbedarf höher als Finanzkraft) leisten. Die nach diesem Ausgleichsverfahren verbleibenden Finanzierungslücken bei den finanzschwachen Ländern werden durch Bundesergänzungszuweisungen aus dem Bundeshaushalt gefüllt.

Kreditaufnahme und Staatsverschuldung

Neben den Steuereinnahmen ist die Kreditaufnahme eine wesentliche staatliche Einnahmequelle. Es handelt sich in diesem Fall allerdings nur um vorübergehende Einnahmen, da diese Kredite in einem festgelegten Zeitraum mit Zinsen zurückzuzahlen sind. Die Staatsverschuldung in Deutschland ist in den vergangenen Jahrzehnten kontinuierlich gestiegen. Lag sie bis Anfang der 1970er Jahre bei ca. 20 % des BIP, so stieg sie bis zur Mitte der

1980er Jahre in dramatischen Schritten auf ca. 40 % an. Mit der Wiedervereinigung, deren Kosten zu großen Teilen mittels Verschuldung finanziert wurden, stieg die **Schuldenquote** auf 60 %. Vor allem als Folge der umfangreichen Programme zur Stabilisierung der Finanzmärkte und der Konjunktur in der Wirtschafts- und Finanzkrise überschritt die öffentliche **Gesamtverschuldung** (der sogenannte „Schuldenberg") im Jahr 2010 erstmals die Grenze von 2 Billionen Euro und die Schuldenquote die 80-%-Marke.

i

Das Thema Staatsverschuldung wird in Abschnitt 5 unter dem Aspekt des „Staatsversagens" wieder aufgenommen.

Entwicklung der öffentlichen Finanzen in Deutschland (in Mrd. Euro)

Jahr	Ausgaben	Einnahmen	Finanzierungssaldo	Schuldenstand
1950	14,4	13,5	– 0,9	9,6
1970	100,4	96,3	– 4,1	64,2
1990	585,2	558,0	– 27,1	538,3
2005	1.002,2	946,5	– 55,8	1.489,9
2009	1.126,3	1.019,4	– 106,9	1.694,4
2010	1.127,8	1.049,6	– 78,1	2.028,2

Quelle: www.destatis.de

Q

Folgen der Staatsverschuldung

[…] Der Staat darf sich aber nicht unbegrenzt verschulden. […] Und der Stabilitäts- und Wachstumspakt der Europäischen Union begrenzt die Neuverschuldung des Staates im Regelfall auf maximal drei Prozent des Bruttoinlandsprodukts. Und die gesamten Schulden dürfen nicht höher als sechzig Prozent des Bruttoinlandsprodukts sein. Schwieriger als die rechtlichen Fragen aber sind die wirtschaftlichen Folgen der Staatsverschuldung zu beurteilen. Als unstrittig gilt, dass die Staatsverschuldung den Handlungsspielraum der Finanzpolitik einengt: Von 100 Euro, die der Staat in einem Jahr ausgibt, werden zwischen 11 und 12 Euro für Zinsen verwendet. Das ist mehr, als der Staat zum Beispiel für Bildung und Forschung ausgibt. Auf diese Weise begrenzt die Staatsverschuldung auf lange Sicht die Ausgaben für wichtige Zukunftsinvestitionen – oder erzwingt höhere Steuern. So sind die Schulden von heute die Steuern von morgen.

Prinzipiell unstrittig ist ein Effekt, der in der Fachwelt „Crowding-out" (deutsch: Verdrängung) genannt wird: Der Staat und private Investoren benötigen immer wieder Geld in Form von Krediten. Sie konkurrieren um dieses Geld möglicher Kreditgeber. Und mit steigender Nachfrage steigt der Preis für den Kredit, der sogenannte Marktzins. Die private Wirtschaft kann am Ende den Marktzins nicht zahlen, zu dem der Staat bereit ist, sich Geld zu leihen. Der Staat verdrängt damit wichtige private Investitionen. Staatliche Investitionen gelten aber grundsätzlich als weniger produktiv: Der Bau eines kommunalen Schwimmbades schafft für die Zukunft weniger Produktionsmöglichkeiten als der Bau einer privaten Maschinenfabrik. Wenn der Staat also das Schwimmbad baut, aber die Fabrik verhindert, bedeutet dieses Crowding-out einen Verlust an Produktivität und Wachstum. […]

Die Mehrheit der Staatsschulden sind Schulden, die die Bürger eines Landes gegenüber sich selbst haben: Die Steuerzahler tragen die Last der Zinszahlungen. Sie zahlen an diejenigen, die dem Staat einst Kredit gewährt haben. Das sind zum Beispiel Inhaber von Bundesobligationen. […] Da im Prinzip alle Bürger Steuerzahler sind, zahlen auch alle. Zinsempfänger sind aber in der Regel nur die Reicheren. In diesem Sinne bewirkt die Staatsverschuldung eine Umverteilung von Arm zu Reich.

Quelle: Jürgen Heinrich, in: Handelsblatt, Nr. 084 vom 30.04.2004

A

1 Fügen Sie die staatliche Kreditaufnahme in das Modell des Wirtschaftskreislaufs ein.

2 Beschreiben Sie die Entwicklung der Staatsverschuldung in Deutschland.

3 Zeigen Sie die Folgen steigender Staatsschulden für die wirtschaftspolitische Handlungsfähigkeit der Gebietskörperschaften auf.

4 Verdeutlichen Sie am Marktmodell den im Artikel von J. Heinrich beschriebenen Effekt des „Crowding-out".

5 Erläutern Sie die Aussage von J. Heinrich, die Staatsverschuldung bewirke eine „Umverteilung von Arm zu Reich".

3 Wirtschaftspolitische Handlungsfelder

Man unterscheidet verschiedene Handlungsfelder der Wirtschaftspolitik, wobei die deutsche Volkswirtschaftslehre in der Regel zwischen **Ordnungs- und Prozesspolitik** differenziert. Darüber hinaus wird – wie in der folgenden Übersicht – zuweilen auch die **Strukturpolitik** als eigenständiger wirtschaftspolitischer Bereich definiert.

Handlungsfelder der Wirtschaftspolitik

Ordnungspolitik	Strukturpolitik	Prozesspolitik
legt die allgemeinen rechtlichen, sozialen und wirtschaftlichen **Rahmenbedingungen** für wirtschaftliches Handeln fest/gestaltet die Wirtschaftsordnung:	begleitet/gestaltet den regionalen und sektoralen (branchenspezifischen) **Strukturwandel**:	zielt auf die **Stabilisierung der gesamtwirtschaftlichen Entwicklung** (Konjunktur) im Rahmen der bestehenden Wirtschaftsordnung:
Wettbewerbsordnung (z. B. Kartellrecht) Verbraucherschutz Sozialordnung (z. B. Sozialversicherung, Sozialhilfe) Umweltschutz Geldordnung (monetäre Ordnungspolitik) Arbeitsrecht	Regionalentwicklung Infrastrukturentwicklung Einkommens- und Vermögensverteilung Forschungsentwicklung Strukturanpassung Ausbildung Arbeitsmarktpolitik	Geld- und Währungspolitik der autonomen Zentralbank Fiskalpolitik (= Einnahmen- und Ausgabenpolitik) der Gebietskörperschaften (insbesondere der Bundesregierung)
eher langfristig angelegt	eher mittelfristig angelegt	eher kurzfristig angelegt
beeinflusst primär das Handeln und Verhalten der mikroökonomischen Einheiten (Haushalte, Unternehmen)	beeinflusst primär Bedingungen und Entwicklung der mesoökonomischen Einheiten (Regionen, einzelne Branchen, Gruppen)	zielt primär auf die Stabilisierung von makroökonomischen Größen (BIP, privater Konsum, Investitionen)

nach Karl-Josef Burkard: Markt und Staat. Wirtschaftspolitik in der sozialen Marktwirtschaft, in: Unterricht Wirtschaft, H. 9, Friedrich, Seelze, 2002, S. 9 (Beihefter)

A

Ordnen Sie folgende wirtschaftspolitischen Aktivitäten den Handlungsfeldern der Wirtschaftspolitik zu.
- Verbot eines Unternehmensammenschlusses durch das Bundeskartellamt
- Senkung der Leitzinsen durch die Europäische Zentralbank
- langfristige Absenkung der Subventionen im Kohlebergbau
- Einführung eines Dosenpfands
- neue gesetzliche Regelung des Urheberschutzes
- Neuordnung der Bankenaufsicht
- Neuordnung des Mietrechts im Bürgerlichen Gesetzbuch
- Subventionen für Industrieansiedlungen in Ostsachsen
- Zulassung privater Arbeitsvermittler
- Einführung einer Investitionsprämie während der Wirtschaftskrise

3.1 Ordnungspolitik

Was eine Wirtschaftsordnung ausmacht, welche Funktionen sie erfüllt und wie sie sich in der Marktwirtschaft darstellt, haben Sie in Kapitel II bereits erfahren. Unter dem Begriff der Ordnungspolitik fasst man alle wirtschaftspolitischen Maßnahmen zusammen, die der Gestaltung und Weiterentwicklung des Ordnungsrahmens dienen. Entsprechend bestimmen ordnungspolitische Maßnahmen für längere Zeiträume die Rahmenbedingungen des wirtschaftlichen Handelns und die qualitativen Beziehungen zwischen den wirtschaftlichen Akteuren.
Wesentliche Aufgaben der Ordnungspolitik in einer marktwirtschaftlichen Ordnung sind
- die Festlegung und Ausgestaltung der Eigentumsordnung einschließlich einer Unternehmensverfassung,
- die Sicherung des Wettbewerbs und der freien Preisbildung durch gesetzliche Regelungen gegen Wettbewerbsbeschränkungen,
- die Schaffung und Aufrechterhaltung einer Geldordnung, welche die Geldwertstabilität sichert,
- der Aufbau und die Ausgestaltung eines Systems der sozialen Sicherung.

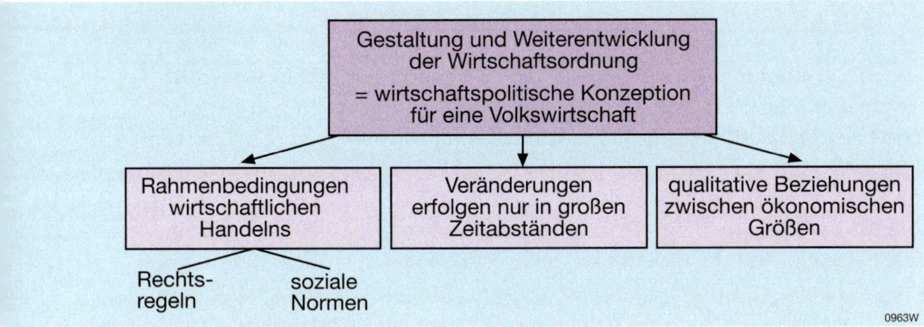

nach: Hans-Jürgen Schlösser: Die Funktionen des Staates in einer marktwirtschaftlichen Ordnung, Reihe ökonomische Bildung kompakt, Bd. 4, Westermann Verlag, Braunschweig 2004, S. 62

Das **Grundgesetz** für die Bundesrepublik Deutschland enthält eine Reihe wirtschaftsbezogener Grundrechte und Verfassungsprinzipien, welche der praktischen Wirtschaftspolitik und der Gesetzgebung einerseits erhebliche Entscheidungsspielräume eröffnen, andererseits aber auch bestimmte Verpflichtungen und Beschränkungen auferlegen.

Die für eine funktionsfähige Marktwirtschaft erforderlichen wirtschaftlichen Freiheiten werden im Grundgesetz gewährleistet durch die
- Berufs-, Gewerbe- und Unternehmerfreiheit (Art. 12 GG),
- die Vertragsfreiheit (Art. 2, 1 GG) und
- die Garantie des Privateigentums (Art. 14, 1 GG).

Gleichzeitig formuliert das Grundgesetz in den Art. 20, 1 GG und 28, 1 GG mit dem Sozialstaatsprinzip den Auftrag, da korrigierend einzugreifen, wo dies zur Förderung des Wohles aller Bürger und zur Schaffung oder Erhaltung einer gerechten Sozialordnung notwendig ist.
Weitere für die Gestaltung der Wirtschaftsordnung bedeutsame Grundrechte finden sich in Art. 11, 1 GG (Freizügigkeit) und in Art. 9 GG (Vereinigungsfreiheit, Koalitionsfreiheit, Streikrecht, Tarifautonomie).

Ordnungspolitische Entscheidungen können allgemeine Gültigkeit haben oder auf spezielle Bereiches des Wirtschaftsgeschehens zugeschnitten sein:

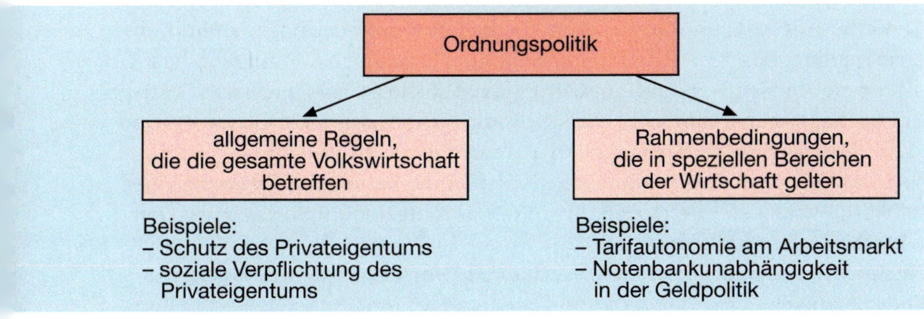

nach: Hans-Jürgen Schlösser, a. a. O., S. 64

Die Ordnungspolitik hat eine **Leitbildfunktion**. Verliert sie an Konsistenz (d. h. an Beständigkeit und Verlässlichkeit) und kommt es zu willkürlichen Rahmensetzungen, so sind Orientierungsverlust, Koordinationsmängel und Ineffizienz die Konsequenzen. Bedeutsam ist daher die Unterscheidung zwischen **marktkonformen** und **marktinkonformen** Interventionen.

A

Nehmen Sie auf der Basis der genannten Grundgesetzartikel zu der Frage Stellung, ob das Grundgesetz bestimmte Wirtschaftsordnungen ausschließt. (Hinweis: Falls Sie kein Grundgesetz zur Hand haben, können sie es unter http://dejure.org/gesetze/GG herunterladen.)

Q

Folgen marktinkonformer Interventionen in die Marktpreisbildung

Zentrales Element der „Marktapparatur" ist das Preissystem. [...] Preise [informieren] über geänderte Knappheiten und Präferenzen; sie kontrollieren (als Gewinn- und Verlustmeldungen) die Macht der Akteure und lenken knappe Ressourcen in effizientere Verwendungen. Wirtschaftspolitische Maßnahmen, die ihre Ziele dadurch zu verwirklichen suchen, dass sie den Preismechanismus manipulieren, zerstören genau diese sozial wichtigen Funktionen des Marktes. Gleichzeitig führen sie häufig zu Ausweichreaktionen und Nebenwirkungen, die auch dem ursprünglichen (sozial-) politischen Zweck genau zuwiderlaufen.

So führt etwa eine Politik der Mietpreisbindung dazu, dass knapper Wohnraum noch knapper wird, da Mietpreisstopps Anreize für Investoren zerstören, preiswerte Mietwohnungen zu bauen. Die entstandene Übernachfrage muss nun nach nichtmonetären Rationierungskriterien bewältigt werden. Vermieter können dann aus einer langen Warteschlange von Wohnungssuchenden auswählen. Dies trifft gerade soziale Randgruppen (Ausländer, Sozialhilfeempfänger als „unerwünschte Mieter") negativ, während reiche Haushalte entweder nicht betroffen sind (da für Luxuswohnungen keine Mietpreisbindung besteht) oder informell höhere Mieten („Bestechungsgelder") zahlen können. Mietpreisbindungen sind somit nicht nur nicht marktkonform, sie verfehlen auch ihr sozialpolitisches Ziel, wie regelmäßig empirisch nachgewiesen wurde. Sozialpolitisch sinnvoll und weit eher marktkonform wären dagegen direkte Transfers an die wirklich Bedürftigen – etwa in Form von Wohngeld.

Doch nicht nur staatlich verordnete Höchstpreise, auch politisch gesetzte Mindestpreise haben wirtschaftlich schädliche und sozial bedenkliche Wirkungen. Musterbeispiel hierfür ist die Agrarpolitik der Europäischen Union [...]. Mit Mindestpreisen und Abnahmegarantien sowie einer Abschottung des EU-Agrarmarktes vor ausländischen Importen sollten die Einkommen der Landwirte gesichert werden. Die Folge war eine enorme Überproduktion von Agrarprodukten, die unter gewaltigem Aufwand an Steuergeldern von staatlichen Stellen aufgekauft, gehortet und vernichtet werden musste (Milchseen, Butterberge) oder mit subventionierten Dumpingpreisen in andere Länder exportiert wurde. Sozialpolitisch war dies mehr als bedenklich:

- kleinbäuerliche Familienbetriebe erhalten sehr viel weniger Subventionen als agrarindustrielle Großbauern, da die Subvention mit der Produktionsmenge steigt;
- ärmere Haushalte geben einen größeren Teil ihres Einkommens für Nahrungsmittel aus; durch die künstlich hochgehaltenen Agrarpreise werden sie überproportional belastet;
- Landwirten aus Entwicklungsländern wird der Zutritt zum europäischen Markt erschwert, gleichzeitig werden sie mit subventionierten Agrarimporten überschwemmt.

Auch hier gilt wieder: Man kann das sozialpolitische Ziel einer Umverteilung zugunsten notleidender Landwirte (oder andere Ziele wie Landschaftspflege usw.) besser fördern und gleichzeitig die „Marktapparatur" des Preissystems weniger stark manipulieren. Dies versucht die Europäische Union seit 1992 ansatzweise durch stärkere Betonung direkter Einkommenstransfers, die sich nicht mehr an der Produktionsmenge orientieren.

Quelle: Michael Wohlgemuth: Ordnungsökonomik, Baustein im Projekt „Ökonomische Bildung online", Institut für Ökonomische Bildung Oldenburg, 2003, S. 62

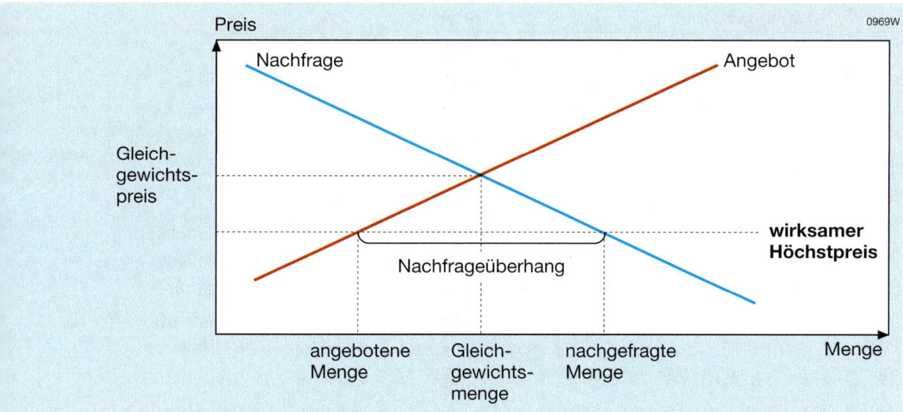

Der Höchstpreis im Marktmodell

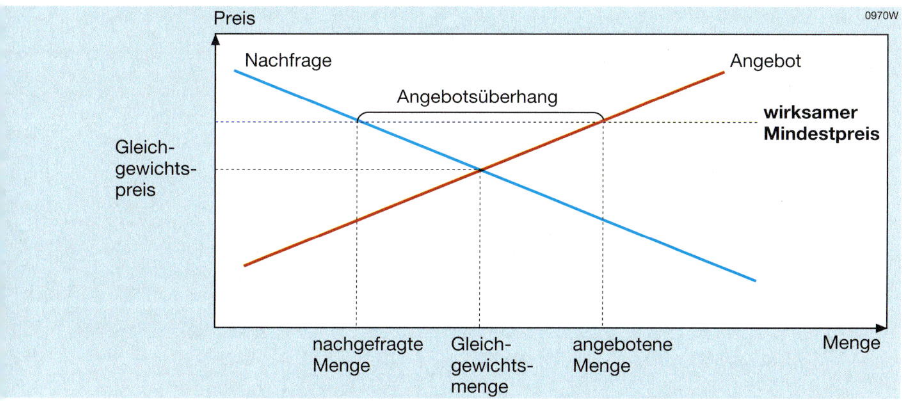

Der Mindestpreis im Marktmodell

1956 formulierte **Alfred Müller-Armack**, einer der „Väter" der Sozialen Marktwirtschaft, in einem Beitrag für das „Handwörterbuch der Sozialwissenschaften" das Prinzip der **Marktkonformität** wirtschaftspolitischer Maßnahmen:

Q

„Das regulative Prinzip sozialer Interventionen in der Marktwirtschaft ist […] ihre Verträglichkeit mit dem Funktionieren einer marktwirtschaftlichen Produktion und der ihr entsprechenden Einkommensbildung. […] Die mit Preisbindungen zwangsläufig verbundene Blockierung ganzer Märkte erweist sich bei näherem Zusehen als Nachteil für die breitesten Schichten. So erstrebt die neue Wirtschaftspolitik sozialen Fortschritt über marktkonforme Maßnahmen. Sie versteht darunter Maßnahmen, die den sozialen Zweck sichern, ohne störend in die Marktapparatur einzugreifen. Der Begriff „marktkonform" mag in Grenzfällen unbestimmt sein, dürfte jedoch in der praktischen Wirtschaftspolitik zur Kennzeichnung von Verfahren genügen, bei denen auf die Funktion des Marktes Rücksicht genommen wird. […] In der Vergangenheit war die Logik der Wirtschaftspolitik allzu sehr von dem Versuch, gegen die Marktzusammenhänge anzugehen, bestimmt. Die Forderung nach Marktkonformität der Maßnahmen bietet der Wirtschaftspolitik erhebliche Bewegungsmöglichkeiten, ohne sie mit den Marktkräften in Konflikt zu bringen."

Quelle: Alfred Müller-Armack: Soziale Marktwirtschaft. In: Handwörterbuch der Sozialwissenschaften, Bd. 9, Stuttgart 1956, S. 390–392

i

Alfred Müller-Armack
* 28.06.1901 in Essen
† 16.03.1978 in Köln

Wirtschaftsprofessor in Münster und Köln, wichtigster Mitarbeiter von Wirtschaftsminister Ludwig Erhard

A

1 Klären Sie anhand der Ausführungen von Alfred Müller-Armack die Begriffe „marktkonform" und „marktinkonform".

2 Erläutern Sie die von M. Wohlgemuth beschriebenen Folgen von Höchst- und Mindestpreisen anhand des Marktmodells.

3 Vergleichen Sie die mit den jeweiligen Markteingriffen verbundenen Absichten mit den jeweils erzielten Ergebnissen.

3.2 Prozesspolitik

Der Begriff der Prozess- oder Ablaufpolitik wird meist benutzt, um die Gesamtheit aller einzelnen staatlichen Eingriffe in das Marktgeschehen außerhalb der Ordnungspolitik zu bezeichnen. Diese Unterscheidung zwischen Ordnungs- und Prozesspolitik geht auf Walter Eucken zurück, der zwischen der Wirtschaftsordnung und den Wirtschaftshandlungen unterschied.
Wichtig ist in diesem Zusammenhang, dass in einer idealtypischen marktwirtschaftlichen Ordnung dem Staat neben der Setzung des ordnungspolitischen Rahmens keine weiteren Aufgaben zufallen. Sämtliche weiteren Entscheidungen erfolgen über den Markt.
In der Realität stellt sich die Situation dagegen anders dar. Wir sehen eine Vielzahl staatlicher Eingriffe in das Marktgeschehen, die über die Setzung des Ordnungsrahmens weit hinausgehen. Das Ergebnis ist eine eigentlich dem ursprünglichen Gedanken widersprechende interventionistische Marktwirtschaft:

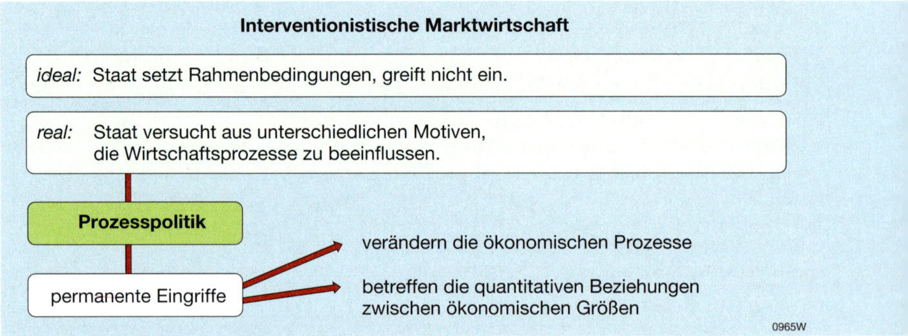

nach: Hans-Jürgen Schlösser, a. a. O., S. 70

Prozesspolitische Eingriffe sind permanent zu verzeichnen; sie sind zumeist kurzfristig angelegt und beeinflussen die quantitativen Beziehungen zwischen den Akteuren im Wirtschaftsgeschehen. Dies bedeutet, dass – im Gegensatz zur Ordnungspolitik – Instrumente zum Einsatz kommen, deren Ergebnisse konkret messbar sein sollten (z. B. Verbesserung der konjunkturellen Daten, Sinken der Arbeitslosenzahlen). Allerdings besteht insofern eine Verbindung zwischen Ordnungs- und Prozesspolitik, als die Ordnungspolitik die Entscheidung über die Formen der Planung und Lenkung trifft, in denen sich die Prozesspolitik äußert. Entsprechend heißt es im sogenannten „Stabilitätsgesetz“ von 1967, dass „Bund und Länder … ihre wirtschafts- und finanzpolitischen Maßnahmen … so treffen, dass sie **im Rahmen der marktwirtschaftlichen Ordnung** gleichzeitig zur Stabilität des Preisniveaus, zu einem hohen Beschäftigungsstand und außenwirtschaftlichem Gleichgewicht bei stetigem und angemessenem Wirtschaftswachstum beitragen“.
Aus dieser Formulierung geht auch hervor, dass Prozesspolitik auf die Stabilisierung der **gesamtwirtschaftlichen** Entwicklung (Konjunktur) gerichtet ist, während die Strukturpolitik auf die wirtschaftliche Entwicklung von Regionen, Branchen oder Sektoren zielt. Zentrale Handlungsfelder der so verstandenen Prozesspolitik sind

- die **Geld- und Währungspolitik** der autonomen Zentralbank (z. B. der EZB), welche sich vorrangig auf die Sicherung der Preisniveaustabilität konzentriert,
- die **Fiskalpolitik** (insbesondere der Bundesregierung), welche mittels der Beeinflussung von Steuern und Staatsausgaben die konjunkturellen Schwankungen auszugleichen und damit ein stabiles wirtschaftliches Wachstum zu erhalten versucht.

Q

Wirtschaftskrise: Das Konjunkturpaket II kommt

Bürger und Wirtschaft werden in der schwersten Wirtschaftskrise seit Jahrzehnten weiter entlastet und erhalten zusätzliche Finanzhilfen gegen den Abschwung. Der Aktionsplan stellt 2009 und 2010 rund 50 Milliarden Euro bereit. [...]

Das Paket sieht Steuer- und Abgabensenkungen für Bürger und Wirtschaft im Umfang von jeweils neun Milliarden Euro vor. Auch Familien mit Kindern erhalten mehr Geld. An alle Kindergeldbezieher wird ein einmaliger Kinderbonus von 100 Euro je Kind gezahlt. Zudem werden die Hartz-IV-Regelsätze für Kinder von Langzeitarbeitslosen angehoben. Teil des Konjunkturpakets ist auch die Abwrackprämie zur Ankurbelung der Auto-Nachfrage. Geplant sind zudem mehr öffentliche Investitionen sowie Hilfen für Unternehmen. Ferner wird ein 100-Milliarden-Bürgschaftsrahmen für Firmen geschaffen. Kurzarbeit wird attraktiver gemacht, um Massenentlassungen zu vermeiden. [...]

Finanziert wird das Paket über neue Schulden des Bundes von fast 37 Milliarden Euro. Ein großer Teil soll über einen Tilgungsfonds möglichst rasch abgezahlt werden. Dafür sollen auch Erlöse aus dem Bundesbank-Gewinn genutzt werden. Insgesamt steuert der Bund wegen der Krise in diesem Jahr auf eine Rekord-Neuverschuldung von 50 Milliarden zu. Für Deutschland insgesamt dürfte [...] die Neuverschuldung auf mindestens 80 Milliarden Euro und 2010 auf eher 100 Milliarden Euro steigen. Die Gesamtverschuldung von Bund, Ländern, Kommunen und Sozialkassen werde auf 1,7 Billionen Euro klettern. [...]

Quelle: www.handelsblatt.com/politik/deutschland/wirtschatskrise-das-konjunkturpaket-ii-kommt/3115896.html, 24.04.2012

Q

Geldpolitik: Die EZB erhöht den Leitzins auf 1,5 Prozent (Juli 2011)

Die Europäische Zentralbank (EZB) hebt den Leitzins im Euro-Raum an. Der wichtigste Zins zur Versorgung der Kreditwirtschaft mit Zentralbankgeld steigt um 0,25 Prozentpunkte auf 1,5 Prozent. Das teilte die EZB nach ihrer Ratssitzung in Frankfurt/Main mit. Der Leitzins wird damit zum zweiten Mal binnen drei Monaten erhöht, nachdem er zuvor fast zwei Jahre auf dem Rekordtief von 1,0 Prozent verharrt hatte. Volkswirte erwarten mindestens eine weitere Zinserhöhung im laufenden Jahr. [...]

[...] Mit ihren Zinsentscheidungen wollen die Währungshüter die Inflationsrate drücken. Ihr Ziel ist, diese unter zwei Prozent zu halten. Im Juni hatte die Teuerungsrate im Euro-Raum ersten Schätzungen zufolge bei 2,7 Prozent gelegen, in Deutschland war sie niedriger.

Höhere Zinsen helfen im Kampf gegen die Inflation: Kredite werden tendenziell teurer, das mindert die Neigung von Unternehmen und Verbrauchern, auf Pump zu investieren und zu konsumieren. Da die deutsche Wirtschaft brummt, halten Volkswirte höhere Zinsen schon seit längerem für erforderlich, um eine Überhitzung mit Blasenbildungen an den Märkten zu vermeiden. Andererseits könnten höhere Zinsen die Wirtschaftserholung in den europäischen Schuldenländern zusätzlich erschweren. Dort bremsen rigide Sparauflagen den Aufschwung ohnehin. [...]

Quelle: www.welt.de/finanzen/article13473827/EZB-erhoeht-den-Euro-Leitzins-auf-1-5-Prozent.html, 24.04.2012

A

1 Verdeutlichen Sie am Modell des Wirtschaftskreislaufs die geplanten Maßnahmen sowie die beabsichtigten Wirkungen des „Konjunkturpakets II" von 2009.

2 Zeigen Sie am Kreislaufmodell die Auswirkungen der Krise auf die Staatsfinanzen auf.

3 Erläutern Sie die Intention der Leitzinserhöhung im Juli 2011.

4 Beschreiben Sie das Dilemma, vor dem der EZB-Rat bei seiner Entscheidung im Juli 2011 stand.

5 Leiten Sie aus den fiskal- und geldpolitischen Maßnahmen in den unterschiedlichen Situationen 2009 und 2011 eine allgemeine Regel für die Prozesspolitik ab.

Weizenernte: Ohne Subventionen sähe es düster aus.

Noch bis 2018 subventioniert: Steinkohlenbergbau in Deutschland

3.3 Strukturpolitik

Unter den Begriff der „Strukturpolitik" werden alle wirtschaftspolitischen Maßnahmen gefasst, bei denen die Gestaltung der Struktur einer Volkswirtschaft im Zentrum steht.

Die Struktur einer Volkswirtschaft wird z. B. beeinflusst durch:

- die Zusammensetzung der Erwerbsbevölkerung,
- die Beschäftigung nach Wirtschaftszweigen und Regionen,
- das vorhandene technische und wissenschaftliche Know-how,
- die natürlichen Ressourcen,
- das Infrastrukturnetz,
- die rechtlichen Rahmenbedingungen sowie
- die gesellschaftliche Verteilung von Einkommen und Vermögen.

Wie bei der Prozesspolitik müssen auch strukturpolitische Maßnahmen auf den ordnungspolitischen Prinzipien fußen, sollen keine konzeptionellen Brüche entstehen.

Grundsätzlich wird dabei unterschieden zwischen

- der regionalen Strukturpolitik, welche sich auf die Beeinflussung einer räumlich bzw. regionalen Wirtschaftsstruktur bezieht, und
- der sektoralen Strukturpolitik, welche die Förderung ausgesuchter Wirtschaftssektoren anstrebt.

Strukturpolitische Maßnahmen können ergriffen werden z. B. in Form von

- Subventionszahlungen (z. B. im Bergbau, in der Agrarwirtschaft),
- Steuervergünstigungen (z. B. Sonderabschreibungen),
- der Behinderung von Importen durch Zölle, Kontingentvorschriften u. a.,
- arbeitsmarktpolitischen Maßnahmen (z. B. Förderung beruflicher Mobilität) oder
- Eingriffen in die Eigentumsordnung (z. B. Verstaatlichung von Unternehmen, staatliche Beteiligung an Unternehmen).

Die Träger der Strukturpolitik (Bund, Länder, Gemeinden, Europäische Union) verfolgen dabei unterschiedliche Ziele:

- **Erhaltung** bestehender Strukturen,
- **Anpassung** vorhandener Strukturen an Veränderungen im Zuge des Strukturwandels,
- **Veränderung** vorhandener Strukturen aufgrund zukünftig zu erwartender Wandlungsprozesse.

Im wirtschaftlichen Alltag finden sich immer wieder Beispiele, die die Schwierigkeiten bei der Durchführung strukturpolitischer Maßnahmen verdeutlichen. Im Kern steht dabei in den meisten Fällen das Problem, die Behebung der Notlage einer vom Strukturwandel betroffenen Personengruppe mit den gesamtgesellschaftlichen Interessen in Einklang zu bringen. Ein gutes Beispiel ist die Subventionierung des Bergbaus: Während Beschäftigte und Investoren auf eine staatliche Stützung ihrer Branche angewiesen sind und diese einfordern, bewirken die in diesem Zusammenhang gezahlten staatlichen Subventionen auch gesamtgesellschaftlich negativ zu bewertende Folgen wie die Erhöhung der Staatsverschuldung mit der Notwendigkeit des Sparens an anderen Stellen.

Die Problematik strukturpolitischer Maßnahmen soll an den Beispielen auf der folgenden Seite verdeutlicht werden.

A

1 Recherchieren Sie in der Tagespresse Beispiele für regionale und sektorale strukturpolitische Maßnahmen.
   a) Welche dieser Maßnahmen dienen der Erhaltung, welche der Anpassung oder Veränderung vorhandener Strukturen?
   b) Welche politischen Instanzen finanzieren diese Maßnahmen?

2 Diskutieren Sie, wer von den Maßnahmen profitiert und ggf. welche negativen Folgen zu verzeichnen sind.

Q

Weizenanbau: Ohne Subventionen sähe es düster aus

Die Getreideernte im Kraichgau [Baden-Württemberg] hat begonnen. [...] „Qualität und Ertrag sind ziemlich gut", sagen Dieter Schleihauf, Vermarktungsexperte beim Kraichgau Raiffeisen Zentrum (KRZ) und Landwirt Reiner Keller aus Ittlingen. [...] Zwischen 60 und 90 Dezitonnen (100 Kilogramm) liegen die Erträge für das Getreide in diesem Jahr. „Manche Landwirte liegen etwas darunter, weil sie an Betriebsmitteln wie Dünger oder Pflanzenschutz gespart haben", sagt Schleihauf. Hier waren nämlich teilweise kräftige Preiserhöhungen zu verzeichnen. „Normalerweise bezahle ich 300 Euro pro Hektar für Dünger, dieses Jahr waren es an die 700 Euro", sagt Reiner Keller. [...] Auf 11,70 Euro schätzte Schleihauf am Freitag den Auszahlungspreis für 100 Kilogramm Weizen an die Landwirte. „Viel tiefer kann der wohl nicht mehr fallen", ist er sich ausnahmsweise mal sicher.
Die Kostenrechnung sieht derzeit besonders verheerend für die Landwirte aus. [...] „Um vom Weizen leben zu können, bräuchte ich einen Preis von 20 Euro pro Dezitonne", sagt Reiner Keller. Allein schon für Dünge-, Pflanzenschutzmittel und Saatgut wären 14 Euro nötig. [...] Eingerechnet in diese Kostenrechnung ist auch die Flächenprämie von 300 Euro pro Hektar, die der Staat noch bis 2013 als Subvention bezahlt. Wäre sie nicht da, würde die Kostenbilanz bei allen Getreidesorten tief rot aussehen. „Ich würde gerne darauf verzichten, wenn ich gescheite Preise hätte", sagt Reiner Keller zur anhaltenden Diskussion über Agrar-Subventionen. Schleihauf rechnet, dass die Prämien in vier Jahren reduziert und dann die Preisausschläge auf dem Weltmarkt noch größer werden. [...] Bei einem sind sie sich sicher: „Wenn es so weitergeht, werden viele aufhören oder einfach Gras oder Senf in die Flächen säen", denn dafür gebe es auch die Prämie. Wären die Landwirte ein Industriebetrieb, hätte man schon lange dichtgemacht [...]

Quelle: Oliver Schüle, in: Rhein-Neckar-Zeitung, 13.07.2009

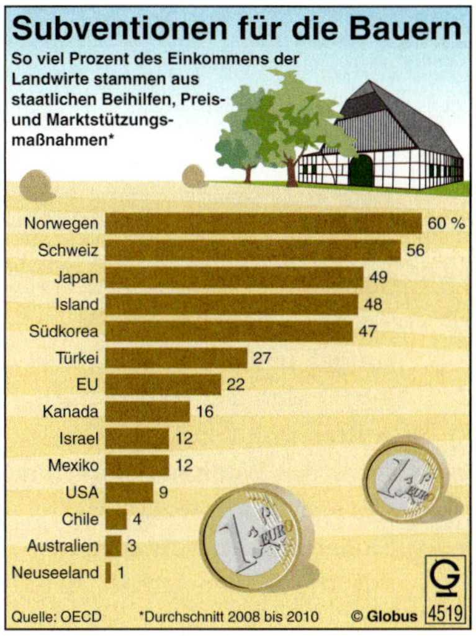

Q

Offshore-Infrastruktur kostet die Häfen eine Milliarde

Die deutschen Häfen müssen für den Ausbau der Windenergie vor den Küsten kräftig investieren. „Die Energiewende ist eine nationale Aufgabe", sagte Klaus-Dieter Peters, Präsident des Zentralverbandes der deutschen Seehafenbetriebe (ZDS), am Dienstag in Hamburg. „Für den Ausbau der Hafeninfrastruktur ist deshalb die Unterstützung des Bundes erforderlich." Der Verband fordert nun Hilfe in Form von Krediten der staatlichen Förderbank KfW, um Investitionen von rund einer Milliarde Euro finanzieren zu können.
Nach dem Ausbaukonzept der Bundesregierung sollen bis 2020 in Nord- und Ostsee Windenergieanlagen mit einer Leistung von zehn Gigawatt gebaut werden. Das sind 2000 Windkraftanlagen insgesamt oder 250 im Jahr [...]. Die Anlagen müssen nahe der Häfen vormontiert werden, weil sie zu groß und schwer für längere Landtransporte sind. Zudem erfordern sie große Lagerflächen, weil die Anlagen nur bei gutem Wetter auf hoher See aufgebaut werden können. Während der Lagerung ist eine Stromversorgung notwendig. Die Seehäfen stehen damit vor völlig neuen Herausforderungen. Peters begrüßte die Aufstockung des Verkehrsetats für 2012 um eine auf elf Milliarden Euro. Erforderlich sei allerdings eine nachhaltige Erhöhung der Mittel, um die seewärtigen Zufahrten und die Hinterlandanbindungen der deutschen Seehäfen mit Straßen, Schienen und Wasserwegen bedarfsgerecht auszubauen. [...]

Quelle: www.welt.de/print/die_welt/wirtschaft/article13719540/Haefen-Milliarden-Investitionen-fuer-Energiewende.html, 27.04.2012

A

1 Verdeutlichen Sie am Beispiel des Weizenanbaus Ziele, Wirkungsweise und Bedeutung von landwirtschaftlichen Subventionen.

2 Diskutieren Sie an diesem Beispiel die Problematik der Agrarsubventionen aus unterschiedlichen Perspektiven (z. B. Konsumenten, inländische Landwirte, Politiker, Landwirte aus Nicht-EU-Staaten).

3 Arbeiten Sie die Argumentation des Zentralverbands der deutschen Seehafenbetriebe für den Ausbau der Hafeninfrastruktur heraus.

4 Vergleichen Sie die hier geforderte finanzielle Unterstützung für die deutschen Seehäfen mit den im obigen Beispiel beschriebenen Agrarsubventionen im Hinblick auf Ziele, Formen und Folgen.

4 Ausgewählte Handlungsfelder der Wirtschaftspolitik

4.1 Wettbewerbspolitik

Dem Wettbewerb kommt in der Konzeption der Sozialen Marktwirtschaft eine überragende Bedeutung zu, die Alfred Müller-Armack, der Schöpfer dieses Begriffs, einmal so formuliert hat:

A

1 Nennen und erläutern Sie die im Text genannten Funktionen des Wettbewerbs. Vergleichen Sie dazu auch die Ausführungen in Kapitel III, S. 154.

2 Begründen Sie, warum nach Auffassung von Müller-Armack das Wettbewerbssystem „an sich schon sozial“ ist.

3 Stellen Sie die Aufgaben heraus, die Müller-Armack dem Staat in der Sozialen Marktwirtschaft zuweist.

Q

Der Begriff der sozialen Marktwirtschaft kann als eine ordnungspolitische Idee definiert werden, deren Ziel es ist, auf der Basis der Wettbewerbswirtschaft die freie Initiative mit einem gerade durch die marktwirtschaftliche Leistung gesicherten sozialen Fortschritt zu verbinden. Auf der Grundlage einer marktwirtschaftlichen Gesamtordnung kann ein vielgestaltiges und vollständiges System sozialen Schutzes errichtet werden. Nur in einem marktwirtschaftlichen System vermögen die alle Schichten umfassenden, in ihrer Marktposition überdies schwach gesicherten Konsumenten die Wirtschaft nach ihrem Bedürfnis zu lenken. Der Preisapparat ist nach heutiger Einsicht ein unentbehrlicher Koordinierungs- und Einpendelungsapparat, der die zahllosen und überdies differenzierten Einzelpläne der Konsumenten abstimmt und wirksam werden lässt. Alle zentrale Lenkung sucht demgegenüber die Güterströme anders fließen zu lassen, als es dem Wunsch der Konsumenten entspricht. Diese Orientierung am Verbrauch bedeutet bereits eine soziale Leistung der Marktwirtschaft. In gleicher Richtung wirkt die durch das Wettbewerbssystem gesicherte und laufend erzwungene Produktivitätserhöhung als eine soziale Verbesserung, die umso größer und allgemeiner ist, je mehr durch den Wettbewerb einseitige Einkommensbildungen, die aus wirtschaftlicher Sonderstellung herrühren, eingedämmt werden. Neben dieser dem Wettbewerbssystem an sich schon innewohnenden sozialen Funktion hat die Wirtschaftspolitik weitere Möglichkeiten der sozialen Ausgestaltung der Wirtschaftsordnung. In erster Linie ist hier an die vom Neoliberalismus geforderte institutionelle Sicherung des Wettbewerbs zu denken. Ihr Sinn ist es, Wettbewerbsbeschränkungen unmöglich zu machen, Monopole, Oligopole und Kartelle unter Kontrolle zu nehmen und dadurch den Wettbewerb zu größter Wirksamkeit im Interesse des Verbrauchers zu bringen. Indem dem Wettbewerb möglichste Elastizität gegeben wird, erfüllt eine Wettbewerbsordnung zugleich auch soziale Aufgaben. Der Gedanke der sozialen Marktwirtschaft beschränkt sich jedoch nicht darauf, lediglich das Instrumentarium der Konkurrenz sozial funktionsfähig zu machen. Der marktwirtschaftliche Einkommensprozess bietet der Sozialpolitik ein tragfähiges Fundament für eine staatliche Einkommensumleitung, die [...] die Einkommensverteilung korrigiert.

Quelle: Alfred Müller-Armack: Soziale Marktwirtschaft. In: Handwörterbuch der Sozialwissenschaften, Bd. 9, Stuttgart 1956, S. 390 f.

Marktformen

Das neoklassische Modell der Preisbildung geht von einem vollkommenen, atomistischen Markt aus, in dem das Zusammenspiel von Angebot und Nachfrage den Gleichgewichtspreis bestimmt. Die diesem Modell unterlegten Bedingungen – z. B. die Homogenität der Güter oder die absolute Informationsübersicht der Verbraucher – sind in der Realität der einzelnen Märkte allerdings nur höchst selten anzutreffen. So sind beispielsweise bereits auf einem kleinen Wochenmarkt für die Verbraucher nicht alle Informationen gleichzeitig zur Hand. Auch die Ermittlung der wesentlichen Informationen

i

Eine ausführliche Darstellung des neoklassischen Modells der Preisbildung findet sich in Kapitel III, Abschnitt 3.2.

ist bereits mit einem hohen Aufwand und Kosten (z. B. Zeitverbrauch, Mühe) verbunden. Märkte nehmen also in der Realität unterschiedliche Formen an, die vom idealtypischen Modell abweichen. Mit Blick auf die Erscheinungsformen und Intensitätsgrade des Wettbewerbs lassen sich Märkte unter qualitativen und quantitativen Aspekten unterscheiden:

Ein erstes qualitatives Unterscheidungskriterium ist die Regelung des Zugangs. Neben unbeschränkt zugänglichen Märkten gibt es auch Märkte, deren Zugang beschränkt ist. Beispiele für solche Märkte sind diejenigen für medizinische Versorgung und juristische Beratung, da die Anbieter über besondere nachgewiesene Qualifikationen und Konzessionen verfügen müssen. Darüber hinaus können auch Rahmenbedingungen den Zugang zu einem Markt beschränken, wenn beispielsweise die unzureichende Kapitalausstattung oder fehlende berufliche Qualifikationen den Markteintritt verhindern. Des Weiteren können Märkte hinsichtlich ihres Organisationsgrades unterschieden werden. Auf organisierten Märkten ist der Handel bestimmten Regeln unterworfen (z. B. Börse, Auktion), während diese bei unorganisierten Märkten fehlen.
Ferner lassen sich Märkte nach quantitativen Gesichtspunkten klassifizieren. Je nach Anzahl der Marktteilnehmer erhält der Markt insbesondere im Hinblick auf die Preisbildung eine ganz spezifische Ausprägung. Die bisher behandelte atomistische Marktform wird Polypol genannt. Sind auf einer Seite nur wenige Marktpartner vorhanden, spricht man von einem Oligopol, und wenn es lediglich einen einzigen Anbieter oder Nachfrager gibt, handelt es sich um ein Monopol. Die jeweiligen Zwischenformen sind der Tabelle zu entnehmen.

Nachfrager / Anbieter	einer	wenige	viele
einer	bilaterales Monopol	Nachfrageoligopol mit monopolistischem Angebot	Angebotsmonopol
wenige	Angebotsoligopol mit monopolistischer Nachfrage	bilaterales Oligopol	Angebotsoligopol
viele	Nachfragemonopol	Nachfrageoligopol	Polypol

Abhängig von den jeweiligen Marktformen finden wir ganz unterschiedliche Ausgestaltungen des Wettbewerbs. Das idealtypische Modell des vollkommenen Marktes (vgl. Kapitel III, Abschnitt 3) unterstellt, dass über die freie Preisbildung eine effiziente Allokation der volkswirtschaftlichen Ressourcen erfolgt. Wäre auf allen Märkten die Bedingung der vollständigen Konkurrenz gegeben, so würde automatisch die effiziente Allokation erreicht.
Den Gegenpart zur vollständigen Konkurrenz bildet das Angebotsmonopol, also die Marktform, in der die Nachfrager nur auf einen einzigen Anbieter treffen. Aus ökonomischer Sicht lässt sich feststellen, dass – auch wenn ein Monopolist keine unendlichen Möglichkeiten der Preisgestaltung hat – die Preise hier im Vergleich zu Wettbewerbsmärkten wesentlich höher liegen. Gleichzeitig sind Monopolmärkte durch geringere Angebotsmengen und damit durch eine schlechtere Marktversorgung gekennzeichnet. Gesamtwirtschaftlich ist ein Wohlfahrtsverlust zu verzeichnen, wodurch eine effiziente Allokation verfehlt wird. In der Realität findet man vollständige Konkurrenz und Monopol nur äußerst selten in ihrer Reinform.

A

1 Ordnen Sie folgende Beispiele bestimmten Marktformen zu:
a) Ein Unternehmen besitzt das Patent für ein medizinisch-technisches Gerät, mit dem Nierensteine von Patienten ohne Operation zertrümmert werden können.
b) In einer Kleinstadt gibt es zwölf Damenfriseursalons.
c) Die Bauunternehmen in einem Marktgebiet können Kies, wie er zum Bauen benötigt wird, von vier Kiesbaggerbetrieben beziehen. Präferenzen für einen Lieferer bestehen nicht.
d) Vier Autofirmen bieten Mittelklassewagen verschiedener Typen zwischen 1200 ccm und 1800 ccm an.
e) Ein Energieversorgungsunternehmen ist der einzige Anbieter von elektrischer Energie in einer Region.

2 Beschreiben Sie Art und Ausmaß des Wettbewerbs in den genannten Fällen.

3 Prüfen Sie die These, die Börse komme dem Idealtypus der vollständigen Konkurrenz am nächsten.

A

Klären Sie mithilfe des nebenstehenden Textes den Begriff der Marktmacht.
Marktmacht kann als Anbieter- oder als Nachfragermacht in Erscheinung treten. Erläutern Sie, worauf in den folgenden Beispielen die Macht der jeweiligen Anbieter oder Nachfrager beruht:

a) Große Einzelhandelsunternehmen drücken in Einkaufsverhandlungen die Preise ihrer Lieferanten.
b) Freie Tankstellen und unabhängige Mineralölhändler beklagen die Marktmacht der großen Mineralölkonzerne.

Häufig treten jedoch oligopolistische Strukturen mit einer geringen Zahl von Anbietern in Erscheinung. Diese Strukturen werden mit der Kategorie der **Unternehmenskonzentration** näher beschrieben, wobei eine Verringerung der Anbieterzahl als Erhöhung der Unternehmenskonzentration verstanden wird. Abhängig vom Grad der Unternehmenskonzentrationen drohen auch auf oligopolistischen Märkten ähnliche Auswirkungen wie beim Monopol: zu hohe Preise, geringe Mengen, nichtleistungsbedingte Gewinne, allokative Ineffizienzen und die Verringerung der volkswirtschaftlichen Wohlfahrt. Der Begriff der **Marktmacht** spielt in diesem Zusammenhang eine wesentliche Rolle.

Q

Von Marktmacht spricht man immer dann, wenn entweder ein einzelnes Unternehmen oder mehrere Unternehmen gemeinsam über eine so starke Marktstellung verfügen, dass ein von anderen Wettbewerbern nicht völlig kontrollierter Verhaltensspielraum entsteht. Entscheidend ist, dass es hierfür nicht erforderlich ist, dass ein Monopol vorliegt. Vielmehr kann bereits ein enges Oligopol und somit eine hohe Unternehmenskonzentration zur Entstehung einer solchen marktmächtigen Stellung ausreichen. Marktmächtige Unternehmen können dann – ähnlich wie ein Monopolist – über einen Preissetzungsspielraum verfügen, innerhalb dessen sie Preise über den Durchschnittskosten festlegen können, so dass hieraus Gewinne entstehen. Da diese Gewinne aber nicht auf besserer Leistung beruhen, sondern auf der Marktmacht der Unternehmen, handelt es sich um nichtleistungsbedingte Marktmachtgewinne. Weiterhin besteht die Möglichkeit, diese Marktmachtstellung nicht nur zur Erlangung von Gewinnen auf Kosten der Konsumenten zu benutzen, sondern diese marktmächtige Position auch dazu zu verwenden, die noch verbleibenden Wettbewerber weiter zu schwächen und damit den bereits stark beeinträchtigten Wettbewerb noch weiter in seiner Funktionsfähigkeit zu vermindern. […]

Quelle: Wolfgang Kerber: Wettbewerbspolitik, ÖBO-Baustein G03, S. 18, Institut für Ökonomische Bildung Oldenburg, 2003

i

Notwendige Einschränkung

Wir haben bislang begründet, dass eine steigende Unternehmenskonzentration zu gesamtwirtschaftlich problematischer Marktmacht führt. Ganz so eindeutig ist die Sache jedoch nicht: Aus steigenden Unternehmensgrößen und Massenproduktion können Kostenreduzierungen (z. B. über sinkende Stückkosten) resultieren, die ebenfalls gesamtwirtschaftlich erwünscht sind. Ebenso können ab bestimmten Größen allerdings auch Effizienznachteile entstehen. Entsprechend ist eine differenzierte Analyse in jedem Einzelfall notwendig.

Mit der Marktmacht gehen oft Möglichkeiten einher, potenziellen Wettbewerbern den Zugang zum Wettbewerb über Markteintrittsbarrieren zu verwehren. Darunter werden alle spezifischen Kostennachteile für neu eintretende Unternehmen verstanden. So müssen diese in den entsprechenden Märkten hohe Kosten aufwenden, um z. B. gegen fest etablierte Marken und bestehende Größenvorteile der bereits am Markt agierenden Unternehmen konkurrieren zu können. Darüber hinaus droht die Gefahr, dass etablierte Anbieter ihre Marktposition mithilfe eines aggressiven Wettbewerbs (z. B. über Kampfpreise) verteidigen könnten. Hier kommt die Wettbewerbspolitik ins Spiel.

Wettbewerbspolitik

Unter diesem Begriff werden alle wirtschaftspolitischen Maßnahmen verstanden, die der Aufrechterhaltung des Wettbewerbs dienen. Wettbewerbspolitik versucht einerseits, über Verhaltensregeln das Marktverhalten im Sinne eines freien Wettbewerbs zu beeinflussen, zum anderen, über die Beeinflussung der Marktstrukturen auf die Unternehmen einzuwirken und den Wettbewerb zu sichern. Wie uns das ökonomische Verhaltensmodell lehrt, sind Verhaltensänderungen allerdings eher über die Gestaltung der Rahmenbedingungen als über Appelle zu erreichen. Daher konzentriert sich die Wettbewerbspolitik darauf, durch die aktive Gestaltung der Wettbewerbsvoraussetzungen Märkte offen zu halten, Markteintrittsbarrieren abzubauen und wettbewerbsbeschränkende Strategien zu unterbinden.

Konzentrationsformen

Wettbewerbsbeschränkungen erfolgen im Wesentlichen über vertragliche Vereinbarungen wie Kartelle, stillschweigende Abstimmungen, Kapitalbeteiligungen (Konzerne) und Fusionen. **Kartelle** sind vertragliche Zusammenschlüsse zwischen rechtlich und weitgehend auch wirtschaftlich selbstständig bleibenden Unternehmen der gleichen (horizontalen) Wirtschaftsstufe. Die Partner treffen für die Dauer des Vertrags bestimmte Regelungen, z. B. hinsichtlich der Preise (Preiskartell) oder der Marktaufteilung (Gebietskartell). **Konzerne** sind Zusammenschlüsse rechtlich selbstständig bleibender, jedoch wirtschaftlich unselbstständig werdender Unternehmen unter einer einheitlichen wirtschaftlichen Leitung. Durch Kapitalbeteiligungen entstehen entweder **vertikale Konzerne**, die vor- und nachgelagerte Stufen der Wertschöpfungskette umfassen (z. B. vom Rohstoff bis zum Endprodukt), **horizontale Konzerne**, die Unternehmen auf der gleichen Produktions- oder Handelsstufe integrieren (z. B. vom Klein- bis zum Luxuswagen) oder **laterale Konzerne** bzw. Mischkonzerne, welche in unterschiedlichen Branchen tätig sind. Bei einer Fusion geht auch die rechtliche Selbstständigkeit verloren; es entsteht eine neue rechtliche und wirtschaftliche Einheit, ein neues Unternehmen.

Für die Durchsetzung des Kartellverbots, die Fusionskontrolle, die Missbrauchsaufsicht über die marktbeherrschenden Unternehmen und den Vergaberechtsschutz ist im Bereich der Bundesrepublik Deutschland das **Bundeskartellamt** zuständig. Wenn die Wirkung einer Wettbewerbsbeschränkung nicht über das Gebiet eines Bundeslandes hinausreicht, gilt grundsätzlich die Zuständigkeit der **Landeskartellbehörden**. Die Verfolgung grenzüberschreitender Wettbewerbsbeschränkungen aber obliegt der **Europäischen Kommission** bzw. deren Wettbewerbskommissar.

A

1 Recherchieren Sie unter www.bundeskartellamt.de aktuelle Fälle von Wettbewerbsbeschränkungen in den Bereichen
- Kartellverbot,
- Fusionskontrolle,
- Missbrauchsaufsicht,
- Vergaberechtsschutz.

2 Untersuchen Sie den unten dokumentierten Fall unter folgenden Aspekten:
- Form der Wettbewerbsbeschränkung,
- Strategien der beteiligten Unternehmen,
- Folgen der Wettbewerbsbeschränkung,
- Maßnahmen des Bundeskartellamts.

Q

Kartellamt verhängt Geldbußen gegen Kaffeeröster

Das Bundeskartellamt hat wegen unerlaubter Preisabsprachen Geldbußen von knapp 160 Millionen Euro gegen drei Kaffeeröster verhängt. Das Bußgeld richtet sich gegen Tchibo (Hamburg), Melitta Kaffee (Bremen) und Alois Dallmayr (München) sowie sechs verantwortliche Mitarbeiter, wie das Kartellamt in Bonn mitteilte. Seit mindestens Anfang 2000 bis zu einer Durchsuchung der Unternehmen im Juli 2008 seien mehrfach Preiserhöhungen abgesprochen worden und das zulasten der Endverbraucher. Dadurch kletterten die Preise wichtiger Produkte wie Filterkaffee, Espresso, Kaffeepads und Kaffeebohnen teilweise drastisch in die Höhe. Der Lebensmittel-Einzelhandel habe die Preiserhöhungen in der Regel unmittelbar an die Endkunden weitergegeben: Allein die Preisanhebungen, die Ende 2004 und im April 2005 angekündigt worden waren, verteuerten den Röstkaffee um durchschnittlich mehr als einen Euro pro 500-Gramm-Packung. Nach Erkenntnissen des Kartellamtes agierte über viele Jahre hinweg ein „Gesprächskreis" aus Geschäftsführern und Vertriebsleitern der Kaffeeröster. Die Betroffenen sprachen „Zeitraum, Höhe, Umfang, Zeitpunkt der Bekanntgabe sowie das Inkrafttreten beabsichtigter Preiserhöhungen miteinander ab", betonte das Bonner Amt. Diese Verfahren hätten zu fünf Preiserhöhungen zwischen 2003 und 2008 geführt, die mit einer Ausnahme im März/April 2008 auch alle im Markt durchgesetzt wurden. „Die Geldbußen sind noch nicht rechtskräftig", sagte das Bundeskartellamt. Die Unternehmen und betroffenen Manager können noch Einspruch einlegen. Dann müsse das Oberlandesgericht Düsseldorf entscheiden. Die Bonner Behörde hat noch weitere Unternehmen der Branche im Visier: Anfang 2009 seien Verfahren gegen zahlreiche Kaffeeröster wegen des Verdachts auf Preisabsprachen bei Kaffee für den Außer-Haus-Bereich sowie gegen Cappuccino-Hersteller eingeleitet worden.

Quelle: ZEIT ONLINE, unter: www.zeit.de/wirtschaft/2009-12/preis-roester-kaffee, 21.12.2009

4.2 Stabilitäts- und Wachstumspolitik

Im „Gesetz zur Förderung der Stabilität und des Wachstums der Wirtschaft" (StWG) von 1967 wurden zur Zeit der Regierung der Großen Koalition (CDU/CSU und SPD) grundlegende Ziele der Wirtschaftspolitik festgelegt, die schon bald als sogenanntes **„magisches Viereck"** in den allgemeinen Sprachgebrauch eingingen:

Bund und Länder haben bei ihren wirtschafts- und finanzpolitischen Maßnahmen die Erfordernisse des gesamtwirtschaftlichen Gleichgewichts zu beachten. Die Maßnahmen sind so zu treffen, dass sie im Rahmen der marktwirtschaftlichen Ordnung gleichzeitig zur Stabilität des Preisniveaus, zu einem hohen Beschäftigungsstand und außenwirtschaftlichem Gleichgewicht bei stetigem und angemessenem Wirtschaftswachstum beitragen. (§ 1 StWG).

Dieser Paragraf ist überaus komplex: Erstens ist von den „Erfordernissen des gesamtwirtschaftlichen Gleichgewichts" die Rede, d. h. von einem gedachten, in der Realität allenfalls näherungsweise erreichbaren Zustand, bei dem mögliches gesamtwirtschaftliches Angebot und gesamtwirtschaftliche Nachfrage zum Ausgleich kommen. Zweitens werden Bund und Länder bzw. deren Regierungen und Parlamente auf eine abgestimmte Wirtschafts- und Finanzpolitik verpflichtet. Drittens wird die „marktwirtschaftliche Ordnung" als „Rahmen" der Maßnahmen zur Stabilisierung der gesamtwirtschaftlichen Entwicklung bestimmt; damit wird erstmals der Grundsatz der Marktkonformität gesetzlich festgeschrieben. Viertens wird das „gesamtwirtschaftliche Gleichgewicht" dahingehend konkretisiert, dass die Hauptziele des magischen Vierecks „gleichzeitig" realisiert werden.

Dabei stellen sich freilich zahlreiche Fragen ein:

- Was heißt **„Stabilität des Preisniveaus"**? Wie soll sie gemessen werden? Ist eine absolute Preisniveaustabilität von null Prozent Inflation gemeint oder kann auch bei einer Inflationsrate von 2 Prozent noch von einem stabilen Preisniveau gesprochen werden?
- Was ist ein **„hoher Beschäftigungsstand"**? Wie wird der Indikator „Beschäftigung" gefasst? Beispielsweise durch eine Arbeitslosenquote von 1, 3 oder 5 %? Oder durch die optimale Auslastung der Unternehmen bzw. des Produktionspotenzials? Oder durch ein bestimmtes Verhältnis von (gemeldeten) offenen Stellen und (gemeldeten) Arbeitslosen?
- Was ist unter **„außenwirtschaftlichem Gleichgewicht"** zu verstehen? Eine – zumindest im mehrjährigen Durchschnitt – ausgeglichene Leistungsbilanz?
- Und wie lässt sich ein **„stetiges und angemessenes Wirtschaftswachstum"** definieren? Durch eine bestimmte Veränderungsrate des realen (also inflations- bzw. deflationsbereinigten) Bruttoinlandsprodukts? Wie groß dürfen die Ausschläge der Wachstumsraten sein, damit sie noch „stetig" genannt werden dürfen? In welchen konjunkturellen Situationen ist welches Wirtschaftswachstum „angemessen"? Wenn die Inflationsrate niedrig und der Beschäftigungsstand hoch ist? Und wie viel Wirtschaftswachstum verträgt die Umwelt?

Unabhängig von diesen letztlich politisch zu beantwortenden Definitionsfragen stellt sich die zentrale Frage nach der Vereinbarkeit dieser Ziele, die ihren Ausdruck im Begriff des „magischen Vierecks" gefunden hat: Es bedürfte wahrhaft magischer Kräfte, um alle Ziele gleichzeitig zu realisieren.

Zielkonflikte sind die Regel und nicht die Ausnahme. Wenn im Boom das BIP schnell wächst und die Produktionsfaktoren Arbeit und Kapital stark ausgelastet sind, sind die Preisniveaustabilität und damit auch die internationale Wettbewerbsfähigkeit gefährdet. Umgekehrt stellt sich bei einer geringeren Auslastung des Produktionspotenzials in der Rezession (in der Regel mit steigender Arbeitslosigkeit verbunden) meist eine geringere Inflationsrate ein.

In der praktischen Wirtschaftspolitik kann es also nur darum gehen, die verschiedenen Ziele des magischen Vierecks im Sinne eines gesamtwirtschaftlichen Gleichgewichts auszubalancieren. Dabei kommt es zu einer Rivalität zweier Politikansätze: **Stabilitätspolitik (Konjunkturpolitik)** und **Wachstumspolitik**. Während konjunkturpolitische Maßnahmen darauf ausgerichtet sind, Konjunkturschwankungen zu glätten und das Wirtschaftswachstum zu verstetigen, versucht die Wachstumspolitik, die wirtschaftlichen Rahmenbedingungen so zu gestalten und zu beeinflussen, dass die von der Wachstumstheorie analysierten Wachstumsfaktoren ungehindert wirksam werden können und die mit dem Wachstum verbundenen strukturellen Wandlungen von der Gesellschaft akzeptiert werden.

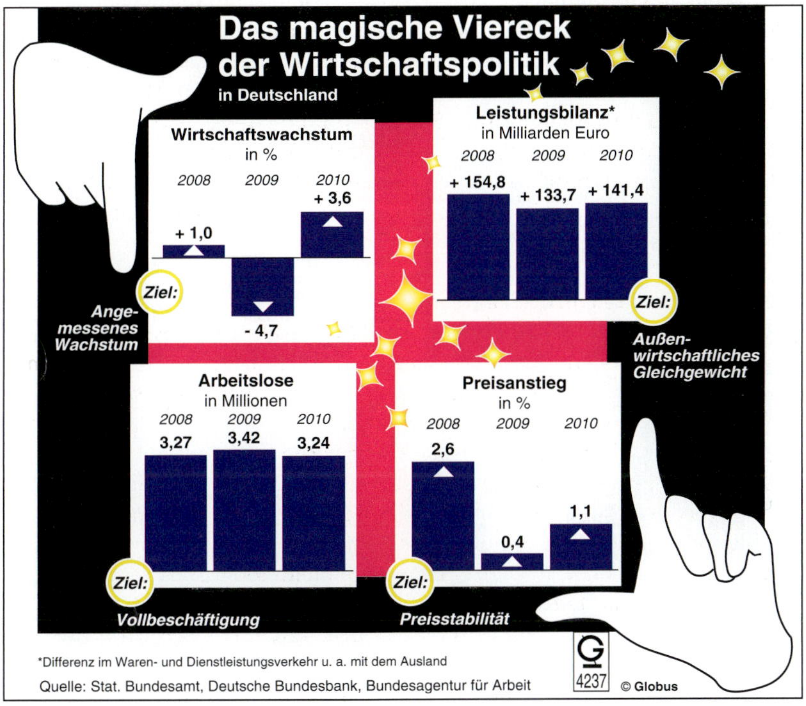

A

Prüfen Sie anhand der in der Grafik aufgeführten Daten, ob und in welchem Maße die Ziele des magischen Vierecks in den Jahren 2008 bis 2010 erreicht worden sind.

Unter Wirtschaftswachstum versteht man zunächst die Änderung des Bruttoinlandsprodukts (BIP), also der in Geldeinheiten ausgedrückten Summe der in einer Volkswirtschaft produzierten ökonomischen Güter (Waren und Dienstleistungen), von einer Periode (z. B. ein Jahr) zur nächsten. Dabei ist zwischen dem **nominalen Wirtschaftswachstum** als monetärer Änderung des BIP und dem um die Inflationsrate bereinigten **realen Wirtschaftswachstum** zu unterscheiden. Die Stabilitätspolitik soll dafür sorgen, dass von einem ausgeglichenen und stetigen Wachstum ausgegangen werden kann, denn unstetiges Wachstum hat Konsequenzen für andere ökonomische Größen wie z. B. für den Beschäftigungsgrad und das Preisniveau. Es ist die **Wachstumsrate**, anhand derer der Verlauf der konjunkturellen Entwicklung abgelesen wird.

i

Ausführliche Erläuterungen zur Berechnung des Bruttoinlandsprodukts und zu seiner Problematik als Wohlstandsmaßstab finden Sie in dem Exkurs „Das Sozialprodukt und die Volkswirtschaftliche Gesamtrechnung" zu Beginn dieses Kapitels.

i

Index des realen BIP

Die Zeitreihe des realen BIP wird in der offiziellen Statistik als Kettenindex ausgewiesen. Zur Ermittlung dieses Kettenindex wird zunächst jeder preisbereinigte Jahreswert des BIP ins Verhältnis gesetzt zum Vorjahreswert des BIP in laufenden Preisen. Um eine fortlaufende Indexreihe zu erhalten, werden die Teilindizes miteinander verkettet. Dazu wird zunächst der preisbereinigte BIP-Wert eines Referenzjahres (z. B. für das Jahr 1900) gleich 100 gesetzt und so der erste Kettenindex gebildet. Die Kettenindizes der Folgejahre werden dadurch ermittelt, dass der Teilindex eines jeden Jahres mit dem Kettenindex des Vorjahres durch Multiplikation verknüpft wird.

Wachstum und Konjunktur

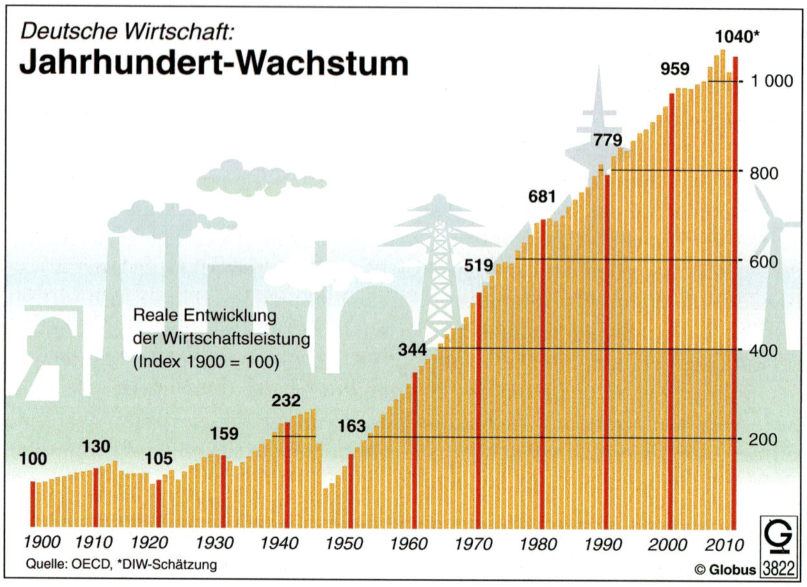

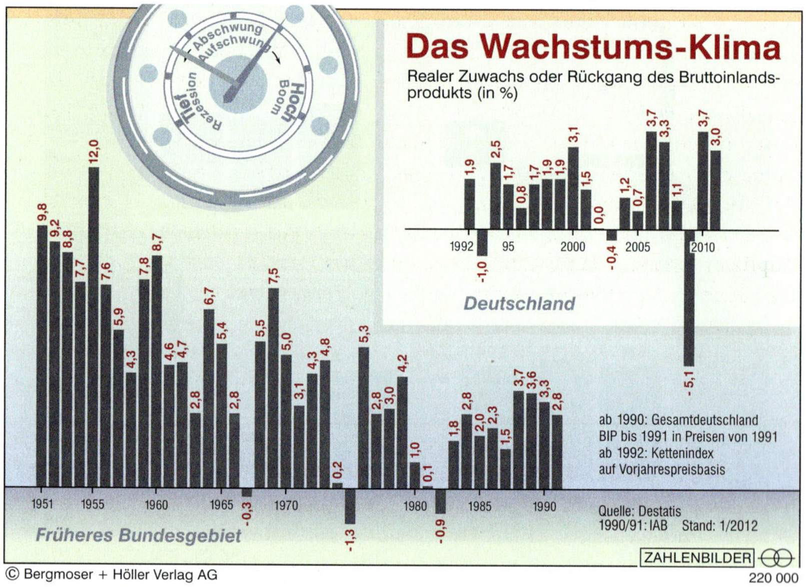

© Bergmoser + Höller Verlag AG 220 000

A

1. Beschreiben Sie die Grafik „Jahrhundert-Wachstum".
2. Setzen Sie die von Ihnen wahrgenommenen Trends und Zäsuren in Bezug zur historischen Entwicklung Deutschlands.
3. Analysieren Sie die Grafik „Wachstums-Klima" im Hinblick auf allgemeine Trends, Regelmäßigkeiten und Besonderheiten.
4. Vergleichen Sie die Darstellungsweisen des Wirtschaftswachstums in den beiden Grafiken insbesondere mit Blick auf die Entwicklung seit 1950.
5. Kommentieren Sie die Wirkungen, die durch die beiden unterschiedlichen Darstellungsweisen ausgelöst werden.

Q

Konjunktur und Konjunkturschwankungen (2007)

Als Konjunktur bezeichnet man die ökonomische Gesamtsituation einer Volkswirtschaft, die sich aus der gleichzeitigen Betrachtung (lat.: conjungere = zusammenfügen) verschiedener volkswirtschaftlicher Größen ableitet. Die Konjunktur stellt sich typischerweise als wellenförmige Schwankungen der Wachstumsrate des realen BIP dar […].
Abgesehen von den Jahren 1967, 1975, 1981/82, 1993 und 2003 ist das BIP in der Bundesrepublik in jedem Jahr gewachsen, wobei aber die „Geschwindigkeit" des Wachstums (die Wachstumsrate) unterschiedlich war. Lediglich in den genannten Jahren ist das BIP real tatsächlich kleiner geworden. Um bei der Geschwindigkeitsanalogie zu bleiben: Aus der Vorwärtsbewegung

ist – nach Bremsen und Stillstand – eine Rückwärtsbewegung geworden. Wenn man die Wachstumsraten des realen BIP im Zeitablauf graphisch darstellt, so ergibt sich ein typischer „S"-förmiger Verlauf (Sinuskurve), den man in verschiedene Phasen unterteilt. An einen Tiefstand (Talsohle) schließt sich der Aufschwung (bzw. die Expansion oder Erholung) an. Dann beginnt die Hochkonjunktur (bzw. Boom oder Anspannung), die nicht exakt als Punkt, sondern allenfalls als Bereich bestimmt werden kann. Die Hochkonjunktur geht über in die Krise, und der Aufschwung kippt um in einen Abschwung (Rezession, Entspannung, Abschwächung, Kontraktion). Dieser setzt sich fort bis zu einem neuen Tiefstand, wonach sich der Phasenverlauf wiederholt. Das Durchlaufen aller Phasen bezeichnet man als Konjunkturzyklus. [...] Der Begriff „Rezession" wird in der Literatur allerdings unterschiedlich verwendet. Nach unserem Verständnis bezieht sich die Rezession (von lat.: recedere = zurückgehen) auf eine Verringerung des betrachteten Wachstumsindikators, also z. B. der Wachstumsrate des realen BIP [...] Sinkt diese unter die Vorjahreswerte ab, so wächst das Inlandsprodukt zwar noch absolut, aber langsamer bzw. weniger als vorher. In Analogie von „Wachstum" zu „Geschwindigkeit" eines Autos bedeutet Rezession „Bremsen", also eine Verringerung der Geschwindigkeit, wobei das Auto aber noch vorwärts fährt. Eine Rezession ist also eine Verringerung der Wachstumsrate des Inlandsprodukts, was ein absolutes (aber geringeres) Wachstum des Inlandsprodukts nicht ausschließt.

Andere Ökonomen vertreten die Auffassung, dass der Begriff Rezession [...] einen absoluten Rückgang des BIP, also negative Wachstumsraten voraussetzt (das Auto fährt rückwärts). Diese Interpretation ist zwar verständlich, vor allem aus Politikermund, weil dann von 1983–92 ein anhaltender Aufschwung vorgelegen hätte, ist aber sachlich falsch: Ich bin vielmehr der Meinung, dass jeder Rückgang der Wachstumsraten des BIP (jede Verringerung der Vorwärtsbewegung), egal ob mit positiven oder negativen Werten, eine Rezession – nur mit unterschiedlicher Schärfe – darstellt. „Aufschwung" impliziert somit „Wachstum", doch kann umgekehrt Wirtschaftswachstum auch in Abschwungphasen vorliegen und ist nicht synonym mit Aufschwung. [...]

Eine Abgrenzung zwischen Rezession und dem gleichfalls oft synonym verwendeten Begriff Depression ist schwierig. Unter Rezession sollte also eine relativ kurzfristige, vorübergehende Abschwächung der Wirtschaftstätigkeit verstanden werden, die sich in einer Verringerung grundsätzlich positiver Wachstumsraten ausdrückt und nur in Einzelfällen negative Wachstumsraten aufweist. Rezession ist folglich nur ein Fremdwort für Abschwung; die Begriffe sind synonym.

Depression kommt vom lateinischen deprimere = niederdrücken. Vordergründig und sprachlich vertretbar könnte damit also eine Verringerung des absoluten BIP, also eine negative Wachstumsrate des BIP gemeint sein. Dann bestünde de facto kein Unterschied zwischen Depression und der obigen (falschen) Interpretation von Rezession im Sinne negativer Wachstumsraten. [...] Der Begriff Depression ist – historisch – mit Situationen wie der Weltwirtschaftskrise ab 1929 belegt. Bei den Rezessionen = Abschwüngen in der Bundesrepublik kann man aber wohl kaum von Depressionen in diesem Sinne sprechen. Mit dem Begriff sollte also aus historischen Gründen vorsichtig umgegangen werden, indem Depression auf Rezessionen mit massivem absoluten Rückgang des Sozialprodukts, Massenarbeitslosigkeit, Unternehmenszusammenbrüchen in großem Ausmaß, sinkenden Einkommen, also auf volkswirtschaftliche Katastrophen bezogen wird. [...]

Quelle: Jörn Altmann (2007): Wirtschaftspolitik, Stuttgart/Jena, 8. Auflage, S. 55 ff.

def.

Produktionspotenzial:
Das gesamtwirtschaftliche Produktionspotenzial bezeichnet das mit dem vorhandenen Bestand an Sachkapital (Maschinen, Gebäude usw.) bei voller Auslastung der Produktionskapazitäten produzierbare Bruttoinlandsprodukt (Produktionsmaximum einer Volkswirtschaft).

A

1 Erläutern Sie die Darstellung des idealtypischen Konjunkturzyklus auf S. 334 unter Rückgriff auf die Ausführungen Jörn Altmanns.

2 Identifizieren Sie anhand der Grafik „Wachstums-Klima" die Konjunkturzyklen seit 1950. Orientieren Sie sich dabei an dem von Altmann bevorzugten Begriff der Rezession.

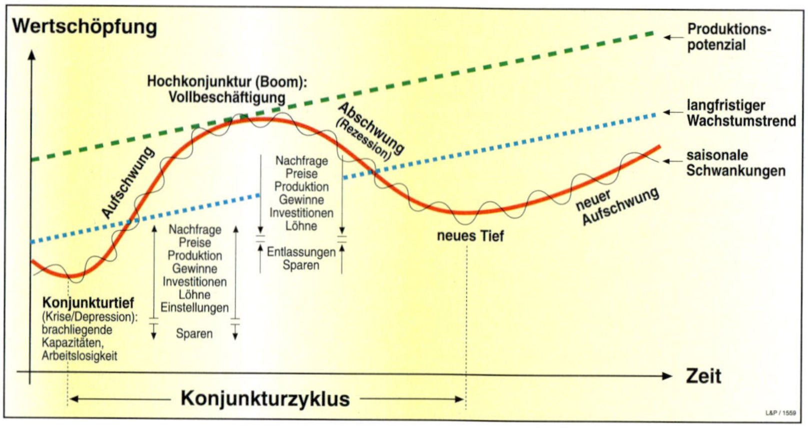

def. Antizyklisch – prozyklisch:
Antizyklische Konjunktur- bzw. Stabilitätspolitik zielt auf eine Verstetigung des Konjunkturverlaufs durch eine expansive Fiskal- und Geldpolitik in der Rezession, um die Wirtschaft „anzukurbeln", und eine restriktive Fiskal- und Geldpolitik im Boom, um die Wirtschaft zu „bremsen". Sie setzt sich von einer prozyklischen Politik ab, welche die Konjunkturausschläge nicht ausgleicht, sondern – in der Regel ungewollt – verstärkt. Prozyklisch wirkt z. B. eine Fiskalpolitik des ausgeglichenen Haushalts, die auf die sinkenden Steuereinnahmen in der Rezession mit Ausgabenkürzungen oder mit Steuererhöhungen reagiert. Vergleichen Sie dazu auch Kapitel VI, Abschnitt 3.

Stabilitätspolitik und Produktionspotenzial

Die Bekämpfung der zyklischen Schwankungen in der Auslastung marktwirtschaftlicher Volkswirtschaften ist Gegenstand der Stabilitätspolitik (Konjunkturpolitik). Wenn z. B. die Güternachfrage von Unternehmen, Haushalten, Staat und Ausland höher oder niedriger ausfällt als das Angebot der Produzenten von Gütern, entstehen Überauslastungen bzw. Unterauslastungen, die zu Konjunkturschwankungen führen und den Wirtschaftssubjekten unerwünschte Unsicherheiten und damit Probleme bringen: bei Unterauslastung z. B. zu anhaltender Arbeitslosigkeit (der Produktionsfaktor Arbeit wird weniger nachgefragt) oder bei Überauslastung zu Inflation (es ist mehr Geld im Umlauf als Güter produziert und gekauft werden können). Beides birgt die Gefahr, dass das Vertrauen in den Staat schwindet und Kritik an der Wirtschafts- und Gesellschaftsordnung laut wird. Deshalb kommt es darauf an, Störungen des gesamtwirtschaftlichen Gleichgewichts durch eine **antizyklische Stabilitäts- bzw. Konjunkturpolitik** zu korrigieren.

Stabilitätspolitik nach dem „Stabilitätsgesetz"

	Boom	Rezession
Hauptursache: Störung des gesamtwirtschaftlichen Gleichgewichts	gesamtwirtschaftlicher Nachfrageüberhang: Nachfrage wächst schneller als das Produktionspotenzial	gesamtwirtschaftliche Nachfragelücke: Produktionspotenzial infolge zu geringer Nachfrage nicht ausgelastet
Gefährdung der Ziele des „magischen Vierecks"	insbesondere Gefährdung der Preisniveaustabilität und des „außenwirtschaftlichen Gleichgewichts"	insbesondere Gefährdung des Wachstums- und Beschäftigungsziels
Hauptaufgabe der Stabilisierungspolitik	Nachfragedämpfung („Bremsen"): Reduzierung des Nachfrageüberhangs	Nachfrageausweitung („Ankurbeln"): Kompensation der Nachfragelücke
Geldpolitik der Zentralbank	Leitzinserhöhung: Reduzierung der kreditfinanzierten Nachfrage	Leitzinssenkung: Ausweitung der kreditfinanzierten Nachfrage
Fiskalpolitik der Regierung (Einnahmen- und Ausgabenpolitik)	Zurückstellung von Investitionen des Staates	Beschleunigung/Vorziehen von Investitionen des Staates
	Aussetzung von Abschreibungen und Investitionszulagen	Sonderabschreibungen und Investitionszulagen
	Steuererhöhungen	Steuererleichterungen
Finanzierung	Bildung einer Konjunkturausgleichsrücklage	Auflösung der Konjunkturausgleichsrücklage
	Rückzahlung von Schulden	staatliche Kreditaufnahme

A

1 Recherchieren Sie die konjunkturpolitischen Maßnahmen der Bundesregierung während der Wirtschaftskrise 2008/09.

2 Zeigen Sie die beabsichtigten Wirkungen dieser Politik am Modell des Wirtschaftskreislaufs auf.

3 Beurteilen Sie die tatsächlichen Wirkungen der Konjunkturprogramme auf der Basis der Statistiken in diesem und im folgenden Kapitel.

Während die Stabilitätspolitik auf eine gleichmäßige Auslastung des Produktionspotenzials abzielt, zielt die Wachstumspolitik auf die Erhöhung des Produktionspotenzials und damit auf die langfristige Verbesserung (quantitativ) der Versorgung mit Gütern und Dienstleistungen. Wenn man von Wachstum spricht, meint man einen Zuwachs des Produktionspotenzials. Bei der Beurteilung des Konjunkturverlaufs betrachtet man dagegen den Auslastungsgrad des Produktionspotenzials: Ein sinkender Auslastungsgrad bedeutet danach Rezession, während ein steigender Auslastungsgrad mit wirtschaftlicher Aufwärtsentwicklung gleichgesetzt wird.

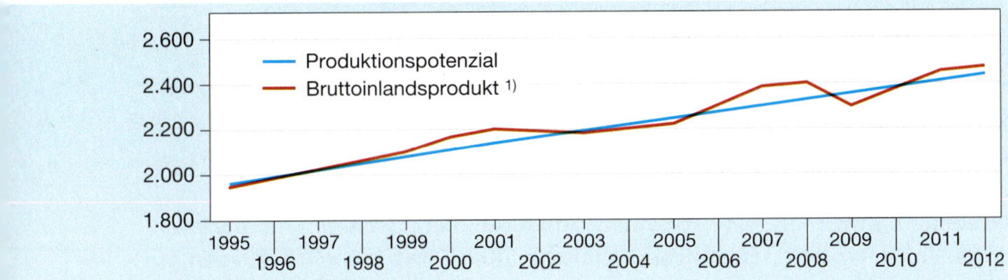

1) Preisbereinigt, verkettete Volumenangaben.

A

1 Zeigen Sie anhand der Grafik Zusammenhänge zwischen BIP, Produktionspotenzial und Kapazitätsauslastung auf.

2 Erarbeiten Sie anhand der Quelle
- die Ausgangslage,
- die Ziele und
- die Maßnahmen

der von der EU-Kommission vorgeschlagenen europäischen Wachstumsstrategie.

3 Diskutieren Sie das Fazit des Verfassers: „Wenn Europa nicht länger Mittelmaß bleiben will, muss hier mehr und länger gearbeitet werden."

Q

Wachstumspolitik: Europa ist bloß Mittelmaß

Der Plan war ehrgeizig – aber nicht realistisch. Europa sollte zur wirtschaftsstärksten Region der Welt aufsteigen. Mit weniger Arbeitslosen als in den Vereinigten Staaten, kreativeren Köpfen als in Japan, arbeitsfreudigeren Beschäftigten als in China. Für den Weg dorthin gab es Vorgaben aus Brüssel: Die Regierungschefs der Europäischen Union hatten dafür im Frühjahr 2000 die sogenannte Lissabon-Strategie beschlossen.

Und heute? Wird der nächste Plan ausgearbeitet, und der große Umschwung soll endlich gelingen. Unter dem […] Motto „Europa 2020" hat die Europäische Kommission um José Manuel Barroso einen Zehnjahresplan für die Zukunftssicherung entwickelt. […] Selten war Europa von den hehren Zielen der Lissabon-Strategie so weit entfernt wie heute. Allein im vergangenen Jahr brach die Wirtschaft der Euro-Zone um vier Prozent ein, die Industrieproduktion ist so niedrig wie zuletzt in den neunziger Jahren, und 23 Millionen Menschen sind in der EU auf Jobsuche.

Krisenfolgen? Sicher. Doch viele Zahlen belegen, dass Europa auch unabhängig von der Wirtschaftskrise nur Mittelmaß ist. […] So zeigt ein Vergleich der Bruttoinlandsprodukte verschiedener Länder, dass ein durchschnittlicher Europäer fast ein Drittel weniger erwirtschaftet als ein US-Amerikaner – und das, obwohl die Wirtschaftskrise jenseits des Atlantiks viel härter zugeschlagen hat. Sogar im Dauerkrisenland Japan wird im Durchschnitt mehr verdient.

Andere Indikatoren geben Hinweise auf die Wirtschaftsleistung von morgen. Sie wecken Zweifel, ob Europa künftig die Rolle des weltweiten Innovationstreibers spielen kann. Jedenfalls investiert die EU, gemessen an der Wirtschaftsleistung, deutlich weniger in Forschung und Entwicklung als etwa die Vereinigten Staaten oder China. Kein Wunder, dass die Asiaten bereits bei Exporten von Hightechprodukten führen. Und der Umweltschutz? Und die Freiheit, mit neuen Geschäftsideen Unternehmen zu gründen? Nichts hebt Europa aus dem Feld heraus. […]

Aber können Barrosos Vorschläge nun einen großen Wachstumsschub auslösen? Schnell kommt seine Kommission zu der Empfehlung, dass die Haushaltskonsolidierung der öffentlichen Finanzen „mit weitreichenden Strukturreformen" einhergehen sollte, zum Beispiel bei der Altersvorsorge. […] Die Kommission rechnet vor, dass die Zahl der über 60-Jährigen in der EU Jahr für Jahr um zwei Millionen ansteigt. […] Diese Kombination aus mehr Rentnern und weniger Erwerbsfähigen gefährdet die Sozialsysteme. […] Ansonsten fordert die Kommission, was schon in der Lissabon-Strategie stand: Die Mitgliedstaaten sollen drei Prozent der Wirtschaftsleistung in Forschung und Entwicklung investieren. […] Wachstum ohne Ressourcenverbrauch ist erwünscht, also sollen beispielsweise kohlenstoffarme Technologien gefördert werden. Armut soll bekämpft werden, vor allem durch bessere Ausbildung und eine längere Beschäftigung der Menschen. […] Wenn Europa nicht länger Mittelmaß bleiben will, muss hier mehr und länger gearbeitet werden."

Quelle: Claas Tatje: Europa ist bloß Mittelmaß, in: Die Zeit, 25.03.2010, Nr. 13, unter: www.zeit.de/2010/13/Europa-Wachstumsagenda, 27.04.2012

def.

Gesamtwirtschaftliche Arbeitsproduktivität:
Quotient aus preisbereinigtem Bruttoinlandsprodukt und Erwerbstätigen oder Erwerbstätigenstunden

Q

Führen Produktivitätssteigerungen zu Arbeitslosigkeit?

Im Kern bedeutet eine Erhöhung der Stundenproduktivität einen effizienteren Faktoreinsatz – mehr Output pro Input. Da die Arbeitszeit pro Erwerbsfähigen bzw. Beschäftigten in den entwickelten Ländern während der letzten 150 Jahre nicht gestiegen ist, sondern sich teils erheblich verringert hat, übersetzte sich das Produktivitätswachstum nicht automatisch in ein entsprechendes Wachstum des Pro-Kopf-Einkommens. Ein Teil der Produktivitätsgewinne floss in mehr Freizeit, die eine […] Form von Wohlstand sein kann. Produktivitätsschübe haben jedoch in vielen Branchen und Beschäftigungszweigen auch oft Arbeitslosigkeit gefördert, was Befürchtungen nährt, der modernen Gesellschaft ginge die Arbeit aus. Auf längere Sicht erweisen sich solche Ängste aber als stark übertrieben – Produktivitätssteigerungen führen zu einer Umstrukturierung der Arbeitswelt, in der Arbeitsplätze nicht nur rationalisiert und gestrafft werden, sondern in der auch neue Tätigkeitsfelder entstehen, die die früheren Arbeitsplätze zum Teil ersetzen, oft produktiver sind, besser entlohnt werden und somit zur Steigerung der Pro-Kopf-Einkommen beitragen."

Quelle: Wohlstand durch Produktivität. Deutschland im internationalen Vergleich, Friedrich-Ebert-Stiftung, Bonn 2009, S. 7 f.

4.3 Beschäftigungs- und Arbeitsmarktpolitik

In einem Unternehmen kann die Produktionskapazität erhöht werden, wenn neue Anlagen angeschafft und / oder zusätzliche Arbeitskräfte eingestellt werden. Auf die gesamte Volkswirtschaft bezogen heißt das: Wird der Einsatz der Produktionsfaktoren Kapital und Arbeit erhöht, so steigt das Produktionsergebnis. Offenbar gibt es einen Zusammenhang zwischen der Entwicklung des Produktionspotenzials bzw. der Produktion und der Entwicklung der Arbeitsplätze.

Ob höhere Investitionen zu einer höheren Beschäftigtenzahl führen, hängt ganz wesentlich davon ab, ob es sich bei den Investitionen um Ersatz- oder Nettoinvestitionen handelt. **Ersatzinvestitionen** sichern nur bestehende Kapazitäten; erst die **Nettoinvestitionen** erweitern die Kapazität. Hingegen führen **Rationalisierungsinvestitionen**, bei denen der Faktor Arbeit durch den Faktor Kapital ersetzt wird, zu einer Verringerung des Arbeitseinsatzes.

Im Zeitraum 1991 bis 2011 stieg nach Angaben des Statistischen Bundesamts die **gesamtwirtschaftliche Arbeitsproduktivität** je Erwerbstätigen in Deutschland um insgesamt 22,7 % und je Erwerbstätigenstunde sogar um 34,8 %. Die Produktivität je Erwerbstätigenstunde ist stärker als die Produktivität je Erwerbstätigen gestiegen, weil sich im selben Zeitraum die Zahl der je Erwerbstätigen durchschnittlich geleisteten Arbeitsstunden um 9 % verringert hat.

Arbeitslosenzahl und Arbeitslosenquote

Seit den Ölkrisen von 1973 und 1979 stellt die Arbeitslosigkeit eines der zentralen wirtschafts- und sozialpolitischen Probleme der Bundesrepublik Deutschland dar. In Deutschland ist zwischen 1973 und 2005 die Arbeitslosigkeit in jeder Rezession angestiegen und konnte sich in den Aufschwungphasen nicht bedeutend zurückbilden, d. h., die Volkswirtschaft trat bereits mit einem höheren „Sockel" an Arbeitslosigkeit in die nächste konjunkturelle Krise ein. Diese sogenannte „Sockelarbeitslosigkeit" erhöhte sich von rund einer Million in den 1970er Jahren auf zwei Millionen in den 1980er Jahren, auf drei Millionen nach dem Zusammenbruch der DDR-Wirtschaft und auf rund vier Millionen nach dem Platzen der New-Economy-Blase 2000.

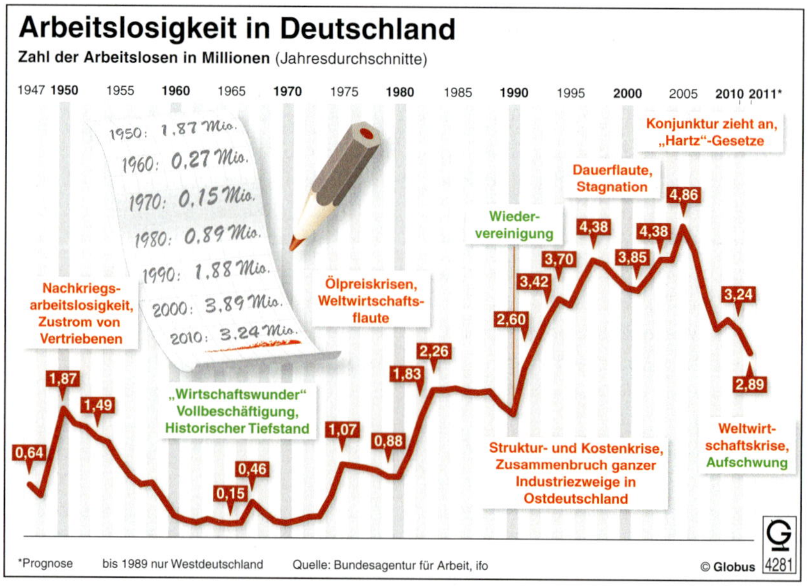

Erst seit 2005 trat ein kontinuierlicher Rückgang der Arbeitslosigkeit ein, den auch die Finanz- und Wirtschaftskrise nur kurzzeitig aufhalten konnte. Im Unterschied zu den absoluten Arbeitslosenzahlen drückt die **Arbeitslosenquote** den Anteil der registrierten Arbeitslosen an den Erwerbspersonen aus. Zur Berechnung der Arbeitslosen wird die absolute Zahl der Arbeitslosenquote auf eine Gesamtheit bezogen, z. B. auf die Gesamtzahl aller Erwerbspersonen oder der abhängigen Erwerbspersonen (also ohne Selbstständige).

$$\text{Arbeitslosenquote} = \frac{\text{Zahl der registrierten Arbeitslosen}}{\text{Zahl der zivilen Erwerbstätigen} + \text{Arbeitslose}} \cdot 100$$

Es gibt manche Schwierigkeiten, die tatsächliche Arbeitslosenzahl zu ermitteln, denn viele Aspekte gehen nicht in die Zahlen zur Arbeitslosigkeit ein, z. B. Kurzarbeit, Weiterbildungsmaßnahmen, Arbeitsbeschaffungsmaßnahmen, Vorruhestand und die sogenannte „Stille Reserve", zu der alle Personen zählen, die eigentlich einen Job annehmen würden, sich aber aus verschiedenen Gründen nicht arbeitslos gemeldet haben. Vorsicht ist auch bei einem Vergleich internationaler Arbeitslosenzahlen und -quoten geboten, da sich die Berechnungsmethoden und Definitionen durchaus unterscheiden.

Typisierung von Arbeitslosigkeit
Zur Bekämpfung von Arbeitslosigkeit ist es von zentraler Bedeutung, mögliche Ursachen herauszufinden:

Konjunkturelle Arbeitslosigkeit ist als Folge eines zeitlich begrenzten zyklischen Rückgangs der gesamtwirtschaftlichen Nachfrage und der damit verbundenen Unterauslastung der Produktionskapazitäten (Kurzarbeit / Entlassungen) anzusehen.

Saisonale Arbeitslosigkeit liegt bei den üblichen jahreszeitlichen Nachfrageschwankungen in einzelnen Wirtschaftszweigen (z. B. Baugewerbe) oder Regionen (z. B. Feriengebieten) vor und gilt insgesamt als unproblematisch. Gleiches gilt für die **friktionelle Arbeitslosigkeit**, die sich aufgrund von Stellenwechseln und Stellensuche ergibt. Nach der Definition der Bundesagentur für Arbeit gilt jede Arbeitslosigkeit, die nicht länger als drei Monate dauert, als friktionelle oder auch **Sucharbeitslosigkeit**.

Von **struktureller Arbeitslosigkeit** spricht man bei einer Änderung der Arbeitsnachfrage, die auf Veränderungen in der Zusammensetzung der Produktion zurückzuführen ist und sichtbar wird am Aufstieg oder am Rückzug einzelner Branchen oder Regionen. Auf ganz bestimmten Teilarbeitsmärkten gibt es dann z. B. eine starke Nachfrage nach Arbeitskräften bei gleichzeitigem Angebotsüberhang an Arbeitskräften auf anderen Arbeitsmärkten. Die offenen Stellen können nicht mit den vorhandenen Arbeitskräften besetzt werden, weil diese z. B. nicht die entsprechenden Qualifikationen vorweisen. Anforderungs- und Angebotsprofile können nicht in Übereinstimmung gebracht werden (**Mismatch- oder Profildiskrepanzarbeitslosigkeit**).

A

1 Beschreiben Sie die Entwicklung der Arbeitslosigkeit in Deutschland.

2 Setzen Sie die Entwicklung der Arbeitslosigkeit in Beziehung zur Entwicklung der Wachstumsraten des realen Bruttoinlandsprodukts.

3 Nehmen Sie zur These des Bundeskanzlers Helmut Schmidt (SPD) im Jahre 1974 Stellung: „Die Gewinne von heute sind die Investitionen von morgen und die Arbeitsplätze von übermorgen".

4 Recherchieren Sie am Beispiel Ihrer Heimatregion
   a) die Entwicklung der Arbeitslosenzahl und der Arbeitslosenquote,
   b) die Struktur der Arbeitslosigkeit nach sozialen und personenbezogenen Merkmalen (Geschlecht, Alter, Qualifikation, Migrationshintergrund, Dauer der Arbeitslosigkeit etc.)

   mithilfe der regionalen Statistiken auf der Homepage der Bundesagentur für Arbeit sowie der Online-Ausgabe Ihrer regionalen Tageszeitung. Nützlicher Link: www.statistik.arbeitsagentur.de

i

Leistungen für Arbeitslose

Das **Arbeitslosengeld I (ALG I)** ist eine Versicherungsleistung, auf die jeder Arbeitnehmer, der innerhalb der letzten zwei Jahre für mindestens 360 Tage eine versicherungspflichtige Beschäftigung nachweisen kann und eine versicherungspflichtige Beschäftigung von wöchentlich mindestens 15 Stunden sucht, einen Rechtsanspruch hat. Die Bezugsdauer hängt von der Dauer des Versicherungsverhältnisses ab, z. B. zwölf Monate bei einer Versicherungsdauer von zwei Jahren. Für Arbeitnehmer, die das 55. Lebensjahr vollendet haben, gilt eine Bezugsdauer von bis zu 18 Monaten. Für Arbeitslose ohne Kinder liegt der Leistungssatz bei 60 % des zuletzt erhaltenen Nettogehalts, für Arbeitslose mit Kind bei 67 %.

Das **Arbeitslosengeld II (ALG II)**, im Volksmund „Hartz IV" genannt, unterscheidet sich vom ALG I im Wesentlichen dadurch, dass sich die Höhe der Leistung nicht mehr nach dem letzten Nettolohn bestimmt, sondern nach dem Bedarf des Leistungsempfängers. Grundsicherung für Arbeitssuchende erhalten grundsätzlich alle erwerbsfähigen und hilfsbedürftigen Personen. Die jeweilige Person muss dem Arbeitsmarkt tatsächlich zur Verfügung stehen, um Leistungen zu erhalten. Die Regelleistung des ALG II liegt ungefähr auf dem Niveau der Sozialhilfe.

Folgen der Arbeitslosigkeit

Massenhafte und lang anhaltende Arbeitslosigkeit hat sowohl für die unmittelbar Betroffenen und ihre Angehörigen als auch für die Gesellschaft gravierende Konsequenzen. Insbesondere Langzeitarbeitslose sind überdurchschnittlich von psychischen und gesundheitlichen Problemen, von der schleichenden Entwertung erworbener Qualifikationen, von wachsender sozialer Isolation, von familiären Spannungen und von Verarmungsprozessen betroffen. Arbeitslosigkeit ist aber auch mit gesamtwirtschaftlichen Folgen verbunden: So betrugen im Jahr 2011 die Gesamtkosten von Staat und Sozialversicherungen für einen Arbeitslosen im Durchschnitt 18.900 €, die aus gezahlten Versicherungsleistungen (wie Arbeitslosengeld I), Sozialleistungen (wie Arbeitslosengeld II, Wohngeld, Sozialgeld), entgangenen Einnahmen aus Steuern und Sozialbeiträgen sowie aus von den Jobcentern weiter gezahlten Kranken-, Renten- und Pflegeversicherungsbeiträgen resultierten.

Beschäftigungspolitik

Über die Mittel und Wege zur Überwindung der Arbeitslosigkeit wurde seit den 1970er Jahren heftig gestritten. Im Wesentlichen standen sich zwei Positionen gegenüber (vgl. dazu auch Abschnitt 6).

Neoklassische und angebotstheoretische Erklärungsansätze führen Arbeitslosigkeit auf Marktungleichgewichte zurück, die nur dadurch überwunden werden könnten, indem es zu Preissenkungen auf dem Arbeitsmarkt komme (also die aus Löhnen und Lohnnebenkosten zusammengesetzten Arbeitskosten reduziert würden) oder wenn sich das Arbeitskraftangebot verringere. Arbeitgeber beklagten sich, die Löhne in Deutschland gehörten im internationalen Vergleich zu den Spitzenlöhnen. Wenn aber die höheren Lohnstückkosten nicht durch eine entsprechend höhere Arbeitsproduktivität kompensiert würden, dann hätten deutsche Firmen einen Standortnachteil. Vor allem in arbeitsintensiven Produktionszweigen könnten sie dem Wettbewerb mit den geringer qualifizierten und deutlich niedriger entlohnten Arbeitskräften anderer Ländern nicht länger standhalten und müssten Produktionen ins Ausland verlagern.
Die hohen Abgabenlasten stellten ein weiteres Beschäftigungshemmnis dar. Die Wertschöpfung eines alleinstehenden Durchschnittsverdieners werde mit einer Grenzabgabenbelastung von rund 60 % belegt, d. h., er erhalte nur ca. ein Drittel seines Bruttolohns; zwei Drittel fielen an den Staat und die Sozialversicherungsträger. Die Sozialabgaben wirkten wie eine zusätzliche Steuer auf den Faktor Arbeit und verhinderten die Einstellung zusätzlicher Beschäftigter. Aus diesem Grund wurde zum einen die Senkung der Abgabenlast und zum anderen eine Beschränkung der Staatsausgaben gefordert. Dazu müsse das System der sozialen Grundsicherung so reformiert werden, dass sich die Anreize zur Teilnahme am Arbeitsmarkt erhöhten, beispielsweise dadurch, dass derjenige, der nicht arbeite, eine niedrigere Unterstützung erhalte, als derjenige, der arbeite (Lohnabstandsgebot), und ein im Niedriglohnbereich Beschäftigter seine Sozialhilfe nicht verliere, sondern bis zu einem bestimmten Niveau hinzuverdienen könne.
Kritisiert wurde außerdem die Überregulierung des deutschen Arbeitsmarktes, welche eine flexible Anpassung der Löhne und Arbeitsbedingungen an veränderte Marktverhältnisse verhindere. Daher forderten die Arbeitgeber „Öffnungsklauseln" in Tarifverträgen, die bei Schwierigkeiten des Unternehmens oder bei Wettbewerbsproblemen ein teilweises Abweichen von den im Flächentarifvertrag vereinbarten Löhnen ermöglichten, sowie einen abgeschwächten Kündigungsschutz mit vereinfachten Möglichkeiten, befristete Arbeitsverträge abzuschließen.

A

Zeigen Sie am Modell des Wirtschaftskreislaufs gesamtwirtschaftliche Folgen von Massenarbeitslosigkeit auf.

Dagegen führen am **Keynesianismus** bzw. an der **Nachfragetheorie** orientierte Ökonomen und Gewerkschafter die Arbeitslosigkeit insbesondere auf die mangelnde Güternachfrage der Privaten Haushalte zurück. Löhne und Gehälter seien nicht nur als Kosten, sondern auch als Kaufkraft zu betrachten. Die Forderung der Arbeitgeber und der Angebotstheoretiker nach geringeren Löhnen laufe auf eine Reduzierung der Massenkaufkraft hinaus und bremse Wachstum und Beschäftigung. Überdies sei der Lohn nicht nur ein Marktpreis, sondern setze auch Anreize zu höheren Leistungen. Weiterhin müsse bedacht werden, dass der Arbeitsmarkt keineswegs homogen, sondern regional und sektoral segmentiert sei. Entstehe Arbeitslosigkeit z. B. nur in einer Region, so müssten dort die Löhne sinken, während sie in Regionen mit Vollbeschäftigung unverändert blieben. Dann müsste entweder eine Wanderung von Arbeitskräften in die Hochlohnregionen einsetzen, oder Unternehmen müssten ihre Produktion in die Niedriglohnregionen verlagern. Die Gewerkschaften verfolgen seit den 1970er Jahren außerdem die Strategie, Arbeitslosigkeit durch eine Umverteilung der vorhandenen Arbeit mittels Verkürzung der Wochen- bzw. Lebensarbeitszeit („35-Stunden-Woche") oder Förderung der Teilzeitarbeit zu reduzieren. Häufig haben Arbeitgeber, Betriebsräte und Gewerkschaften mit Rückendeckung der Politik durch die Frühverrentung von Arbeitnehmern einerseits Massenentlassungen und soziale Spannungen vermieden, andererseits aber die finanzielle Schieflage der Sozialversicherungen noch verschärft.

Gewerkschaftsdemonstration für die 35-Stunden-Woche

Die Arbeitsmarktreformen der Regierung Schröder

Die ihrer Tradition nach eher gewerkschaftsnahe rot-grüne Regierung unter Bundeskanzler Gerhard Schröder hat nach der knapp gewonnenen Bundestagswahl 2002 umfangreiche Reformen des Arbeitsmarktes und der sozialen Sicherungssysteme durchgeführt. In seiner Regierungserklärung verkündete Schröder am 14. März 2003 eine **„Agenda 2010"**, die zu verbesserten „Rahmenbedingungen für mehr Wachstum und für mehr Beschäftigung" sowie zu einem „Umbau des Sozialstaates und seiner Erneuerung" führen sollte. In rascher Folge wurden die von einer Expertenkommission unter Leitung des ehemaligen VW-Arbeitsdirektors Peter Hartz (SPD) konzipierten **„Hartz-Gesetze"** gegen heftige Proteste der Gewerkschaften und linker Parteien (einschließlich zahlreicher Sozialdemokraten) beschlossen und in Kraft gesetzt.

i

Die „Hartz-Gesetze"

Hartz I und II (2003): Einrichtung von Personal-Service-Agenturen zur Unterstützung der Vermittlungsleistung der Arbeitsämter, die Aufwertung der Leiharbeit, die Förderung von geringfügiger Beschäftigung und von Selbstständigkeit aus der Arbeitslosigkeit sowie die Verschärfung von Regeln über die Zumutbarkeit angebotener Arbeit

Hartz III (2004): Umbau der Arbeitsverwaltung zur Bundesagentur für Arbeit

Hartz IV (2005): Zusammenlegung von Arbeitslosenhilfe und Sozialhilfe zum neuen Arbeitslosengeld II

153 100 © Bergmoser + Höller Verlag AG

A

1 Erstellen Sie einen Forderungskatalog der Arbeitgeber und der Gewerkschaften zur Überwindung der Arbeitslosigkeit.

2 Vergleichen Sie die Maßnahmen der rot-grünen Bundesregierung unter Kanzler Gerhard Schröder (SPD) mit den Forderungen von Arbeitsgebern und Gewerkschaften. Kommentieren Sie das Ergebnis Ihres Vergleichs.

3 Verfolgen Sie in den Medien die politische Diskussion über die Folgen und Änderungen der „Hartz-Gesetze".

Q

Da es [Geld] selbst ein ökonomisches Gut ist, können Veränderungen im Geldbereich unmittelbar auf reale Phänomene in einer Volkswirtschaft, nämlich auf die Güterproduktion, die Beschäftigung und die Güternachfrage einwirken. Es stellt sich folglich die Frage nach der optimalen gesamtwirtschaftlichen Geldmenge, die als Trägerin der Geldfunktionen ein maximales oder doch höchstmögliches Nutzenniveau einer Gesellschaft gewährleistet. Die Regelung der Geldmenge erweist sich somit als Optimierungsproblem.

Quelle: Bernhard Nibbrig: Geldpolitik, in: Hermann May (Hrsg.): Handbuch zur ökonomischen Bildung, 7. Aufl., Oldenbourg, München, 2003, S. 412

A

1 Erläutern Sie den Unterschied zwischen Preisstabilität und Preisniveaustabilität.

2 Beschreiben Sie die in der Grafik dargestellte Inflationsentwicklung. Welche Güter haben mit ihren Preisen zur Inflationsentwicklung beigetragen?

3 Bearbeiten Sie nach der Lektüre der nächsten Seite folgende Aufgaben:

a) Erläutern Sie den „Geldschöpfungsprozess" im Bankensystem.

b) Stellen Sie dar, wie das geldpolitische Instrumentarium die Geldschöpfungsmöglichkeiten der Banken beeinflusst und damit ebenfalls Preisniveau, Beschäftigung und Wachstum beeinflussbar sind.

4.4 Preisniveaustabilität und Geldpolitik

In Kapitel I sind die verschiedenen Funktionen des Geldes und seine Bedeutung für die Organisation marktwirtschaftlicher Prozesse dargelegt worden. In Kapitel II ist deutlich geworden, dass die Geld- und Währungsordnung zu den wesentlichen Ordnungsformen und -elementen einer Wirtschaftsordnung zählt. Im folgenden Kapitel VI werden die Europäische Zentralbank (EZB) und das Europäische System der Zentralbanken (ESZB) als bedeutende unabhängige Institutionen der Europäischen Union vorgestellt. Wenn auch – wie das nebenstehende Zitat zeigt – die Geldmenge für andere wirtschaftspolitische Zielgrößen (z. B. Güterproduktion, Beschäftigung) von Bedeutung ist, soll an dieser Stelle im Rahmen der Behandlung wirtschaftspolitischer Problembereiche die Bedeutung geldpolitischer Instrumente zur Sicherung der Geldwertstabilität näher in das Blickfeld geraten. Da der Zusammenhang zwischen Geldmenge, Umlaufgeschwindigkeit des Geldes und Inflation ausführlich in Abschnitt 6.5 (Monetarismus) aufgezeigt wird, werden hier einige in diesen Zusammenhang einzuordnende Aussagen nicht näher erläutert. Ein stabiles Preisniveau und damit verbunden ein stabiler Geldwert ist zentrales Element im wirtschaftspolitischen Zielsystem. Von **Inflation** (lat. inflare = aufblasen) spricht man, wenn die Preise auf breiter Front – also der Durchschnitt aller Preise – steigen. Der Anstieg einzelner Preise muss noch nicht zum Verlust des Geldwertes an sich führen, denn wenn z. B. die Preise anderer Güter sinken, kann das Preisniveau durchaus als stabil bezeichnet werden. Veränderungen im Preisgefüge sind geradezu ein Kennzeichen des in Marktwirtschaften ablaufenden Prozesses der Bildung von Preisen nach Angebot und Nachfrage. Es geht also nicht um Preisstabilität, sondern um **Preisniveaustabilität.** Wenn nun durchschnittlich gesehen die Preise steigen, verliert das zur Verfügung stehende Geld an Kaufkraft und der Tauschwert des Geldes sinkt, d. h., man kann mit der zur Verfügung stehenden Geldmenge nur eine geringere Gütermenge kaufen. Im Fall von negativen Inflationsraten spricht man von **Deflation**, d. h., der Geldwert steigt, durchschnittlich gesehen sinkt das Preisniveau. Diese Entwicklung wird volkswirtschaftlich ebenfalls als problematisch angesehen, weil sie Aufschwungtendenzen behindert. Denn Unternehmer werden in Erwartung weiter fallender Preise und Zinsen Investitionsentscheidungen hinausschieben, was entsprechende Konsequenzen für den Beschäftigungsstand hat.

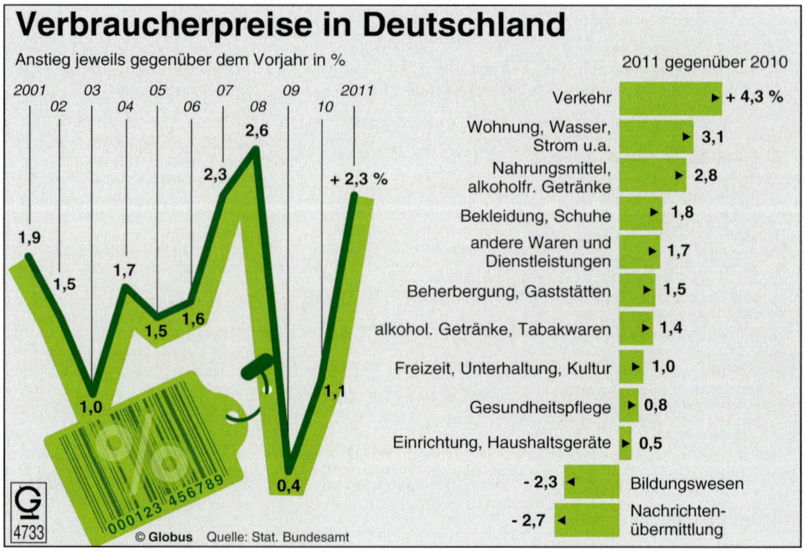

Geldpolitische Instrumente zur Steuerung der Geldmenge
Die Quantitätstheorie führt Inflation auf einen schnelleren Anstieg der sich im Umlauf befindlichen Geldmenge im Vergleich zum Anstieg der Gütermenge zurück, z. B. wenn sich die Umlaufgeschwindigkeit des Geldes erhöht oder vermehrt Geld durch Warenexporte bzw. Devisenimporte ins Land gelangt. Somit steht eine erhöhte Geldmenge einem vergleichbar niedrigeren Güterangebot gegenüber und die Bereitschaft, bei gleich starker Nachfrage für bestimmte Güter höhere Preise zu bezahlen, wächst. Die Ausdehnung der Geldmenge aber ist eine Gefahr für die Geldwertstabilität. Der Europäischen Zentralbank, die dem erklärten Ziel der Sicherung der Geldwertstabilität vorrangig verpflichtet ist, stehen vielfältige Mittel zur Beeinflussung der Geldmenge zur Verfügung. Die wichtigsten sollen hier kurz vorgestellt werden. Ansatzpunkt ist der Bedarf der Banken an **Zentralbankgeld**. Über die Bedingungen, zu denen die Notenbank an die Banken Zentralbankgeld abgibt, beeinflusst sie die Geldreserven und Kreditvergabemöglichkeiten der Banken und auch die Preisentwicklung.

Offenmarktpolitik: Hierunter wird der An- und Verkauf von Wertpapieren durch die Zentralbank an bzw. von Banken am „offenen Markt" verstanden. Kauft die Zentralbank von Banken Wertpapiere, erhalten diese Zentralbankgeld: Die Bankenliquidität erhöht sich, sie können zusätzliches Giralgeld schöpfen. Verkauft die Zentralbank Wertpapiere an die Banken, müssen diese mit Zentralbankgeld zahlen. Die Liquidität der Banken verringert sich, sie können weniger Kredite vergeben; die Giralgeldschöpfung wird dadurch eingeschränkt. Die **Hauptrefinanzierungsgeschäfte** sind für das Eurosystem normalerweise das wichtigste geldpolitische Instrument, mit dem es die Zinssätze und die Liquidität am Geldmarkt steuert und Signale über seinen geldpolitischen Kurs sendet. Vor der Finanzkrise stellte das Eurosystem den Banken etwa drei Viertel der benötigten Zentralbankliquidität über Hauptrefinanzierungsgeschäfte zur Verfügung. Seitdem stehen die **längerfristigen Refinanzierungsgeschäfte** im Vordergrund.

Ständige Fazilitäten: Mit der Spitzenrefinanzierungsfazilität und der Einlagefazilität stehen zwei weitere Instrumente der Geldmarktsteuerung zur Verfügung. Die **Spitzenrefinanzierungsfazilität** ermöglicht den Banken, über Nacht – d. h. für einen Tag – von sich aus und im Prinzip unbegrenzt Geld zu einem über dem Satz der Hauptrefinanzierungsfazilität liegenden Zins aufzunehmen. Umgekehrt können die Kreditinstitute überschüssige Liquidität zu einem darunter liegenden Zins beim Eurosystem anlegen. Dieses Instrument nennt man **Einlagefazilität**. Die Zinsen für die Spitzenrefinanzierung und die Einlagen bilden einen **Zinskorridor** für den sich am Geldmarkt bildenden **Tagesgeldsatz**. Die Zinssätze für die Hauptrefinanzierungsgeschäfte und für die ständigen Fazilitäten werden auch als **„Leitzinsen"** bezeichnet.

Mindestreservepolitik: Mindestreserven sind Guthaben, die von den Geschäftsbanken zwangsweise bei der Zentralbank (EZB) hinterlegt werden müssen. Sie reduzieren die Bankenliquidität und damit die Geldschöpfungsmöglichkeiten. Mindestreservepflichtig sind die Verbindlichkeiten von Banken aus kurzfristigen Kundeneinlagen. Die Mindestreserve wird vom Eurosystem zum durchschnittlichen Hauptrefinanzierungssatz verzinst.
Durch die Erhöhung oder Verminderung der Leitzinsen verteuert oder verbilligt das Eurosystem die Refinanzierung der Kreditinstitute. Damit beeinflusst es das Kreditgeschäft der Banken und somit die Nachfrage nach Waren und Dienstleistungen.

Die Geldschöpfung der Banken

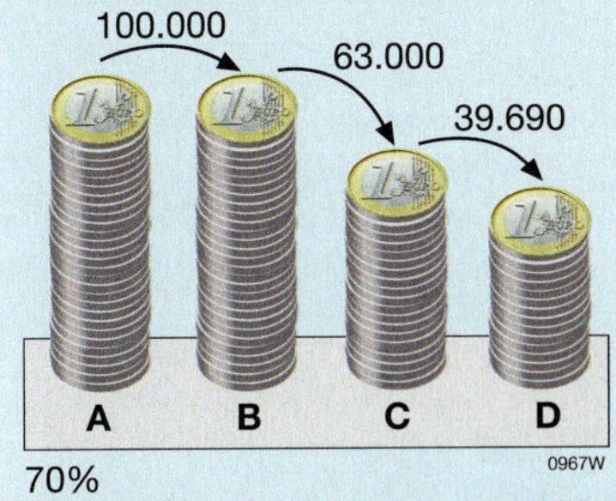

70% Giralgeld	70.000,-	44.100,-
30% Barauszahlung	30.000,-	18.900,-
10% Mindestreserve	7.000,-	4.410,-

i

Das Beispiel zeigt, wie im Bankensystem durch Gewährung von Krediten Geld „geschöpft" wird. Ein Unternehmen braucht 100.000 Euro zur Begleichung einer Lieferantenrechnung und nimmt einen Kredit bei seiner Bank A auf. Diese überweist den Betrag an die Bank B des Lieferanten, der wiederum ... Dabei wird angenommen, dass je 30 % der an eine Bank überwiesenen Summe bar abgehoben werden und dass die Bank jeweils Mindestreserven von 10 % bei der Zentralbank unterhalten muss.

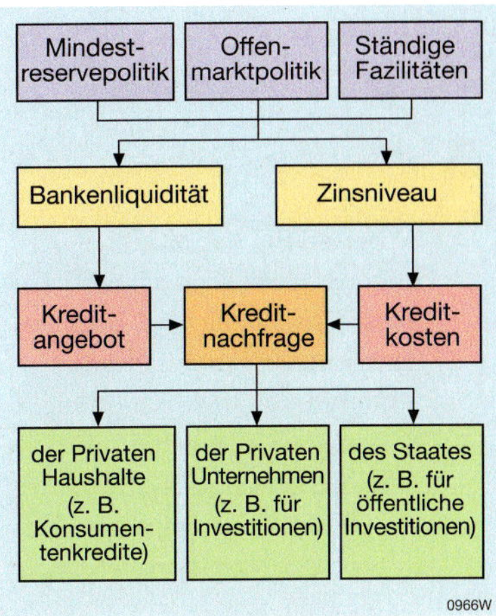

i

Die Kaiserliche Botschaft (1881) – „Gründungsurkunde" der Sozialversicherung

„Wir Wilhelm, von Gottes Gnaden Kaiser, […] halten es für Unsere Kaiserliche Pflicht, […] dem Vaterlande neue und dauernde Bürgschaften des inneren Friedens und den Hilfsbedürftigen größere Sicherheit und Ergiebigkeit des Beistandes, auf den sie Anspruch haben, zu hinterlassen. […]
In diesem Sinne wird zunächst der […] Entwurf eines Gesetzes über die Versicherung der Arbeiter gegen Betriebsunfälle […] einer Umarbeitung unterzogen. […] Ergänzend wird ihm eine Vorlage zur Seite treten, welche sich eine gleichmäßige Organisation des gewerblichen Krankenkassenwesens zur Aufgabe stellt. Aber auch diejenigen, welche durch Alter oder Invalidität erwerbsunfähig werden, haben der Gesamtheit gegenüber einen begründeten Anspruch auf ein höheres Maß staatlicher Fürsorge, als ihnen bisher hat zuteil werden können."

4.5 Sozialpolitik

Artikel 20 des Grundgesetzes definiert die Bundesrepublik Deutschland als einen „demokratischen und sozialen Bundesstaat", ohne aber das hier postulierte **Sozialstaatsprinzip** näher auszuführen. Offensichtlich wollten die Verfasser des Grundgesetzes mit ihrem Verzicht auf eine genauere Bestimmung der Sozialstaatlichkeit zum Ausdruck bringen, dass sich der Staat zwar um die soziale Gerechtigkeit und die soziale Sicherheit der Bürgerinnen und Bürger kümmern muss, ihm aber nicht vorgeschrieben ist, auf welche Weise und mit welchen Mitteln er dies tut.

Die **Anfänge** des deutschen Sozialstaats reichen ins 19. Jahrhundert zurück, als die Industrialisierung nicht nur zu einem unerhörten Anstieg der Produktion, sondern auch zum Zusammenbruch der traditionellen Sozialordnung geführt hatte. Keine Großfamilie oder Handwerkerzunft fing in den schnell wachsenden Industriestädten die auf sich allein gestellten Arbeiter auf, wenn sie arbeitslos, krank, invalide (arbeitsunfähig) oder alt wurden. Zur „sozialen Frage" wurden diese Nöte aber erst, als sich die Arbeiter in Gewerkschaften, Vereinen und Parteien organisierten. Der Staat unter der Führung von Reichskanzler Otto von Bismarck reagierte mit „Zuckerbrot und Peitsche": mit den Versammlungs-, Organisations- und Publikationsverboten des Sozialistengesetzes (1878) einerseits und mit der Einführung der gesetzlichen Kranken-, Unfall- sowie Invaliditäts- und Rentenversicherung (1883, 1884, 1889) andererseits. Doch während das Sozialistengesetz bereits kurz nach Bismarcks Entlassung (1890) aufgehoben wurde, überstanden die Sozialgesetze alle Kriege, Inflationen und politischen Umwälzungen.
Das „soziale Netz" ist seit den Anfängen im Kaiserreich umfangreicher und engmaschiger geworden. Längst geht es nicht mehr nur darum, die schlimmste Not für die Arbeiter und ihre Familien zu verhindern, sondern umfassend „soziale Gerechtigkeit und soziale Sicherheit" zu verwirklichen und dabei insbesondere dazu beizutragen,

- ein menschenwürdiges Dasein zu sichern,
- gleiche Voraussetzungen für die freie Entfaltung der Persönlichkeit, insbesondere auch für junge Menschen zu schaffen,
- die Familie zu schützen und zu fördern,
- den Erwerb des Lebensunterhalts durch eine frei gewählte Tätigkeit zu ermöglichen und besondere Belastungen des Lebens, auch durch Hilfe zur Selbsthilfe, abzuwenden oder auszugleichen.

Entsprechend diesen Zielsetzungen stellt **Sozialpolitik** die Gesamtheit aller wirtschaftspolitischen Maßnahmen dar, die darauf ausgerichtet sind, die wirtschaftliche und soziale Stellung von Personen und Personengruppen für den Fall des Eintritts existenzgefährdender Risiken zu sichern und die wirtschaftliche und soziale Stellung wirtschaftlich und/oder sozial schwacher Personen und Personengruppen zu verbessern. Man unterscheidet daher zwei Funktionen der Sozialpolitik:
1. Versicherungsfunktion: Alle Beschäftigten und ihre Familien werden für den Fall des zeitweisen oder anhaltenden Verlustes des Einkommens abgesichert. In der Versicherungsfunktion sind auch Maßnahmen zur Vorbeugung und Überwindung dieser Notlagen enthalten (z. B. Gesundheitsprophylaxe, berufliche Weiterbildung).
2. Verteilungsfunktion: Hiermit ist gemeint, dass die aus dem Marktgeschehen resultierende Verteilung des Einkommens und Vermögens korrigiert und der Zugang zu „Grundgütern" wie Bildung, Gesundheit oder Wohnen allen Gesellschaftsmitgliedern geöffnet wird. Über Umfang und Ausgestaltung der Verteilungsmaßnahmen wird jederzeit heftig gestritten.

A

1 Arbeiten Sie am obigen Auszug aus der „Kaiserlichen Botschaft" Ziele und Begründungen der gesetzlichen Sozialversicherung heraus.

2 Erläutern Sie, weshalb die „Kaiserliche Botschaft" häufig als „Gründungsurkunde" der deutschen Sozialversicherung bezeichnet wird.

Die wesentlichen Instrumente zur Umsetzung der Verteilungsfunktion sind:
- die Regulierung bzw. Ordnung von Märkten zur Sicherstellung effizienter Ergebnisse (z. B. Normierung der Tarifautonomie im Arbeitsmarkt),
- die direkte Verteilung von Einkommen und Vermögen durch Transferzahlungen und
- die Bereitstellung von Versicherungsleistungen durch den Staat, gekoppelt mit einer Versicherungspflicht der Wirtschaftsteilnehmer.

Dabei sind unterschiedliche Verteilungswirkungen zu unterscheiden, z. B. dahingehend, ob sie innerhalb einer Generation oder generationenübergreifend erfolgen. Wichtig ist in diesem Zusammenhang auch, dass in den staatlichen Versicherungssystemen – entgegen den privaten Systemen – keine Berücksichtigung der unterschiedlichen Risikofaktoren stattfindet. Alle zahlen pauschale Beiträge, wodurch eine Verteilung von „guten Risiken" (z. B. geringes Erkrankungsrisiko) zu „schlechten Risiken" (z. B. hohes Erkrankungsrisiko) zustande kommt.

Kernbereiche der sozialen Sicherung sind die Sozialversicherung, die soziale Versorgung und die Sozialhilfe.
Die **gesetzliche Sozialversicherung** umfasst die Krankenversicherung, die Rentenversicherung, die Unfallversicherung, die Arbeitslosenversicherung und die Pflegeversicherung. Ihre wichtigsten Merkmale sind:
- Es handelt sich um Pflichtversicherungen, denen grundsätzlich alle Arbeitnehmer außer den Beamten angehören. Nach dem Grundsatz „Einer für alle, alle für einen" finanzieren sie gemeinsam und solidarisch die Versicherungsleistungen und erwerben dadurch einen Leistungsanspruch für den Versicherungsfall.
- Die Versicherungsbeiträge richten sich nach der Höhe des Einkommens; bis auf die Unfallversicherung, deren Beiträge ausschließlich die Unternehmen zahlen, werden sie in der Regel jeweils zur Hälfte von Arbeitnehmern und Arbeitgebern aufgebracht. Allerdings muss der Staat erhebliche Geldbeträge zuschießen, weil die Beiträge der Versicherten den Finanzierungsbedarf nicht vollständig decken.
- Die Leistungen sind entweder für alle Berechtigten gleich hoch (z. B. medizinische Leistungen) oder proportional zum zuvor bezogenen Einkommen (Rente, Arbeitslosen- und Krankengeld).
- Bei der Renten- und der Krankenversicherung sind Angehörige mitversichert.

Die **soziale Versorgung** stellt eine aus Steuermitteln finanzierte Entschädigung für diejenigen dar, die der Allgemeinheit besondere Dienste geleistet haben (z. B. als Beamte) oder besondere Opfer auf sich nahmen und dadurch Nachteile erlitten (z. B. Kriegsopfer). Zur sozialen Versorgung zählen auch das Kindergeld und das Wohngeld. Seit 2012 beträgt das Kindergeld jeweils 184 Euro für das 1. und 2. Kind, 190 Euro für das 3. Kind und 215 Euro für jedes weitere Kind. Es wird unabhängig vom Einkommen der Erziehungsberechtigten maximal bis zum 25. Lebensjahr gezahlt. Wohngeld ist ein staatlicher Zuschuss zur Miete oder zu den Kosten selbstgenutzten Wohneigentums; ob und in welcher Höhe Wohngeld gezahlt wird, hängt z. B. von der Höhe des Familieneinkommens und der Anzahl der Familienmitglieder ab.
Die **Sozialhilfe** soll allen Hilfebedürftigen „die Führung eines Lebens ermöglichen, das der Würde des Menschen entspricht" (Sozialgesetzbuch). Wer seinen Lebensunterhalt nicht aus Arbeitslohn, Vermögen, Unterstützung durch Angehörige oder Sozialversicherungs- und Versorgungsleistungen bestreiten kann, hat in der Bundesrepublik Deutschland seit 1962 einen gerichtlich durchsetzbaren Rechtsanspruch auf soziale Fürsorge durch den Staat.

i

Die Individualversicherung
Nur ein Teil der Lebensrisiken ist durch die Sozialversicherung abgedeckt; für andere Risiken ist sie nicht zuständig, z. B. Verkehrsunfälle oder Sach- und Vermögensschäden. Auch sind manche Bevölkerungsgruppen, beispielsweise die Selbstständigen, nicht in die Sozialversicherung einbezogen und müssen sich selbst um ihren Versicherungsschutz im Falle von Krankheit, Erwerbsunfähigkeit und Alter kümmern. Für all diese Risiken erfolgt die Vorsorge durch Individualversicherungen, bei denen die einzelnen Versicherungsnehmer mit dem jeweiligen Versicherungsunternehmen einen privatrechtlichen Versicherungsvertrag abschließen. Die zu zahlenden Versicherungsbeiträge richten sich nicht nach dem Einkommen, sondern werden von den Versicherungsunternehmen nach dem Risiko und der vereinbarten Versicherungsleistung berechnet. So steigen beispielsweise mit zunehmendem Alter nicht nur die Krankheitsrisiken, sondern auch die Beiträge zur privaten Krankenversicherung.

A

Stellen Sie in einem systematischen Vergleich die Unterschiede die Unterschiede zwischen Sozial- und Individualversicherung heraus.

Q

Wird also Spezialisierung für den Einzelnen bei schnellem technischem Wandel immer riskanter, so ist eine Marktwirtschaft doch zu ihrem Funktionieren darauf angewiesen, dass die Menschen dieses Risiko auch weiterhin und in wachsendem Ausmaß auf sich nehmen. […] Sozialpolitik ist dann eine Art „Netz unter dem Hochseil" – also eine Art Absicherung, deren Sinn nicht darin besteht, dass sie gebraucht wird, sondern darin, dass sie Risikoübernahme ermöglicht.

Quelle: André Habisch: Die Zukunft der Sozialen Marktwirtschaft, in: Otto Schlecht, Gerhard Stoltenberg (Hrsg.): Soziale Marktwirtschaft – Grundlagen, Entwicklungslinien, Perspektiven, Herder, Freiburg, 2001, S. 218 f.

Seit der Neuordnung der Sozialhilfe gibt es vier verschiedene Formen der sozialen Grundsicherung:

- Sozialhilfe im engeren Sinne für nicht erwerbsfähige Hilfebedürftige und ihre Haushalte,
- Grundsicherung für Arbeitsuchende (Empfänger von Arbeitslosengeld II),
- Grundsicherung im Alter und bei Erwerbsminderung für hilfebedürftige Menschen ab 65 Jahren oder für voll erwerbsgeminderte Personen ab 18 Jahren,
- Existenzsicherung für Asylbewerber und geduldete Ausländer.

Die **Ausgaben** für das soziale Netz sind mit der Ausweitung sozialstaatlicher Aufgaben und Leistungen gewachsen. Von 1990 bis 2010 ist ihr Anteil am Bruttoinlandsprodukt – die sogenannte **Sozialleistungsquote** – von 25,8 % auf 31,7 % gestiegen. Die Ursachen dieser Entwicklung sind vielfältig: Einführung der Pflegeversicherung (1995), verstärkte Familienförderung, lang anhaltende Massenarbeitslosigkeit (nicht zuletzt infolge des wirtschaftlichen Umbruchs in Ostdeutschland), Kostensteigerungen im Gesundheitswesen, steigende Zahl von Rentnern, z. B. aufgrund höherer Lebenserwartung und vorzeitiger Inanspruchnahme der Renten. Entsprechend den wachsenden Ausgaben wurden die Beitragssätze für die Sozialversicherung erhöht. So stieg der Gesamtbeitragssatz für die Renten-, Kranken-, Pflege- und Arbeitslosenversicherung zwischen 1990 und 2010 von 35,6 % auf 39,55 % des Bruttoarbeitsentgelts.

Eine ausschließliche Bewertung von Sozialpolitik unter Kostenaspekten vernachlässigt die positiven ökonomischen Wirkungen sozialer Sicherungssysteme. So fördert eine zeitlich begrenzte Existenzsicherung bei Arbeitslosigkeit die Risikobereitschaft in Fragen der beruflichen (Neu-)Orientierung und gewährleistet somit, dass Arbeitnehmerinnen und Arbeitnehmer auch in Zeiten stetigen Wandels bereit sind, sich im Sinne der Arbeitsteilung zu spezialisieren.

Eine der großen Herausforderungen für das bestehende System der sozialen Sicherung stellt zweifellos der **demografische Wandel** dar. Nach der vom Statistischen Bundesamt vorgelegten 12. Bevölkerungsvorausberechnung des Bundes und der Länder wird die deutsche Wohnbevölkerung von etwa 82 Millionen Menschen im Jahr 2009 auf voraussichtlich 65 bis 70 Millionen im Jahr 2060 schrumpfen:

Am stärksten gerät durch diese Entwicklung das bestehende **System der Al-**

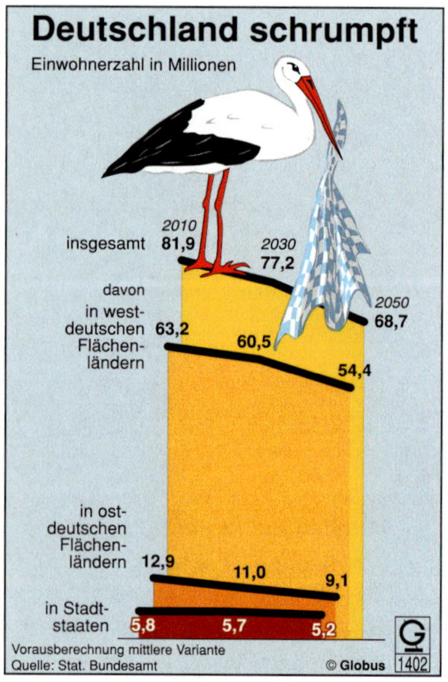

Q

Die Bevölkerung geht zurück, weil die Zahl der Geburten bis 2060 stetig sinken und die Zahl der Sterbefälle bis Anfang der 2050er Jahre ansteigen wird. Das jährliche Geburtendefizit, also der Überschuss der Sterbefälle über die Geburten, wird bis 2060 auf mehr als das Dreifache zunehmen. […] An dieser Entwicklung hat die aktuelle Altersstruktur der Bevölkerung einen erheblichen Anteil. Der Bevölkerungsrückgang kann weder durch Zuwanderungsüberschüsse aus dem Ausland noch durch eine etwas höhere Kinderzahl je Frau aufgehalten werden. Zur Bevölkerung im Erwerbsalter von 20 bis 64 Jahren gehören heute etwa 50 Millionen Menschen. Im Jahr 2060 werden es, je nach Ausmaß der angenommenen Zuwanderung, 27 % oder 34 % weniger sein. Dagegen wird die Zahl der 65-Jährigen und Älteren nach 2020 sehr stark ansteigen, weil dann die geburtenstarken Jahrgänge in dieses Alter kommen. Damit wird auch der Altenquotient – die Anzahl der Menschen im Rentenalter je 100 Personen im Erwerbsalter – erheblich zunehmen. Heute kommen 34 Senioren im Alter von 65 Jahren und mehr auf 100 Personen zwischen 20 und 64 Jahren. 2030 werden es bereits über 50 sein und 2060 dann, je nach Vorausberechnungsvariante, 63 oder 67. Für die Altersgrenze 67 Jahre wird der Altenquotient 2030 je nach Variante 43 oder 44 betragen und 2060 56 oder 59; heute liegt er bei 29. Die genannten Ergebnisse beziehen sich auf die beiden Varianten der Bevölkerungsvorausberechnung, die die Grenzen eines Korridors markieren, in dem sich die Bevölkerungsgröße und der Altersaufbau bei Fortsetzung der heute nachweisbaren demografischen Trends entwickeln werden. [...] Zum jährlichen Wanderungssaldo [...] wird in der einen Variante angenommen, dass er auf 100.000 Personen im Jahr 2014 steigt und dann konstant bleibt. In der zweiten Variante steigt er bis 2020 auf 200.000 und bleibt dann bei diesem Wert.

Quelle: Statistisches Bundesamt Deutschland: Pressemitteilung vom 23.02.2010

def. **Wanderungssaldo:** Differenz zwischen den Zuzügen aus dem Ausland und den Fortzügen in das Ausland

terssicherung unter Druck, das im Wesentlichen auf drei Säulen ruht: Hauptbestandteil der ersten Säule ist die **Gesetzliche Rentenversicherung** (GRV), in welcher die Masse der Arbeitnehmerinnen und Arbeitnehmer versichert ist. Ein zentrales Merkmal der GRV ist die Finanzierung im Umlageverfahren, bei dem die laufenden Renten zum überwiegenden Teil aus den aktuellen Beitragseinnahmen aufgebracht werden. Nach dem Prinzip des „Generationenvertrags" kommt die heutige Generation der Beitragszahler für die Altersversorgung der heutigen Rentner auf und erwartet Gleiches von der nachfolgenden Generation. 2012 betrug der je zur Hälfte von Arbeitgeber und Arbeitnehmer aufgebrachte Beitrag zur Rentenversicherung 19,6 % des Bruttolohns. Zu den weiteren Versorgungssystemen gehört u. a. die aus den laufenden Haushalten von Bund und Ländern finanzierte Beamtenversorgung.

Die zweite Säule umfasst die **Zusatzversorgung** für Angestellte und Arbeiter des öffentlichen Dienstes sowie die betriebliche Altersvorsorge im Bereich der Privatwirtschaft. Rund die Hälfte der Rentenversicherten erhält zusätzlich zu ihren Sozialrenten Betriebsrenten bzw. staatliche Zusatzleistungen.

Für die Selbstständigen kommt als alleinige Alterssicherung die dritte Säule, die **private Altersvorsorge**, infrage, z. B. in Form von Lebensversicherungen oder privaten Rentenversicherungen.

Die Zukunft der Alterssicherung wird von Rentenexperten und politischen Parteien sehr kontrovers diskutiert:
Die eine Richtung will das umlagefinanzierte System durch Reformen innerhalb des Systems stabilisieren. So wird in der Rentenberechnungsformel verstärkt ein demografischer Faktor berücksichtigt. Steigt die Lebenserwartung und damit die Zahl der Rentenempfänger, so sinkt die Rentenhöhe. Die sinkende Rentenhöhe soll dann durch zusätzliches privates Sparen ausgeglichen werden. Der Staat fördert die kapitalgedeckten Zusatzrente („Riester-Rente") durch steuerliche Anreize und Prämien.
Die andere Richtung strebt einen vollständigen Systemwechsel an, nämlich die Ersetzung des bestehenden Systems durch eine staatliche Grundrente, wie sie in Dänemark oder in den Niederlanden schon existiert. Danach sollen alle Personen über 65 Jahren eine aus Steuermitteln finanzierte Einheitsrente erhalten, die sich nicht an dem individuellen Lebensstandard oder an dem Einkommen in der Erwerbszeit orientiert, sondern an einem allgemeinen Mindeststandard. Betriebsrenten und private Altersvorsorge können die Grundrente ergänzen.

A

Recherchieren Sie auf den Websites der im Bundestag vertretenen Parteien deren rentenpolitische Aussagen, und untersuchen Sie diese daraufhin,

a) ob und in welchem Umfang das bestehende Rentensystem beibehalten oder verändert werden soll,
b) zwischen welchen Parteien die größten programmatischen Übereinstimmungen und zwischen welchen die größten programmatischen Unterschiede bestehen.

4.6 Grenzen nationalstaatlicher Wirtschaftspolitik

Die traditionellen Konzepte der Wirtschaftspolitik sind auf den Nationalstaat fixiert. Tatsächlich aber beschneiden die Globalisierung und noch mehr der Prozess der europäischen Integration zunehmend die Möglichkeiten nationaler Regierungen und Parlamente, autonome wirtschaftspolitische Entscheidungen zu treffen.
So hat der Deutsche Bundestag zahlreiche Gesetzgebungszuständigkeiten an die EU verloren: Fast alle Bereiche der Landwirtschaft werden auf EU-Ebene reguliert. Drei Viertel der Gesetze und Regeln im Bereich der Wirtschaftspolitik unterliegen bereits der Rechtsetzung durch die Institutionen der EU. Eine Reihe weiterer Politikfelder (z. B. in der Innen- und Rechtspolitik) ist partiell vergemeinschaftet.

In jeder Wahlperiode erreichen den Bundestag circa 2.500 bis 3.000 EU-Vorlagen und 10.000 bis 15.000 Begleitdokumente. Nur bei den Richtlinien kann das Parlament noch eigenständig legislativ tätig werden, wenn auch nur mit geringem Gestaltungsspielraum. Der Bundestag kann nur versuchen, auf die Verhandlungsführung und das Stimmverhalten der Minister und des Bundeskanzlers im Ministerrat bzw. im Europäischen Rat kontrollierend Einfluss zu gewinnen. Allerdings kann sich die Regierung unter Hinweis auf die supranationalen Kompromisserfordernisse parlamentarischen Einflussversuchen entziehen.
Politiker und Politikwissenschaftler diskutieren die Konsequenzen, die sich aus der Notwendigkeit supranationaler Institutionen und Regulierungen der Weltwirtschaft für die Legitimität und Funktionsfähigkeit der politischen Systeme nationalstaatlich verfasster Demokratien ergeben.

i

Wolfgang Schäuble (CDU)
* 18.09.1942 in Freiburg

Q

Die Grenzen des Nationalstaats und die Zukunft Europas

ZEIT: Welche Bereiche überfordern den Nationalstaat?
Schäuble: Viele. Wir sind in die globale Entwicklung eingebunden und hängen in allen Teilen von Entwicklungen in der Welt ab: bei der Inneren und Äußeren Sicherheit, bei der Energie- und Rohstoffversorgung, beim Klimawandel, bei den Finanzmärkten, um nur einiges zu nennen.
ZEIT: Wie viel Souveränitätsverzicht halten Sie für notwendig und für akzeptabel?
Schäuble: Das ist ein Diskussionsprozess. Darüber entscheidet im Endeffekt der Souverän, das Volk. Anordnen kann man das nicht. Aber gelegentlich beschleunigen Ereignisse die Integration. Denn die Krise, die ja nicht zuletzt durch die in den letzten Jahrzehnten stark gewachsenen Interdependenzen von Staaten und Märkten so potenziell gefährlich wurde, zeigt erstens, dass die europäische Einigung die richtige Antwort auf das 21. Jahrhundert ist. Zweitens, dass wir gar nicht mehr vollständig souverän sind, und zwar seit Langem nicht mehr, denn die Ereignisse in anderen Ländern, anderen Märkten, anderen Systemen beeinflussen unser Leben direkt.
ZEIT: Unter den Bürgern aber wächst der Verdruss. Sie wollen keinen Superstaat Europa.
Schäuble: Das will ich auch nicht, den will niemand. […] Was wir […] im 21. Jahrhundert brauchen, ist eine neue Form der Regierungszusammenarbeit auf mehreren Ebenen. Die Ebene, die ein Problem am effizientesten lösen kann, soll sich darum kümmern. […] Es geht darum, vom Nationalstaat in bestimmten Bereichen Kompetenzen auf eine weitere Ebene zu heben – da, wo es richtig und wichtig ist, um im 21. Jahrhundert bestehen

A

1 Arbeiten Sie Schäubles Begründung für die Übertragung von Hoheitsrechten auf die europäische Union heraus.

2 Nennen und erläutern Sie das Prinzip, auf das Schäuble mit dieser Aussage anspielt: „Die Ebene, die ein Problem am effizientesten lösen kann, soll sich darum kümmern." Beachten Sie auch Art. 23 GG.

3 Nehmen Sie kritisch-abwägend zur folgenden Äußerung Schäubles Stellung: „Die Demokratie ist nicht auf Geschwindigkeit angelegt, sondern auf Diskurs und Überzeugung. Es ist mir lieber, als wenn die Politik zu effizient ist."

zu können.. […]. Wir sollten jetzt in der Finanzpolitik Teile der Regelungszuständigkeit auf Europa übertragen. Das ist nichts Neues. In der Geldpolitik haben wir es schon gemacht. […]

ZEIT: Laut Forsa haben 64 Prozent der Deutschen Angst davor, dass die Regierung überfordert sein könnte. […] Woran liegt das?

Schäuble: Die Menschen sind nach drei konsekutiven Krisen beunruhigt und verunsichert. Und sie spüren, dass wir im Augenblick in keiner wirklich einfachen Situation sind. Und dann gibt es die Kritik, dass die Politik zu schwerfällig sei. Das kenne ich schon lange. Darauf sage ich immer: Die Demokratie ist nicht auf Geschwindigkeit angelegt, sondern auf Diskurs und Überzeugung. Es ist mir lieber, als wenn die Politik zu effizient ist. Unter Regierungen, die ohne ausreichende Kontrollen und Diskussionen agieren können, drohen eher Katastrophen. Unsere Verfassungs- und Demokratiegeschichte ist eine Geschichte der Machtbegrenzung. Und damit sind wir gut gefahren.

Quelle: Die Zeit, 29.09.2011, unter: www.zeit.de/2011/40/Interview-Schaeuble, 27.04.2012

Q

Suzanne S. Schüttemeyer: Globale Problementstehung versus nationale Problemlösungsfähigkeit

In modernen Nationalstaaten gab es prinzipiell und strukturell […] die Möglichkeit, die Anforderungen einer mit gleichen Rechten ausgestatteten Bürgerschaft in Einklang zu bringen mit den Entscheidungen und Steuerungsleistungen der politischen Institutionen. Innerhalb des eingegrenzten Staatsterritoriums existierte auch eine politisch-kulturelle Gemeinschaft. In ihr gab es gemeinsame Vorstellungen über Regeln zum Gemeinwohl und einen einheitsstiftenden Grundkonsens. Auf dieser Basis konnte in der Gesellschaft produktiv über Interessen und Positionen gestritten, konnten Konflikte ausgetragen und Kompromisse geschlossen werden. Freie, aber verantwortliche, an Parteien und Bürger rückgebundene Repräsentanten waren legitimiert, die Interessen im Parlament abzuwägen und gemeinwohlorientiert auszugleichen. […]

Heute dagegen sind die Grenzen des Nationalstaats in vieler Hinsicht durchbrochen. […] Daraus resultieren gravierende Probleme für das demokratische politische System. Die staatlichen Institutionen, allen voran die Parlamente und Regierungen, können immer weniger autonom entscheiden, denn die Probleme entstehen gar nicht oder nur noch zum Teil im eigenen Land, und die Politik verfügt nur noch begrenzt über die Instrumente, um diese Probleme zu lösen. Insbesondere die Kapazität zur hierarchischen Steuerung, also zur autoritativen Entscheidung „von oben", ist den politischen Institutionen auf vielen Gebieten abhandengekommen. […]

Zu offenkundig klaffen übernationale oder globale Problementstehung und nationale Problemlösungsfähigkeit auseinander. […] Nach einschlägigen Forschungsergebnissen werden Macht und Handlungsfähigkeit des Staates besonders dort geschwächt, wo die mobileren Faktoren des Marktes, also etwa das Kapital, der nationalstaatlichen Regelsetzung entfliehen können. Geld- und Steuerpolitik, aber auch immer weitere Bereiche der Wirtschaftspolitik müssen den Anforderungen der internationalen privaten Marktakteure Rechnung tragen, die ihre Geschäfte und ihre Standorte so wählen, dass minimale Kosten und maximale Gewinne möglich sind.

Quelle: Informationen zur politischen Bildung, Heft 295, Bonn 2007, S. 61 f.

Q

Artikel 23 des Grundgesetzes

(1) Zur Verwirklichung eines vereinten Europas wirkt die Bundesrepublik Deutschland bei der Entwicklung der Europäischen Union mit, die demokratischen, rechtsstaatlichen, sozialen und föderativen Grundsätzen und dem Grundsatz der Subsidiarität verpflichtet ist und einen diesem Grundgesetz im wesentlichen vergleichbaren Grundrechtsschutz gewährleistet. Der Bund kann hierzu durch Gesetz mit Zustimmung des Bundesrates Hoheitsrechte übertragen. […]

(1a) Der Bundestag und der Bundesrat haben das Recht, wegen Verstoßes eines Gesetzgebungsakts der Europäischen Union gegen das Subsidiaritätsprinzip vor dem Gerichtshof der Europäischen Union Klage zu erheben. Der Bundestag ist hierzu auf Antrag eines Viertels seiner Mitglieder verpflichtet. […]

(2) In Angelegenheiten der Europäischen Union wirken der Bundestag und durch den Bundesrat die Länder mit. […]

A

1 Arbeiten Sie am Text der Politologin Schüttemeyer die veränderten Bedingungen nationalstaatlicher (Wirtschafts-) Politik heraus.

2 Diskutieren Sie Schüttemeyers These „Geld- und Steuerpolitik … müssen den Anforderungen der internationalen privaten Marktakteure Rechnung tragen". Berücksichtigen Sie dabei auch die internationalen Bemühungen um globale Regeln für die Geld- und Kapitalmärkte.

Q

Denkmalschulschutz

Denkmäler tragen zur Verschönerung des Stadt- und Landschaftsbildes bei und steigern die Attraktivität der Region. Vielerorts zählen Baudenkmäler zu den touristischen Attraktionen einer Stadt. Denkmäler sind authentische, unwiederbringliche Zeugnisse vergangener Baukulturen, die in besonderer Weise die Entwicklung von Land und Leuten dokumentieren. […] Die Eigentümer und sonstige Nutzungsberechtigte eines Denkmals sind im Rahmen der Sozialpflichtigkeit des Eigentums verpflichtet, das Denkmal instand zu halten und instand zu setzen, sachgemäß zu behandeln und vor Gefahren zu schützen. […]

Quelle: www.bielefeld.de/de/pbw/mub/dms/, 27.04.2012

5 Wirtschaftspolitisches Handeln in einer pluralistischen Gesellschaft

5.1 Gemeinwohl und Interessenpluralismus

Das Grundgesetz der Bundesrepublik Deutschland verpflichtet alles staatliche Handeln auf Gemeinwohlwerte wie Menschenwürde, Freiheit, Recht, Frieden, Demokratie und soziale Gerechtigkeit. Unter bestimmten Voraussetzungen kann die Berufung auf das Gemeinwohl sogar den Eingriff in das grundgesetzlich geschützte und für eine marktwirtschaftliche Ordnung konstitutive Eigentumsrecht rechtfertigen. So heißt es in Artikel 14:
„Eigentum verpflichtet. Sein Gebrauch soll zugleich dem Wohle der Allgemeinheit dienen. Eine Enteignung ist nur zum Wohle der Allgemeinheit zulässig. Sie darf nur durch Gesetz oder aufgrund eines Gesetzes erfolgen, das Art und Ausmaß der Entschädigung regelt. Die Entschädigung ist unter gerechter Abwägung der Interessen der Allgemeinheit und der Beteiligten zu bestimmen."

Der Staat als gesetzgebende, ausführende und richterliche Gewalt erscheint hier als eine über den individuellen Interessen stehende Instanz, die allerdings an Recht und Gesetz gebunden und zu einer „gerechten Abwägung" verpflichtet ist.
Auf der anderen Seite erkennt das Grundgesetz in verschiedenen Artikeln ausdrücklich die Pluralität der Meinungen, Weltanschauungen, Interessen, Gruppen, Vereinigungen und Parteien an. Von großer Bedeutung für die Wirtschaftspolitik ist Artikel 9:
„Alle Deutschen haben das Recht, Vereine und Gesellschaften zu bilden. […] Das Recht, zur Wahrung und Förderung der Arbeits- und Wirtschaftsbedingungen Vereinigungen zu bilden, ist für jedermann und für alle Berufe gewährleistet. Abreden, die dieses Recht einschränken oder zu behindern suchen, sind nichtig, hierauf gerichtete Maßnahmen sind rechtswidrig."

In der westdeutschen Nachkriegsgesellschaft hat in bewusster Abgrenzung zu den antipluralistischen und autoritären Traditionen der deutschen Geschichte die moderne Politikwissenschaft viel zur Akzeptanz des Interessenpluralismus beigetragen. So sind die Ausführungen des 1938 vor den Nationalsozialisten ins amerikanische Exil geflohenen und 1951 wieder nach Deutschland zurückgekehrten Politologen Ernst Fraenkel auch heute noch keineswegs überholt:

Q

An die Mitglieder des Parlaments wurde die Forderung gestellt, den Gedanken aufzugeben, dass sie Vertreter von Partikularinteressen seien; vielmehr sollten sie sich verhalten, als ob sie ausschließlich Repräsentanten des Gesamtwohls seien. […] Unter der Zwangsneurose leidend, ausschließlich Exponent eines nur allzu häufig fiktiven Allgemeinwillens zu sein, handelt der einzelne Parlamentarier bei Wahrnehmung der Interessen seiner Wählerschaft mit schlechtem Gewissen und mit falschem Bewusstsein. Solange es ihm verwehrt ist, sich offen zu der Doppelrolle eines Repräsentanten der Nation und eines Vertreters von Partikularinteressen zu bekennen, muss er die Wahrnehmung eines jeden Sonderinteresses mit der Gloriole des Schutzes von Gemeinschaftswerten umkleiden. Damit wird aber die freimütige Austragung der in jeder pluralistischen Gesellschaft notwendigerweise entstehenden kollektiven Interessengegensätze mit dem unechten Pathos grundsätzlicher Erörterungen über allgemeingültige Prinzipien

A

Erörtern Sie, wie ein fairer Ausgleich zwischen den Rechten der Eigentümer und den berechtigten Interessen der Allgemeinheit herbeigeführt werden könnte.

vorgenommen, durch das die Atmosphäre des Parlaments vergiftet und die Glaubwürdigkeit seiner Diskussionen beeinträchtigt wird. [...] Der innere Widerstand gegen das Parlament als eines der höchsten Staatsorgane wird solange nicht überwunden werden, als an dem Dogma festgehalten wird, das Gemeinwohl sei eine vorgegebene Größe, und die Ansicht dogmatisch verworfen wird, das Gemeinwohl stelle die Resultante dar, die sich jeweils aus dem Parallelogramm der ökonomischen, sozialen, politischen und ideologischen Kräfte einer Nation dann ergibt, wenn ein Ausgleich angestrebt und erreicht wird, der objektiv den Mindestanforderungen einer gerechten Sozialordnung entspricht und subjektiv von keiner maßgeblichen Gruppe als Vergewaltigung empfunden wird.

Quelle: Ernst Fraenkel (1964): Deutschland und die westlichen Demokratien, Stuttgart, S. 20 f.

Zwei Aussagen Fraenkels sind hervorzuheben:

1. Keine gesellschaftliche Gruppe kann von sich behaupten, das Gemeinwohl zu verkörpern. Das als Gesamtinteresse einer Gesellschaft aufgefasste Gemeinwohl ergibt sich erst als Resultat eines Prozesses, in welchem die Interessenkonflikte offen ausgetragen werden.
2. Gemeinwohl kann sich nur dann als Ergebnis von Interessenkonflikten einstellen, wenn alle Konfliktbeteiligten den in der Verfassung verankerten gesellschaftlichen Grundkonsens akzeptieren und sich insbesondere an die darin niedergelegten Spielregeln des demokratischen Prozesses halten.

Indem die Theoretiker der pluralistischen Demokratie dem Staat die Rolle eines Wächters über die gesellschaftlichen Spielregeln zuweisen, räumen sie ein, dass es einen Kern der politischen Ordnung geben muss, welcher dem Streit der organisierten Interessen entzogen ist:

Q

Der Staat ist nicht Gleicher unter Gleichen, da er zumindest als Schiedsrichter über die Regeln wacht, beispielsweise in Form des Parlamentes als Gesetzgeber, aber auch als Regierung und Verwaltung, die Träger des „Gewaltmonopols" in Staat und Gesellschaft bleiben. Das heißt, dass keine Einzelperson, keine Gruppe und kein Verband sich hoheitliche, richterliche, polizeiliche oder militärische Macht bzw. Rechte anmaßen kann. Allein der Staat darf Gesetz und Recht notfalls gegen Widerstreben mit Gewalt durchsetzen.

Quelle: Ulrich von Alemann: Verbände im Blick von Wissenschaft und Politik, in: Informationen zur politischen Bildung, Heft 253, Bonn 1996, S. 41 f.

Im Hinblick auf das Verhältnis von allgemeinen und besonderen Interessen werden u. a. folgende Fragen in Wissenschaft und Öffentlichkeit diskutiert und in den nächsten Abschnitten dieses Buchs aufgegriffen:

— Inwieweit gelingt es der Politik in der pluralistischen Demokratie, allgemeine Interessen und Ziele, welche den Zeithorizont der Wahl- und Legislaturperioden übersteigen, mit der nötigen Entschlossenheit und Beharrlichkeit zu verfolgen?
— Repräsentieren die in Verbänden, Vereinen und Initiativen organisierten Interessengruppen das breite Spektrum gesellschaftlicher Interessen angemessen? Besteht nicht die Tendenz, dass gut organisierte Partikularinteressen sich gegen schlecht organisierte Allgemeininteressen durchsetzen?

Q

Dieter Jepsen-Föge im Deutschlandfunk am 24.07.2006:

Die Zahl der Abgeordneten, die von sich behaupten können, sie hätten ausschließlich das Wohl des Volkes und zwar des ganzen im Sinn, dürfte sehr klein sein. [...] Es ist nicht verwerflich, sondern im Gegenteil wünschenswert, dass im Bundestag Menschen unterschiedlicher Berufe und Berufswege sitzen, die Interessen verfolgen, politische Interessen. Die Qualität des Parlaments bemisst sich daran, dass es in der Gesamtheit die unterschiedlichen Interessen berücksichtigt. [...] In Wahrheit leidet der deutsche Parlamentarismus gerade daran, dass die Besten und die Klügsten sich gar nicht mehr für ein Parlamentsmandat bewerben, sondern eine lukrativere Karrierechance außerhalb suchen. Umgekehrt drängen die in die Parlamente, die sich dort Karrierechancen versprechen. [...]

Quelle: www.dradio.de/dlf/sendungen/kommentar/523943/, 27.04.2012

A

1 Vergleichen Sie die Position von Dieter Jepsen-Föge mit den Ausführungen von Ernst Fraenkel.

2 Nehmen Sie zu Jepsen-Föges Forderung Stellung, es sollten nicht weniger, sondern mehr Interessenvertreter in den Deutschen Bundestag gewählt werden.

3 Das Abgeordnetengesetz sieht vor, dass Bundestagsabgeordnete Tätigkeiten und Einkünfte neben dem Mandat anzeigen und veröffentlichen müssen. Recherchieren und diskutieren Sie die entsprechenden Regelungen. www.bundestag.de/bundestag/abgeordnete17/nebentaetigkeit/index.html

5.2 Organisations- und Konfliktfähigkeit gesellschaftlicher Interessen

Akteure der Wirtschaftspolitik sind nicht nur die Entscheidungsträger in den Parlamenten, Regierungen und öffentlichen Verwaltungen der verschiedenen Ebenen des föderalistischen Systems, sondern auch die Beeinflussungskräfte, die auf allen Ebenen und in allen Politikbereichen auf den wirtschaftspolitischen Diskussions-, Entscheidungs- und Handlungsprozess einwirken: politische Parteien, Massenmedien, Wissenschaftler, Interessengruppen, Verbände. Die Bedeutung der bundesdeutschen Interessenverbände ist in den letzten Jahrzehnten stark gewachsen. So hat sich die Anzahl der in der sogenannten „Lobbyliste" beim Deutschen Bundestag offiziell registrierten Verbände von 635 im Jahre 1974 auf 2.148 im Januar 2011 erhöht. Nach ihren Tätigkeitsfeldern werden die Vereinigungen in fünf Gruppen eingeteilt:

- Vereinigungen im Wirtschaftsleben und in der Arbeitswelt (Unternehmerverbände und Gewerkschaften);
- Vereinigungen mit sozialen Zielen wie Arbeiterwohlfahrt, Caritas, Rotes Kreuz, Mieterbund;
- Vereinigungen im Bereich Freizeit und Erholung wie z. B. Deutscher Sportbund;
- Vereinigungen in den Bereichen Kultur und Wissenschaft wie z. B. der PEN-Club oder der Verband der Historiker Deutschlands;
- Vereinigungen mit ideellen und gesellschaftspolitischen Zielsetzungen wie z. B. amnesty international.

Allerdings ist diese **Typologie** nicht besonders trennscharf: So ist beispielsweise der ADAC gleichzeitig Autosportclub, Verbraucherverband, Reiseunternehmen und Dienstleistungsorganisation.
Die **Funktionen** der Verbände sind vielfältig:

- **Artikulation** von Interessen in der Öffentlichkeit und gegenüber den verschiedenen Entscheidungs- und Verwaltungsinstanzen,
- **Selektion** von Minderheits- und Extrempositionen im Rahmen der verbandsinternen Willensbildung,
- **Aggregation**, d. h. Bündelung von Einzelinteressen zu Gruppeninteressen, wodurch die politischen bzw. administrativen Instanzen entlastet werden,
- **Integration** vielfältiger Interessen in den politischen Prozess und damit auch zur Stabilisierung des politischen Systems.

Eine herausragende Rolle im wirtschaftspolitischen Entscheidungsprozess spielen die Verbände der Arbeitgeber und die Gewerkschaften. Die Arbeitgeber sind im Wesentlichen in drei Dachverbänden zusammengeschlossen:

- **Bundesvereinigung der Deutschen Arbeitgeberverbände (BDA)** mit 14 überfachlichen Landesverbänden und 52 Fachspitzenverbänden (Stand 2012), denen insgesamt rund 1.000 Arbeitgeberverbände aus allen Wirtschaftszweigen angeschlossen sind; die Arbeitgeberverbände vertreten insbesondere die unternehmerischen Interessen in der Sozial- und Tarifpolitik;
- **Bundesverband der Deutschen Industrie (BDI)** mit 15 Landes- und 38 Branchenverbänden (Stand 2012), der BDI vertritt die allgemeinen wirtschaftspolitischen Zielsetzungen der rund 100.000 angeschlossenen Unternehmen (z. B. Stärkung des Industriestandorts Deutschland im globalen Wettbewerb);
- **Deutscher Industrie- und Handelskammertag (DIHK)**, der als eingetragener Verein die Interessen der 80 Industrie- und Handelskammern vertritt, die ihrerseits Körperschaften des öffentlichen Rechts mit Zwangs-

def.

Lobby, Lobbyliste, Lobbyismus:

Der Begriff **Lobby** bezeichnete ursprünglich die Vorhalle des Parlaments, in der Vertreter verschiedener Gruppen die Abgeordneten an die Möglichkeit ihrer Abwahl erinnerten und Vor- oder Nachteile für ein bestimmtes Verhalten in Aussicht stellten. Heute wird Lobby als Synonym für Interessengruppen bzw. Verbandsvertreter verwendet, die auf politische Entscheidungen Einfluss zu nehmen versuchen.

Die vom Bundestagspräsidenten geführte **„Lobbyliste"** eröffnet den auf freiwilliger Basis registrierten Interessenverbänden die Möglichkeit, an Anhörungen bei Gesetzgebungsverfahren teilzunehmen und Hausausweise des Bundestages zu erhalten (siehe unter www.bundestag.de/dokumente/parlamentsarchiv/sachgeb/lobbyliste/lobbylisteaktuell.pdf)

Lobbyismus ist die zielgerichtete Beeinflussung von Entscheidungsträgern in Politik und Verwaltung, besonders durch Beschaffung und Austausch von Informationen.

A

1 Zählen Sie arbeitsteilig die in der Lobbyliste aufgeführten Vereinigungen entsprechend der Typologie der Interessengruppen aus. Kommentieren Sie das Ergebnis.

2 Befragen Sie eine(n) Abgeordnete(n) des Bundestags, eines Landesparlaments oder des Europäischen Parlaments über Methoden, mit denen Interessengruppen auf seine bzw. ihre Arbeit Einfluss zu nehmen versuchen.

mitgliedschaft von rund 3,6 Millionen gewerblichen Unternehmen sind (Stand 2012). Stärker als die übrigen Wirtschaftsverbände beansprucht der DIHK, das Gesamtinteresse der deutschen Wirtschaft zu repräsentieren.

Diese drei Dachverbände koordinieren ihre Interessen und Aktivitäten zusammen mit zahlreichen weiteren Spitzenverbänden (wie dem Bundesverband deutscher Banken, dem Bundesverband des Deutschen Groß- und Einzelhandels, dem Zentralverband des Deutschen Handwerks, dem Hauptverband des Deutschen Einzelhandels u. a. m.) im Gemeinschaftsausschuss der Deutschen Gewerblichen Wirtschaft.

Die Vielfalt der regionalen und Brancheninteressen, die stark verschachtelten verbandlichen Strukturen sowie die arbeitsteilige Ausrichtung der Interessenwahrnehmung erschweren die Interessenaggregation und -artikulation auf Spitzen- oder Dachverbandsebene. Die inner- und zwischenverbandlichen Konflikte zeigen überdeutlich, wie wenig von einer Identität der Interessen „der Unternehmer" oder „der Arbeitgeber" oder gar „der Wirtschaft" ausgegangen werden kann, zumal zur „Wirtschaft" ja auch Arbeitnehmer, Konsumenten und Staat gehören.

Der **Deutsche Gewerkschaftsbund (DGB)** als größter gewerkschaftlicher Dachverband vertritt auf Kreis-, Landes- und Bundesebene die gemeinsamen wirtschafts- und sozialpolitischen Interessen der ihm angeschlossenen acht Einzelgewerkschaften (Stand 2012), die in der Bundesrepublik Deutschland – anders als in den meisten westlichen Ländern und anders als in der Weimarer Republik – sich als überparteiliche und überkonfessionelle „Einheitsgewerkschaften" von Arbeitern, Angestellten und Beamten verstehen und nach dem „Industrieverbandsprinzip" („ein Betrieb – eine Gewerkschaft") organisiert sind. Tarifpolitische Verhandlungspartner der Arbeitgeberverbände sind die Einzelgewerkschaften, die sich angesichts des auf wirtschaftlichen Strukturwandel, Arbeitslosigkeit und Wertewandel zurückzuführenden Mitgliederschwunds teilweise zu Großgewerkschaften zusammengeschlossen haben. So fusionierten 2001 die Deutsche Postgewerkschaft, die Gewerkschaft Handel, Banken, Versicherungen, die Gewerkschaft Öffentliche Dienste, Transport und Verkehr zusammen mit der bis dahin noch unabhängigen Deutschen Angestellten Gewerkschaft zur „Vereinten Dienstleistungsgewerkschaft" (ver.di).
Mit den DGB-Gewerkschaften im Bereich der öffentlichen Verwaltungen und der privatisierten öffentlichen Unternehmen konkurriert der **Deutsche Beamtenbund (DBB)** mit 38 Mitgliedsverbänden nicht nur um die Organisierung der Beamten, sondern auch von Arbeitern und Angestellten des öffentlichen Sektors, während der kleine Christliche Gewerkschaftsbund keinen nennenswerten Einfluss ausübt.

Schon ein kurzer Blick auf die Vielfalt der Vereinigungen und Verbände lässt erkennen, dass die allgemeinen Interessen großer Gruppen wie der Konsumenten oft nur schwach organisiert sind, während verhältnismäßig kleine Gruppen mit recht speziellen Interessen nicht selten über einen sehr hohen Organisationsgrad verfügen. Dieses offenkundige Missverhältnis versucht die von dem amerikanischer Wirtschaftswissenschaftler Mancur Olson (1932–1998) in seinem Werk „Logik des kollektiven Handelns" (1965) begründete **„ökonomische Theorie wirtschaftlicher Interessengruppen"** zu erklären. Olson gelangte zu dem Schluss, dass gesellschaftliche Interessen nicht in gleicher Weise **organisationsfähig** sind.

A

Recherchieren Sie (evtl. im Rahmen von – arbeitsteiligen – Institutionenerkundungen) die in Ihrer Stadt oder Region ansässigen Wirtschaftsverbände (z. B. DBB, DGB, Einzelgewerkschaften, Arbeitgeberverbände, IHK). Mögliche Untersuchungsaspekte könnten sein: Ziele, Aufgabenschwerpunkte, Organisationsstruktur, innerverbandliche Willensbildung, Mitgliederstruktur und -entwicklung, Organisationsgrad, Einschätzung der aktuellen Wirtschaftslage und der Wirtschaftspolitik in der Region und im Bund, Formen der politischen Einflussnahmen etc.

def.

Berufsverbandsprinzip:
Einige Berufsgruppen haben außerhalb von und in Konkurrenz zu DGB und DBB Berufsgewerkschaften mit eigenständiger Tarifpolitik gegründet. Insbesondere die Pilotenvereinigung Cockpit, die Ärztegewerkschaft Marburger Bund oder die Gewerkschaft Deutscher Lokomotivführer (GDL) verfügen aufgrund des hohen Organisationsgrads und der Schlüsselstellung ihrer Mitglieder über eine beachtliche Durchsetzungsstärke.

Olsons Argumentation lautet folgendermaßen:
1. Da die Resultate verbandlicher Aktivitäten (z. B. eine von der Gewerkschaft durchgesetzte Lohnerhöhung) öffentliche Güter (Kollektivgüter) darstellen, die allen zugänglich sind, können sie auch von „Trittbrettfahrern" (free riders) genutzt werden, die nichts für deren Zustandekommen leisten (s. auch Kapitel II, Abschnitt 5).
2. Da das für private Güter geltende Marktausschlussprinzip hier versagt, bestehen nur geringe Anreize, Interessen verbandlich zu organisieren, wenn es nicht gelingt, Trittbrettfahrerverhalten zu unterbinden, sei es durch sozialen Druck (der in kleinen Gruppen leichter erzeugt werden kann), durch selektive Anreize (z. B. Streikgelder und Rechtsschutz für die Gewerkschaftsmitglieder) oder durch gesetzlich geregelte Zwangsmitgliedschaft (z. B. im Fall der öffentlich-rechtlichen Organisationsform der Kammern).
3. Dies erklärt einerseits die Schwierigkeit, Interessen von hohem Allgemeinheitsgrad erfolgreich zu organisieren, anderseits aber auch die Fähigkeit relativ kleiner und homogener Gruppen, ihre Interessen gegenüber den politischen Instanzen und der Bürokratie durchzusetzen.
4. Allgemeine Verbraucherorganisationen wie die „Stiftung Warentest" oder die „Verbraucherzentralen" existieren in der Bundesrepublik daher nur mit finanzieller Unterstützung des Staates.

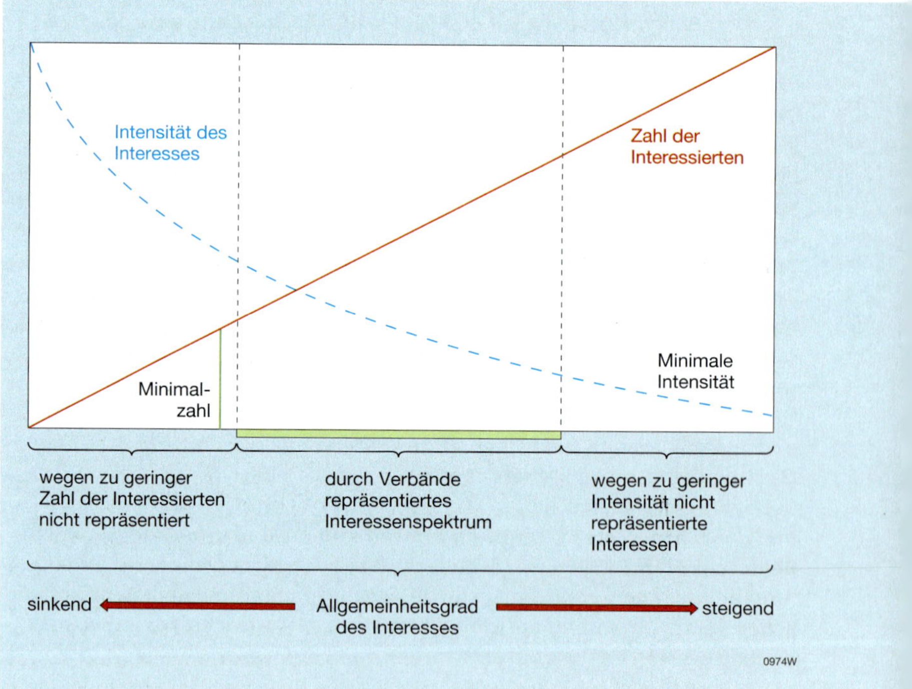

Das organisierbare Interessenspektrum

Die unterschiedliche Organisations- und Konfliktfähigkeit von Interessen lässt die zentrale Hypothese der klassischen Pluralismustheorie fraglich erscheinen, das Gemeinwohl ergebe sich als Resultante aus dem Parallelogramm der gesellschaftlichen Kräfte. Wenn es aber aufgrund des Machtungleichgewichts zwischen den Interessengruppen zur Dominanz partikularer Interessen kommen sollte, müsste dann nicht der Staat im Sinne der Allgemeininteressen intervenieren? Doch wer ist „der Staat", wer sind „die Politiker"?

Q

[Interessengruppen unterscheiden sich auch hinsichtlich ihrer **Konfliktfähigkeit**. Darunter wird die Fähigkeit einer Organisation verstanden,] „kollektiv die Leistung zu verweigern bzw. eine systemrelevante Leistungsverweigerung glaubhaft anzudrohen. Eine Reihe von Status- und Funktionsgruppen ist zwar organisationsfähig, aber nicht konfliktfähig […]. Die Bedürfnisse dieser Gruppen sind mit verminderter Durchsetzungskraft ausgestattet, weil sie am Rande oder außerhalb des Leistungsprozesses stehen und ihnen daher das Sanktionsmittel einer ins Gewicht fallenden Leistungsverweigerung nicht zur Verfügung steht.

Quelle: Claus Offe: Politische Herrschaft und Klassenstruktur, in: Gisela Kress, Dieter Senghaas, (1972): Politikwissenschaft, Frankfurt, S. 146 f.

A

1 Zwei Vereinigungen, die auch als Verbände im politischen Raum aktiv sind, sind der mit 17,5 Mio. Mitgliedern größte europäische Verkehrsclub ADAC und der Naturschutzbund Deutschland e. V. – NABU mit knapp 0,5 Mio. Mitgliedern. Untersuchen Sie anhand der jeweiligen Websites Selbstverständnis, Ziele und Aktivitäten der beiden Vereinigungen.

2 Vergleichen Sie Ihre Erkenntnisse über die beiden Organisationen mit den theoretischen Aussagen zur Organisations- und Konfliktfähigkeit gesellschaftlicher Interessen und ziehen Sie daraus Schlüsse.

5.3 Die kurzfristige Perspektive der Politik

Die von dem US-amerikanischen Politikwissenschaftler und Ökonomen Anthony Downs entwickelte „**Ökonomische Theorie der Demokratie**" (1957) wendet das ursprünglich nur auf Gütermärkte bezogene ökonomische Denkmodell der vollständigen Konkurrenz auf die Politik an. Die Theorie analogisiert Parteien mit Unternehmen, Demokratie mit Markt, Parteiprogramme mit Gütern, Wählerstimmen mit Geld und Wählerstimmenmaximierung mit Gewinnmaximierung.

Vergleichskriterien	Konkurrenz zwischen Unternehmen	Konkurrenz zwischen Parteien
Produzent	Unternehmung	Partei
Produkt	Güter und Dienste	politische Programme
Motiv	Gewinne und Einkommen	Einkommen, Macht, Prestige
Verhaltensannahme	Gewinnmaximierung	Wählerstimmenmaximierung
Wirkung des Konkurrenzdrucks	Angleichung der Produkte	Angleichung der Programme
Überlebenskriterien	Marktanteil beliebig	Stimmanteil über 5 %

nach: Peter Weise, Wolgang Brandes u. a. (1993): Neue Mikroökonomie, Heidelberg, S. 458

Nach der Ökonomischen Theorie der Demokratie erfüllen Wahlen im politischen Bereich die Funktion, die das Preissystem auf dem Markt erfüllt, nämlich die Durchsetzung individueller Präferenzen und die Koordination der Handlungen von Anbietern und Nachfragern. Beide Verfahren sollen dafür sorgen, dass die Präferenzen der Individuen im politisch-ökonomischen System berücksichtigt werden. Verluste von Wählerstimmen zeigen den Parteien an, dass die Bürger ihre Präferenzen durch die jeweilige Politik nicht erfüllt sehen.

Demokratische Regierungen, Parteien und Politiker streben demnach nicht das „Gemeinwohl", sondern die Maximierung ihres eigenen Nutzens (Macht, Einkommen, Prestige etc.) unter den jeweils gegebenen Beschränkungen an, die in den geltenden Gesetzen, im Einfluss der Bürokratie, vor allem aber in dem Erfordernis bestehen, gewählt bzw. wiedergewählt zu werden. Aufgrund des Wiederwahlerfordernisses bevorzugen demokratische Regierungen Projekte mit deutlich sichtbarem Nutzen und möglichst wenig sichtbaren Kosten sowie gut organisierte Gruppen und tendieren im Fall unsicherer Wahlaussichten zu einer popularitätssteigernden expansiven Wirtschaftspolitik ohne Rücksicht auf die langfristigen Folgen.

Der amerikanische Nobelpreisträger Paul A. Samuelson hat in der 8. deutschen Auflage (1987) seines gemeinsam mit W. D. Nordhaus verfassten Lehrbuchs der Volkswirtschaftslehre unter Rückgriff auf die ökonomische Theorie der Demokratie die Neigung demokratischer Politiker beschrieben, langfristige Zielsetzungen dem kurzfristigen Interesse an der Wiederwahl zu opfern. In Analogie zum Marktversagen sieht er darin eine Form des **Staatsversagens**.

Q

Gewählte Politiker der Vereinigten Staaten müssen sich häufig einer Wahl stellen – alle 2, 4 oder 6 Jahre. Und häufig müssen sie ihre Wiederwahl in heiß umkämpften Wahlkreisen betreiben. Dieser Druck kann zur Kurzsichtigkeit oder zur Berücksichtigung der kurzfristigen Perspektive bei politischen Entscheidungen führen. So sah beispielsweise der Kongress im Jahre 1984 ein großes Haushaltsdefizit auf sich zukommen. Fast alle

i

Neue Politische Ökonomie

Die „ökonomische Theorie der Demokratie" gehört zu einem größeren Komplex von Theorien, die unter dem Oberbegriff „Neue Politische Ökonomie" zusammengefasst werden. Sie alle akzeptieren die Grundannahmen des „methodologischen Individualismus", nach dem kollektive Entscheidungen auf Wahlhandlungen einzelner Menschen zurückgeführt werden. Kollektive Entscheidungen sind demnach nicht Entscheidungen **von** Kollektiven, also von Parteien, Klassen, Verbänden, Gesellschaften, sondern von Menschen **in** Kollektiven. Menschen verhalten sich nicht nur im wirtschaftlichen, sondern auch im politischen Bereich ökonomisch rational und wollen ihren Nutzen maximieren, und das gilt für Politiker, Bürokraten, Wähler und Vertreter von Interessenverbänden. Jedes Individuum wählt diejenigen Handlungsalternativen aus, die ihm bei gegebenem Aufwand den höchsten Zielerreichungsgrad versprechen bzw. bei gegebenem Zielerreichungsgrad den geringsten Aufwand abverlangen. Die Menschen streben stets nach Maximierung des eigenen Nutzens, der in Politik und Gesellschaft von Einkommensströmen, von Prestigegewinnen, von Stimmengewinnen oder Verbesserungen in der Hierarchie des Staats- oder Bürokratieapparates abhängt.

Seiten – der Kongress, der Präsident, die Wirtschaftsexperten – waren sich einig, dass ein Anstieg des strukturellen Defizits des Bundes um 3 oder 4 Prozent des BSP Schäden in der Wirtschaft anrichten würde – durch die Verdrängung privater durch öffentliche Investitionen. [...] Warum gab es dennoch Probleme? Eine politische Schwierigkeit ergab sich daraus, dass ein Abbau des Defizits beträchtliche Steuererhöhungen oder Haushaltskürzungen bedeutet hätte, und zwar in allernächster Zeit. 1984 standen aber 435 Abgeordnete, 1 Präsident und 33 Senatoren zur Wahl an. Sie wollten die Wahlen gewinnen, und – den meisten bereiteten ihre Chancen der Wiederwahl größeres Kopfzerbrechen als die Wirtschaftsprobleme, die sich Ende der 80er Jahre einstellen würden, und die Kandidaten glaubten, dass sich das Hauptaugenmerk der Wähler stärker auf die 1984 beschlossenen Steuererhöhungen oder Ausgabenkürzungen richten würde als auf die mit solchen Maßnahmen verbundenen Vorteile eines verminderten Haushaltsdefizits. Der Kongress entschied sich, die Sache aufzuschieben. [...] Diese in der Politik zu beobachtende Neigung, nur die kurzfristige Perspektive in Betracht zu ziehen, legt die Vermutung nahe, dass Regierungen sich eher für Programme entscheiden werden, die sich kurzfristig auszahlen, und dass sie vor solchen Programmen zurückschrecken, bei denen sofort Kosten anfallen, während sich die positiven Auswirkungen erst in der Zukunft einstellen. [...] Diese Darstellung der Fehlleistungen von Regierungen könnte zu der Schlussfolgerung anregen, dass öffentliche Entscheidungen in politischen Demokratien immer kurzsichtig, käuflich und sozial ungerecht sind. [...] Es hat vielmehr eine Fülle von führenden Politikern in der Geschichte gegeben, die weitsichtige und weise Entscheidungen getroffen haben – die zum Teil populär, zum Teil unpopulär waren. Aber das Problem der öffentlichen Entscheidungen erinnert uns daran, dass der kollektive Entscheidungsprozess in Demokratien nicht [...] immer zu einem optimalen oder auch nur einem durch Effizienz gekennzeichneten Ergebnis führt.

Quelle: Paul A. Samuelson, William D. Nordhaus: Volkswirtschaftslehre. Grundlagen der Makro- und Mikroökonomie, 8. überarbeite Aufl., Bd. 2, Köln, 1987, S. 448 ff.

A

1 Vergleichen Sie die Ausführungen von Samuelson und Nordhaus mit den Grundannahmen des methodologischen Individualismus.

2 Diskutieren Sie anhand aktueller und/oder historischer Beispiele, ob und in welchem Umfang sich das Verhalten von Politikern und Wählern mit den Grundannahmen des methodologischen Individualismus erklären lässt.

3 Recherchieren Sie mithilfe folgender Internetadressen Entwicklung, Formen und Ausmaß der öffentlichen Verschuldung in Deutschland.
www.destatis.de (Statistisches Bundesamt)
www.bundesfinanzministerium.de
www.deutsche-finanzagentur.de (zentraler Dienstleister für die Kreditaufnahme und das Schuldenmanagement des Bundes)
www.steuerzahler.de (Bund der Steuerzahler Deutschland).

Die Entwicklung der **Staatsverschuldung** in der Bundesrepublik Deutschland scheint die Annahmen der ökonomischen Theorie der Demokratie zu bestätigen:

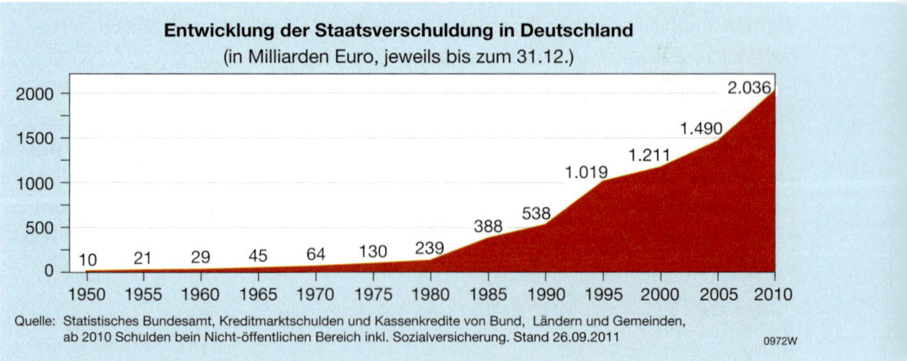

Dennoch lohnt sich ein genauerer Blick auf die Ursachen dieser Entwicklung: Der Anstieg der öffentlichen Gesamtverschuldung in den 1970er und 1980er Jahren ist sowohl auf die Expansion des Sozialstaats als auch auf die kreditfinanzierten Konjunkturprogramme zurückzuführen, mit denen die Regierung auf die sogenannten „Ölkrisen" reagierte. Die Verdopplung des „Schuldenbergs" in den Jahren 1990 bis 1995 reflektiert die finanziellen Folgen der deutschen Einheit, und die erneute Verschärfung zwischen 2005 und 2010 resultiert u. a. aus den Bankenrettungs- und Konjunkturstützungsprogrammen im Zuge der Finanz- und Wirtschaftskrise. Allerdings haben entgegen dem Konzept der antizyklischen Konjunkturpolitik Bund und Länder die in den Erholungs- und Boomphasen reichlicher fließenden Steuereinnahmen nicht dazu verwendet, die Gesamtverschuldung abzubauen.

Die Folgen der ungebremsten öffentlichen Verschuldung zeigen sich u. a. im Anstieg der Zinsausgaben, die inzwischen den größten Posten im Bundeshaushalt nach den Ausgaben für den Bereich „Arbeit und Soziales" ausmachen. Dieses Geld fehlt nicht nur für andere Aufgaben; durch die steigende Zinslast wird auch der finanzielle Handlungsspielraum der Politik beschränkt. Bei einem massiven Zinsanstieg droht überdies die Gefahr, dass der Staat in eine **Schuldenfalle** gerät, wie sich in der europäischen Staatsschuldenkrise seit 2010 gezeigt hat.

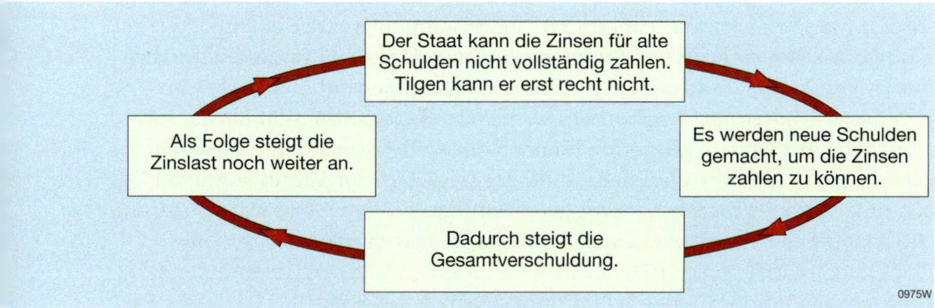

Der Staat in der Schuldenfalle

Aus Einsicht in diese Zusammenhänge beschloss 2009 eine breite Mehrheit des Deutschen Bundestags und des Bundesrats eine im Grundgesetz verankerte „**Schuldenbremse** für Bund und Länder", mit der sich die Politik selbst auf das Ziel eines ausgeglichenen Haushalts verpflichtet, ohne gewisse fiskalpolitische Spielräume für den Fall eines konjunkturellen Abschwungs aufzugeben.

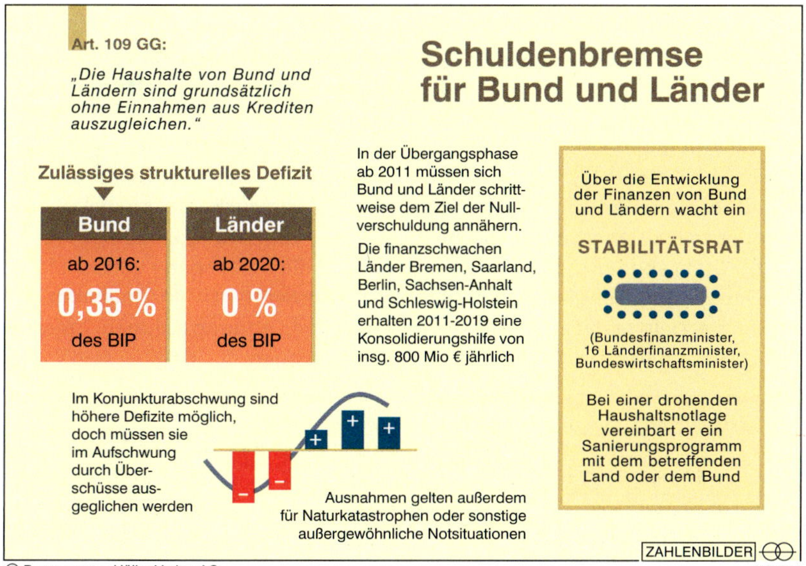

 193 851

Q

Ulrich van Suntum, Professor der Volkswirtschaftslehre (2005)

Ein Volk, das jahrzehntelang über seine Verhältnisse und damit auf Kosten der Zukunft gelebt hat, muss eben dafür irgendwann einmal die Rechnung zahlen. Und wir müssen heute mit dem Bezahlen anfangen – denn sonst können wir morgen die Rechnung überhaupt nicht mehr begleichen.

Quelle: www.vdi-nachrichten.com/artikel/Deutschland-braucht-eine-verfassungsmaessige-Schulden bremse/23246/1, 27.04.2012

Q

Claus Matecki, Mitglied des Bundesvorstands des DGB (2009)

Nicht nur in normalen Zeiten werden sich die Spielräume für eine andere, soziale und demokratische Politik noch weiter verengen. Der stabilisierungspolitischen Aufgabe der Finanzpolitik wird ein viel zu geringes Gewicht beigemessen. […] Die Schuldenbremse führt dazu, dass gegenüber den künftigen Generationen eine dramatisch schlechtere Infrastruktur vererbt wird. […] Die Möglichkeit, Zukunftsinvestitionen auch über Kredite finanzieren zu können, ist aber die Basis verantwortungsvoller und in die Zukunft schauender Fiskalpolitik.

Quelle: www.dgb.de/themen/++co++9c71edb4-24e0-11df-6d98-001ec9b03e44, 21.05.2012

A

1 Erörtern Sie das Für und Wider der Schuldenbremse für Bund und Länder. Beziehen Sie dabei die obigen Stellungnahmen ein.

2 Recherchieren Sie entsprechende Regeln zur Schuldenbegrenzung auf europäischer Ebene.

Leitfragen zur Analyse wirtschaftspolitischer Konzeptionen

Situationsanalyse: Von welcher wirtschaftlichen Situation wird explizit oder implizit ausgegangen?
Zielanalyse: Welche Zielsetzungen liegen der wirtschaftspolitischen Konzeption explizit oder implizit zugrunde? In welchem Verhältnis stehen die einzelnen Ziele zueinander?
Ordnungsanalyse: Welcher Ordnungsrahmen liegt der wirtschaftspolitischen Konzeption explizit oder implizit zugrunde?
Instrumentenanalyse: Mit welchen Mitteln (Instrumenten) sollen die angestrebten wirtschaftspolitischen Zielsetzungen im Rahmen der gegebenen (oder zu schaffenden) Wirtschaftsordnung realisiert werden?

6 Wirtschaftspolitische Konzeptionen im Wandel

6.1 Zwischen Staat und Markt

Q

In den großen Fragen – die Rolle des Staates, die Einstellung zum Markt, das Gewicht der Freiheit des Einzelnen – funktioniert die ökonomische Debatte wie ein Pendel. Jahrelang schwingt sie in eine Richtung, während andere Ökonomen längst Ideen in die Welt setzen, die später zur Gegenbewegung führen werden.

Quelle: Uwe Jean Heuser, in: Die Zeit, 23.11.2006, unter: www.zeit.de/2006/48/Nachruf-Friedman, 27.04.2012

Als Uwe Jean Heuser anlässlich des Todes von Milton Friedman diese Zeilen schrieb, hatte die Vorherrschaft „neoliberalen" Denkens in Wirtschaftswissenschaft und Wirtschaftspolitik bereits ihren Höhepunkt überschritten. Zwei Jahre später erzwang die durch die US-Immobilienkrise ausgelöste globale Wirtschaftskrise den massiven Einsatz des Staates zur Stabilisierung des Finanzsektors und zur Verhinderung einer Depression. Dabei kamen Instrumente einer nachfrageorientierten Wirtschaftspolitik zum Einsatz, die John Maynard Keynes während und nach der Weltwirtschaftskrise von 1929 erfolgreich propagiert und die sein großer Gegenspieler Milton Friedman seit den 1970er Jahren vehement bekämpft hatte. Doch kaum war von einer „Rückkehr des Staates" und einer „Renaissance des Keynesianismus" die Rede, da offenbarte die 2010 einsetzende Staatsschuldenkrise erneut die Grenzen der ökonomischen Steuerungsfähigkeit des Staates.
Wie im Zeitraffer vollzog sich in den vier Jahren von 2008 bis 2011 ein wirtschaftspolitischer Paradigmenwechsel, wie er sich in den vier Jahrhunderten zuvor mehrfach abgespielt hatte: Auf Colberts staatsfixierten **Merkantilismus** als herrschende Doktrin des absolutistischen Zeitalters folgte in der Epoche der bürgerlichen und industriellen Revolution der **klassische Liberalismus**, der auf die „unsichtbare Hand des Marktes" setzte. Bis zur Weltwirtschaftskrise dominierte die liberale Konzeption der Wirtschaftspolitik, die dann für fast ein halbes Jahrhundert vom **Keynesianismus** als neue herrschende Lehre abgelöst wurde. Und als in den Krisen der 1970er Jahre sich dessen nachfrageorientierte Geld- und Finanzpolitik als wirkungslos oder gar als kontraproduktiv erwies, schwang mit Friedmans angebotsorientierter Konzeption des **Monetarismus** das wirtschaftspolitische Pendel erneut in die entgegengesetzte Richtung.
Die auf den folgenden Seiten präsentierten wirtschaftspolitischen Konzeptionen von Colbert bis Friedman artikulieren sich mal als eher theoretische Grundpositionen mit weitreichendem Geltungsanspruch (z. B. Keynesianismus), mal als eher pragmatische Programme zur Lösung konkreter Probleme. Stets aber enthalten sie Aussagen über die bestehende wirtschaftliche Situation, die angestrebten Ziele, die Instrumente bzw. Maßnahmen, mit denen die Ziele realisiert werden sollen, und den Ordnungsrahmen, innerhalb dessen diese Instrumente zum Einsatz gelangen.

	Historische Situation	Zielsetzungen	Ordnungsrahmen	Instrumente
Merkantilismus (Colbert 1664)				
Klassischer Liberalismus (Smith 1776)				
Keynesianismus (Keynes 1936)				
Monetarismus (Friedman 1971)				

6.2 Merkantilismus: „Macht und Reichtum des Staates"

Unter dem Begriff Merkantilismus werden verschiedene wirtschaftspolitische Konzeptionen zusammengefasst, an denen sich vom 16. bis zum 18. Jahrhundert die praktische Wirtschaftspolitik der meisten europäischen Staaten orientierte.
Die wohl nachhaltigste Wirkung von allen Spielarten des Merkantilismus hatte zweifelsohne der Colbertismus, die von **Jean-Baptiste Colbert**, dem Finanzminister Ludwigs XIV., praktizierte Wirtschaftspolitik, die nicht nur regulierend in den Außenhandel eingriff, sondern auch in die Güterproduktion. So wurden für die neuen Manufakturen ausländische Fachkräfte angeworben, während die Auswanderung für Spezialisten verboten wurde. Wo die Privatinitiative trotz der Subventionen versagte, trat der Staat selbst als Unternehmer auf und betrieb eigene Manufakturen. Binnenzölle wurden abgeschafft, Einfuhrzölle erhöht, Straßen und Kanäle gebaut, die direkte auf die indirekte Besteuerung umgestellt, die Verwaltung zentralisiert.

i

Jean-Baptiste Colbert
* 29.08.1619 in Reims
† 06.09.1683 in Paris

Q

Um [die Merkantilisten zu verstehen] muss man wissen, dass für sie die Menge der Gold- und Silberbestände eines Landes das Maß für seinen Reichtum war. Nun war aber die Menge der insgesamt in der Welt verfügbaren Edelmetalle offenbar begrenzt. Also kam es nach der merkantilistischen Logik darauf an, dem eigenen Land einen möglichst großen Anteil an diesen Beständen zu verschaffen. […] Für die Außenhandelspolitik galt daher das einfache Prinzip „billig einkaufen, teuer verkaufen". Dementsprechend wurde der Import von Rohstoffen gefördert, während man sich gleichzeitig bemühte, möglichst viele höherwertige Güter auf dem Weltmarkt zu verkaufen. Da die höherwertigen Waren höhere Preise erzielten als die Rohstoffe, schien somit ein ständiger Zufluss von Edelmetallen ins eigene Land gesichert, denn Edelmetalle waren damals die einzigen Zahlungsmittel im Außenhandel.

Quelle: Ulrich von Suntum (2011): Die unsichtbare Hand, Berlin/Heidelberg, 4. überarbeitete. Auflage, S. 160

Bei der Preisgestaltung hatte der Fürst ein Mitspracherecht und behielt sich Eingriffe vor, wenn er dies aus Sicht der Wohlstandsmehrung für sinnvoll hielt. Es ging vorrangig um die Exportfähigkeit der von den Regierungen eingerichteten staatlichen Manufakturen, deren internationale Konkurrenzfähigkeit mit geringen Lohnkosten gesichert werden sollte. Deshalb durften auch die Nahrungsmittelpreise nicht steigen. Hohe Zinsen wirkten sich nach Ansicht der Merkantilisten negativ auf die Produktions- und Beschäftigungsentwicklung aus. Auch deshalb galt es, verstärkt einen größeren Anteil an der Weltgeldmenge zu sichern, um die Zinsen zu senken und damit die Investitionstätigkeit zu erhöhen.
Zur Erschließung neuer Steuerquellen wurden die Verbrauchssteuern ausgeweitet und direkte Steuern erhoben. Da die Vermögenssituation der landwirtschaftlichen Haushalte am ehesten einzuschätzen war, wurden diese besonders stark besteuert und damit gegenüber dem Gewerbe benachteiligt. Colbert wusste aber sehr wohl, dass eine zu starke Besteuerung die Steuerquellen versiegen lassen kann und wies darauf hin, dass, bevor Steuern erhöht würden, erst die Staatshaushalte unter Kontrolle gebracht und die enormen Eintreibungskosten, an denen sich die Steuerpächter bereicherten, gedrückt werden müssten. So betrugen im Jahre 1661 die Steuereinnahmen der französischen Krone 31 Millionen Livres, wobei die Besteuerten an die Steuerpächter 85 Millionen Livres abgeliefert hatten!

def.

Manufaktur:
Lat. manu factum – mit der Hand gemacht. Ein erstmals in der Antike und dann wieder im 17. und 18. Jahrhundert auftretender gewerblicher Großbetrieb mit arbeitsteiliger Massenproduktion. In den Manufakturen wurden überwiegend Waren für den Bedarf der Konsumenten oder des Staates hergestellt (z. B. Textilien, Glas, Porzellan, Draht- und Metallwaren). Als Produktionsform wurde die Manufaktur von der Fabrik abgelöst, die sich vor allem durch den erheblich umfangreicheren Einsatz von Maschinen unterscheidet.

A

Erarbeiten Sie an Colberts Denkschrift aus dem Jahre 1664

a) die wirtschaftliche Situation, von der Colbert ausgeht,
b) die gesamtgesellschaftlichen Zielsetzungen dieser Wirtschaftspolitik,
c) die Maßnahmen zur Realisierung dieser Ziele,
d) generelle Merkmale der merkantilistischen Wirtschaftsordnung.

i

Canal du Midi

Von 1667 bis 1681 bauten 12.000 Arbeiter den 241 km langen Canal du Midi, der Mittelmeer und Atlantik verbindet. Er ist 20 m breit und 2 m tief. Über 60 Schleusen und 120 Brücken mussten gebaut werden, ehe die ersten Lastkähne von Pferden den Kanal entlang gezogen werden konnten.

def.

„Laissez faire, laissez passer, le monde va de lui-même":

Das Motto bedeutet: „Lasst es geschehen, lasst es vorübergehen, die Welt geht von selbst."

Jean-Baptiste Colbert in einer Denkschrift vom 3. August 1664 für Ludwig XIV. über Erfordernisse und Vorteile des Handels:

Q

Ich glaube [...], dass es einzig und allein der Reichtum an Geld ist, der die Unterschiede an Größe und Macht zwischen den Staaten begründet. Was dies betrifft, so ist es sicher, dass jährlich aus dem Königreich einheimische Erzeugnisse (Wein, Branntwein, Weinessig, Eisen, Obst, Papier, Leinwand, Eisenwaren, Seide) für den Verbrauch im Ausland im Wert von 12 bis 18 Millionen Livres hinausgehen. Das sind die Goldminen unseres Königreiches, um deren Erhaltung wir uns sorgfältig bemühen müssen [...]. Je mehr wir die Handelsgewinne, die die Holländer den Untertanen des Königs abnehmen, und den Konsum der von ihnen eingeführten Waren verringern können, desto mehr vergrößern wir die Menge des hereinströmenden Bargeldes und vermehren wir die Macht, Größe und Wohlhabenheit des Staates. Außer den Vorteilen, die die Einfuhr einer größeren Menge Bargeld in das Königreich mit sich bringt, wird sicherlich durch die Manufakturen eine Million zur Zeit arbeitsloser Menschen ihren Lebensunterhalt gewinnen. Eine ebenso beträchtliche Anzahl wird in der Schifffahrt und in den Seehäfen Verdienst finden, und die fast unbegrenzte Vermehrung der Schiffe wird im gleichen Verhältnis Größe und Macht des Staates vermehren. [...] Ich schlage vor [...]: Die Ein- und Ausfuhrtarife sollten überprüft [...] und es sollte jährlich eine bedeutende Summe für die Wiederherstellung der Manufakturen und die Förderung des Handels [...] ausgeworfen werden. Desgleichen [...]: Zahlung von Zuschüssen an alle, die neue Schiffe kaufen oder bauen oder große Handelsreisen unternehmen. Die Landstraßen sollten ausgebessert, die Zollstationen an den Flüssen aufgehoben [...] werden. Man bemühe sich unablässig, die Flüsse im Innern des Königreiches schiffbar zu machen [...]; man prüfe sorgfältig die Frage einer Verbindung der Meere [Mittelmeer-Atlantik-Kanal und Mittelmeer-Nordsee-Kanal] und unterstütze tatkräftig die Ost- und Westindische Kompanie [Handelsgesellschaft].

Quelle: aus: Volker Dotterweich, Andreas Mehl, Helmut G. Walther (Hrsg.) (1985): Grundriss der Geschichte. Dokumente, Bd. 1, Stuttgart, S. 122 f.

In der Mitte des 18. Jahrhunderts wurden die merkantilistischen Vorstellungen von den Anhängern der **physiokratischen Lehre** in Frankreich infrage gestellt, die sich selbst „les économistes" nannten. Das Haupt der Physiokraten war Francois Quesnay (1694–1774), der Chirurg und Leibarzt von Madame de Pompadour war. Die Physiokratie definierte sich als Wissenschaft von der „natürlichen Ordnung", die als eine von Gott für das Glück der Menschen gewollte Ordnung verstanden wurde. Den Einzelnen müsse ihre Freiheit belassen werden; aus Eigeninteresse würden sie die natürliche Ordnung aufrechterhalten. Die physiokratische Devise „laissez faire, laissez passer, le monde va de lui-même" fand über Adam Smith Eingang in die klassisch-liberale Nationalökonomie.

Die Physiokraten kritisierten die Vernachlässigung der Landwirtschaft, denn nach ihrer Ansicht ist der Boden die alleinige Quelle des Reichtums, während Handel und Handwerk keine neuen Werte schaffen, sondern nur Stoffumwandlung, Stoffveränderung und Stoffvermischung bewirken. Obwohl die Auffassung, die Produktionsfaktoren Arbeit und Kapital seien unproduktiv, zweifellos ein Fehlschluss war, haben die Physiokraten mit ihrer Forderung nach einer Befreiung der wirtschaftlichen Tätigkeit aus den Fesseln des absolutistischen Staates zum Erkenntnisfortschritt der ökonomischen Theorie beigetragen.

6.3 Klassischer Liberalismus: „Die unsichtbare Hand des Marktes"

Die im 18. Jahrhundert einsetzende Umwälzung der Produktionstechnik (Spinnerei, Weberei), die Verwendung neuer Antriebsarten (Dampfmaschine) und neuer Primärenergie (Kohle statt Holz) führten zu ertragreicherer Arbeit in den großen Fabrikationsstätten als die bisher vorherrschende Heimarbeit. Damit war der Grundstein gelegt für die Massenproduktion und die Entwicklung einer lohnabhängigen städtischen Arbeiterschaft. Nun standen sich in der Wahrnehmung der Zeitgenossen bei der Verteilung des Bruttosozialprodukts deutlicher als bisher soziale Klassen gegenüber: Landeigentümer, Lohnarbeiter und Fabrikherren. Die Bevölkerungsexplosion verschärfte die Verteilungsfrage; denn das Arbeitsangebot vergrößerte sich und drückte den Lohn teilweise unter das Existenzminimum.
Neue wirtschaftspolitische Handlungsanweisungen waren vonnöten. Ökonomen begannen, aus der Sammlung einzelner normativer Aussagen und wirtschaftspolitischer Rezepte ein geschlossenes Konzept zu entwickeln, in dem die Interdependenzen des ökonomischen Geschehens systematisch erfasst und als Ursache-Wirkung-Zusammenhänge offengelegt wurden. Damit legten sie den Grundstein für die „klassische Nationalökonomie". Zu diesen Ökonomen gehören **Adam Smith** (1723–1790), **Thomas Robert Malthus** (1766–1834), **Jean-Baptiste Say** (1767–1832), **David Ricardo** (1772–1823) und **John Stuart Mill** (1806–1873). Ihre Forderung nach einer umfassenden Liberalisierung von Wirtschaft und Gesellschaft begründeten sie damit, dass die wirtschaftlichen Handlungen der Individuen gleichsam automatisch zum Wohle der Gesamtheit beitragen, wenn diese den eigenen wirtschaftlichen Interessen ungehindert nachgehen können. Anders als in der Antike, im Mittelalter und im Absolutismus ist der Mensch in dem liberalen Gesellschaftsentwurf nicht mehr dem gelungenen Leben in der Polis, einem gotterfüllten Leben oder dem Herrschaftsinteresse verpflichtet, sondern darf seine eigenen Interessen verfolgen. Jeder Akteur schöpft die ihm zur Verfügung stehenden Ressourcen aus und fördert damit die individuelle und gleichzeitig die gesellschaftliche Wohlfahrt, soweit das Handeln sich im Rahmen der allgemeingültigen Regeln und Gesetze vollzieht.
Dem emanzipierten Menschen der klassischen Nationalökonomie wird das Recht auf Privateigentum als ein Natur- bzw. Menschenrecht zugestanden, das gesetzlich gesichert sein muss. Denn der Einzelne ist nach ihrer Auffassung immer dann besonders produktiv, wenn er für sich selbst arbeiten und die Früchte seiner Arbeit genießen kann. Wie von einer „unsichtbaren Hand" („invisible hand") tragen die Ergebnisse des individuellen Handelns zur Wohlfahrtssteigerung der gesamten Gesellschaft bei. Voraussetzung dafür sind Wettbewerbsmärkte, auf denen keine Preisabsprachen erfolgen, zu denen alle Akteure ungehindert Zutritt haben und aus denen sie sich auch wieder zurückziehen können. Die Preise, die sich aus dem Zusammenspiel von Angebot und Nachfrage bilden, signalisieren den Produzenten, ob sich ihre Investitionen lohnen oder nicht.

Vier Prinzipien kennzeichnen die liberale Wirtschaft:

- Träger der wirtschaftlichen Handlungen ist das Individuum. Das Individuum entscheidet in freier Selbstbestimmung über seine wirtschaftlichen Handlungen und Unterlassungen (Individualprinzip).
- Die Wirtschaftseinheiten haben selbst einzustehen für die Folgen ihres Tuns und Unterlassens (Haftungsprinzip).
- Die Individuen handeln nach der Leitnorm des eigenen Interesses aufgrund ökonomisch-rationaler Entscheidungen (Eigennutzprinzip).
- Freie Konkurrenz ist die Voraussetzung für das Funktionieren des Gesamtsystems (Konkurrenzprinzip).

i

Adam Smith
* 05.06.1723 in Kircaldy
† 17.07.1790 in Edinburgh

Begründer der klassischen Nationalökonomie
Hauptwerke:
Theorie der ethischen Gefühle (1759)
Wohlstand der Nationen (Wealth of Nations) (1776)

Für das Verhältnis von Wirtschaft und Staat gilt prinzipiell das **Subsidiaritätsprinzip:** Alles, was ein einzelnes Wirtschaftssubjekt selbst erledigen kann, bleibt diesem auch überlassen. Der Staat soll Vorkehrungen treffen, dass die Wirtschaftssubjekte miteinander in Verkehr treten können, z. B. Monopolsituationen verhindern oder die Erweiterung von Märkten ermöglichen. Der liberale Rechtsstaat im Sinne Adam Smiths ist keineswegs der von dem Arbeiterführer Ferdinand Lassalle (1825–1864) in polemischer Zuspitzung so bezeichnete „Nachtwächterstaat", der ausschließlich für den Schutz der persönlichen Freiheit und des Eigentums zuständig ist. Die „unsichtbare Hand" des Marktes lenkt eben nicht alles einzelwirtschaftliche Handeln in die Richtung gesellschaftlicher Vorteile; für öffentliche Güter, für die sich wegen einer zu geringen Rendite keine Produzenten finden, muss der Staat sorgen.

Zur Realisierung seiner Aufgaben bedarf der Staat einer angemessenen finanziellen Ausstattung. Adam Smith, der von 1778 bis zu seinem Tode im Jahre 1790 Mitglied der Königlichen Zollkommission für Schottland war, hat vier steuerpolitische Maximen aufgestellt, die noch heute gültig sind:

1. **Gleichmäßigkeit (Proportionalität):** „Die Untertanen eines Staates müssen zur Unterstützung der Staatsgewalt möglichst genau nach Verhältnis ihres Vermögens beitragen, d.h. nach Verhältnis der Einkünfte, die ein jeder unter dem Schutz des Staates genießt." (a. a. O., Bd. 3, S. 187)
2. **Bestimmtheit (Vermeidung von Willkür):** „Die Steuer, die jeder einzelne Bürger zu zahlen verbunden ist, muss genau bestimmt und nicht willkürlich sein". (ebenda)
3. **Bequeme Zahlungsweise:** „Jede Steuer muss zu der Zeit und auf die Weise erhoben werden, dass es dem Steuerzahler möglichst leichtfällt, sie zu bezahlen." (ebenda, S. 188)
4. **Schonung der Steuerquellen:** „Jede Steuer muss so eingerichtet sein, dass sie so wenig als möglich über die Summe, die sie dem Staatsschatze einbringt, aus den Taschen des Volkes herausnimmt oder ihr fortdauernd entzieht." (ebenda, S. 188)

Q

Der Wohlstand der Nationen (The Wealth of Nations)

Jeder Mensch ist stets darauf bedacht, die ersprießlichste Anwendung alles Kapitals, über das er zu verfügen hat, ausfindig zu machen. Tatsächlich hat er nur seinen eigenen Vorteil und nicht den der Gesellschaft im Auge; aber natürlich, oder vielmehr notwendigerweise, führt ihn die Erwägung seines eigenen Vorteils gerade dahin, dass er diejenige Kapitalbenutzung vorzieht, die zugleich für die Gesellschaft höchst ersprießlich ist. […]
Da nun jedermann nach Kräften sucht, sein Kapital in der heimischen Erwerbstätigkeit und diese Erwerbstätigkeit selbst so zu leiten, dass ihr Erzeugnis den größten Wert erhält, so arbeitet auch jeder notwendig dahin, das jährliche Einkommen der Gesellschaft so groß zu machen, als er kann. Allerdings strebt er in der Regel nicht danach, das allgemeine Wohl zu fördern, und weiß auch nicht, um wie viel er es fördert. Indem er die einheimische Erwerbstätigkeit der fremden vorzieht, hat er nur seine eigene Sicherheit im Auge, und indem er diese Erwerbstätigkeit so leitet, dass ihr Produkt den größten Wert erhalte, verfolgt er lediglich seinen eigenen Gewinn und wird in diesen wie in vielen anderen Fällen von einer unsichtbaren Hand geleitet, einen Zweck zu fördern, den er in keiner Weise beabsichtigt hatte. Auch ist es nicht eben ein Unglück für die Gesellschaft, dass dies nicht der Fall war. Verfolgt er sein eigenes Interesse, so fördert er

das der Gesellschaft weit wirksamer, als wenn er dieses wirklich zu fördern beabsichtigt. [...]

In welchem Zweig der heimischen Erwerbstätigkeit er sein Kapital anlegen kann und bei welchem das Erzeugnis den größten Wert zu haben verspricht, das kann offenbar jeder Einzelne je nach den Ortsverhältnissen weit besser beurteilen, als es irgendein Staatsmann oder Gesetzgeber für ihn tun könnte. Ein Staatsmann, der sich´s einfallen ließe, Privatleuten darüber Vorschriften zu geben, auf welche Weise sie ihre Kapitalien anlegen sollen, würde sich nicht allein eine höchst unnötige Fürsorge aufladen, sondern sich auch eine Autorität anmaßen, die keinem Senate oder Staatsrate, geschweige denn einem einzelnen Manne mit Sicherheit überlassen werden könnte, und die nirgends so gefährlich sein würde als in der Hand eines Mannes, der töricht und dünkelhaft genug wäre, um sich für fähig zu halten, sie auszuüben. [...]

So kommt es, dass jedes System, das entweder durch außerordentliche Begünstigung einer einzelnen Art von Gewerbefleiß einen größeren Anteil von dem Gesellschaftskapitale zuwenden will, als ihm von selbst zufließen würde, oder das durch außerordentliche Beschränkungen einer einzelnen Art von Gewerbefleiß einen Teil des Kapitals gewaltsam entzieht, der sonst darauf verwendet worden wäre, in der Tat dem Hauptzwecke selbst entgegenwirkt, den es erreichen will. Es hemmt den Fortschritt der Gesellschaft zu wirklichem Wohlstand und wirklicher Größe, statt ihn zu beschleunigen, und vermindert den wirklichen Wert des jährlichen Produktes seines Bodens und seiner Arbeit, statt ihn zu vermehren.

Räumt man also alle Begünstigungs- oder Beschränkungssysteme völlig aus dem Wege, so stellt sich das klare und einfache System der natürlichen Freiheit von selbst her. Jeder Mensch hat, so lange er nicht die Gesetze der Gerechtigkeit verletzt, vollkommene Freiheit, sein eigenes Interesse auf seine eigene Weise zu verfolgen, und sowohl seinen Gewerbefleiß wie sein Kapital mit dem Gewerbefleiß und den Kapitalien anderer Menschen oder anderer Klassen von Menschen in Konkurrenz zu bringen. Das Staatsoberhaupt wird dadurch gänzlich einer Pflicht entbunden, bei deren Ausübung es immer unzähligen Täuschungen ausgesetzt sein muss, und zu deren richtiger Erfüllung keine menschliche Weisheit und Kenntnis hinreicht, der Pflicht nämlich, den Gewerbefleiß der Privatleute zu überwachen und ihn auf die dem Interesse der Gesellschaft zuträglichste Beschäftigung hinzuleiten.

Nach dem System der natürlichen Freiheit hat das Staatsoberhaupt nur drei Pflichten zu beobachten, drei Pflichten freilich, die höchst wichtig, aber die auch ganz einfach und für den gemeinen Menschenverstand fasslich sind: erstens die Pflicht, die Gesellschaft gegen die Gewalttätigkeiten und Angriffe anderer unabhängiger Gesellschaften zu schützen, zweitens die Pflicht, jedes einzelne Glied der Gesellschaft gegen die Ungerechtigkeit oder Unterdrückung jedes anderen Gliedes derselben so viel als möglich zu schützen, d. h. die Pflicht, eine genaue Rechtspflege aufrechtzuerhalten, drittens die Pflicht, gewisse öffentliche Werke und Anstalten zu errichten und zu unterhalten, deren Errichtung und Unterhaltung niemals in dem Interesse eines Privatmannes oder einer kleinen Zahl von Privatleuten liegen kann, weil der Profit daraus niemals einem Privatmanne oder einer kleinen Zahl von Privatleuten die Auslagen ersetzen würde, obgleich er in einer großen Gesellschaft oft mehr als die Auslagen ersetzen würde.

Quelle: Adam Smith (1923): Eine Untersuchung über Natur und Wesen des Volkswohlstandes, nach der Ausgabe letzter Hand (4. Auflage von 1786) ins Deutsche übertragen von Ernst Grünfeld und eingeleitet von Heinrich Waentig, Bd. 2, Jena, S. 232, 235 f., 555 f.

A

Erarbeiten Sie anhand der Auszüge aus „Wealth of Nations"

a) die Grundannahmen, von denen Smith in seiner Argumentation ausgeht,
b) die Koordination der einzelwirtschaftlichen Pläne und Entscheidungen in Smiths Wirtschaftssystem,
c) die gesamtgesellschaftlichen Ziele, die durch das „klare und einfache System der natürlichen Freiheit" verwirklicht werden sollen,
d) die Argumente, mit denen Smith die merkantilistische Wirtschaftspolitik ablehnt,
e) die grundsätzlichen Aufgaben, die Smith dem Staat in einer Marktwirtschaft zuweist,
f) konkrete Empfehlungen an die Adresse der Regierung und des Gesetzgebers (Parlament), die sich aus den Ausführungen Smiths ableiten lassen.

New York: die Wall Street am Tag des Börsencrashs im Oktober 1929

6.4 Keynesianismus und Nachfragepolitik

Als im Oktober 1929 mit dem Börsencrash in New York die Weltwirtschaftskrise begann, die sich bis weit in die 1930er Jahre hinzog, konnte die vorherrschende ökonomische Wissenschaft diese weder erklären noch therapieren. Die **Ökonomen des klassischen Liberalismus** gingen davon aus, dass es in einer funktionierenden Marktwirtschaft keine Wirtschaftskrisen und keine längerfristige Arbeitslosigkeit geben könne. Sie stützten sich dabei auf das nach dem französischen Nationalökonomen Jean-Baptiste Say (1767–1832) bezeichnete **„Say'sche Theorem"**, nach dem sich jedes Angebot seine eigene Nachfrage schaffe. Wenn es doch einmal zur Überproduktion in einem einzelnen Markt komme, werde Kapital daraus abgezogen und einer profitableren Verwendung in einem anderen Bereich zugeführt. Selbst eine erhöhte Sparneigung führe zu erneuter Nachfrage, denn das zusätzliche Angebot von Kapital habe eine Senkung der Zinsen zur Folge und bewirke damit eine zusätzliche Investitionsgüternachfrage, welche die fehlende Konsumnachfrage ersetze. Auch auf dem Arbeitsmarkt bestehe die Tendenz zum Gleichgewicht: Bei einem Überangebot an Arbeitskräften würden die Löhne so lange sinken, bis die Unternehmer es wieder als lukrativ ansähen, Arbeitskräfte einzustellen. So wie der Preis- und Zinsmechanismus sorge der Lohnmechanismus dafür, dass es zu einem erneuten Gleichgewicht komme, denn alle, die bereit seien, zum Gleichgewichtslohn zu arbeiten, würden eine Beschäftigung finden.

Entgegen diesen klassisch-liberalen Vorstellungen kam es seit der Durchsetzung der industriell-kapitalistischen Wirtschaftsweise zu periodisch auftretenden **konjunkturellen Krisen**, auf die sich vor allem das Untersuchungsinteresse kapitalismuskritischer Autoren wie Karl Marx richtete. Die Mehrzahl der liberalen Ökonomen ging aber bis zur Weltwirtschaftskrise weiterhin von der Annahme aus, es handle sich bei diesen Krisen um vorübergehende Anpassungsvorgänge, die am besten durch die „Selbstheilungskräfte der Wirtschaft" bewältigt würden und daher keiner staatlichen Eingriffe bedürften. Die Krise wirke – gewissermaßen wie ein reinigendes Gewitter – als **„Reinigungskrise"**: Die in der vorangegangenen Hochkonjunktur (Boom) aufgrund der hohen Arbeitskräfte- und Kreditnachfrage gestiegenen Arbeitslöhne und Kreditzinsen sänken in der Krise infolge von Entlassungen und rückläufiger Kreditnachfrage; die verbesserte Kostensituation ermögliche den Unternehmen billigere Angebote, was ihre Wettbewerbsposition auf den Weltmärkten stärke, zu erhöhten Exporten führe und den Anstoß für einen neuen Konjunkturaufschwung gebe.

A

Erläutern Sie das Konzept der „Reinigungskrise" am Modell des Wirtschaftskreislaufs.

Während der Weltwirtschaftskrise verhielten sich die meisten Regierungen im Sinne der überkommenen Theorie – und verschärften so die Krise. Aus heutiger Sicht agierten sie **prozyklisch**, d. h., sie verstärkten mit ihrer Wirtschaftspolitik den konjunkturellen Abwärtstrend. In Deutschland versuchte zwischen 1930 bis 1932 die konservativ-liberale Minderheitsregierung des Reichskanzlers Heinrich Brüning, die Krise mit einer rigorosen **Deflationspolitik** zu bekämpfen. Durch radikale Maßnahmen zur Kostensenkung sollten die Preise für deutsche Industrieprodukte noch schneller und stärker fallen als die Preise der Industrieprodukte in den Hauptabnehmer- und Wettbewerbsländern, um auf diese Weise die Auslandsnachfrage und damit die Inlandsproduktion zu beleben. Im Basler Reparationsbericht, einem Gutachten internationaler Sachverständiger, wurden die tatsächlich ergriffenen wirtschaftspolitischen Maßnahmen der Regierung Brüning beschrieben:

def.

Deflation:
allgemeines Sinken der Preise für Waren und Dienstleistungen (im Gegensatz zur Inflation)

Q

Die vornehmste Sorge der Reichsregierung war die Sicherung der Währung und ganz allgemein das Funktionieren der deutschen Wirtschaft im Rahmen der Weltwirtschaft. Um dieses Ziel zu erreichen, richtete sie alle ihre Anstrengungen darauf, das Gleichgewicht des Haushalts, nicht nur des Reiches, sondern auch der Länder und Gemeinden zu sichern. Die direkten Steuern wurden durch zweimalige Heraufsetzung der Einkommensteuer und die indirekten Steuern durch Einführung weiterer stärkerer Abgaben auf Bier und Tabak erhöht; schließlich wurde kürzlich die Umsatzsteuer von 0,85 % auf 2 % heraufgesetzt. Durchgreifende Einsparungen wurden bei den Reichsausgaben vorgenommen, die Gehälter aller öffentlichen Beamten und Angestellten wurden in den letzten 18 Monaten durch wiederholte Herabsetzungen um mehr als 20 % gekürzt, sodass die Gehälter jetzt niedriger sind als zu Anfang 1927. [...] Die Beiträge für die Erwerbslosenversicherung sind auf 6,5 % der Löhne erhöht worden, während die Leistungen und Unterstützungen der Versicherungsträger bedeutend herabgesetzt wurden. [...] Ein weiterer Hauptpunkt des Programms der Regierung war die Senkung der Preise und Löhne. Die Preise wurden allgemein um 10 % herabgesetzt. Die Mieten werden in ähnlichem Umfang gesenkt. Selbst die Zinssätze für langfristige Verpflichtungen müssen um etwa 25 % gesenkt werden. Auf dem Gebiet der Löhne soll eine allgemeine Senkung auf den ungefähren Stand von Anfang 1927 eintreten.

Quelle: Gerhard Kroll: Von der Weltwirtschaftskrise zur Staatskonjunktur, Berlin 1958, S. 109

A

Zeigen Sie anhand des Kreislaufmodells Auswirkungen von Brünings „Deflationspolitik" auf.

Seit etwa 1930 forderte der englische Bankier, Ökonom und Politiker **John Maynard Keynes** eine radikale Wende in der Wirtschaftspolitik. Keynes hat seine in vielen Aufsätzen und Denkschriften vorgetragenen Gedanken in seiner 1936 veröffentlichten „General Theory on Employment, Interest and Money" (Allgemeine Theorie der Beschäftigung, des Zinses und des Geldes) zusammenhängend dargestellt. Das Werk, von dem bereits nach wenigen Monaten eine deutsche Übersetzung erschien, stellt unbestritten eines der Hauptwerke der Volkswirtschaftslehre dar – mit unübersehbaren Folgen für die gesamte Wirtschaftstheorie und Wirtschaftspolitik.

i

John Maynard Keynes
* 05.06.1883 in Cambridge
† 21.04.1946 in Tilton

Q

Die hervorstechenden Fehler der wirtschaftlichen Gesellschaft, in der wir leben, sind ihr Versagen, für Vollbeschäftigung Vorkehrung zu treffen, und ihre willkürliche und unbillige Verteilung des Reichtums und der Einkommen. [...]
Wir haben gesehen, dass bis zu dem Punkt, an dem Vollbeschäftigung vorherrscht, das Wachstum des Kapitals sich keineswegs auf einen niedrigen Hang zum Verbrauch stützt, sondern im Gegenteil von ihm zurückgehalten wird; und dass nur in Zuständen der Vollbeschäftigung ein niedriger Hang zum Verbrauch förderlich für das Wachstum von Kapital sein wird. [...]
Der Staat wird einen leitenden Einfluss auf den Hang zum Verbrauch teilweise durch sein System der Besteuerung, teilweise durch die Festlegung des Zinsfußes und teilweise vielleicht durch andere Wege ausüben müssen. Ferner scheint es unwahrscheinlich, dass der Einfluss der Bankpolitik auf den Zinsfuß an sich genügend sein wird, um eine Optimumrate der Investition zu bestimmen. Ich denke mir daher, dass eine ziemlich umfassende Verstaatlichung der Investition sich als das einzige Mittel zur Erreichung einer Annäherung an Vollbeschäftigung erweisen wird; obschon dies nicht

def.

Zinsfuß:
in Prozent ausgedrückter Preis für Fremdkapital

alle Arten von Zwischenlösungen und Verfahren ausschließen muss, durch welche die öffentliche Behörde mit der privaten Initiative zusammenarbeiten wird. Aber darüber hinaus wird keine offensichtliche Begründung für ein System des Staatssozialismus vorgebracht, das den größten Teil des wirtschaftlichen Lebens des Gemeinwesens umfassen würde. […]
Die zentralen Leitungen [Verwaltungseinrichtungen], die für die Sicherung von Vollbeschäftigung erforderlich sind, bringen natürlich eine große Ausdehnung der überlieferten Aufgaben der Regierung mit sich. Außerdem hat die moderne klassische Theorie selbst die Aufmerksamkeit auf verschiedene Zustände gelenkt, in denen es notwendig sein mag, das freie Spiel der wirtschaftlichen Kräfte zu zügeln oder zu leiten. Aber es wird immer noch ein weites Feld für die Ausübung der privaten Initiative und Verantwortung verbleiben. Innerhalb dieses Feldes werden die überlieferten Vorteile des Individualismus immer noch Geltung haben. […]
Während daher die Ausdehnung der Aufgaben der Regierung, welche die Ausgleichung des Hanges zum Verbrauch und der Veranlassung zur Investition mit sich bringt, einem Publizisten des neunzehnten Jahrhunderts oder einem zeitgenössischen amerikanischen Finanzmann als ein schrecklicher Eingriff in die persönliche Freiheit erscheinen würde, verteidige ich sie im Gegenteil, sowohl als das einzige durchführbare Mittel, die Zerstörung der bestehenden wirtschaftlichen Formen in ihrer Gesamtheit zu vermeiden, als auch als die Bedingung für die erfolgreiche Ausübung der Initiative des Einzelnen. […]
Die autoritären Staatssysteme von heute scheinen das Problem der Arbeitslosigkeit auf Kosten der Leistungsfähigkeit und der Freiheit zu lösen. Es ist sicher, dass die Welt die Arbeitslosigkeit, die, von kurzen Zeiträumen der Belebung abgesehen – nach meiner Ansicht unvermeidlich – mit dem heutigen kapitalistischen Individualismus verbunden ist, nicht viel länger dulden wird. Durch eine richtige Analyse des Problems sollte es aber möglich sein, die Krankheit zu heilen und gleichzeitig Leistungsfähigkeit und Freiheit zu bewahren“

Quelle: John M. Keynes (1936): Allgemeine Theorie der Beschäftigung, des Zinses und des Geldes, Berlin, S. 314–321

A

Arbeiten Sie an dem Auszug aus Keynes' „Allgemeiner Theorie“ heraus,

a) worauf der Zustand der Unterbeschäftigung zurückgeführt wird,
b) mit welchen Argumenten die staatliche Intervention begründet wird,
c) mit welchen Instrumenten die Vollbeschäftigung erreicht werden soll,
d) welche Merkmale die von Keynes befürwortete Wirtschaftsordnung kennzeichnen.

Es ist also die Nachfrage, welche die Höhe der Produktion und damit auch die Höhe des Volkseinkommens und den Grad der Beschäftigung bestimmt. Damit ist das Say'sche Theorem auf den Kopf gestellt: Nicht das Angebot schafft sich seine Nachfrage, sondern die Nachfrage bestimmt das Angebot. Wird nämlich nicht so viel nachgefragt, wie es eigentlich bei einer Vollbeschäftigungsproduktion möglich wäre, werden die Unternehmen die Produktion drosseln. Es entsteht eine gesamtwirtschaftliche **Nachfragelücke**. Keynes leugnet nicht die generelle Tendenz zum Gleichgewicht zwischen Angebot und Nachfrage auf dem Gütermarkt, doch muss es nicht auch zwangsläufig zum Gleichgewicht auf dem Arbeitsmarkt kommen. Bei einer niedrigen – durchaus gleichgewichtigen – Produktionshöhe drosseln die Unternehmen die Produktion, und bei Nichtauslastung der Produktionskapazitäten steigt die Zahl der Arbeitslosen. Es herrscht **Gleichgewicht bei Unterbeschäftigung** und in dieser Situation sehen die Unternehmen keine Veranlassung, zusätzlich zu investieren und z. B. die Ersparnis der Konsumenten für Investitionen abzurufen. Dann wird Ersparnis durchaus zum Kaufkraftausfall – entgegen der Aussage des Say'schen Theorems. Selbst bei einem noch so niedrigen Zins – so Keynes' Argumentation – führen zu geringe Absatz- und Renditeerwartungen der Unternehmen nicht zu weiteren Investitionen. Damit ist die Wirksamkeit des Zinsmechanismus infrage gestellt.

Für Keynes war ein neuer Aufschwung nur über die Steigerung der **gesamtwirtschaftlichen Nachfrage** möglich, die sich aus dem privaten Konsum, den Investitionen, dem Staatskonsum und dem Export zusammensetzt. Wenn die Unternehmen angesichts schlechter Absatz- und Ertragsaussichten kaum noch investieren, die privaten Haushalte aufgrund der sinkenden Einkommen weniger konsumieren und gleichzeitig die Nachfrage aus dem Ausland einbricht, dann muss der Staat durch sogenanntes **„deficit spending"**, d. h. durch kreditfinanzierte Investitionsprogramme, aber auch durch Steuersenkungen in den Wirtschaftskreislauf eingreifen, um die gesamtwirtschaftliche Nachfrage zu stimulieren.

Keynes´ Ideen, die zusammenfassend als **„Keynesianismus"** bezeichnet werden, beeinflussten nicht nur die Wirtschaftspolitik seiner Zeit, beispielsweise die von US-Präsident Franklin D. Roosevelt (1933–1945) verfolgte Politik des „New Deal", sondern bildeten den Ausgangspunkt für eine Reihe wirtschaftstheoretischer Strömungen („Neokeynesianer", „Postkeynesianer"), die im Wesentlichen die Orientierung an der gesamtwirtschaftlichen Nachfrage (**Nachfragepolitik**) eint und die zwischen 1940 und 1970 die ökonomische Theorie und Praxis dominierten.

In der Bundesrepublik Deutschland fand der Keynesianismus erstmals durch das 1967 von der damaligen Großen Koalition unter dem Eindruck der ersten Nachkriegsrezession beschlossene „Gesetz zur Förderung der Stabilität und des Wachstums der Wirtschaft" (kurz auch „Stabilitätsgesetz" genannt) Eingang in die praktische Wirtschaftspolitik. Mit diesem Gesetz wurden die Grundlagen für eine vom damaligen Wirtschaftsminister **Karl Schiller** (SPD) als „Globalsteuerung" bezeichnete **antizyklische Konjunkturpolitik** gelegt, die durch restriktive (die Nachfrage „dämpfende") Maßnahmen im Boom und durch expansive (die Nachfrage „ankurbelnde") Maßnahmen in der Rezession „Störungen des gesamtwirtschaftlichen Gleichgewichts" abzuwehren versuchte. Während in der Rezession durch die Beschleunigung von staatlichen Investitionen sowie durch Sonderabschreibungen, Investitionszulagen und Steuererleichterungen Wirtschaftswachstum und Vollbeschäftigung wiederhergestellt werden sollten, kam es im Boom darauf an, inflationäre Tendenzen durch entgegengesetzte Maßnahmen (also Zurückstellung von staatlichen Investitionen, Aussetzung von Investitionszulagen und Steuererhöhungen) zu bekämpfen. In Abkehr von der bis dahin praktizierten Politik des ausgeglichenen Staatshaushalts sollten die Maßnahmen zur Konjunkturankurbelung durch die Aufnahme von Krediten und aus einer Konjunkturausgleichsrücklage finanziert werden, während im Boom die Schulden getilgt und die Konjunkturausgleichsrücklage wieder aufgefüllt werden sollten. Im Übrigen sollte die antizyklische Finanz- bzw. **Fiskalpolitik** von Bund und Ländern durch eine entsprechende antizyklische **Geldpolitik** der autonomen Bundesbank ergänzt werden.

In den krisenhaften 1970er Jahren zeigten sich deutliche Probleme bei der Umsetzung der antizyklischen Fiskalpolitik, die zur Diskreditierung keynesianischer Nachfragepolitik und zu einer wachsenden Verbreitung einer am Monetarismus orientierten **Angebotspolitik** führten:

- Die Maßnahmen traten aufgrund von Erkenntnis-, Entscheidungs- und Umsetzungsproblemen oft nur mit Zeitverzögerungen (time-lags) ein und wirkten dann entgegen der ursprünglichen Intention prozyklisch.
- Sie konnten die Wirtschaftssubjekte nicht überzeugen, wenn diese mit einer weiteren Verschlechterung der Lage rechneten und daher Investitions- und Kaufentscheidungen zurückstellten und sparten.
- Das „deficit spending" führte zu einer ständigen Erhöhung der Staatsverschuldung, weil diese in Boomzeiten aus wahltaktischen Gründen nicht zurückgeführt wurde.

i

Eine ausführliche Darstellung der Stabilitätspolitik finden Sie in Abschnitt 4.3.

i

Prof. Dr. Karl Schiller
* 24.04.1911 in Breslau
† 26.12.1994 in Hamburg

A

Verdeutlichen Sie am Modell des Wirtschaftskreislaufs
a) erwünschte Wirkungen eines staatlichen Investitionsprogramms in der Rezession,
b) mögliche unerwünschte Nebenwirkungen einer solchen Maßnahme.

6.5 Monetarismus und Angebotspolitik

Während Keynes dem Staat eine bedeutende Rolle zur Bekämpfung von konjunkturellen Krisen zuschreibt, ist es nach der Auffassung der sogenannten „Chicagoer Schule" gerade der Staat, der durch sein Eingreifen konjunkturelle Krisen hervorruft. Ab Mitte der 1950er Jahre formierte sich als Gegenposition zum Keynesianismus eine ökonomische Konzeption, die wegen der besonderen Betonung der Rolle des Geldes den Namen **„Monetarismus"** erhielt. Ihr wichtigster Vertreter war **Milton Friedman**, dessen Lehren ab den 1970er Jahren in dem Maße an Einfluss gewannen, in dem die von Keynes inspirierte Nachfragepolitik an ihre Grenzen stieß. Hier ein Auszug aus Friedmans „Kapitalismus und Freiheit":

i

Milton Friedman
* 31.07.1912 Brooklyn, N.Y.C.
† 16.11.2006 San Francisco

Q

Seit dem New Deal ist das Hauptargument für die Ausweitung von Regierungseingriffen auf Bundesebene immer wieder die sogenannte Notwendigkeit von Staatsausgaben zur Beseitigung von Arbeitslosigkeit gewesen. Das Argument hat verschiedene Stufen durchlaufen. Zuerst musste man mit den Regierungsgeldern „die Pumpe anwerfen". Vorübergehende Ausgaben sollten die Wirtschaft in Gang bringen. Dann könnte sich die Regierung wieder zurückziehen.

Als die ersten Ausgaben die Arbeitslosigkeit nicht beseitigt hatten und die starke wirtschaftliche Rezession von 1937/38 gefolgt war, entwickelte man die Theorie von der „weltweiten Stagnation", um den andauernd hohen Stand der Staatsausgaben zu rechtfertigen. Die Wirtschaft sei reif geworden, argumentierte man. Die Möglichkeiten für Investitionen seien daher weitgehend erschöpft und neue Gelegenheiten würden sich kaum ergeben. Die einzelnen Menschen aber wollten immer mehr sparen. Daher sei es für die Regierung wichtig, Geld auszugeben und ein ständiges Haushaltsdefizit vorzutragen. Die Papiere, mit denen man das Defizit finanzierte, würden es den Leuten möglich machen, Ersparnisse zu sammeln, während die Ausgaben des Staates Arbeitsplätze schafften. Diese Analyse ist durch neue theoretische Erkenntnisse stark in Misskredit geraten […]. Doch hat die Idee eine Erbschaft hinterlassen. Die Idee selbst mag heute von niemandem mehr akzeptiert werden, die Regierungsprogramme aber, die in ihrem Namen aufgenommen wurden, wie zum Beispiel das vom „Anwerfen der Pumpe", geistern noch bei uns herum und sind tatsächlich der Grund für die ewig wachsenden Staatsausgaben. […]

Selbst wenn diese Theorie in der erwarteten Richtung verliefe, würden ihre Wirkungen langsam und kaum ausgedehnt sein. Um die Kräfte, die die Schwankungen verursachen, wirksam auszugleichen, müssten wir die Schwankungen lange Zeit vorher voraussagen können. In der Finanz- wie in der Geldpolitik […] wissen wir einfach nicht genug, um gewollte, absichtliche, wohlüberlegte Veränderungen in der Besteuerung oder den Ausgaben als wirksame Stabilisierungsmechanismen benutzen zu können. Wenn wir es dennoch versuchen, können wir fast sicher sein, die Dinge noch schlimmer zu machen. Wir würden sie nicht schlimmer machen, weil wir ständig das Falsche täten – das ließe sich leicht wiedergutmachen, indem wir einfach das Gegenteil von dem täten, was wir zuerst als richtig erkannt hatten. Wir machen alles schlimmer dadurch, dass wir aufs Geratewohl eine zusätzliche Störung einführen, die zu bereits vorhandenen Störungen noch dazukommt. Das scheinen wir tatsächlich in der Vergangenheit getan zu haben – natürlich zusätzlich zu noch gröberen Fehlern. Was ich anderswo in Bezug auf die Geldpolitik geschrieben habe, lässt sich gleichermaßen auf die Finanzpolitik anwenden: Was wir brauchen, ist nicht ein geschickter Fahrer des ökonomi-

def.

New Deal:
Bezeichnung für die von US-Präsident Franklin D. Roosevelt 1933 eingeleitete staatsinterventionistische Politik zur Belebung der amerikanischen Wirtschaft und zum Aufbau eines sozialen Netzes

schen Fahrzeugs, der dauernd am Lenkrad dreht, um sich unvorhergesehenen Unebenheiten des Weges anzupassen. Wir brauchen ein Mittel, das den Passagier, der als Ballast auf dem Rücksitz hockt, daran hindert, sich gelegentlich nach vorne zu beugen und dem Lenkrad einen Schubs zu geben, der den Wagen dann fast von der Straße abbringt.
Für die Finanzpolitik wäre das angemessene Gegenstück zur oben aufgestellten Regel für die Geldpolitik eine Planung von Ausgabenprogrammen, die sich ganz und gar nach dem ausrichtet, was die Allgemeinheit lieber mithilfe des Staates tun will als privat. Dabei dürfte keine Rücksicht auf die Probleme der von Jahr zu Jahr verschiedenen wirtschaftlichen Stabilität genommen werden. Die Steuerquoten müssten danach ausgerichtet werden, genügende Einnahmen für die geplanten Ausgaben zu haben, und zwar im Mehr-Jahresdurchschnitt, wiederum ohne Rücksicht auf die jährlichen Schwankungen in der wirtschaftlichen Stabilität. Natürlich sind gewisse Schwankungen unvermeidlich. Ein plötzlicher Wechsel in der internationalen Lage könnte eine starke Erhöhung der militärischen Ausgaben bewirken oder willkommene Streichungen erlauben. […]

Quelle: Milton Friedman (1971): Kapitalismus und Freiheit, Stuttgart, S. 104–114

Die Ausgangsfrage der Monetaristen lautet anders als die von Keynes: Wie ist es möglich, dass es zu einem **Nachfrageüberhang** kommt, die Nachfrage also stärker zunehmen kann als das Angebot? Nach der Auffassung der Monetaristen kann es diese Entwicklung nur dann geben, wenn es zu viel Geld im Verhältnis zu den vorhandenen Gütern gibt, also mehr Geld im Umlauf ist als dafür Güter gekauft werden können. Vereinfacht lautet ihre Hypothese: Es sind **Veränderungen der Geldmenge**, die im Wesentlichen für die Konjunkturschwankungen verantwortlich sind.

A

1 Arbeiten Sie anhand der Auszüge aus „Kapitalismus und Freiheit" Friedmans Einwände gegen die keynesianische Stabilisierungspolitik heraus.

2 Ziehen Sie aus dieser Kritik Rückschlüsse auf Friedmans wirtschaftspolitische Konzeption.

Q

Die Monetaristen bestimmen den Wert des Geldes danach, wie viele Güter man dafür kaufen kann. Folgendes stark vereinfachte Beispiel soll die Beziehung zwischen Geld und Gütern verdeutlichen:
Angenommen, in einem Land werden im ersten Jahr einerseits 1.000 Stück Güter produziert. Andererseits gibt es in diesem Land 1.000 Stück Banknoten mit dem Aufdruck 10 Euro. Wenn wir davon ausgehen, dass alle Güter einen Käufer finden, wie hoch ist dann der durchschnittliche Preis eines Gutes? Ganz klar: 10 Euro pro Stück. Die Geldmenge (1.000 Noten zu 10 Euro = 10.000 Euro) ist also gleich groß wie die in Geld bewertete Gütermenge (1.000 Stück zu 10 Euro = 10.000 Euro).
Nehmen wir nun an, der Staat würde sich im zweiten Jahr entschließen, weitere 1.000 Banknoten zu 10 Euro unter die Leute zu bringen. Welchen Einfluss hat diese Ausdehnung der Geldmenge auf den Preis der Güter? Gibt es nun 1.000 Stück Güter und 20.000 Euro, so wird der durchschnittliche Preis auf 20 Euro pro Stück steigen, die Geldmenge ist damit wieder gleich groß wie die Gütermenge (je 20.000 Euro).
Im dritten Jahr kann die Produktion der Güter dank größerer Effizienz der Arbeiter und längerer Arbeitszeiten auf 2.000 Stück gesteigert werden. Welchen Einfluss hat diese Angebotsausweitung auf die durchschnittlichen Preise? Nun stehen 2.000 Stück Güter einer Geldmenge von 20.000 Euro gegenüber, der Preis sinkt deshalb wieder auf 10 Euro pro Stück. Geldmenge und Gütermenge sind je 20.000 Euro wert.
Nehmen wir an, dass im vierten Jahr aus unbekannten Gründen die Konsumenten die Hälfte der 2.000 Banknoten nicht ausgeben. 1.000 Banknoten kommen also nicht in den Umlauf. Damit halbiert sich die Umlaufgeschwindigkeit des Geldes. Welche Wirkung hat dies? Die Wirkung ist genau gleich wie jene einer Reduktion der Geldmenge, das heißt, der durchschnittliche Preis wird fallen und zwar auf 5 Euro pro Stück. Es ist also nicht nur wichtig, wie viel Geld physisch vorhanden ist, sondern auch, wie schnell dieses Geld durch Tauschaktionen von Hand zu Hand geht.

Quelle: Bernd Nolte: Volkswirtschaft konkret, Weinheim 2003, S. 111 f.

Der amerikanische Ökonom **Irving Fisher** (1867–1947) erfasste die Beziehung zwischen Geldmenge, Umlaufgeschwindigkeit und Preisniveau in der **Quantitätsgleichung** des Geldes:

Geldmenge · Umlaufgeschwindigkeit = Gütermenge · Preisniveau

Wie kann nun ein Wirtschaftspolitiker mithilfe der Quantitätsgleichung wirtschaftliches Geschehen analysieren?
Nehmen wir ein konkretes Beispiel:
Im Jahre 2010 betrug die Geldmenge in einer Volkswirtschaft 100 Milliarden Euro. Das Bruttoinlandsprodukt der Volkswirtschaft belief sich auf 350 Milliarden Euro. Daraus lässt sich eine Umlaufgeschwindigkeit des Geldes von 3,5 errechnen.
Die Quantitätsgleichung des Geldes präsentiert sich also folgendermaßen:

Geldmenge · Umlaufgeschwindigkeit = BIP · Preisniveau
100 Mrd. Euro · 3,5 = 350 Mrd. Euro · 1

Im Jahr 2011 sank das reale Bruttoinlandsprodukt auf 348,25 Mrd. Euro (−0,5 %) und die Geldmenge blieb konstant. Daraus lässt sich ableiten, dass das Preisniveau gestiegen oder die Umlaufgeschwindigkeit gesunken sein muss. Tatsächlich erhöhte sich das Preisniveau (3 % Inflation) leicht, weil auch die Umlaufgeschwindigkeit leicht zunahm:

Geldmenge · Umlaufgeschwindigkeit = BIP · Preisniveau
100 Mrd. Euro · 3,6 = 348,25 Mrd. Euro · 1,03

Welche Schlüsse können nun daraus für wirtschaftspolitische Maßnahmen gezogen werden? Zunächst einmal gilt es festzuhalten, dass bei der Zielsetzung, die Inflation so gering wie möglich zu halten, Geldmenge und Produktionspotenzial in etwa gleich stark wachsen müssen. Wächst die Geldmenge stärker als das Produktionspotenzial, können zwar kurzfristig mehr Güter produziert werden, aber dauerhaft kann das zusätzliche Geld die Produktion nicht erhöhen, und bei erhöhtem Geldvolumen bei geringerer Gütermenge kommt es zwangsläufig zu einem Anstieg der Preise. Deshalb müssen sich Wachstum der Geldmenge und des Produktionspotenzials in etwa gleich entwickeln. Die Überwachung und Steuerung der Geldmenge fällt in die Verantwortung der Zentralbank. Während bei Keynes der Regierung eine maßgebliche Bedeutung als Akteur der Konjunkturpolitik zukommt, wechseln nun die Verantwortlichkeiten: Bei den Monetaristen ist die Zentralbank mit ihrer Geldpolitik und der ihr obliegenden Verpflichtung zur Geldwertstabilität konjunkturpolitischer Hauptakteur. Die Aufgabe der Zentralbanken liegt darin, auf ein Gleichgewicht zwischen Geldmengen- und realem Wachstum zu achten und auf diese Weise für eine Verstetigung der wirtschaftlichen Entwicklung zu sorgen.

Auch wenn die Zuweisung konjunkturpolitischer Verantwortlichkeiten zwischen Keynes und Friedman kaum unterschiedlicher sein könnte, erkennt Friedman durchaus Übereinstimmungen zwischen seinem „neoquantitätstheoretischen“ Konzept und der keynesianischen Geldtheorie. So übernahm er die von Keynes eingeführte Wertaufbewahrungsfunktion des Geldes; und wie dieser erklärte er Veränderungen der Umlaufgeschwindigkeit der Geldmenge verhaltenstheoretisch. Beide sind sich außerdem darin einig, dass Geldmengenänderungen Auswirkungen auf die Produktions- und Beschäftigungssphäre haben.

A

Klären Sie mithilfe der Beispiele und der Quantitätsgleichung,
- aus welchen Gründen es zu Preissteigerungen kommen kann,
- unter welchen Voraussetzungen eine Geldmengenausweitung nicht zu steigenden Preisen führt.

Nach der Ölkrise von 1973 traten erstmals gleichzeitig zwei Probleme auf: Eine starke Zunahme der Arbeitslosigkeit und vergleichsweise hohe Inflationsraten verbanden sich zur **Stagflation**. Dieses Phänomen stellte die Wirtschaftspolitik vor ein Dilemma: Die am Keynesianismus orientierten Konjunkturprogramme führten zu einer weiteren Verschärfung der Inflation, ohne die Arbeitslosigkeit zu senken; die an monetaristischen Konzepten orientierte Reduzierung der Geldmenge bewirkte zwar sinkende Inflationsraten, infolge steigender Kreditzinsen aber auch einen Rückgang der Investitionstätigkeit der Unternehmen und eine damit verbundene Zunahme der Arbeitslosigkeit.

Nach Auffassung der Angebotsökonomen war die Wachstumsschwäche nicht auf nachfragebedingte, sondern auf angebotsbedingte Ursachen zurückzuführen. Und daher galt es, alles zu unternehmen, was die Angebotsbedingungen der Unternehmen verbessern könnte. Im Einzelnen enthielt das **angebotspolitische Programm**, das nach 1979 in Großbritannien unter Margaret Thatcher („Thatcherism"), seit 1981 in den USA unter Ronald Reagan („Reagonomics") und – wenn auch weniger radikal – seit 1982 in der Bundesrepublik Deutschland von den Regierungen Kohl und Schröder verfolgt wurde, folgende Forderungen:

- **Arbeitsmarkt:** branchenmäßige und sektorale Differenzierung der Lohnstruktur in Abhängigkeit von der Arbeitsproduktivität, kein Einheitstariflohn, Flexibilisierung der Arbeitszeit,
- **Unternehmen:** generelle Senkung unternehmensbelastender Steuern und Abgaben (z. B. Senkung der Lohnnebenkosten),
- **Staat:** Reduzierung der Staatsquote, Abbau staatlicher Vorschriften („Deregulierung"), Abbau von Subventionen, Privatisierung staatlicher Unternehmen, Abbau der Staatsverschuldung und Politik des ausgeglichenen Staatshaushalts.

i

Margaret Thatcher

* 13.10.1925 in Grantham

	Keynesianismus/Nachfragepolitik	Monetarismus/Angebotspolitik
allgemeine Kennzeichen	eher kurzfristig angelegte, nachfrageorientierte Politik	eher langfristig angelegte, wachstumsorientierte Politik
	Vorrang der Prozesspolitik	Vorrang der Ordnungspolitik
	Motto: „Tue alles, was die gesamtwirtschaftliche Nachfrage stabilisiert."	Motto: „Tue alles, was die Angebotsbedingungen der Wirtschaft verbessert."
Annahmen	prinzipielle Instabilität der Wirtschaft	immanente Tendenz zum Gleichgewicht
	antizyklisches Gegensteuern durch den Staat zur Stabilisierung der Wirtschaft	antizyklische staatliche Eingriffe stören den marktwirtschaftlichen Prozess
	Inflation als Nachfragesog- oder Kostendruckinflation erklärt	Inflation als monetäres Phänomen erklärt („Neo-Quantitätstheorie)
	Arbeitslosigkeit vorwiegend konjunkturell bedingt	Arbeitslosigkeit vorrangig strukturell bedingt
Ansatzpunkte und Instrumente	gesamtwirtschaftliche Nachfrage als zentrale Steuerungsgröße	Geldmenge als zentrale Steuerungsgröße
	Vorrang der Finanzpolitik (Fiskalpolitik) der Regierung: antizyklische Einnahmen- und Ausgabenpolitik	Vorrang der Geldpolitik der unabhängigen Notenbank: Verstetigung der Geldmengen und der Staatsfinanzen
	Geldpolitik nur ergänzend zur Finanzpolitik	Finanzpolitik nur ergänzend zur Geldpolitik
	deficit spending (kreditfinanzierte Konjunkturprogramme)	Politik des ausgeglichenen Staatshaushalts
Probleme (Auswahl)	schlecht geeignet zur Bekämpfung von Angebotsschocks	Kontinuität der Wirtschaftspolitik durch politische Veränderungen bedroht
	Zeitverzögerungen (time-lags) prozesspolitischer Maßnahmen	Widerstände gegen Veränderungen bestehender Strukturen und Gewohnheiten

6.6 Renaissance der Ordnungspolitik?

Auf die Finanz- und Wirtschaftskrise 2008/2009 reagierten die Regierungen mit „Rettungsprogrammen" für von der Insolvenz bedrohte „systemrelevante" Großbanken und Großunternehmen sowie mit umfangreichen Konjunkturprogrammen. In dieser an 1929 erinnernden „keynesianischen Situation" griff man auf jene Instrumente einer nachfrageorientierten Konjunkturpolitik zurück, die man noch wenige Jahre zuvor als wirkungslos oder gar als schädlich bezeichnet hatte. Auch wenn weitgehende Einigkeit bestand, dass nur durch international abgestimmtes schnelles Handeln eine lang anhaltende Depression wie in den 1930er Jahren vermieden werden konnte, so lagen die Einschätzungen der Krisenursachen und die Auffassungen über eine langfristige Krisenprävention doch weit auseinander.

Plädoyer für einen regulierten Kapitalismus

Im Kern handelt es sich um eine doppelte Krise: Eine tiefe Konjunkturkrise [...] trifft mit einer tief greifenden Krise der weltweiten Finanzmärkte zusammen. [...] Zum einen handelt es sich um die durch die Liberalisierung und Globalisierung ermöglichte Expansion der Auslandsmärkte, von der Deutschland wegen seiner hohen internationalen Wettbewerbsfähigkeit besonders profitiert hat. Zum anderen ist die negative Entwicklung des privaten Konsums [...] auf eine massive Umverteilung zugunsten der Unternehmens- und Vermögenseinkünfte sowie zu Lasten der Arbeitnehmereinkünfte zurückzuführen. [...] Diese Schwächung der binnenwirtschaftlichen Nachfrage wurde durch eine restriktive Finanzpolitik zusammen mit Steuersenkungen zugunsten der Unternehmensgewinne verstärkt. Diese Umverteilungspolitik ist das Ergebnis einer gezielten Strategie der Stärkung der einzelwirtschaftlichen Unternehmen ohne Berücksichtigung gesamtwirtschaftlicher Zusammenhänge. [...] Der gesamtwirtschaftliche Verlust an realisierter Produktion und an Arbeitsplätzen wurde überlagert und beschleunigt durch eine zuvor in diesem Ausmaß nicht für möglich gehaltene Finanzmarktkrise, welche die Funktionsfähigkeit des Bankensystems massiv eingeschränkt und die bisher geltenden Regeln zur Geldpolitik außer Kraft gesetzt hat. Ein entscheidender Faktor für die Entwicklung der Krise war die Schaffung neuer Finanzmarktprodukte, die im Vergleich zur Produktionswirtschaft üppige Renditen versprachen, allerdings zum Preis von riskanten Spekulationen. [...] Deshalb ist eine funktionierende Regulierung unverzichtbar. Finanzmärkte brauchen klare Spielregeln, die durch Gier getriebene riskante Geschäfte nicht zulassen. [...] Eine ordnungspolitische Rückbesinnung auf die Nutzung der Marktkräfte innerhalb politisch klarer Spielregeln ist dringend erforderlich. [...] Der Staat darf nicht als Reparaturbetrieb im Dauereinsatz missbraucht werden. Vielmehr ist ein Leitbild eines regulierten Kapitalismus in einer globalisierten Weltwirtschaft zu erarbeiten.

Quelle: Rudolf Hickel: Plädoyer für einen regulierten Kapitalismus, in: Aus Politik und Zeitgeschehen, Nr. 20, 2009, S. 13–19

Finanzmärkte brauchen klare Spielregeln

Es deutet immer mehr darauf hin, dass wir gerade Zeuge eines wirtschaftspolitischen Paradigmenwechsels werden, der nicht nur auf ein partielles Keynes-Revival, sondern auf eine allgemeine Rückkehr des big government hinausläuft, wie wir es aus den 1960er und 1970er Jahren kennen. [...] Als hätte man aus den Fehlern keynesianischer Politik nichts gelernt, lässt man in den USA heute wieder die alten Geister aus der Flasche. Mit der Politik des billigen Geldes, welche die massiven Ausgabenprogramme der US-Regierung begleitet, werden genau jene Rezepte erneut als Therapie angewendet, die ursprünglich Auslöser der Krise waren. So ist die nächste Blase nur eine Frage der Zeit. [...] Wir freilich glauben, dass es gerade innerhalb des ursprünglichen Neoliberalismus Ansätze gibt, die hätten helfen können, diese Krise zu vermeiden und deren Befolgung für die künftige Stabilisierung einer marktlichen Ordnung von ganz zentraler Bedeutung ist. [...] Innerhalb des Neoliberalismus muss vor allem zwischen den Lehren der Chicago School um Milton Friedman und dem deutschen Neoliberalismus eines Walter Eucken oder Wilhelm Röpke unterschieden werden. Während die „Chicago boys" als Reaktion auf Keynes tatsächlich einen weitgehenden Rückzug des Staates aus der Wirtschaft befürworteten, verstanden die deutschen Neoliberalen ihr Gesellschaftskonzept ausdrücklich als eine Art „dritten Weg" jenseits von Laisser-faire-Kapitalismus und Sozialismus. [...] Vielmehr solle der Staat der Wirtschaft durch klare und transparente Regeln einen Ordnungsrahmen vorgeben, innerhalb dessen er den privaten Akteuren freie Hand lassen müsse. Die wichtigste Maxime, an der sich ein solches Regelwerk zu orientieren habe, so Walter Eucken, sei das Haftungsprinzip: „Wer den Nutzen hat, muss auch den Schaden tragen. [...] Investitionen werden umso sorgfältiger gemacht, je mehr der Verantwortliche für diese haftet. Die Haftung wirkt insofern also prophylaktisch gegen die Verschleuderung von Kapital und zwingt dazu, die Märkte sorgfältig abzutasten." [...] Nicht die viel kritisierte „Gier" der Bankmanager an sich war der entscheidende Grund für die Krise, sondern die Möglichkeit, Risiken zu verschleiern und zu verschieben. [...] Solche Krisen können künftig nur verhindert werden, indem der Staat der Wirtschaft eine Ordnung gibt, die für Transparenz sorgt und Fehlanreize minimiert, und sich ansonsten Eingriffen in den Wirtschaftsprozess so weit wie möglich enthält.

Quelle: Thomas Straubhaar, Michael Wohlgemuth, Joachim Zweynert: Rückkehr des Keynesianismus: Anmerkungen aus ordnungspolitischer Sicht, in: Aus Politik und Zeitgeschehen, Nr. 20, 2009, S. 22–26

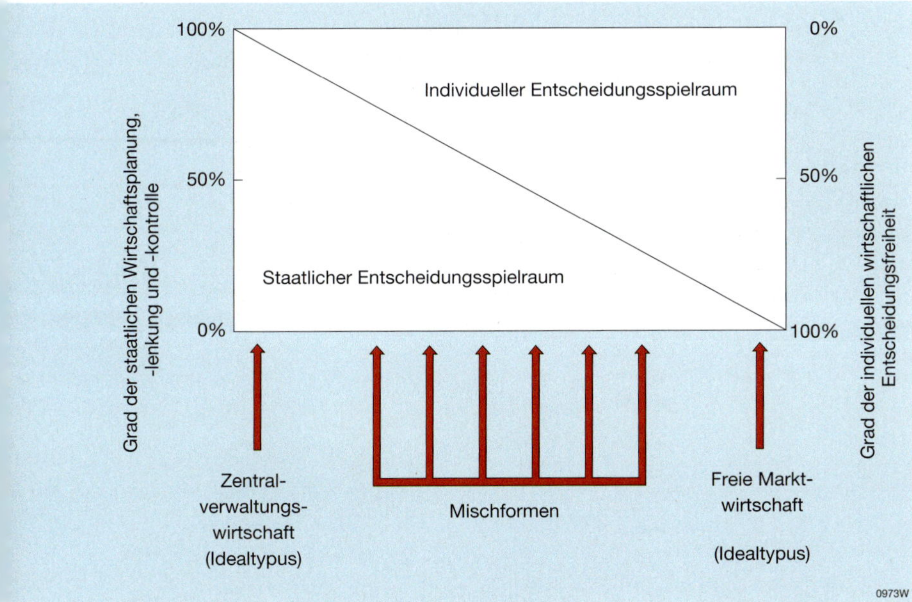

nach: Günter Ashauer: Grundwissen Wirtschaft, Stuttgart 1999, S. 166

A

1. Vergleichen Sie die Positionen von Hickel und Straubhaar im Hinblick auf Unterschiede und Gemeinsamkeiten.
2. Nehmen Sie – auch unter Berücksichtigung der weiteren wirtschaftlichen Entwicklung – zu den beiden Positionen Stellung.
3. Erstellen Sie nach dem Muster der Tabelle auf Seite 356 eine Übersicht über die wirtschaftspolitischen Gesamtkonzeptionen von Colbert bis Friedman.
4. Ordnen Sie die wirtschaftspolitischen Konzeptionen in das nebenstehende Schema ein. Begründen Sie Ihre Einordnungen.

Lernbilanz

Nach klassisch-liberaler Auffassung sorgt die „unsichtbare Hand" des Marktes für die effiziente Allokation der Ressourcen entsprechend den Bedürfnissen der Konsumenten für die leistungsgerechte Distribution der Einkommen und für Stabilität im Sinne eines gesamtwirtschaftlichen Gleichgewichts. In der Realität aber kommt es in vielen Fällen zu sogenanntem „Marktversagen" in Gestalt von Ineffizienzen, Ungerechtigkeiten und Instabilitäten, welche die sichtbare Hand des Staates auf den Plan rufen.
Nachdem Sie sich zunächst am Beispiel des Umweltschutzes mit Ursachen und Folgen des Marktversagens und mit Formen und Zielen staatlicher Maßnahmen vertraut gemacht hatten, lernten Sie im weiteren Verlauf dieses Kapitels unterschiedliche Handlungsfelder der Wirtschaftspolitik kennen und haben diese an ausgewählten Themen vertieft.
Dabei zeigte sich, dass die vielfältigen und immer umfangreicheren Eingriffe des Staates nicht selten unerwünschte Nebenwirkungen haben. Solches „Staatsversagen" ist in demokratisch-pluralistischen Gesellschaften offenbar nicht nur auf Erkenntnis-, Koordinations- und Ausführungsmängel zurückzuführen, sondern auch auf bestimmte, im politischen Prozess selbst angelegte Fehlanreize für die politischen Akteure.
Die Geschichte der Wirtschaftspolitik und der wirtschaftlichen Lehrmeinungen seit der Herausbildung des modernen Staates in der Epoche des Absolutismus verdeutlichte, dass das angemessene Verhältnis von Markt und Staat nicht ein für alle Mal festgelegt werden kann, sondern immer wieder neu bestimmt werden muss.
In einem dem eigentlichen Kapitel vorangestellten Exkurs wurde der einfache Wirtschaftskreislauf zur Volkswirtschaftlichen Gesamtrechnung (VGR) erweitert; damit erhielten Sie auch ein methodisches Handwerkszeug, um Ausmaße und mögliche Auswirkungen wirtschaftspolitischer Interventionen einzuschätzen und zu untersuchen.

Anhand der folgenden Aufgaben können Sie Ihr fachliches Wissen sowie ihre Analyse- und Urteilskompetenz überprüfen und trainieren.

A

1
Erörtern Sie das Für und Wider des Bruttoinlandsprodukts als Wohlstandsindikator.

2
Zeigen Sie am Modell des Wirtschaftskreislaufs mögliche Auswirkungen einer plötzlichen Erhöhung der Energiekosten auf.

3
Interpretieren Sie die Umweltverschmutzung als eine Form des Marktversagens.

4
Erläutern und beurteilen Sie den Versuch, durch Umweltsteuern negative externe Effekte von Produktion und Konsum zu internalisieren.

5
Nehmen Sie – auch unter Berücksichtigung der „ökonomischen Theorie der Demokratie" – zu dem Diktum des österreichisch-amerikanischen Ökonomen Joseph Schumpeter (1883–1950) Stellung: „Politiker sind ebenso wenig in der Lage zu sparen, wie mein Hund in der Lage ist, einen Wurstvorrat anzulegen."

6
Alfred Müller-Armack schreibt dem „Wettbewerbssystem eine an sich schon innewohnende soziale Funktion" zu. Erläutern Sie diese Aussage.

7
Vergleichen Sie die gesellschafts- und wirtschaftspolitischen Leitbilder des klassischen Liberalismus und der Sozialen Marktwirtschaft.

8
Kennzeichnen Sie die folgenden staatlichen Interventionen entsprechend den Kriterien Müller-Armacks entweder als „marktkonform" oder als „marktinkonform":
a) staatliche Festsetzung eines Mindestlohns,
b) Lohnzuschüsse für schwer vermittelbare Arbeitssuchende,
c) Wohngeld für einkommensschwache Personen,
d) Mietstopp,
e) Subventionen für Forschungsinvestitionen,
f) Kredite der bundeseigenen „Kreditanstalt für Wiederaufbau" (KfW) für Existenzgründer,
g) Stabilisierung der gesamtwirtschaftlichen Nachfrage in der Rezession durch erhöhte Staatsausgaben,
h) Garantiepreise für landwirtschaftliche Produkte

9
Beschreiben Sie geldpolitische Herausforderungen im Boom und in der Rezession und die jeweiligen Interventionsmöglichkeiten der Europäischen Zentralbank.

10
Erläutern Sie am Beispiel der Rentenversicherung Prinzipien und Probleme der gesetzlichen Sozialversicherung in der Bundesrepublik Deutschland.

11
Zeigen Sie Grenzen nationalstaatlicher Wirtschaftspolitik auf.

12
John Maynard Keynes war davon überzeugt, „dass eine ziemlich umfassende Verstaatlichung der Investition sich als das einzige Mittel zur Erreichung einer Annäherung an Vollbeschäftigung erweisen wird". Stellen Sie den zeitgeschichtlichen Hintergrund und die theoretische Begründung für diese Aussage heraus.

13
Absichtsvolle Handlungen haben oft unbeabsichtigte Aus- und Nebenwirkungen. Veranschaulichen Sie dieses universelle Problem anhand der Erfahrungen mit der auf Keynes zurückgehenden „antizyklischen Konjunkturpolitik".

VI

Internationale Wirtschaftsbeziehungen und Globalisierung

In Deutschland hängen viele Arbeitsplätze, z. B. im Hamburger Freihafen, von der Exportwirtschaft ab. Als rohstoffarmes Land ist die Bundesrepublik Deutschland auf den Import vieler Waren aus dem Ausland angewiesen und hat sich im Rahmen der internationalen Arbeitsteilung auf Fertigprodukte spezialisiert, die auf dem Weltmarkt bestehen müssen. Jährlich werden im Hamburger Hafen knapp 120 Mio. Tonnen Güter umgeschlagen. Niemand bleibt von der zunehmenden Internationalisierung und Globalisierung der Wirtschaft und Gesellschaft unberührt: Arbeitnehmer und Arbeitgeber, Konsumenten und Produzenten sowie staatliche Einrichtungen spüren täglich die Auswirkungen der wachsenden internationalen Verflechtungen.

Von den einen gepriesen, von den anderen verteufelt, spaltet die „Globalisierung" die Gesellschaft in zwei Lager und ist Anlass für hochemotionale Auseinandersetzungen.

In diesem Kapitel wird bzw. werden

— der Sektor „Ausland" im Rahmen der volkswirtschaftlichen Gesamtrechnung verortet;
— wesentliche Erklärungsansätze für internationale Wirtschaftsbeziehungen und Unterschiede zwischen nationalem und internationalem Handel vorgestellt;
— Ursachen und Erscheinungsformen sowie Problembereiche der Globalisierung behandelt;
— Aufgaben und Funktionen internationaler Wirtschaftspolitik und der Institutionen einer Weltwirtschaftsordnung vermittelt;
— Ziele sowie gegenwärtige und zukünftige Aufgaben bzw. Herausforderungen der Europäischen Union erörtert;
— Einblicke in die Besonderheiten der Entwicklungs-, Schwellen- und Transformationsländer gegeben;
— die große Bedeutung der Weiterentwicklung globaler Institutionen für die Wohlfahrtsentwicklung in der Welt aufgezeigt.

Inhalt Kapitel VI

1 Internationaler Handel

1.1 Ein Blick in die Geschichte

Handelsbeziehungen über Landesgrenzen hinweg sind kein modernes Phänomen, wirtschaftliche Verflechtungen zwischen den Ländern hat es immer schon gegeben. Phönizier und Karthager, später die Griechen und Römer traten als bedeutende Handelsnationen auf. Im alten Ägypten, in Babylon, Syrien und bei den Phöniziern gab es gemeinschaftliche Handels- und Seefahrtsunternehmen. Im Mittelalter blühte der Handel durch den Bund der Hanse und Unternehmerdynastien. Die europäischen Weltumsegelungen schufen neue Potenziale für Welthandel und Arbeitsteilung. In bestimmten Phasen schotteten Länder ihre Wirtschaft vor ausländischer Konkurrenz ab, zu anderen Zeiten blühte der Freihandel.

Eine der ältesten Handelsrouten der Welt

Die Große Seidenstraße verbindet Europa mit dem Fernen Osten. Über diese Karawanenstraße gelangten vor über 2000 Jahren Seide, Tee, Gewürze, Edelmetalle, der Kompass und die Nudel zu uns. Etwa 40 Kilometer lang war in dieser Zeit eine Tagesetappe; für die Strecke von China bis zum Mittelmeer waren die Händler sechs bis acht Jahre unterwegs. Im alten Rom wurde Seide mit Gold aufgewogen. In den anliegenden Ländern, z. B. Türkei, Iran, Turkmenistan, Usbekistan, Kirgisien und China, entstanden an den Kreuzungspunkten reiche Städte. Der Handelsweg brachte nicht nur neue Technologien und Produktionsformen z. B. im Rahmen der Seidenherstellung und -verarbeitung hervor, sondern verhalf zur Ausbreitung von Wissen. Oft war Geldhandel nicht möglich, sodass die Händler Ware gegen Ware tauschten: Seide gegen Gewürze, Gewürze gegen Schmuck und Pelze.

In China unterlagen Technik und Verfahren der Seidenproduktion strengster Geheimhaltung und wurden durch die chinesischen Behörden kontrolliert. Doch das „Geheimnis“ gelangte in den Westen und die Seidenproduktion verbreitete sich in ganz Europa.

Die Geschichte des grenzüberschreitenden Handels lässt sich auch aus dem Blickwinkel der Entwicklung von Institutionen betrachten. Rechtliche Regelungen, die zunächst nur lokal oder regional galten, wurden von größeren Gebieten übernommen, weil sie sich bei der Vermeidung von Reibungsverlusten und Risiken im internationalen Geschäft bewährt hatten.

A

1 Begründen Sie, warum die Übernahme allgemeiner Buchführungs-, Handels- und Finanztechniken für den grenzüberschreitenden Handel von Vorteil ist.

2 Buchführung, Handels- und Finanztechniken stammen weitestgehend aus Italien. Nennen Sie Begriffe, an denen sich dies noch heute erkennen lässt.

3 Ergänzen Sie die Informationen mithilfe des Internets. Fertigen Sie dazu eine kleine Präsentation aus Text- und Bildbausteinen. Vergleichen Sie Ihre Präsentationen.

1.2 Bereiche des weltwirtschaftlichen Zusammenhangs

Wenn Sie die Dinge betrachten, die Sie besitzen oder konsumieren, werden Sie feststellen, dass nur wenige Güter „made in Germany" sind: Butter aus Irland, Bananen aus Honduras, der Fotoapparat aus Japan, das Auto aus Frankreich, das Handy aus Südkorea, die Lampe aus Marokko, der Tee aus Indien, die Schuhe aus Italien …; ganz zu schweigen von den Rohstoffen und Halberzeugnissen, die von Deutschland importiert werden, um Waren für die Endabnehmer zu produzieren.
Es gibt verschiedene Gründe, warum wir diese Produkte importieren. Internationale Wirtschaftsbeziehungen bieten dem Einzelnen nicht nur eine ungeheure Waren- und Dienstleistungsvielfalt, sondern auch die Möglichkeit, einer Tätigkeit in einem internationalen Unternehmen im In- oder Ausland nachzugehen oder Kapital auf dem internationalen Finanzmarkt anzulegen. Auch der gemeinsame Markt Europa (vgl. Abschnitt 6.1) bietet diese Freiheiten.

… ganz ohne ausländische Produkte

Für Unternehmen ergeben sich sowohl neue Absatzmärkte als auch die Möglichkeit, z. B. die Produktion in sogenannte „Billiglohnländer" zu verlegen und so Kosten zu reduzieren.

Neben den Chancen sind jedoch auch die Gefahren zu nennen, die sich aufgrund des zunehmenden Wettbewerbsdrucks durch ausländische Konkurrenz für Unternehmen und Beschäftigte ergeben. Die wachsende Verflechtung der Volkswirtschaften verschärft den Wettbewerb der Standorte und schränkt die wirtschaftspolitischen Handlungsspielräume einzelner Staaten zunehmend ein. Handelskonflikte zwischen Nationen, Umweltprobleme und Arbeitskräftewanderungen zeigen, dass es zukünftig auf die Kooperation auf globaler Ebene und die Verständigung über globale Spielregeln und Institutionen ankommt. Die Internationalisierung der Wirtschaft erreicht heute ungeahnte Dimensionen. Neue Informations- und Kommunikationstechnologien und der Zusammenbruch der Zentralverwaltungswirtschaften in Mittel- und Osteuropa führten zu einer immensen Beschleunigung und Ausweitung des globalen Handels.

Es gibt viel Kritik an der Gestaltung internationaler Wirtschaftsbeziehungen. „Globalisierungsgegner" sehen in der gegenwärtigen Entwicklung einen neuen „Raubtierkapitalismus", sehen demokratische Grundordnungen in Gefahr, bemängeln die Ausgestaltung der internationalen Institutionen und befürchten die Dominanz der mächtigen Industrienationen und damit ein weiteres Auseinanderklaffen zwischen Arm und Reich.

A

Überlegen Sie, wie Ihr Leben in Deutschland ohne grenzüberschreitenden Austausch von Waren (geschlossene Volkswirtschaft) aussehen würde.

Die zunehmende Internationalisierung der Wirtschaft spiegelt sich vor allem in den folgenden drei Bereichen wider:

Gütermärkte
Der Welthandel nimmt beständig zu. Der Anteil des internationalen Exports von Waren an der Weltproduktion hat sich in den letzten 20 Jahren mehr als verdoppelt (von rund 10 % auf fast 25 %). Diese Entwicklung ist für die weltweit gehandelten Dienstleistungen tendenziell in ähnlicher Weise kennzeichnend.

def. **Direktinvestition:** finanzielle Beteiligung eines Unternehmens an einem Unternehmen in einem anderen Land mit dem Ziel, einen dauerhaften Einfluss auf die Geschäftspolitik auszuüben.

Produktion
Die wachsenden weltwirtschaftlichen Aktivitäten von Unternehmen sorgen für eine zunehmende Verflechtung der inländischen Wirtschaft mit dem Ausland. Ein Motiv für eine Internationalisierung der Produktion ist darin zu sehen, dass Unternehmen eine stärkere Position auf den ausländischen Absatzmärkten erhalten können. Außerdem besteht die Möglichkeit, sich Zugang zu Beschaffungsmärkten im Ausland zu verschaffen. Die Überwindung von Handelshemmnissen ist ebenfalls ein bedeutsamer Grund, und schließlich spielen Kostengründe eine wichtige Rolle, wie z. B. die Verlagerung lohnkostenintensiver Bearbeitungsstufen in sogenannte Billiglohnländer.

Kapital- und Finanzmärkte
Die großen deutschen Banken sind an allen wichtigen Bankplätzen vertreten. Der Euro spielt auf den internationalen Finanzmärkten – neben dem US-Dollar und dem Yen – eine bedeutende Rolle und ist eine wichtige Anlagewährung für ausländische Kapitalanleger und Währungsbehörden. Nicht nur die wachsende Bedeutung der Im- und Exporte führt zu zunehmenden internationalen Kapitalströmen, auch Direktinvestitionen spielen eine große Rolle.

A

1 Recherchieren Sie aktuelle Daten über Direktinvestitionen, die deutsche Firmen im Ausland und ausländische Firmen in Deutschland tätigen.

2 Erläutern Sie die hier dargestellten Verbindungen von inländischer und ausländischer Wirtschaft, möglichst mithilfe konkreter Beispiele. Nutzen Sie dazu z. B. Websites mittelständischer Unternehmen aus Ihrer Region.

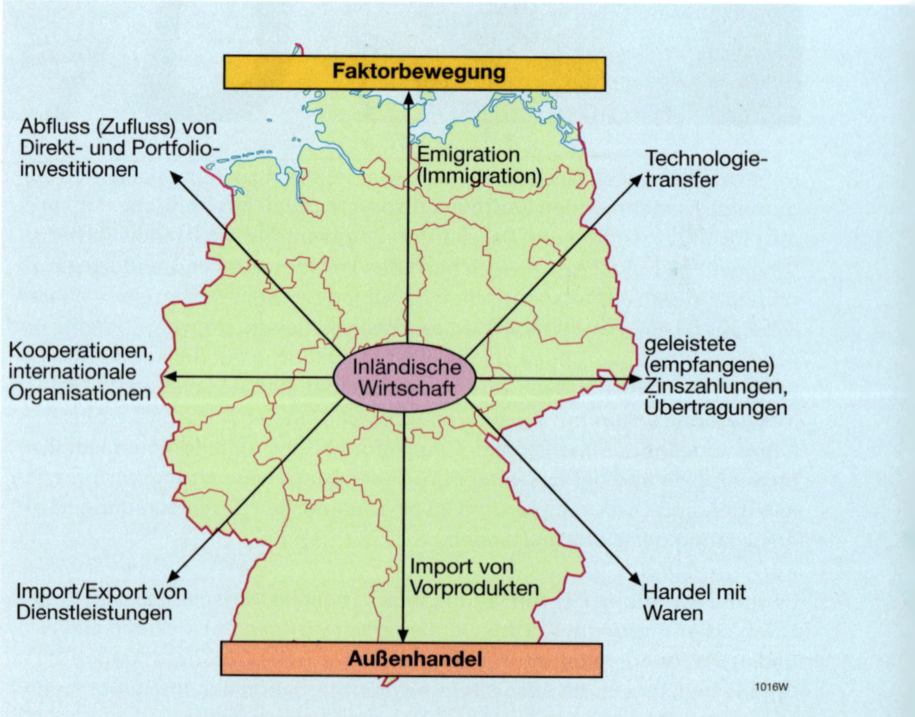

Verbindung von inländischer und ausländischer Wirtschaft

1.3 Wie „misst“ man Welthandel?

Mit dem Sektor „Ausland“ wird der einfache Wirtschaftskreislauf, in dem die Sektoren „Private Haushalte“, „Unternehmen“ und „Staat“ in Beziehung gesetzt werden, um einen vierten Sektor ergänzt.
Das „Ausland“ umfasst alle ausländischen Anbieter und Nachfrager von Sachgütern und Dienstleistungen, die mit der inländischen Wirtschaft in Im- und Exportbeziehungen treten. Die Beziehungen einer nationalen Wirtschaft zum Ausland werden der Einfachheit halber nur zwischen dem Sektor „Unternehmen“ und dem Sektor „Ausland“ erfasst. Im- und Export sind hier also weit gefasste Begriffe, die z. B. auch die Ausgaben einer deutschen Familie im Rahmen des Sommerurlaubs in Frankreich, Zahlungen zur Entwicklungshilfe der Bundesregierung oder den privaten Ankauf von Devisen beinhalten. Der Großteil der wirtschaftlichen Verflechtungen entsteht allerdings dadurch, dass Unternehmen Güter und Dienstleistungen aus dem Ausland importieren oder ins Ausland exportieren.

Die Bezeichnungen „Import“ und „Export“ stehen für Geld- und Güterströme zwischen inländischer und ausländischer Wirtschaft. Im Wirtschaftskreislauf werden jedoch nicht die realen, sondern die monetären Ströme abgebildet. Deswegen verlaufen die Ausfuhren (Exporte, X) vom Sektor Ausland zum Sektor Unternehmen. Entsprechend verlaufen die Einfuhren (Importe, M) vom Sektor Unternehmen zum Sektor Ausland.
Wenn die Exporte eines Landes höher ausfallen als die Importe, entsteht ein Exportüberschuss, auch positiver Saldo genannt. Die Folge für das Inland ist ein Überschuss an Devisen und damit eine Zunahme des Geldvermögens. Die Forderungen des Inlands gegenüber dem Ausland steigen daher.
Wenn die Importe die Exporte übersteigen, spricht man von einem Importüberschuss, auch negativer Saldo genannt. Die Folge sind steigende Verbindlichkeiten gegenüber der ausländischen Wirtschaft.

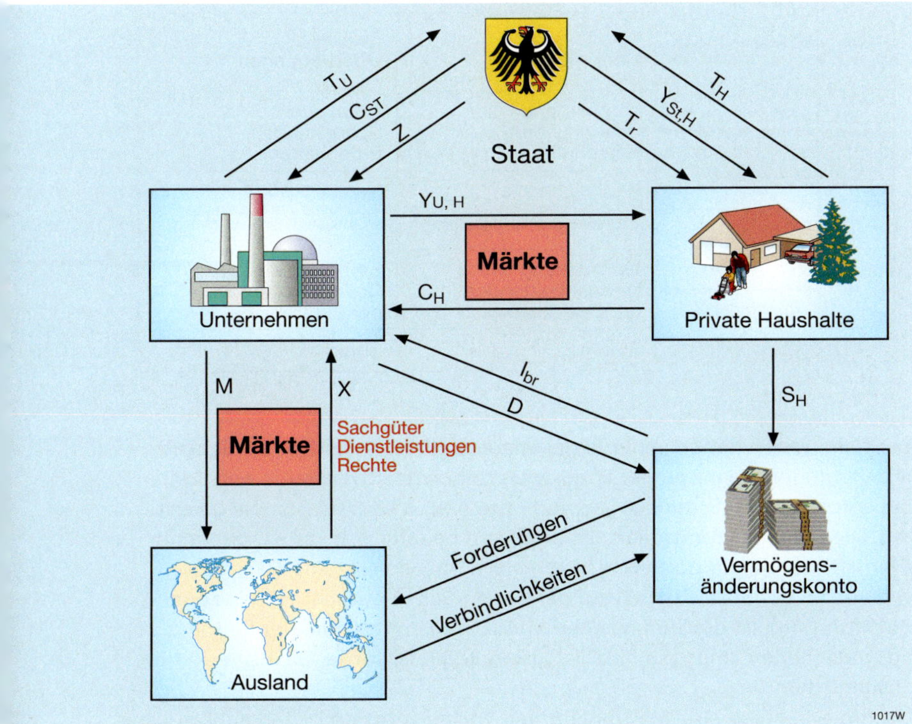

Erweiterter Wirtschaftskreislauf mit Sektor „Ausland“

A

1 In einer offenen Volkswirtschaft haben die gesamtwirtschaftlichen Kreislaufgrößen in einer Periode folgende Werte in Geldeinheiten: $C_H = 650$, $Y_{U,H} = 900$, $Y_{St,H} = 200$, $Z = 50$, $T_H = 250$, $T_u = 300$, $C_{St} = 250$, $X = 300$, $D = 150$, $I_{br} = 300$, Forderungen = 100. Ermitteln Sie mithilfe der grafischen Kreislaufdarstellung, des Kontensystems und der Matrixform die fehlenden Größen M, S_H, Forderungen und T_r. Eine Erläuterung der Abkürzungen finden Sie auf S. 292.

2 Wie wird in den Volkswirtschaftlichen Gesamtrechnungen (VGR) ein monetärer Ausgleich geschaffen, wenn die Importe die Exporte sogar übersteigen (dies war in der Bundesrepublik Deutschland in den letzten Jahren nicht der Fall)?

3 Recherchieren Sie, ob die Bundesrepublik Deutschland in der aktuellen Gesamtrechnung einen Import- oder Exportüberschuss aufweist. Nutzen Sie die Informationen auf folgenden Websites: www.destatis.de und www.bundesbank.de. Ermitteln Sie mögliche Gründe für den Import- oder Exportüberschuss.

Solche oder ähnliche Meldungen findet man regelmäßig in der Presse:

Defizit der US-Handelsbilanz wächst

Deutschland verbucht Exportüberschuss

China wieder Exportweltmeister?

Die Bedeutung von Konten für die verschiedenen Sektoren einer Volkswirtschaft ist Ihnen mehrfach vor Augen geführt worden: Private Haushalte führen Haushaltsbücher, um Einkommen und Ausgaben festzuhalten. In Unternehmen werden Bilanzen erstellt, damit man Aufschluss über die finanzielle Situation erhält. Mit der VGR werden alle finanziellen Transaktionen auf volkwirtschaftlicher Ebene abgebildet, damit die wirtschaftliche Lage „des Staates" erfasst werden kann. In gleicher Weise sind Konten im internationalen Handel von entscheidender Bedeutung.

Wie aber stellt man fest, wie sich Im- und Exportbeziehungen entwickeln? Alle wirtschaftlichen Transaktionen, die zwischen Inländern (Personen und Unternehmen mit Sitz im Inland) und Ausländern in einem bestimmten Zeitraum erfolgen, werden in der Zahlungsbilanz registriert. Die Zahlungsbilanz erfasst keine Bestandsgrößen, sondern sie ist eine Stromgrößenrechnung. Die Zahlungsbilanz besteht aus den Teilbilanzen Leistungs-, Vermögens-, Kapital- und Devisenbilanz:

Die Teilbilanzen haben in der Regel unausgeglichene Salden. Ein Beispiel: Die Vermögensbilanz eines Landes weist einen positiven Saldo auf, d. h., die empfangenen Schenkungen und Erbschaften überstiegen die geleisteten. Die Dienstleistungsbilanz ist hingegen negativ, d. h., es wurden mehr Dienstleistungen importiert als exportiert. Da jede einzelne Transaktion sowohl auf der Soll- als auch auf der Haben-Seite verbucht wird (doppelte Buchführung), ist die Summe aller Teilbilanzen immer null. Der Begriff „unausgeglichene Zahlungsbilanz" ist also unlogisch, nur Teilbilanzen sind unausgeglichen.
Nachfolgend wird eine Maßzahl für den Vorteil vorgestellt, den ein Land aus dem Außenhandel zieht.

A

1 Ermitteln Sie mithilfe von www.destatis.de und www.bundesbank.de die Zahlungsbilanz der Bundesrepublik Deutschland für das vergangene Jahr sowie die langfristige Entwicklung des Handelsbilanzsaldos der BRD.

2 Eine deutsche Studentin verbringt ein Wochenende in Paris – die Bundesregierung zahlt für Entwicklungshilfe – die EU zahlt für den „Aufbau Ost" – ein spanisches Unternehmen investiert in Deutschland – ein deutscher Beamter kauft ein japanisches Auto – eine Dänin kauft Aktien der Telekom AG: Wo werden diese Transaktionen verbucht?

Terms of Trade

Die Terms of Trade (ToT) sind eine Messgröße für das Verhältnis von exportierten und importierten Gütern. Ein Steigen der Terms of Trade bedeutet, dass sich der Vorteil aus dem Außenhandel für ein Land vergrößert, weil es dann für den gleichen Exporterlös mehr importieren kann. In einer Formel stellt sich diese Preisrelation so dar:

$$\text{Terms of Trade} = \frac{\text{Exportpreise}}{\text{Importpreise}}$$

Die Terms of Trade machen deutlich, welche Menge an Exportgütern aufgebracht werden muss, um eine Einheit des Importguts zu bezahlen. Angenommen die Länder A und B betreiben in einem Zwei-Güter-Modell Handel miteinander. Land A produziert Pkw, Land B baut Kaffee an.

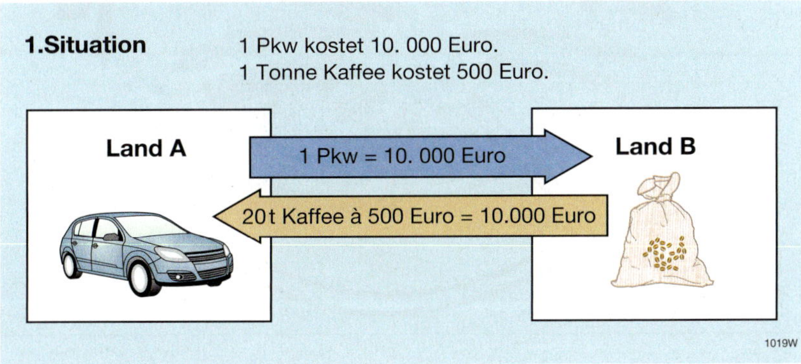

Ein Pkw aus Land A soll 10.000 Euro kosten, der Preis einer Tonne Kaffee aus Land B beträgt 500 Euro. Somit kostet 1 Pkw 20 t Kaffee.
Wenn man weiter annimmt, dass der Preis für einen Pkw von 10.000 Euro auf 11.000 Euro steigt, während der Preis für Kaffee konstant bleibt, kann Land A für einen Pkw 22 t Kaffee kaufen bzw. Land B muss mehr Kaffee exportieren, um den gleichen Pkw aus Land A zu kaufen. Die Außenhandelsposition von Land B hat sich somit verschlechtert.

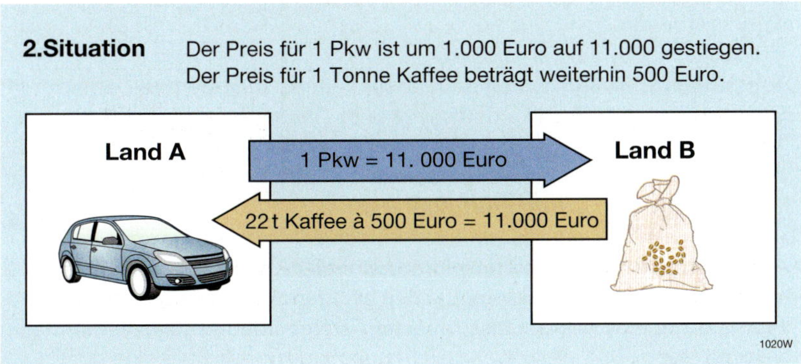

Die Entwicklung der Terms of Trade ist z. B. für jene Entwicklungsländer, die auf wenige Produkte oder sogar nur auf ein Gut spezialisiert sind, von besonderer Bedeutung. Entwicklungsländer können auf Preiserhöhungen von Industrieprodukten in der Regel nicht mit eigenen Preiserhöhungen reagieren, sodass sich ihre Lage im Verhältnis zu den Industrieländern zunehmend verschlechtert (vgl. Abschnitt 7.6).

A

1 Warum sind die Veränderungen der Terms of Trade auf globaler Ebene ein Nullsummenspiel?

2 Recherchieren Sie, wie sich die Export- und Importpreise der Bundesrepublik Deutschland in den letzten zehn Jahren entwickelt haben. Nutzen Sie die Website www.destatis.de oder die aktuelle Ausgabe des Datenreports für die Bundesrepublik Deutschland, den Sie bei der Bundeszentrale für politische Bildung erhalten (www.bpb.de).

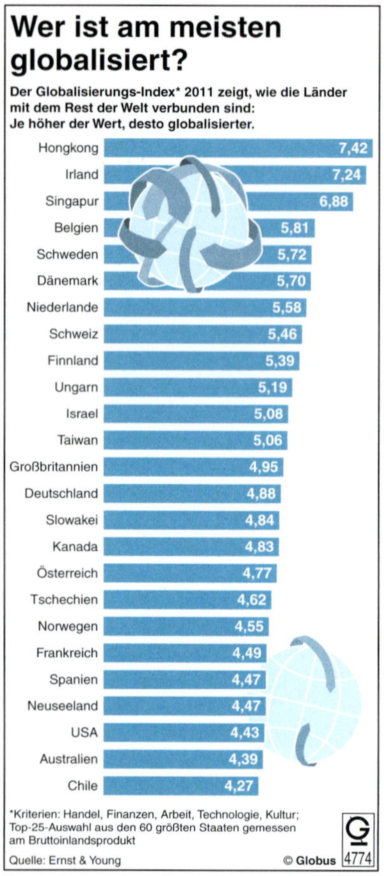

A

1 Recherchieren Sie Informationen zur Entwicklung des Welthandels (Wert, Anteil am Weltsozialprodukt, Warenstruktur, Anteile von Regionen an den Weltexporten seit dem Zweiten Weltkrieg etc.). Nutzen Sie z. B. die Website der Welthandelsorganisation (WTO) und dort die Rubrik International Trade Statistics: www.wto.org.

2 Stellen Sie die von Ihnen ermittelten Zahlen grafisch dar. Versehen Sie Ihre Darstellung mit einer Schlagzeile, die die Kernaussage der Grafik auf den Punkt bringt.

1.4 Struktur des Welthandels

Der weltweite Handel mit Sachgütern stellt den Kern der Handelsbeziehungen dar. Der Austausch von Dienstleistungen nimmt jedoch in den letzten Jahren stark zu. Die Einteilung der am Welthandel beteiligten Länder wird üblicherweise in die Kategorien Industrieländer, Entwicklungsländer (inklusive der Rohöl exportierenden Länder) und Transformationsländer vorgenommen (vgl. Abschnitt 7). Zusammen bilden diese Gruppen das Welthandelsdreieck.

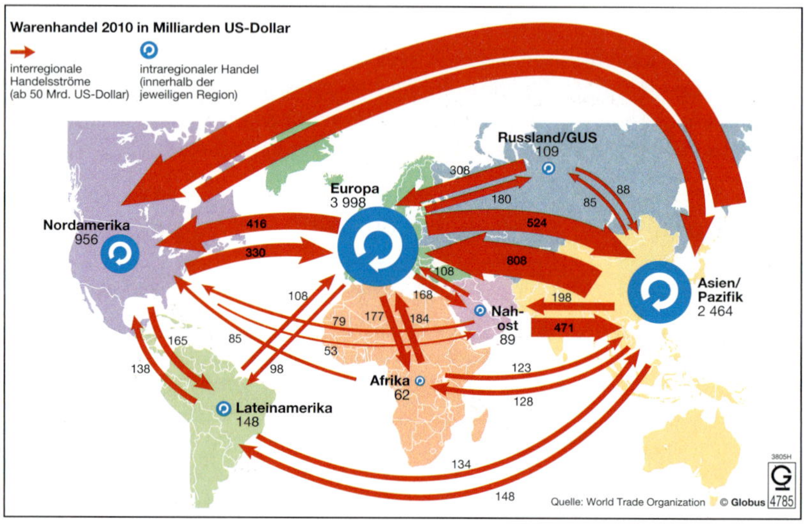

Der Welthandel wird mit 63 % wesentlich von den Industrieländern bestimmt. Die Entwicklungsländer, zu denen bei dieser Kategorisierung ebenfalls die ost- und südostasiatischen Schwellenländer gezählt werden, nehmen mit 36 % am Welthandel teil.

Im Jahr 2010 hatte der internationale Handel einen Wert von ungefähr 15 Billionen US-Dollar. Damit lag der Anteil des Welthandels gemessen am Weltsozialprodukt bei ca. 25 %. Oder anders ausgedrückt: Etwa 75 % der Güter und Dienstleistungen, die weltweit produziert wurden, werden im Inland vertrieben.

Die größten Exporteure waren im Jahr 2010 China, die USA und Deutschland: Diese drei Nationen kamen auf 28 % des Weltexports. Auf den Plätzen 4 bis 10 folgten die Länder Japan, Niederlande, Frankreich, Korea, Italien, Belgien und Großbritannien. Die Dominanz der Industrieländer lässt sich vor allem auf folgende Faktoren zurückführen:

— Die Industrieländer verfügen über eine diversifizierte Produktionsstruktur. Damit werden die Vorteile internationaler Arbeitsteilung genutzt.
— Exportpreise für Fertigwaren, die den größten Teil des Außenhandelsvolumens der Industrieländer ausmachen, steigen häufig schneller als Rohstoffpreise.
— Regionale Wirtschaftsintegration (z. B. die EU, vgl. Abschnitt 6) fördert den Handel zwischen den Industrieländern.

Die folgende Abbildung zeigt die Bedeutung der Staaten der Welt im internationalen Handel:

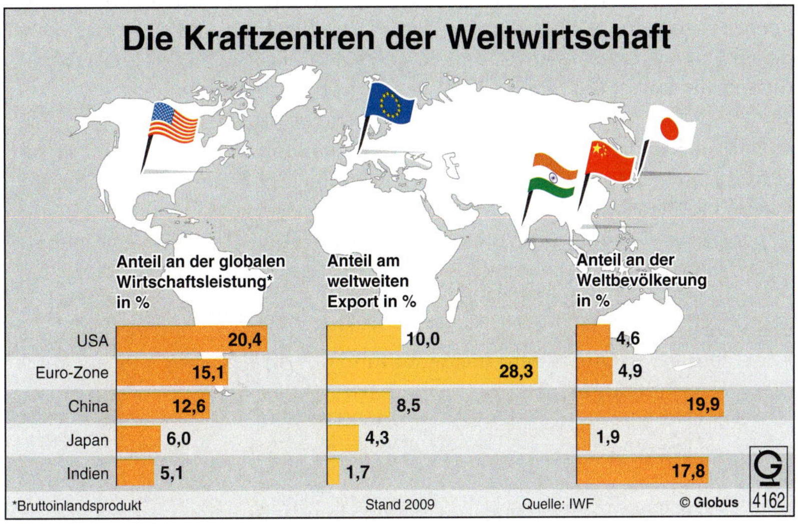

Die Entwicklung des Welthandels hängt von der weltwirtschaftlichen Konjunktur ab. In wirtschaftlichen Krisenzeiten (globale Rezessionen, Börsencrashs, Ölkrisen) wird in der Regel weniger importiert. Staaten greifen verstärkt zu Maßnahmen, die die eigene Wirtschaft „schützen" und ankurbeln sollen. Zu den Risiken für die Entwicklung der Weltwirtschaft zählen jedoch nicht nur ökonomische Krisen. Auch politische Entwicklungen oder Epidemien können die weltwirtschaftliche Entwicklung hemmen oder gefährden (vgl. hierzu Abschnitt 7.6).

Organisationen wie der Internationale Währungsfonds (IWF) sowie die Organisation für wirtschaftliche Zusammenarbeit und Entwicklung (OECD) prognostizieren regelmäßig die Wachstumsdynamik der Weltwirtschaft. Der IWF rechnet z. B. mit einem Wachstum der Weltwirtschaft für 2013 von 3,9 %. Bei Prognosen handelt es sich um eine wissenschaftlich gestützte Voraussage über künftig gewünschte oder nicht gewünschte Ereignisse und Zustände. Man beschränkt sich dabei auf eine einzige Vorhersage, die auf Wenn-dann-Beziehungen basiert – mögliche Störereignisse werden also nicht berücksichtigt.

Standorte als internationaler Wettbewerbsfaktor

Die Schweiz war 2010 das wettbewerbsfähigste Land der Welt, gefolgt von Schweden und Singapur. Zu diesem Ergebnis kam der „World Competitiveness Report", der anhand von 286 Kriterien die Konkurrenzfähigkeit auf dem Weltmarkt analysiert hat. Zu den Kriterien zählen: Arbeitskosten, Produktivität, Qualifikation der Arbeitskräfte, Effizienz des Managements, binnenwirtschaftliche Stärke, politische und soziale Stabilität, rechtliche Rahmenbedingungen, Freiheit von staatlichen Eingriffen, Steuer- und Abgabenlast.

A

Ermitteln Sie im Internet aktuelle Prognosen für das Wachstum des Welthandels.
Recherchieren Sie die Gründe für den Fall, dass die vergangenen Prognosen nicht eingetroffen sind! (Tipp: www.worldbank.org, www.oecd.org, Webseiten der Wirtschaftsforschungsinstitute in Deutschland)
Stellen Sie fest, welche Position die Bundesrepublik Deutschland im internationalen Standortvergleich einnimmt. Wer gehört aktuell zu den wettbewerbsfähigsten Staaten?

1.5 Die Bundesrepublik Deutschland im Welthandel

In Deutschland hängt jeder vierte Arbeitsplatz direkt oder indirekt vom Export ab. Dies betrifft auch jene Arbeitsplätze, die mit Zubehör, Material, Versicherungs- oder Transportleistungen zum Exportgeschäft beitragen. Insgesamt stellen ungefähr 9 Millionen Menschen Güter und Dienstleistungen für ausländische Märkte her.

In vielen Bereichen (z. B. Maschinenbau, Herstellung von chemischen sowie pharmazeutischen Erzeugnissen) ist ein Großteil der Erwerbstätigen für die Ausfuhr tätig. Die Branche mit der höchsten Exportquote war im Jahr 2010 der „sonstige Fahrzeugbau" mit einem Auslandsanteil am Umsatz von über 70 %. Hieraus leitet sich eine wesentliche Bedeutung des Außenhandels für die deutsche Wirtschaft ab: Sicherung und Ausbau von Arbeitsplätzen in der Exportwirtschaft.
In der folgenden Quelle wird die Bedeutung des Außenhandels für die deutsche Wirtschaft aus Ministeriumssicht dargestellt.

Q

2009 hat Deutschland Waren und Dienstleistungen im Wert von 964 Mrd. Euro ins Ausland exportiert (40 % des BIP). Zwei von fünf Euro wurden im Ausland verdient. Damit ist Deutschland Vize-Exportweltmeister nach China. Jeder vierte Arbeitsplatz in Deutschland hängt am Export von Produkten und Dienstleistungen. Zugleich spielen internationale Direktinvestitionen für Deutschland eine entscheidende Rolle: 9 % der weltweiten Auslandsinvestitionen haben ihren Ursprung hier bei uns.

Sie sehen: Deutschland ist ein sehr erfolgreicher Akteur auf der weltwirtschaftlichen Bühne. Aber wir dürfen uns auf diesen Lorbeeren nicht ausruhen. Deutschland muss noch besser werden. Das ist in erster Linie Aufgabe der Firmen selbst. Sie sind es, die mit neuen Produkten und innovativen Technologien ihre Stellung auf den Märkten halten und ausbauen müssen. Das war immer der Grundsatz deutscher Wirtschaftspolitik, und auch ich stehe für dieses Prinzip. Doch der Staat hat in der Außenwirtschaftspolitik dennoch eine wichtige Rolle, wenn es um Unterstützung unternehmerischer Aktivitäten und faire internationale Handelsbedingungen geht. Die heute vorgestellte Außenwirtschaftsoffensive schärft dieses staatliche Profil in drei zentralen Punkten:

Erstens: Wir werden die deutschen Firmen verstärkt auf Auslandsmärkten unterstützen. Im Fokus steht dabei für mich besonders der Mittelstand;

Zweitens: Ein besonderes Augenmerk verdienen innovative Exportprodukte und neue Märkte, vor allem in Schwellenländern mit überdurchschnittlichem Wachstumspotenzial.

Und drittens: Wir brauchen offene Märkte. Dafür müssen die politischen und rechtlichen Rahmenbedingungen auf nationaler und internationaler Ebene weiter verbessert werden.

Quelle: Rede des früheren Bundesministers für Wirtschaft und Technologie, Rainer Brüderle anlässlich der Pressekonferenz zur Vorstellung der BMWi-Außenwirtschaftsoffensive,
unter: www.bmwi.de/BMWi/Navigation/Presse/namensartikel-interviews-und-reden,did=335640.html, 30.03.2012

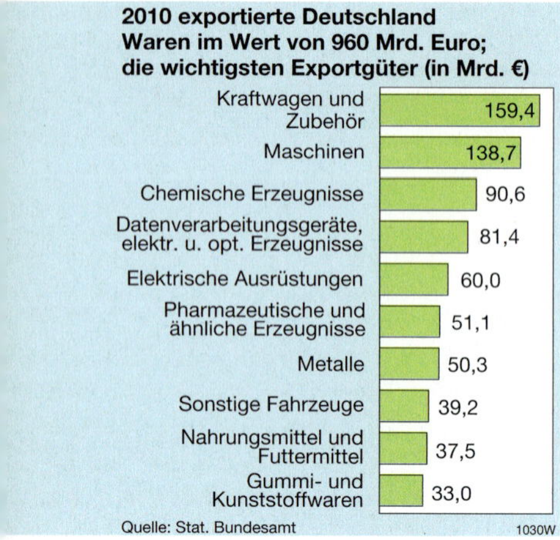

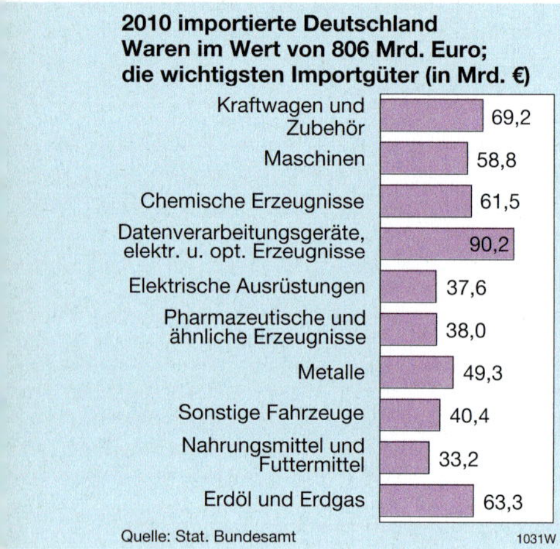

A

1. Stellen Sie zusammen, welche allgemeinen Aufgaben die Außenwirtschaftspolitik hat (vgl. www.bmwi.de).
2. Ermitteln Sie auf derselben Website, welche Instrumente der Außenwirtschaftsförderung von der Bundesregierung zurzeit befürwortet und eingesetzt werden.
3. Unternehmen tragen das wirtschaftliche Risiko eines Auslandsengagements selbst. Es gibt jedoch – staatliche und private – Versicherungen, die wirtschaftliche und/oder politische Risiken im Ausland abdecken. Stellen Sie ein Beispiel sowie wesentliche Versicherungsbedingungen dar.

2 Gründe für internationalen Handel

2.1 Die klassische Außenhandelstheorie

Überblick
Es gibt natürliche und kostenbedingte Gründe für internationalen Handel. Man kann diesen Unterschied mit den Begriffen „Verfügbarkeit" und „Kostenunterschiede" beschreiben. Ein natürlicher Grund für internationalen Handel besteht für ein Land beispielsweise dann, wenn ein Gut dort nicht vorhanden ist oder durch das Fehlen eines oder mehrerer Produktionsfaktoren ein Gut nicht produziert werden kann. Die Verteilung der Rohstoffe bzw. Energieträger auf der Welt spielt dabei eine entscheidende Rolle.
Doch auch bei Vorhandensein eines Guts gibt es Motive für den Import, und zwar aufgrund von Kosten- und Preisvorteilen ausländischer Anbieter. Das Traumauto kann man im Ausland eventuell viel günstiger erwerben als in Deutschland, bedingt durch Kostenunterschiede bei Rohstoffen, Halb- oder Fertigprodukten. Entsprechend können Kostenvorteile im Inland einen Anreiz für die ausländische Nachfrage darstellen.
Die beiden folgenden Abschnitte erläutern die Angebots- und Nachfragetheorie, es folgen berühmte Theoreme zu „Kostenunterschieden". Insgesamt ist hierunter die klassische Außenhandelstheorie zu verstehen.

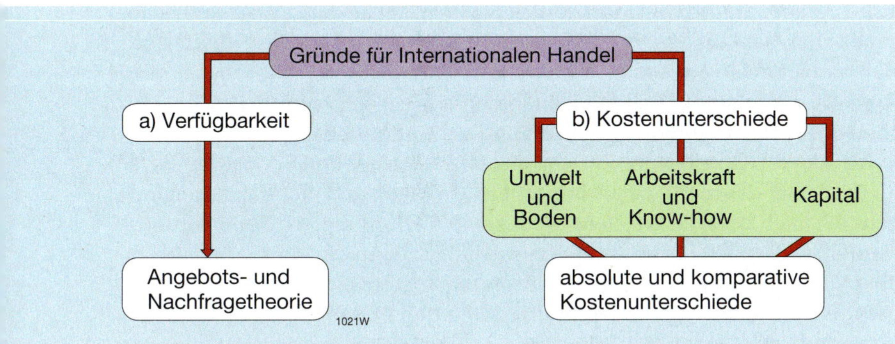

a) Aspekt „Verfügbarkeit"
Sicherlich hätten es deutsche Schokoladenproduzenten einfacher, wenn die Kakaopflanze direkt vor ihrer Haustür wachsen würde, denn dann müssten sie diesen wichtigen Rohstoff nicht aus weit entfernten Ländern importieren. Aber die entsprechenden Pflanzen gedeihen hierzulande nicht. Gleiches gilt für viele andere Waren – ein wichtiger Grund für den internationalen Handel ist also die Verfügbarkeit von Rohstoffen.
Nun sind zur Produktion vieler Sachgüter und Dienstleistungen neben Rohstoffen auch Maschinen, Fachwissen und Arbeitskräfte notwendig. Man spricht von „Produktionsfaktoren" und unterscheidet im Allgemeinen Kapital, Natur und Arbeit voneinander. „Kapital" meint nichts anderes als die technische Ausstattung, die zur Produktion von Sachgütern oder zur Bereitstellung von Dienstleistungen benötigt wird, also z. B. Computer und Transportfahrzeuge. Voraussetzung für die Fortentwicklung und den Ausbau der technischen Ausstattung sind nutzbare Böden in einem Land. Dieser Produktionsfaktor steht für manche Produkte nur zeitweilig zur Verfügung: Obst und Gemüse etwa kann man in Deutschland nicht zu jeder Jahreszeit und auf jeder Fläche anbauen. Die Gegebenheiten können jedoch, wie wir es eben am Beispiel der Kakaopflanze gesehen haben, auch auf Dauer ungünstig sein und die Herstellung eines Gutes ausschließen. Fehlt ein Pro-

A

1 Nennen Sie Rohstoffe, die in der Bundesrepublik Deutschland außer den genannten nicht verfügbar sind und daher importiert werden müssen. Informationen finden Sie unter: www.destatis.de.

2 Suchen Sie Beispiele für die skizzierten Lösungsmöglichkeiten bei Nichtverfügbarkeit von Gütern und diskutieren Sie die möglichen Folgen.

A

Entwickeln Sie ein eigenes Beispiel um das Theorem der komparativen Kosten zu erklären.

Beispiel komparativer Kostenvorteile:

	Land A	Land B
Weizen	20	10
Leinen	16	14

Land A besitzt sowohl bei Weizen als auch bei Leinen einen absoluten Kostenvorteil, da es bei gleich großem Arbeitseinsatz mehr erzeugen kann als Land B. Dennoch ist es lohnend, dass sich ein Land jeweils auf die Produktion eines Guts spezialisiert: Der Kostenvorteil von A bei der Produktion von Weizen ist mit 20:10 größer als bei der Produktion von Leinen (16:14). Land B hat also einen komparativen (vergleichsweisen) Kostenvorteil bei der Produktion von Leinen. Die Wertschöpfung in beiden Ländern könnte erhöht werden, indem sich Land A auf die Produktion von Weizen und Land B auf die Produktion von Leinen spezialisierte. Dann könnte Land A mehr Weizen gegen Leinen eintauschen und Land B mehr Leinen gegen Weizen.

duktionsfaktor bzw. fehlen mehrere Produktionsfaktoren, können bestimmte Sachgüter und Dienstleistungen nicht hergestellt werden. Denkbar ist auch, dass Arbeit, Boden und Kapital zwar vorhanden sind, aber aufgrund von äußeren Einflüssen wie Naturkatastrophen, Missernten, politischen Krisen oder Streiks nicht genutzt werden können.
Kosten- und Preisvorteile können ein weiterer Grund für internationalen Handel sein. Es gibt **Kostenunterschiede** im Hinblick auf Quantität und Qualität der verfügbaren Produktionsfaktoren:

- Umwelt/Boden: In welchem Ausmaß stehen Bodenschätze, Rohstoffe, Energiequellen, Bodenflächen und Klimabedingungen zur Verfügung und in welcher Qualität?
- Arbeitskraft/Wissen: Welches Arbeitskräftepotenzial ist vorhanden? Welche Leistungsbereitschaft ist vorhanden? Auf welche Weise kommen neue Informations- und Kommunikationstechnologien zur Anwendung?
- Kapitalausstattung: Wie ist der technische Stand der Produktionsanlagen? Welche Investitionsbedingungen sind in einem Land gegeben?

b) Aspekt „Kostenunterschiede"

Absolute Kostenvorteile

Die Vorteilhaftigkeit des internationalen Handels wird klassischerweise mit den absoluten Kostenvorteilen für Länder begründet. Diese Erklärung geht insbesondere auf **Adam Smith** zurück (vgl. Kapitel I, 3.6). Er wollte mit seiner gegen den Merkantilismus gerichteten Theorie aufzeigen, dass Handelsgewinne nicht allein auf Kosten anderer Volkswirtschaften realisierbar sind, die dann mit protektionistischen Maßnahmen abzusichern sind. Vielmehr sind absolute Vorteile schon für ein Land und ein Gut gegeben.
Außenhandel ist kein Nullsummenspiel und Handel ist nicht nur von Vorteil für das Land, das mehr ex- als importiert. Vielmehr sind Wohlfahrtsgewinne generell auch dann zu erzielen, wenn keine Ausfuhrüberschüsse realisiert werden, weil durch die internationale Arbeitsteilung die internationale Produktivität steigt. Die Aussage der absoluten Kostenvorteile von Adam Smith besagt: Die Steigerung der Wohlfahrt durch den Außenhandel für die Welt ist am höchsten, wenn sich jedes Land auf jene Güter spezialisiert, die es am kostengünstigsten herstellen kann, d. h., wenn es einen absoluten Kostenvorteil besitzt. Wird z. B. ein qualitativ gleichwertiges ausländisches Produkt (einschließlich Transport- und Zollkosten) kostengünstiger als das entsprechende einheimische Produkt angeboten, ist es in der Regel sinnvoll, diesen Kostenvorteil auch zu nutzen. Das bedeutet: Um die Vorteile von Arbeitsteilung und Spezialisierung realisieren zu können, wird der internationale Handel gebraucht und gleichzeitig gefördert.

Komparative Kostenvorteile

Die Überlegungen von Adam Smith können jedoch nicht erklären, warum Länder Güter exportieren, die keine absoluten Preisvorteile besitzen. Eine Weiterentwicklung erfolgte durch **David Ricardo** (vgl. nächste Seite), der eines der berühmtesten Theoreme der Wirtschaftswissenschaften formuliert hat. Dieses Theorem der komparativen Kostenvorteile besagt, dass ein Land die Vorteile der internationalen Arbeitsteilung für sich nutzen kann, indem es sich auf jene Güter spezialisiert, für die es komparative Kostenvorteile besitzt. Das heißt, dass es auch dann Gründe für einen Handel zwischen zwei Ländern gibt, wenn ein Land A alle Produkte kostengünstiger herstellen kann als der Handelspartner Land B. Ein Beispiel: Die Länder A und B produzieren beide Weizen und Leinen. 100 Arbeitseinheiten werden dazu alternativ eingesetzt (vgl. Marginalspalte).

David Ricardo (1772–1823)

Kurzbiografie

David Ricardo wird am 18. April 1772 in London in eine Bankiersfamilie geboren. Im Alter von 14 Jahren tritt er in das väterliche Geschäft ein. Als Börsenmakler macht er später Karriere und verschafft sich in Bank- und Börsenkreisen hohes Ansehen.

Ricardos Interesse an politischer Ökonomie wird durch die Lektüre von Adam Smiths „The Wealth of the Nations" entfacht und durch die ökonomischen Ereignisse dieser Zeit verstärkt. Nur wenige Ökonomen nehmen in der Nachfolge auf die Entwicklung der Ökonomie einen so großen Einfluss. Er wird zur klassischen Schule gezählt, die die Gedanken aus „The Wealth of the Nations" von Adam Smith weiterentwickelt und ergänzt (vgl. z. B. Jean-Baptiste Say, Thomas Robert Malthus).

Zeitgeschichtlicher Hintergrund

Ricardos Zeit kann als Höhepunkt der klassischen Nationalökonomie angesehen werden (vgl. auch die Informationen zu Adam Smith in Kapitel I). Was nach Adam Smith geschieht: Erosion des Goldstandards durch die Bank of England (1797); die Corn Laws (1815) – als Lösung für die Nahrungsmittelknappheit der Bevölkerung gedacht – führen zur Kontinentalsperre; die Napoleonischen Kriege wüten in Europa. „Boden" als Produktionsfaktor wird zum Wohlstand limitierenden Faktor.

Hauptgedanken und Wirkung

Ricardo ist es gelungen, in der Nachfolge von Smith eine geschlossene und einheitliche Theorie der klassischen Nationalökonomie zu schaffen. Es sind vor allem die folgenden drei Bereiche, mit denen er sich beschäftigt hat:

- Wert- und Preistheorie
- Verteilungs- und Wachstumstheorie
- Außenhandelstheorie.

Die Theorie der komparativen Kostenvorteile (auch: Ricardo-Theorem) geht in alle wirtschaftswissenschaftlichen Lehrwerke ein und ist Lehrstoff für alle Studierenden. Es ist das Fundament für die klassische Freihandelslehre und für den Nachweis, dass internationaler Handel für alle Länder vorteilhaft ist.

Im Kern sagt die Theorie der komparativen Kostenvorteile aus, dass zwei Länder vom Außenhandel profitieren, indem sie sich auf die Produktion des Guts spezialisieren, das sie verhältnismäßig billiger herstellen können und das jeweilige andere Gut gegen einen Teil ihrer Produktion eintauschen. Es kommt also auf die komparativen, nicht die absoluten, Kostenvorteile an.

Wesentliche Werke

- David Ricardo (1817): On the Principles of Political Economy and Taxation, London u. a.: Dent u. a. 1817 (deutsch: Grundsätze der politischen Ökonomie und Besteuerung (1969).
- David Ricardo/P. Sraffa (Hrsg.) The Works and Correspondence of David Ricardo, Cambridge u. a. University Press, 1971–1980, Vol. 1–11.

i

David Ricardo
* 18.04.1772 in London
† 11.09.1823 in Gatscombe Park

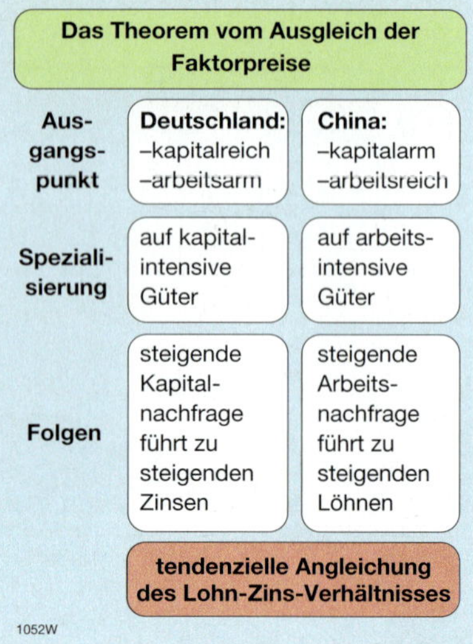

2.2 Weiterentwicklungen und ergänzende Erklärungsansätze

Eli Heckscher und Bertil Ohlin: Faktor-Proportionen-Theorem

Die schwedischen Ökonomen Eli Heckscher (1879–1952) und Bertil Ohlin (1899–1979) entwickelten das Ricardo-Modell weiter, indem sie zu dessen Annahmen den Faktor Kapital hinzufügten. Da das Modell zwei Länder, die zwei Güter mit zwei Produktionsfaktoren produzieren, umfasst, wird es auch „2 x 2 x 2-Modell" genannt. Geht man von einer unterschiedlichen relativen Ausstattung der Volkswirtschaften mit Kapital und Arbeit aus, so werden sich Volkswirtschaften mit relativ viel Kapital auf kapitalintensive Produkte spezialisieren, während Staaten mit relativ vielen Arbeitskräften sich auf arbeitsintensive Produkte konzentrieren werden. Dieses Modell wurde durch das Theorem vom Ausgleich der Faktorpreise erweitert.

Raymond Vernon und Seev Hirsch: Produktlebenszyklustheorie

Wie ändern sich komparative Vorteile im Lauf der Zeit? Wie kann ein Land seine komparativen Vorteile beeinflussen und gestalten? Die Produktlebenszyklustheorie ist eine Weiterentwicklung des Faktor-Proportionen-Theorems und geht auf die Wirtschaftswissenschaftler Raymond Vernon und Seev Hirsch zurück. Es ist ein Konzept der Betriebswirtschaftslehre und beschreibt den Prozess zwischen der Markteinführung bzw. Fertigstellung eines marktfähigen Gutes und seiner Herausnahme aus dem Markt. Dessen Leben wird in vier bis sechs Phasen eingeteilt: Entwicklung und Einführung, Wachstum, Reife/Sättigung und Schrumpfung/Degeneration.
Vernon hat 1966 die Hypothese formuliert, dass mit fortschreitendem Produktlebenszyklus die Produktion immer weiter vom (industrialisierten) Erfinder- zum Entwicklungsland verlagert wird. Die einzelnen Volkswirtschaften konzentrieren sich auf diejenigen Phasen des Produktlebenszyklus, in denen die Produktionsfaktoren Arbeit, Kapital und Know-how vorrangig gebraucht werden:

- Einsatz hochqualifizierter und zugleich relativ hochbezahlter Arbeitskräfte in entfalteten Industriestaaten in den ersten Phasen des Produktlebenszyklus: Forschung und Entwicklung (F & E), Entwicklung einer Produktion bis zur Serienreife bzw. Standardisierung;
- Einsatz einfach qualifizierter und relativ kostengünstiger Arbeitskräfte in Entwicklungs- und Schwellenländern für die standardisierte Massenfabrikation in der Reifephase.

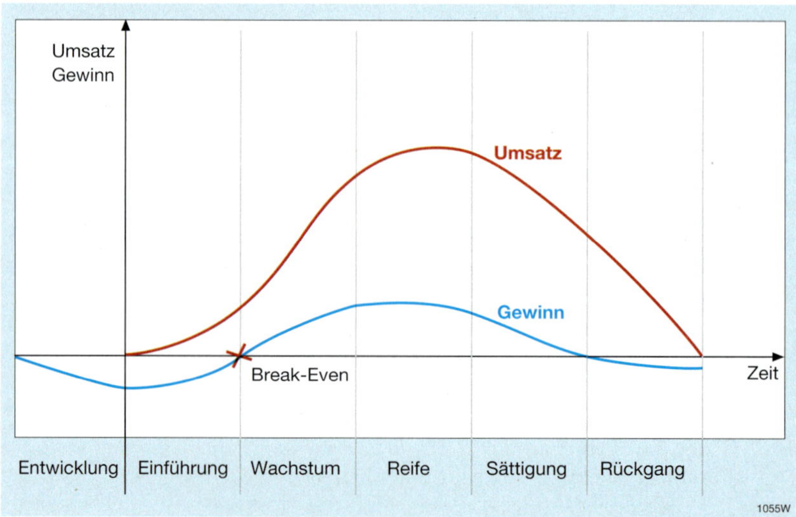

Die Vorteile der internationalen Arbeitsteilung aus der Sicht von Konsumentinnen bzw. Konsumenten und Unternehmen zeigen der intraindustrielle Handel und das Wettbewerbsmodell.

Intraindustrieller Handel

Der intraindustrielle Handel ist ein bedeutsames Phänomen des internationalen Handels, das klassische und neoklassische Handelstheorien nicht erklären. Diese beschäftigen sich zwar mit dem Handel zwischen verschiedenen Produktionssektoren (= intersektoraler Handel), nicht aber mit dem internationalen Austausch von Waren derselben Produktionssektoren (z. B. Tausch von Autos gegen Autos). Dieser Handel wird als intrasektoraler bzw. intraindustrieller Handel oder – weil die Handelsgüter in den Handel treibenden Volkswirtschaften miteinander konkurrieren und sich gegenseitig ersetzen können – als substitutiver Handel bezeichnet. Intraindustrieller Handel tritt hauptsächlich bei Produkten des verarbeitenden Gewerbes auf, sehr viel weniger bei Rohstoffen und Vorprodukten. Zu dieser Kategorie internationaler Handelsbeziehungen gehört vor allem der Nord-Nord-Handel zwischen den westlichen Industrieländern, der zugleich den Löwenanteil des Welthandels ausmacht. Die Ursache für diese Form des Handels ist vor allem in den Präferenzen der Käufer und Käuferinnen zu suchen, die aus persönlichen Gründen das Importgut bevorzugen, obwohl es ein entsprechendes Substitut aus der heimischen Produktion gibt. Beispielsweise liefert Deutschland Volkswagen nach Frankreich und importiert Autos der Marke Renault.

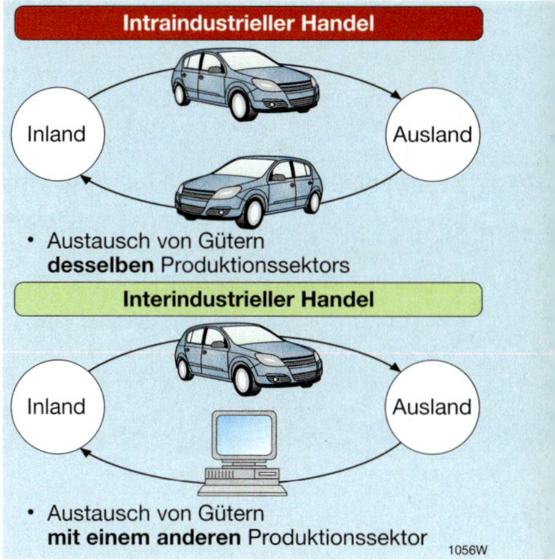

Beispiele für intra- und interindustriellen Handel

Wettbewerbsmodell

Michael E. Porter (*1947), Professor an der Harvard Business School, untersuchte, warum einige Länder in bestimmten Industrien besonders erfolgreich sind. Der Erfolg eines Unternehmens bzw. einer Branche fußt zentral auf dessen bzw. deren Wettbewerbsfähigkeit. Er stellte fest, dass es gute und weniger gute Bedingungen dafür gibt. Nach der von ihm entwickelten „Diamantentheorie" hängt die Wettbewerbsfähigkeit eines Unternehmens oder einer Branche von vier Haupt- und zwei Nebenelementen der Gesamtwirtschaft eines Landes ab. Diese Elemente entscheiden darüber, ob Innovationen gefördert, neue Produktionsverfahren umgesetzt und Wissen und Fähigkeiten zügig verbreitet werden. Sie sind in der folgenden Grafik modellhaft dargestellt:

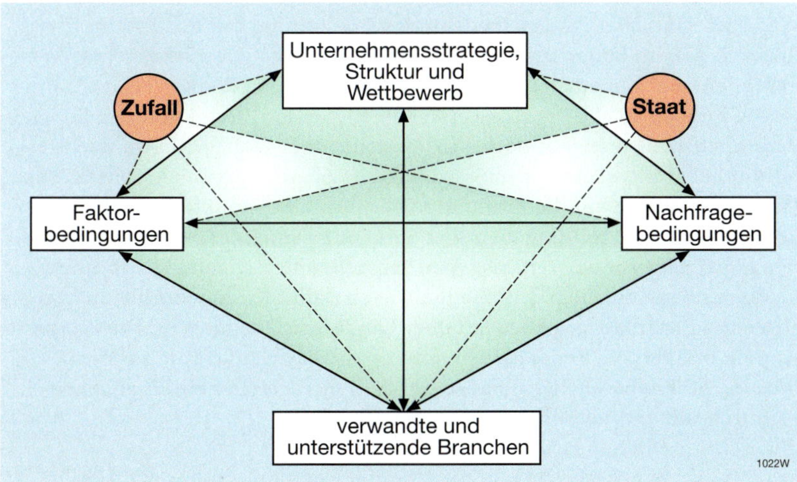

Diamantmodell: Faktoren, von denen die Wettbewerbsfähigkeit eines Unternehmens bzw. einer Branche abhängt

A

1 Erklären Sie mithilfe des Faktor-Proportionen-Theorems Wettbewerbsvorteile geringer entwickelter Länder in der Sättigungsphase.

2 Zählen Sie ausländische Marken bzw. Produkte auf, die Sie gegenüber inländischen bevorzugen.

3 Die Gütergruppen, in denen Deutschland am meisten ausführt, überschneiden sich in vielen Fällen mit jenen, in denen Deutschland am meisten einführt. Begründen Sie dieses Phänomen mithilfe eines der Erklärungsansätze.

4 Porters „Diamant" (vgl. nebenstehende Grafik) kann auch zerstört werden, z. B. im Bereich der Faktorausstattung. Erläutern Sie, wie es dazu kommen könnte.

def.

eklektisch:
Als eklektisch (von griech. eklektós = ausgewählt) bezeichnet man eine wissenschaftliche Methode, die aus bereits vorhandenen – z. B. wirtschaftswissenschaftlichen – Theorien Elemente übernimmt und zu einem eigenen System zusammenfügt.

John H. Dunning: Eklektischer Ansatz

Mit einer bestimmten Theorie können im Allgemeinen immer nur Teilaspekte der Internationalisierung von Unternehmen erklärt werden. Die Einsicht, dass Art und Umfang des internationalen Engagements von Unternehmen nicht auf eine einzelne Ursache zurückgeführt werden dürfen, sondern von verschiedenen Faktoren abhängig sind, bildet den Grundgedanken der „eklektischen Theorie der internationalen Produktion" des britischen Wirtschaftswissenschaftlers John H. Dunning (1927–2009). Danach sind insbesondere drei Faktoren von Bedeutung, die Dunning als Vorteilskategorien bezeichnet:

- Das Unternehmen verfügt zumindest für einen gewissen Zeitraum über Eigentumsvorteile, die z. B. für die Vergabe von Lizenzen oder für Vertragsabschlüsse Voraussetzung sind, und weist dadurch Wettbewerbsvorteile gegenüber der ortsansässigen Konkurrenz auf.
- Internalisierungsvorteile. sind gegeben, wenn die notwendigen Transaktionen intern kostengünstiger als über den Markt abgewickelt werden können, sich somit z. B. der Aufbau einer eigenen Produktion im Ausland für das Unternehmen rentiert.
- Standortvorteile im Ausland sind eine weitere Voraussetzung für die Durchführung von Direktinvestitionen. Bei dieser Abwägung sind vor allem Faktorkosten, Infrastruktur und politische Rahmenbedingungen zu berücksichtigen.

Q

Jeder macht das, was er am besten kann

[…] Kein Mensch produziert das alles selbst, was er braucht: Kein Bauer stellt seine Traktoren selbst her, kein Bäcker baut selbst Getreide an, kein Leser schreibt sich selbst seine Zeitung. Jeder produziert das, was er gut und billig produzieren kann, und tauscht dies dann gegen die Erzeugnisse der anderen. Dies gilt auch und gerade für Länder und über Ländergrenzen hinweg. […] Freihandel nutzt also die Unterschiede in den Produktionskosten zwischen Menschen, Firmen, Regionen und Ländern. Jedes Land produziert das, was es am besten und billigsten kann. Unterschiede in den Produktionskosten entstehen auf den ersten Blick dadurch, dass Rohstoffe ungleich verteilt sind oder dass das Klima dem einen Land erlaubt, günstig Kaffee anzubauen, während das andere Land besser Kartoffeln erzeugt. Wichtiger sind aber Unterschiede in der Ausstattung mit den Produktionsfaktoren Arbeit, Boden und Kapital. Ein Land, das – wie zum Beispiel Argentinien oder Kanada – über viel und damit billigen Boden verfügt, kann relativ günstig solche Produkte erstellen, die in der Produktion viel Boden verbrauchen, also etwa Rindfleisch, Getreide oder Holz, […]. Am wichtigsten sind aber die allgemeinen Spezialisierungsvorteile jeder Arbeitsteilung. Wenn Firmen sich auf die Produktion bestimmter Produkte spezialisieren, können sie diese Produkte in großer Serie unter Einsatz spezieller Maschinen günstiger produzieren, als wenn sie viele unterschiedliche Produkte in kleiner Serie erstellen. […] Sie realisieren damit Kostenvorteile und tauschen die Produkte anschließend über Ländergrenzen hinweg. Die Produkte werden billiger, die Preise sinken. Einer politischen Integration bedarf es dazu nicht. Freihandel ist genauso gut zwischen ganz unterschiedlichen Kulturen und politischen Systemen möglich. […]

Quelle: Jürgen Heinrich, Handelsblatt Nr. 94, 14.05.2004, unter: www.handelsblatt.com/karriere/nachrichten/jeder-macht-das-was-er-am-besten-kann/2331206.html, 15.05.2012

A

1 Fassen Sie zusammen, wie Jürgen Heinrich internationalen Handel erklärt.

2 Beschreiben Sie in eigenen Worten die Vorteile der internationalen Arbeitsteilung und der Spezialisierung.

3 Stellen Sie in einer Übersicht einschließlich Zeitleiste die Erklärungsansätze zum Außenhandel seit Adam Smith in ihrer grundlegenden Argumentation vor. Vergleichen Sie die Ansätze und zeigen Sie vor allem die Weiterentwicklungen auf.

4 Setzen Sie sich mit folgender Aussage auseinander: „Internationaler Handel ist kein Nullsummenspiel."

2.3 Unterschiede zwischen nationalem und internationalem Handel

Nicht Länder, sondern Unternehmen treiben Handel – das ist eine wichtige Erkenntnis der vorangegangenen Kapitel. Welche Motive gibt es aber für ein Unternehmen, den heimischen Markt um die internationale Perspektive zu erweitern? Welche Möglichkeiten einer Internationalisierung stehen zur Wahl? Was ist bei internationalem Handel anders als im Inlandsgeschäft? Was ist für eine erfolgreiche Internationalisierung zu beachten?

Warum internationalisieren Unternehmen?

Erinnern Sie sich an den Transaktionskostenansatz von Coase, der in Kapitel I erläutert wurde! Es ging – einfach ausgedrückt – um die Frage, auf welche Weise die Reibungsverluste bei geschäftlichen Aktivitäten verringert werden können. Dieser Ansatz kann auch auf Internationalisierungen übertragen werden. Eine Internationalisierung kann für Unternehmen erforderlich sein, um z. B. die Produktqualität abzusichern oder um sich vor Betrug zu schützen. Es zeigt sich: Grenzüberschreitende Transaktionen werden über den Koordinationsmechanismus „Hierarchie" besser abgewickelt als über den „Markt".

Gründe der Internationalisierung:

- Aufnahmefähigkeit des inländischen Marktes ist erreicht.
- Vorhandene Fertigungskapazitäten können durch internationale Verteilung (Kapazitätsauslastung) ausgeschöpft werden.
- Durch Erschließung zusätzlicher Märkte (Diversifikation) wird das Risiko verteilt.
- Standortvorteile im Ausland (z. B. günstigere Löhne, Materialien, Grundstücke) verbessern die Kostenstruktur.
- Durch die Nähe zu Märkten und Kunden werden Serviceleistungen optimiert.
- Das expandierende Unternehmen tritt als einheimischer Produzent und Arbeitsplatzanbieter auf und verbessert dadurch sein Image.
- Möglichkeit zur Abrechnung in der Landeswährung eröffnet Spielräume im Fall von Währungsverschiebungen.
- Nutzung fremden Know-hows bietet Synergiepotenziale.
- Handelsbeschränkungen werden umgangen und Markteintrittsbarrieren (Transaktionskosten) überwunden.

Q

Arten von Internationalisierungen

- Gründung eines Tochterunternehmens (greenfield start)
- Übernahme im Ausland: Ein einheimischer Betrieb wird in seiner Gesamtheit von einem Käufer im Ausland aufgekauft.
- Internationale Fusion: ähnlich der Übernahme, aber die Partner sind ungefähr gleich groß und gleich bedeutend.
- Aufbau eines gemeinschaftlichen Unternehmens durch zwei oder mehrere Partner (Joint Venture). Ein solches Unternehmen kann ganz von vorne, als „greenfield start" beginnen, oder der einheimische Partner bringt einen Teil seiner Leute in das neue Unternehmen ein.
- Zusammenarbeit mit einem ausländischen Partnerunternehmen für eine begrenzte Zeit. Die beteiligten Partner arbeiten bei bestimmten Produkten oder auf bestimmten Märkten zum gegenseitigen Nutzen zusammen.

Quelle: Geert Hofstede: Lokales Denken, globales Handeln, 2. Aufl., DTV-Beck, München, 2001, S. 322 f.

Q

Deutschland AG vor dem Aus? – Was die zunehmende Internationalisierung für unsere Wirtschaft bedeutet

Wenn es die unternehmerische Vernunft gebietet, verlassen moderne Unternehmen die Heimat und investieren dort, wo sie Chancen auf Wachstum und Gewinn wittern. […] Und für ihren Entschluss, gegebenenfalls Deutschland den Rücken zu kehren, sprechen […] vier Punkte:

- Wachstum findet heute vor allem in den Schwellenländern Asiens und Lateinamerikas statt.
- Regierungen in diesen Regionen unterstützen Unternehmen oft mit offensiver Industriepolitik.
- Die Qualität der lokalen Mitarbeiter in „fernen" Ländern ist mittlerweile deutlich angestiegen, sodass auch Forschungsprojekte verlagert werden können.
- Der Anteil ausländischer Anteilseigner (z. B. US-Hedge- und arabische Staatsfonds) nimmt zu.

Quelle: www.dashoefer.de/Online-Angebote/Newsletter/?cid=33604, 30.03.2012

A

1. Suchen Sie Beispiele für die beschriebenen Arten von Internationalisierung. Nutzen Sie den Wirtschaftsteil einer überregionalen Tageszeitung.
2. Beschreiben Sie den Zusammenhang zwischen Porters „Diamant" (S. 389) und den aufgeführten Gründen für eine Internationalisierung von Unternehmen.
3. Nennen Sie Arten der Internationalisierung, die eher hohe, und solche, die eher niedrige Risiken mit sich bringen. Bedenken Sie bei Ihren Überlegungen wirtschaftliche, politische und insbesondere kulturelle Risiken.

Aufgaben der Unternehmensführung
Betrachtet man den fortschreitenden Trend zur Internationalisierung und Globalisierung, dann ist die Bewältigung dieser Herausforderungen für viele Unternehmen, aber auch für die Volkswirtschaft und die Arbeitnehmerinnen und Arbeitnehmer eine sehr bedeutsame Angelegenheit.
Die Entwicklungen verlangen der Unternehmensführung Entscheidungen darüber ab, ob man am internationalen Handel teilhaben und in welchen Ländern man agieren will, mit welcher Organisationsform dies am besten gelingt usw. Internationalisierung und Globalisierung der Wirtschaft, und in Europa insbesondere die EU-Erweiterung, erfordern auch von kleinen und mittelständischen Unternehmen, Produktionsstätten ins Ausland zu verlagern um wettbewerbsfähig zu bleiben.

Andere Länder, andere Sitten ...
Wenn ein Unternehmen über Grenzen hinweg agieren will, muss es sich auf unterschiedliche institutionelle Rahmenbedingungen einstellen, deren Beachtung für den erfolgreichen internationalen Handel unbedingt erforderlich ist. Zu diesen zählen beispielsweise rechtlich-politische Normen, kulturell bedingte Wertvorstellungen und der technische Entwicklungsstand.

Beispiel Rechtsordnung: Hinsichtlich des Grades vertraglicher Bindungen gibt es besonders zwischen europäisch-nordamerikanischen Industrieländern und asiatischen Industrie- und Schwellenländern sehr unterschiedliche Vorstellungen.
Institutionen, die die Gestaltung und Durchsetzung von Verträgen erleichtern und somit Transaktionskosten senken, werden im Inland staatlicherseits eingerichtet und entwickelt, sie fehlen aber häufig im internationalen Geschäft. Aus diesem Grund nehmen viele Unternehmen im Ausland Direktinvestitionen vor, und viele Handelsgeschäfte finden unternehmensintern statt.

i
Durch Direktinvestitionen und unternehmensinterne Handelsgeschäfte können Kosten reduziert und Transaktionen verlässlicher abgewickelt werden. Weiterhin verursachen unterschiedliche Währungen Umtauschkosten und bringen Währungsrisiken mit sich. Zusätzliche Kosten entstehen auch durch tarifäre und nichttarifäre Handelshemmnisse.

Es werden drei Typen international tätiger Unternehmen unterschieden:
- Das **internationale Unternehmen** betreibt selektive Auslandsgeschäfte. Im Mittelpunkt der Geschäftsstrategie steht die Konkurrenz auf dem Binnenmarkt.
- Das **multinationale Unternehmen** ist mithilfe ausländischer Produktionsstätten und Tochtergesellschaften auf internationalen Märkten vertreten. Die Unternehmensführung ist weitgehend dezentral organisiert, damit die Tochtergesellschaften optimale Strategien entwickeln können.
- Das **globale Unternehmen** (Global Player) will sich mit internationalen Produkten Weltmarktanteile sichern. Strategische Planung und Koordination der Geschäftstätigkeit erfolgen zentral. Global Player standardisieren ihre Produkte weltweit, steuern Forschung und Entwicklung, Beschaffung, Produktion und Marketing zentral, konzentrieren Forschung und Entwicklung und Produktion auf wenige Länder, verlagern die Wertschöpfung im Produktionsbereich überwiegend in Länder mit niedrigem Lohnniveau.

A

1 Interkulturelle Handlungskompetenz hilft, kulturbedingte Missverständnisse und Konflikte zu lösen bzw. diesen vorzubeugen, z. B. durch den Umgang mit anderen Denk- und Handlungsmustern. Nennen Sie Beispiele für kulturbedingte Missverständnisse.

2 Diskutieren Sie die Empfehlung: „Wer ein fremdes Land besucht, soll seine Augen öffnen, nicht den Mund!“

3 Suchen Sie Beispiele für die skizzierten Unternehmenstypen.

Rechtliche Probleme im internationalen Handel
Mit dem zunehmend internationalen Wirtschaftsleben wachsen auch die rechtlichen Probleme, die gelöst werden müssen. Ein Beispiel: Ein deutscher Tourist kauft in der Schweiz ein Souvenir, das sich nach der Rückkehr als Ramsch erweist. Er fordert von dem Schweizer sein Geld zurück, dieser weigert sich jedoch. Daraus resultieren zwei Fragen:
1. Welches Recht ist auf den Kauf anwendbar?
2. Welches Gericht wäre für eine Klage des deutschen Urlaubers zuständig?

Denn: Ein deutscher Staatsangehöriger hat mit einem Schweizer Souvenirhändler in der Schweiz ein Geschäft gemacht. In Betracht kommt also sowohl die Anwendung Schweizer als auch deutschen Rechts. Es liegt also auf der Hand, dass sich für international tätige Unternehmen ganz andere, vielschichtigere Probleme stellen.

Welches Recht ist anwendbar?
Eine Antwort liefert das Internationale Privatrecht (IPR), das die Gesamtheit der Rechtsnormen, die privatrechtlichen Rechtsbeziehungen (z. B. Familienrecht, Vertragsrecht usw.) mit internationalem Charakter regelt. Es handelt sich dabei nicht um internationales Recht, wie z. B. im Fall des Völkerrechts, sondern das IPR ist systematisch an das jeweilige nationale Recht angebunden und gibt den Juristen Aufschluss über die Frage, wann die eigene oder die andere Rechtsordnung greift. In unserem Fall kommt Schweizer Kaufrecht zur Anwendung, denn nach dem Schweizer und dem deutschen IPR wird bei Verträgen dasjenige Recht zur Anwendung gebracht, zu dessen Staat die engsten Beziehungen bestehen, und der Kauf wurde ja in der Schweiz abgewickelt.

Welches Gericht ist zuständig?
Diese Frage wird durch das Internationale Zivilverfahrensrecht bestimmt. Hierzu gehört beispielsweise, inwiefern ein in einem Land erstrittenes Urteil gegen einen Ausländer in dessen Heimatstaat vollstreckt werden kann. Diese weitgehende Überwindung des Selbsthilferechts, wo der Einzelne sich nimmt, was ihm zusteht, ist eines der tragenden Prinzipien eines jeden Rechtsstaats. Im grenzüberschreitenden Rechtsverkehr wird das Ganze dadurch problematisch, dass der deutsche Gerichtsvollzieher nicht ohne Weiteres aufgrund eines Schweizer Urteils zur Pfändung von Vermögensgegenständen schreiten wird, ebenso wenig anders herum.

A

Bereiten Sie ein Expertengespräch mit einem Mitarbeiter eines international tätigen Unternehmens zum Thema „Rechtliche Probleme des internationalen Handels“ vor. Erfragen Sie Unterschiede rechtlicher Bestimmungen und deren Einfluss auf die Unternehmenspraxis.

Tendenz zur Rechtsvereinheitlichung
Innerhalb der Europäischen Union (EU) ist das internationale Vertragsrecht, das einen wichtigen Teil des IPR darstellt, durch eine europäische Richtlinie bereits vereinheitlicht worden. Wäre also die Schweiz Mitglied der EU, wären die Grundfragen unseres Beispiels schnell zu lösen. Die zunehmende Vereinheitlichung von Rechtsbestimmungen in der EU will den Bedürfnissen des europäischen Binnenmarktes Rechnung tragen. Aber auch über die EU hinaus gibt es für den Wirtschaftsverkehr vereinheitlichte Rechtsbestimmungen. Besondere Bedeutung hat hier das sogenannte UN-Kaufrecht CISG (= Convention on the International Sale of Goods) erlangt. Dieses Abkommen gilt bisher in ca. 60 Staaten, darunter nahezu in allen wichtigen Industrienationen. Die Vereinheitlichung von Rechtsordnungen stößt jedoch an Grenzen, da diese in den jeweiligen Ländern in langer Tradition gewachsen sind.

i

Häufig wird die Beilegung eines Streites den staatlichen Gerichten entzogen, indem die Verträge sogenannte Schiedsklauseln beinhalten. Hier können die Parteien selbst Schiedsrichter benennen oder Dritte damit beauftragen. Diese übernehmen dann die Aufgabe der Richter, die sonst mit dem Fall betraut würden. Ein Fall wird also Personen anvertraut, die schnell und unter Ausschluss der Öffentlichkeit entscheiden.

Nichts dem Zufall überlassen ...
Auch wenn das geschriebene Recht Beachtliches leistet, hat es im internationalen Geschäftsverkehr erhebliche Schwächen. Ein Beispiel: Ein deutsches Bauunternehmen soll in China einen Flughafen bauen. Es geht nicht nur um den Verkauf der deutschen Ingenieurleistung an den chinesischen Vertragspartner, das deutsche Unternehmen wird z. B. auch Baumaterialien in Deutschland herstellen und exportieren, und es wird Arbeiter nach China entsenden. Einschließlich der zwei oben erwähnten Grundfragen (Anwendbarkeit des Rechts und zuständiges Gericht) ergeben sich unendliche Unwägbarkeiten für beide Partner. Daher nehmen Anwälte bei der Vorbereitung solcher Projekte eine entscheidende Rolle ein.

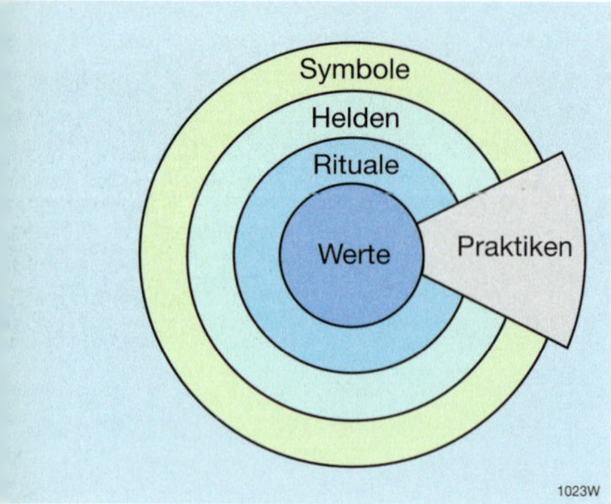

nach: Geert Hofstede: Lokales Denken, globales Handeln, DTV-Beck, München, 2001, S. 17 ff.

Welche Rituale und Symbole bestimmen unsere Kultur?
Kulturelle Unterschiede zeigen sich insbesondere in
- Symbolen (Worte, Gesten, Bilder, Objekte; Kleidung, Flaggen, Statussymbole),
- Helden (Personen, tot, lebendig, echt, fiktiv, die in einer Kultur hoch angesehen sind),
- Ritualen (kulturelle Verhaltensweisen, die in einer Kultur als sozial notwendig gelten, z. B. Formen der Begrüßung und der Ehrbietung, soziale und religiöse Zeremonien),
- Werten (die allgemeine Neigung, bestimmte Zustände anderen vorzuziehen: gut – böse, sauber – schmutzig, schön – hässlich).

Die Praktiken machen all dieses sichtbar. Nach G. Hofstede hat Kultur vor allem die folgenden Dimensionen:

Machtdistanz: In welchem Ausmaß wird Ungleichheit zwischen Personen in einer Organisation bzw. Gesellschaft akzeptiert, wie geht man mit der Tatsache um, dass Menschen ungleich sind? In Ländern, die eine große Machtdistanz aufweisen (z. B. Malaysia, Mexiko), ist die Ungleichheit größer als in Nationen mit geringer Machtdistanz (z. B. Dänemark, Österreich). Der Grad der Machtdistanz zeigt an, inwieweit hierarchische Unterschiede und Führungsstile akzeptiert werden.

def. **Ambiguität:** Mehrdeutigkeit

Kollektivismus gegenüber Individualismus: Identifizieren sich Personen eher als Mitglieder einer sozialen Gruppe oder als Individuen? In kollektivistischen Gesellschaften wird das Interesse der Gruppe dem Interesse des Individuums übergeordnet, in eher individualistischen Gesellschaften ist es umgekehrt. Länder wie die USA, Australien und Großbritannien sind von einem hohen Individualismus geprägt, in Equador, Guatemala und Indonesien ist der kollektivistische Gedanke zentral.

Femininität gegenüber Maskulinität: Dominieren eher die Werte Lebensqualität, persönliche Beziehungen, Solidarität, Fürsorge etc. (feminin) oder Zielstrebigkeit, Erfolg, Leistung und Wettbewerb (maskulin)? Länder, in denen die Maskulinität ausgeprägter ist, neigen eher zu deutlichen geschlechtsspezifischen Rollenverteilungen. „Feminine" Kulturen sind z. B. in den skandinavischen Ländern, „maskuline" z. B. in Japan, Venezuela, aber auch in Österreich anzutreffen.

Unsicherheitsvermeidung: Wie stark wird Ambiguität von Mitgliedern einer Gesellschaft als bedrohlich empfunden? Wie groß ist das Streben nach Sicherheit und Kalkulierbarkeit im Leben? Bei großer Unsicherheitsvermeidung werden eher klar strukturierte Organisationen vorgezogen, und Regeln haben eine hohe Bedeutung. Länder mit starker Unsicherheitsvermeidung sind z. B. Griechenland und Portugal, Länder mit schwacher Ausprägung sind z. B. Singapur, Jamaika und Dänemark.

Langfristige oder kurzfristige Orientierung im Leben: Inwieweit sind Werte stärker gegenwarts- und vergangenheitsorientiert (kurzfristig) oder eher auf die Zukunft gerichtet (langfristig)? Die konfuzianische Lehre, die in den meisten asiatischen Ländern anzutreffen ist, spielt hier eine bedeutsame Rolle. Beim Konfuzianismus handelt es sich um eine pragmatische Ethik, die im Kern die Tugenden pflichtgemäßen Verhaltens im zwischenmenschlichen Verkehr, nämlich Rechtlichkeit, Schicklichkeit, Weisheit und Treue umfasst.

A

1 Nennen Sie Werte, Rituale, Helden, Symbole und Praktiken, die von Deutschen oder von Nichtdeutschen für „typisch deutsch" gehalten werden.

2 Beziehen Sie die fünf im Haupttext genannten Kategorien auf Deutschland.

3 Erarbeiten Sie ein Referat über die konfuzianische Lehre. Zeigen Sie Konsequenzen für das soziale Verhalten in Ländern auf, die durch den Konfuzianismus geprägt sind (z. B. China, Japan, Korea).

3 Internationale Wirtschaftspolitik

3.1 Leitbilder der Außenwirtschaftspolitik

Bund und Länder sind nach dem **Wachstums- und Stabilitätsgesetz von 1967** verpflichtet, eine solche Wirtschafts- und Finanzpolitik zu wählen, die „im Rahmen der marktwirtschaftlichen Ordnung gleichzeitig zur Stabilität des Preisniveaus, zu einem hohen Beschäftigungsstand und außenwirtschaftlichem Gleichgewicht bei stetigem und angemessenem Wirtschaftswachstum beitragen".

i

Zur Schwierigkeit, diese Ziele gleichzeitig zu erreichen, vgl. Kapitel V.

Die Außenwirtschaftspolitik eines Landes verfolgt jedoch nicht nur ökonomische Ziele; auch übergeordnete Ziele wie Freiheit, Sicherheit und Gerechtigkeit werden angestrebt. Unter Außenwirtschaftspolitik versteht man die Gesamtheit aller staatlichen Maßnahmen zur Beeinflussung der außenwirtschaftlichen Aktivitäten eines Landes im Sinne der eigenen Zielsetzungen. Häufig geht es dabei um handfeste Machtpolitik. Besonders am Vokabular wird dies deutlich, das sich nicht selten der Militärsprache bedient: Vom russisch-amerikanischen „Hähnchenkrieg" oder vom Handelskrieg ist z. B. die Rede. Dazu ein Beispiel:

Q

China lockert Exportblockade für Seltene Erden

Zeichen der Entspannung: Der japanische Handelsminister Akihiro Ohata erwartet, dass China die Exportblockade der wichtigen Seltenen Erden lockert. […] Tokio – Der japanische Handelsminister erwartet bereits für die kommende Woche eine Wiederaufnahme der Exporte Seltener Erden aus China. Wegen eines diplomatischen Streits hatte China den Export der für die Hightech-Industrie so wichtigen Rohstoffe seit Ende September blockiert, berichteten japanische Unternehmen noch vor kurzem. […]
So habe die chinesische Regierung die Zollbehörden angewiesen, die Kontrollen zu beschleunigen, sagte Ohata. Zuvor hatten japanische Importeure berichtet, dass verstärkte Kontrollen sowie größere bürokratische Hürden die Auslieferung aus chinesischen Häfen blockiert hätten. Eine Umfrage bei japanischen Firmen habe gezeigt, dass die Lieferabläufe anscheinend wieder zur Normalität zurückkehrten, sagte Ohata. Auslöser der Blockade war offenbar der Zusammenstoß zwischen einem chinesischen Fischkutter mit Patrouillenbooten der japanischen Küstenwacht in der Nähe einer von beiden Ländern beanspruchten Inselgruppe im Ostchinesischen Meer. […] China produziert derzeit 97 Prozent der weltweit abgebauten „seltenen Erden" und besitzt somit quasi ein Monopol auf den Rohstoff, der unter anderem in der Handy-Produktion verwendet wird.

Quelle: www.spiegel.de/wirtschaft/soziales/0,1518,druck-729994,00.html, 08.03.2012

A

Erläutern Sie die weiterreichenden Auswirkungen der beschriebenen Exportblockade auf die japanische Industrie, wäre es nicht zu einer Einigung gekommen.

Die Forderung nach Freihandel ist allerorten zu vernehmen und es besteht kein Zweifel an der grundsätzlichen Vorteilhaftigkeit offener Grenzen und des freien Güteraustauschs. Wenn jedoch der Ruf nach Förderung der einheimischen Wirtschaft laut wird, sind Regierungen nur allzu häufig bereit, die eigenen Industrien vor ausländischen, billigeren Importen zu schützen. Freihandel wird zum Lippenbekenntnis, die Industrienationen greifen zu vielfältigen protektionistischen Maßnahmen. Die Entwicklungsländer zahlen für solche Maßnahmen einen hohen Preis (vgl. Abschnitt 7.6).

Freihandel versus Protektionismus

Der Außenwirtschaftspolitik von Staaten oder Staatengemeinschaften (z. B. der EU) liegt in der Regel ein Leitbild zugrunde, welches Einfluss auf die konkrete Ausgestaltung der internationalen Handelsbeziehungen hat. Diese Leitbilder sind die des „Freihandels" und des „Protektionismus". Nachfolgend werden Idealtypen beschrieben, die in keiner Volkswirtschaft in Reinform vorhanden sind. Die Leitbilder haben einen erheblichen Einfluss auf die Gestaltung internationaler Institutionen und Organisationen.

Leitbild des Freihandels (auch: Liberalismus)

Freihandel meint, den internationalen Waren-, Dienstleistungs- und Kapitalverkehr von allen Behinderungen zu befreien. Grundlage ist die Idee des Wirtschaftsliberalismus: Im uneingeschränkten Wettbewerb setzen sich danach die besten Güter und Produktionsmethoden durch, die freie Preisbildung sorgt für den bestmöglichen Ausgleich zwischen den Interessen der Produzenten und Konsumenten und die Arbeitsteilung erhöht den Wohlstand der Länder. Obwohl jeder sein Eigeninteresse verfolgt, gewinnen alle (vgl. Adam Smith). Ordnungspolitisch entspricht dieses Leitbild jenem der freien Marktwirtschaft, d. h., der Entscheidungsfreiheit der Wirtschaftssubjekte wird oberste Priorität eingeräumt, auf dass der Freihandel die Wahlmöglichkeiten von Konsumenten erhöhe, Arbeitsplätze schaffe, Wirtschaftswachstum ermögliche und die Entwicklung besserer und effizienterer Technologien begünstige. Der Staat gewährleistet diese Entscheidungsfreiheit durch ein Regelwerk.

i

Zwei Beispiele:
- 1806 blockierte Napoleon durch die „Kontinentalsperre" den Handel und jeglichen Verkehr mit England. Der Erlass brachte der französischen Wirtschaft Aufschwung und fügte dem englischen Handel schweren Schaden zu.
- England führte 1815 „Corn Laws" ein, mit denen die Einfuhr von Getreide mit Abgaben belegt wurde. Ricardo argumentierte gegen diesen Sachverhalt. Seine Theorie war also nicht politikfrei!

Leitbild des Protektionismus (auch: Außenhandelsmonopol)

Beim Protektionismus oder Außenhandelsmonopol wird vom Grundsatz der zentralen Planung der Außenwirtschaftbeziehungen ausgegangen. Eine Entscheidungsfreiheit der Wirtschaftssubjekte ist nicht gegeben und nur der Staat ist berechtigt, die außenwirtschaftlichen Beziehungen abzuwickeln und zu kontrollieren. Generelles Ziel protektionistischer Maßnahmen ist der Schutz der einheimischen Wirtschaft vor ausländischer Konkurrenz. Zu diesem Zweck werden mit unterschiedlichen Instrumenten Ausfuhren erleichtert und Einfuhren erschwert.

Freihandel ist grundsätzlich richtig

Wenn der grenzüberschreitende Handel mit Gütern, Dienstleistungen und Kapital nicht behindert wird, stehen Unternehmen und Regierungen weltweit miteinander im Wettbewerb. Unternehmen stehen im Produktwettbewerb, um im Markt zu bestehen, und sie konkurrieren um Arbeitskräfte, Know-how, Kapital und Boden. Die Regierungen stehen dabei im Wettbewerb um institutionelle Rahmenbedingungen für Unternehmensaktivitäten.

A

1 Erläutern Sie mögliche Ausprägungen der beiden beschriebenen Idealtypen der Außenwirtschaftspolitik.

2 Erarbeiten Sie Kurzreferate zu den Hintergründen und den politischen und wirtschaftlichen Folgen der „Kontinentalsperre" und der „Corn Laws".

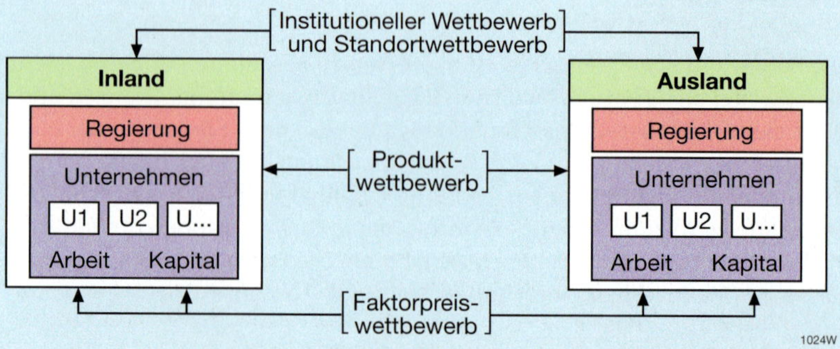

Zu allen Zeiten in der Geschichte des europäischen Handels hat das Leitbild des Protektionismus eine mehr oder weniger starke Rolle für die Außenwirtschaftspolitik von Staaten gespielt. Das Leitbild des Freihandels ist stets von jenen Ländern befürwortet worden, die eine starke Position am Weltmarkt hatten und aus einer Zunahme der internationalen Handelsbeziehungen am meisten profitierten.

Ein Ausflug in das absolutistische Frankreich des 17. Jahrhunderts stellt den Merkantilismus (lat. mercantilis – Kaufmann) als wirtschaftspolitisches Konzept vor, welches noch heute erheblichen Einfluss auf die Gestaltung internationaler Handelsbeziehungen hat. Im Kern geht es um staatliche Exportförderung bei gleichzeitiger Behinderung von Importen. Der Merkantilismus basierte auf der Grundvorstellung, dass der eigene Vorteil stets mit dem Nachteil des anderen verbunden ist, dass ein Land nur auf Kosten eines anderen seinen Reichtum vermehren kann.

Jean-Baptiste Colbert, als Sohn eines Tuchhändlers geboren und ursprünglich zum Kaufmann bestimmt, wird 1665 unter König Ludwig XIV. Generalkontrolleur der Finanzen. Er entwickelt durch planvolle Steigerung und zentralistische Zusammenfassung der Wirtschaftskräfte Frankreichs die materiellen Grundlagen für die Außenpolitik des Königs. Als klassischer Vertreter des Merkantilismus entwickelt Colbert ein Konzept (Colbertismus) zur Erhöhung der Staatseinkünfte: Senkung der direkten Steuern, Erhöhung der indirekten Verbrauchssteuern, Errichtung von staatlichen Fabriken (Manufakturen) zur preiswerten Herstellung von Luxusgütern durch Arbeitsteilung, Ausbau der Häfen und Straßen, Aufbau einer Handelsflotte.

Zeitgeschichtlicher Hintergrund: Die innenpolitischen Spätfolgen der Bürger- und Glaubenskriege hatten ein allgemeines Verlangen nach Wiederherstellung der staatlichen Ordnungsfunktion zur Folge, die in der Person des absolutistischen Monarchen am ehesten verbürgt schien. Unter Ludwig XIV., 1661–1715 König von Frankreich, findet der Absolutismus seinen Höhepunkt. Alle Macht geht vom Monarchen aus, der sich auf die göttliche Legitimität beruft.

Hauptgedanken und Wirkung: Colbert ist der Hauptvertreter der merkantilistischen Wirtschaftspolitik. Durch Förderung der Industrien und des Außenhandels wollte man den Reichtum und die Macht des absolutistischen Herrschers mehren. Dabei galt es, Exportüberschüsse zu erwirtschaften, die ihrerseits zu einer Anhäufung von internationalen Zahlungsmitteln (Gold und andere Edelmetalle) im Inland führen sollten. Um eine aktive Handelsbilanz zu erreichen, verfolgte Colbert vor allem folgende Ziele:
- Errichtung eines „Generalkatasters" für ganz Frankreich (Taille réelle)
- Herabsetzung der Löhne
- Vereinheitlichung der Binnenzölle
- Schutzzölle auf den Import von Fertigwaren
- Exportverbot für landwirtschaftliche Produkte und Gebrauchsgüter
- Ausbau der Infrastruktur

Mit dieser Politik und mit den Erleichterungen und der Förderung jeglicher Gewerbetätigkeit im Königreich brachte Colbert eine außerordentliche Wirtschaftsblüte zustande. So konnte er die Staatseinnahmen in der Zeit von 1661–1667 verdoppeln. Doch die Kriege und die prunkvolle Hofhaltung des „Sonnenkönigs" zehrten den Reichtum auf, sodass der Staatshaushalt ab 1672 nur noch durch Verschuldungen gedeckt werden konnte.

i

Jean-Baptiste Colbert
* 29.08.1619 in Reims
† 06.09.1683 in Paris

„Die Kunst der Besteuerung liegt darin, die Gans so zu rupfen, dass sie unter möglichst wenig Geschrei so viele Federn wie möglich lässt."

Wesentliche Werke:
- Pierre Clement (Hrsg.): Colbert, J. B.: Lettres, instructions et memoires de Colbert, Paris: Librairie Imperiale, 1861–1879
- Pierre Clement: Histoire de la vie et de l'administration de Colbert, Paris: Librairie Imperiale, 1881

def.

Kopfsteuer:
Gleiche Steuer für jede Person; im modernen Steuerrecht wird diese Steuer nicht mehr erhoben.

A

Recherchieren Sie die historische Situation, in der Colbert gewirkt hat, und stellen Sie sie auf zwei DIN-A4-Seiten dar.

Q

Wenngleich Freihandel für den Wohlstand der Nationen grundsätzlich die bessere Wahl darstellt, gibt es Gründe, die gegen den freien Handel sprechen können.

Argumente für Beschränkungen des Freihandels:

1. Beschränkung des Freihandels zur Vermeidung von einseitigen Produktionsstrukturen
Arbeitsteilung nach dem Prinzip der komparativen Kostenvorteile könnte dazu führen, dass ein Land sich auf nur ein Produkt spezialisiert, das zudem möglicherweise eine geringe Einkommenselastizität aufweist (beispielsweise landwirtschaftliche Produkte). Auf längere Sicht würde diese Ausrichtung der Produktion die Entwicklungschancen eines Landes beeinträchtigen und die Sicherheit der Einnahmen aus Exportgeschäften wäre auf Dauer gefährdet, wenn die Spezialisierung zu einseitigen Produktstrukturen und damit zu einer unerwünscht starken Abhängigkeit von der Preisentwicklung auf Auslandsmärkten führt. [...] Einkommensunelastische Produkte (z. B. landwirtschaftliche Güter, viele Rohstoffe) haben außerdem weniger wachstumsträchtige Märkte im Vergleich zu Industriegütern oder Dienstleistungen.

2. Beschränkung des Freihandels zur Sicherung der Versorgung
Wenn ein Land im Zuge der Spezialisierung auf die Herstellung wichtiger Güter verzichtet [...], kann die Sicherheit der Versorgung in Krisensituationen gefährdet sein. Ebenso ist ein Staat im Falle der Vernachlässigung wichtiger Produktionen ausländischem Druck (Erpressung) ausgeliefert. Daher wird jedes Land ein gewisses Maß an Autarkie, also Unabhängigkeit von Einfuhren, anstreben. Dabei gilt es jedoch sehr sorgfältig zu prüfen, ob den hohen volkswirtschaftlichen Kosten tatsächlich eine sichere Versorgung gegenübersteht.

3. Beschränkung des Freihandels zur Sicherung der Arbeitsplätze
Internationale Arbeitsteilung mit uneingeschränktem Freihandel kann Arbeitsplätze gefährden. Dies geschieht dann, wenn es sich um Wirtschaftszweige handelt, die einen relativen Preisnachteil haben. Ihr Output und ihre Beschäftigung gehen zurück. In diesem Fall sind sowohl Arbeitgeber wie auch Arbeitnehmer betroffen, die sich dann häufig politisch organisieren, um dadurch institutionelle Regelungen (Schutzzoll, Subventionen) zum Schutz des Sektors durchzusetzen. Allerdings wird hierbei das Argument unberücksichtigt gelassen, dass Importschutz langfristig dem geschützten Sektor schadet, da der fehlende Wettbewerbsdruck keine Anstrengung zur Kostensenkung und Qualitätsverbesserung der Produkte erzwingt. Auch werden volkswirtschaftliche Ressourcen gebunden, die für andere Zwecke fehlen [...].

4. Beschränkung des Freihandels aus Verbraucher- bzw. Umweltschutzgründen
Vorschriften für Gesundheits- und Umweltschutz sind notwendig und fördern Wohlfahrt. Technische Normen bewirken Standardisierung sowie Rationalisierung, außerdem verbessern sie zusätzlich die Möglichkeit zu internationaler Arbeitsteilung. Werden solche Vorschriften jedoch diskriminierend in dem Sinne eingesetzt, dass ausländische Anbieter höheren Anforderungen unterliegen als einheimische, können sie zu Handelshemmnissen werden und auf subtile Weise als protektionistisches Instrument genutzt werden. Die Übergänge zwischen legitimen Schutzzwecken (Gesundheit oder Umweltschutz) und protektionistischer Diskriminierung von Konkurrenten sind fließend. [...]

5. Beschränkung des Freihandels wegen kurzfristig auftretender Zahlungsbilanzengpässe
Der Einsatz protektionistischer Maßnahmen kann das Ziel verfolgen, über die Drosselung von Importen eine Verminderung eines Leistungsbilanzdefizits herbeizuführen. Dies gilt jedoch allenfalls als kurzfristige Problembeseitigung. Eine Lösung des Leistungsbilanzproblems erfordert währungs- und strukturpolitische Maßnahmen, die die internationale Wettbewerbsfähigkeit der Volkswirtschaft verbessern.

Quelle: Klaus-Peter Kruber: Internationale Wirtschaftsbeziehungen, Ökonomische-Bildung-online, Modul R 01, Oldenburg, 2009, S. 35 f.

A

1 Suchen Sie aktuelle Beispiele in Deutschland, auf die die genannten Gründe für Protektionismus anwendbar sind.

2 Bewerten Sie die einzelnen Argumente für Beschränkungen des Freihandels und prüfen Sie dabei, inwieweit der Autor die Argumente selbst relativiert.

3 Trotz der überragenden Vorteile des Freihandels stellt Protektion häufig die dominierende Strategie der Außenwirtschaftspolitik dar. Führen Sie mögliche Gründe hierfür an.

3.2 Instrumente der Außenwirtschaftspolitik

Internationaler Handel ist stets auch internationale Wirtschaftspolitik. Interessenpolitik einzelner Länder und Machtverhältnisse in internationalen Institutionen spielen eine große Rolle. Dies zeigt sich an den zähen Verhandlungen, die über Handelsfragen geführt werden und oft zu faulen Kompromissen führen. Ergebnisse sind Quoten, Selbstbeschränkungen und sonstige protektionistische Maßnahmen, die Länder oder Branchen benachteiligen und so einen internationalen Wettbewerb verhindern. Hierfür steht ein umfangreiches Instrumentarium zur Verfügung:

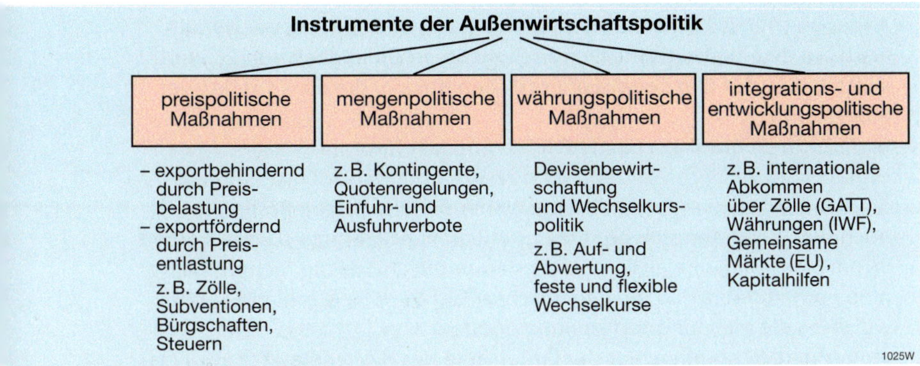

i

Ein Beispiel für einen effizienten Schutzzoll findet sich im Agrarmarkt der Europäischen Union, denn hier werden die Landwirte durch Abschöpfungen vor Agrarimporten geschützt. Für Agrareinfuhren wird ein Mindestpreis (Schwellenpreis) festgelegt, der in der Regel über dem Weltmarktpreis liegt. Die Differenz zwischen Weltmarktpreis und Schwellenpreis muss ein Importeur als Abschöpfung an die EU bezahlen. Schwankungen der Weltmarktpreise haben also keinen Einfluss, da Einfuhren nicht billiger als zum vorgegebenen Schwellenpreis auf den heimischen Markt kommen (vgl. Abschnitt 6.5).

Handelsbeschränkungen

Aus der Vielzahl der Instrumente werden hier aufgrund ihrer überragenden Bedeutung die tarifären und nichttarifären Handelshemmnisse herausgegriffen.

Zölle – die klassischen tarifären Handelshemmnisse – sind Abgaben, die beim grenzüberschreitenden Warenverkehr vom Staat erhoben werden. Zölle dienen dem Staat zum einen als Einnahmequelle, zum anderen ermöglichen sie den Schutz bestimmter nationaler Wirtschaftszweige. Unterschieden werden diese Abgaben auf Im- und Exporte nach der mit ihnen verbundenen

- Zielsetzung (Schutzzölle; vgl. Agrarmarkt der EU und Finanzzölle),
- Bemessungsgrundlage (spezifische Zölle (z. B. 500 Euro pro Tonne Bananen) und Wertzölle (z. B. 10 % auf den Preis der Bananen an der Grenze) und entsprechend der
- „Bewegungsrichtung" (Im- und Exportzölle) der Güter.

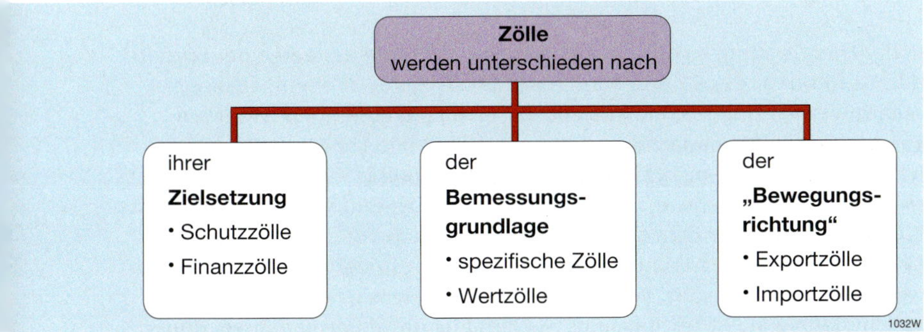

Eine Einfuhrbeschränkung ist auch durch Kontingente gegeben. Dabei handelt es sich um mengenmäßige oder auch wertmäßige Einfuhrbeschränkungen zugunsten der heimischen Wirtschaft. Schließlich bestehen auch Ausfuhr- und Einfuhrverbote für „unerwünschte" oder gefährliche Güter.

A

1 Begründen Sie: Durch Zölle wird die Lage der inländischen Produzenten verbessert, die der Konsumenten hingegen verschlechtert.

2 Entwickeln Sie ein Schaubild zur Darstellung tarifärer und nichttarifärer Handelshemmnisse (vgl. folgende Seite).

3 Ermitteln Sie Güter, die in Deutschland einem Einfuhr- oder Ausfuhrverbot unterliegen, und die Gründe für den unterbundenen Handel.

Q

Zoll- und Mautlinien in Deutschland

38 Zoll- und Mautlinien in Deutschland lähmen den Verkehr im Innern und bringen ungefähr dieselbe Wirkung hervor, wie wenn jedes Glied des menschlichen Körpers unterbunden wird, damit das Blut ja nicht in ein anderes überfließe. Um von Hamburg nach Österreich, von Berlin in die Schweiz zu handeln, hat man zehn Staaten zu durchschneiden, zehn Zoll- und Mautordnungen zu studieren, zehn mal Durchgangszoll zu bezahlen.

Quelle: Friedrich List: Für einen wirtschaftlichen Zusammenschluss der deutschen Staaten, in: Günter Schmölders (1966): Geschichte der Volkswirtschaftslehre. Überblick und Leseproben, Rowohlt, Reinbek, 1996, S. 181 f.

def.

Tarifäre Handelshemmnisse:
Zölle, die bei der Aus- oder Einfuhr von Produkten bezahlt werden müssen.

Nichttarifäre Handelshemmnisse:
Alle Hemmnisse außer den Zöllen, mit denen Länder ihre Märkte schützen wollen (materielle, technische, steuerliche Schranken).

A

1 Nichttarifäre Handelshemmnisse konnten mit dem EU-Binnenmarkt nicht ganz abgeschafft werden. Nennen Sie Beispiele für technische oder andere Schranken, denken Sie dabei z. B. an einen Urlaub.

2 Erläutern Sie den Unterschied zwischen einer offenen und einer geschlossenen Volkswirtschaft.

Der Austausch von Waren, Dienstleistungen sowie Kapital und Arbeit wurde vor Einführung des Binnenmarktes durch viele nichttarifäre Handelshemmnisse behindert, die sich grob in drei Gruppen einteilen lassen, für die hier jeweils ein Beispiel angeführt werden soll:

- **materielle/physische Schranken:** Nehmen wir an, ein Lkw fährt von Amsterdam nach Turin. An jeder Grenze eines Landes wird der Fahrer angehalten. Sein Pass, seine Papiere werden kontrolliert. Er muss Formulare für Fracht ausfüllen, Erklärungen abgeben. Er muss seine Transportgenehmigung vorzeigen, muss nachweisen, dass er bestimmte Sicherheitsvorschriften für die Beförderung gefährlicher Produkte erfüllt. Statistische Angaben sind zu machen. Dies alles kostet so viel Zeit, dass er gerade noch auf eine theoretische Durchschnittsgeschwindigkeit von 20 km/h kommt, d. h., für den Spediteur entstehen Kosten, die die Produkte verteuern.
- **technische Schranken:** Ein deutsches Ehepaar fährt nach Italien in den Urlaub. Man will sich vor dem Abendessen noch schnell rasieren und die Haare waschen. Überraschung: Weder der elektrische Rasierapparat noch der Fön lassen sich benutzen, weil die Stecker nicht passen und die Stromspannung eine andere ist. Es sind unterschiedliche technische Normen vorhanden. Wenn ein italienisches Paar nach Deutschland kommt, würde es die gleiche Überraschung erleben.
- **steuerliche Schranken:** Vor der Einführung des Binnenmarktes am 1. Januar 1993 wurde bei grenzüberschreitenden Warenbewegungen an den Grenzen – auch innerhalb der Europäischen Union – Einfuhrumsatzsteuer (EUSt) erhoben. Die Lieferungen waren im Ursprungsland steuerfrei und wurden im Bestimmungsland der Einfuhrumsatzsteuer unterworfen.

Bis heute ist in den Mitgliedsstaaten der Gemeinschaft die Mehrwertsteuer unterschiedlich hoch. Der Normalsatz schwankt zwischen 15 % in Luxemburg und Zypern sowie 27 % in Ungarn.

Seit dem Wegfall der Binnengrenzen zahlen Unternehmen die Umsatzsteuer in dem Land, in das die Ware eingeführt wird („Bestimmungslandprinzip"). An den Grenzen gibt es keine Kontrollen mehr. Die Formalitäten werden jetzt in den Unternehmen erledigt. Dazu erhalten die Unternehmen eine „Umsatzsteuer-Identifikations-Nummer". Zukünftig wird für gewerbliche Waren das „Ursprungslandprinzip" gelten. Darauf haben sich die Finanzminister der EU bereits geeinigt. Dass es einheitliche Mehrwertsteuersätze in der gesamten EU gäbe, ist nicht absehbar.

In der Theorie klingt es gut, dass zwischen den Mitgliedsstaaten der EU seit der „Einführung" des Binnenmarktes sämtliche Handelshemmnisse abgeschafft worden sind. Die Praxis sieht jedoch häufig anders aus. Während es verhältnismäßig einfach ist, Gebühren für Im- und Export (Zölle) aufzuheben, sind manche nichttarifären Handelshemmnisse in den drei oben genannten Gruppen nicht so leicht abzubauen. Der Wunsch eines Landes ist z. B. weiterhin vorhanden, den einheimischen Markt vor der Konkurrenz aus einem Nachbarstaat zu schützen; dann ist z. B. ein steuerliches Hindernis ein willkommenes Mittel, um dieser Konkurrenz aus dem Weg zu gehen. Man spricht dann von „Protektionismus". Es gibt hier unzählige Varianten, den freien Handel von Dienstleistungen und Sachgütern zwischen Ländern zu behindern. In der Geschichte der Weltwirtschaft hat es immer wieder Phasen gegeben, die von einem starken Protektionismus gekennzeichnet waren, und solche, wo eher der Freihandel von Waren und Dienstleistungen hoch im Kurs stand.

3.3 Institutionen der Weltwirtschaft

1944 wurden in Bretton Woods, USA, drei Institutionen geboren, die den Beginn einer Weltwirtschaftsordnung darstellen. Bis dahin hatte man, im Zeitalter der Nationalstaaten, nur bilaterale Verträge zwischen Staaten abgeschlossen.

Mit der Einrichtung des GATT, des IWF und der Weltbank wollte man ein institutionelles Rahmenwerk für weitgehend ungehinderte internationale Wirtschaftsbeziehungen schaffen. Handelshemmnisse sollten, wo immer möglich, abgebaut werden. Man wollte jedoch nicht nur den internationalen Warenverkehr, sondern auch den grenzüberschreitenden Zahlungsverkehr regeln, da die Preise für Güter in verschiedenen Währungen verrechnet werden. Mit einer Weltwährungsordnung sollen internationale Währungsbeziehungen koordiniert werden.

Eine große Anzahl von Institutionen und Organisationen bemüht sich um die Förderung der weltweiten wirtschaftlichen Kooperation. Eine Analyse der Ordnungs-, Regelungs- und Sanktionsfunktionen der unterschiedlichen Institutionen kann Aufschluss über deren Effizienz geben.

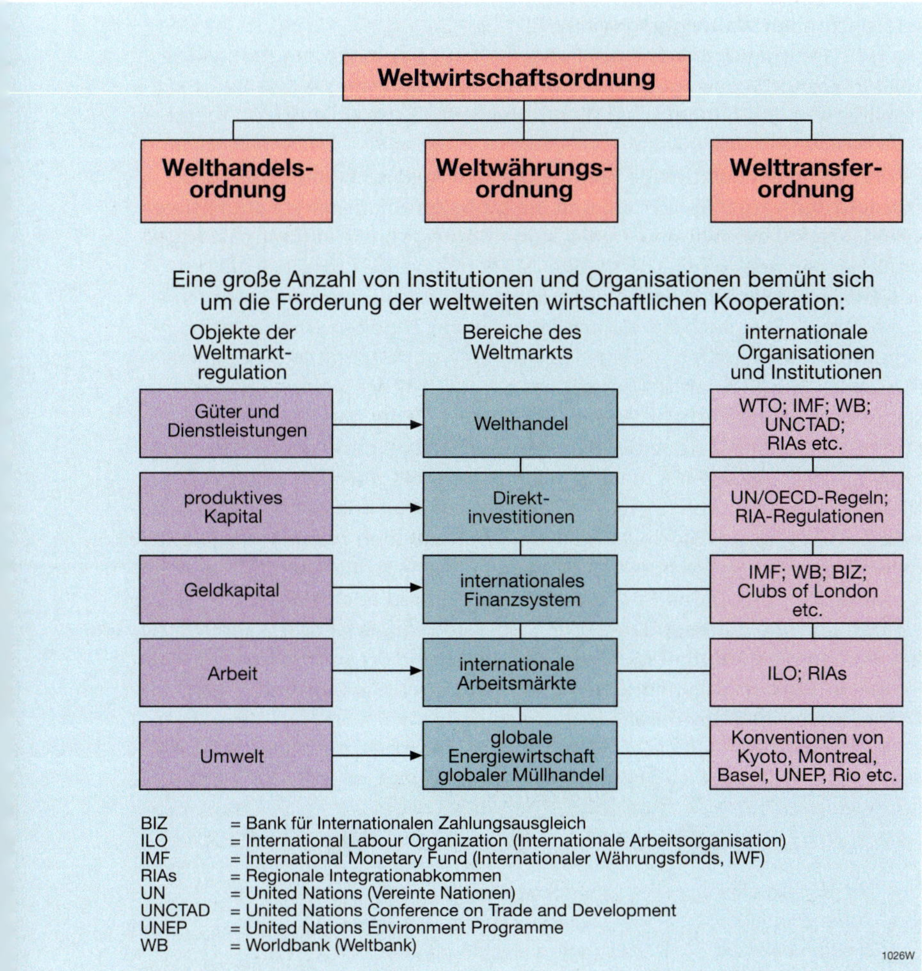

in Anlehnung an Elmar Altvater und Birgit Mahnkopf: Grenzen der Globalisierung: Ökonomie, Ökologie und Politik in der Weltgesellschaft, Münster, 1996

i

Institutionen

WTO = World Trade Organization, Sonderorganisation der UNO zur Förderung und Überwachung des Welthandels.

IWF = Internationaler Währungsfonds, autonome Sonderorganisation der UNO zur Überwachung des internationalen Währungssystems.

Weltbank = Sonderorganisation der UNO zur Förderung der wirtschaftlichen Entwicklung.

ILO = International Labour Organization, für Arbeit und Sozialpolitik zuständige Sonderorganisation der UNO.

UNCTAD = United Nations Conference on Trade and Development, Spezialorgan der UN-Generalversammlung für Handel und Entwicklung.

A

1 Erarbeiten Sie mithilfe eines einheitlichen Darstellungsschemas arbeitsteilig Präsentationen (Referate) zu den Institutionen der Weltwirtschaft, vor allem WTO, IWF und Weltbank. Entwickeln Sie ein Porträt der Institution (Geschichte, Ziele und Aufbau, Mitgliederzahl, Anteilseigner und Stimmrechte usw.). Berücksichtigen Sie insbesondere zentrale Herausforderungen, kritische Positionen und Reformvorschläge.

2 Stellen Sie dar, was für und was gegen eine mit weitreichenden Vollmachten ausgestattete internationale Institution spräche, die Freihandel gewährleisten würde.

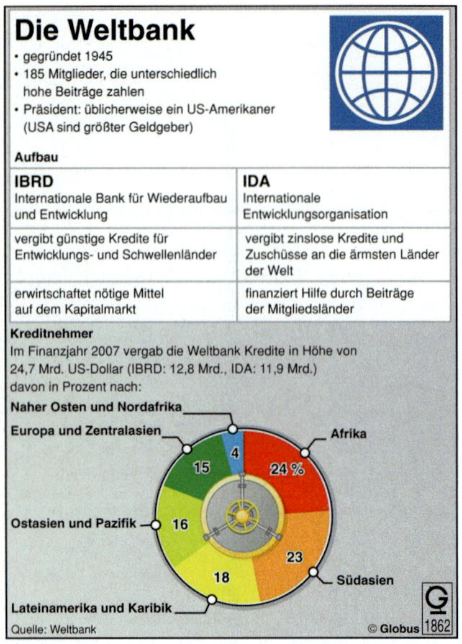

Weltwährungsordnung

Mit der Weltbank und dem Internationalen Währungsfonds werden zwei zentrale Institutionen der Weltwährungsordnung und des globalen Finanzsystems vorgestellt. Die Zentralbanken der Länder sowie regionale Systeme wie die Europäische Währungsunion (vgl. Abschnitt 6.4) zählen auch dazu.

Weltbank

Die Weltbank besteht aus der Internationalen Bank für Wiederaufbau und Entwicklung (IBRD) und der Internationalen Entwicklungsvereinigung (IDA) und wurde ebenfalls als Unterorganisation der UN in Bretton Woods gegründet. Wie beim IWF spielt die Höhe der Kapitalquoten eine Rolle bei der Besetzung des Gremiums. Die Weltbank ist ein weiterer wichtiger Akteur der Internationalen Entwicklungspolitik und -finanzierung.

Im Rahmen langfristiger Strukturanpassungsprogramme und Kredite – die Kreditnehmer sind ausschließlich Regierungen – sollen Armut bekämpft und der Lebensstandard in Entwicklungsregionen verbessert werden. Die Bekämpfung von Aids, Schuldenerlass für Entwicklungsländer, Kampf gegen die Korruption und eine intensivere Betreuung von Projekten sollen in Zukunft stärker angegangen werden.

Internationaler Währungsfonds (IWF)

Der IWF (International Monetary Fund, IMF) mit Sitz in Washington wurde 1944 in Bretton Woods gegründet, um das System fester Wechselkurse zu stabilisieren, und gilt heute als „Zentralbank der Zentralbanken".

Es sind vor allem kurzfristige Kredite, die zum Ausgleich von Zahlungsbilanzdefiziten vergeben werden und die globalen Finanzmärkte stabilisieren sollen. Kredite des IWF sind an die Durchführung von Strukturanpassungsprogrammen gebunden. Die Kredite des Fonds werden hauptsächlich von Entwicklungs-, Schwellen- und Transformationsländern in Anspruch genommen , aber auch z. B. Griechenland ist im Zuge der europäischen Schuldenkrise zum Kreditnehmer geworden (vgl. Abschnitt 6.5). Der Einfluss eines Mitgliedslands – zurzeit hat der IWF 187 Mitglieder – hängt von seiner Wirtschaftsmacht ab. Hiernach richten sich die Anteile am Fonds, das Stimmrecht oder die Höhe der Bareinlagen. Entscheidungen über die Strategie des IWF müssen mit einer 85 %igen Mehrheit getroffen werden. Die USA verfügen über den höchsten Stimmrechtsanteil und nehmen deshalb eine bestimmende Rolle im IWF ein. Bei Überlegungen zur zukünftigen Rolle des IWF geht es um ein besseres Management der Schuldenkrise in den Entwicklungsländern. Dabei ist u. a. zu klären, wie Kredite effizienter eingesetzt werden und wie der Missbrauch der Gelder verhindert werden kann. Weiterhin werden die wirtschaftspolitische Beratung und die makroökonomische Beobachtung der wirtschaftlichen und finanziellen Globalisierung durch den IWF an Bedeutung gewinnen.

Wichtige Gremien des IWF

Gouverneursrat
ist das oberstes Entscheidungsgremium; jeder Mitgliedsstaat entsendet einen Vertreter.

Exekutivdirektorium
führt die laufenden Geschäfte. Ihm gehören 24 Personen an: Fünf werden von den Ländern mit den höchsten Quoten (USA 16,77%, Japan 6,02%, Deutschland 5,88%, Frankreich und Großbritannien je 4,85%) ernannt und 19 von den anderen Ländern bzw. Ländergruppen gewählt.

1033W

A

1 Erklären Sie die Aufgaben einer Zentralbank.

2 Klären Sie die „Machtverhältnisse" in Weltbank und IWF mithilfe der Grafik. Prüfen Sie, welche Folgen sich daraus für die Geschäftspolitik der beiden Institutionen ergeben.

Welthandelsordnung

Welthandelsorganisation (World Trade Organisation, WTO)
Ziele der Welthandelsorganisation – einer UN-Sonderorganisation – sind die Errichtung und Aufrechterhaltung eines funktionsfähigen multilateralen Handelssystems. Zudem wird die Integration der Entwicklungsländer in den Welthandel angestrebt. Internationale Handelsbeziehungen zwischen den Mitgliedern unterliegen einem Regelwerk, das die Außenhandelspolitiken der Mitglieder überprüfen und Handelsstreitigkeiten schlichten soll. Hervorgegangen ist die WTO 1995 aus dem GATT, dem Allgemeinen Zoll- und Handelsabkommen von 1947, das durch die Globalisierung der Wirtschaft vor neue Herausforderungen gestellt wurde und den Veränderungen Rechnung tragen musste.

Prinzipien des GATT zur Förderung des Welthandels:
- **Handelsliberalisierung** (Zölle sind – mit Ausnahmen – abzubauen, nichttarifäre Handelshemmnisse verboten.)
- **Nichtdiskriminierung** (Ausländische Produkte sind so zu behandeln wie vergleichbare inländische Produkte.)
- **Meistbegünstigung** (Zugeständnisse, die man dem am meist begünstigten Land einräumt, sind auf alle Handelspartner auszudehnen. Ausgenommen sind RIA wie z. B. die EU.)

Das Vertragswerk der WTO umfasst Rahmenbedingungen für
- Direktinvestitionen,
- den Handel mit Dienstleistungen (GATS),
- den Schutz geistiger Eigentumsrechte (TRIPS).

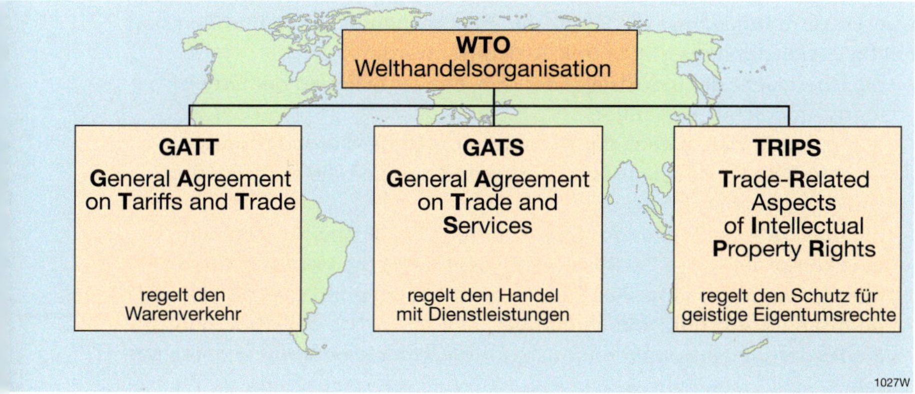

Der WTO gehören heute 153 Mitgliedsländer an, davon sind 75 % Entwicklungs- und Schwellenländer, wobei US-Amerikaner und die Europäer die größten Einflussmöglichkeiten haben und die EU als einzige Ländergruppe den Sonderstatus eines Mitglieds hat. Die Hauptorgane der WTO sind die Ministerkonferenz (höchstes Organ, tagt alle zwei Jahre), der Allgemeine Rat (tagt mehrmals im Jahr in Genf zur Überwachung der Handelspolitiken und zur Schlichtung von Streitigkeiten) sowie die Räte der Handelsabkommen GATT, GATS und TRIPS.

i

Beispiele für regionale Integrationsabkommen (RIA) (vgl. Abschnitt 6.1):
Afrika: Union des arabischen Maghreb (UMA); Wirtschaftsgemeinschaft der zentralafrikanischen Staaten (CEEAC)
Amerika: Andenpakt; CARICOM: Caribbean Community and Common Market; FTAA: Free Trade Area of the Americas; MERCOSUR: Mercado Comun del Cono Sur **NAFTA:** North-American Free Trade Agreement
Asien: Arabische Liga; ASEAN: Association of South East Asian Nations
Europa: EU: Europäische Union, EFTA: European Free Trade Association

A

1 Mit der „Havanna-Charta“ von 1948 sollte eine Weltwirtschaftsordnung entstehen, doch die Charta wurde nicht verabschiedet. Stellen Sie die Charta in einem Referat vor und beleuchten Sie die Hintergründe ihres Scheiterns.

2 Es gibt eine Vielzahl bedeutender RIA (vgl. oben). Beurteilen Sie vor diesem Hintergrund das Abweichen vom Prinzip der Meistbegünstigung.

3 Recherchieren Sie aktuelle Daten über die Entwicklung des weltweiten Handels mit Dienstleistungen (www.wto.org) und werten Sie diese aus.

WTO, IWF, Weltbank & Co.: Bilanz und Kritik

Das GATT bzw. die WTO hat eine enorme Steigerung des weltweiten Handels bewirkt. Durch Zollsenkungsrunden konnten Zölle stark abgebaut werden: Lagen diese nach dem Zweiten Weltkrieg noch bei ca. 50 % der Güterpreise, sind diese heute auf ca. 5 % abgesunken. Bei den nichttarifären Handelshemmnissen fällt die Bilanz schlechter aus und die Bewertung ist durch die umfangreichen und häufig verdeckten Instrumente – ganz zu schweigen von den zahlreichen Ausnahmeregelungen – schwerer vorzunehmen. Insbesondere die reichen Nationen bauen Handelsbeschränkungen in vielen Bereichen, z. B. in der Agrar- und Textilindustrie, nicht ab. Die Forderung der Industrieländer an die Entwicklungsländer, ihre Märkte zu öffnen, wird durch die eigene Abkehr von Liberalisierungsideen konterkariert. Der Protektionismus der reichen Länder ist ein wesentlicher Grund für die mangelnde Integration der Entwicklungsländer in den Welthandel. Es gibt weiterhin starke Tendenzen, sich im Rahmen von Handelsblöcken (z. B. EU, NAFTA) gegenüber Dritten abzuschotten. Die Gefahr von Handelskriegen ist dadurch vorprogrammiert.

Um die Abkommen GATS und TRIPS wird zu Beginn des 21. Jahrhunderts heftig gerungen: Die Handelsrunde in Doh (Katar), zur Reduzierung von Zöllen scheiterte 2001 an unterschiedlichen Auffassungen der Industriestaaten und der Schwellenländer zur Agrarpolitik und hat selbst nach zehnjährigen Verhandlungen zu keinem Ergebnis geführt. Trotz aller Probleme wird die WTO als eines der erfolgsreichsten internationalen Abkommen eingestuft. Dies wird u. a. auf strenge Prinzipien, ein effizientes Streitschlichtungsverfahren sowie auf klare Aufgabengebiete zurückgeführt.

Q

WTO-Gipfel, Toronto Juni 2010
Dollars, Demos und Debatten

Draußen stehen die Demonstranten, drinnen sollen ab heute Abend die Staats- und Regierungschefs der G20 tagen. […]
Die Stadt ist abgeriegelt, an jeder Ecke Dutzende Polizisten, der Luftraum ist gesperrt, das Zentrum eine Festung. […]
Von den Sprechchören draußen vor dem Zaun werden die Staatschefs dieser Welt dank der Sicherheitsmaßnahmen wohl nur wenig hören. Sicherheitsmaßnahmen, die 1,1 Milliarden Dollar für 72 Gipfelstunden kosten. Exakt so viel wie die Summe, die Kanada in den nächsten fünf Jahren in den Kampf gegen Mütter- und Kindersterblichkeit stecken will.

Quelle: www.tagesschau.de/wirtschaft/gacht234.html, 12.05.2010

Die institutionelle Ausgestaltung der gegenwärtigen Welthandels- und Weltwährungsordnung sowie die Politik der entsprechenden Einrichtungen sind häufig Gegenstand massiver Kritik. Artikuliert werden

- die Übermacht der Industrieländer, d. h. Benachteiligung der Entwicklungs- und Schwellenländer,
- die fehlende Transparenz der Verfahren und hoher Bürokratismus,
- eine geringe Durchsetzungskraft aufgrund mangelnder Kontroll- und Sanktionsmechanismen,
- die unklare Arbeitsteilung zwischen unterschiedlichen Institutionen,
- eine kompromisslose Liberalisierungspolitik, die die institutionellen Rahmenbedingungen einzelner Staaten nicht beachte und so entwicklungspolitische Notwendigkeiten ignoriere,
- die Förderung einer weiteren Ausbeutung armer Länder mit anderen Mitteln,
- die mangelnde Förderung von Umwelt- und Sozialstandards (z. B. im Bereich des Arbeitnehmerrechts).

Wie lässt sich das massive Armutsproblem in der Welt beseitigen? Wie können Handelskonflikte innerhalb der **Triade USA – Europa – Japan/China** entschärft werden? Diese und weitere Fragen sind zu berücksichtigen, um die Ausgestaltung der Weltwirtschaftsordnung weiter an die Erfordernisse der zunehmenden Integration der Weltwirtschaft anzupassen. Es gibt für die internationale Gemeinschaft noch viel zu tun – zumal der **Koordinierungsbedarf** weiter steigen wird.

4 Internationale Finanzmärkte

4.1 Definition und Bedeutung

Q

Finanzmarkt ist ein Oberbegriff für alle Märkte, auf denen Handel mit Kapital betrieben wird, und steht im Gegensatz zu den Gütermärkten. Er gliedert sich einerseits in nationale und internationale Finanzmärkte und andererseits, je nach dem Gegenstand der gehandelten Finanzkontrakte in Geld-, Kredit- und Kapitalmärkte und den Devisenmarkt für den Austausch von Währungen. Finanzmärkte sind somit spezielle Märkte, auf denen Kapital in Form von Geld, Wertpapieren und weiteren Finanzkontrakten gehandelt wird.

Quelle: Bundesministerium für Finanzen, unter: www.bundesfinanzministerium.de/nn_39822/DE/BMF_Startseite/Service/Glossar/F/002_Finanzmarkt.html, 16.04.2012

Geldmarkt: Auf dem Geldmarkt findet vor allem der kurzfristige Geldhandel mit Zentralbankgeld zwischen Kreditinstituten statt.

Kreditmarkt: Ein klassisches Instrument der Fremdfinanzierung ist der Kredit. Mit seiner Hilfe werden finanzielle Mittel mittel- bis langfristig zum Zeitpunkt der Realisierung einer Investition bereitgestellt.
Um die Funktionsfähigkeit und das Vertrauen ins Finanzsystem zu gewährleisten, gibt es auf nationaler und internationaler Ebene verschiedene Kontrollinstitutionen. Dazu gehören Zentralbanken und Aufsichtsbehörden. Jedoch wird der Steuerungsspielraum nationaler Zentralbanken immer weiter eingeschränkt, da der Geldschöpfungsprozess zunehmend auf globalen Finanzmärkten und damit außerhalb der Reichweite der Zentralbanken stattfindet.

Devisenmärkte: Hier werden Währungen gehandelt, d. h. gegeneinander getauscht. Devisen sind dabei die ausländischen Währungen aus Sicht des Inlandes (vgl. auch Abschnitt 4.2).

Der Großteil der Kapitalflüsse auf den internationalen Finanzmärkten ist auf den Handel mit **Wertpapieren** zurückzuführen. Zu den wichtigsten Formen gehören Anleihen (Staatsanleihen, Schuldverschreibungen u. a.), Aktien und Derivate. Bei Derivaten handelt es sich um Produkte, deren Wert sich nach den Kursschwankungen oder Preiserwartungen anderer Investments (z. B. Rohstoffe, Anleihen) richtet. Sie werden zur Absicherung gegen Wertverluste, zur Spekulation auf Kursgewinne und zur Realisierung von Arbitrage-Gewinnen (s. auch nächste Seite) eingesetzt. Zu den wichtigsten Derivaten zählen Zertifikate, Optionen, Futures und Swaps.

Die weltweiten Kapitalströme weisen seit Jahrzehnten starke Zuwächse auf. Das Tempo und der Umfang der Transaktionen sorgen für eine ganz neue Qualität der wirtschaftlichen Verflechtungen. Die Finanzmärkte haben die nationale Ebene verlassen und sich mehr und mehr zu globalen Umschlagplätzen für Finanzmittel entwickelt. Damit geht eine Internationalisierung der Anlagetätigkeit und Kreditvergabe einher. Häufig werden Kredite an multinationale Konzerne oder Staaten von mehreren Banken gemeinsam vergeben oder große Anleihen an verschiedenen Börsen auf der Welt gleichzeitig eingeführt.

Die größten Börsen der Welt 2011 (nach Börsenumsatz im Aktienhandel)

	Börsenumsatz in Mrd. $
1. NYSE Euronext US	18.027
2. Nasdaq QMX US	12.724
3. Tokyo Stock Exchange Group	3.972
4. Shanghai Stock Exchange	3.658
5. Shenzen Stock Exchange	2.838
6. London Stock Exchange Group	2.837
...	
9. Deutsche Börse	1.758

def.

Anleihen:
Form der Schuldverschreibung, die von Bund, Ländern, bestimmten öffentlichen Körperschaften, Aktiengesellschaften, Sonderkreditinstituten und auch Staaten zur Beschaffung von Finanzmitteln aufgelegt werden kann.

Aktien:
Die Aktie ist ein Wertpapier, das einen Anteil am Grundkapital einer Aktiengesellschaft repräsentiert. Aktien dienen der Beteiligungsfinanzierung und verbriefen das Recht des Aktionärs an einer Aktiengesellschaft (vgl. Kapitel IV, 7.1).

Optionen:
Geschäfte, bei denen man gegen Zahlung einer Prämie das Recht erwirbt, eine bestimmte Menge von Wertpapieren zu einem bereits vereinbarten Kurs jederzeit während einer bestimmten Frist zu kaufen bzw. zu verkaufen.

Der Handel mit Öl an der Börse

Ein großer Teil des Erdölhandels spielt sich heute an Börsen ab. Die wichtigsten sind die New York Mercantile Exchange (NYMEX) und die International Petroleum Exchange (IPE) in London.
Erdöl wird hauptsächlich in Form von Futures-Kontrakten gehandelt. Dabei handelt es sich um einen bindenden Vertrag, in dem Käufer und Verkäufer vereinbaren, zu einem bestimmten Zeitpunkt in der Zukunft eine festgelegte Menge einer Ware zu kaufen oder zu verkaufen. Auch der Preis für das Barrel Öl wird festgelegt, das noch gar nicht gefördert wurde. Mit diesen Warentermingeschäften (s. Definition auf S. 408) will man sich absichern gegen allzu große Preisschwankungen bei den Rohstoffen. Nicht nur Absicherung ist ein Motiv für den Handel mit solchen Kontrakten. In dem System lässt sich gut auf steigende oder fallende Ölpreise spekulieren und damit Gewinne erzielen.

Die Ursachen für diese Internationalisierung sind vielfältig. Zum einem haben sich die Bedürfnisse der Sparer und Investoren geändert; neue Akteure wie große Investmentfondsgesellschaften und neue Finanzinstrumente sind hinzugekommen. Weiterhin wurden Transformations- und Schwellenländer in die Weltwirtschaft integriert. Zum anderen haben aber gerade die Informations- und Kommunikationstechnologien seit den 1990er Jahren zu einer Beschleunigung der Globalisierung der Finanzbeziehungen geführt. Heutzutage ist es „per Knopfdruck" möglich, rund um die Welt und rund um die Uhr in Sekundenschnelle ein Finanzgeschäft zu erledigen. Bereits geringe Zins- oder Kursunterschiede führen sofort zur Arbitrage, einem Geschäft, das Preisunterschiede für ein und dasselbe Gut zwischen verschiedenen Märkten ausnutzt und damit zur Angleichung führt.

Die Höhe der Umsätze an den Finanzmärkten steht in keinem Verhältnis zum Umfang des Waren- und Dienstleistungsaustausches. Bereits 1990 war das Volumen der globalen Finanztransaktionen 15,3-mal höher als das weltweite Bruttoinlandsprodukt. Anfang 2012 betrug dieses Verhältnis sogar 73,5. Allein am Devisenmarkt wurde 2010 pro Tag ein Volumen von fast 4 Billionen US-Dollar gehandelt.

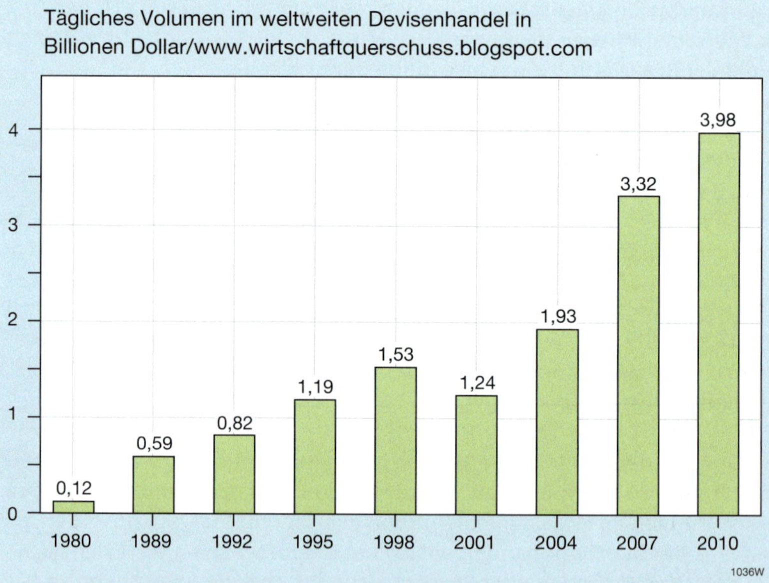

Internationale Kapitalströme lösen sich zunehmend von Entwicklungen im güterwirtschaftlichen Bereich ab. Man spricht davon, dass sich die Finanzmärkte von der Realwirtschaft entkoppeln. Nichtsdestotrotz beeinflussen internationale Finanzmarktakteure zunehmend Entwicklungen in den nationalen Volkswirtschaften (vgl. auch Abschnitt 5).

4.2 Globaler Zahlungsverkehr

Der Waren- und Dienstleistungsaustausch über Grenzen hinweg kann nur reibungslos funktionieren, wenn Landeswährungen ohne jede Beschränkung in andere Währungen getauscht werden können (Konvertibilität).

Der Wechselkurs ist der Preis der Währung eines Landes, ausgedrückt in der Währung eines anderen Landes. Im Frühjahr 2012 lag der Wechselkurs des Euro bei etwa 1,29 US-Dollar. Man muss also 1,29 US-Dollar zahlen, um einen Euro zu erhalten. Steigt dieser Preis, z. B. auf 1,50 US-Dollar, dann wird von einer Aufwertung des Euro gesprochen. Bei einer Abwertung fällt hingegen sein Preis.

Wenn die Preisbildung den bekannten Gesetzen von Angebot und Nachfrage folgt, dann lässt sich dieser Sachverhalt mithilfe des Marktmodells anschaulich darstellen. Am Beispiel von Dollar und Euro kann die Wechselkursbildung wie folgt aussehen:

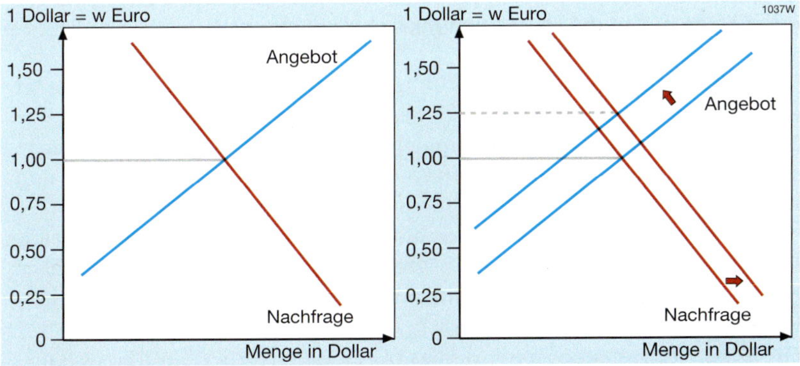

Der Wechselkurs w bildet sich im Schnittpunkt von Angebots- und Nachfragekurve und liegt bei einem Euro. Angenommen das Preisniveau im Euroland steigt im Vergleich zu den USA rasch an. In der Folge werden verstärkt Dollars nachgefragt, um Waren und Dienstleistungen zu importieren. Aufgrund der geringen Nachfrage aus dem Ausland nach inländischen Waren und Dienstleistungen, die vergleichsweise teuer erscheinen, gehen die Dollarerlöse jedoch zurück. Es kommt zu einer Aufwertung des Dollars; anders ausgedrückt: Man muss mehr Euro für einen Dollar bezahlen. Der Wechselkurs ist von einem auf 1,25 Euro gestiegen.

Was wird nun passieren? Mit steigendem Preis des Dollars wird das Einkaufen im Ausland – gerechnet in Inlandswährung – teurer und die nachgefragte Menge nimmt ab. Für Ausländer wiederum wird das Einkaufen im Inland – gerechnet in Dollar – billiger, und so nimmt das Angebot an Dollar wieder zu. Tendenziell sorgt der Wechselkursmechanismus also für einen Ausgleich zwischen den unterschiedlichen nationalen Preisen, Zinsen und Erwartungen.

In einem System freier Wechselkurse bilden sich die Wechselkurse durch Angebot und Nachfrage auf den **Devisenmärkten** täglich neu. Wechselkurse gelten als ein seltenes Beispiel für Gleichgewichtspreise.

Angebot und Nachfrage an den Devisenmärkten richten sich zum einen nach den fundamentalen ökonomischen Daten eines Landes oder Wirtschaftsraums.

A

1 Ein bestimmtes Auto kostet in Deutschland 12.000 Euro und in den USA 14.000 Dollar. Wie viel Dollar kostet das Auto in Deutschland?

2 Führen Sie ein Expertengespräch mit einem Außenhandelskaufmann/einer Außenhandelskauffrau durch: Wie werden bei internationalen Geschäften Wechselkursrisiken abgefangen? In welcher Weise können Kursschwankungen das Geschäft belasten?

Der Wechselkurs wird zum anderen von Faktoren beeinflusst, die nicht nur ökonomischer, sondern auch politischer und psychologischer Natur sein können. Faktoren sind:

- Angebot von und Nachfrage nach ausländischer und inländischer Währung im Außenhandel,
- Erwartungen über die Wechselkursentwicklung,
- Inflationsraten einzelner Länder,
- Zinsniveaus in den wichtigen Handelsländern,
- Devisenankäufe und -verkäufe der Notenbanken,
- Krisensituationen (Außenhandelsdefizite, Staatsverschuldung, erhoffte und befürchtete Regierungswechsel, Kriege u. a.).

Der Wechselkurs beeinflusst das Ausmaß und die Richtung des internationalen Handels. Als Touristin im Ausland spürt man eine geringe Änderung des Wechselkurses kaum, doch für die Unternehmen in der Im- und Exportwirtschaft haben geringe Änderungen erhebliche finanzielle Konsequenzen. Unternehmen im Außenhandel sichern sich deshalb in der Regel mit **Termingeschäften** gegen die Folgen von Kursschwankungen ab.

Das Austauschverhältnis der Währungen soll sich in der Regel frei am Markt entwickeln (*freies* Wechselkurssystem). Wechselkurse können aber auch durch internationale Verträge festgelegt sein. In einem System *fester* Wechselkurse werden zwischen Ländern Wechselkurse vereinbart (Paritäten) und bestimmte **Bandbreiten** festgelegt, innerhalb derer der Kurs schwanken darf. Wenn die Gefahr besteht, dass diese Bandbreiten an den Devisenmärkten nach oben oder unten überschritten werden, interveniert die Zentralbank des betreffenden Landes, indem sie Devisen kauft oder verkauft. Hierfür sind Devisenreserven erforderlich.
Ein festes Wechselkurssystem war das bis 1973 geltende Währungssystem von Bretton Woods (vgl. IWF), für das 1944 der Grundstein gelegt worden war. Das System funktioniert jedoch nur dann reibungslos, wenn sich die Leistungsbilanzen der großen Wirtschaftsnationen in etwa im Gleichgewicht befinden. Bei den Währungssystemen gibt es auch Abstufungen. So kann die Zentralbank eines Landes die Devisenmärkte sich selbst überlassen oder in einem bestimmten Rahmen korrigierend eingreifen.

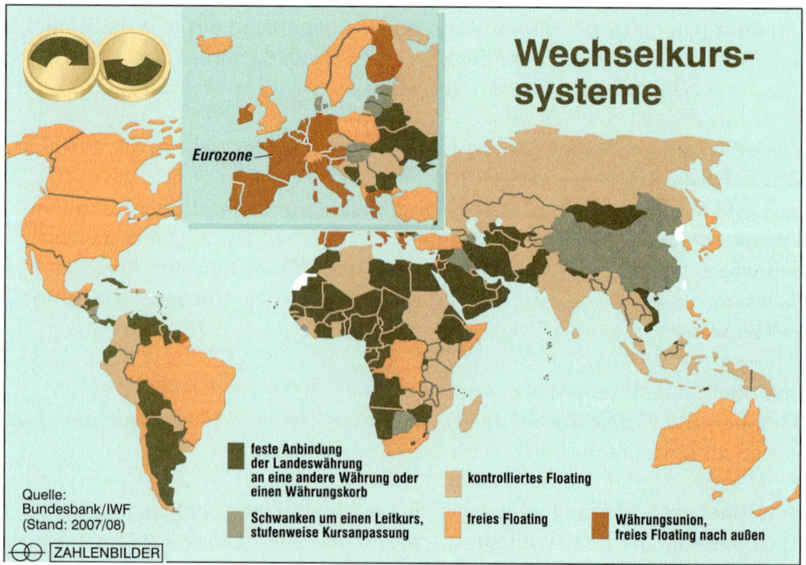

625 103
© Erich Schmidt Verlag

def.
Termingeschäft: Börsengeschäft (z. B. mit Aktien oder Devisen), bei dem Vertragsabschluss und Vertragserfüllung zeitlich auseinander liegen. So kann beispielsweise für eine Zahlung in US-Dollar, die erst in mehreren Monaten fällig ist, der Wechselkurs im Vorfeld fixiert werden. Je nachdem, ob der Kurs zum Zeitpunkt der Zahlung dann höher oder niedriger als bei Abschluss des Termingeschäfts ist, kann sich dies also zum Vor- oder Nachteil des Zahlungspflichtigen auswirken, entscheidend ist aber der Vorteil einer sicheren Kalkulationsbasis.

A

1 Stellen Sie die Reibungsverluste dar, die durch den Tausch von Währungen entstehen.

2 Beurteilen Sie die Einführung des Euro in diesem Zusammenhang für die Im- und Exportwirtschaft Deutschlands.

3 Nennen Sie Faktoren, die die Nachfrage nach und das Angebot an Devisen bestimmen. (Tipp: Verwenden Sie die Zahlungsbilanz auf S. 380).

4 Zeigen Sie die Konsequenzen einer Aufwertung oder Abwertung des Euro im Verhältnis zum Yen für die Im- und Exportbeziehungen zwischen Japan und Deutschland auf.

Wie erklärt man die Veränderung von Wechselkursen?
Diverse ökonomische Beziehungen mit dem Ausland sorgen für den Tausch der Währungen auf den Devisenmärkten. Durch das Aufeinandertreffen von Angebot und Nachfrage bildet sich der Preis der Devisen, der Wechselkurs. Was aber sind die Ursachen für Schwankungen der Wechselkurse?

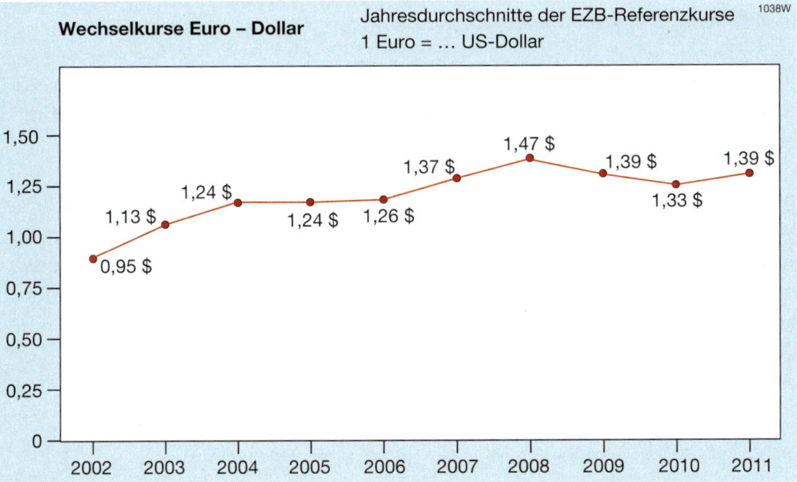

Der Wechselkurs Euro – Dollar seit der Einführung des Euro als Bargeld

Nach der Theorie der **Kaufkraftparität** nimmt der Wechselkurs einen solchen Wert an, dass die Kaufkraft der verschiedenen Währungen identisch ist (= PPP-Wechselkurs = Purchasing Power Parity).
Wenn man also die eigene Währung in ausländische Währung umtauscht, kann man demnach im Ausland genau so viele Güter kaufen wie im Inland. Die Preise müssten sich nach dieser Theorie – im Modell geht man von unbeschränktem Handel aus – international langfristig ausgleichen. Die Kaufkraftparität kann mithilfe des Big Mac-Index illustriert werden. Hier werden die Preise des Big Mac, der in über 120 Ländern produziert wird, in verschiedenen Ländern mit dem Wechselkurs verglichen:.

Big Mac-Theorie
Ein Big Mac kostet in der Euro-Zone 3,34 Euro und in den USA 4,20 US-Dollar. Der PPP-Wechselkurs ist dann 3,34 : 4,20 = 0,80. Wenn der tatsächliche Wechselkurs niedriger ist, geht die Big Mac-Theorie davon aus, dass der Euro so lange aufwertet, bis er den PPP-Wechselkurs erreicht. Wenn der tatsächliche Wechselkurs höher ist, kommt es nach der Big Mac-Theorie zu einer Abwertung des Euro bis zum PPP-Wechselkurs.

Die Akteure am internationalen Finanzmarkt nutzen kurzfristig Zinsunterschiede aus und beeinflussen damit den Wechselkurs. Diese globalen Kapitalströme werden in der **Zinsparitätentheorie** berücksichtigt. Es wird davon ausgegangen, dass sich Geld dorthin bewegt, wo die höchsten Erträge erzielt werden können. Die Globalisierung der Finanzen führt nach der Zinsparitätentheorie zu weltweit einheitlichen Renditen gleicher Finanztitel, d. h. von Aktien, Wertpapieren, Anleihen, Krediten und Devisen.

Sind Zinsparität und Kaufkraftparität gegeben, werden Ersparnisse weltweit in Länder und Regionen gelenkt, in denen die höchsten Erträge möglich sind. Die Motive für Geldanlagen sind jedoch in der Realität komplexerer Natur.

i

Welche Bedeutung hat eine „starke" Währung für ein Land?
Ein hoher Wechselkurs bedeutet, dass der Gegenwert entsprechend hoch ist, was für Reisende von Vorteil ist. Auch Importeure freuen sich: Bei einem hohen Außenwert der eigenen Währung, z. B. des Euro, können Waren in anderen Ländern vergleichsweise günstig gekauft werden. Anders sieht die Lage hingegen für Exporteure aus Im Umkehrschluss bedeutet also ein schwacher Euro für Unternehmen, die ihre Waren außerhalb der Euro-Zone verkaufen, dass für jede Einheit ausländischer Währung ein höherer Eurobetrag eingelöst werden kann. Sie können ihre Waren im Ausland billiger anbieten, ohne Umsatzeinbußen hinzunehmen.

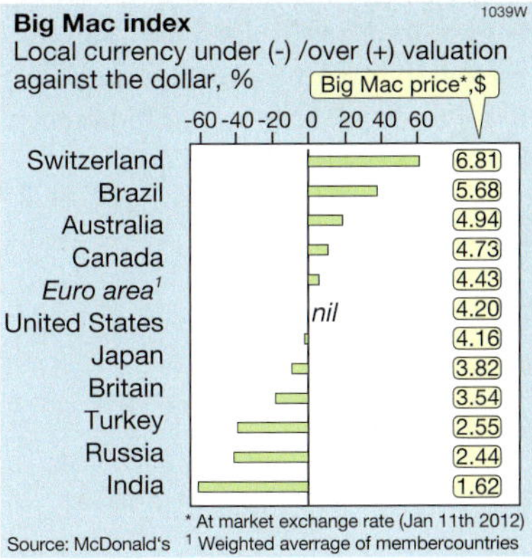

A

1 Erklären Sie, warum Kaufkraftparität und Zinsparität nur in der ökonomischen Theorie existieren.

2 Erläutern Sie im Hinblick auf die Auslandinvestitionen in Deutschland und die Wettbewerbsfähigkeit, ob ein schwacher Euro für eine exportorientierte Nation wie Deutschland vorteilhaft ist. Begründen Sie Ihre Meinung.

Q

Die Pfundkrise 1992

Mit seiner Spekulation gegen das Pfund 1992 brachte George Soros den Vorläufer des Euros, den ECU ins Wanken. Der ECU hatte fixe Austauschkurse zwischen Europas Währungen festgelegt. Weil Englands Politiker aus nationalen Gründen einen zu harten Pfundkurs verlangt hatten, konnten Engländer zwar billiger importieren und billiger auf Reisen gehen. Weil Produkte aus dem „Streik-Empire" aber einen eher zweifelhaften Ruf genossen, (und deshalb weniger Pfund nachgefragt worden waren), war es schlicht überbewertet. Soros sah es und spekulierte dagegen. Er gewann, die Fixbindung im Rahmen des Europäischen Währungssystems musste aufgegeben werden, der Ungaro-Amerikaner verdiente Milliarden – und konnte den Engländern keinen größeren Gefallen tun. Das Pfund verlor um 25 % gegen den Dollar, und damit auch der Außenwert seiner Güter. Damit waren aber Preis und Qualität von „Made in Britain" wieder in Einklang. […]

Quelle: www.eu-infothek.com/blog/749, 02.05.2012

A

1 Recherchieren Sie die Entwicklung der Konjunktur seit 2009 jeweils für die Ländergruppen Euro-Zone/Industrieländer/Schwellen- und Entwicklungsländer.

2 China hat sich besonders schnell von der weltweiten Finanzkrise erholt und wirtschaftlich den Vorkrisenstand sogar übertroffen. Benennen Sie mögliche Gründe hierfür.

5 Finanzmärkte in der Krise

Immer wieder kommt es an den Finanzmärkten zu erheblichen Turbulenzen von Währungen. Dafür gibt es unterschiedliche Auslöser: Manchmal nutzen Spekulanten auf dem Devisenmarkt Kursdifferenzen aus, indem sie sich bei Erwartung einer künftigen Abwertung einer Währung in dieser verschulden (s. „Pfundkrise" in der Marginalie).

Sie nehmen Kredite in dieser Währung auf und tauschen diese am Devisenmarkt in eine andere, deren Aufwertung erwartet wird. Folgen viele Marktteilnehmer diesem Vorgehen, entsteht eine „spekulative Blase".

Aber auch andere Auslöser sind möglich: So nahm die weltweite Finanzkrise ab 2007 als Immobilienkrise (Subprime-Krise) in den USA ihren Anfang. Die weltwirtschaftliche Verflechtung der Finanzmärkte führte dazu, dass diese Immobilienkrise keine regionale Krise blieb, sondern weitreichende Folgen hatte und sich zu einer weltweiten Finanzkrise entwickelte.
Diese führte fast überall auf der Welt zu einem deutlich abgeschwächten Wirtschaftswachstum oder zur Rezession.

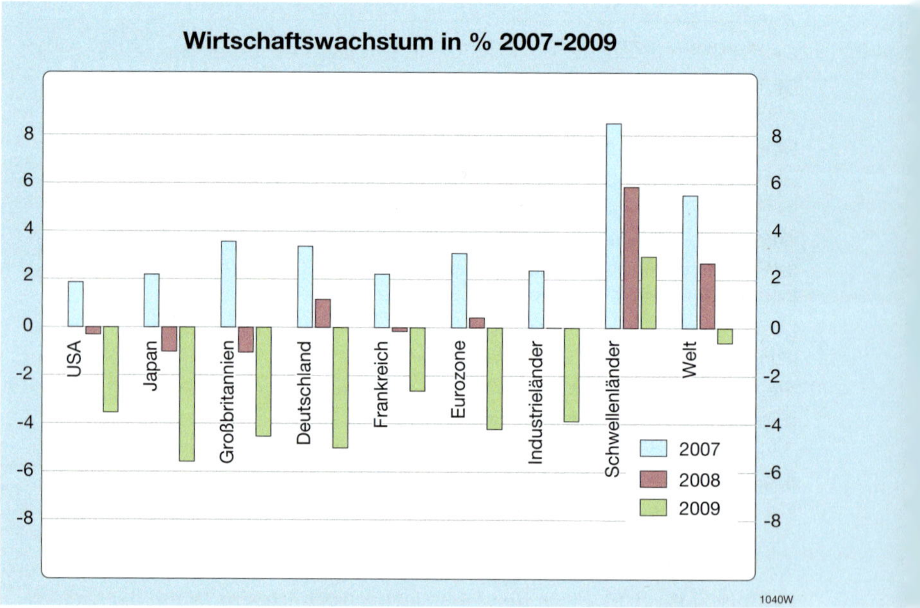

Die Weltwirtschaft in bzw. nach der Krise

In der EU wurde durch diese Entwicklung eine Staatsschuldenkrise ausgelöst, die das europäische Währungssystem stark erschütterte. Ursache der Staatsschuldenkrise war die jahrelange mangelnde Haushaltsdisziplin der EU-Länder, die teilweise zu einer extrem hohen Staatsverschuldung führte, die weit über den Konvergenzkriterien von Maastricht lag.
Die weltweite Finanzkrise war der Auslöser für das zutage Treten dieser Missstände.

Die zusammengefasste Wirtschaftsleistung der ökonomisch hochentwickelten Staaten schrumpfte im Jahr 2009 zum ersten Mal seit dem Zweiten Weltkrieg um 0,3 % gegenüber dem Vorjahr. Nur in wenigen ökonomisch sich entwickelnden Staaten erhöhte sich das Wachstum trotz der Finanzkrise bis 2009 ungebrochen.

5.1 Die weltweite Finanzkrise ab 2007

Die Entwicklung begann Ende der 1990er Jahre: Die „New Economy" mit ihren neuen Informations- und Kommunikationstechnologien erlebte einen rasanten Aufstieg. Die Erwartungen an die Unternehmen dieses wachsenden Marktes waren hoch, die Anleger waren bereit, hohe Preise zu bezahlen, um sich an diesen Unternehmen zu beteiligen – die Aktienpreise stiegen dementsprechend.

Nach dem Boom konnten viele Unternehmen dieses rasch wachsenden Marktes die Gewinnerwartungen der Anleger nicht erfüllen. Diese hatten über lange Zeit überhöhte Preise für die Aktien bezahlt, die jetzt den Markt überschwemmten, was zu einem Preisverfall führte. Die „Dotcom-Blase" platzte im Jahr 2000, als Folge gingen viele Unternehmen in die Insolvenz; weltweit kam es zu Konjunktureinbrüchen.
Um die Konjunktur wieder anzukurbeln, betrieben die **USA** Anfang der 2000er Jahre eine **Niedrigzinspolitik:** für Kredite wurde nur ein sehr geringer Zinssatz verlangt, sodass die Nachfrage entsprechend stieg. Darüberhinaus vergaben die Geschäftsbanken zunehmend auch **„Subprime"**-Kredite, d. h. „zweitklassige" Kredite an Darlehensnehmer, deren Kreditwürdigkeit fragwürdig war. Der Immobilienmarkt boomte daraufhin.

Die Banken verkauften die Kreditforderungen an andere Banken, Vermögensverwalter und Investoren weltweit und gaben damit auch das Risiko eines Verlustes, sollte ein Kredit nicht zurückgezahlt werden, weiter.
Ende 2006 waren schließlich immer mehr Darlehensnehmer nicht mehr in der Lage, ihren Hauskredit zurückzuzahlen und boten ihre Häuser massenhaft zum Verkauf an. Der **Immobilienmarkt** in den USA brach zusammen. Mitte 2007 platzte die Immobilienblase in den USA endgültig: Die Zahlungsausfälle erreichten Rekordhöhe, der Markt für Wertpapiere, die auf Immobiliendarlehen beruhen, kam ebenfalls zum Erliegen.

Die amerikanische Immobilienkrise weitete sich aus: Weltweit hatten Banken in großem Umfang mit den aufgrund der Zahlungsausfälle nunmehr wertlosen Wertpapieren gehandelt und gerieten in Schieflage. Für die europäischen Banken stellte die Europäische Zentralbank zusätzliche Mittel zur Verfügung, um die Zahlungsfähigkeit der Banken zu erhalten, die US-Zentralbank senkte die Leitzinsen.

15. September 2008, der **„Schwarze Montag"**: Die bereits vor der Krise angeschlagene amerikanische Investmentbank **Lehman Brothers** meldet Insolvenz an und löst damit große Unruhe an den internationalen Finanzmärkten aus; weitere Investmentbanken melden Gewinneinbrüche, es folgen weltweit Kurseinbrüche an den Börsen. Im Oktober 2008 steht **Island** als erstes europäisches Land vor dem Staatsbankrott. Die isländische Regierung übernimmt die gesamte Kontrolle über das Bankgewerbe.

Als Folge der Krise schrumpfte die Wirtschaft weltweit, das deutsche BIP ging in 2009 insgesamt um fast 5 % zurück. Die Neuverschuldung überstieg die veranschlagten Investitionen. Es griff die Ausnahmeregelung aus Art. 115 GG, wonach bei einer Störung des gesamtgesellschaftlichen Gleichgewichtes die Neuverschuldung höher als die Investitionen liegen darf.

Sowohl auf nationaler, europäischer und globaler Ebene werden verschiedene Maßnahmen getroffen, um die Krise zu überwinden und die Finanzmärkte langfristig zu stabilisieren (s. dazu Abschnitt 5.3).

Abschreibungen der Banken auf Kredite und Wertpapiere 2007–2010 (in Mrd. US-Dollar)

Weltweit	2.276
USA	885
UK	455
Asien	115
Europa	821

nach: IWF, unter: www.iwkoeln.de/de/infodienste/iw-dossiers/beitrag/20205, 10.01.2012

5.2 Historische Dimension der Krise

Finanzkrisen sind keine Seltenheit: immerhin 124 Bankenkrisen, 326 Währungskrisen und 64 Staatsverschuldungskrisen auf nationaler Ebene wurden zwischen 1970 und 2007 gezählt, wobei natürlich nicht alle die gleichen Dimensionen aufwiesen.

Historisch gesehen hatte besonders der **Börsenkrach von 1929** an der Wall Street in den USA verheerende Folgen. Viele amerikanische Privatanleger hatten ihr Vermögen am Aktienmarkt investiert. Der Kursverfall setzte ein, als das Vertrauen in den Markt verloren ging. Am 24. Oktober 1929 brach die Börse dann zusammen, und Millionen Anleger verloren ihr Geld. Es kam zu einer schweren Weltwirtschaftskrise, die Jahre dauerte.

Ein anderes prominentes Beispiel ist die sogenannte **Asienkrise**, die 1997/98 viele Länder Südostasiens überzog. Die Märkte in Ost- und Südostasien verzeichneten ein starkes wirtschaftliches Wachstum, was nicht zuletzt auf eine Reihe von liberalen Reformen zurückzuführen war. Doch der Aufschwung stand auf wackeligem Boden: Durch Spekulationen am Finanzmarkt und ungenügend gesicherte Kredite entstand ein Boom ohne solide Grundlage. Kurz: Die Länder lebten über ihre Verhältnisse.

Die Blase platzte, als die Spekulanten die kurzfristigen Anlagen verkauften und die Fehlverwendung von Krediten sichtbar wurde. Banken, Versicherungen und große Unternehmen gingen bankrott. Ganze Volkswirtschaften gerieten ins Wanken. Die Arbeitslosigkeit und Armut nahmen rasch wieder zu.

In den letzten Jahren gab es auch in Brasilien, in der Russischen Förderation und in Argentinien Finanzkrisen, die auf ähnliche Ursachen (insbesondere marode Bankaufsicht, fehlgeleitete Wirtschaftspolitik und instabiles Finanzsystem) zurückzuführen waren.

Besondere Bedeutung hatte auch die **Dotcom**-Krise im Jahr 2000, in deren Mittelpunkt nicht Nationen, sondern eine ganze Branche stand.

i

Kriterien für die Messung des Schweregrades von Finanzkrisen:
- Kreditausfallrate: Anteil der Kredite, der von den Schuldnern nicht mehr bedient werden kann.
- Fiskalische Kosten: Krisenbedingte, zusätzliche Ausgaben des Staates (z. B. wegen höherer Arbeitslosigkeit, entgangener Steuereinnahmen).
- Wachstumsverluste: Unterschied zwischen dem tatsächlichen, durch die Krise geschwächten Wachstum und dem erwarteten Verlauf ohne Krise.

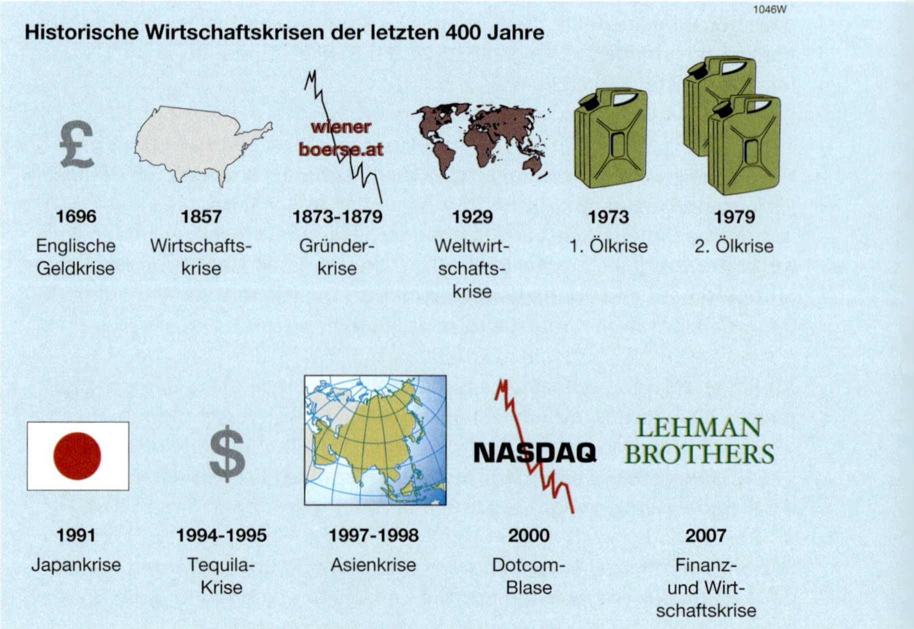

A

Wählen Sie exemplarisch eine der in der nebenstehenden Grafik aufgeführten Krisen aus und recherchieren Sie deren Ursachen und Verlauf.

Q Inflation und andere Schocks – Auszüge aus einem Interview mit der Zeitzeugin Ruth Kraft-Bussenius

Ich bin jetzt 91 Jahre alt, im Februar 1920 kam ich im sächsischen Schildau auf die Welt. Ich bin mitten in die große Inflation hineingeboren. Meine Eltern und Großeltern haben viel mit mir darüber gesprochen, und ich war ein wissbegieriges Kind. [...] Immer war von der Inflation die Rede. Als ob das schlimmer gewesen wäre als der Krieg. Dabei stand mein Vater vier Jahre lang im Feld an der Westfront. [...] Die ganzen Ersparnisse meiner Großeltern waren dahin. [...] Als das Geld weg war, musste mein Großvater als alter Herr noch einmal ins Geschäftsleben einsteigen. Er hat als Ratsherr die Sparkasse von Schildau mitgegründet. [...] Er hat die Kasse dann geleitet. Meine Mutter hat mir später berichtet, dass Großvater auf dem Höhepunkt der Inflation 1923 häufiger zur Bewachung des Geldes in der Sparkasse übernachtete. Er bekam die Millionen-, Milliarden- und Billionen-Scheine nicht in den Panzerschrank, sie lagen in den Büroräumen gestapelt. [...]

192[3] kam dann die Rentenmark, die einer Billion Mark entsprach, und danach schnell die Reichsmark.

In jenem Jahr [1924], dem ich die ersten Bilder meiner Kindheit zuordnen kann, wurde das Geld wieder stabil. [...]

Haben Ihre Eltern unter der Inflation schwer leiden müssen, oder waren sie abgesichert durch das eigene Haus und das Geschäft?

Ich weiß, dass meine Eltern immer über die hohen Abgaben, Steuern und Zinsen gestöhnt haben. Die Hausbesitzer bekamen allerhand aufgebrummt. [...] Trotz allem stand für meine Eltern fest, mich mit zehn Jahren auf die höhere Schule zu schicken. Das war das Lyzeum in der Kreisstadt Torgau. Bus und Schulgeld waren nicht billig. [...]
Wir waren unter den ersten im Ort, die sich ein Auto anschafften, einen Opel. Das war 1926. Der Ziegeleibesitzer hatte eines, der Arzt, der Tierarzt und wir. Es war fürs Geschäft, hat mein Vater immer betont, nicht fürs Vergnügen. Er holte mit dem Auto Eisenwaren aus Leipzig.

Liefen die Geschäfte in dieser Zeit besser?

Es blieb nach meiner Erinnerung eine schleichende Krise. Viele Kunden ließen anschreiben. [...]

Ende der zwanziger, Anfang der dreißiger Jahre waren in Deutschland mehr als fünf Millionen Menschen arbeitslos. War das zu spüren?

Oh ja! Für die Stadt Schildau spielte der örtliche Steinbruch eine wichtige Rolle. Die Stimmung bei den Steinbrucharbeitern war gedrückt. Es hieß gelegentlich, jetzt muss dieser oder jener stempeln gehen. [...]

Ging es danach wirtschaftlich aufwärts?

Von wegen! Bald hieß es: Kanonen statt Butter. Schon im Sommer 1939 wurden Milchprodukte knapp. [...]

Quelle: Frankfurter Allgemeine Sonntagszeitung, 25.12.2011, Nr. 51, S. 34. Das Gespräch führte Winand von Petersdorff.

Am 15. Oktober 1923 wird die Rentenmark eingeführt, sie entspricht einer Billion Mark (= 1.000.000.000.000 Mark).

Q Inflation 1923: Die Stunde der Spekulanten

Nach dem Krieg ist das Deutsche Reich auch finanziell am Ende: 155 Milliarden Mark Schulden belasten den Staatshaushalt, zudem fordern die Alliierten gewaltige Reparationen. Um ihre Ausgaben zu finanzieren, lässt die Regierung beständig neue Papiernoten drucken – und löst so die rasanteste Geldentwertung der Geschichte aus. Bis Ende 1923 treibt der Währungsverfall Millionen Menschen in die Armut.

Quelle: www.geo.de/GEO/kultur/geschichte/55249.html, 22.05.2012

A

Erläutern Sie, welche Auswirkungen die gallopierende Inflation auf das private Umfeld von Ruth Kraft-Bussenius gehabt haben könnte.

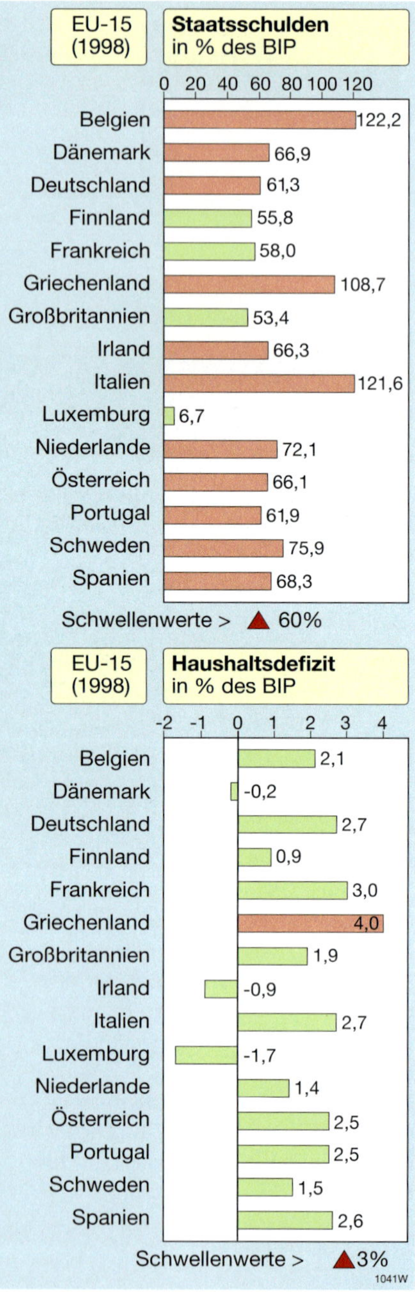

Verschuldung – Stand der Konvergenz 1998 vor Einführung des Euro 1999

def.

Fazilität:
Kreditrahmen, den Banken ihren Kunden zur Verfügung stellen, bzw. in diesem Fall der EFSF den Krisenländern.

5.3 Die Euro-Krise als Folge der weltweiten Finanzkrise

Der Verlauf der weltweiten Finanzkrise zeigt, dass die Subprime-Krise der Auslöser dieser Entwicklung war. Was aber waren die **Ursachen**, die es überhaupt möglich machten, dass eine ursprünglich regionale Krise Europa so hart treffen konnte, dass einige Staaten zahlungsunfähig wurden oder kurz davor standen?

Ging es doch schon beim Vertrag von Maastricht, mit dem die Europäische Währungsunion gegründet wurde, um die Frage, wie in Zukunft verhindert werden könnte, dass die Schulden einzelner Staaten die gemeinsame Währung beschädigen. Die Antwort auf diese Frage bestand zunächst darin, sowohl die Gesamtverschuldung als auch die jährliche Neuverschuldung der Mitglieder zu begrenzen („Konvergenzkriterien"). Die Überwachung dieser Kriterien und auch die Sanktionierung bei Nichteinhaltung gestalteten sich jedoch schwierig. So hatten z. B. von Beginn an einige Länder einen Gesamtschuldenstand, der deutlich über 60 % lag, andere veröffentlichten Zahlen zum Schuldenstand, die nicht der Realität entsprachen.
Durch die Einführung des Euro wurde es für viele Länder auch einfacher, neue Kredite aufzunehmen und sich weiter zu verschulden: War die Verzinsung von Staatsanleihen in nationaler Währung von z. B. Griechenland oder Italien noch sehr hoch, brachte der Euro eine viel niedrigere Verzinsung und damit geringere Rückzahlungsverpflichtungen mit sich, was die weitere Verschuldung vereinfachte.
Zur Begrenzung der Verschuldung wurde auch eine gemeinsame Wirtschaftsregierung diskutiert. Da dies aber aus Gründen der Unabhängigkeit von den Mitgliedsstaaten abgelehnt wurde, sollte die Schuldenaufnahme über die Finanzmärkte geregelt – und begrenzt – werden.

Nachdem die weltweite Finanzkrise Europa erreicht hatte, wurden auf europäischer Ebene als kurzfristige Maßnahmen zunächst verschiedene „**Rettungspakete**" für einzelne Mitgliedsländer geschnürt (Irland, Griechenland; zu Griechenland s. Abschnitt 6.5). Ebenso wurden „Konjunkturpakete" zur Ankurbelung der Wirtschaft beschlossen (s. auch übernächste Seite).

Für eine mittel- und langfristige Stärkung der Europäischen Wirtschafts- und Währungsunion wurde eine Reihe von Maßnahmen beschlossen:

Der sogenannte „**Rettungsschirm**" besteht aus dem Europäischen Finanzstabilisierungsmechanismus (EFSM) sowie der Europäischen Finanzstabilisierungsfazilität (EFSF). Ergänzend wirken der Internationale Währungsfonds (IWF), der den Rettungsschirm um max. 250 Mrd. Euro ergänzt, sowie die EZB, die zur Stabilisierung der Märkte Staatsanleihen der Krisenländer aufkauft.

Rettungsschirm 1034W

EFSF
- Kann mit Krediten verbundene Hilfsprogramme gegen Auflagen vereinbaren (bisher: Griechenland, Portugal, Irland).
- Diese Kredite refinanziert die EFSF am Kapitalmarkt.
- Die Euro-Mitgliedsstaaten bürgen dafür anteilig.

EFSM
- EU-Gemeinschaftsinstrument, das die Kreditvergabe der EU an Mitgliedsstaaten der Eurozone regelt.
- Ausstattung: 60 Mrd. Euro
- Zeitlich befristet bis längstens Juli 2013 bzw. bis zur Ablösung durch den permanenten Europäischen Stabilitätsmechanismus (ESM).

Eher langfristige Maßnahmen sind die Einführung des Europäischen Stabilitätsmechanismus (ESM) und der Vertrag über Stabilität, Koordinierung und Steuerung in der Wirtschafts- und Währungsunion („Fiskalpakt"), der im Frühjahr 2012 in Brüssel geschlossen wurde. Der ESM soll ab Mitte 2012 überschuldete Mitgliedsstaaten mit Krediten zu Sonderkonditionen unterstützen. Das verfügbare Kreditvolumen wird 500 Mrd. Euro betragen. Die Vergabe der Kredite ist an klar definierte Bedingungen gebunden:

Q

— Eine Unterstützung durch den **ESM** kann nur dann erfolgen, wenn dies zur Sicherung der Stabilität der Eurozone [...] unerlässlich ist.
— Der Beschluss, tätig zu werden, muss **einstimmig** von den Finanzministern als Gouverneuren des ESM gefasst werden. Zuvor müssen sowohl die EU-Kommission, der Internationale Währungsfonds als auch die Europäische Zentralbank eine Schuldentragfähigkeitsanalyse durchgeführt haben.
— Unterstützung wird nur gegen strikte Auflagen im Rahmen eines wirtschaftlichen Reform- und Anpassungsprogramms gewährt (sogenannte **Konditionalität**).
— Unterstützung wird in Form von **Krediten** gewährt. Nur in Ausnahmefällen sind auch Käufe am Primärmarkt möglich. Das bedeutet, dass der ESM und auch der Europäische Rettungsschirm – allerdings nur gegen strikte Konditionalität (Programm) – Staatsanleihen direkt von einem betroffenen Mitgliedsstaat ankaufen können. Käufe am sogenannten Sekundärmarkt, also von Dritten, bleiben ausgeschlossen.
— In allen Fällen der finanziellen Unterstützung ist eine angemessene **Beteiligung des Privatsektors** vorgesehen. Die konkrete Art und Weise der Beteiligung hängt vom Ergebnis einer genauen Schuldentragfähigkeitsanalyse ab und erfolgt in Übereinstimmung mit der Praxis des Internationalen Währungsfonds (IWF).

Quelle: www.bundesregierung.de/Content/DE/Artikel/2011/03/2011-03-24-esm.html, 10.05.2012

def.

Schuldentragfähigkeitsanalyse:
Sie dient dem Zweck festzustellen, ob ein Land nach der Auszahlung eines Hilfskredits in der Lage ist, wieder am Marktgeschehen teilzunehmen und seine Kredite regulär zurückzuzahlen. Auf diese Weise soll sichergestellt werden, dass die Mittel sinnvoll verwendet werden und nicht wirkungslos „verpuffen".

Im Gegensatz zum ESM, der einschreitet, um die einzelnen Mitgliedsländer im Notfall konkret zu unterstützen, ist es die Aufgabe des Fiskalpaktes, eine solche Situation in Zukunft schon im Vorfeld zu vermeiden und Haushaltsdisziplin einzufordern. Er soll 2013 in Kraft treten, die Ratifizierung von mindestens zwölf der 17 Euro-Länder vorausgesetzt.

Der **Fiskalpakt** umfasst folgende Kernpunkte:
— Schuldenbremse: Das jährliche, um Konjunktur- und Einmaleffekte bereinigte Staatsdefizit darf 0,5 Prozent der Wirtschaftsleistung eines Landes nicht übersteigen. Diese „Schuldenbremse" ist in der Verfassung zu verankern und kann ggf. von den anderen Unterzeichnerländern vor dem Europäischen Gerichtshof eingeklagt werden.
— Defizitverfahren: Dieses wird bei Überschreitung der Schuldengrenzen automatisch ausgelöst und kann nur durch eine Zwei-Drittel-Mehrheit der Finanzminister gestoppt werden. Eine Reduzierung der Gesamtverschuldung um ein Zwanzigstel pro Jahr wird eingefordert, wenn diese über 60 % der Wirtschaftsleistung beträgt.
— Strafen: Bei einem Verstoß gegen die Verschuldungsgrenzen ist eine Geldstrafe von bis zu 0,1 % der Wirtschaftsleistung vorgesehen.
— Verknüpfung mit dem ESM: Die Unterzeichnung des Fiskalpaktes soll die Voraussetzung dafür sein, Mittel aus dem ESM zu erhalten.

A

Ein Schwachpunkt des Vertrages von Maastricht waren die unzureichenden Maßnahmen, die bei Nichteinhaltung der Konvergenzkriterien erfolgen sollten. Erläutern Sie diesbezügliche Verbesserungen des Fiskalpakts.

Ergänzend zu diesen finanzpolitischen Maßnahmen kommen wirtschaftspolitische hinzu, die die Stabilisierung des Euro-Raumes unterstützen sollen. So soll der im März 2011 beschlossene Euro-Plus-Pakt die wirtschaftspolitsche Koordination zwischen den Euro-Ländern verbessern.

Nachdem lange, vor allem in Deutschland, Sparmaßnahmen zur Bewältigung der Krise im Vordergrund standen, verstärkt sich die Diskussion um einen „**Wachstumspakt**" zunehmend.
Zwar waren bereits zu Beginn der weltweiten Finanzkrise 2008/2009 verschiedene Wachstumpakete (in Deutschland: Konjunkturpaket I und II) beschlossen worden, um die direkten Auswirkungen der Krise auf die Konjunktur abzumildern. In Europa wurde dies aber nur als kurzfristige Maßnahme angesehen, um anschließend der Krise durch eine strenge Haushaltsdisziplin und damit Sparpolitik Herr zu werden.
So kann die strikte Sparpolitik zwar mit Erfolgen bezüglich der Haushaltsdisziplin aufwarten, sie hat aber auch unerwünschte Nebeneffekte: Durch die Sparmaßnahmen können die Staaten weniger investieren. Gleichzeitig erhöhen sie die Steuern und senken die Ausgaben für Renten- oder Arbeitslosenhilfe. Der Bevölkerung steht also weniger Einkommen zur Verfügung, das für den Konsum verwendet werden könnte, die Inlandsnachfrage geht zurück, die Wirtschaftsleistung sinkt. Verstärkt wird dieser Effekt noch durch dann sinkende (Steuer-)Einnahmen des Staates und steigende Ausgaben (z. B. Arbeitslosenhilfe).
Hinzu kommt: Trotz Sparbemühungen kann es in diesem Fall dazu kommen, dass die Defizitquote noch steigt, da sie aus dem Verhältnis von Kreditaufnahme und BIP gebildet wird. Sinkt das BIP, steigt die Defizitquote.

i

Paul Krugman
Ökonom, Wirtschaftsnobelpreisträger 2008
* 28.02.1953 in Albany, New York

Nun mehren sich, ausgehend von den USA, auch zunehmend in Europa die Stimmen, durch eine entsprechende Ausgabenpolitik die Konjunktur anzukurbeln und so die Krise zu überwinden:

Q

Krugman war zunächst voll des Lobes für die entschlossene Reaktion der Welt nach dem Ausbruch der Finanzkrise. Nach dem keynesianischen Rezeptbuch wurden von Washington über London und Berlin bis nach Peking Konjunkturprogramme aufgelegt – sei es in Form von schuldenfinanzierten Staatsausgaben, Steuererleichterungen oder Zinssenkungen. Doch schon bald überkamen ihn Zweifel: „Im Jahr 2010 passierte etwas Merkwürdiges", schreibt Krugman, „weite Teile der politischen Elite warfen die Lehrbücher und Lektionen der Geschichte auf den Müll und erklärten, oben sei jetzt unten." Gemeint ist damit der Schwenk von einer expansiven Fiskal- hin zu einer rigiden Sparpolitik. […]
Was für viele deutsche Ohren unerhört klingen mag, ist aus Sicht des überzeugten Keynesianers durchaus logisch. Wenn Unternehmen und Konsumenten sparten, um ihre Schulden zurückzuzahlen, die Produktionskapazitäten nicht ausgelastet seien (siehe die hohe Arbeitslosigkeit), dann sei es der denkbar ungünstigste Zeitpunkt für den Staat, auch noch auf die Ausgabenbremse zu treten. Das führe in die Depression. Krugman ist nicht gegen einen Abbau der Staatsschuld, er hält nur den Zeitpunkt für verhängnisvoll.
Quelle: Handelsblatt, 11./12./13.05.2012, Nr. 92, S. 71

A

Ermitteln Sie den aktuellen Stand der Bemühungen um eine stärkere Förderung des Wirtschaftswachstums in Europa.

Setzt sich auch in Europa zunehmend die Einsicht durch, dass alleine Sparen nicht zur Überwindung der Probleme führen kann, gibt es unterschiedliche Meinungen darüber, wie das Wachstum gefördert werden kann.

5.4 Bilanz und Ausblick

Die globale Finanzkrise zeigt: Die komplexen und zunehmenden Verknüpfungen bergen zahlreiche Risiken und Gefahren. Entwicklungen auf nationaler Ebene (hier im US-Immobilienmarkt 2001 ff.) zeitigen deshalb immer öfter nachhaltige Wirkungen auf internationaler Ebene. Diese Auswirkungen wiederum sind keineswegs auf die Finanzwelt beschränkt. Vielmehr resultieren hieraus weltwirtschaftliche Probleme betreffend den internationalen Handel, die Arbeitsmärkte, die Staatshaushalte usw.
Die Frage nach den „Schuldigen" ist dabei nur auf den ersten Blick einfach zu beantworten: jene Institutionen und Akteure, die auf der Suche nach dem größten Gewinn den Crash verursacht haben, also Immobilienhändler in den USA, Banken, Kreditinstitute, Fonds, Versicherungen etc. in der gesamten Welt.

Q

[...] Der Versuch, die Finanzkrise mit der Gier der Bankmanager zu erklären, hat etwas vom Beraterprogramm „Simplify your life" an sich. Natürlich lässt sich damit schnell ein Schuldiger finden und damit die Kompetenz desjenigen besser dastehen, der sich zur Rettung berufen fühlt. Aber monokausal lässt sich das Geschehen nicht erklären. Alle Akteure, die sich im Finanzmarkt bewegen, haben zu dieser kaum fassbaren Entwicklung beigetragen.
Politisch fehlleitende Entscheidungen, die durch die Zinspolitik der Zentralbanken noch verstärkt wurden, und schwerwiegende Aufsichtsmängel, die Fehlentwicklungen innerhalb des Bankgewerbes ungebremst wirken ließen, und eben auch der Eigennutz, der jedem Menschen eigen ist – ob Bankmanager, Aktionär oder Kunde. [...]

Quelle: Jörg Bleckmann in: Finanzkrise – Krise der Marktwirtschaft?, in: Unterricht/Wirtschaft, H. 38, 2/2009, Velber: Friedrich, 55 f.

Jürgen Stark, bis 2011 Chefvolkswirt der EZB

Es ist jedoch auch zu fragen, welche Rolle die von den Staaten gesetzten „Spielregeln" hatten und haben. Ökonomen erklären das Verhalten der Menschen insbesondere durch die herrschenden Anreizstrukturen. Je nachdem, wie die Rahmenbedingungen gestaltet sind, werden sich die Akteure im Wirtschaftsgeschehen im Bestreben, ihren eigenen Nutzen zu vergrößern, unterschiedlich verhalten. Festzuhalten ist: Viele Handlungen und Transaktionen an den Finanzmärkten, die am Ende zur Katastrophe geführt haben, waren nicht illegal. Offensichtlich waren die „Spielregeln" nicht angemessen, um „Spielzüge" zu vermeiden, die schlussendlich das gesamte „Spiel" gefährden. Zum Marktversagen gesellt sich somit auch ein Versagen staatlicher Institutionen.
Dabei wird auf globaler Ebene schon länger über international gültige Regelungen für die Kapital- und Finanzmärkte diskutiert. Der enorme Umfang der Verwerfungen hat generell zur Einsicht geführt, dass es einer verbesserten staatlichen Überwachung der Märkte bedarf, um entsprechende Prozesse in Zukunft zu vermeiden, wenngleich auch unterschiedliche Ansätze im politischen Vorgehen bestehen.
Auf den G20-Gipfeln in Washington (2008) und Pittsburgh (2009) wurde bereits beschlossen, dass grundsätzlich kein Finanzmarktakteur, kein Finanzmarktprodukt und kein Finanzmarkt ohne Aufsicht und Regulierung sein darf. Einzelne Beschlüsse betrafen z. B. die Verschuldung von Banken, den Handel mit hochriskanten („toxischen") Wertpapieren und das Vorgehen gegen sogenannte Steueroasen.

Q

Was ist erreicht worden bei der Bekämpfung der Finanzkrise?

Stark: Es gab einen ernsthaften Versuch, neue Regeln für den Finanzsektor zu definieren. Denn die Märkte brauchen Regeln. Die Beschlüsse der Staats- und Regierungschefs in Washington 2008 und 2009 in Pittsburgh waren wegweisend. Was ist davon abgearbeitet? Sehr wenig. In dem Augenblick, als man 2009 glaubte, dass man die Krise im Griff habe, ist der Reformelan geschwunden. Diesen Reformkonsens in der G20 gibt es meines Erachtens heute nicht mehr.

Quelle: Auszug aus einem Interview mit Jürgen Stark, in: Handelsblatt, 23.03.2012, S. 9

Deren Umsetzung steht allerdings zum großen Teil noch aus und scheint mit der derzeit zu beobachtenden Erholung der Märkte eher wieder unwahrscheinlicher zu werden (s. auch Marginalie S. 417). Gleiches gilt auch für die Pläne des Gipfels in Cannes 2011, der aber zumindest zur Stärkung des IWF führte, der jetzt als globaler Krisenmananger fungiert.
Auch die EU und die Europäische Währungsunion werden sich den Herausforderungen stellen müssen und haben bereits verschiedene Maßnahmen zur Stablisierung der Euro-Zone beschlossen und umgesetzt. Aber wie wird es weitergehen mit dem Euro und Europa?
Die europäische Integration ist schon weit fortgeschritten, sowohl ökonomisch, politisch als auch im Alltäglichen. Dennoch ist der Einfluss Europas in der Weltpolitik in den vergangenen Jahren gesunken, wirtschaftlich aufstrebende Länder wie China und Brasilien gewinnen an Bedeutung. Wie kann sich Europa in der globalisierten Welt positionieren und seine Stärken nutzen? Wie wird die weitere Integration aussehen?

Q

Der Prozess der europäischen Integration in den letzten 60 Jahren ist durch eine Abfolge von Krisen gekennzeichnet. Manche Beobachter gehen sogar so weit zu behaupten, nur über die mit krisenhaften Zuspitzungen verbundenen Herausforderungen seien die Fortschritte überhaupt erst möglich geworden. Sollte also die Dimension der aktuellen Gefährdungen Anlass zu den schönsten Hoffnungen geben?
Für die erfolgreiche Fortsetzung der Methode Forschritt durch Krisen gibt es freilich keine Garantie, bewusst sollte man gewiss nicht auf diese Karte setzen.

Quelle: Otmar Issing: Der Weg aus der Krise, Center for Financial Studies WHITE PAPER NO. XII, April 2012, S. 5

A

Erläutern Sie, was mit dem Begriff „Vertrauenskrise" gemeint ist.

Q

Auszug aus der Rede des Bundesfinanzministers Wolfgang Schäuble anlässlich der Verleihung des Internationalen Karlspreises zu Aachen am 17. Mai 2012

[…] Europa […] ist Vielfalt und Kultur, ist Freundschaft und Miteinander, ist Nachhaltigkeit und Zukunft. Es ist doch kleinmütig, wenn wir Europa, wenn wir die europäische Idee nur auf Finanzfragen – so wichtig die sind – reduzieren wollten. […] Die Entwicklung von Industrialisierung und Globalisierung und als Folge davon Beschleunigung und Entgrenzung haben ihre Wurzeln letztlich in Europa. Globalisierung und neue Technologien erfordern eine neue Ordnung […] Wir werden nur durch Voranschreiten das bewahren, was wir auf unserem Kontinent an Integration, an Sicherheit und Wohlstand schon geschaffen haben. […]
[…] Wir müssen jetzt eine politische Union Europas schaffen […]. Wir müssen die demokratische Legitimation Europas stärken, wir müssen die Effizienz Europas verbessern und wir müssen die europäischen Institutionen reformieren. […]
[Wir] haben in der Finanz- und Wirtschaftskrise, die sich zu einer Vertrauenskrise in den Euro entwickelt hat, gelernt, dass eine gemeinsame Geldpolitik auch die Vergemeinschaftung wichtiger Teile der Finanz- und Wirtschaftspolitik erfordert. Und daneben müssen wir vor allem unsere Handlungs- und Entscheidungsfähigkeit gegenüber unseren Partnern in der Welt verbessern und auch beschleunigen. Jedes europäische Land ist zu klein, um angesichts globaler Entwicklungen für sich allein eine hinreichende Rolle zu spielen. Wenn wir die Welt im 21. Jahrhundert weiterhin mitgestalten wollen, dann müssen wir Europäer das gemeinsam tun. Also eine echte gemeinsame Außen- und Sicherheitspolitik, gemeinsame Vertretung in internationalen Organisationen und eben deutliche Fortschritte bei der Entwicklung eines wirklich gemeinsamen Wirtschafts- und Währungsraumes. […] Was wir anstreben sollten, ist eine neue Form von politischer Ordnung, in der wir die Allzuständigkeit der nationalen Ebenen weiterentwickeln. So viel wie möglich an Zuständigkeiten muss dezentral bei Kommunen, Regionen, auch Mitgliedsstaaten bleiben. Aber das, was nur europäisch geht, muss eben durch europäische Institutionen entschieden werden, und die brauchen dazu demokratische Legitimation. Vielleicht ist das die kürzeste Beschreibung dessen, was mit „Politischer Union" gemeint ist. […]

Quelle: www.karlspreis.de/fileadmin/dokumente/reden2012/Rede_Dr_Schaeuble.pdf, 30.05.2012

6 Europäische Union

Als größter Wirtschaftsraum der Welt vereint die Europäische Union (EU) in mittlerweile 27 Staaten über 500 Millionen Menschen. Doch bis dahin war es ein langer Weg. Vier Motive haben den Prozess der europäischen Einigung maßgeblich bestimmt: die Sicherung des Friedens, die wirtschaftliche Einigung, die politische Einigung und der soziale Zusammenhalt.
EGKS, EWG, EG, Binnenmarkt, Währungsunion – der Weg zur heutigen Europäischen Union verlief über mehrere Integrationsstufen, wobei die wirtschaftliche Integration zunächst im Vordergrund stand. Aber auch die politische Union rückt verstärkt – bedingt durch die Finanzkrise – in den Fokus.

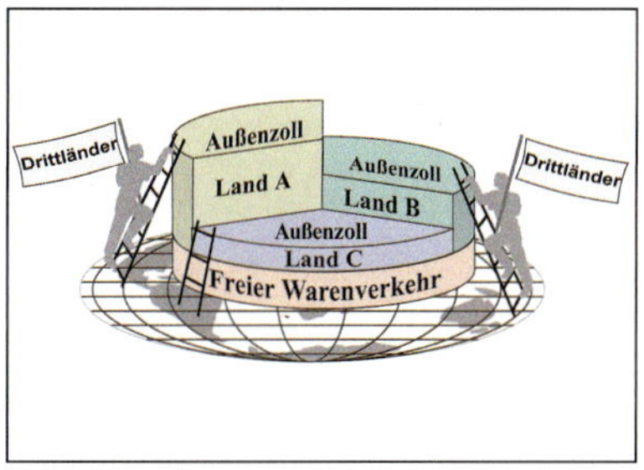

Freihandelszone

6.1 Integrationsstufen wirtschaftlicher Zusammenschlüsse

Mit wirtschaftlicher Integration ist der Abbau von Handelshemmnissen zwischen Staaten gemeint. Die idealtypischen Stufen von der Freihandelszone zur vollständigen wirtschaftlichen, politischen und institutionellen Integration – diese Idee hatten auch die Gründungsväter der EWG – sind:

Freihandelszone: Dies ist die erste Stufe eines wirtschaftlichen Zusammenschlusses zur Entwicklung gemeinsamer Handelsbeziehungen. In einer Freihandelszone werden tarifäre Handelshemmnisse zwischen den Mitgliedsländern beseitigt. Es gibt jedoch keinen gemeinsamen Außenzolltarif gegenüber Drittländern, sondern jedes Land legt die Außenzölle selbst fest. Wegen der unterschiedlichen Außenzölle muss verhindert werden, dass Einfuhren über das Land mit dem niedrigsten Zollsatz vorgenommen werden. In einer Freihandelszone wird daher nur auf solche Güter Zollfreiheit gewährt, die innerhalb der Zone produziert oder bestimmten Verarbeitungsprozessen unterworfen wurden bzw. Bestandteile aus Drittländern enthalten, deren Wert weniger als 50 % des Gesamtwertes ausmacht. Mitgliedsländer können daher bei Importen den Nachweis über das Ursprungsland der Waren (Ursprungszeugnisse) fordern.

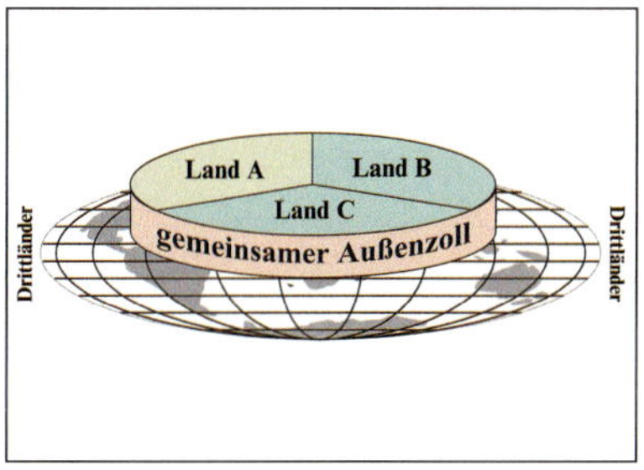

Zollunion

Zollunion: Die Zollunion ist ein Zusammenschluss von Staaten zu einem einheitlichen Zollgebiet. Zwischen den Mitgliedsstaaten fallen Handelsbeschränkungen weg, und gegenüber den Drittländern wird ein gemeinsamer Außenzoll erhoben. Für den Binnenverkehr ist daher kein Nachweis über das Ursprungsland erforderlich. Das Kernstück der EG ist eine Zollunion, wie Artikel 9 des Vertrags zur Gründung der EWG zu entnehmen isst.

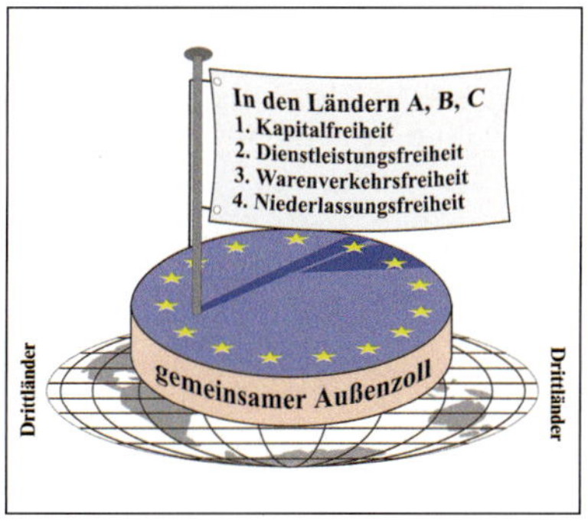

Gemeinsamer Markt

Gemeinsamer Markt: Durch die Verschmelzung mehrerer Volkswirtschaften sollen binnenmarktähnliche Verhältnisse mit einheitlichen Wettbewerbsregeln geschaffen werden. Diese Integrationsstufe erfordert nicht nur die Freiheit des Waren-, Dienstleistungs- und Kapitalverkehrs, sondern auch die Freizügigkeit für Arbeitnehmer sowie die Niederlassungsfreiheit für Unternehmen in allen Mitgliedsstaaten. Auf dem Gemeinsamen Markt herrscht somit nicht nur ungehinderter Güterverkehr zwischen den Mitgliedsländern, sondern auch „Faktormobilität", d. h., es besteht Freiheit für die beiden Produktionsfaktoren Arbeit und Kapital. Gegenüber Drittländern wird ein gemeinsamer Außenzoll festgesetzt.

Gemeinsame Währung

Wirtschafts- und Währungsunion: In einer Wirtschafts- und Währungsunion streben die Mitgliedsstaaten eine gemeinsame Wirtschaftspolitik in Form einer gemeinsamen Finanz- und Währungspolitik an. Es muss nicht zwangsläufig eine gemeinsame Währung wie der Euro eingeführt werden, sondern es geht um fixe Wechselkurse und volle Währungskonvertibilität für die Währungen in den Mitgliedsstaaten.

Politische Union: Die letzte Stufe stellt die vollständige wirtschaftliche, politische und institutionelle Integration verschiedener Volkswirtschaften dar (ohne Abbildung).

Die vier Freiheiten im Binnenmarkt

Der EU-Binnenmarkt von 1993, der durch die Verschmelzung verschiedener Volkswirtschaften und einheitliche Wettbewerbsregeln entsteht, macht die folgenden „Vier Freiheiten" erforderlich:

© Erich Schmidt Verlag 715 320

Freier Warenverkehr: Für viele Waren wurden nationale Vorschriften durch EU-Regeln ersetzt; für alle anderen gilt der Grundsatz von 1979: Wenn ein Erzeugnis in einem EU-Staat hergestellt und in den Verkehr gebracht worden ist, darf es überall im Binnenmarkt ungehindert verkauft werden („Prinzip der gegenseitigen Anerkennung"). Ausnahmen gibt es nur in wenigen Fällen. Da die Mehrwertsteuersätze in den EU-Ländern unterschiedlich sind, wird ein in Deutschland hergestelltes Produkt beim Kauf in Deutschland mit 19 % und z. B. in Dänemark mit 25 % Mehrwertsteuer belastet (2011). Für die Zukunft strebt man eine Mehrwertbesteuerung im Ursprungsland an.

Freier Personenverkehr: Diese Freizügigkeit umfasst freie Einreise, freien Aufenthalt, freies Wohnrecht, Niederlassungsfreiheit und die Freiheit der Arbeitsplatzwahl. Sie gilt für alle abhängig Beschäftigten, für alle Selbstständigen und für nahezu alle gewerblichen Berufe sowie für Studierende, Rentner und Nichterwerbstätige und deren Angehörige. Personen müssen über ausreichende Mittel verfügen, um den Lebensunterhalt zu bestreiten sowie eine Krankenversicherung vorweisen. Da für viele Berufe Diplome, Befähigungsnachweise o. Ä. erforderlich sind, gibt es Regelungen für die Anerkennung von Qualifikationsnachweisen. Wenn sich Ausbildungsgänge allerdings inhaltlich und zeitlich von Land zu Land stark unterscheiden, bestehen unter Umständen Vorschriften, zusätzliche Berufspraxis nachzuweisen oder eine Eignungsprüfung zu absolvieren.

Freier Dienstleistungsverkehr: Dienstleistungen sind z. B. der gewerbliche Güterverkehr, Versicherungsleistungen, alle Dienste, die z. B. Werbeagenturen, Architekten, Gutachter, Banken oder Reiseveranstalter anbieten. Unternehmen aus einem EU-Land können in allen anderen EU-Ländern Dienstleistungen anbieten, auch wenn sie dort keine Tochterunternehmen haben. Einer Kontrolle unterliegen sie nur in dem EU-Land des Firmensitzes.

A

1 In den europäischen Binnenmarkt gehen über 60 % der deutschen Exporte und mehr als 50 % der deutschen Auslandsinvestitionen. Recherchieren Sie die wichtigsten Handelspartner in der EU sowie die wesentlichen Handelssegmente.

2 Nennen Sie die ökonomischen Vorteile der „Vier Freiheiten". Erörtern Sie weitere Vorzüge, aber auch Schwierigkeiten bei der Realisierung der einzelnen Freizügigkeiten.

Freier Kapitalverkehr: Kapital kann sich überall in der EU die günstigste Anlagemöglichkeit suchen, sei es in der Beteiligung an einem Unternehmen, im Erwerb von Immobilien, in der Anlage auf Konten oder in Wertpapieren. Finanzunternehmen können an Börsen in nahezu jedem EU-Land handeln, wenn sie dort eine Zweigniederlassung haben. Mit der Einführung des Euro sind auch Wechselkursrisiken und Umtauschkosten entfallen, und die Vergleichbarkeit von Preisen verbessert die Transparenz des Binnenmarktes und verschärft den Wettbewerb.

Handelszunahme und Handelsumlenkung in einer Zollunion

Man kann die Handelsbeziehungen zwischen zwei oder mehreren Ländern in einer komparativ-statischen Analyse miteinander vergleichen. Das Ziel der Analyse besteht darin, die Handel schaffenden und Handel umlenkenden Wirkungen wirtschaftlicher Integration zu erfassen. Die Frage, welche Veränderungen sich zwischen diesen beiden Zeitpunkten im Zeitablauf ergeben, bleibt dabei unberücksichtigt. Es wird auch nicht untersucht, welche wirtschaftlichen, politischen und rechtlichen Probleme auf dem Weg zu einer Zollunion bestanden.

Ausgangsstadium (1. Situation): Die Länder B und C bieten ein vergleichbares Produkt an, das in B 100 Euro und in C 95 Euro kostet. Land A stellt dieses Produkt nicht her; es erhebt einen Importzoll von 10 %. Dadurch kostet das Produkt aus B 110 Euro, das aus C 104,50 Euro. Land A wird daher selbstverständlich das Produkt aus Land C einführen, weil es um 5,50 Euro billiger ist als das vergleichbare Produkt aus Land B.

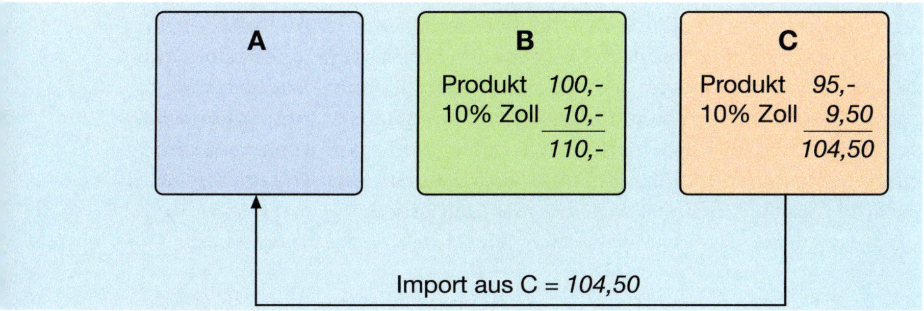

Endstadium (2. Situation): Die Länder A und B beschließen die Gründung einer Zollunion. Die Binnenzölle entfallen also und der gemeinsame Außenzoll beträgt 10 %. Welche Folgen ergeben sich daraus für die Handelsbeziehungen? A wird von nun an das fragliche Produkt aus Land B importieren, weil es nur noch 100 Euro kostet, während für das Produkt des Landes C weiterhin 104,50 Euro zu bezahlen sind.

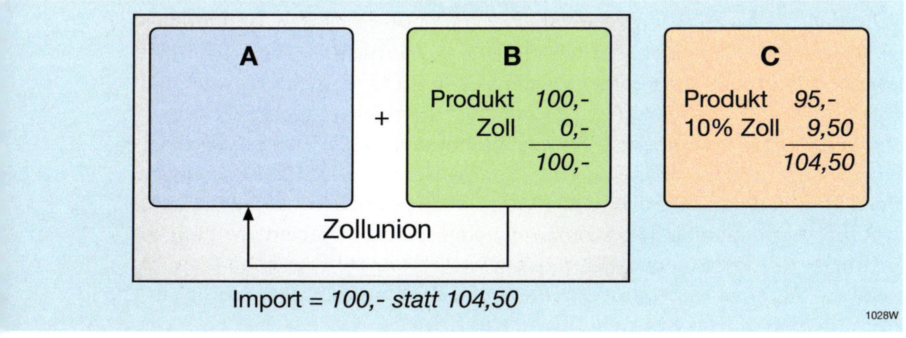

A

1 Informieren Sie sich über EFTA, NAFTA und den Deutschen Zollverein. Begründen Sie die Zuordnung zur jeweiligen am Anfang des Kapitels dargestellten Integrationsstufe.

2 Ordnen Sie weitere regionale Wirtschaftszusammenschlüsse den Integrationsstufen zu.

6.2 Wozu ein europäischer Zusammenschluss? Ziele und Entwicklung der EU

„Europa? Da hört man doch nur von Krisen! Ich bin skeptisch, ob die EU für mich von Nutzen ist."

Solche oder ähnliche Meinungen hört man immer wieder. Umfragen zur EU zeigen regelmäßig, dass es um die Akzeptanz der „Europäischen Union" nicht so gut bestellt ist. In Deutschland ist die Bevölkerung beispielsweise regelrecht gespalten, wenn es um die Frage geht, ob die Mitgliedschaft in der EU eine gute Sache sei. Fragte man jedoch ältere Bürgerinnen und Bürger, die möglicherweise sogar den letzten Weltkrieg oder seine Folgen miterlebt haben, wäre folgende Einschätzung wahrscheinlicher:

„Seit fast 70 Jahren leben wir in Freiheit und Frieden, das ist wirklich keine Selbstverständlichkeit! Die Europäische Gemeinschaft hat auf dem Kontinent dauerhaft für Frieden und Wohlstand gesorgt."

i

Winston Churchill
* 30.11.1874 in Woodstock, England
† 24.01.1965 in London

Premierminister von Großbritannien 1940–1945 und 1951–1955

In der Tat waren die Ziele der europäischen Einheitsbewegung seit dem Zweiten Weltkrieg Frieden und Freiheit in Europa. Die wirtschaftliche Entwicklung, d. h. die Wohlstandsmehrung in den Mitgliedsstaaten durch die Schaffung eines gemeinsamen Marktes, war dafür ein zentrales Mittel. Die „europäische Idee" ist allerdings schon wesentlich älter: Schon Karl der Große soll bei der Expansion des Fränkischen Reiches und der Vereinigung der christlichen Völker eine „Idee Europas" verfolgt haben. Das Unterfangen der europäischen Einigungsbewegung, um daraus wirtschaftliche und politische Vorteile zu ziehen, ist jedoch immer wieder aufgrund nationaler Interessen gescheitert. Im September 1946 hielt der englische Premier Sir Winston Churchill in Zürich eine denkwürdige Rede:

Q

Vereinigte Staaten von Europa

Wir müssen etwas wie die Vereinigten Staaten von Europa schaffen. Nur so können Hunderte von Millionen schwer arbeitender Menschen wieder die einfachen Freuden und Hoffnungen zurückgewinnen, die das Leben lebenswert machen. […] Was wir benötigen ist der Entschluss von Hunderten von Millionen Männern und Frauen, Recht statt Unrecht zu tun und als Lohn Segen statt Fluch zu ernten. […] Die Struktur der Vereinigten Staaten von Europa, wenn sie gut und echt errichtet wird, muss so sein, dass die materielle Stärke eines einzelnen Staates von weniger großer Bedeutung ist. Kleine Nationen zählen ebenso viel wie große und erwerben sich ihre Ehre durch ihren Beitrag zu der gemeinsamen Sache. Die alten Staaten und Fürstentümer Deutschlands […] können alle ihren individuellen Platz in den Vereinigten Staaten von Europa einnehmen. […] Die Zeit ist vielleicht knapp. Gegenwärtig haben wir eine Atempause. Die Geschütze schweigen. Der Kampf hat aufgehört, aber nicht die Gefahren. Wenn es uns gelingen soll, die Vereinigten Staaten von Europa oder welchen Namen auch immer sie tragen werden, zu errichten, müssen wir jetzt damit beginnen. […]

Quelle: Curt Gasteyger: Europa von der Spaltung zur Einigung, Bundeszentrale für politische Bildung, Bonn, 2001, S. 43 f.

A

Führen Sie in Ihrem Kurs eine Umfrage zu den Einstellungen zur Europäischen Union durch. Vergleichen und diskutieren Sie die Ergebnisse.

Der Schuman-Plan

Bundeskanzler Konrad Adenauer sah für Westdeutschland nur eine Chance zum wirtschaftlichen und politischen Wiederaufstieg und zur Wiedererlangung der Souveränität: die Integration in ein vereintes Westeuropa. Der Kalte Krieg zeigte den Westmächten, dass sie bei der Konfrontation zwischen „Ost" und „West" nicht auf das Potenzial Westdeutschlands verzichten konnten. Amerikaner und Briten forderten deshalb den französischen Außenminister Schuman auf, einen Vorschlag für die Eingliederung Westdeutschlands in ein Bündnis der westlichen Nationen zu machen. Frankreich wollte einerseits eine Stärkung der Deutschen nicht akzeptieren, andererseits konnte sich das Land keine Politik gegen seine Bündnispartner leisten. Es wurde ein Plan entwickelt, die französische und deutsche Kohle- und Stahlproduktion einer gemeinsamen Behörde zu unterstellen.
Adenauer stimmte diesem Plan begeistert zu. Frankreich, Italien, die Bundesrepublik Deutschland und die Benelux-Staaten gründeten 1952 die **Europäische Gemeinschaft für Kohle und Stahl (EGKS)**. Frankreich hatte die Kontrolle über den Kernbereich der deutschen Industrie, und die noch nicht souveräne Bundesrepublik wurde gleichberechtigtes Mitglied einer supranationalen Organisation.

i

Robert Schuman
* 29.07.1886 in Luxemburg
† 04.09.1963 in Sey-Chazelles

Französischer Ministerpräsident und Außenminister (1948–1952); entwickelte einen Plan für das Zusammenwachsen der europäischen Wirtschaft; Schumann war erster Präsident des Europäischen Parlaments (1958–1960).

Q

Robert Schuman „Europa lässt sich nicht mit einem Schlage herstellen"

Der Beitrag, den ein organisiertes und lebendiges Europa für die Zivilisation leisten kann, ist unerlässlich für die Aufrechterhaltung friedlicher Beziehungen. [...] Europa lässt sich nicht mit einem Schlage herstellen, und nicht durch einfache Zusammenfassung: Es wird durch konkrete Tatsachen entstehen, die zunächst eine Solidarität der Tat schaffen. Die Vereinigung der europäischen Nationen erfordert, dass der Jahrhunderte alte Gegensatz zwischen Frankreich und Deutschland ausgelöscht wird. Das begonnene Werk muss in erster Linie Deutschland und Frankreich erfassen. [...] Die französische Regierung schlägt vor, die Gesamtheit der französisch-deutschen Kohle- und Stahlproduktion einer gemeinsamen Hohen Behörde zu unterstellen [...] Die Zusammenlegung der Kohle- und Stahlproduktion wird sofort die Schaffung gemeinsamer Grundlagen für die wirtschaftliche Entwicklung sichern – die erste Etappe der europäischen Föderation – und die Bestimmung jener Gebiete ändern, die lange Zeit der Herstellung von Waffen gewidmet waren, deren sicherste Opfer sie gewesen sind. Die Solidarität der Produktion, die so geschaffen wird, wird bekunden, dass jeder Krieg zwischen Frankreich und Deutschland nicht nur undenkbar, sondern materiell unmöglich ist. Die Schaffung dieser mächtigen Produktionsgemeinschaft, die allen Ländern offen steht, die daran teilnehmen wollen, mit dem Zweck, allen Ländern, die sie umfasst, die notwendigen Grundstoffe für ihre industrielle Produktion zu gleichen Bedingungen zu liefern, wird die realen Fundamente zu ihrer wirtschaftlichen Vereinigung legen. [...] Durch die Zusammenlegung der Grundindustrien und die Errichtung einer neuen Hohen Behörde, deren Entscheidungen für Frankreich, Deutschland und die anderen teilnehmenden Länder bindend sein werden, wird dieser Vorschlag den ersten Grundstein einer europäischen Föderation bilden, die zur Bewahrung des Friedens unerlässlich ist. [...]

Quelle: Pascal Fontaine: Eine neue Ordnung für Europa. Vierzig Jahre Schuman-Plan (1950–1990), Reihe Europäische Dokumentation 3/1990, Amt für amtliche Veröffentlichungen der Europäischen Gemeinschaften, Luxemburg, 1990, S. 46 ff.

A

Arbeiten Sie an Schumans Text
a) seine Argumente für ein vereintes Europa,
b) die von ihm genannten Bedingungen für die europäische Einigung,
c) seine Vorschläge zur Realisierung des europäischen Projekts

heraus.

i

18.4.1951: Gründung der Europäischen Gemeinschaft für Kohle und Stahl (EGKS, auch: Montanunion genannt) mit F, D, I und den Benelux-Staaten
25.3.1957: Gründung der Europäischen Wirtschaftsgemeinschaft (EWG) und der Europäischen Atomgemeinschaft (EURATOM) (Römische Verträge)
1.7.1967: Fusion der Montanunion, der EWG und EUROATOM zur EG (Europäische Gemeinschaft)
1972: GB, IR, DK treten der EG bei.
1979: 1. Direktwahl des Europäischen Parlaments

A

1 Recherchieren Sie die Rechte, die mit Ihrer Unionsbürgerschaft – erstmals festgehalten im geänderten EG-Vertrag von 1992 – verbunden sind.

2 Erarbeiten Sie die Gründe, aus denen der Cecchini-Bericht einen Wachstumsschub für die Zeit nach Öffnung der Binnengrenzen erwartete.

3 Informieren Sie sich im Internet über den Inhalt der Römischen Verträge.

Von den Römischen Verträgen zur Einheitlichen Europäischen Akte
1957 wurde mit den Römischen Verträgen die **Europäische Wirtschaftsgemeinschaft (EWG)** der sechs Mitgliedsstaaten der Montanunion gegründet: „Aufgabe der Gemeinschaft ist es, durch die Errichtung eines Gemeinsamen Marktes und die schrittweise Annäherung der Wirtschaftspolitik der Mitgliedsstaaten eine harmonische Entwicklung des Wirtschaftslebens innerhalb der Gemeinschaft, eine beständige und ausgewogene Wirtschaftsausweitung, eine größere Stabilität, eine beschleunigte Hebung der Lebenshaltung und engere Beziehungen zwischen den Staaten zu fördern, die in dieser Gemeinschaft zusammengeschlossen sind." (Art. 2 EWG-Gründung). Ebenfalls 1957 schlossen sich die Mitglieder der Montanunion zur **Europäischen Atomgemeinschaft (EURATOM)** zur friedlichen Nutzung der Atomenergie zusammen. 1967 erfolgte der Zusammenschluss der drei Gemeinschaften EGKS, EWG und EURATOM zur Europäischen Gemeinschaft (EG). Die EG entwickelte sich zunächst zu einem bedeutenden Wirtschaftsfaktor, der auch für andere Länder attraktiv wurde.

In den 1970er Jahren, insbesondere nach 1973, geriet die Gemeinschaft jedoch in eine schwere Krise: Die Wirtschaft stagnierte, die Arbeitslosigkeit wuchs, es gab Strukturprobleme in einzelnen Staaten, nationale Interessen und Kompetenzgerangel zwischen den Institutionen und Finanzkrisen belasteten die EG. Aufgrund der Stagflation, der „Eurosklerose" im Integrationsprozess, wurden neue Vorschläge unterbreitet. Mit der **Einheitlichen Europäischen Akte (EEA)** erfolgte 1987 der Durchbruch. Das wichtigste Ergebnis war der Beschluss, bis 1993 einen Gemeinsamen Markt, den europäischen Binnenmarkt, zu realisieren. Über die Chancen gibt der Cecchini-Bericht Aufschluss:

Q

Wachstumsschub durch Öffnung der Binnengrenzen

Die Frage nach dem größten Hemmschuh im innergemeinschaftlichen Handelsverkehr ist für Europas Unternehmer unschwer zu beantworten. Bei der EG-weiten Meinungsumfrage unter 11.000 Unternehmern verschiedener Wirtschaftszweige werden Papierkrieg und damit der allgegenwärtige Amtsschimmel an vorderster Stelle genannt. Auch wenn die Folgen der Marktzersplitterung nicht nur an den Grenzen spürbar werden, sind doch die Ursachen hier zu suchen. Nicht nur Unternehmen leiden unter der Last der Grenzformalitäten. Häufig müssen deshalb auch Verbraucher für Waren aus EG-Nachbarländern tiefer in die Taschen greifen. […] Gemeinschaftsweit entstehen Unternehmen durch internen Verwaltungsaufwand und Wartezeiten an den Grenzen Ausgaben von rund 8 Milliarden Ecu. Dies entspricht 2 % des betroffenen Warenwertes. Aus diesen Erwägungen dürfte die Wirtschaft überdies auf einen zusätzlichen Jahresumsatz von mindestens 4,5 und möglicherweise sogar bis zu 15 Milliarden Ecu verzichten. Den Staatskassen entgehen dadurch nicht nur beträchtliche Steuereinnahmen. Die Regierungen – letztlich Europas Steuerzahler – müssen außerdem zwischen 500 Millionen und 1 Milliarde Ecu für Personal aufbringen, das an den Grenzen und im Verwaltungsapparat den Handel einschränkt. […] Grenzformalitäten und Wartezeiten wirken sich nicht nur unmittelbar auf die Betriebskosten der Unternehmen aus. Sie sorgen auch dafür, dass viele Marktchancen ungenutzt bleiben. Es liegt an den EG-Regierungen, durch eine Öffnung der Binnengrenzen einen wirtschaftlichen Wachstumsschub auszulösen.

Quelle: Paolo Cecchini: Europa '92, Der Vorteil des Binnenmarktes, Nomos Verlagsgesellschaft, Baden-Baden, 1988, S. 27 ff.

Gründung der Europäischen Union (EU): Verträge von Maastricht und Amsterdam

1992 wurde im holländischen Maastricht der EU-Vertrag unterzeichnet. Die Beschlüsse sehen wesentliche Kompetenzerweiterungen der EG vor. Das Subsidiaritätsprinzip wurde, u. a. auf Drängen Deutschlands, in Maastricht in die EU-Verträge eingeführt. Das bedeutet: In den Bereichen, die nicht in ihre ausschließliche Zuständigkeit fallen, wird die Gemeinschaft nur tätig, „sofern und soweit die Ziele der in Betracht gezogenen Maßnahmen auf Ebene der Mitgliedsstaaten nicht ausreichend erreicht werden können und daher wegen ihres Umfangs oder ihrer Wirkungen besser auf Gemeinschaftsebene erreicht werden können" (Art. 5 EG-Vertrag). Neben den drei Verträgen EGKS, EWG und EURATOM enthält der Vertrag von Maastricht Bestimmungen über eine gemeinsame Außen- und Sicherheitspolitik der EU und über die Zusammenarbeit der Regierungen in den Bereichen Justiz und Inneres; einer seiner Schwerpunkte liegt in der Realisierung einer Wirtschafts- und Währungsunion in drei Stufen. Eine Änderung des Vertrags über die EU erfolgte durch den Amsterdamer Vertrag von 1997 und 2007 durch den Vertrag von Lissabon.

Q

Ziele der EU nach dem Amsterdamer Vertrag

[...]

— die Förderung des wirtschaftlichen und sozialen Fortschritts und eines hohen Beschäftigtenniveaus sowie die Herbeiführung einer ausgewogenen und nachhaltigen Entwicklung, insbesondere durch Schaffung eines Raumes ohne Binnengrenzen, durch Stärkung des wirtschaftlichen und sozialen Zusammenhalts und durch Errichtung einer Wirtschafts- und Währungsunion, die auf längere Sicht auch eine einheitliche Währung nach Maßgabe dieses Vertrags umfasst;

— die Behauptung ihrer Identität auf internationaler Ebene, insbesondere durch eine gemeinsame Außen- und Sicherheitspolitik, wozu nach Maßgabe des Artikels J 7 auch die schrittweise Festlegung einer gemeinsamen Verteidigungspolitik gehört, die zu einer gemeinsamen Verteidigung führen könnte;

— die Stärkung des Schutzes der Rechte und Interessen der Angehörigen ihrer Mitgliederstaaten durch Einführung einer Unionsbürgerschaft;

— die Erhaltung und Weiterentwicklung der Union als Raum der Freiheit, der Sicherheit und des Rechts, in dem die Verbindung mit geeigneten Maßnahmen in Bezug auf die Kontrollen an den Außengrenzen, das Asyl, die Einwanderung sowie die Verhütung und Bekämpfung der Kriminalität der freie Personenverkehr gewährleistet ist;

— die volle Wahrung des gemeinschaftlichen Besitzstandes und seine Weiterentwicklung, wobei geprüft wird, inwieweit die durch diesen Vertrag eingeführten Politiken und Formen der Zusammenarbeit mit dem Ziel zu revidieren sind, die Wirksamkeit der Mechanismen und Organe der Gemeinschaft sicherzustellen.

Quelle: EG-Vertrag, Erster Teil: Sachliche Änderungen, Artikel l, Artikel B.

i

1992: Gründung der Europäischen Union (EU) und Festlegungen für die Schaffung einer Wirtschafts- und Währungsunion (Vertrag von Maastricht)
1997–1999: Vereinbarung über Reformen der EU, von Grundlagen für die EU-Erweiterung und Beschluss eines Stabilitätspakts zur Wirtschafts- und Währungsunion (Vertrag von Amsterdam)
1.1.1999: Start der Europäischen Wirtschafts- und Währungsunion
Dezember 2000: Schaffung der Voraussetzungen für die EU-Erweiterung (Vertrag von Nizza)
Juli 2003: Entwurf für eine europäische Verfassung
Mai 2004: EU-Erweiterung durch mittel-/osteuropäische Staaten
Dezember 2007: Vertrag von Lissabon mit dem Ziel der institutionellen Reform

Wirtschafts- und Währungsunion

1. Stufe (ab 1990): Verwirklichung des Binnenmarktes und Verbesserung der wirtschaftlichen Konvergenz zwischen den Mitgliedsländern
2. Stufe (ab 1994): weitere Verstärkung der wirtschaftlichen Annäherung der EU-Länder zur Erreichung einer größtmöglichen Preisstabilität
3. Stufe (ab 1999): Währungsunion mit unveränderbaren Wechselkursen der Währungen der Teilnehmerstaaten

A

Finden Sie aktuelle Beispiele für die Anwendung des Subsidiaritätsprinzips („Hilfe zur Selbsthilfe").

Mitgliedsländer der EU und Beitrittsjahr

Belgien	1958
Bulgarien	2007
Dänemark	1973
Deutschland	1958
Estland	2004
Finnland	1995
Frankreich	1958
Griechenland	1981
Großbritannien	1973
Irland	1973
Italien	1958
Lettland	2004
Litauen	2004
Luxemburg	1958
Malta	2004
Niederlande	1958
Österreich	1995
Polen	2004
Portugal	1986
Rumänien	2007
Schweden	1995
Slowakei	2004
Slowenien	2004
Spanien	1986
Tschechien	2004
Ungarn	2004
Zypern	2004

Stand 01.07.2012

Q

Wirtschaftspolitische Ziele der EU nach dem Amsterdamer Vertrag

Aufgabe der Gemeinschaft ist es, durch die Errichtung eines Gemeinsamen Marktes und einer Wirtschafts- und Währungsunion sowie durch die Durchführung der in den Artikeln 3 und 4 genannten gemeinsamen Politiken und Maßnahmen in der ganzen Gemeinschaft eine harmonische, ausgewogene und nachhaltige Entwicklung des Wirtschaftslebens, ein hohes Beschäftigungsniveau und ein hohes Maß an sozialem Schutz, die Gleichstellung von Männern und Frauen, ein beständiges, nicht inflationäres Wachstum, einen hohen Grad von Wettbewerbsfähigkeit und Konvergenz der Wirtschaftsleistungen, ein hohes Maß an Umweltschutz und Verbesserung der Lebensqualität, die Hebung der Lebenshaltung und der Lebensqualität, den wirtschaftlichen und sozialen Zusammenhalt und die Solidarität zwischen den Mitgliedsstaaten zu fördern.

Quelle: Art. 2 EG-Vertrag in der Fassung vom 02.10.1997

Der Weg zu einer europäischen Verfassung

Der erste Versuch, eine europäische Verfassung zu etablieren, endete 2004 mit der Unterzeichnung des **Vertrags über eine Verfassung für Europa**. Da diesen aber nur 23 der 25 Mitgliedsstaaten ratifizierten, erlangte er nie Rechtswirksamkeit. Um trotzdem den Weg der europäischen Einheit weiterzugehen, einigten sich die Staats- und Regierungschefs auf einen Kompromiss, der vorsah, zunächst einen „Reformvertrag" anstatt einer Verfassung vorzulegen. Dieser **Vertrag von Lissabon** wurde am 13. Dezember 2007 von den Mitgliedsstaaten unterzeichnet und ist nach der Ratifizierung durch die Mitgliedsstaaten seit Dezember 2009 in Kraft. Anders als ursprünglich durch eine Verfassung vorgesehen, ersetzt der Vertrag von Lissabon nicht bestehende EU-Verträge, sondern ergänzt diese.

Q

Der Vertrag von Lissabon betrifft das institutionelle Gefüge der Europäischen Union und die Kompetenzbereiche der einzelnen Institutionen. Ebenso werden die Arbeitsverfahren neu geregelt. Mit dem Reformvertrag sollen die demokratischen Strukturen sowie die Grundrechte der UnionsbürgerInnen gestärkt werden. Eine neue gemeinsame Rechtsgrundlage ist außerdem Ziel des Vertrags. Zudem führt er zu erweiterten Politikbereichen und Kompetenzen.

Quelle: www.politische-bildung-brandenburg.de/themen/die-europ%C3%A4ische-union/vertrag-von-lissabon, 12.04.2012

Der Vertrag von Lissabon auf einen Blick 1044W

Mehr Demokratie	Mehr Tranzparenz	Mehr Effektivität
größerer Einfluss des Europäischen Parlaments	klarer Kompetenzkatalog	Leitung des Europäischen Rats durch einen für 2,5 Jahre gewählten Präsidenten statt halbjähriger Rotation
mehr Mitsprache der nationalen Parlamente	Öffentlichkeit der Ratssitzungen bei Gesetzesentscheidungen	Bündelung der außenpolitischen Kompetenzen von Rat und Kommission beim Hohen Vertreter für die Außen- und Sicherheitspolitik
Abstimmungen mit „doppelter Mehrheit"		Schaffung eines Europäischen Auswärtigen Dienstes
		mehr Mehrheitsentscheidungen statt Einstimmigkeitszwang

A

Nehmen Sie Stellung zu der These: „Bei der Entwicklung der europäischen Verfassung geht es nicht um Wohlgefallen, sondern um handfeste Interessenpolitik der beteiligten Staaten."

6.3 Die Institutionen der EU

- Der **Europäische Rat** setzt sich als oberste Entscheidungsinstanz aus den Staats- und Regierungschefs der Mitgliedsstaaten, dem Präsidenten und einem Mitglied der EU-Kommission zusammen. Er legt die allgemeinen politischen Ziele für die Entwicklung der EU fest. Eine zentrale Aufgabe ist die Entwicklung der „Gemeinsamen Außen- und Sicherheitspolitik" (GASP).
- Die **Europäische Kommission** in Brüssel hat folgende Aufgaben: 1. Entwicklung von Vorschlägen für den weiteren Zusammenschluss der Mitgliedsländer, 2. Überwachung des Gemeinschaftsrechts, d. h. der Anwendung der Vertragsbestimmungen und der von den Organen gefassten Beschlüsse. Darüber hinaus ist die Kommission ausführendes Organ. Vorschläge der Kommission werden dem Parlament und dem Ministerrat vorgelegt. Die Mitglieder werden für fünf Jahre von den Regierungen der EU-Staaten ernannt. Diese „dürfen bei der Erfüllung ihrer Pflichten Anweisungen von einer Regierung oder einer anderen Stelle weder anfordern noch entgegennehmen" (Art. 213 EGV).
- **Der Ministerrat** berät die von der EU-Kommission erarbeiteten Entwürfe und ist das gesetzgebende Organ der Gemeinschaft. Er hat Entscheidungsbefugnis zur Realisierung festgelegter Ziele, erlässt Vorschriften, überträgt Befugnisse zur Durchführung von Vorschriften an die Kommission und stimmt die Wirtschaftspolitik der Mitgliedsstaaten ab. Je ein Vertreter jedes Mitgliedsstaats auf Ministerebene ist Mitglied des Ministerrats.
- Das **Europäische Parlament** in Straßburg berät und kontrolliert den Ministerrat und die Kommission. Die Abgeordneten werden in den Ländern für fünf Jahre direkt gewählt und sind in multinationalen, politischen Fraktionen organisiert. Das Parlament wirkt an allen wirtschaftspolitischen und rechtlichen Entscheidungen in der EU mit. Sanktionen bei Verletzung von Grundrechten durch einen Mitgliedsstaat, der Beitritt neuer Mitglieder und internationale Abkommen bedürfen der Zustimmung durch das Parlament. In Gesetzgebungsverfahren wirken über ein Dutzend Ausschüsse an der Positionierung des Parlaments gegenüber Rat und Kommission mit.
- Der **Europäische Gerichtshof** in Luxemburg sorgt für die Einhaltung und Durchsetzung des Gemeinschaftsrechts. Er kann von den Organen der EU angerufen werden und schlichtet Streitfälle zwischen den Mitgliedsstaaten, aber auch einzelne Unternehmen und Bürger können vor dem Europäischen Gerichtshof klagen.
- Der **Europäische Rechnungshof** in Luxemburg überprüft mit seinen etwa 760 Beamten, ob die Einnahmen und Ausgaben der Union rechtmäßig und ordnungsgemäß verwaltet wurden.
- Die **Europäische Zentralbank** in Frankfurt am Main bildet mit den nationalen Zentralbanken der Mitgliedsstaaten das politisch unabhängige Europäische System der Zentralbanken (ESZB). Sie trägt Verantwortung für die Geldpolitik in den Euro-Staaten, soll Preisstabilität gewährleisten und unterstützt die Wirtschaftspolitik der EU.

Der nie rechtswirksam gewordene „Vertrag über eine Verfassung für Europa" (2004) wurde 2007 durch den Reformvertrag von Lissabon ergänzt, der seit 2009 in Kraft ist. Dieser ändert den bestehenden EU- und EG-Vertrag und beinhaltet die Reform der EU-Institutionen. Durch eine Ausweitung von Kompetenzen und bessere institutionelle Regelungen sollen die Politik der EU effizienter und die Verfolgung rein nationaler Interessen erschwert werden. So sollen z. B. das Parlament und die Kommission gestärkt und Abstimmungsverfahren einfacher werden. Der Europäische Rat erhält einen „Fulltime-Präsidenten".

A

Vergleichen Sie das Regierungssystem der Europäischen Union mit dem Regierungssystem der Bundesrepublik Deutschland. Benennen Sie Gemeinsamkeiten und Unterschiede.

i

Vergleichbar mit dem Zahlungsfluss durch den Länderfinanzausgleich in Deutschland gibt es auch in der EU Nettozahler und Nettoempfänger.
Nettozahler: Die Zahlungen, die ein Mitgliedsstaat an die EU leistet, sind höher als die Leistungen, die es zurück erhält.
Nettoempfänger: Der Anteil der Leistungen, die ein Mitgliedsstaat von der EU erhält ist höher als die Zahlungen, die es geleistet hat.

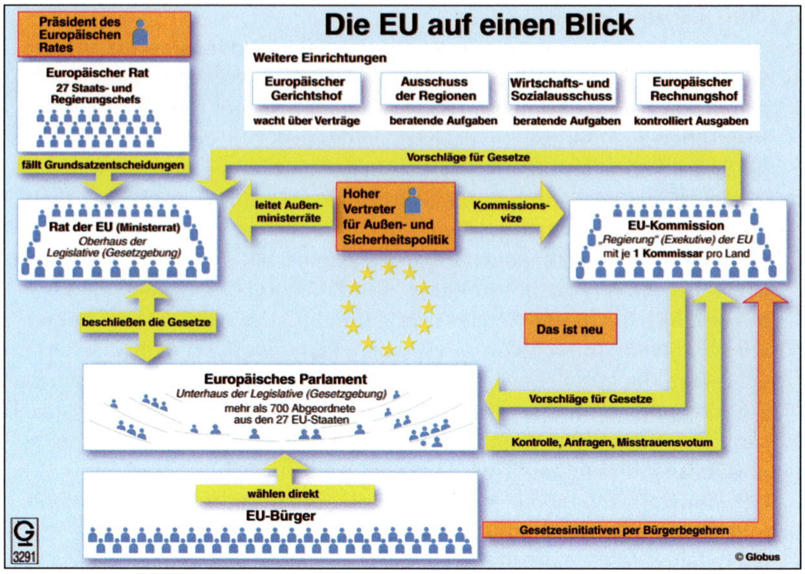

Woher kommen die EU-Finanzmittel und wohin fließen sie?
Bis 1969 wurde die EG aus Beiträgen der Mitgliedsstaaten finanziert. Danach wurde die Finanzierung auf ein System eigener Mittel umgestellt, um der Gemeinschaft mehr Autonomie einzuräumen und sie von Beiträgen der Mitgliedsstaaten finanziell unabhängiger zu machen.

Für die Finanzierung der EG ab 1970 waren vor allem die folgenden Mittel vorgesehen:
- Mitgliedsbeiträge, gezahlt in Abhängigkeit von der Höhe des Bruttoinlandprodukts
- Abschöpfungen (vgl. tarifäre Handelshemmnisse),
- Zölle und
- Mehrwertsteuereigenmittel.

Die finanzielle Autonomie der Union bleibt insofern eingeschränkt als es nach wie vor die Mitgliedsstaaten sind, die über Art und Höhe der Einnahmen beschließen. Da die EU keine Gesetzgebungskompetenz im Bereich Finanzen hat, kann sie auch nicht eigenständig Steuern erheben.

Den größten Ausgabenposten bildet mit ca. 46 % der Bereich nachhaltiges Wachstum, Zusammenhalt, Wettbewerbsfähigkeit. Der Ausgabenbereich Landwirtschaft, natürliche Ressourcen, ländliche Entwicklung umfasst ca. 41 %. Schließlich sind die Ausgaben für die Partner in der Welt, z. B. für die Hilfen an mittel- und osteuropäische Staaten und für Entwicklungsländer, ein wichtiger, wenn auch merklich kleinerer Posten. Die Differenz zwischen Zahlungen an die EU und dem Anteil, den ein Mitgliedsstaat zurückerhält, ist in der Gemeinschaft häufig Gegenstand von Auseinandersetzungen. Es wird z. B. argumentiert, dass Agrarländer durch die bestehende Finanzverfassung begünstigt würden.

A

1 Recherchieren und analysieren Sie Daten zum Lebensstandard in den Mitgliedsstaaten der EU.

2 Ermitteln Sie die Nettozahler und Nettoempfänger der EU. Setzen Sie sich mit der Behauptung von Politikern eines Nettoempfängerlandes auseinander, die bestehende Verteilung der Finanzmittel der EU sei ungerecht.

6.4 Europäische Währungspolitik

Oberstes Ziel der gemeinsamen Währungspolitik ist die Sicherung der Geldwertstabilität (vgl. Kapitel V, Abschnitt 4.4). Dies gilt nach „innen" und nach „außen", d. h. im internationalen Zahlungsverkehr (vgl. Abschnitt 4.2). Die **äußere Währungsstabilität** ist für den internationalen Handel von großer Wichtigkeit. Die Gründungsväter der EG waren sich einig, dass die Verwirklichung eines Gemeinsamen Marktes auch von einer **gemeinsamen Wirtschafts- und Währungspolitik** begleitet werden müsse. Denn wirtschaftliche Krisen eines Landes sind nicht ohne Einfluss auf den Handel mit den anderen Mitgliedsstaaten, vor allem nicht bei den Staaten mit wirtschaftlicher Größe. Mit der Europäischen Wirtschafts- und Währungsunion ist dieses Ziel 1999 verwirklicht worden.

Mario Draghi, seit dem 1. November 2011 Präsident der EZB

Das **Europäische Währungssystem (EWS)** mit einer eigenen Währungseinheit **ECU (European Currency Unit)** war ein wichtiger Vorläufer. Ziel war die Schaffung einer stabilen Währungszone innerhalb Europas, durch die der zwischenstaatliche Handel und Kapitalverkehr vor Wechselkursschwankungen geschützt werden sollte. Die unbeständigen Verhältnisse zwischen den Währungen der einzelnen Mitgliedsstaaten hatten die europäischen Unternehmen bislang davon abgehalten, langfristige Investitionen vorzunehmen. Die Wechselkursschwankungen bedeuteten eine unsichere Kalkulationsgrundlage. Man wollte mit dem EWS auch – neben Dollar und Yen – einen dritten Währungsblock schaffen, um das internationale Währungssystem zu ergänzen und zu stabilisieren.

Eine gemeinsame europäische Währung

Zur Teilnahme an der Währungsunion galten und gelten die folgenden Konvergenzkriterien (Maastricht-Kriterien):

- Die **Preissteigerungsrate** darf nicht mehr als 1,5 % über der Inflationsrate der drei stabilsten Staaten liegen.
- Die **öffentliche Gesamtverschuldung** darf 60 % des Bruttoinlandsprodukts (BIP) und die Neuverschuldung 3 % nicht übersteigen.
- Die Währung muss mindestens zwei Jahre die **vereinbarte Bandbreite der Wechselkurse** von in der Regel 2,25 % nicht verlassen haben und nicht abgewertet worden sein.
- Die **Zinsen** dürfen langfristig nicht wesentlich, d. h. maximal 2 % von denen der drei stabilsten Staaten abweichen.

Für die Bürger der aktuell 17 Mitgliedsländer der Euro-Zone ist der Euro seit dem 01.01.2002 gesetzliches Zahlungsmittel.

A

1 Ermitteln Sie die EU-Länder, die den Euro nicht einführen wollen, sowie Gründe für ihren Nichtbeitritt.

2 Stellen Sie den institutionellen Aufbau und die Aufgaben der EZB in einer Grafik dar. Nutzen Sie dazu die Informationen auf der Website www.ecb.int.

3 Erläutern Sie die Bedeutung von Artikel 7 des EZB-Statuts, nach dem „weder die EZB noch eine nationale Zentralbank noch ein Mitglied ihrer Beschlussorgane Weisungen von Organen, Einrichtungen oder sonstigen Stellen der Union, Regierungen der Mitgliedsstaaten oder anderen Stellen einholen oder entgegennehmen" darf.

Q

Für die Bürger liegt der größte unmittelbare Vorteil des Euro darin, dass der lästige Geldumtausch auf Reisen nicht mehr nötig ist. […] Auch die Wirtschaft profitiert von der Gemeinschaftswährung: Die Rahmenbedingungen für Produktion und Handel im europäischen Binnenmarkt haben sich verbessert, der innereuropäische Handel ist zusammengewachsen. Deutschlands wichtigste Absatz- und Importmärkte liegen in Europa. Schließlich ist auch die Preisstabilität im Währungsraum gewährleistet. […]

Im zehnten Jahr nach der Einführung des Euro-Bargelds steckt die Euro-Zone in der Krise. Allerdings handelt es sich dabei nach Ansicht von Experten und Notenbankern vor allem um eine Staatsschuldenkrise einzelner Euro-Länder, nicht aber um eine Krise unserer Währung. Die betroffenen Mitgliedsstaaten sowie die EU insgesamt haben umfangreiche Maßnahmen zur Lösung der Probleme eingeleitet.

Quelle: www.bundesfinanzministerium.de/nn_60650/DE/BMF__Startseite/Service/Downloads/Arbeitsblaetter/Arbeitsblatt__Maerz__2012,templateId=raw,property=publicationFile.pdf, 12.04.2012

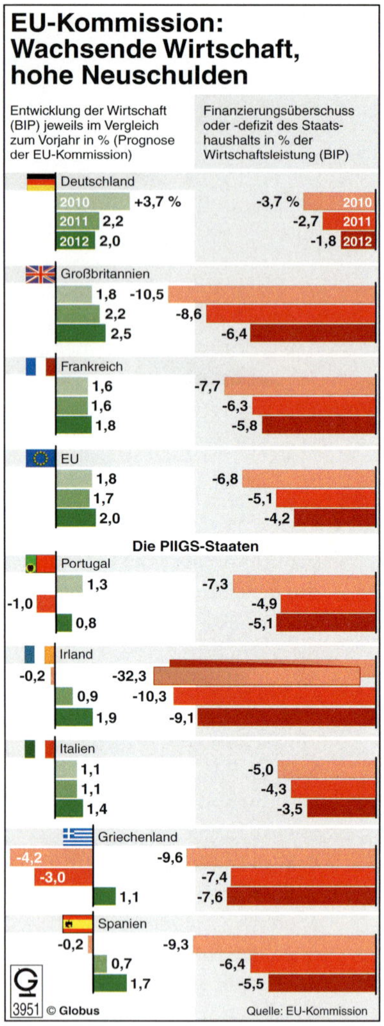

A

1 Erläutern Sie, warum es trotz der im Vertrag von Maastricht genannten Konvergenzkriterien und den verfügbaren Sanktionsmechanismen in vielen Ländern der Euro-Zone zu einer hohen Staatsverschuldung gekommen ist.

2 Zeigen Sie die Folgen der Aufweichung der Maastricht-Kriterien auf.

3 Der europäische Stabilitätspakt ist politisch umstritten. Recherchieren Sie den aktuellen Stand der Diskussion zwischen Politikern unterschiedlicher Parteien und Wirtschaftswissenschaftlern.

Wie wird Stabilität erreicht?
Um die Stabilität des Euro und das Vertrauen der europäischen Bürger und Finanzmärkte in die gemeinsame Währung zu sichern, wurden im Vertrag von Maastricht folgende Eckpfeiler aufgestellt:

1. Haushaltsdisziplin (zwingt die Länder zu solider Wirtschafts- und Finanzpolitik)
2. Schuldenbegrenzung (das Kriterium für die Aufnahme in die Euro-Zone – 60 % als Obergrenze – gilt weiterhin)
3. Wachstums- und Stabilitätspakt
   Sein Hauptziel ist die Koordinierung der Finanzpolitiken der Mitgliedsländer, um Voraussetzungen für die Stabilität des Euro zu schaffen.
   - verstärkte Überwachung der Haushaltsdisziplin
   - Pflicht der Mitgliedsstaaten, übermäßige Defizite zu vermeiden
   - Euro-Teilnehmer legen mittelfristige Stabilitätsprogramme vor.
   - Übrige Mitglieder arbeiten Konvergenzprogramme aus.
   - Frühwarnsystem: Empfehlungen des Rats an Staaten, denen ein übermäßiges Defizit, d. h. mehr als 3 % ihrer Wirtschaftsleistung (BIP), droht
   - Höhere Defizite sind nur bei einem Rückgang der Wirtschaft um mehr als 2 % oder im Fall außergewöhnlicher Ereignisse (z. B. Naturkatastrophen) erlaubt.
   - Sanktionen: Folgt ein Staat den Empfehlungen des Rats zur Reduzierung seines Defizits nicht, muss er eine unverzinsliche Einlage in Höhe von 0,2–0,5 % des BIP leisten, die nach zwei Jahren in eine Geldbuße umgewandelt wird.

Für viele Jahre hat der Euro-Stabilitätspakt für eine große Haushaltsdisziplin in den EU-Ländern gesorgt. Mit der europäischen Staatsschuldenkrise und den daraus resultieren Problemen wuchs aber die Erkenntnis, dass eine Prüfung der Stabilisierungsmechanismen erforderlich ist, insbesondere betreffend wirksame Sanktionsmechanismen gegenüber einzelnen Ländern, sollten die Vorgaben nicht eingehalten werden.

Die entwickelten Reformmaßnahmen zur Stabilisierung der Wirtschafts- und Währungsunion umfassen u. a.

- die Reduzierung der Staatsschulden,
- die Koordinierung der Wirtschaftspolitik und Ausbau der Wettbewerbsfähigkeit,
- die Stabilisierung der Finanzmärkte sowie
- institutionelle Schutz- und Nothilfemechanismen.

Besonders stark betroffen von der Staatsschuldenkrise sind die sogenannten „PIIGS"-Staaten (speziell Griechenland). Um eine drohende Zahlungsunfähigkeit abzuwenden, wurden als unmittelbare Hilfsmaßnahmen für Griechenland 2010 und 2012 durch den IWF und die Euro-Länder zwei Rettungspakete bereitgestellt, deren Auszahlung an die Umsetzung grundlegender Strukturreformen und strikter Sparmaßnahmen gebunden war.

Mittelfristig soll die EFSF (Europäische Finanzstabilisierungsfazilität), zeitlich befristet, die Finanzstabilität in der Euro-Zone sichern, indem sie durch die Vergabe von Krediten unter strengen Auflagen die Zahlungsfähigkeit der betroffenen Mitglieder sicherstellt.
Um langfristig Stabilität zu schaffen, soll der Europäische Stabilitätspakt (ESM) ab Juli 2013 die Aufgaben des EFSF übernehmen und als Regelwerk für zukünftige Staatsschuldenkrisen dienen (vgl. auch Abschnitt 6.5).

6.5 Problemfelder der EU

Abbau technischer Handelshemmnisse

Nichttarifäre Handelshemmnisse, insbesondere technische Normen, können mithilfe einer Vereinheitlichung durch politische Kompromisse (Prinzip der Harmonisierung) oder die wechselseitige Anerkennung der in den einzelnen Ländern bestehenden Vorschriften (Äquivalenzprinzip) abgebaut werden.

Harmonisierungsprinzip: Ziel von Harmonisierungsverfahren ist neben der Vereinfachung des Binnenhandels insbesondere der Schutz von Konsumentinnen und Konsumenten in der EU. Harmonisierungen kosten viel Zeit, und bis einzelne Richtlinien die Gemeinschaftsnormen festliegen und von den einzelnen Mitgliedsstaaten in nationales Recht übertragen sind, dauert es oft Jahre. Darüber hat sich schon häufig gezeigt, dass neue nationale Vorschriften – beispielsweise im Gesundheits- und Umweltschutz – schneller entstehen, als sie je harmonisiert werden können.

Äquivalenzprinzip: Das Äquivalenzprinzip erweist sich häufig als besser handhabbar. Es besagt, dass der Zugang von ausländischen Produkten zum heimischen Markt dann nicht verwehrt werden darf, wenn diese nach den geltenden rechtlichen Bestimmungen des anderen Landes hergestellt worden sind und den allgemeinen Gesundheits- und Sicherheitsnormen der EU nicht widersprechen. Für den allgemeinen Wettbewerb ist dies sehr förderlich. Berühmt ist der Fall „Cassis-de-Dijon". Dies ist ein französischer Fruchtlikör mit einem Alkoholgehalt von 15–20 %, der in Deutschland nicht zulässig war aufgrund des Mindest-Alkoholgehalts von 25 % nach dem Branntweinmonopolgesetz für Fruchtliköre. Der Europäische Gerichtshof entschied, dass Cassis-de-Dijon auch in Deutschland zugelassen werden muss.

Politische Integration

Der Prozess der politischen Integration Europas gestaltet sich ebenfalls schwieriger als angenommen. Eine wirtschaftliche Integration führt offensichtlich nicht automatisch zu politischer Einigung:

- Die Ausgangsbedingungen in den einzelnen Ländern hinsichtlich Wirtschaftskraft, Bevölkerungszahl, Industrialisierungsgrad, politischen und sozialen Gegebenheiten waren und sind sehr unterschiedlich. Dies gilt seit der Erweiterung der EU umso mehr.
- Da die EU als „Regionaler Integrationsraum" in ein weltpolitisches Kräftefeld eingebettet ist, erhalten nationale Interessen bei weltpolitischen Konflikten im Zweifelsfall den Vorrang.
- Aufgrund der nationalen Interessen der Mitgliedsstaaten wurden die Organe der EU lange Zeit nicht mit Kompetenzen und damit Durchsetzungskraft ausgestattet. Die institutionelle Reform der EU durch den Vertrag von Lissabon stellt den Versuch dar, den Institutionen mehr Macht einzuräumen und nationale Spielräume zu verringern.

Eine Flut undurchschaubarer und undurchsichtiger EU-Regelungen ist mitverantwortlich für eine wachsende Europa-Müdigkeit der Bürgerinnen und Bürger, von der Macht der „**Eurokratie**", manchmal auch von „Eurosklerose" ist die Rede. Etwa 400 Ausschüsse und Gremien beraten in Brüssel und woanders über europäische Verordnungen und Richtlinien. So kommt es, dass „von Brüssel" der Krümmungsgrad einer Gurke festgelegt wird. Man schätzt, dass sich etwa 15.000 Lobbyisten in Brüssel aufhalten, um auf die Entscheidungen der Bürokraten besser Einfluss nehmen zu können.

„Schau an, die Literatur hat aber doch enorme Fortschritte gemacht seit Moses!"

A

1 Recherchieren Sie Beispiele aus der EU-Praxis für die Anwendung des Harmonisierungs- und des Äquivalenzprinzips.

2 Stellen Sie Vor- und Nachteile der beiden Verfahren für die verschiedenen Akteure im Wirtschaftsgeschehen dar.

3 Diskutieren Sie grundsätzlich die Vor- und Nachteile von gemeinsamen Normen und Vorschriften in der EU.

Q

Subventionen für landwirtschaftliche Betriebe: Brüssel dreht Bauern den Hahn ab

Bauern sollen weniger Geld aus Brüssel bekommen: Die Reform der EU-Agrarpolitik sieht vor, Subventionen stärker an den Umweltschutz zu koppeln. Nur umweltbewusste Bauern sollen mehr Unterstützung erhalten. Deutschen Landwirten drohen Milliardeneinbußen.
Brüssel will die Landwirtschaftspolitik grüner machen und geht damit auf Konfrontationskurs zu Berlin und Paris. [...]

Quelle: www.stern.de/politik/deutschland/subventionen-fuer-landwirtschaftliche-betriebe-bruessel-dreht-bauern-den-hahn-ab-1625330.html, 12.04.2012

Aktuelle Probleme

Trotz aller bisherigen Erfolge der europäischen Integration – die Sicherung des Friedens in Europa seit fast 70 Jahren ist wohl die größte Leistung – gibt es eine Vielzahl von Problemen:
Die Regionen der Mitgliedsstaaten weisen zum Teil große **strukturelle Unterschiede** bei fundamentalen Wirtschaftsdaten auf. Der Süden der EU ist insgesamt sehr viel ärmer als der Norden und auch der „Europäische Fonds für regionale Entwicklung" (EFRE) konnte diesen Prozess bisher nicht aufhalten. Mit dem Beitritt weiterer Länder 2004 und 2007 hat sich die Situation verschärft. Für den sozialen Frieden in Europa ist unabdingbar, dass die sozialen Unterschiede abgebaut werden.
Die mangelnde Abstimmung in der Wirtschaftspolitik behindert den Kampf gegen die erhebliche **Arbeitslosigkeit** in der EU und auch die Bekämpfung der **Strukturkrisen**, z. B. in der Werftindustrie, wird von den Mitgliedsstaaten vornehmlich aus nationalem Blickwinkel angegangen.
Durch den Wegfall der Binnen- und Außenzölle in der EU versiegen staatliche Einnahmequellen, die durch innerstaatliche Abgaben z. T. ersetzt werden. Dies bedeutet jedoch bei der **unterschiedlichen Besteuerung** in den einzelnen Ländern, dass die Unterschiede an der Grenze durch „Grenzausgleichsabgaben" wieder ausgeglichen werden müssen. Dies gilt auch für die Mehrwertsteuer, die z. B. in Deutschland 19 % und in Dänemark 25 % beträgt. Die entstehenden Transaktionskosten durch administrative Auflagen, Wartezeiten etc. stellen Handelshemmnisse dar.

Die europäische **Agrarpolitik** ist ein besonderer Problemfall: Ging es bei Katastrophenmeldungen aus der Landwirtschaft in früheren Jahrhunderten stets um Missernten, ist heute genau das Gegenteil der Fall: Die Überschüsse steigen aufgrund von Beihilfen und politisch gestützten Preisen, die i. d. R. weit über dem Weltmarktpreis liegen. Bei Einfuhren von Agrarprodukten aus Drittländern werden diese mit einem Abschöpfungssatz belegt, der sie vom Preisniveau des Weltmarktes auf das festgesetzte EU-Niveau hebt und damit den eventuellen Preisvorteil der Drittländer „abschöpft". Bei Ausfuhren werden Agrarprodukte vom EU-Preisniveau durch Exportsubventionen (Ausfuhrerstattungen) auf das Weltmarktpreisniveau hinabgeschleust und damit wettbewerbsfähig gemacht – i. d. R. zum Nachteil der Entwicklungsländer.
Die Handlungsspielräume der EU-Landwirtschaftsminister werden von der innenpolitischen Situation der einzelnen Mitglieder bestimmt, die erzielten Preisbeschlüsse an den Auswirkungen auf die nationale Landwirtschaft und den möglichen Auswirkungen auf Wahltermine o. Ä. gemessen. Da diese ökonomische Fehlsteuerung die Gesellschaft insgesamt ärmer macht, sind in den letzten Jahren Veränderungen im Agrarbereich angestoßen worden, um die Preise allmählich auf das Niveau der Weltmarktpreise zurückzuführen. Eine grundlegende Reform der Gemeinsamen Agrarpolitik (GAP) soll durch die im Oktober 2011 **vorgelegten Rechtsvorschläge zur Weiterentwicklung der Gemeinsamen Agrarpolitik** (GAP) erfolgen, die jedoch heftige Diskussionen zwischen den Mitgliedsländern auslösten. Somit wird die Agrarpolitik – auch wegen der EU-Erweiterung – ein zentrales Konfliktfeld bleiben.

Verbraucherschutz und **Umweltschutz** sind Themen, die den Europäern ebenfalls große Kopfschmerzen bereiten. Hier ist beispielsweise die aktuelle Debatte um genmanipulierte Lebensmittel zu nennen.
Die „**Vier Freiheiten**" im Binnenmarkt sind von unschätzbarem Wert für Konsumenten und Produzenten. Dennoch gibt es Schwierigkeiten, z. B. bei der Angleichung rechtlicher Bestimmungen, durch nichttarifäre Handelshemmnisse und nationale „Eigenheiten".

A

1 Nehmen Sie dazu Stellung, dass 2010 die Subventionierung des Tabakanbaus in der EU (und damit auch Deutschland) eingestellt wurde.

2 Erläutern Sie die unterschiedlichen Interessen der Mitgliedsländer, die bei der Reform der Gemeinsamen Agrarpolitik bestehen.

3 Recherchieren Sie in einem arbeitsteiligen Verfahren, welche Bedeutung den europäischen Struktur- und Sozialfonds in ausgewählten EU-Regionen (z. B. Ostdeutschland, Portugal, Spanien, Polen) zukommt.

Aktuelles Problem besonderen Ausmaßes ist die **Staatsschuldenkrise** einiger Mitgliedsländer (vgl. Abschnitt 5.3), z. B. Griechenlands, Portugals und auch Spaniens. Griechenland bekommt die Krise besonders schwer zu spüren, hier werden die Probleme besonders deutlich und sollen deshalb etwas näher erläutert werden.

Griechenlands Weg in die Krise

Griechenland ist seit 1981 Mitglied der EU, der Beitritt zur Wirtschafts- und Währungsunion erfolgte 2001. 2010 wurde bekannt, dass Griechenland schon beim Eintritt in die Währungsunion inkorrekte Angaben zum Schuldenstand gemacht hatte und nun in der Krise das Haushaltsdefizit doppelt so hoch war wie ursprünglich angenommen.

Die Situation Griechenlands hat sich in den vergangenen Jahren dramatisch verschlechtert: Der griechische Staat steckt in einer tiefen Haushalts- und Schuldenkrise. Um das Haushaltsdefizit einzudämmen und das Haushaltsloch zu „stopfen", hatte Griechenland jahrelang Kredite bei anderen Ländern, Institutionen und auch Banken aufgenommen. Diese Schulden häuften sich im Laufe der Zeit zu einem solchen Schuldenberg an, dass es zu einer anhaltenden Staatsschuldenkrise kam: Die Rückzahlung von Krediten war in Gefahr, die Löhne und Gehälter der Staatsbediensteten konnten nicht mehr regelmäßig oder nicht komplett gezahlt werden.

Da das Ansehen Griechenlands dadurch bei den Kapitalgebern stark sank, war eine weitere Kreditaufnahme immer schwieriger – damit drohte die Zahlungsunfähigkeit. Die Verkettung dieser Umstände führte zu einem Vertrauensverlust gegenüber Griechenland (und griff auch auf andere „Wackelkandidaten" über, z. B. Portugal): Anleger versuchten, griechische Staatsanleihen schnellstmöglich zu verkaufen, die Ausgabe neuer Anleihen war nur mit einem „Risikoaufschlag" und damit höheren Zinsen möglich. Eine Herabstufung der Kreditwürdigkeit dieser Länder durch die Ratingagenturen tat ein Übriges und trieb Griechenland an den Rand der Zahlungsunfähigkeit.

i

Griechenland in Zahlen:
Fläche: 131.957 km²
Einwohner: 11,2 Mio.
Arbeitslosigkeit: 15,2 % (2011)
Staatsschulden: 160 % des BIP (2011)
Haushaltsdefizit: 9,5 % des BIP (2011)

Q

Griechenland hat lange Zeit über seine Verhältnisse gelebt und sich im Ausland verschuldet. Die hohe Staatsschuld ist nur ein Ausdruck der Probleme, die eigentliche Ursache ist die unzureichende Wirtschaftskraft. [...]. Bisher sorgt vor allem der Tourismus für Einnahmen im Wirtschaftsaustausch mit dem Ausland. Diese Säule ist aber längst nicht hinreichend; [...]. Die industrielle Basis Griechenlands ist hingegen nur klein und deshalb in starkem Maße auf den Binnenmarkt ausgerichtet. Deren Produktionsstruktur und die Außenhandelsverflechtung bei Waren zeigen, dass die griechische Wirtschaft kaum in Konkurrenz zu der entwickelter Industriestaaten steht. [...] Das verarbeitende Gewerbe sowie weite Teile der Wirtschaft sind in einem sehr starken Maße durch kleingewerbliche Produktionen geprägt. [...]die Beschäftigungsstruktur entspricht der eines Transformationslandes.

Quelle: DIW Wochenbericht Nr. 5/2012, 01.02.2012, S. 3

Die OECD nennt in einer Studie (November 2011) folgende weitere Problembereiche:

- Öffentlicher Dienst: überaltertes Personal, mangelhafte Organisation und Datenverwaltung, zu großer Beamtenapparat
- Korruption: Europaweit ist in Griechenland die Korruption am stärksten verbreitet (Schätzung des Ausmaßes für 2010: 632 Millionen Euro).
- Steuerhinterziehung: Vor allem im Bereich der Einkommensteuer, z. B. durch Nichtangabe von Einkommen („Schwarzarbeit"), Zahlungsverzug.

i

Ratingagenturen bewerten sowohl Unternehmen als auch Länder, um deren Kreditwürdigkeit zu beurteilen. Sie versuchen also einzuschätzen, wie hoch die Wahrscheinlichkeit ist, dass ein Kredit samt Zinsen vereinbarungsgemäß zurückgezahlt wird. Als Ergebnis zahlt Griechenland in der Krise sehr hohe Zinsen am Markt, um einen Kredit zu erhalten – die Ratingagenturen haben also einen entsprechend großen Einfluss auf den Markt und die einzelnen Länder.

Demonstrationen gegen das Sparpaket in Thessaloniki (Griechenland)

Verschiedene „Sofortmaßnahmen" in Form finanzieller Unterstützung, die Griechenland vor der Zahlungsunfähigkeit bewahren sollten, wurden beschlossen. Hierzu flossen bis zum Frühjahr 2012 über 380 Milliarden Euro aus verschiedenen „Rettungspaketen" nach Griechenland, was 33.600 Euro pro Kopf entspricht. Finanziert wurden diese durch die Euro-Länder und den IWF. Darüber hinaus verzichteten private Gläubiger (z. B. Banken) und andere Staaten in großem Umfang auf ihre Forderungen an Athen („Schuldenschnitt").

Die Auszahlung dieser Mittel war an entsprechende Sparmaßnahmen Griechenlands gebunden. Hierzu zählten u. a.
- eine Senkung des Mindestlohnes
- die Abschaffung automatischer, altersbedingter Gehaltserhöhungen
- die Reduzierung der Beschäftigten im öffentlichen Dienst und
- die Kürzung von Pensionen.

Da diese Sparmaßnahmen harte Einschnitte für die Bevölkerung bedeuteten, kam es landesweit zu Protesten.

Nachdem die Rettungspakete nicht den erhofften Erfolg hatten und immer weitere Finanzierungslücken offensichtlich wurden, werden die Rettungsmaßnahmen bzw. ihre Wirksamkeit zunehmend infrage gestellt; es wird „ein Fass ohne Boden" befürchtet. Verstärkt werden Rufe nach einem Austritt Griechenlands aus der Euro-Zone laut, auch über einen Staatsbankrott wird vereinzelt gesprochen.

Q

Griechen protestieren gegen Sparpaket

Mehr als 120 Verletzte bei schweren Ausschreitungen

[…] Begleitet von heftigen Ausschreitungen hat das griechische Parlament den harten Sparauflagen der Troika aus EU, EZB und IWF zugestimmt. Während die Abgeordneten über das umstrittene Sparpaket entschieden, protestierten etwa 100.000 Menschen am Sonntag vor dem Gebäude in Athen gegen Lohnkürzungen und Massenentlassungen. Randalierer setzten Dutzende Gebäude in Brand. Auch in anderen Städten kam es zu Ausschreitungen.

Quelle: Sueddeutsche.de, unter: www.sueddeutsche.de/politik/griechen-protestieren-gegen-sparpaket-mehr-als-verletzte-bei-schweren-ausschreitungen-1.1282429, 04.05.2012

Q

Elfjähriger plant Griechen-Rettung

Amsterdam – Ein Elfjähriger sorgt mit einem Rettungsplan für Griechenland für Aufsehen: Jurre Hermans, ein Schüler aus Holland, hat sich mit einer Idee für einen der hoch dotierten Wirtschaftspreise beworben und eine lobende Erwähnung eingeheimst. „Es ist sehr wichtig, dass eine Lösung für diese Krise gefunden wird", sagte der Jungökonom am Mittwoch der Tageszeitung „Metro". Eine halbe Seite Text und eine simple Skizze, mehr brauchte Jurre nicht für seinen Rettungsplan. […]
Der Vorschlag: Griechenland muss raus aus der Eurozone. Alle Griechen sollen ihre Euros zur Bank bringen, wo ihr Geld von einer Maschine in Drachmen umgetauscht werden soll. Mit den Euros könnten griechische Banken dann ihre Schulden begleichen. Wer sich nicht daran hält und seine Euros insgeheim behält oder sie bei ausländischen Banken einzahlt, müsse bestraft werden, so Jurre. Dass der Plan bei den Griechen nicht gut ankommt, hat sich der Schüler gedacht. Und bietet Licht am Horizont: Sobald die Schulden abgezahlt sind, könnte Griechenland wieder in die Eurozone eintreten.

Quelle: NWZ, 05.04.2012, S. 28

A

Erläutern Sie die Grundidee von Jurre Hermans Rettungsplan und die damit verbundene Problematik.

Unabhängig von einer Bewertung der Kritik an den Rettungsmaßnahmen ist jedoch immer zu bedenken: Es geht nicht allein um Griechenland, die Europäische Union ist eine Wirtschafts- und Währungsunion, die über die wirtschaftliche Einheit langfristig auch zu einer politischen Einheit Europas führen soll. In einer globalisierten Welt wird ein solcher Zusammenhalt Europas zunehmend wichtiger.

6.6 Die Erweiterung der EU

„Jeder europäische Staat kann beantragen, Mitglied der Union zu werden." (Artikel O des EU-Vertrags). Seit Bestehen der Gemeinschaft hat sich ihre Mitgliederzahl kontinuierlich vergrößert. Nach dem Zusammenbruch der Zentralverwaltungswirtschaften in Mittel- und Osteuropa im Revolutionsjahr 1989 und den demokratischen Reformprozessen bekundeten viele Länder, die ihre Wirtschaftsordnungen nach marktwirtschaftlichen Grundsätzen umgestalten wollten, ihr Interesse an einer EU-Mitgliedschaft. Gerade Mittelosteuropa fühlt sich historisch und kulturell dem Westen zugehörig und man wollte politische und ökonomische Unterstützung erfahren sowie sicherheitspolitisch eingebunden sein. Die „neue", größere EU hat nach den Erweiterungen 2004 und 2007 aktuell ca. 502 Millionen Einwohner und ist 4,3 Mio. km² groß (zum Vergleich: USA 9,6 km²). Die EU ist der größte Binnenmarkt der Welt.

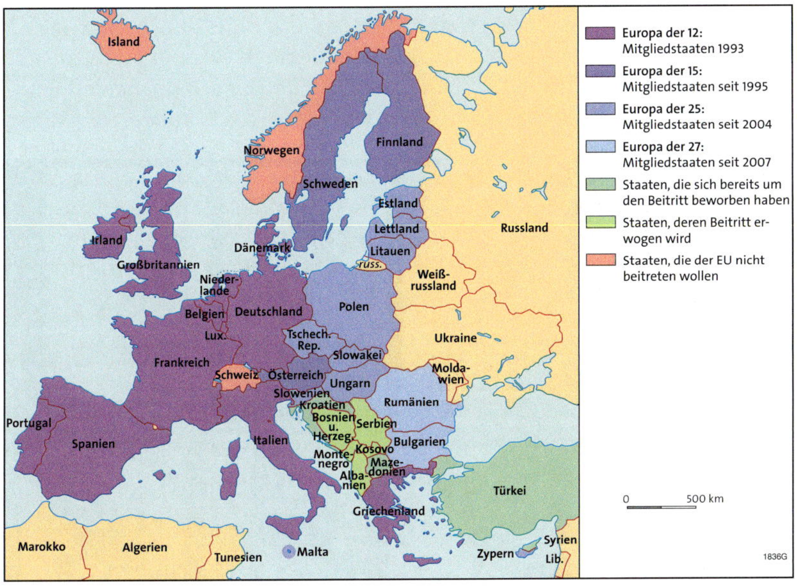

Die Kopenhagener Kriterien

Die Bedingungen für den Beitritt wurden 1993 in Kopenhagen („Kopenhagener Kriterien") festgelegt:

- „eine institutionelle Stabilität als Garantie für demokratische und rechtsstaatliche Ordnung, für die Wahrung der Menschenrechte sowie die Achtung und den Schutz von Minderheiten;
- eine funktionsfähige Marktwirtschaft sowie die Fähigkeit, dem Wettbewerbsdruck und den Marktkräften innerhalb der Union standzuhalten;
- dass die einzelnen Beitrittskandidaten die aus einer Mitgliedschaft erwachsenden Verpflichtungen übernehmen und sich auch die Ziele der politischen Union sowie der Wirtschafts- und Währungsunion zu Eigen machen können."

Jedes Bewerberland muss den Besitzstand der Gemeinschaft, den **Aquis Communautaire** übernehmen. Dieses Gemeinschaftsrecht umfasst über 80.000 Seiten europäische Gesetze und stellt die Beitrittsländer damit vor große Herausforderungen. Um die Kopenhagener Kriterien zu erfüllen, mussten sich die Kandidaten tief greifenden Reformen der nationalen Institutionen stellen. Wenn Probleme bereits für 15 Mitglieder schwer zu bewältigen sind, so gilt dies noch mehr für eine EU mit 27 Staaten.

A

1 Trotz der Schuldenkrise ist die Attraktivität der EU für Nichtmitglieder immer noch hoch; so wünschen sich viele Bürger in Mittelost- und Südosteuropa, dass ihre Staaten schon bald Mitglied der EU werden. Tragen Sie Gründe für den Beitrittswunsch zusammen.

2 Erarbeiten Sie gemeinsam Kriterien für einen Vergleich der EU-Mitgliedsstaaten, die 2004 bzw. 2007 beigetreten sind. Erstellen Sie dann arbeitsteilig Porträts dieser Mitgliedsländer und präsentieren Sie diese im Kurs.

Vom Antrag bis zur Aufnahme – wichtige Stationen
1991: Die EU bietet den Abschluss von Assoziierungsabkommen (Europa-Abkommen) an. Diese haben in erster Linie Handelsliberalisierung, aber auch Niederlassungsfreiheit, Wettbewerbspolitik, Rechtsangleichung, finanzielle und kulturelle Zusammenarbeit sowie politischen Dialog zum Inhalt.
1993: Der Europäische Rat eröffnet den assoziierten Staaten in Mittel- und Osteuropa die Möglichkeit eines Beitritts (Kopenhagener Kriterien).
1994: Der Europäische Rat einigt sich über eine „Heranführungsstrategie", um die Länder schrittweise auf die Integration in den Binnenmarkt vorzubereiten. Hohe Bedeutung hatten institutionelle und administrative Rahmenbedingungen.
1997: Die EU-Kommission legt mit der Agenda 2000 eine Strategie für die Vorbereitung der EU auf die Erweiterung vor.
1998: Beginn der Beitrittsverhandlungen mit der „Luxemburg-Gruppe" (Zypern und fünf mittel- und osteuropäische Staaten).
2000: Beginn der Beitrittsverhandlungen mit der „Helsinki-Gruppe" (Bulgarien, Lettland, Litauen, Malta, Rumänien, Slowakei).
2001: Der Vertrag von Nizza schafft die institutionellen Voraussetzungen für die Aufnahme. Der Europäische Rat erzielt in Göteborg Einigung über den Rahmen für einen erfolgreichen Abschluss der Beitrittsverhandlungen.
2004: Polen, Litauen, Lettland, Estland, die Tschechische Republik, Ungarn, Slowenien, Slowakei, Malta, der griechische Teil Zyperns treten der EU bei.
2007: Rumänien, Bulgarien folgen.

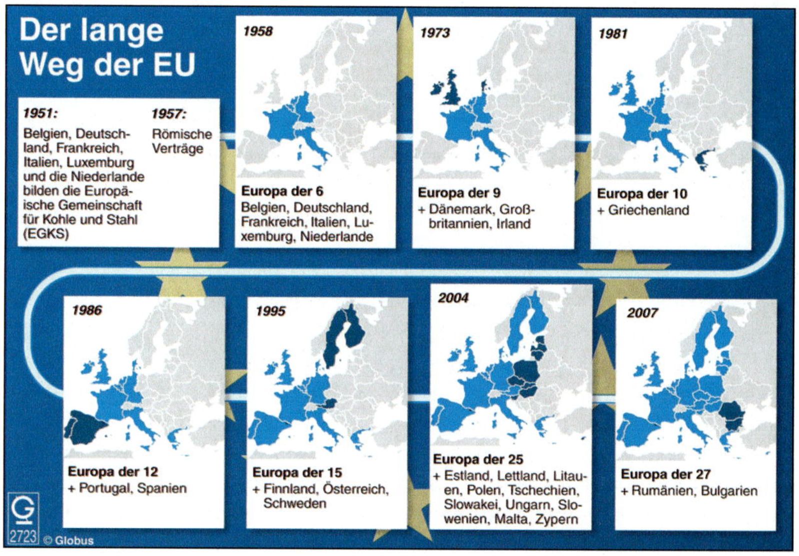

Die Verlagerung von Produktionsstätten und damit Arbeitsplätzen in mittel- und osteuropäische Beitrittsländer ist angesichts der niedrigeren Lohnniveaus und weiterer günstiger Rahmenbedingungen für Unternehmensaktivitäten keine Überraschung. Für viele Arbeitnehmerinnen und Arbeitnehmer in Deutschland stellt die beschriebene Entwicklung jedoch eine Bedrohung dar; sie fürchten den Verlust des Arbeitsplatzes aufgrund von Abwanderung des Unternehmens oder Zuwanderung von billigeren Arbeitskräften. Dem – vergleichsweise geringen – Verlust von Arbeitsplätzen in Deutschland stehen jedoch Tausende neue Arbeitsplätze in Deutschland gegenüber, die durch die gewonnene Freizügigkeit entstehen. Der Grund hierfür ist der deutsche Exportüberschuss im Handel mit mittel- und osteuropäischen Ländern.
Der Zusammenbruch der zentralverwaltungswirtschaftlich organisierten Staaten in Mittel- und Osteuropa hatte eine herausragende Bedeutung für die Entwicklung der EU. Nachfolgend deshalb ein Unterkapitel zur Einordnung und Erklärung der Bedeutung dieser Ereignisse für die EU.

Das Jahr 1989: nicht nur eine Zäsur der deutschen, sondern auch der europäischen Geschichte

Die schrittweise Erweiterung um Staaten wie Irland oder Griechenland ist jeweils eine große Herausforderung gewesen, weil diese unterschiedlich entwickelt waren, eigene Strukturprobleme mitbrachten und vieles mehr. Aber diese Staaten hatten im Kern schon eine marktwirtschaftliche Wirtschaftsordnung. Das Jahr 1989 brachte jedoch noch eine völlig andere Herausforderung für die EU mit sich.

Wir wissen aus dem Geschichtsunterricht, dass nach dem Ende des Zweiten Weltkriegs der Westen, der größte Teil Deutschlands, von den Westalliierten Frankreich, USA und England besetzt wurde und der Osten Deutschlands durch die UdSSR. In den Nachkriegsjahren entwickelten sich die Einflussgebiete der ehemaligen Kriegsgegner Deutschlands als Westzonen und Ostzone auseinander. Die beiden neu gegründeten deutschen Staaten hatten unterschiedliche politische und wirtschaftliche Ordnungen. Während unter dem Einfluss der drei Westmächte in der Bundesrepublik Deutschland das Modell der Sozialen Marktwirtschat entwickelte wurde, entstand aus der Ostzone die DDR. Hier wurden nach dem Vorbild der Sowjetunion und den damit verknüpften Vorstellungen eine Zentralverwaltungswirtschaft und die sozialistische Planwirtschaft eingeführt. Die beiden Teile Deutschlands waren fest in die beiden politischen und wirtschaftlichen Blöcke eingebunden, die sich bis Ende der 1980er Jahre gegenüberstanden.

Dies hatte für die Menschen dramatische Konsequenzen, die sich nicht nur im Lebensstandard und in der Leistungskraft der jeweiligen Volkswirtschaften widerspiegelten. Ob man in West- oder in Ostdeutschland lebte, hatte auch Auswirkungen auf die Freiheit der Menschen, auf das soziale Zusammenleben.

Die politischen Entwicklungen, die insbesondere durch die neue Politik des Generalsekretärs des Zentralkomitees der Kommunistischen Partei der Sowjetunion, Michail Gorbatschow, ausgelöst wurden, führten in allen Staaten Osteuropas zu dramatischen Veränderungen, die 1989 mit dem ökonomischen und politischen Zusammenbruch der meisten sozialistischen Staaten endete. Besonders die mittel-osteuropäischen Staaten (MOE-Länder) wünschten sich sehr schnell den Beitritt zur Europäischen Union, nicht nur, um sich ökonomisch wieder zu erholen, sondern auch weil sie ein freiheitliches Gesellschaftsmodell in Verbindung mit einer marktwirtschaftlichen Ordnung nach der jahrzehntelangen Unterdrückung im planwirtschaftlichen System anstrebten, aber auch aus sicherheitspolitischen Gründen.

i

Michail Gorbatschow

* 02.03.1931 in Priwolnoje

Präsident der Sowjetunion von 1990–1991
Friedensnobelpreis 1990

Q

Zwischen Radikalen, die sich beklagen, dass die Reformen zu langsam sind, und den Konservativen, die protestieren, sie würden zu hastig durchgeführt, angesichts von konstitutionellen und politischen Veränderungen, die sich in Debatten über kontroverse ökonomische Vorschläge (z. B. einer Preisreform) verfangen, kann selbst die intelligenteste Reformführung in einen Belagerungszustand geraten. Die Idee eine prosperierende, demokratische freie Marktwirtschaft oder soziale Marktwirtschaft zu schaffen, mag vorhanden sein, aber sie ist nicht mit einem kurzen Sprung erreichbar. Die Gewissheiten des alten Systems (garantierte Beschäftigung, Lebensmittelsubventionen) müssen aufgegeben werden, bevor der Nutzen des neuen Systems (der versprochene höhere Lebens-Standard) recht sichtbar wird. Verloren zwischen dem Verfall dessen, was ihnen vertraut war, und der Ungewissheit dessen, was auf sie zukommt, werden die Menschen ängstlich. Intellektuelle mögen solche Zeiten lieben, aber Hausfrauen, Fabrikarbeiter, Bauern und entlassene Soldaten werden sie wohl eher erschreckend finden.

Quelle: Paul M. Kennedy: In Vorbereitung auf das 21. Jahrhundert, Frankfurt am Main: S. Fischer 1993, S. 306 f.

def.
Transformation:
von lat. transformare = umwandeln, umbilden

Die zweifache Transformation: von der Planwirtschaft zur Marktwirtschaft und vom RGW-Mitglied zum EU-Mitglied
Was bedeutete es nun im Einzelnen, einerseits eine planwirtschaftliche in eine marktwirtschaftliche Ordnung zu überführen und anderseits diesen neu organisierten Staat rasch in die Europäische Union aufzunehmen?

Die Aufgabe, ein Wirtschaftssystem grundlegend zu verändern, ist mit einschneidenden Veränderungen verbunden. Machen wir uns noch einmal bewusst: Jedes Wirtschaftssystem besteht aus mehreren Komponenten:
1. Es sind dies alle für den Wirtschaftsprozess in einem Land verbindlichen rechtlichen und institutionellen Regelungen.
2. Es ist der Bestand eines Landes an natürlichen, sachlichen und menschlichen Ressourcen.

Und aus den Bedingungen von 1. und 2. ergeben sich für jedes Land wirtschaftliche Abläufe zwischen den Wirtschaftsakteuren.

Die Regelungen einer Wirtschaftsordnung sind in einfachster Form die folgenden:
a) ein Planungs- und Lenkungssystem (zentral oder dezentral),
b) eine Eigentumsverfassung (Privateigentum oder Staatseigentum),
c) ein Regelungsmechanismus für die Bildung von Preisen (Preisbildung über Angebot und Nachfrage auf Märkten oder staatliche Preisfestsetzung),
d) ein Erfolgsindikator (Gewinn- oder Verlustprinzip oder Planerfüllungsprinzip).

Transformationsaufgabe 1
Wird eine planwirtschaftliche in eine marktwirtschaftliche Ordnung umgewandelt, dann muss entsprechend
a) das zentrale Planungs- und Lenkungssystem in ein dezentrales Planungs- und Lenkungsmodell verändert werden, d. h., die Lenkung erfolgt über Märkte durch die Entscheidungen der Konsumenten und Produzenten,
b) das Staatseigentum durch Privateigentum ersetzt werden,
c) nicht mehr der Staat die Preise festsetzen, sondern diese sollen sich in der Regel auf Märkten bilden,
d) von den Unternehmen nicht mehr eine staatliche Planvorgabe erfüllt werden, sondern es geht darum, dass die privaten Unternehmen auf eigene Rechnung und eigenes Risiko nach dem Gewinnprinzip arbeiten.

Was war der RGW? So wie die EEU ein Zusammenschluss der westeuropäischen und marktwirtschaftlich orientierten Länder war, war der Rat für gegenseitige Wirtschaftshilfe (RGW) ein Verbund von Staaten mit sozialistischer Wirtschaftsordnung. Er wurde 1949 als eine Reaktion auf den Marshallplan der USA zum Wiederaufbau Westeuropas gegründet und stand unter sowjetischer Führung. Die Gründungsmitglieder waren die Sowjetunion, Rumänien, Polen, Bulgarien, Ungarn und die Tschechoslowakei; 1950 wurde auch die DDR Mitglied. Der RGW hatte mehrere Aufgaben: Zum einen sollte zwischen den sozialistischen Staaten eine bessere wirtschaftliche Spezialisierung und Arbeitsteilung erreicht werden und zum anderen sollten sich die wirtschaftlichen Bedingungen zwischen den Staaten angleichen. Und gleichzeitig sollte eine ideologische Stärkung im Sinne des Marxismus-Leninismus stattfinden.

A
Stellen Sie Gründe zusammen, warum es nicht möglich ist, sich aus jedem Wirtschaftssystem die scheinbar „angenehmsten zwei Regelungen" auszusuchen, um so eine „ideale" Wirtschaftsordnung zu konstruieren.

Nach den politischen Umwälzungen des Jahres 1989 gingen die meisten RGW-Mitgliedsländer rasch zu einem marktwirtschaftlichen System über; der RGW löste sich im Juni 1991 auf.
Zusammenfassend kann man festhalten: Schon bei der ersten Transformationsaufgabe muss man von einer doppelten Aufgabenstellung sprechen:

- Zum einen ging es darum, die Transformation von einem planwirtschaftlichen zu einem marktwirtschaftlichen System zu gestalten, dies heißt bildlich gesprochen: Es ging um die Umstellung von Links- auf Rechtsverkehr. Dies bedeutet, dass nicht nur das ökonomische, sondern auch das politische System gleichzeitig zu verändern war.
- Und dann ging es ebenfalls darum, sich über die Reihenfolge der Umgestaltungsschritte klar zu werden.

Für Aufgaben in diesem Umfang gab es keine historischen Erfahrungen und es war klar, dass die Akteure nicht selten überfordert sein würden.
Mit welchen Schritten sollte man beginnen? Würde das Staatseigentum komplett im Lande bestehen bleiben, dann wären die Möglichkeiten einer dezentralen Planung durch die Konsumenten und Produzenten sehr eingeschränkt. Aber wie konnte man wiederum Staatseigentum in Privateigentum überführen? Dieser Prozess ist in den ehemals planwirtschaftlichen Systemen sehr unterschiedlich und vor allem auch konflikthaft verlaufen. Diejenigen sozialistischen Manager, die auch in den Staatsbetrieben Einfluss und Macht hatten, verfügten über Informationen, die sie bei der Privatisierung gut nutzen konnten und die sie, wie sich in den folgenden Jahren zeigte, wiederum zu sehr einflussreichen Personen mit teilweise großen Privatvermögen machten. Die Personen, die unter dem Staatssozialismus vorher schon stark gelitten hatten, waren wieder die Leidtragenden und konnten kaum erkennen, was sich für ihre Situation durch den Umbau auf ein marktwirtschaftliches System verbessert habe. Dies hat zu viel Ablehnung der Transformationsprozesse geführt und die Annahme des neuen Systems nicht unterstützt. Eine gängige Aussage vieler Bürger war: Die früher die Macht hatten, haben sie wieder. Sie sind nur noch reicher geworden. Sie lasteten diese Erscheinungsformen der Transformation der Marktwirtschaft an, obwohl dies das Ergebnis eines bestimmten Umbauprozesses ist. Politische Prozesse sind in einer Umbauphase eines ganzen Systems keine Prozesse auf einem Schachbrett. Es gab dafür keine Erfahrungen; jede Person, die sich als Verlierer sah, versuchte, sich dagegen zu wehren, d. h. dass immer eine Großzahl von Menschen enttäuscht war und die anfängliche Euphorie schnell verflog. Eine Gesellschaftsordnung, die annähernd 45 Jahre bestand, konnte nicht in wenigen Jahren komplett umgebaut werden. Erschwerend kam hinzu: Was für ein Land die richtige Methode war, musste noch nicht für das nächste Land gelten.

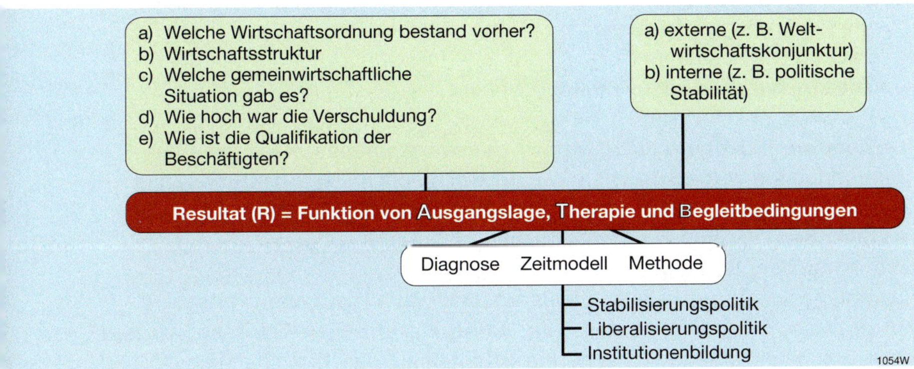

Vaclav Klaus, tschechischer Präsident seit 2003, der sich hohe Verdienste bei der Umgestaltung in der ehemaligen Tschechoslowakei erworben hat, meinte zur Transformation im Jahr 1990:

> I like to compare the transformation process with chess playing. When we want to play chess, we must know to play. We must know how to move various pieces on the chessboard. We must know the basic opening strategies. But it's not possible to know the situation on the chessboard after the fifteenth or twenty-fifth move.

Quelle: Vaclav Klaus: A Perspective on Economic Transition in Czechoslovakia and Eastern Europe, Proceedings of the World Bank – Annual Conference on Development Economics (1990)

Der amerikanische Wirtschaftswissenschaftler Lester C. Thurow schrieb 1984:

> Wenn beispielsweise Naturwissenschaftler nicht genau wissen, ob ein Raumschiff funktioniert, werden sie den Flug absagen oder verschieben. Wenn hingegen Ökonomen nicht wissen, ob eine politische Maßnahme funktioniert, kann die wirtschaftliche Reise deswegen nicht verschoben werden; der Ablauf ist unaufhaltsam, und die möglichen Reparaturen müssen ebenfalls unterwegs vorgenommen werden. Darüber hinaus geht diese Reise jeden an. Da alle gleichermaßen betroffen sind, kommt auch niemand daran vorbei, angesichts der ökonomischen Alternativen Stellung zu beziehen, wie unzureichend sein Wissen ihm auch vorkommen mag.

Quelle: Lester C. Thurow: Gefährliche Strömungen, Frankfurt/Main: Campus 1984, S. 45

i

In den Zentralverwaltungswirtschaften gab es das sogenannte **Monobankensystem** mit nur einer staatlich kontrollierten Bank. In marktwirtschaftlichen Systemen gibt es in der Regel ein **zweistufiges System** mit einer Zentralbank und den Geschäftsbanken andererseits.

def.

Deregulierung:
Abbau von Gesetzen, Verordnungen und Richtlinien. Mit dieser Rücknahme verbindlicher Regelungen sollen technische, wirtschaftliche und soziale Neuerungen angeregt werden. Außerdem sollen die veränderten Rahmenbedingungen dazu beitragen, wirtschaftliche Entscheidungen schneller zu realisieren.

Für die Analyse des Transformationsprozesses in Mittel-Osteuropa ist es daher wichtig, die Ausgangslage und die Begleitbedingungen genau in den Blick zu nehmen, die bei einer Therapie zu berücksichtigen sind (siehe Grafik auf der nachfolgenden Seite). Für die Therapie waren vor allem drei Felder staatlichen Handelns wichtig:

Stabilisierungspolitik:
Am Ausgangspunkt herrscht zumeist eine hohe Inflation – man hatte viel Geld, aber konnte nichts dafür kaufen. Mit der Geldpolitik wurde versucht, das schnelle Geldmengenwachstum zurückzudrängen, Geld aus der Wirtschaft „abzusaugen". Deshalb kam der staatlichen Finanzpolitik eine hohe Bedeutung zu. Wurden z. B. die vorher staatlich festgesetzten Preise freigegeben, dann stiegen die Preise dramatisch.

Liberalisierungspolitik:
Sie bestand im Abbau von Beschränkungen der Wirtschaftsfreiheit, in der Abschaffung der Preiskontrollen, der Beschränkungen für privates Unternehmertum, in der Öffnung des Außenhandels, in generellen Deregulierungsmaßnahmen usw.

Institutionenbildung (d. h. der institutionelle Umbau):
Das bedeutet beispielsweise die Schaffung von Börsen und eines zweistufigen Bankensystems, die Privatisierung staatlicher Unternehmen, die staatliche Verwaltung neu zu organisieren, die Etablierung eines Steuersystems, die Schaffung eines neuen Systems der sozialen Sicherung und eines neuen Rechtssystems. Aber auch die Entwicklung eines neuen Werte- und Normensystems ist zu berücksichtigen – was sehr langfristig zu sehen ist.

Institutionen lassen sich vereinfacht als Spielregeln einer Gesellschaft bezeichnen. Diese Spielregeln vermindern die Unsicherheit für die Beteiligten am Wirtschaftsprozess eines Landes; sie schaffen Regeln für die Art und Weise der menschlichen Interaktionen (zu Institutionen s. Kap. I, Abschnitt 4.6).
Ein einfaches Beispiel aus dem Wirtschaftsalltag: Gibt es z. B. einen standardisierten Kaufvertrag, den man sich einfach aus dem Internet herunterladen kann und der den Bestimmungen des Bürgerlichen Gesetzbuches genügt, dann müssen die täglich millionenfach abgeschlossenen Kaufverträge nicht jedes Mal neu verhandelt werden.

Institutionen zeigen uns beispielsweise, wie wir uns verhalten müssen bzw. sollten, wenn wir
- ein Produkt kaufen,
- Geld bei einer Bank leihen,
- ein Unternehmen gründen,
- eine Mängelrüge schreiben,
- ein Grundstück kaufen,
- ein Haus vererben oder verkaufen wollen.

Das Regelwerk zeigt uns auch, was wir zu erwarten haben, wenn wir einen eingegangenen Vertrag brechen. Wie unterschiedlich diese Institutionen in einer Volkswirtschaft sein können, würden wir schnell feststellen, wenn wir uns alle oben erwähnten wirtschaftlichen Aktivitäten entweder in Deutschland, Polen oder Russland vornehmen wollten.
Sowohl die Schaffung als auch die Benutzung von Institutionen verursacht Kosten. Man nennt diese Kosten „Transaktionskosten". Diese Transaktionskosten müssen deshalb möglichst gering gehalten werden, d. h., die Kosten für

A

1 Erläutern Sie, auf welches Problem Vaclav Klaus aufmerksam macht und welche Bedeutung dies für den politischen Transformationsprozess hat (s. Quellentext S. 439 oben).

2 Erklären Sie, welche Konsequenzen die von Thurow vorgenommene Unterscheidung zwischen den Vorgehensweisen von Naturwissenschaftlern und Wirtschaftswissenschaftlern für die Gestaltung eines Transformationsprozesses hat (s. Quellentext S. 439 unten).

das Gewinnen von Informationen, für die Durchführung von Verhandlungen, für die Koordination, Steuerung, Kontrolle sind soweit wie möglich zu minimieren.

Der schwierigste Teil der Transformation in den Ländern Mittel-Osteuropas war zweifelsohne der Umbau der Institutionen. Es ging dabei nicht nur um die formale Etablierung einer neuen Rechtsverfassung, sondern auch um die Entwicklung eines neuen Rechtsbewusstseins, es ging um die Förderung von Selbstverantwortung, um die Entwicklung eines neuen Bildungssystems, die Ausbildung von Lehrkräften usw. Dies alles kann nicht durch einen staatlichen Erlass geschehen, sondern nur in langen, evolutionären Prozessen, die z.T. noch andauern.
Fazit: Die Probleme des Transformationsprozesses waren vor allem auch deshalb so schwierig zu bekämpfen, weil es eine Gleichzeitigkeit zwischen ökonomischen, politischen und sozialen Prozessen gab. Die Wirtschaftsordnung ist nur ein gesellschaftliches Subsystem neben der kulturellen Ordnung, der rechtlichen Ordnung und der politischen Ordnung. Dies muss alles in Rechnung gestellt werden, wenn man die Umgestaltungsprozesse in Mittel- und Osteuropa angemessen beurteilen will.

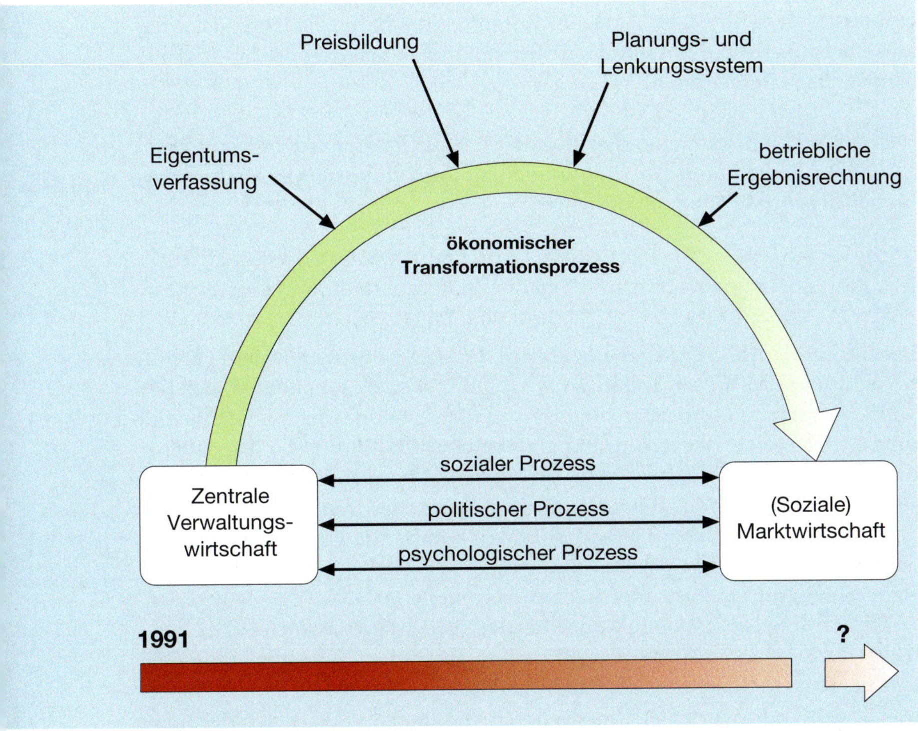

Der Transformationsprozess der Staaten in Mittel-Osteuropa

Transformationsaufgabe 2
Neben diesem historischen Prozess der Umgestaltung einer zentralverwaltungswirtschaftlichen in eine marktwirtschaftliche Ordnung gab es den zweiten Prozess, der nach gelungener erster Transformation umso einfacher möglich war. Es ging um die Aufgabe, diese ehemals zentralverwaltungswirtschaftlichen Systeme in die Europäische Union aufzunehmen. Und dazu mussten wieder weitere Kriterien und Regeln für die Aufnahme in den „Klub" der EU-Staaten erfüllt werden, die „Kopenhagener Kriterien" (s. Abschnitt 6.6).

7 Globalisierung

7.1 Was ist Globalisierung?

Globalisierung ist das Ergebnis eines Internationalisierungsprozesses, der so alt ist wie die Geschichtsschreibung. Sie betrifft nicht nur die Ökonomie, sondern fast alle Lebensbereiche: Konsum und Lebensformen, Politik und Recht sowie Technik und Wissenschaft. Die Märkte dieser Welt – egal, ob es um Sachgüter, Dienstleistungen, Arbeitskraft oder Kapital geht – wachsen zusammen, ökonomische Aktivitäten sind zunehmend weltweit vernetzt. Das Markenzeichen „Made in Germany" bedeutet immer seltener, dass Güter in Deutschland vollständig produziert werden. Denn Unternehmen können für unterschiedliche Aufgaben im Rahmen des Leistungsprozesses verschiedene Auftragnehmer im Ausland suchen – an jeweils geeigneten Standorten.

Schon unsere Ernährungsgewohnheiten spiegeln Globalisierungsprozesse wider.

Globalisierung ist ein Prozess, der nationalstaatliche Grenzen überwindet, zur Ausweitung und Intensivierung wissenschaftlich-technischer, ökonomischer, politischer und soziokultureller Beziehungen zwischen den Kontinenten führt und schließlich den gesamten Erdball umspannt. In wirtschaftlicher Hinsicht geht es um die zunehmende Beschleunigung der Verflechtung globaler Märkte für Güter, Dienstleistungen und Kapital, die Liberalisierung und Deregulierung der nationalen und regionalen Märkte und das Zusammenwachsen derselben.

Dass die Globalisierung ein dynamischer Prozess ist, darüber herrscht Einigkeit. Über die Rahmenbedingungen und Gestaltungsmöglichkeiten der Globalisierung wird jedoch gestritten.

Q

Globalisierung – Zur „Karriere" eines Begriffs

Der Begriff der Globalisierung, wie er in der gegenwärtigen Debatte benutzt wird, umfasst im Wesentlichen die wirtschaftlichen Komponenten globaler Verflechtungen und Interdependenzen. Üblicherweise wird mit Globalisierung die Zunahme der Verflechtung globaler Märkte für Güter, Dienstleistungen, Produktionsfaktoren und Finanzkapital bezeichnet. Darüber hinaus spielt die zunehmende globale Verfügbarkeit von Informationen, etwa über das Internet, eine wesentliche Rolle. Hinzu kommt die Problematik globaler Umweltprobleme wie des Treibhauseffekts und der Zerstörung der Ozonschicht durch Fluorchlorkohlenwasserstoffe (FCKW). Der Begriff der Globalisierung ist zu einem Modewort der 1990er Jahre avanciert. Bis in die frühen 1990er Jahre war der Begriff dem strategischen Management in der Betriebswirtschaftslehre vorbehalten und kennzeichnete die Expansionsbemühungen multinationaler Unternehmen. Erst danach setzte sich der heute übliche Sprachgebrauch durch. Diese Karriere des Begriffs zum Modewort ist Reflex einer mit zunehmender Intensität geführten gesellschaftlichen Diskussion über Nutzen und Gefahren der Globalisierung. Dabei prallen zwei grundsätzlich verschiedene Ansichten aufeinander, nämlich die der Globalisierungsbefürworter und die der Globalisierungsgegner.

Quelle: Michael Rauscher: Globalisierung, Ökonomische Bildung online, Baustein R02, 2010, Oldenburg: IÖB, S. 7

Verschiedene Faktoren sind für die Globalisierung verantwortlich. Zur besseren Übersicht können diese in vier grundlegende Ursachen unterteilt werden, wobei es natürlich zwischen den Bereichen deutliche Überschneidungen und Verknüpfungen gibt:

— Technologische Entwicklungen befördern in hohem Maße den globalen Austausch von Gütern, Dienstleistungen und Informationen. War es früher sehr mühselig und zeitaufwendig, Güter von einem Land zum anderen oder gar von einem Kontinent zum anderen zu bewegen, so ist dies heute vor allem dank Containerschifffahrt und Luftverkehr schnell und günstig zu bewerkstelligen. Zudem lassen sich im Zeitalter des Internets Informationen schnell per Mausklick übermitteln, wo früher ebenfalls umständliche Verfahren notwendig waren.
— Aus ökonomischer Perspektive sind vor allem Prozesse einer zunehmenden Öffnung und Deregulierung nationaler Märkte, einschließlich des Abbaus von Beschränkungen des Devisen- und Kapitalverkehrs, ein wesentlicher Grund für die Globalisierung. Zugleich nehmen der Wettbewerb auf den Märkten sowie die im Ausland von Unternehmen getätigten Investitionen kontinuierlich zu.
— Politische Entwicklungen wie die Entstehung neuer Wachstumszentren in Asien oder der Zusammenbruch der ehemals zentralverwaltungswirtschaftlichen Strukturen in Osteuropa haben ebenfalls einen wichtigen Grundstein für die beschleunigte internationale Verflechtung gelegt. Auch die Erweiterung der EU sowie bilaterale und multilaterale Handelsabkommen spielen eine wesentliche Rolle.
— Hinzu kommt, dass sich soziokulturelle Strukturen verändern. Die Menschen werden mobiler, während sich gleichzeitig Lebensstile, Konsumgewohnheiten und Wertvorstellungen wandeln und tendenziell angleichen.

technologische
- weltumspannendes Kommunikationsnetz (Computerisierung, Miniaturisierung, Mobiltelefon, Internet, Glasfaserkabel u. a.)
- Senkung von Transaktionskosten durch moderne Verkehrs- und Kommunikationstechnologien

ökonomische
- Deregulierung auf den Güter- und Faktormärkten
- Abbau von Handelshemmnissen
- Abbau von Devisen- und Kapitalverkehrsbeschränkungen
- Mobilität von Kapital und Wissen
- steigende Direktinvestitionen von Firmen im Ausland
- Bildung multinationaler Unternehmen
- verändertes Verbraucherverhalten (Produktvielfalt)
- zunehmende Konkurrenz durch Schwellen- und Entwicklungsländer

1058W

soziokulturelle
- zunehmende Mobilität des Menschen
- globale Produkte
- wachsende Angleichung von Lebensstilen, Normen, Ritualen und Wertvorstellungen

politisch-rechtliche
- neue Wachstumszentren im asiatisch-pazifischen Raum, z. B. China
- Transformation der Wirtschaftsordnungen in den mittel- und osteuropäischen Ländern (Öffnung der Märkte für Sachgüter, Dienstleistungen und Kapital)
- Zusammenbruch des Sozialismus und Abbau politischer Spannungen
- EU-Erweiterung

A

1 Zeigen Sie auf, wie bereits unsere Ernährungsgewohnheiten Globalisierungsprozesse widerspiegeln.

2 Ermitteln Sie eigene Beispiele für die vier genannten Ursachen globaler Prozesse.

3 Legen Sie dar, wie in Ihren Beispielen Entwicklungen im technischen oder politischen Bereich Veränderungen in anderen Bereichen bewirken. Arbeiten Sie die in diesem Zusammenhang wirkenden gegenseitigen Abhängigkeiten heraus.

7.2 Pro und Kontra Globalisierung

Befürworter und Befürworterinnen der Globalisierung beziehen sich auf die Funktionsfähigkeit der Märkte und die Vorteile der internationalen Arbeitsteilung. Man heißt das Grundprinzip des Freihandels gut, ist also weitestgehend gegen staatliche Eingriffe in die internationalen Wirtschaftsbeziehungen, und sieht die Globalisierung der Märkte als eine Voraussetzung für Wirtschaftswachstum und zukünftigen Wohlstand in Industrie- und Entwicklungsländern.

Proteste gegen den G8-Gipfel in Deauville, Frankreich

Kritiker und Kritikerinnen der Globalisierung stehen den Selbstregulierungskräften der Märkte skeptisch gegenüber. Man befürchtet u. a., dass die Schere zwischen Arm und Reich immer weiter auseinandergeht, dass sozialstaatliche Errungenschaften und die Umwelt geopfert werden und dass immer weniger Großkonzerne und demokratisch nicht legitimierte internationale Institutionen Macht ausüben werden. Kritiker und Kritikerinnen sehen einen internationalen Koordinations- und Harmonisierungsbedarf, insbesondere im Bereich des internationalen Kapitalverkehrs. Insgesamt befürchten sie eine Dominanz kapitalistischer über demokratische Prinzipien.

Wie sich die Diskussion um die Wirkungen der Globalisierung verändert hat und welche Schritte zu einer organisierten Globalisierungsgegnerschaft geführt haben, verdeutlicht die folgende Übersicht:

Q

Globalisierung: Vom Hoffnungsträger zum Schreckgespenst

Optimistischer Start: Anfang der 90er tauchte das Schlagwort auf: Globalisierung. Die Märkte im Osten öffnen sich, neue Technologien transportieren Informationen um die Welt, Kapital wird mobiler. Die Globalisierung verspricht neue Märkte, kurze Wege, große Chancen.

Erste Kritik: Schon 1997 wurde der Begriff in Deutschland fast Unwort des Jahres. Mit der wirtschaftlichen Vernetzung wurde die nördliche Hemisphäre stärker auf Probleme wie Kinderarbeit, Umweltverschmutzung und Überbevölkerung aufmerksam. Eine-Welt-Organisationen und christliche Gruppen kritisierten, dass die Globalisierung dies verstärke.

Finanzkrise: Die Kritik erhielt Nahrung durch eine Serie von schweren Finanzkrisen: Mexiko 1994, Asien 1997, Russland 1998, Brasilien 1999. Als Schuldige machten Kritiker internationale Spekulanten und ihr Kapital aus.

Handelspolitik: Für Unmut sorgte die liberale Handelspolitik der Welthandelsorganisation. Beim WTO-Gipfel 1999 in Seattle erreichte der Protest seinen gewaltsamen Höhepunkt.

Attac: Was Seattle für die US-Globalisierungskritiker war, wurde zwei Jahre später Genua für die Europäer. Ein 1998 in Frankreich gegründetes Grüppchen namens Attac und weitere globalisierungskritische Organisationen riefen zu Demonstrationen gegen den G-8-Gipfel in Italien auf. Zwar lehnten die Europäer die gewalttätigen Krawalle, bei denen ein Demonstrant erschossen wurde, ab, zeigten aber Sympathie für die Ziele der Bewegung.

Vielfältige Ziele: „Auch wenn die Gründe unterschiedliche sind, Globalisierungskritik ist kein nationales Phänomen", sagt Protestforscher Dieter Rucht, Leiter der Forschungsgruppe Zivilgesellschaft am Wissenschaftszentrum Berlin. In der nördlichen Hemisphäre geht es vor allem um die Abwanderung von Produktionsstätten ins Ausland. Dagegen wehren sich nigerianische Stämme gegen Ölmultis, südamerikanische Zucker- und Baumwollbauern protestieren gegen die hoch subventionierte Konkurrenz aus dem Norden und Europa. Darin liegt heute das Hauptproblem der Globalisierungskritiker: die Interessenlage ist gespalten und die einst geschlossenen Anti-Front von Seattle und Genua zerbröselt.

Quelle: Eric Bonse, Handelsblatt Nr. 236, 06.12.2005, S. 6

Frau Bär und Herr Meens streiten sich mal wieder. Immer wenn es um Politik- oder Wirtschaftsfragen geht, vertreten die beiden unterschiedliche Meinungen. Dies gilt auch bezüglich der Frage, welche Bedeutung der Globalisierung in der heutigen Welt zukommt.

Frau Bär: Wenn ich diese Demonstrationen der Globalisierungsgegner sehe, kriege ich Kopfschmerzen. Was wollen die denn? Sollen wir die Grenzen wieder dichtmachen und jeder sieht zu, wie er am besten zurechtkommt?

Herr Meens: Das ist doch Unsinn. Zum Glück nehmen nicht alle Menschen wie die Schafe alles hin und wehren sich gegen Ungerechtigkeiten. Klar, dass Sie das nicht verstehen. Aber ohne die Proteste würde die Globalisierung noch ungezähmter voranschreiten und noch mehr Menschen würden in Armut verfallen.

Frau Bär: Genau umgekehrt wird ein Schuh daraus. Eben weil die Globalisierung voranschreitet, geht es immer mehr Menschen in der Welt besser. Die Länder, die ihre Märkte öffnen, erleben einen Wohlstandszuwachs. Nur dort, wo man sich verschließt, verschlimmert sich die Situation.

Herr Meens: So stellen es diejenigen dar, die von der Öffnung dieser Märkte profitieren und mit ihren Gütern endlich auch dort die Märkte überschwemmen können. Die gesamte Diskussion um die Liberalisierung der Märkte dient doch nur dazu, die Industriestaaten noch stärker zu machen.

Frau Bär: Na klar, so macht man sich die Welt mal wieder einfach. Da schwarz, da weiß. Doch für die wirtschaftlich schwierige Lage der Entwicklungsländer gibt es viele Gründe, vor allem auch innenpolitische. Wie soll denn Entwicklung stattfinden – ohne Öffnung. Zudem geht es mir echt auf den Geist, dass immer alle täglich von der Globalisierung profitieren, bei jeder Gelegenheit aber den moralischen Zeigefinger heben.

Herr Meens: Na klar, dann sagt man lieber gar nichts und lässt die Politik und das Großkapital machen … aber nicht mit mir.

Frau Bär: Nehmen wir noch ein Glas vom südafrikanischen Rotwein? …

A

1 Setzen Sie den Dialog fort, indem Sie weitere Argumente für beide Protagonisten entwickeln.

2 Erläutern Sie die Aussageabsicht der Karikatur.

3 Recherchieren Sie grundlegende Argumente, auf die sich Organisationen und Interessenverbände berufen, um sich für bzw. gegen die Prozesse und Wirkungen der Globalisierung auszusprechen.

4 Bewerten Sie die Wirkungen der Globalisierung für Ihr Leben. Begründen Sie Ihre Einschätzung.

7.3 Globalisierung auf unterschiedlichen Märkten

Der internationale Handel hat seit dem Zweiten Weltkrieg stark zugenommen. Zentrale Auslöser dieser Entwicklung waren die Innovationen im Transport- und Kommunikationswesen sowie die fortschreitende Liberalisierung des Handels mithilfe internationaler Institutionen (z. B. WTO, IWF, Weltbank, ILO, UNCTAD). Dabei ist die Palette der gehandelten Güter kaum zu überschauen. Den größten Anteil machen Energieträger und Rohstoffe aus. Maschinen, Kraftwerke, Flugzeuge und Schiffe liegen auf dem zweiten Platz. Es folgen Computer, Telefone und Bürogeräte.

Die beteiligten Gruppen Industrieländer, Entwicklungsländer (einschließlich der rohölexportierenden Länder) und Transformationsländer bilden die drei Pole des Welthandelsdreiecks. Der Anteil der jeweiligen Staatengruppen am Welthandel ist in den vergangenen Jahren relativ konstant gewesen.

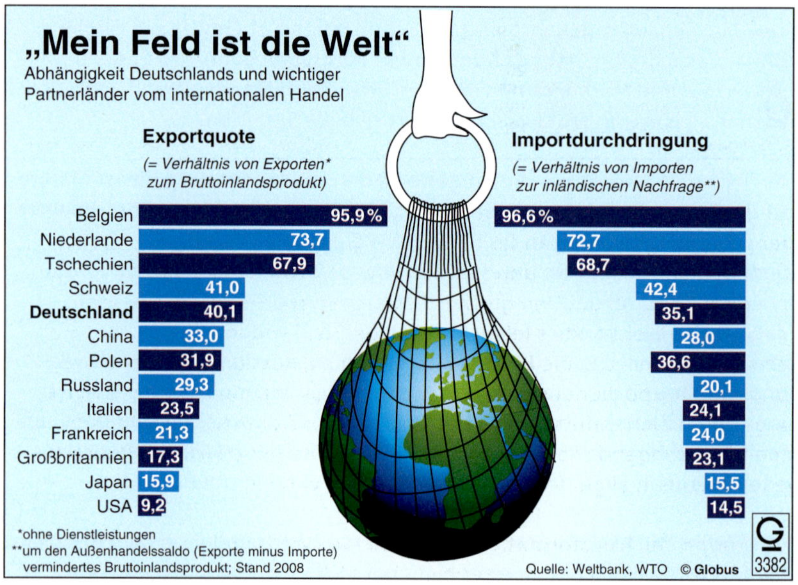

Die Industrieländer beherrschen den Welthandel, sie tätigen über zwei Drittel desselben. Ein entscheidender Grund für die herausragende Stellung der Industrieländer im Welthandel ist ihre diversifizierte (aufgefächerte) Produktionsstruktur, die es diesen Ländern ermöglicht, die Vorteile internationaler Arbeitsteilung überdurchschnittlich zu nutzen. Gleichzeitig profitierten die Industrieländer bisher davon, dass die Exportpreise für Fertigwaren, die den größten Teil ihres Außenhandelsvolumens ausmachen, oft stärker als die für Rohstoffe steigen. Demzufolge erhöhte sich der Wert des Handelsvolumens der Industrieländer verglichen mit dem anderer Staaten überdurchschnittlich. Ferner fördern supranationale regionale Institutionen wie etwa die EU oder die NAFTA den Handel zwischen den Industrieländern.

Das Freihandelsabkommen NAFTA (= North American Free Trade Agreement), seit dem 01.01.1994 in Kraft, soll hinsichtlich Gütern, Dienstleistungen und Kapitalverkehr bis spätestens 2015 eine vollständige Freihandelszone zwischen Kanada, den USA und Mexiko schaffen. Zahlreiche Zölle und Beschränkungen sind bereits beseitigt.

def.

Industriestaaten sind technisch hoch entwickelt und haben eine bedeutende eigene industrielle Güterproduktion. **Entwicklungsländer** weisen im Vergleich zu Industrieländern ein deutlich geringeres Sozialprodukt pro Kopf aus, die Arbeitsproduktivität ist deutlich niedriger, der Anteil der in der Landwirtschaft Beschäftigten ist ebenso wie die Analphabetenquote sehr hoch.
Als **Schwellenländer** bezeichnet man solche Entwicklungsländer, die sich im Zuge wirtschaftlichen Wachstums weiterentwickeln und schrittweise den Industriestaaten annähern.
Hierzu zählen auch die **Transformationsländer**, die sich im Zuge der Veränderung ihrer Wirtschaftsordnung von einer Plan- zu einer Marktwirtschaft zunehmend in den internationalen Handel integrieren.

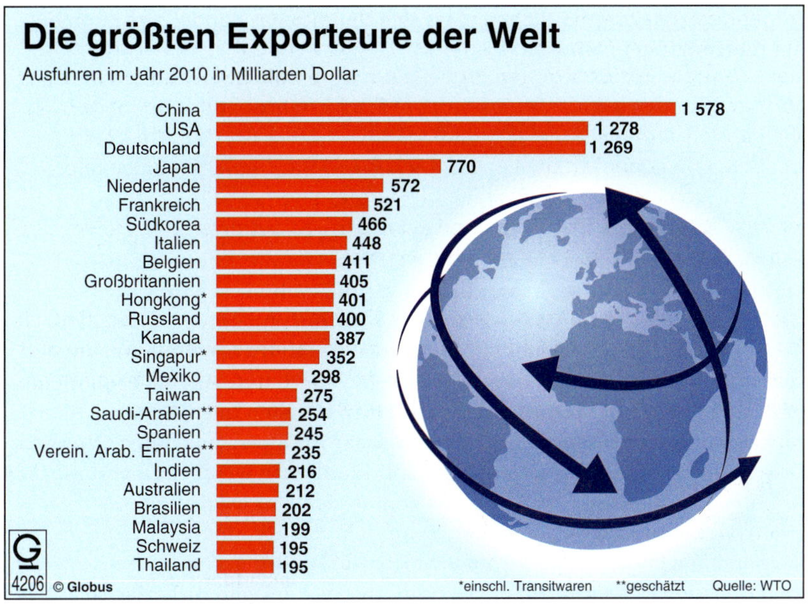

Auf die **Entwicklungsländer** entfallen ungefähr 40 % des Welthandelsvolumens. Die Entwicklungsländer bilden allerdings keine homogene Gruppe, sondern man subsumiert unter diesen Begriff Staaten mit sehr unterschiedlicher Handelsstruktur. Den größten Teil des auf die Entwicklungsländer entfallenden Welthandels leisten mit steigender Tendenz die sogenannten Schwellenländer (z. B. die BRIC-Staaten Brasilien, Russland, Indien, China) sowie die Ölexportländer. Anteilsrückgänge mussten die übrigen Entwicklungsländer hinnehmen, da die Entwicklung der Weltmarktpreise für die von ihnen überwiegend exportierten agrarischen und mineralischen Rohstoffe gegenüber dem allgemeinen Preisanstieg zurückblieb.

Die Gruppe der **Transformationsländer** hat am Welthandel nur einen geringen Anteil. Allerdings ist zu erwarten, dass sich ihr außenwirtschaftliches Gewicht nach einer erfolgreichen Transformation ihrer Wirtschaftssysteme zu offenen Marktwirtschaften vergrößern wird.

Wie bei den Sachgütern, so ist auch bei den Dienstleistungen eine kontinuierliche Zunahme der Handelsbeziehungen und -ströme zu erkennen. Während die weltweite Ausfuhr von Waren im Jahr 2010 um 21 % zulegen konnte, stieg der Export von Dienstleistungen um 9 % auf fast 3,8 Billionen US-Dollar. Davon entfiel jeweils rund ein Viertel auf die Bereiche Transport- und Reisedienstleistungen und die Hälfte auf nicht näher aufgegliederte Services wie z. B. Beratungsleistungen, die Auslagerung von Geschäftsprozessen und Finanzdienstleistungen.

A

1 Erläutern Sie die wesentlichen globalen Handelsbeziehungen in eigenen Worten. Verorten Sie die Position Deutschlands in diesem Zusammenhang.

2 Arbeiten Sie heraus, welche grundlegenden Prozesse zu einer Zunahme des internationalen Handels mit Dienstleistungen führen.

Folgende Artikel verdeutlichen, dass sich der globale Handel nicht immer nur gleichmäßig entwickelt:

Q

Japan kämpft noch mit der Katastrophe – da richtet sich auf den Märkten der Blick schon nach vorne […] Die Nuklear-Havarie könnte die Weltwirtschaft nachhaltig beeinflussen.

Falls Japan die atomare Gefahr in den Griff bekommt, rechnen Experten kurzfristig kaum mit negativen Folgen für die Weltwirtschaft. […]
Der Grund: Japan hat in den vergangenen Jahren ohnehin an wirtschaftlicher Bedeutung verloren. […] Dennoch ist die weltweite Situation angespannt: Europa und die USA müssen ihre eigene Schuldenkrise bewältigen – und die Unruhen in Nordafrika und Arabien belasten die Märkte.
Zuletzt sorgte die Katastrophe in Japan sogar für einen sinkenden Ölpreis. Denn Analysten erwarten, dass das Land kurzfristig weniger Öl verbraucht, wenn Fabriken stillstehen. Doch das könnte sich langfristig ändern, sagt HWWI-Experte Straubhaar. Wenn Japan sich von der atomaren Stromerzeugung abwende, könne die Lücke nicht kurzfristig mit regenerativen Energien geschlossen werden. Dann müsse das Land möglicherweise auf Öl und Gas zur Stromerzeugung ausweichen. Japan ist trotz seiner bisherigen Fokussierung auf Atomkraft bereits jetzt mit 4,5 Millionen Barrel Öl am Tag der weltweit drittgrößte Ölverbraucher und der größte Importeur von Flüssiggas und Kohle.
Sollte sich Japan zu einem Anti-Atomkurs entschließen, werde Öl knapper und dadurch teurer, sagt Straubhaar. Und das werde sich auch in der Weltwirtschaft niederschlagen.

Quelle: Spiegel Online 15.03.2011, unter: www.spiegel.de/wirtschaft/soziales/0,1518,750943-6,00.html, 10.04.2012

Q

Welthandel Brasilien schottet sich gegen die Krise ab

[…] Wohin will Brasilien in der kriselnden Weltwirtschaft? Die Frage stellen sich zunehmend mehr Staaten – nicht nur die Industrieländer, für die Brasilien als Rohstofflieferant, Absatzmarkt und Kreditgeber wichtig geworden ist. Auch die neuen Wachstumsländer wie Indonesien, Südkorea oder die Türkei beobachten genau, was sie von Brasilien kopieren könnten. Dabei besteht die Gefahr, dass Brasilien eine Lawine in Richtung Marktabschottung lostreten könnte. […]
Es ist […] die Industrie, auf der Brasilias Vision als neue Weltwirtschaftsmacht aufbaut: Denn das Land will diesmal seinen Energie- und Rohstoffreichtum für den eigenen Aufstieg zur Weltwirtschaftsmacht nutzen - und nicht wieder nur Rohstoffe liefern für den Aufstieg anderer Mächte.
„Warum soll sich Brasilien an die Regeln des freien Welthandels halten, wenn sich andere Wirtschaftsmächte auch wenig darum kümmern?“ fragt man sich in Brasilia. Womit ein zunehmender Zwist Brasiliens mit dem wichtigen Handelspartner China nur eine Frage der Zeit zu sein scheint. […]
Die schwierige Balance zwischen zeitweisem Marktschutz und Effizienzsteigerung zu finden, das ist die eigentliche Herausforderung Brasiliens.

Quelle: Handelsblatt Online, 01.10.2011, unter: www.handelsblatt.com/politik/international/welthandel-brasilien-schottet-sich-gegen-die-krise-ab/4659784.html, 11.04.2012

A

1 Stellen Sie die in den beiden Artikeln geschilderten gegenseitigen Abhängigkeiten und Wechselbeziehungen im internationalen Handel dar.

2 Erläutern Sie, weshalb die deutsche Volkswirtschaft in besonderem Maße von derartigen Entwicklungen betroffen ist.

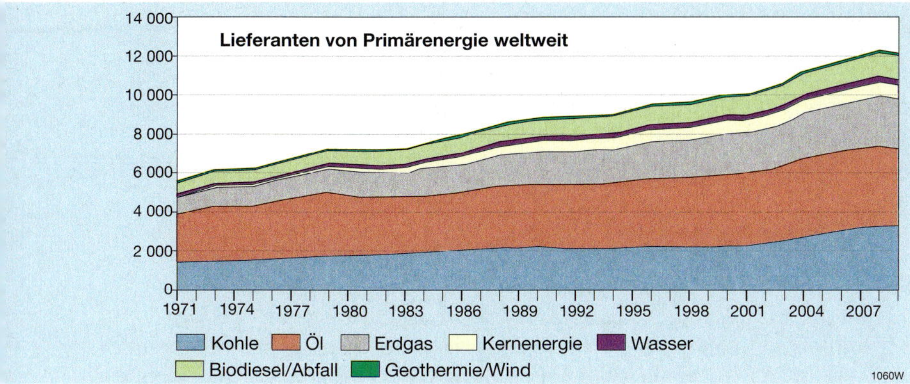

Weltweiter Energieverbrauch 1971–2009

Entwicklungen auf den Märkten für Rohstoffe

Das „Zusammenrücken" der Welt zeigt sich besonders deutlich auf den internationalen Märkten für Rohstoffe, insbesondere denen zur Gewinnung von Energie. Mit zunehmendem Wirtschaftswachstum vieler Staaten wächst auch deren Verbrauch an Energie. 2009 wurde etwa die doppelte Menge an Energierohstoffen verbraucht wie noch im Jahr 1973. Zu vermuten ist, dass sich dieser Trend in der Zukunft fortsetzen wird.

Auf der anderen Seite werden viele der benötigten (fossilen) Rohstoffe immer knapper. Dass dort, wo immer mehr Akteure um knappe Güter konkurrieren, es zu Konflikten kommt, liegt somit auf der Hand. Ein Beispiel hierfür ist die Auseinandersetzung um die Bodenrechte in der unterseeischen Arktis. Im Jahr 2007 hissten die Russen mithilfe einer U-Bootexpedition eine rostfreie Flagge auf dem dortigen Meeresgrund (s. Quelle unten).

Betrachtet man internationale politische oder gar kriegerische Konflikte etwas genauer, so stellt man immer wieder fest: Der Zugang zu und die Nutzung von Rohstoffen zur Energiegewinnung spielt in vielen Fällen eine herausragende Rolle. Ohne Energie läuft in einer modernen Gesellschaft nichts mehr. Dementsprechend hängt die Entwicklung des Wohlstands von einer ausreichenden Versorgung mit Energie ab.

Q

Russen „hissen" Fahne

[…] Grund für das symbolische Hissen der Flagge: Am Nordpol werden zehn Milliarden Tonnen Öl und Gas im Wert von mehr als 1000 Milliarden Dollar (735,3 Milliarden Euro) vermutet. Außerdem geht es um große Mengen an Gold und Diamanten. Durch die Eisschmelze als Folge des Klimawandels wird eine Erschließung der Arktis zunehmend einfacher. […] Vor allem wollen die Experten nun Bodenproben sammeln, um Russlands Ansprüche zu belegen. Russische Wissenschaftler gehen nach ihren bisherigen Erkundungen fest davon aus, dass der unter Wasser liegende Lomonossow-Rücken die natürliche und damit geologisch identische Fortsetzung des sibirischen Teils des Landes bildet. „Wir müssen die Grenze bestimmen, die nördlichste Grenze des russischen Kontinents", sagte der Expeditionsleiter, der Arktisforscher und Duma-Abgeordnete Artur Schilingarow. „Die Arktis gehört uns." […]

Quelle: www.focus.de/wissen/wissenschaft/klima/nordpol_aid_68659.html, 02.08.2007

A

1 Verdeutlichen Sie mithilfe eines einfachen Diagrammes, wie sich die Veränderungen von Angebot und Nachfrage auf den internationalen Energierohstoffmärkten auf die Preisbildung auswirken.

2 Verorten Sie die Position Deutschlands auf diesen Märkten. Legen Sie dar, inwieweit eine Abhängigkeit von stabilen internationalen Versorgungskanälen besteht.

Q

Vatikan: Weltweit 950 Millionen Migranten

Rom, 9.11.2009 (Kipa) Weltweit 950 Millionen Menschen haben nach Angaben des Päpstlichen Migrantenrats freiwillig oder unfreiwillig ihre Heimat verlassen, um anderswo zu arbeiten und zu leben. Dabei seien 214 Millionen außer Landes gegangen; 740 Millionen Menschen lebten als Binnenflüchtlinge oder Migranten im eigenen Staat. 37 Prozent der Wanderungsbewegungen verliefen von Entwicklungsländern in Industriestaaten. Mehr als 40 Millionen seien durch Konflikte, Hunger, Katastrophen oder autoritäre Regime zur Flucht gezwungen worden. [...]

Quelle: www.kipa-apic.ch/index.php?pw=&na=0,0,0,0,d&ki=201045, 04.06.2012

i

Auch deutsche Arbeitnehmer und Arbeitnehmerinnen suchen zunehmend ihr Glück im Ausland: Betrug der Anteil Deutscher in der österreichischen Tourismusbranche 2003 noch 3,1 Prozent, so belief er sich 2007 auf 5,9 Prozent.

Globalisierung auf dem Arbeitsmarkt

Die internationale Arbeitsteilung bewirkt, dass Güter dort produziert werden, wo im Ergebnis die besten bzw. günstigsten Produktionsbedingungen anzutreffen sind. Im Gegensatz zum Produktionsfaktor Kapital (hierzu zählen alle zur Produktion notwendigen Güter wie Maschinen, Anlagen oder Werkstoffe) weist der Produktionsfaktor Arbeit eine deutlich geringere Mobilität auf. Zudem schränken zum Teil politische Vorgaben die Durchlässigkeit auf den Arbeitsmärkten zusätzlich ein.

Um die Mobilität der Arbeitskraft zu erhöhen, spielen Anreize für Arbeitsmigration eine wesentliche Rolle. Arbeitskraft wandert – in der Theorie – dorthin, wo ihre Entlohnung am höchsten ist („Faktorproportionentheorem" vgl. Abschnitt 2.2). Die höchsten Löhne werden dort gezahlt, wo der Faktor „Arbeit" am produktivsten eingesetzt wird. Es gibt qualifizierte Arbeitskräfte, die heute quasi weltweit eine Anstellung finden können. Einige Beispiele sollen das verdeutlichen: Nach dem Zusammenbruch des Sozialismus hat es einen „brain drain" wissenschaftlichen Personals aus Osteuropa in reiche Industrieländer, insbesondere in die USA, gegeben. Viele Länder der Dritten Welt leiden heute auch darunter, dass die wenigen, gut ausgebildeten Fachkräfte zumeist im Ausland arbeiten. Aber auch Deutschland hat mit der Abwanderung von Fachkräften zu kämpfen: Spitzenforscher, insbesondere in den naturwissenschaftlichen Disziplinen, hinterlassen mit ihrer Auswanderung in besonderem Maß ein Vakuum am Wissenschafts- und Wirtschaftsstandort Deutschland.

Bedeutsamer ist allerdings die armutsbedingte Migration aus Entwicklungsländern in die Industrieländer; sie wird künftig aller Voraussicht nach noch zunehmen. Nach Schätzungen flüchten von zehn Migranten neun aus wirtschaftlichen und nur einer aus politischen Gründen.

Die UN schätzen die Zahl der sogenannten internationalen Migranten, also derjenigen Menschen, die nicht in dem Land, in dem sie geboren sind, leben, für das Jahr 2005 auf 191 Millionen. Das sind etwa 3 % der Weltbevölkerung. Bevorzugte Ziele von Migranten sind Nordamerika, westeuropäische Länder, die Golfstaaten und Australien. Liegt der Anteil der Zuwanderer an der Gesamtbevölkerung in Europa, Nordamerika und Ozeanien teilweise deutlich über 5 % – in den USA belief er sich 2007 z. B. auf 12,4 % –, kommen in Afrika, Asien und Lateinamerika weniger als 3 % der Bevölkerung aus dem Ausland.

Während hochqualifizierte Arbeitskräfte zu den Gewinnern der Veränderungen im Zuge der Globalisierung zählen, sind es vor allem die geringqualifizierten, die als Verlierer der globalen Veränderungen der Arbeitsmärkte genannt werden müssen. Es gilt: Je qualifizierter und produktiver ein Arbeitsplatz ist, desto weniger besteht die Gefahr, dass er ins Ausland verlagert wird oder zur Abwendung dieser Gefahr Lohneinbußen hingenommen werden müssen.

Viele Staaten greifen zu unterschiedlichen Mitteln, um Schutzbarrieren für ihre Arbeitnehmer aufzubauen. Ein Beispiel ist das in Deutschland geltende Arbeitnehmer-Entsendegesetz, nach dem im Inland geltende Mindeststandards in bestimmten Branchen auch für ausländische Arbeitgeber, die Arbeitskräfte in Deutschland einsetzen, verbindlich sind.

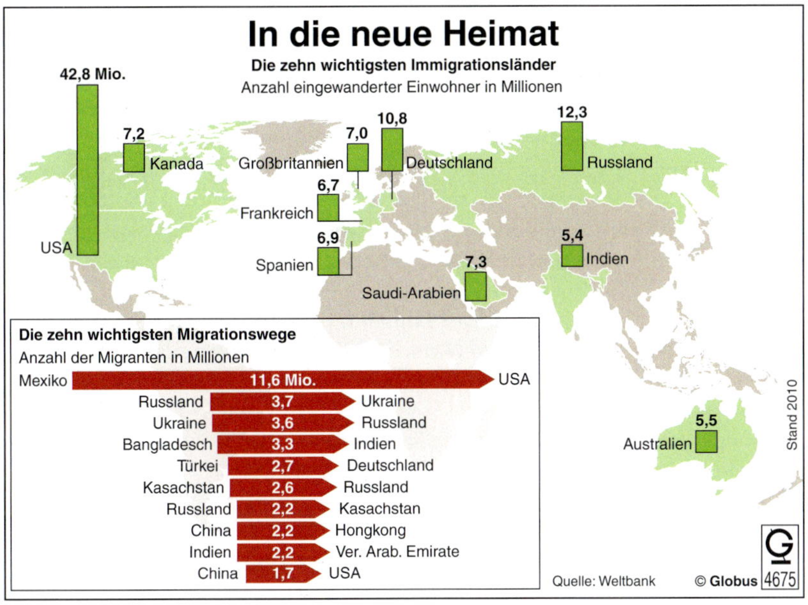

Q

Entsendegesetz: Schutz gegen die globalisierte Arbeitswelt

[...]

Die Globalisierung ist deutschen Arbeitnehmern viel näher, als sie es selbst oft vermuten: So kommen vermehrt im Ausland ansässige Unternehmen nach Deutschland und führen hier Aufträge aus. Dabei treten sie oft als Subunternehmer heimischer Betriebe auf und entsenden dafür ihre Arbeitnehmer nach Deutschland. Im Interesse eines fairen Wettbewerbs und zur Wahrung der Interessen aller Arbeitnehmer gibt es deshalb das Arbeitnehmer-Entsendegesetz.

[...]

Das Entsendegesetz regelt für bestimmte Branchen Mindeststandards am Arbeitsplatz. Es versucht, Dumpinglöhne und verschlechterte oder unterschiedliche Arbeitsbedingungen zu vermeiden. Schließlich sind die entsendeten Arbeitnehmer von ihren Unternehmen grundsätzlich zu den Arbeitsbedingungen ihres Herkunftsstaates beschäftigt. Doch gerade bei osteuropäischen Arbeitnehmern unterscheiden sich diese gravierend von den hiesigen. [...]

Nach dem Entsendegesetz muss der Arbeitgeber seinen Mitarbeitern für die Zeit der Entsendung die am Arbeitsort maßgeblichen Arbeitsbedingungen gewähren. Dieses Gesetz gilt immer dann, wenn es sich um Arbeitsbedingungen handelt, die in Gesetzen und Verwaltungsvorschriften geregelt sind. Hierzu zählen Höchstarbeitszeiten und Mindestruhezeiten, bezahlter Mindestjahresurlaub, Mindestentgeltsätze einschließlich der Überstundensätze, Arbeitsschutz und -sicherheit, Schutzvorschriften für Schwangere sowie Nichtdiskriminierungsvorschriften.

[...]

Sind die Arbeitsbedingungen in Tarifverträgen geregelt, kann das Bundesministerium für Arbeit und Soziales eine spezielle Rechtsverordnung erlassen. Die tariflich geregelten Arbeitsbedingungen werden dann auf alle nicht tarifgebundenen Arbeitgeber und Arbeitnehmer erweitert.

Quelle: Ulf Weigelt, unter: www.stern.de/wirtschaft/arbeit-karriere/arbeit/:Entsendegesetz-Schutz-Arbeitswelt/607680.html, 04.06.2012

A

1 Definieren Sie den Begriff „Binnenflüchtlinge“ und nennen Sie Staaten, in denen diese anzutreffen sind.

2 Erklären Sie in eigenen Worten, weshalb deutsche Arbeitnehmer und Arbeitnehmerinnen mit einer relativ hohen Qualifikation eher von der Globalisierung profitieren, während für niedrig qualifizierte Arbeitskräfte das Gegenteil gilt.

3 Diskutieren Sie Vor- und Nachteile rechtlicher Regelungen, wie sie mit dem Entsendegesetz vorliegen. Nehmen Sie hierbei die Perspektiven von Arbeitgebern, Arbeitnehmern und Konsumenten ein und identifizieren Sie mögliche Interessenkonflikte.

4 Erläutern Sie, inwieweit der deutsche Staat heute Anreize schaffen muss, um Fachkräfte anzulocken bzw. zu halten. Ermitteln Sie hierzu geeignete Instrumente und zeigen sie auf, weswegen diese wirksam sein können.

Börse in New York, Wall Street

Kleinanleger verfolgen im Oktober 2009 in Shanghai die Entwicklung des Aktienmarktes.

Globalisierung auf den Märkten für Kapital

Der Abbau von Beschränkungen und Kontrollen im Kapitalverkehr in den 1970er Jahren und der rasante Fortschritt im Bereich der Informations- und Kommunikationstechnologie ermöglichen es Unternehmen und Einzelpersonen heute, ihr Vermögen weltweit dort anzulegen, wo es die höchsten Erträge bringt. Kein zweiter Bereich ist durch die Globalisierung so beschleunigt worden wie der internationale Kapitalverkehr, kein Gut so mobil wie Kapital. Gigantische Summen jagen praktisch ohne Transaktionskosten und Zeitverzögerung rund um die Welt, den höchsten Renditen hinterher.

Insbesondere seit Mitte der 1980er Jahre hat der Kapitalexport stark zugenommen. Die internationalen Wirtschaftsbeziehungen verlagern sich seitdem tendenziell vom Waren- zum Finanzhandel. Es gibt verschiedene Formen des Kapitalexports:

- Direktinvestitionen (Gründung oder Erwerb von Unternehmen im Ausland sowie Fusionen),
- Portfolioinvestitionen (indirekte Investitionen, d. h. Übertragung von inländischem Kapital ins Ausland zum Zweck des Erwerbs von Forderungen, die keine direkten Eigentumsrechte begründen, z. B. Anteile an Unternehmen ohne Einfluss auf die Unternehmenspolitik),
- Spekulationen (kurzfristige Kapitalbewegungen).

Q

Globaler Kapitalverkehr

[…] Der globale Markt heute ist eine elektronische Herde, die aus häufig anonymen, über Computer und Netzwerke miteinander verknüpften Aktien-, Anleihe- und Devisenhändlern und Investoren besteht. Die elektronische Herde sieht niemandem schlechte Leistungen nach. Niemandem. Ihre besonderen Umstände interessieren die Herde nicht, sie kennt nur ihre eigenen Regeln. […] Nun, die Herde grast in 180 Ländern, und sie hat keine Zeit, sich unablässig im Detail mit Ihrem Fall zu beschäftigen. Ihr Urteil, ob Ihr Land nach ihren Vorgaben lebt, basiert auf Momentaufnahmen; und wer sich an die Vorgaben hält, wird reich belohnt. Die Herde hasst Überraschungen. Die Herde ist nicht unfehlbar. Sie macht hin und wieder Fehler, sie neigt zu Überreaktionen und dazu, über das Ziel hinauszuschießen. Aber wenn Ihre wirtschaftlichen Rahmenbedingungen in Ordnung sind, dann erkennt sie das früher oder später und kehrt zurück. Die Herde ist niemals sehr lange blind. Letzten Endes wird sie eine gute Regierung und eine gute Wirtschaftspolitik honorieren. […]

Quelle: Thomas L. Friedman: Globalisierung verstehen. Zwischen Marktplatz und Weltmarkt, 2000, Berlin: Econ, S. 130 ff.

Direktinvestitionen finden im Wesentlichen zwischen den Industrieländern statt, der Anteil der Schwellenländer nimmt allerdings zu. Etwa 85 % der Direktinvestitionen entfallen auf die USA, Japan, Großbritannien, Deutschland, Frankreich, Niederlande und Kanada. Die mittel- und osteuropäischen Transformationsländer und die Entwicklungs- und Schwellenländer kamen mit 52 % erstmals auf einen höheren Anteil als die Industrieländer. Von diesem „Boom" profitieren jedoch nicht alle Staaten: So gingen die Investitionen in die am wenigsten entwickelten Länder im Jahr 2010 um drei Milliarden Dollar zurück. Zusammen erhielten die knapp 50 Länder nur 23 Milliarden Dollar (zum Vergleich: Deutschland: 46 Mrd. Dollar).

Bulle und Bär als Symbole steigender bzw. fallender Aktienkurse vor der Börse in Frankfurt

Internationale Banken, Versicherungen und Brokerhäuser sind auf den Geldmärkten aktiv und handeln mit Aktien, Anleihen, Devisen, Terminen und Optionen. Nicht selten werden mit diesen Transaktionen keine realen Geschäfte abgewickelt, sondern es wird spekuliert. Um die mit den Schwankungen auf den Devisen- und Finanzmärkten verbundenen Geschäftsrisiken zu vermindern, sind entsprechende Finanzierungsinstrumente entwickelt worden.

Die komplexen und zunehmenden Verknüpfungen der globalen Finanzwelt führen nicht nur zu Wohlfahrtsgewinnen, sondern bergen auch zahlreiche Risiken und Gefahren, die in der weltweiten Finanzkrise zum Ausdruck kommen (vgl. Abschnitt 5).

GLOBALE FINANZKRISE

7.4 Auswirkungen der Globalisierung

Chancen und Risiken für Konsumentinnen und Konsumenten

Alle wissen, dass wir in unserem Alltag eine Vielzahl von Gütern und Dienstleistungen nutzen, die aus den verschiedensten Regionen der Welt stammen. Und trotzdem überrascht bei genauerem Hinsehen immer wieder, wie viele Lebensbereiche betroffen wären, könnten wir lediglich auf Produkte aus dem eigenen Land zurückgreifen. Wie sähen z. B. unsere Wohnungen aus, wenn wir alle Einrichtungsgegenstände, die nicht in Deutschland hergestellt wurden, aus ihnen entfernen würden?

Ermitteln Sie doch einmal alle Güter, die aus dem Ausland kommen und deren Ge- bzw. Verbrauch für Sie alltäglich ist. Tragen Sie diese nach Bereichen gegliedert in eine Liste ein (vgl. unten) und bestimmen Sie zugleich den ungefähren Anteil der ausländischen Güter am Gesamtvolumen in Prozent.

Ausländische Güter im Alltag

Bekleidung/Schuhe	Nahrungsmittel/Getränke	Literatur/Musik/Film
Anteil ausländischer Güter: ca. .... %	Anteil ausländischer Güter: ca. .... %	Anteil ausländischer Güter: ca. .... %
Beispiele:	Beispiele:	Beispiele:
1. T-Shirt, China	1. Bio-Paprika, Israel	1. Paul Auster, Man in the Dark, Großbritannien
2.	2.	2.
3.	3.	3.
4.	4.	4.

Q

Fabian Seel träumt davon, die Welt zu erkunden. In Italien war er schon, in der Schweiz und in Schottland. Nun haben es ihm die USA, Asien und Australien angetan. „Das wäre schon gut", sagt er lächelnd.

Im Zimmer des 14-Jährigen in Berlin ist die Welt zu Hause. Überall finden sich Produkte, die Fabian oder seine Eltern zwar hier gekauft haben, die aber eine lange Reise hinter sich haben. Sie sind von ausländischen Firmen erfunden worden, oft wurden sie auch anderswo hergestellt. Der Computer etwa, das Lego-Spielzeug und auch das Ikea-Regal namens Ivar. In den vergangenen Jahren ist es immer einfacher und billiger geworden, Waren über weite Strecken zu transportieren. Zudem erlauben immer mehr Länder anderen, ihre Produkte bei ihnen zu verkaufen, ohne hohe Zölle zu verlangen. Aufs Fabians iPod steht „Designed in California" und „Assembled in China": Die Idee hatte die Firma Apple in Amerika, zusammengebaut wurde der Musikspieler von Chinesen. Das ist billiger für den Hersteller: Einem chinesischen Arbeiter muss Apple weniger Geld dafür zahlen, die Bauteile zusammenzufügen, als einem Amerikaner. In China braucht man weniger Geld zum Leben, sodass selbst ein im Vergleich zu den USA oder Europa geringer Lohn für viele attraktiv ist.

Fabian ist egal, wo seine Sachen herkommen. „Bestimmte Marken haben halt Qualität und sind kreativ", sagt er. Deshalb kauft er gern T-Shirts der US-Marke Element. Die werden in Mauritius genäht.

Quelle: Welt am Sonntag Nr. 4, 25.01.2009, S. 20

Als Konsumentinnen und Konsumenten eines Industriestaates profitieren wir erheblich von der Globalisierung und dem Welthandel. Der Wohlstandszuwachs dank der Globalisierung geht allerdings einher mit einigen Risiken, mit denen die Konsumenten und Konsumentinnen von heute umgehen müssen. Dass die Angebotspalette ständig wächst, macht es der Kundschaft nicht leicht, den Durchblick zu wahren. Zudem fehlen oft Informationen, um die Produktqualität zu beurteilen. Hinzu kommt: Galten früher für verschiedene Produkte Herkunftsbezeichnungen wie „Made in Germany" oder „Made in Switzerland" als Qualitätsmerkmale, nach denen die Verbraucherinnen und Verbraucher ihr Kaufverhalten ausrichten konnten, so gilt dies heute nur noch in den wenigsten Fällen.

Insgesamt lässt sich feststellen: Obgleich die Verantwortung dafür, die Qualität der Produkte zu bewerten, verstärkt an die Konsumentinnen und Konsumenten zurückgegeben wird, sinkt die Markttransparenz kontinuierlich. Hier besteht die Notwendigkeit gegenzusteuern: International geltende Mindestqualitätsstandards und Informationspflichten festzulegen, sind geeignete Instrumente hierfür. Was auf der Ebene der Europäischen Union zumindest in Teilen bereits umgesetzt ist, steckt bezogen auf die globale Wirtschaftswelt jedoch oft noch in den Kinderschuhen.

Spielzeug aus China

Q

Warnsystem für Konsumgüter – Spielzeug aus China fällt beim Gefahrencheck durch

[...]

Dortmund – Im europäischen Schnellwarnsystem für gefährliche Konsumgüter sind 2009 in Deutschland erneut Waren aus China besonders negativ aufgefallen. Unter den insgesamt 232 Produkten, die an das System gemeldet wurden, kamen allein 96 aus China. Darunter seien 53 Spielzeuge gewesen, teilte die Bundesanstalt für Arbeitsschutz und Arbeitsmedizin am Mittwoch in Dortmund mit.

Von den 232 Waren verstieß fast jedes fünfte Produkt gegen die Spielzeugverordnung:

— So konnten Kinder zum Beispiel leicht Kleinteile verschlucken.
— Andere wiesen unzulässige chemische Inhaltsstoffe auf: Lacke waren oft mit zu hohen Blei- und Chromwerten belastet.
— Auch bei Schreib- und Bastelbedarf wurden oftmals verschluckbare Kunststoffhüllen mitgeliefert.
— Gegen die allgemeinen Regeln zur Produktsicherheit verstießen unter anderem Kinderjacken, an deren langen Wollfasern Kinder ersticken konnten.

Aus Deutschland wurden 36 mangelhafte Produkte gemeldet, darunter 19 Fahrzeuge. Dabei handelte es sich vor allem um Rückrufe für mangelhafte Teile bei Autos. Aus Frankreich kamen 13 mangelhafte Produkte, darunter 10 Motorfahrzeuge.

Das Schnellwarnsystem der EU namens Rapex gilt für gefährliche Konsumgüter mit Ausnahme von Nahrungs- und Arzneimitteln sowie medizinische Geräte. Mit dem System warnen sich die Staaten untereinander vor Gefahren.

Quelle: Spiegel Online, 16.06.2010, unter: www.spiegel.de/wirtschaft/warnsystem-fuer-konsumgueter-spielzeug-aus-china-faellt-beim-gefahrencheck-durch-a-701142.html, 31.05.2012

A

1 Fassen Sie die Vor- und Nachteile der Globalisierung für deutsche Konsumentinnen und Konsumenten in eigenen Worten zusammen. Erstellen Sie eine Liste, in der Sie diese stichpunktartig festhalten und ergänzen Sie diese durch weitere Punkte.

2 Setzen Sie sich mit Ihrem eigenen Konsumverhalten auseinander. In welchen Bereichen fällt der Verzicht auf Produkte aus dem Ausland leicht, in welchen schwer? Vergleichen Sie Ihre Ergebnisse mit denen Ihrer Mitschüler und Mitschülerinnen und stellen Sie Gemeinsamkeiten bzw. Unterschiede heraus.

Rumänische Erntehelfer bei der Apfelernte im Alten Land bei Hollern, Kreis Stade, im Oktober 2009

Chancen und Risiken für Arbeitnehmer und Arbeitnehmerinnen
Ob die Globalisierung für deutsche Arbeitnehmer und Arbeitnehmerinnen von Vorteil ist oder sich nachteilig auswirkt, ist, wie bereits angedeutet wurde, keineswegs einfach oder einheitlich zu beantworten. Fest steht allerdings, dass die weltweiten Entwicklungen sich durchaus deutlich auf dem heimischen Markt niederschlagen.
Der Präsident des Ifo-Institutes, Hans-Werner Sinn, stellte hierzu fest: „Die Verlierer der Globalisierung sind nicht die Unternehmen, sondern die Arbeitnehmer in Deutschland." Globalisierung bezeichne einen Prozess, bei dem Gerechtigkeit keine Rolle spiele. Betroffen seien nach den Ergebnissen einer Studie seines Forschungsinstitutes vor allem die unteren Einkommensschichten. Ein wichtiger Grund liege darin, dass Industriebeschäftigung schneller abgebaut als Dienstleistungsbeschäftigung aufgebaut werde.

Der Druck auf diese Beschäftigtengruppe wächst zunehmend, auch wenn nationale Vorgaben die Konkurrenz ausländischer Arbeitnehmer und Arbeitnehmerinnen im eigenen Land weiterhin stark beschränken. Allerdings weisen viele Experten und Expertinnen darauf hin, dass die Globalisierung gerade im exportstarken Deutschland auch für positive Beschäftigungseffekte verantwortlich zeichnet und viele Arbeitsplätze überhaupt erst durch die internationalen Handelsbeziehungen existieren.

Klar, dass Frau Bär und Herr Meens auch hier unterschiedlicher Meinung sind:

Herr Meens: Bei mir in der Firma werden schon wieder Leute in der Produktion entlassen … Die Arbeitsplätze wandern nach Asien. Und hier müssen die Menschen ihre Häuser verkaufen. Die freuen sich auch wahnsinnig über die von dir in so leuchtenden Farben gemalte Globalisierung.

Frau Bär: Na klar ist das für die Menschen schlimm, aber da hat man in Deutschland auch lange geschlafen. Und du willst doch wohl nicht bestreiten, dass es viele Arbeitsplätze überhaupt erst aufgrund der internationalen Wirtschaftsbeziehungen gibt.

Herr Meens: Sind wir mal wieder so weit, reden wir mal wieder alles schön. Der rumänische Bauarbeiter macht hier die Arbeit für den halben Lohn, der chinesische Fabrikarbeiter stellt unsere Möbel her, in Südafrika baut man unsere Autos – und Frau Bär findet es toll.

Frau Bär: Und was ist mit den vielen Jobs, die in Deutschland entstehen, weil es die Globalisierung gibt? Oder glaubst du, die Menschen in den Automobil- und Maschinenfabriken haben Arbeit, weil im Inland so viel nachgefragt wird? Zudem bieten sich für qualifizierte Arbeitnehmer vielfältige neue Möglichkeiten; dein Sohn macht doch auch gerade in Russland sein Praktikum.

Herr Meens: So sieht es aus: Die oben haben's immer besser, und die unten beißen die Hunde. Und jeder, der nicht gut in IT oder Finanzwirtschaft ist, der kann zusehen, woher das Geld zum Überleben kommt.

Frau Bär: Und daran ist die Globalisierung schuld? Oder ist das nicht einfach struktureller Wandel, den wir auch in der Vergangenheit hatten?

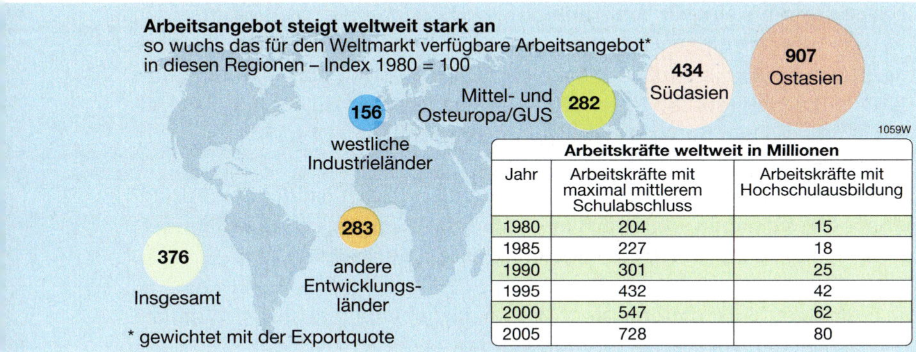

Arbeitskräfte weltweit in Millionen

Jahr	Arbeitskräfte mit maximal mittlerem Schulabschluss	Arbeitskräfte mit Hochschulausbildung
1980	204	15
1985	227	18
1990	301	25
1995	432	42
2000	547	62
2005	728	80

Festzuhalten ist: Das Angebot an gering qualifizierten Arbeitskräften steigt weltweit kontinuierlich und damit auch die Konkurrenz für die deutschen Arbeitnehmer und Arbeitnehmerinnen. Seit 1980 hat sich das Arbeitskräfteangebot etwa vervierfacht, rund 50 % gehen dabei auf das Konto Ostasiens. Die Zahl der gering qualifizierten Arbeitskräfte ist weltweit um mehr als 500 Millionen auf über 700 Millionen angewachsen.

Doch einfache Schlüsse sollten nicht gezogen bzw. folgende Aspekte stets bedacht werden:

- Der Abbau geringqualifizierter Beschäftigung in Deutschland und Europa ist nicht nur der Verlagerung von Arbeitsplätzen in Niedriglohnländer geschuldet, auch der technische Fortschritt spielt eine wichtige Rolle (Stichwort: Strukturwandel).
- Gleiches gilt für die zunehmende Lohnspreizung, also das Auseinandergehen von Löhnen für unterschiedliche Beschäftigtengruppen.
- Die Verlagerung von Arbeitsplätzen ins Ausland verändert die Arbeitsnachfrage im Inland zugunsten hochqualifizierter Arbeitskräfte. Allerdings erhöht sich dadurch auch die Wettbewerbssituation deutscher Unternehmen und eröffnet zum Teil wieder Perspektiven für deutsche Arbeitnehmer und Arbeitnehmerinnen.

Des Weiteren steht fest: Für hochqualifizierte Arbeitnehmer und Arbeitnehmerinnen bietet die Globalisierung vielfältige Chancen, und Deutschland steht hier im Wettbewerb um die „besten Köpfe".

Q

Kampf um die besten Köpfe

[…] „Bessere Berufs- und Einkommensperspektiven", „höhere Lebensqualität", „mehr Gestaltungsfreiheit": Das Baseler Prognos-Institut hat in einer neuen Studie die Motive von Fach- und Führungskräften ermittelt, die ins Ausland übergesiedelt sind und bis auf Weiteres auch keine Rückkehr planen. Zwar war laut Prognos immerhin gut die Hälfte der Auswanderer bereits vor der Ausreise mit ihren Lebensverhältnissen zufrieden. Im Ausland angekommen, sind es allerdings 84 Prozent.
Zwar gibt es keine amtlichen Daten, die das Bildungsniveau der Auswanderer aufschlüsseln. Wohl aber weist die Statistik aus, dass es sich ganz überwiegend um Menschen im besten Erwerbsalter handelt – und nicht etwa nur um die berühmten Mallorca-Rentner. Insgesamt wanderten laut Statistischem Bundesamt 2007 gut 165.000 Deutsche aus, das waren 50 Prozent mehr als 2001. […]

Quelle: Dietrich Creutzburg, Handelsblatt Nr. 121, 25.06.2008, S. 2

A

1 Setzen Sie den Dialog zwischen Herrn Meens und Frau Bär fort, indem Sie weitere Argumente für beide entwickeln.

2 Ermitteln Sie grundlegende Argumente, mit denen sich Organisationen für bzw. gegen die Prozesse und Wirkungen der Globalisierung auf dem deutschen Arbeitsmarkt auseinandersetzen.

3 Bewerten Sie die Wirkungen der Globalisierung auf Ihre eigenen Zukunftsperspektiven. Begründen Sie Ihre Einschätzungen in einer Diskussion.

Q

Ikea kämpft in Russland mit Korruption

[...] Es ist nicht das erste Mal, dass Kamprad und sein Konzern offen über Korruption und Kriminalität in Russland berichten. Bereits vor fünf Jahren ging das Unternehmen an die Öffentlichkeit, als ein bereits fertiggestelltes Möbelhaus bei Moskau nicht öffnen konnte, da angeblich eine Baugenehmigung für eine Zufahrtsstraße fehlte.
Jetzt kämpft der Möbelriese mit den Behörden in Samara an der Wolga um die Eröffnung seines zwölften Einkaufszentrums. Obwohl die Waren im Ikea-Möbelhaus sowie vielen angeschlossenen Geschäften bereits eingeräumt sind, kann das Zentrum nicht öffnen, da die zuständigen Behörden überraschend neue Bauvorschriften erließen.
„Jetzt ist unser 100.000 Quadratmeter großes Einkaufszentrum nicht sturmsicher genug", erklärte Ikeas Russland-Chef Per Kaufmann. „Ein Beamter in Samara sagte allerdings, er kenne einen Bauunternehmer, der uns schnell helfen könnte." [...]

Quelle: Helmut Steuer, Handelsblatt Nr. 116, 22.06.2009, S. 13

Chancen und Risiken für Unternehmen

Deutsche Unternehmen sind, wie wir gesehen haben, in hohem Maße in das internationale Wirtschaftsgeschehen eingebunden. Und dies gilt nicht nur für die bekannten großen Unternehmen wie z. B. VW, Daimler, BASF oder Allianz, sondern auch für viele mittelständische Betriebe.

Die unterschiedlichen Motive eines Unternehmens, sich (stärker) im Ausland zu engagieren, haben wir bereits in Abschnitt 2.3 vorgestellt. Die wichtigsten sind in der Übersicht unten nochmals zusammengefasst.

Die Formen der Internationalisierung sind dort ebenfalls ausführlich dargestellt, weswegen wir sie hier nur kurz wiederholen:
- Greenfield Start,
- Übernahme eines ausländischen Unternehmens,
- Fusion bzw. Zusammenschluss,
- Joint Venture,
- Zusammenarbeit für eine begrenzte Zeit.

Werden Unternehmen außerhalb der Europäischen Union aktiv, so spielen verschiedene Rahmenbedingungen eine Rolle, die es zu beachten gilt. Hierzu zählen:
- politische Risiken (z. B. Instabilitäten, Terrorakte),
- natürliche Gegebenheiten (z. B. klimatische Bedingungen, mangelhafte Infrastruktur),
- rechtlich-politische Normen,
- kulturelle Traditionen und Wertvorstellungen,
- technologischer Entwicklungsstand.

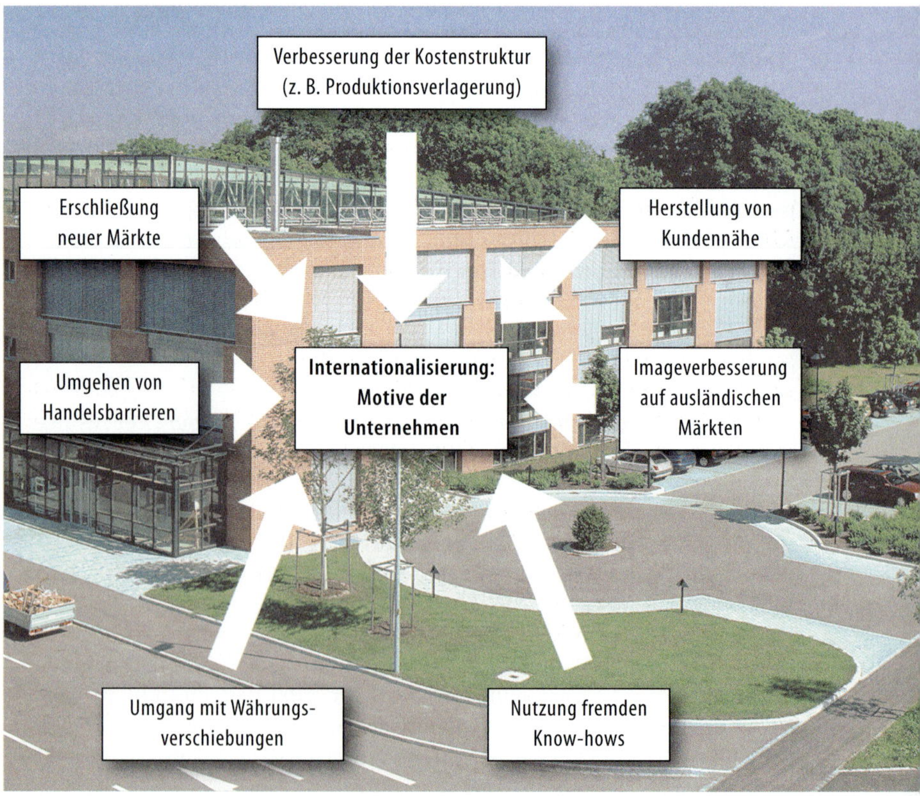

Motive für ein Engagement im Ausland

Grenzüberschreitende Unternehmensfusionen können sich immer wieder als problematisch erweisen, wie die folgenden Beispiele zeigen:

Q

Reebok bringt Adidas in Not

Mit der Übernahme der US-Sportmarke Reebok wollte Adidas den großen Konkurrenten Nike in seinem Heimatmarkt angreifen. Doch das Vorhaben ist grandios gescheitert. Die Produkte verkaufen sich schlecht, Besserung ist nicht in Sicht. Experten fordern nun den Verkauf der verlustreichen US-Tochter.

[...] Der Umsatz ist im Keller, die Verluste sind so hoch wie nie: Für den Sportkonzern Adidas entwickelt sich die US-Tochter Reebok zum Alptraum. Experten bezweifeln inzwischen, dass die Franken die Marke von der amerikanischen Ostküste jemals in den Griff bekommen. Die Kunden machen einen großen Bogen um Reeboks Turnschuhe und T-Shirts.

„Reebok fehlen Produkte, die ein Händler zwingend haben müsste", sagt Intersport-Chef Klaus Jost. Früher habe Europas größte Sporthändlervereinigung schon mal strategisch Aufträge an die Amerikaner vergeben, um ein Gegengewicht zu den Marktführern Adidas und Nike zu schaffen. „Diese Aufträge fallen heute weg."

Anfang 2006 hatte Adidas den amerikanischen Wettbewerber für mehr als drei Mrd. Euro gekauft. Drei Jahre später fällt die Bilanz verheerend aus: Reebok steckt tief in den roten Zahlen. Der Umsatz fiel im ersten Quartal auf nur noch 458 Mio. Euro – und damit unter das Niveau von 2006. Damals schaffte Reebok ungefähr dieselben Erlöse in nur zwei Monaten.

[...]

Quelle: Joachim Hofer, Handelsblatt Nr. 100, 27.05.2009, S. 20

Q

Zetsche zerschlägt die Welt AG

DaimlerChrysler ist Geschichte: Konzernchef Zetsche verkauft die US-Tochter für 5,5 Milliarden Euro an den Investor Cerberus. Es ist ein Mega-Minusgeschäft für die Deutschen und das Ende der Welt AG – trotzdem sind alle froh.

[...] 1998 hatte der damalige Daimler-Benz-Chef Jürgen Schrempp 36 Milliarden Dollar für Chrysler gezahlt. Neun Jahre später ist nun die deutsch-amerikanische Ehe am Ende. [...]

Nach der Scheidung wird auch der Name geändert: Aus DaimlerChrysler soll die Daimler AG werden. Die 5,5 Milliarden Euro von Cerberus fließen dem Konzern zufolge in eine neue Gesellschaft, die zum einen die klassische Fahrzeugproduktion betreibt, zum anderen die Finanzdienstleistungssparte von Chrysler. [...]

DaimlerChrysler erhält demnach nur die verbleibende eine Milliarde Euro und gibt der Fahrzeugsparte gleichzeitig ein Darlehen von 300 Millionen Euro. Weil DaimlerChrysler außerdem die Fahrzeugsparte schuldenfrei übergeben muss, bleibt unter dem Strich ein Verlust – nach Angaben aus dem Konzern gut 500 Millionen Euro. [...]

Quelle: www.spiegel.de/wirtschaft/0,1518,482790,00.html, 14.05.2007

A

1 Recherchieren Sie die weitere Umsatzentwicklung von Reebok und kommentieren Sie diese.

2 Ermitteln Sie Gründe, weswegen die Fusion von Daimler und Chrysler nicht erfolgreich war.

def.

Plagiat:
Ein Plagiat ist die Nachahmung eines Produkts. Es zeichnet sich wesentlich dadurch aus, dass gegenüber dem Original Änderungen vorgenommen wurden, die aber erst bei genauer Betrachtung erkannt werden können.

Fälschung:
Bei einer Fälschung wird der Käufer über die Herkunft eines Produkts perfekt getäuscht. Er erwirbt es in der festen Überzeugung, es handle sich um das Produkt einer renommierten Firma. Eine Fälschung ist ein Straftatbestand.

Produktpiraterie

Seit der Jahrtausendwende bereitet die Produktpiraterie (auch Markenpiraterie genannt) deutschen Unternehmen zahlreiche Probleme. Mit diesen Fälschungen und Plagiaten sind häufig auch Verletzungen des Urheber- und Patentrechts verbunden.
Der wirtschaftliche Schaden, der durch Produktpiraterie entsteht, darf keineswegs unterschätzt werden. Die „Aktion Plagiarus e. V." nennt folgende Zahlen, die einen Eindruck vom Ausmaß des Problems vermitteln:

Q

Schäden durch Produktpiraterie

- 10 Prozent des Welthandels sind Fälschungen und Nachahmungen
- Weltweiter volkswirtschaftlicher Schaden pro Jahr: EUR 200–300 Mrd. (Deutschland: EUR 29 Mrd.)
- Drastisch steigende Beschlagnahmefälle durch den Zoll
- Weltweiter Verlust von Arbeitsplätzen pro Jahr: 200.000 (Deutschland: 70.000)
- Zunahme von ungerechtfertigten Produkthaftungsklagen bei den Originalherstellern

Quelle: www.plagiarius.com/d_index.html, 31.08.2009

Aufgrund unterschiedlicher rechtlicher Regelungen und Sanktionsmechanismen in den einzelnen Staaten ist es äußerst schwierig für betroffene Unternehmen, gegen Produktpiraterie anzugehen. Allerdings ist festzustellen, dass auch in China, wo die meisten Fälle auftreten, zunehmend Verstöße verfolgt werden. Immerhin besteht auch auf dieser Seite ein großes Interesse an funktionierenden Handelsbeziehungen, die bei anhaltenden Problemen nachhaltig Schaden nehmen könnten.

Verschärfte Kontrollen haben dazu geführt, dass der deutsche Zoll 2009 illegal kopierte Produkte im Wert von über 360 Millionen aus dem Verkehr gezogen hat.

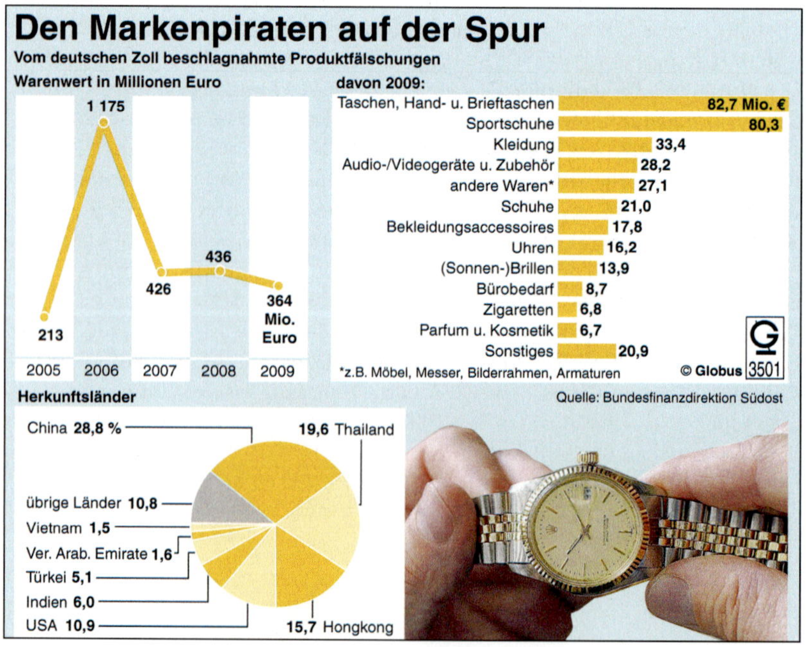

A

1 Legen Sie dar, weshalb die weltweite Wahrung von Patent- und Urheberrechten eine wesentliche Voraussetzung für internationalen Handel darstellt.

2 Erörtern Sie, warum es so schwierig ist, zu international verbindlichen Regelungen zum Schutz vor Produktpiraterie zu kommen. Berücksichtigen Sie dabei auch die Interessen asiatischer und europäischer Akteure.

Auch für mittelständische Unternehmen ist die Globalisierung von zentraler Bedeutung. Ungeachtet der genannten Risiken ist es für viele Mittelständler lukrativ oder gar notwendig, ausländische Märkte zu bedienen bzw. Produktionsstätten zu verlagern. Der Markt für Fahrräder liefert hierfür ein gutes Beispiel. Im Jahr 2008 haben die Exporte von Fahrrädern gegenüber dem Vorjahr deutlich zugenommen. Zugleich stammen in Deutschland gerade einmal 41 % aller verkauften Fahrräder von deutschen Unternehmen. Zu berücksichtigen ist zudem, dass nicht alle Produkte, die „locally produced" sind, wirklich unter dem Signet „Made in Germany" im klassischen Sinn zu fassen sind. Oftmals handelt es sich um Reimporte, oder aber es werden im Ausland produzierte Teile in deutschen Werken lediglich zusammengeschraubt.

Gut sortierte Fahrradhandlungen bieten unterschiedliche Marken an.

Zudem verlagern immer mehr Anbieter ihre Produktion ins Ausland. Ein Beispiel dafür ist das Unternehmen Panther, das seine Produkte „rund ums Fahrrad" ebenfalls in vielen europäischen Staaten anbietet. 1896 in Magdeburg gegründet, verlagerte das Unternehmen seinen Standort im Zuge von Zusammenschlüssen 1907 nach Braunschweig. Mit Aufkommen des Autos als Massenfahrzeug geriet das Unternehmen Ende der 1950er bzw. Anfang der 1960er Jahre zunehmend in die Krise und wechselte schließlich 1962 den Besitzer und Standort. Zuerst zog das Unternehmen ins hessische Bad Wildungen um, seit 1974 hat es seinen Hauptsitz im westfälischen Löhne.

1992 entstand durch die Gründung einzelner Gesellschaften und deren Zusammenschluss die Holding-Gesellschaft PANTHER International GmbH. Das Fahrradunternehmen expandierte nach Litauen und Tschechien. Von den etwa 880 Mitarbeitern und Mitarbeiterinnen sind heute nur noch etwa 100 in Deutschland beschäftigt. Hier sind vor allem Vertrieb, Buchhaltung und Entwicklung für das Gesamtunternehmen beheimatet.

Q

Deutsche Fahrradindustrie gut aufgestellt

Der Bestand an Fahrrädern ist nach Einschätzung des Zweirad-Industrie-Verbandes e. V. (ZIV) im Jahr 2009 erneut angestiegen. Rund 69 Mio. Fahrzeuge stehen in deutschen Haushalten bereit. Wenngleich die deutsche Fahrradproduktion 2009 zahlenmäßig knapp 7 % geringer ausfiel als im Vorjahr, ist es gelungen, das Qualitätsbewusstsein der Käufer zu wecken, sodass der Wert der in Deutschland produzierten Fahrräder von ca. 615 Mio. Euro 2008 auf rund 642 Mio. Euro im Jahr 2009 sogar deutlich anstieg.
Bei den Fahrradimporten verzeichnen die Zahlen des Statistischen Bundesamtes 2,64 Mio. Stück im Jahr 2009, denen 2,92 Mio. aus dem Vorjahr gegenüber stehen – dies entspricht einem Rückgang um ca. 9 Prozent. Wichtigste Einfuhrländer waren wie im Vorjahr Taiwan, Thailand, Polen und die Niederlande.
Dass Qualität „Made in Germany" weiterhin gefragt ist, belegen die aktuellen Exportzahlen. Seit 2007 stieg der Export von Fahrrädern kontinuierlich an, und im Jahr 2009 konnte die Ausfuhr von Fahrrädern gegenüber dem Vorjahr nochmals um ca. 8,6 % gesteigert werden. In konkreten Zahlen ausgedrückt, exportierten deutsche Hersteller 2009 1,05 Mio. Fahrräder.

Quelle: www.ziv-zweirad.de/public/wirtschaftspressekonferenz-24.03.2010.pdf, S. 1, 31.03.010

A

Ermitteln Sie in Gruppenarbeit klein- bzw. mittelständische Unternehmen in Ihrer Region, die auf internationaler Ebene aktiv sind.

a) Führen Sie Erkundungen bzw. Expertenbefragungen zu Motiven, Formen, Umfängen und Auswirkungen der Internationalisierungsstrategien durch.
b) Fassen Sie Ihre Ergebnisse in einer kurzen Präsentation zusammen und stellen Sie diese im Kurs vor.
c) Arbeiten Sie Gemeinsamkeiten und Unterschiede der von Ihnen gesammelten Beispiele heraus.

7.5 Aufgaben des Staates im Zuge der Globalisierung

Der Staat setzt die Rahmenbedingungen für die Akteure im Wirtschaftsgeschehen. Die vorangegangenen Ausführungen haben gezeigt, dass vor dem Hintergrund der Globalisierung Entscheidungen zunehmend auf internationaler Ebene getroffen werden (müssen). Überall dort, wo Güter über Landesgrenzen hinweg getauscht oder Handlungen von Wirtschaftsakteuren Wirkungen über Landesgrenzen hinaus verursachen, bedarf es besonderer Rahmensetzungen. Festzustellen ist, dass regionale bzw. nationale Entscheidungen zunehmend auf der Basis internationaler Vereinbarungen getroffen werden. Für die Bundesrepublik ergibt sich folgendes „Stufenmodell":

Politische Entscheidungsebenen

In zahlreichen (wirtschafts)politischen Handlungsfeldern besteht die Notwendigkeit internationaler Zusammenarbeit. Einige Beispiele verdeutlichen dies:

- Der weltweite Handel von Gütern und Dienstleistungen kann nur funktionieren, wenn die Akteure relativ sichere Rahmenbedingungen vorfinden (vgl. S. 458). Gleichzeitig gilt es, protektionistische Maßnahmen einzelner Staaten möglichst zu verhindern.
- Die Finanzkrise hat gezeigt, dass nationale Entscheidungen und Prozesse die Handlungsmöglichkeiten anderer Staaten direkt beeinflussen. Es bedarf deshalb internationaler Bestimmungen z. B. im Bank- und Finanzwesen.
- Im Zeitalter des Internets lässt sich der Schutz geistigen Eigentums (Musik, Filme etc.) nur auf internationaler Ebene sicherstellen, ausschließlich nationale Lösungen sind nicht wirkungsvoll.
- Umweltschäden treten grenzüberschreitend auf. So verändert sich das Klima auf der gesamten Welt, unabhängig davon, wo CO_2 in Massen ausgestoßen wird. Will man den folgenden Generationen eine lebenswerte Welt überlassen, so bedarf es internationaler Zusammenarbeit.

Schon für Regelungen auf nationaler Ebene müssen widerstreitende Interessen vermittelt und ggf. Konflikte beteiligter Interessengruppen geschlichtet werden. Politische Entscheidungen weisen deshalb zumeist Kompromisscharakter auf. Die mit diesen Kompromissen oft verbundenen Probleme potenzieren sich auf europäischer und internationaler Ebene noch. Neben den üblichen Interessenvertretern stehen sich hier auch noch Regierungsvertreter unterschiedlicher Staaten mit zum Teil vollkommen unterschiedlichen Zielen gegenüber. Das Ringen um international verbindliche Maßnahmen zur Bekämpfung des Klimawandels soll hier als Beispiel dienen und wird nachfolgend ausführlich erläutert.

A

Die 2006 gegründete „Piraten-Partei" möchte das Recht auf geistiges Eigentum abschaffen und die Ideen von Autoren, Programmierern, Werbern usw. in Allgemeineigentum überführen.
Erläutern Sie die nachfolgende Aussage mit eigenen Worten:
„[…] das Ironische an der Sache ist: Ohne den Schutz geistigen Eigentums gäbe es wahrscheinlich weder Computer noch Internet, aber das scheint bei den Piraten keinen zu interessieren."
Andreas Föhr, Roman- und Drehbuchautor, in: Handelsblatt, 05.04.2012, S. 60

Bekämpfung des Klimawandels auf internationaler Ebene: Umweltverschmutzung ist in vielen Fällen ein globales Problem, das entsprechender internationaler Entscheidungen und Regelungen bedarf. In den Zeiten des Klimawandels wird dies besonders deutlich. Verursacher sind vor allem die Industriestaaten, in den letzten Jahren auch zunehmend die bevölkerungsreichen Schwellenländer China und Indien. Die Notwendigkeit zügigen politischen Handelns ist schon länger unumstritten.

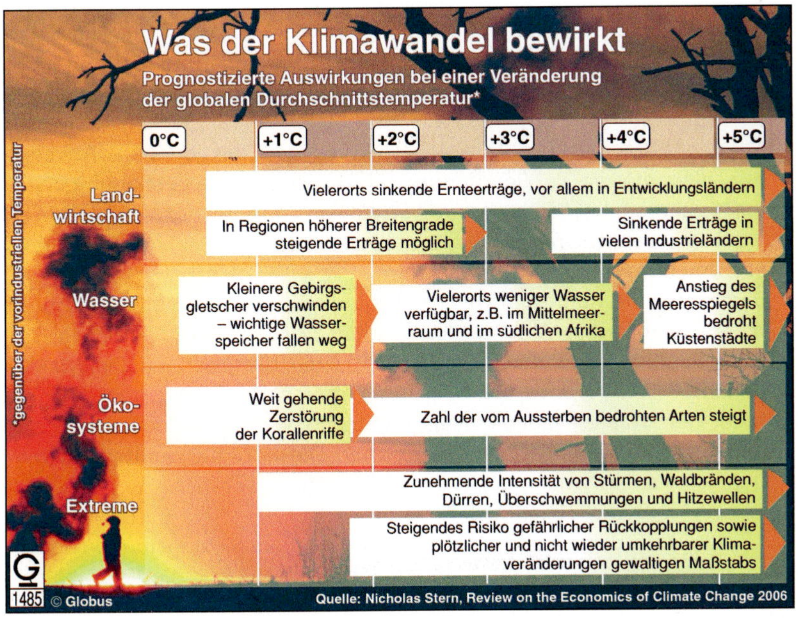

Prognostizierte Auswirkungen des Klimawandels

Nationale Schritte sind immer sinnvoll, allerdings werden sie stets nur eingeschränkte Wirkungen entfalten können. Hätte Deutschland z. B. im Jahr 2010 sämtliche CO_2-Emissionen vermieden, so hätte dies zu einer Einsparung von etwa 4 % der weltweiten Emissionen geführt.

Q

Greenpeace-Chef zum Klimawandel: Die Zeit läuft uns davon

München – Zum ersten Mal in der Geschichte der Münchner Sicherheitskonferenz ist dort in Greenpeace-Chef Kumi Naidoo ein führender Vertreter einer Nichtregierungsorganisation aufgetreten. In einer kurzen Rede vor den gut 350 Spitzenpolitikern, Managern, Militärs und Wissenschaftlern rief Naidoo die internationale Staatengemeinschaft am Freitag auf, den rasant fortschreitenden Klimawandel endlich energisch und gemeinsam zu bekämpfen. „Die Zeit läuft uns davon“, mahnte Naidoo. „Wir müssen gemeinsam etwas für die Zukunft unser aller Kinder und Enkelkinder tun.“

Der Greenpeace-Chef warnte, der Klimawandel werde in Zukunft noch viel gravierendere Auswirkungen haben. Trotzdem seien viele Politiker und Staaten noch immer nicht bereit, die nötigen Schritte dagegen zu unternehmen, so schmerzhaft diese auch seien. Das Fehlen des politischen Willens kritisierte Naidoo als „erschütternd“.

EU-Energiekommissar Günther Oettinger betonte, dass Europa alleine den Kampf gegen den Klimawandel nicht gewinnen könne. „Ohne Washington können wir weltweit keine Erfolge erzielen“, sagte er. Zudem komme es auf Länder wie China an.

Naidoo rief zu einem möglichst raschen Umstieg von „schmutzigen Energien“ wie Kohle auf erneuerbare Energien auf. Das gehe zwar nicht über Nacht. Allerdings könne man damit die Gefahren des Klimawandels reduzieren und zugleich Millionen neue Jobs schaffen, betonte er.

Quelle: www.co2-handel.de/article184_17762.html, 05.04.2012

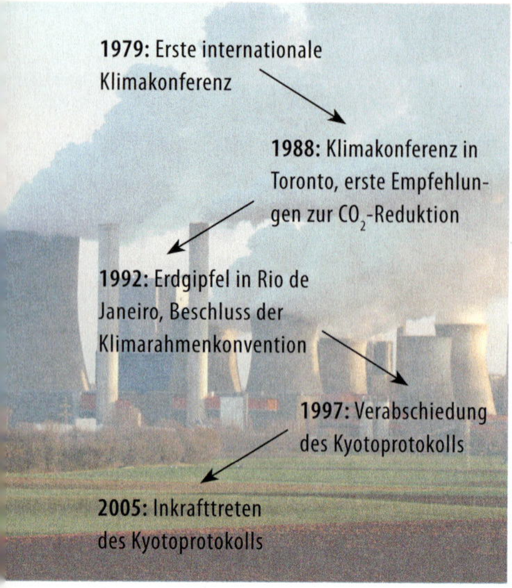

Stationen zum Kyotoprotokoll

Im Bemühen um eine internationale Lösung zur Eindämmung des Klimaproblems spielt das Kyotoprotokoll eine wichtige Rolle. In dieser Vereinbarung, die 2012 ausläuft, wurde erstmals der Versuch unternommen, international verbindliche Zielwerte für den Ausstoß von Treibhausgasen in den Industrieländern festzulegen. Sie sollten in der Zeit zwischen 2008 und 2012 ihre CO_2-Emissionen so senken, dass sie 5,2 % unterhalb der Werte von 1990 liegen.

Der Weg bis zu diesem Protokoll war allerdings sehr lang (vgl. Quelle auf der nachfolgenden Seite). Und auch die eigentliche Vereinbarung hielt kaum das, was sich viele versprochen hatten. Dies hat verschiedene Gründe, darunter folgende:

— Mit den USA hat der größte Verursacher von CO_2-Emissionen das Abkommen nie ratifiziert. Zur Begründung führten sie an, eine Beteiligung der aufstrebenden Entwicklungs- und Schwellenländer sei notwendig. Diese wiederum verwiesen darauf, dass die bislang entstanden Schäden kaum von ihnen verursacht worden seien.
— Bestandteil des Kompromisses von Kyoto war, dass verschiedene Instrumente flexibel eingesetzt werden konnten, um die Ziele zu erreichen. Diese Regelung eröffnete indes Möglichkeiten, die gesetzten Ziele zu umgehen.
— Nicht viele Staaten haben den ernsthaften Versuch unternommen, die angepeilten Ziele tatsächlich zu erreichen. Diesbezüglich fehlten notwendige Anreize bzw. mangelte es an Sanktionsmechanismen.

Das führte dazu, dass die CO_2-Emissionen auf längere Sicht nicht reduziert wurden, sondern – im Gegenteil – noch anstiegen. Ursache hierfür ist eine klassische „Dilemmastruktur“: Alle Staaten haben Interesse an der Erhaltung der Umwelt, in der konkreten Situation sind sie aber nicht gewillt, hohe oder gar höhere Kosten als andere zu tragen. So könnten sich z. B. strengere Umweltauflagen als negativ für die Wettbewerbsposition der einheimischen Unternehmen im internationalen Wettbewerb erweisen – mit den entsprechenden Folgen für die Volkswirtschaft und den Arbeitsmarkt.

A

1 Erörtern Sie die wesentlichen Faktoren, die die Diskussion um den Klimaschutz bestimmen. Legen Sie dar, inwieweit ein Konflikt zwischen ökonomischen und ökologischen Zielen zu erkennen ist.

2 Auf der UN-Klimakonferenz in Durban (vgl. Quellentext auf der nachfolgenden Seite) gelang es nicht, weitere Klimaziele verbindlich festzulegen. Ermitteln Sie Gründe dafür.

3 Recherchieren Sie, ob zwischenzeitlich weitere völkerrechtlich verbindliche Festlegungen zum Klimaschutz beschlossen wurden. Bewerten Sie das Ergebnis Ihrer Recherchen.

Hinzu kommt, dass die Wissenschaft mittlerweile einen deutlich stärkeren Handlungsbedarf ausmacht. Die nach zähen Verhandlungen festgelegten Richtwerte seien viel zu niedrig angesichts der zu erkennenden Umweltveränderungen. Trotzdem gelang es auf den nachfolgenden Konferenzen (zuletzt in Durban im Dezember 2011) nicht, eine völkerrechtlich verbindliche Nachfolgeregelung für das Kyotoprotokoll zu verabschieden.

Q

Klimagipfel Dezember 2011: Die Farce von Durban

[…] das Ergebnis von Durban fällt mager aus. Es hält den schleppenden Verhandlungsprozess zwar in Gang – das war es aber auch. Und das ist nicht gut für das Klima.

Auf dem Papier sehen die Beschlüsse zunächst nicht schlecht aus. Der alle Staaten, arme wie reiche, große und kleine, bindende Klimavertrag soll tatsächlich bis 2015 ausgehandelt sein. Nicht nur für die Verhandlungen, sondern auch für das Inkrafttreten wird ein Termin genannt: 2020. Das ist neu und erhöht die Verbindlichkeit. Doch die wird im Kleingedruckten wieder aufgeweicht. Von einem „rechtlich bindenden Abkommen", wie es die Europäer gerne gesehen hätten, ist in dem Beschluss nicht mehr die Rede. Jetzt redet man bestenfalls über ein „vereinbartes Ergebnis mit Rechtskraft". So droht hinten eingerissen zu werden, was vorne aufgebaut wurde. […] Dabei verdecken die diplomatischen Gefechte vor der grünen Bühne der Weltklimakonferenz den Blick auf viele erfolgreiche Aktivitäten in den Staaten selbst. Dort werden die wahren Fortschritte im Klimaschutz erzielt, nicht in den Verhandlungssälen der Vereinten Nationen. Der Emissionshandel wird nicht nur in Europa als ein marktwirtschaftliches Instrument zur Minderung der Emissionen genutzt. Auch China experimentiert damit, in Amerika wird er in einzelnen Bundesstaaten ausprobiert, Australien hat seine Einführung beschlossen, Südkorea will in dieser Woche nacheifern.

Wer Klimaschutz fördern will, der sollte deshalb die Anreize und Rahmenbedingungen für privates Engagement verbessern. Dazu wird es auch der Unterstützung staatlicher und halbstaatlicher Organisationen bedürfen. Die kleinen Fortschritte bei der Installierung eines milliardenschweren Weltklimafonds könnten deshalb wichtiger für den internationalen Klimaschutz sein als alle Beschlüsse über Fahrpläne in eine bessere Zukunft.

Quelle: www.faz.net/aktuell/politik/ausland/klimagipfel-die-farce-von-durban-11558772.html, 05.04.2012

Klimagipfel 2011 in Durban

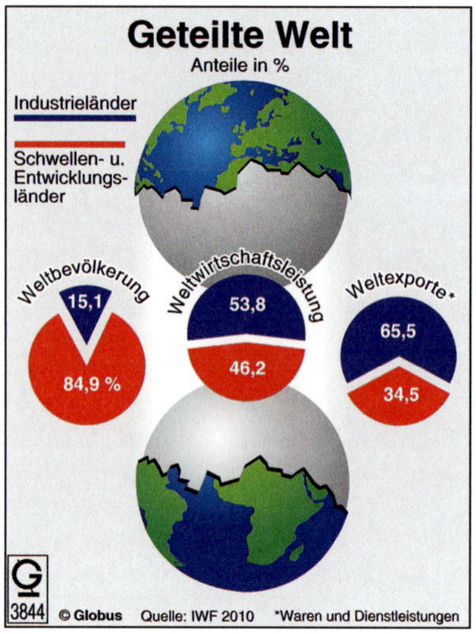

7.6 Entwicklungs- und Schwellenländer

„Die Verteilung der Welt"

Um den wirtschaftlichen und gesellschaftlichen Entwicklungsstatus anzuzeigen, wird die Welt generell in Industrieländer, Entwicklungs- und Schwellenländer eingeteilt. Die Begriffe „Erste Welt" und „Dritte Welt", die wir häufig antreffen, sollten nach dem „Ende der Zweiten Welt", d. h. nach dem Zusammenbruch der kommunistischen Systeme in Mittel- und Osteuropa der Vergangenheit angehören. Zu den Industrieländern werden üblicherweise die 34 Mitglieder der Organisation für wirtschaftliche Zusammenarbeit und Entwicklung (OECD) gezählt. Alle anderen Länder werden entsprechend als Entwicklungsländer eingestuft. Es liegt auf der Hand, dass es gewaltige Unterschiede geben muss. Daher gibt es verschiedene Gruppen, die die Vereinten Nationen aufgrund von Entwicklungsindikatoren festgelegt haben. Extreme Gegensätze zeigen sich bei

- **Schwellenländern:** Länder, die auf dem Wege zur Industrialisierung sind. Die Gesellschaften sind durch einen sektoralen Strukturwandel von der Agrarwirtschaft zur Industrialisierung gekennzeichnet. Schwellenländer sind z. B. die Transformationsländer (auch: Reformländer) in Mittel- und Osteuropa, China, Brasilien, Mexiko, Südafrika, Malaysia und Singapur.
- am **wenigsten entwickelten Ländern** (least developed countries, LCD): Strukturell besonders beeinträchtigte, sehr arme Länder, die der besonderen Aufmerksamkeit der internationalen Gemeinschaft bedürfen. Viele dieser Staaten sind in Afrika südlich der Sahara.

Als strukturelle Gemeinsamkeiten von Entwicklungsländern lassen sich anführen:

- geringes Pro-Kopf-Einkommen und niedriger Lebensstandard,
- hohe Geburten- und Sterberaten,
- Bevölkerungsanteil in ländlichen Regionen hoch, Mehrheit in der Landwirtschaft beschäftigt, aber geringe Arbeitsproduktivität,
- Handelsstruktur: Export von Primärgütern (landwirtschaftliche und mineralische Rohstoffe) macht großen Teil der Warenexporte aus, Import von Industriegüter hat hohe Bedeutung,
- in der Regel in der südlichen Hemisphäre angesiedelt,
- koloniale Vergangenheit,
- traditionelle Gesellschaftsstrukturen.

Blockbildung

Um vielfältige wirtschaftliche, politische und sonstige Vorteile zu nutzen, schließen sich Staaten, wie wir am Beispiel der EU gesehen haben, zu Wirtschaftsräumen zusammen. Die EU bzw. der Europäische Wirtschaftsraum (EU plus Island, Liechtenstein und Norwegen) hat zurzeit mit Abstand den größten Anteil an der Welt-Exportleistung. Es gibt jedoch bedeutende andere Wirtschaftsräume (vgl. auch Regionale Integrationsabkommen in Abschnitt 3.3), die als mächtige Blöcke auftreten. Hierzu zählen vor allem

- die **NAFTA** (North American Free Trade Agreement), die zu einer gesamtamerikanischen Freihandelszone von Alaska bis Feuerland (Free trade Area of the Americas, FTAA) erweitert werden soll, und
- die **ASEAN** (Association of Southeast Asian Nations), dem stetig an Bedeutung gewinnenden Zusammenschluss im südostasiatischen Raum.

Die Rolle der relativ jungen asiatisch-pazifischen Kooperation **APEC** ist zukünftig nicht zu unterschätzen.

A

1 Erläutern Sie die Grafik oben.

2 Stellen Sie mithilfe Ihrer Kenntnisse über Erklärungsansätze des internationalen Handels (z. B. Faktorproportionen und Produktlebenszyklen) dar, wie sich Industrie- und Entwicklungsländer im internationalen Handel spezialisieren.

3 Wie beurteilen Sie folgende Aussage: „Der weltweite Trend zu multilateralen und bilateralen Wirtschaftsabkommen gefährdet die Vorteile der internationalen Arbeitsteilung."

4 Recherchieren Sie Zahlen und Fakten über die angesprochenen Wirtschaftsräume (Einwohnerzahl, BIP, Wachstumsraten etc.).

Ansatzpunkte für Entwicklung

Weltweit gelten mehr als 3 Milliarden Menschen als arm, von denen wiederum ca. 1,2 Milliarden Menschen in absoluter Armut leben. Der größte Teil dieser Menschen lebt in Asien, der höchste Prozentsatz am Anteil der Bevölkerung ist in Afrika südlich der Sahara zu finden.

Was versteht man unter Entwicklung und wie wird sie gemessen? Unter Entwicklung versteht man heute – in Anlehnung an den Nobelpreisträger Amartya Sen – „einen Prozess der Erweiterung realer Freiheiten, die den Menschen zukommen". Diese Freiheiten schließen neben den Bürgerrechten wie Presse-, Versammlungs- und Religionsfreiheit sowie Demokratie auch Rechte im wirtschaftlichen und sozialen Bereich ein. Hierzu zählen vor allem das Recht auf Ernährung, Behausung, Gesundheitsversorgung und Bildung. Somit zeigt sich Unterentwicklung, wenn Menschen diese grundlegenden Rechte und Freiheiten nicht oder nur unzureichend genießen können.

Der am häufigsten verwendete „Indikator für Entwicklung" ist hingegen das Pro-Kopf-Einkommen der Bevölkerung. Zur Messung von Entwicklung gibt es ebenfalls den Human Development Index (HDI), welcher Auskunft gibt über Größen wie Einkommen, Lebenserwartung, Dauer der Schulbildung sowie den Alphabetisierungsgrad in der erwachsenen Bevölkerung eines Landes. Auch das Sozialprodukt, die Terms of Trade, die Zahlungsbilanz, die sektorale Verteilung in einem Land oder der Grad der Urbanisierung sind – wirtschaftliche – Indikatoren für die Entwicklungsstufe einer Volkswirtschaft.

A

1. Erläutern Sie: Wenn das Pro-Kopf-Einkommen zur Beurteilung der Armut herangezogen wird, darf die Einkommensverteilung in einem Land nicht außer Acht gelassen werden.
2. Norwegen hat einen HDI von 0,943 (Platz 1), Mali 0,359 (Platz 175). Recherchieren Sie weitere HDI.
3. Welche sozialen und politischen Faktoren sind Ihrer Meinung nach Indikatoren für den Grad der Entwicklung?

Q

Gründe für Unterentwicklung

[…] Der Teufelskreis der Armut besteht aus den Stationen Produktion bzw. Einkommen, Ersparnis, Investition und Kapital. Entwicklungsländer haben ein sehr niedriges Pro-Kopf-Einkommen. Die Armut führt dazu, dass der größte Teil dieses Einkommens für die Befriedigung der Grundbedürfnisse verwendet wird. Die Ersparnisbildung ist sehr gering. Ersparnisse sind aber notwendig, um Investitionen zu finanzieren. Daher fallen die Investitionen ebenfalls sehr niedrig aus. Unter Umständen reichen sie gerade aus, um den Ersatzbedarf zu decken – oft nicht einmal dies. Die geringen Investitionen haben zur Folge, dass der Kapitalstock nicht oder nur sehr langsam wächst. Dies bedeutet wiederum, dass auch die Produktion nur wenig ausgeweitet werden kann. Das Einkommen steigt nur geringfügig, in vielen afrikanischen Ländern mit einer Rate, die unter der Bevölkerungswachstumsrate liegt. In diesem Fall verringert sich das Pro-Kopf-Einkommen. Die Armut nimmt zu. Die Ersparnis wird noch geringer, ebenso die Investitionen. So ergibt sich eine Armutsfalle, aus der das Land aus eigener Kraft nicht mehr herauskommt. Ist das Land zudem noch verschuldet, so muss es aus dem ohnehin sehr geringen Einkommen seinen Schuldendienst leisten. Dies verringert zusätzlich die Mittel, die für Investitionen zur Verfügung stehen. So verschärft sich die Armutsfalle. […]

Quelle: Michael Rauscher: Globalisierung, Modul R02, Ökonomische Bildung online, 2010, S. 63

Zu den Gründen für die Unterentwicklung eines Landes oder einer Region zählen äußere Wachstumshemmnisse, innere Wachstumshemmnisse und natürliche Gegebenheiten. Schuldendienstzahlungen (Zinsen und Tilgung), die von Entwicklungsländern zu leisten sind, gehören z. B. in die Kategorie der äußeren Wachstumshemmnisse.

Q

In Afrika wuchs 2009 das Bruttosozialprodukt um durchschnittlich 1,6 Prozent […]. Hauptgrund dafür ist die weltweite Nachfrage nach Afrikas Ressourcen und Landflächen, die von den Schwellenländern angetrieben wird. Vor allem China hat diesen Wandel bewirkt: seit 2003 hat das Land sein Handelsvolumen mit Afrika verfünffacht. Darüber hinaus haben mehrere afrikanische Staaten langfristig angelegte Reformpläne umgesetzt, durch die sich das Investitions- und Geschäftsklima […] verbessert hat. Selbstverständlich gibt es auch zahlreiche Risiken wie Unwetter, militärische Auseinandersetzungen und politische Unruhen, die die hart erkämpften sozialen und wirtschaftlichen Errungenschaften wieder gefährden können.

Quelle: Sanou Mbaye, ehemaliges Mitglied des Leitungsteams der Afrikanischen Entwicklungsbank 08.11.2010, unter: www.boell.de/weltweit/afrika/afrika-afrikas-oekonomie-nach-unabhaengigkeit-10523.html, 06.04.2012

Singapur: das Tor für die Märkte Asiens

A

Beschaffen Sie sich arbeitsteilig Daten und Informationen über weitere Entwicklungsregionen, und stellen Sie diese übersichtlich zusammen.

Was hemmt und was fördert Entwicklung? – Vergleich zweier Regionen

Afrika südlich der Sahara:

Auf dem afrikanischen Kontinent, insbesondere in den Ländern südlich der Sahara, herrscht extreme Armut.

Die wirtschaftliche Unterentwicklung und die humanitären Katastrophen dieser Region haben viele Ursachen:

- ungünstige geografische Voraussetzungen (hoher Anteil an Binnenländern, geringer Anteil an Küstenländern);
- ungünstige klimatische Bedingungen (Tropengebiete mit geringerer Produktivität der Landwirtschaft);
- geringe Bevölkerungsdichte und mangelnde Infrastruktur (hohe Kosten für Infrastruktur, geringes Angebot an „Innovation“);
- hohe ethnische Aufsplitterung, willkürliche Grenzziehungen durch Kolonialmächte, Kriege und Bürgerkriege;
- geringe Diversifizierung des Außenhandels, starke Abhängigkeit von Primärgüterexporten (schlechte Terms of Trade)
- Mangel an Sozialkapital, z. B.:
  - Defizit an funktionierenden öffentlichen Institutionen,
  - fehlende demokratische Legitimierung in Politik und Wirtschaft, häufig schlechte Regierungsführung und Korruption,
  - geringer Bildungsstand,
  - hohe Folgekosten durch Epidemien;
- Handelspolitik, die stärker auf Autarkie als auf Exportförderung setzt (Benachteiligung z. B. der Agrarwirtschaft, Einsatz tarifärer und nicht-tarifärer Handelshemmnisse);
- geringe Rentabilität öffentlicher Investitionen, geringe Kapitalausstattung, keine funktionierenden Märkte.

Südostasien:

Diese Region (Singapur, Südkorea, Taiwan, Hongkong, Indonesien, Thailand, Malaysia) konnte erhebliche Wachstumserfolge aufweisen.

Die Gründe sind u. a.:

- günstige geografische Voraussetzungen (gute Anbindung an wichtige Schiffverkehrslinien und Nähe zu wichtigen Märkten),
- hohe Bevölkerungsdichte und gute Infrastruktur (geringe Kosten für Infrastruktur, großes Angebot an „Innovation“),
- geringe Auswirkungen des Kolonialismus,
- Schaffung günstiger Rahmenbedingungen für Wirtschaftswachstum (dadurch hohe Spar- und Investitionsquoten),
- verlässliche rechtliche Rahmenbedingungen, dadurch Sicherung der Eigentums- und Verfügungsrechte,
- Förderung des Wettbewerbs; Anreizsysteme für Unternehmen,
- Schaffung eines stabilen makroökonomischen Umfelds (z. B. geringe Staatsdefizite, Sicherheit des Finanzsektors),
- hohe Investitionen in Humankapital (Bildung),
- flexible Arbeitsmärkte,
- Förderung des Agrarsektors (z. B. geringe Besteuerung),
- Exportförderung (staatliche Anreize, Abkehr von Importsubstitution).

Das Beispiel Südostasien liefert wichtige Antworten auf die Frage, wie die wirtschaftliche Entwicklung einer Region begünstigt wird. Die Ausrichtung der Wirtschaftspolitik und die institutionelle Ausgestaltung des Ordnungsrahmens sind von größter Bedeutung, damit sich eine Region entwickeln kann.

Q

Handel, Wachstum und Entwicklung
Eine maßgeschneiderte Handels- und Investitionspolitik für die bedürftigsten Länder

Die Entwicklungsländer haben radikale Veränderungen erfahren. Einigen von ihnen, etwa China, Indien oder Brasilien, ist es gelungen, sich die Vorteile offener und zunehmend integrierter Weltmärkte zunutze zu machen; sie zählen heute zu den größten und wettbewerbsfähigsten Weltwirtschaften. Andere Länder dagegen sind nach wie vor im Rückstand und laufen Gefahr, weiter an den Rand gedrängt zu werden. Insbesondere die am wenigsten entwickelten Länder (Least Developed Countries – LDC), vor allem in Afrika, haben noch immer mit zahlreichen Schwierigkeiten zu kämpfen […]

Offener Handel ist ein Schlüsselelement erfolgreicher Wachstums- und Entwicklungsstrategien. Kein Land war je in der Lage, ein langfristig anhaltendes Wachstum zu erzielen, ohne sich in die Weltwirtschaft zu integrieren. Der Zugang zu Auslandsmärkten erschließt mehr Größenvorteile und ermöglicht eine höhere Spezialisierung; gleichzeitig eröffnet der Zugang zu billigeren und vielfältigeren Vorleistungen, einschließlich effizienterer Dienstleistungen, neue Produktionsmöglichkeiten. […]

Eine moderne, die Entwicklung vorantreibende Handelspolitik muss sich eines breiten Spektrums von Themen annehmen, die von der Handelserleichterung auf lokaler und regionaler Ebene über technische, soziale und umweltbezogene Rechtsvorschriften, Achtung der Grundrechte, investitionsfördernde Maßnahmen, den Schutz der Rechte des geistigen Eigentums, die Regulierung von Dienstleistungen, Wettbewerbspolitik und Transparenz bis hin zum Zugang zum öffentlichen Beschaffungswesen reichen. […]

Quelle: http://trade.ec.europa.eu/doclib/docs/2012/january/tradoc_148997.DE.pdf, 09.04.2012

Was in der Theorie plausibel ist, muss in der Praxis auch umgesetzt werden. Die Forderungen nach Freihandel einerseits, aber auch die Probleme und die ambivalente Rolle der Industrieländer andererseits sind in unterschiedlichen Abschnitten dieses Kapitels bereits thematisiert worden. In der Realität sprechen sich die Industrieländer zwar immer wieder für den Freihandel aus, nutzen aber auch Möglichkeiten, um ihre Märkte und Produzenten vor den Wettbewerbern aus den Entwicklungsländern zu schützen. So erheben sie teilweise höhere Zölle auf Produkte aus den Entwicklungsländern als gegenüber anderen Industrieländern oder belegen diese mit Mengenbeschränkungen.

Eine uneingeschränkte Teilnahme am internationalen Handel ist für die Entwicklungsländer so nur schwer möglich, eine stärkere Gleichberechtigung durch die Industrieländer erforderlich.

Die Rolle des Staates für den Entwicklungsprozess wird insbesondere in der Konzentration auf grundlegende Funktionen gesehen. Hierzu gehören v.a. die Schaffung und Sicherung von Eigentums- und Verfügungsrechten, die Bereitstellung öffentlicher Güter, die Gewährleistung makroökonomischer Stabilität, die Bekämpfung von Korruption. Da die Integration in die internationale Arbeitsteilung für die Leistungskraft einer Volkswirtschaft und den Lebensstandard der Bevölkerung von hoher Bedeutung ist, hat die Außenwirtschaftspolitik die Diversifizierung von Exporten zu fördern, um damit die Abhängigkeit vom Export von Primärgütern zu verringern.

A

1 Legen Sie unter Rückgriff auf Ihre Kenntnisse zu Erklärungsansätzen des internationalen Handels (vgl. Abschnitt 2) dar, inwieweit Entwicklungsländer von freien Märkten profitieren können.

2 Bewerten Sie die Aussagen des Quellentextes ggf. vor dem Hintergrund Ihrer Kenntnisse über die Vor- und Nachteile von Freihandel und Protektionismus (vgl. Abschnitt 3).

Q

Zu den Institutionen werden so unterschiedliche Dinge wie Märkte, Gesetze, Bräuche, Zahlungsmittel oder Standardverträge gezählt. Der Nobelpreisträger North definierte Institutionen als „... die von Menschen erdachten Beschränkungen menschlicher Interaktion.“
Quelle: http://wirtschaftslexikon.gabler.de/Definition/institution.html, 12.04.2012

i

Institutionen der Entwicklungszusammenarbeit (Auswahl): Weltbank, EIB (Europäische Investitionsbank); EBRD (Europäische Bank für Wiederaufbau und Entwicklung); CEB (Entwicklungsbank des Europarats); KfW (Kreditanstalt für Wiederaufbau). Die EU hat besonders enge Beziehungen zu den 70 sogenannten AKP-Staaten (Afrika, Karibik, Pazifik), ehemalige Kolonialgebiete von EU-Staaten.

Um das Potenzial der Globalisierung, den Lebensstandard für alle zu erhöhen und Wohlstand zu erzeugen, zu nutzen, werden Institutionen auf unterschiedlichen Ebenen benötigt (vgl. dazu auch Kapitel II). Diese haben die Aufgabe, die Funktionsfähigkeit der Märkte zu gewährleisten. Da die Institutionen eine hohe Bedeutung haben und zur Erfüllung ihrer Aufgaben eine starke Position benötigen, hat ihr Aufbau mit großer Sorgfalt zu erfolgen, wodurch er entsprechend (lange) Zeit in Anspruch nimmt.

Seitens der internationalen Wirtschaftsorganisationen, z. B. des IWF, wird den Entwicklungsländern diese Zeit aber häufig nicht zugestanden, sondern die Liberalisierung der Finanzmärkte soll vor allem eines sein: schnell. Hierbei bleibt unberücksichtigt, dass die Globalisierung auch in den Industrieländern über Jahrzehnte stattgefunden hat, diese Zeit also auch den Entwicklungsländern zugestanden werden sollte.

Entwicklungszusammenarbeit
Strategien zur Bekämpfung der Armut:
- Förderung von materiellen Grundlagen der armen Bevölkerung,
- Förderung einer gerechteren Gesellschaft z. B. durch demokratische Grundordnungen, transparente Institutionen und Verfahren, leistungsfähige öffentliche Verwaltungen, Dezentralisierung und Mitbestimmung, Geschlechtergleichstellung und Beseitigung sozialer Hemmnisse,
- Verbesserung der Sicherheit zum Schutz vor Krankheiten, Gewalt, wirtschaftlichen Risiken usw.

Als weitere Mittel zur Förderung der Entwicklung gelten:
- Entschuldungsinitiativen,
- Unterstützung bei der Einhaltung internationaler Standards und Abkommen,
- Stärkung des Finanzsektors durch internationale Finanzinstitutionen,
- Unterstützung im Bereich internationaler öffentlicher Güter und
- Maßnahmen zum Schutz der Umwelt.

China: neue Supermacht! Immer mehr Unternehmen investieren in Schwellenländern. Dies liegt entweder an attraktiveren Rahmenbedingungen für Unternehmensaktivitäten – z. B. geringere Lohnnebenkosten – oder an den enormen Wachstumsraten, die viele Schwellenländer verzeichnen. China ist ein herausragendes Beispiel für ein Schwellenland. Fast 1,4 Milliarden Menschen leben in China, und die Bevölkerung wächst jedes Jahr um ca. 0,5 %. Durch die Abkehr von der Zentralverwaltungswirtschaft und die Transformation des Systems zu einer marktwirtschaftlichen Ordnung sowie die Öffnungspolitik seit Beginn der 1980er Jahre wächst die chinesische Wirtschaft, und die Wachstumsprognosen (7,5 % für 2012) sind rosig. Wachstumsbranchen sind insbesondere Eisen- und Stahlerzeugung, Maschinenbau, Textilien, Lebensmitteltechnik, Automobile, Konsumelektronik und Telekommunikation. Nicht umsonst wird von China von der kommenden „Supermacht“ gesprochen. Die chinesische Transformation vollzog sich bisher allerdings in erster Linie im wirtschaftlichen Bereich, die Politik und damit das kommunistische Einparteiensystem, ist davon weitgehend ausgenommen. Das Bevölkerungswachstum und das wirtschaftliche Wachstum sorgen für einen rasant steigenden Energieverbrauch. Chinas Anteil am globalen Energieverbrauch betrug 2010 20,3 %, damit ist China der größte Konsument, noch vor den USA. Ebenso gibt es eine enorme Erhöhung der Nachfrage nach Stahl. Die Auswirkungen der Entwicklung auf die Weltmarktpreise in diesen Branchen sind bereits heute deutlich zu spüren.

Lernbilanz

A

Am Ende dieses Kapitels kennen Sie die Stellung Deutschlands in der Weltwirtschaft und wesentliche theoretische Erklärungsansätze des internationalen Handels. Außerdem haben Sie Kenntnisse erlangt über internationale Wirtschaftspolitik, internationale Finanzmärkte und die Europäische Union. Schließlich haben Sie sich mit den Ursachen und Folgen der Globalisierung sowie deren Chancen und Herausforderungen befasst. Beantworten Sie die folgenden Fragen, um Ihre Kompetenzen zu überprüfen.

1

Sind die folgenden Aussagen richtig oder falsch? Begründen Sie.

a) „Exportweltmeister" bedeutet, dass ein Land in einem Jahr wertmäßig am meisten Güter in andere Länder ausgeführt hat.
b) Leistungsbilanzüberschüsse erhöhen die Forderungen gegenüber dem Ausland.
c) Das Theorem der komparativen Kostenvorteile aus dem 19. Jahrhundert hat auch heute noch Gültigkeit.
d) Nach der Produktlebenszyklustheorie wird in der Sättigungsphase eines Produktes insbesondere Know-how benötigt.

2

Erklären Sie mithilfe (ökonomischer) Dilemmastrukturen, weshalb politische Entscheidungen auf globaler Ebene (z. B. bzgl. der Regulierung internationaler Finanzmärkte oder des Umgangs mit dem Klimawandel) schwer zu treffen sind.

3

Benennen Sie die Aufgaben der Institutionen einer Weltwirtschaftsordnung, und legen Sie die Vorteile einer weltweiten Ordnung für das wirtschaftliche Handeln dar. Führen Sie gleichzeitig Herausforderungen an, die damit verbunden sind.

4

Erklären Sie wesentliche Ursachen der Finanzkrise ab 2007. Bewerten Sie aktuelle Diskussionen und Maßnahmen zur Regulierung der Finanzmärkte.

5

Diskutieren Sie die Bedeutung der europäischen Wirtschafts- und Währungsunion aus der Sicht unterschiedlicher Akteure und vor dem Hintergrund der Ziele des europäischen Integrationsprozesses.

6

„Die Globalisierung hält für uns nur Probleme bereit. Beispielsweise gehen immer mehr Arbeitsplätze verloren und Menschen verarmen. Besser wäre es, wir würden das Ganze zurückfahren." Setzen Sie sich mit dieser Aussage auseinander, und formulieren Sie eine differenzierte Antwort.

7

Nehmen Sie Stellung zu folgender Meinung: „Viel Geld wird von Industriestaaten an Entwicklungsländer gezahlt, aber in vielen Fällen ist eine wirtschaftliche Verbesserung nicht erkennbar. Zahlungen sollten nur dann in gleichem Umfang bestehen bleiben, wenn sich ein Entwicklungsland selbst um Veränderungen bemüht."

Abschreibung
Minderung des ursprünglichen Wertansatzes eines Wirtschaftsgutes während dessen Nutzungsdauer.

Allgemeine Geschäftsbedingungen (AGB)
Alle für Verträge vorformulierten Vertragsbedingungen, die z. B. Unternehmen den Verbraucherinnen und Verbrauchern beim Vertragsabschluss stellen. Umgangssprachlich: „das Kleingedruckte". Durch § 305 des Bürgerlichen Gesetzbuches (BGB) geregelt.

Anreiz
Wirkung von ökonomischen und politischen Maßnahmen, die Verhaltensweisen nicht verbindlich vorschreiben, sondern (gesellschaftlich erwünschte) Verhaltensweisen durch Gewährung von (pekuniären, sozialen, zeitlichen) Vorteilen belohnen bzw. unerwünschte Verhaltensweisen mit der Belegung von Nachteilen bestrafen.

Arbeitslosenquote
Die Bundesagentur für Arbeit definiert in Anpassung an internationale Gepflogenheiten die Arbeitslosenquote als prozentualen Anteil der registrierten Arbeitslosen an der Gesamtheit aller zivilen Erwerbspersonen (abhängige zivile Erwerbspersonen, Selbstständige, mithelfende Familienangehörige). Dadurch wird die frühere Definition ersetzt, welche die registrierten Arbeitslosen zur Zahl der abhängigen zivilen Erwerbspersonen (sozialversicherungspflichtig und geringfügig Beschäftigte, Beamte, Arbeitslose) in Beziehung setzte und entsprechend höhere Arbeitslosenquoten auswies. Nach dem Sozialgesetzbuch gilt als arbeitslos, wer bei einer Agentur für Arbeit oder einem kommunalen Träger gemeldet ist und nach einer Beschäftigung von mindestens 15 Wochenstunden sucht.

Arbeitsproduktivität
Bruttowertschöpfung eines Wirtschaftsbereichs oder Sektors in Preisen eines Basisjahres je durchschnittlich Erwerbstätigen oder je Erwerbstätigenstunde. Für alle Wirtschaftsbereiche wird die Arbeitsproduktivität auch als BIP in Preisen eines Basisjahres je Erwerbstätigen oder je Erwerbstätigenstunde berechnet.

Arbeitsteilung
Zerlegung eines Produktionsprozesses in nebeneinander und nacheinander ablaufende Teilprozesse. Unterscheidung von innerbetrieblicher, zwischenbetrieblicher und internationaler Arbeitsteilung.

Arbitrage
Ausnutzung von Preisunterschieden für identische Güter oder Finanzprodukte auf verschiedenen Märkten zur Erzielung von Gewinnen. Arbitrage-Geschäfte sind risikolos, da gleichzeitig Kauf (auf dem billigeren Markt) und Verkauf (auf dem teureren Markt) getätigt werden. Als Folge von Arbitrage-Geschäften gleichen sich die Preise auf unterschiedlichen Märkten an.

Armut
Unterschieden wird zwischen absoluter Armut und relativer Armut. Absolute Armut sieht die Weltbank als gegeben, wenn das Einkommen weniger als 1,25 $ pro Tag (Preisniveau von 2005) beträgt. Relative Armut betrifft nicht mehr die physische Selbsterhaltung, sondern die – relative – Schlechterstellung einiger Personen oder Gruppen gegenüber der Mehrheit der Bevölkerung.

Assessment Center
Das Assessment Center als Verfahren der Personalauswahl und der Personalentwicklung dient der Einschätzung vorhandener sozialer und personaler (nicht: fachlicher!) Kompetenzen. In dem Verfahren werden die Teilnehmer von mehreren Beurteilern in unterschiedlichen Übungen über einen Zeitraum von ein bis zwei Tagen beobachtet und im Anschluss daran anhand verschiedener unterschiedlich gewichteter Beobachtungsdimensionen beurteilt.

Außenhandelsumsatz
Summe der Exporte und Importe.

Außenwirtschaftliches Gleichgewicht
Zustand, in dem die Salden der Leistungsbilanz und der Kapitalbilanz einander ausgleichen, sodass sich die Währungsreserven (in der Devisenbilanz) nicht verändern; in diesem Zustand besteht kein Auf- oder Abwertungsdruck auf die inländische Währung.

Bedürfnis
Subjektives Empfinden eines Mangels. Unbefriedigte Bedürfnisse gelten als Triebfeder menschlichen Handelns. Einen Versuch der Strukturierung und Hierarchisierung von grundlegenden Bedürfnissen stellt die Bedürfnispyramide nach Maslow dar.

Betrieb
Abgeschlossene Einheit sächlicher und personeller Mittel, die der Erreichung eines gemeinsamen Zwecks dienen und unter gemeinsamer Leitung stehen. Dies kann ein Produktions-, Verkaufs-, Dienstleistungs- oder Verwaltungsbetrieb sein.

Bilanz
Gegenüberstellung der Vermögensgegenstände und der Schulden einer Unternehmung zu einem bestimmten Stichtag in Kontenform (T-Konten). Auf der linken Seite werden die Aktiva oder Vermögenswerte (Kapitalverwendung) und auf der rechten Seite die Passiva oder Schuldenbestände (Kapitalherkunft) aufgeführt.

Bilanz der Erwerbs- und Vermögenseinkommen:
Sie weist die Kapitalerträge und die Einkommen aus unselbstständiger Arbeit aus.

Bilanz der laufenden Übertragungen:
Sie erfasst z. B. Zahlungen an internationale Organisationen, Überweisungen ausländischer Arbeitnehmer in ihre Herkunftsländer, grenzüberschreitende Pensions- und Unterstützungszahlungen.

Bruttoinlandsprodukt
Es ist das gebräuchlichste Maß für die gesamtwirtschaftliche Güterproduktion (Sozialprodukt), das im Rahmen der Volkswirtschaftlichen Gesamtrechnung (VGR) nach seiner Entstehung, Verwendung und Verteilung ermittelt wird; es erfasst die gesamte Wertschöpfung aller Waren und Dienstleistungen für den Endverbrauch, die in einem Wirtschaftsraum innerhalb einer Periode hergestellt wurden, sowie ihre Nachfragekomponenten und ihre Aufgliederung in verschiedene Einkommenskategorien.

Crowding-out-Effekt
Verdrängung privatwirtschaftlicher Investitionen durch die zinssteigernde Wirkung staatlicher Kreditaufnahme an den Finanzmärkten.

Denkmodelle
Vereinfachte Darstellung der Wirklichkeit, um die Komplexität der Realität zu reduzieren. Es sollen nur einige, für den Untersuchungszweck als wesentlich angesehene Beziehungen betrachtet werden. Bei dieser rein formalen Erfassung der Realität werden in einer isolierten Betrachtung oft nur die entscheidenden Variablen untersucht.

Depression
Sie bezeichnet im volkwirtschaftlichen Sinne den konjunkturellen Tiefstand: Die Produktion ist auf niedrigem Niveau, die Arbeitslosigkeit hoch; sie entspricht anhaltender Rezession (Rückgang des BIP) oder zumindest Stagnation.

Dienstleistungsbilanz
Sie stellt alle Ex- und Importe von Dienstleistungen einer Volkswirtschaft in einem bestimmten Zeitraum gegenüber

Dilemma
Es ist eine Situation, in der man gezwungen ist, sich zwischen zwei gleichermaßen unangenehmen Dingen zu entscheiden.

Doppelte Buchführung
Verfahren der Buchführung mit einem geschlossenen Kontensystem; dabei berührt jeder Geschäftsfall mindestens zwei Konten.

Effizienz
Effizienz bedeutet, ein gegebenes Ziel mit dem geringsten möglichem Mitteleinsatz bzw. mit einem gegebenen Mitteleinsatz einen möglichst hohen Grad der Zielerreichung zu realisieren. Effizienz beugt der Verschwendung von Gütern und Produktionsfaktoren vor und dient so der Minderung von Knappheit.

Entwicklungsländer
Entwicklungsländer weisen im Vergleich zu Industrieländern ein deutlich geringeres Sozialprodukt pro Kopf aus, die Arbeitsproduktivität ist bedeutend niedriger, der Anteil der in der Landwirtschaft Beschäftigten ist ebenso wie die Analphabetenquote sehr hoch.

Ethik
Als „praktische Philosophie" versucht die Ethik, Kriterien für gutes und schlechtes Handeln und die Bewertung seiner Motive und Folgen aufzustellen.

Europäische Kommission
Die Europäische Kommission nimmt im politischen System der EU nicht nur Aufgaben einer Regierung (Exekutive) wahr, sondern besitzt als einzige EU-Institution das Recht der Gesetzesinitiative, überwacht als „Hüterin der Verträge" die Einhaltung europäischer Rechtsvorschriften und kann gegebenenfalls Klage beim Europäischen Gerichtshof erheben. Außerdem vertritt sie die EU in internationalen Organisationen. Die Mitglieder der Kommission („Kommissare") werden für fünf Jahre von den Regierungen der Mitgliedsstaaten nominiert und vom Europäischen Parlament nach einem Anhörungsverfahren bestätigt; sie sind an keinerlei Weisungen gebunden, sondern vertreten die Gesamtinteressen der EU.

Europäische Union (EU)
Ein aus 27 europäischen Mitgliedsländern (Stand 2012) bestehender Staatenverbund. Politische Entscheidungen werden zwischen Europäischem Parlament, Europäischem Rat und Europäischer Kommission ausgehandelt. Hinsichtlich der Kontrolle der Finanzen ist der Europäische Rechnungshof von Bedeutung, hinsichtlich der Rechtsprechung der Europäische Gerichtshof.

Europäische Währungsunion (EWU)
Zentrales Datum der Europäischen Währungsunion ist der Januar 1999. An diesem Tag wurde die Europäische Zentralbank zuständig für die gemeinsame Geldpolitik in damals 11 Teilnehmerstaaten. Am 1. Januar 2002 wurden Euro-Banknoten und -Münzen eingeführt, die seit dem 1. Juli 2002 in der Eurozone als alleiniges gesetzliches Zahlungsmittel gelten. Dadurch haben die Mitgliedsländer der Währungsunion nicht nur den Euro als gemeinschaftliche Währung eingeführt, sondern ihre geldpolitische Kompetenz auf das Europäische System der Zentralbanken (ESZB) übertragen, das von der Europäischen Zentralbank geleitet wird.

Europäische Zentralbank (EZB)
Im Zusammenspiel mit den Nationalbanken der Euro-Mitgliedstaaten

bildet die Europäische Zentralbank das Europäische System der Zentralbanken (ESZB). Als Leiterin des ESZB übernimmt sie die Verantwortung für eine zentral gesteuerte Geld- und Währungspolitik.

Externe Effekte
Externe Effekte sind positive oder negative Auswirkungen des Verhaltens eines Akteurs auf die Situation bzw. die Handlungsmöglichkeiten eines anderen Akteurs, die nicht über den Markt laufen. Ihr monetäres Maß sind die sozialen Zusatzkosten bzw. die externen Kosten. Sie gehen nicht in die privaten Kostenkalkulationen und in die Marktpreise ein. Da viele Umweltschädigungen den Charakter negativer externer Effekte haben, sind die Marktpreise zugunsten umweltschädigender Produkte bzw. Produktionen verzerrt.

Fiskalpolitik
Unter Fiskalpolitik versteht man den Einsatz finanzpolitischer Instrumente (Staatsausgaben und -einnahmen), um die konjunkturelle Entwicklung antizyklisch zu beeinflussen.

G20
Seit 1999 bestehender informeller Zusammenschluss der wichtigsten Industrie- und Schwellenstaaten sowie der Europäischen Union (EU). Er diente ursprünglich als Forum der Finanzminister und Zentralbankpräsidenten dem Zwecke der Kooperation und Konsultation. Seit 2008 kommt es zu regelmäßigen Gipfeltreffen auf der Ebene der Staats- und Regierungschefs. Neben den sogenannten G8-Staaten (USA, Japan, Deutschland, Großbritannien, Italien, Frankreich, Russland und Kanada) und der EU zählen Argentinien, Australien, Brasilien, China, Indien, Indonesien, Mexiko, Saudi-Arabien, Südafrika, Südkorea und die Türkei zu den beteiligten Staaten.

Geldschöpfung
Vermehrung der Geldmenge durch Aktiv- und Passivgeschäfte des Bankensystems, d. h. Schaffung zusätzlichen Geldes. Hauptquelle der Geldschöpfung ist heute die Kreditgewährung der Geschäftsbanken (aktive Geldschöpfung): Dem Kreditnehmer wird ein Sichtguthaben in Höhe des aufgenommenen Kredits eingeräumt, wodurch die gesamtwirtschaftliche Geldmenge unmittelbar steigt. Vereinfachend kann man davon ausgehen, dass die Geldschöpfung mit der Kreditschöpfung identisch ist.

Gewinn- und Verlustrechnung (GuV)
In der Gewinn- und Verlustrechnung werden die Wertezuflüsse (Erträge) und Werteabflüsse (Aufwendungen) eines Unternehmens während eines Geschäftsjahres gegenübergestellt. Das Ergebnis in Form von Gewinn oder Verlust stellt zugleich die Veränderung des Eigenkapitals in der Bilanz dar.

Gleichgewichtspreis
Der Gleichgewichtspreis eines Gutes ist der Preis, zu dem die nachgefragten und die angebotenen Gütermengen übereinstimmen.

Globalisierung
Mit diesem Begriff wird die zunehmende internationale Verflechtung aller Lebensbereiche bezeichnet. Im wirtschaftlichen Geschehen äußert sich diese insbesondere durch einen kontinuierlich zunehmenden weltweiten Handel mit Gütern und Dienstleistungen.

Gossen'sche Gesetze
Von H. H. Gossen (1854) formulierte Beobachtung, dass der Grenznutzen eines Gutes mit steigender Konsummenge pro Zeiteinheit geringer wird und dass schließlich Sättigung eintritt (Erstes Gossensches Gesetz). Ferner die Verhaltensregel, dass das Nutzenmaximum erreicht ist, wenn die Grenznutzen der letzten konsumierten Mengeneinheiten eines jeden Gutes gleich groß sind (Zweites Gossensches Gesetz).

Grenznutzen
Nutzensteigerung, die durch den Konsum einer zusätzlichen Mengeneinheit eines Gutes ausgelöst wird.

Homo oeconomicus
In der ökonomischen Theorie wird der Idealtypus eines rational und ökonomisch handelnden Menschen unterstellt, der nach dem Minimaxprinzip vorgeht: Minimierung des Mitteleinsatzes, Maximierung des Nutzens.

Inflation
Über mehrere Perioden anhaltender Anstieg des Preisniveaus. Kennzeichnend für eine Inflation sind Preissteigerungen in grundsätzlich allen Güterkategorien und ein daraus folgender allgemeiner Kaufkraftverlust des Geldes. Preisveränderungen bei lediglich einzelnen Gütern bedeuten dagegen keine Inflation. Zur Messung der Inflation werden ausgewählte Preisindizes herangezogen. Unter ihnen ist der Preisindex für die Lebenshaltungskosten der bekannteste.

Inflationsrate
Statistisch ermittelte Verhältniszahl des Preisniveauanstiegs und somit der Geldentwertung. Sie weist die prozentualen Veränderungen des Preisniveaus aus, die sich innerhalb eines bestimmten Zeitraums (Monat, Jahr) ergeben haben.

Informationsasymmetrien
Sie beziehen sich auf systematische Informationsgefälle zwischen Anbietern und Nachfragern. Auf den Konsumgütermärkten sind Informationsasymmetrien zu Lasten der Konsumenten die Regel. Aber es gibt Ausnahmen wie z. B. Versicherungsmärkte oder Kreditmärkte, auf denen i. d. R. der Nachfrager das Versicherungsrisiko oder das Kreditausfallrisiko besser beurteilen kann

als der Anbieter. Als Folge von Informationsasymmetrien kann es zu Marktversagen kommen, beispielsweise zu adverser Selektion, bei der schlechte Qualitäten die guten vom Markt verdrängen.

Institution
Institutionen formen und organisieren wiederholte Beziehungen zwischen Menschen und senken so über die Schaffung von Verhaltenssicherheit Transaktionskosten. Entscheidungssysteme, Normen, Traditionen und andere Verhaltensregeln sowie Organisationen gelten als Institutionen.

Internalisierung
Überführung von externen in private (interne) Kosten. Mit der Einbeziehung externer Kosten in die private Wirtschaftsrechnung soll erreicht werden, dass dem verursachenden Akteur alle Handlungsfolgen angelastet werden.

Internationaler Währungsfonds (IWF)
1946 gegründete Sonderorganisation der Vereinten Nationen mit Sitz in Washington/USA und 187 Mitgliedsstaaten (Stand: 2012). Zu seinen Aufgaben zählen u. a. die Förderung der internationalen Zusammenarbeit in der Währungspolitik, die Ausweitung des Welthandels, die Stabilisierung von Wechselkursen und die Kreditvergabe an Länder mit Zahlungsschwierigkeiten. Letztere geht in der Regel mit der Formulierung harter Bedingungen einher, welche immer wieder auf Kritik stoßen.

Kapital
Das Kapital, d. h. die Passiva, gibt die Höhe und Herkunft der eingesetzten Mittel einer Unternehmung an. Volkswirtschaftlich: Elementarer Produktionsfaktor. Er umfasst die Gesamtheit der dauerhaften Produktionsmittel in der Volkswirtschaft (Sachkapital).

Kartell
Kartelle sind Vereinbarungen von Unternehmen mit dem Ziel, den Einfluss des Wettbewerbs auf dem Markt zu reduzieren und letztlich sich wie ein Monopolist verhalten zu können. Unternehmen, die sich zu einem Kartell zusammenschließen, versuchen, ihren Profit zu steigern, indem sie die angebotene Menge beschränken. Die Wirksamkeit eines Kartells hängt von der Disziplin ihrer Mitglieder ab. Nur wenn alle Mitglieder die vereinbarten Mengenbeschränkungen einhalten, kann sich der Effekt einstellen. Häufig sind deshalb Kartelle nicht sehr stabil.

Knappheit
Ökonomische Formulierung des Tatbestandes, dass mit den vorhandenen Ressourcen nicht alle existenten Bedürfnisse befriedigt werden können. Bei Ressourcen handelt es sich um materielle und immaterielle Güter zu Produktions- und Konsumzwecken, aber auch um persönliche Fähigkeiten, Wissen und Zeit. Infolge der Allgegenwärtigkeit von Knappheit spricht man auch vom universalen Gesetz der Knappheit, unter der menschliches Leben generell steht.

Konjunkturzyklus
Regelmäßige Schwankungen der gesamtwirtschaftlichen Produktion (Wachstumsraten des Bruttoinlandsprodukts), der Investitionen, der Beschäftigung, des Preisniveaus und anderer Aggregate mit den Phasen Aufschwung – Boom – Abschwung – Rezession (Krise).

Konsumentensouveränität
Grundsatz-Aussage, nach der Umfang und Struktur der Produktion letztlich durch die Konsumentenpräferenzen bestimmt sind (positive Verwendung) oder bestimmt sein sollen (normative Verwendung). Das Leitbild der Konsumentensouveränität stellt eine zentrale Legitimationsbasis für Marktwirtschaften dar.

Konvergenzkriterien
EU-Mitglieder müssen bestimmte Konvergenzkriterien (die sogenannten „Maastrichtkriterien“) erfüllen, bevor sie in die Währungsunion aufgenommen werden. Die Konvergenzkriterien sollen gewährleisten, dass nur Staaten Mitglied der Eurozone werden, die eine gewisse Preisniveau-, Haushalts-, Währungs- und Finanzmarktstabilität aufweisen.

Liberalismus
Der Liberalismus ist eine aus der Philosophie der Aufklärung hervorgegangene Weltanschauung, die die Freiheiten des einzelnen Menschen in den Vordergrund stellt und jede Form des geistigen, sozialen, politischen oder staatlichen Zwangs ablehnt. Während der politische Liberalismus die Freiheitsrechte des Individuums und die Beschränkung politischer Herrschaft im Rahmen eines Rechts- und Verfassungsstaates erstrebt, will der wirtschaftliche Liberalismus eine auf Privateigentum und Vertragsfreiheit gegründete Wirtschaftsordnung durchsetzen, in welcher die Individuen ihre eigenen Lebensentwürfe konzipieren und realisieren können und in welcher die Koordination der individuellen Handlungen über den Markt erfolgt.

Liquidität
Fähigkeit eines Wirtschaftssubjekts, jederzeit allen Zahlungsverpflichtungen nachkommen zu können.

Makroökonomik
Teilgebiet der Volkswirtschaftslehre, das sich mit dem wirtschaftlichen Verhalten ganzer volkswirtschaftlicher Sektoren (Private Haushalte, Unternehmen, Staat, Ausland) auseinandersetzt und gesamtwirtschaftliche Zusammenhänge und Größen untersucht.

Marktversagen
Der Marktmechanismus bringt nicht in jedem Fall und unter allen Umständen optimale Ressourcenal-

lokation, gerechte Einkommensverteilung und ökonomische Stabilität hervor. Hinsichtlich der unzureichenden Bereitstellung öffentlicher Güter, des Auftretens externer Effekte und der mangelnden Transparenz für die Konsumenten kann von Marktversagen im engeren Sinne, hinsichtlich der Einschränkung des Wettbewerbs durch Konzentration, der ungleichen Einkommens- und Vermögensverteilung und der ökonomischen Instabilitäten (Inflation, Krisen) von Marktversagen im weiteren Sinne gesprochen werden. Die Notwendigkeit staatlicher Wirtschaftspolitik wird mit dem Marktversagen begründet; allerdings sollte stets geprüft werden, ob die entsprechenden Probleme durch kollektive Entscheidungen (durch den „Staat") tatsächlich besser gelöst werden als durch individuelle Entscheidungen (durch den „Markt").

Merkantilismus
Wirtschaftliches System des Absolutismus im 16. und 17. Jahrhundert, das den Außenhandel als die wichtigste Quelle für den Reichtum des Staates auffasste. Gewinne des einen Staates galten nur auf Kosten der anderen Staaten als möglich. Macht, Größe und Reichtum des Staates nach außen, Beschäftigung und Wohlstand nach innen waren die erklärten Ziele merkantilistischer Politik.

Mikroökonomik
Teilgebiet der Volkswirtschaftslehre, das sich mit dem wirtschaftlichen Verhalten einzelner Wirtschaftssubjekte (Haushalte und Unternehmen) und der Allokation von knappen Ressourcen und Gütern durch den Marktmechanismus befasst.

Mindestreserve
Zentralbankguthaben der Banken, die sie zur Erfüllung der Mindestreservepflicht bei der Zentralbank halten müssen. Die Höhe des Mindestreserve-Solls einer Bank wird durch Anwendung der Mindestreservesätze auf die reservepflichtigen Bilanzpositionen ermittelt. Die Mindestreserve gehört zum Instrumentarium der EZB. Ihr Mindestreservesatz beträgt zwei Prozent. Dieser Satz gilt für täglich fällige Einlagen, Einlagen mit einer vereinbarten Laufzeit von bis zu zwei Jahren, Geldmarktpapiere und Schuldverschreibungen mit vereinbarter Laufzeit von bis zu zwei Jahren. Das Mindestreserve-Soll ist im kalendertäglichen Durchschnitt als Guthaben bei der Deutschen Bundesbank zu halten. Die Banken können die Mindestreserveguthaben deshalb auch als Arbeitsguthaben für ihren laufenden Zahlungsverkehr nutzen.

Monopol
Marktstruktur, bei der ein Anbieter einer Vielzahl von Nachfragern oder ein Nachfrager einer Vielzahl von Anbietern gegenübersteht. Fehlende Wahlmöglichkeiten der Nachfrager begründen die Marktmacht des Monopols. Ein Angebotsmonopol tendiert zur Vernachlässigung von Konsumentenbedürfnissen und zum Unterlassen von Kostensenkungen. Auch jenseits staatlicher Kontrolle wird die Marktmacht eines Monopols durch den potenziellen Wettbewerb (steigende Anreize zum Markteintritt neuer Unternehmen beispielsweise bei stark „überhöhten" Preisen) und durch die Substitutionskonkurrenz beschränkt.

Multilateral
Viel- bzw. mehrseitig; mehrere (alle) Staaten agieren kooperativ, prinzipiell gleichberechtigt und gemeinsam.

Nachhaltigkeit
Die regulative Idee nachhaltiger Entwicklung („sustainable development") geht zurück auf den Bericht der Brundtland-Kommission der Vereinten Nationen von 1987 und insbesondere auf die UN-Konferenz für Umwelt und Entwicklung (UNCED) 1992 in Rio de Janeiro. Das Kernproblem nachhaltiger Entwicklung in der Welt besteht in der Frage, wie überall auf der Welt Möglichkeiten geschaffen werden können, im Einklang mit der Dauerhaftigkeit der erforderlichen natürlichen Lebensbedingungen zu einem angemessen guten Leben zu kommen.

NGO
Non Governmental Organization, Nichtregierungs-Organisationen gibt es sowohl auf nationaler als auch auf internationaler Ebene, z. B. amnesty international, Greenpeace u. a. m.

Öffentliche Güter
Im Unterschied zu privaten Gütern, z. B. Auto, Kühlschrank, die Verbraucherinnen und Verbraucher erwerben, um sie zu besitzen und zu nutzen, werden öffentliche Güter, z. B. Bildung, Verbraucherrechte, Verkehrswege, im Allgemeinen vom Staat bereitgestellt. Typisch für öffentliche Güter ist, dass die Bürgerinnen und Bürger, von gewissen Ausnahmen abgesehen, von ihrer Nutzung nicht ausgeschlossen werden können und sie nicht zum ausschließlich eigenen Gebrauch erwerben können. Oft wird eine nicht kostendeckende Abgabe (Steuer, Gebühr) für die Nutzung öffentlicher Güter erhoben.

Opportunitätskosten
Die Opportunitätskosten („Alternativkosten") beziffern den Verzicht auf den Nutzen entgangener Alternativen. Opportunitätskosten treten zwangsläufig bei konkurrierenden Einsatzmöglichkeiten knapper Ressourcen auf. Wird die Ressource X für die Befriedigung des Bedürfnisses A eingesetzt, kann sie nicht mehr für Bedürfnis B verwendet werden. Die Opportunitätskosten sind in diesem Fall der Verzicht auf die Befriedigung des Bedürfnisses B.

Ordoliberalismus
Theoretischer Entwurf einer staatlich geschaffenen und geschützten

Wettbewerbsordnung, die soziale Macht eindämmt und individuelle Entfaltung ermöglicht. Der Ordoliberalismus ist zentrales normatives Leitmotiv der Freiburger Schule (Walter Eucken u. a.).

Pensionsgeschäft
Kauf eines Vermögensgegenstandes mit gleichzeitiger Vereinbarung des Rückkaufs durch den Käufer per Termin (der Verkaufsgegenstand wird „in Pension" gegeben). Pensionsgeschäfte, die eine Zentralbank mit den Geschäftsbanken im Rahmen ihrer Offenmarktpolitik abschließt, haben den geldpolitischen Vorteil einer nur befristeten Bereitstellung bzw. Absorption von Zentralbankgeld.

Politische Union
In einer politischen Union als höchster Stufe des europäischen Integrationsprozesses gäbe es über die Wirtschafts- und Währungsunion hinaus eine gemeinsame Verfassung und die Vergemeinschaftung aller relevanten Politikfelder.

Präferenzen
Bezeichnen die subjektiven Wünsche, Motive und Ziele eines Individuums in einer Entscheidungssituation.

Produktionsfaktoren
Als Produktionsfaktoren bezeichnet man solche Güter, die zur Herstellung anderer Güter eingesetzt werden. Aus volkswirtschaftlicher Perspektive versteht man darunter üblicherweise Arbeit, Kapital, Boden und technisches Wissen. Der klassische Produktionsfaktor „Boden" wird neuerdings gelegentlich durch „Umwelt/natürliche Ressourcen" ersetzt.

Produktlebenszyklus
Beschreibt den Lebensweg eines Produkts von dessen Einführung im Markt bis zur Elimination. Der typische Verlauf gliedert sich in die fünf Phasen: Einführung, Wachstum, Reife, Sättigung und Degeneration.

Prognose
Wissenschaftlich gestützte Voraussagen über künftig gewünschte oder auch nicht gewünschte Ereignisse und Zustände, die auf eindimensionalen mechanistischen Beziehungen zwischen Input und Output basieren, wobei weitgehend keine Störereignisse berücksichtigt werden. Sie sind auf eine einzige Vorhersage beschränkt.

Property Rights
Rechtlich definierte Verwendungschancen wirtschaftlicher Güter, die sich auf den Gebrauch, die Aneignung, die Veränderung und die Veräußerung einer Sache beziehen.

Protektionismus
Unter Protektionismus werden außenhandelspolitische Maßnahmen verstanden, die inländische Produzenten mithilfe tarifärer und nichttarifärer Handelshemmnisse vor ausländischer Konkurrenz zu schützen versuchen. Tarifäre Handelshemmnisse sind Im- und Exportzölle. Zu den nichttarifären Handelshemmnissen zählen mengenmäßige Einfuhrbeschränkungen (Kontingente), finanzielle Anreize (z. B. Subventionen), technische Handelshemmnisse (z. B. Sicherheitsvorschriften, Verpackungs- und Kennzeichnungsbestimmungen), administrative Handelshemmnisse (z. B. Genehmigungsverfahren, bürokratische Schikanen), aber auch währungspolitische Maßnahmen (z. B. die systematische Unterbewertung der heimischen Währung zur Stützung des Exports).

Rechtsform
Die Rechtsform definiert die gesetzlichen Rahmenbedingungen eines Unternehmens. Grundsätzlich kann zwischen Personen- und Kapitalgesellschaften unterschieden werden.

Rendite
Erfolg einer Kapitalanlage, gemessen als prozentualer Wertzuwachs auf den eingesetzten Kapitalbetrag. Ein Kriterium zur Auswahl einer Anlageform.

Saysches Theorem
Auf den Nationalökonomen Jean-Baptiste Say (1767–1832) zurückgehendes Theorem, wonach jedes Angebot sich gleichsam seine eigene Nachfrage schaffe. Eine allgemeine Überproduktionskrise sei daher auf Dauer nicht möglich. Dieses Theorem stellt einen zentralen Baustein der klassischen Nationalökonomie dar.

Schwellenländer
Als Schwellenländer bezeichnet man solche Entwicklungsländer, die sich im Zuge wirtschaftlichen Wachstums weiterentwickeln und schrittweise den Industriestaaten annähern.

Sektoren
Entsprechend der historischen Entwicklung und der Wertschöpfung (von der agrarischen Urproduktion über die handwerkliche und industrielle Verarbeitung der Rohstoffe bis zu deren Verteilung) werden folgende Wirtschaftssektoren unterschieden: der primäre Sektor (Land- und Forstwirtschaft, Fischerei), der sekundäre Sektor (Waren produzierendes Gewerbe) und der tertiäre Sektor (Handel, Verkehr, Kreditgewerbe, Versicherungen, sonstige Dienstleistungsunternehmen, Staat, private Organisationen ohne Erwerbszweck etc.). Von dieser Gliederung zu unterscheiden sind die Sektoren der volkswirtschaftlichen Gesamtrechnung (VGR), die durch Aggregation gleichartiger ökonomischer Akteure gebildet werden, und zwar die Sektoren Private Haushalte, Unternehmen, Staat und Ausland.

Soziale Marktwirtschaft
Die Soziale Marktwirtschaft ist nach Aussage eines ihrer wichtigsten Theoretiker eine „ordnungspolitische Idee, deren Ziel es ist, auf der Basis der Wettbewerbswirtschaft die freie Initiative mit einem gerade durch

die marktwirtschaftliche Leistung gesicherten sozialen Fortschritt zu verbinden" (Alfred Müller-Armack). Die ursprüngliche Konzeption der Sozialen Marktwirtschaft fordert, dass staatliche Eingriffe stets den Prinzipien der Marktkonformität und der Sicherung des Wettbewerbs zu folgen hätten. Soziale Sicherung solle demnach nur dort zur Anwendung kommen, wo der Markt selbst nicht mehr in der Lage sei, alle sozialen Probleme zu lösen (Sozialpolitik mit und nicht gegen den Markt). Die Soziale Marktwirtschaft hat sich in ihrer bisherigen Geschichte als höchst anpassungsfähig und auch als offen für unterschiedliche Interpretationen erwiesen, die sich teilweise beträchtlich von dem ursprünglichen Leitbild entfernt haben.

Spekulation
Bezeichnet grundsätzlich die kurzfristige Ausnutzung von erwarteten Preisveränderungen zur Erhöhung der eigenen Gewinne. Beispiel Aktienspekulation: Die Investition in Aktien erfolgt nicht im Sinne einer langfristigen Anlage, sondern aufgrund der Vermutung, dass diese kurzfristig an Wert zulegen und somit schnell gewinnbringend verkauft werden können. Spekuliert werden kann auch mit Devisen, Rohstoffen, Welthandelswaren usw. Spekulation erfolgt zumeist in der Erwartung (im Vergleich) höherer Renditen, beinhaltet aber gleichzeitig auch ein erhöhtes Verlustrisiko.

Staatsquote
Anteil staatlicher Ausgaben am Sozialprodukt.

Staatsversagen
Staatsversagen tritt dann ein, wenn Eingriffe des Staates in das Wirtschaftsgeschehen zu schlechteren volkswirtschaftlichen Ergebnissen oder ineffizienteren Lösungen führen, als dies durch den Markt möglich gewesen wäre. Ein Beispiel hierfür sind z. B. gesamtwirtschaftlich negative Folgen von Subventionszahlungen in einzelnen Wirtschaftsbereichen.

Stabilisierungspolitik
Mittels Stabilisierungspolitik versucht der Staat Gefahren entgegenzuwirken, die sich aus wirtschaftlichen Instabilitäten ergeben. Stabilisierungspolitik soll die Voraussetzungen für ein stetiges inflationsfreies Wirtschaftswachstum schaffen und bereits eingetretene Fehlentwicklungen korrigieren. Das gesamtwirtschaftliche Gleichgewicht soll gewahrt bleiben.

Subsidiaritätsprinzip
Politischer und administrativer Grundsatz, der die Verantwortung zunächst der Ebene und dem Akteur zuteilt, auf der und von dem eine Aufgabe am wirkungsvollsten gelöst werden kann. Verbraucherberatung kann danach am besten von bürgernahen Verbraucherzentralen geleistet werden. Die Regelung der Produktsicherheit ist dagegen Aufgabe der Regierung.

Tarifautonomie
Unter der Tarifautonomie versteht man das durch die Verfassung der Bundesrepublik Deutschland (Art. 9 Abs. 3 Grundgesetz) garantierte Recht von Koalitionen (z. B. Gewerkschaften, Arbeitgeberverbänden), die Arbeits- und Wirtschaftsbedingungen selbstverantwortlich und ohne staatliche Einflussnahme zu regeln.

Transaktionskosten
Kosten, die bei der Vorbereitung eines Vertrags, bei dessen Abschluss sowie zu dessen Überwachung und Durchsetzung anfallen. Die Höhe der Transaktionskosten innerhalb einer Volkswirtschaft hängt wesentlich von der Technologie sowie den institutionellen Arrangements ab und bestimmt die Wachstumschancen einer Volkswirtschaft.

Transformation
Umfassende Umwandlung einer Wirtschaftsordnung (institutionelle Änderungen, Modernisierung der Wirtschaft und Anpassungen in der Wirtschaftspolitik).

Transformationsländer
Damit werden Staaten bezeichnet, die sich im Zuge der Veränderung ihrer Wirtschaftsordnung von einer Plan- zu einer Marktwirtschaft zunehmend in den internationalen Handel integrieren.

Trittbrettfahrer-Problem
Im Zusammenhang mit der Problematik der öffentlichen Güter auftauchender Anreiz, eine Leistung in Anspruch zu nehmen, ohne sich an den Kosten der Bereitstellung zu beteiligen. Aus der Sicht des Individuums ist die Einnahme der Trittbrettfahrerposition vorteilhaft. Daher besteht für jeden Nachfrager ein systematischer Anreiz, von sich aus von den öffentlichen Gütern zu profitieren, die Kosten ihrer Bereitstellung aber zu meiden – in der Erwartung, dass diese Güter auch ohne seinen jeweiligen (ohnehin geringen) Beitrag zustande kommen. Diese Attraktivität der Trittbrettfahrerposition verhindert die Entstehung von Marktpreisen.

Trugschluss der Verallgemeinerung
Der Trugschluss der Verallgemeinerung bezeichnet in der Logik den falschen Schluss von den Einzelteilen auf das Ganze. Dem Trugschluss der Verallgemeinerung im ökonomischen Bereich unterliegen Aussagen, die vom einzelnen Wirtschaftssubjekt auf die Gesamtwirtschaft schließen. Ein berühmtes Beispiel ist das sogenannte Sparparadox: Es ist aus der Sicht des Einzelnen durchaus rational, im Hinblick auf eine befürchtete Verschlechterung der Wirtschaftslage zu sparen. Sollten aber alle Bürger auf diesen Gedanken kommen, würde die Konsumgüternachfrage zurückgehen und erst recht jene allgemeine Kri-

sensituation eintreten, vor welcher alle sich fürchteten. Einzel- und gesamtwirtschaftliche Rationalität fallen auseinander.

Überschuldung
Ein Privathaushalt, dessen Einkommen über einen längeren Zeitraum nach Abzug der Lebenshaltungskosten trotz Reduzierung seines Lebensstandards nicht zur fristgerechten Schuldentilgung ausreicht, ist überschuldet.

Unternehmen
Wird in der Umgangssprache i. d. R. synonym mit „Betrieb" verwendet, streng ausgelegt beschreibt der Begriff „Unternehmen" ausschließlich die juristischen und finanziellen Einheiten.

Verbraucherinsolvenzverfahren
Ein vereinfachtes Insolvenzverfahren zur Abwicklung der Zahlungsunfähigkeit (Insolvenz) von natürlichen Personen (Privatpersonen), die nicht Selbstständige sind, sowie für solche Selbstständige, die zum Zeitpunkt des Insolvenzantrages nicht mehr selbstständig tätig sind, nicht mehr als 19 Gläubiger und keine Schulden bei ehemaligen Arbeitnehmern, Finanz- und Arbeitsamt sowie Sozialversicherungsträgern haben.

Verbraucherschutz
Soll die Konsumenten vor marktmächtigen Unternehmen schützen. Ansatzpunkte sind dabei die Anbieterseite (Wettbewerbspolitik), Nachfrageseite (Verbraucherzentralen), das Produkt (Produkthaftung) und der Austauschprozess (Allgemeine Geschäftsbedingungen).

Verschuldung
Eine Verschuldung liegt vor, wenn in einem Haushalt Verbindlichkeiten gegenüber einem Kreditgeber bestehen, die sofort oder in Zukunft getilgt werden sollen. Die Aufnahme von Schulden ermöglicht es dem Haushalt, auf zukünftiges Einkommen bereits heute zuzugreifen.

Warenkorb
Zusammenstellung verschiedener repräsentativer Güter zur Ermittlung des Verbraucherpreisindexes und der Inflation. Der Warenkorb umfasst die gewichteten Ausgaben der Privaten Haushalte für die entsprechenden Güterkategorien.

Wechselkurs
Der Wechselkurs ist der Preis einer Landeswährung, ausgedrückt in der Währung eines anderen Landes. Beispiel: Liegt der Wechselkurs des Euro bei 1,30 US-Dollar, so muss man für einen Euro 1,30 US-Dollar zahlen. Von einer Aufwertung spricht man dann, wenn der Dollar-Preis pro Euro steigt. Umgekehrt sinkt der Preis bei einer Abwertung. Durch die Erstellung von Wechselkursen wird eine internationale Vergleichbarkeit der Währungen hergestellt. Mit den Wechselkursen ändern sich auch die Preisrelationen der Güter. Die Bildung der Wechselkurse erfolgt auf dem Devisenmarkt durch das Zusammenspiel von Angebot und Nachfrage, worauf unterschiedliche Faktoren (z. B. Außenhandel, Inflation, Zinsveränderungen, Interventionen der Notenbanken, Erwartungen etc.) Einfluss nehmen.

Weltbank
Die Weltbank ist im weiteren Sinne die Weltbankgruppe, im engeren Sinne die „Internationale Bank für Wiederaufbau und Entwicklung", die wie auch der IWF eine Sonderorganisation der UNO ist. Ihr Sitz ist in Washington D.C./USA. Als Bankengruppe organisiert, unterteilt sie sich in fünf Unterorganisationen, u. a. in die „Internationale Bank für Wiederaufbau und Entwicklung" („International Bank for Reconstruction and Development – IBRD"; auch: „World Bank") und die „Internationale Entwicklungsorganisation" („International Development Association" – „IDA"). Ursprüngliches Ziel war die Unterstützung des Wiederaufbaus der im Zweiten Weltkrieg zerstörten Staaten. Heute steht die Förderung der wirtschaftlichen Entwicklung der ärmeren Mitgliedstaaten zwecks Erhöhung des Lebensstandards der Bevölkerungen im Zentrum der Arbeit.

Wertschöpfung
Subtrahiert man vom Gesamtwert einer Produktion die Vorleistungen früherer Produktionsstufen, erhält man die Wertschöpfung. Sie gibt also an, um wie viel der Wert einer Ware bei jedem Produktionsschritt zunimmt.

Zentralbank
Die Zentralbank ist die geldpolitische Entscheidungsinstanz in einer Volkswirtschaft. Sie allein ist zur Ausgabe gesetzlicher Zahlungsmittel berechtigt. Ihr vorrangiges Ziel ist die Sicherung der Geldwertstabilität. Die Deutsche Bundesbank ist die nationale Zentralbank der Bundesrepublik Deutschland. In der Europäischen Wirtschafts- und Währungsunion bilden die nationalen Zentralbanken und die Europäische Zentralbank zusammen das Eurosystem, das die Geldpolitik für alle Teilnehmerländer einheitlich festlegt.

Zentralverwaltungswirtschaft
Wirtschaftsordnung, in der die Koordination der Pläne und Handlungen der Wirtschaftsakteure so weit wie möglich an einem zentralen Plan (staatlichen Vorgaben) ausgerichtet ist und Allokationsentscheidungen aufgrund staatlicher Eigentumsrechte an den Produktionsmitteln staatlichen Behörden überlassen werden (monozentristisch geplante Ordnung).

A

B

P

Q

R

S

T

U

adpic, Bonn: 407 (B. Leitner)
akg-images, Berlin: 12, 37, 94, 362, 413 o., 413 u.

Baaske Cartoons, Müllheim: 15 (LUFF), 255 (E. Rauschenbach), 453 u. (K. Espermüller)
Bergmoser + Höller Verlag, Aachen: 87 li., 88 re., 314, 332 u., 339 u., 355, 408, 420
Bildagentur Schapowalow, Hamburg: 236 (Dr. Mueller)
bpk - Bildagentur für Kunst, Kultur und Geschichte, Berlin: 80 o., 83 (K. Rohwedder), 231 o.
Bridgeman Art Library, Berlin: 357 (Girandon)
Bundesagentur für Arbeit, Nürnberg: 247

Corbis, Düsseldorf: 18 (Bettmann), 59 2. v.o. (G. Palmer), 377 u. (Steve Raymer)
ddp images, Hamburg: 71 o. (K.-U. Knoth), 312 (AP/D. Lippitt), 465 (AP/Kyodo)

Deutsches Historisches Museum , Berlin: 90, 91
Druwe & Polastri, Weddel: 59 2. v.u., 64, 71 u., 146 o., 146 u., 148 o., 148 u., 156, 161 u., 198, 264
Dägling, R., Rastede: 203 (6), 204 (6)

F1online, Frankfurt/M.: 133 u. (ONOKY)
Fabian, M., Hannover: 10
Face To Face Bildagentur, Hamburg: 231 u.
Feeken, H., Bad Zwischenahn: 419 (4)
FoBe: 109
Focus, Hamburg: 455 (Camp/Matrix)
Foto-Nobi, Rockenhausen: 101 (G. Löffel)
fotolia.com: 21 o. (N-Media-Images), 21 u. (verte), 23 (Kaarsten), 177 (G. Sanders), 248 (bilderbox), 279 (h_lunke), 377 o. (d.aniel)

Getty Images, München: 164 (D. H. Sterwart)
Greiner, A., Braunschweig: 298

Haitzinger, H., München: 118 o.
Haus der Geschichte, Bonn: 431 (J. Wolter)

i.m.a - Information.Medien.Agrar e.V., Berlin: 60 Mi. + o.
Imago, Berlin: 434 (Greece Invision)
Institut für Ökonomische Bildung, Oldenburg: 40
INTERFOTO, München: 53 re. (Sammlung Rauch), 195 (Sammlung Rauch)

Jürgens Ost + Europa Photo, Berlin: 324 o.

Keystone Pressedienst, Hamburg: 80 u. (J. Sormani), 89, 96 o. (J. Lichtenberger), 96 u., 115 (V. Schulz), 423
Kohn, K., Braunschweig: 125
Kreuzke, H.-J., Magdeburg: 16 u.

Langner & Partner, Hemmingen: 334
Lorang, H.-W., Überherrn-Berus: 300

mauritius images, Mittenwald: 16 o. (D. Weber), 17 u. (age), 24, 162 (Marc Gilsdorf), 324 u.
Mester, G., Wiesbaden: 445 u.

Peter Wirtz Fotografie, Dormagen: 11, 29, 30, 31 (2), 34, 39, 44 (3), 46 re., 57 (2)
Picture Press, Hamburg: 85
Picture-Alliance, Frankfurt/M.: 8 (ZB/H. Hirndorf), 17 o. (ANP/R. Utrecht), 22 (akg-images), 55 (akg-images/E. Lessing), 81 (dpa), 87 re.o. (ZB/P.Grimm), 88 li. (dpa), 93 M1 (ZB/K. Schindler), 95 (akg- images), 96 Mi. (ZB/CTK), 103 u. (dpa/ADN), 118 u. (dpa/H. Hanschke), 122 (HB-Verlag/R. Lueger), 142 (ZB/P. Ending), 145 (dpa/F. Rumpenholz), 153 (ZB/P. Pleul), 155 (dpa/R. Haid), 174 (dieKLEINERT/Schiebel), 182 (ZB/K. Schindler), 185 (dpa/J. Büttner), 188 (dpa/J. Lübke), 201 (dpa/Demag Cranes), 212 (ZB/C. Franke), 215 (akg-images), 232 li. (dpa/Neckermann), 232 re. (dpa/C. Rehder), 263 (ZB/W. Thieme), 273 (akg- images/E. Lessing), 301 (dpa/M. Bein), 339 o. (dpa), 346 (ZB/K. Schindler), 365 (akg-images), 387 (akg-images), 397 (dpa/bifab), 411 (dpa/Landov), 417 (Eventpress Mueller-Stauffenberg), 422 o. (dpa/R. Haid), 429 (E. Cabarcas), 444 (abaca/A. Alain), 452 o. (dpa/PA S. White), 452 u. (EPA/Wenhao Yu), 456 (dpa/I. Wagner), 461 (dpa/K. Mittenzwei); dpa-infografik: 103 o. 130, 133 o., 138, 139, 143, 180, 194, 269 li., 215, 316, 325, 331, 332 o., 336, 340, 344, 382 (2), 383, 402, 428, 430, 436, 446, 447, 451, 460, 463, 466

Reuters, Berlin: 299

Schuster, P., Siegmar: 468
Seidel, J., Köln: 262
Steffens Bildarchiv, Mainz: 13 (Bridgeman Art Library/Archives Charmet)
Stuttmann, K., Berlin: 464 u.
Süddeutsche Zeitung Photo, München: 67 (S.M.), 217 (K. Brenninger), 363 (Scherl), 416 (Ex-Press Fotoagentur), 437 (Teutopress)

ullstein bild, Berlin: 14 (Camera Press), 27 (Business Picture), 47 (Camera Press), 87 re.u. (Männling), 92, 208, 284 (H. Schlemmer), 321 (dpa), 359 (Interfoto Rauch), 366 (BNP), 442 (JOKER/Gloger)

vario images, Bonn: 369 (U. Baumgarten)

Werbefotografie Weiss, Gersthofen: 124, 458

alle übrigen Schaubilder und Graphiken: Westermann Technisch-Graphische-Abteilung, Braunschweig